TEORIA GERAL DO PROCESSO CIVIL

O GEN | Grupo Editorial Nacional – maior plataforma editorial brasileira no segmento científico, técnico e profissional – publica conteúdos nas áreas de concursos, ciências jurídicas, humanas, exatas, da saúde e sociais aplicadas, além de prover serviços direcionados à educação continuada.

As editoras que integram o GEN, das mais respeitadas no mercado editorial, construíram catálogos inigualáveis, com obras decisivas para a formação acadêmica e o aperfeiçoamento de várias gerações de profissionais e estudantes, tendo se tornado sinônimo de qualidade e seriedade.

A missão do GEN e dos núcleos de conteúdo que o compõem é prover a melhor informação científica e distribuí-la de maneira flexível e conveniente, a preços justos, gerando benefícios e servindo a autores, docentes, livreiros, funcionários, colaboradores e acionistas.

Nosso comportamento ético incondicional e nossa responsabilidade social e ambiental são reforçados pela natureza educacional de nossa atividade e dão sustentabilidade ao crescimento contínuo e à rentabilidade do grupo.

LUIZ FUX

4ª EDIÇÃO
REFORMULADA, ATUALIZADA E AMPLIADA

PREFÁCIO

DESEMBARGADOR
HUMBERTO DALLA BERNARDINA DE PINHO

TEORIA GERAL DO PROCESSO CIVIL

- O autor deste livro e a editora empenharam seus melhores esforços para assegurar que as informações e os procedimentos apresentados no texto estejam em acordo com os padrões aceitos à época da publicação, e todos os dados foram atualizados pelo autor até a data de fechamento do livro. Entretanto, tendo em conta a evolução das ciências, as atualizações legislativas, as mudanças regulamentares governamentais e o constante fluxo de novas informações sobre os temas que constam do livro, recomendamos enfaticamente que os leitores consultem sempre outras fontes fidedignas, de modo a se certificarem de que as informações contidas no texto estão corretas e de que não houve alterações nas recomendações ou na legislação regulamentadora.

- Fechamento desta edição: *28.08.2023*

- O Autor e a editora se empenharam para citar adequadamente e dar o devido crédito a todos os detentores de direitos autorais de qualquer material utilizado neste livro, dispondo-se a possíveis acertos posteriores caso, inadvertida e involuntariamente, a identificação de algum deles tenha sido omitida.

- **Atendimento ao cliente: (11) 5080-0751 | faleconosco@grupogen.com.br**

- Direitos exclusivos para a língua portuguesa
  Copyright © 2024 by
  Editora Forense Ltda.
  Uma editora integrante do GEN | Grupo Editorial Nacional
  Travessa do Ouvidor, 11 – Térreo e 6º andar
  Rio de Janeiro – RJ – 20040-040
  www.grupogen.com.br

- Reservados todos os direitos. É proibida a duplicação ou reprodução deste volume, no todo ou em parte, em quaisquer formas ou por quaisquer meios (eletrônico, mecânico, gravação, fotocópia, distribuição pela Internet ou outros), sem permissão, por escrito, da Editora Forense Ltda.

- Capa: Fabricio Vale

- **CIP – BRASIL. CATALOGAÇÃO NA FONTE.
  SINDICATO NACIONAL DOS EDITORES DE LIVROS, RJ.**

F996t
4. ed.

Fux, Luiz,
Teoria geral do processo civil / Luiz Fux. – 4. ed. rev., atual. e ampl. – Rio de Janeiro: Forense, 2024.
680 p.; 24 cm.

Inclui bibliografia e índice
ISBN 978-65-5964-861-0

1. Direito processual – Brasil. 2. Processo civil – Brasil. I. Título.

23-85726   CDU: 347.91/.95(81)

Meri Gleice Rodrigues de Souza – Bibliotecária – CRB-7/6439

Ao meu saudoso pai, Mendel Wolf Fux, que, na finitude da vida,
faz-se presente nos meus dias e nas minhas noites,
como sempre fora, o amigo da primeira hora.

À minha mãe, Lucy Fux, cujo exemplo de maternidade
engrandece o universo feminino.

Ao querido amigo e notável homem público José Carlos Barbosa Moreira,
responsável pela inteireza de minha formação acadêmica e profissional,
e mestre admirável, pela cultura, probidade e exação com que se houve
em toda a sua trajetória conquanto ser humano e brasileiro.

Aos meus alunos de ontem, de hoje e de sempre, que me propiciam,
no sacerdócio do magistério, vivenciar momentos gratificantes
que enfeitam os meus sonhos de cultura.

SOBRE O AUTOR

Ministro do Supremo Tribunal Federal (STF). Ex-Presidente do Supremo Tribunal Federal (STF), do Conselho Nacional de Justiça (CNJ) e do Tribunal Superior Eleitoral (TSE). Professor Titular de Processo Civil da Faculdade de Direito da Universidade do Estado do Rio de Janeiro (UERJ). Doutor em Direito Processual Civil pela Universidade do Estado do Rio de Janeiro (UERJ). Membro da Academia Brasileira de Letras Jurídicas. Membro da Academia Brasileira de Filosofia. Palestrante internacional na Harvard Law School, no Massachusetts Institute of Technology, na Universidade de Oxford, na Universidade de Coimbra, no Council of the Americas e no Cyrus Vance Center/NY. Presidiu a Comissão de Juristas designada pelo Senado Federal para elaborar o anteprojeto do Código de Processo Civil de 2015.

APRESENTAÇÃO

A presente obra, agora em sua quarta edição, foi motivada, sobretudo, pelo propósito de contribuir para o aprimoramento da formação acadêmica dos profissionais jurídicos, uma de minhas devoções enquanto Professor Titular de Direito Processual da Universidade do Estado do Rio de Janeiro – UERJ.

A despeito da publicação do "Curso de Direito Processual Civil", que já em sua sexta edição e que busca contemplar a totalidade do Processo Civil, a comunidade estudantil sempre demandou obra recorte centrada na Teoria Geral, passível de ser referência para disciplina correlata, de fácil manejo, menor extensão e idêntica profundidade, o que a torna demasiado útil também para os operadores do Direito.

Pretende-se, portanto, fornecer uma abordagem dos temas fundamentais do Processo Civil, no seu enfoque doutrinário nacional e estrangeiro, revisitando os clássicos da matéria e propiciando, já nesse primeiro contato com a Teoria Geral do Processo, uma perspectiva de todos os possíveis desdobramentos com que o leitor irá se deparar em sua vida acadêmica e profissional.

Com efeito, o livro traz em seu bojo lições coligidas ao longo de mais de 45 anos de magistério e 40 de judicatura, dois verdadeiros sacerdócios. A quarta edição compreendeu não apenas a revisão e atualização da obra, mas a sua reformulação e ampliação, de maneira a atender a eventuais variações no conteúdo programático da disciplina nas diferentes universidades.

Outrossim, a obra passou a contemplar capítulos dedicados à prova, à formação, suspensão e extinção do processo, bem como sobre seus aspectos éticos e econômicos, além de inúmeros novos tópicos, analisando, por exemplo, a aplicação supletiva e subsidiária do CPC/2015 a outros diplomas processuais, a cooperação jurídica internacional e nacional, a prática eletrônica de atos processuais e sua comunicação, os documentos eletrônicos, o papel do CNJ na transformação tecnológica do Poder Judiciário e o Programa "Justiça 4.0" (inclusive com abordagem das resoluções e recomendações do CNJ atinentes à temática), as espécies de intervenção de terceiros, entre outros que a tornam paradigmática no âmbito da Teoria Geral do Processo contemporânea.

Nesse mesmo diapasão, os artigos do CPC/2015 citados seguiram sendo, em grande parte, reproduzidos, de forma a facilitar a análise e cotejo, mas também foram colacionados inúmeros precedentes e a jurisprudência dos tribunais superiores, contribuindo para a adequada compreensão das normas e em reforço ao dever de observância dos operadores preconizado pelo novel diploma.

Por fim, registro a notável contribuição de meu filho Rodrigo Fux, com quem tive o prazer de experimentar também a relação professor e aluno no Programa de Mestrado e Doutorado da UERJ, para construção deste livro.

Certo de que a obra alcançará o seu intento, isto é, será hábil a proporcionar robusto lastro doutrinário e fomentar relevantes discussões acadêmicas, faço votos de uma excelente leitura e permanente estudo!

Luiz Fux

PREFÁCIO

Prefaciar a nova edição de uma obra icônica, escrita por um grande mestre é uma honra indescritível.

O Min. Luiz Fux dispensa qualquer tipo de apresentação.

Contudo, sempre que tenho oportunidade, faço questão de sublinhar que ele é professor concursado de universidade pública e magistrado de carreira. Percorreu todas as funções do Poder Judiciário, desde juiz substituto até a Presidência do Supremo Tribunal Federal, incluindo a Chefia do CNJ. E, como se não bastasse, foi nomeado Presidente da Comissão encarregada de elaborar o Código de Processo Civil de 2015, que nós, na UERJ, chamamos carinhosamente de "Código Fux".

O conheci, ainda juiz de primeiro grau, lecionando na UERJ, instituição na qual ingressou como professor substituto e hoje ocupa a cátedra de direito processual civil, posto que acumula com o decanato da Faculdade de Direito.

Assistia como ouvinte às suas disputadas aulas (e não custa lembrar que nas salas vizinhas lecionavam José Carlos Barbosa Moreira, Paulo Cezar Pinheiro Carneiro e Helcio Assumpção, entre tantos outros brilhantes processualistas).

Todos, na UERJ, temos imenso orgulho da trajetória que construiu e de como enfrenta, até hoje, os desafios impostos àqueles que pretendem seguir as carreiras da magistratura e da docência.

Sua inteligência, dedicação e determinação o tornaram um professor e um magistrado que se complementam com precisão. Conhece a fundo os institutos do processo e, ao mesmo tempo, acumula experiência ímpar como julgador em diversas instâncias, o que lhe permite viabilizar a prestação jurisdicional mais adequada ao caso concreto.

Some-se a isso uma inesgotável capacidade de trabalho e um senso de humor capaz de dar a leveza necessária às tarefas mais árduas e complexas.

Todos esses predicados não poderiam levar a um resultado diferente. Essa nova edição, como afirmei na primeira linha desse prefácio, é a releitura de um clássico. Todos os fundamentos do processo civil foram abordados com a profundidade e a praticidade esperadas de um manual que serve como uma bússola para os alunos desde os primeiros períodos da faculdade até a pós-graduação.

Partindo da denominada trilogia estrutural (jurisdição, ação e processo), o autor examina as questões relativas à competência, organização judiciária, requisitos para a constituição da relação processual e as condições para o regular exercício do direito de ação.

Prossegue com a análise das formas de defesa do réu, sujeitos e atos do processo, sentença e coisa julgada e teoria geral dos recursos, da execução e das tutelas provisórias.

Enfim, todo o conteúdo da disciplina teoria geral do processo civil é apresentado de forma didática e objetiva. Tenho certeza que as linhas que se seguem conduzirão o leitor a um estudo consistente e afinado com os problemas que afligem o processualista contemporâneo.

Desejo a todos uma excelente leitura!

Rio de Janeiro, março de 2023.

Humberto Dalla Bernardina de Pinho

Professor Titular de Direito Processual Civil na Faculdade de Direito da UERJ.
Desembargador do Tribunal de Justiça do Estado do Rio de Janeiro

SUMÁRIO

Capítulo 1 – O DIREITO PROCESSUAL CIVIL... 1

1. O Direito Processual... 1
2. Posição enciclopédica do Direito Processual Civil... 2
3. A norma processual.. 6
4. Fontes do Direito Processual Civil.. 8
5. Aplicação, interpretação e eficácia da lei processual civil no tempo e no espaço... 12
    5.1   Aplicação supletiva e subsidiária do Código de Processo Civil.................. 20

Capítulo 2 – HISTÓRIA DO DIREITO PROCESSUAL CIVIL – BREVE ESCORÇO HISTÓRICO DO DIREITO PROCESSUAL CIVIL....................... 23

1. O processo no Direito antigo.. 23
2. Direito brasileiro anterior e Direito vigente.. 29
    2.1   Ordenações lusitanas.. 29
    2.2   Códigos estaduais.. 30
    2.3   Códigos de Processo Civil de 1939 e 1973.. 31
    2.4   Código de Processo Civil de 2015.. 31
3. A análise econômica do Direito Processual... 42

Capítulo 3 – PRINCÍPIOS FUNDAMENTAIS DO PROCESSO 51

1. Princípio do devido processo legal... 53
2. Princípio dispositivo.. 55
3. Princípio da prioritária solução consensual.. 56
    3.1   Justiça multiportas: arbitragem, conciliação e mediação......................... 58
    3.2   Desjudicialização de conflitos.. 64
4. Princípios da efetividade e da duração razoável do processo....................... 68
5. Princípio da cooperação 74
6. Princípio da boa-fé objetiva (proteção à confiança) 76
7. Princípio do contraditório e vedação à decisão surpresa.............................. 78

8. Princípio da economia processual 80

9. Princípio da eficiência 82

10. Princípio da primazia do julgamento de mérito 84

11. Princípio da economicidade 85

12. Princípio da preclusão *secundum eventum litis* 86

13. Princípios da dignidade da pessoa humana, da proporcionalidade e da razoabilidade 90

Capítulo 4 – ASPECTOS ÉTICOS E ECONÔMICOS DO PROCESSO 93

1. Generalidades 93

2. Custas processuais 94

3. Honorários advocatícios 99

    3.1 Sucumbência recursal 106

4. Dano processual e litigância de má-fé 108

    4.1 Deveres das partes e dos procuradores 109

    4.2 Descumprimento das decisões judiciais. Atentado à justiça. Crime de desobediência 111

5. Assistência jurídica e gratuidade de justiça 115

    5.1 Assistência jurídica 115

    5.2 Gratuidade de justiça 119

Capítulo 5 – JURISDIÇÃO E COMPETÊNCIA 123

1. Tutela jurisdicional: conceito e espécies 123

    1.1 Tutela jurisdicional: conceito 123

2. Espécies de tutela jurisdicional 126

    2.1 Tutela de cognição 126

    2.2 Tutela de execução 132

    2.3 Tutela inibitória 135

    2.4 Tutela provisória 140

        2.4.1 Fundamentos e antecedentes: tutela cautelar, tutela de segurança e tutela satisfativa de urgência 140

        2.4.2 Generalidades 157

        2.4.3 Tutela de urgência 162

            2.4.3.1 Requisitos 162

            2.4.3.2 Espécies 163

            2.4.3.3 Contracautela e responsabilização 169

            2.4.3.4 Poder geral de cautela e atipicidade 170

	2.4.3.5 Tutela de urgência pré-arbitral	171
	2.4.3.6 Requerimento em caráter antecedente	172
	2.4.4 Tutela da evidência	177
3.	Estrutura do Poder Judiciário – organização judiciária	179
	3.1 Garantias do Poder Judiciário	180
	3.1.1 Garantias institucionais	180
	3.1.2 Garantias funcionais	181
	3.2 Organização judiciária	182
	3.2.1 Supremo Tribunal Federal	183
	3.2.2 Superior Tribunal de Justiça	185
	3.2.3 Justiça Federal	186
	3.2.4 Justiça do Trabalho	187
	3.2.5 Justiça Eleitoral	187
	3.2.6 Justiça Militar	189
	3.2.7 Justiça Comum Estadual	189
	3.2.8 Conselho Nacional de Justiça	189
4.	Competência jurisdicional	192
	4.1 Generalidades	192
	4.2 Competência internacional e competência interna	192
	4.3 Cooperação jurídica internacional	194
	4.4 Cooperação jurídica nacional	196
	4.5 Competência territorial	198
	4.6 Competência objetiva	210
	4.7 Competência funcional	210
	4.8 Competência absoluta e competência relativa. Modificações da competência. Prorrogação e prevenção da competência	211
	4.9 Controle da competência – conflito de competência e arguição de incompetência	223

Capítulo 6 – AÇÃO: CONDIÇÕES, ELEMENTOS DE IDENTIFICAÇÃO, CONEXÃO E CONTINÊNCIA 229

1.	Da ação: conceito, natureza jurídica e espécies	229
	1.1 Conceito	229
	1.2 Natureza jurídica	230
	1.3 Classificação das ações	236
	1.4 As sentenças e a classificação das ações	237

XVI | TEORIA GERAL DO PROCESSO CIVIL – *Luiz Fux*

2. Condições da ação 241

    2.1 Legitimidade das partes 244

    2.2 Interesse de agir 250

3. Elementos de identificação das ações.. 254

    3.1 Elementos de identificação das ações 254

    3.2 O elemento causal – *Causa petendi* 255

    3.3 Elemento subjetivo 257

    3.4 Elemento objetivo – o pedido 262

    3.5 Pedido de prestação indivisível.. 269

    3.6 Pedido cominatório 270

    3.7 Alteração dos elementos de identificação das ações............................... 276

4. Conexão e continência de ações: concurso e cumulação de ações................... 280

    4.1 Aspectos gerais... 280

    4.2 Espécies de conexão 283

    4.3 Cumulação e concurso de ações 285

        4.3.1 Cumulação de ações – espécies 289

        4.3.2 Cumulação de ações – requisitos... 290

Capítulo 7 – PROCESSO, PROCEDIMENTOS E ATOS PROCESSUAIS............ 295

1. Processo e procedimento 295

    1.1 Procedimentos em espécie 297

2. Atos processuais 306

    2.1 Forma dos atos processuais 306

        2.1.1 Da prática eletrônica de atos processuais 312

        2.1.2 O papel do Conselho Nacional de Justiça na transformação tecno-
lógica do Poder Judiciário e o Programa "Justiça 4.0"...................... 315

    2.2 Tempo dos atos processuais 324

    2.3 Lugar e tempo dos atos processuais 327

        2.3.1 Contagem dos prazos processuais.. 330

    2.4 Verificação dos prazos e suas penalidades 334

    2.5 Comunicação dos atos processuais 336

    2.6 Comunicação eletrônica dos atos processuais.. 336

    2.7 Cartas 340

        2.7.1 Carta precatória e rogatória. Efeito suspensivo 344

    2.8 Citação 344

        2.8.1 Efeitos da citação 346

	2.8.2	Modalidades de citação	349
		2.8.2.1 Citação por meio eletrônico	352
		2.8.2.2 Citação postal	356
		2.8.2.3 Citação por oficial de justiça	358
		2.8.2.4 Citação com hora certa	359
		2.8.2.5 Citação por edital	361
	2.9	Intimações	363
3.	Nulidades		370
4.	Negócios jurídicos processuais		372
	4.1	Calendário processual	375

Capítulo 8 – SUJEITOS DO PROCESSO E FUNÇÕES ESSENCIAIS À JUSTIÇA... 377

1.	Sujeitos do processo		377
	1.1	Partes	377
	1.2	Litisconsórcio	381
	1.3	Intervenção de terceiros	388
		1.3.1 Generalidades	388
		1.3.1.1 A qualificação de terceiro	390
		1.3.1.2 Efeitos da intervenção	393
		1.3.2 Espécies de intervenção	394
		1.3.2.1 Assistência	395
		1.3.2.2 Recurso do terceiro prejudicado	401
		1.3.2.3 Denunciação da lide	403
		1.3.2.4 Chamamento ao processo	415
		1.3.2.5 Intervenção *iussu iudicis*	419
		1.3.2.6 Incidente de desconsideração da personalidade jurídica....	420
		1.3.2.7 *Amicus curiae*	423
		1.3.3 Intervenção de terceiros no Juizado Especial Cível	425
	1.4	O juiz	426
		1.4.1 Poderes e deveres do juiz	427
		1.4.2 Suspeição e impedimento	432
	1.5	Auxiliares da justiça	436
	1.6	Ministério Público	439
	1.7	Advocacia Pública	441
	1.8	Defensoria Pública	443

XVIII | TEORIA GERAL DO PROCESSO CIVIL – *Luiz Fux*

Capítulo 9 – FORMAÇÃO, SUSPENSÃO E EXTINÇÃO DO PROCESSO 445

1. Generalidades 445

2. Formação do processo 446

   2.1   Formação do processo e distribuição por dependência das ações repetidas.... 452

   2.2   Formação do processo e indeferimento do pedido *in limine* 455

   2.3   Atuação jurisdicional *ex officio*. Visão prospectiva 456

3. Suspensão do processo 462

   3.1   Suspensão por morte ou perda de capacidade processual 465

   3.2   Suspensão convencional do processo 468

   3.3   Suspensão pela alegação de incompetência, impedimento e suspeição 468

   3.4   Suspensão nos recursos repetitivos e no incidente de resolução de demandas repetitivas 469

   3.5   Suspensão por prejudicialidade 469

   3.6   Suspensão por motivo de força maior 472

   3.7   Outros casos de suspensão do processo 473

4. Extinção do processo 473

   4.1   Extinção do processo sem resolução de mérito 476

         4.1.1   Indeferimento da petição inicial 476

         4.1.2   Contumácia das partes 478

         4.1.3   Abandono do autor 479

         4.1.4   Falta de pressupostos processuais de constituição e desenvolvimento válido e regular do processo 480

         4.1.5   Acolhimento das alegações de perempção, litispendência e coisa julgada 480

               4.1.5.1   Perempção 481

               4.1.5.2   Litispendência 481

               4.1.5.3   Coisa julgada 482

          4.1.6   Ausência das condições da ação 482

          4.1.7   Existência de convenção de arbitragem 482

         4.1.8   Desistência da ação 483

         4.1.9   Intransmissibilidade da ação 484

         4.1.10 Outros casos 484

   4.2   Resolução do processo com análise do mérito 485

         4.2.1   Acolhimento ou rejeição do pedido do autor 485

         4.2.2   Reconhecimento da procedência do pedido pelo réu 485

         4.2.3   Transação 486

         4.2.4   Renúncia ao direito em que se funda a ação 486

Capítulo 10 – PROVAS 489

1. Generalidades 489
2. Sujeitos da prova e ônus da prova 498
3. Sistemas de avaliação da prova 503
4. Momento da prova 505
   - 4.1 Produção antecipada de prova 507
5. Espécies de prova 509
   - 5.1 Prova documental 510
     - 5.1.1 Dos documentos eletrônicos 515
     - 5.1.2 Produção da prova documental 518
   - 5.2 Exibição de documento ou coisa 520
   - 5.3 Ata notarial 523
   - 5.4 Prova oral 524
     - 5.4.1 Depoimento pessoal 526
     - 5.4.2 Prova testemunhal 528
       - 5.4.2.1 Juntada do rol de testemunhas 534
       - 5.4.2.2 Depoimentos privilegiados 535
     - 5.4.3 Confissão 536
   - 5.5 Prova pericial 539
     - 5.5.1 Realização da perícia. Ciência das partes quanto à data e ao local 544
     - 5.5.2 Perícia abrangente de mais de uma área de conhecimento 544
     - 5.5.3 Prazo para apresentação do laudo e das críticas dos assistentes 545
   - 5.6 Inspeção judicial 547

Capítulo 11 – SENTENÇA E COISA JULGADA 549

1. Sentença 549
   - 1.1 Espécies de sentença 554
   - 1.2 Requisitos intrínsecos da sentença. Congruência e certeza 558
   - 1.3 Requisito intrínseco. Especificidade. A sentença e a tutela específica 560
2. Coisa julgada 561
   - 2.1 Generalidades 561
   - 2.2 Limites objetivos da coisa julgada 568
   - 2.3 Limites subjetivos da coisa julgada 572
   - 2.4 Meios de defesa da coisa julgada 577
   - 2.5 Relativização da coisa julgada 580

XX | TEORIA GERAL DO PROCESSO CIVIL – *Luiz Fux*

Capítulo 12 – TEORIA GERAL DA EXECUÇÃO E DO CUMPRIMENTO DE SENTENÇA 583

1. A tutela satisfativa – cumprimento da sentença e execução de título executivo extrajudicial 583

    1.1 A sistemática do cumprimento da sentença e da execução de título extrajudicial no Código de Processo Civil de 2015 587

    1.2 Teoria geral do cumprimento da sentença e da execução extrajudicial 591

        1.2.1 Fundamentos processuais e materiais da execução e do cumprimento da sentença 591

        1.2.2 Princípios do processo de execução e do cumprimento da sentença 593

2. Requisitos da execução e do cumprimento de sentença 599

    2.1 Pressupostos da execução e do cumprimento da sentença 599

        2.1.1 Inadimplemento do devedor 599

        2.1.2 Título executivo 602

            2.1.2.1 Requisitos do crédito exequendo 602

            2.1.2.2 Títulos executivos judiciais 604

            2.1.2.3 Liquidação dos títulos judiciais 611

            2.1.2.4 Títulos extrajudiciais. Título executivo. Prova inequívoca. Tutela antecipada e execução 616

            2.1.2.5 Títulos executivos extrajudiciais 617

3. Espécies de execução 624

    3.1 Generalidades 624

    3.2 O moderno cumprimento provisório de sentença 632

4. Pressupostos processuais e condições da execução por título extrajudicial e do cumprimento da sentença 634

    4.1 Pressupostos processuais e condições da execução extrajudicial e do cumprimento da sentença 634

        4.1.1 Condições da ação 634

        4.1.2 Competência jurisdicional 637

            4.1.2.1 Competência e execução por título extrajudicial 638

            4.1.2.2 Competência e cumprimento da sentença 639

BIBLIOGRAFIA 641

Capítulo 1
O DIREITO PROCESSUAL CIVIL

1. O DIREITO PROCESSUAL

O Direito processual é o ramo do Direito público composto de um complexo de princípios e normas[1] que regulam a *jurisdição* – como atividade estatal de aplicação do Direito aos casos submetidos à apreciação do Judiciário –, a *ação* – como o direito de acesso amplo à justiça, seus pressupostos e consequências de seu exercício – e o *processo* – como instrumento pelo qual a parte pede justiça e o Estado dela se desincumbe.

As normas processuais gravitam, assim, acerca dos institutos da ação, da jurisdição e do processo e seus consectários. Nesse sentido, quando se analisa a jurisdição, enfoca-se a competência, que é a repartição daquela função, e a coisa julgada, que retrata a imutabilidade do seu resultado. As normas que versam sobre a competência e a coisa julgada são, portanto, normas processuais. A ação, por seu turno, implica a análise de sua bilateralidade por meio da defesa, da existência de sujeitos que a exerçam, dos requisitos necessários para manejá-la utilmente e obter a decisão de mérito etc. As regras que tratam desses temas – vale dizer, defesa, contestação, pluralidade de sujeitos, litisconsórcio, partes, capacidades das partes etc. –, são normas integrantes do Direito processual. Por fim, o instrumento veiculador da pretensão das partes e da solução judicial que é o processo, é como a vida humana: tem início, meio e fim. Forma-se, pode suspender-se e extingue-se. Os fatos constitutivos, suspensivos e extintivos do processo, como a demanda, a convenção das partes e a decisão antecipada ou não, terminativa ou de mérito, são institutos do processo e, como tais, regulados pelo Direito processual. Destarte, o processo em si apresenta um sentido genérico, mas seu objeto é dividido em três grandes grupos: o penal, o civil e o especial.[2]

---

[1] Rudolf Stammler já afirmara que todo ramo do direito encontra a sua expressão sob a forma de "normas jurídicas" (*Tratado de filosofia del Derecho*, 1930, p. 322).

[2] A matéria é enfocada diversamente pelos denominados "unitaristas", para os quais o processo é um só, tenha por pressuposto uma lide penal ou não penal, como afirmam os teóricos da Teoria Geral do Processo. Assim como por detrás de todas as funções estatais está sempre o Estado, ao fundo, na jurisdição de qualquer natureza, está o processo como instrumento de sua veiculação e que apresenta, quanto a todos os seus sub-ramos, as mesmas linhas mestras e postulados. Como evidenciou Vicenzo Miceli: "Tutto ciò revela l'intima conessione fra le due forme di procedimento, interese entrambe al conseguimento del medemismo fine, che è l'applicazione della norma" (*Principi di filosofia del Diritto*, 2. ed., p. 341). Relembre-se que Carnelutti pugnava pela unidade como meta do direito processual (*Sistema*, 1936, vol. I, p. 267).

O primeiro versa sobre o conflito entre o Estado e o réu, sustentando aquele uma pretensão punitiva e o último uma pretensão de liberdade.[3] Esse campo é ocupado pelo Direito processual penal e os conflitos que o compõem, ou seja, a "lide penal".

O processo não penal é o processo civil,[4] que cuida de lides que não encerrem a característica mencionada nem se enquadrem na categoria de "especiais", como soem ser as lides trabalhistas, eleitorais e penal-militares. Estas são reguladas, respectivamente, pelo Direito processual do trabalho, Direito processual eleitoral e Direito processual penal-militar. Entretanto, a legislação desses ramos é especialíssima e limitada às peculiaridades do objeto que compõem o respectivo processo; por isso, o processo civil, pela sua natureza "residual", é a fonte subsidiária de todos esses outros sistemas processuais.[5]

Absorvendo lides não penais e comuns, pertine ao processo civil o processo que verse sobre litígios de natureza tributária, comercial, fazendária etc. Assim, o mandado de segurança, a ação civil pública, a execução fiscal etc. encartam-se na categoria de ações integrantes do "processo civil".

2. POSIÇÃO ENCICLOPÉDICA DO DIREITO PROCESSUAL CIVIL

Decorrência desta "residualidade" do Direito processual civil é a sua "posição enciclopédica".

Inúmeras são as relações do Direto processual civil com as demais disciplinas da ciência jurídica.

Em primeiro lugar, põe-se a observação de que o Direito processual gravita em torno daqueles três elementos básicos – jurisdição, ação e processo.

A jurisdição empresta de imediato ao Direito processual civil a natureza de Direito público, uma vez que a função em exame é exercício da soberania, por isso, em princípio, obedece aos limites territoriais do Estado soberano.[6]

---

[3]   Na escorreita definição de Niceto-Alcalá-Zamora y Castillo, *Proceso, autocomposición y autodefensa*, 1943, pp. 16 e 17.

[4]   A tendência unitarista de unificação dos processos apresenta belíssimos dados histórico-comparativos, *v. g.*, no Direito antigo, o Código Canônico, *Codex Iuris Canonici*; num só livro cuidava de ambos os processos (*De Processibus*). A Suécia, em 1942, promulgou código único para todo o Direito Processual. No Brasil, na época da "Dualidade" da legislação processual, Santa Catarina, Rio de Janeiro e Bahia tinham código único, apontando-se este último como "modelar", fruto da genialidade de Eduardo Espínola.

[5]   Consoante a lição de Frederico Marques, "as leis que regulam o processo e, consequentemente, os atos que o integram, agrupam-se em torno de institutos e relações jurídicas, formando-se assim um sistema normativo coerente e lógico, como ocorre com as demais ciências do direito" (*Instituições*, Rio de Janeiro, Forense, 1971, vol. I, p. 40). O caráter residual do processo civil foi entrevisto por Liebman em confronto com a jurisdição, por isso que afirmava o fundador da Escola Processual Brasileira: A jurisdição civil é *"tutta quella che non è penale"* (*Corso di Diritto processuale civile*, 1952, p. 15).

[6]   Nesse sentido o memorável estudo de Hans Sperl, de 1927, em homenagem a Chiovenda, "Il processo civile nel sistema del Diritto", *Studi di Diritto Processuale in Onore di Chiovenda*, p. 812.

Nessa qualidade, seu inter-relacionamento com o Direito constitucional decorre de o próprio poder que enfeixa em si o monopólio da jurisdição vir estruturado basilarmente na Constituição Federal.[7] A Carta Magna dispõe sobre a estrutura mínima dos poderes

---

[7] "Capítulo III – Do Poder Judiciário

Seção I – Disposições Gerais

Art. 92. São órgãos do Poder Judiciário:

I – o Supremo Tribunal Federal;

I-A – o Conselho Nacional de Justiça; (Incluído pela Emenda Constitucional nº 45, de 2004);

II – o Superior Tribunal de Justiça;

II-A – o Tribunal Superior do Trabalho; (Incluído pela Emenda Constitucional nº 92, de 2016)

III – os Tribunais Regionais Federais e Juízes Federais;

IV – os Tribunais e Juízes do Trabalho;

V – os Tribunais e Juízes Eleitorais;

VI – os Tribunais e Juízes Militares;

VII – os Tribunais e Juízes dos Estados e do Distrito Federal e Territórios.

§ 1º O Supremo Tribunal Federal, o Conselho Nacional de Justiça e os Tribunais Superiores têm sede na Capital Federal. (Incluído pela Emenda Constitucional nº 45, de 2004)

§ 2º O Supremo Tribunal Federal e os Tribunais Superiores têm jurisdição em todo o território nacional. (Incluído pela Emenda Constitucional nº 45, de 2004)

Art. 93. Lei complementar, de iniciativa do Supremo Tribunal Federal, disporá sobre o Estatuto da Magistratura, observados os seguintes princípios:

I – ingresso na carreira, cujo cargo inicial será o de juiz substituto, mediante concurso público de provas e títulos, com a participação da Ordem dos Advogados do Brasil em todas as fases, exigindo-se do bacharel em Direito, no mínimo, três anos de atividade jurídica e obedecendo-se, nas nomeações, à ordem de classificação; (Redação dada pela Emenda Constitucional nº 45, de 2004)

II – promoção de entrância para entrância, alternadamente, por antiguidade e merecimento, atendidas as seguintes normas:

a) é obrigatória a promoção do juiz que figure por três vezes consecutivas ou cinco alternadas em lista de merecimento;

b) a promoção por merecimento pressupõe dois anos de exercício na respectiva entrância e integrar o juiz a primeira quinta parte da lista de antiguidade desta, salvo se não houver com tais requisitos quem aceite o lugar vago;

c) aferição do merecimento conforme o desempenho e pelos critérios objetivos de produtividade e presteza no exercício da jurisdição e pela frequência e aproveitamento em cursos oficiais ou reconhecidos de aperfeiçoamento; (Redação dada pela Emenda Constitucional nº 45, de 2004)

d) na apuração de antiguidade, o tribunal somente poderá recusar o juiz mais antigo pelo voto fundamentado de dois terços de seus membros, conforme procedimento próprio, e assegurada ampla defesa, repetindo-se a votação até fixar-se a indicação; (Redação dada pela Emenda Constitucional nº 45, de 2004)

e) não será promovido o juiz que, injustificadamente, retiver autos em seu poder além do prazo legal, não podendo devolvê-los ao cartório sem o devido despacho ou decisão; (Incluída pela Emenda Constitucional nº 45, de 2004)

III – o acesso aos tribunais de segundo grau far-se-á por antiguidade e merecimento, alternadamente, apurados na última ou única entrância; (Redação dada pela Emenda Constitucional nº 45, de 2004)

de todas as unidades da Federação, os princípios inafastáveis relativos à magistratura e até mesmo normas processuais no sentido estrito da palavra, ao instituir meios regulares autônomos de impugnação de decisões judiciais, bem como ações exercitáveis perante os tribunais do país. Assim é que, na Constituição, encontram-se os pressupostos básicos de

IV – previsão de cursos oficiais de preparação, aperfeiçoamento e promoção de magistrados, constituindo etapa obrigatória do processo de vitaliciamento a participação em curso oficial ou reconhecido por escola nacional de formação e aperfeiçoamento de magistrados; (Redação dada pela Emenda Constitucional nº 45, de 2004)

V – o subsídio dos Ministros dos Tribunais Superiores corresponderá a noventa e cinco por cento do subsídio mensal fixado para os Ministros do Supremo Tribunal Federal e os subsídios dos demais magistrados serão fixados em lei e escalonados, em nível federal e estadual, conforme as respectivas categorias da estrutura judiciária nacional, não podendo a diferença entre uma e outra ser superior a dez por cento ou inferior a cinco por cento, nem exceder a noventa e cinco por cento do subsídio mensal dos Ministros dos Tribunais Superiores, obedecido, em qualquer caso, o disposto nos arts. 37, XI, e 39, § 4º; (Redação dada pela Emenda Constitucional nº 19, de 1998)

VI – a aposentadoria dos magistrados e a pensão de seus dependentes observarão o disposto no art. 40; (Redação dada pela Emenda Constitucional nº 20, de 1998)

VII – o juiz titular residirá na respectiva comarca, salvo autorização do tribunal; (Redação dada pela Emenda Constitucional nº 45, de 2004)

VIII – o ato de remoção ou de disponibilidade do magistrado, por interesse público, fundar-se-á em decisão por voto da maioria absoluta do respectivo tribunal ou do Conselho Nacional de Justiça, assegurada ampla defesa; (Redação dada pela Emenda Constitucional nº 103, de 2019)

VIII-A – a remoção a pedido ou a permuta de magistrados de comarca de igual entrância atenderá, no que couber, ao disposto nas alíneas *a*, *b*, *c* e *e* do inciso II; (Incluído pela Emenda Constitucional nº 45, de 2004)

IX – todos os julgamentos dos órgãos do Poder Judiciário serão públicos, e fundamentadas todas as decisões, sob pena de nulidade, podendo a lei limitar a presença, em determinados atos, às próprias partes e a seus advogados, ou somente a estes, em casos nos quais a preservação do direito à intimidade do interessado no sigilo não prejudique o interesse público à informação; (Redação dada pela Emenda Constitucional nº 45, de 2004)

X – as decisões administrativas dos tribunais serão motivadas e em sessão pública, sendo as disciplinares tomadas pelo voto da maioria absoluta de seus membros; (Redação dada pela Emenda Constitucional nº 45, de 2004)

XI – nos tribunais com número superior a vinte e cinco julgadores, poderá ser constituído órgão especial, com o mínimo de onze e o máximo de vinte e cinco membros, para o exercício das atribuições administrativas e jurisdicionais delegadas da competência do tribunal pleno, provendo-se metade das vagas por antiguidade e a outra metade por eleição pelo tribunal pleno; (Redação dada pela Emenda Constitucional nº 45, de 2004)

XII – a atividade jurisdicional será ininterrupta, sendo vedado férias coletivas nos juízos e tribunais de segundo grau, funcionando, nos dias em que não houver expediente forense normal, juízes em plantão permanente; (Incluído pela Emenda Constitucional nº 45, de 2004)

XIII – o número de juízes na unidade jurisdicional será proporcional à efetiva demanda judicial e à respectiva população; (Incluído pela Emenda Constitucional nº 45, de 2004)

XIV – os servidores receberão delegação para a prática de atos de administração e atos de mero expediente sem caráter decisório; (Incluído pela Emenda Constitucional nº 45, de 2004)

XV – a distribuição de processos será imediata, em todos os graus de jurisdição. (Incluído pela Emenda Constitucional nº 45, de 2004)

cabimento do recurso extraordinário, do recurso especial, do mandado de segurança, da ação popular, da ação civil pública etc., sem prejuízo da previsão expressa da competência da União para legislar sobre o Direito processual.

O *Direito penal* e o *Direito processual penal* emprestam seus conceitos ao processo civil em diversas passagens, tornando utilíssimo esse relacionamento. Algumas figuras penais, como, *v. g.*, a corrupção e a concussão, são fundamentos para a rescindibilidade das sentenças (art. 966 do CPC).[8] A fraude de execução e demais figuras confirmam esse *affair* jurídico tão estreito que em boa sede doutrinária imaginou-se um "Direito que englobasse o processo civil, o processo penal e o Direito penal como disciplinas irmãs".[9]

O *Direito material*, privado e público, encontra no processo seu "instrumento de realização", que é o quanto basta para lhe definir as vinculações enciclopédicas, respeitada a autonomia científica de cada ramo. O *Direito civil*, por exemplo, fornece ao processo os conceitos de capacidade necessários para aferir a *legitimatio ad processum*. No processo de execução de créditos, utilíssima é a observação dos privilégios de Direito material na obediência ao princípio *prior tempore potior in iure* na sua fase de pagamento.

O *Direito comercial* das sociedades, das falências, dos títulos de crédito, revela quão riquíssimo é esse relacionamento entre os institutos da mercancia e os do processo.

O processo de execução, por força da regra *nulla executio sine titulo* vale-se dos requisitos estabelecidos pelas leis comerciais quanto às cártulas para autorizar o início desse processo autoritário-judicial.

O Direito processual civil, sob a ótica enciclopédica, projeta as suas normas na codificação infraconstitucional (Código de Processo Civil), nos Regimentos Internos dos Tribunais, por força de autorização constitucional e na própria Carta Maior, fonte de todas as leis.

O fenômeno da "constitucionalização" de diversos instrumentos e princípios processuais tem sugerido o surgimento de um "Direito processual constitucional", cuja exegese influi em toda a interpretação da legislação ordinária. Assim, *v. g.*, o acesso ao Judiciário consagrado pelo princípio da inafastabilidade tem sido interpretado como a necessidade de conferir ao cidadão acessibilidade a uma ordem jurídica "efetiva", "justa" e "tempestiva". A partir desse cânone, a hermenêutica processual iniciou uma interpretação dos dispositivos processuais, adaptando-os a essa nova realidade político-constitucional e que pode ser apontada como o primeiro pilar sustentador do poder jurisdicional de conferir a "tutela antecipada", posto que esta é efetiva e tempestiva, mercê de justa, porquanto exige, para sua concessão, uma prova inequívoca.[10]

---

[8] "Capítulo VII – Da Ação Rescisória

   Art. 966. A decisão de mérito, transitada em julgado, pode ser rescindida quando:

   I – se verificar que foi proferida por força de prevaricação, concussão ou corrupção do juiz;"

[9] Carnelutti, *Questioni di processo penale*, 1950, p. 1. Goldschmidt se referia a um Direito judiciário material, in "Derecho justicial material", *Revista de Derecho Procesal*, Buenos Aires, 1946, pp. 1-4.

[10] Em esparsa sede doutrinária, dilarga-se essa ótica para aduzir-se, também, a um Direito processual administrativo (Miguel Fenech, *Derecho procesal tributario*, 1949). Liebman admite a dicotomia nos países de contenciosos administrativos (*Corso di Diritto processuale civile*, 1952, p. 15).

3. A NORMA PROCESSUAL

As normas processuais, assim consideradas aquelas que disciplinam a atividade jurisdicional, o poder de iniciativa de estimular o judiciário e os requisitos processuais para o cumprimento dessa atividade soberana-estatal, distinguem-se de outras regras que interferem no fenômeno processual, sem, contudo, guardar a mesma natureza jurídica daquelas. Essas outras são as "normas de procedimento" e as de "organização judiciária", hodiernamente encartadas no poder legiferante das unidades federadas.[11]

O *procedimento* é o modo pelo qual os atos se sucedem no processo, o momento desses atos processuais e o itinerário estabelecido pelo legislador para se obter a prestação jurisdicional. Assim, *v. g.*, a regra segundo a qual a audiência que se segue à citação do réu é de conciliação, instrução e julgamento é de natureza procedimental. Também participa dessa natureza a regra que dispõe que na audiência primeiro manifestam-se os peritos, depois as partes, iniciando-se pelo depoimento do autor e, depois, o do réu.

Sempre que a lei estatui "como proceder" estamos diante de uma norma procedimental.

A distinção não é meramente acadêmica, uma vez que a Constituição autoriza os Estados a legislarem sobre procedimento, em contrapartida à competência exclusiva da União para legislar acerca de normas processuais. Essa distinção se revelou de extrema importância, por ocasião da implantação dos "juizados especiais" nos Estados. É que a lei federal concedeu um prazo de seis meses para operar-se a referida adaptação, incumbindo as unidades federadas da estruturação de seu *procedimento* e do próprio sistema desse novel segmento de justiça.

Desta sorte, se a lei estadual estabelece concentração dos atos numa só audiência ou prova pericial posterior à audiência, estaremos diante de ditames procedimentais encartados na esfera de competência legislativa da unidade federada.

Vedado será, entretanto, disciplinar os casos de cabimento da prova pericial ou a supressão de uma etapa de defesa a pretexto de regular o "rito", posto que os institutos da prova e da defesa são, ontologicamente, processuais e não meramente procedimentais.

---

[11] "**Art. 24 da CF.** Compete à União, aos Estados e ao Distrito Federal legislar concorrentemente sobre: [...]

X – criação, funcionamento e processo do juizado de pequenas causas;

XI – procedimentos em matéria processual; [...]

XIII – assistência jurídica e Defensoria pública; [...]

§ 1º No âmbito da legislação concorrente, a competência da União limitar-se-á a estabelecer normas gerais.

§ 2º A competência da União para legislar sobre normas gerais não exclui a competência suplementar dos Estados.

§ 3º Inexistindo lei federal sobre normas gerais, os Estados exercerão a competência legislativa plena, para atender a suas peculiaridades.

§ 4º A superveniência de lei federal sobre normas gerais suspende a eficácia da lei estadual, no que lhe for contrário."

As normas de organização judiciária pertinem ao campo do autogoverno da magistratura na sua estruturação orgânico-funcional. Nesse sentido, a divisão do Estado em *comarcas*, a instituição de tribunais, a existência de tribunal de justiça, a organização dos serviços auxiliares da justiça, tudo isso diz respeito à organização judiciária, e a essa categoria pertencem as normas que lhe servem de base. Assim, muito embora se insiram nos domínios do Direito processual, essas regras não são processuais *tout court*.

Em razão do objeto de sua regulação, vale dizer, a atividade estatal soberana, as regras do processo são "cogentes" e excepcionalmente "dispositivas". Assim, *v. g.*, estabelecido um prazo ou determinada uma conduta processual, não é lícito às partes transigir sobre elas, uma vez que os imperativos processuais devem ser cumpridos, sob pena de sanções instrumentais. Assim, se a lei confere a resposta ao réu em determinado prazo, a apresentação posterior implica revelia e presunção da veracidade dos fatos afirmados pelo autor.[12] Da mesma forma, estabelecidos requisitos para intentar um processo de execução, não podem as partes suplantar, por acordo, aqueles pressupostos mínimos, posto que estarão, em negócio privado, dispondo sobre atividade soberana.

Há, porém, regras "dispositivas", excepcionalmente não cogentes. Nesse segmento, a lei dispõe sobre a "repartição do poder jurisdicional entre diversos órgãos de determinado território". É a denominada "competência de foro ou territorial". Não obstante as regras estabeleçam de antemão a "sede do litígio" no foro do fato, do ato, da residência das partes ou de seu domicílio, mais adiante permite-se que os sujeitos parciais do processo "convencionem" onde vão litigar sob a intermediação do judiciário acaso surja um litígio derivado do contrato que engendraram.

É o que se denomina de "foro de eleição", que consiste exatamente numa cláusula contratual "derrogatória dos preceitos legais de competência territorial (arts. 62 e 63 do CPC).[13]

As regras processuais são encontradiças em diversos diplomas legais; por isso, importa a análise da "essência do preceito" mais do que sua colocação topográfica em determinado ordenamento codificado. Assim, pode haver uma norma de processo civil encartada no Código Civil e vice-versa. Entretanto, onde quer que esteja, a norma processual terá sua

---

[12] "**Art. 344.** Se o réu não contestar a ação, será considerado revel e presumir-se-ão verdadeiras as alegações de fato formuladas pelo autor".

[13] "**Art. 62.** A competência determinada em razão da matéria, da pessoa ou da função é inderrogável por convenção das partes.

Art. 63. As partes podem modificar a competência em razão do valor e do território, elegendo foro onde será proposta ação oriunda de direitos e obrigações.

§ 1º A eleição de foro só produz efeito quando constar de instrumento escrito e aludir expressamente a determinado negócio jurídico.

§ 2º O foro contratual obriga os herdeiros e sucessores das partes.

§ 3º Antes da citação, a cláusula de eleição de foro, se abusiva, pode ser reputada ineficaz de ofício pelo juiz, que determinará a remessa dos autos ao juízo do foro de domicílio do réu.

§ 4º Citado, incumbe ao réu alegar a abusividade da cláusula de eleição de foro na contestação, sob pena de preclusão."

característica singular de cogência, a despeito de habitar um corpo de regras disponíveis. Esse *habitat* das regras processuais se denomina "fontes", donde promanam as normas de processo.

4. FONTES DO DIREITO PROCESSUAL CIVIL

No Direito brasileiro, a Constituição Federal tem o primado sobre o ordenamento jurídico, derivando de seus ditames as demais regras, quer sejam processuais, quer materiais.

A existência de inúmeros institutos e preceitos de processo civil faz da Carta Magna sua fonte primeira. Assim é que, na Constituição, vêm reguladas as garantias básicas do "acesso à ordem jurídica justa", obedecidos o "devido processo legal" e o "contraditório".

Os remédios heroicos de defesa da cidadania,[14] não obstante, têm sua previsão primária na Constituição, vedando-se, assim, ao legislador infraconstitucional, suprimi-los conquanto garantias pétreas. Nesse contexto, inserem-se a ação popular, a ação civil pública, o *habeas corpus*, o *habeas data*, o recurso extraordinário, o recurso especial etc.

Destarte, é no diploma maior que se estrutura, em linhas básicas e inafastáveis pelos Estados-membros, a magistratura, encarregada da prestação da justiça, estabelecendo as garantias *pro populo* de que devem gozar os juízes no afã de, com independência, decidirem os litígios submetidos à sua apreciação. Essa é a razão da vitaliciedade, inamovibilidade e irredutibilidade estipendial.[15]

Aliás, a Constituição Federal é considerada a "fonte das fontes", porquanto é ela que indica a "atribuição sobre quem pode formular regras processuais", ao dispor sobre a competência da União para legislar sobre processo, e a concorrente dos Estados membros para editar regras procedimentais.

Por fim, a Constituição difunde princípios que evidenciam o regime jurídico-político em que vivemos, e sob essa inspiração é que os operadores do Direito devem engendrar a interpretação e a aplicação das normas processuais.[16] Abaixo da Constituição Federal

---

[14] Em priscas eras afirmara Pimenta Bueno que "as garantias processuais são, em última análise, 'as garantias das liberdades civis dos brasileiros'" (*Apontamentos sobre as formalidades do processo civil*, 1858, III).

[15] "**Art. 95 da CF:** Os juízes gozam das seguintes garantias:

I – vitaliciedade, que, no primeiro grau, só será adquirida após dois anos de exercício, dependendo a perda do cargo, nesse período, de deliberação do tribunal a que o juiz estiver vinculado, e, nos demais casos, de sentença judicial transitada em julgado;

II – inamovibilidade, salvo por motivo de interesse público, na forma do art. 93, VIII;

III – irredutibilidade de subsídio, ressalvado o disposto nos arts. 37, X e XI, 39, § 4º, 150, II, 153, III, e 153, § 2º, I".

Essa gama de institutos e preceitos processuais na Constituição conduziu Niceto-Alcalá-Zamora a afirmar da existência de um "Direito processual constitucional", in *Proceso, autocomposición y autodefensa*, 1947, pp. 206 e 207. Por seu turno, Calamandrei aduziu a uma "Constitucionalização das Garantias Processuais", *Processo e democracia*, 1954, p. 148.

[16] Afirmou-se em boa sede doutrinária que: "as formalidades do processo são atualidades das garantias constitucionais". O insuperável Couture já afirmara: "No processo, a lei que concede ou nega

localizam-se as denominadas "fontes ordinárias ou infraconstitucionais". Nesse **contexto**, assumem relevo as "codificações", as "leis processuais esparsas", as "leis de organização judiciária" das unidades federadas e os "regimentos internos dos tribunais".

A analogia, os costumes e os princípios gerais são fontes subsidiárias do direito processual, diante da omissão legal, conforme o art. 4º da Lei de Introdução às Normas do Direito Brasileiro (Decreto-Lei nº 4.657, com a redação dada pela Lei nº 12.376/2010). Ressalte-se que crescente é o poder vinculante da jurisprudência empreendido nas recentes reformas processuais, com particular destaque para o CPC, que expressamente previu o caráter cogente diante dos precedentes qualificados estabelecidos no art. 927, permitindo ao relator dos recursos negar ou dar provimento a eles de acordo com o entendimento predominante dos tribunais locais ou superiores (art. 932, IV e V, do CPC), obrigando-se a observância das súmulas, dos precedentes e da jurisprudência por todos os julgadores (art. 489, § 1º, VI, do CPC).

No que concerne aos procedimentos previstos nas leis esparsas, aplica-se o CPC, subsidiariamente, *v.g.*, o das desapropriações, o do mandado de segurança, os que regulam a ação civil pública, a ação popular, as ações de defesa dos consumidores, o dos juizados especiais cíveis e criminais, o das ações locatícias etc. A característica dessas regras especiais é que elas subsidiam o processo codificado, complementando o quadro de medidas judiciais valendo-se das regras ordinárias para suprir as suas lacunas, segundo a máxima da coexistência entre a *lex specialis* e a *lex generalis*.

Os *códigos* são as fontes formais e oficiais por excelência; por isso, no âmbito que nos interessa, a fonte maior é o CPC, mencionado destacadamente nos assuntos versados em cada um dos capítulos[17].

Ordenamento fruto da influência dos nossos melhores matizes europeus, o Código condensa as regras que norteiam a jurisdição e todas as formas de prestação de justiça (conhecimento e execução), a ação e seus elementos constitutivos, bem como a forma de exercê-la em juízo, e o processo com seus requisitos de existência e validade.

Tudo quanto o Código contém é possível de reduzir-se a estes três monômios da processualística (jurisdição, ação e processo).

Sob essa ótica, o CPC, tanto em sua parte geral quanto em sua parte especial, divide-se em *livros*, que se subdividem em *títulos*, estes em *capítulos*, que por seu turno se dicotomizam em seções e estas em *subseções*, contemplando *artigos*, *parágrafos* e *alíneas* (ex.: art. 13 do Capítulo II do Livro I da parte geral do Código).

Nesse ponto, cumpre mencionar que houve significativa alteração estrutural no Código quando se compara este, fruto da reforma, com aquele de 1973. Para tanto,

---

poderes no processo não o faz senão dentro das bases da Constituição, posto que '*El espíritu de esta se traslada a aquella, que debe inspirarse en las valoraciones establecidas por el constituyente*'" (*Estudios de derecho procesal civil*, 1948, vol. I, pp. 21 e 23).

[17] Registre-se, no ponto, o disposto na Recomendação CNJ 123/2022, que recomenda aos órgãos do Poder Judiciário brasileiro a observância dos tratados e convenções internacionais de direitos humanos e o uso da jurisprudência da Corte Interamericana de Direitos Humanos.

basta observar a divisão em parte geral e parte especial, que não constava do diploma de outrora. Dividia-se, assim, em cinco livros gerais, cujos temas eram: o processo de conhecimento, o processo de execução, o processo cautelar, os procedimentos especiais e as disposições finais.

Já no padrão atual, a parte geral se encontra composta por seis livros.

Tomo, então, a palavra da comissão de juristas que elaboraram o anteprojeto do atual Código – a qual tive a honra de presidir – para demonstrar a sistematização que se pretendeu com a parte geral do Código, e transcrevo o seguinte trecho da exposição de motivos, *in verbis*:

> O Novo CPC conta, agora, com uma Parte Geral, atendendo às críticas de parte ponderável da doutrina brasileira. Neste Livro I, são mencionados princípios constitucionais de especial importância para todo o processo civil, bem como regras gerais, que dizem respeito a todos os demais Livros. A Parte Geral desempenha o papel de chamar para si a solução de questões difíceis relativas às demais partes do Código, já que contém regras e princípios gerais a respeito do funcionamento do sistema.
>
> O conteúdo da Parte Geral (Livro I) consiste no seguinte: princípios e garantias fundamentais do processo civil; aplicabilidade das normas processuais; limites da jurisdição brasileira; competência interna; normas de cooperação internacional e nacional; partes; litisconsórcio; procuradores; juiz e auxiliares da justiça; Ministério Público; atos processuais; provas; tutela de urgência e tutela da evidência; formação, suspensão e extinção do processo.[18]

O *Livro I* expõe as normas processuais civis que garantem, de modo geral, os princípios básicos regentes do processo civil brasileiro, como o contraditório e a ampla defesa e os meios para garantir tais princípios.

Entender a topografia do Código é essencial para reconhecer determinadas mudanças de paradigma com relação ao regime anterior. *Verbi gratia*, a existência de um catálogo de princípios fundamentais do processo civil logo no início do *codex* revela a enorme preocupação do legislador em revestir o processo civil de todas as garantias inerentes ao *due process of law*. Também a preocupação com o estímulo aos métodos alternativos de resolução de controvérsia é digna de destaque.

O *Livro II* diz respeito à função jurisdicional e, naturalmente, se inicia reafirmando o "monopólio" de proferir decisões a um terceiro imparcial incumbido para tal e legitimamente reconhecido pelas partes, o juiz. Estabelece, portanto, as diretrizes da atividade do magistrado e sua competência para apreciar determinado caso.

Em seguida, o *Livro III* versa sobre os sujeitos do processo. Assim, trata não apenas da legitimidade da parte para figurar em juízo, mas de todos os personagens que, porventura, possam irromper no processo, *v.g.*, o juiz, o ministério público, o patrono da parte, os terceiros que possam intervir, dentre outros.

---

[18] Senado Federal, *Código de Processo Civil e normas correlatas*, 7. ed., Brasília, Senado Federal, 2015, p. 35-36.

Seguindo um raciocínio lógico, o *Livro IV* da parte geral destrincha os atos processuais que os sujeitos mencionados no livro anterior podem praticar. Apresenta, portanto, os diferentes pronunciamentos do juiz, regula os prazos e, em destaque, a comunicação dos atos processuais – fator crucial no que tange à garantia plena do contraditório e, por conseguinte, do devido processo legal.

O *Livro V* retrata o fenômeno da tutela provisória, aquela que é engendrada para manter a utilidade da prestação definitiva da justiça, seja garantindo de maneira antecipada o resultado que se pretende com a ação proposta, seja criando condições para impedir uma deterioração superveniente da prestação *sub judice* ou de elementos que interfiram diretamente na cognição do juiz. A disciplina deste livro vem substituir de maneira mais completa o Livro III do Código anterior.

Finalmente, o *Livro VI* consagra disposições relativas à formação, à suspensão e à extinção do processo.

No que tange à parte especial, há três livros principais e um complementar. Os *Livros I e II* mantêm os temas tratados nos seus respectivos locais do Código anterior, quais sejam o processo de conhecimento e o processo de execução.

O *Livro I* contempla o processo de conhecimento, destinado à definição de direitos, e o cumprimento de sentença. Trata-se, por motivos históricos, da forma tradicional de prestação da tutela jurisdicional. As disposições da parte geral, antes da reforma, encontravam-se disciplinadas, em sua maioria, no livro do processo de conhecimento, suprindo lacunas dos demais livros. O Código, nesse sentido, dispensa a aplicação subsidiária de normas desse livro aos demais, uma vez designada a parte geral para socorrer essas disposições comuns. Destaca-se, ainda, que os procedimentos especiais, aos quais era dedicado o Livro IV do Código passado, são, agora, tratados ao final deste livro.

O *Livro II* cuida do processo de realização de direitos, de satisfação do direito constante do título executivo extrajudicial, que é o *processo de execução*, uma vez que o cumprimento da sentença foi integrado ao processo de conhecimento.

O *Livro III* dedica-se aos processos nos tribunais e de seus meios de impugnação. Nesse sentido, observa-se a vontade do legislador em organizar o CPC de maneira a seguir uma ordem lógica. Primeiro, o processo de conhecimento, depois a execução e, ao final o prosseguimento do processo em instâncias superiores, expondo, *v.g.*, os recursos que podem ser interpostos em face de decisões e sentenças, eventuais incidentes que versem sobre questões relevantes que não o mérito do processo.

O *Livro Complementar* contempla *disposições finais e transitórias*.

As *leis de organização judiciária* representam a manifestação local do autogoverno da magistratura como consectário da consciência político-republicana de nosso legislador. Efetivamente, não se concebe uma República Federativa sem essa autonomia interna das unidades da federação, o que não se concilia com a ideia de um Judiciário unificado. Essa unidade opera-se apenas no plano ideológico-institucional, mas nunca no plano subjetivo--orgânico. Somente as próprias unidades federadas sabem de suas necessidades práticas.

Aliás, cientistas políticos indicam o monopólio central da administração da justiça como aspecto a demonstrar a inexistência de uma "federação".[19]

A importância processual das leis de organização judiciária é notória, principalmente no que toca à competência *ratione materiae* e *funcional*. Entretanto, num eventual confronto, em razão da sua própria finalidade, devem prevalecer as leis do processo sobre as de organização judiciária.

Os *regimentos internos dos tribunais*, quanto à competência, também influem no processo, resguardada a faixa da legislação federal. Outrossim, por autorização maior contida na Carta Constitucional anterior, os regimentos dos Tribunais Superiores estatuíam acerca de processo e nisto residia notável influência no campo processual. Relembre-se, por oportuno, a figura dos "recursos regimentais", cujas origens remontam-se aos antigos "Assentos das Cortes Portuguesas",[20] e ver-se-á a suma importância desse diploma na vida do processo.

5. APLICAÇÃO, INTERPRETAÇÃO E EFICÁCIA DA LEI PROCESSUAL CIVIL NO TEMPO E NO ESPAÇO

As leis do processo são aplicáveis como regras de conduta no exercício da atividade jurisdicional do Estado Juiz e das partes.

O legislador, em algumas hipóteses, deixa escapar novas realidades, fazendo exsurgir o problema da integração da *lacuna* da lei processual. Assim, *v. g.*, a Lei dos Juizados Especiais proíbe pessoas jurídicas de litigar naquele segmento especializado, mas não se refere às pessoas formais, com personalidade judiciária apenas, como o condomínio, a herança jacente, a massa de bens do devedor civil insolvente e o espólio.

Nesse caso, deve-se considerar, em primeiro lugar, que a lei processual é regra jurídica e como tal se subsume ao preceito suprajurídico de que as lacunas devem ser "autointegradas" ou "heterointegradas". Isso implica que, na omissão da lei, deve haver o suprimento pela analogia, pelos costumes e pelos princípios gerais de direito.

Esse preceito, insculpido no art. 4º da Lei de Introdução às Normas do Direito Brasileiro,[21] é repetido no art. 140 do CPC.[22] Entretanto, mister assentar-se a diferença. É que, no tema presente, cuida-se de enfrentar o problema atinente à lacuna da "regra processual" que acarreta para o juiz uma perplexidade na solução de uma questão formal, ao passo que tais dispositivos indicam como deve agir o juiz no julgamento da "questão substancial" não regulada pela lei material.

---

[19] Assim, **Mouskheli**, *La Theorie Juridique de l'Etat Fédéral*, 1931, p. 228.

[20] Os assentos da Casa da Suplicação tinham autoridade de lei sobre a inteligência ou interpretação de alguma Ordenação ou Lei do Reino (**Frederico Marques**, *Instituições*, vol. I, p. 69).

[21] "**Art. 4º** Quando a lei for omissa, o juiz decidirá o caso de acordo com a analogia, os costumes e os princípios gerais de direito."

[22] "**Art. 140.** O juiz não se exime de decidir sob a alegação de lacuna ou obscuridade do ordenamento jurídico."

A *analogia* sugere aplicar a mesma regra existente para uma situação semelhante àquele objeto da lacuna. Assim, *v.g.*, se a revogada lei das pequenas causas impedia as pessoas formais de demandarem ativamente neste segmento, a lei dos juizados especiais há de vetar também que elas litiguem, porque o fundamento da proibição é o mesmo.

No processo de heterointegração, assumem notável relevo a praxe judiciária e os *princípios* processuais. Desta sorte, a omissão legal que não preveja a manifestação de uma das partes no processo após a fala da outra será suprida à luz do princípio do contraditório, hoje constitucionalizado (art. 5º, LV). Sob esse ângulo, é de extrema significação a gama dos princípios processuais de que se deve valer o aplicador da norma processual, devendo atentar, no atual estágio do processo, para os princípios da "economia processual", segundo os quais o processo deve gerar um máximo de resultado em confronto com um mínimo de esforço processual das partes; o da "efetividade", que consagra a necessidade de uma tutela tempestiva, justa e realizável num espaço de tempo razoável; o da "inafastabilidade da jurisdição", que impõe que nenhuma lesão ou ameaça de lesão escape ao Judiciário, e que deve conjurá-las através de provimento justo e adequado, e o da "tutela específica", segundo o qual o Judiciário deve conceder à parte utilidade que ela obteria se a obrigação perquirida em juízo fosse cumprida voluntariamente, para que não sinta os efeitos da lesão ao seu direito etc.[23]

A "praxe forense" é coadjuvada pela "jurisprudência" e consagra aquilo que tem sido praticado. Assim, *v.g.*, muito embora a intimação de uma decisão seja realizada pelo *Diário Oficial*, considera-se a mesma satisfeita pela retirada dos autos do cartório antes do termo acima, confirmada pelo "livro de carga" – o que restou positivado no CPC (art. 272, § 6º).[24] Também coube à jurisprudência, por exemplo, o suprimento da lacuna sobre a legitimidade do "curador especial" para, na execução, "oferecer embargos" em nome do executado citado de forma "ficta". Aliás, a importância da jurisprudência é tão elevada no suprimento das lacunas que o CPC lhe atribuiu um papel de fonte secundária do direito processual, por meio da persecução de um sistema de precedentes e da uniformização da jurisprudência.[25]

Aplicar a lei é fazê-la incidir no caso concreto, e esse é o dever do magistrado.

Diversa é a etapa de observar o alcance da norma, a sua razão de ser e a sua finalidade. A essa atividade intelectiva denomina-se *interpretação* da lei, que pressupõe a existência da norma jurídica.

---

[23] Acerca do tema, consulte-se **Francesco Carnelutti**, *Teoria Generale del Diritto*, 3. ed., 1951. Modernamente, **Marinoni**, *Efetividade do Processo e Tutela de Urgência*, 1994.

[24] "**Art. 272, § 6º.** A retirada dos autos do cartório ou da secretaria em carga pelo advogado, por pessoa credenciada a pedido do advogado ou da sociedade de advogados, pela Advocacia Pública, pela Defensoria Pública ou pelo Ministério Público implicará intimação de qualquer decisão contida no processo retirado, ainda que pendente de publicação."

[25] Conforme anotou magnificamente **Lessona**: "A jurisprudência representa para os cultores do direito aquilo que é a experimentação para os cultores das ciências físicas" (*Manuale di Procedura Civile*, 1909, p. 9).

A hermenêutica processual não difere das demais, posto indicar ao juiz o tempero necessário entre a aplicação da lei e sua justiça no caso concreto. Aliás, é o caso concreto que há de indicar qual o método exegético recomendável, vale dizer: se o *literal*, o *histórico* etc. Em todos eles, o juiz há de vislumbrar o fim social a que se destina a norma (arts. 8º do CPC e 5º da LINDB).[26] Assim, *v.g.*, se a lei dos juizados dispõe que as partes devem comparecer pessoalmente a juízo, uma interpretação puramente literal pode conduzir à ideia de que os interessados não podem acudir aos juizados acompanhados de advogados, o que desvirtuaria por completo os fins da regra. Noutro passo, se a lei exige a presença do Ministério Público para velar pelos interesses do incapaz (arts. 178, II, e 698, *caput*, do CPC), a causa acaso julgada a favor deste, mas sem aquela intervenção não deve ser anulada, em atenção à "interpretação finalística" da lei.[27]

Interpretar, enfim, é, sem afronta à ordem jurídica, aplicar o direito com sensibilidade, justiça e eficiência, atentando sempre para o fim de justiça e de liberdade que o instrumento processual encerra.

O tema da aplicação da lei processual suscita a questão "espacial" sobre os *limites territoriais* em que a norma incide e o momento em que o regramento surge, posto que destinado a regular relações processuais em curso. Trata-se da temática relativa à *eficácia* da lei processual no espaço e no tempo.

É possível a lei estrangeira determinar qual a forma de processo a ser seguida em face de um direito violado no exterior? Tratando-se de ação a ser proposta em nosso país, são as leis brasileiras as que indicam como agir em juízo?

O direito brasileiro não é permissivo nesse tema. E a razão é simples: jurisdição é exercício de soberania e esta regula-se pela lei do Estado que a engendra. A função jurisdicional deve ser prestada segundo os cânones do país judicante.[28] A *territorialidade*, portanto, é a regra em matéria de jurisdição, ação e processo. No primeiro aspecto, a lei brasileira faz concessões para admitir uma "competência internacional concorrente" para algumas causas, mas, mesmo assim, não reconhece a litispendência (arts. 21 a 24 do CPC).[29] No mesmo passo, admite provas constituídas no estrangeiro

---

[26] "**Art. 8º do CPC.** Ao aplicar o ordenamento jurídico, o juiz atenderá aos fins sociais e às exigências do bem comum, resguardando e promovendo a dignidade da pessoa humana e observando a proporcionalidade, a razoabilidade, a legalidade, a publicidade e a eficiência."

"**Art. 5º da LINDB.** Na aplicação da lei, o juiz atenderá aos fins sociais a que ela se dirige e às exigências do bem comum."

[27] O exemplo encerra a regra hermenêutica de que "a questão de forma não deve infirmar a questão de fundo, porquanto o processo é instrumento a serviço do direito material" (**Schonke**, *Derecho Procesal Civil*, 1950, p. 21).

[28] Nesse sentido, é clássica a lição de **Haroldo Valadão**, *Estudos de Direito Internacional Privado*, 1947, p. 281.

[29] "**Art. 21.** Compete à autoridade judiciária brasileira processar e julgar as ações em que:

I – o réu, qualquer que seja a sua nacionalidade, estiver domiciliado no Brasil;

II – no Brasil tiver de ser cumprida a obrigação;

III – o fundamento seja fato ocorrido ou de ato praticado no Brasil.

para serem produzidas no Brasil, muito embora essa admissão dependa da moralidade e legitimidade dos meios de convicção. A valoração da prova, entretanto, é do juiz brasileiro, segundo a nossa lei, porquanto, o que a Lei de Introdução às normas do Direito Brasileiro permite no disposto no art. 13[30] é a aplicação das regras alienígenas quanto ao ônus da prova, que incide, somente, na hipótese de nenhuma das partes lograr convencer o juízo. Em suma, como regra geral de eficácia no espaço das normas processuais, prevalece a *lex fori*.

Diversamente, para solucionar a lide, a lei de introdução permite ao juiz compô-la segundo as regras de direito alienígena; vale dizer: o direito material com base no qual será decidido o mérito da causa pode ser de origem diversa.[31]

Destarte, a *cooperação jurisdicional internacional* através do implemento de "cartas rogatórias" não infirma a taxatividade da *lex fori* em matéria de eficácia espacial da norma de processo.

Mais delicado é o problema atinente à *"eficácia da lei processual no tempo"*.

O CPC, seguindo a regra de "supradireito" quanto à aplicação imediata da lei processual, dispõe, no seu art. 1.046, que ele rege o processo civil em todo o território

---

Parágrafo único. Para o fim do disposto no inciso I, considera-se domiciliada no Brasil a pessoa jurídica estrangeira que nele tiver agência, filial ou sucursal.

Art. 22. Compete, ainda, à autoridade judiciaria brasileira processar e julgar as ações:

I – de alimentos, quando:

a) o credor tiver domicílio ou residência no Brasil;

b) o réu mantiver vínculos no Brasil, tais como posse ou propriedade de bens, recebimento de renda ou obtenção de benefícios econômicos;

II – decorrentes de relação de consumo, quando o consumidor tiver domicílio ou residência no Brasil;

III – em que as partes, expressa ou tacitamente, se submeterem à jurisdição nacional.

Art. 23. Compete à autoridade judiciária brasileira, com exclusão de qualquer outra:

I – conhecer de ações relativas a imóveis situados no Brasil;

II – em matéria de sucessão hereditária, proceder à confirmação de testamento particular e ao inventário e partilha de bens situados no Brasil, ainda que o autor da herança seja de nacionalidade estrangeira e tenha domicílio fora do território nacional.

III – em divórcio, separação judicial ou dissolução de união estável proceder à partilha de bens situados no Brasil, ainda que o titular seja de nacionalidade estrangeira ou tenha domicílio fora do território nacional.

Art. 24. A ação proposta perante tribunal estrangeiro não induz litispendência e não obsta a que a autoridade judiciária brasileira conheça da mesma causa e das que lhe são conexas, ressalvadas as disposições em contrário de tratados internacionais e acordos bilaterais em vigor no Brasil.

Parágrafo único. A pendência de causa perante a jurisdição brasileira não impede a homologação de sentença judicial estrangeira quando exigida para produzir efeitos no Brasil."

[30] "**Art. 13 da LINDB.** A prova dos fatos ocorridos em país estrangeiro rege-se pela lei que nele vigorar, quanto ao ônus e aos meios de produzir-se, não admitindo os tribunais brasileiros provas que a lei brasileira desconheça."

[31] **Gaetano Morelli**, *Il Diritto Processuale Civile Internazionale*, 1938, p. 13.

brasileiro e, ao entrar em vigor, suas disposições *aplicam-se, desde logo, aos processos pendentes.*[32] Idêntico preceito encontra-se no Código de Processo Penal, art. 2º,[33] com um *plus*, qual seja o de que esclarece textualmente o respeito aos atos validamente praticados sob a égide da lei anterior.

Em essência, o problema da eficácia da lei no tempo é de solução uniforme, porquanto toda e qualquer lei, respeitado o seu prazo de *vacatio legis*, tem aplicação imediata e geral, ressalvados os direitos adquiridos, o ato jurídico perfeito e a coisa julgada. Muito embora a última categoria pareça ser a única de direito processual, a realidade é que todo e qualquer novel diploma de processo e de procedimento deve respeitar o ato jurídico-processual perfeito e os direitos processuais adquiridos e integrados no patrimônio dos sujeitos do processo, em virtude da constitucionalização promovida no processo civil brasileiro, em homenagem ao princípio da segurança jurídica. Assim, *v.g.*, se uma lei nova estabelece forma inovadora de contestação, deve-se respeitar a peça apresentada sob a forma prevista na lei pretérita. O mesmo raciocínio impõe-se caso a decisão contemple ao vencedor custas e honorários e uma nova lei venha a extinguir a sucumbência nesta categoria de ações. Nesta hipótese, o direito subjetivo processual à percepção daquelas verbas segundo a lei vigente ao tempo da decisão não deve ser atingido.

Trata-se, em verdade, da transposição, para todos os ramos de direito, do cânone constitucional da "irretroatividade das leis" (arts. 5º, XXXVI, da CF, e 6º da LINDB).[34]

---

[32] Acerca do tema de direito intertemporal, consulte: **Galeno Lacerda**, *Nova Lei Processual e os Feitos pendentes*; **Wellington Moreira Pimentel**, Questões de Direito Intertemporal, *RF*, 251/125.

"**Art. 1.046.** Ao entrar em vigor, este Código, suas disposições se aplicarão desde logo aos processos pendentes, ficando revogada a Lei nº 5.869, de 11 de janeiro de 1973."

São consideradas regras de "superdireito" as que dispõem acerca do direito intertemporal, do direito no espaço, e ainda regras sobre "fontes e exegeses" distinguindo-se das regras de direito substancial, criadoras imediatas de situações jurídicas (**Pontes de Miranda**, *Direito Internacional Privado*, 1935, vol. I, p. 10 e 30).

[33] "**Código de Processo Penal**

Decreto-Lei nº 3.689, de 3 de outubro de 1941 [Código de Processo Penal]

Art. 2º A lei processual penal aplicar-se-á desde logo, sem prejuízo da validade dos atos realizados sob a vigência da lei anterior."

[34] "**Constituição da República Federativa do Brasil**

Art. 5º (...)

XXXVI – a lei não prejudicará o direito adquirido, o ato jurídico perfeito e a coisa julgada; (...)".

"Decreto-Lei nº 4.657, de 4 de setembro de 1942 [Introdução às normas do Direito Brasileiro]

Art. 6º A Lei em vigor terá efeito imediato e geral, respeitados o ato jurídico perfeito, o direito adquirido e a coisa julgada.

§ 1º Reputa-se ato jurídico perfeito o já consumado segundo a lei vigente ao tempo em que se efetuou.

§ 2º Consideram-se adquiridos assim os direitos que o seu titular, ou alguém por ele, possa exercer, como aqueles cujo começo do exercício tenha termo pré-fixo, ou condição preestabelecida inalterável, a arbítrio de outrem.

§ 3º Chama-se coisa julgada ou caso julgado a decisão judicial de que já não caiba recurso."

Cap. 1 · O DIREITO PROCESSUAL CIVIL | 17

O tema singulariza-se no âmbito do processo em razão da natureza dinâmica da relação processual, que a cada evolver faz exsurgir novas etapas, novos atos, novos direitos, deveres, ônus e faculdades, impondo a aplicação da lei nova aos feitos "pendentes" (art. 14).[35-36] Assim, por exemplo, a alteração de etapas procedimentais pode ser adaptada a feitos pendentes desde que não comprometa "os fins de justiça" do processo.

Desta sorte, a inovação de previsão de julgamento antecipado da lide ou a inserção de novas audiências são alterações passíveis de serem procedidas caso o estágio do procedimento assim o permita. Da mesma forma, o alongamento de prazos; não assim a supressão ou a redução, caso em curso o lapso de tempo disponível para que a parte pratique o ato processual, porquanto uma lei nova não pode prejudicar, no sentido de ser aplicada em desfavor da parte e de forma surpreendente. Assim, *v.g.*, uma situação ocorrida ainda na vigência do Código Buzaid foi a reforma que instituiu modificações no regime do preparo dos recursos, estabelecendo o implemento deste requisito extrínseco de admissibilidade "no momento da interposição". Como evidente, não podia tal disposição ser aplicada aos recorrentes que gozavam de prazo próprio de preparo segundo a lei vigente à data da decisão recorrida. A *surpresa e o prejuízo* como critérios vedados na exegese da aplicação de novel ordenação aos feitos pendentes impedem danosas interpretações. Entretanto, os recursos com os prazos ainda por transcorrer, evidentemente, passaram a ser regulados quanto a esse requisito, a partir do momento em que entrou em vigor a reforma, pelo dispositivo que foi mantido no CPC (art. 1.007).[37]

A lei processual – e nisso não difere de nenhuma outra – dispõe para o futuro, respeitando os atos e os "efeitos" dos atos praticados sob a égide da lei revogada. É a consagração do princípio *tempus regit actum*, que não impede que os atos processuais futuros e os fatos

---

[35] "**Art. 14.** A norma processual não retroagirá e será aplicável imediatamente aos processos em curso, respeitados os atos processuais praticados e as situações jurídicas consolidadas sob a vigência da norma revogada."

[36] Como evidente, a questão não se põe quanto aos processos findos, regulados pela lei ultrapassada, nem quanto aos feitos por se iniciar que se submeterão ao domínio legislativo da lei vigente à data da instauração da relação processual.

[37] "**Art. 1.007.** No ato de interposição do recurso, o recorrente comprovará, quando exigido pela legislação pertinente, o respectivo preparo, inclusive porte de retorno, sob pena de deserção.

§ 1º São dispensados de preparo, inclusive porte de remessa e retorno, os recursos interpostos pelo Ministério Público, pela União, pelos Estados e Municípios e respectivas autarquias, e pelos que gozam de isenção legal.

§ 2º A insuficiência no valor do preparo, inclusive porte de remessa e retorno, implicará deserção, se o recorrente, intimado, não vier a supri-lo no prazo de 5 (cinco) dias.

§ 3º É dispensado o recolhimento do porte de remessa e retorno no processo em autos eletrônicos.

§ 4º O recorrente que não comprovar no ato de interposição do recurso, o recolhimento do preparo, inclusive porte de remessa e retorno, será intimado, na pessoa de seu advogado, para realizar o recolhimento em dobro, sob pena de deserção.

§ 5º É vedada a complementação se houver insuficiência parcial do preparo, inclusive porte de remessa e retorno, no recolhimento realizado na forma do § 4º. (...)".

com repercussão no processo se subsumam aos novos ditames da lei revogadora. Assim, *v.g.*, se a revelia ocorreu sob o pálio de lei que lhe atribuía como efeito processual impor o julgamento antecipado, o advento de lei nova não retira do autor o direito subjetivo àquele pronunciamento decorrente da inatividade processual do réu. Idêntico raciocínio nos conduz a vincular os efeitos da sentença à lei vigente ao momento da prolação do ato decisório final. Esse preceito do *tempus regit actum* tanto se aplica para as normas processuais *tout court*, como para aquelas que influem sobre o fenômeno processual, como sói ocorrer com as regras de procedimento e de organização e divisão judiciária. Assim, *v.g.*, a nova lei que dispõe sobre competência aplica-se imediatamente para os feitos que se iniciarem sob a sua vigência, respeitando, entretanto, as ações propostas anteriormente e o efeito primordial da propositura das mesmas que é o de "perpetuar a competência" (art. 43 do CPC).[38]

Não obstante a perpetuação da jurisdição, há respeitável corrente que sustenta que, havendo o desmembramento da comarca, nesta devem tramitar as ações reais imobiliárias para as quais o *forum rei sitae* é absoluto, *v.g.*, a usucapião, a ação possessória etc., bem como as ações pessoais, se no novel foro for o domicílio do réu.[39]

As regras sobre o procedimento da prova também obedecem a essa perspectiva; por isso, no "momento da produção" do elemento de convicção é que se deve observar da sua admissão. Entretanto, as provas admitidas e produzidas antecipadamente, sob a égide da lei anterior, mantêm-se incólumes diante da nova lei.

Distingue-se deste aspecto do tema o que versa sobre a "prova como elemento da própria inteireza do fato ou ato *probando*", ou seja, *ad substantia*. É que determinados fatos ou atos somente se comprovam segundo uma "forma específica". Sob esse ângulo, coincidem os requisitos de forma e prova, sendo certo que, nesses casos, exatamente para seguir à risca o princípio do *tempus regit actum*, deve ser observada a lei da data em que se operou o ato ou ocorreu o fato, provando-se-o consoante esse regramento pretérito, não obstante, no processo, o acontecimento seja comprovado sob a égide de nova lei.

Assim, por exemplo, se o contrato de seguro – que hodiernamente somente se prova por escrito – tiver alterado essa regra por força de lei posterior no processo obedecer-se-á à solenidade de então, não se lhe aplicando o novel diploma a pretexto de fazer incidir o novo ordenamento vigente à data da produção da prova. No exemplo vertente, confundem--se forma e prova, prevalecendo a primeira, posto que dela depende a existência do *acto probando* (a forma é *ad solemnitatem*).[40]

---

[38] "**Art. 43.** Determina-se a competência no momento do registro ou da distribuição da petição inicial, sendo irrelevantes as modificações do estado de fato ou de direito ocorridas posteriormente, salvo quando suprimirem o órgão judiciário ou alterarem a competência absoluta."

[39] "**Súmula nº 10 do STJ:** Instalada a Junta de Conciliação e Julgamento, cessa a competência do juiz de direito em matéria trabalhista, inclusive para a execução das sentenças por ele proferidas."

[40] O tema está magnanimamente tratado em **Carnelutti**, *Sistema*, 1936, nº 33. No sentido do texto, **Chiovenda**, *Instituições de Direito Processual Civil*, vol. I, p. 145.

Por vezes, a dificuldade está em determinar o momento da perfectibilidade do ato ou do exsurgimento do direito processual para a escorreita aplicação da regra que veta a irretroatividade. A *coisa julgada* é algo tão sagrado que a lei se incumbiu de definir-lhe o momento a partir do qual ela se consubstancia e se acoberta de um "manto" apto a torná--la ao abrigo das impugnações e dos recursos. Inimpugnada uma decisão, ela se reveste da *auctoritas res judicata* e não pode mais ser atingida pela lei nova.[41]

Entretanto, os atos processuais são complexos e os direitos subjetivo-processuais surgem à medida que se desenvolve o processo. Assim, *v.g.*, o direito de recorrer acerca de uma decisão somente nasce quando ela é tornada pública na sessão de julgamento e, no seu teor, revela gravame e lesividade para parte. Nesse instante, surge o direito de recorrer do prejudicado, a ser exercido num determinado lapso de tempo, sob pena de preclusão.

Ora, se assim é, a lei que regula o recurso é a vigente à data em que a decisão é publicada no sentido acima e não a que vigia quando da propositura da ação, posto que, com relação aos meios de impugnação então existentes àquela época, quando muito, as partes nutriam meras "expectativas".[42]

Didaticamente, poder-se-iam reduzir as diversas situações jurídicas geradas pela incidência da lei nova aos processos pendentes a algumas regras, a desdobrar a teoria do isolamento dos atos processuais, adotada no CPC de 2015 (arts. 14[43] e 1.046).[44]

Primeiramente, a lei processual tem efeito imediato e geral, aplicando-se aos processos pendentes, respeitados os direitos subjetivo-processuais adquiridos, o ato processual

---

[41] São três os requisitos para que se forme coisa julgada material em nosso ordenamento: decisão de mérito, proferida com cognição exauriente e com trânsito em julgado.

[42] Em tema de eficácia temporal das leis, é inafastável a obra de consulta sempre constante do insuperável **Carlos Maximiliano**, que nos autoriza a conclusão do texto ao vaticinar: "regulam-se pela lei vigorante na época do *veredictum* os recursos cabíveis".

[43] "**Art. 14.** A norma processual não retroagirá e será aplicável imediatamente aos processos em curso, respeitados os atos processuais praticados e as situações jurídicas consolidadas sob a vigência da norma revogada."

[44] "**Art. 1.046.** Ao entrar em vigor este Código, suas disposições se aplicarão desde logo aos processos pendentes, ficando revogada a Lei nº 5.869, de 11 de janeiro de 1973.

§ 1º As disposições da Lei nº 5.869, de 11 de janeiro de 1973, relativas ao procedimento sumário e aos procedimentos especiais que forem revogadas aplicar-se-ão às ações propostas e não sentenciadas até o início da vigência deste Código.

§ 2º Permanecem em vigor as disposições especiais dos procedimentos regulados em outras leis, aos quais se aplicará supletivamente este Código.

§ 3º Os processos mencionados no art. 1.218 da Lei nº 5.869, de 11 de janeiro de 1973, cujo procedimento ainda não tenha sido incorporado por lei submetem-se ao procedimento comum previsto neste Código.

§ 4º As remissões a disposições do Código de Processo Civil revogado, existentes em outras leis, passam a referir-se às que lhes são correspondentes neste Código.

§ 5º A primeira lista de processos para julgamento em ordem cronológica observará a antiguidade da distribuição entre os já conclusos na data da entrada em vigor deste Código."

perfeito, seus efeitos já produzidos ou a se produzir sob a égide da nova lei, bem como a coisa julgada.

As condições da ação regem-se pela lei vigente à data da propositura. Quanto à postulação do réu, sua resposta, bem como seus efeitos, rege-se pela lei vigente à data do surgimento do ônus da defesa pela citação, que torna a coisa litigiosa. Igualmente, a revelia, bem como seus efeitos, regula-se pela lei vigente à data do escoar do prazo da resposta.

Quanto à fase instrutória, a prova do fato ou do ato, quando *ad solemnitatem*, rege-se pela lei vigente à época da perfectibilidade desses, regulando-se a prova dos demais atos pela lei vigente à data da "admissão ou da produção" do elemento de convicção, conforme o preceito mais favorável à parte beneficiada pela prova.

A lei processual aplica-se aos procedimentos em curso impondo ou suprimindo atos ainda não praticados, desde que compatível com o rito seguido desde o início da relação processual e não sacrifique os fins de justiça do processo.

No tocante à etapa recursal, a lei vigente à data da publicação da sentença é a reguladora dos efeitos e dos requisitos de admissibilidade dos recursos.[45] Assim, a tempestividade recursal se rege pela lei vigente à data do julgamento.

Na fase satisfativa, a execução e seus pressupostos regem-se pela lei vigente à data da propositura da demanda. Os meios executivos de coerção e de sub-rogação regem-se pela lei vigente à data de sua incidência, regulando-se a penhora, quanto aos seus efeitos e objeto, pela lei em vigor no momento em que surge o direito à penhorabilidade, com o decurso do prazo para pagamento judicial. Quanto à defesa do executado, os embargos e seus requisitos de admissibilidade regem-se pela lei vigente à data de seu oferecimento.

Por sua vez, a tutela provisória, respeitado o cânone maior da irretroatividade, rege--se pela lei mais favorável à conjuração do *periculum in mora*, quer em defesa do interesse das partes, quer em defesa da própria jurisdição.[46]

5.1 Aplicação supletiva e subsidiária do Código de Processo Civil

O CPC/2015 se apresenta como uma norma processual geral, aplicável a diversos outros ramos da ciência processual (art. 15),[47] que devem ser reinterpretados de acordo com a norma processual geral do nosso ordenamento. Essa relevância do diploma se justifica pelo fato de ser aquele mais consentâneo com o panorama constitucional. O neoprocessualismo é o reflexo processual do neoconstitucionalismo.

---

[45] Nessa linha, enunciados administrativos 2 e 3 do Superior Tribunal de Justiça, sobre a matéria do direito intertemporal do CPC.

[46] A respeito do tratamento privilegiado do tema, sugerimos consultar mais aprofundadamente nossa opinião em: *Tutela de Segurança e Tutela da Evidência*, 1995, em que, na primeira parte do trabalho, se questiona a existência de um "Dever Geral de Segurança".

[47] "**Art. 15.** Na ausência de normas que regulem processos eleitorais, trabalhistas ou administrativos, as disposições deste Código lhes serão aplicadas supletiva e subsidiariamente."

Permeado por diversos valores fundamentais esmiuçados pelo legislador, como o contraditório prévio e como vedação das decisões surpresa, o modelo de cooperação, a efetividade e a uniformização dos entendimentos pela via do sistema de precedentes, funciona o Código como parâmetro interpretativo. Essa integração hermenêutica se dá em duas frentes: a aplicação supletiva e a subsidiária.

Não existe consenso doutrinário acerca da definição de cada um desses métodos integrativos: há quem considere tratar-se a supletividade como a incidência de norma quando houver lacuna completa[48] e quem atribua esse sentido à subsidiariedade.[49] Seja como for, crucial é entender que, havendo absoluta omissão no regramento específico ou existindo tratamento não exauriente, o CPC merecerá aplicação.

O legislador apontou expressamente os processos eleitoral, trabalhista e administrativo como áreas para a incidência supletiva e subsidiária do Código. No entanto, a doutrina vem alargando a determinação, sempre que houver compatibilidade com a principiologia própria do outro ramo, alcançando-se, por exemplo, o Direito Processual Penal.[50] Com efeito, negar, *v.g.*, vigência à sistemática dos precedentes judiciais[51]

---

[48] **Paulo Cezar Pinheiro Carneiro**, Comentário ao art. 15. In: **Teresa Arruda Alvim Wambier** *et al.* [coords]. *Breves comentários ao novo Código de Processo Civil*, 2015. Para José Miguel Garcia Medina: "Aplicar supletivamente é mais que subsidiariamente, e disso dá conta o próprio sentido de tais expressões: naquele caso, está-se a suprir a ausência de disciplina na lei omissa; a aplicação subsidiária, por sua vez, é auxiliar, operando como que a dar sentido a uma disposição legal menos precisa." **José Miguel Garcia Medina**, Novo Código de Processo Civil comentado: com remissões e notas comparativas ao CPC/1973, São Paulo: Ed. RT, 2015, pág. 72.

[49] **Bruno Freire e Silva**, A nova aplicação do processo civil ao processo do trabalho: os principais institutos, eficácia, início de vigência e respeito às situações jurídicas consolidadas. In: **Flávio Luiz Yarshell** *et al.* (coord.). *Direito intertemporal*, 2016, p. 94.

[50] Nesse sentido, o Enunciado nº 3 da I Jornada de Direito Processual Civil do CJF. Ver, ainda: **Luiz Fux**. Aplicabilidade do Código de processo civil ao direito processual penal. In: MADEIRA, Guilherme; BADARÓ, Gustavo Henrique; CRUZ, Rogerio Schietti Machado (Coords.). Código de Processo Penal: estudos comemorativos aos 80 anos de vigência. São Paulo: Revista dos Tribunais, 2022; **Antonio do Passo Cabral, Eugenio Pacelli de Oliveira e Rogério Schietti Cruz** (coords.), *Repercussões do Novo CPC*: Fazenda Pública, 2016; **Anderson de Paiva Gabriel**. O contraditório participativo no processo penal: uma análise da fase pré-processual à luz do Código de Processo Civil de 2015 e da Constituição. Rio de Janeiro: Gramma, 2017; **Hermes Zaneti Jr**. Aplicação supletiva, subsidiária e residual do CPC ao CPP. In: DIDIER JUNIOR, Fred (Coord.); CABRAL, Antonio do Passo. PACELLI, Eugênio; CRUZ, Rogério Schietti (Org.); Coleção Repercussões do Novo CPC: Processo Penal. Salvador: JusPodivm, 2016. Na jurisprudência, destaque-se que a 5ª Turma do STJ afirmou a aplicabilidade do princípio da cooperação, com base na aplicação subsidiária do CPC/2015, admitindo que o juiz intime o membro do Parquet para complementar a denúncia apresentando o rol de testemunhas. RHC 37.587-SC, Rel. Min. Reynaldo Soares da Fonseca, julgado em 16.2.2016, DJe 23.2.2016 (Informativo n. 577) Destaque-se também julgado da Sexta Turma do STJ: HC 241.206-SP, Rel. Min. Nefi Cordeiro, julgado em 11.11.2014, *DJe* 11.12.2014 (Informativo 553).

[51] *"O Código de Processo Civil é um importante vetor de interpretação atualizada do Código de Processo Penal, tendo em vista não apenas o fato de ter sido promulgado após a Constituição Federal de 1988, mas principalmente por ter incorporado a noção de supremacia das normas constitucionais sobre todo o ordenamento jurídico, bem como a importância da eficiência do Poder Judiciário. São*

ao processo criminal é afrontar, antes de mais nada, a própria Constituição, que exige a isonomia na aplicação da legislação[52].

Cumpre salientar que o STF, no julgamento da ADI 5.492 (Sessão Virtual de 14.4.2023 a 24.4.2023.), já declarou a constitucionalidade da expressão "administrativos", insculpida no art. 15 supracitado. *In casu*, o Governador do Estado do Rio de Janeiro sustentava, em síntese, que o dispositivo afrontava os art. 18 e 25, *caput*, § 1º, da CRFB/1988, pois daria ensejo à interpretação de que abarcaria também os processos administrativos das demais esferas administrativas, como a estadual ou a municipal. No entanto, o dispositivo é translúcido em apontar que a aplicabilidade do CPC/2015 ocorre de forma supletiva e subsidiária, isto é, preenchendo eventuais lacunas e complementando normas. Logo, é patente o respeito às normas estaduais, distritais ou municipais vigentes ou que venham a ser editadas e, por consequência, a inexistência de violação à autonomia federativa.

---

muitas as peculiaridades individuais envolvendo processo civil e processo penal. Todavia, embora sejam diferentes, não podem divergir naquilo que representa o núcleo comum a ambos, o que se refere justamente aos efeitos diretos e indiretos do fenômeno da filtragem das normas constitucionais e a respectiva prevalência dos direitos fundamentais sobre as normas infraconstitucionais." **Antonio Saldanha Palheiro e Paulo Wunder**. Precedentes persuasivos criminais do Superior Tribunal de Justiça: o caso do *Habeas Corpus* 598.051/SP. *Revista Brasileira de Ciências Criminais*, vol. 184/2021, out./2021. p. 339-365.

[52] "O Direito deve ser compreendido, em metáfora às ciências da natureza, como um sistema de vasos comunicantes, ou de diálogo das fontes (Erik Jayme), que permita a sua interpretação de forma holística. Deve-se buscar, sempre, evitar antinomias, ofensivas que são aos princípios da isonomia e da segurança jurídica, bem como ao próprio ideal humano de Justiça". AgRg no REsp 1483780, Relator: Ministro Napoleão Nunes Maia Filho, Órgão Julgador: Primeira Turma, data do julgamento: 23.06.2015, data da Publicação/Fonte *DJe* 05.08.2015.

Capítulo 2

HISTÓRIA DO DIREITO PROCESSUAL CIVIL –
BREVE ESCORÇO HISTÓRICO DO
DIREITO PROCESSUAL CIVIL

1. O PROCESSO NO DIREITO ANTIGO

Conforme é sabido, não há uniformidade no método de estudo do processo na sua evolução histórica. Há os que subdividem esses momentos entre o processo romano, o processo romano-canônico e o processo moderno.[1]

Ambos os sistemas se ajustam em parte ao Brasil, na medida em que a evolução do sistema europeu não é senão o antecedente do próprio processo civil brasileiro, a ele filiado e que surgiu com modelo próprio, séculos depois.

O processo civil romano é correntemente dividido em dois períodos: *ordo judiciorum privatorum* e *cognitio extra ordinem*.[2]

Na *ordo judiciorum privatorum* o processo é cindido em duas fases: *in iure* e *in judicio*, e subdividido em dois procedimentos: o das *legis actiones* e o *per formulam*.[3]

---

[1] **Manuel de la Plaza**, *Derecho procesal civil español*, 1951, vol. 1, p. 41. Outros, como Alcalá-Zamora, em *Proceso, autocomposición y autodefensa*, 1947, p. 105, preferem traçar a evolução a partir de Roma, depois Bolonha, o Direito comum e a recepção, a Revolução Francesa e a Codificação napoleônica e a importância de Bülow na doutrina e de Klein na legislação.

[2] *Ordo judiciorum privatorum* e *cognitio extra ordinem* – é conhecida a afirmação de Chiovenda de que o processo moderno se resume no lento retorno à ideia romana ou, como preferia Cuenca, "o processo romano constitui a alma e a vida do processo civil moderno" (*Saggi, Romanesimo e germanesimo nel processo civile*, p. 181).

[3] Nesse particular, impõe-se assentar que parte da doutrina enceta diferente dicotomia, dividindo o processo civil romano por períodos, conforme o procedimento. Assim, *v. g.*, Arruda Alvim menciona o período das ações da lei, o período formulário e o período da *cognitio extra ordinem* (*Curso de Direito processual civil*, 1971, pp. 14 e ss.). Frederico Marques, em *Instituições*, vol. 1, pp. 105 e ss., refere-se a *ordo judiciorum* e a *cognitio extra ordinem* como períodos, conferindo às ações da lei e à fórmula o caráter de procedimento, posição que nos parece mais correta, haja vista que o traço distintivo dos processos é a intervenção exclusiva judicial, só ocorrente na *cognitio extra ordinem*, porque anteriormente cindia-se na fase perante o pretor e o *iudex* – daí *in iure* e *in judicio*. É bem verdade que cada um desses procedimentos teve vida autônoma, não

A denominada fase *in iure* era da escolha da ação da lei ou da fórmula, conforme os procedimentos antes referidos, e a *in iudicio*, perante o *iudex* ou *arbiter*, em que se sucediam a instrução e o julgamento – *sententia*. Nessa fase *in iure* o réu era convidado pelo autor a comparecer perante o magistrado e, desatendida a ordem, podia ser conduzido (*in ius vocatio*).

A fase *in iudicio* caracterizava-se pelo *decisum*, proferido por autoridade particular, daí a inexistência de recurso, variando basicamente no período *per formulam* pelo balizamento conferido ao *iudex*, com a fórmula já elaborada, em que constava, até mesmo, a manifestação de defesa do réu com a instauração da *litiscontestatio*.

No processo romano das *legis actiones*, as partes em conflito dispunham das "ações da lei", isto é, a situação litigiosa enquadrava-se numa das ações previstas na Lei das XII Tábuas. Consoante se pode observar, o sistema das "ações da lei" era nitidamente processual, no sentido de que as partes não invocavam "seus direitos", mas suas ações. *Ius* e *Actio* eram consideradas duas faces da mesma moeda.[4]

O Direito romano dessa época caracterizava-se, assim, como atributivo de ações (*legis actiones*) e não de direitos subjetivos, tanto que em magnífica sede doutrinária concluiu-se que as ações davam origem aos direitos e não o inverso, como afirmara a teoria civilista de que "a todo direito corresponde uma ação que o assegura".[5]

Nesse seguimento, cinco eram as ações da lei:

1) *legis actio per sacramentum*;

2) *legis actio per conditionem*;

3) *legis actio per iudicis arbitrive postulationem*;

4) *legis actio per pignoris capionem*; e

5) *actio per manus iniectionem*.

A primeira, *actio per sacramentum*, caracterizava-se pela solenidade com que vindicavam autor e réu, servindo de "ação padrão" diante da especialidade das demais.

A *legis actio per conditionem* caracterizava-se por um procedimento mais simples que a *sacramentum*, e a condição consistia em submeter-se ao *iudex* acaso negado o

---

prevalecendo simultaneamente como os procedimentos atuais, razão maior dessa distinção entre os períodos do processo romano conforme os procedimentos. Nesse sentido, aponta-se que o período das *legis actiones* iniciou-se no ano de 754 a.C. e foi até 149 a.C.; em seguida, inicia-se o período formulário, de 149 a.C. até 209 d.C., e finalmente a *cognitio extra ordinem*, de 209 d.C. até o fim do Império Romano.

[4] **Humberto Cuenca**, *Proceso civil romano*, 1957, nº 33, p. 39.

[5] **Scialoja**, romanista ímpar, realça essa simbiose entre a *actio* e o *ius* nas seguintes passagens de sua obra *Procedimiento civil romano*, 1954, p. 24: "quien intenta una acción ejercita el propio derecho, precisamente porque la defensa del derecho es un elemento constitutivo del derecho mismo... Nel corpus *iuris civile* las rubricas de los títulos aparecen casi siempre el nombre de la acción, en lugar de aparecer el de los derechos a los cuales corresponden" (p. 97, nota 2).

direito do credor. Exemplifica-se a solenidade com a seguinte passagem: o autor, diante da negativa do réu, afirmava: "Porque negas, exijo que compareças dentro de trinta dias para tomares um juiz."

A *legis actio per iudicis arbitrive postulationem* implicava a postulação ao pretor de indicação de um *iudex* em razão da recusa ou da negativa do réu em reconhecer o direito do autor. A diferença está em que nesta ação o pretor escolhia o árbitro.

A *legis actio per pignoris capionem* tinha cunho executivo e caracterizava-se por ser exercida depois que o credor se apoderava da coisa do devedor sem prévia autorização do magistrado, muito embora se buscasse *a posteriori* a juridicidade do procedimento antecedente e que obedecia também a palavras sacramentais.

A *legis actio per manus iniectionem* era invocada contra o devedor que confessava a dívida judicial ou extrajudicialmente, sendo por isso levado ao magistrado para que verificasse a possibilidade de o credor lançar mão sobre o devedor, sua pessoa ou seu corpo.

Esse procedimento das *legis actiones* era formal, solene e oral. A solenidade e a oralidade somavam-se de tal forma que a invocação errônea da ação levava a sua perda.[6]

O processo formulário decorre da expansão romana por toda a península itálica. Impossibilitada a aplicação do *ius civile* aos não romanos, impunha-se criar sistema aplicável a eles, até mesmo com uma expansão maior da estrutura *in iure* e *in iudicio*. Instituiu-se, assim, o pretor peregrino, e estabeleceram-se "fórmulas" para dirimir os conflitos entre os não romanos e entre esses e aqueles. O pretor, então, conferia a "fórmula" às partes em conflito, e elas escolhiam o árbitro a presidir a instrução e a proferir a *sententia*.

Essa prática proliferou-se mesmo entre os romanos; por isso, o pretor urbano – não peregrino – passou a atuar por meio de fórmulas nas causas entre os romanos, surgindo, como consequência, a *lex aebutia*, generalizando o procedimento *per formulam* e admitindo resíduo de aplicação das ações da lei extirpadas definitivamente com as duas leis *julias – lex iudiciorum privatorum* e *lex iudiciorum publicorum* –, que, mercê de extinguir o primeiro sistema, instituíram o *per formulam*.

A modificação instituída basicamente situa-se na fase *in iure*, isso porque a invocação das *legis actiones* de forma solene, sob pena de perda do direito, substitui-se com a escolha da fórmula pelo magistrado, seguindo-se à *litiscontestatio* a submissão ao árbitro ou *iudex* escolhido pelas partes ou indicado pelo pretor de seu *album iudicium*. Esse juiz deveria ater-se à fórmula, cuja concessão passava por um juízo de admissibilidade.

O terceiro período do processo romano é o da *cognitio extra ordinem*, que se distancia da *ordo judiciorum privatorum* em razão da atuação de funcionário do governo incumbido da solução dos conflitos judiciais. Lança-se, aí, o embrião da jurisdição.

---

[6] Clássica a menção a Gaio, que retrata a perda de uma ação porque nas *legis actiones* havia previsão para árvores cortadas (*arbor*) e o vindicante mencionara o corte de videiras (*vites*), não contemplado especificamente na Lei das XII Tábuas.

O denominado processo extraordinário marca a trasladação da justiça privada para a justiça pública, alterando sobremodo os traços do procedimento judicial. Assim é que a fase postulatória passa a ser escrita tanto com relação ao pedido quanto à defesa do réu (*libellus conventionis* e *libellus responsionis*).[7]

A citação passa a ser mediata, isto é, por convocação do juízo e não mais da parte autora (da *in ius vocatio* passa-se para a *evocatio*); o procedimento passa a ser unitário e não mais bifásico – *in iure* e *in iudicio* –, submetido à autoridade do Estado; o processo extraordinário extingue-se através de sentença, agora recorrível no duplo efeito, e a *actio judicati* timbra de força coativa estatal a decisão condenatória. As decisões proferidas pelo juiz no curso do processo denominam-se *interlocutiones*, porém são irrecorríveis. No processo *extra ordinem* o juiz passa a exercer a *iurisdictio*, função pública destinada à realização do Direito constante do *corpus iure civiles*, como também de questões administrativas emergentes da expansão do Império Romano.

No âmbito ainda do denominado "Direito antigo", forçoso afirmar que, com a queda do Império Romano e a invasão germano-barbárica, exsurgiram institutos derivados da fusão desses dois sistemas, um evoluído e outro rude, dando surgimento ao cognominado "processo romano-barbárico".

O processo romano-barbárico, porque rudimentar, apresentava traços dessa pouca evolução sociocientífica no âmbito probatório, em que se admitiam os juízos de Deus, segundo os quais este salvaria do duelo ou das provas de fogo e de sangue aqueles que retratavam a verdade, e sobre ela decidia a assembleia. Essa característica assemblear do processo germânico, no qual o juiz era mero orientador do julgamento pela assembleia, representava o fundamento da eficácia *erga omnes* das decisões, mercê da irrecorribilidade daquelas, uma vez que inexistia qualquer órgão superior à assembleia, nem mesmo o conde feudal, que a elas presidia.[8]

Esse processo nitidamente oral e público foi-se expandindo à medida que se expandia a invasão barbárica, e encontrou resistências em Roma e Ravena, que perseveravam na adoção do processo romano. Por influência da cultura romana, na Lombardia – monarquia fundada nessa parte da Península Itálica – engendrou-se uma notável fusão do processo germânico e romano, dando surgimento ao denominado processo romano-longobardo. Afirma-se, também, que o processo romano-barbárico teve uma fase em que foi aplicado no sul da França, por influência do Direito canônico, que contribuía para a infiltração das leis romanas no processo leigo, permanecendo o norte regido pelo processo germânico *tout court*.

Anota-se, ainda, o período feudal do processo romano-barbárico, que se instalou após a queda do denominado Império Carolíngio, e que coincide com a estruturação político--judiciária do feudalismo na Europa. Essa fase é considerada retroativa e decadente para a jurisdição civil, gerando, como consequência, uma expansão da jurisdição eclesiástica.

---

[7] Como bem afirmou **Rosenberg**, desaparecem a oralidade e a publicidade para dar lugar ao processo escrito em segredo (*Derecho procesal civil*, vol. 1, p. 15).

[8] **Zanzucchi**, *Diritto processuale civile*, vol. 1, p. 84.

Segue-se ao processo romano-barbárico o denominado processo romano-canônico ou processo comum, por influência dos pós-glosadores, dos glosadores e da denominada "jurisprudência culta". Impende considerar que nesse período a Itália representava o centro político do mundo e também centro científico de estudos jurídicos, razão da expansão do Direito romano. Nessa época, funda-se a Universidade de Bolonha (séc. XIII), considerada o primeiro grande centro de estudos científicos sobre o Direito. As lições dos glosadores da época vão além das salas de aula e passam à prática judiciária, expandindo-se pela Europa Ocidental, através das glosas, notas lançadas nos textos primitivos romanos, e especialmente as "pandectas", com o escopo de unificar o Direito romano. Dentre tantos glosadores a doutrina universal destaca a figura de Irnério, fundador da Universidade e catedrático de Direito romano, cujo saber valeu-lhe o título de *lucerna juris, primus illuminator scientiae nostrae*. Essas glosas eram lançadas com adaptação das necessidades da época sobre os primitivos textos romanos. No âmbito estrito do processo, o discípulo mais famoso de Irnério foi Búlgaro, que na obra *De Judiciis* lançou, por meio de sua afirmação de que *judicium est actum trium personarum*, o embrião para o conceito do processo como relação jurídica, mais tarde desenvolvido por Bülow.

Essa expansão e validez reconhecida ao Direito romano e ao Direito canônico para as questões eclesiásticas tornou o processo "comum", no sentido de sua aplicação generalizada sempre que o Direito particular do lugar apresentasse lacuna.

A obra dos glosadores e dos pós-glosadores foi condensada por Guilherme Duranti no *Speculum Judiciale*, 1ª ed., 1271, e 2ª ed., 1286, e a ela deram continuação os pós--glosadores dos séculos seguintes, como Baldo de Ubaldi e Bartolo de Sassoferrato, que viveram no século XIV.[9] À continuação da obra dos glosadores seguiu-se alto momento de criação jurídica por parte desses comentadores.

O processo comum, sob o ângulo procedimentalista, era considerado moroso, excessivamente formal e complicado.[10] Em consequência, surgiram reclamos quanto à necessidade de um processo mais expedito, de soluções rápidas. Anota Liebman que, por influência da Decretal de Clemente V, de 1306, denominada *Clementina Saepe*, surge o procedimento sumário, menos complicado, simplificado nas suas formas processuais e com cognição completa, e o sumário também com cognição sumária, designados "executivos". Nesses, segundo a regra *in procedendo* da decretal, atuava-se *simpliciter et de plano ac sine strepitu et figura judiciis*. Essa Constituição Papal influiu em diversos ordenamentos medievais, e o processo comum, da península itálica, expandiu-se pela Europa, mantendo sobrevivência longa entre as nações americanas.

Essa unidade jurídico-europeia, imprimida pelo processo comum, sucumbiu com o advento do absolutismo monárquico e suas ordenações consequentes. Na França, as orde-

---

[9]   Nesse passo, impõe-se não olvidar que o Direito romano, através dos glosadores, encontrava-se em disputa com o Direito canônico, que também imprimia a sua exegese, além de assimilar o Direito costumeiro germânico.

[10] A esse respeito a doutrina de **Goldschmidt**, *Derecho procesal civil*, p. 20, e de **Chiovenda**, *Instituições*, vol. 1, p. 207.

nações régias simplificavam o processo civil. É famosa a *Ordonnance* de 1667 de Luís XIV, retratada quase na íntegra na legislação processual de 1807 – *Code de Procedure Civile* –, que por seu turno influenciou todo o Direito continental europeu, ao menos na primeira metade do século XIX. O sistema francês é conhecido pela abolição das formalidades do processo romano-canônico, caracterizando-se pela simplicidade, oralidade, publicidade e ampla dispositividade, observado o papel do juiz como órgão do Estado. É assim que influenciou diretamente, *v. g.*, os Códigos da Bélgica, Rússia, Holanda e, indiretamente, o Código italiano de 1865 e de certa maneira a centenária ordenação alemã *Zivilprocessordnung*, de 1877. Dessa ordenação derivou o Regulamento Processual Austríaco de 1895, considerado um ponto alto do processo civil moderno pelo aprimoramento dos princípios alemães nele inseridos por obra de Franz Klein.[11]

Sofreram direta influência das ordenações alemã e austríaca os seguintes Códigos: Hungria, Bulgária, Noruega, Polônia, Portugal, Brasil e Itália. Assenta Frederico Marques que somente a legislação ibérica e dos países latino-americanos permaneceu "fiel ao direito comum" (*Instituições*, vol. 1, p. 110). O processo na Península Ibérica também compõe o Direito antigo para efeito de verificação da origem dos institutos, tanto mais que se manteve vinculado ao sistema anterior, em contraposição à evolução científica da Europa. Em razão das múltiplas invasões por diferentes povos, dois grandes monumentos legislativo-processuais regeram o processo ibérico: o Código de Alarico, que representava um extrato das leis contidas nos Códigos Gregoriano, Hermogeniano e Teodosiano, de algumas novelas, das *institutas* de Gaio, das sentenças de Paulo – *Breviarum Aalaricianum* ou *Aniani,* do ano 506, que regiam os povos conquistados, enquanto os invasores continuavam regulados pelo seu Direito costumeiro – e o Código Visigótico, que revogou o Código de Alarico e se aplicou a todos os povos da Ibéria, também conhecido como *Fuero Juzgo* ou *Forum Judicum*, do ano de 693, diploma de fundo romano-gótico. Historicamente, evidencia-se a preponderância cultural do *Fuero Juzgo* em razão de ter prevalecido após a invasão árabe.

Compunha a Península Ibérica o *Condado Portucalense*, pertencente ao Reino de Oviedo, que se destacou em 1139 da península, vindo a representar a base político- -geográfica de Portugal. Quanto à legislação de Portugal, no campo do processo permaneciam a *Fuero Juzgo* e algumas *Cartas Forais*. A primeira grande lei de Portugal, entretanto, mercê de sua estrutura cultural própria, foram as *Ordenações Afonsinas*, baixadas pelo rei Afonso V no ano de 1446, e que vigoraram até 1521, quando substituídas pelas *Ordenações Manuelinas*, baixadas pelo Rei D. Manuel.[12] Posteriormente, e com notável importância para o Direito brasileiro, foram baixadas pelo Rei Felipe II da Espanha e I de Portugal as *Ordenações Filipinas*, que apresentavam no Livro III a

---

[11] A esse respeito, **James Goldschmidt**, *Derecho procesal civil*, pp. 37-47.

[12] Impende considerar que antes de Afonso V reinou em Portugal Afonso III, com formação jurídica parisiense e que por isso dedicou-se à reestruturação da justiça e do processo, estimulando o estudo do Direito romano dos glosadores. Sua obra foi complementada por D. Dinis, que, além de criar em 1308 a Universidade de Lisboa, mandou traduzir a Lei das Sete Partidas, organizada a mando de Afonso X, de Castela, de substância romana e que se refletiu na legislação portuguesa.

parte processual, subdividida em fase postulatória, instrutória, decisória e executória. Além dessa regulação, ainda previa o citado diploma antigo o processo ordinário, os processos sumários e os especiais.

O mais ilustre doutrinador das ordenações foi o reinícola Mendes de Castro. A ele seguiram-se os denominados "praxistas", destacando-se: Pereira de Souza com suas *Primeiras linhas*, adaptadas ao foro brasileiro por Teixeira de Freitas; Almeida e Souza, também conhecido como Lobão, que escreveu *Segundas linhas sobre o processo e ações sumárias e execução de sentença*; e Correa Telles, cujo 4º volume de seu *Digesto português* denominava-se "doutrina das ações", adaptada para o Direito brasileiro também por Teixeira de Freitas. Em termos de Direito antigo, cumpre-nos, por fim, a abordagem do Direito brasileiro, do descobrimento até os dias atuais, partindo-se exatamente daquele praticado pela Península Ibérica, que influenciou Portugal, do qual o Brasil foi colônia.

2. DIREITO BRASILEIRO ANTERIOR E DIREITO VIGENTE

2.1 Ordenações lusitanas

O processo civil, ao tempo do Brasil Colônia, estava regulado no Código Filipino, que imensa influência exerceu, *a posteriori*, na legislação brasileira. Promulgadas em 11 de janeiro de 1603, pelo rei D. Felipe II, de Espanha, e I, de Portugal, as Ordenações Filipinas imprimiram funda reforma, codificando a legislação portuguesa. Diploma de tamanha envergadura cultural, foram reafirmadas, em 1643, por D. João IV, malgrado a revolução de 1640.

As Ordenações Filipinas, por seu turno, eram o retrato legislativo do Direito comum praticado na Europa medieval.[13]

Consoante visto no direito antigo, a Europa foi-se libertando do Direito comum à medida que avançava nos seus domínios a legislação francesa pós-monarquia e revolução, notadamente o Código Napoleônico. Entretanto, Portugal e Espanha ficaram alheios a esse processo, mantendo rígidas as instituições do processo comum.

Fenômeno análogo ocorreu com a nação brasileira quanto ao apego ao Direito comum. É que, segundo os nossos historiadores, mantivemo-nos presos às Ordenações Filipinas, mesmo após a nossa independência, conquanto Portugal já tivesse abolido o Código de Felipe II.[14]

Esse apego duradouro marcou o desabafo inteligente de que a presença das linhas básicas do processo comum nas legislações que antecederam o Código de 1939, inclusive

---

[13] **Liebman**, "Istituti del Diritto Commune nel Processo Civile Brasiliano", *Studi in Onore di Enrico Redenti*, vol. 1, p. 588.

[14] **Waldemar Ferreira**, *História do Direito Brasileiro*, vol. 1, p. 331, informa que "tiveram as Ordenações Filipinas eficácia no Brasil mais de três séculos, ou seja, 312 anos, 58 mais que em Portugal".

o famoso e decantado Regulamento nº 737, revelavam "atestado de falta de cultura jurídica no campo do direito processual da época que foi elaborado".[15]

Num sentido amplo, diz-se que as Ordenações perduraram no âmbito do processo civil, uma vez que tanto o Código de Processo Criminal do Império, que continha disposição provisória acerca da justiça civil, quanto o Regulamento nº 737, de 1850, mantinham, na essência e estrutura, o processo das Ordenações de fundo romano-canônico. A regulação das causas cíveis, por meio de leis esparsas, levou o governo de então – 1871 – a corporificá-las em um único ordenamento, denominado Consolidação das Leis do Processo Civil do Conselheiro Ribas, que, aprovado por resolução imperial de 1876, passou a ter força de lei.

Proclamada a República, as causas cíveis mantinham-se reguladas pelas Ordenações Filipinas, complementadas pela Consolidação, e as comerciais, pelo Regulamento nº 737. Entretanto, o Governo Provisório de 1890 determinou que às causas cíveis também se aplicasse o Regulamento nº 737; por isso, somente os procedimentos especiais e os de jurisdição voluntária, nele não previstos, continuaram a obedecer às regras das ordenações.

2.2 Códigos estaduais

Promulgada a Constituição de 1891, estabelecendo a forma federativa, foi instituída a dualidade de "justiça e de processos", autorizando-se os Estados a legislar infraconstitucionalmente no campo processual. É a fase dos Códigos Estaduais de Processo Civil.[16]

Os Estados iniciaram, então, estudos para promulgação de seus Códigos, aplicando-se o Regulamento nº 737 e as Ordenações nesse vácuo de espera das legislações processuais estaduais.

A partir de 1905, começaram a surgir os primeiros Códigos, como os do Pará, da Bahia e de Minas Gerais, sendo certo que, por obra da genialidade de Espínola, não obstante "ter sido um dos primeiros", o Código baiano revela os avanços do processo alcançados na Alemanha. Em parte, também se aponta a evolução dos Códigos do Distrito Federal e de São Paulo, este um dos últimos a serem promulgados e que recebeu os comentários, que o enriqueceram, de Câmara Leal.

A revolução de 1930 propunha-se a uma reformulação legislativa geral do país, tendo criado comissões para tanto. Contudo, a instalação da Constituinte de 1934 tornou inoperantes os trabalhos antecedentes, tanto mais que se perfaziam estudos para modificações nos Códigos Estaduais, e a Constituição promulgada em 16 de julho de 1934 restabelecia o sistema da "unidade" do processo, tornando competência exclusiva da União, e supletiva dos Estados, a elaboração de leis processuais.

---

[15] **Frederico Marques**, *Instituições*, vol. 1, p. 120. **Liebman**, no vol. 1 das *Instituições de Chiovenda*, nas notas da p. 215, 1943, afirma que "o Brasil se manteve fiel à tradição da mãe-pátria: o Regulamento nº 737, de 25.11.1850, reproduz substancialmente o processo das Ordenações com toda sua lentidão e rigidez e os códigos estaduais a seu turno nele se inspiraram".

[16] A esse respeito, ver a coleção "Códigos Estaduais Brasileiros de Processo Civil", da Editora Thoth.

2.3 Códigos de Processo Civil de 1939 e 1973

Desta sorte, os Estados mantiveram-se regidos pelos seus Códigos até o advento do Código Nacional de Processo. Esses trabalhos sofreram solução de continuidade em razão do golpe que deu ensejo ao surgimento do Estado Novo. Outorgada a Carta de 1937, foi mantida a unidade processual e encomendado novo projeto.

Em razão de desavenças na Comissão constituída por Álvaro Mendes Pimentel, Mucio Continentino, Edgard Costa, Goulart de Oliveira e Pedro Batista Martins, acabou prevalecendo, como projeto oficial, o trabalho deste último processualista de porte. Esse projeto, submetido a críticas e sugestões e com a farta colaboração de Guilherme Estelita, converteu-se no denominado "Código de 39".

A existência de inúmeras leis extravagantes regulando procedimentos especiais e a morosidade da prestação jurisdicional em razão dos instrumentos previstos no Código de 1939 foram as razões determinantes para a encomenda encetada, em 1963, ao jurista Alfredo Buzaid, no sentido de apresentar anteprojeto de CPC, o que foi feito em janeiro de 1964. Esse anteprojeto foi submetido ao crivo da comissão constituída em 1969 pelos insignes juristas processuais Machado Guimarães, José Frederico Marques e Luiz Antonio de Andrade.

Em 1972, após a assunção da pasta da Justiça, o então Ministro Buzaid submeteu a novo reexame o trabalho da comissão antes constituída pelos seus próprios componentes, com exceção do professor Machado Guimarães, falecido, e que foi substituído por José Carlos Moreira Alves, Ministro aposentado do Supremo Tribunal Federal.

Esse trabalho converteu-se no Projeto de Lei nº 810/1972 e na Lei nº 5.869/1973, que instituiu o CPC, também denominado "Código de 1973".

2.4 Código de Processo Civil de 2015

Passados quase 40 anos, a sociedade brasileira, por meio do Senado Federal, passou a discutir a necessidade de atualização e nova sistematização de um conjunto de normas e regras que estivessem em harmonia com seus novos anseios, quais sejam de obtenção de uma tutela jurisdicional célere, adequada e efetiva.

Nesse afã, o Senado Federal instituiu uma Comissão de Juristas encarregada de elaborar Anteprojeto do atual CPC, pelo Ato nº 379, de 2009, do Presidente do Senado Federal, de 30 de setembro de 2009.

Aprovado no Congresso Nacional com diminutas alterações, veio a lume o CPC de 2015, por meio da Lei nº 13.105, de 16 de março de 2015, que entrou em vigor no dia 17 de março de 2016.

Os tempos hodiernos reclamam por uma justiça acessível ao povo, que conceda ao cidadão uma resposta justa e tempestiva,[17] apta a nutrir o respeito ao órgão que a

---

[17] Neste aspecto, mister consultar: **Mauro Cappelletti,** Aspectos sociales y políticos del procedimiento civil. *Proceso, ideologías, sociedad,* 1974, p. 33-90.

presta[18] – o Poder Judiciário – e a credibilidade necessária diante da cláusula pétrea constitucional da "inafastabilidade da jurisdição".[19]

Primeiramente, verificaram-se causas que impediam o Judiciário brasileiro de conceder uma resposta judicial "pronta e célere", concluindo nessa primeira etapa que o processo, conquanto instrumento de realização da justiça monopolizado pelo Estado, apresentava, na sua configuração, solenidades obrigatórias que por si só contribuíam para a demora da resposta judicial.

Esse conjunto de problemas judiciais tornou evidente a velha expressão de Eduardo Couture, jurista uruguaio de escola, que afirmara com propriedade nos seus *Fundamentos de derecho procesal civil* que a justiça retardada nada mais era do que "justiça denegada".[20]

Concluiu-se, por conseguinte, que, passados 37 anos do Código de 1973, impunha-se elaborar um novo ordenamento, atento aos novos reclamos eclipsados na cláusula constitucional da "duração razoável dos processos", bem como erigir novéis institutos e abolir outros que se revelaram ineficientes ao longo do tempo, com o escopo final de atingir a meta daquilo que a genialidade do processualista denominou uma árdua tarefa para os juízes: "Fazer bem e depressa."[21]

A Comissão, considerando a existência de bons materiais aproveitáveis do Código em vigor (1973),[22] bem como a firmeza na crença de que a tarefa não se realizaria por meio

---

[18] Não passou despercebido pela Comissão que o Poder Judiciário vivencia vertiginosa ascensão. Tem sido a última palavra sobre as questões de Estado, não só aqui, como alhures. Sobre o tema, vale transcrição de trecho de citações de Tocqueville: "Não existe praticamente questão política nos Estados Unidos que não seja resolvida cedo ou tarde como se fosse uma questão judiciária. Daí a obrigação dos Partidos, em sua polêmica diária, de tomar emprestadas à justiça suas ideias e sua linguagem" (**Alexis Tocqueville**. *De la démocratie en Amérique*. Coll. Garnier-Flammarion, 1993, p. 47). Também justifica, em larga escala, a quantidade de processos enfrentados pelo Judiciário; o caráter beligerante apontado por algumas vozes enquanto elemento cultural pátrio, bem como se preferir, constantemente, a judicialização de conflitos, sem prévia tentativa de conciliação ou negociação.

[19] "**Art. 5º da CF.** XXXV – A lei não excluirá da apreciação do Poder Judiciário lesão ou ameaça a direito". A dicção constitucional abarca a tutela repressiva (lesão) e a tutela preventiva ou inibitória (ameaça a direito), quer de natureza cautelar, quer de natureza satisfativa."

[20] A Corte Europeia de Direitos Humanos costuma verificar eventual desrespeito à cláusula de duração razoável dos processos pela lente de observação de três critérios principais, a saber: a complexidade da causa; o comportamento das partes e dos seus procuradores; e a atuação do órgão jurisdicional.

[21] A expressão é de **José Alberto dos Reis,** A figura do processo cautelar. Separata do *Boletim do Ministério da Justiça*, 1947.

[22] A advertência é de Niceto Alcalá Zamora y Castillo, na Exposição de Motivos do CPC de 1939, assim repisada por Buzaid: "Entram em jogo dois princípios antagônicos de técnica legislativa: o da *conservação* e o da *inovação*. Ambos se harmonizam, porque, se o primeiro torna menos perturbadora a mudança, o segundo remedeia os males observados durante a aplicação do Código. O reformador não deve olvidar que, por mais velho que seja um edifício, sempre se obtém, quando demolido, materiais para construções futuras".

do mimetismo que se compraz em apenas repetir erros de outrora, dedicou-se à criação de um "novo código"[23] apto a reduzir o número de demandas e recursos que tramitam no Poder Judiciário, fatores inegavelmente responsáveis pela morosidade judicial.

É mister destacar o caráter democrático-participativo dessa novel codificação. É que o anteprojeto foi submetido à integralidade da comunidade científica e laica, abrindo rumo à edificação de um código da nação brasileira.[24]

A sociedade brasileira teve a oportunidade de ser ouvida, máxime porque o processo revela-se precioso instrumento de prestação soberana de justiça pelo Estado.

Nesse segmento, criou-se uma página virtual no Senado, mercê de realização de quase uma centena de audiências públicas em pontos estratégicos do território nacional, tudo com o escopo de recebimento de sugestões. Os números indiciam a legitimidade democrática do novo texto processual, a saber: a) a página virtual do Senado recebeu milhares de sugestões; b) as audiências públicas ofereceram 240 sugestões; c) 200 sugestões foram recolhidas de memoriais da comunidade jurídica como um todo, aí compreendidos os vários segmentos judiciais da advocacia pública e privada da comunidade científica por meio de seus institutos, como o Instituto Brasileiro de Direito Processual; d) todos os projetos de lei em tramitação das casas legislativas foram englobados no novel Código. Enfim, a sociedade brasileira falou e foi ouvida, na medida em que 80% das sugestões foram acolhidas.

O novel Código enfrentou as barreiras da morosidade por meio de criativas soluções.

O primeiro enfrentamento revelou, de plano, três fatores que representavam as causas mais significativas da longa duração dos processos.

A primeira tributada ao excesso de formalidades do processo oriunda da era do Iluminismo,[25] na qual reinava profunda desconfiança sobre o comprometimento do Judi-

---

[23] A perplexidade e o desafio são de todos os tempos, como demonstram as palavras de Chiovenda por ocasião da reforma italiana: "*Convien decidersi a una riforma fondamentale o rinunciare alla speranza di un serio progresso*" (**Giuseppe Chiovenda**, *La riforma del procedimento civile*, 1911, p. 4).

[24] Assim, a própria metodologia utilizada teve a preocupação de dialogar com o Estado Democrático de Direito vivenciado na atual conjuntura nacional. Neste peculiar, observando a lição de Goffredo da Silva Telles, para quem o Estado Democrático de Direito se caracteriza por três notas essenciais, a saber: "Por ser obediente ao Direito, porque suas funções são as que a Constituição lhe atribui e porque, ao exercê-las, o Governo não ultrapassa os limites de sua competência; é guardião dos Direitos, porque o Estado de Direito é o Estado-Meio, organizado para servir o ser humano, ou seja, assegurar o exercício das liberdades e dos direitos subjetivos das pessoas; é aberto para as conquistas da cultura jurídica, porque o Estado de Direito é uma democracia, caracterizado pelo regime de representação popular nos órgãos legislativos e, portanto, é um Estado sensível às necessidades de incorporar à legislação as normas tendentes a realizar o ideal de uma Justiça cada vez mais perfeita" (**Goffredo da Silva Telles Júnior**, Carta aos brasileiros. *Revista da Faculdade de Direito da USP*, v. 2, p. 411, 1977).

[25] Tratando-se de tutela cautelar, que resguarda a utilidade prática do processo principal, *v.g.*, a constrição de bens do arresto garantidor de futura execução, justifica-se exigir a propositura da ação principal em prazo peremptório. Afinal, o juízo terá concedido a medida urgente com base em mera

ciário com o ancião regime, razão que conduziu os teóricos da época a formular técnicas de engessamento dos poderes judiciais.[26]

Assim, evidencia-se a concessão de legitimidade da obtenção do bem da vida pretendido, porquanto o indivíduo não possa se valer das próprias forças para retirar um bem do patrimônio de outrem ou obrigá-lo a fazer ou deixar de fazer algo, ao seguir as determinações previstas no ordenamento, a conduta coercitiva remete a uma legitimidade a partir da teoria do pacto social, na qual a sociedade remete parcela de sua liberdade para

---

aparência em razão da urgência e da promessa de que adviria o processo principal, propiciando uma análise mais aprofundada do direito da parte.

Diferentemente, a tutela antecipada é satisfação antecipada na mesma relação processual em que se vai definir o direito ao final. Isso significa dizer que o juiz pode adiantar os efeitos práticos que advirão do pronunciamento final de procedência. Desta sorte, não há processo outro a instaurar e tudo se passa na mesma relação processual. Imperioso que se assente com clareza que a antecipação de tutela se opera no plano da realizabilidade prática e não no plano normativo. É adiantamento dos efeitos práticos do provimento, como a entrega de uma coisa ou o pagamento de alimentos provisionais, sem que haja uma "sentença provisória", tanto mais que a própria lei explicita que deferida a antecipação, o processo prossegue em direção ao seu destino que é a prolação da sentença.

Ressalta claro que a tutela de urgência não se submete à ritualidade da execução tradicional. A sua efetivação se opera *simpliciter et de plano*, como sói exigir uma resposta judicial pronta. Não há execução "com intervalo" senão sincrética, no mesmo processo, e imediatamente acompanhada de medidas de apoio que a tornem realidade. Esta mandamentalidade, mercê de restaurar a figura soberana do magistrado, abandonando aquela outra burocrático-judicial, criminaliza o descumprimento da ordem, diferentemente do que se observa na sentença condenatória, que encerra uma mera "declaração" concitando o vencido para que cumpra a decisão. Há executividade intrínseca no comando decisório de urgência, como preconizava Liebman, de tal sorte que mais apropriado é denominar-se a sua realização prática de "efetivação ou atuação", como o fazem nossos matizes europeus.

Nesse ângulo, aproximam-se os sistemas do *civil law* e do *common law* ao eclipsarem, na figura do magistrado, o antigo pretor romano dos interditos e do *imperium iudiciis*.

Outrossim, muito embora não se possa afirmar a existência de uma unanimidade a respeito, a repercussão enérgica na esfera jurídica do seu destinatário faz com que o juízo da medida de urgência obedeça ao princípio da menor onerosidade possível e ao da proporcionalidade do provimento, conferindo solução adequada e sob medida, evitando criar um prejuízo maior do que se pretende evitar e, para tal, analisando a liceidade do sacrifício de um interesse à custa de outro, na visão metodológica de Karl Larenz.

[26] Interessante passagem sobre a nova expectativa social sobre os juízes: "(...) Entre outras demonstrações deste 'entulho' individualista, lugar de destaque pertence às posições que defendiam deve ser reduzida a participação e os poderes do juiz, ficando o processo (e principalmente seus resultados) totalmente entregue à sorte decorrente da iniciativa (ou falta de iniciativa) das partes. Esta concepção, hoje ultrapassada, de repúdio ao juiz ativo e participativo, era corolário da filosofia preponderantemente liberal e individualista que dominava o pensamento do século passado e baseava sua visão de mundo nos conceitos de liberdade, igualdade formal e propriedade, os quais eram estudados sob o enfoque do indivíduo, ou seja, sem que houvesse uma maior preocupação com a repercussão que o exercício de tais direitos pudesse ter em relação à coletividade. Neste contexto, era deixada para o Estado uma função secundária que vinha sintetizada pelo ideal do Estado Mínimo" (**José Carlos Baptista Puoli**, *Os poderes do juiz e as reformas do processo civil*, 2002, p. 22).

que o Estado promova a harmonia e o bem comum, após uma aceitação dessas regras. Destarte, as normas estabelecidas no ordenamento formam o resultado da conjugação da vontade geral legitimando a atuação do Estado na sua conduta invasiva no patrimônio jurídico de um indivíduo.[27]

Entretanto, essa cultura de formalismo chegou a um ponto em que impôs ao processo um excesso de etapas até o advento da solução judicial, que a morosidade decorrente acabou por emprestar às formas usuais de prestação de justiça ineficiência alarmante, gerando a consequente insatisfação popular e o descrédito do Poder Judiciário.

A segunda causa enfrentada revelou a litigiosidade desenfreada advinda, paradoxalmente, da conscientização da cidadania exsurgente da Carta Pós-positivista de 1988.[28] O povo, a partir da percepção de seus direitos tutelados pela carta cidadã,[29] introjetou em sua cultura cotidiana a busca pela tutela judicial dos seus direitos supostamente lesados ou ameaçados de lesão. O acesso à justiça tornou-se o direito dos direitos, o pressuposto inafastável de efetivação de todos os demais direitos.[30]

---

[27] **Irapuã Santana do Nascimento da Silva,** *Princípio da igualdade na mediação e o acesso à justiça,* 2016, p. 51-52.

[28] Porém, à medida que aumentou enormemente a demanda pela tutela jurisdicional, diminui a capacidade estatal de "expandir os serviços de administração da justiça de modo a criar uma oferta de justiça compatível com a procura então verificada". E isto porque, consoante nos ensina Boaventura de Souza Santos, esta explosão de litigiosidade se deu justamente na década de 1970, momento de crise do Estado-providência, de redução progressiva dos recursos financeiros estatais e da sua crescente incapacidade de arcar com os compromissos assistenciais e previdenciários assumidos para com as classes populares na década anterior (**Boaventura de Souza Santos,** Introdução à sociologia da Administração da Justiça. *Direito e justiça*: a função social do Judiciário, 1989, p. 44).

[29] Neste sentido, ver, **Marc Amstutz; Andreas Abegg; Vaios Karavas,** Civil Society Constitucionalism: The Power of Contract Law. *Indiana Journal of Global Legal Studies*, v. 14, 2007, p. 235-258.

[30] Neste sentido, **Cappelletti** e **Garth** asseveram: "Nos estados liberais 'burgueses' dos séculos XVIII e XIX, os procedimentos adotados para solução de litígios civis refletiam a filosofia essencialmente individualista dos direitos, então vigorante. Direito ao acesso à proteção judicial significava essencialmente o direito formal do indivíduo agravado de propor ou contestar uma ação. A teoria era de que, embora o acesso à justiça pudesse ser um 'direito natural', os direitos naturais não necessitavam de uma ação do Estado para sua proteção. Esses direitos eram considerados anteriores ao Estado; sua preservação exigia apenas que o Estado não permitisse que eles fossem infringidos por outros. O Estado, portanto, permanecia passivo com relação a problemas tais como aptidão de uma pessoa para reconhecer seus direitos e defendê-los, adequadamente, na prática. Afastar a 'pobreza no sentido legal' – a incapacidade que muitas pessoas têm de utilizar plenamente a justiça e suas instituições – não era preocupação do Estado. A justiça, como outros bens, no sistema do *laissez-faire*, só podia ser obtida por aqueles que pudessem enfrentar seus custos (...). O acesso formal, mas não efetivo à justiça, correspondia à igualdade, apenas formal, mas não efetiva (...). À medida que as sociedades do *laissez-faire* cresceram em tamanho e complexidade, o conceito de direitos humanos começou a sofrer uma transformação radical. A partir do momento em que as ações e os relacionamentos assumiram, cada vez mais, caráter mais coletivo que individual, as sociedades modernas necessariamente deixaram para trás a visão individualista dos direitos, refletida nas 'declarações de direitos', típicas dos séculos XVIII e XIX. O movimento fez-se no sentido de reconhecer os direitos e deveres sociais dos governos, comunidades, associações e

A terceira causa revelou o excesso de recorribilidade decorrente da previsão legal de inúmeros meios de impugnação das decisões judiciais, denominada "prodigalidade recursal", a par da efetiva utilização na praxe forense dos recursos como meio de retardar a consagração da vitória do litigante portador do melhor direito.[31] Nesse sentido, os dados estatísticos comprovaram o número excessivo de recursos utilizados, sem paradigma no direito comparado. Assim, *v.g.*, a Corte Suprema Americana, além do poder de eleição das impugnações que irá julgar, decide "anualmente de menos de uma centena (100) recursos, ao passo que os Tribunais Superiores do Brasil têm no seu acervo 250.000 (duzentos e cinquenta mil) recursos para julgamento".[32]

Desta sorte, patenteou-se como evidente que os três fatores preponderantes a serem enfrentados para a efetivação da duração razoável dos processos sintetizavam-se em três grupos: (*i*) o excesso de formalismos do processo civil brasileiro; (*ii*) o excessivo número de demandas; e (*iii*) a prodigalidade recursal na ótica brasileira apontada.[33]

A tarefa da criação do novo ordenamento foi árdua, tanto mais que redobrado demonstrava-se o cuidado em não transgredir garantias constitucionais[34] dirigidas ao

---

indivíduos (...). Entre esses direitos garantidos nas modernas constituições estão os direitos ao trabalho, à saúde, à segurança material e à educação. Tornou-se lugar-comum observar que a atuação positiva do Estado é necessária para assegurar o gozo de todos esses direitos básicos. Não é surpreendente, portanto, que o direito ao acesso efetivo à justiça tenha ganhado particular atenção na medida em que as reformas do *welfare state* têm procurado armar os indivíduos de novos direitos substantivos em sua qualidade de consumidores, locatários, empregados e, mesmo, cidadãos. De fato, o direito ao acesso efetivo tem sido progressivamente reconhecido como sendo de importância capital entre os novos direitos individuais e sociais, uma vez que a titularidade de direitos é destituída de sentido, na ausência de mecanismos para sua efetiva reivindicação. O acesso à justiça pode, portanto, ser encarado como o requisito fundamental – o mais básico dos direitos humanos – de um sistema jurídico moderno e igualitário que pretende garantir e não apenas proclamar os direitos de todos" (**Mauro Cappelletti; Bryant Garth**. *Acesso à justiça*, 2008, p. 9).

[31] Daí ter Ulpiano, há dois mil anos, preconizado no Digesto "*Appellandi usus quam sit frequens, quamque necessarius, nemo est qui nesciat...* (Ninguém ignora como o uso da apelação é frequente e como é necessário)... *licet nonnunquam benelata sententiae in pejureformet Boehmer*" (pois corrige a iniquidade ou imperícia dos julgadores, embora às vezes reforme para pior as sentenças proferidas, porque o fato de julgar por último não implica julgar melhor). Texto original de **Ulpiano**, *Digesta Iustiniani: Liber 49*; Coleção Mommsen & Krüger. Tradução livre para português.

[32] Uma compreensão do tema encontra-se em **Lawrence Baum**, *A Suprema Corte Americana*, 1987.

[33] Como bem destacado na exposição de motivos pela relatora Teresa Alvim Wambier: "Bastante simplificado foi o sistema recursal. Esta simplificação, todavia, em momento algum significou restrição ao direito de defesa. Em vez disso, deu, de acordo com o objetivo tratado no item seguinte, maior rendimento a cada processo individualmente considerado" (**Teresa Arruda Wambier,** Exposição de Motivos. *Código de Processo Civil*: anteprojeto/Comissão de Juristas responsável pela Elaboração de Anteprojeto de Código de Processo Civil, 2010).

[34] A constitucionalização do processo civil moderno é decorrência do pós-positivismo, aduzindo-se mesmo a um modelo constitucional de processo, expressão inspirada na obra de **Italo Andolina; Giuseppe Vignera**. *Il modello constituzionale del proceso civile italiano*: corso di lezion,

legislador ordinário, *v.g.*, o contraditório, o devido processo legal, a ampla defesa e os recursos a ela inerentes, dentre outros.

A cultura ultrapassada do formalismo foi enfrentada mediante a adoção de uma série de soluções, *v.g.*, a preponderância da questão de fundo sobre a questão de forma, a possibilidade de adoção de um procedimento das partes, a conciliação *initio litis* e a eliminação da duplicação dos processos principal e cautelar por meio da tutela provisória de urgência e da evidência (inaugurando-se, assim, uma única relação processual).[35-36]

O excesso de demandas, mercê de pertencer ao campo interdisciplinar da sociologia jurídica, encontra amparo na cláusula do acesso à justiça,[37] garantido pelo princípio

---

1990. O processo perpassa pelo tecido constitucional no afã de conferir maior efetividade aos direitos fundamentais.

[35] A passagem doutrinária ilustra bem o que tentamos superar: "Quando o investimento no processo aparece aos olhos da pessoa como desproporcional ao proveito a postular e em face do risco assumido, ele constitui freio inibitório ao exercício da ação e possivelmente será mais um fator de permanência de insatisfações. A esses óbices, somem-se aqueles relacionados com o modo de ser dos processos (lentos na apresentação de resultados e fonte de incômodos para as próprias partes, testemunhas, etc.) e ter-se-á como avaliar todo o custo social a que eles estão sujeitos. (...) Causa jurídica de estreitamento da via de acesso à justiça e à disciplina da *legitimatio ad causam* ativa, no processo civil individualista que herdamos e praticamos. Em princípio, por expressa disposição legal, a cada um cabe defender em juízo somente os seus próprios direitos, reputando-se excepcionalíssimos e de direito estrito os casos de substituição processual. Tal disciplina consiste numa interpretação acanhada e insuficiente da garantia constitucional da ação e da inafastabilidade do controle jurisdicional, em contraste com as tendências solidaristas do Estado e do direito contemporâneos. Aquela linha de legitimação individual, válida na maioria dos casos, corresponde ao tratamento 'atômico' tradicionalmente dado aos conflitos, sem cogitar da dimensão supraindividual que estes podem muitas vezes apresentar; sucede-lhe agora o impulso doutrinário no sentido de molecularização do direito e do processo, ou seja, do tratamento dos conflitos a partir de uma ótica solidarista e mediante soluções destinadas também a grupos de indivíduos e não somente a indivíduos enquanto tais" (**Cândido Rangel Dinamarco,** *A instrumentalização do processo*, 2003, p. 340-341).

[36] Há sistemas que preconizam a ausência de preclusão e a possibilidade de revisão, ao final de todo o material decidido. Acerca de uma resenha sobre as vantagens e desvantagens consulte-se, por todos, **Barbosa Moreira**. *Comentários ao Código de Processo Civil*, p. 488. Nesses comentários, o autor aponta para a via média de discriminar decisões agraváveis de pronto, tal como adotado pelo anteprojeto.

[37] "Tornou-se lugar-comum observar que a atuação positiva do Estado é necessária para assegurar o gozo de todos esses direitos sociais mais básicos. Não é surpreendente, portanto, que o direito ao acesso efetivo à justiça tenha ganho particular atenção na medida em que as reformas do *welfare state* têm procurado armar os indivíduos de novos direitos substantivos em sua qualidade de consumidores, locatários, empregados e, mesmo, cidadãos. De fato, o direito ao acesso efetivo tem sido progressivamente reconhecido como sendo de importância capital entre os novos direitos individuais e sociais, uma vez que a titularidade de direitos é destituída de sentido, na ausência de mecanismos para sua efetiva reivindicação. O acesso à justiça pode, portanto, ser encarado como o requisito fundamental – o mais básico dos direitos humanos – de um sistema jurídico moderno e igualitário que pretende garantir e não apenas proclamar os direitos de todos" (**Mauro Cappelletti,** Acesso à justiça. Separata da *Revista do Ministério Público do Estado do Rio Grande do Sul*, p. 11-12).

constitucional de que nenhum direito ou ameaça a direito deve escapar à apreciação do Poder Judiciário (art. 5º, XXXV, da CF).

Esse quantitativo de demandas estava intimamente vinculado ao denominado "contencioso de massa",[38] no qual milhares de ações em trâmite no território nacional versavam a mesma questão jurídica, revelando ações homogêneas que não deveriam ser reguladas processualmente como aquelas que compõem a litigiosidade de varejo.

Erigiu-se, então, o denominado incidente de resolução de demandas repetitivas, instaurado em cada unidade federativa, perante o primeiro grau de jurisdição para o tribunal, possibilitando ao juiz, às partes, à Defensoria Pública ou ao Ministério Público provocarem uma manifestação dos tribunais locais sobre as ações com identidade de questões jurídicas.

O incidente, uma vez instaurado, tem a sua admissibilidade aferida pelo tribunal que pode impor a suspensão das ações idênticas juridicamente, no âmbito da sua competência, antes de apreciar o mérito da questão.

Destarte, a possibilidade de interposição de recurso extraordinário ou recurso especial habilita esses tribunais superiores a suspenderem todas as ações em tramitação no território nacional, mediante análise de *simplex petitio* nesse sentido, formulável por qualquer interessado.

Uma vez decidida a questão jurídica homogênea, cada ação individual retoma a sua marcha em primeiro grau, obedecendo ao julgamento da *questio* comum.

O incidente revela-se vantajoso ao permitir a solução de milhares de demandas com idêntica questão jurídica, por meio de solução única, mercê de tornar obrigatória a normatização adotada que irá influir, inclusive na admissibilidade de eventuais recursos para os tribunais locais ou superiores, porquanto, fixada a tese, a sua adoção será obrigatória.

O registro eletrônico no Conselho Nacional de Justiça (CNJ) dos incidentes de resolução de demandas repetitivas suscitados nas unidades federadas do país permite aos tribunais adotar providências preventivas tendentes a evitar futuras decisões contraditórias mediante a suspensão preventiva dos processos.[39]

O excesso de recursos recebeu como solução a limitação da utilização do agravo de instrumento, permitido para hipóteses excepcionais, *v.g.*; nos casos de tutela liminar de urgência e da evidência (direitos líquidos e certos); inclusive com sustentação oral, decisões interlocutórias de mérito e decisões interlocutórias no processo de execução, porquanto este último não pode passar à sua fase seguinte sem a superação da fase anterior. Igualmente, excluiu-se a modalidade de interposição retida do referido recurso, formalidade injustificada e cuja única finalidade era evitar a preclusão da matéria em discussão, o que, atualmente, se opera *ex lege* (art. 1.009, § 1º).

---

[38] **Neil Andrews**. Multi-party proceedings in England: representative and group actions. *Duke Journal of Comparative and International Law*, vol. 11, 2001.

[39] Ver **Aluisio Gonçalves de Castro Mendes**, *Ações coletivas no direito comparado e nacional*, 2002, p. 60-61.

Por outro lado, foram eliminados os embargos infringentes, substituídos pela técnica da continuação do julgamento até o alcance da maioria dos cinco membros julgadores,[40] diante de divergência no colegiado inicial, na apelação, ou de reforma da decisão que julgar parcialmente o mérito no agravo de instrumento, bem como na ampliação do colegiado, quando o resultado for a rescisão da sentença, devendo, nesse caso, seu prosseguimento ocorrer em órgão de maior composição previsto no regimento interno.

A jurisprudência assumiu o destaque característico dos sistemas da família da *common law*, vinculando juízes e tribunais, reclamando, por seu turno, a perfeita adequação da causa ao precedente (*distinguishing*), a possibilidade de sua modificação (*overruling*), bem como a modulação temporal da modificação jurisprudencial no afã de evitar a surpresa judicial, interdição que conspira em prol da prometida segurança jurídica, eclipsada em cláusula pétrea constitucional. Essa força emprestada à jurisprudência viabiliza, também, a previsibilidade das decisões, respeitando as justas expectativas dos jurisdicionados.

Essa tendência corrobora o que Giuseppe Chiovenda vaticinara no primeiro quartel do século passado, vale dizer, a evolução do processo civil restaria por unir as famílias do *civil law* e do *common law*, permitindo uma interação capaz de institutos de um sistema serem úteis ao outro. Aliás, ao longo das últimas décadas, os sistemas romano-germânico e anglo-saxônico vêm se interpenetrando. Assim é que o Brasil, país de tradição legalista, propende cada vez mais para a utilização dos precedentes judiciais característicos do sistema anglo-saxônico, como regra apta a realizar a isonomia jurisdicional; ao passo que a Inglaterra, país de tradição dos precedentes, desde 1999, adotou um complexo Código de Processo Civil (*Rules of Civil Procedure*).

Esses novéis e eficientes meios minudenciados no Código timbram a tendência que se seguiu no alcance da duração razoável dos processos no ordenamento aprovado em 2015.

Consoante tivemos a oportunidade de apontar,[41] o Código apresenta algumas peculiaridades.

Primeiramente, a novel estrutura.[42] O atual CPC é dotado de uma parte geral consoante as mais modernas legislações, porquanto o processo assenta-se no trinômio

---

[40] Já o anteprojeto de Alfredo Buzaid, que antecedeu ao Código de 1973, prometia uma profunda racionalização do sistema recursal. Menos radical, o próprio Código extinguiu os agravos de petição, e no auto do processo, os embargos de alçada e o recurso de revista, mantendo os embargos infringentes com base em voto vencido. Acabou por adotar amplamente o princípio do duplo grau de jurisdição, tornando recorríveis todas as decisões de primeiro grau.

[41] **Luiz Fux,** *O Novo Processo Civil Brasileiro,* 2011 (Coleção Direito em Expectativa).

[42] Como destaca Teresa Arruda Alvim na exposição de motivos, calcada na doutrina de **Egas Moniz de Aragão**, ausência de uma parte geral, no Código de 1973, ao tempo em que promulgado, era compatível com a ausência de sistematização, no plano doutrinário, de uma teoria geral do processo. E advertiu o autor: "Não se recomendaria que o legislador precedesse aos doutrinadores, aconselhando a prudência que se aguarde o desenvolvimento do assunto por estes para, colhendo-lhes os frutos, atuar aquele" (*Comentários ao Código de Processo Civil,* 1991, v. II, p. 8). O profundo amadurecimento do tema que hoje se observa na doutrina processualista brasileira justifica, nessa oportunidade, a sistematização da teoria geral do processo, no CPC.

ação-jurisdição-processo, cujos aspectos são gerais e incidentes sobre todas as formas de prestação judicial.[43]

Assim é que tanto no processo cujo escopo seja a definição de direitos (Processo de Conhecimento) quanto naquele em que se pretende a satisfação do direito (Processo de Execução), há regras gerais e institutos comuns.

Sob esse ângulo, o Código enumerou as disposições gerais no Livro I, relativo à Parte Geral, mercê da criação de um livro; o de número II, referente ao Processo de Conhecimento, no qual foram encartados os procedimentos especiais de jurisdição contenciosa e voluntária, conquanto processos de sentença; o de número III, relativo ao Processo de Execução de Título Extrajudicial; o de número IV, acerca do Processo nos Tribunais e dos Meios de Impugnação das Decisões Judiciais, constando, neste, regras gerais sobre os recursos e os meios de impugnação em espécie, bem como as ações autônomas de impugnação (ação rescisória e ação anulatória de atos judiciais); e, por último, o Livro V das disposições finais e transitórias, contendo as regras de direito intertemporal diante da *vacatio legis* eleita e a absorção dos procedimentos até então remanescentes do vetusto Código de 1939 não encampados.

A seguir, surge uma evidente *principiologia do Código*.[44] O estágio atual da Ciência Jurídica Brasileira insere-se na era do pós-positivismo antecedida pelo jusnaturalismo,

---

[43] Sobre o histórico e evolução das codificações nos sistemas jurídicos, consultar:

(i) Para a compreensão da evolução codicista francesa: **Jean-Louis Halperin**, Le Code de procédure civile de 1806: un code de praticiens? In: **Loïc Cadiet** *et* **Guy Canivet** (Dir.). *De la commémoration d'un code à l'autre*: 200 ans de procédure civile en France, 2006; **Bernard Beigner**. *Le nouveau Code de procédure civile*: un droit de professeurs?; **Catherine Chadelat**. *Point de vue* – L'élaboration d'un Code de procédure civile: entre pratique judiciaire et droit savant. In: 1806 – 1976 – 2006 De la commémoration d'un code à l'autre : 200 ans de procédure civile en France. Loïc CADIET et Guy CANIVET. Lexis Nexis.

(ii) Sobre a estrutura do Código Alemão – **Christian Wollschläger**. Introduzione: La Zivilprozessordnung del 1877/1898. *Ordinanza dela procedura civile dell'Impero Germanico* – 1877/1898, p. XI-XLI;

(iii) Acerca da arquitetura da Ley de Enjuiciamiento Civil Española – **Juan Montero Aroca**. *Evolución y futuro del derecho procesal*, 1984; El viejo modelo procesal liberal y escrito (o el proceso de lª LEC de 1881). *Los principios políticos de la nueva Ley de Enjuiciamiento Civil* – los poderes del juez y la oralidad, 2001; e, por fim:

(iv) O amadurecimento da técnica processual na Itália – **Franco Cipriani**. Il 3 febbraio 1903 tra mito e realtà. *Scritti in onore dei patres*, 2006, p. 249-264; *Quel lieto evento di tanto anni fa* (una visita a Premosello-Chiovenda), p. 265-280; **Giuseppe Chiovenda**, *Il manifesto Croce e il fascismo*, p. 281-286; Alla scoperta di Giuseppe Chiovenda, *Il manifesto Croce e il fascismo*, p. 287-296; **Giovanni Tarello**. Quattro buoni giuristi per una cattiva azione. *Dottrine del processo civile* – studi storici sulla formazione del diritto processuale civile, 1989, p. 241-261.

[44] A Comissão observou os mais recentes movimentos de homogeneização do sistema processual, respeitando os "Princípios Transnacionais de Direito Processual". No original: *Principles of Transnational Civil Procedure*, que tiveram como *relatores* os insignes Professores Geoffrey C. Hazard Jr. e Michel Taruffo, com inúmeros consultores internacionais de renome. Os princípios foram elaborados em uma Joint Venture entre o *American Law Institute* (ALI) e o *International Institute for the Unification of Private Law* (UNIDROIT) e resultaram do amadurecimento da ideia inicial de

que pregava um direito natural e imutável, e pelo positivismo, cuja ótica enxergava o justo na própria lei.

O exsurgimento dos princípios maiores, inseridos na Carta Federal de 1988, introduziu o sistema jurídico brasileiro no positivismo moderno que não mais se reduz a regras legais, senão, e, principalmente, compõe-se de princípios maiores que representam o centro de gravidade de todo o sistema jurídico.

Outrossim, o CPC/2015 é um marco na história jurídica brasileira, consubstanciando fruto não só do pós-positivismo, mas também do neoprocessualismo[45], bem como densificando[46] a Constituição Federal de 1988, ao ter insculpido, em seu bojo, princípios constitucionais de especial importância como normas fundamentais do processo[47].

Nesse segmento, destacam-se os seguintes princípios: da dignidade da pessoa humana,[48] da razoabilidade, da impessoalidade, da eficiência, da duração razoável dos processos, do devido processo legal, do contraditório, da ampla defesa, da efetividade, da tutela específica e tempestiva e do acesso à ordem jurídica justa, dentre outros, à luz da concepção jusfilosófica que os acompanha.[49]

---

formular um código (*Rules*) de Direito Processual Transnacional, focado nas disputas comerciais entre diferentes nações. Após o ingresso do UNIDROIT no projeto, chegou-se ao consenso de formular, em vez de um código de regras, um rol de *princípios gerais*, a serem seguidos por todas as nações em disputas comerciais internacionais.

Importante notar que os *princípios transnacionais* buscaram tomar forma que pudesse se adequar tanto ao sistema anglo-saxônico quanto ao sistema romano-germânico, com o escopo de servir como modelo a um movimento de *harmonização e aproximação* dos sistemas processuais.

[45] **José Herval Sampaio Júnior**. A influência da Constitucionalização do Direito no ramo processual: Neoprocessualismo ou processo constitucional? Independente da nomenclatura adotada, uma realidade inquestionável. In: Fredie Didier. (Org.). *Teoria do Processo Panorâmica Doutrinário Mundial*. Salvador: JusPodvim, 2010, v. 1, pp. 427-456.

[46] No ponto, sublinhe-se, ainda, **a icônica obra de Konrad Hesse sobre a força normativa da Constituição. Konrad Hesse**. A força normativa da constituição. Tradução de Gilmar Ferreira Mendes. Porto Alegre: Sergio Antonio Fabris, 1991.

[47] Fix-Zamudio, fazendo referência a obra de Couture, destaca a ascensão do – *derecho constitucional procesal*, surgido como – *resultado de la confluencia de otras dos ramas de la ciencia jurídica: el derecho constitucional y el derecho procesal*.

Héctor Fix-Zamudio. El pensamiento de Eduardo J. Couture y el Derecho Constitucional Procesal. In: *Boletín Mexicano de Derecho Comparado*, a. X, vol. 30, Ciudad Del México, 1977, 315. Ver, por todos, cite-se, ainda, Ferri, Comoglio, Taruffo, Trocker e Varano, entre outros, pugnando que o processo deve ser visto, necessariamente, sob o prisma constitucional, de forma que se considerarmos o ordenamento jurídico como uma árvore, temos o direito constitucional como o tronco e o processo como ramos ou galhos dele derivados. **Nicolò Trocker**. Processo civile e costituzione: Problemi di diritto tedesco e italiano. Milano: Giuffrè, 1974.

[48] A dignidade humana passou a ser o centro de gravidade do ordenamento jurídico, um superprincípio pelo qual perpassa todo o sistema de normas.

[49] O segundo pós-guerra marcou o renascimento dos princípios constitucionais do processo. O Estado de Direito que se reconstruiu após os nefastos regimes autoritários redefiniu as suas relações com os cidadãos, firmando o primado da dignidade da pessoa humana e a eficácia concreta dos direitos fundamentais, assegurada pelo amplo acesso à Justiça.

O vigente Código, seguindo a trilha exegética da Constituição Federal, erigiu normas *in procedendo* destinadas aos juízes, sinalizando que toda e qualquer decisão judicial deve perpassar pelos princípios plasmados no tecido constitucional e ínsitos ao sistema processual como forma de aproximar a decisão da ética e da legitimidade. Em outras palavras, a Comissão preocupou-se em fazer do processo um instrumento de participação democrática em que o juiz, ouvindo e dialogando com as partes e interessados, promova uma decisão efetivamente apaziguadora.[50] Nesse sentido, é que se criou uma estrutura de fortalecimento dos métodos alternativos de resolução de conflito, potencializando-se a efetividade e adequação da atividade jurisdicional do centro do novo sistema processual.[51]

Assim é que, *v.g.*, na solução de uma questão humana deve assumir relevo a regra infraconstitucional à luz do princípio da dignidade da pessoa humana; na solução de uma ação de improbidade administrativa, é mister que a atividade de concreção da regra de direito administrativo venha coadjuvada pelos princípios da moralidade e da razoabilidade, e assim por diante.

3. A ANÁLISE ECONÔMICA DO DIREITO PROCESSUAL

Para além de suas categorias gerais e seus elementos fundamentais, propõe-se uma nova abordagem da relação jurídica processual, não como caminho único de seu estudo, mas como instrumental relevante a complementar sua percepção e potencializar seus resultados: a *análise econômica do processo*.[52]

A Análise Econômica do Direito (AED), de natureza interdisciplinar, teve seu desenvolvimento inicial nos EUA, com a publicação dos estudos de Gary Becker (1959[53]), Ronaldo Coase (1960[54]) e Guido Calabresi (1961[55])[56]. Em linhas gerais, o estudo da conhecida *Análise Econômica do Direito* pode ser metodologicamente subdividido em duas vertentes principais: a análise *descritiva* e a análise *normativa*.

---

[50] É o que Cappelletti, sob influência anglo-americana, denominou *fair hearing*, hoje também chamado de *processo justo*, como processo em que às partes são asseguradas todas as prerrogativas inerentes ao contraditório participativo.

[51] Sobre o tema de mediação no CPC: "Não se pode olvidar que os meios adequados de solução de controvérsia apresentam-se, desde a segunda metade do século XX, como a melhor saída para os problemas de lentidão e falta de efetividade da justiça estatal. Por isso, o CPC valorizou as conciliações e as mediações judiciais, bem como a arbitragem, promovendo verdadeira alteração disruptiva" **Humberto Dalla Bernardina de Pinho**. Manual de direito processual civil contemporâneo. 2. ed. – São Paulo: Saraiva Educação, 2020.

[52] Para estudo esmiuçado, ver **Luiz Fux** e **Bruno Bodart**. *Processo Civil e Análise Econômica*, 2021.

[53] **Gary Becker**. The economics of discrimination. Chicago: University of Chicago Press, 1971.

[54] **Ronald H. Coase**. "The Problem of Social Cost". Journal of Law and Economics, 1960.

[55] **Guido Calabresi**. "Some Thoughts on Risk Distribution and the Law of Torts," Yale Law Journal, 1961.

[56] **Anderson de Paiva Gabriel**. O Pragmatismo como paradigma do Direito Processual Penal contemporâneo: tecnologia, consenso e whistleblowing. Londrina: Thoth, 2022.

A primeira vertente verifica como as normas em vigor influenciam a atuação dos agentes econômicos, buscando quantificar e qualificar os incentivos e os desincentivos que os institutos jurídicos geram a esses *players*. No âmbito do processo civil, sob o prisma de uma investigação descritiva, pode-se imaginar como exemplos: qual o percentual de aumento do número de acordos judiciais em decorrência do CPC que inaugurou a obrigatoriedade da audiência de conciliação? O escalonamento dos honorários advocatícios devidos pela Fazenda Pública reduz ou aumenta a litigiosidade? O sistema de justiça gratuita favorece o ajuizamento de demandas frívolas?

A segunda vertente, por sua vez, parte de pressupostos mais empíricos, no afã de propor o modelo mais eficiente dos institutos jurídicos, de modo a alcançar resultados ideais que sejam mais aptos à maximização do bem-estar social. Aqui, também no âmbito do processo civil, podem ser formulados os seguintes exemplos de investigações normativas: qual modelo de conciliação incentivaria o Sistema de Justiça a alcançar 60% de acordos? Qual o valor máximo de renda que as partes devem possuir para se beneficiar da justiça gratuita? Qual a quantidade ótima de recursos de um sistema processual, de modo a permitir a correção de erros judiciários em ponderação com a duração razoável do procedimento?

Nesse sentido, ainda que a AED também envolva uma percepção multidisciplinar do fenômeno jurídico, há alguns traços distintivos que a diferenciam de outras perspectivas multidisciplinares (como Análise *Política* do Direito; Análise *Sociológica* do Direito etc.).[57]

Primeiro, a Análise *Econômica* do Direito adota modelos matemáticos, estatísticos e empíricos, o que nem sempre se percebe naquelas outras abordagens. Trata-se, assim, de um ramo construído sobre bases empíricas, a partir das quais desenvolve suas premissas e busca conclusões fundadas em indicadores numéricos extraídos da realidade social mediante um método científico estrito, afastando-se de justificativas puramente *morais* ou *principiológicas*. Deveras, não raro, a AED apresenta evidências de que determinados institutos jurídicos produzem (des)incentivos distintos dos esperados para sua existência, contribuindo para a formulação das políticas públicas na busca pela melhora da estrutura e do desenho das instituições respectivas.

Ainda como traço distintivo, assevera-se que essa abordagem econômica parte de uma investigação (não definitiva) supondo que os agentes atuam de forma racional e estratégica, buscando maximizar a sua utilidade diante das consequências possíveis de suas escolhas (*pragmatismo* e *consequencialismo*). O modelo de escolha racional, entretanto, não deve ser confundido com uma inocente visão do ser humano como perfeitamente inteligente e estrategista. A escolha racional apenas supõe que o indivíduo possui uma ordem lógica, coerente e transitiva de preferências, bem como que se comportará de modo a satisfazê-las da melhor forma possível diante das limitações possuídas. Contudo, mesmo no modelo da escolha racional, nem sempre os comportamentos dos indivíduos conduzirão, em equilíbrio, a um cenário de eficiência perfeita, seja porque os incentivos

---

[57]   **Steven Shavell**, *Foundations of Economic Analysis of Law*, 2004, p. 387-470.

a que submetidos são defeituosos, seja porque outras limitações conduzem ao resultado indesejado, como a assimetria de informações. A análise desses problemas também pode ser realizada em um contexto de interação entre diversos sujeitos, que devem estrategicamente definir como se comportar tendo em vista o comportamento dos demais. Esse é o objeto de investigação da teoria dos jogos, no bojo da qual se compreende que os *players* não apenas *reagem* a essas condutas, mas também se *adaptam*, ao longo do tempo, ao comportamento dos demais agentes, a partir de *incentivos*, *desincentivos* e *reforços*, em uma interação dinâmica cujas balizas continuamente se modificam e se influenciam reciprocamente.

Um terceiro ponto de distinção reside no fato de que a análise econômica apregoa que os institutos jurídicos devem ser desenhados e direcionados à maximização do *bem-estar social*, deles extraindo a maior eficiência e potencialidade possíveis. Trata-se de conceito específico desse ramo de estudo. Ao contrário do Direito, a Economia possui um ferramental bem definido para avaliar se políticas públicas são boas ou ruins, a partir das suas consequências para a sociedade. Esse *bem-estar social*, apesar de inicialmente se revelar como um conceito de contornos indeterminados, relaciona-se à satisfação das necessidades dos agentes sociais, mediante uma distribuição adequada, eficiente e racional das utilidades dos recursos escassos disponíveis ao homem nos *trade-offs* que inevitavelmente se apresentam, ante a escassez de recursos e infinidade de necessidades.

Outras contribuições também são extraídas da relação entre a *economia comportamental* e a *Justiça Civil*, mediante a investigação da percepção de *justiça* pelas partes no diálogo entre *Psicologia* e *Economia*. Ao adotar o método científico, a literatura de Psicologia se concentrou em formar um excepcional corpo de estudos empíricos sobre o comportamento do homem, os quais são utilizados para testar as teorias econômicas como a da utilidade esperada. Quando o resultado dos experimentos e pesquisas empíricas não é o esperado, há várias possíveis conclusões: *(i)* houve algum tipo de erro de metodologia na pesquisa empírica; *(ii)* o resultado pode ser explicado mediante qualificações à teoria original; ou *(iii)* a observação conduz à necessidade de reformular completamente a teoria sob avaliação. Uma corrente que ganhou força, a partir dessas investigações empíricas, aponta que indivíduos frequentemente adotam comportamentos ineficientes em razão de predisposições biológicas, consistentes em vieses cognitivos que impediriam a consecução do resultado que maximiza o bem-estar. Teóricos como Amos Tversky, Herbert Simon[58]

---

[58] **Herbert Simon**. A Behavioral Model of Rational Choice. Herbert A. Simon. *The Quarterly Journal of Economics,* vol. 69, n. 1. (Feb., 1955), p. 99-118. Nesse texto, Herbert Simon apresenta o conceito de *racionalidade limitada*, que desafiou todo o estado da arte da ciência econômica à época. Para ele, o conceito de *homo economicus* necessitava ser revisado, já que a *racionalidade global* pressuposta por esse modelo precisava ser substituída por um tipo mais realista de comportamento racional, em compatibilidade com as limitações do acesso à informação e da capacidade computacional. Dessa forma, Herbert Simon comprovou que os indivíduos realizam escolhas com conhecimento e habilidade *limitados*, por meio de simplificações simbólicas do mundo real, as quais geravam inconsistências entre o modelo tradicional da ciência econômica e a realidade.

e Kahneman[59-60] ajudaram a fundar a *Economia Comportamental* (*Behavioral Economics*), a partir da incorporação, pela economia, de desenvolvimentos teóricos e descobertas empíricas obtidas pela *Psicologia* e pela *Neurociência*.

Deveras, em contraposição àquela visão tradicional, a *Economia Comportamental* preconiza que o processo decisório humano assume uma realidade diferente: as decisões são tomadas a partir dos *hábitos*, das *experiências pessoais* e das *regras práticas simplificadas*. Assim é que, nesse processo, as pessoas usualmente aceitam soluções apenas satisfatórias, buscam celeridade no processo decisório, assumem dificuldades em balancear os interesses de curto e de longo prazo e são fortemente influenciadas por fatores emocionais, bem como pelos comportamentos das demais pessoas.

Nesse sentido, busca-se compreender e modelar as decisões individuais a partir de uma visão alternativa. Dessa forma, as influências *psicológicas* e *emocionais*, que se manifestam não apenas de forma *consciente*, mas também *inconsciente*, são consideradas como fatores que afetam o ser humano em suas escolhas, de modo que passam a ser também incorporadas aos modelos tradicionais da análise econômica do Direito.

Em suma, a *Economia Comportamental* procura entender e modelar as decisões dos agentes de forma mais realista. Assim, confere-se maior valor ao método experimental,

---

[59] **Daniel Kahneman**. *Judgment under Uncertainty*: Heuristics and Biases. Nesta obra, conclusões de Herbert Simon são aprofundadas, a partir do que são apresentados resultados de estudos empíricos no sentido de que, ao tomar decisões, as pessoas agem sob considerável grau de incerteza. Assim, para responder a essa circunstância, o processo de tomada de decisões é simplificado pelo homem por meio de categorias que os autores denominam de *heurísticas* e *vieses*. De um lado, *heurísticas* e *vieses* parecem reduzir a complexidade dos problemas aos quais as pessoas estão expostas, o que seria de grande utilidade para a solução de casos práticos. Entretanto, por outro lado, também podem conduzir os tomadores de decisão a erros graves e sistemáticos, na medida em que funcionam como ilusões cognitivas que interferem no grau de racionalidade da conduta humana. Exemplificativamente, há estudos que comprovam que, quanto mais alto o valor indicado na petição inicial como valor de dano moral requerido pela parte autora, mais alta a probabilidade de, caso o pedido seja julgado procedente, o juiz condenar a parte ré ao pagamento de um valor igualmente elevado. Afinal, o alto montante inicial requerido pela parte autora funciona como uma ilusão cognitiva (âncora) que interfere na quantificação mental que o juiz realiza sobre o dano alegado.

Por outro lado, a prática nacional tem demonstrado um maior grau de restrição ao arbitramento de danos morais, evitando o que se chamou de "indústria do dano moral", de sorte a refrear o ajuizamento de demandas com mero interesse especulatório, quase lotérico.

[60] **Cass Sunstein; Daniel Kahneman; David Schkade; Ilana Ritov**. "Predictably Incoherent Judgments." Stanford Law Review, Vol. 54, Issue 6 (June 2002), p. 1.153-1.216. Nesse *paper*, os autores afirmam que as instituições e as normas jurídicas podem ser desenhadas de modo a criar incentivos que diminuam os efeitos das ilusões cognitivas, ali denominadas de *fontes de incoerência e de arbitrariedade dos julgamentos morais*. Para tanto, o direito e as políticas públicas devem assumir uma perspectiva não meramente *principiológica* (no sentido kantiano), mas também de ordem *pragmática-consequencialista*. Essa tarefa envolve a criação de desenhos institucionais que asseguram um padrão de julgamentos mais racional, cujo procedimento incentiva os tomadores de decisão a compreenderem suas próprias ilusões cognitivas, oferecendo os instrumentos necessários para diminuir seus efeitos.

que configura a ferramenta mais utilizada pelos economistas comportamentais em sua investigação empírica sobre esses desvios em relação à ação racional.

No campo jurídico, essa abordagem oferece importantes reflexões aos juristas. Com efeito, o processo de resolução de conflitos envolve uma série de decisões por parte de todos os seus personagens – autores, réus, juízes, auxiliares, serventuários etc. Dessarte, a partir da constatação de que todos esses agentes processuais se encontram submetidos a influxos sociais e psicológicos que interferem na racionalidade de suas decisões, o Estado, ao instituir as normas de processo civil, precisa desenvolver institutos que possibilitem, de forma mais realista, o intercâmbio de informações entre os indivíduos e a realidade. Assim, por meio de corretos incentivos para o agir racional, busca-se maximizar a eficiência do Sistema de Justiça, assim como o bem-estar social.

A partir desses instrumentais e de tais premissas teóricas, aqui apenas brevemente introduzidas, é possível conceber uma *análise econômica do processo civil*. Por meio desse paradigma, é possível analisar diversas manifestações do processo, considerando os incentivos e desincentivos que o ordenamento jurídico e suas normas processuais oferecem aos atores do processo.

Com efeito, tomando as partes, o processo e o procedimento como integrantes de um modelo básico de litigância civil, uma análise econômica de tais manifestações sugere a subdivisão do *litígio* em diversas fases principais, as quais podem ser estudadas também mediante um cotejo entre os institutos do CPC e o instrumental teórico da AED. Exemplificativamente, essas fases podem ser a decisão sobre a *propositura* da ação; a decisão sobre a *conciliação* do litígio; ou a ausência de solução consensual e o próprio *julgamento* da demanda.

Em relação à primeira fase mencionada (a decisão sobre a propositura da demanda), importantes contribuições econômicas advêm do instrumental econômico, que ajudam a entender algumas das diretrizes no CPC.

De início, a propositura de uma ação necessariamente envolve custos, de ordem *material* e *imaterial* (honorários advocatícios contratuais e sucumbenciais, custas, multas, tempo de duração etc.). Nesse ponto, a adoção do instrumental oferecido pela análise econômica do direito estabelece como premissa básica que o *autor* – considerado um agente racional, ainda que diante de informações limitadas – apenas proporá a demanda *se os custos totais do processo forem inferiores aos benefícios dele decorrentes*. Iniciar uma relação jurídica processual, sob esse prisma, deve revelar um resultado positivo na análise do *custo* e do *benefício* dessa investida.

Nesse ponto, o professor Steven Shavell[61] preconiza a distinção entre dois conceitos essenciais: *custo privado* e *custo social* da demanda. Inicialmente, o *custo privado* relaciona--se com os dispêndios individuais do autor da ação (*v.g.*: os honorários contratuais do advogado, as custas processuais iniciais, o custo na obtenção de documentos a serem juntados à sua petição etc.), ao passo que o *custo social* envolve, além do custo privado do

---

[61] **Steven Shavell**. *Economic Analysis of Law*, 2004. p. 80-96.

autor, os custos abarcados também pela parte ré, pelo Estado e por terceiros. Este custo social, portanto, extrapola o âmbito privado de cada ator processual e representa a soma aritmética de todos os custos suportados pelos diversos agentes sociais e instituições que se relacionam com o desenvolvimento do processo instaurado.

Essa distinção apresenta hipótese essencial para se entender o modelo básico de litigância civil: *os incentivos privados divergem dos incentivos sociais para o ajuizamento da ação*, o que influencia de forma direta no comportamento das partes processuais e na maior ou menor quantidade de litígios que alcançam o Poder Judiciário.

A título de exemplo, no caso brasileiro, o *custo individual (privado)* do processo é baixo para os demandantes. Em geral, os serviços advocatícios não são altos, em face do excesso de oferta. Por seu turno, as custas judiciais cobradas pelos Tribunais (taxas e emolumentos) também não são elevadas, como resultado de uma decisão política do Estado de favorecer o acesso à justiça aos brasileiros. Por outro lado, os *custos sociais* do processo são elevadíssimos, na medida em que o funcionamento do aparelho judiciário (pagamento da remuneração dos servidores, dos juízes e dos demais auxiliares da justiça, manutenção da estrutura física etc.) sofreu substancioso crescimento nos últimos anos.

Essa disparidade excessiva entre o *baixo custo privado* e o *alto custo social* do processo judicial gerou duas consequências drásticas para o modelo brasileiro, facilmente perceptíveis: *(i)* excesso de incentivos para o *demandismo individual* (explosão de litigiosidade); e *(ii)* dificuldade do Estado em otimizar o aparelho judiciário, com vistas a fazer frente ao crescimento do número de demandas.

Segundo Shavell, cada sistema judiciário deve buscar seu *ponto socialmente ótimo de litigância,* decorrente da aproximação, tanto quanto possível, entre os *custos sociais* e os *custos privados* da propositura da ação. Nesse sentido, quanto maior a disparidade entre os custos sociais e os custos privados do processo, maiores também os incentivos para que os demandantes proponham novas ações, sem maiores análises quanto à conveniência *econômica* de seu ajuizamento, constatação que pode repercutir negativamente para o bem-estar social e para a utilidade do aparelho judiciário. Por outro lado, se os custos privados e os custos sociais têm valores relativamente próximos ou tendem a uma simetria, criam-se desincentivos para a propositura exagerada de novas ações (especialmente demandas frívolas), alcançando-se um ambiente de litigância saudável.

Outro exemplo de aplicação deste instrumental diz respeito à conciliação e outros meios alternativos de solução de disputas.[62] A análise das expectativas de *ganho* e de *perda* de cada uma das partes do processo consiste em tarefa essencial para se calcular

---

[62] Em comparação, toma-se como exemplo os indicadores dos órgãos judiciários federais norte-americanos, em que mais de 95% dos casos cíveis não alcançam a fase de julgamento por um magistrado. Essa estatística evidencia a proeminência da autocomposição como método de resolução de conflitos no Sistema de Justiça americano. Afinal, ainda que não se possa afirmar que a totalidade desses casos não julgados tenha sido findada pela conciliação (uma vez que existem algumas outras possibilidades de extinção prematura do processo judicial), sabe-se que essa estatística é alcançada, majoritariamente, em virtude do alto número de acordos firmados pelas partes no curso das demandas.

a possibilidade de acordo em uma determinada causa. Nesse ponto, dois indicadores se destacam: *(i)* o *montante mínimo aceitável pelo autor*, que indica a expectativa de montante a ser ganho em juízo, em caso de julgamento procedente dos pedidos, subtraídos os custos individuais da demanda; *(ii)* o *montante máximo pagável pelo réu*, que representa a expectativa do réu de perda em juízo, em caso de julgamento procedente dos pedidos do autor, somados com os custos individuais da demanda. A partir desses elementos, ainda segundo Shavell, somente é possível um acordo em demandas judiciais quando o *montante mínimo aceitável pelo autor* é menor que o *montante máximo pagável pelo réu*.

Em geral, as partes possuem convicções e expectativas próprias (distintas ou não) acerca do resultado de eventual julgamento (heterocomposição) da demanda em curso, seja pela procedência, seja pela improcedência do pedido. Ainda que essa expectativa cognitiva seja formulada a partir de informações limitadas, é possível fazer análises prévias de suas chances de êxito ou de perda, e em que termos essas alternativas podem se dar, caso o feito chegue à fase de julgamento.

Nesse cenário, ponderadas as expectativas de custos e de benefícios, deduz-se, por exemplo, serem maiores as probabilidades de acordo quanto mais se aproximem as expectativas das diversas partes acerca do resultado de eventual julgamento. Inversamente, quanto maior a diferença entre o valor de ganho esperado pelo autor e o valor de perda previsto pelo réu, em caso de eventual êxito da demanda, menor a possibilidade de acordo. De outro lado, quanto maiores os *custos individuais da demanda*, maior a probabilidade de autocomposição, já que nessas situações a formulação de acordo pode representar um menor custo, frente às expectativas que se possa ter do julgamento da lide.

Mesmo assim, entretanto, a alta probabilidade *econômica* de acordo não implica necessariamente a sua concretização. Há diversas outras variáveis a serem analisadas, como, *verbi gratia*, o fato de uma das partes desejar firmar um precedente sobre o tema e, nesse caso, recusar o acordo, por mais que seja economicamente vantajoso, com o intuito de chegar ao julgamento de mérito. Por sua vez, a aversão ao risco é outro ponto de interferência, uma vez que levar uma demanda a julgamento pelo magistrado representa a assunção de um risco, cujas consequências, ainda que possam ser estimadas, são desconhecidas, não apenas pelo conteúdo da decisão que será proferida, mas também pela repercussão que poderão advir às partes e a terceiros, em termos de custos indiretos e externalidades (positivas ou negativas). Nesse sentido, quanto maior a aversão ao risco, maior a probabilidade de conciliação, ainda que matematicamente o acordo não seja tão vantajoso.

Em suma, a aplicação do instrumental econômico a esse aspecto processual revela dois requisitos essenciais para o alcance da autocomposição. O primeiro requisito, de *natureza objetivo-racional*, consiste na simetria de informações entre autor e réu acerca do conteúdo da demanda ajuizada e os aspectos que lhe são relevantes. Quanto mais elementos empíricos e evidências são compartilhados (especialmente na fase pré-processual), menor é a assimetria de informação entre os sujeitos processuais, o que aproxima as respectivas convicções acerca das possibilidades reais de êxito do pedido e favorece uma maior probabilidade de acordo.

O segundo requisito, de *natureza subjetivo-psicológica*, indica o otimismo *parcial* que autor e réu tendem a demonstrar acerca do resultado do processo, mesmo diante de indicadores empíricos objetivos que racionalmente revelem situação desfavorável. Aqui se fazem ainda mais relevantes os aspectos supraelencados quanto ao estudo da Análise Econômica Comportamental. Dessa forma, o excesso subjetivo de otimismo, ainda que contrário aos elementos objetivos, pode ser bastante prejudicial para a autocomposição, mas os institutos e regras processuais podem ser desenhados para promover incentivos estratégicos para que os litigantes alcancem uma visão mais realista da demanda, invertendo as probabilidades. Nesse sentido é que, por exemplo, o CPC buscou reformular e reforçar o instituto da conciliação e o da mediação, na tentativa de imprimir esse incentivo às partes litigantes, como forma mais adequada de solucionar as controvérsias.

Enfim, o que com este tópico se quis introduzir é que a Análise Econômica do Direito, quando aplicada ao processo civil, permite enxergar novos paradigmas ao estudo do fenômeno processual, contribuindo para o seu desenho normativo e o aprimoramento de seus institutos. Essa análise é conveniente em diversos momentos da relação jurídica processual: a decisão sobre a propositura ou não de uma ação, a definição das custas judiciais, a fixação dos honorários advocatícios e sua majoração ao longo do processo, a fixação do montante da indenização, a imposição de multas processuais por condutas indignas ou recursos protelatórios, mecanismos de indução e coerção indireta para o cumprimento de decisões judiciais etc.

Sob essa ótica complementar aos tradicionais e imprescindíveis estudos do processo civil, a formulação das políticas judiciárias e das normas processuais devem também ser consideradas como mecanismos de incentivos, desincentivos e reforços aos comportamentos dos sujeitos processuais. Dessa forma, permite-se o ajuste dessas normas e dos institutos processuais fundamentais, conforme o modelo de processo civil que se queira desenvolver.

Capítulo 3
PRINCÍPIOS FUNDAMENTAIS DO PROCESSO

Com particular destaque, o CPC de 2015 consagrou o processo de positivação dos princípios processuais, conferindo-lhes eficácia e permitindo que, por si só, gerem direitos e deveres às partes, ao juiz e às demais figuras do processo. Ao longo de todo o estudo do direito processual civil, deve-se ter em mente a lógica dos princípios que, além de constituírem um norte da vontade do legislador, permitem que o juiz decida conflitos, de modo a manter a integridade do sistema processual brasileiro.

Os princípios fundamentais do processo, assim como os pertencentes aos demais ramos jurídicos, caracterizam o sistema legal adotado por um determinado país, revelando-lhe a linha juspolítica e filosófica. Esses princípios são extraídos das regras processuais como um todo e seus cânones influenciam na solução de inúmeras questões, legisladas ou não, quer na exegese emprestada a determinado dispositivo, quer na supressão de uma lacuna legal. Em doutrina, aponta-se a obra de Robert Wyness Millar – *Los Principios Informativos del Procedimiento Civil*, 1945 – como a que melhor sistematizou os princípios "gerais", a par da diversidade de sistemas dos países, cujas fontes não são as mesmas. O Direito brasileiro consagrou os princípios do processo, *v.g.*, o da igualdade das partes, o do contraditório, o do devido processo legal, que seguem o espírito democrático que norteia a nossa lei maior e são diretrizes para a interpretação das normas processuais.[1]

No entanto, o Código foi além, contemplando não apenas os fundamentais princípios, mas também normas outras que compõem um leque essencial de orientações para a validade processual. Incluem-se, aí, determinadas regras, esvaziando, em alguma medida, a relevância da dicotomia princípio-regra, na medida em que tanto uns quanto os outros incidirão nas relações processuais. A esse grupo, chamou-se "normas fundamentais do Processo Civil" (Capítulo I do Livro I do Código de 2015), a compor verdadeiro Direito Processual Fundamental.[2]

---

[1] Para uma abordagem da Análise Econômica do Direito acerca dos direitos fundamentais processuais, ver: **Luiz Fux e Bruno Bodart**. *Processo Civil e Análise Econômica*. Forense, 2019. Apresentação, prefácio e p. 1-26; 27-50 e 81-82; **Robert Cooter**, *An Introduction to Law and Economics*. Boston: Pearson, 6th ed, p. 1-69; **Steven Shavell**. *Foundations of Economic Analysis of Law*, 2004. p. 1-6 e 593-660.

[2] **Fredie Didier Jr.** *Curso de Direito Processual Civil*, vol. 1, 2021, p. 101.

Quanto às fontes, importa perceber que as normas mencionadas pelo CPC não são exaurientes, havendo outras trazidas tanto pelo legislador, seja no próprio diploma, seja em outras leis esparsas, como pelo constituinte (Direito Processual Fundamental Constitucional).[3]

Ademais, há que se ter em mente que o próprio CPC se apresenta como uma norma processual geral, aplicável a diversos outros ramos da ciência processual, como explicitamente apontado pelo seu art. 15.[4] Desse modo, também os princípios e regras fundamentais nele abordados são a eles extensíveis.

A seguir, serão esmiuçados certos valores essenciais do Código (e de todo o Processo Civil), sem prejuízo de tantos outros abordados ao longo deste *Curso* ou tradicionalmente estudados em toda a ciência jurídica constitucionalizada, a saber, princípio da isonomia,[5] da publicidade dos atos processuais e da sua fundamentação,[6] do duplo grau de jurisdição etc.

---

[3]   Nesse sentido, o Enunciado nº 169 do Fórum Permanente de Processualistas Civis.

[4]   "**Art. 15.** Na ausência de normas que regulem processos eleitorais, trabalhistas ou administrativos, as disposições deste Código lhes serão aplicadas supletiva e subsidiariamente."

[5]   A igualdade de tratamento está explicitada em todo o diploma, a exemplo dos arts. 7º, 26, II, 139, I, 285, além de prestigiada por vários institutos concretos, como a ordem de julgamento (art. 12):
"**Art. 7º** É assegurada às partes paridade de tratamento em relação ao exercício de direitos e faculdades processuais, aos meios de defesa, aos ônus, aos deveres e à aplicação de sanções processuais, competindo ao juiz zelar pelo efetivo contraditório."
"**Art. 26.** A cooperação jurídica internacional será regida por tratado de que o Brasil faz parte e observará: (...)
II – a igualdade de tratamento entre nacionais e estrangeiros, residentes ou não no Brasil, em relação ao acesso à justiça e à tramitação dos processos, assegurando-se assistência judiciária aos necessitados; (...)"
"**Art. 139.** O juiz dirigirá o processo conforme as disposições deste Código, incumbindo-lhe:
I – assegurar às partes igualdade de tratamento; (...)"
"**Art. 285.** A distribuição, que poderá ser eletrônica, será alternada e aleatória, obedecendo-se rigorosa igualdade."

[6]   Quanto à motivação, importa remeter aos arts. 11 e 489 do Código:
"**Art. 11.** Todos os julgamentos dos órgãos do Poder Judiciário serão públicos, e fundamentadas todas as decisões, sob pena de nulidade.
Parágrafo único. Nos casos de segredo de justiça, pode ser autorizada a presença somente das partes, de seus advogados, de defensores públicos ou do Ministério Público."
"**Art. 489.** São elementos essenciais da sentença: (...)
II – os fundamentos, em que o juiz analisará as questões de fato e de direito; (...)
§ 1º Não se considera fundamentada qualquer decisão judicial, seja ela interlocutória, sentença ou acórdão, que:
I – se limitar à indicação, à reprodução ou à paráfrase de ato normativo, sem explicar sua relação com a causa ou a questão decidida;
II – empregar conceitos jurídicos indeterminados, sem explicar o motivo concreto de sua incidência no caso;
III – invocar motivos que se prestariam a justificar qualquer outra decisão;

1. PRINCÍPIO DO DEVIDO PROCESSO LEGAL

É imagem assente a de que o processo que não segue o procedimento traçado padece do vício do descompasso com o dogma constitucional do devido processo legal. Em primeiro lugar, insta advertir que o devido processo não é o devido procedimento, pela distinção notória entre essas duas categorias. Ademais, o devido processo, a que se está sujeito antes da perda dos bens da vida mencionado na Constituição Federal, impede a "autotutela"; por isso, o legislador constitucional excluiu-a ao dispor sobre o necessário recurso ao Judiciário.[7]

Em segundo lugar, o devido processo é o adequado à luz da situação jurídico-material narrada. Assim, a execução é a devida diante do título executivo, a cognição ordinária adequada diante da incerteza e a tutela sumária e rápida é a devida e correspondente diante da "evidência do direito da parte".

O princípio do devido processo legal tem como um de seus fundamentos o processo "justo", que é aquele adequado às necessidades de definição e realização dos direitos lesados. O senso de justiça informa, inclusive o *due process of law* na sua dupla conotação, a saber: lei justa e processo judicial justo – *substantive due process of law* e *judicial process*.[8]

Destarte, o devido processo legal está encartado no direito ao processo como direito ao meio de prestação da jurisdição, que varia conforme a natureza da tutela de que se necessita. O direito à jurisdição não é senão o de obter uma justiça efetiva e adequada. Isso basta para que o juiz possa prover diante dessa regra *in procedendo* maior, ínsita na própria Constituição Federal, a despeito de sua irrepetição na legislação infraconstitucional. A previsão na Carta Maior revela a eminência desse poder-dever de judicar nos limites do imperioso. Satisfazer tardiamente o interesse da parte em face da sua pretensão significa violar o direito maior de acesso à justiça e, consectariamente, ao devido processo instrumental à jurisdição requerida.

A tutela imediata dos direitos líquidos e certos, bem como a justiça imediata frente ao *periculum in mora*, antes de infirmar o dogma do *due process of law*, confirma-o, por

---

IV – não enfrentar todos os argumentos deduzidos no processo capazes de, em tese, infirmar a conclusão adotada pelo julgador;

V – se limitar a invocar precedente ou enunciado de súmula, sem identificar seus fundamentos determinantes nem demonstrar que o caso sob julgamento se ajusta àqueles fundamentos;

VI – deixar de seguir enunciado de súmula, jurisprudência ou precedente invocado pela parte, sem demonstrar a existência de distinção no caso em julgamento ou a superação do entendimento.

§ 2º No caso de colisão entre normas, o juiz deve justificar o objeto e os critérios gerais da ponderação efetuada, enunciando as razões que autorizam a interferência na norma afastada e as premissas fáticas que fundamentam a conclusão.

§ 3º A decisão judicial deve ser interpretada a partir da conjugação de todos os seus elementos e em conformidade com o princípio da boa-fé."

[7]   **Roberto Rosas**. *Devido Processo Legal*, 2020; **Humberto Bergmann Ávila**, "O que é 'devido processo legal'?", *Revista de Processo*, São Paulo, v. 33, n. 163, p. 50-59, set. 2008; **Carlos Roberto Siqueira Castro**. *O Devido Processo Legal e os Princípios da Razoabilidade e da Proporcionalidade*, 2006.

[8]   **Hernando Devis Echandia**, "El Derecho Procesal como Instrumento para la Tutela de la Dignidad y la Libertad Humana", *Estudios de Derecho Procesal*, 1985, p. 171-172.

não postergar a satisfação daquele que demonstra em juízo, de plano, a existência da pretensão que deduz.

O acesso à justiça, para não se transformar em mera garantia formal, exige "efetividade", que tem íntima vinculação com a questão temporal do processo. Uma indefinição do litígio pelo decurso excessivo do tempo não contempla à parte o devido processo legal, senão mesmo o "indevido" processo.[9]

A posição dos que impedem essa forma de tutela sob a alegada afronta aos princípios hoje constitucionalizados não nos parece correta. A própria tutela de evidência, mediante cognição sumária, utiliza-se dos conceitos e requisitos aqui sugeridos do "direito líquido e certo" que não sofre uma contestação séria, autorizando o juízo ao julgamento pela verossimilhança (art. 311, I e IV).[10]

Ademais, a crítica que se empreende é no sentido de que a tutela satisfativa não pode ser chancelada por mera cognição sumária. Efetivamente, não é isso que ocorre na tutela imediata dos direitos líquidos e certos, tanto mais que a própria evidência do direito propicia "cognição exauriente imediata", a mesma que se empreenderia ao final de um processo em que fossem necessárias etapas de dissipação da incerteza quanto ao direito alegado.

Dessa forma, afasta-se eventual alegação de infringência ao devido processo legal, que supõe cognição indevida.[11]

Considere-se, ainda, e por fim, que na origem anglo-saxônica do princípio está previsto o julgamento *prima facie evidence*, operando-se não só em prol do demandado, mas também em favor do autor, para que obtenham justiça rápida.[12]

---

[9] Não obstante os inúmeros pontos de contato entre as nossas afirmações e as do brilhante **Marinoni**, ele, após admitir em caso de evidência a cognição exauriente com deferimento de liminar, conclui da inadequação do mesmo, porque sumarizado, em confronto com o devido processo legal (*Efetividade e Tutela de Urgência*, 1994, p. 44). Atento a essas situações de urgência, as quais equiparamos à de evidência, pela busca de um procedimento formalmente sumarizado: a exegese do processo cautelar, no sistema brasileiro atual, há de ser feita "a partir dos pressupostos doutrinários que determinam o atual contexto legislativo, de modo que caibam nele, ao lado das demandas cautelares, um grupo diferenciado de processos sumários, de tipo injuncional, onde a tutela satisfativa seja prestada, sob o manto protetor do processo cautelar, empregando-se a estrutura da tutela de segurança para preencher a lacuna deixada pela inexistência, no Direito brasileiro, das inibitórias, pelas quais se atribua ao juiz o poder de sustar uma execução em curso; noutras vezes, devido à demanda interdital ou em processo injuncional, incluindo-se nele, mais ou menos disfarçadamente, uma liminar satisfativa, com vestes de cautelar, a qual, todavia, em seus efeitos práticos, acaba sendo mesmo uma provisional antecipatória da tutela ordinária" (**Ovídio Baptista**, *Comentários*, p. 97).

[10] "**Art. 311.** A tutela da evidência será concedida, independentemente da demonstração de perigo de dano ou de risco ao resultado útil do processo, quando:

I – ficar caracterizado o abuso do direito de defesa ou o manifesto propósito protelatório da parte;

(...)

IV – a petição inicial for instruída com prova documental suficiente dos fatos constitutivos do direito do autor, a que o réu não oponha prova capaz de gerar dúvida razoável. (...)"

[11] Conforme **Marinoni**, *Efetividade e Tutela de Urgência*, 1994, p. 124.

[12] **Ovídio Baptista**, *A Plenitude da Defesa no Processo Civil:* Estudos em Homenagem a Frederico Marques, p. 148 e segs.

2. PRINCÍPIO DISPOSITIVO

A autonomia da vontade no direito privado, ramo a que pertencem, em regra, as relações litigiosas, e o imperativo da imparcialidade, fundamentam o princípio dispositivo, impondo ao Judiciário somente agir quando provocado pelas partes e nos limites da provocação. É essa a *ratio* do art. 2º do CPC, que consagra o princípio dispositivo e o impulso oficial.[13]

Informa a doutrina do tema que o princípio dispositivo gozou em toda a história romana e do processo germânico de prestígio singular.[14] Denota-se, entretanto, que uma paulatina publicização do processo tem mitigado a incidência do princípio dispositivo, dando azo ao surgimento do princípio da oficialidade,[15] mercê de mitigação que o princípio experimenta em sede de tutela de urgência.[16]

Em primeiro lugar, a atuação *ex officio* é mais do que concebível como dever inerente ao poder jurisdicional, à responsabilidade judicial pelas pessoas e coisa subsumidas ao juízo após a instauração do processo[17] etc. Por outro lado, a quebra da regra de que o juízo não pode dar providência diversa da que foi pedida encerra a derrocada desse ortodoxo princípio calcado na retrógrada ideia de que o Judiciário deve ser inerte.[18]

O juízo tem seus auxiliares e as instituições a serviço da Justiça, mas isso não equivale à sua inércia. No âmbito da tutela de urgência, nada justifica a inércia sob o argumento de necessária equidistância, cabendo ao Judiciário, e só a ele, conjurar essas situações de perigo de dano com grave violação da ordem jurídica; impondo-se-lhe também atuá-la *ex pronto*, tão logo conheça do litígio.

Essa iniciativa é "dever jurisdicional", antes mesmo de se categorizar como "poder cautelar genérico". A disponibilidade processual não sofre um só golpe nessa fase inicial em que se apregoa a incoação estatal. Em outro momento, mais adiante também se verifica esse estímulo processual oficial. É que ao juízo, em regra, permite-se amplo ativismo probatório, sem a preocupação de estar carreando para os autos provas em favor de uma ou de outra parte.[19]

---

[13] "**Art. 2º** O processo começa por iniciativa da parte e se desenvolve por impulso oficial, salvo as exceções previstas em lei."

[14] **Robert Wyness Millar**, *Los Principios Informativos del Procedimiento Civil*, 1945, p. 69-72.

[15] A doutrina do tema contrapõe ao princípio dispositivo o "inquisitivo" ou inquisitório.

[16] **Frederico José Marques**. *Instituições de Direito Processual Civil*, vol. I. Campinas: Millennium, 2000.

[17] *Mutatis mutandis* é a teoria de **Kleinfeller**, no sentido de que o *offizialprinzip* priva as partes de poderes sobre o objeto do processo (*apud* **Robert Wyness**, *Los Principios Informativos del Procedimiento Civil*, 1945, p. 68).

[18] *Ne procedat judex ex officio* ou *nemo judex sine actore* e *ne judex eat ultra petita partium* são as máximas consubstanciadoras dessas antigas limitações legadas pelo princípio dispositivo.

[19] A percepção da necessária participação do juiz não escapou à arguta observação de **Pereira Braga**, que assentava não ser possível, por idolatria ao princípio dispositivo, repudiar-se uma equilibrada e justa participação do juiz para determinar diligências e provas necessárias ao completo esclarecimento da verdade (*Exegese do Código de Processo Civil*, 1942, vol. 1, p. 116). **Cappelletti** já afirmara que o princípio dispositivo nunca fora observado como regra absoluta e sim como princípio diretivo

Por fim, a possibilidade de concessão de provimento idôneo, necessário e proporcional ao estado de perigo verificado, diferente mesmo daquele que foi pedido, engendra a consunção do princípio dispositivo aos poderes-deveres de segurança do magistrado.

Deveras, a necessária equalização das partes, como moderno postulado da igualdade das partes, vem mitigando o princípio dispositivo, com o ultrapassar do mito da neutralidade judicial.

3. PRINCÍPIO DA PRIORITÁRIA SOLUÇÃO CONSENSUAL

O acesso à justiça é um valor permanente de nosso ordenamento, tendo a inafastabilidade do Judiciário como um dos seus corolários básicos e essenciais. No entanto, a moderna ciência processual enxerga a ressignificação desse valor, de modo a inserir, em pé de igualdade com a resposta jurisdicional estatal, a solução consensual do conflito.

O CPC estatui esse princípio da primazia da solução autocompositiva em seu art. 3º.[20] Do comando, surgem diversas proposições.

(*La Oralidad y las Pruebas en el Proceso Civil*, 1972, p. 118). Nesse passo, é de extrema importância científica a percepção de **Ovídio Baptista** acerca dos objetivos da obra de **Calamandrei**, quando aborda as cautelares como possíveis de antecipar os efeitos da sentença satisfativa, publicizando a jurisdição, excluindo-a do livre interesse das partes, à luz de uma crescente necessidade de agilizar a prestação jurisdicional. O doutrinador aduz a uma defesa da jurisdição que em tudo se afina com o nosso "dever geral de cautela". Segundo o autor, o *imperium iudicis* referido por **Calamandrei** é instituído em prol da defesa da jurisdição e não do interesse dos cidadãos (*Curso de Processo Civil*, vol. 3, p. 68-69). O insigne **Calamandrei** atentou para os valores da dignidade da justiça e defesa da soberania do Estado – porque jurisdição é função soberana – e admitiu essa atuação imediata ao dispor sobre os provimentos cautelares: "*essi-come già si notò, sono diretti, più che a difendere i diritti soggettivi, a garantire l'efficacia e per cosi dire la serietà della funzione giurisdizionale; quella specie di beffa alla giustizia che il debitore convenutto nel processo ordinario potrebbe tranquillamente compiere profitando dei lunghi indugi delle procedure per mettere in salvo i suoi beni e ridersi poi della condanna praticamente impotente a colpirli, può essere evitatto attraverso la tutela cautelare. Essa mira dunque, come i provvedimenti che il diritto inglese comprende sotto la denominazioni di contempt of court, a salvaguardare l'imperium judicis, ossia a impedire che la sovranità dello stato, nella sua più alta espressione che è quella della giustizia, si riduca ad essere una tarda ed inutile espressione verbale, una vana ostentazione di lenti congegni destinati, come le guardie del'opera buffa, ad arrivare sempre troppo tardi*" (**Piero Calamandrei.** *Introduzione allo Studio Sistematico dei Provvedimenti Cautelari*, Padova: Cedam, 1936.). Entre nós, **Galeno Lacerda**, eminente tratadista da matéria, admitia, originariamente, ampla atuação *ex officio* do juiz (*Comentários ao Código de Processo Civil*, v. 8, 1980), retrocedendo em sua doutrina para concluir, com base em estudos levados a efeito a partir de **Biscardi** (*Protezione Interditale*), ser admissível a incoação estatal, apenas, nos direitos absolutos. Ao final de sua exposição, no *Curso* antes mencionado, Ovídio resta por reconhecer um poder do Estado, este que cognominamos de dever geral de segurança – diverso do direito de agir inominadamente ou através de ações atípicas (*Curso*, vol. 3, p. 73).

[20] "**Art. 3º** Não se excluirá da apreciação jurisdicional ameaça ou lesão a direito.

§ 1º É permitida a arbitragem, na forma da lei.

§ 2º O Estado promoverá, sempre que possível, a solução consensual dos conflitos.

§ 3º A conciliação, a mediação e outros métodos de solução consensual de conflitos deverão ser estimulados por juízes, advogados, defensores públicos e membros do Ministério Público, inclusive no curso do processo judicial."

Cap. 3 · PRINCÍPIOS FUNDAMENTAIS DO PROCESSO | 57

A primeira é a sutil releitura da cláusula constitucional do art. 5º, XXXV: em vez de se mencionar o Poder Judiciário, fala-se em apreciação jurisdicional. Essa aparente mudança meramente redacional é indicativa da ampliação do próprio conceito de jurisdição, abrangendo os métodos alternativos tratados nos parágrafos do art. 3º,[21] não raro mais efetivos e pacificadores.[22]

O Código estatui um autêntico *sistema multiportas:*[23] para além da solução por meio da jurisdição estatal clássica, abrem-se alternativas (*alternative dispute resolution*),[24] sejam equivalentes jurisdicionais (meios não jurisdicionais de resolução, como a conciliação e a mediação) ou exercício de jurisdição privada (arbitragem). Além disso, o avanço tecnológico e comunicativo permite o aparecimento de outros mecanismos bastante funcionais, como as plataformas digitais (*on-line dispute resolution*),[25] promovidas pelo Estado (a exemplo do consumidor.gov) ou por uma das partes (como aquelas desenvolvidas por fornecedores do mercado de consumo).

Nesse sentido, merece registro a Resolução CNJ 358/2020, que instou os tribunais a disponibilizarem sistema informatizado para a resolução de conflitos por meio da conciliação e mediação (SIREC).

Outra frente relevante é a desjudicialização de conflitos,[26] com a transmissão de potenciais litígios judiciais para a via extrajudicial, além do fortalecimento das câmaras privadas de mediação e conciliação, modalidades resolutivas que também podem ser operacionalizadas por tabeliões, membros do Ministério Público, advogados e defensores públicos, com eficácia de título executivo.[27]

---

[21] **Humberto Dalla Bernardina de Pinho**. *Jurisdição e pacificação:* limites e possibilidades do uso dos meios consensuais de resolução de conflitos na tutela dos direitos transindividuais e pluri--individuais, 2017.

[22] "Não se trata de desacreditar a Justiça estatal, mas de combater o excesso de litigiosidade que domina a sociedade contemporânea, que crê na jurisdição como a única via pacificadora de conflitos, elevando a um número tão gigantesco de processos aforados, que supera a capacidade de vazão dos órgãos e estruturas do serviço judiciário disponível.

Em diversos países, a cultura social tem desviado grande parte dos conflitos para mecanismos extrajudiciais, como a mediação e a conciliação, que, além de aliviar a pressão sobre a Justiça Pública, se apresentam em condições de produzir resultados substancialmente mais satisfatórios do que os impostos pelos provimentos autoritários dos tribunais" (**Humberto Theodoro Júnior**. *Curso de Direito Processual Civil*, vol. 1, 2021).

[23] **Luiz Fux; Henrique Ávila; Trícia Navarro Xavier Cabral**. *Tecnologia e Justiça Multiportas*, 2021; **Hermes Zaneti Jr.; Trícia Navarro Xavier Cabral** (coords.). *Grandes temas do novo CPC* – Justiça multiportas, 2018.

[24] **Michele Taruffo**, "Un'alternativa alle alternative: modelli di risoluzione dei conflitti", *Revista de Processo*, São Paulo, vol. 152, out. 2007, p. 319.

[25] Sobre as modalidades digitais, ver **Marco Antonio dos Santos Rodrigues** e **Mauricio Tamer.** *Acesso digital à justiça:* as tecnologias da informação na resolução de conflitos, 2021.

[26] **Bruno de Sá Barcelos Cavaco**. *Desjudicialização e resolução de conflitos*, 2017.

[27] "**Art. 784.** São títulos executivos extrajudiciais:

IV – o instrumento de transação referendado pelo Ministério Público, pela Defensoria Pública, pela Advocacia Pública, pelos advogados dos transatores ou por conciliador ou mediador credenciado por tribunal;"

Com razão, fala-se em um princípio da adequação do processo, sob o viés negocial.[28] A ideia é que, tendo um rol de mecanismos, saibam as partes e o Estado-juiz compatibilizar a relação processual com os contornos da lide. Isso se opera tanto pela ótica material, meritória, buscando técnicas que solucionem, antecipadamente em relação à sentença judicial, o conflito, como pelo aspecto processual, com a revisão do próprio procedimento pelo juiz (art. 139, VI)[29] e pelas partes, que podem se utilizar do potente instrumento que são os negócios jurídicos processuais (art. 190).[30]

O pertencimento às partes da relação conflituosa de fundo é claro, ao longo do Código. É dizer: em diversos pontos, o legislador quis escancarar que, se as partes encontrarem solução autocompositiva que as agrade, a qualquer tempo do processo, deve o Judiciário homologá-la. Veja-se, por exemplo, o funcionamento dos precedentes judiciais: mesmo o caso tomado como paradigma no julgamento dos casos repetitivos (incidente de resolução de demandas repetitivas e julgamento de recursos repetitivos) pode ser resolvido, definitivamente, por acordo, ainda que durante o procedimento incidental, sem prejuízo para seu prosseguimento, com fixação da tese jurídica. Tal é a *ratio* do art. 976, § 1º,[31] que menciona apenas a desistência e o abandono, exemplificativamente.

3.1 Justiça multiportas: arbitragem, conciliação e mediação[32]

O conceito de justiça multiportas foi consagrado em 2010, pelo Conselho Nacional de Justiça, com a publicação da Resolução CNJ nº 125/2010, que instituiu, nos termos

---

[28] **Fredie Didier Jr.,** *Curso de Direito Processual Civil*, vol. 1, 2021, p. 167.

[29] "**Art. 139.** O juiz dirigirá o processo conforme as disposições deste Código, incumbindo-lhe: (...) VI – dilatar os prazos processuais e alterar a ordem de produção dos meios de prova, adequando-os às necessidades do conflito de modo a conferir maior efetividade à tutela do direito."

[30] "**Art. 190.** Versando o processo sobre direitos que admitam autocomposição, é lícito às partes plenamente capazes estipular mudanças no procedimento para ajustá-lo às especificidades da causa e convencionar sobre os seus ônus, poderes, faculdades e deveres processuais, antes ou durante o processo."

[31] "**Art. 976.** É cabível a instauração do incidente de resolução de demandas repetitivas quando houver, simultaneamente:

I – efetiva repetição de processos que contenham controvérsia sobre a mesma questão unicamente de direito;

II – risco de ofensa à isonomia e à segurança jurídica.

§ 1º A desistência ou o abandono do processo não impede o exame de mérito do incidente."

[32] Enunciado FPPC 707 (2022). (art. 3º, § 3º; art. 151, *caput*, parágrafo único, da Lei nº 14.133/2021) A atuação das serventias extrajudiciais e dos comitês de resolução de disputas (*dispute boards*) também integra o sistema brasileiro de justiça multiportas. (Grupo: Práticas não jurisdicionais de solução de conflito).

Enunciado FPPC 708 (2022). (art. 3º, § 3º; art. 35, III, da Lei nº 12.594/2012; art. 1º, III, da Resolução CNJ nº 225/2016; arts. 13-14 da Resolução CNMP nº 118/2004) As práticas restaurativas são aplicáveis ao processo civil. (Grupo: Práticas não jurisdicionais de solução de conflito).

Enunciado FPPC 717 (2022). (arts. 174; 3º, § 3º; 334, § 4º, II; arts. 3º e 32-34 da Lei nº 13.140/2015). A indisponibilidade do direito material, por si só, não impede a celebração de autocomposição (Grupo: Práticas não jurisdicionais de solução de conflito).

de seu art. 1º, a Política Judiciária Nacional de Tratamento Adequado dos Conflitos de Interesses, tendente a assegurar a todos o direito à solução dos conflitos por meios adequados à sua natureza e peculiaridade[33].

Nesse sentido, resta hoje positivado que aos órgãos judiciários incumbe, nos termos do art. 334 do Código de Processo Civil de 2015, combinado com o art. 27 da Lei nº 13.140, de 26 de junho de 2015 (Lei de Mediação), antes da solução adjudicada mediante sentença, oferecer outros mecanismos de soluções de controvérsias, em especial os chamados meios consensuais, como a mediação e a conciliação, bem assim prestar atendimento e orientação ao cidadão[34].

Inclui-se, nesse leque resolutivo, a arbitragem.[35] Trata-se de consagrado meio de solução de conflitos à escolha das partes, desde o advento da Lei nº 9.307/1996, considerada constitucional pelo Supremo Tribunal Federal. O Código de 2015 tem o mérito de esclarecer a relação paritária entre a arbitragem e a jurisdição estatal, abordando a carta arbitral (art. 260, § 3º), o cumprimento de sentença do laudo arbitral (art. 515, VII) e o princípio do *kompetenz kompetenz*[36].

Oriundo do direito alemão, o princípio da "competência-competência" está contido no parágrafo único do art. 8º da Lei nº 9.307/1996, que dispõe que "caberá ao árbitro decidir de ofício, ou por provocação das partes, as questões acerca da existência, validade e eficácia da convenção de arbitragem e do contrato que contenha a cláusula compromissória".

---

[33] Redação dada pela Resolução CNJ nº 326, de 26.6.2020.

[34] Art. 1º, parágrafo único, da Resolução CNJ 125/2010 (redação dada pela Resolução CNJ nº 326, de 26.6.2020).

[35] Sobre a arbitragem, veja-se **Humberto Dalla Bernardinha de Pinho** e **Marcelo Mazzola**. *Manual de Mediação e Arbitragem*, 2019; **Carlos Alberto Carmona,** Arbitragem e processo, 2009; **Francisco José Cahali,** 2020; **Joel Dias Figueira Junior,** *Arbitragem, jurisdição e execução,* 1999; **Nilton César Antunes da Costa,** *Poderes do árbitro,* 2002; **José Carlos Rosa,** *Medidas cautelares e arbitragem,* 2006; **Paulo Magalhães Nasser,** *Vinculações arbitrais,* 2019.

[36] RECURSO ESPECIAL. DIREITO PROCESSUAL CIVIL. AÇÃO PELO PROCEDIMENTO COMUM. CONVENÇÃO DE ARBITRAGEM. CLÁUSULA COMPROMISSÓRIA. AFASTAMENTO. FALÊNCIA. HIPOSSUFICIÊNCIA FINANCEIRA. IMPOSSIBILIDADE. INCOMPETÊNCIA DO JUÍZO ESTATAL. (...) 5. A pactuação válida de cláusula compromissória possui força vinculante, obrigando as partes da relação contratual a respeitá-la para a resolução dos conflitos daí decorrentes. 6. Como regra, tem-se que a celebração de cláusula compromissória implica a derrogação da jurisdição estatal, impondo ao árbitro o poder-dever de decidir as questões decorrentes do contrato, incluindo decidir acerca da própria existência, validade e eficácia da cláusula compromissória (princípio da Kompetenz-Kompetenz). 7. Diante da falência de uma das contratantes que firmou cláusula compromissória, o princípio da Kompetenz-Kompetenz deve ser respeitado, impondo ao árbitro avaliar a viabilidade ou não da instauração da arbitragem. 8. Os pedidos da inicial não buscam nenhum tipo de medida cautelar que possa excepcionar o juízo arbitral; ao contrário, pretende a parte discutir o próprio conteúdo do contrato que abarca cláusula compromissória, almejando a substituição da jurisdição arbitral pela estatal. 9. Ausência de situação excepcional que permita o ajuizamento de medida cautelar junto à Justiça Estatal, devendo prevalecer a competência do juízo arbitral. 10. Recurso especial conhecido em parte e, nessa extensão, provido (REsp 1.959.435/RJ, Rel. Min. Nancy Andrighi, 3ª T., j. em 30.08.2022, *DJe* de 01.09.2022).

Do mesmo modo, o Código menciona a extinção sem resolução do mérito do processo judicial quando houver reconhecimento, pelo juízo arbitral, de sua competência (art. 485, VII, segunda parte). Trata-se do poder conferido ao árbitro para decidir primeiramente sobre sua própria competência, o que significa dizer que caberá a ele analisar a validade do contrato e da cláusula compromissória inserida, bem como eventual suspeição ou impedimento em relação à sua atuação no caso.

A interlocução, porém, vai ainda além: não podendo o Judiciário desagasalhar o litigante antes da instauração da arbitragem, já se admitiu sua provocação para definir tutela de urgência nesse interregno, a ser posteriormente confirmada ou revogada pelo juízo arbitral.[37]

Para além da arbitragem, o dispositivo em comento se volta a outras soluções auto-compositivas, seja na fase pré-processual ou na etapa processual, após a judicialização. A sinalização da lei é claríssima: há um dever de todos os agentes do processo de promover a pacificação negociada pelas partes, o que alcança o Estado, a título de política judiciária (art. 3º, § 2º) e juízes, defensores, advogados, membros do Ministério Público etc. (art. 3º, § 3º). Destacam-se, nesse ínterim, os Centros Judiciários de Solução de Conflitos e Cidadania (CEJUSCs), unidades do Poder Judiciário especialmente voltadas à orientação do público quanto à modalidades de solução de seus conflitos.

Como política pública de pacificação, deve ser sublinhado o enfoque dado pelo legislador a dois meios destacados: a conciliação e a mediação.[38] Além delas, subsiste a

---

[37] "Direito Processual Civil. Arbitragem. Medida cautelar. Competência. Juízo arbitral não constituído. 1. O Tribunal Arbitral é competente para processar e julgar pedido cautelar formulado pelas partes, limitando-se, porém, ao deferimento da tutela, estando impedido de dar cumprimento às medidas de natureza coercitiva, as quais, havendo resistência da parte em acolher a determinação do(s) árbitro(s), deverão ser executadas pelo Poder Judiciário, a quem se reserva o poder de *imperium*. 2. Na pendência da constituição do Tribunal Arbitral, admite-se que a parte se socorra do Poder Judiciário, por intermédio de medida de natureza cautelar, para assegurar o resultado útil da arbitragem. (...) 4. Em situações nas quais o juízo arbitral esteja momentaneamente impedido de se manifestar, desatende-se provisoriamente as regras de competência, submetendo-se o pedido de tutela cautelar ao juízo estatal; mas essa competência é precária e não se prorroga, subsistindo apenas para a análise do pedido liminar. 5. Recurso especial provido" (STJ, REsp 1.297.974/RJ, Rel. Min. Nancy Andrighi, 3ª T., j. em 12.06.2012).

[38] Para uma perspectiva comparada, ver: **Neil Andrews,** "Mediação e arbitragem na Inglaterra", *Revista de Processo*, São Paulo, n. 211, p. 281, set. 2012. **Federico Ferraris,** "Ultime novità in materia di mediazione civile e commerciale", *Rivista di Diritto Processuale*. Padova: CEDAM, 2015. p. 779-792; **Theodore Eisenberg**; **Charlotte Lanvers**, "*What is the Settlement Rate and Why Should We Care?*", Cornell Law Faculty Publications, n. 203, 2009; **Jordi Nieva Fenoll,** "La mediazione: un'alternativa ragionevole al processo?", *Rivista trimestrale di diritto e procedura civile*, vol. 67, n. 4, p. 1327-1344, Milano: Giuffrè, 2013; **Hanns Prütting**, "La diferencia entre juez conciliador, mediator y componedor de conflictos", *Revista de Processo*, São Paulo, n. 272, p. 441-452, out. 2017; SHAVELL, Steven, "*Alternative Dispute Resolution: An Economic Analysis*", *The Journal of Legal Studies*, vol. 24, n. 1, jan. 1995, p. 1-28; **Paula Costa e Silva.** *A nova face da Justiça: os meios extrajudiciais de resolução de controvérsias*. Lisboa: Coimbra Editora, 2009, p. 1-84 e 84-142; **Kathryn E. Spier; J. J. Prescott,** "*A Comprehensive Theory of Civil Settlement*", *NYU Law Review*, april 2016; **Roselle Wissler**, "*The Effects of Mandatory Mediation: Empirical Research on the Experience of Small Claims and Common*

negociação, como técnica de resolução direta entre as partes, sem qualquer intermediação de terceiros.

A distinção entre ambos é simples:[39] embora haja sempre um terceiro sujeito dedicado a auxiliar as partes a chegarem à tão desejada solução, sua postura varia.[40] O conciliador ocupa postura mais ativa, propondo possíveis contornos para um acordo. Isso porque tal técnica é mais indicada para resolver conflitos pontuais, em que as partes não guardassem relação pretérita ou continuativa, *v.g.*, a indenização devida em decorrência de um acidente de trânsito. Surgindo uma boa métrica, que atenda tanto aos anseios do autor como aos do réu, reduz-se o acordo a termo, que funciona como título executivo judicial.

O mesmo efeito prático tem o consenso obtido por meio da mediação, disciplinada pela Lei nº 13.140/2015. Nesse proceder, no entanto, o terceiro assume postura mais passiva, estimulando as partes a refletirem acerca dos reais problemas de fundo da relação entre elas, sendo continuativa, se manterá – o que impõe a busca pelo restabelecimento do diálogo. A prática mostra que certas espécies de conflitos, conquanto soem como únicos, são reflexo do abalo duradouro de um vínculo, *v.g.*, os litígios nas ações de família. Com a contida participação do mediador, os sujeitos envolvidos encontram a origem dos males que assolam o vínculo que os une.

Como apontado pela doutrina especializada, diversas são as técnicas utilizáveis no procedimento de mediação, de acordo com a vontade das partes e a experiência do terceiro que o conduz (*rapport*, resumo, silêncio, choque de realidade etc.). Pode-se, por exemplo, convencionar a ocorrência de sessões individuais das partes com o mediador (*caucus*).[41]

Os dois procedimentos são informados por princípios próprios, a saber: independência, imparcialidade, autonomia da vontade, confidencialidade, oralidade, informalidade

---

Pleas Courts", Willamette Law Review, v. 33, p. 565, 1997. Para uma visão da Análise Econômica do Direito, ver, ainda, WOLKART, Erik Navarro, *"Análise Econômica do processo civil – Como a economia, o direito e a psicologia podem vencer a tragédia da justiça", Revista dos Tribunais*, 2019, p. 343-405.

[39] O CPC a positiva no art. 165, §§ 2º e 3º:

"**Art. 165, § 2º.** O conciliador, que atuará preferencialmente nos casos em que não houver vínculo anterior entre as partes, poderá sugerir soluções para o litígio, sendo vedada a utilização de qualquer tipo de constrangimento ou intimidação para que as partes conciliem.

§ 3º O mediador, que atuará preferencialmente nos casos em que houver vínculo anterior entre as partes, auxiliará aos interessados a compreender as questões e os interesses em conflito, de modo que eles possam, pelo restabelecimento da comunicação, identificar, por si próprios, soluções consensuais que gerem benefícios mútuos".

[40] **Humberto Dalla Bernardina de Pinho.** Dos conciliadores e mediadores judiciais. *Comentários ao Código de Processo Civil.* São Paulo: Saraiva, 2016, v. 1, p. 248-259.

[41] "A opção pelas reuniões privadas será definida pelo mediador, à luz de suas percepções e de conhecimento técnico, mas nada impede que um dos mediandos a sugira. Daí a importância de o mediador esclarecer logo no início do procedimento a possibilidade de realização das chamadas *caucus*, evitando que algum dos lados se sinta surpreendido ou desconfortável com a situação" (**Humberto Dalla Bernardina de Pinho; Marcelo Mazzola,** *Manual de mediação e arbitragem*, 2021, p. 147).

e decisão informada (art. 166).[42] Extrai-se desse rol a clara intenção de que, nos meios alternativos de resolução de conflitos ora analisados, as partes são protagonistas livres, que, por sua vontade, decidem intentar uma adequada saída. Cabe, por outro lado, ao conciliador ou ao mediador revestir-se do manto da imparcialidade: ao contrário do juiz, que necessita da isenção como pressuposto para decidir bem, esses terceiros devem ser neutros para melhor enxergar o imbróglio e encaminhar a pacificação.

Consectariamente, a lei processual menciona hipóteses de impedimento dos conciliadores e mediadores, bem como assegura que, até por um ano após o término da última sessão em que atuaram, não podem representar ou patrocinar qualquer das partes.[43]

Elemento relevante para o bom funcionamento dos meios consensuais de solução de conflitos[44] é a definição de quem funcionará como conciliador ou mediador. A primeira

---

[42] **"Art. 166.** A conciliação e a mediação são informadas pelos princípios da independência, da imparcialidade, da autonomia da vontade, da confidencialidade, da oralidade, da informalidade e da decisão informada.

§ 1º A confidencialidade estende-se a todas as informações produzidas no curso do procedimento, cujo teor não poderá ser utilizado para fim diverso daquele previsto por expressa deliberação das partes.

§ 2º Em razão do dever de sigilo, inerente às suas funções, o conciliador e o mediador, assim como os membros de suas equipes, não poderão divulgar ou depor acerca de fatos ou elementos oriundos da conciliação ou da mediação.

§ 3º Admite-se a aplicação de técnicas negociais, com o objetivo de proporcionar ambiente favorável à autocomposição.

§ 4º A mediação e a conciliação serão regidas conforme a livre autonomia dos interessados, inclusive no que diz respeito à definição das regras procedimentais."

[43] **"Art. 170.** No caso de impedimento, o conciliador ou mediador o comunicará imediatamente, de preferência por meio eletrônico, e devolverá os autos ao juiz do processo ou ao coordenador do centro judiciário de solução de conflitos, devendo este realizar nova distribuição.

Parágrafo único. Se a causa de impedimento for apurada quando já iniciado o procedimento, a atividade será interrompida, lavrando-se ata com relatório do ocorrido e solicitação de distribuição para novo conciliador ou mediador.

Art. 171. No caso de impossibilidade temporária do exercício da função, o conciliador ou mediador informará o fato ao centro, preferencialmente por meio eletrônico, para que, durante o período em que perdurar a impossibilidade, não haja novas distribuições.

Art. 172. O conciliador e o mediador ficam impedidos, pelo prazo de 1 (um) ano, contado do término da última audiência em que atuaram, de assessorar, representar ou patrocinar qualquer das partes.

Art. 173. Será excluído do cadastro de conciliadores e mediadores aquele que:

I – agir com dolo ou culpa na condução da conciliação ou da mediação sob sua responsabilidade ou violar qualquer dos deveres decorrentes do art. 166, §§ 1º e 2º;

II – atuar em procedimento de mediação ou conciliação, apesar de impedido ou suspeito.

§ 1º Os casos previstos neste artigo serão apurados em processo administrativo.

§ 2º O juiz do processo ou o juiz coordenador do centro de conciliação e mediação, se houver, verificando atuação inadequada do mediador ou conciliador, poderá afastá-lo de suas atividades por até 180 (cento e oitenta) dias, por decisão fundamentada, informando o fato imediatamente ao tribunal para instauração do respectivo processo administrativo."

[44] Nomenclatura igualmente utilizada pela Resolução 125/2010 do Conselho Nacional de Justiça.

possibilidade é a escolha pelas partes, o que dependerá de comum acordo. Nesse caso, a lei não exige que o intermediário esteja cadastrado no tribunal (art. 168).[45]

Não havendo consenso acerca da seleção, será designado conciliador ou mediador por meio de distribuição alternada e aleatória, dentre os registrados no cadastro do tribunal, desde que preenchidos os requisitos de capacitação mínimos. A depender da autonomia do tribunal, pode ser realizado concurso público de provas e títulos, como forma de tornar mais seleta e hígida a composição do registro (art. 167).[46]

Sob a ótica estrutural, devem os tribunais criar os chamados "centros judiciários de solução consensual de conflitos" (CEJUSC), nos quais se realizarão audiências e sessões de mediação e de conciliação. Cabe, ainda, ao tribunal remunerar tais agentes, conforme tabela própria, à exceção da atividade a título de trabalho voluntário. Inclusive, o Supremo Tribunal Federal já criou seu Centro de Conciliação e Mediação, evidenciando a amplitude dessas técnicas, compatíveis com sua jurisdição constitucional.

---

[45] "**Art. 168.** As partes podem escolher, de comum acordo, o conciliador, o mediador ou a câmara privada de conciliação e de mediação.

§ 1º O conciliador ou mediador escolhido pelas partes poderá ou não estar cadastrado no tribunal.

§ 2º Inexistindo acordo quanto à escolha do mediador ou conciliador, haverá distribuição entre aqueles cadastrados no registro do tribunal, observada a respectiva formação.

§ 3º Sempre que recomendável, haverá a designação de mais de um mediador ou conciliador."

[46] "**Art. 167.** Os conciliadores, os mediadores e as câmaras privadas de conciliação e mediação serão inscritos em cadastro nacional e em cadastro de tribunal de justiça ou de tribunal regional federal, que manterá registro de profissionais habilitados, com indicação de sua área profissional.

§ 1º Preenchendo o requisito da capacitação mínima, por meio de curso realizado por entidade credenciada, conforme parâmetro curricular definido pelo Conselho Nacional de Justiça em conjunto com o Ministério da Justiça, o conciliador ou o mediador, com o respectivo certificado, poderá requerer sua inscrição no cadastro nacional e no cadastro de tribunal de justiça ou de tribunal regional federal.

§ 2º Efetivado o registro, que poderá ser precedido de concurso público, o tribunal remeterá ao diretor do foro da comarca, seção ou subseção judiciária onde atuará o conciliador ou o mediador os dados necessários para que seu nome passe a constar da respectiva lista, a ser observada na distribuição alternada e aleatória, respeitado o princípio da igualdade dentro da mesma área de atuação profissional.

§ 3º Do credenciamento das câmaras e do cadastro de conciliadores e mediadores constarão todos os dados relevantes para a sua atuação, tais como o número de processos de que participou, o sucesso ou insucesso da atividade, a matéria sobre a qual versou a controvérsia, bem como outros dados que o tribunal julgar relevantes.

§ 4º Os dados colhidos na forma do § 3º serão classificados sistematicamente pelo tribunal, que os publicará, ao menos anualmente, para conhecimento da população e para fins estatísticos e de avaliação da conciliação, da mediação, das câmaras privadas de conciliação e de mediação, dos conciliadores e dos mediadores.

§ 5º Os conciliadores e mediadores judiciais cadastrados na forma do *caput*, se advogados, estarão impedidos de exercer a advocacia nos juízos em que desempenhem suas funções.

§ 6º O tribunal poderá optar pela criação de quadro próprio de conciliadores e mediadores, a ser preenchido por concurso público de provas e títulos, observadas as disposições deste Capítulo."

Similarmente, ordena o Código que os entes públicos criem câmaras de mediação e conciliação – experiência que tem se mostrado bem-sucedida e essencial para o avanço da consensualidade no Direito Processual Civil.[47]

3.2 Desjudicialização de conflitos

Os tempos hodiernos, mais que nunca, reclamam por uma justiça acessível, que conceda ao cidadão uma resposta justa e tempestiva. No contexto atual, em que o volume quantitativo de processos é manifestamente inassimilável por juízes e tribunais, o deslocamento de competências do Poder Judiciário para órgãos extrajudiciais – o que consubstancia a chamada desjudicialização –, deixa de corresponder a uma mera possibilidade de melhoria do acesso à justiça e passa a ostentar *status* de estratégia imprescindível.

Consectariamente, urge a adoção de uma concepção mais ampla de acesso à justiça, que pressupõe um "ir além". Ir além do tradicional espaço judicial, ir além dos procedimentos judiciais e ir além da tutela dos Tribunais. É precisamente nesse cenário de desjudicialização que a atuação dos notários e registradores se revela como aspecto fundamental para consecução de um efetivo acesso à justiça.

De fundamental importância que vejamos, com clareza, a complementariedade entre a atividade notarial e registral e a do Judiciário, ambas voltadas à garantia de direitos. O acesso à justiça, hoje, só pode ser compreendido a partir do binômio judicialização-desjudicialização: as portas do Poder Judiciário estão sempre abertas, o que não quer dizer que seja a solução prioritária a mais adequada ou, muito menos, a única.

É muito positivo o sentimento geral a respeito do desempenho desse papel pela atividade notarial. A partir das premissas apontadas, os cartórios surgem como uma saída natural para a solução de conflitos, longe de uma simplista estratégia de desafogamento do Judiciário, porque reúnem qualidades essenciais.

A primeira é a capilaridade: os cartórios estão em todo o território nacional, que tem, como sabemos, dimensões continentais.[48] A população de qualquer parte do país tem acesso a um cartório, que, notadamente em interiores, representa o Estado e o Poder

---

[47] **"Art. 174.** A União, os Estados, o Distrito Federal e os Municípios criarão câmaras de mediação e conciliação, com atribuições relacionadas à solução consensual de conflitos no âmbito administrativo, tais como:

I – dirimir conflitos envolvendo órgãos e entidades da administração pública;

II – avaliar a admissibilidade dos pedidos de resolução de conflitos, por meio de conciliação, no âmbito da administração pública;

III – promover, quando couber, a celebração de termo de ajustamento de conduta."

[48] De acordo com a publicação Cartório em Números (2020, p. 6-7), eram 13.440 serventias, distribuídas pelos 5.570 municípios, que obrigatoriamente devem ter uma unidade registral, nos termos da Lei de Registros Públicos (Lei nº 6.015/1973), garantindo ampla empregabilidade (são 125.786 empregados, dos quais 80.383 diretos e 45.403 indiretos).

Público, no ideário popular, ao lado das prefeituras. O notário tem "fé pública", no mais essencial significado da expressão.

Permeados pelo espírito republicano, os cartórios brasileiros colaboram, decisivamente, pela atividade de fiscalização de práticas ilícitas, informando, por exemplo, atos suspeitos à "Unidade de Inteligência Financeira (UIF)", outrora denominado Conselho de Controle de Atividades Financeiras (Coaf).[49]

O tabelião é tido, acertadamente, como autoridade, por conta, ainda, de sua capacidade resolutiva. De fato, os cartórios conseguem exercer sua atividade de solução de conflitos de maneira célere e precisa, porque imbuídos de um espírito prático e, ao contrário do que poderia parecer à primeira vista, pouco burocrático.

Há outra característica que escancara a relevância dos serviços notariais e registradores: a credibilidade. Esse aspecto, sentido na prática e na concepção popular, já foi reiteradamente confirmado por pesquisas que apontam para um altíssimo grau de *confiabilidade* dos cartórios perante a população. Nesse sentido, o estudo encomendado pela Associação dos Notários e Registradores do Brasil (Anoreg/BR) e realizada pelo instituto Datafolha em 2015 demostrou que, mesmo em cotejo com instituições de significativa credibilidade no País, como Correios, Forças Armadas, Ministério Público e Poder Judiciário, os cartórios extrajudiciais se destacam, ocupando o primeiro lugar em termos de confiabilidade dentre todas as instituições pesquisadas.[50]

Evidente, portanto, que os cartórios são um elemento crucial na equação do reconhecimento e da efetivação do crescente leque de direitos fundamentais, engrenagem decisiva para fazer fluir o sistema de Justiça.

Os Tabeliães de Notas, por exemplo, têm o condão de prevenir litígios, na medida em que exercem a função de aconselhamento e orientação na lavratura dos atos e contratos realizados em cartório. A atuação dos Registradores de Imóveis é passível de incrementar o tráfico imobiliário nacional, conferindo segurança jurídica às partes por meio da publicidade dos atos praticados. Os Registradores Civis das Pessoas Jurídicas, por sua vez, promovem a existência legal das pessoas jurídicas de direito privado ao tornarem públicos seus atos constitutivos, ao passo que os Registradores Civis das Pessoas Naturais têm a função de lavrar os assentos referentes à situação jurídica e ao estado das pessoas físicas, o que é fundamental para a celebração de contratos.

Os Tabeliães de Protestos, por fim, oferecem um meio célere de cobrança extrajudicial e mantêm um importante e seguro banco de dados que embasa as relações de crédito e débito. Outorgar-lhes maior leque de instrumentos coercitivos tem colaborado para a maior eficiência da atividade executiva, superando a exclusividade do Poder Judiciário na satisfação do exequente, cuja produtividade tem sido incom-

---

[49] Segundo a mesma publicação, apenas em 2020, foram 784.067 comunicações.

[50] Associação dos Notários e registradores do Brasil. Confiança dos brasileiros nos cartórios é destaque em pesquisa do Datafolha. 2016. Disponível em: http://www.anoreg.org.br/index.php?option=com_content&view=article&id=26641:confianca-dos-brasileiros-nos-cartorios-e--destaque-em-pesquisa-do-datafolha&catid=19&Itemid=180.

paravelmente mais baixa em processos de execução, que, em média, tardam 7 anos até serem encerrados. Também, o Conselho Nacional de Justiça vem buscando, nos últimos tempos, melhorar a experiência do usuário desses serviços, autorizando, por exemplo, o pagamento postergado de emolumentos e demais despesas (Provimento CNJ 86/2019).

A relevância da categoria no processo de otimização do Sistema de Justiça se torna mais evidente com a ampliação do leque de matérias que podem ser definitivamente solvidas em cartório.

A despeito da recente intensificação do deslocamento de competências do Poder Judiciário para órgãos extrajudiciais – fruto da percepção tanto da prescindibilidade como da insuficiência da atuação dos tribunais na tutela de determinados direitos de forma tempestiva –, o fenômeno de desjudicialização não é propriamente uma novidade.

Em 1997, por exemplo, a Lei nº 9.492 oportunizou um importante passo nesse sentido ao dispor sobre protesto de títulos. Antes, para satisfação de créditos referentes a outros documentos de dívida – que não títulos de crédito – a única alternativa era o Poder Judiciário. Com a lei, embora a função precípua do instituto seja probatória, o protesto passou a ser utilizado como eficiente meio de cobrança extrajudicial efetiva.

Já a Lei nº 9.514/1997 contribuiu no sentido de instituir a alienação fiduciária de coisa imóvel, inovando os mecanismos de garantia no mercado imobiliário que até então eram pouco eficientes. Além de amenizar a exagerada proteção conferida ao devedor pela hipoteca – que pressupunha o ajuizamento de morosa execução judicial em casos de descumprimento da obrigação contratada –, a lei disponibilizou um meio mais célere e descomplicado para que seja permitido ao credor reaver seu crédito. As instituições financeiras praticamente abandonaram a hipoteca e passaram a preferir a alienação fiduciária nos contratos celebrados.

Merece ainda especial destaque a Lei nº 11.441/2007, que, regulamentada em detalhes pela Resolução nº 35/2007 do Conselho Nacional de Justiça, ofertou aos interessados a possibilidade de realizar inventário, partilha, separação e divórcio consensual extrajudicialmente perante os tabeliães de notas – observados os pressupostos necessários.

Em relação ao inventário, a via extrajudicial mostra-se como uma opção ao jurisdicionado quando não houver incapazes entre os herdeiros ou quando o autor de herança não houver deixado testamento. Ressalte-se que os custos do inventário extrajudicial são certamente bem inferiores aos do correlato procedimento judicial, principalmente em razão de os honorários advocatícios devidos no procedimento administrativo serem calculados sobre duas únicas etapas: na elaboração dos termos da partilha (normalmente feita pelo tabelião) e na lavratura do ato notarial. No processo judicial, por outro lado, esses honorários normalmente são calculados com base no monte a ser partilhado.

Quanto à separação e ao divórcio, também poderão ser ajustados mediante escritura pública lavrada nas Serventias Notariais, desde que haja consenso entre as partes e que não se envolvam interesses indisponíveis ou relativos a incapazes. O procedimento, que no Judiciário pode levar meses, pode ser realizado no mesmo dia no cartório.[51]

Demais disso, a Lei nº 10.931/2004 possibilitou a retificação administrativa de metragens e outras incorreções no registro de imóveis, enquanto a Lei nº 12.100/2009 oportunizou a retificação extrajudicial de assento de registro civil. Antes dos referidos diplomas, o rigor formal e a morosidade para tais retificações eram tão demasiados que, diante da imensa burocracia, o indivíduo que desejasse corrigir algum erro em seu assento civil ou no registro de imóveis optava por simplesmente manter seu registro inalterado, ainda que o conteúdo permanecesse em desacordo com a realidade fática.[52]

Nesse sentido, percebe-se importante e constante caminhar do legislador rumo à crescente desjudicialização procedimental.

No CPC de 2015, a propósito, foram inseridos diversos dispositivos que apontam no sentido da desjudicialização, criando, por exemplo, o importante procedimento da usucapião extrajudicial, na Lei de Registros Públicos. A experiência mostrou que esse reconhecimento de aquisição originária da propriedade pela via judicial é extremamente moroso, em razão do assoberbamento de processos, que implica lentidão dos atos de comunicação, como intimações e expedição de editais. No tabelionato, em menos de um mês, a propriedade é reconhecida e são superadas décadas de ocupação informal, garantindo, com o direito à moradia, dignidade ao possuidor.[53]

Também a jurisprudência tem dado valiosa contribuição no fortalecimento da solução de conflitos pela via extrajudicial, ultrapassando dicções legais à primeira vista restritivas. O Superior Tribunal de Justiça, por exemplo, admitiu a abertura de inventário em cartório, quando houver testamento, desde que os herdeiros sejam capazes e estejam de acordo,[54] interpretando ampliativamente o CPC.

O mote, portanto, deve ser o seguinte: sendo possível a solução cartorária, sem comprometimento de garantias e direitos, sobretudo de sujeitos vulneráveis, há que ser estimulada. Enxerga-se, mesmo diante do leque de serviços extrajudiciais que tem sido progressivamente aberto, ampla margem para avanços. Uma frente relevante é o

---

[51] Aliás, vale registrar que, após três anos da entrada em vigor da Lei nº 11.441/2007, uma pesquisa intitulada "Estatísticas do Registro Civil", produzida anualmente pelo Instituto Brasileiro de Geografia e Estatística (IBGE) indicou um crescimento de 24,9% nos atos de separações e 33,9% nos atos de divórcios consensuais realizados em 2008 nos Tabelionatos de Notas de todo o país, em comparação com os números de 2007, apontando também que, naquele ano, 14,5% das dissoluções de casamentos no Brasil ocorreram em cartórios extrajudiciais.

[52] Colégio Notarial do Brasil. *Separações e divórcios em cartórios chegam a 14,5% das dissoluções de casamentos no Brasil.* 2010. Disponível em: http://www.cnbsp.org.br/index.php?pG=X19leGliZV 9ub3RpY2lhcw==&in=MjMyMw==&filtro=&Data=.

[53] Apenas no Estado de São Paulo, 3.500 processos de usucapião foram iniciados entre os anos de 2019 e 2020 (*Cartório em Números*, 2020, p. 106).

[54] REsp 1808767/RJ, Rel. Min. Luis Felipe Salomão, 4ª T., j. 15.10.2019.

alargamento da contribuição probatória: os cartórios reúnem os atributos necessários para colaborar com o Judiciário na produção de provas, como estimulado pelo CPC, ao positivar a ata notarial como meio típico de prova.

4. PRINCÍPIOS DA EFETIVIDADE E DA DURAÇÃO RAZOÁVEL DO PROCESSO

Uma corrente reclamação existente sobre o Judiciário é a falta de celeridade. Com razão, Rui Barbosa advertiu, já em sua época, que *"Justiça que tarda é injustiça manifesta."*[55] Com efeito, quem provoca a jurisdição, o faz porque não encontrou outra saída e precisa que o Estado substitua a vontade das partes e resolva o conflito, definitiva e o mais brevemente possível. Porém, se a decisão final tarda em demasia, a utilidade do provimento se corrói, o que é especialmente injustificável em questões simples, como o divórcio, ou destacadamente sensíveis e dolorosas, como em inventários.

Os estudos dos professores Mauro Cappelletti e Bryant Garth, em meados do século passado, apontaram, após análise do panorama mundial de acessibilidade ao Judiciário, que existiam três grandes barreiras, a serem vencidas por três ondas renovatórias. A primeira delas ligada aos custos, tendo-se percebido que é absolutamente inconstitucional que se deixe de pleitear em juízo um direito por limitações econômicas; a segunda se referia aos direitos transindividuais (coletivos); a terceira, a outros aspectos do processo, como a inefetividade, a lentidão da decisão etc. No Brasil, essas três ondas vieram em conjunto, com o advento da Constituição de 1988. Tal abertura, no cenário da redemocratização, se revelou desejável ganho do patrimônio jurídico do jurisdicionado. Acontece, contudo, que se apresenta uma espécie de paradoxo: ao mesmo tempo em que se lutou muito para que houvesse o acesso à justiça, a Justiça ficou muito abarrotada de processos, ações e recursos para decidir, de sorte que aplicável a máxima *"better the roads, more the traffic"* (quanto melhor a estrada, maior é o tráfego).[56]

---

[55] **Rui Barbosa,** *Oração aos Moços,* 1988.

[56] O Relatório Justiça em Números 2020, do CNJ, aponta que o tempo médio de processos pendentes, no Poder Judiciário brasileiro, é de 3 anos e 11 meses, no processo de conhecimento, e 7 anos, na execução. Embora se indique um ligeiro aumento de produtividade, inclusive durante a pandemia que nos assolou, a demanda permanece elevadíssima. Trata-se de ponto muito sensível que exige adequada resolução, não por mera recomendação acadêmica, mas por necessidade prática e de interesse do país. Isso porque o Banco Mundial, no seu Ranking Doing Business, estabelece que os sistemas processuais que arregimentam o maior número de investidores estrangeiros são os que trazem a possibilidade de resolver mais rapidamente os conflitos que eventualmente surjam. Ainda nesse contexto, são índices relevantes para a avaliação de países – e, portanto, para angariar recursos externos – o tempo para se iniciar um negócio (*starting a business*), registrar a propriedade (*registering property*) e cobrar dívidas (*resolving insolvency*). Quanto à abertura de empresas, o cenário brasileiro é melhor que o do restante da América Latina e Central, mas ainda desfavorável em relação aos parâmetros da Organização para a Cooperação e Desenvolvimento Econômico (OCDE). Por outro lado, a resolução da insolvência, no Brasil, é mais lenta que ambos os padrões comparativos.

Por essa razão, dois valores centrais do CPC de 2015 são a efetividade e a duração razoável do processo, entendidos como direito das partes (art. 4º)[57] e dever de todos os sujeitos do processo (art. 6º).[58] De fato, a solução dada pelo Judiciário, na atual concepção do fenômeno jurisdicional, não deve ser apenas justa, mas também efetiva e célere. A Justiça deve, portanto, bem decidir, decidir rapidamente e fazer cumprir suas decisões.[59]

A acepção exata de que a efetividade do processo[60] consiste na sua aptidão de alcançar os fins para os quais foi instituído pertence a Proto Pisani.

Desígnio maior do processo, além de dar razão a quem efetivamente tem-na, é fazer com que o lesado recomponha o seu patrimônio pelo descumprimento da ordem jurídica, sem que sinta os efeitos do inadimplemento. Compete ao Estado, por meio do processo, repor as coisas ao *status quo ante,* utilizando-se de meios de sub-rogação capazes de conferir à parte a mesma utilidade que obteria pelo cumprimento espontâneo[61] do direito.

A essa finalidade genética adjunte-se, inegável celeridade na prestação jurisdicional, integrante da efetividade, tanto que só se considera uma justiça efetiva aquela que confere o provimento contemporaneamente à lesão ou ameaça de lesão ao direito. Algumas formas de tutela jurisdicional, *v.g.*, a tutela de urgência, revelam uma influência prioritária do princípio da efetividade, uma vez que nessas ações almeja-se uma solução sob medida, eficiente e célere. O princípio, como sói ocorrer com os demais, informa

---

[57] "**Art. 4º** As partes têm o direito de obter em prazo razoável a solução integral do mérito, incluída a atividade satisfativa."

[58] "**Art. 6º** Todos os sujeitos do processo devem cooperar entre si para que se obtenha, em tempo razoável, decisão de mérito justa e efetiva."

[59] **José Carlos Barbosa Moreira**, O problema da duração dos processos: premissas para uma discussão séria. *Temas de direito processual*, nona série, 2007, p. 367-377; **Antonio do Passo Cabral,** A duração razoável do processo e a gestão do tempo no projeto de novo Código de Processo Civil. In: FUX, Luiz et al. (orgs.). *Novas tendências do Processo Civil: estudos sobre o projeto do novo Código de Processo Civil*, 2013; **Alexandre Freitas Câmara**, "O direito à duração razoável do processo: entre eficiência e garantias", *Revista de Processo*, vol. 223, set./2013, p. 39-53; **Marco Félix Jobim**. *O direito fundamental à duração razoável do processo e a responsabilidade civil do Estado em decorrência da intempestividade processual*, 2012; **Daniel R. Pastor,** *El plano razonable en el proceso del Estado de Derecho*: una investigación acerca del problema de la excesiva duración del proceso penal y sus posibles soluciones, 2002, p. 109-318; **José Augusto Garcia de Souza,** *A tempestividade da justiça no processo civil brasileiro*, 2020, p. 113-153; **José Rogério Cruz e Tucci**, "Garantia da prestação jurisdicional sem dilações indevidas como corolário do devido processo legal", *Revista de Processo*, v. 66, abr./jun. 1992.

[60] "L'Effettività dei Mezzi di Tutela Giurisdizionale con Particolare Riferimento all'Attuazione della Sentenza di Condanna", *Rivista di Diritto Processuale*, vol. 30, 1975, p. 620 e segs.

[61] Clássica a fórmula de **Chiovenda** em *Saggi di Diritto Processuale Civile*, vol. 1, p. 110, no sentido de que "*il processo deve dare per quanto è possibile praticamente a chi ha un diritto tutto quello e pròprio quello ch'egli ha diritto di conseguire*". Quanto aos estreitos limites entre a efetividade e a idoneidade das medidas cautelares, há uniformidade da melhor doutrina nacional, como se colhe em **Barbosa Moreira**, *Temas de Direito Processual*, 3ª série, p. 29.

a atuação do juiz na cognição e deferimento do provimento de urgência, permitindo-lhe transpor dogmas ortodoxos que limitavam a sua atuação em prol da efetividade da prestação jurisdicional.

Desde a Emenda Constitucional 45/2004, figura no rol constitucional de garantias do jurisdicionado a duração razoável do processo (art. 5º, LXXVIII).[62] O legislador processual, atento a esse ditame, buscou assegurar a efetividade da tutela jurisdicional, dentro do interregno temporal que se afigure justo.

Diversos são os exemplos de institutos voltados a abreviar o procedimento, *v.g.*, a improcedência liminar do pedido, aperfeiçoada pelo atual Código, atento aos precedentes judiciais (art. 332),[63] a tutela provisória, inclusive a satisfativa requerida em caráter antecedente (arts. 303 e 304),[64] a dispensa de remessa necessária quando o provimento judicial se respaldar em decisões vinculativas (art. 496, § 4º),[65] a concentração da defesa do réu em uma única peça, a limitação do recurso imediato contra decisões interlocutórias, os atos praticáveis por meio eletrônico. Igualmente,

---

[62] "É praticamente impossível apontar todas as causas que geram a morosidade judicial. Muitas são conhecidas, mas não existe vontade política ou mesmo cultura adequada de grande parte dos operadores do direito no sentido de corrigi-las. A omissão do Estado para fornecer os meios necessários à efetiva solução dos litígios, a utilização inadequada dos instrumentos processuais pelos protagonistas do processo, são alguns exemplos das razões da morosidade" (**Paulo Cezar Pinheiro Carneiro**. Comentário ao art. 4º do Código de Processo Civil. In: **Teresa Arruda Alvim** *et al. Breves comentários ao novo Código de Processo Civil*. São Paulo: Revista dos Tribunais, 2015).

[63] "**Art. 332**. Nas causas que dispensem a fase instrutória, o juiz, independentemente da citação do réu, julgará liminarmente improcedente o pedido que contrariar:
I – enunciado de súmula do Supremo Tribunal Federal ou do Superior Tribunal de Justiça;
II – acórdão proferido pelo Supremo Tribunal Federal ou pelo Superior Tribunal de Justiça em julgamento de recursos repetitivos;
III – entendimento firmado em incidente de resolução de demandas repetitivas ou de assunção de competência;
IV – enunciado de súmula de tribunal de justiça sobre direito local."

[64] "**Art. 303**. Nos casos em que a urgência for contemporânea à propositura da ação, a petição inicial pode limitar-se ao requerimento da tutela antecipada e à indicação do pedido de tutela final, com a exposição da lide, do direito que se busca realizar e do perigo de dano ou do risco ao resultado útil do processo. (...).
Art. 304. A tutela antecipada, concedida nos termos do art. 303 , torna-se estável se da decisão que a conceder não for interposto o respectivo recurso."

[65] "**Art. 496, § 4º**. Também não se aplica o disposto neste artigo quando a sentença estiver fundada em:
I – súmula de tribunal superior;
II – acórdão proferido pelo Supremo Tribunal Federal ou pelo Superior Tribunal de Justiça em julgamento de recursos repetitivos;
III – entendimento firmado em incidente de resolução de demandas repetitivas ou de assunção de competência;
IV – entendimento coincidente com orientação vinculante firmada no âmbito administrativo do próprio ente público, consolidada em manifestação, parecer ou súmula administrativa."

depositam-se firmes esperanças nos meios tecnológicos para se alcançar a atividade jurisdicional desejadamente célere.[66]

Em acréscimo, dentre os inúmeros reclamos da efetividade, destaca-se o que pertine à justiça da decisão, a exigir uma decisão o quanto possível aproximada da realidade. É de sabença que essa realidade chega ao juízo pelas provas. A necessidade imposta pela efetividade do processo civil permite ao juízo tomar iniciativa probatória sem que com isso se entreveja qualquer lesão ao princípio da inércia[67] ou da neutralidade judicial.[68]

O princípio da efetividade arrasta a possibilidade, no campo da urgência, do deferimento de providência diversa da que foi pedida. É que compete ao juízo uma avaliação da proporcionalidade e extensão da medida de segurança. Sob o prisma estritamente cautelar, vozes abalizadas da doutrina preconizavam, sob a vigência dos diplomas anteriores, a fungibilidade das cautelas, atualmente positivada no art. 301[69] e na inteligência do art. 297 do CPC,[70] que atuam como normas *in procedendo*, sugerindo ao juízo uma adequação da medida às necessidades do caso concreto. Ademais, a fungibilidade também se observa no art. 305, parágrafo único,[71] do CPC, entre as tutelas de natureza cautelar e antecedente.

Não obstante, vale ressaltar, que à permissão ao uso do poder cautelar genérico[72] impõem-se limites, dentre os quais se destaca o de interditar a concessão de cautela inominada para hipóteses em que a lei prevê medida específica. Nesses casos, cumpre ao

---

[66] Ver, no estudo dos Processos nos Tribunais, a temática dos julgamentos digitais e da inteligência artificial.

[67] Acerca do tema, pelas suas posições, em parte conflitantes, merece destaque **Cappelletti**, *La Testimonianza della Parte nel Sistema dell'Oralità*, 1974, p. 307 e segs., e **Carnacini**, "Tutela Giurisdizionale e Tecnica del Processo", em *Studi in Onore di Enrico Redenti*, 1951, vol. 2, p. 695 e segs. Entre nós, consulte-se o texto da Conferência de **Barbosa Moreira** no V Simpósio de Direito Comparado Luso-Brasileiro, publicado na *Revista de Direito Comparado Luso-Brasileiro*, vol. 4, e na *Revista Brasileira de Direito Processual*, vol. 48, sob o título "Os Poderes do Juiz na Direção e Instrução do Processo".

[68] De outro lado, o Processo Penal, notadamente após a reforma implementada pelo Pacote Anticrime (Lei nº 13.964/2019), se enveada para a passividade do juiz, que marca o sistema acusatório.

[69] "**Art. 301.** A tutela de urgência de natureza cautelar pode ser efetivada mediante arresto, sequestro, arrolamento de bens, registro de protesto contra alienação de bem e qualquer outra medida idônea para asseguração do direito."

[70] "**Art. 297.** O juiz poderá determinar as medidas que considerar adequadas para efetivação da tutela provisória.
Parágrafo único. A efetivação da tutela provisória observará as normas referentes ao cumprimento provisório da sentença, no que couber."

[71] "**Art. 305.** A petição inicial da ação que visa à prestação de tutela cautelar em caráter antecedente indicará a lide e seu fundamento, a exposição sumária do direito que se objetiva assegurar e o perigo de dano ou o risco ao resultado útil do processo.
Parágrafo único. Caso entenda que o pedido a que se refere o caput tem natureza antecipada, o juiz observará o disposto no art. 303."

[72] "**Enunciado nº 31 do FPPC.** O poder geral de cautela está mantido no CPC."

requerente preencher os pressupostos da medida típica para obter o provimento, ainda que o formule atípico. Essa subsidiariedade da determinação atípica em relação à solução típica tem sido reconhecida pelo Superior Tribunal de Justiça, no tocante ao art. 139, IV, do Código, autêntica cláusula geral de efetivação das decisões judiciais.[73]

Aliás, a necessidade de tutela urgente é imprevisível e multifária, não havendo um remédio padrão, por isso a necessidade de liberdade de atuação do juízo em prol da segurança, prevalecendo as advertências de que o juízo não deve criar, com a medida, uma situação de perigo maior do que a que se quer evitar, e tampouco conferir segurança onde não haja a premissa da periclitação, mas tão somente o *nomen juris* emprestado ao pedido de tutela.[74]

A "não concessão de efeito suspensivo" aos recursos é outro consectário do influxo da efetividade. A noção corrente da suspensividade dos recursos é a que susta a executoriedade da decisão, postergando o direito do vencido. É reflexo da ditadura dos tribunais, para alguns, renegando-se a qualidade das decisões de primeiro grau, e para outros, tranquiliza a opinião pública saber que a decisão será fruto de uma segunda reflexão com o escopo de reapurar a juridicidade do provimento. De toda sorte, a questão confina com aquela da utilidade ou não do duplo grau de jurisdição, ideia secular e que para muitos é princípio imanente do sistema processual constitucional[75] brasileiro.

É de sabença que os sistemas optam pelo efeito "suspensivo legal" ou *ope judicis*. No primeiro, a suspensividade de eficácia da decisão decorre de lei, *v.g.*, dispõe o art. 1.012 do CPC;[76] no segundo, fica ao critério do juízo conferir esse efeito – daí *ope judicis* –, porque, do contrário, a decisão, uma vez proferida, produz imediatamente

---

[73] "A adoção de meios executivos atípicos é cabível desde que, verificando-se a existência de indícios de que o devedor possua patrimônio expropriável, tais medidas sejam adotadas de modo subsidiário, por meio de decisão que contenha fundamentação adequada às especificidades da hipótese concreta, com observância do contraditório substancial e do postulado da proporcionalidade. (...)" (REsp 1782418/RJ, Rel. Min. Nancy Andrighi, 3ª Turma, j. 23.04.2019).

[74] Interessantes critérios para a concessão dos provimentos idôneos foram enumerados no Colóquio Internacional sobre Medidas Cautelares em Processo Civil, Milão, 1984 (*Les Mesures Provisoires en Procédure Civile*, 1985, p. 5), onde se encontram os relatórios sobre o Direito alemão – **Habscheid** –, francês – **Roger Perrot** –, e inglês – **Vicenzo Varano** –, observando-se a adoção de medidas antecipadas satisfativas da pretensão como meios moralizadores da natural demora da prestação jurisdicional.

[75] **Barbosa Moreira**, *Comentários*, p. 211-212.

[76] "**Art. 1.012.** A apelação terá efeito suspensivo.

§ 1º Além de outras hipóteses previstas em lei, começa a produzir efeitos imediatamente após a sua publicação a sentença que:

I – homologa a divisão ou a demarcação;

II – condena a pagar alimentos;

III – extingue sem resolução do mérito ou julga improcedentes os embargos do executado;

IV – julga procedente o pedido de instituição de arbitragem;

V – confirma, concede ou revoga tutela provisória;

VI – decreta a interdição;"

os seus efeitos, autorizando o adiantamento dos atos de satisfação da situação jurídica consagrada no provimento.

Insta esclarecer que, em face da recente reforma do CPC, em todos os casos do art. 1.012, o relator pode dar efeito suspensivo à apelação (v. art. 1.012, § 4º,[77] do CPC).

Essa previsão não apaga a tradição do Direito brasileiro de não sustar decisões que reconheçam um estado de perigo, *v.g.*, no mandado de segurança, nos alimentos provisionais e, modernamente, em algumas ações locatícias, salvante as exceções em relação ao Poder Público (Lei nº 8.437/1992).

A eficácia imediata do decidido contrapõe-se "em tese" à possibilidade de modificação do julgado. Entretanto, o obstáculo tem sido superado pela caução de indenização ou até mesmo determinação de reversão ao estado anterior, sendo certo que deve o magistrado superior nortear a cassação do provimento, sempre que possível, determinando a reversão garantida pela caução, que serve de instrumento viabilizador ou compensador de eventuais perdas e danos.

Consectária da efetividade é a tutela jurisdicional específica, consagrada, hodiernamente, pelo art. 497 do CPC, destacando-se, nesse âmbito, modernamente, a tutela inibitória.

O legislador trouxe dispositivo no capítulo das normas fundamentais objetivando tornar mais objetiva a maneira de ordenação de processos para julgamento, no acervo do magistrado e dos órgãos colegiados dos tribunais (art. 12).[78] Assim, Os juízes e os

---

[77] **"Art. 1.012.** (...)

§ 4º Nas hipóteses do § 1º, a eficácia da sentença poderá ser suspensa pelo relator se o apelante demonstrar a probabilidade de provimento do recurso ou se, sendo relevante a fundamentação, houver risco de dano grave ou de difícil reparação."

[78] **"Art. 12.** Os juízes e os tribunais atenderão, preferencialmente, à ordem cronológica de conclusão para proferir sentença ou acórdão.

§ 1º A lista de processos aptos a julgamento deverá estar permanentemente à disposição para consulta pública em cartório e na rede mundial de computadores.

§ 2º Estão excluídos da regra do *caput*:

I – as sentenças proferidas em audiência, homologatórias de acordo ou de improcedência liminar do pedido;

II – o julgamento de processos em bloco para aplicação de tese jurídica firmada em julgamento de casos repetitivos;

III – o julgamento de recursos repetitivos ou de incidente de resolução de demandas repetitivas;

IV – as decisões proferidas com base nos arts. 485 e 932;

V – o julgamento de embargos de declaração;

VI – o julgamento de agravo interno;

VII – as preferências legais e as metas estabelecidas pelo Conselho Nacional de Justiça;

VIII – os processos criminais, nos órgãos jurisdicionais que tenham competência penal;

IX – a causa que exija urgência no julgamento, assim reconhecida por decisão fundamentada.

§ 3º Após elaboração de lista própria, respeitar-se-á a ordem cronológica das conclusões entre as preferências legais

tribunais deverão atender, preferencialmente[79], à ordem cronológica de conclusão para proferir sentença ou acórdão. A finalidade do critério é garantir a isonomia entre os jurisdicionados que aguardam decisão, desdobrando o art. 5º da Constituição Federal, e fazendo cumprir o art. 139, I, do próprio Código,[80] bem como a duração razoável dos processos.[81]

5. PRINCÍPIO DA COOPERAÇÃO

Na seara dos princípios, importante novidade do novo diploma processual se deu na instituição de um dever positivo de cooperação entre as partes, consagrado no art. 6º do CPC. Ao lado dos tradicionais modelos[82] dispositivo e inquisitivo

---

§ 4º Após a inclusão do processo na lista de que trata o § 1º, o requerimento formulado pela parte não altera a ordem cronológica para a decisão, exceto quando implicar a reabertura da instrução ou a conversão do julgamento em diligência.

§ 5º Decidido o requerimento previsto no § 4º, o processo retornará à mesma posição em que anteriormente se encontrava na lista.

§ 6º Ocupará o primeiro lugar na lista prevista no § 1º ou, conforme o caso, no § 3º, o processo que:

I – tiver sua sentença ou acórdão anulado, salvo quando houver necessidade de realização de diligência ou de complementação da instrução;

II – se enquadrar na hipótese do art. 1.040, inciso II."

[79] Um ponto relevante foi a alteração do comando pela Lei nº 13.256/2016, ainda na *vacatio legis* do Código, inserindo o termo "preferencialmente" no *caput* do art. 12. A sutil menção teve o efeito de tornar a norma uma mera recomendação, na visão de parte da doutrina e na prática de vários juízos. No entanto, à luz dos ditames constitucionais, há quem também defenda que a flexibilização não anula o comando, que permanece com contornos de obrigatoriedade, justamente por decorrer de valores maiores de nosso ordenamento, perseguidos, inclusive, pelo próprio CPC: "Dar preferência à ordem cronológica não significa que seja faculdade do juiz. O magistrado deverá, sim, atender preferentemente à ordem cronológica, sempre que isto for possível. Para não atendê-la terá de justificar. Mais um dispositivo legal feito por encomenda de última hora, que atrapalha o sistema processual do CPC. Tudo o que vem em seguida ao *caput* indica a obrigatoriedade de atender-se à ordem cronológica, pois do contrário não faria sentido manterem-se os demais dispositivos. Melhor teria sido o legislador da L 13.256/16 alterar apenas o *caput* para que a preferência fosse realmente uma faculdade e revogar os demais dispositivos" (**Nelson Nery Júnior e Rosa Maria Andrade Nery**. *Código de Processo Civil comentado*, 2019).

[80] "**Art. 139.** O juiz dirigirá o processo conforme as disposições deste Código, incumbindo-lhe: I – assegurar às partes igualdade de tratamento;"

[81] Como percebido por **Humberto Theodoro Júnior**, "quer a lei impedir que ocorra escolha aleatória dos processos a serem julgados, dando preferência injustificável a um ou outro feito, independentemente do momento em que a conclusão para julgamento tenha se dado. Se "todos são iguais perante a lei" (CF, art. 5º, *caput*), e se ao órgão judicial incumbe "assegurar às partes igualdade de tratamento" (CPC, art. 139, I), é óbvio que a garantia de isonomia restará quebrada se a escolha do processo a ser julgado, dentre os diversos pendentes de decisão, pudesse ser feita sem respeitar a ordem cronológica de conclusão. A garantia constitucional não pode conviver com o privilégio desse tipo" (*Curso de Direito Processual Civil*, vol. 1, 2021).

[82] **Leonardo Greco,** "Publicismo e privatismo no processo civil", *Revista de Processo*, São Paulo, n. 164, p. 20-56, out. 2008.

(publicismo),[83-84] tem-se enxergado um terceiro modelo, o cooperativo (colaborativo, coparticipativo).[85]

Trata-se de dever abstrato imposto aos sujeitos do processo, e não só às partes, de atuar de forma integrada, conforme a boa-fé processual, a fim de que se tenha um provimento mais efetivo. Pode-se assim dizer que constitui princípio acessório que perfaz a realização dos princípios da efetividade e da economia processual. O modelo cooperativo chama as partes e demais sujeitos processuais para, conjuntamente com o magistrado, construir a solução adequada, de sorte que "há, com isso, uma gestão compartilhada do processo. Autor e réu não estão mais à disposição do juiz, como meros

---

[83] "Enquanto se considerava o processo como 'coisa das partes', era natural que se entregasse a estas – ou, talvez mais exatamente, aos respectivos advogados – o comando do ritmo processual e a possibilidade de manejar a seu exclusivo critério outras alavancas importantes, como a colheita do material destinado a ministrar base à solução do litígio. Tal concepção foi denunciada e combatida ao longo de muitas décadas, por juristas inconformados com o amesquinhamento que ela impunha à função jurisdicional. [...] Outros tempos chegaram, e com eles, a inevitável reação a tal modo de pensar. Começou a ser posto em realce o elemento publicístico do processo. [...] Dir-se-ia consolidada a mudança, e desnecessário qualquer esforço suplementar a seu favor. Eis senão quando o pensamento antigo ameaça querer ressuscitar. [...] Tentar de novo reduzir o juiz à posição de espectador passivo e inerte do combate entre as partes é anacronismo que não encontra fundamento no propósito de assegurar aos litigantes o gozo de seus legítimos direitos e garantias. Deles hão de valer-se as partes e seus advogados, para defender os interesses privados em jogo. Ao juiz compete, sem dúvida, respeitá-los e fazê-los respeitar; todavia, não é só isso que lhe compete. Incumbe-lhe dirigir o processo de tal maneira que ele sirva bem àqueles a quem se destina servir. E o processo deve, sim, servir às partes; mas deve também servir à sociedade" (**José Carlos Barbosa Moreira**. O neoprivatismo no processo civil. *Temas de Direito Processual – nona série*, 2007, p. 101).

[84] No Código de 2015, é previsão que bebe nessa fonte o rol de "poderes-deveres" do magistrado, insculpido no art. 139, especialmente os incisos III, IV e VI: "Art. 139. O juiz dirigirá o processo conforme as disposições deste Código, incumbindo-lhe: I – assegurar às partes igualdade de tratamento; II – velar pela duração razoável do processo; III – prevenir ou reprimir qualquer ato contrário à dignidade da justiça e indeferir postulações meramente protelatórias; IV – determinar todas as medidas indutivas, coercitivas, mandamentais ou sub-rogatórias necessárias para assegurar o cumprimento de ordem judicial, inclusive nas ações que tenham por objeto prestação pecuniária; V – promover, a qualquer tempo, a autocomposição, preferencialmente com auxílio de conciliadores e mediadores judiciais; VI – dilatar os prazos processuais e alterar a ordem de produção dos meios de prova, adequando-os às necessidades do conflito de modo a conferir maior efetividade à tutela do direito; VII – exercer o poder de polícia, requisitando, quando necessário, força policial, além da segurança interna dos fóruns e tribunais; VIII – determinar, a qualquer tempo, o comparecimento pessoal das partes, para inquiri-las sobre os fatos da causa, hipótese em que não incidirá a pena de confesso; IX – determinar o suprimento de pressupostos processuais e o saneamento de outros vícios processuais; X – quando se deparar com diversas demandas individuais repetitivas, oficiar o Ministério Público, a Defensoria Pública e, na medida do possível, outros legitimados a que se referem o art. 5º da Lei nº 7.347, de 24 de julho de 1985 , e o art. 82 da Lei nº 8.078, de 11 de setembro de 1990, para, se for o caso, promover a propositura da ação coletiva respectiva. (...)".

[85] **Fredie Didier Jr.**, "Os três modelos de direito processual civil: inquisitivo, dispositivo e cooperativo", *Revista de Processo*, v. 196, ago. 2011.

atores secundários, mas sim engajados, no mesmo plano, focados na justa resolução do conflito. *Alarga-se a latitude do processo*, por intermédio de interações dialéticas, valorizando-se a intersubjetividade".[86]

Tal cooperação materializa-se, sobremaneira, na observância do contraditório e na exigência da lealdade processual.[87] O debate entre as partes, proporcionado e resguardado pelo órgão jurisdicional, contribui para o aperfeiçoamento da decisão, enquanto o dever de lealdade se observa na relação entre as partes.

Contudo, é necessário salientar que o dever de cooperação também recai sobre o juiz. Não há mais espaço para o juiz Pilatos no processo civil brasileiro, de forma que essa nova função se reflete, igualmente, no máximo aproveitamento dos atos processuais e no exercício do dever de prevenção. Já não basta, a bem da verdade, abandonar o barco do processo ao primeiro sinal de deficiência nos atos das partes, mas o juiz deve alertar a parte para promover a correção para que se prossiga no curso processual, a exemplo do art. 321 do CPC, que permite a emenda da petição inicial, cabendo ao magistrado indicar "com precisão o que deve ser corrigido ou completado".

A doutrina costuma apontar deveres decorrentes do princípio da cooperação.[88]

Inicialmente, há o dever de esclarecimento, que impõe ao juiz atuação transparente e prática, e o dever de consulta, com oportunização para que as partes se manifestem, anteriormente à decisão. Em acréscimo, o dever de prevenção, alertando as partes sobre os riscos e atos viciados, e o de auxílio, removendo desequilíbrios processuais e concretizando a isonomia.

6. PRINCÍPIO DA BOA-FÉ OBJETIVA (PROTEÇÃO À CONFIANÇA)

Atento aos aspectos éticos que devem permear a relação processual, destaca o Código que os sujeitos nela envolvidos devem se comportar de acordo com a boa-fé (art. 5º).[89] Mais do que a intenção de uma conduta moralmente reta e proba, assegura, o princípio, um padrão de comportamento esperado objetivamente das partes e do juiz,[90] o que enriquece a compreensão do processo como um *locus* cooperativo, do qual devem restar afastados os abusos de direitos processuais.[91]

---

[86]   **Marcelo Mazzola,** *Tutela jurisdicional colaborativa*: a cooperação como fundamento autônomo de impugnação, 2017, p. 47.

[87]   **Didier Jr.,** *Curso de direito processual civil*, v. 1, 2017, p. 141.

[88]   **Marcelo Mazzola,** *Tutela jurisdicional colaborativa*: a cooperação como fundamento autônomo de impugnação, 2017; **Daniel Mitidiero,** *Colaboração no Processo Civis*, 2019.

[89]   "**Art. 5º** Aquele que de qualquer forma participa do processo deve comportar-se de acordo com a boa-fé."

[90]   **Márcio Carvalho Faria,** *A lealdade processual na prestação jurisdicional: em busca de um modelo de juiz leal*, 2017.

[91]   **Michele Taruffo,** "Abuso dos direitos processuais: padrões comparativos de lealdade processual (relatório geral)", *Revista de Processo*, São Paulo, v. 34, n. 177, p. 153-183, nov. 2009; **Joan Picó i**

A proteção à confiança se manifesta como um subprincípio da segurança jurídica.[92] Em verdade, a segurança jurídica figura como um dos valores mais caros ao processo civil, já que é o elemento responsável por lhe conferir legitimidade. As partes não se submeteriam a um processo, que, sabidamente, demanda tempo e dinheiro, se a decisão proferida não lhe fosse, em alguma medida, definitiva. Mostra-se fundamental, portanto, pacificar as discussões – o que só se alcança com respeito à segurança jurídica.

Mais especificamente quanto à proteção da confiança, a doutrina aponta sua decorrência de fato jurídico decorrente de quatro elementos: (i) a base da confiança, o ato normativo que lhe serviu de fundamento; (ii) a confiança no ato, a legitimidade da crença no seu cumprimento; (iii) o exercício da confiança, a atuação propriamente dita em conformidade com a confiança; e (iv) frustração posterior por ato do Poder Público.

Na seara processual, tal princípio se manifesta em diversos aspectos, mas merecem particular destaque a imutabilidade da coisa julgada e a formação da jurisprudência, consoante o art. 927, § 4º, do CPC, a qual não deve se modificar de maneira a surpreender os jurisdicionados e os particulares em geral – razão pela qual merece particular relevo a técnica de modulação dos efeitos.[93] De acordo com a mais acertada doutrina, a modulação resguarda a proteção da confiança depositada pelo particular no Estado-juiz,[94] afigurando-se como uma necessidade quando alterada jurisprudência vinculante[95] e espécie de tutela contra esse mesmo Estado.[96]

Junoy, *El principio de la buena fe procesal,* p. 97-122; **Juan Montero Aroca,** Sobre el mito autoritario de la "buena fe procesal". In: **Juan Montero Aroca** (coord.), *Proceso civil e Ideología*: un prefacio, una sentencia, dos cartas y quince ensayos, 2006.

[92] Externando a essencialidade desse valor, na seara administrativa, veja-se o art. 30 da Lei de Introdução às Normas do Direito Brasileiro (regulamentado pelo Decreto nº 9.830/2019):

"**Art. 30.** As autoridades públicas devem atuar para aumentar a segurança jurídica na aplicação das normas, inclusive por meio de regulamentos, súmulas administrativas e respostas a consultas."

[93] **Teresa Arruda Alvim,** *Modulação na alteração da jurisprudência firme ou de precedentes vinculantes,* 2021; **Daniel Mitidiero,** *Superação para frente e modulação de efeitos,* 2021.

[94] "A regra do sistema processual é que a jurisprudência dos tribunais seja estável, íntegra e coerente (CPC, 926). O Poder Público *tout court* (Executivo, Legislativo e Judiciário) deve agir com probidade e boa-fé objetiva, manifestações do princípio constitucional da legalidade (CF, 37, *caput*). A jurisprudência é dinâmica, como são os fatos da vida. Por isso é natural que possa sofrer alterações. O que o texto normativo determina é a fundamentação adequada e específica sobre as razões da alteração, e, ainda assim, com a observância da segurança jurídica, da boa-fé e da confiança" (**Nelson Nery Júnior** e **Rosa Maria de Andrade Nery**. *Código de Processo Civil Comentado,* 2020).

[95] "A modulação é necessária, e não apenas facultativa, nos casos de alteração de jurisprudência estabelecedora de precedente vinculante, *v.g.,* o gerado por recursos especial e extraordinário repetitivos. É que, na espécie, o precedente assume força normativa, e assim, não pode a sua supressão ou modificação prejudicar os efeitos produzidos sob a regência da tese ulteriormente desconstituída" (**Humberto Theodoro Júnior**, *Curso de Direito Processual Civil,* vol. 3, 2020).

[96] **Valter Shuenquener de Araújo**, *O princípio da proteção da confiança,* 2016.

7. PRINCÍPIO DO CONTRADITÓRIO E VEDAÇÃO À DECISÃO SURPRESA

O princípio do contraditório, um dos mais basilares do Direito Processual, é reflexo da legalidade democrática[97] do processo e cumpre os postulados do direito de defesa e do *due process of law.*[98]

Tradicionalmente, é concebido como a garantia de ciência bilateral dos atos e termos do processo (jurisdicional ou mesmo administrativo), com a possibilidade de manifestação a respeito. A inserção do contraditório em sede constitucional timbra da eiva de inconstitucionalidade todo e qualquer procedimento que o abandone.[99]

A técnica processual de reconstituição dos fatos, pela fala de ambas as partes, decorre da necessidade de o juiz decidir, tanto quanto possível, o mais próximo da realidade.[100]

---

[97] Leonardo Greco disserta sobre o tema: "O segundo pós-guerra marcou o renascimento do princípio do contraditório. O Estado de Direito que se reconstruiu após os nefastos regimes autoritários, redefiniu as suas relações com os cidadãos, firmando o primado da dignidade humana e a eficácia concreta dos direitos fundamentais, assegurada pelo amplo acesso à sua tutela através da Justiça. Readquiriram relevância o método dialético de solução de conflitos e a paridade de tratamento dos litigantes, componentes essenciais do princípio do contraditório, como fatores indispensáveis à concretização no processo judicial dos valores humanitários nacional e internacionalmente reconhecidos como inerentes ao estágio de civilização atingido pela sociedade humana. Esse é o grande salto do nosso tempo: de princípio a garantia fundamental. Para isso, o contraditório não pode mais apenas reger as relações entre as partes e o equilíbrio que a elas deve ser assegurado no processo, mas se transforma numa ponte de comunicação de dupla via entre as partes e o juiz. Isto é, o juiz passa a integrar o contraditório, porque, como meio assecuratório do princípio político da participação democrática, o contraditório deve assegurar às partes todas as possibilidades de influenciar eficazmente as decisões judiciais". **Leonardo Greco**. "O princípio do contraditório", *Revista Dialética de Direito Processual*, São Paulo, v. 24, p. 71-79, 2005.

[98] **Eduardo Couture**, "Las Garantías Constitucionales del Proceso Civil", *Estudios de Derecho Procesal Civil*, 1948, vol. 1, p. 47-51. É a direção contrária aos interesses dos litigantes que justifica o contraditório (**Carnelutti**, *Sistema*, vol. 1, p. 397). Mais modernamente, **Leonardo Greco,** O princípio do contraditório. *Estudos de Direito Processual*, 2005, p. 541-556; **Nelson Nery Junior,** *Princípios do Processo na Constituição Federal*, 2016. Capítulos 2 e 3, Seção IV.

[99] Vincula-se a história do contraditório à própria história do processo civil. **Ovídio Baptista**, com base nas informações de **Giuseppe Provera** (*Il Principio del Contraditorio nel Processo Civile Romano*), assenta que vários procedimentos hoje mantidos com feição moderna têm base naqueles instituídos para propiciar a presença do demandado em juízo, *v.g.*, a *actio ad exibendum*. A partir dessa constatação histórica, o doutrinador gaúcho leciona que as medidas cautelares, *v.g.*, o arresto, também coparticipam da natureza desses processos, que na prática restam por convocar o demandado de forma coacta a participar da relação processual (*Doutrina e Prática do Arresto ou Embargo*, 1976, p. 9 e segs.). **Robert Wyness Millar** informa que o princípio do contraditório deita as suas raízes tanto no Direito romano quanto no germânico primitivo (*Los Principios Informativos del Procedimiento Civil*, p. 47). É conhecido o provérbio alemão: "alegação de um só homem não é alegação". Pode-se ainda filiar o contraditório à história do direito natural e a toda justificação juspolítica do ato da citação, porque é essa convocação que engendra o contraditório. É de direito natural, na antiguidade de direito divino, porque "nem Deus quis condenar sem antes ouvir o réu", além de contemplado na Declaração Universal dos Direitos do Homem lavrada pela ONU.

[100] Assim, dessume-se das belíssimas lições de **Calmon de Passos** nos seus *Comentários ao Código*, doutrinando sobre os fundamentos da revelia.

Trata-se de instituto inspirado no dever de colaboração entre as partes para com o juízo e na isonomia processual.[101]

Sucede que imperativos de ordem prática recomendam, por vezes, a postergação da obediência ao princípio tão notável e igualitário. A necessidade de rápido prover, acrescida da circunstância denotadora de potencial frustração do provimento, caso uma das partes dele conheça previamente, fizeram com que o legislador instituísse uma decisão *ad referendum*, cujo contraditório necessário à sua formação é obedecido *a posteriori*. Esse fenômeno ocorre, como evidente, com o provimento de urgência e também na revelia, sem que com isso haja infração ao princípio.

O juiz não pode sacrificar o interesse maior da justiça em prol do interesse subjacente particular de ouvir a parte antes de decidir. O segredo é o sucesso do provimento de segurança, nas lúcidas lições de José Alberto dos Reis.[102]

Entretanto, esse rompimento tênue do contraditório não permite que se afirme a sua abolição, principalmente nas ações de urgência, tanto mais que o processo não transcorre de forma unilateral, manifestando-se o requerido após a atuação do juízo. A convocação do interessado via citação formal e o deferimento de sua defesa completam o ciclo do contraditório no processo.[103] O legislador, assim, reafirmou a primazia do contraditório prévio no art. 9º do CPC, limitando seu afastamento provisório às hipóteses previstas no parágrafo único: tutela de urgência, tutela de evidência calcada nos incisos II e III do art. 311[104] e expedição de mandado monitório (art. 701). Pode-se dizer, nos dias atuais, que o contraditório possui duas dimensões distintas e igualmente relevantes. A primeira se trata da dimensão formal, em que todo indivíduo no processo tem fala digna de consideração e tem, por conseguinte, o direito de ser ouvido. Não se pode, nesse sentido, salvo nas exceções anteriormente mencionadas, suprimir a manifestação de uma parte sobre determinado ponto. Por sua vez, a segunda dimensão se proclama substancial, uma vez que consiste em atribuir à parte o definitivo poder de influenciar a decisão do magistrado que se depara sobre o processo.[105] Essa concepção hodierna vem sendo denominada de

---

[101] **Eduardo Couture**, "Las Garantías Constitucionales del Proceso Civil", *Estudios de Derecho Procesal Civil*, 1948, vol. 1, p. 66.

[102] "A Figura do Processo Cautelar", *Boletim*, cit.

[103] Assim também é a lição de **Robert Wyness Millar**, *Los Principios Informativos del Procedimiento Civil*, 1945, p. 53. Tampouco o julgamento à revelia o infirma, porque, segundo **Betti**, o contraditório com a bilateralidade da audiência do réu é instituído em função do seu interesse e liberdade, e não se pode compeli-lo a fazê-lo (*Diritto Processuale Civile Italiano*, 1936, p. 89).

[104] "**Art. 311.** A tutela da evidência será concedida, independentemente da demonstração de perigo de dano ou de risco ao resultado útil do processo, quando:

(...)

II – as alegações de fato puderem ser comprovadas apenas documentalmente e houver tese firmada em julgamento de casos repetitivos ou em súmula vinculante;

III – se tratar de pedido reipersecutório fundado em prova documental adequada do contrato de depósito, caso em que será decretada a ordem de entrega do objeto custodiado, sob cominação de multa."

[105] Comoglio giza a feição constitucional na Alemanha "graças a uma tríplice ordem de situações subjetivas processuais, na qual a qualquer parte vêm reconhecidos: 1 – o direito de receber adequadas

contraditório participativo[106], agregando ao binômio tradicional de informação e reação as ideias de diálogo e influência.

É fundamental observar que, dentre as inúmeras ramificações do princípio do contraditório, merece destaque um de seus desmembramentos que foi expressamente positivado no art. 10 do CPC[107], qual seja a vedação da "decisão surpresa". Explica-se: ainda que se reconheça a aplicação do brocardo *iura novit curia*, segundo o qual o juiz conhece o direito, os fundamentos da decisão não podem ser inéditos, sem qualquer manifestação das partes a seu respeito.

Recomenda-se, nesse sentido, ao verificar questão jurídica não debatida pelas partes relevante à sua decisão, que o juiz intime as partes para que se manifestem quanto a esse ponto, a fim de garantir o direito de participação democrática das partes no processo decisório.

A decisão surpresa, assim chamada aquela que afronta a dimensão substancial do contraditório de uma das partes, é certamente eivada de nulidade[108] e deve, portanto, ser impugnada no momento oportuno, a depender do objeto da decisão.

8. PRINCÍPIO DA ECONOMIA PROCESSUAL

O princípio da economia processual informa todo o sistema processual brasileiro, conforme explicita a própria exposição de motivos do CPC, impondo ao julgador que dirija o processo, conferindo às partes um máximo de resultado em confronto com um mínimo dispêndio de esforço processual.[109]

---

e tempestivas informações, sobre o desencadear do juízo e as atividades realizadas, as iniciativas empreendidas e os atos de impulso realizados pela contraparte e pelo juiz, durante o inteiro curso do processo; 2 – o direito de defender-se ativamente posicionando-se sobre cada questão, de fato ou de direito, que seja relevante para a decisão da controvérsia; 3 – o direito de pretender que o juiz, a sua vez, leve em consideração as suas defesas, as suas alegações e as suas provas, no momento da prolação da decisão." **Luigi Paolo Comoglio**. Voce: Contraddittorio (Principio del). In: *Enciclopedia giuridica*. Roma: Istituto della Enciclopedia Italiana, 1988, vol. 8, p. 6.

[106] **Andre Vasconcelos Roque**. "Contraditório participativo: evolução, impactos no processo civil e restrições", *Revista de Processo*, vol. 279/2018, maio/2018. p. 19-40.

[107] "Art. 10. O juiz não pode decidir, em grau algum de jurisdição, com base em fundamento a respeito do qual não se tenha dado às partes oportunidade de se manifestar, ainda que se trate de matéria sobre a qual deva decidir de ofício".

[108] "A proibição de decisão surpresa, com obediência ao princípio do contraditório, assegura às partes o direito de serem ouvidas de maneira antecipada sobre todas as questões relevantes do processo, ainda que passíveis de conhecimento de ofício pelo magistrado. O contraditório se manifesta pela bilateralidade do binômio ciência/influência. Um sem o outro esvazia o princípio. A inovação do art. 10 do CPC/2015 está em tornar objetivamente obrigatória a intimação das partes para que se manifestem previamente à decisão judicial. *E a consequência da inobservância do dispositivo é a nulidade da decisão surpresa*, ou decisão de terceira via, na medida em que fere a característica fundamental do novo modelo de processualística pautado na colaboração entre as partes e no diálogo com o julgador" (REsp 1676027/PR, Rel. Min. Herman Benjamin, 2ª T., j. 26.09.2017).

[109] A regra é tributada a **Chiovenda**, segundo nos informa **Mario Bellavitis** (*Diritto Processuale Civile; Parte Generale*, 1935, p. 52, nº 39). Esse princípio não guarda afinidade com o princípio econômico

O princípio da economia processual impõe restrições procedimentais, *v.g.*, em sede de tutela de urgência quanto à possibilidade de incidentes que, malgrado permitam em *unum et idem iudex* o julgamento simultâneo de ações e reconvenções, embaraçam a rápida prestação da justiça reclamada por essa espécie de pedido.

Entretanto, tem inegável incidência na política das nulidades quanto ao aproveitamento de todos os atos praticados, apesar de eventual irritualidade que não sacrifique os fins de justiça do processo, conforme prevê o art. 277 do CPC.

A agilização do provimento, formas seguras e não solenes de implementação das providências judiciais são corolários da economia processual. Decorre dessa influência a possibilidade de alegações múltiplas, no bojo do próprio processo, de matérias próprias de incidentes apartados. Sugere-se, sob esse prisma que, mesmo à míngua da utilização da ação declaratória incidental, que, *de lege ferenda*, a sentença consagre todo o conteúdo controvertido, principal ou incidente travado no processo. Aliás, a jurisdição como função popular não convence o cidadão de que o juiz pode apreciar uma questão prejudicial sem cobri-la da característica da imutabilidade. É de difícil percepção para o jurisdicionado leigo que o juízo decida de forma imutável o pedido, sem fazê-lo também em relação à premissa inafastável na qual se baseou para decidir.

É de se ressaltar que a reunião de diversas exceções no bojo das alegações preliminares da contestação, a taxatividade do cabimento do agravo de instrumento e a sujeição da impugnação das demais decisões interlocutórias ao campo preliminar da apelação são exemplos inequívocos da força que este princípio adquire no atual Código, sendo fonte de inspiração constante do legislador. Por vezes, os princípios se entrelaçam e convergem em um mesmo sentido.

O grande objetivo do legislador neste diploma foi inaugurar uma nova era no processo civil pátrio, em que se tenha um procedimento rápido, eficaz e com baixos custos, a fim de atender aos interesses dos jurisdicionados e da própria economia pública. É nesse sentido que a economia processual opera, a fim de tornar os procedimentos mais simples e, por conseguinte, mais baratos. Busca-se, nesse sentido, a duração razoável do processo e o acesso à justiça com qualidade.

Não há razão para que fique a descoberto a parte deste capítulo que revela o raciocínio lógico e necessário do juízo, máxime porque a ausência dessa eficácia vinculativa prejudicial da coisa julgada pode gerar decisões contraditórias, com fundas repercussões para o prestígio do Poder Judiciário.

A informalidade, aliada à economia dos processos e à necessidade de rápido prover, sugere que, *ad futurum*, as sentenças, à semelhança daquelas extintivas sem resolução do mérito, sejam concisas, utilizando-se, no relatório, a técnica remissiva,

---

de **Mancini**, segundo o qual os processos não deveriam ser objeto de taxações gravosas, nem pela duração e despesas tornar-se utilizáveis somente por alguns cidadãos privilegiados pela riqueza (**Frederico Marques**, *Instituições*, vol. 2, p. 94).

sem o abandono de seus requisitos de existência e validade insculpidos nos arts. 489 e 490 do CPC.[110]

Deveras, a efetivação sumária e a autoexecutoriedade das sentenças compõem o manancial de meios que trilham pelos caminhos indicados pela economia processual.

9. PRINCÍPIO DA EFICIÊNCIA

Outro princípio agora expressamente mencionado pelo Código é o da eficiência (art. 8º).[111-112] Trata-se de norma inicialmente trazida para o plano constitucional (art. 37 da CF, na redação dada pela Emenda Constitucional nº 19/1998), de onde decorre o direito fundamental à boa administração.[113] No viés processual, sustenta-se sua existência a partir do devido processo legal, exsurgindo um paralelo "direito à boa jurisdição".[114]

Comumente identificado com o princípio da economia processual,[115] pela lógica da redução de atos processuais para o atingimento de um fim (no caso do processo, a tutela

---

[110] O processo de segurança, não obstante procedimento unitário, é processo de sentença, cabendo ao juiz motivar a sua decisão, expondo de forma clara e concisa todo o *iter* de seu raciocínio até a conclusão, para viabilizar a verificação dos *errores in judicando* e *in procedendo*. A forma da sentença é, assim, garantia das partes, por meio da qual detectam, com precisão, os gravames gerados pela decisão judicial e que fazem exsurgir o interesse em recorrer. O art. 489 é regra *in procedendo* geral, aplicável a todo o processo e procedimento, por isso que todas as sentenças de mérito devem conter os elementos essenciais do relatório, motivação e decisão ou parte dispositiva.

[111] "**Art. 8º** Ao aplicar o ordenamento jurídico, o juiz atenderá aos fins sociais e às exigências do bem comum, resguardando e promovendo a dignidade da pessoa humana e observando a proporcionalidade, a razoabilidade, a legalidade, a publicidade e a eficiência."

[112] **Marco Félix Jobim,** *As funções da eficiência no Processo Civil brasileiro*, 2017.

[113] **J. J. Gomes Canotilho; Vital Moreira,** *Constituição da República Portuguesa anotada*, 2007, p. 928.

[114] "Nesse caminhar, pode-se constatar a eficiência como a qualidade da atividade (*in casu*, a jurisdicional) que atinge suas finalidades (em se tratando do processo, constitucionais) com a maior produtividade e qualidade, mediante o mínimo possível e razoável esforço (aí incluídos os custos de todas as naturezas). A aplicação dessa percepção à relação jurídica em juízo traz reflexos tanto para as atividades administrativas do Poder Judiciário quanto para a própria condução dos atos processuais e sua interpretação, por parte do magistrado e dos demais sujeitos envolvidos. O Código de 2015 não passou ao largo dessa prioridade, tendo concretizado o mandamento constitucional em diversas passagens, genéricas (com a anúncio do princípio na proa da lei, dentre as normas fundamentais do Processo Civil) e específicas, em extenso rol de exemplos: os casos repetitivos, a ordem de julgamento, os negócios processuais, o novo papel do juiz e do relator e a conseguinte instrumentalidade processual e sua flexibilização etc. A conclusão, portanto, não poderia ser outra que não a constatação da existência real de um *direito à boa jurisdição*, primo do direito à boa administração nascido com o Estado eficiente. Desdobra-se, pois, a obrigação para o Estado-juiz, integrando o patrimônio jurídico dos sujeitos do processo, sendo efetivamente exigível e elemento legitimador e validador da atividade jurisdicional" (**José Roberto Mello Porto** e **Marco Antonio dos Santos Rodrigues,** "Princípio da eficiência processual e direito à boa jurisdição", *Revista de Processo*, vol. 275, jan. 2018).

[115] "A chamada eficiência quantitativa confunde-se, na realidade, com o princípio da duração razoável e com o princípio da economia processual. Talvez por isso, Fredie Didier Jr. defenda que

jurisdicional), consigo não se confunde, na medida em que revela também a maximização de efeitos com os mesmos recursos (maior produtividade ou *efficiency*). Essa análise envolve também o aspecto qualitativo, não meramente quantitativo.[116]

Quanto à eficiência processual, a doutrina a tem dividido em duas frentes práticas: a da administração judiciária e a da gestão do próprio processo,[117] na qual exerce também permanente função interpretativa.[118]

Trata-se de princípio intimamente relacionado com a Análise Econômica do Processo, que, como visto,[119] se bifurca metodologicamente em duas vertentes: a análise *descritiva* e a *normativa*. A primeira vertente verifica como as normas em vigor impactam a conduta dos agentes econômicos, de modo a quantificar e a qualificar os incentivos e os desincentivos que os institutos jurídicos geram aos *players*. A segunda vertente propõe, a partir de achados empíricos, o *design* ideal dos institutos jurídicos, de modo a alcançar resultados mais eficientes, aptos a maximizar o bem-estar social. São diversos os exemplos de institutos objeto de estudo sob a ótica da eficiência, como o estímulo aos acordos, os filtros processuais, o sistema de precedentes etc.

Isso é especialmente alcançado por essa perspectiva multidisciplinar do Direito, porque adota modelos matemáticos, estatísticos e empíricos, o que nem sempre se percebe em outros campos. Portanto, trata-se de um ramo empiricamente informado, que desenvolve premissas e alcança conclusões balizadas em indicadores numéricos extraídos da realidade social mediante rigoroso método científico, e não em justificativas meramente morais ou principiológicas. Não raro, apresentam-se evidências científicas de que determinados institutos jurídicos produzem incentivos completamente distintos dos esperados, ajudando os formuladores de políticas públicas a melhorarem o respectivo *design* estrutural.

---

o princípio da eficiência seria um novo nome dado ao princípio da economia processual. Numa perspectiva quantitativa, a eficiência confunde-se, realmente, com a economia processual e com a duração razoável do processo" (**Leonardo Carneiro da Cunha,** "A previsão do princípio da eficiência no projeto do Novo Código de Processo Civil brasileiro", *Revista de Processo*, v. 233, jul. 2014, p. 71).

[116] **Fredie Didier Jr.** insere, ainda, o aspecto probabilístico, ou seja, de não se escolher um meio de resultados duvidosos (*Curso de Direito Processual Civil*, vol. 1, 2021, p. 148).

[117] **Judith Resnik,** "Los jueces como directores del proceso (Managerial Judges)", *Revista de Processo*, São Paulo, n. 268, p. 189, jun. 2017.

[118] "Uma interpretação/aplicação da lei que não esteja sendo capaz de atingir concreta e materialmente os seus objetivos não pode ser considerada a interpretação mais correta. Note-se que estas mudanças metodológicas evidenciam a queda do mito da interpretação como atividade meramente declaratória do que já estava na lei, da única interpretação possível, já que os resultados práticos desta ou daquela forma de aplicação da norma terão relevante papel na determinação de qual, entre as diversas interpretações plausíveis existentes, deverá ser adotada, opção que, posteriormente, pode inclusive vir a ser alterada diante da comprovada mudança dos dados da realidade, que devam ser acompanhados de uma nova estratégia regulatória" (**Alexandre Santos de Aragão,** "Princípio da Eficiência", *Revista dos Tribunais*, v. 830, 2004, p. 709).

[119] Ver tópico próprio sobre a Análise Econômica do Direito Processual. Para estudo esmiuçado, ver **Luiz Fux** e **Bruno Bodart**. *Processo Civil e Análise Econômica*, 2021.

10. PRINCÍPIO DA PRIMAZIA DO JULGAMENTO DE MÉRITO

O CPC de 2015, seguindo as linhas doutrinária e, em parte, jurisprudencial que o precederam, consagra o princípio da primazia do julgamento de mérito. Trata-se de desdobramento dos princípios do prejuízo e da instrumentalidade, que recordam o aplicador do Direito de que o processo é um meio para a concretização de direitos materiais.

Por essa razão, o legislador destacou como norma fundamental o direito da parte de obter *a solução integral do mérito* (art. 4º). Esse sentir se percebe, com maior assertividade, em diversas normas espalhadas pelo diploma.

Ao tratar da sentença, ato finalisticamente desejado pelo processo, assenta-se, em continuidade com o diploma anterior, que, sempre que possível, o juiz resolverá o mérito em favor daquele que aproveitaria a declaração de alguma nulidade ou qualquer hipótese de julgamento terminativo do processo, isto é, que não decide ou define a questão de fundo (art. 488).[120]

Igualmente, no tratamento das nulidades, o juiz deve considerar válido o ato se alcançar a finalidade dele esperada, ainda que de forma diversa da prevista em lei (art. 277)[121] – *princípio da finalidade* –, prevendo-se, de resto, que a nulidade (relativa) deve ser arguida na primeira oportunidade, sob pena de preclusão (art. 278).[122] Na mesma linha, acaso ausente a participação do Ministério Público, caberá ao membro da instituição apontar a existência de malefício na omissão (art. 279, § 2º)[123] – *princípio do prejuízo*. Reunindo essas noções, enuncia a lei que serão aproveitados os atos praticados desde que não se resulte prejuízo à defesa da parte (art. 283)[124] – *princípio da instrumentalidade das formas*.

Há outros exemplos, pontualmente elucidativos da norma principiológica: a adoção da teoria da *translatio iudicii* na hipótese de incompetência, com remessa do processo para

---

[120] "**Art. 488.** Desde que possível, o juiz resolverá o mérito sempre que a decisão for favorável à parte a quem aproveitaria eventual pronunciamento nos termos do art. 485."

[121] "**Art. 277.** Quando a lei prescrever determinada forma, o juiz considerará válido o ato se, realizado de outro modo, lhe alcançar a finalidade."

[122] "**Art. 278.** A nulidade dos atos deve ser alegada na primeira oportunidade em que couber à parte falar nos autos, sob pena de preclusão.

Parágrafo único. Não se aplica o disposto no *caput* às nulidades que o juiz deva decretar de ofício, nem prevalece a preclusão provando a parte legítimo impedimento."

[123] "**Art. 279.** É nulo o processo quando o membro do Ministério Público não for intimado a acompanhar o feito em que deva intervir.

§ 1º Se o processo tiver tramitado sem conhecimento do membro do Ministério Público, o juiz invalidará os atos praticados a partir do momento em que ele deveria ter sido intimado.

§ 2º A nulidade só pode ser decretada após a intimação do Ministério Público, que se manifestará sobre a existência ou a inexistência de prejuízo."

[124] "**Art. 283.** O erro de forma do processo acarreta unicamente a anulação dos atos que não possam ser aproveitados, devendo ser praticados os que forem necessários a fim de se observarem as prescrições legais.

Parágrafo único. Dar-se-á o aproveitamento dos atos praticados desde que não resulte prejuízo à defesa de qualquer parte."

o juízo competente com manutenção dos atos (art. 64, § 3º e § 4º);[125] a atividade saneadora do magistrado quanto a vícios em geral, especialmente o de incapacidade processual (arts. 139, IX, e 76);[126] a oportunização de correção do vício, antes da extinção do processo sem resolução do mérito (art. 317),[127] especialmente demonstrada na emenda da petição inicial (art. 321)[128] e na etapa recursal (arts. 932, parágrafo único, e 1.029, § 3º).[129]

11. PRINCÍPIO DA ECONOMICIDADE

Os processos, notadamente o satisfativo e o urgente, tornam influente a economicidade dos meios utilizados para realizar o que contém a decisão a favor do beneficiário da medida judicial. Trata-se de demandas nas quais a margem de erro do provimento ronda o processo, principalmente no juízo em que se decide de forma urgente diante de uma situação de perigo, em cognição sumária, provendo-se incontinenti e *inaudita altera pars*.[130]

---

[125] "**Art. 64.** A incompetência, absoluta ou relativa, será alegada como questão preliminar de contestação. (...)

§ 3º Caso a alegação de incompetência seja acolhida, os autos serão remetidos ao juízo competente.

§ 4º Salvo decisão judicial em sentido contrário, conservar-se-ão os efeitos de decisão proferida pelo juízo incompetente até que outra seja proferida, se for o caso, pelo juízo competente."

[126] "**Art. 139.** O juiz dirigirá o processo conforme as disposições deste Código, incumbindo-lhe: (...)

IX – determinar o suprimento de pressupostos processuais e o saneamento de outros vícios processuais."

"**Art. 76.** Verificada a incapacidade processual ou a irregularidade da representação da parte, o juiz suspenderá o processo e designará prazo razoável para que seja sanado o vício.

§ 1º Descumprida a determinação, caso o processo esteja na instância originária:

I – o processo será extinto, se a providência couber ao autor;

II – o réu será considerado revel, se a providência lhe couber;

III – o terceiro será considerado revel ou excluído do processo, dependendo do polo em que se encontre.

§ 2º Descumprida a determinação em fase recursal perante tribunal de justiça, tribunal regional federal ou tribunal superior, o relator:

I – não conhecerá do recurso, se a providência couber ao recorrente;

II – determinará o desentranhamento das contrarrazões, se a providência couber ao recorrido."

[127] "**Art. 317.** Antes de proferir decisão sem resolução de mérito, o juiz deverá conceder à parte oportunidade para, se possível, corrigir o vício."

[128] "**Art. 321.** O juiz, ao verificar que a petição inicial não preenche os requisitos dos arts. 319 e 320 ou que apresenta defeitos e irregularidades capazes de dificultar o julgamento de mérito, determinará que o autor, no prazo de 15 (quinze) dias, a emende ou a complete, indicando com precisão o que deve ser corrigido ou completado. Parágrafo único. Se o autor não cumprir a diligência, o juiz indeferirá a petição inicial."

[129] "**Art. 932.** Parágrafo único. Antes de considerar inadmissível o recurso, o relator concederá o prazo de 5 (cinco) dias ao recorrente para que seja sanado vício ou complementada a documentação exigível."

[130] É de **José Alberto dos Reis** a afirmação de que o risco de erro ronda o processo urgente ("A Figura do Processo Cautelar", *Boletim* cit.).

A repercussão da medida pode ser enérgica; por isso, ao juízo compete escolher o meio mais eficiente e menos oneroso para a satisfação dos interesses do requerente. O mesmo princípio observa-se quando da exigência de contracautela, para não inviabilizar o deferimento da segurança. Assim, *v.g.*, se a parte pretende depositar muito aquém do valor devido, cabe ao juiz, ao prover com urgência, deferir a segurança em limites compatíveis, visando a não causar grave lesão ao interesse do demandado.

Ademais, afirmou-se, noutra passagem, que a tutela de urgência reclama criatividade e maleabilidade para que o juiz possa prover de forma idônea. Nessa valoração da escolha do meio executivo adequado é que a economicidade prevalece.[131]

No processo de execução, o princípio vem previsto no art. 805 do CPC, mas não deve ser aplicado a ponto de sacrificar o escopo da execução, que é satisfazer o credor.

12. PRINCÍPIO DA PRECLUSÃO *SECUNDUM EVENTUM LITIS*

O processo é relação jurídica dinâmica, cujos atos em sequência fazem surgir direitos e deveres constantes até o momento da decisão final.[132]

Esse caminhar em direção ao provimento final importa na ultrapassagem de etapas irreversíveis; por isso, em cada uma delas, há atos preponderantes a praticar, inconfundíveis com os já realizados. Os momentos próprios, os prazos respectivos e a compatibilidade dos atos processuais fazem exsurgir o fenômeno da preclusão.[133]

---

[131] Esse princípio da economicidade é fruto da humanização da ideia de inadimplemento, consectário da transposição da responsabilidade pessoal do devedor para sua responsabilidade patrimonial. Calcado em razões de equidade, o princípio da economicidade recomenda prudência e equilíbrio entre os valores de satisfação ao beneficiário e sacrifício do demandado. Na sua essência, figura como regra *in procedendo* quanto à escolha do provimento adequado, que deve ser aquele reputado idôneo e suficiente sem causar um grande sacrifício ao réu. Assim, *v.g.*, se ao juiz pleiteia-se a interdição de um estabelecimento por graves desavenças entre os sócios e diante de uma iminente dilapidação patrimonial, incumbe-lhe nomear um interventor sem excluir a atuação dos partícipes da sociedade, concedendo *aliud* porém *minus*.

[132] Deve-se a **Büllow** a concepção do processo como relação processual na memorável obra *Teoria das Exceções e dos Pressupostos Processuais*, editada na Alemanha em 1868, considerada a certidão de nascimento da evolução científica do direito processual, em que o autor fincou com nitidez a distinção entre a relação litigiosa e a relação de direito público travada em face do Estado prestador da jurisdição. É bem verdade que a referida monografia assentava-se no binômio mérito e pressupostos processuais, deixando à margem o importante estudo das condições da ação, mais tarde transformado em centro da disputa entre concretistas e abstrativistas. Mas, de toda maneira, foi a obra de **Büllow** a motivadora dos estudos científicos que se seguiram, mercê de, por seu turno, ter apoiado a razão de suas especulações na polêmica antecedente travada entre **Windscheid** e **Mutter** nas suas obras respectivas sobre a *actio* romana, publicada em 1856 e 1857, respectivamente. Um estudo sobre a essência da controvérsia encontra-se, entre nós, em **Hélio Tornaghi**, *Instituições de Processo Penal*, 1977, vol. 1, p. 245-572. No Direito italiano, **Giovanni Pugliese**, *Polemica Intorno all'Actio*, 1954.

[133] A doutrina reconhece a **Chiovenda** a sistematização do estudo da preclusão, tal como exposto em *Saggi di Diritto Processuale Civil*, vol. 2, p. 411 e segs. Antes, porém, em *Principii*, §§ 69, 70 e 78. Entretanto, o autor tributa como motivação para essa sua elaboração um estudo de **Büllow**,

No processo, tudo tem o seu tempo certo, o qual, ultrapassado, impede que sejam praticados atos retro-operantes. É o fenômeno da preclusão, técnica por meio da qual o legislador impede a reabertura de etapas ultrapassadas (preclusão consumativa) em face do decurso do tempo, do escoar do prazo, (preclusão temporal) ou da incompatibilidade do ato que se quer praticar com o que já se praticou (preclusão lógica).

O Código, a respeito da preclusão, dispõe em vários dispositivos, iniciando por impedir que o autor modifique o pedido ou a *causa petendi*, que o réu levante questões novas depois da contestação; que o juiz modifique o julgado após publicada a sentença e que as partes rediscutam questões envolvidas no âmbito do *decisum*.[134]

A preclusão veda a rediscussão da causa noutro processo idêntico – isto é, com identidade dos elementos de identificação das ações (sujeito, pedido e *causa petendi*) – ou noutra demanda em que se vise, por via oblíqua, a infirmar o resultado a que se chegou no processo anterior. É a denominada *eficácia preclusiva da coisa julgada*, retratada pelo art. 508[135] do CPC e consubstanciada na máxima *tantum judicatum quantum disputatum vel quantum disputari debebat*.[136]

---

datado de 1879 (*Instituições*, vol. 3, p. 221). Expressiva a colocação de **Eliézer Rosa** a respeito desse caminhar e do surgimento das preclusões, assim exposta: "o nosso processo é um processo que se desenvolve apoiado em preclusões. Progride de situação a situação jurídica resultantes das preclusões" (*O Despacho Saneador como Sentença Interlocutória*, 1967, p. 42).

[134] Impõe-se observar que novel diploma findou com a distinção entre a *mutatio actionis* e a adição do libelo, que existia desde o Código de 1939. Isso porque a Lei nº 8.418, de 14 de outubro de 1993, subsumiu o aumento do pedido ao mesmo regime da alteração qualitativa do art. 264. O novo dispositivo está assim redigido: "antes da citação, o autor poderá aditar o pedido, correndo à sua conta as custas acrescidas em razão dessa iniciativa". A redação antiga era vazada nos seguintes termos: "quando o autor houver omitido na petição inicial pedido que lhe era lícito fazer, só por ação distinta poderá formulá-lo". Consoante se observa, restou mantida somente a proibição de alteração após o saneamento porque a estabilização, a partir daí, interessa ao próprio Estado, que se preparou para prover sobre a *res in iudicium* até aquele instante inalterada. Aliás, era essa a advertência de **Gabriel de Rezende Filho** na sua monografia sobre o tema: "fixado o objeto do litígio e individuadas as partes litigantes, não deve a ação sofrer modificações quanto aos seus elementos essenciais" (*Modificações Objetivas e Subjetivas da Ação*, 1933, p. 39). Esse regime da inalterabilidade sofre profunda repercussão no âmbito da tutela de segurança, haja vista que, nos limites da fungibilidade, é possível a modificação do pedido na própria sentença, conferindo o juiz um provimento diverso. Assim, por força do princípio de que não se veda à parte rever aquilo que o juiz pode conferir de ofício, tem-se que, no curso do processo, o próprio interessado possa alterar o pedido visando a adequá-lo à situação contemporânea ao provimento. Quanto à alteração da situação de periclitação já não se pode dizer o mesmo, pois só se pode verificar para narrativa de circunstâncias supervenientes e acidentais sem modificação da situação fática base. Aliás, o próprio Código admite textualmente esse *jus superveniens*, que na realidade é o próprio fato afirmado que num dado momento ainda não existia, como bem afirmava **Zanzucchi**, *Diritto Processuale Civile*, vol. 2, p. 38, calcado nas lições de **Chiovenda**, *Instituições de Direito Processual Civil*, vol. 1, p. 257.

[135] "**Art. 508.** Transitada em julgado a decisão de mérito, considerar-se-ão deduzidas e repelidas todas as alegações e as defesas que a parte poderia opor tanto ao acolhimento quanto à rejeição do pedido."

[136] A esse respeito, fixa-se com nitidez a diferença entre os conceitos de coisa julgada e preclusão. É que o deduzido em juízo fica coberto pela coisa julgada, ao passo que o deduzível é o antecedente

Em regra, a preclusão é incondicionada e opera-se objetivamente, independente do resultado do processo. A eventual discussão incompleta da causa não influi no grau de imutabilidade do julgado, tanto mais que o compromisso da coisa julgada é com a estabilidade social e não com a justiça da decisão ou sua compatibilidade com a realidade, porque esta não se modifica pela sentença. A realidade é a realidade. O juízo é de veracidade ou de verossimilhança, conforme a coincidência do que se repassou para o processo em confronto com a vida fenomênica.[137]

Entretanto, desenvolveu-se recentemente, no que pertine aos interesses difusos, a técnica da preclusão *secundum eventum litis*. É que, nessas relações plúrimas, os litigantes têm capacidade distinta de arregimentar elementos de convicção, de sorte que a negativa do pedido para um, por insuficiência de prova, não pode barrar a tentativa de outrem em convencer com novas provas. Assim ocorre no Código de Defesa do Consumidor, na ação popular e na ação civil pública. Nessas ações, há coisa julgada *secundum eventum litis* porque o resultado do processo influiu na formação do fenômeno da imutabilidade do julgado. A precariedade das provas é fator decisivo para "enfraquecer" a imutabilidade do julgado.[138] Fenômeno análogo preconiza-se para as ações de urgência satisfativas

---

da sentença que, em princípio, escapara a essa imutabilidade por força de norma expressa no art. 469 do CPC de 1973. Entretanto, para resguardar a imutabilidade do julgado, utiliza-se da eficácia preclusiva da coisa julgada, impedindo-se que noutro feito o resultado a que se chegou seja infirmado, a despeito de não se repetir a tríplice identidade. A propósito, os mais lúcidos confrontos entre a doutrina nacional e alienígena encontram-se em **Machado Guimarães** ("Preclusão – Coisa Julgada e Efeito Preclusivo", *Estudos*, p. 10-32) e **Barbosa Moreira** (*Questões Prejudiciais e Coisa Julgada*, 1967). Magnífico, por outro turno, o confronto de posições doutrinárias no Direito italiano entre **Chiovenda** ("Cosa Giudicata e Preclusione", *Rivista Italiana per le Scienze Giuridiche*, 1933) e **D'Onofrio** (*Sul Concetto di Preclusione – Studi in Onore di Chiovenda*, 1927, p. 429). **Botelho de Mesquita** assentava a mesma ideia dessa preclusão que atingia os antecedentes do *decisum* ao afirmar que a motivação da sentença não adquire a chamada autoridade da coisa julgada (imutabilidade dos efeitos da sentença), mas a lei processual a torna imutável para o fim de, por este meio, realizar na prática a fixação do resultado do processo (*A Autoridade da Coisa Julgada e a Imutabilidade da Motivação da Sentença*, 1963, p. 62). No mesmo sentido, **Allorio**, para quem essas questões deduzíveis deixam de ser relevantes após a sentença passar em julgado, reconhecendo um "bem da vida": "*l'esame delle prime e delle seconde* [referindo-se ao deduzido e ao deduzível] *è superfluo come esame di cosa irrelevante, dopo la sentenza passata in giudicato, che racchiude la pronuncia sulla lite*" ("Critica della Teoria del Giudicatto Implicito", *Rivista di Diritto Processuale Civile*, vol. 2, p. 245, 1938).

[137] Conforme afirmado com muita propriedade por **Friedrich Lent** quanto à eventual discussão incompleta da causa: "*poichè l'accertamento non può essere modificato, non ha più alcun senso allegare dei fatti o proporre mezzi di prova; ne interessa sapere se – quando la trattazione ebbe luogo – la parte fosse o non fosse conoscenza di questi punti*" (*Diritto Processuale Civile Tedesco*, 1962, p. 245).

[138] A expressão *secundum eventum litis* rigorosamente aplica-se nas hipóteses em que não se perfaz a coisa julgada por improcedência *tout court,* pela rejeição da demanda, mas por insuficiência de provas. Deveras, cabe também a sua utilização quando se pretende exprimir essa restrição pela insuficiência da prova incapaz de gerar a coisa julgada material. Advirta-se que o problema *in casu* não é do pouco grau de convencimento de uma decisão tomada com base numa lógica tão tênue, mas, antes, porque o objeto indivisível e litigioso pertence a um número indefinido de pessoas, reservando-se à mesma, através da técnica acima, uma melhor sorte do que a que teve aquele po-

autônomas. Os provimentos de urgência esgotam por vezes tudo quanto a parte poderia esperar da tutela jurisdicional. Isso faz revelar a falta do interesse de agir noutra ação.

Assim, *v.g.*, se a parte obteve o provimento para viajar ou conseguiu a matrícula, nada mais lhe resta postular em juízo e não há possibilidade nem de repetir o pedido nem de propor ação outra sem pedido específico. Consequentemente, essa ação célere que concedeu à parte tudo quanto pretendia, deve ser considerada principal, conforme o resultado irreversível a que se chegou. Nessa hipótese, a eficácia preclusiva do julgado dá-se *secundum eventum litis*. A concessão da providência torna imutável e indiscutível o decidido e faz coisa julgada material. Tenha-se presente que, em regra, as prejudiciais não ficam cobertas pelo manto da coisa julgada, porque podem ser discutidas autonomamente noutro processo. É curial, assim, que todas as vezes em que elas não voltem mais a compor *iudicium* sujeitem-se à eficácia do caso julgado.

É de sabença que grande parte das prejudiciais suscitadas pelo réu e que ensejam a declaratória incidental são questões passíveis de compor *causa petendi* autônoma, quer para figurar como suportes de reconvenção, de ação conexa ou de ação autônoma a ser proposta posteriormente. Ora, se a questão não apresenta essa potencialidade, não há razão para deixá-la "em aberto". Observe-se que há mesmo quem sustente a falta de interesse de agir na declaratória incidental se a relação prejudicial é inócua a ponto de suscitar dúvidas e incertezas para fora do processo, porque esgota a sua eficácia panprocessual, razão por que não se justifica a preocupação em se transformar tal questão em *principaliter* a ser decidida com energia do caso julgado. Sendo assim, nada impede que em *unum et idem judex* se defina a ação principal e a questão tida como prejudicial,[139] salvo nos casos em que essas questões jamais voltarão a juízo, por isso que é preciso acobertá-las com a preclusão que incide sobre o decidido e o deduzível. Negado o provimento, por falta de provas do estado de periclitação, a parte pode voltar com novos elementos de convicção ou demonstrá-lo em ação ordinária. Isso não se verifica quando negado o direito veiculado na ação de segurança. A decisão aqui é de mérito e faz coisa julgada material.[140]

---

tencial litisconsorte (com sorte?). A esse respeito **Proto Pisani**, *Appunti Preliminari per uno Studio sulla Tutela Giurisdizionale degli Interessi Collettivi (o più Esattamente Superindividuali) Inanzi al Giudice Civile Ordinario*, p. 285-286, e **Wurzburg**, 1983, em *Temas*, 3ª série, p. 193-221.

[139] Essa extensão do julgado, como se sabe, era defendida por **Carnelutti**, tanto que o antigo art. 287 do Código de 1939 retratava tradução do art. 300 do projeto preliminar de **Carnelutti**. Aliás, o mestre peninsular não deixa margem a qualquer dúvida quanto à sua percepção do fenômeno na p. 420 das *Lezioni di Diritto Processuale Civile*, 1933, vol. 4. Entre nós, a doutrina não era uniforme, como esclarece **Machado Guimarães**, *Estudos*, p. 20 e segs. Entretanto, a nossa exegese do art. 469 baseia-se na própria *ratio essendi* desse dispositivo, que de resto é a motivação da não extensão da coisa julgada às questões prejudiciais.

[140] Interessante regime e análogo é acolhido em sede de mandado de segurança, quando a decisão reconhece a inexistência de liquidez e certeza para o *writ* sem excluir a via ordinária (Súmula nº 304 do STF). Aliás, como preconizava **Seabra Fagundes** em *Do Controle dos Atos Administrativos pelo Poder Judiciário*, p. 329: "o pedido é formulado para que se declare ser o impetrante titular de um direito desse tipo (líquido e certo). Decidir que o impetrante não tem nem o direito líquido e certo que invoca, nem qualquer outro direito, é decidir invertendo o pedido contra o autor e

A preclusão *in casu* diz-se *secundum eventum litis* pela irreversibilidade do provimento, uma vez que estes podem ser reversíveis, *v.g.*, quando o juiz confere o provimento para tutelar a posse de um cargo durante o mandato e antes do término deste, na ação principal, volta-se a discutir a eleição daquele membro e revoga-se o provimento. A irreversibilidade do estatuído é que vai indicar a preclusão *secundum eventum litis* e, *a fortiori*, o regime da coisa julgada material.

13. PRINCÍPIOS DA DIGNIDADE DA PESSOA HUMANA, DA PROPORCIONALIDADE E DA RAZOABILIDADE

Atento ao supraprincípio constitucional da dignidade da pessoa humana, apontado como fundamento da República brasileira,[141] o legislador o indicou como parâmetro de aplicação do ordenamento jurídico no art. 8º do CPC.[142] Não à toa, já se disse, com propriedade, tratar-se do "direito fundamental de todos os direitos fundamentais".[143]

É essencial que o aplicador do Direito tenha em mente sempre, ao lado da instrumentalidade, que o processo é vocacionado a resolver os conflitos envolvidos e, além disso, a fazê-lo de maneira com que os sujeitos participantes sejam respeitados em suas estratégias, desde que observados os limites traçados pela boa-fé processual.

Isso porque decorre desse princípio a pluralidade de concepções e convicções inerentes ao Estado Democrático de Direito, que salvaguarda o indivíduo em face de quaisquer formas de discriminação, como corolários desse pluralismo ínsito ao nosso modelo democrático. De fato, a dimensão plural de nossa sociedade política impõe a consideração de que é imensa a gama de pontos de vista e de modos de vida possíveis, reconhecidos e que contam com a proteção do ordenamento jurídico para se desenvolver em plenitude, pois fazem parte da constituição do próprio indivíduo enquanto pessoa e sujeito integrante de uma comunidade política.[144]

---

ultrapassando o conteúdo natural da situação contenciosa ajuizada. O impetrante correria o risco de se ver privado de melhor demonstrar e provar a sua pretensão, por ter-se valido daquela via sumaríssima e a invocação da certeza e liquidez do direito acabaria resultando num pronunciamento irretratável de uma justiça mal informada". Posteriormente, a jurisprudência evoluiu no sentido de admitir-se a coisa julgada material nos casos em que o tribunal nega o direito em si ao impetrante, conforme noticia **Agrícola Barbi**, *Mandado de Segurança,* p. 255-256.

[141] "Constituição Federal, art. 1º: A República Federativa do Brasil, formada pela união indissolúvel dos Estados e Municípios e do Distrito Federal, constitui-se em Estado Democrático de Direito e tem como fundamentos: (...) III – a dignidade da pessoa humana."

[142] "**Art. 8º** Ao aplicar o ordenamento jurídico, o juiz atenderá aos fins sociais e às exigências do bem comum, resguardando e promovendo a dignidade da pessoa humana e observando a proporcionalidade, a razoabilidade, a legalidade, a publicidade e a eficiência."

[143] **Gilmar Mendes,** A Dignidade da pessoa humana na Constituição Federal de 1988 e sua aplicação pelo Supremo Tribunal Federal. *A Constituição de 1988 na Visão dos Ministros do Supremo Tribunal Federal,* 2013, p. 103.

[144] "Assim como a liberdade de expressão e manifestação do pensamento encontra um dos seus principais fundamentos (e objetivos) na dignidade da pessoa humana, naquilo que diz respeito à autonomia e ao livre desenvolvimento da personalidade do indivíduo, ela também guarda relação,

Em razão disso, funciona a dignidade da pessoa humana como inspiração para a solução de ponderações de outros princípios e valores fundamentais. Deveras, o processo contemporâneo atribui grau de flexibilização à atividade do magistrado e dos interessados no deslinde da lide, desejoso de efetivação e celeridade, cabendo ao julgador original ou aos que analisam suas decisões em sede recursal filtrar a correção das escolhas pelo filtro da dignidade.

Nesse proceder, aparecem como postulados hermenêuticos os princípios da proporcionalidade e da razoabilidade. O princípio da proporcionalidade, *in casu*, assume relevância não apenas como instrumento de harmonização dos valores em conflito, como também elemento de avalização da legítima opção do legislador de fazer preponderar, no conflito específico analisado, determinados bens jurídicos. Será, no caso, legítima a referida opção quando adequada, necessária e proporcional à preservação dos aludidos bens jurídicos.

A aferição da proporcionalidade costuma ser realizada por meio de um processo lógico de raciocínio que compreende três etapas distintas, independentemente do nível em que se der a avaliação: (i) o subprincípio da necessidade está atrelado à concepção de que as restrições à liberdade do indivíduo só são admissíveis quando efetivamente necessárias à coletividade; (ii) o subprincípio da idoneidade, também chamado de subprincípio da adequação, está diretamente relacionado à aptidão do instrumento empregado para alcançar a finalidade desejada; (iii) o subprincípio da proporcionalidade em sentido estrito tem aplicação no último momento da aferição da pertinência constitucional da norma incriminadora, demandando uma valoração comparativa entre o objetivo estabelecido e o meio proposto, de modo que um se mostre proporcional em relação ao outro.

Ademais, o princípio da proporcionalidade, implicitamente consagrado pelo texto constitucional, propugna pela proteção dos direitos fundamentais não apenas contra os excessos estatais, mas igualmente contra a proteção jurídica insuficiente, conforme a teoria da eficácia horizontal dos direitos fundamentais. Por sua vez, o postulado da razoabilidade, em paralelo com a proporcionalidade, decorre do devido processo legal sob o viés substancial, como modalidade de controle de atos estatais e da conduta de particulares. Na dinâmica processual, ambos funcionam como parâmetros de validade das decisões judiciais que emergem de conceitos abertos deixados pelo legislador, além de buscar um autêntico senso de justiça do provimento jurisdicional final.

Adicionalmente, existe uma relação entre o paradigma da dignidade e a autonomia dada às partes pelo Código, especialmente para a celebração de negócios processuais. Com efeito, enquanto alguns doutrinadores densificam a proteção à dignidade de grupos

---

numa dimensão social e política, com as condições e a garantia da democracia e do pluralismo político, assegurando uma espécie de livre mercado das ideias, assumindo, neste sentido, a qualidade de um direito político e revelando ter também uma dimensão nitidamente transindividual, já que a liberdade de expressão e os seus respectivos limites operam essencialmente na esfera das relações de comunicação e da vida social" (**Ingo Wolfgang Sarlet; Luiz Guilherme Marinoni; Daniel Mitidiero.** *Curso de Direito Constitucional*, 2013, p. 454).

minoritários no princípio da igualdade,[145] outros a fundamentam na busca da felicidade, sobretudo na vertente da autonomia privada.[146]

A dignidade humana, como respeito à autonomia privada, impõe o reconhecimento de que cada pessoa tem o poder de tomar as decisões fundamentais sobre sua própria trajetória e de adotar as medidas necessárias à implementação de seus planos de vida. Cada um deve ter, em princípio, liberdade para guiar-se de acordo com sua vontade, o que impede que o Estado ou terceiros direcionem as escolhas de vida individuais. Ao contrário, cabe ao Poder Público promover e tutelar a autonomia privada, criando os meios para que a capacidade individual se otimize ou removendo os obstáculos para que assim ocorra. Como o desenho dessas vontades individuais decorre das suas próprias compreensões sobre o que seja uma "vida boa" e, especificamente, um "processo adequado", a dignidade se assenta na premissa de cada pessoa humana ser um agente moral dotado de razão, capaz de decidir o que é bom ou ruim para si, de traçar planos de vida e de fazer escolhas existenciais.[147]

Por outro lado, deve-se perceber que o princípio da dignidade da pessoa humana, que se difundiu mundialmente como princípio a partir da segunda metade do século passado e que é tão relevante nos dias de hoje, não pode ser banalizado como se pretende, sob pena de ter sua efetividade injustamente reduzida. A alegação genérica de ofensa à dignidade da pessoa humana não pode descaracterizar o escopo de proteção proporcionado pelo referido princípio. Nesse aspecto, as previsões legais, fruto da ponderação legislativa, são seguro critério *in abstracto* para o proceder processual, sem prejuízo de análises *in concreto* de proporcionalidade e razoabilidade das medidas.

Essa percepção se revela significativa diante da postura estrategicamente adotada pelo CPC, ao inserir cláusulas gerais e conceitos jurídicos indeterminados, consentâneos com a modernização dos tempos, sentida também na relação jurídica partilhada pelas partes e pelo juiz, *v.g.*, o comando geral de sanabilidade recursal (art. 932, parágrafo único),[148] a cláusula de efetivação das decisões (art. 139, IV)[149] e a boa-fé como método interpretativo (art. 322, § 2º).[150]

---

[145] **Wolfgang Ingo Sarlet**, *Dignidade da pessoa humana e direitos fundamentais na Constituição da República de 1988*, 2002.

[146] **Luís Roberto Barroso**, *A dignidade da pessoa humana no direito constitucional contemporâneo*: a construção de um conceito jurídico à luz da jurisprudência mundial, 2012.

[147] **Daniel Sarmento**, *Dignidade da pessoa humana*: conteúdo, trajetórias, metodologia, p. 15, 2016, p. 135-143.

[148] "**Art. 932 (...) Parágrafo único**. Antes de considerar inadmissível o recurso, o relator concederá o prazo de 5 (cinco) dias ao recorrente para que seja sanado vício ou complementada a documentação exigível."

[149] "**Art. 139.** O juiz dirigirá o processo conforme as disposições deste Código, incumbindo-lhe: (...) III – prevenir ou reprimir qualquer ato contrário à dignidade da justiça e indeferir postulações meramente protelatórias; IV – determinar todas as medidas indutivas, coercitivas, mandamentais ou sub-rogatórias necessárias para assegurar o cumprimento de ordem judicial, inclusive nas ações que tenham por objeto prestação pecuniária;"

[150] "**Art. 322, § 2º.** A interpretação do pedido considerará o conjunto da postulação e observará o princípio da boa-fé."

Capítulo 4
ASPECTOS ÉTICOS E ECONÔMICOS DO PROCESSO

1. GENERALIDADES

Os atos processuais de atuação do Estado e de seus órgãos auxiliares acarretam para as partes ônus financeiro.

O acesso à justiça implica a movimentação de todo um mecanismo custeado pelo Estado e que requer o seu reembolso em prol da manutenção e aprimoramento dos serviços judiciários. À semelhança do que se sucede com todo e qualquer serviço público, o mecanismo judiciário é custeado pela "taxa judiciária" destinada, exatamente, a prover o instrumental pessoal e material necessário à reta administração da Justiça.

Alguns processos, não obstante, reclamam diligências próprias como perícias, oitiva de testemunhas, intimações específicas etc., cujas despesas denominam-se *custas processuais*.

O direito de petição ao Judiciário, por seu turno, reclama conhecimento técnico das normas do processo, que é o instrumento através do qual a parte pede Justiça e o Estado a presta, razão pela qual a parte deve pleitear em juízo, por meio de advogado, que de regra é subvencionado pelo próprio interessado. Por outro lado, é mister que o vencedor da causa seja reembolsado pelo vencido de todas as despesas que efetuou, incluindo-se as taxas, as custas e os honorários advocatícios (sucumbenciais), estes fixados pelo juiz na sua decisão, exatamente para fazer face ao adiantamento que o litigante exitoso efetuou ao seu profissional, antes de ingressar em juízo. Todas essas parcelas encartam-se nos ônus financeiros do processo.

O exercício do direito de ação e da defesa esbarram nos mesmos limites impostos ao exercício dos direitos em geral; por isso, o *abuso* no demandar[1] em qualquer posição na relação processual faz exsurgir para o litigante de má-fé o dever de reparar as *perdas e danos* decorrentes da conduta desleal (art. 81).[2]

---

[1] A prática exemplifica a má-fé de certas partes em níveis hiperbólicos, como a noticiada condenação de advogado que ajuizara 246 ações semelhantes contra a mesma empresa fornecedora de serviços, sem comprovação específica dos fatos e verossimilhança. Disponível em: https://www.migalhas.com.br/quentes/341674/advogado-e-condenado-em-ma-fe-por-ajuizar-246-acoes-semelhantes.

[2] "**Art. 81.** De ofício ou a requerimento, o juiz condenará o litigante de má-fé a pagar multa, que deverá ser superior a um por cento e inferior a dez por cento do valor corrigido da causa, a inde-

A diferença desse ônus para os demais é que, nessa hipótese, a despesa revela o caráter de *sanção*, ao passo que as demais consubstanciam uma *reparação integral* do direito do vencedor que empreendeu despesas para demonstrar em juízo quão legítima era a sua pretensão.

À primeira vista, a preexistência de ônus financeiro poderia indicar fator inibitório de *acesso à justiça*, principalmente para aqueles que não possuem condições de suportá-los sem prejuízo do próprio sustento. Entretanto, o sistema pátrio contempla, como *garantia fundamental*, o acesso à justiça com *assistência judiciária integral*, de tal sorte que o jurisdicionado pode exercer esse direito de petição sem qualquer encargo, assistido por defensor público, ainda que *a posteriori* saia vencido na causa. Semelhantemente, autoriza--se a advocacia *pro bono* e a postulação pelos núcleos de prática jurídica das universidades. Especificamente quanto à dispensa das custas, prevê-se o que se denomina *benefício da gratuidade de justiça* – na realidade, autêntico direito –, previsto anteriormente na Lei nº 1.060/1950, e, hoje, no próprio Código (arts. 98 a 102), que tem sua legitimidade assentada no preceito do art. 5º, inciso LXXIV,[3] da Constituição Federal.

2. CUSTAS PROCESSUAIS

As *custas processuais* remuneram os atos praticados no processo e dos quais se incumbem os auxiliares do juízo. Assim, *v.g.*, são custas as despesas devidas ao oficial para realização de diligência citatória ou de intimação de testemunhas, bem como as despesas pelo adiamento da audiência ou aquela devida ao contador para elaborar cálculo de correção do capital componente da condenação principal.

O caráter remuneratório das custas implica seu pagamento antes da realização dos atos correspondentes (art. 82 do CPC),[4] por isso que, faltante a antecipação das custas não se realiza o ato, o que consequentemente pode gerar um prejuízo para a parte, não só porque

---

nizar a parte contrária pelos prejuízos que esta sofreu e a arcar com os honorários advocatícios e com todas as despesas que efetuou.

§ 1º Quando forem 2 (dois) ou mais os litigantes de má-fé, o juiz condenará cada um na proporção de seu respectivo interesse na causa ou solidariamente aqueles que se coligaram para lesar a parte contrária.

§ 2º Quando o valor da causa for irrisório ou inestimável, a multa poderá ser fixada em até 10 (dez) vezes o valor do salário mínimo.

§ 3º O valor da indenização será fixado pelo juiz ou, caso não seja possível mensurá-lo, liquidado por arbitramento ou pelo procedimento comum, nos próprios autos."

[3] "CF, art. 5º. Todos são iguais perante a lei, sem distinção de qualquer natureza, garantindo-se aos brasileiros e aos estrangeiros residentes no País a inviolabilidade do direito à vida, à liberdade, à igualdade, à segurança e à propriedade, nos termos seguintes: (...)

LXXIV – o Estado prestará assistência jurídica integral e gratuita aos que comprovarem insuficiência de recursos. (...)."

[4] "**Art. 82.** Salvo as disposições concernentes à gratuidade da justiça, incumbe às partes prover as despesas dos atos que realizarem ou requererem no processo, antecipando-lhes o pagamento, desde o início até a sentença final ou, na execução, até a plena satisfação do direito reconhecido no título.

não se aproveitará dos efeitos práticos da diligência, mas também pela possibilidade de terminação do feito, *v.g.*, ocorre com a falta do preparo da própria inicial, ou do recurso, hipótese em que se obsta a via recursal por "deserção", ressalvada sempre a possibilidade de a lei tributária estadual posterior ao Código dispor em sentido contrário, tendo em vista que a competência constitucional é da unidade federativa local, que recolhe a taxa pela utilização efetiva dos serviços judiciários.

Despesas há, entretanto, realizadas *ex post facto*, *v.g.*, os honorários do perito que são depositados para serem pagos posteriormente, após realizada a prova.

O princípio da "personalidade das despesas" informa o sistema de que compete a cada parte adiantar as quantias dos atos que lhe digam respeito, e tratando-se de "ato determinado pelo juiz *ex officio*", a despesa deve ser "adiantada pelo autor", competindo-lhe, também, evidentemente, pagar antecipadamente as custas dos atos que requerer (art. 82, § 1º, do CPC).[5]

Questão deveras interessante é a da determinação *ex officio* de uma prova que interessa ostensivamente a uma das partes, que não à autora e que tem capacidade econômica. Nessa hipótese, por força dos princípios da personalidade da despesa, coadjuvado pelo princípio do ônus da prova e da igualdade das partes, ainda que a realização da prova seja fruto da iniciativa oficial, deve suportá-la o interessado apto a pagá-la, ainda que não seja o autor da ação. Semelhantemente, quando requerida a prova pelo Ministério Público enquanto fiscal do ordenamento (art. 82, § 1º).[6]

Diversamente, se o ato for requerido pelo Ministério Público ou pela Fazenda Pública, que, evidentemente, nada pagam, quer atuem como *partes* quer como *intervenientes*, as despesas serão suportadas somente ao final pelo vencido (art. 91 do CPC).[7] Decorrência

---

§ 1º Incumbe ao autor adiantar as despesas relativas a ato cuja realização o juiz determinar de ofício ou a requerimento do Ministério Público, quando sua intervenção ocorrer como fiscal da ordem jurídica.

§ 2º A sentença condenará o vencido a pagar ao vencedor as despesas que antecipou."

[5] A prova, embora determinada pelo juiz, que somente interesse ao demandado deve ser por este custeada antecipadamente.

[6] "**Art. 82.** Salvo as disposições concernentes à gratuidade da justiça, incumbe às partes prover as despesas dos atos que realizarem ou requererem no processo, antecipando-lhes o pagamento, desde o início até a sentença final ou, na execução, até a plena satisfação do direito reconhecido no título.

§ 1º Incumbe ao autor adiantar as despesas relativas a ato cuja realização o juiz determinar de ofício ou a requerimento do Ministério Público, quando sua intervenção ocorrer como fiscal da ordem jurídica."

[7] "**Art. 91.** As despesas dos atos processuais praticados a requerimento da Fazenda Pública, do Ministério Público ou da Defensoria Pública serão pagas ao final pelo vencido.

§ 1º As perícias requeridas pela Fazenda Pública, pelo Ministério Público ou pela Defensoria Pública poderão ser realizadas por entidade pública ou, havendo previsão orçamentária, ter os valores adiantados por aquele que requerer a prova.

§ 2º Não havendo previsão orçamentária no exercício financeiro para adiantamento dos honorários periciais, eles serão pagos no exercício seguinte ou ao final, pelo vencido, caso o processo se encerre antes do adiantamento a ser feito pelo ente público."

imediata dessa regra é a atribuição ao autor das despesas de perícia determinadas pelo juízo ou requeridas pelo demandante (art. 95 e parágrafos do CPC).[8] Essas despesas fixadas ao alvedrio do juiz, e segundo o critério da razoabilidade, incluem despesas gerais do perito, compreendendo a realização da vistoria, fotografia do local, e a etapa final da elaboração do laudo.

Embora a lei determine à parte interessada pagar os honorários ou depositá-los em juízo, consoante o comando judicial, a realidade é que a sua fixação deve ser empreendida desde logo, sem prejuízo de a complexidade da prova poder implicar uma majoração avaliável pelo magistrado.

A falta de pagamento ou do depósito dos honorários periciais desincumbe o *expert* da sua obrigação, mas nem sempre conduz à extinção do processo sem análise do mérito, tendo em vista que o juiz pode resolver essa omissão do interessado à luz das regras do ônus da prova. Entretanto, há casos, *v.g.*, na desapropriação, que a ausência dessa prova inviabiliza o prosseguimento do feito.

Diversa é a situação quando o laudo é apresentado e acostado aos autos e mesmo assim não é feito o depósito que deveria ter sido implementado antecipadamente. Considerando que o trabalho se encontra realizado e é útil para o processo, cumpre ao juiz determinar o pagamento.

O *adiantamento das despesas* em si *não desequilibra as partes*, posto que o vencido ao final reembolsará as custas do vencedor (art. 82, § 2º, do CPC). Essa norma *in procedendo* é dirigida ao juiz, de sorte que, mesmo omisso o pedido ele pode contemplar essa parcela.

---

[8] **"Art. 95.** Cada parte adiantará a remuneração do assistente técnico que houver indicado, sendo a do perito adiantada pela parte que houver requerido a perícia ou rateada quando a perícia for determinada de ofício ou requerida por ambas as partes.

§ 1º O juiz poderá determinar que a parte responsável pelo pagamento dos honorários do perito deposite em juízo o valor correspondente.

§ 2º A quantia recolhida em depósito bancário à ordem do juízo será corrigida monetariamente e paga de acordo com o art. 465, § 4º.

§ 3º Quando o pagamento da perícia for de responsabilidade de beneficiário de gratuidade da justiça, ela poderá ser:

I – custeada com recursos alocados no orçamento do ente público e realizada por servidor do Poder Judiciário ou por órgão público conveniado;

II – paga com recursos alocados no orçamento da União, do Estado ou do Distrito Federal, no caso de ser realizada por particular, hipótese em que o valor será fixado conforme tabela do tribunal respectivo ou, em caso de sua omissão, do Conselho Nacional de Justiça.

§ 4º Na hipótese do § 3º, o juiz, após o trânsito em julgado da decisão final, oficiará a Fazenda Pública para que promova, contra quem tiver sido condenado ao pagamento das despesas processuais, a execução dos valores gastos com a perícia particular ou com a utilização de servidor público ou da estrutura de órgão público, observando-se, caso o responsável pelo pagamento das despesas seja beneficiário de gratuidade da justiça, o disposto no art. 98, § 2º.

§ 5º Para fins de aplicação do § 3º, é vedada a utilização de recursos do fundo de custeio da Defensoria Pública."

Cap. 4 · ASPECTOS ÉTICOS E ECONÔMICOS DO PROCESSO | 97

A sucumbência recíproca ocorre quando cada litigante for, em partes iguais, vencedor e vencido, hipótese em que as despesas são rateadas igualmente (art. 86, *caput*, do CPC).[9] Pairam, até então, severas dúvidas quanto à aplicabilidade desse dispositivo nos casos de acolhimento parcial do pedido, pois o autor, quando deduz a sua pretensão, pede tudo quanto possa esperar do Judiciário. Ora, mesmo no acolhimento parcial, o autor não sucumbe, apenas os consectários da derrota do réu serão menores do que seriam se acolhido integralmente o pleito. Não obstante se tem considerado "sucumbência recíproca" as hipóteses de acolhimento parcial do pedido, sob o argumento de que o autor decaiu de parte do pedido.

A regra do parágrafo único do art. 86, por outro lado, pressupõe, exatamente, que a parte tenha formulado pedido e o réu apenas formule pedido por meio de reconvenção ou via exceção material dúplice. Conjugando-se o disposto no *caput* com o parágrafo único é possível concluir-se que somente há sucumbência recíproca quando há pedidos de todas as partes, avaliando-se a derrota de ambos, por isso que na hipótese em que apenas o autor pede, tudo quanto é acolhido revela da sua vitória, que pode ser total ou parcial.

Ressalte-se, por fim, que a denominada sucumbência recíproca não determina que cada parte suporte as suas despesas e os honorários do seu advogado. O que a lei estabelece como critério é a distribuição recíproca e proporcional dos honorários e despesas. Assim, dependendo do grau de sucumbência, uma parte pode arcar com 45% dos honorários e despesas e a outra, com 55%, e assim por diante.

Decaindo a parte de parcela mínima do que pediu, a outra suporta todo o ônus financeiro do processo (art. 86, parágrafo único). Havendo cumulação de pedidos, mister se faz considerar a espécie configurada. Isto porque, consoante a doutrina tradicional, somente há sucumbência recíproca na cumulação simples ou sucessiva em que a parte realmente pretende mais de um pedido. Na cumulação eventual, o atendimento a um dos pedidos, ainda que na ordem diversa da formulada, afasta qualquer espécie de sucumbência.

Questão hodierna resultante da consagração constitucional do denominado "dano moral"[10] e que tem dado azo a discussões quanto à sucumbência, é a relativa ao "pedido genérico". É cediço que o atendimento em qualquer parte da postulação alija a qualifi-

---

[9] "**Art. 86.** Se cada litigante for, em parte, vencedor e vencido, serão proporcionalmente distribuídas entre eles as despesas.

Parágrafo único. Se um litigante decair de parte mínima do pedido, o outro responderá, por inteiro, pelas despesas e pelos honorários."

[10] A competência constitucional de apreciar a "questão federal" do Superior Tribunal de Justiça vem refutando recursos especiais que objetivam alterar o percentual dos honorários fixados na decisão, sob o argumento de que essa aferição invade matéria de fato interditada à cognição do Tribunal maior pela Súmula nº 07 ("A pretensão de simples reexame de prova não enseja recurso especial"). A exceção fica por conta de valores excessivos ou irrisórios: "A jurisprudência do Superior Tribunal de Justiça possui entendimento de ser possível a revisão do montante da indenização por danos morais nas hipóteses em que o valor fixado se mostrar exorbitante ou irrisório, o que não ocorreu no caso em exame, pois arbitrado em R$ 100.000,00 (cem mil reais), não é excessivo nem desproporcional aos danos sofridos – descumprimento de tutela para disponibilizar profissional habilitado para operar máquina de hemodiálise –, com risco de morte iminente do segurado, que

cação de derrota. Entretanto, formulado pedido certo, a concessão abaixo da quantia pleiteada tem sido caracterizada como "sucumbência recíproca", opinião com a qual não concordamos, à luz da ressalva feita de início, no sentido de que ambas as partes devem formular pedido para que se considere a "sucumbência recíproca".

Deveras, a sucumbência deve adstringir-se à pretensão principal deduzida, excluindo-se da sua configuração as denominadas verbas consequenciais. Assim, *v.g.*, a concessão de percentual de verba honorária não caracteriza sucumbência, posto *quantum* arbitrável pelo juiz.

O *princípio da escorreita repartição das despesas* sofre algumas exceções. Assim é que, se a parte é instada a realizar uma diligência desnecessária por *obra da malícia da outra*, esta, ao final, reembolsará aquele gasto em razão de sua conduta. Da mesma forma, *a parte que der causa à repetição do ato* suporta-lhe a despesa correspondente (art. 93 do CPC).[11]

Cumpre ressaltar que *as custas adquirem o caráter de sanção pecuniária* quando nelas se convertem as que são impostas às partes em consequência de má-fé (art. 96 do CPC).[12]

Havendo pluralidade de partes, cada uma delas deve adiantar as despesas dos atos que lhe digam respeito, preceito que é aplicável ao litisconsórcio e à assistência simples e litisconsorcial (art. 87[13] c/c art. 94[14] do CPC).[15] O litisconsórcio simples não revela a menor dificuldade porquanto a regra vigente é "a de que cada um deve arcar por si".

No litisconsórcio unitário, a pretensão é única e dirigida contra ou por vários demandantes. Nessa hipótese, a condenação é solidária e aquele que pagar por inteiro pode recobrar.

A assistência litisconsorcial participa da regra do litisconsórcio, mas a assistência simples só vence custas porquanto o assistente não formula pedido próprio e não amplia, assim, o objeto litigioso.

---

veio a falecer no curso do processo" (AgInt no AREsp 1779590/RJ, Rel. Min. Ricardo Villas Bôas Cueva, 3ª T. j. 08.06.2021).

[11] "**Art. 93.** As despesas de atos adiados ou cuja repetição for necessária ficarão a cargo da parte, do auxiliar da justiça, do órgão do Ministério Público ou da Defensoria Pública ou do juiz que, sem justo motivo, houver dado causa ao adiamento ou à repetição."

[12] "**Art. 96.** O valor das sanções impostas ao litigante de má-fé reverterá em benefício da parte contrária, e o valor das sanções impostas aos serventuários pertencerá ao Estado ou à União."

[13] "**Art. 87.** Concorrendo diversos autores ou diversos réus, os vencidos respondem proporcionalmente pelas despesas e pelos honorários.

§ 1º A sentença deverá distribuir entre os litisconsortes, de forma expressa, a responsabilidade proporcional pelo pagamento das verbas previstas no *caput*.

§ 2º Se a distribuição de que trata o § 1º não for feita, os vencidos responderão solidariamente pelas despesas e pelos honorários."

[14] "**Art. 94.** Se o assistido for vencido, o assistente será condenado ao pagamento das custas em proporção à atividade que houver exercido no processo."

[15] A menos que os vencidos tenham sido condenados solidariamente (*RTJ*, 79/667).

3. HONORÁRIOS ADVOCATÍCIOS

Os honorários advocatícios são pagos, ao final, pelo vencido ao vencedor (art. 85 do CPC).[16] É que, sob esse prisma, o processo encontra-se informado pelo princípio da sucumbência, segundo o qual a prestação jurisdicional não deve redundar em desfavor da parte que tem razão e, por esse motivo, a verba honorária é considerada *pedido implícito*.[17]

Destarte, havendo exclusão de partes e terceiros do processo, cabe àquele que motivou a intervenção indevida pagar as despesas e os honorários do excluído.[18] Assim, *v.g.*, na alegação de ilegitimidade do réu, aceitando o autor aquele apontado, lícita é a imputação de custas e honorários ao suplicante, haja vista que o excluído, para fazer valer sua tese, utilizou-se de profissional e realizou despesas. Consequentemente, à luz do princípio que veda o locupletamento às custas da própria torpeza, quer pela aplicação analógica da regra que se impõe quando excluída parte ilegítima, são devidas essas verbas quando excluída do processo a parte eleita pela outra.

A verba honorária adiantada pela parte ao seu advogado é algo indiferente para o processo (honorários contratuais), porquanto é pagamento decorrente de vínculo material e ao direito processual incumbe regular os honorários decorrentes do êxito de um litigante sobre o outro (honorários sucumbenciais).

O fato da derrota implica o restabelecimento integral do interesse do vencedor tutelado pela ordem jurídica, por isso o reembolso das despesas e dos honorários, cuja verificação cabe ao juiz valorar para estabelecer o seu *quantum*. Desta sorte, no Código passado, entendia-se como *inoperantes as disposições convencionais* acerca dos honorários judiciais de fixação exclusiva pelo Poder Judiciário, como as constantes de contrato impresso de locação. No atual regramento, a autorização para a realização de negócios jurídicos processuais tem levado a doutrina a entender viável a convenção acerca das despesas processuais, incluídos custas e honorários sucumbenciais, como forma de garantir maior previsibilidade acerca dos custos totais da litigância.[19]

Nesse mister, o juiz avalia o grau da sucumbência: *se total, recíproca* ou *mínima* (arts. 85 e 86 do CPC). De todo modo, os honorários, como direito do advogado, devem ser arbitrados, proporcionalmente, não se podendo cogitar de compensação. Do mesmo modo, cabível a majoração em sede recursal.[20]

A lei dispõe que "a sentença condenará o vencido nos honorários". Isso significa que a condenação em honorários pressupõe a resolução do processo com ou sem análise de mérito, uma vez que nos incidentes processuais resolvidos por decisões *interlocutórias*, o juiz limita-se a impor a condenação nas *custas dos incidentes* (art. 85, § 1º, do CPC). A

---

[16] **Rogério Licastro Torres**, *Honorários advocatícios*, 2019.

[17] Nesse sentido, **Barbosa Moreira**, *O Novo Processo Civil Brasileiro*, p. 11.

[18] No mesmo sentido **Humberto Theodoro Júnior**, *Curso de Direito Processual Civil*, vol. I, p. 94.

[19] Sobre as convenções acerca dos custos da litigância, veja-se o estudo de **Antonio do Passo Cabral**, em duas partes, publicados na *Revista de Processo*, vols. 276 (fev. 2018) e 277 (mar. 2018).

[20] STJ. AgInt no AREsp 1.495.369-MS, Rel. Min. Luis Felipe Salomão, Quarta Turma, por unanimidade, j. 01.09.2020.

extinção meramente terminativa (sem resolução do mérito), impõe considerar que, se a relação processual não se formou com a citação do réu, não há honorários em favor deste.

Consoante se colhe da dicção do dispositivo, a verba honorária pertence ao profissional atuante no feito, conferindo-lhe legitimidade superveniente para agir na execução dessa parte da decisão. Do mesmo modo, lhe são devidos, quando atuar em causa própria (art. 85, §§ 14 e 17).[21]

O Código trouxe grande grau de objetivação de critérios de fixação dos honorários sucumbenciais.

Nas sentenças condenatórias em geral, os honorários devem ser fixados entre o piso mínimo de dez por cento e o máximo de vinte por cento sobre o valor da condenação ou do proveito econômico obtido, variando esse percentual conforme o zelo profissional, a importância do trabalho e o lugar da prestação do serviço (art. 85, § 2º, do CPC). Em ações constitutivas e declaratórias, tais critérios são, *a priori,* mantidos, funcionando como base de cálculo o valor atualizado da causa (art. 85, § 6º).[22]

Esses percentuais legais superam eventuais fixações contratuais que não podem invadir a área de competência exclusiva do Judiciário. Destarte, lei especial pode prever diversamente da regra geral do art. 85 do CPC, prevalecendo em decorrência de critério hermenêutico tradicional.

Tratando-se de condenação oriunda de ação de indenização por ato ilícito contra a pessoa, considera-se o valor da condenação como a soma das prestações vencidas adicionada do valor de 12 prestações vincendas (art. 85, § 9º, do CPC),[23] para efeito da incidência dos percentuais ora indicados.

Apenas subsidiariamente é que se autoriza a fixação equitativa do montante pelo julgador, quando a causa tiver valor muito baixo ou for inestimável ou irrisório o proveito econômico obtido (art. 85, § 8º, do CPC),[24] ainda que o conteúdo da decisão seja condenatório.

Esse caráter subsidiário foi ainda reforçado com a recente aprovação da Lei nº 14.365/2022, que acrescentou disposição explícita no sentido de que, *salvo nas hipóteses*

---

[21] **"Art. 85, § 14.** Os honorários constituem direito do advogado e têm natureza alimentar, com os mesmos privilégios dos créditos oriundos da legislação do trabalho, sendo vedada a compensação em caso de sucumbência parcial.

§ 17. Os honorários serão devidos quando o advogado atuar em causa própria."

[22] **"Art. 85, § 6º.** Os limites e critérios previstos nos §§ 2º e 3º aplicam-se independentemente de qual seja o conteúdo da decisão, inclusive aos casos de improcedência ou de sentença sem resolução de mérito."

[23] Nas hipóteses de indenização por ilícito contratual ou decorrente de responsabilidade objetiva, retorna-se ao regime comum do § 4º do art. 20 do CPC/1973. Nesse sentido, **Humberto Theodoro Júnior**, com sustento em julgados do E. STF (*Curso de Direito Processual Civil.* 62. ed. Rio de Janeiro: Forense, 2021. v. 1. p. 96).

[24] **"Art. 85, § 8º.** Nas causas em que for inestimável ou irrisório o proveito econômico ou, ainda, quando o valor da causa for muito baixo, o juiz fixará o valor dos honorários por apreciação equitativa, observando o disposto nos incisos do § 2º."

expressamente previstas no § 8º do art. 85, é proibida a fixação equitativa de honorários quando o valor da condenação, o valor do proveito econômico obtido ou o valor atualizado da causa for líquido ou liquidável (art. 85, § 6º-A, do CPC)[25].

Vale pontuar, aliás, que antes mesmo da publicação desse novel diploma, o Superior Tribunal de Justiça já havia firmado, em sede de julgamento de recurso repetitivo, teses no sentido de que "a fixação de honorários por apreciação equitativa não é permitida quando os valores da condenação ou da causa, ou o proveito econômico da demanda, forem elevados", situação em que se faz obrigatória a observância dos percentuais previstos nos §§ 2º ou 3º do art. 85 do CPC; e de que "apenas se admite o arbitramento de honorários por equidade quando, havendo ou não condenação: (a) o proveito econômico obtido pelo vencedor for inestimável ou irrisório; ou (b) o valor da causa for muito baixo."[26]

---

[25] "**Art. 85, § 6º-A**. Quando o valor da condenação ou do proveito econômico obtido ou o valor atualizado da causa for líquido ou liquidável, para fins de fixação dos honorários advocatícios, nos termos dos §§ 2º e 3º, é proibida a apreciação equitativa, salvo nas hipóteses expressamente previstas no § 8º deste artigo."

[26] **STJ. Tema Repetitivo 1.076. Tese Firmada:**

i) A fixação dos honorários por apreciação equitativa não é permitida quando os valores da condenação, da causa ou o proveito econômico da demanda forem elevados. É obrigatória nesses casos a observância dos percentuais previstos nos §§ 2º ou 3º do artigo 85 do CPC – a depender da presença da Fazenda Pública na lide –, os quais serão subsequentemente calculados sobre o valor: (a) da condenação; ou (b) do proveito econômico obtido; ou (c) do valor atualizado da causa.

ii) Apenas se admite arbitramento de honorários por equidade quando, havendo ou não condenação: (a) o proveito econômico obtido pelo vencedor for inestimável ou irrisório; ou (b) o valor da causa for muito baixo.

(STJ, REsp: 1850512 SP 2019/0352661-7, Data de Julgamento: 16.03.2022, CE – CORTE ESPECIAL, Data de Publicação: *DJe* 31.05.2022).

Ainda sobre o tema:

RECURSO ESPECIAL. DIREITO CIVIL E PROCESSUAL CIVIL. AÇÃO DE IMISSÃO POSSE. NATUREZA PETITÓRIA. ALEGAÇÃO DE VIOLAÇÃO DA COISA JULGADA. PRESCRIÇÃO. NÃO OCORRÊNCIA. REVISÃO DO JULGADO. IMPOSSIBILIDADE. INCIDÊNCIA DO ENUNCIADO N.º 7/STJ. FALTA DE PREQUESTIONAMENTO. INCIDÊNCIA DO ENUNCIADO N.º 211/STJ. HONORÁRIOS ADVOCATÍCIOS SUCUMBENCIAIS. REDUÇÃO. CABIMENTO. (...) 4. A distribuição dos honorários advocatícios, respeitando ao comando normativo do art. 85, § 2º, do Código de Processo Civil, fixados entre o percentual mínimo de dez e o máximo de vinte por cento sobre o valor da condenação, do proveito econômico obtido ou, não sendo possível mensurá-lo, sobre o valor atualizado da causa, não pode, em regra, ser alterada. 5. No entanto, o entendimento jurisprudencial do STJ orienta-se no sentido de ser possível, ainda que os honorários advocatícios estejam dentro dos percentuais fixados em lei, a redução dos seus valores quando fora dos padrões da razoabilidade e proporcionalidade. 6. RECURSO ESPECIAL PARCIALMENTE CONHECIDO E, NESSA EXTENSÃO, PARCIALMENTE PROVIDO. (REsp 1.804.201/SP, Rel. Min. Paulo de Tarso Sanseverino, 3ª T., j. em 21.09.2021, *DJe* de 24.09.2021.)

PROCESSUAL CIVIL. AGRAVO INTERNO NOS EMBARGOS DE DECLARAÇÃO NO RECURSO ESPECIAL. RECURSO MANEJADO SOB A ÉGIDE DO NCPC. AÇÃO INDENIZATÓRIA. DANO MORAL E MATERIAL. IMPROCEDÊNCIA. HONORÁRIOS ADVOCATÍCIOS SUCUMBENCIAIS. APLICAÇÃO DO ART. 85, § 2º, DO NCPC. AUSÊNCIA DE CONDENAÇÃO DAS RÉS. REGRA GERAL, QUE DEVE SER OBSERVADA. FIXAÇÃO DOS HONORÁRIOS ADVOCATÍCIOS EM 10% DO VALOR DADO À CAUSA. AGRAVO INTERNO NÃO PROVIDO. (...)

A Lei nº 14.365/2022 também acrescentou ao Código dispositivo que vem a balizar o valor dos honorários fixados a título equitativo, prevendo que juiz deverá observar, nesses casos, ou os valores recomendados pelo Conselho Seccional da Ordem dos Advogados do Brasil a título de honorários advocatícios, ou o limite mínimo de 10% (dez por cento) estabelecido no § 2º do art. 85, devendo necessariamente aplicar aquele que for maior (art. 85, § 8º-A, do CPC)[27]. Além disso, inseriu ao art. 85 o § 20, o qual elucida que também se aplica aos honorários fixados por arbitramento judicial o quanto disposto em seus §§ 2º, 3º, 4º, 5º, 6º, 6º-A, 8º, 8º-A, 9º e 10[28].

Quando a sucumbente for a Fazenda Pública, estatuiu o legislador de 2015 que os critérios sejam objetivos, com escalonamento de percentual de incidência sobre o valor da condenação ou do proveito econômico (art. 85, §§ 3º, 4º e 5º),[29] a depender do valor

---

3. A Segunda Seção desta Corte, no julgamento do REsp nº 1.746.072/PR (Rel. Ministra NANCY ANDRIGHI, Rel. p/ Acórdão Ministro RAUL ARAÚJO, DJe 29/3/2019), firmou o entendimento de que os honorários devem ser estabelecidos, em regra, com fundamento no art. 85, § 2º, do NCPC, isto é, nos limites percentuais nele previstos sobre o proveito econômico obtido, ou, na impossibilidade de identificá-lo, sobre o valor atualizado da causa, inclusive nas demandas julgadas improcedentes ou extintas sem resolução do mérito. 3.1. Referido entendimento foi chancelado pela Corte Especial, em recentíssimo julgamento de recurso repetitivo (Tema nº 1.076), uniformizando o entendimento de que o elevado valor da causa não justifica a fixação dos honorários advocatícios por equidade (ref. aos REsps nºs 1.906.618/SP, 1.850.512/SP e 1.877.883/SP, j. aos 16/3/2022). 3.2. A equidade constante do § 8º do art. 85 do NCPC incide apenas quando o proveito econômico obtido não seja identificado, ou seja, inestimável ou irrisório, situação distinta daquela tratada no presente caso. (...) (AgInt nos EDcl no REsp 1.862.339/DF, Rel. Min. Moura Ribeiro, 3ª T., j. em 13.06.2022, DJe de 15.06.2022.)

[27] "Art. 85, § 8º-A. Na hipótese do § 8º deste artigo, para fins de fixação equitativa de honorários sucumbenciais, o juiz deverá observar os valores recomendados pelo Conselho Seccional da Ordem dos Advogados do Brasil a título de honorários advocatícios ou o limite mínimo de 10% (dez por cento) estabelecido no § 2º deste artigo, aplicando-se o que for maior."

[28] "Art. 85, § 20. O disposto nos §§ 2º, 3º, 4º, 5º, 6º, 6º-A, 8º, 8º-A, 9º e 10 deste artigo aplica-se aos honorários fixados por arbitramento judicial."

[29] "Art. 85, § 3º. Nas causas em que a Fazenda Pública for parte, a fixação dos honorários observará os critérios estabelecidos nos incisos I a IV do § 2º e os seguintes percentuais:
I – mínimo de dez e máximo de vinte por cento sobre o valor da condenação ou do proveito econômico obtido até 200 (duzentos) salários mínimos;
II – mínimo de oito e máximo de dez por cento sobre o valor da condenação ou do proveito econômico obtido acima de 200 (duzentos) salários mínimos até 2.000 (dois mil) salários mínimos;
III – mínimo de cinco e máximo de oito por cento sobre o valor da condenação ou do proveito econômico obtido acima de 2.000 (dois mil) salários mínimos até 20.000 (vinte mil) salários mínimos;
IV – mínimo de três e máximo de cinco por cento sobre o valor da condenação ou do proveito econômico obtido acima de 20.000 (vinte mil) salários mínimos até 100.000 (cem mil) salários mínimos;
V – mínimo de um e máximo de três por cento sobre o valor da condenação ou do proveito econômico obtido acima de 100.000 (cem mil) salários mínimos.
§ 4º Em qualquer das hipóteses do § 3º:
I – os percentuais previstos nos incisos I a V devem ser aplicados desde logo, quando for líquida a sentença;

líquido. Se for impossível a aferição, por falta de condenação ou de proveito econômico obtido, será tomado o valor da causa como base de cálculo.

Abandona-se, assim, o critério de fixação segundo *apreciação equitativa do juiz* nas causas em que for sucumbente a Fazenda Pública, como sucedia no diploma anterior. Atualmente, a equidade seria apenas o terceiro critério, subsidiário, quando for inestimável ou irrisório o proveito econômico ou o valor da causa (art. 85, § 8º).

Cumpre registrar que "A jurisprudência consolidada do STJ é no sentido de que 'os honorários advocatícios de sucumbência, quando vencedora a Fazenda Pública, integram o patrimônio da entidade estatal, não constituindo direito autônomo do procurador judicial, o que viabiliza sua compensação'"[30].

Ainda no tocante à Fazenda Pública, não serão devidos honorários no cumprimento de sentença que enseje expedição de precatório, desde que não tenha sido impugnada (art. 85, § 7º). Há ressalva particularmente relevante quanto à interpretação dada a esse artigo. É louvável a jurisprudência do Superior Tribunal de Justiça quanto aos procedimentos individuais de cumprimento de sentença de ação coletiva, sendo julgado recurso repetitivo que não exclui a possibilidade de condenação em honorários da Fazenda Pública nessas situações. Ainda que não tenha sido apresentada impugnação pela Fazenda, são devidos honorários.[31]

II – não sendo líquida a sentença, a definição do percentual, nos termos previstos nos incisos I a V, somente ocorrerá quando liquidado o julgado;

III – não havendo condenação principal ou não sendo possível mensurar o proveito econômico obtido, a condenação em honorários dar-se-á sobre o valor atualizado da causa;

IV – será considerado o salário mínimo vigente quando prolatada sentença líquida ou o que estiver em vigor na data da decisão de liquidação.

§ 5º Quando, conforme o caso, a condenação contra a Fazenda Pública ou o benefício econômico obtido pelo vencedor ou o valor da causa for superior ao valor previsto no inciso I do § 3º, a fixação do percentual de honorários deve observar a faixa inicial e, naquilo que a exceder, a faixa subsequente, e assim sucessivamente."

[30] PROCESSUAL CIVIL. AGRAVO INTERNO NO AGRAVO EM RECURSO ESPECIAL. EMBARGOS À EXECUÇÃO. CUMPRIMENTO DE SENTENÇA. IMPUGNAÇÃO. SUPOSTA AFRONTA AO ART. 1.022 DO CPC. NÃO OCORRÊNCIA. HONORÁRIOS ADVOCATÍCIOS DE SUCUMBÊNCIA. PATRIMÔNIO DA ENTIDADE ESTATAL. COMPENSAÇÃO. POSSIBILIDADE. PRECEDENTES. AGRAVO INTERNO NÃO PROVIDO. 1. (...). 2. A jurisprudência consolidada do STJ é no sentido de que "os honorários advocatícios de sucumbência, quando vencedora a Fazenda Pública, integram o patrimônio da entidade estatal, não constituindo direito autônomo do procurador judicial, o que viabiliza sua compensação" (RCD no REsp 1861943/DF, Rel. Ministro OG FERNANDES, SEGUNDA TURMA, julgado em 05/10/2021, *DJe* 26/10/2021) 3. Agravo interno não provido. (AgInt no AREsp n. 1.834.717/SP, Rel. Min. Mauro Campbell Marques, 2ª T., j. em 10.05.2022, *DJe* de 19.05.2022.)

[31] "O art. 85, § 7º, do CPC/2015 não afasta a aplicação do entendimento consolidado na Súmula 345 do STJ, de modo que são devidos honorários advocatícios nos procedimentos individuais de cumprimento de sentença decorrente de ação coletiva, ainda que não impugnados e promovidos em litisconsórcio" (REsp 1648498/RS, Rel. Min. Gurgel de Faria, Corte Especial, j. 20.06.2018, *DJe* 27.06.2018).

O processo de execução também implica despesas para as partes. Desta sorte, na execução em si, pretendendo o executado quitar a sua dívida, deve fazê-lo com custas e honorários, independentemente daqueles da sucumbência, se o título for judicial. Não obstante, havendo a oposição de embargos na execução, novos honorários e custas devem ser fixados em favor do vencedor desse debate. Conclui-se, assim, ser possível contar custas e honorários na execução e nos embargos contra o mesmo devedor executado, respeitado o teto legal (art. 85, § 13, do CPC).

Acrescente-se que leis especiais preveem fórmulas outras de cálculo da sucumbência e, como tais, devem ser respeitadas pelo princípio de que *lex specialis derrogat lex generalis* somente na parte em que são incompatíveis. Assim, *v.g.*, a Lei nº 8.245/1991, que regula as ações locatícias, dispõe acerca da condenação, estipulando que a mesma deve incidir sobre o valor da causa.[32] Em sede de mandado de segurança, a matéria ressalta polêmica pela preocupação de não se inibir o acesso à Justiça para denúncia de abusos de autoridade; por isso, preconiza-se o descabimento da condenação em honorários, no *writ of mandamus* (art. 25 da Lei do Mandado de Segurança).[33]

Tratando-se de litisconsórcio ou assistência litisconsorcial, aplicam-se aos honorários advocatícios os mesmos princípios norteadores das custas previstos nos arts. 87 e 94 do CPC[34].

Os honorários são devidos por força da vitória de um litigante em face do outro; por isso, terminando o processo por *desistência* em que se dá a resolução sem análise do mérito ou pelo "reconhecimento da procedência do pedido",[35] as despesas e os honorários são pagos pela parte que desistiu da ação ou reconheceu o pedido (art. 90, *caput*, do CPC).[36]

---

[32] Consulte-se nosso *Locações, Processo e Procedimentos*, 1997.

[33] A esse respeito, ainda resta vigorante a **Súmula nº 512 do E. STF** e a **Súmula nº 105 do STJ** ("Na ação de mandado de segurança não se admite condenação em honorários advocatícios").

[34] A Terceira Turma do Superior Tribunal de Justiça (STJ), por unanimidade, decidiu que há solidariedade entre os litisconsortes sucumbentes na condenação ao pagamento de custas e honorários advocatícios, mesmo quando algum dos vencidos litigar sob o benefício da justiça gratuita. AgInt no REsp 1.961.964/RJ, Rel. Min. Moura Ribeiro, 3ª T., j. em 09.11.2022, *DJe* de 11.11.2022.

[35] Ocorre esse reconhecimento e, portanto, são devidos honorários advocatícios se a parte paga o débito após a citação. Nesse mesmo sentido, com apoio em farta jurisprudência, **Humberto Theodoro Júnior**, *Curso*, p. 94.

[36] "**Art. 90.** Proferida sentença com fundamento em desistência, em renúncia ou em reconhecimento do pedido, as despesas e os honorários serão pagos pela parte que desistiu, renunciou ou reconheceu.

§ 1º Sendo parcial a desistência, a renúncia ou o reconhecimento, a responsabilidade pelas despesas e pelos honorários será proporcional à parcela reconhecida, à qual se renunciou ou da qual se desistiu.

§ 2º Havendo transação e nada tendo as partes disposto quanto às despesas, estas serão divididas igualmente.

§ 3º Se a transação ocorrer antes da sentença, as partes ficam dispensadas do pagamento das custas processuais remanescentes, se houver.

§ 4º Se o réu reconhecer a procedência do pedido e, simultaneamente, cumprir integralmente a prestação reconhecida, os honorários serão reduzidos pela metade."

Idêntico proceder, *mutatis mutandis*, opera-se se o processo terminar por renúncia, caso em que as despesas devem ser pagas pela parte que renunciou. A responsabilidade pelo pagamento nessas hipóteses de extinção do processo por composição obedece à participação do sujeito nos atos de disponibilidade, cumprindo à parte pagar na proporção de sua desistência ou reconhecimento. Assim, *v.g.*, se a parte paga o débito após a propositura da ação, e este vem a influenciar na extinção do feito, ela deve arcar com as despesas, uma vez que o reconhecimento do pedido foi a causa determinante da extinção do processo.

Na transação, nada dispondo as partes quanto às despesas e honorários, devem ser rateados igualmente.[37]

Outrossim, a intervenção judicial pode ocorrer sem que haja litígio, como nos casos de *jurisdição voluntária*. Nessas causas, os interessados pagam as despesas de acordo com os seus interesses em jogo, *v.g.*, nos juízos divisórios sem pretensão resistida, em que as despesas devem ser proporcionais aos quinhões conferidos (arts. 88 e 89[38] do CPC). *A fortiori*, surgindo litígio no curso do procedimento de jurisdição voluntária, passível é a ocorrência de sucumbência e de fixação dos honorários.

Anote-se, por fim, que, resolvido o processo sem análise do mérito *a requerimento do réu* – e, portanto, não assim quando de ofício –, o autor não poderá intentar nova ação em relação ao mesmo objeto sem comprovar o pagamento das despesas processuais anteriores, isto é, custas e honorários advocatícios (art. 92).[39]

O regime dos honorários é aplicável na cumulação de pedidos somando-se esses para efeito de aferição do valor da causa. Incidem, portanto, as regras anteriormente enunciadas na reconvenção (art. 85, § 1º, do CPC).[40] A oposição, como figura consubstanciada em ação do opoente em face dos opostos, tem valor próprio e rege-se pelas normas que regulam as despesas em geral.

Se a decisão final for silente acerca dos honorários, permanece hígido o direito do advogado à sua percepção, pela via de ajuizamento de ação autônoma para tanto (art. 85, § 18),[41] tendo o Código superado o pretérito entendimento do Superior Tribunal de Justiça.[42]

---

[37] A respeito do item, consulte a casuística ao **Nelson Nery Júnior** e **Rosa Maria de Andrade Nery.** *Código de Processo Civil Comentado*, 2020.

[38] "**Art. 88.** Nos procedimentos de jurisdição voluntária, as despesas serão adiantadas pelo requerente e rateadas entre os interessados."
"**Art. 89.** Nos juízos divisórios, não havendo litígio, os interessados pagarão as despesas proporcionalmente a seus quinhões."

[39] "**Art. 92.** Quando, a requerimento do réu, o juiz proferir sentença sem resolver o mérito, o autor não poderá propor novamente a ação sem pagar ou depositar em cartório as despesas e os honorários a que foi condenado."

[40] "**Art. 85, § 1º.** São devidos honorários advocatícios na reconvenção, no cumprimento de sentença, provisório ou definitivo, na execução, resistida ou não, e nos recursos interpostos, cumulativamente."

[41] "**Art. 85, § 18.** Caso a decisão transitada em julgado seja omissa quanto ao direito aos honorários ou ao seu valor, é cabível ação autônoma para sua definição e cobrança."

[42] Assim versava a Súmula nº 453 da Corte: "Os honorários sucumbenciais, quando omitidos em decisão transitada em julgado, não podem ser cobrados em execução ou em ação própria".

Por fim, vale ressaltar que a fixação da verba sucumbencial deve obedecer às regras do diploma vigente à época da decisão que a determinou ou a modificou. Não cabe, portanto, afastar a incidência do CPC de 2015 para processos iniciados na vigência do Código Buzaid, mas cuja decisão que sacramentou a questão dos honorários foi proferida já na vigência do novo diploma. Portanto, a data relevante à situação não é a de distribuição da petição inicial ou mesmo do trânsito em julgado da sentença, mas sim a data da prolação.[43]

3.1 Sucumbência recursal

Estratégia desejada de há muito, como forma de interditar a utilização pródiga dos meios de impugnação das decisões, responsáveis pela demora na prestação jurisdicional, a *sucumbência recursal* vem consagrada em boa hora pelo Código de 2015.

Consoante o projeto, a *sucumbência recursal* pressupõe inadmissão do recurso ou improvimento total. Isso significa que tanto o não preenchimento dos requisitos de admissibilidade recursais como a negativa de seguimento, com fulcro no art. 932, III e IV, do CPC, admitem a imposição da sucumbência – aliás, frequente –, em cada recurso que a parte interponha e seja rejeitado nessas condições. A majoração pressupõe que haja diferentes graus de jurisdição, sendo alternativo o aumento na decisão monocrática ou no julgamento do agravo interno contra ela interposto.[44]

Consequentemente, o recurso admitido, mas desprovido *ex integro*, não salva o recorrente da sucumbência. Tampouco a sanção anteriormente já imposta. A única exo-

---

[43] "A sucumbência rege-se pela lei vigente à data da deliberação que a impõe ou a modifica, na qual ficarão estabelecidas a sucumbência entre os pedidos das partes, bem ainda todos os requisitos valorativos para a fixação da verba sucumbencial (honorários advocatícios). Esse pronunciamento não se confunde com a sentença *strito sensu*, notadamente porque na hipótese de provimento recursal com a modificação da sucumbência, face à determinação legal de que a norma processual é aplicável imediatamente aos processos em curso (artigo 14 do NCPC), o novel diploma normativo processual incidirá, independentemente de o reclamo ter sido manejado sob a égide do revogado código processual. Tal entendimento se coaduna/não contrasta com os enunciados aprovados pelo Plenário do STJ na sessão de 9 de março de 2016" (AgInt no REsp. nº 1481917/RS, 4ª Turma, Rel. Min. Luis Felipe Salomão, Rel. p/ Acórdão Ministro Marco Buzzi, j. 04.10.2016, *DJe* 11.11.2016). Ver ainda: RECURSOS ESPECIAIS. CONTRATO DE SEGURO. NEGATIVA DE PRESTAÇÃO JURISDICIONAL. NÃO OCORRÊNCIA. SEGURO RC D&O. INAPLICABILIDADE DO CDC. CLÁUSULA DE PARTICIPAÇÃO. RETENÇÃO DE 10% DA INDENIZAÇÃO SECURITÁRIA. REVISÃO DAS CONCLUSÕES DO ACÓRDÃO RECORRIDO. SÚMULAS N. 5 E 7/STJ. HONORÁRIOS SUCUMBENCIAIS. INCIDÊNCIA DO CPC/1973. MARCO TEMPORAL. SENTENÇA. EQUIDADE. POSSIBILIDADE. RECURSOS ESPECIAIS DESPROVIDOS. (...) 6. Conforme a jurisprudência desta Corte, a sentença é o marco temporal para delimitação do regime jurídico aplicável à fixação de honorários advocatícios, de maneira que é indiferente a data do ajuizamento da ação e a data do julgamento dos recursos eventualmente interpostos. Hipótese em que a sentença foi proferida ainda na vigência do CPC/1973, aplicando-se, portanto, as regras nele previstas. 7. Recursos especiais desprovidos. (REsp 1.926.477/SP, Rel. Min. Marco Aurélio Bellizze, 3ª T., j. em 18.10.2022, *DJe* de 27.10.2022.)

[44] "Não é possível majorar os honorários na hipótese de interposição de recurso no mesmo grau de jurisdição (art. 85, § 11, do CPC/2015)" (AgInt no REsp 1804458/DF, Rel. Min. Ricardo Villas Bôas Cueva, 3ª T., j. em 11.11.2019).

neração dá-se quando o provimento é parcial, porquanto nessa hipótese indicia-se que o recurso não fora protelatório.

A lei dispensa o juiz da análise subjetiva porque a responsabilidade judicial, *in casu*, é objetiva, tal como aquela prevista para a execução provisória, a responsabilidade pelo risco judiciário.

A *ratio legis* se funda na constatação, revelada pela práxis, de que o vencedor suporta novas despesas diante da irresignação do vencido, por vezes contratando novos advogados especializados nos recursos para os Tribunais Superiores, onde a técnica da admissibilidade é deveras aguçada. Tal é a primeira fundamentação para o aumento da sucumbência: remunerar o "trabalho adicional" do advogado, em grau recursal (art. 85, § 11).

Em acréscimo, exsurge a função de desestimular recursos protelatórios, a qual, à luz da economia processual e da duração razoável do processo, deve preponderar, de sorte que, mesmo quando o patrono da parte vencedora em grau recursal se quedar inerte, sem demonstrar efetivo trabalho extra (sustentação oral, apresentação de memoriais etc.), a majoração é cabível.[45-46]

---

[45] "Agravo regimental no recurso extraordinário com agravo. Recurso interposto após o Novo Código de Processo Civil. Mérito. Incidência de multa. Julgamento por unanimidade. Majoração de honorários advocatícios. Julgamento por maioria, vencido o relator originário. Agravo regimental desprovido. Mérito recursal. Necessidade de revolvimento de matéria fática e interpretação de normas legais. Impossibilidade na estrita seara do recurso extraordinário. Majoração de honorários advocatícios em 1/4 (um quarto). Artigo 85, § 11, Código de Processo Civil. Ausência de resposta ao recurso. Irrelevância. Medida de desestímulo à litigância procrastinatória. Cabimento. Vencido o relator originário, no ponto" (ARE 973780 AgR, Rel. min. Marco Aurélio, Rel. p/ Acórdão Min. Edson Fachin, 1ª T., j. 06.12.2016).

[46] "(...) É devida a majoração da verba honorária sucumbencial, na forma do art. 85, § 11, do CPC/2015, quando estiverem presentes os seguintes requisitos, simultaneamente: a) decisão recorrida publicada a partir de 18.3.2016, quando entrou em vigor o novo Código de Processo Civil; b) recurso não conhecido integralmente ou desprovido, monocraticamente ou pelo órgão colegiado competente; e c) condenação em honorários advocatícios desde a origem no feito em que interposto o recurso.

6. Não haverá honorários recursais no julgamento de Agravo Interno e de Embargos de Declaração apresentados pela parte que, na decisão que não conheceu integralmente de seu recurso ou negou-lhe provimento, teve imposta contra si a majoração prevista no § 11 do art. 85 do CPC/2015.

7. Com a interposição de Embargos de Divergência em Recurso Especial tem início novo grau recursal, sujeitando-se o embargante, ao questionar decisão publicada na vigência do CPC/2015, à majoração dos honorários sucumbenciais, na forma do § 11 do art. 85, quando indeferidos liminarmente pelo relator ou se o colegiado deles não conhecer ou negar-lhes provimento.

8. Quando devida a verba honorária recursal, mas, por omissão, o Relator deixar de aplicá-la em decisão monocrática, poderá o colegiado, ao não conhecer do respectivo Agravo Interno ou negar-lhe provimento, arbitrá-la *ex officio,* por se tratar de matéria de ordem pública, que independe de provocação da parte, não se verificando *reformatio in pejus*.

9. Da majoração dos honorários sucumbenciais promovida com base no § 11 do art. 85 do CPC/2015 não poderá resultar extrapolação dos limites previstos nos §§ 2º e 3º do referido artigo.

10. É dispensada a configuração do trabalho adicional do advogado para a majoração dos honorários na instância recursal, que será considerado, no entanto, para quantificação de tal verba.

No tocante ao patamar de majoração, é possível que a jurisprudência distinga o recorrente malicioso daquele que veicula teses controvertidas, ainda que nos tribunais, o que ressoa injusta a punição *tout court*, tanto mais que há previsão expressa de litigância de má-fé para o recorrente protelatório (art. 80, VII, do CPC).[47]

Questão elegante é a que gravita em torno da reversão da sucumbência original, com o provimento do recurso. Nessa hipótese, a verba sucumbencial deve apenas ser revertida, sem majoração, sob pena de se prejudicar aquele que não interpôs o recurso, por ausência de interesse.

Não se pode perder de vista que a sucumbência recursal é um desdobramento da sucumbência global do processo, de sorte que cabe ao acórdão proferido pelo órgão colegiado (seja de segunda instância, seja nos tribunais superiores) determinar acréscimo aos honorários fixados em primeira instância, em virtude do maior trabalho e empenho que teve o advogado da parte vencedora, em razão da interposição de recurso. Para tanto, logicamente, é necessário que houvesse previsão de condenação em honorários no procedimento e que, efetivamente, tenha havido fixação em primeiro grau, consoante jurisprudência do Superior Tribunal de Justiça.[48]

4. DANO PROCESSUAL E LITIGÂNCIA DE MÁ-FÉ

A *litigância de má-fé* completa o quadro dos aspectos econômicos do processo, sendo certo que as sanções relativas a esse comportamento revertem em benefício da parte contrária (art. 96 do CPC).[49] Caso se trate de sanção a serventuário, o valor pertencerá à União ou ao Estado, a depender da Justiça em que se pratica o ato.

A sanção deriva de um atentado à dignidade da justiça[50], e por isso a lei permite a sua inflição *ex officio* pelo juiz ou pelo tribunal (art. 81, *caput*, do CPC). Poderá haver a

---

11. *In casu,* denota-se: a) a majoração da verba, no caso que ora se examina, decorre da inadmissão dos Embargos de Divergência – o que, como visto, trouxe novo grau recursal com sua interposição; b) a lei não exige comprovação do efetivo trabalho adicional realizado pelo advogado da parte recorrida para a majoração dos honorários. O trabalho adicional realizado pelo advogado da parte recorrida, em grau recursal, deve ser tido como critério de quantificação, e não como condição para majorar os honorários" (AgInt nos EAREsp 762.075/MT, Rel. Min. Felix Fischer, Rel. p/ Acórdão Min. Herman Benjamin, Corte Especial, j. 19.12.2018).

[47] "**Art. 80.** Considera-se litigante de má-fé aquele que:

(...)

VII – interpuser recurso com intuito manifestamente protelatório."

[48] Agravo interno. Agravo em recurso especial. Decisão interlocutória. Honorários advocatícios não fixados. Majoração do art. 85, § 11, do Código de Processo Civil indevida. 1. Não incide a regra do art. 85, § 11, do Código de Processo Civil, que trata da majoração de honorários advocatícios, quando o recurso é interposto contra decisão interlocutória em que não houve prévia fixação da verba. 2. Agravo interno provido (AgInt no AREsp 1178063/SP, Rel. Min. Maria Isabel Gallotti, 4ª T., j. 13.12.2018, *DJe* 19.12.2018).

[49] "**Art. 96.** O valor das sanções impostas ao litigante de má-fé reverterá em benefício da parte contrária, e o valor das sanções impostas aos serventuários pertencerá ao Estado ou à União."

[50] Importante anotar que a Terceira Turma do STJ já entendeu que a gratuidade de justiça não pode ser revogada como punição por litigância de má-fé. Confira-se:

incidência de multa e *perdas e danos* impostas àquele que pleitear de má-fé como autor, réu ou interveniente (art. 79 do CPC),[51] e a fixação de tais medidas pressupõe prejuízo objetivo, restando inócua a simples alegação de atuação temerária.

Destarte, o elemento subjetivo afere-se casuisticamente, razão pela qual não se admite a revisão da sanção nos recursos em que é interditada a análise da prova, *v.g.*, no recurso especial ou no extraordinário.

Impende esclarecer que a inflição dessa sanção processual não exclui as custas e os honorários (art. 81 do CPC),[52] bem como as imposições previstas no direito material (art. 940, do Código Civil), e pode ser aplicada mesmo ao demandante vitorioso na causa que agira como *improbus litigator* em determinado incidente processual. Deveras, ante essa autonomia, a sanção pecuniária incide mesmo nos ritos em que as despesas processuais não são previstas, *v.g.*, na lei do mandado de segurança. Destarte, a prática reiterada da litigância de má-fé implica repetidas sanções.

O valor das perdas e danos pode ser objetivamente aferível por meio de liquidação por arbitramento, após imposição pelo juiz, de ofício, ou a requerimento da parte, mas, sendo possível, deve ser fixado de imediato (art. 81, § 3º, *in fine*, do CPC).

A sede para engendrar-se a exigibilidade das perdas e danos é nos próprios autos e juízo onde a sanção foi imposta, pela inegável competência funcional do juiz que as arbitrou.

Anote-se, por fim, o anseio generalizado, *de lege ferenda*, na instituição da "sucumbência recursal" como meio de desestímulo às impugnações infundadas e técnica coadjuvante de efetividade processual, tornando as decisões mais imediatas e mais ágeis os procedimentos.

4.1 Deveres das partes e dos procuradores

O processo encerra uma relação jurídica de direito público em que sobressai o dever do Estado de prestar justiça como substitutivo da vingança privada. No exercício dessa ati-

---

PROCESSUAL CIVIL. NEGATIVA DE PRESTAÇÃO JURISDICIONAL. SÚMULA 284/STF. LITIGÂNCIA DE MÁ-FÉ. PARTE BENEFICIÁRIA DA GRATUIDADE DE JUSTIÇA. REVOGAÇÃO DO BENEFÍCIO. DESCABIMENTO. (...) 5. As sanções aplicáveis ao litigante de má-fé são aquelas taxativamente previstas pelo legislador, não comportando interpretação extensiva. Assim, apesar de reprovável, a conduta desleal, ímproba, de uma parte beneficiária da assistência judiciária gratuita não acarreta, por si só, a revogação do benefício, atraindo, tão somente, a incidência das penas expressamente cominadas no texto legal. 6. A revogação do benefício - importante instrumento de concretização do acesso à justiça - pressupõe prova da inexistência ou do desaparecimento da incapacidade econômica, não estando atrelada à eventual conduta improba da parte no processo. 7. Recurso especial parcialmente conhecido e, nessa extensão, parcialmente provido (REsp 1.989.076/MT, Rel. Min. Nancy Andrighi, 3ª T., j. em 17.05.2022, *DJe* de 19.05.2022.)

[51] "**Art. 79.** Responde por perdas e danos aquele que litigar de má-fé como autor, réu ou interveniente."

[52] "**Art. 81.** De ofício ou a requerimento, o juiz condenará o litigante de má-fé a pagar multa, que deverá ser superior a um por cento e inferior a dez por cento do valor corrigido da causa, a indenizar a parte contrária pelos prejuízos que esta sofreu e a arcar com os honorários advocatícios e com todas as despesas que efetuou.

§ 3º O valor da indenização será fixado pelo juiz, ou, caso não seja possível mensurá-lo, liquidado por arbitramento ou pelo procedimento comum, nos próprios autos."

vidade pública, o juiz vela para que se preserve a seriedade da jurisdição, impedindo, assim, atos atentatórios à dignidade da justiça. Sem prejuízo às próprias partes, à semelhança de suas condutas frente à autoridade pública, devem guardar o mais estrito comportamento ético no desígnio de colher a palavra substitutiva do Estado. Dessa sorte, a obtenção da vitória judicial deve ser fruto do equilíbrio das armas utilizadas e da preponderância do melhor direito, porquanto o ordenamento jurídico não protege iniquidades.

Em consonância com essa ideologia, o legislador processual traça princípios que devem ser observados pelas partes e pelos seus procuradores no afã de manter esse respeito à dignidade da justiça, prevendo sanções para as transgressões do que se convencionou denominar "princípio da probidade processual". É nesse afã que a lei determina competir às partes e aos seus procuradores, no art. 77 do CPC: (I) expor os fatos em juízo conforme a verdade; (II) não formular pretensão ou de apresentar defesa quando cientes de que são destituídas de fundamento; (III) não produzir provas e não praticar atos inúteis ou desnecessários à declaração ou à defesa do direito; (IV) cumprir com exatidão as decisões jurisdicionais, de natureza provisória ou final, e não criar embaraços à sua efetivação; (V) declinar, no primeiro momento que lhes couber falar nos autos, o endereço residencial ou profissional onde receberão intimações, atualizando essa informação sempre que ocorrer qualquer modificação temporária ou definitiva; (VI) não praticar inovação ilegal no estado de fato de bem ou direito litigioso; e (VII) informar e manter atualizados seus dados cadastrais perante os órgãos do Poder Judiciário e, no caso do § 6º do art. 246 deste Código, da Administração Tributária, para recebimento de citações e intimações. (Incluído pela Lei nº 14.195, de 2021).

A desobediência a esses preceitos implica a qualificação da conduta como "litigância de má-fé". A *litigância de má-fé* completa o quadro dos aspectos econômicos do processo, e as sanções relativas a esse comportamento se revertem em benefício da parte contrária (art. 96 do CPC)[53].

---

[53] PROCESSUAL CIVIL. ADMINISTRATIVO. ATUALIZAÇÃO DE QUINTOS INCORPORADOS. MANUTENÇÃO DE PAGAMENTO APÓS JULGAMENTO ADMINISTRATIVO. ERRO OPERACIONAL. IRRELEVÂNCIA. TESE REPETITIVA N. 1.009/STJ. INAPLICABILIDADE. MODULAÇÃO TEMPORAL EXPRESSA. INVOCAÇÃO DE PRECEDENTE VINCULANTE MANIFESTAMENTE INAPLICÁVEL. VIOLAÇÃO DOS DEVERES DE COOPERAÇÃO, BOA-FÉ E LEALDADE PROCESSUAL. PRINCÍPIO *CANDOR TOWARD THE COURT* (CANDURA PERANTE A CORTE). *DUTY TO DISCLOSE ADVERSE AUTHORITY* (DEVER DE EXPOSIÇÃO DE PRECEDENTE VINCULANTE ADVERSO). DESCABIMENTO MANIFESTO DA INSURGÊNCIA. MULTA. 1. O desconto de valores recebidos de boa-fé pelo servidor, quando decorrentes de erro operacional da administração, só é possível nos casos distribuídos após a publicação do acórdão em que se fixou a Tese de recurso repetitivo n. 1.009/STJ. 2. Em sistemas processuais com modelo de precedentes amadurecido, reconhece-se a exigência não só de que os patronos articulem os fatos conforme a verdade, mas que exponham à Corte até mesmo precedentes contrários à pretensão do cliente deles. Evidentemente, não precisam concordar com os precedentes adversos, mas devem apresentá-los aos julgadores, desenvolvendo argumentos de distinção e superação. Trata-se do princípio da candura perante a Corte (*candor toward the Court*) e do dever de expor precedente vinculante adverso (*duty to disclose adverse authority*). 3. O presente caso não exige tamanha densidade ética. No entanto, não se pode ter como razoável que a parte sustente a pre-

Cap. 4 • ASPECTOS ÉTICOS E ECONÔMICOS DO PROCESSO | **111**

O fato de a natureza da sanção derivar de um "atentado à dignidade da justiça" permite a sua inflição *ex officio* pelo juiz ou pelo tribunal (art. 81, *caput* e §§ 1º e 2º, do CPC)[54] e representa medida repressiva infligida àquele que pleitear de má-fé como autor, réu ou interveniente (art. 79 do CPC).[55] A exemplo do dever de reparar os danos processuais, a imposição dessa sanção processual não exclui as custas e os honorários (art. 81 do CPC) e pode ser aplicada mesmo ao demandante vitorioso.

A sanção, aqui, tem valor preciso: multa entre 1% e 10% do valor corrigido da causa ou, sendo irrisório ou inestimável tal montante, de até dez salários mínimos. Havendo pluralidade de litigantes de má-fé, cada um será condenado na proporção de seu interesse na causa ou, se ambos se coligaram para lesar a parte contrária, solidariamente ao total da multa.

4.2 Descumprimento das decisões judiciais. Atentado à justiça. Crime de desobediência

A reforma processual de 2001 do Código passado trouxe um dever, que foi mantido no atual CPC, decorrente do surgimento de técnicas de agilização da resposta judicial, como sói ser a tutela antecipada, tornando-o harmônico com o ordenamento processual como um todo.

Isso porque, desde o surgimento da antecipação da tutela de mérito com o seu provimento imediato, efetivo e mandamental, subjaz a perplexidade de a medida inicial vir revestida de mais eficácia do que o próprio provimento final, adotado com base em cognição plena.

Revelou-se para muitos insustentável, à luz da lógica jurídica, que a decisão liminar do juiz pudesse ter um efeito prático mais eficiente e enérgico do que o próprio provimento final.

---

tensão em precedente manifestamente contrário ao caso em tela, apontando-o como vinculante em hipótese que teve sua incidência patentemente excluída, por força de modulação, omitindo--se sobre a existência da exceção. 4. A invocação do precedente vinculante na hipótese temporal expressamente excluída de sua incidência pelo próprio julgamento controlador configura violação dos deveres de lealdade, de boa-fé e de cooperação processual, ensejando a aplicação da multa do art. 1.021, § 4º, do CPC/2015, ante manifesta inadmissibilidade. 5. Agravo interno a que se nega provimento, com imposição de multa, fixada em 5% do valor atualizado da causa. (AgInt nos EDcl no RMS n. 34.477/DF, Rel. Min. Og Fernandes, 2ª T., j. em 21.06.2022, *DJe* de 27.06.2022.)

54 "**Art. 81.** De ofício ou a requerimento, o juiz condenará o litigante de má-fé a pagar multa, que deverá ser superior a um por cento e inferior a dez por cento do valor corrigido da causa, a indenizar a parte contrária pelos prejuízos que esta sofreu e a arcar com os honorários advocatícios e com todas as despesas que efetuou.

§ 1º Quando forem 2 (dois) ou mais os litigantes de má-fé, o juiz condenará cada um na proporção de seu respectivo interesse na causa ou solidariamente aqueles que se coligaram para lesar a parte contrária.

§ 2º Quando o valor da causa for irrisório ou inestimável, a multa poderá ser fixada em até 10 (dez) vezes o valor do salário mínimo."

55 "**Art. 79.** Responde por perdas e danos aquele que litigar de má-fé como autor, réu ou interveniente."

Impunha-se esclarecer de maneira transparente e ousada como se deveria efetivar o provimento antecipado: pela execução tradicional ou de imediato? Quais seriam as consequências resultantes do descumprimento da decisão antecipatória?

O legislador da reforma foi claro ao responder a esses novos anseios quanto à decisão judicial, com a inclusão do inciso V ao então art. 14 do CPC/1973 – atual art. 77, inciso IV, que diz ser dever das partes, de seus procuradores e de todos aqueles que de qualquer forma participem do processo cumprir com exatidão as decisões jurisdicionais, de natureza provisória ou final, e não criar embaraços à sua efetivação.

A redação explicitou em boa hora que as decisões antecipatórias são mandamentais e, portanto, o descumprimento destas implica delito de desobediência. É que ressoa inconcebível que decisões administrativas sejam protegidas no seu prestígio pelo direito penal e o descumprimento das decisões judiciais passem ao largo, sem qualquer medida de preservação da autoridade judicial. Ademais, a lei passou a considerar atentatório à dignidade da justiça e, portanto, criminalizou o descumprimento imotivado de qualquer decisão judicial, mandamental ou não, adotando a mesma *ratio* acima evidenciada.

O legislador processual observou, de forma nítida, que a decisão condenatória é a forma mais imprecisa de resposta judicial. O juiz, quando condena, limita-se a exortar a parte a que cumpra a decisão judicial sob pena de se prosseguir à fase de cumprimento, que é uma via mais penosa do que a própria cognição.

Destarte, alguns ritos autoexecutáveis e coadjuvados por sanções têm demonstrado maior efetividade no cumprimento das decisões de diversas naturezas, como a que impõe o dever de prestar alimentos, a qual, descumprida imotivadamente, torna o devedor passível de sofrer a coerção pessoal da prisão, sem prejuízo do cumprimento específico da obrigação.

Seguindo esses princípios, e trazendo para o sistema processual a tutela de urgência satisfativa, o legislador aumentou o rol dos deveres das partes para consagrar o de "cumprir com exatidão os provimentos mandamentais e não criar embaraços à efetivação de provimentos judiciais, de natureza antecipatória ou final".

Por outro lado, considerou que a todo dever há de corresponder uma sanção pelo descumprimento, que constitui ato atentatório à dignidade da justiça – no Código anterior, mencionava-se ato atentatório à dignidade da jurisdição. Para tanto, deve o juiz alertar o sujeito envolvido e, em caso de persistência, arbitrar multa de até 20% do valor da causa, de acordo com a gravidade da conduta – salvo quando este for irrisório ou inestimável, quando terá o valor fixado em até dez salários mínimos (art. 77, §§ 1º a 5º).[56]

---

[56] "**Art. 77, § 1º.** Nas hipóteses dos incisos IV e VI, o juiz advertirá qualquer das pessoas mencionadas no *caput* de que sua conduta poderá ser punida como ato atentatório à dignidade da justiça.

§ 2º A violação ao disposto nos incisos IV e VI constitui ato atentatório à dignidade da justiça, devendo o juiz, sem prejuízo das sanções criminais, civis e processuais cabíveis, aplicar ao responsável multa de até vinte por cento do valor da causa, de acordo com a gravidade da conduta.

§ 3 º Não sendo paga no prazo a ser fixado pelo juiz, a multa prevista no § 2º será inscrita como dívida ativa da União ou do Estado após o trânsito em julgado da decisão que a fixou, e sua execução observará o procedimento da execução fiscal, revertendo-se aos fundos previstos no art. 97.

Tal montante será revertido em favor do fundo de modernização do Poder Judiciário (art. 77, § 3º), da União ou do Estado, sendo executado pela via fiscal. Forçoso convir que, se tratando de dever descumprido para com o Estado, o valor da multa pertence à entidade pública, quer seja pago voluntariamente, quer seja inscrito como dívida ativa.

Quando o violador da conduta for advogado público, privado, defensor público ou membro do Ministério Público, a multa não é aplicável, cabendo a apuração da responsabilidade ao respectivo órgão de classe ou corregedoria, o que reflete respeito do Código pela autonomia das instituições (art. 77, § 6º).[57]

Um alerta é importante: as partes e o juiz dispõem de mecanismos para evitar excessos ou insuficiências da multa, previstos no art. 536 do CPC, que funcionam como regra geral para as *astreintes*.

O referido dispositivo, imperioso notar, ascende ao cenário processual em plena vigência magna do princípio da efetividade. Dessa sorte, o juiz somente aplicará as sanções indiretas se não lograr alcançar o resultado pretendido pelos meios de sub-rogação, *v.g.*, a entrega da coisa ao vencedor, a apropriação do dinheiro do devedor em estabelecimento bancário com a consequente entrega ao credor, ou, ainda, realizar a obrigação de fazer descumprida às expensas imediatas do devedor etc.

Depreende-se, em nosso entender, que todas as decisões judiciais deixaram de ser meramente condenatórias e passaram a ser ordenatórias, admitindo-se o seu descumprimento, apenas nas hipóteses em que sua exigibilidade esbarra na impossibilidade prática de cumpri-la (*ad impossibilia nemo tenetur*). Assim, *v.g.*, se o vencido não paga o débito consagrado na decisão judicial trânsita, podendo fazê-lo, opondo embaraços ao cumprimento do julgado, fica sujeito às sanções previstas.

Advirta-se que, mesmo antes do trânsito em julgado, prevê-se densa modificação que vai compatibilizar a efetivação das decisões antecipatórias com as decisões finais. Conforme já se adiantou, é inexplicável que a efetivação da decisão antecipatória seja mais eficiente do que a da decisão final. Por essa razão, ambas sujeitar-se-ão à execução provisória, que ora é mais eficaz do que outrora, mais ampla, permitindo mesmo a satisfatividade só verificável na execução definitiva, mas condicionada nalguns casos à caução, seguindo o moderno Direito europeu, notadamente a Itália (que inclusive dispensa caução), a Alemanha e Portugal.

Atentando para esses novos escopos não é demasiado concluir que a finalidade da lei foi tornar operante, desde logo, a decisão, sendo, portanto, autoexecutável e mandamental, por isso que, criado o embaraço ao seu cumprimento, imediatamente surgem as sanções.

---

§ 4º A multa estabelecida no § 2º poderá ser fixada independentemente da incidência das previstas nos arts. 523, § 1º, e 536, § 1º.

§ 5º Quando o valor da causa for irrisório ou inestimável, a multa prevista no § 2º poderá ser fixada em até 10 (dez) vezes o valor do salário mínimo."

[57] "**Art. 77, § 6º**. Aos advogados públicos ou privados e aos membros da Defensoria Pública e do Ministério Público não se aplica o disposto nos §§ 2º a 5º, devendo eventual responsabilidade disciplinar ser apurada pelo respectivo órgão de classe ou corregedoria, ao qual o juiz oficiará."

A verificação do obstáculo ao cumprimento da decisão é interinal, no mesmo processo, assim como a imposição das sanções.

O legislador, ao generalizar o regime mandamental para todas as demais decisões, fez inserir, a um só tempo, técnica de agilização da resposta judicial e meio profícuo de resgate do prestígio do Poder Judiciário.[58]

A tutela de conhecimento do tipo "mandamental" apresenta resistências doutrinárias quanto à sua admissibilidade. Mandamentais são ações em que o comando judicial, mercê de apresentar o conteúdo dos demais, encerra uma ordem que é efetivada "na mesma relação processual" de onde emergiu o mandamento. A peculiaridade é a sua efetividade e unidade procedimental da cognição e execução e representam um plus em relação às decisões "executivas" *lato sensu*. Tributa-se a Kuttner a criação das ações de mandamento, aceitas por parte da doutrina nacional.

A característica da ação mandamental é a realizabilidade prática do direito litigioso no procedimento da cognição mediante execução ou ordem. Afina-se essa forma de tutela com os casos de periclitação, como sói ocorrer com a tutela de segurança. A mandamentalidade está na "preponderância da ordem sobre o julgamento", isto é, a declaração do direito precede, mas a eficácia que se busca é a ordenatória e não a condenatória, como imaginam aqueles que não concebem emita o juiz ordens. Essa mandamentalidade das sentenças verifica-se pela sua pronta realizabilidade prática. Esse aspecto mandamental faz do provimento "execução para segurança" e não "segurança para execução", binômios criados por Pontes de Miranda. O reconhecimento desse tipo de tutela é decorrência do poder necessário à efetividade dos provimentos judiciais, sob pena de grave desprestígio para a função jurisdicional.

---

[58] Forçoso repisar as linhas que traçamos acerca da diferença entre condenar e ordenar. A *tutela condenatória*, diferentemente da declaratória, não incide sobre o preceito, senão sobre a sanção da norma. A referida espécie pertine ao fenômeno "lide de pretensão resistida", que engloba não só os casos em que a contestação do direito exige a intervenção judicial para exarar a certeza jurídica necessária, como também as hipóteses de violação efetiva do direito subjetivo, quando então o restabelecimento do estado anterior, pela incidência da sanção, faz-se por obra do Estado-juiz. Assim como não pode o particular impor a sua interpretação acerca do direito, também não lhe é lícito atribuir uma lesão ao seu direito, impondo a sanção da lei ao outro contender. A sentença particulariza e especifica a sanção imputável ao violador, com a característica maior de colocar o Estado à disposição do lesado para, em atividade complementar à cognição, tornar realidade o "preceito sancionatório". O *plus* na tutela condenatória está em que o autor não se limita ao pedido de dissipação da incerteza jurídica, acoplando-lhe o de aplicação da sanção cabível. De toda sorte, o pedido de declaração é implícito e reveste-se de força de coisa julgada após a condenação, tanto que a propositura posterior de ação declaratória, em curso a ação condenatória, revela o fenômeno da "litispendência". A lesão "atual" aponta o interesse de agir na tutela condenatória, admitindo-se, outrossim, a "condenação para o futuro" nos casos em que a prevenção por si só habilita o ingresso na justiça, dependendo a efetivação da sanção de fato posterior. Aduz-se, assim, a uma "condenação para o futuro", instrumentalizando-se a sanção posterior em processo complementar de "liquidação por artigos". É o que ocorre, *v.g.*, com a condenação do locador se não utilizar o prédio locado retomado, com a prevenção sancionatória do interdito proibitório, e com a condenação das prestações vincendas etc.

Revela-se mesmo inexplicável que o juízo da condenação não seja o imediato juízo da satisfação, perplexidade que ora se afasta.

Em acréscimo, existe o viés criminal do descumprimento. A sanção penal é consectária do crime de desobediência. A sanção civil consiste nas perdas e danos e as sanções processuais são as aplicáveis ao litigante de má-fé, tais como a multa como meio de coerção, que incide até o cumprimento da sentença, ou a interdição processual, genericamente prevista no "atentado".

Evidentemente, não se conjura a possibilidade de a parte se opor juridicamente ao cumprimento das decisões, mas, se assim o faz, sujeita-se aos mesmos riscos daqueles que enfrentam decisões mandamentais, descumprindo-as.

5. ASSISTÊNCIA JURÍDICA E GRATUIDADE DE JUSTIÇA

5.1 Assistência jurídica

A Constituição de 1988, mantendo a nossa tradição, estabeleceu a assistência jurídica integral aos necessitados. Tal direito é concretizado pela oferta do serviço público da Defensoria Pública (art. 134 da Constituição Federal), instituição constitucional autônoma que, administrativamente, delineia os contornos para aferição dos beneficiários.

As declarações fundamentais da pessoa humana, em especial as da ONU, da Europa, mais modernamente reiteradas em Viena, e as dos povos de todos os continentes, afirmam que os homens nascem iguais em direitos e dignidade, tendo inclusive o direito a um processo justo, decidido por um juiz imparcial, num prazo razoável de tempo.

A consequência dessas garantias fundamentais que se inserem em várias constituições é o denominado "acesso à Justiça". Hans Kelsen, jusfilósofo do século passado, já afirmara que "a justiça ainda é o sonho mais formoso da humanidade".

A dignidade humana, valor exacerbado pós-guerra, fruto de lutas contra os horrores do nazifascismo, na visão percuciente de Hanna Arendt, transformou o homem em centro de gravidade da ordem jurídica.

Esses dois fatores são suficientes à demonstração da importância de se conferir ao cidadão pobre um efetivo acesso à justiça, tal como se concede àquele mais abastado, de forma que o processo seja um método de debate entre pessoas iguais, que lutam com armas iguais, o que, no dizer da doutrina italiana, é a *equalianza delle armi*, a qual consagra a conquista norte-americana da cláusula pétrea do *due process of law*.

Deveras, estudos recentes, como o do saudoso Professor Mauro Cappelletti em conjunto com o Professor Brian Garth, ambos da Universidade de Stanford, denominado *justice for all*, também conhecido como o "Projeto de Florença sobre o acesso à justiça", detectaram que, dentre os males contemporâneos do processo judicial, se situa a questão dos custos e das desigualdades técnicas entre os litigantes, a par de outros problemas como o excesso de formalismos e até mesmo a má qualidade da resposta judicial.

A questão dos custos emigra para o tema desse encontro que poderia ser resumido na seguinte indagação: o acesso à justiça, se for dispendioso, é propiciado à população de baixa renda?

A resposta a essa indagação central conduz-nos às especulações em busca de uma solução para a questão tormentosa que se situa entre os limites da igualdade e da dignidade humana.

Uma observação, de toda sorte, deve ser feita: inúmeras vezes, diante de problemas recorrentes, de ampla repercussão e de difícil solução, o importante não é obter a resposta de pronto, mas, antes, não parar de persegui-la. É que nem sempre uma só solução é a adequada.

Karl Engisch, jusfilósofo, na sua introdução ao pensamento jurídico, exemplifica essa assertiva de que não existe uma só solução para os problemas jurídicos com uma passagem literária muito interessante. O autor narra que, certo dia, as paredes do metrô de New York amanheceram com inúmeras inscrições dizendo: "GOOD IS THE ANSWER". No dia seguinte, essas paredes ostentavam novas indagações, a saber: "WHICH IS THE QUESTION?".

Primeiramente, convém assentar que a expressão "assistência judiciária", a qual outrora incluía tão somente a advocacia *pro bono*, hodiernamente abrange esse patrocínio judicial gratuito, bem como a assistência jurídica integral, com a dispensa do pagamento de toda e qualquer despesa, ainda que a parte assistida venha a sucumbir na causa.

Esse último aspecto implica um estímulo para que as pessoas em situação de vulnerabilidade econômica recorram ao Judiciário sem o temor de, ao final, se vencidas, terem que pagar despesas.

A medida é tanto mais salutar porquanto o pobre não é vocacionado às aventuras judiciais, no sentido de que não o estimula litigar pelo fato de o processo ser gratuito.

Ademais, a assistência gratuita integral permite-lhe obter soluções, no âmbito administrativo e judicial, sem despesas, bem como a obtenção de certidões e documentos necessários a fazer valer o seu direito em juízo.

Outrossim, a assistência judiciária impõe que a população desfavorecida tenha maiores informações sobre os seus direitos, destacando-se o estudo do professor John Mahyew em "Law and Society", no sentido de que é preciso aumentar o grau de conhecimento da população acerca dos seus direitos.

Sob esse enfoque, no Brasil tem sido uma prática rotineira a elaboração de cartilhas, com linguagem simplificada, visando ao esclarecimento de problemas do cotidiano jurídico aos cidadãos, especialmente relacionados ao direito de família, tais como divórcio, paternidade, herança, direitos de homens e mulheres casados, bem como de conviventes, esses últimos casais que vivem juntos sem a bênção de um padre e a chancela do juiz de paz, mas que, ainda assim, constituíram uma família. Igualmente, são esclarecidas questões contratuais, de posse e propriedade de terras e tudo quanto diga respeito aos denominados "direitos fundamentais do ser humano".

Essa assistência jurídica ainda tem contado com efetiva participação do Welfare State por meio da criação das *small claim* ou juizados de causa de pequeno valor e pequena complexidade, destinados à solução dos problemas jurídicos do cidadão desfavorecido.

Deveras, partindo-se da premissa de que somente pode exercer os seus direitos aquele que os sabe existentes, impõe-se a maior informação jurídica do cidadão, além do aconselhamento pelo profissional destinado a atendê-lo.

Nesse sentido, tivemos a oportunidade de testar, com proveito, a criação de centros de aconselhamento e conciliação, como postos avançados de justiça, formados por integrantes das faculdades de direito, que trabalham em núcleos de cidadania em localidades pobres, instruindo a população sobre seus direitos.

É forçoso destacar o quão importante e eficiente é o trabalho das faculdades de direito nesse atendimento à população pobre, haja vista colocar à disposição um material humano inigualável, composto por jovens idealistas e preparados para o encargo, que recebem, em contrapartida, pontos necessários ao engrandecimento do currículo universitário, substituindo, dessa forma, o estágio profissional obrigatório. As faculdades de direito têm sido incansáveis em coadjuvar o Estado nessa tarefa de atendimento à população carente, sendo certo que, há mais de duas décadas, integram os denominados "escritórios-modelo", equiparados aos *bureaus* de advocacia profissional, divididos em áreas específicas e que atendem graciosamente aos economicamente hipossuficientes até o final do processo.

Uma proposta mais arrojada foi adotada nesse início de século, denominada "justiça sobre rodas" ou "Justiça Itinerante"[59]. Trata-se de um escritório instalado no interior de um ônibus, que percorre determinados pontos da cidade, com prévio aviso à comunidade local, destinando-se a regularizar a documentação da população atendida, bem como a solucionar diversos problemas jurídicos, inclusive por meio de conciliação ou de audiências judiciais, apresentando magníficos resultados.

Desde a Emenda Constitucional 45/2004, os arts. 107, § 2º, 115, § 1º e 125, § 7º, da CRFB/1988 passaram a expressamente estabelecer que os Tribunais Regionais Federais, os Tribunais Regionais do Trabalho e os Tribunais de Justiça devem instalar e implementar, de acordo com as suas particularidades locais, a Justiça Itinerante[60].

Em 2022, o Conselho Nacional de Justiça publicou a Resolução CNJ nº 460/2022[61], estabelecendo diretrizes e procedimentos para efetivar o pleno acesso à Justiça por meio dos Serviços da Justiça Itinerante (SEJI). Com efeito, almejou-se a ampliação do acesso à justiça e a prestação jurisdicional nacional aos que se encontram em condições de vulnerabilidade econômica, social e geográfica, razão pela qual entre os princípios da normativa estão a aproximação dos serviços do sistema de Justiça da sociedade vulnerável

---

[59] Interessante documentário sobre a Justiça Itinerante do Rio de Janeiro foi produzido pela Escola da Magistratura do TJRJ (EMERJ). Disponível em: https://www.youtube.com/watch?v=cwz9QHIpUJA, último acesso em 16 fev. 2023.

[60] "**Art. 107, § 2º.** Os Tribunais Regionais Federais instalarão a justiça itinerante, com a realização de audiências e demais funções da atividade jurisdicional, nos limites territoriais da respectiva jurisdição, servindo-se de equipamentos públicos e comunitários.
"**Art. 115, § 1º.** Os Tribunais Regionais do Trabalho instalarão a justiça itinerante, com a realização de audiências e demais funções de atividade jurisdicional, nos limites territoriais da respectiva jurisdição, servindo-se de equipamentos públicos e comunitários".
"**Art. 125, § 7º.** O Tribunal de Justiça instalará a justiça itinerante, com a realização de audiências e demais funções da atividade jurisdicional, nos limites territoriais da respectiva jurisdição, servindo--se de equipamentos públicos e comunitários".

[61] Disponível em: https://atos.cnj.jus.br/atos/detalhar/4575, último acesso em 16 fev. 2023.

ou que se encontre em locais de difícil acesso, bem como a garantia do acesso digital ao excluídos digitalmente, impondo-se aos tribunais o dever de promover um ambiente de acolhimento e informação para o uso correto da tecnologia[62].

A assistência judiciária, na sua acepção estrita, abrange o auxílio de um profissional jurídico ao hipossuficiente (*pro bono*) e a liberação das despesas processuais ou extrajudiciais necessárias para efetivar judicialmente os direitos violados do cidadão.

Em todos os sistemas, o advogado *pro bono* atua nos diversos segmentos do direito, desde a jurisdição civil até a jurisdição penal, abarcando, inclusive, o contencioso administrativo.

Deveras, a assistência judiciária também pode ser deferida apenas para a execução da decisão proferida em ação coletiva, na parte em que favorece um interesse individualizado (coisa julgada *in utilibus*).

O Brasil consagra a assistência judiciária integral como garantia fundamental do cidadão, e, *a fortiori*, cláusula pétrea, obstando que o legislador ordinário possa suprimi-la (art. 5º, inciso LXXIV, da Constituição Federal do Brasil).

A assistência se opera de duas formas distintas: a primeira por um órgão estatal denominado "defensoria pública", com atuação em todos os graus de jurisdição; a segunda, mediante a escolha pelo próprio necessitado de um advogado que aceite o encargo. A prioridade é do primeiro sistema, operando-se o segundo nos locais onde não há defensoria pública instituída. Neste último caso, tanto o necessitado quanto a ordem dos advogados local podem indicar um profissional qualificado.

Imperioso salientar que tanto o defensor público quanto o advogado fazem jus aos honorários sucumbenciais na hipótese de vitória na causa, sendo certo que serão revertidos à Defensoria Pública, quando atuante, ou ao próprio advogado, quando atuar *pro bono*.

A concessão da gratuidade das despesas e a indicação do advogado *pro bono* pressupõem pobreza, que é presumida relativamente (presunção *juris tantum*), em declaração firmada pelo próprio necessitado, não impedindo, contudo, impugnação judicial pela parte contrária. O ato de sua concessão é privativo do juiz competente para a causa.

A experiência demonstrou que a forma mais célere de se decidir essa questão é formulá-la e analisá-la quando da propositura da ação, salvo se antes desse momento a parte necessitar do benefício para municiar-se de elementos para intentar a sua demanda. Nessa hipótese, há um procedimento prévio e próprio no qual se debate apenas se a parte faz jus à assistência judiciária. É mister ressaltar que o benefício pode ser concedido apenas parcialmente, se o cidadão suportar pagar parte das despesas sem o sacrifício da sua subsistência.

O juiz, no caso concreto, pode categorizar a parte como juridicamente necessitada para todos os fins de direitos, por exemplo, uma empresa que não ostenta condições para pagar as despesas processuais, porquanto encontrar-se em estado pré-falimentar.

---

[62] Mais informações em: https://www.cnj.jus.br/programas-e-acoes/direitos-humanos/justica-itinerante/, último acesso em 16 fev. 2023.

Por fim, cabe expor o panorama do Direito comparado, brevemente.

O referido Projeto de Florença demonstra que há sistemas diversos de assistência judiciária com variantes perfeitamente conciliáveis. Assim é que, no sistema *judicare*, preponderante na Europa por influência anglo-saxônica, o advogado *pro bono* é escolhido dentre advogados particulares e pagos pelo Estado, segundo uma tabela de honorários que variam conforme a natureza da causa.

O sistema da Assistência Judiciária prestada por um órgão público, como o adotado no Brasil, torna prioritária a atuação estatal, caracterizando o Estado como "intervencionista-social".

O sistema misto, preconizado pela Suécia, dentre outros países, como se colhe do estudo "An Introduction to the Swedish Public Legal Aid Reform", *in Toward Equal Justice: A Comparative Study of Legal Aid in Modern Societies* (text and materials – Mauro Cappelletti, James Gordley e Ead Johnson Jr., Ed. Giuffrè and Dobs Ferry-Oceana Publications Inc., NY, 1975, pp. 561-574), adota o método "binário", no qual a prestação da assistência judiciária é efetivada tanto por instituição pública, quanto por profissionais particulares reembolsados pelo Estado (sistema *jamtland*).

O aspecto comum a todos os sistemas abrange o que no direito francês denomina-se "*l'aide jurisdictionnelle et l'aide à l'access au droit*", ou seja, são englobadas as despesas judiciais e extrajudiciais.

Ladeando a fala destacada, cabe ressaltar a cooperação dos países do continente americano com vias de promover medidas que potencializem o acesso à justiça em todo o seu território. Trata-se de reconhecimento do acesso à justiça não só como valor constitucional a ser perseguido, mas como valor transnacional, na categoria de direitos universais da humanidade. Nesse sentido, foi redigida a declaração *pro bono* para as Américas, que estabeleceu o compromisso de que os países irão engendrar seus melhores esforços no tocante à efetivação do acesso à justiça.

5.2 Gratuidade de justiça

Por outro lado, o empecilho das custas processuais é superado, para os que não possuem condições de com elas arcar, pelo instituto da gratuidade de justiça, regulado em nosso Direito infraconstitucional desde 1950, na Lei nº 1.060, e agora, também, pelo CPC/2015.

A gratuidade de justiça (ou "benefício da justiça gratuita", como remotamente conhecida) torna acessível o Judiciário aos mais carentes, posto que os exonera de toda e qualquer despesa processual incompatível com a necessidade de subsistência do beneficiário[63]. Em consequência, os beneficiários são liberados de todas as despesas e honorários, podendo eleger o profissional que pretendem para atuar em juízo em prol do exercício de *munus* tão dignificante. As leis processuais, por seu turno, encarregam-se de reforçar o benefício.

---

[63] Conforme nota 314, registre-se que a Terceira Turma do STJ já entendeu que a gratuidade de justiça não pode ser revogada como punição por litigância de má-fé. REsp 1.989.076/MT, Rel. Min. Nancy Andrighi, 3ª T., j. em 17.05.2022, *DJe* de 19.05.2022.

O benefício da gratuidade pode ser requerido no início ou no curso do processo, e é resolvido por decisão interlocutória agravável. A eventual concessão de suspensividade pelo relator em caso de denegação confirma as facilidades de acesso aos menos favorecidos.

Nas unidades da federação em que há assistência judiciária institucionalmente organizada, cabe aos Defensores Públicos essa função, salvo se o advogado particular escolhido pelo beneficiário aceitar o encargo sem ônus para o jurisdicionado carente.

A Lei nº 1.060/1950, posta, para alguns, como não recepcionada pela novel Carta, apresentou vários aspectos procedimentais admiráveis, sendo os seus dispositivos interpretados no sentido de viabilizar o acesso rápido e simples ao Judiciário. Nessa linha de pensamento é que a jurisprudência consagrou a gratuidade extensiva às despesas de foro extrajudicial e às pessoas jurídicas, bem como colocando as obrigações decorrentes da sucumbência, quando vencido o beneficiário da gratuidade, sob condição suspensiva de exigibilidade, somente executável se o credor demonstrar o desaparecimento da insuficiência de recursos, que justificou a concessão da gratuidade, no prazo de cinco anos do trânsito em julgado (art. 12 da Lei nº 1.060/1950, agora regulado no art. 98, § 3º, do CPC). Demais disso, o Superior Tribunal de Justiça já assentou que a gratuidade de justiça também se aplica à tutela jurisdicional executiva.[64]

Há ressalvas relevantes à gratuidade de justiça, consoante se extrai do art. 98 do CPC.[65] Dessa forma, não são abarcadas pela gratuidade, por exemplo, as despesas

---

[64] "DIREITO PROCESSUAL CIVIL. RECURSO ESPECIAL. AÇÃO DE EXECUÇÃO DE TÍTULOS EXTRAJUDICIAIS. GRATUIDADE DE JUSTIÇA. PEDIDO FORMULADO POR UM DOS DEVEDORES. COMPATIBILIDADE DO BENEFÍCIO COM A TUTELA JURISDICIONAL EXECUTIVA. INTERPRETAÇÃO RESTRITIVA DO INSTITUTO. DESCABIMENTO. (...) 2. O propósito recursal consiste em dizer acerca da possibilidade de concessão, no processo de execução de título extrajudicial, do benefício da gratuidade de justiça em favor de um dos executados. 3. A gratuidade de justiça não é incompatível com a tutela jurisdicional executiva, voltada à expropriação de bens do devedor para a satisfação do crédito do exequente. 4. O benefício tem como principal escopo assegurar a plena fruição da garantia constitucional de acesso à Justiça, não comportando interpretação que impeça ou dificulte o exercício do direito de ação ou de defesa. 5. O direito à gratuidade de justiça está diretamente relacionado à situação financeira deficitária do litigante que não o permita arcar com as custas, as despesas processuais e os honorários advocatícios, o que não significa que peremptoriamente será descabido se o interessado for proprietário de algum bem. 6. Se não verificar a presença dos pressupostos legais, pode o julgador indeferir o pedido de gratuidade, após dispensar à parte oportunidade de apresentação de documentos comprobatórios (art. 99, § 2º, do CPC/15). 7. Ainda, o CPC contém expresso mecanismo que permite ao juiz, de acordo com as circunstâncias concretas, conciliar o direito de acesso à Justiça e a responsabilidade pelo ônus financeiro do processo, qual seja: o deferimento parcial da gratuidade, apenas em relação a alguns dos atos processuais, ou mediante a redução percentual de despesas que o beneficiário tiver de adiantar no curso do procedimento (art. 98, § 5º, do CPC/15)" (REsp 1837398/RS, Rel. Min. Nancy Andrighi, 3ª T., j. em 25.05.2021).

[65] "**Art. 98.** A pessoa natural ou jurídica, brasileira ou estrangeira, com insuficiência de recursos para pagar as custas, as despesas processuais e os honorários advocatícios tem direito à gratuidade da justiça, na forma da lei.

§ 1º A gratuidade da justiça compreende:

I – as taxas ou as custas judiciais;

decorrentes da sucumbência e as multas processuais que sejam aplicadas à parte. O legislador andou bem nesse sentido, uma vez que a gratuidade plena poderia levar à litigância irresponsável, que decerto afronta os interesses do ordenamento jurídico brasileiro e a lógica processual.

Ademais, é possível haver a concessão da gratuidade de justiça em relação a apenas um ou alguns atos, conforme dispõe o art. 98, § 5º, do CPC, no sentido de que, por vezes, podem ser exigidos atos que fogem à realidade financeira da parte para efetivar uma pretensão de menor valor, como a realização de provas periciais. Assim, ponderou-se a capacidade financeira da parte de arcar com as custas regulares com a premente necessidade de afastar obstáculos indesejáveis ao acesso à justiça.

II – os selos postais;

III – as despesas com publicação na imprensa oficial, dispensando-se a publicação em outros meios;

IV – a indenização devida à testemunha que, quando empregada, receberá do empregador salário integral, como se em serviço estivesse;

V – as despesas com a realização de exame de código genético – DNA e de outros exames considerados essenciais;

VI – os honorários do advogado e do perito e a remuneração do intérprete ou do tradutor nomeado para apresentação de versão em português de documento redigido em língua estrangeira;

VII – o custo com a elaboração de memória de cálculo, quando exigida para instauração da execução;

VIII – os depósitos previstos em lei para interposição de recurso, para propositura de ação e para a prática de outros atos processuais inerentes ao exercício da ampla defesa e do contraditório;

IX – os emolumentos devidos a notários ou registradores em decorrência da prática de registro, averbação ou qualquer outro ato notarial necessário à efetivação de decisão judicial ou à continuidade de processo judicial no qual o benefício tenha sido concedido.

§ 2º A concessão de gratuidade não afasta a responsabilidade do beneficiário pelas despesas processuais e pelos honorários advocatícios decorrentes de sua sucumbência.

§ 3º Vencido o beneficiário, as obrigações decorrentes de sua sucumbência ficarão sob condição suspensiva de exigibilidade e somente poderão ser executadas se, nos 5 (cinco) anos subsequentes ao trânsito em julgado da decisão que as certificou, o credor demonstrar que deixou de existir a situação de insuficiência de recursos que justificou a concessão de gratuidade, extinguindo-se, passado esse prazo, tais obrigações do beneficiário.

§ 4º A concessão de gratuidade não afasta o dever de o beneficiário pagar, ao final, as multas processuais que lhe sejam impostas.

§ 5º A gratuidade poderá ser concedida em relação a algum ou a todos os atos processuais, ou consistir na redução percentual de despesas processuais que o beneficiário tiver de adiantar no curso do procedimento.

§ 6º Conforme o caso, o juiz poderá conceder direito ao parcelamento de despesas processuais que o beneficiário tiver de adiantar no curso do procedimento.

§ 7º Aplica-se o disposto no art. 95, §§ 3º a 5º, ao custeio dos emolumentos previstos no § 1º, inciso IX, do presente artigo, observada a tabela e as condições da lei estadual ou distrital respectiva.

§ 8º Na hipótese do § 1º, inciso IX, havendo dúvida fundada quanto ao preenchimento atual dos pressupostos para a concessão de gratuidade, o notário ou registrador, após praticar o ato, pode requerer, ao juízo competente para decidir questões notariais ou registrais, a revogação total ou parcial do benefício ou a sua substituição pelo parcelamento de que trata o § 6º deste artigo, caso em que o beneficiário será citado para, em 15 (quinze) dias, manifestar-se sobre esse requerimento."

É interessante o tratamento das despesas sucumbenciais de responsabilidade do beneficiário da gratuidade. Embora seja condenado ao pagamento de custas e honorários, a exigibilidade desses valores fica sob condição suspensiva por 5 anos. Nesse prazo, acaso o credor demonstre a ultrapassagem da situação de hipossuficiência econômica, pode promover o cumprimento de sentença do montante; em caso contrário, passado o prazo, extinguem-se tais obrigações do beneficiário (art. 98, § 3º).

Procedimentalmente, o Código simplificou o requerimento da gratuidade e sua impugnação. Atualmente, pode-se fazer o pedido a qualquer momento, pela via de mera petição, ou em outra peça processual oportunamente praticada, desde que se alegue a hipossuficiência – para o caso de litigante pessoa natural – ou se a comprove – para pessoas jurídicas e formais (art. 99, § 3º).[66] A parte contrária, discordando, pode oferecer impugnação na contestação, na réplica, nas contrarrazões recursais ou por petição simples, nos demais casos, em 15 dias (art. 100).[67]

Destaca-se, ainda, que cabe agravo de instrumento contra a decisão que indeferir a gratuidade de justiça ou acatar pedido de revogação, conforme o art. 101 do CPC,[68] não se aplicando tal previsão para a decisão que o defere totalmente. A lógica é privilegiar a urgência da situação e a necessidade de impugnação imediata, sob o risco de se fulminar o acesso à justiça em um único ato – o que não ocorre para aquele que pretende questionar a concessão do benefício à parte adversária.

Nesse ponto, a doutrina advoga o cabimento do agravo para a concessão parcial da gratuidade ou o deferimento de pagamento parcelado, haja vista que há, aqui, certa sucumbência, na medida em que subsistirá, ainda que em parte, o dever de adimplir as custas.

---

[66] "**Art. 99**. O pedido de gratuidade da justiça pode ser formulado na petição inicial, na contestação, na petição para ingresso de terceiro no processo ou em recurso. (...)

§ 3º Presume-se verdadeira a alegação de insuficiência deduzida exclusivamente por pessoa natural."

[67] "**Art. 100**. Deferido o pedido, a parte contrária poderá oferecer impugnação na contestação, na réplica, nas contrarrazões de recurso ou, nos casos de pedido superveniente ou formulado por terceiro, por meio de petição simples, a ser apresentada no prazo de 15 (quinze) dias, nos autos do próprio processo, sem suspensão de seu curso.

Parágrafo único. Revogado o benefício, a parte arcará com as despesas processuais que tiver deixado de adiantar e pagará, em caso de má-fé, até o décuplo de seu valor a título de multa, que será revertida em benefício da Fazenda Pública estadual ou federal e poderá ser inscrita em dívida ativa."

[68] "**Art. 101**. Contra a decisão que indeferir a gratuidade ou a que acolher pedido de sua revogação caberá agravo de instrumento, exceto quando a questão for resolvida na sentença, contra a qual caberá apelação.

§ 1º O recorrente estará dispensado do recolhimento de custas até decisão do relator sobre a questão, preliminarmente ao julgamento do recurso.

§ 2º Confirmada a denegação ou a revogação da gratuidade, o relator ou o órgão colegiado determinará ao recorrente o recolhimento das custas processuais, no prazo de 5 (cinco) dias, sob pena de não conhecimento do recurso."

Capítulo 5
JURISDIÇÃO E COMPETÊNCIA

1. TUTELA JURISDICIONAL: CONCEITO E ESPÉCIES

1.1 Tutela jurisdicional: conceito

O Estado, como garantidor da paz social, avocou para si a solução monopolizada dos conflitos intersubjetivos pela transgressão à ordem jurídica, limitando o âmbito da autotutela.[1] Em consequência, dotou um de seus Poderes, o Judiciário, da atribuição de solucionar os referidos conflitos mediante a aplicação do direito objetivo, abstratamente concebido, ao caso concreto.[2] A supremacia dessa solução revelou-se pelo fato incontestável de que ela provém da autoridade estatal, cuja palavra, além de coativa, torna-se a última manifestação do Estado soberano acerca da contenda, de tal sorte que os jurisdicionados devem-na respeito absoluto, porque haurida de um trabalho de reconstituição dos antecedentes do litígio, com a participação dos interessados, cercados, isonomicamente, das mais comezinhas garantias.[3] Essa função denomina-se *jurisdicional* e tem o caráter tutelar da ordem e da pessoa, distinguindo-se das demais soluções do Estado pela sua imodificabilidade por qualquer outro poder, em face de adquirir o que se denomina em sede anglo-saxônica de "*final enforcing power*", consubstanciado na "coisa julgada".[4]

---

[1] A regra ressoa absoluta quanto aos particulares que não têm, por força mesmo da isonomia constitucional, poderes sobre seus concidadãos. No que pertine aos entes públicos, há uma tênue mitigação em face da presunção de legitimidade dos atos da administração acoplada ao *ius imperii* necessário à gestão da coisa pública. Entretanto, mesmo com esse *privilège du preable*, o controle posterior dos atos administrativos garante aos indivíduos a chancela judicial nesses conflitos. Destarte, nas atividades *no self executing*, o Estado se socorre da jurisdição assim como os particulares.

[2] A atividade jurisdicional de particularização do direito ao caso concreto conduziu a doutrina de **Chiovenda** à dicotomia entre a vontade abstrata e a vontade concreta da lei, concluindo o mestre que "a jurisdição consiste na atuação da lei mediante a substituição da atividade de órgãos públicos à atividade de outros, seja no afirmar a existência de uma vontade da lei, seja em determinar ulteriormente que ela produza seus efeitos" (*Principii di Diritto Processuale Civile*, 1928, p. 301).

[3] **Couture** atribuía a solução obtida por "*acto de la autoridad*" à principal característica da jurisdição, em *Fundamentos de Derecho Procesal Civil*, 1951, p. 4.

[4] O caráter dúplice – tutelar da jurisdição – foi decantado por toda a doutrina processual com supremacia para a "defesa da ordem jurídica". Assim **Liebman**, para quem a jurisdição tinha

O Estado, através da jurisdição, e provocado pelo interessado que exerce a ação, institui um método de composição do litígio com a participação dos reais destinatários da decisão reguladora da situação litigiosa, dispondo sobre os momentos em que cada um pode fazer valer as suas alegações, com o fim de alcançar um resultado corporificado em tudo quanto o Judiciário "sentiu" das provas e do direito aplicável retratado na "sentença". *Jurisdição, ação e processo* são, assim, os monômios básicos da estrutura do fenômeno judicial.[5]

Malgrado se revele um substitutivo das condutas barbáricas de outrora, o acesso à jurisdição deve ser excepcional, haja vista que, numa sociedade harmônica, o ideal, mercê do cumprimento espontâneo do direito, é a própria autocomposição, que otimiza sobremodo o relacionamento social. Esta é, sem dúvida, a razão pela qual os diplomas processuais modernos inserem a *fase de conciliação* como obrigatória nos processos judiciais, preocupação que levou o legislador constitucional brasileiro a contemplá-la na Carta Maior[6] e a propor, de *lege lata, a* sua inserção no início do procedimento, como consta da recente reforma ao CPC.[7] A jurisdição encerra, em suma, a restauração da legalidade e da justiça como instrumento eficaz ensejador da paz social e da preservação da garantia dos direitos do homem.[8]

A jurisdição não se limita à operação de subsunção do conflito à regra abstrata reguladora do conflito. Anota-se, em sede doutrinário-histórica, que a jurisdição compreendia cinco elementos, a saber: *notio, vocatio, coertitio, judicium* e *executio.*

Dessa constatação apreende-se o que pretendeu Carnelutti ao afirmar: "Juiz não é só o que julga, mas também aquele que ordena: é aquele, em suma, cuja decisão tem eficácia de uma ordem".[9] As modalidades de tutela variam conforme a natureza do conflito levado ao Judiciário. Há lides de "pretensão resistida" e lides de "pretensão insatisfeita"; vale dizer, há casos em que o Estado-juiz define direitos e outros em que a definição é um

---

como escopo "tornar efetiva a ordem jurídica e impor através do Judiciário a regra jurídica concreta que, por força do direito vigente, deve regular determinada situação jurídica" (*Corso di Diritto Processuale Civile*, 1952, p. 13). Por isso que se considera a jurisdição a *longa manus* do legislador.

[5] **Ramiro Podetti** denominou-o trilogia básica, em "Trilogia Estructural de la Ciencia del Proceso Civil", *Revista de Derecho Procesal*, 1944, p. 113.

[6] **Niceto Alcalá-Zamora y Castillo**, na insuperável e clássica obra *Proceso, Autocomposición y Autodefensa*, 1947, p. 13, já advertira que a solução do litígio poderia ser "egoísta" ou de "autodefesa" ou "altruísta" ou de "autocomposição", razão por que sustentava que "*proceso, autocomposición y autodefensa se nos presentan, pues, como las tres posibles desembocaduras del litigio*".

[7] **"Art. 334, CPC.** Se a petição inicial preencher os requisitos essenciais e não for o caso de improcedência liminar do pedido, o juiz designará audiência de conciliação ou de mediação com antecedência mínima de 30 (trinta) dias, devendo ser citado o réu com pelo menos 20 (vinte) dias de antecedência."

[8] Sob essa ótica o clássico **Calamandrei**, "Processo e Giustizia", *Rivista di Diritto Processuale Civile*, 1950, p. 278.

[9] *Istituzioni di Diritto Processuale Civile*, 1961, vol. 1, p. 31.

prius antecedente à "realização" do direito reconhecido em sentença ou no documento com eficácia equivalente (títulos executivos extrajudiciais).[10]

Outrossim, constatada a inexistência de um sistema ideal no qual a jurisdição é prestada tão logo apresentado o pedido em juízo, revelou-se mister garantir "condições para a realização da justiça", posto que o objeto do julgado pode sofrer alterações substanciais que influam na solução justa da lide, quer pelo agravamento das condições de fato, quer pela criação de um estado de periclitação do direito da parte, dos bens ou das provas que servirão de elementos de convicção.

Concluiu-se a necessidade de dotar a jurisdição de um *tertium genus* capaz de "assegurar a utilidade prática" das demais formas de tutela e, em "defesa da jurisdição". Previu-se, assim, a "tutela preventiva" ou "cautelar" pela sua finalidade de conjurar o perigo resultante da demora "natural" do processo.

Decorre do exposto que a tutela jurisdicional se apresenta, a partir do CPC/2015, sob cinco modalidades básicas:

1) a tutela jurisdicional de cognição ou conhecimento;
2) a tutela jurisdicional de execução;
3) a tutela jurisdicional de assecuração ou cautelar;
4) a tutela de urgência satisfativa; e
5) a tutela de evidência.

Essas cinco formas de tutela guardam fidelidade com aquela característica "substitutiva" da jurisdição, intermediadora de conflitos e mantenedora da paz e da ordem. A hipótese de intervenção subjetivamente judiciária e materialmente administrativa da justiça no domínio das relações privadas escapa a essa ótica da jurisdição, malgrado a lei a denomine de "jurisdição voluntária", revelando um fenômeno peculiar de acesso obrigatório à justiça em casos de situações jurídicas *inter volentes*, nas quais a chancela do Judiciário é requisito de validade, entrevisto pelo legislador como necessário, decerto por vislumbrar no juiz um magnânimo "administrador da conveniência e oportunidade" de determinadas providências.[11]

A noção de processo é teleológica e a sua classificação obedece aos fins jurisdicionais que se pretendem alcançar através da sucessão de atos. Assim, o processo tem a mesma natureza da espécie de jurisdição que se colima. Em consequência, *à tutela de cognição corresponde o processo de conhecimento* e *à de execução, o processo de execução*. No tocante *à tutela de assecuração*, o CPC extinguiu a autonomia do processo cautelar, cabendo ao

---

[10] A isso correspondem as atividades de "formulação da regra jurídica concreta que deve regular o caso ou a prática de atos materiais que realizem a coincidência entre a regra e os fatos" (**Liebman**, *Corso*, p. 79-80).

[11] Contrariando **Carnelutti**, que aduzia um "processo voluntário", **Alcalá-Zamora y Castillo**, sob o argumento de que na jurisdição voluntária não havia processo e sim "procedimento" (*Proceso, Autocomposición y Autodefensa*, 1947, p. 136).

magistrado garantir a utilidade do provimento jurisdicional através do deferimento de medida incidental ao processo de conhecimento ou de execução.[12]

Como o processo é um conjunto de atos, os tipos processuais se distinguem pela preponderância de atividades de cada um e pela sua *causa finalis* que informa uma dessas relações jurídico-processuais. É que os processos não são absolutamente puros, no sentido de que no processo de conhecimento só se praticam atos intelectivos e no processo de execução abole-se qualquer cognição. Há uma preponderância não exclusiva de atividades jurisdicionais típicas. Assim, *v.g.*, a execução do despejo realiza-se na mesma relação processual de cognição de onde emerge o comando da rescisão do vínculo contratual e da consequente desocupação do imóvel, ao passo que na execução é lícito ao devedor instituir contraditório eventual através da cognição incidental instaurada pelos embargos.[13]

2. ESPÉCIES DE TUTELA JURISDICIONAL

2.1 Tutela de cognição

A atividade cognitiva é considerada o núcleo mais expressivo da jurisdição, tanto que autores de renome consideravam o "processo de conhecimento" como "jurisdicional", em contraposição ao executivo e ao preventivo.[14] Realmente, a cognição, como a atividade de conhecer os fatos e o direito para julgar, lega ao Judiciário a tarefa de "dizer o direito" – *jus dicere* – aplicável à espécie, substituindo a inteligência dos contendores na compreensão dos fins da lei.[15] O Judiciário, através da cognição, aplica a lei ao caso concreto, impondo a sua vontade, exteriorizada no ato final, com coerção e autoridade. O fim a que se visa no processo de conhecimento é a obtenção da resposta judicial acerca de quem efetivamente tem razão à luz do direito positivo. Daí afirmar-se que o processo serve para dar razão a quem efetivamente tem razão, bem como o processo de conhecimento é aquele em que o Judiciário é convocado a declarar entre dois contendores – com a solenidade e com os efeitos da sentença – quem tem razão.[16]

---

[12] Segundo o acertado Enunciado nº 31 do Fórum Permanente de Processualistas Civis, "o poder geral de cautela está mantido" pelo atual Código.

[13] Repise-se, até em homenagem ao marco histórico que representa, que a percepção do processo como relação processual, entrevista por **Büllow**, em 1868, é tida como a certidão de nascimento da evolução científica do processo.

[14] Assim, **Carnelutti**, que denominava o processo de conhecimento de *"processo giurisdizionale"*, distinguindo-o do de *"esecuzione"* e de *"prevenzione"* (*Istituzioni di Diritto Processuale Civile*, vol. 1, p. 31).

[15] **Chiovenda**, nas *Instituições*, exprimiu o alcance da cognição, cuja atividade nomina o processo respectivo, ao afirmar que "a cognição consiste na atividade intelectual que o juiz realiza, antes de decidir a causa, com o objetivo de se aparelhar para julgar se a demanda é fundada ou infundada, e, pois, para declarar existente ou não existente a vontade concreta da lei, de que se cogita. A *cognitio*, portanto, é o conjunto de atividades intelectuais do juiz como 'instrumento de atuação da lei mediante verificação'" (*Instituições de Direito Processual Civil*, vol. 1, p. 253-254).

[16] **Liebman**, *Manuale*, 1955, vol. 1, p. 49. A *causa finalis* do processo levou **Rosenberg** a bem categorizar o processo de conhecimento como "processo de sentença" (*Tratado de Derecho Procesal Civil*, 1955, vol. 2, p. 3).

A cognição encetada pelo juiz admite variações quanto à extensão e profundidade do *thema iudicandum*. Há ações em que a cognição é *plena* e *ilimitada* e outras em que é limitada ou incompleta. Imperativos de justiça, por vezes, impedem a cognição *exauriente*. Em regra, nas hipóteses em que o juízo provê sob urgência, sumariza-se a cognição para compatibilizá-la com as necessidades da causa. O exame vertical impediria ao juízo de atender ao postulado da "celeridade". Essa cognição sumária pode ser *initio litis*, passível de ser confirmada ou reformada ao final do processo.

Considere-se, ainda, embutida na expressão "cognição sumária" a regra *in procedendo*, que permite ao juízo prover *initio litis* sem correspondência com a maior ou menor evidência do direito pleiteado em juízo. É o que ocorre, *v.g.*, com o mandado de segurança, que exige direito líquido e certo, e autoriza o juízo a concedê-lo sumariamente. A atividade sumária não tem correlação com o grau de convencimento do juízo acerca do direito, revelando-se em expediente autorizativo de um julgamento com base em "lógica razoável" em função da necessidade de se prover de imediato. Mas nada obsta a que se tenha que prover de imediato com base em *direito evidente*. Destarte, se o direito não for evidente, mas se tornar premente a tutela, autoriza-se a sumarização da cognição com o provimento imediato calcado em juízo de mera probabilidade, como sói ocorrer com a tutela cautelar. O mesmo fenômeno ocorre em sede de "tutela de segurança", com a peculiaridade de que o provimento pode retratar no plano da realizabilidade prática uma solução *secundum eventum litis*, irreversível, cujo regime há de ser igual ao das decisões definitivas expedidas após cognição exauriente.[17]

Impõe-se considerar que a matéria está longe de ser pacífica. Ao revés, sustenta-se que a situação de urgência não autoriza uma cognição exauriente. Esta, em nosso entender, vai depender do material jurídico-probatório levado ao juízo. O *direito evidente*, fartamente comprovado, admite uma *cognição rápida, sumária e exauriente*. Há outros casos em que, mercê da urgência, o direito não parece evidente ao juízo, mas a lei o autoriza a prover com base apenas na "aparência", valorizando a "celeridade" em detrimento da "segurança" do julgado. Por isso, não nos parecem indissoluvelmente ligados os conceitos de cognição sumária e juízo de probabilidade, podendo haver cognição sumária e direito evidente.

Ainda no que concerne à cognição, típica dos processos de sentença, merece assentar-se a distinção de *cognição plena e parcial*. Na primeira, toda a "superfície contenciosa" é abarcada pelo *decisum*, e essa é a regra até para atingir-se o escopo da jurisdição, que é o de pacificar da forma mais ampla possível.[18] Em contraposição, a cognição parcial deixa de fora parte do litígio, não da lide – que resultaria em julga-

---

[17] Acerca do tema são modernos e recentes os trabalhos nacionais de **Kazuo Watanabe**, *Da Cognição no Processo Civil*, 1987, e de **Marinoni**, "Tutela Cautelar e Tutela Antecipatória", *Revista dos Tribunais*, 1992, cujas lições lavram divergência com essa nossa última conclusão acerca da possibilidade de cognição sumária e resultados irreversíveis cobertos pela coisa julgada material.

[18] Esta é a regra geral, conforme leciona **Chiovenda**, *Instituições de Direito Processual Civil*, vol. 1, p. 253-254.

mento *citra petita*. É o que se dá na ação possessória em que o petitório não pode ser objeto de apreciação do juízo, considerando-se exceção reservada. Essas limitações obedecem, em geral, à maior proteção de bem da vida objeto do pedido do autor; por isso, propende o ordenamento para seu reconhecimento. Assim, *v.g.*, na consignatória, a regra é a extinção da obrigação pelo pagamento, daí a restrição da defesa que vise a infirmar a liberação do *solvens*. Na ação renovatória, a proteção ao "fundo de comércio" sobrepõe-se à amplitude de defesa do locador que objetive evitar a renovação, por isso limitada.

O processo de conhecimento conducente à sentença admite espécies, conforme o *conteúdo da resposta judicial de procedência*. Assim é que os processos de conhecimento podem ser "declaratórios", "condenatórios", "constitutivos" ou "mandamentais". Considerando o processo como "projeto da demanda procedente", tem ele a mesma natureza desta, uma vez que a improcedência se reveste de um "provimento declaratório negativo". O juízo "declaratório" é aquele donde provém uma sentença que declara a existência ou a inexistência de uma relação jurídica, com a força do ato da autoridade.[19] O caráter preventivo e didático da sentença declaratória e a função definidora que lhe é peculiar são responsáveis pelo seu prestígio histórico. Desse dado não se desprendeu o sistema nacional, prevendo, ao longo da vigência do CPC/1973, ao lado da declaratória autônoma, também *a declaratória incidental* que, manejada no curso do processo, permitia que se dissipassem, com força do caso julgado, as incertezas acerca da relação jurídica que está fora da causa, mas que figura como premissa inafastável do julgamento da lide, por lhe ser "prejudicial".[20] Por seu turno, essa incerteza há de derivar da dúvida objetiva e jurídica que autoriza essa propositura da ação independente, bem como daquela cujo interesse exsurgiu supervenientemente em face da impugnação do demandado.[21] Atualmente, o manto da coisa julgada pode se estender para as questões prejudiciais, desde que atendidos os requisitos legais.[22]

A declaração de *existência* da relação jurídica corresponde à "declaratória positiva", e a de *inexistência*, à "declaratória negativa". A classificação vai depender do pedido proposto em confronto com sua procedência. Não obstante seja assente que na ação declaratória a atividade jurisdicional incida sobre a regra "preceptiva" do comando le-

---

[19] A finalidade da ação declaratória é obter uma certeza jurídica através de uma sentença revestida da autoridade da coisa julgada (**Alfredo Buzaid**, *A Ação Declaratória*, 1943, p. 152-153).

[20] Acerca de origem, sua adoção nos sistemas jurídicos de origem romano-canônica e sua *ratio essendi*, consulte-se **Chiovenda**, *Instituições de Direito Processual Civil*, vol. 1.

[21] A doutrina do tema assenta não ser possível figurarem como objeto de declaração judicial as qualidades jurídicas, como, *v.g.*, a "capacidade de agir", a possibilidade de uma compensação – **Goldschmidt**, *Derecho Procesal Civil*, 1936, p. 105 –, bem como, por fugir ao escopo da *actio* e não ser o Judiciário órgão de consulta, tampouco se permite "ingressar alguém em juízo para postular que o juiz 'interprete uma lei'" (**Liebman**, *Corso di Diritto processuale civile*, 1952, p. 54). Sabe-se que o único fato passível de declaração pertine à falsidade ou autenticidade documental, e, mesmo assim, por força da vinculação do documento a uma relação jurídica que de regra ele consubstancia e exterioriza.

[22] Veja o art. 503, §§ 1º e 2º, do CPC.

gal, a lei enuncia que, mesmo nas hipóteses em que já ocorreu a violação e, portanto, a prestação jurisdicional possa recair sobre a parcela sancionatória da norma jurídica, "é lícito ao autor" requerer a simples declaração (art. 20 do CPC). O legislador, ao permitir esse "meio-caminho", restabeleceu o interesse de agir do demandante que, podendo requerer a tutela condenatória, limita-se a pleiteá-la declaratória, justamente pelo seu sentido jurídico-preventivo.

A sentença de procedência de natureza *constitutiva*, derivada de tutela da mesma qualidade, faz exsurgir no mundo do direito um estado jurídico novo, consistente na formação, na modificação ou na extinção de uma relação jurídica; por isso, todas as demandas de anulação e rescisão de negócio jurídico são "constitutivas". Como consequência, não se pode gerar uma situação nova sem a presença de todos os interessados, razão pela qual nessas ações o "litisconsórcio é necessário".[23] Algumas situações jurídicas somente exsurgem, necessariamente, por obra do juízo, sem que as partes disponham de poder privado de alteração daquele estado objetivamente tutelável pelo ordenamento. As ações constitutivas, nesses casos, são "necessárias" ao surgimento da nova relação, diferentemente de alguns outros em que a constituição se opera por obra dos interessados. Exemplo do primeiro caso é a ação de anulação de casamento insuscetível de ser desconstituído, com esse efeito, por ato voluntário das partes. Diz-se, inclusive, que o interesse de agir nasce no mesmo momento em que surge o direito à constituição do estado jurídico novo. A segunda hipótese encaixa-se em todas as situações em que se desconstituem vínculos disponíveis, *v.g.*, como ocorre com a rescisão do contrato de locação, de comodato, de mútuo etc. Não obstante todo provimento judicial, na sua base e no seu *iter* de formação, passe pela prévia declaração, com maior ou menor grau de imutabilidade, a "tutela constitutiva" caracteriza-se pelo *plus* de seu efeito, haja vista que a declaratória não "cria estado jurídico novo". Exatamente porque faz surgir num dado momento algo que antes não existia é que a decisão produz seus efeitos *ex nunc*, respeitadas as consequências jurídicas anteriores.

A *tutela condenatória*, diferentemente da declaratória, não incide sobre o preceito, senão sobre a sanção da norma. A referida espécie pertine ao fenômeno "lide de pretensão resistida" que engloba não só os casos em que a contestação do direito exige a intervenção judicial para exarar a certeza jurídica necessária, como também as hipóteses de violação efetiva do direito subjetivo, quando então o restabelecimento do estado anterior, pela incidência da sanção, faz-se por obra do Estado-juiz. Assim como não pode o particular impor a sua interpretação acerca do direito, também não lhe é lícito atribuir uma lesão ao seu direito, impondo a sanção da lei ao outro contender. A sentença particulariza e especifica a sanção imputável ao violador, com a característica maior de colocar o Estado

---

[23] *"Nei casi previsti dalla legge, l'autorità giudiziaria può costituire, modificare o estinguere rapporti giuridici, con effeto tra le parti, i loro eredi o eventi causa."* É a essência da disposição do direito material italiano, que revela com precisão "o efeito constitutivo da sentença". O festejado **Torquato Castro** já assentava que "a sentença aparece como título imediato desses efeitos, que antes dela não existiam" (*Ação Declaratória*, 1942, p. 24-25). No mesmo sentido, **Adroaldo Fabrício**, *Comentários ao CPC*, 1988.

à disposição do lesado para, em atividade complementar à cognição, tornar realidade o "preceito sancionatório"[24] por meio do cumprimento do julgado (arts. 513 a 538 do CPC); aplicável também às sentenças declaratórias de reconhecimento de obrigação (art. 515, I).[25]

O *plus* na tutela condenatória está em que o autor não se limita ao pedido de dissipação da incerteza jurídica, acoplando-lhe o de aplicação da sanção cabível.[26] De toda sorte, o pedido de declaração é implícito e reveste-se de força de coisa julgada após a condenação, tanto que a propositura posterior de ação declaratória, em curso a ação condenatória, revela o fenômeno da "litispendência". A lesão "atual" aponta o interesse de agir na tutela condenatória, admitindo-se, outrossim, a "condenação para o futuro" nos casos em que a prevenção por si só habilita o ingresso na justiça, dependendo a efetivação da sanção de fato posterior. Aduz-se, assim, a uma "condenação para o futuro", instrumentalizando-se a sanção posterior em fase complementar de "liquidação por artigos". É o que ocorre, *v.g.*, com a condenação do locador se não utilizar o prédio locado retomado, com a prevenção sancionatória do interdito proibitório, e com a condenação das prestações vincendas etc.

A tutela de conhecimento do tipo "mandamental" apresenta resistências doutrinárias quanto à sua admissibilidade. As mandamentais são ações em que o comando judicial, mercê de apresentar o conteúdo dos demais, encerra uma ordem que é efetivada "na mesma relação processual" de onde emergiu o mandamento – algo, hoje, estendido para todos os provimentos jurisdicionais condenatórios. A peculiaridade e a sua efetividade em unidade procedimental são mais enérgicas do que as "executivas" *lato sensu*. Tributa-se a Kuttner a criação das ações de mandamento, aceitas por parte da doutrina nacional.[27]

A característica efetivamente peculiar da ação mandamental é a realizabilidade prática do direito litigioso no procedimento da cognição mediante execução ou ordem. Afina-se essa forma de tutela com os casos de periclitação, como sói ocorrer com a tutela de segurança. A mandamentabilidade está na "preponderância da ordem sobre o julgamento", isto é, a declaração do direito precede, mas a eficácia que

---

[24] Como afirmava um dos maiores expoentes da tutela de execução, "*la condana da la vita a un nuovo rapporto giuridico (strumentale) consistente nella potesta dell'organo giudiziario di provvedere all'esecuzione forzata, nel diritto del creditore di promuoverla (azione esecutiva), nella soggezione del debitore al suo svolgimento e ai suoi effeti (responsabilità esecutiva)*" (**Liebman**, *Corso di Diritto processuale civile*, 1952, p. 56).

[25] "**Art. 515.** São títulos executivos judiciais, cujo cumprimento dar-se-á de acordo com os artigos previstos neste Título:
I – as decisões proferidas no processo civil que reconheçam a exigibilidade de obrigação de pagar quantia, de fazer, de não fazer ou de entregar coisa; (...)."

[26] O acertamento aqui não é quanto à existência ou inexistência da relação jurídica, senão sobre a legitimação da incidência da sanção – "*accertamento della attuabilità della sanzione*", como afirmava **Carnelutti**, em *Sistema di Diritto Processuale Civile*, 1936, vol. 1, p. 139.

[27] Entre nós, **Pontes de Miranda**, *Comentários ao Código de Processo Civil* (1939), vol. 1, p. 107, e mais recentemente **Ovídio Baptista**, *Curso de Processo Civil*, vol. 1, p. 93.

Cap. 5 • JURISDIÇÃO E COMPETÊNCIA | 131

se busca é a "ordenatória" e não a "condenatória", como imaginam aqueles que não concebem emita o juiz ordens.[28] Essa mandamentabilidade das sentenças verifica-se pela sua pronta realizabilidade prática, que repercute na concepção de coisa julgada, conforme o efeito prático seja reversível ou não.[29] Esse aspecto mandamental faz do provimento "execução para segurança" e não "segurança para execução", binômios erigidos por Pontes de Miranda. O reconhecimento desse tipo de tutela cresce com a própria tutela de urgência, porque a "execução" das decisões é decorrência do poder necessário à efetividade dos provimentos judiciais sob pena de grave desprestígio para a função jurisdicional,[30] mercê dos novos instrumentos à disposição do vencedor nas condenações de fazer e não fazer (art. 497 do CPC) e entrega de coisa (art. 498 do CPC).[31]

Outra caraterística dessa mandamentalidade é sua "atuação" do provimento[32] *simpliciter et de plano*, ora por obra do próprio Estado, ora pelo cumprimento por parte do demandado, que não pode se escusar de adimplir ao comando sob pena de desobediência. Enfim, o cumprimento da decisão mandamental dá-se em procedimento unitário, para utilizarmos a expressão do conhecido ensaio crítico de Liebman.[33]

---

[28] A origem histórica dessas sentenças está nos interditos romanos, onde o pretor expedia ordens. A jurisdição como ato de soberania pressupõe exatamente esse poder de ordenar em respeito ao que **Calamandrei** denominava "seriedade da jurisdição". A jurisdição de urgência pressupõe esse poder de mando e não de mera definição judicial. A esse respeito consulte-se **Biscardi**, *La Protezione Interdittale nel Processo Romano*, 1937, p. 17, e **Giuseppe Gandolfi**, *Contributto allo Studio del Processo Interdittale Romano*, 1955.

[29] Com outras palavras é o que procura demonstrar **Ovídio Baptista,** ao evidenciar o "conteúdo" das sentenças como integrantes de sua eficácia "prática" não normativa (*Sentença e Coisa Julgada*, 1988).

[30] A essa forma de execução do provimento referia-se **Amilcar de Castro** como sendo "execução imprópria" (*Comentários ao Código de Processo*, 1941, vol. 10, p. 14, nota 1). **Celso Agrícola Barbi** nega peremptoriamente essa característica de tutela, mesmo no mandado de segurança (*Mandado de Segurança*, 1976, p. 246).

[31] "**Art. 497.** Na ação que tenha por objeto a prestação de fazer ou de não fazer, o juiz, se procedente o pedido, concederá a tutela específica ou determinará providências que assegurem a obtenção de tutela pelo resultado prático equivalente.

Parágrafo único. Para a concessão da tutela específica destinada a inibir a prática, a reiteração ou a continuação de um ilícito, é irrelevante a demonstração da ocorrência de dano ou da existência de culpa ou dolo."

"**Art. 498.** Na ação que tenha por objeto a entrega de coisa, o juiz, ao conceder a tutela específica, fixará o prazo para o cumprimento da obrigação.

Parágrafo único. Tratando-se de entrega de coisa determinada pelo gênero e quantidade, o autor individualizá-la-á na petição inicial, se lhe couber a escolha, ou, se a escolha couber ao réu, este a entregará individualizada, no prazo fixado pelo juiz."

[32] A doutrina clássica, ao se referir aos provimentos de urgência, dispensa a palavra "execução", que poderia dar ensejo a uma conflitualidade com o processo de execução forçada, e prefere o termo "atuação", como se colhe em **Giovanni Verde**, "L'Attuazione della Tutela d'Urgenza", *in La Tutela d'Urgenza* (atti del XV Convegno Nazionale), 1985.

[33] "L'Unità del Procedimento Cautelare", *Rivista di Diritto Processuale*, 1954.

2.2 Tutela de execução

A tutela executiva compõe o segundo gênero de tutela jurisdicional e caracteriza-se precipuamente pela prática de atos que visem a satisfazer e realizar, no mundo prático, o direito do sujeito ativo da relação processual executiva, que é o exequente. Os atos jurisdicionais que se pleiteiam não o são de definição de direitos, como ocorre na cognição, mas antes, de realização, em face da demonstração *prima facie* do bom direito do exequente pela exibição inicial e obrigatória do "título executivo."[34]

Preponderam, nessa modalidade de tutela, os atos materiais sobre os intelectivos, o que justifica uma maior descentralização das atividades processuais e o aparecimento de maior número de protagonistas nesse processo, no qual os meios são múltiplos para alcançar-se o escopo final daquele, que é a "satisfação prática" dos interesses do credor.[35]

Assim, *v.g.*, na execução por quantia certa, o objetivo é a prática de todos os atos necessários a fazer, reincorporar-se ao patrimônio do credor, a quantia mencionada no título e não entregue voluntariamente pelo devedor. Desta sorte, a venda de bens para convertê-los em dinheiro é exemplo marcante do ato-tipo que se pratica na execução, em nada se assemelhando à atividade especulativa engendrada no processo de conhecimento. Apesar de sua aparente rudeza, oriunda do processo germânico, a execução baseia-se numa história de equidade e proteção dos comezinhos direitos fundamentais do devedor, por isso que o processo executivo evolui com as consequências do inadimplemento. Outrora eram bárbaras as sequelas do descumprimento das obrigações, evoluindo-se até o estágio radical do "prestígio ao inadimplemento", notadamente no campo das obrigações ditas "subjetivamente personalíssimas", por força da regra *"nemo potest cogi ad factum"*, posteriormente superada pelas *astreintes* do direito francês. A execução, no seu escopo realizador e com o fito de revelar toda a seriedade da jurisdição, caminha sempre no sentido de dar ao credor aquilo que ele obteria se a obrigação tivesse sido cumprida voluntariamente, preservando-o de tal forma que ele não sinta os efeitos do descumprimento. Para esse fim, vale-se o Estado-juiz de meios múltiplos de superação da obstinação do devedor em não cumprir a obrigação, suprindo-o nos casos em que não seja imprescindível o seu atuar. Nesse afã, ora o Estado substitui-se ao devedor, satisfazendo o credor, independentemente

---

[34] Diferentemente do que concebeu para o processo de conhecimento, cuja razão estava numa lide de pretensão resistida, **Carnelutti** indicava como objeto da execução "lide de pretensão insatisfeita" (*Sistema*, 1936, vol. I, p. 179).

[35] A repercussão prática dos atos coativos da execução forçada, distinguindo-a fortemente do processo de cognição, levou **Guasp** à conclusão de que a atuação do juiz no processo executivo provoca "não uma alteração ideal na situação existente entre as partes, e sim, mudança física, real ou material relativamente ao que antes existia" (*Derecho Procesal Civil*, 1956, p. 837). No mesmo sentido **Redenti**, para quem a execução instaurava-se com o fim de obter "resultado material tangível" (*Diritto Processuale Civile*, 1957, vol. 3, p. 101). Sob esse enfoque é clássica a lição de **Liebman** segundo a qual "a função jurisdicional consta fundamentalmente de duas espécies de atividades, muito diferentes entre si: de um lado, o exame da lide proposta em juízo para o fim de descobrir e formular a regra jurídica concreta que deve regular o caso; de outro lado, as operações práticas necessárias para efetivar o conteúdo daquela regra, para modificar os fatos da realidade, de modo a que se realize a coincidência entre a regra e os fatos (*Processo de Execução*, 1946, p. 79-80).

da sua colaboração, ora compele o *solvens* a colaborar sob pena de infligir-lhe uma sanção pecuniária ou restritiva de liberdade. Aos primeiros meios denominam-se de "meios de sub-rogação" e, aos segundos, "meios de coerção",[36] sendo certo que cada um destes tem seu campo distinto de atuação, merecendo maior incidência a coação, por força mesmo da própria evolução e humanização das técnicas de repressão ao inadimplemento. Assim, *v.g.*, na execução dita por quantia certa, o Estado vale-se do meio de sub-rogação para alienar bens do devedor, expropriando-lhe a faculdade de dispor integralmente do domínio, com o objetivo de apurar judicialmente os fundos necessários ao pagamento do credor. Em contrapartida, é sob a ameaça de incidência intermitente de "multa diária" que o Estado visa a compelir o devedor a cumprir uma prestação de fato infungível ou personalíssima, à míngua da inutilidade dos meios de sub-rogação.

A finalidade da execução ou do cumprimento da sentença via execução ou a natureza da prestação objeto do vínculo obrigacional indicam qual dos meios executivos é mais eficiente, haja vista que a lei confere *modus operandi* diversos conforme o bem da vida que se pretenda com a tutela de execução. Assim, à execução de condenação de fazer e não fazer não se aplicam os mesmos meios executivos da execução por quantia certa ou da execução para entrega de coisa certa ou incerta. Num verdadeiro sistema de "freios e contrapesos" processual, a lei procura atender aos interesses do credor sem sacrificar sobremodo o devedor, dispondo que o exequente deva receber aquilo a que faz jus segundo o título executivo, alcançando-se esse fim da forma menos onerosa para o devedor. Exatamente porque o direito do exequente encontra-se evidenciado no título executivo obrigatório, é ampla a disponibilidade do direito deduzido em juízo, independentemente de anuência do executado. O regime diverso do processo de cognição explica-se pelo "estado de incerteza jurídica" que existe enquanto pendente o mesmo. Na execução, o direito é certo, líquido e exigível. Essa certeza não retira a possibilidade do surgimento do contraditório eventual suscitado pelo devedor por meio dos embargos.[37] Mas, de toda sorte, a sua convocação não se dá para "discutir", senão para "cumprir". O devedor demandado é que pode fazer exsurgir a "controvérsia", enxertando no organismo do processo de execução um outro, de natureza cognitiva e prejudicial, cuja finalidade é destituir aquela verdade que se encarta no título executivo, podendo inutilizar o título, o crédito ou, por via oblíqua, o próprio processo, sendo certo que, neste último caso, o

---

[36] A intromissão coercitiva na esfera jurídica do devedor com o fim de obter um resultado real ou jurídico a cuja produção esteja ele obrigado ou pelo qual responda caracteriza os "meios de que se vale a execução forçada" nas palavras de **Goldschmidt**, *Derecho Procesal Civil*, p. 575. Desta sorte, quer substituindo, quer coagindo, o Estado interfere na esfera do *solvens*, razão pela qual é meio executivo, também, o instrumento de coerção, haja vista que o devedor não age originariamente segundo a sua vontade, senão compelido pelo instrumento de soberania. Por essa razão não se trata de execução indireta ou imprópria, como entendem alguns, qualificando-se como próprias somente aquelas em que é "integral" a atividade substitutiva do Estado através da tutela de execução. Posicionam-se contra o exposto, na doutrina alienígena, **Rosenberg**, *Tratado*, vol. 3, p. 4, e, entre os nacionais, **Ovídio Baptista**, *Curso de Processo Civil*, vol. 2, p. 17, notas.

[37] Como afirma **Crisanto Mandrioli**, "o *audiatur et altera pars* adquire, na execução, significado diverso do que tem no processo de conhecimento, sem excluir no entanto o contraditório, pelo menos no seu aspecto potencial" (*L'Azione Esecutiva*, 1955, p. 466).

crédito, substrato material da execução, não desaparece do mundo jurídico, mantendo a sua exigibilidade, ainda que por via de outra forma de tutela.[38] A ausência de efeito suspensivo automático dos "embargos" ou da impugnação ao cumprimento da sentença se funda na posição proeminente do exequente, em razão da extrema energia processual que o título executivo exibido encerra.[39]

O título executivo revela notável poder de convencimento, quer tenha sido produzido em juízo (título judicial), quer fora dele (título extrajudicial), distinguindo-se ambos quanto à amplitude de cognição das "defesas" acaso opostas pelo devedor, haja vista que a preclusão que atinge os títulos judiciais quanto às matérias que poderiam ter oferecido preteritamente ao surgimento da sentença não alcança o documento extrajudicial, posto ser a primeira aparição deste em juízo, alargando-se sobremodo o campo de análise do Judiciário quanto à sua legitimidade formal e substancial.[40]

Não obstante essa sua índole, o processo de execução, mesmo na sua feição tipicamente realizadora de direitos, subsidia-se das regras do processo de conhecimento, uma vez que esse livro do Código que o retrata contém normas gerais aplicáveis a todas as formas de tutela.

---

[38] **Liebman**, *Processo de Execução*, 1946, p. 79-80.

[39] *Nulla executio sine titulo* explica os atos de coação e soberania que se praticam na execução. Ensina **Liebman** que "inspiram-se os direitos modernos na tendência a garantir que, na medida do possível, não se deite as mãos nos bens de uma pessoa senão para satisfação de um direito efetivamente existente". Daí subordinar a atividade dos órgãos executivos a alguns pressupostos que podem oferecer adequada justificação do direito pelo qual uma pessoa invoca o uso da força contra outra pessoa (*Le Opposizioni di Merito nel Processo d'Esecuzione*, 1931, p. 124).

[40] Nem sempre foi assim, haja vista que a ação executória distinguia-se da executiva exatamente no que concernia à cognição incidental. Naquela, calcada em título executivo, apenas *ad initio* a ação era executiva, transmudando-se em cognitiva após a penhora, e a executória, porque fundada em sentença condenatória, autorizava de imediato a prática de atos autoritário-judiciais. Consulte-se, a respeito, o volume 5 das *Instituições* de **Frederico Marques**. Afirma-se em boa sede de doutrina que a criação dos títulos extrajudiciais, base de execução sem prévia cognição, tem sua origem no tráfico mercantil da Idade Média, limite com os albores da Idade Moderna, notadamente quanto à necessidade de outorga de tutela mais efetiva e rápida aos créditos instrumentalizados nos denominados *instrumenta guarentigiata* ou *confessionata*, aos quais reconheceu-se, nos estatutos comuns, a *executio parata*, análoga à da sentença. Esse desiderato foi alcançado com a instituição francesa dos *titres executoires* – uma vez que, anteriormente, apesar da existência do *processus summarius executivus*, neste havia prévia cognição sumária do pedido com ampla defesa do executado –, equiparados às sentenças em sua eficácia executiva, o que foi alcançado no século XIX, espraiando-se por vários sistemas europeus, abolindo-se essa diferença de contraditório em função da natureza dos títulos. Entre nós, originariamente influenciados pela ação decendiária do direito português – ação de assinação de dez dias –, mantivemos sob a égide do Código de 1939 a distinção entre a executória e a executiva, extinta em 1973 com a equiparação de eficácia entre os títulos judiciais e extrajudiciais. Essa preclusão também inova, haja vista que outrora os embargos, porque infringentes do julgado, equiparavam-se a verdadeira ação rescisória e podiam anular ou revogar a decisão exequenda. Nesse sentido, **Liebman**, na nota da p. 435 do vol. 2 das *Instituições de Chiovenda*, e a belíssima monografia de seu discípulo **Luis Eulálio de Bueno Vidigal**, *Da Ação Rescisória dos Julgados*, 1948, p. 30.

2.3 Tutela inibitória

A tutela inibitória induz à ideia de uma espécie de tutela necessária a determinadas pretensões para as quais não são adequadas as formas tradicionais de prestação de justiça.[41] É que há direitos que necessitam de uma forma especial de intervenção do Estado-juiz. Assim, *v.g.*, se a parte presume, por meio de dados objetivos, a possibilidade da prática de "concorrência desleal", faz-se mister a defesa judicial desta expectativa que não se enquadra na moldura das tutelas de declaração, de constituição ou de condenação, porquanto o que se pretende é evitar que a lesão ao direito ocorra.

O tema, como se pode depreender desde logo, suscita a ideia de adequação da tutela às necessidades práticas do autor que maneja a ação. Aduz-se, neste passo, à "tutela jurisdicional de direitos" para revelar a premente intimidade entre o processo e o direito que lhe serve de objeto, concretizando o preceito de que "a todo direito corresponde uma ação específica que o assegura", numa explicitação infraconstitucional da regra maior de que "nenhuma lesão ou ameaça a direito deve escapar à apreciação do Poder Judiciário". A garantia constitucional do art. 5º, XXXV, da Constituição Federal encontra seu correspondente na legislação ordinária, no art. 189 do Código Civil, que realiza a promessa legal da "tutela adequada".

É que de há muito assentou Chiovenda que "o processo deve dar a quem tem direito tudo aquilo e precisamente aquilo que ele tem o direito de obter"; máxima repetida modernamente por Vittorio Denti sob outro enfoque, no sentido de que "*la durata del processo non deve andare a danno dal attore che há ragione*".

A relação imanente entre o direito e o processo, antes de revolver e nulificar a superada doutrina concreta do direito de agir, revela, apenas, quão prejudicial restou para o processo em geral esse *apartheid* entre a relação substancial e a forma processual, porquanto a ideologia da ordinariedade, dentre outras causas, acarretou a insuficiência das espécies tradicionais de tutela, fazendo exsurgir o movimento de busca das tutelas diferenciadas, tão bem evidenciado por Proto Pisani em seus apontamentos sobre a justiça civil, nos quais deixou claro inexistir uma única forma de tutela para todas as situações subsumíveis ao crivo jurisdicional.

Essa moderna preocupação marca o fim da neutralidade da ciência processual em relação ao direito material carente de prestação jurisdicional, sob forte inspiração do "princípio da efetividade", cujo escopo maior é observar a experiência jurídico-processual, sob a ótica da utilidade social do processo, assim compreendido como instrumento que possibilita conferir-se ao jurisdicionado uma tutela tempestiva e justa.

A análise da tutela jurisdicional à luz do objeto imediato do pedido ou em confronto com os resultados alcançados não deixa margem a dúvidas de que a tutela condenatória é a mais imperfeita de todas as espécies de resposta judicial. Em primeiro lugar porque voltada para fatos pretéritos e por isso comprometida, apenas, com o escopo ressarcitório, revelando-se ineficiente para com o desígnio preventivo. Por outro lado, inadequada à

---

[41] **Luiz Guilherme Marinoni,** *Tutela inibitória e tutela de remoção do ilícito*, 2019.

defesa de interesses não imediatamente patrimoniais, *v.g.*, de impedir a divulgação da imagem alheia.

Destarte, sobressai a sua impotência em atuar a suposta ordem que seu *nomen juris* insinua, porquanto a condenação é mera exortação e, nesse comando, passa ao largo a ideia central da "ordenação" ou "determinação". É que quem resulta condenado não se submete a um rigor maior do que ser exortado a cumprir a decisão sob pena de se iniciar uma execução forçada, hoje tão delongada quanto à relação de cognição anterior, quiçá mais frustrante. Positivamente, o juiz que "condena" não "ordena", reduzindo a condenação a uma mera "declaração".

Por outro lado, o legislador constitucional não se preocupou somente com as efetivas lesões aos interesses juridicamente protegidos, mas também com as "ameaças de lesão a direitos", por isso, com a promessa da "inafastabilidade" fez acoplar a de que a vedação à autodefesa encontraria no ordenamento remédios capazes de oferecer a solução "adequada" ao caso concreto, o que não é senão a resposta judicial específica e efetiva.

O legislador maior, ao adicionar ao novel dispositivo constitucional a tutela jurisdicional para as hipóteses de "ameaça a direito", considerou nessa possibilidade, por si só, "uma lesão", fazendo coro com a moderna doutrina que subdivide o ilícito em "ilícito de lesão" e "ilícito de perigo".

O primeiro comprometido com a ideia de dano, e, o segundo, com a de transgressão pura e simples, cobrindo a importante área dos direitos não patrimoniais que, embora compensados pecuniariamente nos momentos posteriores da lesão, contentam-se mais com a prevenção do que com a reparação. Resta evidente, por exemplo, que a parte prefere que o ordenamento seja munido de instrumentos capazes de impedir a violação de sua privacidade do que de reembolsá-la após os danos acarretados em função daquela invasão à sua esfera íntima. Em resumo, os "novos direitos absolutos" não se contentam com a simples tutela ressarcitória, tanto mais que provocam deveres continuativos que, se descumpridos, devem cessar, *v.g.*, as violações ao meio ambiente, a difusão de notícias falsas etc., hipóteses em que não faz sentido relegar à ultimação das violações o ressarcimento, sem prejuízo de considerarmos que a reparação nesse campo nem sempre é efetiva, variando o *quantum* da indenização segundo o princípio da razoabilidade.

A *iniciativa inibitória* imediata cumpre o escopo da efetividade da jurisdição com muito mais eficiência que uma condenação *ex post facto*.

A esta altura, já ressalta cristalina a ineficiência da tutela condenatória para atingir esse escopo preventivo diante do mecanismo da execução posterior que se baseia, exatamente, na inaptidão de a condenação evitar a lesão. A *tutela inibitória*, ao revés, para se efetivar, reclama pronta atuação apoiada por enérgicas medidas de coerção pessoal ou patrimonial capazes de convencer o obrigado a adimplir a sua obrigação de não violar, não repetir ou não continuar. Neste particular, é inocultável a inadaptação das medidas de apoio às sentenças condenatórias, iluminadas pela ideia de que o próprio descumprimento quando muito implica a conversibilidade em perdas e danos quando versam sobre prestações de fazer infungíveis e de não fazer. Não é essa, positivamente, a aspiração da tutela inibitória.[42]

A tutela inibitória tem por finalidade impedir a prática de um ilícito, não importando, num primeiro plano, a eventualidade de ocorrência de dano, mas antes, do ato contra o direito. Revela, assim, a proposta da inibição um veto para que o ato não ocorra, não prossiga ou não se repita. A probabilidade de que um ato venha a ser praticado contra uma conduta legal sancionada é o bastante para surgir o interesse processual no manejo da tutela de inibição. No Direito italiano, a lei de direito autoral torna clara a possibilidade jurídica da pretensão inibitória a todo *"aquele che ha ragione di temere una violazione di un diritto"* (art. 156 da citada lei). Assim também se contempla, em sede laboral, proibições, sob pena de prisão, contra atividades antissindicais.

A tutela inibitória cumpre, assim, os postulados da *efetividade*, posto preventiva, e da *especificidade*, haja vista conferir a utilidade esperada. Evita o ilícito em vez de propor-lhe a reparação, garantindo o exercício integral da aspiração do jurisdicionado, rompendo o dogma de que o ressarcimento revela a única forma de tutela contra o ilícito.

Objetivando inibir a prática, a repetição ou a continuação do ilícito, exsurge como "pressuposto material" da tutela inibitória o "perigo" de que as atividades acima ocorram. Ao autor, é suficiente demonstrar a verossimilhança do perigo de que o ilícito possa ocorrer, se repetir ou continuar para que faça jus à tutela em exame. É evidente, neste passo, que se a inibição é admissível para impedir a repetição e a continuação, imperioso chancelá-la, primeiramente, para a hipótese em que o ilícito sequer ocorreu. A produção da prova, entretanto, se apresenta mais complexa quando o ilícito ainda está em "potência" e se quer evitá-lo do que nas hipóteses de perigo de repetição ou continuação, porquanto os antecedentes militam como indícios. A criatividade da doutrina indica que, se um comerciante impedido de usar determinada marca, encomenda embalagens a outrem, determinando estampar a marca interditada, estará criando a situação de perigo suficiente ao deferimento da tutela inibitória. Conclui-se, assim, que a comprovação da simples "probabilidade do ilícito de perigo", isto é, que o ato *contra legem* poderá ser praticado, resulta suficiente para o êxito do demandante à inibição.

Destarte, repita-se, o dano não ingressa na esfera de cogitação da tutela inibitória, razão pela qual, ao autor se requer a prova do perigo e da antijuridicidade do ato que se quer evitar, pouco importando se da transgressão resultará prejuízo material ou não. Assim, *v.g.*, se determinado fabricante de produto farmacêutico teme que outro laboratório faça circular no mercado produto com denominação que acarretará perplexidade junto aos consumidores gerando ilícita concorrência, detém o direito à tutela inibitória sem necessitar quantificar qualquer prejuízo senão investir em defesa de sua propriedade imaterial, comprovando tão somente a titularidade da referida marca.

A inibição se contenta com a possibilidade de violação *in re ipsa*, dispensando o autor da comprovação de dolo ou culpa do demandado, uma vez que é contra a potencialidade de violação que a tutela se dirige.

---

[42] Consulte-se, por todos, a recentíssima obra de **Luiz Guilherme Marinoni**, *Tutela Inibitória*, 1998.

Sob o ângulo dos fundamentos constitucionais e infraconstitucionais da inibição jurisdicional, a tutela em exame, em nosso sistema, mercê de se fundar na garantia constitucional da efetiva e adequada jurisdição, coadjuvada pelo *due process of law*, encontra ressonância infraconstitucional pioneira no CDC, que, no seu art. 84, viabiliza a *inibição antecipatória ou final* acompanhada de medida de apoio consistente na "multa diária".

No CPC, toda essa lógica é condensada no parágrafo único do art. 497: "*para a concessão da tutela específica destinada a inibir a prática, a reiteração ou a continuação de um ilícito, ou a sua remoção, é irrelevante a demonstração da ocorrência de dano ou da existência de culpa ou dolo*".

No direito alienígena, a tutela inibitória é encontrada como espécie incidente à defesa de determinados direitos, *v.g.*, na interdição à concorrência desleal, no direito italiano, e admitida como tutela atípica ou decorrência do princípio da tutela adequada decorrente do poder geral de prevenção do juiz.

A tutela inibitória tem *cunho autônomo e satisfativo,* posto dirigir-se à prevenção de um ilícito, por isso não se confunde com a inibição cautelar que visa a impor a interdição de uma atividade com o fim de preservar a utilidade prática de um processo principal, distinguindo a tutela inibitória satisfativa ou autônoma da tutela inibitória cautelar.

Assim, *v.g.*, a interdição cautelar da venda de bens pode visar à preservação da utilidade de um futuro processo de dissolução de sociedade, ao passo que a inibição de uso de imagem objetiva proteger esse direito da personalidade.

A inibição, por seu turno, pode ser *antecipada* ou conferida ao *final* do processo de cognição.

A possibilidade de antecipação dos efeitos práticos do provimento de inibição, tal como concebido pelo art. 497 do CPC, faz exsurgir uma nova dicotomia em "tutela inibitória antecipada ou provisória" e "tutela inibitória principal" encontradiça em nosso matiz italiano. Entretanto, essa possibilidade não faz confundir antecipação com inibição, tanto mais que, como norma *in procedendo,* a antecipação de tutela serve também à condenação, à declaração e à constituição.

A inibição é da essência da tutela de urgência porquanto o transgressor não costuma aguardar...

Aplicam-se, em princípio, à antecipação da tutela inibitória, os mesmos pressupostos materiais e processuais reclamados para a tutela antecipada em geral, vale dizer, *requerimento da parte, direito em estado de periclitação, direito evidente* e *prova inequívoca,* mantida a característica da *fungibilidade* inerente às antecipações da tutela.

No que pertine à *prova*, mister se repisar que os elementos de convicção devem gravitar em torno da *probabilidade da prática do ilícito e não do dano* e da consequente ineficácia do provimento final. Assim, *v.g.*, na tutela inibitória contra a divulgação da imagem, o requerente há de demonstrar que se ocorrente a violação temida, não receberá da justiça a resposta adequada em face dos desastrosos efeitos da aparição pública, passível de impedimento apenas pela inibição judicial.

Em suma, nessa hipótese, é mister comprovar a ilicitude da divulgação da imagem e a inoperância do provimento final.

Forçoso reconhecer: deveras árdua a missão do juiz na concessão da tutela inibitória, que de ordinário confrontará dois interesses relevantes, *v.g.*, o direito à informação e o direito à privacidade ou à imagem,[43] momento em que, guiado pela regra da proporcionalidade tão bem evidenciada por Karl Larenz, deverá optar o magistrado pela solução mais justa, atento à advertência de Fernando Pessoa de que: "Não se pode servir à sua época e a todas as épocas ao mesmo tempo; Nem escrever para homens e deuses o mesmo poema".

Como bem ressaltado em magnífica sede doutrinária, não se pode categorizar como tutela de inibição aquela que se limita a ordenar uma abstenção e não se presta a uma atuação imediata através de medidas de apoio. Desta sorte, a decisão inibitória quer antecipada quer final deve ser de *execução completa e imediata, ditada de inseparável mandamentalidade.*

Essa atuação varia conforme a tutela inibitória seja "preventiva ou continuativa".

A tutela inibitória pode servir à não realização de uma atividade ilícita ainda não ocorrente, bem como visar a impedir a repetição ou a continuação. Nas duas primeiras hipóteses, a interdição deve ser suficientemente persuasória para impedir a prática ou a reincidência, acompanhada de medidas de apoio que objetivem fazer entrar em cena os meios coercitivos. Assim, *v.g.*, se o Estado puder se antecipar e retirar de circulação os produtos infratores do direito de exclusividade de fabrico de outrem deve fazê-lo, em vez da intimidação de incidência de multa diária enquanto não posto aquele fora do comércio. Ocorrente a violação, mister a execução da inibição mediante a atuação de um desfazer mandamental e executivo *lato sensu.*

Na *tutela inibitória continuativa*, vale dizer, aquela *voltada a impedir a continuação*, sem prejuízo do restabelecimento do estado anterior, a mesma técnica deve ser utilizada tanto para recompor como para impedir a continuidade, incidindo a coerção no malogro dos meios de sub-rogação para fazer cessar o ato interdito. Isso significa dizer que o Estado deve se utilizar de todos os meios necessários à consecução do resultado específico, valendo-se apenas dos meios de coerção caso se frustrem os meios de sub-rogação e, quanto aos coercitivos, nos casos limites em que a conduta personalíssima exigível permite ao devedor invocar o *nemo potest cogi ad factum* frustrando sobremodo as expectativas da parte e da justiça. É preciso, em suma, adotar em nosso sistema a postura do magistrado da *common law*, como único meio capaz de resgatar o prestígio do Poder Judiciário relegado em níveis alarmantes de insatisfação popular por influência de um Legislativo que outrora o idealizou calcado nos princípios de Montesquieu, que preferia

---

[43] A respeito desse choque de direitos fundamentais, o Supremo Tribunal Federal entendeu ser incompatível com a Constituição Federal o direito ao esquecimento, fixando a seguinte tese: "[é] incompatível com a Constituição a ideia de um direito ao esquecimento, assim entendido como o poder de obstar, em razão da passagem do tempo, a divulgação de fatos ou dados verídicos e licitamente obtidos e publicados em meios de comunicação social analógicos ou digitais. Eventuais excessos ou abusos no exercício da liberdade de expressão e de informação devem ser analisados caso a caso, a partir dos parâmetros constitucionais – especialmente os relativos à proteção da honra, da imagem, da privacidade e da personalidade em geral – e das expressas e específicas previsões legais nos âmbitos penal e cível" (RE 1010606, Rel. Min. Dias Toffoli, Tribunal Pleno, j. 11.02.2021).

140 TEORIA GERAL DO PROCESSO CIVIL – *Luiz Fux*

ao juiz dotado de *imperium judicis* aquele a quem limitadamente se conferia a função de ser apenas *la bouche de loi*.

2.4 Tutela provisória

2.4.1 Fundamentos e antecedentes: tutela cautelar, tutela de segurança e tutela satisfativa de urgência[44]

O processo, concebido como "instrumento de realização dos direitos materiais" na visão percuciente de Niceto Alcalá-Zamora y Castillo, passou, no limiar de um novo século, a submeter-se ao desafio da efetividade, postulado moderno que exige a aptidão dos instrumentos de tutela à consecução dos fins para os quais foram constituídos. Sob essa ótica, fartas as críticas acerca da natural demora da prestação jurisdicional, gerando insatisfação prática e jurídica para aqueles que se veem compelidos a recorrer ao Judiciário na busca da solução de seus conflitos. O fenômeno, aliás, é universal, como pode observar Cappelletti em vasta e convincente comprovação assentada nos dados informativos encontradiços no seu volume "Acesso à justiça".

Essa constatação foi responsável pela busca, dentro do ordenamento, de instrumentos ágeis de prestação jurisdicional, acarretando o que se cognominou "vulgarização do processo cautelar". Essa forma de tutela imaginada como *tertium genus* e destinada à proteção da utilidade prática das tutelas de cognição e execução passou a ser utilizada indistintamente em todas as situações reveladoras de perigo de demora na prestação da justiça, não só quando esse retardamento indicasse periclitação para uma escorreita prestação da justiça pela frustração dos meios processuais, mas também nas hipóteses de malogro do próprio direito material da parte ou seu enérgico enfraquecimento. Alterou-se, assim, a feição doutrinária do processo cautelar, servil ao processo principal, transmudando-o para um verdadeiro procedimento célere e expedito capaz de conjurar, como os interditos romanos, toda e qualquer lesão ou ameaça de lesão, em brevíssimo espaço de tempo, afastando os tão combatidos efeitos ruinosos da demora na prestação jurisdicional.

---

[44] Este, como se sabe, é o postulado máximo do princípio da efetividade do processo, retratado inúmeras vezes. A esse respeito, referiu-se **Andrea Proto Pisani** em "Appunti sulla Tutela Sommaria", *in I Processi Speciali; Studi Offerti a Virgilio Andrioli dai suoi Allievi*, p. 309 e segs. Na doutrina nacional, **José Carlos Barbosa Moreira**, *Temas de direito processual*, nona série, 2007, p. 367-377. Aliás, é antiquíssima a denúncia de **Carnelutti** quanto à conspiração do tempo em detrimento de um processo justo. Segundo o insuperável mestre peninsular, sob o ângulo temporal, trava o juiz uma *"lotta senza posa"* (*Diritto e Processo*, p. 354). Mais recentemente, na obra constantemente destacada, **Cappelletti**, Acesso à justiça. Separata da *Revista do Ministério Público do Estado do Rio Grande do Sul*, p. 11-12. O dispositivo matriz desse poder do juiz é o art. 300, assim enunciado: "A tutela de urgência será concedida quando houver elementos que evidenciem a probabilidade do direito e o perigo de dano ou o risco ao resultado útil do processo". Sobre a tutela provisória, mais modernamente, ver: **José Carlos Barbosa Moreira**, Tutela de urgência e efetividade do direito. *Temas de direito processual*, oitava série, 2004. p. 89-106; **Fredie Didier Jr.**; **Paula Sarno Braga**; **Rafael Alexandria Oliveira**, *Curso de direito processual civil*. v. 2, 2016; **Cândido Rangel Dinamarco**; **Gustavo Henrique Righi Ivahy Badaró**; **Bruno Vasconcelos Carrilho Lopes**, *Teoria Geral do Processo*, 2020, p. 519-529.

Cautelaridade e satisfatividade restaram por imiscuir-se no âmbito dos desígnios do processo cautelar, atendendo às situações de emergência e superando os reclamos da efetividade. Entretanto, se a prática assim vem demonstrando, evidencia-se a necessidade de distinguir não só os objetivos diversos da tutela cautelar em confronto com essa tutela rápida que se vem proliferando, mas também regular a natureza dessa espécie de processo e procedimento, fruto da criação de novas exigências sociais.

Destarte, a consequência dessa *utilização promíscua do processo cautelar* revelou um fenômeno análogo, que pode figurar como razão lógica para a derivação de causas para o procedimento sumário-cautelar. É a questão atinente aos direitos evidentes. A prática judiciária indica casos em que não se revela justa a demora da prestação jurisdicional, mercê de inexistir qualquer situação de perigo. Referimo-nos aos *casos de evidência* diametralmente distintos das hipóteses de "mera aparência" que se encenam no processo cautelar. Para os denominados direitos evidentes, a inadequação do procedimento ordinário revela-se de pronto, reclamando uma atuação tão imediata quanto incontroverso o direito da parte, tal como ocorre com o mandado de segurança.

Hodiernamente, ganham corpo esses provimentos, *v.g.*, contemplou-os o legislador inquilinário com o despejo liminar irreversível, a novel tutela antecipada, merecendo, por isso, inserir-se em sede doutrinária essa nova feição do processo como instrumento de realização imediata. O tema, como se verifica, afina-se com a tutela de segurança na parte em que também se engendra de imediato, com abandono dos ritualismos, hoje injustificáveis, do procedimento ordinário, traçado para servir de instrumento a uma longa averiguação do direito dos contendores, *in casu*, que se torna desnecessária pela própria "evidência".

O CPC de 2015 robustece a tutela de segurança por meio da tutela da evidência, agora condensada em rol próprio (art. 311), sem prejuízo de disposições pontuais ao longo do diploma geral e de leis específicas.

Consoante exposto precedentemente, o Estado, no exercício do monopólio da jurisdição, manifesta essa função por meio da definição de direitos e da realização deles com a utilização dos instrumentos jurídico-processuais de coerção ou de sub-rogação.[45]

A prestação da justiça, entretanto, não se engendra de imediato, tanto mais que todo processo reclama um procedimento via do qual se praticam os atos necessários ao amadurecimento da solução judicial. Nesse interregno, tudo quanto possa interessar à perfeita solução da lide fica exposto, sujeitando-se a um estado potencial de periclitação atribuído ao tempo ou ao comportamento da parte adversa.[46]

---

[45] A atuação jurisdicional não é uniforme; pode dar-se em razão de pretensões resistidas ou insatisfeitas na acepção carneluttiana. Na primeira hipótese, cumpre ao juiz regular o caso pela emissão de norma jurídica concreta, ao passo que, no segundo, cumpre praticar atos e operações tendentes a fazer coincidir os fatos da realidade com a regra (**Liebman**, *Processo de execução*, 1946).

[46] Nesse sentido, as lições de **Calvosa**: "Il processo cautelare", *Novissimo digesto italiano*, 1970, vol. 9, e "Sequestro giudiziario", *Novissimo digesto italiano*, vol. 17.

Esse risco que gravita em torno do objeto do litígio pode indicar a possibilidade de frustração da função estatal de definição ou realização dos direitos controvertidos; por isso, seria inócua a previsão da prestação jurisdicional sem que houvesse meios de proteção das condições ideais para que a justiça fosse efetivamente prestada. Liebman advertia que não bastava fazer justiça, mas antes criar condições para que a justiça fosse prestada.[47]

Com esse escopo, a doutrina moderna idealizou a tutela antecipada, servil e instrumental ao processo de definição e realização de direitos, preservando a utilidade prática de ambos mediante a manutenção do estado de fato da lide, permitindo ao juízo principal a solução do litígio em consonância com a realidade fenomênica.[48]

Dessa forma, e enquanto o processo cautelar guardava autonomia, a tutela se materializava como instrumento em relação ao processo dito principal, preservando-lhe a existência prática mediante a conservação do objeto litigioso e de suas provas. Consequentemente, diz-se que representa esse processo um "instrumento ao quadrado", diante da natureza instrumental imanente a todo e qualquer processo, em confronto com o direito material veiculado na demanda.

A menção à doutrina moderna restou proposital, uma vez que, historicamente, a tutela dita cautelar nasceu com feições satisfativas e derivadas do poder cautelar genérico do juiz, como se pode colher das lições nacionais e alienígenas.[49]

Sua específica função assecuratória de interesses eminentemente processuais foi desenvolvida e considerada o marco de emancipação científica dessa terceira modalidade de tutela jurisdicional. A tônica dessa forma de tutela está na "prevenção" e na unidade do procedimento, que "funde atos de cognição e execução", como afirmava Liebman.[50]

Processo de procedimento célere, a tutela provisória autoriza a prestação liminar da justiça com o fito de conjurar o perigo de dano (*periculum in mora*). Distingue-se, basica-

---

[47] *Manuale*, 1946.

[48] No sentido do texto, **Calamandrei**, Introduzione, Preventiva, *Novíssimo Digesto Italiano*, vol. 9; **Liebman**, *Manuale*, 1946; e **Carnelutti**, *Diritto e processo*, 1958.

[49] A respeito, a resenha histórica de **Sidney Sanches**, *Poder cautelar geral do juiz,* 1978; **Willard de Castro Vilar**, *Medidas cautelares,* 1971; Calvos a, "Il processo cautelare": *Novissimo digesto italiano,* vol. 9; e **Biscardi**, "Sequestro (Diritto romano)": *Novissimo digesto italiano,* vol. 17. Neste último autor, é claríssima a ligação entre a cautela atípica e a utilização dos interditos para uma série de casos que reclamavam a tutela rápida, daí a proliferação do remédio possessório; fenômeno conhecido do Direito brasileiro que dedicou boa parte de sua inteligência à discussão da possibilidade da proteção possessória aos direitos pessoais. São clássicas as posições de **Otávio Mangabeira** e **Rui Barbosa** a respeito do terna, tratado com a verticalidade inerente a **Astolfo Rezende** em *A posse e sua proteção,* 1937, 2 vols.

[50] Nesse sentido, a originária doutrina do tema em **Galena Lacerda**, *Comentário,* 1980, posteriormente revista no estudo citado, *Função e processo cautelar: revisão crítica.* Os nossos sistemas matizes convivem com a previsão genérica da tutela cautelar atípica e a previsão de procedimentos específicos, inexistindo nos ordenamentos paradigmas um livro próprio de regulação do processo cautelar. Aliás, no final do nosso trabalho, sugerimos a unificação da função dita cautelar aplicável em qualquer processo e procedimento, ensejando a "interpenetração" a que se referiu Galeno Lacerda, mais recentemente.

mente, das demais formas de tutela pelo seu caráter provisório e pela pouca verticalidade da cognição, aliás, incompatível com a urgência que o provimento reclama. Não versando sobre o litígio central, mas tão só quanto ao interesse processual de manter a utilidade do processo principal, a decisão na tutela cautelar antecedente não faz coisa julgada material, à exceção da hipótese do art. 310 do CPC, e não resulta em litispendência a sua propositura incidente, tampouco a induz o exercício da ação principal após sua concessão antecedente. A provisoriedade arrasta também a revogabilidade; por isso, o provimento traz em si o germe de sua extinção, uma vez que sua vocação é ser substituído pela solução definitiva.[51]

A pouca verticalidade da cognição autoriza o juízo de verossimilhança, permitindo ao magistrado que julgue pelas aparências (*fumus bani juris*), relegando para a tutela definitiva o *iudicium* de certeza (cognição exauriente) necessário às decisões que tendem a perenizar-se no tempo como a última palavra oficial do Judiciário.[52] O advento da tutela principal e sua imediata eficácia superam a existência da medida cautelar, que nesse momento cede lugar ao provimento assegurado. Destarte, a decisão do mérito incompatível com sua sobrevivência acarreta, *ope legis*, sua cassação ou cessação de eficácia (art. 309 do CPC).[53]

Ainda como decorrência desse exame aparente do direito alegado, nenhuma influência nesse campo se verifica entre as duas formas de tutela, a satisfativa urgente e a cautelar, tanto mais que se distinguem com nitidez os interesses em jogo em cada um dos processos: no cautelar, interesses eminentemente processuais; no principal, interesse material. Diminuta repercussão observa-se na questão da competência; por isso, funcionalmente,

---

[51] Essa colocação original deve-se a **José Alberto dos Reis**, "A figura do processo cautelar": separata do *Boletim do Ministério da Justiça*, n. 3, Lisboa São as provisões judiciais de "situações passageiras": na linguagem de **Lopes da Costa** *(Medidas preventivas,* 1958*)*, que permitem ao juiz decidir com a cláusula *rebus sic stantibus,* aliás, segundo **Liebman,** inerente a toda e qualquer sentença *(Efficacia,* 1962*)*. **Chiovenda** sempre as considerou assim, tanto que nos *Principii* denominou-as de *misure provvisorie cautelari,* conservando essa concepção nas *Istituzioni.*

[52] Nesse sentido, afirmava **Calamandrei** que, entre fazer o bem tardiamente e fazer logo, correndo o risco de fazer mal, impunha-se essa última forma, relegando o problema do bem e do mal para as "formas tranquilas do procedimento ordinário" *(Introduzione Preventiva).* Na mesma **linha José Alberto dos Reis**, para quem no processo cautelar exigia-se "fazer bem e depressa" ("A figura do processo cautelar", *Boletim,* 1947); **Liebman** advertia que não se tratava de um exame superficial nem vertical, mas o *quantum satis* para prover *(Manuale di Diritto Processuale Civile,* 1959, vol. 1); **Ugo Rocco** referia-se a um "conhecimento sumário e superficial" *(Tratado de Derecho procesal civil,* 1977, vol. 5).

[53] A doutrina é uníssona quanto à imediatidade desse efeito, como **Galeno Lacerda**, *Comentários,* 1980, e **Humberto Theodoro Júnior,** *Curso de processo civil,* 1992. Na doutrina alienígena, os expositores que defendem que a cautela visa a antecipar o provimento satisfativo sustentam que, com o advento deste, o provimento perde sua eficácia, como, *v.g.,* **Luigi Montesano**, "Sulla duratta dei provvedimenti d'urgenzà: *Rivista di Diritto Processuale,* vol. 2, 1956; e **Mario-Enrico Dini**, *I provvedimenti d'urgenza,* 1981. Atribuindo lapso temporal de maior eficácia situa-se a doutrina de **Carnelutti**, sustentando essa eficácia do provimento cautelar até o trânsito em julgado do pedido principal ("Duratta del provvedimento cautelare", *Rivista di Diritto Processuale,* vol. 2, 1937). A fusão das opiniões recomenda a manutenção do provimento enquanto idôneo, ou, na melhor expressão de **Giovanni Arieta**, enquanto perdura a "situação acautelanda" *(I provvedimenti d'urgenza,* 1981).

ninguém melhor do que o juiz da cautelar para conhecer da questão principal anunciada no bojo daquele pedido.[54] Arrasta-se, assim, para o juízo da cautelar, a propositura da ação principal, obedecido sempre o princípio *incompetentia periculum in mora non attenditur*.[55] A ressalva fica por conta da produção antecipada de provas, processo frequentemente de natureza cautelar (art. 381, I), mas que o legislador optou por não aplicar a prevenção do juízo para o ajuizamento da ação principal, conforme se extrai do art. 381, § 3º, do CPC.[56]

De tudo quanto se expôs até então, subjaz fixada a ideia instrumental-processual da tutela cautelar no sentido de que sua servilidade é ao processo, não ao direito material da parte. Assim, o juiz, quando arresta, protege a futura penhora.[57] No sequestro, a preservação é à entrega que se pretende na ação principal manejada para esse fim etc.[58]

---

[54] Atribui-se a Wach, na Alemanha, e a Chiovenda, na Itália, a primazia de focalizar essa espécie de competência. Entretanto, coube a **Carnelutti** melhor sistematizá-la nas suas clássicas *Lecciones sobre el proceso penal*, 1950, vol. 2.

[55] Essa era a doutrina do Código anterior, afinada com o dispositivo encampado pelo Código de 1973. As razões subsistem, máxime pela índole célere e urgente do provimento cautelar. **Pontes de Miranda**, demonstrando a frustração da medida, sustentava essa possibilidade de provimento pelo juízo incompetente *ratione loci*, calcando seus ensinamentos nas Ordenações Filipinas (*Comentários ao Código de Processo Civil*, 1959, vol. 8). Sob a égide do mesmo diploma e no mesmo sentido, Hugo Simas, *Comentários ao Código de Processo Civil*, 1962, vol. 8. Humberto Theodoro Júnior anota que os códigos estaduais e o Regulamento no 737 previam foros eficientes para a proteção cautelar, sem repetir a regra do juízo funcional da causa principal (*Processo cautelar*, 1976). Na doutrina estrangeira, sem adentrar em questão específica, Carnelutti enunciava o princípio de que a escolha do juízo em tema de cautela obedecia mais à qualidade da atividade a ser exercida pelo juízo do que a qualidade da lide (*Sistema*, 1936). Desta sorte, o princípio mantém-se intacto, malgrado não repetido textualmente, como reconhecido por parte ponderável da doutrina atual, conforme anota Pestana de Aguiar na sua "Síntese informativa do processo cautelar", *Revista Forense*, vol. 247, 1974.

[56] Esse entendimento já prevalecia antes do advento do novel diploma processual. Veja-se: "A prevenção das cautelares em geral não se aplica, indistintamente, às medidas de produção antecipada de provas, porquanto estas últimas, ressalvados os casos específicos, sempre ou quase sempre, já se encontram extintas quando aforada a causa principal" (AgRg na MC 10.565/RJ, Rel. Min. Fernando Gonçalves, 4ª T., j. 25.10.2005, *DJ* 14.11.2005, p. 324).

[57] Consoante afirmava Leo Rosenberg, nesse desígnio de proteção de futura execução, o arresto atinge bens indeterminados do patrimônio do devedor (*Tratado de Derecho Procesal Civil*, 1955, vol. 3) e corresponde ao *sequestro conservativo* do Direito italiano, à *penhora de segurança* do Direito francês, ao *embargo preventivo* do Direito espanhol e ao *arresto germânico*, de acordo com a informação histórica de Coniglio, Il sequestro giudiziario e conservativo, 1949. Uma visão completa do instituto, sua origem e confronto de Direito comparado encontra-se em **Pontes de Miranda**, *História e prática do arresto ou embargo*, 1929.

[58] Essa ação principal pode ser instaurada após o sequestro ou encontrar-se proposta. A doutrina cautelar lavra divergências quanto à necessidade de disputa judicial anterior ao sequestro, conforme se colhe em **Antonello Bracci**, *Il sequestro giudiziario*, 1966, citando as escolas de **Chiovenda**, **Calamandrei** e **Mattirolo**. Na doutrina estrangeira, fertilíssima de informações quanto a essa figura cautelar, exsurge a intervenção de **Arnaldo Biscardi**, "Sequestro (Diritto romano)": *Novissimo digesto italiano*, vol. 17. **Humberto Theodoro Júnior** (*Processo cautelar*, 1976) e **Pontes de Miranda** (*Comentários*) não deixam margem a dúvidas sobre poder ser engendrado o sequestro ainda que não exista causa *sub judice*, contemplando o ordenamento nacional as figuras do sequestro preparatório e o incidente. No mesmo sentido **Ovídio Baptista**, *Curso*, 1991, vol. 1.

Inegável assim, que, ao prover cautelarmente, o juiz atende ao interesse público da preservação da tutela principal. Em princípio, as queixas às violações aos interesses materiais veiculam-se por meio das demandas de conhecimento e execução. Entretanto, situações denunciadoras de *periculum in mora* instam os juízes a decidir em *summaria cognitio* acerca do direito material da parte, provendo por vezes de tal maneira que desaparece, após a solução judicial rápida, qualquer outro interesse de agir em perseverar bens ou direitos em juízo.

Esses provimentos não podem ser considerados cautelares na acepção antes enfrentada.[59] É que versam e tutelam os direitos materiais, em princípio destinados à solução pelos processos de definição e realização de direitos.[60]

O Estado, contudo, no exercício do seu poder-dever jurisdicional, não pode escusar-se de enfrentar uma situação de periclitação do direito da parte a pretexto de inexistir texto expresso que autorize essa cognição satisfativa sumária e urgente.[61] A inércia é vedada pela própria Constituição, que inadmite escape à justiça qualquer lesão ou ameaça de lesão a direito (art. 5º, XXXV, da CF).[62]

Essa tutela reclamada, não obstante afim com a cautelar pelo requisito do *periculum in mora*, não ostenta a mesma natureza e regime jurídico daquela, denominando-se, genericamente, "tutela de segurança" ou "tutela satisfativa de urgência".

---

[59] **Luiz Guilherme Marinoni** erige a satisfatividade como requisito negativo da tutela cautelar (*Tutela cautelar e tutela antecipatória*: RT, 1992). No mesmo sentido, **Ovídio Baptista**, *Curso*, vol. 3. No direito alienígena, interessante a distinção enunciada por Giovanni Verde quanto ao "provvedimento urgente e urgenza di provvedimento" ("Considerazioni sul provvedimenti d'urgenzá", *I processo speciali: studi offerti a Virgilio Andrioli dai suoi allievi*, 1979).

[60] Nesse sentido, as lições de **Calmon de Passos**, *Revista dos Tribunais*, vol. 10, 1984. Assim também **Theodoro Júnior**, *Processo cautelar*, 1976.

[61] Nosso ordenamento não permite que o juiz se exima de sentenciar alegando lacuna ou obscuridade da lei – princípio do *non liquet*. Por outro lado, o acesso constitucional à justiça reclama, como consectário, que o juiz proveja obedecida apenas a condição de não ser juridicamente impossível o pedido. Nesse particular, Moniz de Aragão evidenciou, nas Jornadas Ibero-Americanas, a possibilidade de criação dos juízes ao engendrarem a fungibilidade das medidas cautelares, de tal sorte que possam ser conferidas *aliud* porém, *minus*. **Donaldo Armelin** esclarece que, não se tratando de direito material, o juiz deve preservar a eficácia do instrumento, daí a sua não adstrição ao pedido da parte ("A tutela jurisdicional cautelar", *Revista da Procuradoria Geral do Estado de São Paulo*, vol. 23, 1985). Segundo **Agrícola Barbi**, a regra, que tem paradigma no Direito italiano, é ditada pela impossibilidade de o legislador prever a multiplicidade de fatos que a realidade apresenta aos juízes (*Comentários ao Código de Processo Civil*, 1981).

[62] A regra tem assento no art. 10 da Declaração Universal dos Direitos do Homem, proclamada pela ONU em 10 de dezembro de 1948; no art. 6.1 da Convenção Europeia para a Salvaguarda dos Direitos do Homem e das Liberdades Fundamentais, subscrita em Roma no dia 4 de novembro de 1950; no art. 14, 1, do Pacto Internacional de Direitos Civis e Políticos de 16 de dezembro de 1966; e no art. 81 da Convenção Americana sobre os Direitos Humanos, assinada em São José da Costa Rica, em 22 de novembro de 1969, conforme notícia histórica de **Rogério Lauria Tucci** e **José Rogério Cruz e Tucci**, *Constituição de 1988 e processo:* regramentos e garantias constitucionais, 1989.

A urgência na proteção judicial imediata de direitos é mais um exemplo da inegável influência do tempo nas relações jurídicas em geral e no processo.

Essa mesma urgência, fenômeno de constância na sociedade moderna de massa, revelou-se o móvel a demonstrar a insuficiência das demais formas de tutela anteriormente retratadas, de cognição e execução, no afã da solução imediata de uma situação jurídica de periclitação do direito, levada ao conhecimento do Judiciário.

À luz do "princípio do acesso à justiça", consagrado no art. 5º, XXXV, da Constituição Federal, que tem como corolário o direito impostergável à adequada tutela jurisdicional, não podia o legislador escusar-se de prever a "tutela urgente", sob pena de consagrar tutela "tardia e ineficiente", infirmando a garantia constitucional por via oblíqua, na medida em que "justiça retardada é justiça denegada".[63] Nesse seguimento, o Direito brasileiro instituiu a tutela urgente, regulando-a em livro próprio por meio de regras gerais de processo e procedimento. O legislador processual atendeu assim a dois reclamos: o primeiro, da "efetividade do processo" como meio hábil de conferir à parte no "justo tempo" tudo quanto receberia se o *adversus* tivesse cumprido voluntariamente sua cota social de respeito à ordem e ao direito subjetivo alheio; de outro lado, tornou operante a garantia constitucional antes referida.[64]

No que concerne ao primeiro pressuposto, de há muito se reclama da morosidade emprestada à solução da causa pela técnica do processo de sentença ou processo de conhecimento, cuja solução final é antecedida de amplíssimo debate e excesso de formas. Por essa razão é que se atribuem o crescimento e a proliferação da "tutela urgente" em geral como meio de superar a ineficiência do procedimento ordinário com seu "formalismo lento e machinoso", como a ele se referiu Ferrucio Tommaseo.[65]

O "pressuposto da efetividade" representa, sem dúvida, o moderno enfoque do processo, tão importante quanto a doutrina que logrou destacar a autonomia da "relação processual": a hodierna observância do processo sob o ângulo da efetividade tem conduzido os juristas a estudos de funda investigação dos fins do processo à luz dos novos reclamos sociais. A verdade é que "o progresso científico de tantas décadas não pôde impedir que dramaticamente a Justiça civil alcançasse níveis alarmantes de

---

[63] A respeito do princípio, expressivas são as lições de **Ada Grinover**, *As garantias constitucionais do direito de ação*, 1973, p. 131-137 e 153-158, e em *Os princípios constitucionais e o Código de Processo Civil*, 1975, p. 15-19; e de **Carlos Maximiliano**, *Comentários à Constituição brasileira*, 1948, vol. 3, p. 186-189.

[64] Luigi Paolo Comoglio reconhece o fundamento constitucional da tutela de urgência, conforme se verifica em "La tutela cautelare in Italia: profili sistematici e risconti comparativi": *Rivista di Diritto Processuale*, 1990, p. 979-980.

[65] "Intervento", *in Les mesures provvisoires en procédure civile*, Coloquio Internazionale, Milão, 1984. Entre nós, com a mesma ótica, o professor Ovídio Baptista, ao abordar a "expansão da tutela cautelar", em que afirma que o uso indiscriminado desta decorre da instauração de um processo de conhecimento de raízes romano-canônicas, com exasperação da ordinariedade, em que só se concebe a cognição com força de coisa julgada nas sentenças finais e não nas sentenças liminares (*Curso*, 1993, vol. 2, § 3º, p. 15-20).

insatisfação".[66] Essa insatisfação, referida pelo ilustre processualista Barbosa Moreira, diz respeito, sobretudo, à duração dos processos, que é um dos pilares de sustentação dos estudos acerca da efetividade.[67]

Considera-se, assim, efetivo o processo que confere, no menor lapso de tempo, a solução adequada ao conflito levado à submissão decisória da justiça, compondo o binômio "fazer bem e depressa" ou "rapidez e segurança" a que se referia a doutrina clássica do processo cautelar.[68] O processo, enfim, é tanto mais eficaz quanto mais rápido for seu resultado.[69]

A tutela cautelar, como prevista desde o CPC/1973, entretanto, mercê de sua rapidez procedimental, veio concebida para atender a interesses nitidamente processuais de resguardo da eficácia prática do processo de conhecimento e de execução. A "sua *ratio* maior não foi", segundo a doutrina dominante, "estabelecer a sumarização dos juízos", a "permitir a tutela imediata de interesses materiais" protegidos, senão de manter condições favoráveis à prestação jurisdicional de conhecimento e de execução. Essa é a razão pela qual, hoje, se aduz ao fenômeno da "vulgarização do processo cautelar", denunciando-se "sua utilização promíscua" no afã de suprir o retardamento causado pela "ordinarização do procedimento".[70]

O Direito brasileiro, ao instituir um livro próprio para a tutela provisória e regular os procedimentos específicos, deixou clara a natureza instrumental-processual desse *tertium genus*, tanto que dispôs textualmente sobre a dependência do processo cautelar em relação ao processo principal.[71]

---

[66] **Barbosa Moreira**, "Tendências contemporâneas do Direito processual civil", *Revista de Processo*, vol. 31, p. 199, jul.-set. 1983.

[67] **Tommaseo** referiu-se em seu *Intervento* à relação "tra effettività della tutela giurisdizionale e la durata dei processo" (*Colloquio Internazionale*, 1984, p. 301-307). No mesmo sentido, a informação de **Frederico Carpi**, "Flashes sulla tutela giurisdizionale differenziatà", *Rivista Trimestrale di Diritto e Procedura Civile*, vol. 34, nº 1, p. 237-274. **Andrea Prato Pisani**, "Sulla tutela giurisdizionale differenziatà", *Rivista di Diritto Processuale*, vol. 34, n° 4, p. 536-591, 1979. **Barbosa Moreira**, "Notas sobre o problema da efetividade do processo", *Temas de direito processual*, 3ª série, 1984, p. 27-42.

[68] A expressão é tributada a **Calamandrei e Alberto dos Reis**. Mais recentemente, doutrinou **Frederico Carpi** em *La provisoria esecutorietá della sentenza*, 1979, p. 11, que "non vi e dubbio che uno dei principali leit-motiv ricorrenti nella storia del processo e nella sua evoluzione sia il problema dei rapporti fra l'aspirazione alla certezza, tendenzialmente conseguibile con la ponderazione e meditazione della decisione, nello sforzo di evitare l'injustizia, e l'esigenza di rapidità nella conclusione del processo medesimo".

[69] **Donaldo Armelin**, "A tutela jurisdicional cautelar", *Revista da Procuradoria-Geral do Estado de São Paulo*, vol. 23, p. 115, jun. 1985.

[70] Nesse sentido, **Sergio la China**, "Quale futuro per provvedimenti d'urgenza?", *I Processi Speciali, Studi offerti a Virgili Andrioli dai suoi allievi*, p. 151.

[71] É de **Carnelutti** a afirmação de que o processo principal serve à tutela do direito, ao passo que o processo cautelar serve à tutela do processo (*Diritto e processo*, n. 234, p. 356). No mesmo sentido, **Gian Antonio Micheli**, *Derecho procesal civil*, 1970, vol. 1, n. 20, p. 80-81. Essa dependência não é absoluta, como explicita **Galeno Lacerda**, admitindo, assim como **Pontes de Miranda e Ovídio Baptista**, uma autonomia nalguns casos em que se exaure a providência com o provimento cautelar (*Comentários*, vol. 3, p. 46).

O conjunto dos dispositivos pressupõe a coexistência do pedido cautelar com o processo principal, como se pode colher das normas sobre a competência, sobre a eficácia cautelar enquanto suspenso o processo principal etc. Desta sorte, *em princípio, a instrumentalidade da tutela cautelar estabelecida pelo nosso legislador é processual e não material*; vale dizer: *é instrumento de tutela do processo e não do direito da parte.*[72]

Diz-se, assim, que a providência cautelar tende a ser substituída pela medida definitiva, cujo advento extingue o ciclo vital daquela.[73]

No entanto, nem toda tutela de urgência é cautelar. Surgem hipóteses em que o provimento provisório se identifica com a pretensão final, no plano material. Em se tratando de um pedido formalmente cautelar, por falta de autorização específica para a antecipação de tutela, no ordenamento originário de 1973, essa providência esgotava tudo quanto a parte poderia pretender como resultado judicial, esvaziando por completo o interesse de agir superveniente que motiva a propositura de uma ação principal. A recusa à prestação judicial imediata ora imaginada resvalaria na "denegação de justiça". Por outro lado, o fundamento para essa tutela urgente do direito material situa-se no campo do juízo sumário satisfativo.[74]

Sob esse ângulo, forçoso concluir que a inexistência de veto no ordenamento para a formulação do pedido de tutela urgente para a proteção de direito material corresponde ao princípio da inafastabilidade da jurisdição.[75]

Diante da urgência e da necessidade de ingresso no Judiciário, o Estado, exercente do poder-dever de prestar a jurisdição, não se pode escusar em deferir a providência sob o manto da inexistência de previsão legal. Além da regra *in procedendo* do art. 140 do CPC,[76] conspira contra essa exoneração do dever de julgar o próprio princípio do acesso

---

[72] Tanto assim que referia-se a uma instrumentalidade hipotética, expressão com a qual deixava clara a não apreciação do direito material em sede cautelar – porque do contrário não qualificaria de hipotética a instrumentalidade –, chancelando a um só tempo essa servilidade da cautela em confronto com as outras formas de tutela. Essa também a conclusão de **Barbosa Moreira**, *Estudos sobre o novo processo civil*, 1974, p. 236.

[73] A expressão é de **José Alberto dos Reis** ("A figura do processo cautelar", *Boletim*, 1947), acompanhado por **Calvosa** ("Provvedimenti d'urgenza", *Novissimo digesto italiano*, vol. 14, p. 447).

[74] **Giovanni Verde** chega mesmo a referir-se a uma "epidemia de utilização indiscriminada das medidas cautelares em nossa prática forense" (*Rivista di Diritto Processuale*, vol. 35, 2ª série, n. 3, p. 581-585, jul.-set. 1980).

[75] Como acentuou de forma magnífica **Marinoni**, "se a realidade do mundo atual muitas vezes não comporta a espera do tempo despendido para a cognição exauriente da lide, em muitos casos o direito ao 'devido processo legal' somente poderá realizar-se através de um processo de cognição sumária. O direito à adequada tutela jurisdicional, portanto, também é corolário do princípio da inafastabilidade. Destarte, em face do nosso direito positivo, é facilmente aceitável a tese de que a tutela sumária antecipatória está embutida no livro III do Código de Processo Civil" ("Tutela cautelar e tutela antecipatória", *RT*, p. 91, 1992). No mesmo sentido, as lições de **Kazuo Watanabe**, *Da cognição no processo civil*, 1987, p. 21.

[76] "**Art. 140.** O juiz não se exime de decidir sob a alegação de lacuna ou obscuridade do ordenamento jurídico.
Parágrafo único. O juiz só decidirá por equidade nos casos previstos em lei."

à justiça, que, na verdade, não reclama outra coisa senão o "exercício do direito abstrato de petição", pouco importando o direito material encartado ou veiculado no *petitum*.

Ademais, a obrigação de o Estado intervir em determinada situação de urgência o faz criar, ou melhor, enxergar, no seu ordenamento, instrumento capaz de afastar, por meio de suas mãos oficiais, o *periculum* retratado, haja vista que a isso não se pode incumbir a parte por força da vedação à justiça privada. Desta sorte, o monopólio da jurisdição impõe que o Estado, sob as penas da denegação judicial, encontre, no seu corpo legislativo, por meio de técnica de autointegração e interpretação, remédio jurídico capaz de arrostar o perigo ao direito da parte, ainda que não se trate de demanda cautelar, para a qual o legislador previu a tutela imediata.[77]

É, sem dúvida, a desincumbência desse poder-dever que, mesmo antes da previsão legal, levara os doutrinadores a admitir a adoção da *tutela urgente submetida ao procedimento provisório*.[78]

Destarte, quanto ao fundamento legal dessa forma de tutela, forçoso é convir que, olvidada a origem histórica das cautelares – que, como já se asseverou, exsurgiram com natureza célere e satisfativa –, é possível entrever-se, no Código, uma instrumentalidade diversa daquela típica do processo cautelar. É que o art. 297 do CPC autoriza o juiz a adotar medidas adequadas toda vez que houver ameaça de lesão ao "*direito da parte*".

Em primeiro lugar, cumpre destacar o *objeto mediato* dessa proteção, que é o "direito da parte", mas não o direito substancial de cautela – que até mesmo se afirma negado pela doutrina majoritária –, e sim o próprio direito subjetivo material componente da *res in iudicium deducta*. É o próprio *meritum causae* que é antecipadamente regulado, como que numa "composição provisória da lide", para utilizarmos a expressão carneluttiana. O dispositivo, por outro lado, prevê a proteção interinal, tanto que se refere ao provimento antes do "julgamento" da lide e não antes da "propositura da ação". Esse provimento de tutela do próprio direito material pode exaurir todo o interesse de agir quando da sua concessão, de modo tal que à parte nada mais reste a suscitar à provocação judicial. Nessa hipótese, *v.g.*, ocorre com a "autorização para viajar": a medida concedida é urgente e não provisória, mas, antes, *definitiva e satisfativa*, requisitos que distanciam os provimentos cautelares dos demais.

O provisório pressupõe a troca por algo definitivo, diferentemente do temporário, que perdura por determinado lapso de tempo sem substituição.[79]

---

[77] A ideia da contraprestação entre o monopólio da justiça e a necessidade de adequada prestação da justiça ao direito reclamado foi magistralmente evidenciado por **Proto Pisani** (*I rapporti fra Diritto sostanziale e processo; Apppunti sulla giustizia civile*, Bari, Cacucci, 1982, p. 42).

[78] **Ovídio Baptista da Silva**, *Comentários*, 1986, p. 97. Conclui **Marinoni** com exatidão que "o homem por ter direito à adequada tutela jurisdicional, não pode ter negado o direito à ação ou à medida sumária antecipatória" ("Tutela cautelar e tutela antecipatória", *RT*, p. 89, 1992).

[79] **Calamandrei** (*Introduzione*, nº 3, p. 36-37). Clássico o exemplo de **Lopes da Costa** acerca dos andaimes, considerados definitivos, porém temporários, em determinada obra (*Medidas preventivas*, p. 16).

Essa antecipação satisfativa não é categorizada homogeneamente, máxime porque a doutrina de Calamandrei entrevia toda e qualquer antecipação como aspecto da cautelaridade, de tal maneira que o ilustre catedrático de Roma considerava a execução provisória como cautelar, assim como também a sentença declaratória da falência, porquanto preparava a execução universal.[80]

Aliás, nesse apego do mestre peninsular à ideia de "definitividade", a pedra de toque da sua distinção própria entre o que era e o que não era cautelar. Afirmava o mestre: o provisório é cautelar e o definitivo, não. Desta sorte, elencava ele um grupo de medidas cautelares por meio das quais o juiz decidia interinamente a "relação controvertida", sempre que a espera da solução definitiva pudesse causar dano irreparável ao direito da outra.[81]

Essas medidas inominadas representaram a base dos posteriores *"provvedimenti d'urgenza"* do Direito italiano e das cautelares inominadas do art. 297 do CPC brasileiro. A definitividade *in casu* é *secundum eventum litis*. Entretanto, não se pode negar que "o atingimento direto e não reflexo do direito material e sua regulação é que caracterizam o provimento como instrumental-processual ou instrumental-material". Estes últimos não são cautelares e têm regime completamente diverso daqueles. Impõe-se, então, perquirir se o Direito brasileiro autoriza essa "tutela imediata dos direitos subjetivos materiais" segundo o procedimento sumário das cautelares. O que sustentamos até o advento da tutela antecipada era a existência da tutela satisfativa urgente no Direito brasileiro como consectário do dever geral de segurança. O Estado, instado a prover diante de uma situação de perigo para o direito material da parte, deveria fazê-lo sob pena de violar o princípio da inafastabilidade e da tutela adequada,[82] podendo prover, em cognição sumária e definitiva, esta consoante a irreversibilidade dos efeitos práticos do provimento.

Nesse particular, incumbe-nos explicitar que a cognição sumária não revela o descompromisso com a análise vertical do direito, senão uma regra *in procedendo* que autoriza o juízo a decidir pelas "aparências": caso o direito *sub judice* demande funda indagação e necessite de tutela rápida.[83]

É que, entre o *periculum in mora* e a apuração da verdade real, o ordenamento prestigia o primeiro, autorizando a concessão da providência diante de um juízo de probabilidade, aliás compatível com as situações de urgência. Entretanto, nada obsta que, mesmo em caso de tutela urgente, a parte, *prima facie*, demonstre de imediato a robustez de sua pretensão, como ocorre, *v.g.*, com o mandado de segurança. Nesse caso, trata-se de tutela de urgência por excelência, em que o autor revela *initio litis* "direito líquido e certo": dessa forma, cognição sumária e direito evidente não se excluem.

---

[80] **Calamandrei**, "La sentencia declarativa de quiebra como providencia cautelar", *Rivista di Diritto Commerciale*, 1970.

[81] *Introduzione*, p. 38, da redação original, e 58 da tradução.

[82] Sob esse prisma, **Marinoni**, "Tutela cautelar e tutela antecipatória", RT, p. 87-98, 1992.

[83] **Leonardo Greco**, "Cognição sumária e coisa julgada", *Revista Eletrônica de Direito Processual*, ano 5, v. 10, jul.-dez. 2012.

A definitividade do provimento é algo que escapa ao plano normativo para situar-se no plano prático, por isso que não se pode afirmar a impossibilidade de um provimento definitivo, porque derivado de *summaria cognitio*.

Em primeiro lugar, porque a irreversibilidade está ligada à satisfatividade e, *a fortiori*, ao "interesse de agir". A satisfatividade de um direito, como bem evidenciou Ovídio Baptista, não pertence ao plano das normas, senão à realidade fenomênica.[84] Por oportuno, não se pode olvidar que há exemplos fornecidos pelas novas exigências sociais revelando "tutelas satisfativas sumárias, autônomas" sem qualquer dependência com a ação principal, concedidas com base no art. 297 do CPC, que prevê o dever geral de segurança do juiz.

Cumpre, ainda, relembrar que é sob a *summaria cognitio* da cautelar que a decisão que acolhe a prescrição e a decadência sepulta, com força de coisa julgada material, o direito subjetivo da parte requerente, nos precisos termos do art. 310 do CPC.

Hodiernamente, vem de se reconhecer a tutela sumária de direitos materiais, entrevendo-a ainda quanto às medidas tidas pelo legislador como cautelares, algumas de nítido conteúdo satisfativo.

A controvérsia lavrada diz respeito à definitividade desses provimentos, que, segundo a doutrina, não podem assumir essa característica em razão de encerrar cognição "não exauriente". Em nosso entender, esse defeito de ótica tem como premissa a falta da percepção de um dos mais importantes requisitos para obtenção da sentença sobre o fundo do pedido, que é o "interesse de agir".

Resta-nos evidente que, se a parte obtém a satisfação plena de seus interesses, nada recomenda (ao revés, repugna) o novo acesso à justiça com duplicação injustificada de processos.[85] Desta sorte, timbra-se a diferença entre a tutela cautelar e a tutela de segu-

---

[84] O autor gaúcho, com muita propriedade e de forma singular, revela os equívocos da doutrina de **Calamandrei**, para quem satisfazer é declarar o direito existente, ao passo que, no seu entender, a satisfação implica a "realizabilidade prática do direito" no plano social. Adverte, em consequência, que essa forma equivocada de se entender o requisito da "satisfatividade" é o responsável, *v.g.*, por entender-se, em doutrina, que "os alimentos provisionais" são cautelares, quando em verdade são satisfativos (*Curso*, vol. 3, p. 21-22).

[85] Marinoni, depois de considerar satisfativa a demolitória urgente, insiste, em nosso ver sem razão, que a satisfatividade com base em cognição sumária jamais pode dispensar a ação principal. Essa também é a *opinio doctorum* de **Micheli** (*La carga de la prueba*, 1961, p. 203), referindo-se mesmo a uma proibição desses julgamentos sumários. Em sentido inverso **Ovídio Baptista**, para quem o direito evidente e a urgência autorizam o juiz a proferir juízos sumários com cognição exauriente e satisfativa, prescindindo-se de toda e qualquer ação principal, em *Curso*, vol. 3, § 11, p. 50-61. O mesmo processualista adverte, com muita propriedade, que as doutrinas retrógradas perseveram, mantendo-se fiéis a doutrinas formadas há séculos em detrimento de uma nova realidade social e das expectativas históricas de uma sociedade em constantes e profundas transformações. Em prol dos juízos sumários, em contrapartida a Micheli, esclarece **Chiarloni**, em estudo recentíssimo acerca da nova lei vigente na Itália sobre os "provvedimenti d'urgenza", *Rivista di Diritto Processuale*, 1991, p. 673: "non vedrei nulladi scandaloso in un sistema che, consentendo al giudice di provvedere in maniera provvisoria e 'anticipata' sulla tutela giurisdizionale, in base ad una deliberazione sommaria dei relativo bisogno, lasci poi al controinteressato l'iniziativa di chiedere un eventuale provvedimento defmitivo di accertamento. Cose del genere avvengono con soddisfazione di tutti,

rança, ou a satisfativa urgente ora enfocada, uma vez que a proteção do direito material faz-se *simpliciter et de plano*, submete-se ao procedimento célere cautelar e distingue-se deste na parte em que o juízo dispõe sobre a relação de direito material, podendo gerar resultados irreversíveis sobre os quais repousa a coisa julgada, tornando a decisão proferida em *summaria cognitio* imutável e indiscutível *secundum eventum litis*.

É preciso que se assente da pouca importância do *nomen juris* que se atribua ao pedido para desvendar-lhe a natureza jurídica. Havia, mesmo antes do atual sistema de tutelas provisórias, tutela de segurança toda vez que, mercê de proteger o interesse material da parte, o juiz tiver de prover em caráter urgente, não obstante a veste da postulação seja cautelar. Aliás, nesse particular, eram inúmeros os exemplos da prática judiciária a confirmar que, sob o manto das cautelares inominadas, se postulavam verdadeiras medidas satisfativas urgentes, *v.g.*, a "imediata imissão no imóvel por parte do locador para realizar reparações urgentes obstadas pelo locatário", o "levantamento de quantia consignada em juízo", "a prorrogação de contrato", "a determinação de matrícula em universidade"; "a autorização para viajar", "a autorização para realização de cirurgia impedida por um dos pais", "a determinação de cumprimento de obrigação de entrega de mobília adquirida com pagamento antecipado quitado", "o pagamento em dinheiro de pensões em percentual determinado", "restituição de dinheiro indevidamente apropriado pelo banco, que pretenda encetar imputação em pagamento coacta" etc. No direito alienígena, Mario Dini cita o exemplo em que um dos parceiros obteve *provvedimento d'urgenza* para usufruir economicamente da propriedade cuja inexploração era pretendida pelo outro comunheiro agrícola.[86]

A enumeração desses poucos casos é suficiente para que observemos da utilização prática da tutela de urgência para fins de proteção ao direito, com a obtenção de resultados irreversíveis, auferidos em *summaria cognitio* e com cunhas de definitividade.[87]

Frise-se, entretanto, que nem toda urgência caracteriza a tutela de segurança, mas antes é seu pressuposto, como o é também da tutela cautelar e de outras, *v.g.*, das ações possessórias nas quais a defesa social da posse imprime-lhes um regime especial.[88] Na tutela de segurança oriunda das ações de segurança, os pressupostos são afins com aqueles reclamados pelo processo cautelar, exigindo-se o *periculum in mora* e o *fumus boni juris*.[89]

---

[86] sia in Francia con il procedimento di réferé, sia in Germania con le *einstweilingen verfungungen*, tanto per citare esempi a noi vicini".

[86] *I provvedimenti d'urgenza*, 5. ed., t. 2, p. 945.

[87] Essa espécie de tutela não escapou à arguta percepção de **Giovanni Verde**, "L'attuazione della tutela d'urgenza", *La tutela d'urgenza*, p. 93, enunciando um caso em que o devedor foi compelido à entrega de coisa fungível em mãos do credor por meio de um "provvedimento d'urgenza di cui risulta una situazione irrevesibile", consistente em verdadeira execução.

[88] Consulte-se, por todos, **Adroaldo Furtado Fabrício**, *Comentários*, vol. 3, t. 3, p. 364 e ss.

[89] Esclareça-se que o *fumus boni juris* não é requisito que autorize o autor a demonstrar de forma insuficiente, mas antes situa-se como ótica do juízo para prover urgentemente. E, em resumo, norma *in procedendo* que o admite julgar pelas aparências, não obstante efetive um juízo mais vertical no

A diferença está em que o *periculum* exigível no pedido cautelar, como a produção antecipada de prova, refere-se à futura tutela; há um risco de malogro da prestação jurisdicional principal e definitiva. Na tutela de segurança (de evidência) ou satisfativa urgente, a periclitação é do próprio direito material da parte própria. A pretensão é que está sob a ameaça de desaparecimento naquele momento, não se cogitando de outro qualquer processo. Perquire-se uma solução única e definitiva, tal como ocorre nos processos em geral, distinguindo-se, *in casu*, pela necessidade de provimento urgente que arrasta uma análise, também imediata.

O *periculum in mora* para a tutela de segurança de urgência é o perigo de dano iminente e irreparável para o direito da parte, decorrente da natural demora da submissão daquela pretensão à análise judicial ordinária. Assim, *v.g.*, se a vítima de um acidente necessita realizar urgentemente uma cirurgia e não dispõe de meios para custeá-la, em situação diametralmente inversa ao suposto culpado, que é detentor de uma situação econômico-financeira saudável, lícito é ao juiz impor a este a prestação de fundos necessários ao tratamento da última, perante a evidente impossibilidade de espera pelo processo condenatório ordinário, diante das fortes evidências quanto à culpabilidade do demandado abastado.

Observa-se do exemplo que a tutela de urgência satisfativa reclama "perigo de dano efetivo", isto é, algo que pertence ao *mundo da realidade fática* ou fenomênica e não da realidade normativa, na justa medida em que, na sua essência estática, os direitos em regra não sofrem danos.[90]

Ressalte-se que o *periculum in mora* sempre conviveu com as tutelas cautelares, as de urgência e as de antecipação em geral. Calamandrei, pioneiro na sistematização das cautelares, manuseava o *periculum in mora* em vários sentidos para justificar tanto a tutela cautelar quanto a antecipatória. Assim é que, quanto a esta última, considerava o *periculum* importante para ensejar a execução provisória, considerando-a cautelar. No que pertine à tutela de urgência satisfativa, esse *periculum* influiria na frustração dos meios do processo

---

final da causa. Assim também é o entendimento de **Ovídio Baptista**, para quem o *fumus boni juris* é a cognição sumária e superficial engendrada pelo juiz no caso de urgência (*Curso*, vol. 3, p. 44). No processo cautelar, a autorização é ainda mais ampla porque o exame pleno do direito é função do processo principal. Basta, portanto, "a provável existência de um direito" (**Liebman**, *Manuale*, vol. 1, p. 92).

[90] Essa é a perfeita lição de **Giovanni Arieta** (*I provvedimenti d'urgenza*, p. 123). Segundo o ilustre e moderno tratadista do tema da "urgência", sob o prisma do prejuízo estritamente jurídico-normativo, o "arresto jamais seria concedido, porque o direito de crédito, a não ser no plano fático, não sofre qualquer abalo com a dilapidação patrimonial do devedor". Exatamente por essa razão é que o crédito somente sofre abalo de fato e não de direito, e, por perfilhar doutrina de que o processo cautelar protege apenas o direito na sua fase estática (do ser e não do dever ser na acepção kantiana), Salvatore Satta nega a aplicação dos *provvedimenti d'urgenza* aos direitos obrigacionais (*Commentario al Codice di Procedura Civile*, 1968, vol. 4, parte 1, p. 270). Em consequência, para essa parcela da doutrina italiana, o nosso exemplo de obrigação derivada de ato ilícito, porque antes de tudo encartado no terna obrigacional, não mereceria a tutela de urgência necessária.

principal ou no malogro do próprio direito, daí o festejado doutrinador dicotomizar o perigo em *"periculum di infrutuosità"* e *"periculum di tardività"*.[91]

É cediço que a posição de Calamandrei em admitir a tutela urgente de direito material e considerá-la cautelar decorre do fato de não ter entrevisto um poder geral de cautela outorgado ao magistrado, daí categorizar essas medidas como dependentes de outra, dita principal, a confirmá-las ou revogá-las, sem considerar a questão sob o ângulo da irreversibilidade de alguns resultados e, conseguintemente, do interesse de agir. Houve preocupação excessiva com essa suposta incongruência entre o juiz prover imediatamente e a definitividade do provimento, ângulo sob o qual a doutrina de Calamandrei foi escrita, tanto que a satisfatividade não foi tema central de suas especulações, voltando-se mais para o aspecto funcional da atividade jurisdicional do que para o resultado da concessão.

A visão italiana moderna é outra, tanto que os mais atualizados doutrinadores do tema incluem os *provvedimenti d'urgenza* no campo da tutela antecipatória.[92]

No que pertine ao *fumus boni juris*, os traços distintos são maiores, haja vista que na cautela o juízo de probabilidade é o único concebível pela possibilidade de verificação da verossimilhança na ação principal.[93] Na ação satisfativa urgente, exige-se uma análise mais vertical do próprio direito, sendo certo que o *fumus boni juris* está numa gradação que mais propende para a certeza, e assim deve ser observado para a concessão de liminares.[94]

---

[91] *Introduzione*, p. 56. É conhecida a classificação de Calamandrei acerca das quatro categorias de provimentos cautelares, a saber: providências instrutórias antecipadas; medidas de asseguração *ad perpetuam* da prova – e aí se incluiria o *periculum di infrutuosità*; provimentos que asseguram o resultado prático da execução, como, *v. g.*, o arresto, que para Calamandrei antecipava os efeitos da execução – o que não corresponde à realidade, haja vista que o pagamento é o efeito da execução no sentido de antecipação do resultado da tutela; provimento das cauções de contracautela destinadas a arrostar eventual *periculum* criado com a concessão das cautelares e o último grupo – muito embora considerado o terceiro grupo, mas aqui propositadamente invertido –, o das cautelares que "decidem interinamente a relação controvertida" –, o que para nós revela essa aceitação de Calamandrei das medidas sumárias satisfativas e que a doutrina italiana considera a fonte das cautelas inominadas e dos *provvedimenti d'urgenza*. Observa-se, assim, que em todas as categorias de provimentos cautelares de Calamandrei está presente o elemento *periculum*, cuja influência ora é enfocada sob o prisma do processo, ora do próprio direito material da parte, e que compõe o objeto mediato do pedido. Neste último aspecto, não obstante categorizar esses provimentos como "cautelares": Calamandrei enunciava uma regra de atividade segundo a qual, no processo cautelar de antecipação dos efeitos da sentença principal, o juiz deveria agir como se estivesse diante deste, ao doutrinar que: "se ogni provvedimento cautelare puà considerarsi come la anticipazione di certi effetti (decisori o esecutori) dei futuro provvedimertto principale, e evidente che il giudice chiamato a disporre in sede cautelare questi effetti anticipati deve prevedere quali potrano essere gli effetti definitivi dei provvedimento principale, di cui la misura cautelare constituisce quasi un pranuncio e un'avanguardia" (*Introduzione*, p. 60 e 75 da tradução).

[92] Nesse sentido, uma das mais brilhantes obras do tema é de **Ferruccio Tommaseo**, *I provvedimenti d'urgenza, struttura e limiti della tutela anticipatoria*, 1983.

[93] **Liebman**, *Manuale*, p. 92.

[94] **Ovídio Baptista** admite o *fumus boni juris* como regra de julgamento noutras ações que não só as cautelares (*Curso*, vol. 3, p. 47).

Nesse passo, a doutrina costuma vincular a ideia de cognição sumária com direito provável. Mister aclarar essa pseudoaproximação de conceitos, haja vista que nada impede uma análise sumária de um direito mais do que provável, senão evidente mesmo.

Recorde-se o mandado de segurança, em que há exigência de "direito líquido e certo". O *fumus boni juris* é aceitável diante da imediatidade, mas não se pode afirmar que toda tutela de urgência, como sói ser a de segurança, reclama direito provável. Ela pode amparar-se em direito evidente, até porque conducente a uma tutela satisfativa. É natural que, se a definitividade pode fundar-se em duelo aparente, com muito mais razão pode fazê-lo sobre direito evidente. Assim, autorizar a concessão de provimento à luz do *fumus boni juris* é, em resumo, uma regra *in procedendo*. Não se pode afastar a ideia de que a cognição, mesmo que sumária, pode conduzir a um juízo próximo da certeza, muito embora não se possa condicionar a tutela urgente a isso. O grau de indagação do direito não deve sobrepor-se à necessidade de prover urgentemente.[95]

Manifestando-se evidente o direito em estado de periclitação, entretanto, a tutela considera-se satisfativa urgente, haja vista que o que a caracteriza é o estado de periclitação do bem da vida reclamado. O grau de convencimento do juízo vai depender da prova pré-constituída, em alguns casos mais exigentes que noutros, mas todos urgentes e referentes ao próprio direito material. Enfim, a intensidade da cognição nada tem que ver com a existência do direito, que pode ser patente para o autor, mas provável para o juiz, que é o quanto basta para a concessão da tutela. De toda sorte, a cognição sumária autorizada caracteriza o processo de segurança como processo sumário, em contraposição ao processo dito ordinário, incompatível com a agilidade de tutela de que se reclama.[96]

Enfim, a moderna processualística preconiza a possibilidade de definitividade da decisão diante de um juízo não exauriente. A eventual injustiça resolve-se em perdas e danos sob a iniciativa do demandado. *Mutatis mutandis*, é o que se sustenta ao afirmar-se que "não teria sentido o juiz prover cautelarmente diante da demonstração da evidência do direito". Ora, se o direito é evidente, e a tutela, urgente, o juiz deve, em *summaria cognitio*, prover com definitividade. Sob esse enfoque e sem medo de escandalizar, pode-se concluir que não há "tutela mais própria aos direitos evidentes do que a encetada em *summaria cognitio*", porque não foi, decerto, para esses direitos que o legislador contemplou o procedimento ordinário, fundamentalmente desconcentrado, formal e moroso, destinado às longas especulações.

---

[95] **Calamandrei** afirmou com muita propriedade, no seu pioneiro estudo sobre a tutela cautelar, que, na contingência entre fazer o bem, mas tardiamente, e fazer logo com o risco de fazer mal, a tutela cautelar decide-se por fazer logo, assumindo o risco de errar, relegando o problema do bem e do mal para as formas tranquilas do procedimento ordinário (*Introducción*, p. 43).

[96] Nesse particular, arguta a crítica que Ovídio lança a Calamandrei, que entrevia cautelaridade na ação declaratória somente porque preventiva de litígios. Segundo **Ovídio**, a só vinculação da declaratória de falsidade ao procedimento ordinário retira-lhe do rol da tutela urgente (*Curso*, vol. 3, p. 45).

TEORIA GERAL DO PROCESSO CIVIL – *Luiz Fux*

O direito líquido e certo do particular contra o particular também é merecedor de tutela imediata e de pronta atuação jurisdicional, que se perfaz com a tutela satisfativa urgente, restando a ordinariedade para situações de alta indagação.[97]

A resposta judicial imediata nos denominados casos de urgência é o objetivo maior do juízo após a instauração da relação processual, em razão da responsabilidade judicial na rápida e justa solução do litígio, mercê da necessidade de manterem-se, quer no plano processual quer no plano da realidade, a igualdade das partes e a efetividade do processo.[98]

---

[97] Essa é a brilhante ponderação de Ovídio Baptista, calcado em **Ihering** (*L'esprit du Droit romain*, reimpr. francesa de 1886-1888, vol. 1, p. 176), segundo o qual os direitos evidentes são merecedores de tutela imediata pronta e eficaz, não se podendo mesmo imaginar em tais casos o emprego do procedimento ordinário. Calamandrei denominou de ideal a prestação jurisdicional plena e imediata diante da apresentação do direito pela parte (*Introducción*, p. 44). E que os juízos sumários têm vinculação com o grau de evidência do direito (**Ovídio**, *Curso*, vol. 3, p. 47, calcado em Dante Barros de Angelis, *Teoría dei juicio summario*, 1973, notas mimeografadas, p. 11). Parafraseando **Enrico Allorio**, não há tutela de conhecimento sem incerteza do direito nem tutela de segurança sem perigo. É por meio desta que se apura a necessidade também refenda pelo citado autor (*Problemas de Derecho procesal*, 1963, vol. 2, p. 290). Prevalece a fundada advertência de **Renê Morei** de que a jurisdição não é função que se possa movimentar sem motivo que justifique o pedido de tutela estatal (*Traité élémentaire de procédure civile*, 1952, p. 40). Ademais, a tutela de segurança não se satisfaz com os provimentos de mero conhecimento ou execução, por isso que também compõe o interesse a postulação da tutela adequada. Nesse sentido Frederico Marques, *Instituições*, vol. 2, p. 41. A esse pretexto, Marinoni nega mesmo a existência de processo de cognição sumária autônomo ("Tutela cautelar e tutela antecipatória", *RT*, p. 31, 1992). A imutabilidade panprocessual do julgado cautelar, ainda que adotado em *summaria cognitio*, é afirmada por **Calmon de Passos** de forma taxativa (*Comentários*, 1984, p. 237). Ainda sob o Código de 1939, **Hugo Simas** entrevia no art. 675, conjugado com o, art. 117, a possibilidade de os juízes concederem medidas *ex officio* de cunho acautelatório, seguindo os modernos exemplos da Europa (*Comentários*, 1940, vol. 8, p. 8-9). Assim também pareceu a **Galeno Lacerda**, em estudo pioneiro antes do advento do Código (*Revista Forense*, 246/251). Essa não foi, entretanto, a orientação do Simpósio de Curitiba em 1975, consoante se colhe da conclusão LXV (**Lopes da Costa**, *Manual elementar de Direito processual civil*, 1982, com atualização de Sálvio de Figueiredo Teixeira). A doutrina ainda é divergente, valendo mencionar-se a *opinio doctorum* de **Calmon**, para quem a locução da lei é cumulativa; vale dizer que somente em casos excepcionais e expressamente atonizados por lei o juiz pode agir *ex officio*, muito embora se demonstre perplexo com o texto legal (*Comentários*, p. 92). **Moniz de Aragão** conciliou as expressões e advertiu que, se o legislador autorizasse apenas nos casos legais a incoação estatal, não haveria razão para excepcionar com os casos "excepcionais" (*Comunicação às Jornadas Ibero-Americanas*, Rio de Janeiro, 1988, item 7 e subitens da sua intervenção).

[98] **Ovídio Baptista**, após encetar profunda análise crítica da adoção de cautelares para fins satisfativos, ensejando o que denomina "tutela urgente satisfativa autônoma", conclui pela sua legitimidade e atribui sua proliferação à ordinarização dos procedimentos, com a exclusão de ritos especiais, contemplando tutela antecipada liminar (*Curso*, vol. 3., p. 50-60). No Direito alienígena, ecoam as lúcidas e recentíssimas observações de Sergio Chiarloni acerca da moderna legislação sobre *provvedimento urgenti* na Itália (*Rivista di Diritto Processuale*, p. 673, 1991), em prestígio dos juízos sumários: "non vedrei nulla di scandaloso in un sistema che, consentendo al giudice di provvedere in maniera provisoria e 'anticipata' sulla tutela giurizdizionale, in base ad una delibazione sommaria del relativo bisogno, lasci poi al controinteressato l'iniziativa di chiedere un eventuale provvedimento definitivo di accertamento. Cose del genere avvengono con soddisfazione di tutti, sia in Francia con il procedimento di *référé*, sia in Germania con le *einstweiligen verfungungen*, tanto per citare

Essa isonomia influi na tutela de urgência, assim como representa razão suficiente para a legitimação da tutela cautelar, consoante a concepção de Carnellutti na sua primeira visão acerca do fenômeno.[99]

Destarte, a tutela satisfativa urgente tem principiologia própria, uma vez que, unitário o procedimento, inserindo cognição e execução no comando judicial emergente, binômio inseparável de uma tutela destinada a arrostar com energia e eficiência uma situação de perigo.

Impõe-se, por fim, assentar que, antes de violar a igualdade, a tutela satisfativa urgente deferida a uma das partes é a contrapartida necessária ao *periculum* criado pela outra.

2.4.2 Generalidades

O Livro III do processo cautelar, disciplinado pelo CPC de 1973, foi extinto pelo CPC de 2015, passando a figurar o instituto geral da chamada tutela provisória na parte geral do atual Código. Didaticamente, ela vem em um contraponto à tutela definitiva do procedimento comum.

À luz do art. 300 do CPC, verifica-se que o juiz "poderá" conceder a providência, no sentido de que dispõe desse poder avaliatório da situação de segurança e/ou da situação de evidência.

Uma das grandes inovações promovidas pelo atual Código foi a sistematização, em livro próprio, da tutela provisória.[100] Paralelamente, foram suprimidas as disposições específicas de um processo cautelar especial, que antes constavam do CPC/1973. Não há mais no Código qualquer procedimento cautelar típico, salvante a produção antecipada de prova (art. 381).

A tutela provisória corresponde ao provimento jurisdicional não definitivo, que é proferido quando presentes razões legalmente previstas que justifiquem a antecipação ou garantia de determinado direito, antes que se decida definitivamente a lide. Em linhas gerais, como define o próprio art. 294 do CPC,[101] a tutela provisória pode ser de

---

esempi a noi vicini'. É do Direito francês a difusão da tutela de segurança, conforme se pode colher da publicação de **Roger Perrot**, *Rivista di Diritto Processuale Civile*, p. 249, 1975, em que afirma o professor da Universidade de Paris: "se traterebbe attualmente di riconoscere al giudice d'instanza la possibilità di decidere in référé in tutti i casi di urgenza". Mas adiante, o mesmo autor equipara esses provimentos aos interditos, ao comentar a possibilidade de reintegração de um empregado irregularmente demitido, hipótese em que "ma intanto il giudice dei référés avrà sanzionato una situazione di fatto, un poco come potrebbe fare il giudice dei possessorio: spoliatus ante omnia restituendus" (p. 250).

[99] *Diritto e Processo*, 1958, p. 356.

[100] "**Enunciado nº 45 da I Jornada de Direito Processual Civil do CJF.** Aplica-se às tutelas provisórias o princípio da fungibilidade, devendo o juiz esclarecer as partes sobre o regime processual a ser observado."

[101] "**Art. 294**. A tutela provisória pode fundamentar-se em urgência ou evidência.
Parágrafo único. A tutela provisória de urgência, cautelar ou antecipada, pode ser concedida em caráter antecedente ou incidental."

urgência ou de *evidência*, conforme o fundamento que justifique o seu cabimento. A primeira envolve situações de risco iminente de lesão ao direito, enquanto a segunda diz respeito a casos legalmente definidos em que haja uma razão clara e inequívoca do direito pleiteado.

Ademais, a tutela de urgência pode se dar de forma *cautelar* (quando se destine a garantir a utilidade futura do direito discutido) ou *antecipada* (quando represente a antecipação de conteúdo da decisão final do processo).

A título *cautelar*, é possível que a atuação judicial urgente se dê para resguardar o resultado prático da ulterior decisão de mérito sem que haja uma decisão efetiva quanto ao objeto estrito da ação. De outro lado, a *tutela antecipada* é aquela que diz respeito ao mérito ou parte dele. O autor, demonstrando que não poderá aguardar o desenvolvimento completo do procedimento comum, pede a antecipação do objeto da lide ou de parte dele. Essa antecipação, por sua vez, pode ocorrer no momento da propositura da ação ou no curso do processo, de acordo com o advento da urgência da intervenção judicial demonstrada nos autos do processo.

Ainda, conforme o momento em que se dê, a tutela provisória de urgência pode ser requerida de forma *antecedente* (anterior ao início de um processo, que futuramente existirá)[102] ou *incidental* (em processo já iniciado). Tanto a tutela de urgência cautelar como a tutela de urgência antecipada podem se dar de forma antecedente ou incidental, caso este em que independerá de pagamento de custas (art. 295 do CPC), visto que já há um feito em trâmite.

Portanto, o CPC de 2015 utiliza a expressão "tutela provisória" como gênero, referente a todas as hipóteses nas quais um provimento jurisdicional de cognição não exauriente concede uma utilidade em favor do requerente, do qual podem ser fundamentos a urgência ou a evidência, bem como, eventualmente, tanto a urgência quanto a evidência, cumulativamente.

Por sua vez, a tutela de urgência pode ser "cautelar" ou "antecipada", distinção essa que havia sido abolida no anteprojeto que deu origem ao atual CPC.

Com efeito, em determinadas hipóteses, a tutela liminar poderá se estabilizar, de modo que não será propriamente provisória. Assim, a denominação "tutela provisória" como gênero não é completamente precisa. O *provisório* pressupõe a troca por algo definitivo, *diferentemente do temporário*, que perdura por determinado lapso de tempo sem substituição.[103]

A tutela de urgência, como já afirmado, pode ser antecedente ou incidental. O Código prevê dois procedimentos distintos para a tutela de urgência em caráter antecedente, dependendo da natureza de tutela antecipada (arts. 303 e 304) ou cautelar (arts. 305 a

---

[102] **"Enunciado nº 130 da II Jornada de Direito Processual Civil do CJF.** É possível a estabilização de tutela antecipada antecedente em face da Fazenda Pública."

[103] **Calamandrei** (*Introduzione*, nº 3, p. 36-37). Clássico o exemplo de **Lopes da Costa** acerca dos andaimes, considerados definitivos, porém temporários, em determinada obra (*Medidas preventivas*, p. 16).

310). Apenas no caso de tutela de urgência antecipada requerida em caráter antecedente é possível a estabilização da decisão.

Qualquer que seja a espécie da tutela provisória, a decisão que lhe definir conservará sua eficácia ao longo do processo, até que se decida de modo diverso, visto que poderá ser revogada ou modificada a qualquer tempo (art. 296).[104] Nessa linha, a menos que se decida em contrário, a tutela provisória preservará seus efeitos mesmo durante eventuais períodos de suspensão do processo.[105]

Como forma de implementação da eficácia do que foi decidido, assegura-se ao juízo concessor da tutela provisória a possibilidade de determinar medidas adequadas ao cumprimento de sua decisão (art. 297),[106-107] na linha da cláusula geral de efetivação das decisões judiciais insculpida no art. 139, IV.

Nesses casos, inclusive, o CPC de 2015 determina sejam observadas analogicamente as normas que cuidam do cumprimento provisório de sentença, guardadas as devidas diferenciações. Então, a tutela provisória pode ser objeto de cumprimento provisório, dispensando-se a caução sempre que estiver de acordo com súmula ou acórdão do Supremo Tribunal Federal ou do Superior Tribunal de Justiça no julgamento de recursos repetitivos (art. 521). Caso o devedor não efetue o adimplemento no prazo judicialmente fixado, devem incidir multa e honorários advocatícios no patamar de dez por cento, sendo que os honorários podem ser elevados até vinte por cento (art. 827, § 2º).

A tutela provisória que fixar multa (*astreintes*) também é passível de cumprimento provisório, nos termos do art. 537, § 3º, do CPC. Supera-se, assim, a orientação do Superior Tribunal de Justiça no sentido de que somente poderia ser objeto de execução provisória após a sua confirmação pela sentença de mérito e desde que o recurso eventualmente interposto não fosse recebido com efeito suspensivo.[108] Na execução provisória, o valor da multa deve ser depositado em juízo, sendo o levantamento possível apenas após o trânsito em julgado. O texto original permitia o levantamento na pendência de ARE ou AREsp, mas a Lei nº 13.256/2016 suprimiu essa possibilidade.

---

[104] "**Art. 296**. A tutela provisória conserva sua eficácia na pendência do processo, mas pode, a qualquer tempo, ser revogada ou modificada.

Parágrafo único. Salvo decisão judicial em contrário, a tutela provisória conservará a eficácia durante o período de suspensão do processo."

[105] "**Enunciado nº 144 da II Jornada de Direito Processual Civil do CJF:** No caso de apelação, o deferimento de tutela provisória em sentença retira-lhe o efeito suspensivo referente ao capítulo atingido pela tutela."

[106] "**Art. 297**. O juiz poderá determinar as medidas que considerar adequadas para efetivação da tutela provisória.

Parágrafo único. A efetivação da tutela provisória observará as normas referentes ao cumprimento provisório da sentença, no que couber."

[107] "**Enunciado nº 38 da I Jornada de Direito Processual Civil do CJF:** As medidas adequadas para efetivação da tutela provisória independem do trânsito em julgado, inclusive contra o Poder Público (art. 297 do CPC)."

[108] STJ, REsp 1200856/RS, Rel. Min. Sidnei Beneti, Corte Especial, j. 01.07.2014, *DJe* 17.09.2014.

As partes e os terceiros imiscuídos na esfera da sentença principal é que podem pleitear a tutela provisória, não havendo, aí, traços significativos de distinção entre as condições genéricas do direito de agir quanto às formas de tutela ora enunciadas.[109]

O pedido de tutela provisória, como qualquer outro, deve ser dirigido ao órgão judicial competente, o que já se terá definido de forma mais evidente quando se tratar de tutela requerida incidentalmente. Caso se trate de tutela antecedente, o pedido deverá ser dirigido ao juízo competente para conhecer do pedido principal (art. 299).[110]

Quanto ao recurso cabível, dependerá da natureza da decisão que dispuser sobre a tutela provisória. É possível a concessão, revogação ou confirmação de tutela provisória na sentença, caso em que inegavelmente caberá apelação (art. 1.009).

Nos demais casos, é cabível agravo de instrumento contra as decisões interlocutórias que versarem sobre tutelas provisórias (art. 1.015, I). O Superior Tribunal de Justiça tem interpretado extensivamente o dispositivo, de modo a garantir o cabimento de agravo de instrumento contra aspectos da decisão que gravitem em torno da concessão ou denegação, ou mesmo da postergação da apreciação do pleito.[111] Porém, quanto a aspectos secundários da tutela provisória que com ela não se relacionam de forma indissociável, como o tratamento das despesas com o bem depositado por força de tutela provisória, o recurso não seria cabível.

Em suma, a recorribilidade da tutela provisória depende do momento processual em que concedida. A tutela deferida em decisão monocrática reclama agravo de instrumento (art. 1.015, I),[112] ao passo que a concessão na sentença de tutela provisória enseja apelação

---

[109] Sobre a coincidência entre os sujeitos do processo de mérito e o cautelar expôs **Calvosa**, "Provvedirnenti d'urgenza", *Novissimo digesto italiano*, vol. 14; a terceira também é admitida, conforme se colhe nas lúcidas lições de **Humberto Theodoro** (*Curso*, 2000, vol. 2). **Luiz Fux** (*Intervenção de terceiros*, 1990) sustenta toda e qualquer modalidade, mesmo a denunciação da lide sob a feição germânica da mera comunicação do litígio.

[110] "**Art. 299.** A tutela provisória será requerida ao juízo da causa e, quando antecedente, ao juízo competente para conhecer do pedido principal.
Parágrafo único. Ressalvada disposição especial, na ação de competência originária de tribunal e nos recursos a tutela provisória será requerida ao órgão jurisdicional competente para apreciar o mérito."

[111] "O conceito de 'decisão interlocutória que versa sobre tutela provisória' abrange as decisões que examinam a presença ou não dos pressupostos que justificam o deferimento, indeferimento, revogação ou alteração da tutela provisória e, também, as decisões que dizem respeito ao prazo e ao modo de cumprimento da tutela, a adequação, suficiência, proporcionalidade ou razoabilidade da técnica de efetiva da tutela provisória e, ainda, a necessidade ou dispensa de garantias para a concessão, revogação ou alteração da tutela provisória. Na hipótese, a decisão interlocutória que impõe ao beneficiário o dever de arcar com as despesas da estadia do bem móvel objeto da apreensão em pátio de terceiro não se relaciona de forma indissociável com a tutela provisória, mas, sim, diz respeito a aspectos externos e dissociados do conceito elementar desse instituto, relacionando-se com a executoriedade, operacionalização ou implementação fática da medida" (REsp 1752049/PR, Rel. Min. Nancy Andrighi, 3ª T., j. 12.03.2019).

[112] "**Art. 1.015.** Cabe agravo de instrumento contra as decisões interlocutórias que versarem sobre: I – tutelas provisórias (...)."

sem efeito suspensivo (art. 1.012, § 1º, V, e art. 1.013, § 5º). Por fim, se o provimento for monocrático, em tribunal, cabível agravo interno (art. 1.021).

Na decisão que conceder, negar, modificar ou revogar a tutela provisória, o juiz motivará seu convencimento de modo claro e preciso, *ex vi* do art. 298 do CPC. Embora o art. 296 estabeleça que a tutela provisória incidental "pode, a qualquer tempo, ser revogada ou modificada", é preciso observar a preclusão *pro judicato*, motivando a superação do entendimento anterior com base em novos elementos. Exige-se, ainda, a observância do art. 489, § 1º, e do art. 20 da Lei de Introdução às Normas do Direito Brasileiro, com a redação dada pela Lei nº 13.655/2018.[113]

Nos termos do art. 1.059 do CPC, à tutela provisória requerida contra a Fazenda Pública previu-se o disposto nos arts. 1º a 4º da Lei nº 8.437, de 30 de junho de 1992, e no art. 7º, § 2º, da Lei nº 12.016/2009. Assim, não seria concedida medida liminar que tivesse por objeto a compensação de créditos tributários, a entrega de mercadorias e bens provenientes do exterior, a reclassificação ou equiparação de servidores públicos e a concessão de aumento ou a extensão de vantagens ou pagamento de qualquer natureza. Também não será cabível medida liminar contra a Fazenda Pública que esgote, no todo ou em qualquer parte, o objeto da ação. Essas restrições à tutela provisória contra a Administração Pública haviam sido declaradas constitucionais pelo Supremo Tribunal Federal.[114] Contudo,

---

[113] "**CPC, art. 489, § 1º** Não se considera fundamentada qualquer decisão judicial, seja ela interlocutória, sentença ou acórdão, que:

I – se limitar à indicação, à reprodução ou à paráfrase de ato normativo, sem explicar sua relação com a causa ou a questão decidida;

II – empregar conceitos jurídicos indeterminados, sem explicar o motivo concreto de sua incidência no caso;

III – invocar motivos que se prestariam a justificar qualquer outra decisão;

IV – não enfrentar todos os argumentos deduzidos no processo capazes de, em tese, infirmar a conclusão adotada pelo julgador;

V – se limitar a invocar precedente ou enunciado de súmula, sem identificar seus fundamentos determinantes nem demonstrar que o caso sob julgamento se ajusta àqueles fundamentos;

VI – deixar de seguir enunciado de súmula, jurisprudência ou precedente invocado pela parte, sem demonstrar a existência de distinção no caso em julgamento ou a superação do entendimento."

"**Lei de Introdução às normas do Direito Brasileiro – LINDB, art. 20.** Nas esferas administrativa, controladora e judicial, não se decidirá com base em valores jurídicos abstratos sem que sejam consideradas as consequências práticas da decisão.

Parágrafo único. A motivação demonstrará a necessidade e a adequação da medida imposta ou da invalidação de ato, contrato, ajuste, processo ou norma administrativa, inclusive em face das possíveis alternativas."

[114] "AÇÃO DIRETA DE INCONSTITUCIONALIDADE. ARTS. 1º, § 2º, 7º, III E § 2º, 22, § 2º, 23 E 25, DA LEI DO MANDADO DE SEGURANÇA (LEI 12.016/2009). ALEGADAS LIMITAÇÕES À UTILIZAÇÃO DESSA AÇÃO CONSTITUCIONAL COMO INSTRUMENTO DE PROTEÇÃO DE DIREITOS INDIVIDUAIS E COLETIVOS. SUPOSTA OFENSA AOS ARTS. 2º E 5º, XXXV E LXIX, DA CONSTITUIÇÃO. NÃO CABIMENTO DO ʹWRITʹ CONTRA ATOS DE GESTÃO COMERCIAL DE ENTES PÚBLICOS, PRATICADOS NA EXPLORAÇÃO DE ATIVIDADE ECONÔMICA, ANTE A SUA NATUREZA ESSENCIALMENTE PRIVADA. EXCEPCIONA-

na Ação Direta de Inconstitucionalidade nº 4.296-DF,[115] houve o julgamento parcial de procedência dos pedidos, para declarar a inconstitucionalidade do art. 7º, § 2º, da Lei nº 12.016/2009, que estabelecia a vedação material supramencionada.

2.4.3 *Tutela de urgência*

2.4.3.1 Requisitos

A tutela de urgência, repise-se, engloba o provimento não exauriente de caráter satisfativo, denominado tutela antecipada, e a tutela cautelar. O art. 300 do CPC não mais exige o requerimento da parte para a concessão de tutela antecipada, muito menos em relação à tutela cautelar. A tutela de urgência, portanto, tem como

---

LIDADE QUE DECORRE DO PRÓPRIO TEXTO CONSTITUCIONAL. POSSIBILIDADE DE O JUIZ EXIGIR CONTRACAUTELA PARA A CONCESSÃO DE MEDIDA LIMINAR. MERA FACULDADE INERENTE AO PODER GERAL DE CAUTELA DO MAGISTRADO. INOCORRÊNCIA, QUANTO A ESSE ASPECTO, DE LIMITAÇÃO AO JUÍZO DE COGNIÇÃO SUMÁRIA. CONSTITUCIONALIDADE DO PRAZO DECADENCIAL DO DIREITO DE IMPETRAÇÃO E DA PREVISÃO DE INVIABILIDADE DE CONDENAÇÃO AO PAGAMENTO DE HONORÁRIOS SUCUMBENCIAIS. JURISPRUDÊNCIA CONSOLIDADA DO SUPREMO TRIBUNAL FEDERAL. PROIBIÇÃO DE CONCESSÃO DE LIMINAR EM RELAÇÃO A DETERMINADOS OBJETOS. CONDICIONAMENTO DO PROVIMENTO CAUTELAR, NO ÂMBITO DO MANDADO DE SEGURANÇA COLETIVO, À PRÉVIA OITIVA DA PARTE CONTRÁRIA. IMPOSSIBILIDADE DE A LEI CRIAR ÓBICES OU VEDAÇÕES ABSOLUTAS AO EXERCÍCIO DO PODER GERAL DE CAUTELA. EVOLUÇÃO DO ENTENDIMENTO JURISPRUDENCIAL. CAUTELARIDADE ÍNSITA À PROTEÇÃO CONSTITUCIONAL AO DIREITO LÍQUIDO E CERTO. RESTRIÇÃO À PRÓPRIA EFICÁCIA DO REMÉDIO CONSTITUCIONAL. PREVISÕES LEGAIS EIVADAS DE INCONSTITUCIONALIDADE. PARCIAL PROCEDÊNCIA DA AÇÃO. 1. O mandado de segurança é cabível apenas contra atos praticados no desempenho de atribuições do Poder Público, consoante expressamente estabelece o art. 5º, inciso LXIX, da Constituição Federal. Atos de gestão puramente comercial desempenhados por entes públicos na exploração de atividade econômica se destinam à satisfação de seus interesses privados, submetendo-os a regime jurídico próprio das empresas privadas. 2. No exercício do poder geral de cautela, tem o juiz a faculdade de exigir contracautela para o deferimento de medida liminar, quando verificada a real necessidade da garantia em juízo, de acordo com as circunstâncias do caso concreto. Razoabilidade da medida que não obsta o juízo de cognição sumária do magistrado. 3. Jurisprudência pacífica da CORTE no sentido da constitucionalidade de lei que fixa prazo decadencial para a impetração de mandado de segurança (Súmula 632/STF) e que estabelece o não cabimento de condenação em honorários de sucumbência (Súmula 512/STF). 4. A cautelaridade do mandado de segurança é ínsita à proteção constitucional ao direito líquido e certo e encontra assento na própria Constituição Federal. Em vista disso, não será possível a edição de lei ou ato normativo que vede a concessão de medida liminar na via mandamental, sob pena de violação à garantia de pleno acesso à jurisdição e à própria defesa do direito líquido e certo protegida pela Constituição. Proibições legais que representam óbices absolutos ao poder geral de cautela. 5. Ação julgada parcialmente procedente, apenas para declarar a inconstitucionalidade dos arts. 7º, § 2º, e 22º, § 2º, da Lei 12.016/2009, reconhecendo-se a constitucionalidade dos arts. 1º, § 2º; 7º, III; 23 e 25 dessa mesma lei" (ADI 4.296, Tribunal Pleno, Rel. Min. Marco Aurélio, Rel. p/ acórdão Min. Alexandre de Moraes, j. 09.06.2021).

[115] ADI nº 4.296-DF, Plenário, Rel. Min. Marco Aurélio, Redator do acórdão Min. Alexandre de Moraes, j. 09.06.2021, *DJE* 11.10.2021.

requisitos apenas a probabilidade do direito (*fumus boni iuris*) e o perigo de dano ou risco ao resultado útil do processo (*periculum in mora*), seja nos casos de cautelar ou de tutela antecipada.

Noutras palavras, a tutela de urgência (art. 300)[116-117] é a espécie de tutela provisória concedida nas situações em que estejam presentes circunstâncias que demonstrem a probabilidade de acolhimento do direito alegado (*fumus boni iuris*), bem como a existência de o perigo de dano ou o risco ao resultado útil do processo (*periculum in mora*). Sua concessão poderá estar vinculada ou não ao oferecimento de contracautela pelo beneficiário (caução real ou fidejussória), bem como pode se dar liminarmente ou após justificação prévia (§ 2º), conforme determinação do juiz da causa.

O contraditório prévio não é um requisito para a concessão de tutela de urgência. Afinal, o contraditório postecipado é expressamente admitido pelos arts. 300, § 2º, e 9º, parágrafo único, I. A tutela de urgência pode ser concedida liminarmente, ou seja, em provimento *inaudita altera parte*, bem como após justificação prévia, concedendo-se ao autor oportunidade para que comprove as suas alegações (art. 300, § 2º). No rito da manutenção e reintegração de posse também é prevista a possibilidade de justificação, em audiência própria em que se oportunizará a oitiva de testemunhas (art. 562).

2.4.3.2 Espécies

2.4.3.2.1 Tutela cautelar

A manutenção da utilidade prática das tutelas antecedentes de cognição e execução inspirou o legislador a conceber um *tertium genus* de prestação jurisdicional, consistente

---

[116] **"Art. 300.** A tutela de urgência será concedida quando houver elementos que evidenciem a probabilidade do direito e o perigo de dano ou o risco ao resultado útil do processo.

§ 1º Para a concessão da tutela de urgência, o juiz pode, conforme o caso, exigir caução real ou fidejussória idônea para ressarcir os danos que a outra parte possa vir a sofrer, podendo a caução ser dispensada se a parte economicamente hipossuficiente não puder oferecê-la.

§ 2º A tutela de urgência pode ser concedida liminarmente ou após justificação prévia.

§ 3º A tutela de urgência de natureza antecipada não será concedida quando houver perigo de irreversibilidade dos efeitos da decisão."

[117] **"Enunciado nº 39 da I Jornada de Direito Processual Civil do CJF:** Cassada ou modificada a tutela de urgência na sentença, a parte poderá, além de interpor recurso, pleitear o respectivo restabelecimento na instância superior, na petição de recurso ou em via autônoma."

"Enunciado nº 40 da I Jornada de Direito Processual Civil do CJF: A irreversibilidade dos efeitos da tutela de urgência não impede sua concessão, em se tratando de direito provável, cuja lesão seja irreversível."

"Enunciado nº 41 da I Jornada de Direito Processual Civil do CJF: Nos processos sobrestados por força do regime repetitivo, é possível a apreciação e a efetivação de tutela provisória de urgência, cuja competência será do órgão jurisdicional onde estiverem os autos."

"Enunciado nº 42 da I Jornada de Direito Processual Civil do CJF: É cabível a concessão de tutela provisória de urgência em incidente de desconsideração da personalidade jurídica."

num provimento servil às demais manifestações judiciais, capaz de resguardar as condições de fato e de direito para que a justiça seja prestada com efetividade.[118]

É cediço que o processo de "amadurecimento" da decisão judicial após a manifestação das partes impõe um lapso de tempo, por vezes prejudicial ao objeto do juízo que, exatamente por isso, fica sujeito a mutações prejudiciais ao julgamento, quer por força de atos maléficos perpetrados por uma parte contra o direito da outra antes do julgamento da causa, quer em função da própria natureza das coisas.[119] Assim, *v.g.*, o perecimento de uma coisa litigiosa tanto pode ocorrer por força de um evento fenomênico, como a chuva, quanto por obra da destruição proposital da parte adversa.[120]

Essa constatação representou o fato gerador da criação de medidas processuais múltiplas capazes de evitar o malogro da tutela jurisdicional principal no momento de sua

---

[118] São de **Liebman** as seguintes palavras, ao abordar a unidade do procedimento cautelar: "perciò il processo cautelare si contrapone come tertium genus a quello di cognizione et a quello di esecuzione ed è caratterizato della sua funzione strumentale, ausiliaria, nei confronti di un processo principale, del quale mira a garantire la proficuità dei risultati, nei casi ammessi dalle legge" (*Rivista di Diritto Processuale*, 1954, p. 248 e segs.).

[119] Modernamente, escreveu sobre o *periculum in mora* **Giovanni Arieta**, "esse perigo de dano deve derivar da lentidão natural da tutela ordinária, no sentido de que a demora em si é considerada como causa possível do dano superveniente e por isso deve ser neutralizada através do provimento cautelar" (*I Provvedimenti d'Urgenza*, 1985, p. 47).

[120] É o que o direito italiano exprime, no art. 700 do seu Código: "fondatto motivo di temere che durante il tempo ocorrente per far valere il suo diritto in via ordinaria". Como se vê, estamos no campo do *periculum in mora*. Esse requisito da tutela cautelar refere-se ao plano fático e não normativo. Isto é, o direito ou a coisa padecem de potencial dissipação no mundo da realidade, de tal sorte que mister se faz preservá-los fisicamente. Essa é a concepção que nos autoriza a intervir através da tutela cautelar. Decerto não é ao sentido de "prejudicialidade ou prejulgamento" que se refere o legislador ao mencionar o "dano irreparável" autorizador da cautela. Em nosso modo de ver, no sistema nacional, interpretar prejuízo como pré-juízo é jogo de palavras, sofisma que não se reveste da menor cientificidade. Não obstante, a doutrina alienígena concebe esse prejuízo como uma vinculação do juízo principal ao decidido antecipadamente em sede cautelar, de tal sorte que aquela regulação provisória da lide limita ao provimento final.

Assim, *v.g.*, a doutrina francesa e italiana de **Cezar-Bru**, **Tarzia** e **Tommaseo**, citadas por **Ovídio Baptista**, *Curso de Processo Civil*, vol. 3, p. 34-35. Destarte, imprestável também a concepção unicamente normativa do dano irreparável, porque no plano da tutela do direito objetivo, o direito ou a coisa sentem-se protegidos, haja vista que a lesão não se legaliza. É no mundo fenomênico que se mostra a lesão. Interpretação diversa conduziria por certo à denegação das cautelas, porque essa forma de tutela foi inspirada à defesa dos direitos na sua "fase dinâmica", "social" e não "estático--normativa". A esse respeito convém relembrar **Giovanni Arieta**, *I Provvedimenti d'Urgenza*, p. 123, e **Capri**, *La Provisoria Esecutorietà della Sentenza*, 1979, p. 290. Imperioso anotar que o *periculum in mora* não é um pressuposto exclusivo das cautelares, sob pena de considerar-se dessa categoria tudo quanto se assente no estado de periclitação. Há evidentemente tutela não cautelar lastreada em perigo da demora, como a presente tutela de segurança. O apego a esse requisito básico levou muitos juristas a considerarem cautelares inúmeras providências satisfativas e definitivas no plano fático, *v.g.*, a execução provisória, as liminares em geral. Assim, por exemplo, **Galeno Lacerda**, *Comentários*, 1980, vol. 8, p. 15; no direito estrangeiro, **Mario Dini**, *I Provvedimenti d'Urgenza*, 1973, p. 97.

efetivação. As "medidas cautelares" ou medidas assecuratórias surgiram[121] com o escopo precípuo de "servir" ao processo de conhecimento e ao de execução. Trata-se de tutela eminentemente processual, porque o interesse tutelado não é "atributivo de bens da vida" senão público de "acessar-se a justiça com efetividade."[122] Deveras, de nada adiantaria deferir-se na Carta Magna o acesso à justiça sem a garantia respectiva de criação das condições ideais para a prestação jurisdicional, sob pena de a garantia resultar em mera divagação constitucional.[123] A tutela cautelar, assim, revela-se a mais importante de todas pela sua própria antecedência lógica quando uma situação de periclitação sinaliza para a frustração da tutela principal em razão da impossibilidade de prestação da justiça imediata.[124]

É flagrante, assim, a "servilidade" da tutela cautelar às demais formas de prestação de justiça, o que explica a sua *transitoriedade* ou *não definitividade* no sentido de "tempo" e de "definir o litígio", bem como sua inegável *dependência ao processo principal*, característica que a doutrina denomina de "instrumentalidade". Destarte, essa tutela apresenta natural instabilidade porque a sua vida tem como duração o tempo necessário à preservação a que se propõe,[125] sendo certo que a situação cautelanda pode desaparecer por diversos

---

[121] O processo cautelar tende a assegurar a eficácia futura de outro processo a que está preordenado. É o que afirmava **Liebman**, "L'Unità del Procedimento Cautelare", *Rivista di Diritto Processuale*, 1954, p. 254. Nesse seguimento, estão sempre presentes as palavras de **Calamandrei** no sentido de que a instrumentalidade das cautelares frente ao processo principal é "*una instrumentalidad cualificada, o sea elevada, por asi decirlo,* al cuadrado... Un medio predispuesto para el mejor éxito de la providencia definitiva... Son, en relación a la finalidad última de la función jurisdiccional, instrumento del instrumento" (*Introducción*, p. 45).

[122] A distinção de bens objeto da tutela foi fixada por **Calmon de Passos**, que dicotomizou a pretensão à segurança veiculada através de tutela preventiva substancial e tutela preventiva processual em *Comentários ao Código de Processo Civil*, 1984, vol. 10, t. 1. De toda sorte, o eminente jurista não prevê tutela sumária para a pretensão de direito material senão através das cautelares, por isso que a pretensão à segurança do direito substancial perfaz-se através do processo de execução e do processo de conhecimento (*Comentários*, vol. 10, t. 1, p. 45-46). Essa servilidade é resumida por **Pontes de Miranda** e **Ovídio Baptista** na expressão "segurança para execução", ao passo que a execução para segurança representaria a tutela do próprio direito, satisfativa por antecipação. **Ovídio Baptista**, (*Comentários ao Código de Processo Civil*, p. 65-68).

[123] A admissibilidade da constitucionalização da tutela cautelar como decorrência do acesso à justiça vê-se reconhecida, hoje, aqui e alhures, como se colhe em **Marinoni**, "Tutela Cautelar e Tutela Antecipatória", *Revista dos Tribunais*, 1992, p. 143, e **Comoglio**, "La Tutela Cautelare in Italia: Profili Sistematici e Risconti Comparativi", *Rivista di Diritto Processuale*, 1990, p. 979-980.

[124] Essa impossibilidade de justiça imediata e a natural demora do processo levaram **Giuseppe Tarzia** a identificar um conflito entre a ânsia de efetividade do processo e o interesse na segurança deste, em razão de a urgência compatibilizar-se apenas com o juízo de verossimilhança, postergando o juízo de certeza ("Considerazione Comparative sulle Misure Provvsorie nel Processo Civile", *Rivista di Diritto Processuale*, 1985, p. 249). Assente-se que o sonho da justiça imediata remonta ao maior doutrinador cautelar, que foi **Calamandrei**. Ele justificava as cautelares exatamente em razão de não existir essa possibilidade instantânea (*Introducción*, p. 44).

[125] "I provvedimenti cautelari sono sempre destinati a durare per un tempo limitato. Infatti quando il processo principale giunge a conclusione viene meno il problema stesso per cui furono concesso: o il diritto è stato riconosciuto esistente, e potrà ricevere piena soddisfazione, oppure è stato

fatores, que vão desde a eliminação do estado de periclitação até a confirmação pela tutela principal do direito alegado pela parte receosa quanto à sua subsistência.[126]

A não definitividade da tutela cautelar – não porque sumária a cognição,[127] mas antes porque escapa ao seu escopo, posto que meramente processual – justifica a regra de que, acautelada a situação jurídica objeto da tutela principal, esta tem de ser engendrada em 30 (trinta) dias da efetivação da medida, porque a urgência tem de ser comprovada pelo seguimento incontinente da formulação do pedido principal. É que quem receia deve provar por que receia. A manutenção *ad infinitum* da medida cautelar a transfiguraria em processo principal e, é certo que a cautela aguarda a definição judicial, mas não lhe faz as vezes. Por outro lado, os provimentos cautelares causam restrições de direitos e esse estado de limitação somente se justifica porque a parte denunciara uma possibilidade de malogro de uma tutela proponível. Consequentemente, nada justifica que o requerido suporte os rigores da medida sem que a urgência seja fundamentadamente verdadeira. É que, do contrário, o requerente poderia aguardar a "definição" por meio de cognição plena.[128]

A urgência, uma constante nessa forma de tutela, admite graus, tanto que o legislador previu a *antecipação da tutela cautelar* através de medida liminar inaudita, mercê da existência de um procedimento comum, em que o provimento dito cautelar pode advir de uma sentença final, após dilargada cognição.[129] Destarte, essa mesma urgência torna

---

dichiarato inesistente e la misura cautelare dovrà essere revocata", segundo **Liebman**, *Manuale*, 1957, vol. 1, p. 93.

[126] Essa fusão de ideias merece destaque. Em primeiro lugar no que diz respeito à provisoriedade. Para **Calamandrei**, o provisório significava a antítese da definitividade, isto é, o provimento seria substituído pelo definitivo, com o qual mantinha vínculos qualitativos. Isso significa que para **Calamandrei,** o provimento provisório e o definitivo que o substituía guardavam a mesma natureza. Assim, o arresto era antecipação da execução, a vistoria *ad perpetuam* era prova antecipada, os provimentos interinais antecipação da solução definitiva impassível de ser aguardada (*Introducción*, p. 53, 122 e 58). A doutrina de **Calamandrei** não entrevê a diferença entre a cautela e as demais formas pela satisfatividade, traço inegavelmente distintivo, até porque falar em cautelares-satisfativas encerra verdadeira *contradictio*, tal como encerraria falar em "legalidade antijurídica". Com razão, assim, **Ovídio Baptista**, que prefere à provisoriedade a "temporariedade", até porque, por vezes e enquanto idôneo, o provimento cautelar sobrevive à providência principal e seu ciclo vital ultrapassa aquele, mantendo-se íntegro até que desapareça a necessidade de sua manutenção. Ademais, essa correspondência qualitativa inexiste, podendo ser *aliud* ou *minus*, conforme **Fritz Baur**, *Tutela Jurídica mediante Medidas Cautelares*, 1985, p. 40 (**Ovídio Baptista**, *Comentários*, p. 42). Ainda sob esse ângulo, é expressivo o clássico exemplo dos andaimes do nosso **Lopes da Costa**, revelando--os definitivos e temporários até o término dos trabalhos exteriores da obra (*Medidas Preventivas, Medidas Preparatórias, Medidas de Conservação*, 1953, p. 10).

[127] Parece afinar-se com a ideia da tese quanto à possibilidade de cognição sumária não satisfativa e definitiva **Ovídio Baptista**, nas passagens de *Curso de Processo Civil*, vol. 3, p. 47 e nota da p. 48.

[128] **Sergio la China**, "Pregiudizio Bilaterale i Crisi del Provvedimento d'Urgenza", *Rivista di Diritto Processuale*, 1980, p. 218.

[129] A urgência timbra essa forma de tutela de tal sorte que lhe acompanha no *nomem juris*, como os *provvedimenti d'urgenza* italianos. Essa urgência, autorizando a análise perfunctória da pretensão, arrasta para as cautelares o risco do erro, que segundo **Calamandrei** deve ser admitido porque, "entre fazer bem mas tardiamente e fazer logo, com o risco de fazer mal, a tutela cautelar decide-

esse comando emergente da sentença, mandamental, em que a efetivação de seu conteúdo dá-se na mesma relação processual, fundindo-se execução e cognição no mesmo processo e implicando ordem.[130] A decisão, porque não definitiva do litígio, não se reveste da imutabilidade característica[131] da "coisa julgada material", salvo se se verificar que não haverá processo principal tutelável em razão da decadência ou da prescrição, hipótese em que, por economia processual, antecipadamente o juiz jugula no nascedouro a pretensão que viria a ser deduzida no processo principal "ameaçado" de malogro. Esta é, aliás, a influência mais viva da tutela cautelar na ação principal: um de natureza preponderantemente processual e outro de cunho satisfativo.

A despeito das óticas diferentes, impossível seria reclamar asseguração sem revelar a essência da "tutela acautelada". Isso implica a divulgação, em sede cautelar, do objeto que comporá a tutela ameaçada. A isso denomina-se de *fumus boni juris*. A tutelabilidade *in abstrato* do direito material invocado é suficiente para cumprir esse primeiro requisito legal, ao qual se adjunta o estado de perigo, que justifica a providência assecuratória.

-se por fazer logo, assumindo o risco de errar, relegando o problema do bem ou do mal para as formas tranquilas do procedimento ordinário" (*Introducción*, p. 43). A nossa ideologia confina com a exposta pelo insuperável catedrático de Roma, entretanto, dela se distancia quanto à iniciativa do procedimento ordinário, que para nós deve competir ao requerido que demonstre prejuízo por força da medida sumária, definitiva e irreversível adotada, tanto mais que sob o prisma do "interesse de agir" nada mais restará ao beneficiário do provimento de segurança. Esse tópico será melhor explorado mais adiante.

[130] **Liebman**, "L'Unità...", *Rivista di Diritto Processuale*, 1954, p. 248 e segs. Assenta o fundador da escola processual brasileira que: "è indifferente che la misura cautelare consita in una pronunzia del giudice o in un'attività di carattere materiale, come sarebbe l'apprensione e custodia di una cosa: non si tratterà di un processo di cognizione nel primo caso, nè di un processo d'esecuzione nel secondo. Per la classificazione del processo l'elemento decisivo è dato soltanto dallo scopo dell'atto finale, a cui il processo stesso à diretto".

[131] É conhecida a posição de **Frederico Marques** quanto à coisa julgada formal da cautelar na hipótese mencionada no parágrafo único do art. 808 do CPC [1973], qualificando-a o doutrinador *secundum eventum litis* (*Manual de Direito Processual Civil*, vol. 4, p. 391). Essa qualificação utilizada justifica-se; por isso que, concedida a medida, pode vir a ser revogada. É decisão instável; denegada, só por causa superveniente pode voltar a ser engendrada. Mas, de toda sorte, não obstante se aceite a versão formal da coisa julgada, a lide cautelar não é a mesma da ação principal, como pareceu a **Carnelutti**. A situação cautelanda objeto da segurança não revela semelhança com o objeto da ação principal, sem que se possa dizer que por isso o processo cautelar não tem mérito. O juiz não julga no "vácuo", como bem afirmou **Moniz de Aragão** na sua intervenção nas jornadas insistentemente citadas no trabalho, por isso que o *periculum* e o *fumus* integram os requisitos de provimento do pedido cautelar, compondo-lhe a *res deducta*. Caracterizá-los como condições de ação e a um só tempo pressupostos do acolhimento seria retroceder ao "concretismo" da ação de origem chiovendiana. Paradoxalmente, **Carnelutti**, abstrativista, enxergava na lide cautelar o mesmo conflito objeto da ação principal... A realidade é que essa imutabilidade da decisão inserida no julgado admite graus. A coisa julgada material é qualificada *ratione materiae* pelo seu conteúdo e positivamente o provimento cautelar só excepcionalmente dispõe sobre o litígio. Entretanto, a impossibilidade de renovar os fundamentos pelos quais se denegou a medida revela uma extensão sensível da decisão, cuja técnica, que torna intocável esse provimento, assemelha-se à eficácia preclusiva da coisa julgada material, um dos meios de "defesa do julgado".

Essa influência, antes referida entre a tutela cautelar e a tutela principal, é expressiva em alguns pontos formais também. Assim, *v.g.*, se o juiz verifica a impossibilidade jurídica do que pretende o requerente, não deve prover cautelarmente, porque não se revela legítima a tutela principal dita ameaçada.

Em resumo, a tutela cautelar difere das demais espécies por representar uma prestação de justiça de cunho eminentemente processual, realizada no afã do resguardo das outras duas modalidades, com a singularidade de que seu objeto é a "defesa da jurisdição", cuja titularidade pertence ao Estado-soberano e que, por isso, pode atuar de ofício no exercício do dever correspectivo ao direito de ação constitucionalizado.

Se, no regime do CPC de 1973, as medidas cautelares eram dotadas de autonomia, sendo objeto de processo próprio, no CPC de 2015, podem ser concedidas incidental ou antecedentemente, mas sem necessidade de ajuizamento de demanda que tenha por exclusivo pedido o provimento acautelatório. Desse modo, reforçou o legislador sua natureza acessória, em prestígio à economia processual.

2.4.3.2.2 Tutela antecipada

Nem toda situação de urgência é cautelar. Há casos em que a tutela urgente e imediata que se impõe o é em função do direito material, sob pena de seu perecimento ou ineficácia de sua exigibilidade. Assim, *v.g.*, se a parte não pode utilizar o imóvel por falta de mobília, malgrado tenha pago todo o valor dos bens adquiridos para aquele fim, antecipadamente, não há tutela cautelar que o tutele a esse respeito. Nesse caso, socorre à parte uma tutela imediata e urgente de seu direito à entrega dos bens, de tal maneira que a empresa contratada coloque no interior da unidade todos os utensílios necessários à sua habitabilidade.

Essa providência imediata – superadora da grave injustiça que um processo de conhecimento encerraria, obrigando a parte a aguardar um lapso de tempo à consagração do seu direito, da cognição até a execução para a entrega – *só se mantém estreita com a cautelar pelo ângulo da urgência*, do *periculum in mora*, posto não assecuratória, senão "flagrantemente satisfativa", pelo que se denomina "tutela antecipada".

Na tutela antecipada, o próprio *meritum causae* é antecipadamente regulado, como que numa "composição provisória da lide", para utilizarmos a expressão carneluttiana. *Manifestando-se evidente o direito em estado de periclitação*, então, a tutela será antecipada, espécie de tutela urgente, haja vista ser caracterizada pelo *estado de periclitação do próprio bem da vida reclamado* e não apenas *do processo*. A satisfatividade de um direito não pertence ao plano das normas, senão à realidade fenomênica.[132]

Percebe-se, em síntese, que, na tutela antecipada, existe identidade prática entre o pedido provisório e a pretensão definitiva, ao passo que, na cautelar, a providência imediata apenas busca permitir a decisão final quanto ao pedido principal, possuindo caráter instrumental.

---

[132] **Ovídio Baptista**, *Curso*, vol. 3, p. 21-22.

A tutela de urgência de natureza antecipada não será concedida quando houver perigo de irreversibilidade dos efeitos da decisão (art. 300, § 3º). Essa limitação, porém, pode ser superada no caso concreto, sob pena de grave violação do acesso à justiça (art. 5º, XXXV, da CF),[133] mormente nas chamadas situações de "irreversibilidade de mão dupla", em que tanto a antecipação do provimento como sua denegação acarretam a impossibilidade de, no plano fático, se retornar ao *status quo*. Em tais casos, cabe ao juiz ponderar e evitar o mal maior dentre ambos os cenários hipotéticos.

2.4.3.3 Contracautela e responsabilização

A análise cautelar superficial visando a permitir prover com a rapidez que o estado de coisas exige impõe uma margem de risco de erro judiciário na adoção desses provimentos.[134]

Essa é a razão pela qual a lei estabelece a "contracautela", que visa a minimizar, senão afastar, a repercussão negativa na esfera jurídica do requerido que os efeitos de uma medida cautelar podem lhe causar. A contracautela é a contrapartida pela adoção do provimento com base em juízo perfunctório. Sem prejuízo, o requerente do provimento cautelar assume a responsabilidade objetiva pelo risco judiciário, respondendo por tudo quanto possa causar à parte contrária, em razão de ter requerido uma medida urgente, que se verifica a posteriori à concessão, despida de fundamento.[135]

A contracautela tem por objetivo minorar os riscos da tutela de urgência, garantindo a reparação de danos que o demandado possa sofrer, podendo ser exigida a critério do juiz (art. 300, § 1º, do CPC).[136] Essa é a razão pela qual a lei estabelece a "contracautela",

---

[133] Como acentuou de forma magnífica **Marinoni**, "se a realidade do mundo atual muitas vezes não comporta a espera do tempo despendido para a cognição exauriente da lide, em muitos casos o direito ao 'devido processo legal' somente poderá realizar-se através de um processo de cognição sumária. O direito à adequada tutela jurisdicional, portanto, também é corolário do princípio da inafastabilidade" ("Tutela cautelar e tutela antecipatória", *RT*, p. 91, 1992). No mesmo sentido, as lições de **Kazuo Watanabe**, *Da cognição no processo civil*, 1987, p. 21.

[134] A urgência arrasta a necessidade de cognição rápida ou sumária, nem sempre vertical, por isso que o juízo de probabilidade eclipsa os dois requisitos do provimento da medida, isto é, o *fumus boni juris* e o *periculum in mora*. Há sumariedade formal e material, no sentido de que é sumário o procedimento e o grau de cognição também. Entretanto, mais adiante demonstraremos a possibilidade de cognição sumária em face de direito evidente e cognição exauriente em procedimento sumário, espécies que coexistem e não necessariamente se repelem, como pretende fazer crer **Marinoni**, "Tutela Cautelar e Tutela Antecipatória", *Revista dos Tribunais*, 1992, p. 61-62. No direito alienígena, consulte-se, por todos, **Victor Fairén Guillén**, *El Juicio Ordinario y los Plenarios Rápidos*, 1953.

[135] Advirta-se que **Chiovenda** já afirmava ser a tutela cautelar "um direito do Estado", e **Calamandrei** reafirma essa ideia ao atribuir à cautela o escopo da defesa da seriedade da jurisdição como resguardo do *imperium iudicis*. Respectivamente, *Instituições*, nº 82, e *Introduzione*, p. 144.

[136] "**Art. 300. § 1º.** Para a concessão da tutela de urgência, o juiz pode, conforme o caso, exigir caução real ou fidejussória idônea para ressarcir os danos que a outra parte possa vir a sofrer, podendo a caução ser dispensada se a parte economicamente hipossuficiente não puder oferecê-la."

que visa a minimizar, senão afastar, a repercussão negativa na esfera jurídica do requerido que os efeitos de uma medida cautelar podem lhe causar. A contracautela é a contrapartida pela adoção do provimento com base em juízo perfunctório. Sem prejuízo, o requerente do provimento cautelar assume a responsabilidade objetiva pelo risco judiciário (art. 302 do CPC), respondendo por tudo quanto possa causar à parte contrária, em razão de ter requerido uma medida urgente, que se verifica *a posteriori* à concessão, despida de fundamento. Essa responsabilidade ocorre independentemente da responsabilidade por dano processual prevista nos arts. 79 e seguintes do CPC.

Nos casos em que for exigida a caução, sua prestação se destinará ao ressarcimento de eventuais danos que a outra parte venha a sofrer (§ 1º do art. 300). Com efeito, o Código demonstra preocupação com a promoção de medidas que reparem os danos que podem decorrer da tutela provisória, especificando em seu art. 302 que a parte beneficiada pela decisão responde pelo prejuízo que a efetivação da tutela de urgência causar à parte adversa, sem prejuízo da reparação por dano processual, quando: (I) a sentença lhe for desfavorável; (II) obtida liminarmente a tutela em caráter antecedente, não fornecer os meios necessários para a citação do requerido no prazo de 5 (cinco) dias; (III) ocorrer a cessação da eficácia da medida em qualquer hipótese legal; (IV) o juiz acolher a alegação de decadência ou prescrição da pretensão do autor.

Nessas situações, inclusive, a liquidação do dano a ser indenizado será realizada nos mesmos autos em que a medida tiver sido concedida, sempre que possível. Trata-se de previsão que visa a facilitar a recomposição dos danos que a concessão da tutela de urgência possa ocasionar.

2.4.3.4 Poder geral de cautela e atipicidade

Os atos de "defesa da jurisdição" escapam ao poder dispositivo das partes, não cabendo a elas o juízo da conveniência ou não de se preservarem as condições para que a justiça seja prestada.[137] É sob essa ótica que propende a doutrina atual pela aceitação da atuação *ex officio* nas cautelares incidentais.

Consectária dessa proposição é a ampla possibilidade que o juiz detém de prover "inominadamente", isto é, de deferir providências idôneas e adequadas à defesa da jurisdição, através do que se convencionou denominar "poder cautelar genérico".[138]

---

[137] Mais adiante, no texto, expendemos a nossa opinião sobre o tema, bem como trazemos à colação as opiniões divergentes, a que remetemos o leitor. Mister frisar-se, entretanto, que a doutrina moderna admite uma valoração constante do juízo acerca da "adequação" da medida, por isso que, como consectário, também pode atuar prontamente quando observe da necessidade de uma "adequada medida de defesa da jurisdição". Nesse sentido, consulte-se **Mario Dini**, *La Denunzia di Danno Temuto*, 1957, p. 44.

[138] Encontra-se na obra de **Calamandrei** a expressão "poder cautelar geral" (*Introduzione*, p. 49), e não "dever geral de cautela". Por outro lado, a importância da cautela atípica é considerada como instrumento moderno de agilização da prestação da justiça, compondo desígnio constitucional da tutela jurisdicional. Assim se depreende das lições de **Andrea Proto Pisani**, "Appunti sulla Tutela Cautelare nel Processo Civile", *Rivista di Diritto Civile*, 1987, p. 114-115, e **Luigi Paolo Comoglio**,

A análise da própria finalidade jurisdicional-cautelar nos indica que se trata de um "dever" e não um "poder" que se exige como decorrência do "direito à jurisdição" outorgado a todo cidadão. A impossibilidade de autotutela e a necessidade de garantir-se um efetivo acesso à justiça implicam a obrigação de o Estado evitar que se frustre essa garantia, quer para isso seja convocado a atuar, quer *sponte sua* observe o perigo.

Em acréscimo, adotou-se a linha da atipicidade, autorizando-se, genericamente, a escolha do provimento necessário e adequado pelo julgador, sem delineio de procedimento específico para cada uma das hipóteses (art. 301),[139] homenageando-se o princípio da instrumentalidade do processo.

Dispõe o art. 301 do CPC que a tutela de urgência de natureza cautelar pode ser efetivada mediante arresto, sequestro, arrolamento de bens, registro de protesto contra alienação de bem e qualquer outra medida idônea para asseguração do direito.

Tendo em vista que o Código revogou praticamente todos os procedimentos cautelares em espécie, mantendo apenas a produção antecipada de provas (art. 381 do CPC), é esvaziada de maior propósito a menção às expressões "arresto", "sequestro", "arrolamento de bens" *etc.*, que se referem a procedimentos cautelares típicos do Código revogado. O art. 301 do CPC consagra o poder geral de cautela, ou seja, a prerrogativa do magistrado de determinar qualquer providência, ainda que atípica, para assegurar a efetividade jurisdicional. Diante da urgência e da necessidade de ingresso no Judiciário, o Estado, exercente do poder-dever de prestar a jurisdição, não se pode escusar em deferir a providência sob o manto da inexistência de previsão legal.

2.4.3.5 Tutela de urgência pré-arbitral

Nos termos do art. 22-A da Lei nº 9.307/1996, antes de instituída a arbitragem, as partes poderão recorrer ao Poder Judiciário para a concessão de medida cautelar ou de urgência. Cessa a eficácia da medida cautelar ou de urgência se a parte interessada não requerer a instituição da arbitragem no prazo de 30 (trinta) dias, contado da data de efetivação da respectiva decisão. Instituída a arbitragem, consoante o art. 22-B do referido diploma, caberá aos árbitros manter, modificar ou revogar a medida cautelar ou de urgência concedida pelo Poder Judiciário. Estando já instituída a arbitragem, a medida cautelar ou de urgência será requerida diretamente aos árbitros.

O Superior Tribunal de Justiça já decidiu que, *verbis*: "De modo a viabilizar o acesso à justiça, caso a arbitragem, por alguma razão ainda não tenha sido instaurada, toda e qualquer medida de urgência pode ser intentada perante o Poder Judiciário, para preservar direito sob situação de risco da parte postulante e, principalmente, assegurar o resultado útil da futura arbitragem. A atuação da jurisdição estatal, em tal circunstância, afigura-se

---

"La Tutela Cautelare in Italia: Profili Sistematici e Risconti Comparativi", *Rivista di Diritto Processuale*, 1990, p. 979-980.

[139] "**Art. 301.** A tutela de urgência de natureza cautelar pode ser efetivada mediante arresto, sequestro, arrolamento de bens, registro de protesto contra alienação de bem e qualquer outra medida idônea para asseguração do direito."

precária, destinada apenas e tão somente à análise da medida de urgência apresentada, sem prorrogação, naturalmente, dessa competência provisória. Devidamente instaurada a arbitragem, resta exaurida a jurisdição estatal, devendo os autos serem encaminhados ao Juízo arbitral competente, que, como tal, poderá manter a liminar, caso em que seu fundamento de existência passará a ser o provimento arbitral, e não mais a decisão judicial; modificá-la; ou mesmo revogá-la, a partir de sua convicção fundamentada."[140]

2.4.3.6 Requerimento em caráter antecedente

De outro lado, conforme o momento em que seja requerida, a tutela provisória de urgência poderá ser antecedente, quando requerida antes do início da relação jurídica processual principal.[141] Nesses casos, o Código traz regramentos separados, conforme se trate de tutela cautelar ou antecipada.

Permite o CPC de 2015 que a parte busque a realização do seu direito com base em cognição não exauriente em procedimento anterior ao exame do pedido principal. Sendo assim, o exame da tutela de urgência será realizado em um processo que não necessariamente avançará na análise das questões principais de mérito com relação às quais se pretenda um provimento definitivo.

Os denominados "procedimentos antecedentes" são de duas espécies, o primeiro quando a tutela requerida tiver caráter satisfativo e o segundo aplicável à hipótese de tutela cautelar.

2.4.3.6.1 Tutela antecipada requerida em caráter antecedente

Quando se trate de tutela provisória de urgência antecipada requerida em caráter antecedente, demonstrando-se a existência de urgência contemporânea à propositura da ação, *a petição inicial pode limitar-se ao requerimento da tutela antecipada e à indicação do pedido de tutela final, com a exposição da lide, do direito que se busca realizar e do perigo de dano ou do risco ao resultado útil do processo* (art. 303).[142]

---

[140] STJ, REsp 1698730/SP, Rel. Min. Marco Aurélio Bellizze, 3ª T., j. 08.05.2018.

[141] "**Enunciado nº 43 da I Jornada de Direito Processual Civil do CJF:** Não ocorre a estabilização da tutela antecipada requerida em caráter antecedente, quando deferida em ação rescisória."

[142] "**Art. 303.** Nos casos em que a urgência for contemporânea à propositura da ação, a petição inicial pode limitar-se ao requerimento da tutela antecipada e à indicação do pedido de tutela final, com a exposição da lide, do direito que se busca realizar e do perigo de dano ou do risco ao resultado útil do processo.

§ 1º Concedida a tutela antecipada a que se refere o *caput* deste artigo:

I – o autor deverá aditar a petição inicial, com a complementação de sua argumentação, a juntada de novos documentos e a confirmação do pedido de tutela final, em 15 (quinze) dias ou em outro prazo maior que o juiz fixar;

II – o réu será citado e intimado para a audiência de conciliação ou de mediação na forma do art. 334;

III – não havendo autocomposição, o prazo para contestação será contado na forma do art. 335.

No que tange à tutela antecipada requerida em caráter antecedente, a inicial pode se limitar ao requerimento de tutela antecipada, indicando: *(I)* os pressupostos para a sua concessão, *(II)* a "exposição da lide", *(III)* o pedido de tutela final, *(IV)* o direito que se busca realizar, *(V)* o valor da causa, considerado o pedido de tutela final e *(VI)* que pretende valer-se do rito antecedente (art. 303, *caput* e §§ 4º a 5º, do CPC). Entendendo o magistrado que não há elementos para tutela provisória, deve intimar o demandante para emendar inicial em 5 dias, sob pena de extinção do feito antecedente sem resolução da questão sobre a tutela antecipada (art. 303, § 6º, do CPC).

Se deferido esse pedido inicial, o autor beneficiário deverá, no prazo de 15 (quinze) dias (se o juiz não fixar outro maior), aditar a petição inicial, complementando sua argumentação prefacialmente apresentada, podendo juntar novos documentos, bem como ratificar o pedido final que quer ver deferido.

Esse aditamento deve ser realizado nos mesmos autos, sem incidência de novas custas processuais, e sua não realização implica a extinção do processo sem resolução do mérito. Uma vez realizado, promover-se-á a citação do réu para a audiência de conciliação ou de mediação (art. 334 do CPC),[143] prosseguindo-se o procedimento respectivo.

---

§ 2º Não realizado o aditamento a que se refere o inciso I do § 1º deste artigo, o processo será extinto sem resolução do mérito.

§ 3º O aditamento a que se refere o inciso I do § 1º deste artigo dar-se-á nos mesmos autos, sem incidência de novas custas processuais.

§ 4º Na petição inicial a que se refere o *caput* deste artigo, o autor terá de indicar o valor da causa, que deve levar em consideração o pedido de tutela final.

§ 5º O autor indicará na petição inicial, ainda, que pretende valer-se do benefício previsto no *caput* deste artigo.

§ 6º Caso entenda que não há elementos para a concessão de tutela antecipada, o órgão jurisdicional determinará a emenda da petição inicial em até 5 (cinco) dias, sob pena de ser indeferida e de o processo ser extinto sem resolução de mérito."

[143] "**Enunciado nº 23 da I Jornada de Direito Processual Civil do CJF:** Na ausência de auxiliares da justiça, o juiz poderá realizar a audiência inaugural do art. 334 do CPC, especialmente se a hipótese for de conciliação."

"**Enunciado nº 24 da I Jornada de Direito Processual Civil do CJF:** Havendo a Fazenda Pública publicizado ampla e previamente as hipóteses em que está autorizada a transigir, pode o juiz dispensar a realização da audiência de mediação e conciliação, com base no art. 334, § 4º, II, do CPC, quando o direito discutido na ação não se enquadrar em tais situações."

"**Enunciado nº 25 da I Jornada de Direito Processual Civil do CJF:** As audiências de conciliação ou mediação, inclusive dos juizados especiais, poderão ser realizadas por videoconferência, áudio, sistemas de troca de mensagens, conversa *on-line*, conversa escrita, eletrônica, telefônica e telemática ou outros mecanismos que estejam à disposição dos profissionais da autocomposição para estabelecer a comunicação entre as partes."

"**Enunciado nº 26 da I Jornada de Direito Processual Civil do CJF:** A multa do § 8º do art. 334 do CPC não incide no caso de não comparecimento do réu intimado por edital."

"**Enunciado nº 67 da I Jornada de Direito Processual Civil do CJF:** Há interesse recursal no pleito da parte para impugnar a multa do art. 334, § 8º, do CPC por meio de apelação, embora tenha sido vitoriosa na demanda."

Por sua vez, como dito, caso indeferido o pedido de tutela provisória de urgência antecipada requerida em caráter antecedente, o juiz determinará a emenda da petição apresentada no prazo de 5 (cinco) dias, para que seja adaptada aos requisitos de uma petição inicial propriamente dita. Se desatendida a determinação, o processo também será extinto sem resolução do mérito.

A notável inovação do CPC é consubstanciada na principal característica do rito da tutela antecipada requerida em caráter antecedente: caso o réu não interponha recurso da decisão que conceder a liminar, esta tornar-se-á estável,[144] *ex vi* do art. 304 do CPC.[145] Isso significa que a tutela antecipada produzirá efeitos enquanto não revista, reformada ou invalidada por decisão judicial superveniente, que poderá ser suscitado por iniciativa de qualquer das partes em ação própria (art. 304, §§ 2º e 3º, CPC).

O Superior Tribunal de Justiça tem proferido decisões conflitantes sobre o alcance da expressão "recurso" contida no art. 304 do CPC. Em julgado da Terceira Turma, definiu-se que a melhor leitura seria ampliativa, porque a finalidade do comando pas-

---

"**Enunciado nº 121 da II Jornada de Direito Processual Civil do CJF:** Não cabe aplicar multa a quem, comparecendo à audiência do art. 334 do CPC, apenas manifesta desinteresse na realização de acordo, salvo se a sessão foi designada unicamente por requerimento seu e não houver justificativa para a alteração de posição."

[144] Sobre o desafiador tema, ver: **Frederico Augusto Gomes**, *A estabilização da tutela antecipada*, 2019; **Daniel Mitidiero**, Comentário ao artigo 304. In: **Teresa Arruda Alvim Wambier** *et al.* (coords.). *Breves comentários ao novo Código de Processo Civil*, 2015; **Humberto Dalla Bernardina de Pinho; José Roberto Sotero de Mello Porto.** Tutela antecipada antecedente e sua estabilização: um panorama das principais questões controvertidas. *Revista de Processo*, vol. 278, abr. 2018, p. 215-233; **Bruno Garcia Redondo**, Estabilização, modificação e negociação da tutela de urgência antecipada antecedente: principais controvérsias. *Revista de Processo*, ano 40, v. 244, p. 167-194, jun./2015; **Heitor Vitor Mendonça Sica**. Doze problemas e onze soluções quanto à chamada "estabilização da tutela antecipada". In: **Paulo Henrique dos Santos Lucon** *et al.* (coords). *Processo em jornadas*, 2016; **Eduardo José da Fonseca Costa,** Comentário ao artigo 304. In: **Lenio Luiz Streck** *et al.* (orgs.). Comentários ao Código de Processo Civil, 2016.

[145] "**Art. 304.** A tutela antecipada, concedida nos termos do art. 303, torna-se estável se da decisão que a conceder não for interposto o respectivo recurso.

§ 1º No caso previsto no *caput*, o processo será extinto.

§ 2º Qualquer das partes poderá demandar a outra com o intuito de rever, reformar ou invalidar a tutela antecipada estabilizada nos termos do *caput*.

§ 3º A tutela antecipada conservará seus efeitos enquanto não revista, reformada ou invalidada por decisão de mérito proferida na ação de que trata o § 2º.

§ 4º Qualquer das partes poderá requerer o desarquivamento dos autos em que foi concedida a medida, para instruir a petição inicial da ação a que se refere o § 2º, prevento o juízo em que a tutela antecipada foi concedida.

§ 5º O direito de rever, reformar ou invalidar a tutela antecipada, previsto no § 2º deste artigo, extingue-se após 2 (dois) anos, contados da ciência da decisão que extinguiu o processo, nos termos do § 1º.

§ 6º A decisão que concede a tutela não fará coisa julgada, mas a estabilidade dos respectivos efeitos só será afastada por decisão que a revir, reformar ou invalidar, proferida em ação ajuizada por uma das partes, nos termos do § 2º deste artigo."

saria pela estabilização apenas quando inerte o réu, de sorte que outras manifestações de insatisfação, como a apresentação de contestação, bastaria para afastar a consequência processual mencionada.[146] Por sua vez, a Primeira Turma entendeu que apenas o recurso, entendido como meio de impugnação de decisões judiciais, possui o condão de obstar a estabilização dos efeitos da decisão, não sendo possível emprestar o mesmo efeito à contestação.[147]

De acordo com esta última orientação, se o réu quiser que a sua contestação seja apreciada, deve interpor também agravo de instrumento em face da decisão concessiva da tutela antecipada – ou agravo interno, se a competência for originária de Tribunal. O prazo para o agravo será de 15 dias a contar da intimação da liminar (art. 1.003, § 5º, do CPC). Se o réu interpuser agravo admissível, seja provido ou não, o rito "antecedente" é convertido automaticamente em principal e a contestação é analisada, seguindo-se o rito comum.[148]

Interessante é a conclusão adotada pelo Superior Tribunal a respeito do cômputo dos prazos: o de aditamento do autor e o recursal, para o réu,[149] de sorte a evitar que a estabilização seja afastada apenas quando o autor, ciente da inércia da parte contrária, efetivamente desejou transmudar o procedimento em comum.

Essa estabilização de efeitos não se confunde com a coisa julgada (como expressamente consigna o § 6º do art. 304), pois a decisão poderá ser revista, reformada ou invalidada em ação ajuizada por qualquer das partes. Não obstante, seus efeitos serão mantidos enquanto não seja revista, reformada ou invalidada por nova decisão. Em linha semelhante à ação rescisória, sem que com ela se confunda, essa possibilidade de revisão, reforma ou invalidação da tutela deverá ser exercida no prazo de 2 (dois) anos, contados a partir da ciência da decisão que inicialmente extinguiu o processo. Em todo caso, porém, qualquer das partes poderá requerer o desarquivamento dos autos em que foi proferida a decisão concessiva da tutela – quando físicos, naturalmente, sendo despiciendo tal proceder no caso de autos eletrônicos –, para que instrua corretamente a petição inicial, de forma que prossiga a ação perante o juízo prevento que concedeu a tutela antecipada.

---

[146] "Embora o *caput* do art. 304 do CPC/2015 determine que 'a tutela antecipada, concedida nos termos do art. 303, torna-se estável se da decisão que a conceder não for interposto o respectivo recurso', a leitura que deve ser feita do dispositivo legal, tomando como base uma interpretação sistemática e teleológica do instituto, é que a estabilização somente ocorrerá se não houver qualquer tipo de impugnação pela parte contrária, sob pena de se estimular a interposição de agravos de instrumento, sobrecarregando desnecessariamente os Tribunais, além do ajuizamento da ação autônoma, prevista no art. 304, § 2º, do CPC/2015, a fim de rever, reformar ou invalidar a tutela antecipada estabilizada" (STJ, REsp 1760966/SP, Rel. Min. Marco Aurélio Bellizze, 3ª T., j. 04.12.2018).

[147] STJ, REsp 1797365/SP, Rel. Min. Sérgio Kukina, Red. p/ acórdão Min. Regina Helena Costa, 1ª Turma, j. 03.10.2019.

[148] **Enunciado nº 28 Enfam:** Admitido o recurso interposto na forma do art. 304 do CPC/2015, converte-se o rito antecedente em principal para apreciação definitiva do mérito da causa, independentemente do provimento ou não do referido recurso."

[149] STJ, no REsp 1.766.376/TO (Terceira Turma, *DJE* 28.08.2020).

2.4.3.6.2 Tutela cautelar requerida em caráter antecedente

Quando se tratar de tutela provisória cautelar requerida em caráter antecedente,[150] preceitua o art. 305 do CPC que a petição inicial da ação que visa à prestação de tutela cautelar em caráter antecedente indicará a lide e seu fundamento, a exposição sumária do direito que se objetiva assegurar e o perigo de dano ou o risco ao resultado útil do processo. Em contraste, então, a tutela cautelar requerida em caráter antecedente jamais poderá estabilizar-se. São requisitos da inicial, nos termos do art. 305, *caput*, do CPC: (i) indicação da lide e seu fundamento; (ii) exposição sumária do direito que se objetiva assegurar; e (iii) exposição do perigo de dano ou risco ao resultado útil do processo.

Entretanto, se ao receber o pedido, o juiz entenda que este em verdade revela pretensão de natureza antecipada e não cautelar, poderá reconhecer a fungibilidade, determinando a aplicação do procedimento descrito na seção anterior. Há fungibilidade entre os ritos antecedentes para tutela antecipada e para a tutela cautelar. Assim, o magistrado pode determinar de ofício a conversão para o procedimento dos arts. 303 e 304 do CPC se entender que pedido tem "natureza antecipada". A situação inversa também pode ocorrer, desde que seja logicamente impossível a estabilização da tutela concedida.

A decisão do magistrado que reconhecer a existência de decadência ou prescrição terá natureza de sentença (art. 310 do CPC). Também haverá sentença quando o juiz entender pela denegação da cautelar e o pedido principal não houver sido formulado pelo requerente, mormente porque, em caso de denegação, a parte não possui prazo de natureza processual para apresentar o pedido principal. Em contrapartida, caso a cautelar não seja concedida e o pedido principal tenha sido previamente formulado, haverá conversão do rito antecedente em principal.

Por fim, sendo concedida a cautelar, o requerente terá o prazo de trinta dias para efetivá-la e formular o pedido principal independentemente de novas custas, sob pena de cessar a sua eficácia (arts. 308 e 309, I e II, do CPC).[151-152]

---

[150] **"Enunciado nº 44 da I Jornada de Direito Processual Civil do CJF:** É requisito da petição inicial da tutela cautelar requerida em caráter antecedente a indicação do valor da causa."

"Enunciado nº 46 da I Jornada de Direito Processual Civil do CJF: A cessação da eficácia da tutela cautelar, antecedente ou incidental, pela não efetivação no prazo de 30 dias, só ocorre se caracterizada omissão do requerente."

[151] **"Art. 308.** Efetivada a tutela cautelar, o pedido principal terá de ser formulado pelo autor no prazo de 30 (trinta) dias, caso em que será apresentado nos mesmos autos em que deduzido o pedido de tutela cautelar, não dependendo do adiantamento de novas custas processuais.

§ 1º O pedido principal pode ser formulado conjuntamente com o pedido de tutela cautelar.

§ 2º A causa de pedir poderá ser aditada no momento de formulação do pedido principal.

§ 3º Apresentado o pedido principal, as partes serão intimadas para a audiência de conciliação ou de mediação, na forma do art. 334, por seus advogados ou pessoalmente, sem necessidade de nova citação do réu.

§ 4º Não havendo autocomposição, o prazo para contestação será contado na forma do art. 335."

[152] A Quarta Turma do Superior Tribunal de Justiça (STJ) já apontou que "O prazo de 30 (trinta) dias para apresentação do pedido principal, nos mesmos autos da tutela cautelar requerida em caráter

Com efeito, disciplina o art. 309 do CPC as hipóteses em que a tutela perde eficácia, tratando-se de situações em que a parte não poderá renovar o pedido senão por outro fundamento, se: (I) o autor não deduzir o pedido principal no prazo legal; (II) não for efetivada dentro de 30 (trinta) dias; (III) o juiz julgar improcedente o pedido principal formulado pelo autor ou extinguir o processo sem resolução de mérito.

Ocorrendo tempestivamente a apresentação do pleito principal, converter-se-á o rito antecedente em principal, nos mesmos autos, independente do adiantamento de novas custas processuais. As partes, então, serão intimadas para a audiência de conciliação ou de mediação, na forma do art. 334 do CPC, por seus advogados ou pessoalmente, sem necessidade de nova citação do réu. Não havendo autocomposição, o prazo para contestação será contado na forma do art. 335 do CPC.

De outro lado, o indeferimento do pedido antecedente não impede que a parte deduza seu pedido principal, que não será influenciado pela decisão inicial de indeferimento, a menos que se tenha reconhecido a existência de decadência ou prescrição. Nessas situações, com efeito, já se atingirá a própria impossibilidade do pedido principal diante do fundamento da decisão de indeferimento (art. 310).[153]

2.4.4 *Tutela da evidência*

A tutela da evidência (ou de evidência) é modalidade de tutela diferenciada, por meio da qual ocorre a adaptação do procedimento às peculiaridades da causa, permitindo a satisfação de direitos bem demonstrados de plano, quando diminutas as chances de sucesso final do *ex adverso*.

Trata-se de técnica de distribuição dos ônus decorrentes do tempo do processo, consistente na concessão imediata da tutela jurisdicional com base no alto grau de verossimilhança das alegações do autor, a revelar improvável o sucesso do réu em fase mais avançada do processo.[154]

O principal aspecto distintivo da tutela de evidência é a dispensa da demonstração do *periculum in mora*. Isso significa que a evidência do direito autoriza por si só a concessão imediata do provimento pretendido pela parte, inclusive aqueles de cunho pecuniário, mesmo que inexista qualquer risco de dano à parte ou prejuízo ao resultado útil da sentença. A tutela de evidência pode ser concedida também em procedimentos especiais previstos em leis extravagantes, como os Juizados Especiais (art. 1.046, § 2º).[155]

---

antecedente, previsto no art. 308 do CPC/2015, possui natureza processual, portanto deve ser contabilizado em dias úteis (art. 219 do CPC/2015). REsp n. 1.763.736/RJ, relator Ministro Antonio Carlos Ferreira, Quarta Turma, julgado em 21/6/2022, *DJe* de 18/8/2022.

[153] "**Art. 310.** O indeferimento da tutela cautelar não obsta a que a parte formule o pedido principal, nem influi no julgamento desse, salvo se o motivo do indeferimento for o reconhecimento de decadência ou de prescrição."

[154] **Bruno Bodart**, *Tutela de Evidência*, 2015; **Rogéria Fagundes Dotti**, *Tutela da evidência*, 2020.

[155] "**Art. 1.046.** Ao entrar em vigor este Código, suas disposições se aplicarão desde logo aos processos pendentes, ficando revogada a Lei nº 5.869, de 11 de janeiro de 1973.

Importante perceber que a tutela de evidência, enquanto a modalidade de satisfação imediata e provisória da parte calcada apenas no elemento da alta probabilidade do direito pleiteado,[156] independentemente de demonstração do elemento da urgência (risco ao direito material ou à utilidade do provimento jurisdicional final), não foi inaugurada pelo CPC/2015. Na realidade, existem diversos exemplos da autorização legal para a antecipação dos efeitos da tutela pretendida por tais elementos, desde o diploma anterior, *v.g.*, a liminar possessória.

A novidade inerente ao vigente Código diz respeito ao rol que condensa as hipóteses gerais, no art. 311.[157]

A primeira hipótese de tutela de evidência é a que tem por objetivo sancionar condutas incompatíveis com a lealdade e a boa-fé processuais (art. 311, I, do CPC). Para a sua concessão, basta ficar caracterizado o abuso do direito de defesa ou o manifesto propósito protelatório da parte. Esse propósito protelatório pode evidenciar-se antes mesmo do processo, como no caso de dissipação de bens. Consigne-se, ainda, que o não comparecimento injustificado do réu à audiência de autocomposição é considerado ato atentatório à dignidade da justiça (art. 334, § 8º), reclamando a imediata concessão de tutela de evidência com base no art. 311, I, independentemente da prévia imposição de multa, sanção que, não obstante ostente clareza legal indiscutível, vem sendo abrandada por certos julgadores.[158]

Tal modalidade se revela continuidade da previsão do art. 273, II, do CPC/1973, buscando afastar as referidas posturas da parte, inseridas no gênero "dolo processual". Há amplo leque de exemplos autorizadores desse provimento: retenção injustificada dos autos (físicos) para além do prazo legal, fornecimento doloso de informações erradas, embaraçamento da produção de provas, repetição de requerimentos já apreciados etc.

---

§ 2º Permanecem em vigor as disposições especiais dos procedimentos regulados em outras leis, aos quais se aplicará supletivamente este Código."

[156] De acordo com **Fredie Didier Jr.**, a evidência diz respeito a um fato jurídico processual em que afirmações de fato estão comprovadas, constituindo pressuposto fático de técnica processual para obtenção de tutela provisória ou definitiva (*Curso de Direito Processual Civil*, 2021).

[157] "**Art. 311.** A tutela da evidência será concedida, independentemente da demonstração de perigo de dano ou de risco ao resultado útil do processo, quando:

I – ficar caracterizado o abuso do direito de defesa ou o manifesto propósito protelatório da parte;

II – as alegações de fato puderem ser comprovadas apenas documentalmente e houver tese firmada em julgamento de casos repetitivos ou em súmula vinculante;

III – se tratar de pedido reipersecutório fundado em prova documental adequada do contrato de depósito, caso em que será decretada a ordem de entrega do objeto custodiado, sob cominação de multa;

IV – a petição inicial for instruída com prova documental suficiente dos fatos constitutivos do direito do autor, a que o réu não oponha prova capaz de gerar dúvida razoável.

Parágrafo único. Nas hipóteses dos incisos II e III, o juiz poderá decidir liminarmente."

[158] Relembre-se que, consoante já decidido pelo STJ, é inaplicável multa por ausência em audiência de conciliação à parte que foi representada por advogado (RMS 56.422/MS, Rel. Min. Raul Araújo, 4ª Turma, j. 08.06.2021).

A tutela de evidência também pode ser concedida quando as alegações de fato puderem ser comprovadas apenas documentalmente e houver tese firmada em julgamento de casos repetitivos ou em súmula vinculante. Consideram-se casos repetitivos, nos termos do art. 928 do CPC, a decisão proferida em: (i) incidente de resolução de demandas repetitivas; (ii) recursos especial e extraordinário repetitivos. Essa espécie de tutela de evidência pode ser concedida *inaudita altera parte* (art. 9º, parágrafo único, II, e art. 311, parágrafo único, do CPC). Corretamente, a doutrina alarga o rol previsto para incluir outros precedentes, a exemplo do definido no incidente de assunção de competência (art. 947).[159]

Gize-se que o STF, no julgamento da ADI 5.492, na Sessão Virtual de 14.4.2023 a 24.4.2023, já declarou constitucionais a referência ao inc. II do art. 311 constante do art. 9º, parágrafo único, inc. II, e do art. 311, parágrafo único.

O art. 311, III, prevê a concessão de tutela de evidência em face de contrato de depósito. Essa sistemática substitui o revogado rito da ação de depósito (arts. 901 a 906 do CPC/1973), cuja utilidade havia desaparecido desde que o Plenário do Supremo Tribunal Federal julgou a prisão civil do depositário infiel incompatível com o Pacto de São José da Costa Rica. Também se trata de espécie de tutela de evidência concessível *inaudita altera parte* (arts. 9º, parágrafo único, II, e 311, parágrafo único, do CPC).

Finalmente, é cabível a tutela de evidência quando a petição inicial for instruída com prova documental suficiente dos fatos constitutivos do direito do autor, a que o réu não oponha prova capaz de gerar dúvida razoável (art. 311, IV, do CPC). Também nesse ponto, a doutrina traz amplo leque de exemplos, como o pedido embasado em fato notório, fatos confessados em outra ocasião, presunções absolutas ou questão prejudicial de outro processo que tenha sido atingida pela coisa julgada.

3. ESTRUTURA DO PODER JUDICIÁRIO – ORGANIZAÇÃO JUDICIÁRIA

Com o intuito de enfraquecer o Estado perante a sociedade, evitando autoritarismos e abusos, Montesquieu defendia a separação das funções (o poder é uno e indivisível) do Poder do Estado, entre eles o "poder" de julgar.[160]

Em verdade, o que se faz é uma interpretação de sua teoria, pois originalmente somente há o poder de legislar e o poder de aplicar as leis. É dentro dessa aplicação das leis que se encontra uma subdivisão entre "as coisas que dependem dos direitos das gentes" e "dependem do direito civil, que pune os crimes e julga as querelas das pessoas". Tal separação é primordial para o exercício da democracia. Nota-se, no entanto, que a simples presença da separação não assegura uma sociedade democrática, tampouco justa.

Para tanto, é preciso que essas funções sejam exercidas de maneira independente e autônoma a fim de que não sejam desviadas de sua finalidade. Sendo assim, importante a concessão de garantias que assegurem o fiel cumprimento do seu objeto.

---

[159] Nesse sentido, o Enunciado nº 135 das Jornadas de Direito Processual Civil do Conselho da Justiça Federal.

[160] **Montesquieu**. *Do Espírito das leis*. Introdução, Tradução e Notas de Pedro Vieira Mota. São Paulo: Saraiva, 2010.

3.1 Garantias do Poder Judiciário

Em respeito ao cerne principal desta obra, caberá expor tão somente as questões relativas ao Poder Judiciário. Nessa esteira, as garantias podem ser, basicamente, de duas espécies: (i) institucionais e (ii) funcionais.

3.1.1 Garantias institucionais

Referem-se ao Poder Judiciário como órgão genérico e têm por objetivo evitar o enfraquecimento de sua atuação pelo Legislativo ou pelo Executivo. Assim, há o chamado autogoverno, gerando a autonomia administrativa e financeira do Judiciário (art. 99 da Constituição[161]).

A autonomia administrativa, também conhecida como orgânica, está prevista no art. 96, I, da Constituição da República:

> Art. 96. Compete privativamente:
>
> I – aos tribunais:
>
> a) eleger seus órgãos diretivos e elaborar seus regimentos internos, com observância das normas de processo e das garantias processuais das partes, dispondo sobre a competência e o funcionamento dos respectivos órgãos jurisdicionais e administrativos;
>
> b) organizar suas secretarias e serviços auxiliares e os dos juízos que lhes forem vinculados, velando pelo exercício da atividade correicional respectiva;
>
> c) prover, na forma prevista nesta Constituição, os cargos de juiz de carreira da respectiva jurisdição;
>
> d) propor a criação de novas varas judiciárias;
>
> e) prover, por concurso público de provas, ou de provas e títulos, obedecido o disposto no art. 169, parágrafo único, os cargos necessários à administração da Justiça, exceto os de confiança assim definidos em lei;
>
> f) conceder licença, férias e outros afastamentos a seus membros e aos juízes e servidores que lhes forem imediatamente vinculados;

Esse dispositivo estabelece que o Poder Judiciário tem a exclusividade na escolha da forma pela qual irá se estruturar. Dessa maneira, restam evidenciados, pelo menos em princípio, os limites estanques entre as funções do Estado para que cada uma não seja maculada pela influência da outra. Por esse motivo, o constituinte originário determinou que cabe ao próprio Judiciário a eleição de seus órgãos diretivos, sem qualquer participação dos demais Poderes, a elaboração de seus próprios regimentos internos, bem como presidir o provimento de seus cargos e regulamentação de seus servidores.

Já a autonomia financeira consiste na elaboração de suas propostas orçamentárias dentro dos limites estipulados conjuntamente com os demais Poderes na lei de diretrizes orçamentárias (art. 99, §§ 1º e 2º, da CF).

---

[161] "**Art. 99**. Ao Poder Judiciário é assegurada autonomia administrativa e financeira."

3.1.2 Garantias funcionais

As garantias funcionais, por seu turno, revelam proteção da principal perspectiva do Poder Judiciário, qual seja a atividade jurisdicional. Nesse tocante, a Constituição ampara os órgãos jurisdicionais *stricto sensu*, concedendo-lhes a chamada garantia da magistratura.

Importante lembrar que a judicatura muitas vezes contraria interesses políticos e econômicos extremamente hostis, que poderiam se insurgir contra o magistrado que unicamente realizou seu dever de dizer o direito do caso concreto. Dessa forma, com vistas a talhar uma verdadeira armadura contra todas as pressões externas possíveis a que o magistrado está submetido, entendeu o constituinte por estabelecer as seguintes condições, sem as quais o juiz não pode exercer a judicatura: vitaliciedade, inamovibilidade e irredutibilidade de subsídios.[162]

A vitaliciedade se dá pelo exercício do cargo, em primeiro grau de jurisdição, após dois anos do seu início, sendo que, nos tribunais, é adquirida a partir da posse. Já pela inamovibilidade, o magistrado não pode ser removido de maneira discricionária, salvo se concordar com a remoção, havendo exceção em caso de o ato de remoção, disponibilidade e aposentadoria do magistrado, seja por interesse público e se fundar em decisão da maioria absoluta do respectivo tribunal ou do Conselho Nacional de Justiça, assegurada ampla defesa. No concernente à irredutibilidade de subsídios, importa esclarecer que essa irredutibilidade é jurídica, uma vez que o subsídio do magistrado não é indexado com a inflação do período anterior.

Cabe ainda tecer breves apontamentos sobre as vedações dos juízes, que ingressam no âmbito da imparcialidade, mas sob a perspectiva da relação com o jurisdicionado, como garantia do particular de que o órgão prestou a tutela jurisdicional de maneira legítima.

Assim, não pode o magistrado exercer outra função de maneira concomitante com a judicatura que não o magistério, nem receber auxílios/contribuições ou participação em processo, tampouco se dedicar à atividade político-partidária.[163] Nesse sentido, dis-

---

[162] "**Art. 95.** Os juízes gozam das seguintes garantias:

I – vitaliciedade, que, no primeiro grau, só será adquirida após dois anos de exercício, dependendo a perda do cargo, nesse período, de deliberação do tribunal a que o juiz estiver vinculado, e, nos demais casos, de sentença judicial transitada em julgado;

II – inamovibilidade, salvo por motivo de interesse público, na forma do art. 93, VIII;

III – irredutibilidade de subsídio, ressalvado o disposto nos arts. 37, X e XI, 39, § 4º, 150, II, 153, III, e 153, § 2º, I. [...]"

[163] "**Art. 95.** [...] Parágrafo único. Aos juízes é vedado:

I – exercer, ainda que em disponibilidade, outro cargo ou função, salvo uma de magistério;

II – receber, a qualquer título ou pretexto, custas ou participação em processo;

III – dedicar-se à atividade político-partidária.

IV – receber, a qualquer título ou pretexto, auxílios ou contribuições de pessoas físicas, entidades públicas ou privadas, ressalvadas as exceções previstas em lei;

V – exercer a advocacia no juízo ou tribunal do qual se afastou, antes de decorridos três anos do afastamento do cargo por aposentadoria ou exoneração."

põe a Lei Orgânica da Magistratura – LOMAN (LC nº 35/1979), prescrevendo deveres, vedações e prerrogativas[164].

Destaque-se, ainda, a existência do Código de Ética da Magistratura, estabelecendo que esta deve se nortear pelos princípios da independência, da imparcialidade, do conhecimento e capacitação, da cortesia, da transparência, do segredo profissional, da prudência, da diligência, da integridade profissional e pessoal, da dignidade, da honra e do decoro.[165]

3.2 Organização judiciária

Passada a fase de destaque da individualização do Poder Judiciário, cumpre anotar que o art. 92 da Constituição enumera expressamente os órgãos do Poder Judiciário:

> Art. 92. São órgãos do Poder Judiciário:
>
> I – o Supremo Tribunal Federal;
>
> I-A – o Conselho Nacional de Justiça;
>
> II – o Superior Tribunal de Justiça;

---

[164] Disponível em: https://www.planalto.gov.br/ccivil_03/leis/lcp/lcp35.htm, último acesso em 16 fev. 2023.

"**Art. 35.** São deveres do magistrado:

I – Cumprir e fazer cumprir, com independência, serenidade e exatidão, as disposições legais e os atos de ofício;

II – não exceder injustificadamente os prazos para sentenciar ou despachar;

III – determinar as providências necessárias para que os atos processuais se realizem nos prazos legais;

IV – tratar com urbanidade as partes, os membros do Ministério Público, os advogados, as testemunhas, os funcionários e auxiliares da Justiça, e atender aos que o procurarem, a qualquer momento, quanto se trate de providência que reclame e possibilite solução de urgência.

V – residir na sede da Comarca salvo autorização do órgão disciplinar a que estiver subordinado;

VI – comparecer pontualmente à hora de iniciar-se o expediente ou a sessão, e não se ausentar injustificadamente antes de seu término;

VII – exercer assídua fiscalização sobre os subordinados, especialmente no que se refere à cobrança de custas e emolumentos, embora não haja reclamação das partes;

VIII – manter conduta irrepreensível na vida pública e particular."

"**Art. 36.** É vedado ao magistrado:

I – exercer o comércio ou participar de sociedade comercial, inclusive de economia mista, exceto como acionista ou quotista;

II – exercer cargo de direção ou técnico de sociedade civil, associação ou fundação, de qualquer natureza ou finalidade, salvo de associação de classe, e sem remuneração;

III – manifestar, por qualquer meio de comunicação, opinião sobre processo pendente de julgamento, seu ou de outrem, ou juízo depreciativo sobre despachos, votos ou sentenças, de órgãos judiciais, ressalvada a crítica nos autos e em obras técnicas ou no exercício do magistério."

[165] Disponível em: https://www.cnj.jus.br/codigo-de-etica-da-magistratura/, último acesso em 16 fev. 2023.

II-A – o Tribunal Superior do Trabalho;
III – os Tribunais Regionais Federais e Juízes Federais;
IV – os Tribunais e Juízes do Trabalho;
V – os Tribunais e Juízes Eleitorais;
VI – os Tribunais e Juízes Militares;
VII – os Tribunais e Juízes dos Estados e do Distrito Federal e Territórios. [...]

Figura 1 – Panorama e estrutura do Poder Judiciário Brasileiro

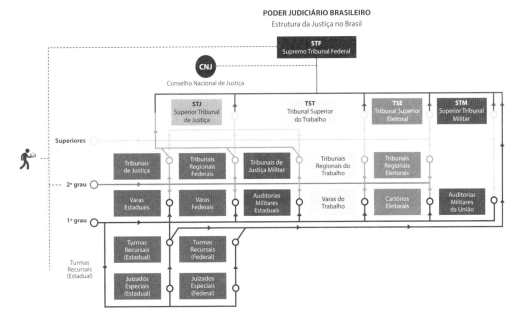

Fonte: Conselho Nacional de Justiça – CNJ[166].

3.2.1 Supremo Tribunal Federal

O Supremo Tribunal Federal está previsto no art. 101 da Constituição, que estabelece sua composição por ministros escolhidos entre brasileiros entre 35 a 70 anos de notável saber jurídico e reputação ilibada, nomeados pelo Presidente da República e aprovados pela maioria absoluta do Senado Federal.

O Supremo Tribunal Federal é, precipuamente, o guardião da Constituição Federal, mas também exerce função de Tribunal originário de casos específicos, *v. g.*, julgamento de infrações do Presidente, bem como instância recursal (art. 102, CF).

---

[166] Disponível em: https://www.cnj.jus.br/poder-judiciario/panorama-e-estrutura-do-poder-judiciario--brasileiro/, último acesso em 16 fev. 2023.

Seus órgãos são o Plenário, as Turmas e o Presidente. As turmas são compostas de cinco ministros, sendo seu presidente o membro mais antigo. Sua competência está descrita nos arts. 9º a 11 do Regimento Interno do Supremo Tribunal Federal.[167]

---

[167] "**Art. 9º** Além do disposto no art. 8º, compete às Turmas:

I – processar e julgar originariamente:

a) o *habeas corpus*, quando o coator ou paciente for Tribunal, funcionário ou autoridade, cujos atos estejam diretamente subordinados à jurisdição do Supremo Tribunal Federal, ou se tratar de crime sujeito à mesma jurisdição em única instância, ressalvada a competência do Plenário;

b) os incidentes de execução que, de acordo com o art. 343, III, lhes forem submetidos;

c) a reclamação que vise a preservar a competência do Tribunal ou a garantir a autoridade de suas decisões ou Súmulas Vinculantes;

d) os mandados de segurança contra atos do Tribunal de Contas da União e do Procurador-Geral da República;

e) os mandados de injunção contra atos do Tribunal de Contas da União e dos Tribunais Superiores;

f) os *habeas data* contra atos do Tribunal de Contas da União e do Procurador-Geral da República;

g) a ação que todos os membros da magistratura sejam direta ou indiretamente interessados, e aquela em que mais da metade dos membros do tribunal de origem estejam impedidos ou sejam direta ou indiretamente interessados;

h) a extradição requisitada por Estado estrangeiro.

i) as ações contra o Conselho Nacional de Justiça ou contra o Conselho Nacional do Ministério Público, ressalvada a competência do Plenário;

j) (Revogada pela Emenda Regimental n. 57, de 16 de outubro de 2020);

k) (Revogada pela Emenda Regimental n. 57, de 16 de outubro de 2020);

II – julgar em recurso ordinário:

a) os *habeas corpus* denegados em única ou última instância pelos tribunais locais ou federais, ressalvada a competência do Plenário;

b) a ação penal nos casos do art. 129, § 1º, da Constituição, ressalvada a hipótese prevista no art. 6º, inciso III, letra *c*.

III – julgar, em recurso extraordinário, as causas a que se referem os arts. 119, III, 139 e 143 da Constituição, observado o disposto no art. 11 e seu parágrafo único.

Parágrafo único. No caso da letra *a* do inciso II, o recurso ordinário não poderá ser substituído por pedido originário."

"**Art. 10**. A Turma que tiver conhecimento da causa ou de algum de seus incidentes, inclusive de agravo para subida de recurso denegado ou procrastinado na instância de origem, tem jurisdição preventa para os recursos, reclamações e incidentes posteriores, mesmo em execução, ressalvada a competência do Plenário e do Presidente do Tribunal.

§ 1º Prevalece o disposto neste artigo, ainda que a Turma haja submetido a causa, ou algum de seus incidentes, ao julgamento do Plenário.

§ 2º A prevenção, se não reconhecida de ofício, poderá ser arguida por qualquer das partes ou pelo Procurador-Geral até o início do julgamento pela outra Turma.

§ 3º Desaparecerá a prevenção se da Turma não fizer parte nenhum dos Ministros que funcionaram em julgamento anterior ou se tiver havido total alteração da composição das Turmas.

§ 4º Salvo o caso do parágrafo anterior, prevenção do Relator que deixe o Tribunal comunica-se à Turma."

"**Art. 11**. A Turma remeterá o feito ao julgamento do Plenário independente de acórdão e de nova pauta:

3.2.2 *Superior Tribunal de Justiça*

O Superior Tribunal de Justiça, por sua vez, é composto de, no mínimo, 33 Ministros (art. 104) e é guardião do sistema da legislação federal. É uma criação da Constituição de 1988, tem caráter nacional, com objetivo de uniformizar a jurisprudência da Justiça Comum.

A nomeação de seus membros tem alguns requisitos particulares constantes no parágrafo único do art. 104:

> Parágrafo único. Os Ministros do Superior Tribunal de Justiça serão nomeados pelo Presidente da República, dentre brasileiros com mais de trinta e cinco e menos de setenta anos de idade, de notável saber jurídico e reputação ilibada, depois de aprovada a escolha pela maioria absoluta do Senado Federal, sendo:
>
> I – um terço dentre juízes dos Tribunais Regionais Federais e um terço dentre desembargadores dos Tribunais de Justiça, indicados em lista tríplice elaborada pelo próprio Tribunal;
>
> II – um terço, em partes iguais, dentre advogados e membros do Ministério Público Federal, Estadual, do Distrito Federal e Territórios, alternadamente, indicados na forma do art. 94.

Além da expressa exigência de quantidade mínima de ministros advindos da advocacia, Ministério Público, Tribunais Regionais Federais e Tribunais de Justiça, outra especificidade é que não há a necessidade de ser brasileiro nato para integrar este órgão, ao contrário do que ocorre com o cargo de ministro do Supremo Tribunal Federal (art. 12, § 3º, IV, da Constituição Federal).

O STJ é composto por três seções de julgamento, de acordo com critério de especialização, cada uma formada por duas turmas, havendo, ainda, uma Corte Especial – o órgão máximo do Tribunal.

Os 15 Ministros mais antigos do Tribunal integram a Corte Especial, que é presidida pelo Presidente do STJ.

As Seções são constituídas de duas Turmas, sendo que cada turma possui cinco Ministros. Na Primeira Seção, são levadas a julgamento as causas que versem sobre Direito Público. A Segunda Seção, em contrapartida, é competente para analisar lides fundamentadas em Direito Privado. Por último, a Terceira Seção trata das matérias penais e previdenciárias e demais temas não abrigados pelas duas primeiras.

I – quando considerar relevante a arguição de inconstitucionalidade ainda não decidida pelo Plenário, e o Relator não lhe houver afetado o julgamento;

II – quando, não obstante decidida pelo Plenário, a questão de inconstitucionalidade, algum Ministro propuser o seu reexame;

III – quando algum Ministro propuser revisão da jurisprudência compendiada na Súmula.

Parágrafo único. Poderá a Turma proceder da mesma forma, nos casos do art. 22, parágrafo único, quando não o houver feito o Relator."

As Turmas apreciam, *prima facie*, os recursos especiais e demais medidas de sua competência. As seções são competentes para pacificar o entendimento jurisprudencial entre suas respectivas turmas e a Corte Especial dar a última palavra de todo o Superior Tribunal de Justiça.

3.2.3 Justiça Federal

Está prevista a partir do art. 106 da Constituição e é composta pelos Tribunais Regionais Federais e pelos Juízes Federais.[168]

São, atualmente, seis Tribunais Regionais Federais,[169] divididos entre as seis regiões federais, sendo a 1ª região compreendida por todos os estados da Região Norte, da Região Centro-Oeste (exceto Mato Grosso do Sul), Bahia, Maranhão e Piauí. A 2ª região abrange os estados do Rio de Janeiro e do Espírito Santo. Na 3ª região, há São Paulo e Mato Grosso do Sul. O único Tribunal Regional que abrange tão somente uma região geográfica em sua integridade é o da 4ª região, que abrange Paraná, Santa Catarina e Rio Grande do Sul. A 5ª região compreende parte do Nordeste, com exceção da Bahia, Maranhão e Piauí. Por fim, a 6ª Região, que compreende o Estado de Minas Gerais, que até então pertencia à 1ª região, foi criada pela Lei nº 14.226, de 20 de outubro de 2021.

O Tribunal Regional Federal deverá ser composto por, no mínimo, sete Desembargadores, com idade mínima de 30 anos.[170]

---

[168] "**Art. 106**. São órgãos da Justiça Federal:

I – os Tribunais Regionais Federais;

II – os Juízes Federais."

[169] Há que se abrir um parêntese para a Emenda Constitucional 73/2013, que criou mais quatro Tribunais Regionais Federais com o seguinte teor:

"**Art. 1º** O art. 27 do Ato das Disposições Constitucionais Transitórias passa a vigorar acrescido do seguinte § 11: 'Art. 27. [...] § 11. São criados, ainda, os seguintes Tribunais Regionais Federais: o da 6ª Região, com sede em Curitiba, Estado do Paraná, e jurisdição nos Estados do Paraná, Santa Catarina e Mato Grosso do Sul; o da 7ª Região, com sede em Belo Horizonte, Estado de Minas Gerais, e jurisdição no Estado de Minas Gerais; o da 8ª Região, com sede em Salvador, Estado da Bahia, e jurisdição nos Estados da Bahia e Sergipe; e o da 9ª Região, com sede em Manaus, Estado do Amazonas, e jurisdição nos Estados do Amazonas, Acre, Rondônia e Roraima.' (NR)"

"**Art. 2º** Os Tribunais Regionais Federais da 6ª, 7ª, 8ª e 9ª Regiões deverão ser instalados no prazo de 6 (seis) meses, a contar da promulgação desta Emenda Constitucional."

Com a propositura da ADI 5.017, questionando a constitucionalidade da criação dos Tribunais por vício formal de iniciativa, foi deferida liminar pelo então Ministro Presidente Joaquim Barbosa para suspender os efeitos da Emenda Constitucional.

[170] "**Art. 107.** Os Tribunais Regionais Federais compõem-se de, no mínimo, sete juízes, recrutados, quando possível, na respectiva região e nomeados pelo Presidente da República dentre brasileiros com mais de trinta e menos de setenta anos de idade, sendo:

I – um quinto dentre advogados com mais de dez anos de efetiva atividade profissional e membros do Ministério Público Federal com mais de dez anos de carreira;

Abaixo dos Tribunais Regionais encontram-se os juízes federais, distribuídos entre seções e subseções judiciárias, em que cada Estado corresponde em uma seção judiciária federal. A subseção compreende um ou mais municípios da seção judiciária.

Adiante, no capítulo de competência, será tratada de maneira mais pormenorizada a previsão constitucional de sua atuação.

3.2.4 *Justiça do Trabalho*

A Justiça do Trabalho é composta pelo Tribunal Superior do Trabalho, pelos Tribunais Regionais do Trabalho e pelos Juízes do Trabalho.[171]

O Tribunal Superior do Trabalho é o órgão máximo da Justiça do Trabalho e é composto por 27 Ministros, sendo um quinto oriundo da carreira da advocacia e do Ministério Público e o restante dos Tribunais Regionais do Trabalho.[172]

Na 2ª instância, há os Tribunais Regionais do Trabalho, que são compostos por sete Desembargadores, sendo reservada uma vaga para advogado e uma vaga para membro do MPT. Estes membros externos à carreira de juiz do Trabalho nunca serão membros do TST, porque somente os desembargadores da própria carreira concorrerão à vaga de ministros do TST.

3.2.5 *Justiça Eleitoral*

A Justiça Eleitoral é formada pelas Juntas Eleitorais, juízes eleitorais, Tribunais Regionais Eleitorais e o Tribunal Superior Eleitoral.[173]

II – os demais, mediante promoção de juízes federais com mais de cinco anos de exercício, por antiguidade e merecimento, alternadamente. [...]"

[171] "**Art. 111.** São órgãos da Justiça do Trabalho:

I – o Tribunal Superior do Trabalho;

II – os Tribunais Regionais do Trabalho;

III – Juízes do Trabalho."

[172] "**Art. 111-A.** O Tribunal Superior do Trabalho compõe-se de vinte e sete Ministros, escolhidos dentre brasileiros com mais de trinta e cinco e menos de setenta anos de idade, de notável saber jurídico e reputação ilibada, nomeados pelo Presidente da República após aprovação pela maioria absoluta do Senado Federal, sendo: (Redação dada pela Emenda Constitucional nº 122, de 2022)

I – um quinto dentre advogados com mais de dez anos de efetiva atividade profissional e membros do Ministério Público do Trabalho com mais de dez anos de efetivo exercício, observado o disposto no art. 94;

II – os demais dentre juízes dos Tribunais Regionais do Trabalho, oriundos da magistratura da carreira, indicados pelo próprio Tribunal Superior. [...]"

[173] "**Art. 118.** São órgãos da Justiça Eleitoral:

I – o Tribunal Superior Eleitoral;

II – os Tribunais Regionais Eleitorais;

III – os Juízes Eleitorais;

IV – as Juntas Eleitorais."

O Tribunal Superior Eleitoral é o órgão máximo da Justiça Eleitoral, composto por, no mínimo, sete juízes que recebem o nome de Ministros, sendo eles três Ministros do STF, dois do STJ e dois advogados escolhidos pelo Presidente da República.[174]

Na Justiça eleitoral, além do TSE, há a previsão de um Tribunal Regional Eleitoral por estado da Federação e no Distrito Federal.

Os TREs são formados por dois desembargadores eleitos do respectivo Tribunal de Justiça do Estado-membro, dois juízes eleitos do mesmo respectivo Tribunal de Justiça, um juiz do Tribunal Regional Federal e dois advogados escolhidos pelo Presidente da República a partir de uma lista enviada pelo Tribunal de Justiça.[175]

Há também o juiz de direito que é nomeado pelo respectivo TRE, que acumula as duas funções pelo prazo de dois anos, prorrogáveis por igual período.

O Código Eleitoral, no seu art. 36,[176] estabelece ainda que a Junta eleitoral é composta por dois ou quatro cidadãos de notória idoneidade, sendo presidida pelo juiz eleitoral, exercendo funções tão somente administrativas para fins eleitorais, tais como o dever de expedir os diplomas (art. 40, IV, CE), resolver as impugnações e demais incidentes verificados durante os trabalhos de contagem e apuração de votos (art. 40, II, CE[177]).

---

[174] "**Art. 119.** O Tribunal Superior Eleitoral compor-se-á, no mínimo, de sete membros, escolhidos:

I – mediante eleição, pelo voto secreto:

a) três juízes dentre os Ministros do Supremo Tribunal Federal;

b) dois juízes dentre os Ministros do Superior Tribunal de Justiça;

II – por nomeação do Presidente da República, dois juízes dentre seis advogados de notável saber jurídico e idoneidade moral, indicados pelo Supremo Tribunal Federal.

Parágrafo único. O Tribunal Superior Eleitoral elegerá seu Presidente e o Vice-Presidente dentre os Ministros do Supremo Tribunal Federal, e o Corregedor Eleitoral dentre os Ministros do Superior Tribunal de Justiça."

[175] "**Art. 120.** Haverá um Tribunal Regional Eleitoral na Capital de cada Estado e no Distrito Federal.

§ 1º Os Tribunais Regionais Eleitorais compor-se-ão:

I – mediante eleição, pelo voto secreto:

a) de dois juízes dentre os desembargadores do Tribunal de Justiça;

b) de dois juízes, dentre juízes de direito, escolhidos pelo Tribunal de Justiça;

II – de um juiz do Tribunal Regional Federal com sede na Capital do Estado ou no Distrito Federal, ou, não havendo, de juiz federal, escolhido, em qualquer caso, pelo Tribunal Regional Federal respectivo;

III – por nomeação, pelo Presidente da República, de dois juízes dentre seis advogados de notável saber jurídico e idoneidade moral, indicados pelo Tribunal de Justiça.

§ 2º O Tribunal Regional Eleitoral elegerá seu Presidente e o Vice-Presidente dentre os desembargadores."

[176] "**Art. 36.** Compor-se-ão as juntas eleitorais de um juiz de direito, que será o presidente, e de dois ou quatro cidadãos de notória idoneidade."

[177] "**Art. 40.** Compete à Junta Eleitoral:

I – apurar, no prazo de dez dias, as eleições realizadas nas zonas eleitorais sob a sua jurisdição.

II – resolver as impugnações e demais incidentes verificados durante os trabalhos da contagem e da apuração;

3.2.6 Justiça Militar

A Justiça Militar é composta pelo Superior Tribunal Militar, Tribunais Militares e Juízes Militares (art. 122 da CF).[178]

O Superior Tribunal Militar a sua última instância, formado por 15 Ministros togados e vitalícios, sendo dez militares da ativa e do posto mais elevado da carreira e cinco civis.

Por conta da divisão federativa, há a Justiça Militar da União, para julgamentos dos oficiais e praças das Forças Armadas (Marinha, Exército e Aeronáutica), e a Justiça Militar dos Estados, para julgamento dos oficiais e praças das Corporações Militares Estaduais (Polícia Militar e Corpo de Bombeiros Militar).

No âmbito Federal, existem somente duas instâncias formadas pelos Tribunais Militares e o STM. Já na seara estadual, a estrutura é diversa, formada pelo juiz de direito e Conselho de Justiça na 1ª instância e o Tribunal de Justiça na 2ª instância.

3.2.7 Justiça Comum Estadual

O art. 125 da Constituição dispõe que cada estado da Federação deve possuir um Tribunal de Justiça, formado por, no mínimo, sete desembargadores.

A competência dos Tribunais estaduais é definida a partir das Constituições de seu respectivo Estado-membro, observadas as normas gerais[179] e a Constituição.

Igualmente ao caso da Justiça Federal, haverá um tratamento mais específico para o caso da Justiça Estadual no capítulo de competência.

3.2.8 Conselho Nacional de Justiça

Criado pela EC 45/2004, está topologicamente localizado abaixo das atribuições do Supremo Tribunal Federal e acima dos Tribunais Superiores, no art. 103-B, e, portanto é órgão do Poder Judiciário, embora não exerça jurisdição. O art. 92 da Constituição estabelece esta inserção no Poder Judiciário.[180]

Em perspectiva histórica, a instituição do Conselho simbolizou verdadeira "*abertura das portas do Judiciário para que representantes da sociedade tomem parte no controle*

---

[178] III – expedir os boletins de apuração mencionados no art. 178;

IV – expedir diploma aos eleitos para cargos municipais. [...]"

[178] "**Art. 122.** São órgãos da Justiça Militar:

I – o Superior Tribunal Militar;

II – os Tribunais e Juízes Militares instituídos por lei."

[179] A principal norma genérica da organização do Judiciário é a Lei Complementar nº 35, de 14 de março de 1979 (Loman).

[180] "**Art. 92.** São órgãos do Poder Judiciário: [...]

I-A – O Conselho Nacional de Justiça; [...]

§ 1º O Supremo Tribunal Federal, o Conselho Nacional de Justiça e os Tribunais Superiores têm sede na Capital Federal. [...]"

administrativo-financeiro e ético-disciplinar da atuação do Poder, robustecendo-lhe o caráter republicano e democrático"[181]. O CNJ foi um órgão criado para o controle da atuação administrativa e financeira do Poder Judiciário e do cumprimento dos deveres funcionais dos magistrados, zelando, ainda, pela sua autonomia.[182] Além disso, formula e executa políticas judiciárias nacionais, bem como atua no fomento e disseminação das melhores práticas. Indubitavelmente, tem exercido relevante papel na racionalização, na transparência e na eficiência da administração judiciária, conferindo efetividade a promessas constitucionais de essência republicana e democrática[183].

A composição do CNJ é muito eclética, denotando-lhe um caráter extremamente democrático, pois a ele integram magistrados, advogados e membros do Ministério Público.[184]

---

[181] Voto do Relator Min. Cezar Peluso na ADI 3.367, Tribunal Pleno, *DJ* de 17.03.2006.

[182] "**Art. 103-B da CF.** [...] § 4º Compete ao Conselho o controle da atuação administrativa e financeira do Poder Judiciário e do cumprimento dos deveres funcionais dos juízes, cabendo-lhe, além de outras atribuições que lhe forem conferidas pelo Estatuto da Magistratura:

I – zelar pela autonomia do Poder Judiciário e pelo cumprimento do Estatuto da Magistratura, podendo expedir atos regulamentares, no âmbito de sua competência, ou recomendar providências;

II – zelar pela observância do art. 37 e apreciar, de ofício ou mediante provocação, a legalidade dos atos administrativos praticados por membros ou órgãos do Poder Judiciário, podendo desconstituí-los, revê-los ou fixar prazo para que se adotem as providências necessárias ao exato cumprimento da lei, sem prejuízo da competência do Tribunal de Contas da União;

III – receber e conhecer das reclamações contra membros ou órgãos do Poder Judiciário, inclusive contra seus serviços auxiliares, serventias e órgãos prestadores de serviços notariais e de registro que atuem por delegação do poder público ou oficializados, sem prejuízo da competência disciplinar e correicional dos tribunais, podendo avocar processos disciplinares em curso e determinar a remoção, a disponibilidade ou a aposentadoria com subsídios ou proventos proporcionais ao tempo de serviço e aplicar outras sanções administrativas, assegurada ampla defesa;

IV – representar ao Ministério Público, no caso de crime contra a administração pública ou de abuso de autoridade;

V – rever, de ofício ou mediante provocação, os processos disciplinares de juízes e membros de tribunais julgados há menos de um ano;

VI – elaborar semestralmente relatório estatístico sobre processos e sentenças prolatadas, por unidade da Federação, nos diferentes órgãos do Poder Judiciário;

VII – elaborar relatório anual, propondo as providências que julgar necessárias, sobre a situação do Poder Judiciário no País e as atividades do Conselho, o qual deve integrar mensagem do Presidente do Supremo Tribunal Federal a ser remetida ao Congresso Nacional, por ocasião da abertura da sessão legislativa. [...]"

[183] Rcl 37840 MC, Rel. Min. Luiz Fux, j. em 06.11.2019, publ. 08.11.2019.

[184] "**Art. 103-B.** O Conselho Nacional de Justiça compõe-se de quinze membros com mandato de dois anos, admitida uma recondução, sendo:

I – o Presidente do Supremo Tribunal Federal

II – um Ministro do Superior Tribunal de Justiça, indicado pelo respectivo tribunal;

III – um Ministro do Tribunal Superior do Trabalho, indicado pelo respectivo tribunal;

IV – um desembargador de Tribunal de Justiça, indicado pelo Supremo Tribunal Federal;

V – um juiz estadual, indicado pelo Supremo Tribunal Federal;

VI – um juiz de Tribunal Regional Federal, indicado pelo Superior Tribunal de Justiça;

O Conselho é presidido pelo(a) presidente do STF, enquanto um(a) ministro(a) do STJ exerce a função de corregedor(a) nacional, incumbindo-lhe, entre outras atribuições, receber as reclamações e denúncias, de qualquer pessoa, relativas a magistrados(as) e aos serviços judiciários, bem como exercer funções executivas do Conselho, de inspeção e de correição geral[185].

Um dos grandes desafios do CNJ é atuar de forma a não afrontar a autonomia de cada órgão jurisdicional. Nesse sentido, é importante ressaltar que, uma vez proferida sua decisão, como órgão administrativo, a revisão de seu ato somente se dará quando verificada alguma ilegalidade ou inconstitucionalidade, a ser analisada pelo Supremo Tribunal Federal.

Por fim, cumpre salientar que o art. 102, I, r, da CRFB/1988 estabelece a competência do STF para julgar originariamente "as ações contra o Conselho Nacional de Justiça e contra o Conselho Nacional do Ministério Público". "Isso não significa, porém, que a Corte deva afirmar a sua competência para conhecer de toda e qualquer ação ordinária contra atos do CNJ."[186] Com efeito, o plenário do STF já assentou que:

> (...) como pontuado na Reclamação nº 15.564 AgR, a competência desta Corte para o exame de ações ordinárias se justifica sempre que questionados atos do CNJ "de cunho finalístico, concernentes aos objetivos precípuos de sua criação, a fim de que a posição e proteção institucionais conferidas ao Conselho não sejam indevidamente desfiguradas". A título meramente exemplificativo, seriam da alçada deste Supremo Tribunal Federal ações de rito comum em que impugnados atos do CNJ "(i) de caráter normativo ou regulamentar que traçam modelos de políticas nacionais no âmbito do Judiciário; (ii) que desconstituam ato normativo de tribunal local, (iii) que envolvam interesse direto e exclusivo de todos os membros do Poder Judiciário, consubstanciado em seus direitos, garantias e deveres, (iv) que versam sobre serventias judiciais e extrajudiciais, notadamente em matéria de obrigatoriedade de realização de concurso público, regime jurídico e conformação dessas serventias com os preceitos constitucionais insculpidos no art. 37, *caput*, da Constituição Federal"[187].

VII – um juiz federal, indicado pelo Superior Tribunal de Justiça;

VIII – um juiz de Tribunal Regional do Trabalho, indicado pelo Tribunal Superior do Trabalho;

IX – um juiz do trabalho, indicado pelo Tribunal Superior do Trabalho;

X – um membro do Ministério Público da União, indicado pelo Procurador-Geral da República;

XI – um membro do Ministério Público estadual, escolhido pelo Procurador-Geral da República dentre os nomes indicados pelo órgão competente de cada instituição estadual;

XII – dois advogados, indicados pelo Conselho Federal da Ordem dos Advogados do Brasil;

XIII – dois cidadãos, de notável saber jurídico e reputação ilibada, indicados um pela Câmara dos Deputados e outro pelo Senado Federal."

[185] Disponível em: https://www.cnj.jus.br/poder-judiciario/panorama-e-estrutura-do-poder-judiciario--brasileiro/, último acesso em 16 fev. 2023.

[186] Rcl 15564 AgR, Rel. Min. Rosa Weber, Rel. p/ Acórdão Min. Luiz Fux, 1ª T., j. em 10.09.2019.

[187] Pet 4770 AgR, Rel. Min. Roberto Barroso, Tribunal Pleno, j. em 18.11.2020. Sobre o tema, ver ainda: STF, Plenário, AO 1706 AgR, Rel. Min. Celso de Mello, j. em 18.12.2013; STF, 1ª Turma,

4. COMPETÊNCIA JURISDICIONAL

4.1 Generalidades

A *competência* é a repartição da jurisdição entre os diversos órgãos encarregados da prestação jurisdicional segundo os critérios estabelecidos na lei. Isso porque, nas sociedades modernas, não é concebível um "juízo único" em razão da quantidade da população, da extensão territorial e da natureza múltipla dos litígios. A competência é, portanto, um imperativo da divisão de trabalho.[188] A limitação legal implica a competência como uma medida da jurisdição em confronto com o caso concreto. Assim, *v. g.*, a jurisdição é o poder de julgar *in genere*, ao passo que a competência é a aptidão para julgar *in concreto*.[189]

Mutatis mutandis, poder-se-ia estabelecer um paralelismo entre a legitimidade e a capacidade das partes com a jurisdição e a competência. A capacidade processual é uma aptidão genérica, de sorte que, quem é capaz para um processo o é para todos, ao passo que a legitimação deve ser aferida levando-se em consideração uma causa determinada. O mesmo raciocínio vale também em relação à competência. O juiz que tem o poder de julgar mantém-no para os processos em geral, como decorrência de sua investidura no cargo de magistrado.

Entretanto, a competência somente é atribuída para determinada causa à luz dos critérios estabelecidos na lei. Sob esse aspecto, a lei, no sentido mais amplo do termo, é o "estatuto" da competência. O instituto vem regulado, primariamente, na Constituição Federal e, depois, na legislação processual infraconstitucional, na lei local de organização judiciária e no regimento interno dos tribunais. Não obstante, algumas leis processuais especiais também dispõem sobre a competência, como, *v. g.*, a Lei das Desapropriações, a Lei de Falências, a Lei dos Acidentes de Trabalho, a Lei da União Estável etc.

4.2 Competência internacional e competência interna

O primeiro critério de fixação da competência obedece à ideia de soberania; por isso, o Estado-Juiz não pode transpor as fronteiras de seus limites espaciais. Sob esse ângulo, fixa-se, em primeiro lugar, a *competência internacional* da justiça brasileira, que pode ser *exclusiva* ou *concorrente*. Na primeira hipótese, de exclusividade, prevista no art. 23[190] do

---

AO 1894 AgR, Rel. Min. Roberto Barroso, j. em 07.08.2018; STF, 2ª Turma, ACO 2148 AgR, Rel. Min. Gilmar Mendes, j. em 30.09.2016; STF, Plenário, Pet 4656/PB, Rel. Min. Cármen Lúcia, j. em 19.12.2016 (*Info 851*).

[188] **Frederico Marques**, *Instituições*, vol. I, p. 270. "La competenza è la giurisdizione che da astratta si fa concreta; vale a dire la giurisdizione avvisata in rapporto a ciascuna causa" (**Aristides Manassero**, *Introduzione allo studio sistematico della competenza funzionale in materia penale*, 1939, p. 43).

[189] **Liebman** afirmou que: "Quando o poder jurisdicional de abstrato se torna concreto, em face de algum litígio, determinada fica a competência" (*Corso*, p. 68).

[190] "**Art. 23.** Compete à autoridade judiciária brasileira, com exclusão de qualquer outra:
I – conhecer de ações relativas a imóveis situados no Brasil;

CPC, somente a justiça brasileira tem competência para as causas mencionadas, como, *v. g.*, as que digam respeito a imóveis situados no Brasil. Na segunda, a "concorrente", expressa no art. 21[191] do CPC, a justiça brasileira tem competência para o caso concreto sem exclusão da justiça alienígena, como *v. g.*, nas ações que o fundamento seja fato ocorrido ou praticado no Brasil, qualquer que seja o domicílio ou a nacionalidade do réu. Nesses casos de competência concorrente, segundo o art. 24 do CPC,[192] não há litispendência acaso aforadas ações iguais aqui e alhures, prevalecendo aquela cuja decisão transitar em julgado em primeiro lugar, devendo considerar-se esse termo em relação à decisão estrangeira após a sua homologação indiscutível perante o STJ (arts. 961 e 965 do CPC).[193]

II – em matéria de sucessão hereditária, proceder à confirmação de testamento particular e ao inventário e à partilha de bens situados no Brasil, ainda que o autor da herança seja de nacionalidade estrangeira ou tenha domicílio fora do território nacional;

III – em divórcio, separação judicial ou dissolução de união estável, proceder à partilha de bens situados no Brasil, ainda que o titular seja de nacionalidade estrangeira ou tenha domicílio fora do território nacional."

[191] "**Art. 21.** Compete à autoridade judiciária brasileira processar e julgar as ações em que:

I – o réu, qualquer que seja a sua nacionalidade, estiver domiciliado no Brasil;

II – no Brasil tiver de ser cumprida a obrigação;

III – o fundamento seja fato ocorrido ou ato praticado no Brasil.

Parágrafo único. Para o fim do disposto no inciso I, considera-se domiciliada no Brasil a pessoa jurídica estrangeira que nele tiver agência, filial ou sucursal."

[192] "**Art. 24.** A ação proposta perante tribunal estrangeiro não induz litispendência e não obsta a que a autoridade judiciária brasileira conheça da mesma causa e das que lhe são conexas, ressalvadas as disposições em contrário de tratados internacionais e acordos bilaterais em vigor no Brasil.

Parágrafo único. A pendência de causa perante a jurisdição brasileira não impede a homologação de sentença judicial estrangeira quando exigida para produzir efeitos no Brasil."

[193] "**Art. 961.** A decisão estrangeira somente terá eficácia no Brasil após a homologação de sentença estrangeira ou a concessão do *exequatur* às cartas rogatórias, salvo disposição em sentido contrário de lei ou tratado.

§ 1º É passível de homologação a decisão judicial definitiva, bem como a decisão não judicial que, pela lei brasileira, teria natureza jurisdicional.

§ 2º A decisão estrangeira poderá ser homologada parcialmente.

§ 3º A autoridade judiciária brasileira poderá deferir pedidos de urgência e realizar atos de execução provisória no processo de homologação de decisão estrangeira.

§ 4º Haverá homologação de decisão estrangeira para fins de execução fiscal quando prevista em tratado ou em promessa de reciprocidade apresentada à autoridade brasileira.

§ 5º A sentença estrangeira de divórcio consensual produz efeitos no Brasil, independentemente de homologação pelo Superior Tribunal de Justiça.

§ 6º Na hipótese do § 5º, competirá a qualquer juiz examinar a validade da decisão, em caráter principal ou incidental, quando essa questão for suscitada em processo de sua competência."

"**Art. 965.** O cumprimento de decisão estrangeira far-se-á perante o juízo federal competente, a requerimento da parte, conforme as normas estabelecidas para o cumprimento de decisão nacional.

Parágrafo único. O pedido de execução deverá ser instruído com cópia autenticada da decisão homologatória ou do *exequatur*, conforme o caso."

Consoante se pode verificar, o sistema brasileiro de competência internacional adota ora o critério *ratione loci* ora o critério *ratione materiae*, julgando causas em razão da questão central ou por força de atos ou fatos ocorridos no Brasil.

No âmbito interno, um só critério é insuficiente para repartir a competência entre os diversos órgãos, exatamente pela multiplicidade de fatores que justificam o instituto. Assim é que não basta o critério territorial visando a aproximação da justiça do jurisdicionado, uma vez que também impende considerar a necessária especialização dos *juízos*. Nesse ângulo de apreciação, o primeiro critério para a fixação da competência interna é o *territorial*.

4.3 Cooperação jurídica internacional

Temática inaugurada pelo CPC de 2015, a cooperação jurídica internacional evidencia os traços da fluidez e da globalização, elementares no mundo contemporâneo. Atualmente, os conflitos não mais se restringem a fronteiras de um único país, especialmente quando possuam contornos transindividuais, de sorte que cabe ao Judiciário interno lançar mão de ferramentas que permitam a colaboração com outros corpos estrangeiros.

Um primeiro parâmetro importante é a garantia de que a cooperação jurídica internacional se rege pelos tratados de que faça parte o Brasil (art. 26).[194] Se não houver acordo específico, a colaboração pode se basear na exclusiva reciprocidade, pela via diplomática (art. 26, § 1º), exigência que não se aplica para a homologação de sentença estrangeira.

Em acréscimo, a lei exige a observância de certos valores, princípios e regras: I – o respeito às garantias do devido processo legal no Estado requerente; II – a igualdade de tratamento entre nacionais e estrangeiros, residentes ou não no Brasil, em relação ao acesso à justiça e à tramitação dos processos, assegurando-se assistência judiciária aos necessitados; III – a publicidade processual, exceto nas hipóteses de sigilo previstas na legislação brasileira ou na do Estado requerente; IV – a existência de autoridade central

---

[194] **"Art. 26.** A cooperação jurídica internacional será regida por tratado de que o Brasil faz parte e observará:

I – o respeito às garantias do devido processo legal no Estado requerente;

II – a igualdade de tratamento entre nacionais e estrangeiros, residentes ou não no Brasil, em relação ao acesso à justiça e à tramitação dos processos, assegurando-se assistência judiciária aos necessitados;

III – a publicidade processual, exceto nas hipóteses de sigilo previstas na legislação brasileira ou na do Estado requerente;

IV – a existência de autoridade central para recepção e transmissão dos pedidos de cooperação;

V – a espontaneidade na transmissão de informações a autoridades estrangeiras.

§ 1º Na ausência de tratado, a cooperação jurídica internacional poderá realizar-se com base em reciprocidade, manifestada por via diplomática.

§ 2º Não se exigirá a reciprocidade referida no § 1º para homologação de sentença estrangeira.

§ 3º Na cooperação jurídica internacional não será admitida a prática de atos que contrariem ou que produzam resultados incompatíveis com as normas fundamentais que regem o Estado brasileiro.

§ 4º O Ministério da Justiça exercerá as funções de autoridade central na ausência de designação específica."

para recepção e transmissão dos pedidos de cooperação; V – a espontaneidade na transmissão de informações a autoridades estrangeiras; e, por fim, VI – a observância das normas fundamentais brasileiras (art. 26, § 3º).

O objeto da cooperação pode ser qualquer medida judicial ou extrajudicial não proibida pela lei brasileira, o que evidencia a exemplificatividade do rol legal (art. 27).[195]

Caso a medida decorra diretamente de decisão jurisdicional estrangeira, dar-se-á o cabimento da carta rogatória (art. 36) ou de homologação do referido pronunciamento, ao passo que, caso contrário, será viável o auxílio direto (arts. 28[196] a 34).[197]

---

[195] "**Art. 27.** A cooperação jurídica internacional terá por objeto:

I – citação, intimação e notificação judicial e extrajudicial;

II – colheita de provas e obtenção de informações;

III – homologação e cumprimento de decisão;

IV – concessão de medida judicial de urgência;

V – assistência jurídica internacional;

VI – qualquer outra medida judicial ou extrajudicial não proibida pela lei brasileira."

[196] "**Art. 36.** O procedimento da carta rogatória perante o Superior Tribunal de Justiça é de jurisdição contenciosa e deve assegurar às partes as garantias do devido processo legal.

§ 1º A defesa restringir-se-á à discussão quanto ao atendimento dos requisitos para que o pronunciamento judicial estrangeiro produza efeitos no Brasil.

§ 2º Em qualquer hipótese, é vedada a revisão do mérito do pronunciamento judicial estrangeiro pela autoridade judiciária brasileira."

[197] "**Art. 28.** Cabe auxílio direto quando a medida não decorrer diretamente de decisão de autoridade jurisdicional estrangeira a ser submetida a juízo de delibação no Brasil."

"**Art. 29.** A solicitação de auxílio direto será encaminhada pelo órgão estrangeiro interessado à autoridade central, cabendo ao Estado requerente assegurar a autenticidade e a clareza do pedido."

"**Art. 30.** Além dos casos previstos em tratados de que o Brasil faz parte, o auxílio direto terá os seguintes objetos:

I – obtenção e prestação de informações sobre o ordenamento jurídico e sobre processos administrativos ou jurisdicionais findos ou em curso;

II – colheita de provas, salvo se a medida for adotada em processo, em curso no estrangeiro, de competência exclusiva de autoridade judiciária brasileira;

III – qualquer outra medida judicial ou extrajudicial não proibida pela lei brasileira."

"**Art. 31.** A autoridade central brasileira comunicar-se-á diretamente com suas congêneres e, se necessário, com outros órgãos estrangeiros responsáveis pela tramitação e pela execução de pedidos de cooperação enviados e recebidos pelo Estado brasileiro, respeitadas disposições específicas constantes de tratado."

"**Art. 32.** No caso de auxílio direto para a prática de atos que, segundo a lei brasileira, não necessitem de prestação jurisdicional, a autoridade central adotará as providências necessárias para seu cumprimento."

"**Art. 33.** Recebido o pedido de auxílio direto passivo, a autoridade central o encaminhará à Advocacia-Geral da União, que requererá em juízo a medida solicitada.

Parágrafo único. O Ministério Público requererá em juízo a medida solicitada quando for autoridade central."

"**Art. 34.** Compete ao juízo federal do lugar em que deva ser executada a medida apreciar pedido de auxílio direto passivo que demande prestação de atividade jurisdicional."

No ponto, cabe anotar também a Resolução CNJ nº 394/2021, que institui regras de cooperação e de comunicação direta com juízos estrangeiros de insolvência para o processamento e julgamento de insolvências transnacionais.

Por fim, cumpre salientar, ainda, que, no julgamento da ADC 51, o STF julgou constitucional a possibilidade de autoridades nacionais solicitarem dados diretamente, com base no art. 11 do Marco Civil da Internet e art. 18 da Convenção de Budapeste, a provedores de internet estrangeiros com sede ou representação no Brasil sem, necessariamente, seguir o procedimento do acordo MLAT, celebrado entre o Brasil e os Estados Unidos.[198]

4.4 Cooperação jurídica nacional[199]

O CPC/2015 disciplinou a cooperação nacional, insculpindo-a nos arts. 67, 68 e 69. Nesse diapasão, foi estabelecido um dever de recíproca cooperação entre todos os juízos, independente de ramo, instância ou grau de jurisdição.

---

[198] AÇÃO DECLARATÓRIA DE CONSTITUCIONALIDADE. NORMAS DE COOPERAÇÃO JURÍDICA INTERNACIONAL. OBTENÇÃO DE DADOS. EMPRESAS LOCALIZADAS NO EXTERIOR. DECRETO Nº 3.810/2001; ART. 237, II DO CPC; ARTS. 780 E 783 DO CPP; ART. 11 DO MARCO CIVIL DA INTERNET; ART. 18 DA CONVENÇÃO DE BUDAPESTE. CONSTITUCIONALIDADE. ADC CONHECIDA. PEDIDO JULGADO PARCIALMENTE PROCEDENTE. 1. A controvérsia constitucional veiculada na ADC é, a rigor, mais ampla do que a simples declaração de validade do uso das cartas rogatórias e dos acordos MLAT para fins de investigação criminal. O escopo da ação declaratória compreende não apenas o exame de constitucionalidade dos dispositivos invocados pelos requerentes, como também da norma prevista no art. 11 do Marco Civil da Internet e art. 18 da Convenção de Budapeste. 2. O art. 11 do Marco Civil da Internet, que encontra respaldo no art. 18 da Convenção de Budapeste, é norma específica em relação às regras gerais do MLAT. O referido dispositivo assegura a aplicação da legislação brasileira em relação a atividades de coleta, armazenamento, guarda e tratamento de registros, dados e comunicações eletrônicas ocorridas em território nacional, desde que pelo menos um dos atos ou terminais se encontrem em território nacional, mesmo que a pessoa jurídica portadora dessas informações esteja localizada ou armazene tais informações no exterior. 3. As hipóteses de requisição direta previstas no art. 11 do Marco Civil da Internet e no art. 18 da Convenção de Budapeste reafirmam os princípios da soberania e da independência nacional, concretizando o dever do Estado de proteger os direitos fundamentais e a segurança pública dos cidadãos brasileiros ou residentes no país. 4. Constitucionalidade dos dispositivos do MLAT, do CPC e do CPP que tratam da cooperação jurídica internacional e da emissão de cartas rogatórias, nos casos em que a atividade de comunicação ou a prestação de tais serviços não tenham ocorrido em território nacional. 5. Dispositivos que convivem com a possibilidade de solicitação direta de dados, registros e comunicações eletrônicas nas hipóteses do art. 11 do Marco Civil da Internet e do art. 18 da Convenção de Budapeste. 6. Pedido julgado parcialmente procedente para declarar a constitucionalidade dos dispositivos indicados e da possibilidade de solicitação direta de dados e comunicações eletrônicas das autoridades nacionais a empresas de tecnologia nos casos de atividades de coleta e tratamento de dados no país, de posse ou controle dos dados por empresa com representação no Brasil e de crimes cometidos por indivíduos localizados em território nacional. (ADC 51, Relator(a): GILMAR MENDES, Tribunal Pleno, julgado em 23/02/2023)

[199] "Enunciado FPPC 710 (2022). (art. 67) Antes de recusar a cooperação ou suscitar conflito de competência, o magistrado deve engajar-se em tratativas ou pedir esclarecimentos aos demais

A cooperação judiciária visa a maximizar a eficiência[200], princípio constitucional (art. 37 da CRFB/1988) e norma fundamental do processo (art. 8º do CPC), bem como garantir a duração razoável dos processos[201] (art. 5º, LXXVIII, CRFB/1988).

Com efeito, busca-se a "otimização da prestação jurisdicional e a racionalização da estrutura judiciária, com a redução de obstáculos econômicos, administrativos e burocráticos, para que se produza o máximo de resultados ótimos com o mínimo de esforço e de gastos."[202]

Parte da doutrina defende se tratar de um instrumento de *case management* e de *court management*, já que permite não só a adequação procedimental à luz do caso concreto, como também o aprimoramento da própria gestão e estrutura judiciária.[203-204]

A título histórico, pontue-se que a cooperação foi inicialmente fomentada pelo CNJ, por meio da Recomendação CNJ 38/2011, "com a finalidade de institucionalizar meios para dar maior fluidez e agilidade à comunicação entre os órgãos judiciários e outros operadores sujeitos do processo, não só para cumprimento de atos judiciais, mas também para harmonização e agilização de rotinas e procedimentos forenses, fomentando a participação dos magistrados de todas as instâncias na gestão judiciária"[205].

Os pedidos de cooperação podem ser feitos para prática de qualquer ato processual, prescindindo de forma específica e podendo ser executados como: I – auxílio direto; II – reunião ou apensamento de processos; III – prestação de informações; e, IV – atos concertados entre os juízes cooperantes.

---

cooperantes para compreender a extensão da cooperação, os objetivos pretendidos e os custos envolvidos. (Grupo: Cooperação judiciária nacional)".

"Enunciado FPPC 711 (2022). (arts. 67 e 68) A recusa ao pedido de cooperação judiciária pelo juízo destinatário exige fundamentação. (Grupo: Cooperação judiciária nacional)".

"Enunciado FPPC 712 (2022). (arts. 67 a 69, 66, 951-959) A cooperação judiciária pode servir para prevenir ou resolver conflitos de competência. (Grupo: Cooperação judiciária nacional)".

"Enunciado FPPC 713 (2022). (art. 69; art. 6º, §§ 7º-A e 7ª-B da Lei nº 11.101/2005) Nos casos do art. 6º, §§ 7ºA e 7º-B da Lei nº 11.101/2005, a instauração de conflito de competência entre o juízo da execução e o da recuperação depende da frustração da tentativa de cooperação judiciária. (Grupo: Cooperação judiciária nacional)".

[200] **Fredie Didier Jr.**, *Cooperação judiciária nacional*: esboço de uma teoria para o direito brasileiro. Salvador: JusPodivm, 2020. p. 53.

[201] **Edilton Meireles,** "Cooperação judiciária nacional", *Revista de Processo*, vol. 249/2015, p. 59-80, nov. 2015.

[202] **Juliana Melazzi Andrade,** "A redução do formalismo processual na aplicação das regras de impedimento e suspeição do juiz na cooperação judiciária nacional", *Revista dos Tribunais*, vol. 1043/2022, p. 227-251, set. 2022.

[203] **Antonio do Passo Cabral,** *Juiz natural e eficiência processual*: flexibilização, delegação e coordenação de competências no processo civil. São Paulo: Thompson Reuters Brasil, 2021. p. 306.

[204] **Juliana Melazzi Andrade,** "A redução do formalismo processual na aplicação das regras de impedimento e suspeição do juiz na cooperação judiciária nacional", *Revista dos Tribunais*, vol. 1043/2022, p. 227-251, set. 2022.

[205] Revogada pela Resolução CNJ nº 350/2020.

Gize-se, nesse sentido, que a cooperação é caracterizada pela atipicidade[206], tanto em relação ao instrumento quanto no tocante ao ato que será produzido, bem como pela flexibilidade.[207]

Por fim, registre-se classificação doutrinária[208] apontando que os atos processuais cooperativos podem ocorrer por solicitação, por concertação e por delegação, a depender da relação entre os órgãos cooperantes. A solicitação decorreria de relação pontual voltada para a prática de um ou alguns atos específicos (como ocorre no auxílio direto, na reunião ou apensamento de processos, na prestação de informações, nas cartas precatórias e rogatórias), enquanto a concertação envolveria uma relação permanente e duradoura entre os órgãos cooperantes, hábil a permitir a realização de diversos atos indeterminados e futuros. Por fim, na delegação, ocorreria a transferência da competência para a prática de um ou mais atos entre órgãos jurisdicionais vinculados, com determinação de cumprimento. [209]

4.5 Competência territorial

Universalmente, sob o ângulo da competência, costuma-se fixar, primeiramente, a "sede do litígio", ou seja, o local onde a causa deve ser aforada e, depois, eleger-se, nesse foro, o "juízo competente", visando à integralização dessa tarefa de fixação da competência interna.[210] O legislador vale-se, assim, do critério territorial para estabelecer a competência que leva o mesmo nome; vale dizer: *competência territorial* ou de *foro*. O foro não é senão a circunscrição territorial onde o juiz vai exercer sua jurisdição, por isso que competência de foro ou competência territorial são expressões sinônimas[211] e significam a *repartição da jurisdição entre as várias circunscrições judiciárias do território nacional.*

---

[206] **Edilton Meireles,** "Cooperação judiciária nacional", *Revista de processo*, São Paulo, ano 40, v. 249, versão eletrônica, 2015. p. 4; **Gabriela Macedo Ferreira,** "O ato concertado entre juízes cooperantes: esboço de uma teoria para o direito brasileiro", *Civil Procedure Review*, v. 10, n. 3, set.-dez. 2019. p. 22; **Fredie Didier Jr.,** *Cooperação judiciária nacional*: esboço de uma teoria para o direito brasileiro. Salvador: JusPodivm, 2020. p. 73.

[207] **Gustavo Cavalcanti Lamêgo,** "As transformações na garantia do juiz natural e suas implicações na cooperação judiciária nacional do CPC de 2015", *Revista dos Tribunais*, vol. 1023/2021, p. 209-233, jan. 2021.

[208] **Fredie Didier Jr.,** *Cooperação judiciária nacional*: esboço de uma teoria para o direito brasileiro. Salvador: JusPodivm, 2020. p. 75. Adotando a mesma classificação proposta por Fredie Didier Jr., ver: **Gabriela Macedo Ferreira,** "O ato concertado entre juízes cooperantes: esboço de uma teoria para o direito brasileiro", *Civil Procedure Review*, v. 10, n. 3, set.-dez. 2019, p. 20.

[209] **Juliana Melazzi Andrade,** "A redução do formalismo processual na aplicação das regras de impedimento e suspeição do juiz na cooperação judiciária nacional", *Revista dos Tribunais*, vol. 1043/2022, p. 227-251, set. 2022.

[210] A clássica divisão da competência é a denominada "tríplice", que divide o instituto em "competência objetiva, competência territorial e competência funcional". Assim encontra-se na doutrina tradicional de **Schonke,** *Derecho procesal civil*, 1950, pp. 132 e 133; **Chiovenda,** *Instituições*, vol. II, p. 214; **Léo Rosenberg,** *Tratado de Derecho procesal civil*, 1955, vol. I, p. 162.

[211] **James Goldschmidt,** *Derecho procesal civil*, 1936, pp. 164 e 175.

O nosso território é dividido em circunscrições para os fins da repartição da competência da Justiça Federal, recebendo elas a denominação *seções judiciárias federais*. Os Estados, por seu turno, no exercício do autogoverno da justiça, dividem-se, para o mesmo fim citado, em *comarcas*. A competência da justiça dos Estados ou justiça *local* estende-se aos seus tribunais, o mesmo ocorrendo com as seções quanto aos tribunais federais regionais.[212]

Diversamente, os tribunais superiores do país (STF, STJ, STM, TST e TSE) têm competência sobre todo o território nacional para julgar as causas que a Constituição Federal menciona, bem como aquelas encartadas em seus regimentos internos.

A competência territorial tem como *fonte normativa* primária a Constituição Federal e, secundariamente, o Código de Processo Civil, que a regula exaustivamente. Aliás, o instituto da competência não se insere em apenas um único diploma legal. A pesquisa para a fixação da competência de foro, que é a primeira a ser analisada, passa pelo crivo da Constituição Federal, do Código de Processo Civil e das leis de organização judiciária. Assim, *v. g.*, o intérprete deve, primeiramente, consultar a Constituição Federal para verificar se na causa *in foco* não há qualquer *foro privilegiado constitucionalmente*, por exemplo, o *foro da Fazenda Pública*. Em seguida, deve recorrer ao Código de Processo Civil, consultando-o quanto à existência de *foro especial* para, somente depois, obedecido o critério de exclusão, recair no *foro comum*. Neste, impõe-se, por último, verificar se a lei de organização judiciária não repartiu o território em regiões visando à aproximação da justiça de seu jurisdicionado, como sói ocorrer com as *Varas Regionais*.

Impende observar que, não obstante o *habitat* das normas sobre a competência territorial ser o Código de Processo Civil, na parte em que essa especificação da jurisdição recebe o tratamento constitucional, veda-se ao legislador ordinário afrontá-lo. O que consta do Texto Maior não pode ser restringido nem ampliado pela legislação ordinária, mas, antes, obedecido.

Ao fixar a competência para a sede do litígio, o legislador leva em consideração ora o "domicílio das partes", ora o "local onde ocorreu um fato" ou "local onde foi praticado um determinado ato". Enfim, vale-se desses elementos geográficos para estipular a competência territorial. Observa-se, à luz desses critérios escolhidos, que o legislador pondera a "conveniência das partes" e/ou o local onde o "demandado pode defender-se melhor e sem incômodos", haja vista a sua posição passiva decorrente da potestatividade do direito de agir, que o torna réu ainda que ele não queira.

É inegável a tutela de interesses privados nessa forma de atribuição de competência e é por isso que, *em regra*, a competência territorial é *relativa* (arts. 62 e 63 do CPC).[213]

---

[212] É o princípio acolhido por **Carnelutti** in *Leciones sobre el proceso penal*, 1950, vol. II, p. 317.

[213] "**Art. 62.** A competência determinada em razão da matéria, da pessoa ou da função é inderrogável por convenção das partes."

"**Art. 63.** As partes podem modificar a competência em razão do valor e do território, elegendo foro onde será proposta ação oriunda de direitos e obrigações.

Diz-se "em regra" porque nos casos em que essa forma de competência é fixada em razão da melhor aptidão do juiz de determinado território para exercer sua função, a competência transmuda-se de relativa para absoluta, diante da natureza pública do interesse que a informa. É a hipótese da competência do *foro da situação da coisa*, previsto no art. 47, *caput* e § 1o,[214] do CPC, e do *foro constitucional*, art. 51, parágrafo único, do CPC,[215] de determinadas pessoas jurídicas de direito público. Nessas hipóteses, a competência de território, "em princípio relativa", converte-se em *absoluta*, quer pela inderrogabilidade por vontade das partes, quer quanto aos seus efeitos e modo de arguição do vício da incompetência, podendo, nesse último aspecto, ser alegado em qualquer tempo e grau de jurisdição, posto geradora de defeito tão grave que torna passível a decisão judicial de rescindibilidade (arts. 64, § 1o, e 966, II, do CPC).[216]

---

§ 1o A eleição de foro só produz efeito quando constar de instrumento escrito e aludir expressamente a determinado negócio jurídico.

§ 2o O foro contratual obriga os herdeiros e sucessores das partes.

§ 3o Antes da citação, a cláusula de eleição de foro, se abusiva, pode ser reputada ineficaz de ofício pelo juiz, que determinará a remessa dos autos ao juízo do foro de domicílio do réu.

§ 4o Citado, incumbe ao réu alegar a abusividade da cláusula de eleição de foro na contestação, sob pena de preclusão."

[214] "**Art. 47.** Para as ações fundadas em direito real sobre imóveis é competente o foro de situação da coisa.

§ 1o O autor pode optar pelo foro de domicílio do réu ou pelo foro de eleição se o litígio não recair sobre direito de propriedade, vizinhança, servidão, divisão e demarcação de terras e de nunciação de obra nova."

[215] "**Art. 51.** É competente o foro de domicílio do réu para as causas em que seja autora a União.

Parágrafo único. Se a União for a demandada, a ação poderá ser proposta no foro de domicílio do autor, no de ocorrência do ato ou fato que originou a demanda, no de situação da coisa ou no Distrito Federal."

[216] "**Art. 64, § 1o.** A incompetência absoluta pode ser alegada em qualquer tempo e grau de jurisdição e deve ser declarada de ofício."

"**Art. 966.** A decisão de mérito, transitada em julgado, pode ser rescindida quando:

I – se verificar que foi proferida por força de prevaricação, concussão ou corrupção do juiz;

II – for proferida por juiz impedido ou por juízo absolutamente incompetente;

III – resultar de dolo ou coação da parte vencedora em detrimento da parte vencida ou, ainda, de simulação ou colusão entre as partes, a fim de fraudar a lei;

IV – ofender a coisa julgada;

V – violar manifestamente norma jurídica;

VI – for fundada em prova cuja falsidade tenha sido apurada em processo criminal ou venha a ser demonstrada na própria ação rescisória;

VII – obtiver o autor, posteriormente ao trânsito em julgado, prova nova cuja existência ignorava ou de que não pôde fazer uso, capaz, por si só, de lhe assegurar pronunciamento favorável;

VIII – for fundada em erro de fato verificável do exame dos autos.

§ 1o Há erro de fato quando a decisão rescindenda admitir fato inexistente ou quando considerar inexistente fato efetivamente ocorrido, sendo indispensável, em ambos os casos, que o fato não represente ponto controvertido sobre o qual o juiz deveria ter se pronunciado."

Cap. 5 • JURISDIÇÃO E COMPETÊNCIA | 201

Cumpre destacar que o foro estabelecido na lei pode ser *geral* ou *especial*, prevalecendo o primeiro à míngua de regra específica. Na fixação do "foro especial", o legislador protege um dos litigantes, vale dizer: ora o autor, ora o réu. Isso significa que há um "beneficiário" na norma de competência que, como tal, pode "abrir mão" dessa prerrogativa e demandar em qualquer foro, até mesmo no do seu *ex adversus*.

É o caso, *v. g.*, do alimentando, que tanto pode propor a ação no seu foro, como o favorece a lei, como no do alimentante, sem que esse tenha legitimidade para arguir qualquer defeito de competência. Ainda sob esse ângulo, ressoa elegante a questão do *forum delicti comissi* do art. 53, V, do CPC,[217] sobre o qual se pacificou o entendimento de que a vítima pode demandar, como autora, em qualquer foro.

As hipóteses de foros especiais vêm previstas nos artigos 48, 49, 50, 51, 45 e 53 do CPC.

A primeira delas pertine ao "foro da herança" – *forum hereditatis* (art. 48 do CPC).[218]

---

[217] "**Art. 53.** É competente o foro:

I – para a ação de divórcio, separação, anulação de casamento e reconhecimento ou dissolução de união estável:

a) de domicílio do guardião de filho incapaz;

b) do último domicílio do casal, caso não haja filho incapaz;

c) de domicílio do réu, se nenhuma das partes residir no antigo domicílio do casal;

d) de domicílio da vítima de violência doméstica e familiar, nos termos da Lei nº 11.340, de 7 de agosto de 2006 (Lei Maria da Penha);

II – de domicílio ou residência do alimentando, para a ação em que se pedem alimentos;

III – do lugar:

a) onde está a sede, para a ação em que for ré pessoa jurídica;

b) onde se acha agência ou sucursal, quanto às obrigações que a pessoa jurídica contraiu;

c) onde exerce suas atividades, para a ação em que for ré sociedade ou associação sem personalidade jurídica;

d) onde a obrigação deve ser satisfeita, para a ação em que se lhe exigir o cumprimento;

e) de residência do idoso, para a causa que verse sobre direito previsto no respectivo estatuto;

f) da sede da serventia notarial ou de registro, para a ação de reparação de dano por ato praticado em razão do ofício;

IV – do lugar do ato ou fato para a ação:

a) de reparação de dano;

b) em que for réu administrador ou gestor de negócios alheios;

V – de domicílio do autor ou do local do fato, para a ação de reparação de dano sofrido em razão de delito ou acidente de veículos, inclusive aeronaves."

[218] "**Art. 48.** O foro de domicílio do autor da herança, no Brasil, é o competente para o inventário, a partilha, a arrecadação, o cumprimento de disposições de última vontade, a impugnação ou anulação de partilha extrajudicial e para todas as ações em que o espólio for réu, ainda que o óbito tenha ocorrido no estrangeiro.

Parágrafo único. Se o autor da herança não possuía domicílio certo, é competente:

I – o foro de situação dos bens imóveis;

II – havendo bens imóveis em foros diferentes, qualquer destes;

III – não havendo bens imóveis, o foro do local de qualquer dos bens do espólio."

Segundo essa regra, fixa-se a competência territorial no *foro do domicílio do autor da herança* para as ações em que o espólio for réu. Acaso o autor da herança – o *de cujus* – não possuir domicílio certo, indica a lei o foro subsidiário da situação dos bens do espólio – *forum rei sitae* – ou do local do óbito se o autor da herança não tinha domicílio certo e os bens deixados situam-se em diversos lugares (incisos I, II e III do art. 48 do CPC).

Observe-se que o foro especial diz respeito às "ações em que o espólio for réu", de sorte que, naquelas em que for *autor*, respeitam-se as normas gerais de competência territorial. Exatamente porque regra de foro, a competência para essas ações cede às hipóteses de competência absoluta, como, *v. g.*, ocorre quando se trata de ação de usucapião ou possessória tendo como objeto mediato bem do espólio, hipótese em que prevalece o *forum rei sitae* absoluto do art. 47, *caput* e § 1º, do CPC.

Disposição análoga estende-se ao *ausente* cujo *último domicílio* é o competente para as ações em que figurar como réu (art. 49 do CPC).[219] A especialidade desse foro não supera, pelas mesmas razões citadas, os *foros absolutos*.

O incapaz, por força da norma de direito material, tem como domicílio o de seu representante; por isso, este é o competente para as ações em que aquele for réu (art. 50 do CPC).[220] Sendo autor, o representante do incapaz deverá obedecer aos foros especiais e, à míngua destes, os foros gerais dos artigos 46[221] e 47, *caput* e § 1º, do CPC. Na verdade, essa regra do art. 50 não é especial porque apenas explicita a regra geral do *foro pessoal* do incapaz, que não poderia ser outro senão o de seu representante.

Seguindo o princípio de estabelecer a competência de foro, *ratione personae*, dispõe o Código de Processo Civil acerca da sede competente para as ações referentes à *União*, como *pessoa jurídica de direito público*. A referência à União faz da prerrogativa o Estado como entidade de direito público, salvo se houver disposição em contrário na lei de organização judiciária, uma vez que a lei processual civil, nessa parte, é omissa.[222]

---

[219] "**Art. 49.** A ação em que o ausente for réu será proposta no foro de seu último domicílio, também competente para a arrecadação, o inventário, a partilha e o cumprimento de disposições testamentárias."

[220] "**Art. 50.** A ação em que o incapaz for réu será proposta no foro de domicílio de seu representante ou assistente."

[221] "**Art. 46.** A ação fundada em direito pessoal ou em direito real sobre bens móveis será proposta, em regra, no foro de domicílio do réu.

§ 1º Tendo mais de um domicílio, o réu será demandado no foro de qualquer deles.

§ 2º Sendo incerto ou desconhecido o domicílio do réu, ele poderá ser demandado onde for encontrado ou no foro de domicílio do autor.

§ 3º Quando o réu não tiver domicílio ou residência no Brasil, a ação será proposta no foro de domicílio do autor, e, se este também residir fora do Brasil, a ação será proposta em qualquer foro.

§ 4º Havendo 2 (dois) ou mais réus com diferentes domicílios, serão demandados no foro de qualquer deles, à escolha do autor.

§ 5º A execução fiscal será proposta no foro de domicílio do réu, no de sua residência ou no do lugar onde for encontrado."

[222] Na doutrina são conclusivas as lições de Frederico Marques, *Instituições*, vol. I, p. 300. A jurisprudência do STJ acerca do tema também se afina com as lições do saudoso mestre da escola de processo de São Paulo.

No que concerne à União, há que se conjugar o disposto no artigo 51 do CPC com a regra maior do art. 109 da Constituição Federal.[223]

Assim é que as causas em que a União for *autora* serão aforadas na "seção judiciária" onde tiver domicílio a outra parte (art. 109, § 1º, da CF). A Constituição, nesse ponto, respeitou a regra geral do foro pessoal. Sendo ré, a União poderá ser demandada no foro de domicílio do autor da ação ou no local da prática do ato, do fato que deu origem à demanda, no local da situação da coisa ou, ainda, no Distrito Federal. Revela-se patente a preocupação do legislador em criar "foros alternativos" para aqueles que pretendam litigar perante a União, privilegiando-se o domicílio do jurisdicionado. Não obstante encartarem-se na Constituição, essas regras são ditadas no interesse das partes e, por isso, a competência revela-se "relativa", derrogável pela vontade tanto do beneficiário da norma quanto do autor, devendo o juiz aguardar a iniciativa do demandado, sobre ser acionado fora de seu domicílio. De toda sorte, naquilo em que a Constituição dispõe contrariamente ao CPC, prevalece a Carta Maior. Nesse seguimento, se na capital do Estado não houver seção judiciária, situada esta no interior, é nesse local que deverá ser demandada a União, posto que a regra infraconstitucional cede, hierarquicamente, ao disposto no art. 109 e parágrafos da Constituição Federal, muito embora a própria Carta cuide de evitar esse confronto ao dispor, no art. 110, do dever de cada estado e do Distrito Federal em constituir seções judiciárias na respectiva capital.

A sede do litígio é na seção judiciária onde tiver domicílio a parte. Por isso, nem sempre há coincidência geográfica com o referido domicílio, devendo o intérprete averiguar em que seção judiciária enquadra-se o domicílio do jurisdicionado.

Outrossim, a União em regra atua processualmente na "Justiça Federal", como autora, ré ou quando ingressa em juízo pelo instituto da intervenção de terceiros, podendo assumir a qualidade de chamada ao processo, denunciada à lide, terceiro prejudicado, assistente simples ou litisconsorcial[224]. Destarte, a Constituição Federal estipula diver-

---

[223] "**Art. 109.** Aos juízes federais compete processar e julgar:

I – as causas em que a União, entidade autárquica ou empresa pública federal forem interessadas na condição de autoras, rés, assistentes ou oponentes, exceto as de falência, as de acidentes de trabalho e as sujeitas à Justiça Eleitoral e à Justiça do Trabalho;

II – as causas entre Estado estrangeiro ou organismo internacional e Município ou pessoa domiciliada ou residente no País;

III – as causas fundadas em tratado ou contrato da União com Estado estrangeiro ou organismo internacional;

IV – os crimes políticos e as infrações penais praticadas em detrimento de bens, serviços ou interesse da União ou de suas entidades autárquicas ou empresas públicas, excluídas as contravenções e ressalvada a competência da Justiça Militar e da Justiça Eleitoral; [...]."

[224] Processual civil. Agravo interno no conflito de competência. Conflito negativo de competência instaurado entre juízos estadual e federal. Ação de improbidade administrativa ajuizada por ente municipal em razão de irregularidades em prestação de contas de verbas federais. Mitigação das súmulas 208/STJ e 209/STJ. Competência cível da Justiça Federal (art. 109, I, da CF) absoluta em razão da pessoa. Ausência de ente federal em qualquer dos polos da relação processual. Jurisprudência do STJ. Competência da Justiça Estadual. Agravo interno

samente em alguns casos, como, *v. g.*, ocorre com as ações relativas aos acidentes do trabalho, que se processam na "Justiça Estadual" com recurso para o tribunal local, por força da exceção do inciso I do art. 109. Para os fins ora visados, à União equiparam-se as empresas públicas federais e as entidades autárquicas, não assim as sociedades de economia mista.

Vale registrar que, nos termos do art. 109, § 2º, da CRFB/1988, as causas intentadas contra a União poderão ser aforadas na seção judiciária em que for domiciliado o autor, naquela onde houver ocorrido o ato ou fato que deu origem à demanda ou onde esteja situada a coisa, ou, ainda, no Distrito Federal[225]. Por sua vez, nos termos do § 3º, com a redação dada pela EC nº 103/2019, lei poderá autorizar que as causas de competência da Justiça Federal em que forem parte instituição de previdência social e segurado possam ser processadas e julgadas na justiça estadual quando a comarca do domicílio do segurado não for sede de vara federal.

Nesse passo, a Lei 13.876/2019 alterou o art. 15 da Lei 5.010/66.[226] Imperioso trazer à baila excertos do entendimento consignado pela Primeira Seção do STJ, no julgamento do Incidente de Assunção de Competência no CC 170.051/RS:

---

não provido. (...) 9. Em síntese, é possível afirmar que a competência cível da Justiça Federal, especialmente nos casos similares à hipótese dos autos, é definida em razão da presença das pessoas jurídicas de direito público previstas no art. 109, I, da CF na relação processual, seja como autora, ré, assistente ou oponente e não em razão da natureza da verba federal sujeita à fiscalização da Corte de Contas da União. Precedentes: AgInt no CC 167.313/SE, Rel. Ministro Francisco Falcão, Primeira Seção, julgado em 11/03/2020, *DJe* 16/03/2020; AgInt no CC 157.365/PI, Rel. Ministro Napoleão Nunes Maia Filho, Primeira Seção, julgado em 12/02/2020, *DJe* 21/02/2020; AgInt nos EDcl no CC 163.382/PA, Rel. Ministro Herman Benjamin, Primeira Seção, julgado em 27/11/2019, *DJe* 07/05/2020; AgRg no CC 133.619/PA, Rel. Ministro Sérgio Kukina, Primeira Seção, julgado em 09/05/2018, *DJe* 16/05/2018. (...) (AgInt no CC n. 174.764/MA, Rel. Min. Mauro Campbell Marques, 1ª Seção, j. em 09.02.2022, *DJe* de 17.02.2022.)

[225] Ver, ainda: STF, 2ª Turma, ARE 1151612 AgR/SP, Rel. Min. Cármen Lúcia, j. em 19.11.2019; STF, Plenário, RE 627709/DF, Rel. Min. Ricardo Lewandowski, j. em 20.08.2014 (*Info* 755); STJ, 1ª Seção, AgInt no CC 150.269/AL, Rel. Min. Francisco Falcão, j. em 14.06.2017.

[226] "**Art. 15.** Quando a Comarca não for sede de Vara Federal, poderão ser processadas e julgadas na Justiça Estadual: (Redação dada pela Lei nº 13.876, de 2019)

I – os executivos fiscais da União e de suas autarquias, ajuizados contra devedores domiciliados nas respectivas Comarcas; (Vide Decreto-Lei nº 488, de 1969) (Revogado pela Lei nº 13.043, de 2014)

II – as vistorias e justificações destinadas a fazer prova perante a administração federal, centralizada ou autárquica, quando o requerente fôr domiciliado na Comarca; (Vide Decreto-Lei nº 488, de 1969)

III – as causas em que forem parte instituição de previdência social e segurado e que se referirem a benefícios de natureza pecuniária, quando a Comarca de domicílio do segurado estiver localizada a mais de 70 km (setenta quilômetros) de Município sede de Vara Federal; (Redação dada pela Lei nº 13.876, de 2019)

IV – as ações de qualquer natureza, inclusive os processos acessórios e incidentes a elas relativos, propostas por sociedades de economia mista com participação majoritária federal contra pessoas

(...) 8 – As alterações promovidas pela Lei nº 13.876/19 são aplicáveis aos processos ajuizados após a *vacatio legis* estabelecida pelo art. 5º, I. Os feitos em andamento, estejam eles ou não em fase de execução, até essa data, continuam sob a jurisdição em que estão, não havendo falar, pois, em perpetuação da jurisdição. Em consequência, permanecem hígidos os seguinte entendimentos jurisprudenciais em vigor: i) quando juiz estadual e juiz federal entram em conflito, a competência para apreciar o incidente é do Superior Tribunal de Justiça (CF, art. 105, I, *d, in fine*); ii) se o conflito se estabelece entre juiz estadual no exercício da jurisdição federal delegada e juiz federal, competente será o Tribunal Regional Federal. 9 – Nos termos da Resolução 603/2019, CJF: i) definição de quais Comarcas da Justiça Estadual se enquadram no critério de distância retrorreferido caberá ao respectivo TRF (*ex vi* do art. 3º da Lei nº 13.876/2019), através de normativa própria; ii) por questão de organização judiciária, a delegação deve considerar as áreas territoriais dos respectivos TRFs. Consequentemente, à luz do art. 109, § 2º, da CF, o jurisdicionado não pode ajuizar ação na Justiça Federal de outro Estado não abrangido pela competência territorial do TRF com competência sobre seu domicílio. Ainda que haja vara federal em até 70km dali (porém na área de outro TRF), "iii) observadas as regras estabelecidas pela Lei n. 13.876, de 20 de setembro de 2019, bem como por esta Resolução, os Tribunais Regionais Federais farão publicar, até o dia 15 de dezembro de 2019, lista das comarcas com competência federal delegada." e iv) "As ações, em fase de conhecimento ou de execução, ajuizadas anteriormente a 1º de janeiro de 2020, continuarão a ser processadas e julgadas no juízo estadual." 10 – Tese a ser fixada no incidente de assunção de competência: "Os efeitos da Lei nº 13.876/2019 na modificação de competência para o processamento e julgamento dos processos que tramitam na Justiça Estadual no exercício da competência federal delegada insculpido no art. 109, § 3º, da Constituição Federal, após as alterações promovidas pela Emenda Constitucional 103, de 12 de novembro de 2019, aplicar-se-ão aos feitos ajuizados após 1º de janeiro de 2020. As ações, em fase de conhecimento ou de execução, ajuizadas anteriormente a essa data, continuarão a ser processadas e julgadas no juízo estadual, nos termos em que previsto pelo § 3º do art. 109 da Constituição Federal, pelo inciso III do art. 15 da Lei n. 5.010, de 30 de maio de 1965, em sua redação original."[227]

Importante salientar, ainda, que o STF já assentou, em repercussão geral, que "a competência da Justiça comum pressupõe inexistência, na comarca do domicílio do

---

domiciliadas na Comarca, ou que versem sôbre bens nela situados. (Incluído pelo Decreto-Lei nº 30, de 1966)

§ 1º Sem prejuízo do disposto no art. 42 desta Lei e no parágrafo único do art. 237 da Lei nº 13.105, de 16 de março de 2015 (Código de Processo Civil), poderão os Juízes e os auxiliares da Justiça Federal praticar atos e diligências processuais no território de qualquer Município abrangido pela seção, subseção ou circunscrição da respectiva Vara Federal. (Incluído pela Lei nº 13.876, de 2019)

§ 2º Caberá ao respectivo Tribunal Regional Federal indicar as Comarcas que se enquadram no critério de distância previsto no inciso III do *caput* deste artigo. (Incluído pela Lei nº 13.876, de 2019)"

[227] IAC no CC n. 170.051/RS, Rel. Min. Mauro Campbell Marques, 1ª Seção, j. em 21.10.2021, *DJe* de 04.11.2021.

segurado ou beneficiário da previdência, de Vara Federal, sendo neutro o fator residência considerado certo distrito".[228]

Questão de relevo é a relativa ao "conflito entre o *forum rei sitae* e o foro privilegiado da União Federal".

Consoante observamos, esse foro constitucionalizado não torna a competência territorial absoluta, tanto mais que é inegável o interesse do demandado protegido pelo dispositivo da Carta Magna. Entretanto, o mesmo não se pode afirmar quanto ao art. 47, *caput* e § 1º, do CPC, cuja competência prevista é *funcional* e atende aos interesses da justiça, no sentido de prestar a jurisdição pelo juízo mais apto, posto que próximo da coisa objeto do pedido. Desta sorte, imperioso concluir que, numa ação que verse sobre propriedade de um bem, ainda que a parte seja a União, a causa deve ser aforada no "foro da situação da coisa", perante a justiça federal desse local.

Anotem-se, ainda, os seguintes foros especiais:

Primeiro, o rol de foros para a ação de *divórcio, separação, anulação de casamento e reconhecimento ou dissolução de união estável*, isto é, dos desfazimentos de vínculos familiares (art. 53, I).[229] Estabeleceu o legislador, *a priori*, um rol subsidiário, indicando *o foro do domicílio do guardião do filho incapaz*, quando houver, e, senão, o do *último domicílio do casal* ou, por último, o do *domicílio do réu*, se nenhuma das partes permanecesse a residir no antigo domicílio.

Veja-se, porém, que o legislador reformador inseriu uma quarta hipótese, sem qualquer contorno subsidiário: o *foro do domicílio da vítima de violência doméstica e familiar* (art. 53, I, *d*). Evidentemente, conquanto ocupe o último inciso, esse foro é prioritário, como medida de isonomia processual e, sobretudo, de facilitação para que a mulher, vítima, acesse o Judiciário.

Depois, o *foro do domicílio ou da residência do alimentado* para a ação em que se pedem alimentos (art. 53, II, do CPC). A *ratio essendi* do dispositivo é clara; por isso, a parte necessitada não precisará deslocar-se com mais despesas para demandar. Prevalece o foro de seu domicílio ou residência, caso não deseje litigar em foro diverso.

A seguir, o *foro da sede da pessoa jurídica* para a ação em que ela for ré ou de sua agência, filial ou sucursal quanto às obrigações que contraiu (art. 53, III, alíneas *a* e *b* do CPC). Essa regra equipara a pessoa jurídica à pessoa natural, tanto mais que a entidade jurídica tem seu domicílio na própria sede. Entretanto, a agilidade dos negócios

---

[228] RE 860508, Rel. Min. Marco Aurélio, Tribunal Pleno, j. em 08.03.2021.

[229] "**Art. 53.** É competente o foro:

I – para a ação de divórcio, separação, anulação de casamento e reconhecimento ou dissolução de união estável:

a) de domicílio do guardião de filho incapaz;

b) do último domicílio do casal, caso não haja filho incapaz;

c) de domicílio do réu, se nenhuma das partes residir no antigo domicílio do casal;

d) de domicílio da vítima de violência doméstica e familiar, nos termos da Lei nº 11.340, de 7 de agosto de 2006 (Lei Maria da Penha); (Incluída pela Lei nº 13.894, de 2019.)"

demanda descentralização por meio de agências filiais e sucursais. Visando a facilitar o alcance do demandado, bem como situar a causa no foro dos negócios, a lei contempla o lugar onde se situam essas cédulas da empresa para as ações relativas às obrigações assumidas por elas.

Observe-se que esse foro é especial em relação ao foro peculiar da sede da pessoa jurídica.

As sociedades sem personalidade jurídica podem litigar e podem ser demandadas (art. 75, § 2º, do CPC).[230] Exatamente por lhes faltar um ato constitutivo que indique a sede, o legislador, atendendo aos interesses dos eventuais demandantes diante dessas sociedades irregulares, prevê, como sede para demandas, o "foro onde as mesmas exerçam a sua atividade principal" (art. 53, III, *c*, do CPC).

Ademais, *o foro do lugar onde a obrigação deve ser satisfeita* para a ação em que se lhe exigir o cumprimento. É a consagração do *forum solutionis* ditado com a mesma finalidade com que o legislador previu o foro do domicílio do réu, vale dizer: as obrigações nasceram para serem extintas pelo cumprimento e, para facilitar o adimplemento, ainda que judicial, a lei estipula que o local da sua satisfação como o mais propício ao alcance desse desígnio. Assim, *v.g.*, se uma pessoa jurídica se compromete a cumprir uma obrigação de entrega de material em Teresópolis e sua sede é no Rio de Janeiro, prevalece o foro daquela comarca, porque a regra do art. 53, III, *d*, é especialíssima em relação às anteriores.

---

[230] **"Art. 75.** Serão representados em juízo, ativa e passivamente:

I – a União, pela Advocacia-Geral da União, diretamente ou mediante órgão vinculado;

II – o Estado e o Distrito Federal, por seus procuradores;

III – o Município, por seu prefeito ou procurador;

IV – a autarquia e a fundação de direito público, por quem a lei do ente federado designar;

V – a massa falida, pelo administrador judicial;

VI – a herança jacente ou vacante, por seu curador;

VII – o espólio, pelo inventariante;

VIII – a pessoa jurídica, por quem os respectivos atos constitutivos designarem ou, não havendo essa designação, por seus diretores;

IX – a sociedade e a associação irregulares e outros entes organizados sem personalidade jurídica, pela pessoa a quem couber a administração de seus bens;

X – a pessoa jurídica estrangeira, pelo gerente, representante ou administrador de sua filial, agência ou sucursal aberta ou instalada no Brasil;

XI – o condomínio, pelo administrador ou síndico.

§ 1º Quando o inventariante for dativo, os sucessores do falecido serão intimados no processo no qual o espólio seja parte.

§ 2º A sociedade ou associação sem personalidade jurídica não poderá opor a irregularidade de sua constituição quando demandada.

§ 3º O gerente de filial ou agência presume-se autorizado pela pessoa jurídica estrangeira a receber citação para qualquer processo.

§ 4º Os Estados e o Distrito Federal poderão ajustar compromisso recíproco para prática de ato processual por seus procuradores em favor de outro ente federado, mediante convênio firmado pelas respectivas procuradorias."

Se a causa versar sobre direito previsto no Estatuto da Pessoa Idosa, competente será o *foro da residência do idoso* (art. 53, III, *e*). O Código amplia regra anterior, prevista no art. 80 do referido diploma legal estatutário para demandas coletivas,[231] garantindo para tais sujeitos vulneráveis a prioridade de tramitação (art. 1.048, I).[232]

Prossegue o Código estatuindo o *foro do local do ilícito contratual ou aquiliano* para a ação de reparação de danos. O dano causado a alguém pode resultar de ato ou fato. O local da prática do ato ou o local onde eclodiu o fato danoso são indicados como sede dos litígios de reparação de dano em geral (art. 53, IV, *a*, do CPC).

A lei, entretanto, especializa essa norma, o que por si só tem natureza especial. É que, se a ação de reparação de danos derivar de acidente de veículo ou de ilícito penal, o autor poderá escolher qualquer foro que se lhe revele mais favorável, isto é, o do local do fato, o de seu domicílio ou o do domicílio do réu.

Essa questão, hoje, encontra-se pacificada e sumulada, muito embora outrora se tenha discutido bastante sobre a natureza pública das regras processuais; por isso, quando propunha as ações de reparação de dano no domicílio da empresa, a vítima surpreendia-se com a arguição da exceção de incompetência.

Semelhantemente, há especialização quando a ação de reparação de dano tiver como causa de pedir ato praticado em razão do ofício notarial ou registral, quando competente será o *foro da sede da serventia* (art. 53, III, *f*).

Finalmente, a lei mantém o *foro do local dos atos praticados pelo gestor de negócios alheios* como o indicado para melhor demandar e provar acerca dessa intromissão negocial (art. 53, IV, *b*, do CPC).

Os foros gerais clássicos são: o *foro do domicílio do réu*, para as ações que versem sobre direitos pessoais ou direitos reais incidentes sobre bens móveis, e o *forum rei sitae*, para as ações que versem sobre direitos reais imobiliários (arts. 46 e 47 do CPC).

O foro da situação da coisa é regra encontradiça em várias legislações como a francesa, a portuguesa, a italiana e a espanhola.[233]

Cumpre frisar que essa regra de competência somente se aplica às ações que versem sobre *direitos reais incidentes sobre imóveis*. Desta sorte, *as ações pessoais relativas a imóvel* não seguem a regra geral do foro da situação, mas a do domicílio do contrato ou da lei.

Mesmo versando sobre direitos reais imobiliários, o autor pode optar pelo foro do domicílio do réu ou o foro de eleição, "desde que o objeto mediato do pedido da

---

[231] **"Art. 80.** As ações previstas neste Capítulo serão propostas no foro do domicílio do idoso, cujo juízo terá competência absoluta para processar a causa, ressalvadas as competências da Justiça Federal e a competência originária dos Tribunais Superiores."

[232] **"Art. 1.048.** Terão prioridade de tramitação, em qualquer juízo ou tribunal, os procedimentos judiciais:

I – em que figure como parte ou interessado pessoa com idade igual ou superior a 60 (sessenta) anos ou portadora de doença grave, assim compreendida qualquer das enumeradas no art. 6º, inciso XIV, da Lei nº 7.713, de 22 de dezembro de 1988;"

[233] Frederico Marques, *Instituições*, vol. 1, p. 302.

Cap. 5 · JURISDIÇÃO E COMPETÊNCIA | **209**

ação proposta não recaia sobre direito de propriedade, vizinhança, servidão, posse, divisão e demarcação de terras e nunciação de obra nova, caso em que o *forum rei sitae*" é obrigatório e inderrogável. Afirma-se que, nessas hipóteses, estamos diante de uma "singular competência funcional-territorial". O juízo do local da coisa é funcionalmente o mais habilitado a julgar essas causas, razão por que as partes não podem dispor desse foro.

Concluindo, pode-se afirmar que, malgrado a competência territorial seja de regra relativa (arts. 62 e 63 do CPC) *in casu*, isto é, na hipótese do art. 47, *caput* e § 1º, ela é *absoluta* e se submete ao regime jurídico desse desvio de competência, em razão da preponderância do elemento funcional. Consequentemente, essa regra sobrepõe-se a todas as demais que se encartam no capítulo, como, *v. g.*, as dos arts. 48, 49, 50, 51 e 53.

Caso o imóvel se ache situado em mais de um Estado ou comarca, determina-se o foro pela *prevenção*, estendendo-se a competência sobre todo o imóvel (art. 60 do CPC).[234] Nessa hipótese, *a primeira distribuição da inicial* torna prevento o juízo (arts. 59 e 240 do CPC), inaplicável o art. 58 porque a própria lei já denuncia que os juízes onde se acha parte do imóvel, como evidente, "têm competência territorial diferente".

Localizando-se o imóvel no exterior e sendo competente a justiça brasileira, à luz dos arts. 21 e 23 do CPC, supera-se a regra do *locus rei sitae*, haja vista que jurisdição é sinônimo de soberania e esta se exerce nos lindes do território nacional.

Anote-se, por fim, em matéria de competência territorial, que há também "regras de foros subsidiários", que se aplicam como normas alternativas previstas na própria lei quando vários são os foros possíveis de incidir em determinado caso, como, *v. g.*, dispõe o art. 46 sobre domicílio do réu e, subsidiariamente, o da residência etc.

Consoante visto, no Direito brasileiro, o foro comum é o do domicílio do réu, segundo regra expressa do art. 46 do CPC. A lei consagra a máxima *actor sequitur forum rei*, atentando para a sujeição do réu à ação proposta pelo autor.[235] Esse foro afere-se por exclusão, toda vez que não haja foro especial.

Tornando-se difícil pesquisar o domicílio do réu, em razão de este não ter "domicílio certo", recorre-se aos "foros subsidiários" do art. 46 e §§ do CPC, inclusive com a sua norma de encerramento.[236]

Havendo litisconsórcio, o autor pode eleger o foro de um dos réus e promover a ação diante de todos naquela sede, malgrado alguns não tenham domicílio no local da demanda. Trata-se de *prorrogação legal* de competência (§ 4º do art. 46 do CPC).

---

[234] "**Art. 60.** Se o imóvel se achar situado em mais de um Estado, comarca, seção ou subseção judiciária, a competência territorial do juízo prevento estender-se-á sobre a totalidade do imóvel."

[235] Consoante bem asseverou Chiovenda, o foro do domicílio é por excelência um "foro pessoal", justificando-lhe a escolha porque se deve permitir ao réu defender-se sem maiores incômodos e despesas, perante o juiz de seu domicílio (*in Instituições de Direito processual civil*, vol. II, p. 276).

[236] "**Art. 46.** A ação fundada em direito pessoal ou em direito real sobre bens móveis será proposta, em regra, no foro de domicílio do réu.

§ 1º Tendo mais de um domicílio, o réu será demandado no foro de qualquer deles."

4.6 Competência objetiva

No que concerne à *competência do juízo* ou competência de atribuições, a que é estabelecida em confronto com o caso concreto, o próprio critério legal não se vale de apenas um elemento para fixá-la. Nessa forma de competência dita "objetiva", consideram-se a "matéria litigiosa", "as pessoas envolvidas na lide", "o valor da causa" e a "função a ser exercida no processo". Em consequência, fala-se em *competência em razão da matéria, competência em razão da pessoa, competência em razão do valor* e *competência em razão da função*. A "competência objetiva", ressalvada a "competência de valor", é fixada à luz de interesses públicos, por isso "imperativa e absoluta". Sua derrogação implica grave vício de incompetência, por isso mesmo, insanável (arts. 62, 63 e 64, § 1º, do CPC).[237]

A competência objetiva, à semelhança das demais regras, também tem seu *habitat* originário na Constituição Federal, cabendo às leis de organização judiciária esmiuçar a competência em razão do valor, da matéria e da pessoa (art. 44 do CPC).[238]

A Constituição Federal, no capítulo referente ao Poder Judiciário (arts. 92 a 126), estrutura-o e atribui competência objetiva aos diversos órgãos componentes.

A competência objetiva implica uma atribuição exclusiva, de sorte que um critério não se sobrepõe ao outro. Assim, *v. g.*, não há supremacia do juízo fazendário sobre o juízo de família e vice-versa. Em consequência, a *competência absoluta não é modificável pela conexão ou continência* para os fins de *simultaneus processus*, como prevê os arts. 57 e 58 do CPC.

4.7 Competência funcional

A competência funcional, como a própria denominação indica, implica na atribuição de competência para o exercício de determinadas "funções" entre vários juízos, na mesma relação processual. Isso significa que, no mesmo processo, funcionam diversos juízos "sucessivamente" e não simultaneamente. Essa atuação dos diversos juízos dá-se em fases distintas da relação processual sujeita ao mesmo grau de jurisdição ou em fases distintas do processo perante juízos com graus de jurisdição diversos. Diz-se também funcional a competência fixada diante de uma melhor aptidão de determinado juízo para conhecer e julgar a matéria integrante do "todo julgável" ou de "parte dele". Na primeira hipótese, a competência é funcional pelas "fases do processo". Assim, *v. g.*, a lei pode deferir aos juízes leigos dos juizados especiais a preparação da causa e, ao juiz togado, apenas o julgamento, num exemplo marcante de competência funcional pelas fases do processo no mesmo grau de jurisdição. Outrora, no processo penal do júri, um juiz encarregava-se de preparar o processo até a sessão de julgamento pelo júri popular, oportunidade em que passava a presidi-lo não mais o juiz denominado "sumariante", mas o juiz "presidente".

---

[237] V. texto dos dispositivos *supra*.

[238] "**Art. 44.** Obedecidos os limites estabelecidos pela Constituição Federal, a competência é determinada pelas normas previstas neste Código ou em legislação especial, pelas normas de organização judiciária e, ainda, no que couber, pelas constituições dos Estados."

A segunda hipótese de competência funcional pelas fases do processo perante juízos de graus de jurisdição diversos é exemplificada na figura dos *recursos*. Diante da adoção pelo nosso sistema da regra do "duplo grau de jurisdição" e da "colegialidade dos órgãos componentes da instância *ad quem*", a ação processa-se em primeiro grau de jurisdição, cabendo aos tribunais a função de reexame do decidido pelos meios de impugnação, cujos protótipos são os recursos. Assim, a distribuição de tarefas entre *juízes e tribunais* compõe a denominada "competência hierárquica ou funcional" ou, ainda, "competência funcional hierárquica".[239] A competência funcional hierárquica pressupõe que o tribunal tenha competência territorial e material para aquela causa.

Assim, *v. g.*, o Tribunal de Justiça tem competência funcional para julgar recursos interpostos de decisões proferidas pelo juízo de família de qualquer foro ou comarca do Rio de Janeiro. Destarte, o recurso deve ser interposto para o juiz de segundo grau que exerce suas funções na circunscrição territorial a que pertence o juiz de primeira instância.[240]

Quanto à acepção da competência funcional como aptidão do juízo para conhecer e desempenhar de forma mais eficaz a sua "função" em determinados processos, são exemplos a "competência originária dos tribunais para conhecer determinadas ações especiais, como, *v. g.*, a ação rescisória, o mandado de segurança contra ato judicial etc. Nessas hipóteses, não se cuida de exercício de função de vários juízos no mesmo processo, senão de função única delegável a um juízo que se revela mais apto do que outros. Nesse sentido, também se considera "funcional" a "competência do *forum rei sitae*", do "foro do principal estabelecimento do falido", "do juízo da condenação para executar as suas decisões" e "do juízo da ação principal, após ação cautelar antecedente". Nesses casos observa-se que a função se revela mais bem desempenhada por esses juízos, daí a "funcionalidade da competência". No mesmo sentido, típica é a competência funcional do juiz que presidiu a colheita de provas na audiência, conforme estabelecia o art. 132 do CPC/1973.[241]

Mediante essa multiplicidade de acepções da competência funcional, o Código indica como sua "fonte" normativa a Constituição Federal, as normas de organização judiciária, o Regimento Interno dos Tribunais e o próprio Código de Processo Civil.

4.8 Competência absoluta e competência relativa. Modificações da competência. Prorrogação e prevenção da competência

Modificar a competência significa atribuí-la a órgão diverso daquele indicado originariamente pela lei. Assim, *v. g.*, modifica-se a competência territorial promovendo

---

[239] Guasp refere-se à distribuição de funções entre órgãos "superpostos" (*Comentários a Ley de Enjuiciamiento Civil*, 1943, vol. I, p. 301).

[240] Nesse sentido, **Chiovenda**, *Instituições*, vol. II, pp. 260 e 261.

[241] "**Art. 132.** O juiz, titular ou substituto, que concluir a audiência julgará a lide, salvo se estiver convocado, licenciado, afastado por qualquer motivo, promovido ou aposentado, casos em que passará os autos ao seu sucessor.

Parágrafo único. Em qualquer hipótese, o juiz que proferir a sentença, se entender necessário, poderá mandar repetir as provas já produzidas."

a demanda de natureza pessoal, fora do "foro do domicílio do réu". Essa modificação pode ser levada a efeito por contrariedade à regra legal, ou em atenção a uma cláusula contratual de eleição de foro.

Na primeira hipótese, terá havido um descumprimento da regra de competência e, na segunda, uma alteração contratual desse mesmo preceito. A primeira é sancionada pela lei e a segunda, tolerada; por isso, a modificação da competência, quando desamparada do devido apoio legal, encerra vício de "incompetência". A segunda hipótese caracteriza uma "causa legal de admissibilidade de modificação da competência", por meio do denominado *pacto de foro prorrogando* (foro de eleição).

Desta sorte, a modificação da competência somente pode ocorrer nos estritos termos da lei, que se incumbe de mencionar as causas suficientes para derrogação de seus preceitos primários. Assim, *v. g.*, a própria lei que determina o foro do domicílio do réu para as ações pessoais (art. 46 do CPC) admite a sua derrogação voluntária pelo foro de eleição (arts. 62 e 63 do CPC).

O fenômeno da "modificabilidade" da competência e suas consequências guarda íntima correlação com a natureza da norma estabelecedora da competência. É que toda modificação de competência implica em superação da regra básica e *a fortiori* da natureza dispositiva do regramento. As regras "impositivas" são indisponíveis, ao passo que as "dispositivas" podem ser superadas pela vontade das partes. Isso implica averiguar quais são os dispositivos acerca da competência que admitem essa derrogação e quais são os que não a admitem, haja vista que, conforme a natureza de um ou de outro, estaremos diante de hipóteses de "competência derrogável ou competência inderrogável"; ou melhor, para utilizarmo-nos da linguagem do Código, "competência absoluta e competência relativa".

A *competência é absoluta* quando assentada em regra intransponível pela vontade das partes e imodificável em razão da conexidade das causas.[242] Uma vez fixada, ela se torna inalterável. A *competência relativa* tem como fonte uma regra dispositiva e, portanto, superável pela vontade das partes ou modificável se ocorrentes as circunstâncias mencionadas na lei, como, *v. g.*, *a conexão*, que implica deslocar-se uma das ações conexas do juízo onde tramitava para reuni-la noutro a fim de serem julgadas simultaneamente (art. 54, c.c. o arts. 57 e 58 do CPC).

Não obstante sujeita a alteração, uma vez operada a causa de modificação da competência relativa, perpetua-se naquele juízo a competência definitiva, evitando-se reiteradas modificações.

Impende, assim, estabelecer em que circunstâncias uma regra de competência revela-se indisponível ou não.

Conforme observamos precedentemente, vários são os critérios determinadores da competência, bem como várias são as suas fontes. Destarte, esses critérios determinadores da competência encartados nas regras têm como objeto interesses vários tuteláveis por meio

---

[242] Nesse sentido, **Carnelutti**, *Sistema di Diritto processuale civile*, vol. I, p. 231. Rosenberg denominava a competência relativa de "extensiva" e a absoluta de "não extensiva".

de seus comandos. Sinteticamente poder-se-ia afirmar que há regras que tutelam interesse público e há regras que tutelam interesse privado. Assim, *v. g.*, a regra que dispõe acerca da competência *ratione materiae* tem como escopo a especialização da justiça, que é um valor maior que escapa ao simples interesse das partes. Diversamente, a regra de "competência do domicílio do réu" visa a tornar a demanda menos onerosa para o sujeito passivo por força da potestatividade do direito de agir, permitindo ao demandado defender-se com menor esforço. Evidencia-se, nesse preceito, a tutela de interesse meramente privado.

Assim, forçoso concluir que, quando a regra de competência protege "interesse particular", ela é "disponível" e encerra caso de "competência relativa", ao passo que, ao regular interesse público, impõe a "competência absoluta". Como consequência, a transgressão a essas regras pode encerrar "dois graus distintos" de defeitos processuais: a *incompetência absoluta* e a *incompetência relativa*.

Em primeiro lugar, cumpre assentar, à luz dos critérios estabelecidos, quais são as regras que dispõem sobre interesse privado e quais as que se dirigem ao interesse público. Sob esse ângulo, o legislador dispôs que a "competência em razão do território e do valor são relativas", e as referentes à "competência internacional", *à competência interna que subdivide a justiça comum em especial, federal e local e, nestas, a competência em razão da matéria, da função e da pessoa, são absolutas* (arts. 62 e 63 do CPC).[243] Assim sendo, havendo desvio da regra que fixa a competência funcional, estaremos diante de um caso de incompetência absoluta, ao passo que, se houver desvio da norma de competência de foro, a incompetência será relativa.

A competência em razão do valor obedece à célebre regra de que é "absoluta para o mais e relativa para o menos"; por isso, se conexas, as ações devem ser reunidas no juízo de competência para a causa de maior valor.[244]

Destaque-se, mais uma vez, que a regra dos arts. 62 e 63 do CPC sofre exceções na medida em que "há casos de competência territorial absoluta", como nas hipóteses em que o elemento funcional ou *ratione personae* é considerado, como ocorre com o foro fazendário (art. 51 do CPC), com o da situação da coisa (art. 47, *caput* e § 1º, do CPC) etc.

Em face mesmo da gravidade do vício, a lei defere tratamento diferenciado à incompetência. Assim é que a *incompetência relativa* é defeito sanável pela falta de provocação da parte, tornando-se competente o juízo à míngua de impugnação, como uma questão preliminar, conforme determinam os arts. 64, *caput* e 337, II, do CPC. Uma vez "acolhida" a arguição de incompetência relativa, remetem-se os autos ao juízo competente.

Diversamente, o desvio na *incompetência absoluta* é tão grave que o próprio juiz *de ofício* e, portanto, independentemente de provocação da parte, pode denunciar a sua incompetência absoluta, devendo a parte alegá-la na primeira oportunidade em que se manifesta nos autos, mercê de o vício poder ser suscitado em qualquer tempo e grau de jurisdição antes de transitar em julgado a decisão. Esse entendimento, inclusive, foi

---

[243] V. texto do artigo em nota anterior.

[244] É a doutrina preconizada por **Chiovenda** e aceita pela comunidade jurídica. *Instituições*, vol. II, pp. 304 e 305.

expresso no CPC/2015, em seu art. 64, § 1º. Transitada esta, o vício ainda pode figurar como *causa petendi* de ação rescisória (art. 64, § 4º c/c o art. 966, II, do CPC).[245]

No regime atual, os atos praticados pelo juiz incompetente são, a princípio, válidos, diversamente do que acontecia no CPC de 1973, que cominava de nulidade os atos decisórios. Entendia-se por atos decisórios nulificados apenas aqueles que versam sobre o mérito, posto que para promover o andamento do processo e proferir decisões interlocutórias formais não se revela importante a competência objetiva. Esta mostra-se influente no plano jurídico, apenas quando o juiz dispõe sobre o litígio em si, para o qual não é especializado. Assim, a decisão sobre as condições da ação, bem como em relação às demais questões formais não eram nulificadas pelo reconhecimento da incompetência absoluta. Entretanto, as decisões liminares de antecipação da solução de mérito contaminavam-se inexoravelmente, posto adiantamento da solução final para a qual o juízo é absolutamente incompetente.

Atualmente, porém, os atos apenas serão afastados se o magistrado efetivamente competente, que receber o processo, proferir decisão judicial nesse sentido. Adota-se, desse modo, a teoria da *translatio iudicii* como consequência do reconhecimento da incompetência absoluta, com a mera remessa processual a juízo abstratamente competente. Inclusive, o despacho que ordena a citação interrompe a prescrição, ainda que proferido por juiz incompetente (art. 240, § 1º).[246]

Anote-se, por fim, que juízo absolutamente incompetente tanto pode sê-lo o de primeiro grau quanto o tribunal *ad quem*, sendo certo que as consequências são as mesmas.

Assentamos anteriormente que somente a competência relativa é modificável em decorrência da vontade das partes ou da ocorrência de um fato mencionado na lei. A modificação ora importa na ampliação da competência do juízo que de originariamente incompetente passa a ser competente ora na negação da competência do juízo que, segundo os critérios legais era, em princípio, competente.

A primeira hipótese, de "ampliação de competência", denomina-se de *prorrogação da competência* cujo *nomen juris* indica, exatamente, esse alargamento da esfera de atribuição do juízo. A prorrogação da competência pressupõe que, pelos critérios originários da lei,

---

[245] "**Art. 64.** A incompetência, absoluta ou relativa, será alegada como questão preliminar de contestação.

§ 1º A incompetência absoluta pode ser alegada em qualquer tempo e grau de jurisdição e deve ser declarada de ofício.

§ 2º Após manifestação da parte contrária, o juiz decidirá imediatamente a alegação de incompetência.

§ 3º Caso a alegação de incompetência seja acolhida, os autos serão remetidos ao juízo competente.

§ 4º Salvo decisão judicial em sentido contrário, conservar-se-ão os efeitos de decisão proferida pelo juízo incompetente até que outra seja proferida, se for o caso, pelo juízo competente."

[246] "**Art. 240.** A citação válida, ainda quando ordenada por juízo incompetente, induz litispendência, torna litigiosa a coisa e constitui em mora o devedor, ressalvado o disposto nos arts. 397 e 398 da Lei nº 10.406, de 10 de janeiro de 2002 (Código Civil).

§ 1º A interrupção da prescrição, operada pelo despacho que ordena a citação, ainda que proferido por juízo incompetente, retroagirá à data de propositura da ação."

o juízo era incompetente, transmudando-se em "competente" por força de uma causa voluntária ou legal de prorrogação.

Assim, *v.g.*, pelo critério do domicílio, o juízo de Teresópolis seria competente para uma ação pessoal em face de um réu domiciliado naquele município. Entretanto, a existência de pacto de foro de eleição no contrato torna o juízo do Rio de Janeiro competente para a causa a despeito de o réu residir noutro município, alterando, assim, a competência fixada pelo preceito básico do art. 46 do CPC. Ainda a título de exemplo: A promove, em face de B, ação de consignação em pagamento no juízo X, e B promove, em face de A, ação de despejo por falta de pagamento no juízo Y;[247] como essas ações são conexas, devem ser reunidas num só juízo (arts. 57 e 58 do CPC), que terá *prorrogada* a sua competência para conhecer de ambas, em razão da necessidade de julgamento simultâneo. A imposição da reunião das ações implica a *modificação da competência*. Destarte, a afirmação da competência do juízo prevalente encerra a negação de competência do outro juízo.

Ressalte-se que, uma vez prorrogada a competência, *o juízo prorrogado torna-se prevento* para conhecer das demais ações conexas.

Alerte-se, desde já, para um efeito peculiar à prorrogação e que encerra divergência na doutrina. Trata-se da *prorrogação da competência relativa do juízo que aprecia pedido de tutela cautelar* em caráter antecedente, que segundo alguns arrasta também a competência para a ação principal na forma do art. 299, *caput*, do CPC.[248]

Parte da doutrina entende que, uma vez prorrogada a competência, o pedido principal deve necessariamente ser formulado nesse juízo, ao passo que uma segunda corrente sustenta que a medida cautelar é que deve seguir o juízo competente para a ação principal e não a regra inversa.

A melhor solução conspira em favor da segunda posição, haja vista que o pedido cautelar antecedente, com natureza acessória, deve ser formulado no foro competente para a ação principal. Destarte, a competência para a medida urgente antecedente admite desvios recomendados pela *praxis* em razão do *periculum in mora*, sem que com isso arraste o juízo principal.

Deveras, é o acessório que acompanha o principal e não o contrário, de sorte que o defeito de competência, no pleito cautelar antecedente, não contamina a ação principal, devendo remeter-se para este juízo ambos os feitos.

Consideram-se *causas voluntárias de modificação da competência* "o estabelecimento do foro de eleição" e a "omissão no oferecimento da exceção de incompetência de foro" e *causas legais* a "conexão e a continência".

---

[247] A ação de despejo segue a regra de competência *ratione loci* do art. 58, II da Lei nº 8.245/1991:

"**Art. 58.** Ressalvados os casos previstos no parágrafo único do art. 1º, nas ações de despejo, consignação em pagamento de aluguel e acessório da locação, revisionais de aluguel e renovatórias de locação, observar – se – á o seguinte: (...) II – é competente para conhecer e julgar tais ações o foro do lugar da situação do imóvel, salvo se outro houver sido eleito no contrato (...)".

[248] "**Art. 299.** A tutela provisória será requerida ao juízo da causa e, quando antecedente, ao juízo competente para conhecer do pedido principal."

À modificação da competência que implica *negação* dessa atribuição ao juízo que à luz das regras abstratas seria competente, e deixa de sê-lo em razão da anterioridade de uma ação proposta noutro juízo, denomina-se de *prevenção da competência.*

Categoriza-se a *prevenção* como causa de modificação porque o juízo prevento exclui a competência dos demais, que, teoricamente, seriam competentes para as ações encartadas na sua esfera de atribuição jurisdicional. Entretanto, a atuação antecedente de um juízo exclui a competência dos demais, não obstante competentes para aquele foro e valor da causa.

Assim, *v. g.*, se A promove uma ação de anulação de um negócio jurídico no juízo X, todos os demais juízes ficam inibidos de conhecer da ação já proposta, bem como das que lhe forem conexas, as quais serão distribuídas a esse mesmo juízo. Esses demais juízes têm negada a competência para as causas conexas e para aquela ação já proposta, muito embora sejam teoricamente competentes para qualquer delas. Contudo, a prevenção do juízo, ou melhor, o fato de um deles vir antes, exclui a competência dos demais que, originariamente eram competentes e passam a ser incompetentes. Como se observa, *o fenômeno antagônico é a prorrogação*, que, ao revés, pressupõe a incompetência originária e a aquisição de competência superveniente.

A *prorrogação voluntária expressa* de competência decorre do "pacto de foro de eleição". Admite-se o foro de eleição nas causas de cunho patrimonial, devendo constar de contrato escrito encartado ou não no próprio negócio jurídico principal que se pretende discutir em juízo. Uma vez pactuado, obriga a herdeiros e sucessores, que, por isso, não poderão arguir a incompetência de foro sob a alegação de que residem em local diverso daquele em que fora aforada a demanda (arts. 62 e 63, §§ 1º e 2º, do CPC).

O foro de eleição deve versar sobre direitos patrimoniais e de caráter disponível; por isso, o agente deve ser capaz para engendrá-lo. Veda-se o pacto, por exemplo, nas causas que versem sobre o "estado das pessoas". Uma vez instituído no negócio jurídico o foro de eleição – *pactum de foro prorrogando* –, a sua desobediência por qualquer dos contratantes implica a incompetência territorial do juízo, ainda que a causa recaia no local indicado pela lei. É que a própria norma jurídica permitiu que as partes alterassem o foro e, nesse caso, o *pacta sunt servanda*. Entretanto, se for descumprido o pacto e não houver declinatória de foro (art. 65 do CPC), prorroga-se a competência do juízo.

Na conexão e na continência, a cujos conceitos reportamo-nos no Capítulo IV da Parte III, o fenômeno é um pouco diverso. Muito embora sejam causas de modificação da competência relativa, uma vez ocorrentes, geram "inexoravelmente" a alteração.[249] O juiz não precisa aguardar que o réu argua como preliminar da contestação, como o permite o art. 337, VIII, do CPC, senão pode determinar *de ofício* a reunião das ações propostas

---

[249] Para **Manuel Carlos de Figueiredo Ferraz** (*A competência por conexão*, 1937, p. 82), a conexão ou continência é caso próprio de fixação de competência e não se encaixa no conceito de prorrogação porque gera "prorrogação necessária". Por isso **Chiovenda** afirmava que "mais intensa a relatividade da competência de foro" quando a mudança se fazia por força da conexão. *Instituições*, vol. II, pp. 221 e 304.

em separado. Trata-se de norma *in procedendo* inafastável pela vontade das partes, de tal sorte que o julgamento isolado de ações conexas importa na anulação da decisão. Diz-se, mesmo, que a "competência modificada em razão da conexão transmuda-se de relativa para absoluta".

A reunião das causas conexas dá-se num juízo em detrimento do outro, que perde a competência que mantinha até a manifestação do fenômeno da conexão. Essa necessidade de julgamento simultâneo impondo a reunião é a causa modificadora.[250] O registro – para os casos em que há uma única vara ou seção judiciária – ou a distribuição – quando mais de uma vara ou seção judiciária são competentes – torna prevento o juízo, como, *v. g.*, ocorre se o juízo A é o da 9ª Vara Cível do Rio de Janeiro e o juízo B, o da 25ª Vara Cível do Rio de Janeiro (arts. 58 e 59 do CPC).[251] Caso os juízos concorrentes tenham competência territorial diversa, como, *v. g.*, um no Rio de Janeiro e outro em Nova Friburgo, e em cada uma dessas comarcas houver vários juízos, as ações conexas devem ser reunidas perante o juízo que primeiro receber o processo por distribuição (arts. 59 e 240 do CPC).

Em se tratando de competência imodificável, é indiferente a anterioridade tanto da citação quanto do despacho de cite-se,[252] como, *v. g.*, a conexão entre ações cíveis e criminais. Nessa hipótese de impossibilidade de reunião das ações conexas, posto juízos com competência imodificável e impossível de outras causas, a solução é a suspensão do processo que dependa do julgamento da questão prejudicial.

Consideram-se, ainda, *causas legais de prorrogação da competência* a propositura da "reconvenção", das "ações de garantia", como a "denunciação da lide" bem como a "intervenção de terceiros". Nessas hipóteses, a lei considera *a priori* o juízo onde tramita a ação originária competente para essas ações que lhe são conexas. Assim é que o autor "reconvindo" não poderá alegar a incompetência de foro sob o argumento de que seu domicílio é alhures porque a própria lei supera o critério básico domiciliar em prol da admissibilidade da reconvenção. Idêntico raciocínio estende-se ao terceiro interveniente que se vê vinculado ao foro e ao juízo da causa das partes principais. As ações cautelares também se submetem ao mesmo foro e juízo, sendo de notar que, em se tratando de modificação da competência, em todos os casos a alteração pressupõe competência territorial ou de valor.

É que o juiz, na sua atividade de julgar, apõe o selo do caso julgado apenas sobre o pedido, muito embora nesse mister conheça inúmeras questões que gravitam em torno da pretensão principal. Há determinadas questões que se situam no plano lógico, como premissas do julgamento e, por isso, condicionam a forma pela qual o pedido será julgado.

---

[250] A competência decorrente da conexão não se "funda num título originário e existente por si mesmo: é antes a consequência da união de vários processos" afirmava, com a propriedade costumeira, **Carnelutti**, in *Instituciones del nuevo proceso civil*, trad. J. Guasp, p. 145.

[251] "**Art. 58.** A reunião das ações propostas em separado far-se-á no juízo prevento, onde serão decididas simultaneamente.

Art. 59. O registro ou a distribuição da petição inicial torna prevento o juízo."

[252] Nesse sentido a lição de **Frederico Marques**, *Instituições*, vol. I, p. 351.

A solução dessas premissas encerra um juízo prévio sobre como decidir a questão principal, por isso essas questões são denominadas *prejudiciais*. Assim, *v. g.*, numa ação de cobrança de condomínio, a questão controvertida sobre a existência ou não do próprio condomínio figura como prejudicial sobre qual delas o juiz terá de decidir antes de enfrentar a questão principal. Assim também numa ação que vise à entrega de determinado bem com base em contrato em que se afirme a inexistência de qualquer vício ou, ainda, numa ação de alimentos em que se nega a existência de qualquer laço de parentesco que sustente a obrigação de alimentar. Em todos esses exemplos há um pedido objeto do julgamento e uma questão que não figura como pedido, mas de cuja solução depende o julgamento da lide. Essas são as "questões prejudiciais" cuja solução pelo juiz se dá apenas a título de análise necessária para concluir o raciocínio final.

Diz-se, então, que a verificação da prejudicial é *incidenter tantum*; ou seja, "o tanto necessário para decidir sem saltar a questão".[253] O CPC/1973, de maneira contraditória, logo após afirmar que essas prejudiciais não eram objeto de julgamento (art. 469, III),[254] admitia que o fossem, como questões principais, desde que a parte intentasse a ação declaratória incidental e o juízo fosse competente em razão da matéria. O atual diploma, visando refutar quaisquer controvérsias, trouxe, de maneira expressa no art. 503, § 1º,[255] a previsão de extensão da formação da coisa julgada à resolução de questões incidentais, desde que observadas condições específicas, quais sejam dessa resolução depender o julgamento do mérito, ter ocorrido contraditório prévio e efetivo (não se aplicando no caso de revelia), e o juízo tiver competência em razão da matéria e da pessoa para resolvê-la como questão principal. Desse modo, reforça-se a regra expressa no art. 61 do

---

[253] A característica da análise *incidenter tantum* é explicitada por norma expressa do Código português que no vetusto diploma processual, em seu art. 97, parágrafo único, já assentava que a decisão sobre a prejudicial, nessas condições: "não produzia efeitos fora do processo em que fora proferida", aludindo à ausência de eficácia panprocessual da coisa julgada desse decisório.

[254] "**Art. 469.** Não fazem coisa julgada:

I – os motivos, ainda que importantes para determinar o alcance da parte dispositiva da sentença;

II – a verdade dos fatos, estabelecida como fundamento da sentença;

III – a apreciação da questão prejudicial, decidida incidentemente no processo."

Súmula nº 239 do STF: "Decisão que declara indevida a cobrança do imposto em determinado exercício não faz coisa julgada em relação aos posteriores".

Súmula nº 120 do TFR: "A decisão proferida em processo de retificação do registro civil, a fim de fazer prova junto à administração militar, não faz coisa julgada relativamente à União Federal, se esta não houver sido citada para o feito".

[255] "**Art. 503.** A decisão que julgar total ou parcialmente o mérito tem força de lei nos limites da questão principal expressamente decidida.

§ 1º O disposto no *caput* aplica-se à resolução de questão prejudicial, decidida expressa e incidentemente no processo, se:

I – dessa resolução depender o julgamento do mérito;

II – a seu respeito tiver havido contraditório prévio e efetivo, não se aplicando no caso de revelia;

III – o juízo tiver competência em razão da matéria e da pessoa para resolvê-la como questão principal. (...)"

CPC. Entretanto, se falecer ao juízo "competência em razão da matéria", ele não poderá julgá-la com definitividade. Nessa hipótese, o juiz apreciará a questão prejudicial apenas de "passagem" como itinerário lógico do seu raciocínio, *incidenter tantum,* ou aguardará que ela seja decidida no juízo competente, suspendendo, então, o processo até o advento daquela solução.

Isso implica afirmar que a *conexão por prejudicialidade* perante juízes com a mesma competência territorial e material possibilita o julgamento simultâneo, suscitando, entretanto, mera cognição incidental ou suspensão condicional do processo quando há incompetência absoluta para julgá-la. Nesse seguimento, é que o CPC afirma no art. 315 que pode haver suspensão do processo enquanto pendente resolução de apuração de fato delituoso na seara criminal.[256]

Como é curial, a finalidade é evitar decisões contraditórias, haja vista que a condenação criminal torna certa a obrigação de reparar o dano, e, em contrapartida, a absolvição penal pela inexistência do fato ou da autoria faz coisa julgada no cível.[257] O magistrado, assim, observando essas premissas, decide da oportunidade de sustação da causa cível.

Essas *relações interjurisdicionais* de natureza civil e penal permitem ao juízo cível que considere o fato punível, por meio de cognição incidental, para fins diversos do juízo criminal.

Tratando-se de matéria estritamente cível, dispositivo com técnica semelhante preconiza a suspensão do processo, a saber, o art. 313, inciso V, alínea *a.*[258] Observa-se, assim, que em todos esses casos de suspensão pressupõe-se a existência de outro processo

---

[256] "**Art. 315.** Se o conhecimento do mérito depender necessariamente da verificação da existência de fato delituoso, o juiz pode determinar a suspensão do processo até que se pronuncie a justiça criminal.

§ 1º Se a ação penal não for proposta no prazo de 3 (três) meses, contado da intimação do ato de suspensão, cessará o efeito desse, incumbindo ao juiz cível examinar incidentalmente a questão prévia.

§ 2º Proposta a ação penal, o processo ficará suspenso pelo prazo máximo de 1 (um) ano, ao final do qual aplicar-se-á o disposto na parte final do § 1º."

[257] "**CPP, art. 65.** Faz coisa julgada no cível a sentença penal que reconhecer ter sido o ato praticado em estado de necessidade, em legítima defesa, em estrito cumprimento de dever legal ou no exercício regular de direito."

"**Art. 66.** Não obstante a sentença absolutória no juízo criminal, a ação civil poderá ser proposta quando não tiver sido, categoricamente, reconhecida a inexistência material do fato."

"**Art. 67.** Não impedirão igualmente a propositura da ação civil:

I – o despacho de arquivamento do inquérito ou das peças de informação;

II – a decisão que julgar extinta a punibilidade;

III – a sentença absolutória que decidir que o fato imputado não constitui crime."

[258] "**Art. 313.** Suspende-se o processo:

V – quando a sentença de mérito:

a) depender do julgamento de outra causa ou da declaração de existência ou de inexistência da relação jurídica que constitua o objeto principal de outro processo pendente;"

pendente e a incompetência do juízo, porque caso contrário as ações devem ser reunidas por força da "conexão por prejudicialidade".[259]

Consoante assentado anteriormente, a tutela cautelar é espécie do gênero "tutela de urgência", onde a questão da competência relativa deve ser enfrentada sob a ótica da "valoração dos interesses em jogo". Nesse sentido, afirma-se que, em princípio, o juízo da ação principal é o competente para os pedidos cautelares precedentes ou incidentes. No que concerne aos casos em que a lide está pendente, nenhuma dificuldade revela a competência para a tutela cautelar. Problema de alto interesse é o referente à *cautelar antecedente*. Nesta, para justificar a sua propositura, há de existir uma situação de perigo: o *periculum in mora*, que revele da urgência da providência jurisdicional. Nesse confronto, entre respeitar a regra da adstrição ao juízo competente para a ação principal quando da formulação do pedido cautelar antecedente e a questão do *periculum in mora*, prevalece a interpretação menos literal, permitindo uma derrogação desse preceito para não se frustrar a providência exigível no caso concreto. De que adiantaria o respeito a essa regra, ao promover-se a cautelar em determinado foro, se sua efetivação se tornasse necessária noutro local, implicando uma demora capaz de não evitar o perigo? Relembre-se o exemplo de renomado monografista do tema: "Imagine-se o devedor domiciliado em Goiás, vendendo gado que invernou numa das pastagens de Minas Gerais. O credor há de requerer o embargo em catalão, para que o juiz de lá depreque a execução ao de Alfenas, por exemplo. É possível que, ao chegar a precatória, as rezes já tenham virado bife...".[260]

Em resumo, preconiza a melhor doutrina que, diante da natureza relativa da competência de foro, a regra de que a causa cautelar antecedente deve submeter-se ao juízo da causa principal fica superada quando presente o perigo de demora capaz de tornar inoperante o provimento de urgência, aplicando-se a máxima *quando est periculum in mora incompetentia non attenditur*. Essas exceções, ditadas pelas necessidades da causa, não prorrogam a competência do juízo para a ação principal, tanto mais que a propositura efetiva-se no foro incompetente em função do perigo.

Ademais, é o foro principal que arrasta a competência para a ação cautelar, e não o inverso. Nessa hipótese, o juízo incompetente admitido excepcionalmente limitar-se-á a prover e remeter os autos ao juízo do foro competente para a causa principal.

Diversamente, se a parte propõe a ação cautelar antecedente perante juízo incompetente e não ressalva que o faz por força de um perigo *sui generis*, a falta de arguição implica na prorrogação de competência, que contaminará a ação principal, tornando esse juízo competente para essa causa também.

---

[259] Sobre encerrar a prejudicialidade uma espécie de conexão, basta relembrar a lição sempre atual de **Emílio Betti**, segundo a qual, "a prejudicialidade é uma figura particular de um fenômeno mais geral que tem sua expressão compreensiva na conexão de causas" (*Diritto processuale civile italiano*, 1936, p. 467, nota 13). Na sua monografia "La conessione", 1952, p. 6, **Gaetano Foschini** afirma que a prejudicialidade implica uma "conexão genética".

[260] Esse clássico exemplo sempre relembrado pelos tratadistas do tema é de **Lopes da Costa**, *Medidas Preventivas*, 1953, p. 26.

Destarte, "não se revelam casos de prorrogação legal" os denominados *juízos de atração* ou *juízos universais*, tampouco a *competência por delegação em razão de cooperação jurisdicional entre juízos de territórios diversos*, porque nessas hipóteses estamos no âmbito da competência funcional e, portanto, imodificável. Nesse último caso de delegação, acrescente-se, a competência é estabelecida apenas para alguns atos processuais e não para todo o processo.[261]

Os fenômenos da "prorrogação" e da "prevenção", não obstante diversos na sua essência, podem conviver no campo da competência. É que, "uma vez prevento o juízo, ele tem a sua competência prorrogada" para conhecer das ações que lhe são conexas. Reciprocamente, o juízo com a competência prorrogada também receberá as ações conexas à causa originária para a qual sua competência foi ampliada.

A modificação da competência é fenômeno excepcional, posto prevalecer a regra de que, uma vez fixada, não deve ser alterada. A esse respeito diz-se vigorar, no Direito brasileiro, o princípio da *perpetuatio jurisdictionis*.

A razão de ser do preceito está nos critérios de fixação de competência que eventualmente podem ser alterados, como, *v. g.*, o domicílio do réu na competência territorial. O fato de o réu mudar seu domicílio não pode alterar a competência antes fixada. Da mesma forma, se no momento da propositura uma questão de fato influiu na sua fixação, a alteração dessa circunstância não pode vir a modificar a competência porque prepondera a situação motivadora da fixação da competência no momento mesmo da propositura.

É o que dispõe o art. 43 do CPC, sobre a concretização da competência, assentando que se determina a competência no momento do registro ou da distribuição da petição inicial, sendo irrelevantes as modificações do estado de fato ou de direito ocorridas posteriormente, salvo quando suprimirem órgão judiciário ou alterarem a competência absoluta.

Em obediência ao dispositivo, as eventuais mudanças de residência do demandado são insignificantes para o fenômeno da competência, fixada à luz do domicílio que o réu ostentava à data da propositura. Não fosse essa regra, a cada mudança domiciliar do réu, manifestar-se-ia uma incompetência. No mesmo sentido, se houver uma modificação no estado de direito da causa, *v.g.*, se a lei nova passar a considerar como regra o domicílio do autor, ou modificar o conceito jurídico de domicílio, isto será indiferente para a competência já fixada.

Entretanto, tratando-se de competência absoluta, a regra da *perpetuatio jurisdictionis* cede à alteração da atribuição *ratione materiae* do órgão perante o qual a ação foi proposta, determinando-se a remessa àquele competente por força de novel disposição legal, ressalvada a competência pretérita na mesma lei que a alterou.

A competência em razão da pessoa e a funcional também se alteram imediatamente por força de lei nova, ressalvando-se as exceções que sejam contempladas no novel diploma.

Outrossim, como evidente, a supressão do órgão implica a eliminação da própria competência.

---

[261] **Carnelutti**, *Instituciones del nuevo proceso civil*, p. 144.

Hipótese de modificação de competência superveniente bastante relevante é a do incidente de deslocamento de competência (IDC), inserido no art. 109, V-A e § 5º, da Constituição Federal pela Emenda Constitucional 45/2004.[262]

Conquanto haja controvérsia acerca de sua constitucionalidade, revela-se razoável a disposição, aos contornos excepcionalíssimos,[263] decorrendo não de pressões sociais ou midiáticas, mas da evidência da insuficiência instrutória das instâncias estaduais, de sorte que o instituto se afigura como saída necessária e adequada, validamente escolhida pelo Poder Constituinte Reformador dentre outras vislumbráveis. Ademais, o princípio da proporcionalidade, implicitamente consagrado pelo texto constitucional, propugna pela proteção dos direitos fundamentais não apenas contra os excessos estatais, mas igualmente contra a proteção jurídica insuficiente, o que recomenda a previsão de novos instrumentos protetivos, como é o caso do Incidente de Deslocamento de Competência.

Deveras, a regra da perpetuação da competência não se destina a servir de norma corretiva de eventuais defeitos de propositura. Assim, *v.g.*, se a parte propõe a ação em foro indevido e isso se descortina no curso do processo, a incompetência territorial não vai deixar de ser acolhida por força da regra da *perpetuatio*. Igualmente, *v.g.*, se o domicílio do autor da herança for em local diverso daquele apontado na inicial.

Aliás, a *ratio essendi* do dispositivo, desde a sua origem está em evitar que o réu, maliciosamente, desloque a competência obrigando o autor a uma propositura "itinerante" de ações, perseguindo-o para onde quer que vá...

---

[262] "**Art. 109.** Aos juízes federais compete processar e julgar: V-A as causas relativas a direitos humanos a que se refere o § 5º deste artigo; § 5º Nas hipóteses de grave violação de direitos humanos, o Procurador-Geral da República, com a finalidade de assegurar o cumprimento de obrigações decorrentes de tratados internacionais de direitos humanos dos quais o Brasil seja parte, poderá suscitar, perante o Superior Tribunal de Justiça, em qualquer fase do inquérito ou processo, incidente de deslocamento de competência para a Justiça Federal."

[263] "A jurisprudência consagrou três pressupostos principais que devem ser atendidos simultaneamente para o acolhimento do Incidente de Deslocamento de Competência: (i) a constatação de grave violação efetiva e real de direitos humanos; (ii) a possibilidade de responsabilização internacional, decorrente do descumprimento de obrigações assumidas em tratados internacionais; e (iii) a evidência de que os órgãos do sistema estadual não mostram condições de seguir no desempenho da função de apuração, processamento e julgamento do caso com a devida isenção. (...) No julgamento dos IDCs n. 3/GO e 5/PE, a Terceira Seção desta Corte ressaltou que o deslocamento de competência efetuado no incidente constitucional, por se tratar de exceção à regra geral da competência absoluta, somente deve ser efetuado em situações excepcionalíssimas, mediante a demonstração de sua necessidade e imprescindibilidade 'ante provas que revelem descaso, desinteresse, ausência de vontade política, falta de condições pessoais e/ou materiais das instituições – ou de uma ou outra delas – responsáveis por investigar, processar e punir os responsáveis pela grave violação a direito humano, em levar a cabo a responsabilização dos envolvidos na conduta criminosa, até para não se esvaziar a competência da Justiça Estadual e inviabilizar o funcionamento da Justiça Federal' (IDC 5/PE, Rel. Ministro Rogerio Schietti Cruz, Terceira Seção, j. 13.08.2014, *DJe* 01.09.2014). Desse raciocínio, revela-se o caráter de excepcionalidade da providência determinada no incidente. (...)" (IDC 10/DF, Rel. Min. Reynaldo Soares da Fonseca, 3ª Seção, j. 28.11.2018).

Ademais, relembre-se, a perpetuação sofre as derrogações decorrentes das "modificações legais" da competência; por isso, havendo conexão ou continência, a competência perpetuada na forma do art. 43 do CPC pode ser alterada em favor do juízo que realizará o simultâneo julgamento.[264] Assim também quanto aos casos de "incompetência superveniente" por força de lei, *v.g.*, o deslocamento da competência pela intervenção no processo de pessoa com prerrogativa de juízo, como a União Federal, carreando para o juízo fazendário a causa anteriormente proposta no juízo perpetuado.

Salvante as modificações autorizadas e ora evidenciadas, qualquer alteração nos critérios básicos implica derrogação das normas de competência, ora denunciável de ofício, ora dependente de provocação da parte, assunto a seguir exposto.

4.9 Controle da competência – conflito de competência e arguição de incompetência

O controle de competência, considerando-se a "iniciativa da parte" ou "a iniciativa oficial", pode efetivar-se, *de ofício*, ou *mediante provocação* (art. 66).[265]

Pertencem ao gênero do "controle oficial" a declinação de competência *ex officio* e o conflito de competência. A provocação da parte implica o controle de realizar-se através de "arguição" preliminar na resposta do réu, ou em "qualquer tempo e grau", tratando-se da incompetência absoluta.

A declaração *ex officio* da incompetência adstringe-se às hipóteses de incompetência em razão da matéria, da pessoa e funcional. Nesses casos, as regras de competência são ditadas por interesse público; por isso, o juiz "deve" declarar-se incompetente. No particular, de bom alvitre reiterar, que as atividades nas quais o juiz deve atuar de ofício revelam sempre um agir no qual o magistrado não se despe de sua imparcialidade. Em consequência, a atuação *ex officio* não impede, também, por seu turno, a iniciativa da parte. Cumpre, por fim, observar que esse dever é exercitável em qualquer tempo e grau de jurisdição, inocorrendo a denominada preclusão *pro judicato*, uma vez que o vício da incompetência absoluta acarreta a nulidade dos atos decisórios e torna a sentença passível de rescindibilidade (art. 64 e § 4º c/c art. 966, II, do CPC).

O "*conflito de competência*" também revela uma forma de controle, na medida em que consubstancia um incidente em que vários juízos controvertem acerca da própria competência, cabendo a um órgão hierarquicamente superior indicar o juízo competente, fixando-lhe a atribuição para a causa. Assim, *v.g.*, se os juízes do município do Rio de Janeiro e de Teresópolis controvertem sobre qual deles deve ser o competente para

---

[264] Nesse mesmo sentido **Chiovenda**, *Instituições*, p. 453-454.

[265] "**Art. 66.** Há conflito de competência quando:

I – 2 (dois) ou mais juízes se declaram competentes;

II – 2 (dois) ou mais juízes se consideram incompetentes, atribuindo um ao outro a competência;

III – entre 2 (dois) ou mais juízes surge controvérsia acerca da reunião ou separação de processos.

Parágrafo único. O juiz que não acolher a competência declinada deverá suscitar o conflito, salvo se a atribuir a outro juízo."

a reunião de ações conexas, porque se atribuem, reciprocamente, a anterioridade da distribuição da ação, o tribunal competente para apreciar os recursos em relação àquela causa deve decidir e indicar qual dos dois deve prosseguir no processo e qual deve perder a competência em favor do outro.

Destarte, o conflito é decorrência do princípio de que cada órgão jurisdicional é juiz da própria competência pela adoção por parte do sistema nacional, do princípio germânico *Kompetenz-Kompetenz*,[266] necessário, porque a questão envolve pressuposto processual de validade, que é matéria conhecível de ofício. Assim, se cada juiz é "senhor de sua competência", o conflito pode surgir quando um magistrado pretende, através de suas razões, sobrepujar as razões do outro quanto ao tema da competência. Desta sorte, o juiz quando se declara competente nega a competência dos demais juízes e o que se declara incompetente afirma, por via reflexa, a competência de outro juízo.

Impõe-se observar que, para o surgimento do conflito, é preciso que haja no mínimo dois pronunciamentos jurisdicionais divergentes quanto à competência (art. 66 do CPC),[267] proferidos ou potencialmente enunciáveis.

O conflito de competência, como incidente do processo, tem, assim, como objeto a "questão da competência e suas regras", apresentando um "mérito eminentemente formal".

Assim, *v.g.*, se um juízo deprecado se recusa a cumprir uma diligência oriunda da carta precatória expedida ou o juízo inferior insurge-se contra a atividade processual determinada em carta de ordem, na essência não há conflito, mas insurgência a ser superada através dos recursos próprios, posto não se colocar divergência quanto à competência. No mesmo diapasão, não há conflito quando um juízo remete os autos por impedimento em decorrência, *v.g.*, de parentesco.

Destarte, o conflito trava-se entre juízos que se atribuem ou renegam a própria competência, por provocação das partes, do Ministério Público ou *ex officio*.

O conflito, outrossim, pode se manifestar entre juízos do mesmo grau de jurisdição ou entre tribunais. Não pode haver conflito entre órgãos de diferente hierarquia da mesma estrutura judiciária. Assim, *v.g.*, não pode surgir conflito entre o juízo federal de primeiro grau e o tribunal que se lhe sobrepõe com competência de derrogação de suas decisões. Nesse seguimento, se o tribunal decidir o conflito, cessa a divergência entre os juízos de primeiro grau que devem subsumir-se à decisão por obediência hierárquico-funcional.

---

[266] O tema é mais amplamente versado em **Piero Calamandrei**, *Istituzioni di Diritto Processuale Civile Secondo il Nuovo Codice, Parte Seconda*, 1944, p. 155.

[267] "**Art. 66.** Há conflito de competência quando:

I – 2 (dois) ou mais juízes se declaram competentes;

II – 2 (dois) ou mais juízes se consideram incompetentes, atribuindo um ao outro a competência;

III – entre 2 (dois) ou mais juízes surge controvérsia acerca da reunião ou separação de processos."

Súmula nº 59 do STJ: "Não há conflito de competência se já existe sentença com trânsito em julgado, proferida por um dos juízos conflitantes".

Destarte, o conflito, como incidente do processo, pressupõe relação processual em curso, razão pela qual não há o conflito se um dos juízos já proferiu decisão trânsita (Súmula nº 59 do STJ).

O *conflito é positivo* (art. 66, I, do CPC) quando ambos os juízos se declaram competentes para funcionar no mesmo processo simultaneamente, *v.g.*, quando o juízo de família e o juízo cível afirmam-se simultaneamente competentes para julgar uma união estável. Nessa hipótese, ambos pretendem atuar no mesmo processo, por isso o conflito é "positivo" cabendo ao tribunal regular a competência *in casu*. Aliás, para que surja o conflito positivo não é necessário que se declarem competentes, mas que ambos pratiquem atos no processo. Ainda a título de exemplo: se os juízos A e B consideram-se preventos para a "mesma causa" e se recusam a extinguir o feito que corre em seu juízo, mercê de ocorrente, *in casu*, a litispendência e não o conflito, terá prioridade aquele que recebeu a primeira ação distribuída (arts. 59 e 240 do CPC). Admitindo ambos que tal ocorreu em seu juízo e, por isso, considerando-se competentes, darão ensejo ao conflito de competência *sui generis*. É que nesse caso, antes dessa declaração conflitante de ambos, o que havia era um problema de litispendência, que se transmudou em conflito positivo pela manifestação dos juízos.[268]

Diversamente, se no exemplo da união estável um juízo declinasse para o outro que também entendesse da sua incompetência, ou seja, se o juízo cível entrevisse de sua incompetência em razão de a união estável encerrar matéria de direito de família, e o juízo de família entendesse tratar-se de mera sociedade de fato, haveria "conflito negativo de competência" (art. 66, II, do CPC), ainda que calcado na premissa da categorização jurídica da relação em jogo.

Nessa hipótese, de conflito negativo malgrado o tribunal também deva fixar a competência de um deles, impõe-se que desde logo indique um dos juízos em conflito para a prática de atos processuais, haja vista que "ambos se recusam" a atuar no feito.[269] Ao revés, no *conflito positivo*, ambos os juízos "reivindicam competência".

A lei consagra uma subespécie de conflito que é o decorrente da divergência entre juízos quanto aquele que vai suportar a reunião das ações para julgamento simultâneo, bem como aquele que deve receber as ações separadas e que estavam unidas (art. 66, III, do CPC).

Nessa hipótese de conflito, pressupõe-se que um atribua ao outro essa competência para a reunião ou para receber a causa separada. Assim, se ambos se limitam a indicar um "terceiro juízo", ainda não terá havido conflito de competência. Entretanto, se esse "terceiro juízo" recusar a sua competência atribuindo-a a um dos dois, surgirá, imediatamente, o conflito.

Sob a estrita ótica *procedimental*, o conflito dá ensejo a um incidente regulado pelo CPC (arts. 66 e 951 a 959)[270] e pelos regimentos internos dos tribunais, cuja competên-

---

[268] Acerca do tema, **Barbosa Moreira**, *Tema*, 1ª série.

[269] Daí **Jorge Americano** ter denominado o fenômeno de "renegação da competência".

[270] "**Art. 951.** O conflito de competência pode ser suscitado por qualquer das partes, pelo Ministério Público ou pelo juiz.

cia funcional para o julgamento é do órgão *ad quem* ao qual estão sujeitos os recursos possíveis de interposição na causa. Assim, *v.g.*, se os recursos do caso concreto são endereçáveis ao Tribunal de Justiça, esse é o órgão competente para o julgamento do conflito de competência.

Suscitado o conflito pelo juízo, considerando a natureza pública da matéria envolvida, cabe ao tribunal decidi-lo, sendo incabível, em princípio, intervenção da parte, posto inexistir interesse privado em jogo.

O incidente do conflito é suspensivo, por isso que, nos casos urgentes, há designação de um dos órgãos que controvertem, para a prática dos atos processuais necessários (art. 955 do CPC).[271]

Parágrafo único. O Ministério Público somente será ouvido nos conflitos de competência relativos aos processos previstos no art. 178 , mas terá qualidade de parte nos conflitos que suscitar."

"**Art. 952.** Não pode suscitar conflito a parte que, no processo, arguiu incompetência relativa.

Parágrafo único. O conflito de competência não obsta, porém, a que a parte que não o arguiu suscite a incompetência."

"**Art. 953.** O conflito será suscitado ao tribunal:

I – pelo juiz, por ofício;

II – pela parte e pelo Ministério Público, por petição.

Parágrafo único. O ofício e a petição serão instruídos com os documentos necessários à prova do conflito."

"**Art. 954.** Após a distribuição, o relator determinará a oitiva dos juízes em conflito ou, se um deles for suscitante, apenas do suscitado.

Parágrafo único. No prazo designado pelo relator, incumbirá ao juiz ou aos juízes prestar as informações."

"**Art. 955.** O relator poderá, de ofício ou a requerimento de qualquer das partes, determinar, quando o conflito for positivo, o sobrestamento do processo e, nesse caso, bem como no de conflito negativo, designará um dos juízes para resolver, em caráter provisório, as medidas urgentes.

Parágrafo único. O relator poderá julgar de plano o conflito de competência quando sua decisão se fundar em:

I – súmula do Supremo Tribunal Federal, do Superior Tribunal de Justiça ou do próprio tribunal;

II – tese firmada em julgamento de casos repetitivos ou em incidente de assunção de competência."

"**Art. 956.** Decorrido o prazo designado pelo relator, será ouvido o Ministério Público, no prazo de 5 (cinco) dias, ainda que as informações não tenham sido prestadas, e, em seguida, o conflito irá a julgamento."

"**Art. 957.** Ao decidir o conflito, o tribunal declarará qual o juízo competente, pronunciando-se também sobre a validade dos atos do juízo incompetente.

Parágrafo único. Os autos do processo em que se manifestou o conflito serão remetidos ao juiz declarado competente."

"**Art. 958.** No conflito que envolva órgãos fracionários dos tribunais, desembargadores e juízes em exercício no tribunal, observar-se-á o que dispuser o regimento interno do tribunal."

"**Art. 959.** O regimento interno do tribunal regulará o processo e o julgamento do conflito de atribuições entre autoridade judiciária e autoridade administrativa."

[271] "**Art. 955.** O relator poderá, de ofício, ou a requerimento de qualquer das partes, determinar, quando o conflito for positivo, o sobrestamento do processo e, nesse caso, bem como no de conflito negativo, designará um dos juízes para resolver, em caráter provisório, as medidas urgentes.

Podem suscitar o conflito o juiz, como evidente, e qualquer das partes, salvo aquela que já arguiu a incompetência por força do princípio que veda o *bis in idem* (arts. 951 e 952 do CPC).[272] A parte, mercê de não ter suscitado o conflito e o rito não preveja a sua oitiva, revelando interesse jurídico, pode intervir no incidente. Aliás, é pacífico na doutrina que a parte tem interesse e legitimidade para recorrer da decisão do conflito de competência e, *a fortiori*, pode intervir antes da decisão.

O Ministério Público, como parte ou como fiscal da lei, pode suscitá-lo e é sempre ouvido na instância *ad quem* (art. 951, parágrafo único, do CPC). Neste passo, cumpre distinguir o conflito suscitado pelo Ministério Público da sua intervenção como *custos legis*, hipótese em que propõe a solução através do seu parecer. Neste último caso, não há que se falar em conflito entre o Ministério Público e o Juízo, nem entre membros do *parquet* se acaso em seus juízos respectivos se manifestarem antagonicamente acerca da competência dos órgãos jurisdicionais em que atuam. O conflito entre membros do Ministério Público denomina-se de "atribuições" e, entre juízes, de "competência", sendo os primeiros de competência do Supremo Tribunal Federal.

O conflito é instrumentalizado por meio de *ofício*, quando suscitado pelo juiz, ou por *petição*, quando instaurado por ato da parte ou do Ministério Público, acompanhado dos documentos necessários e distribuído a um relator, que determinará a fala dos juízos em conflito (arts. 953 e 954 do CPC),[273] após o que apresentará o feito para julgamento, pronunciando-se o colegiado pela fixação da competência de um dos juízes em conflito e pela nulidade dos atos decisórios a que se refere o art. 64, § 1º, do CPC (arts. 956 e 957 do CPC).[274]

Parágrafo único. O relator poderá julgar de plano o conflito de competência quando sua decisão se fundar em:

I – súmula do Supremo Tribunal Federal, do Superior Tribunal de Justiça ou do próprio tribunal;

(...)"

[272] "**Art. 951.** O conflito de competência pode ser suscitado por qualquer das partes, pelo Ministério Público ou pelo juiz.

Parágrafo único. O Ministério Público somente será ouvido nos conflitos de competência relativos aos processos previstos no art. 178, mas terá qualidade de parte nos conflitos que suscitar."

"**Art. 952.** Não pode suscitar conflito a parte que, no processo, arguiu incompetência relativa.

Parágrafo único. O conflito de competência não obsta, porém, a que a parte que não o arguiu suscite a incompetência."

[273] "**Art. 953.** O conflito será suscitado ao presidente do tribunal:

I – pelo juiz, por ofício;

II – pela parte e pelo Ministério Público, por petição.

Parágrafo único. O ofício e a petição serão instruídos com os documentos necessários à prova do conflito."

"**Art. 954.** Após a distribuição, o relator determinará a oitiva dos juízes em conflito ou, se um deles for suscitante, apenas do suscitado.

Parágrafo único. No prazo designado pelo relator, incumbirá ao juiz ou juízes prestar as informações."

[274] "**Art. 956.** Decorrido o prazo designado pelo relator, será ouvido o Ministério Público, no prazo de 5 (cinco) dias, ainda que as informações não tenham sido prestadas; em seguida, o conflito irá a julgamento."

Os juízos em conflito submetem-se ao decidido em razão da competência hierárquica dos tribunais. Entretanto, a parte ou o Ministério Público podem recorrer da decisão do conflito.

Afora o controle pelo "conflito", a *iniciativa da parte na verificação da competência* obedece a duplo regime, conforme a competência seja absoluta ou relativa.

Na *incompetência absoluta*, malgrado possa o juiz conhecê-la de ofício, a parte deve argui-la na primeira oportunidade que dispõe para falar nos autos, que, em regra, é a da resposta, mas pode anteceder a esta, *v.g.*, na ação revisional de aluguel em que o réu, antes da contestação, integra o processo para oferecer contraproposta ou impugnação ao valor pretendido pelo autor; ou ainda na ação possessória com justificação de posse antecedente à defesa do demandado.

Outrossim, a gravidade do vício encartado na incompetência absoluta permite a sua alegação em "qualquer tempo e grau de jurisdição", o que não significa que ultrapasse mesmo o requisito do prequestionamento para os recursos aos Tribunais Superiores, como se tem decidido.

Destarte, a incompetência absoluta insere-se, dentre as preliminares da resposta, na categoria das "defesas dilatórias", como aquelas que não determinam a extinção do processo senão dilatam a relação processual, mas escapa ao princípio da preclusão e concentração da defesa, por força de norma expressa que permite ao réu, após a contestação, alegar matérias conhecíveis de ofício pelo juiz (art. 342, II, do CPC).[275]

Idêntica é a razão pela qual o vício supera a eficácia preclusiva do saneamento, encaixando-se na previsão do art. 485, § 3º, do CPC.

"**Art. 957.** Ao decidir o conflito, o tribunal declarará qual o juízo competente, pronunciando-se também sobre a validade dos atos do juízo incompetente.

Parágrafo único. Os autos do processo, em que se manifestou o conflito, serão remetidos ao juiz declarado competente."

[275] "**Art. 342.** Depois da contestação, só é lícito ao réu deduzir novas alegações quando:

I – relativas a direito ou a fato superveniente;

II – competir ao juiz conhecer delas de ofício;

III – por expressa autorização legal, puderem ser formuladas em qualquer tempo e grau de juris-dição."

Capítulo 6
AÇÃO: CONDIÇÕES, ELEMENTOS DE IDENTIFICAÇÃO, CONEXÃO E CONTINÊNCIA

1. DA AÇÃO: CONCEITO, NATUREZA JURÍDICA E ESPÉCIES1

1.1 Conceito

As noções de jurisdição e processo induzem à de ação. Isso porque o Estado, substituindo a solução privada, resolve os conflitos intersubjetivos, exercendo a jurisdição. Por seu turno, a jurisdição é prestada por meio do processo, que não é senão aquele conjunto de atos necessários praticados com o objetivo de obter a resposta judicial.

Destarte, como o Judiciário deve ser provocado para exercer sua função de dizer o Direito, o meio pelo qual a parte o concita a definir o litígio e dar razão a quem a tem é o exercício da ação. Promovida a ação, surge, para o Estado, o dever de prestar a jurisdição. Por essa razão, diz-se que a ação é um *direito* a que corresponde o *dever* de o Estado prestar jurisdição.[2]

Em nosso sistema processual, a ação é necessária ao exercício da jurisdição por força do princípio dispositivo enunciado no art. 2º do CPC: "O processo começa por iniciativa da parte e se desenvolve por impulso oficial, salvo as exceções previstas em lei."

Não obstante o conceito de ação como direito à jurisdição ser assentado tradicionalmente, não menos unívoco é o fato de que são múltiplas as acepções que se emprestam ao termo *ação*.

Olvidados os conceitos dos demais ramos da ciência jurídica, modernamente, fala-se em *ação de direito material e ação de direito processual*.[3]

---

[1] **Celso Agrícola Barbi**, *Comentários ao Código de Processo Civil*, vol. I; **Frederico Marques**, *Manual de Direito processual civil*, vol. I; **Cândido Dinamarco**, *Fundamentos do Direito processual civil*; **Amaral Santos**, *Principais linhas*, vol. I.

[2] **Piero Calamandrei**, *Instituciones de Derecho procesal civil*, 1943, p. 143, afirmou com a sua genialidade de sempre: "Depois de examinar-se na 'jurisdição' o fenômeno do Estado que 'administra a justiça' é necessário que se examine o do cidadão que 'pede justiça', o que se faz através do estudo da ação."

[3] Magnífica exposição do tema encontra-se em **Ovídio A. Baptista da Silva**, *Curso de processo civil*, 1991, vol. I, pp. 59-76, em que o autor, entre tantas outras conclusões, afirma: "a ação de direito

A *ação de direito material* é aquela em que, "violado o direito, nasce para o titular a pretensão, a qual se extingue, pela prescrição, nos prazos a que aludem os arts. 205 e 264",[4] isto é, havendo direito subjetivo, que é o poder de exigir, em abstrato, uma conduta alheia nos limites da lei, e uma vez tornando-se exigível esse direito pela ocorrência do fato previsto na norma, transpondo o direito subjetivo ao estágio avançado de pretensão, e inocorrendo o cumprimento espontâneo, exsurge para o titular o direito de agir, de se satisfazer "praticamente", como previsto na lei, e independentemente da colaboração do obrigado.

Esse agir é que se denomina *ação de direito material*. Em essência, a ação de direito material é a autotutela, que, conforme vimos, resta vedada na maioria dos sistemas jurídicos como epílogo de uma luta histórica secular, através da qual o Estado absorveu a prática da vingança privada, substituindo-a pelo meio civilizado do monopólio da jurisdição.

Modernamente, esse atuar do sujeito da pretensão não se dirige mais à realização pelas suas próprias mãos daquilo que a ordem jurídica lhe confere, senão a exigir que o Estado, por meio da jurisdição, reconheça o dever jurídico violado e recomponha a sua situação tal como prevista na lei, realizando-o sob o prisma prático, tal como o faria o particular, não fosse vedada a autodefesa. Diz-se, então, que a ação de direito material passa para as mãos do Estado-juiz como meio de controle social.

Essa realização prática do direito violado pressupõe a investigação prévia do direito afirmado, que nem sempre se confirma em favor daquele que se diz titular do direito subjetivo e da pretensão. Entretanto, o processo franqueia as suas portas a todos aqueles que se afirmem titulares, muito embora essa mera afirmação possa não corresponder à realidade.

A *ação*, no âmbito *processual*, é o *agir no sentido de obter a tutela dos tribunais*, e pressupõe um direito anterior de provocar o exercício da jurisdição, que é o *direito de acesso à justiça*, o qual, uma vez exigível, se transmuda também em *pretensão de tutela jurídica*, ambos, hoje, constitucionalizados.[5]

Essa *pretensão de tutela jurídica exercida* exige que o Estado, para que dela se desincumba, exerça duas atividades: (1) a de *reconhecimento ou não do direito afirmado* (e para isso basta o exercício da ação processual); e (2) o de *satisfação da pretensão* (que pressupõe o acolhimento do pedido).

1.2 Natureza jurídica

O *direito de agir*, isto é, o de provocar a prestação da tutela jurisdicional, é conferido a toda pessoa física ou jurídica diante da lesão ou ameaça de lesão a direito

---

material, longe de desaparecer ou ser substituída pela 'ação processual', simplesmente, verificado o monopólio da jurisdição, passou a ser exercida pelos órgãos estatais".

[4] *Vide* art. 189 do Código Civil.

[5] Essa posição enciclopédica do tema "ação" foi denominada por **Victor Fairén Guillén** como "uma encruzilhada primordial do campo do Direito por onde passam conceitos de Direito constitucional, Direito processual, Direito penal, Direito civil e até mesmo Direito administrativo" (*Estudios de Derecho procesal*, 1955, p. 64).

individual ou coletivo, e tem sua sede originária, conforme anteriormente visto, na própria Magna Carta.[6]

Por força dessa projeção personalizada, caracteriza-se o direito de ação como *direito subjetivo público*. A *subjetividade* decorre de sua titularidade recair na pessoa natural ou jurídica. O próprio Estado, nas atividades que não são autoexecutáveis e, portanto, em que se veda a autodefesa estatal, recorre à intervenção judicial, gozando também desse direito, como, *v. g.*, nas desapropriações, na cobrança de impostos quando recusado o pagamento extrajudicial pelo obrigado, na aplicação da sanção penal por meio da ação criminal proposta pelo Ministério Público etc.[7]

A *natureza pública* do direito de agir decorre de sua regulação pelo Direito Público, ramo a que pertencem o Direito constitucional e o Direito processual, bem como do fato de encerrar uma relação travada entre uma pessoa natural ou jurídica e o Estado como protótipo de pessoa de Direito público. Destarte, pública é a atividade jurisdicional que o direito de ação suscita.

Outra característica notável do direito de agir é sua *abstração*, no sentido de que todos podem exercê-lo, inclusive aqueles que no final do processo verifica-se não tinham a razão invocada. O manejo do direito de ação não reclama, de antemão, comprovar-se o direito alegado, porque a isso equivaleria inverter a ordem lógica das coisas. Exatamente porque às partes é vedado fazer justiça com as próprias mãos, é no processo que se vai definir quem tem razão; mas, até para ver rejeitada sua pretensão, por força do monopólio da jurisdição, é preciso ingressar em juízo, por isso que o fato de o autor ter exercido o direito de ação não significa que, pela sua iniciativa, ele tenha razão. A abstração autoriza mesmo aqueles que, na essência, não têm razão ao ingressarem em juízo. É que o poder de iniciativa não encerra uma vitória antecipada pelo simples fato da propositura da ação. Forçoso convir que quem ingressa em juízo faz jus a um pronunciamento que pode ser favorável ou não à pretensão deduzida. Essa possibilidade de ingressar em juízo independentemente do resultado que se vai obter é que caracteriza o direito de agir como *abstrato*.[8]

---

[6]   A constitucionalização do direito de agir fê-lo ser considerado "emanação do *status civitatis*" na percuciente visão de **Frederico Marques**, *Ensaio sobre a jurisdição voluntária*, 1959, pp. 63-65. A novel Constituição o contempla no Título "Dos Direitos e Garantias Fundamentais", Capítulo "Dos Direitos e Deveres Individuais e Coletivos", art. 5º, inciso XXXV, *verbis*: "A lei não excluirá da apreciação do Poder Judiciário lesão ou ameaça da direito." A magnitude dessa faculdade jurídica é revelada na sua inserção na Declaração Universal dos Direitos do Homem, elaborada pelas Nações Unidas no art. 8º, que assim dispõe: "Everyone has the right to an effective remedy by the competent national tribunals for acts violating the fundamental rights granted him by the Constitution or by the law."

[7]   A ação é um direito abstrato, de natureza pública, que pertence ao indivíduo, *uti civis*, e ao próprio Estado qual Administração (**Marco Tullio Zanzucchi**, *Diritto processuale civile*, 1946, vol. I, p. 49).

[8]   A abstração do direito de agir é "o reflexo do princípio do monopólio da justiça pelo Estado", no dizer de **Luigi Monacciani**, in *Azione e legitimazione*, 1951, p. 87. Para **Crisanto Mandrioli** a abstração do direito de agir significa desnecessidade, para que ele exista, de que o direito subjetivo seja reconhecido como existente (in *L'azione esecutiva*, 1955, p. 239).

O direito de ação, por seu turno, é *autônomo* em relação ao direito subjetivo material e à pretensão.

O descortinar dessa característica da autonomia do direito de agir é responsável pelo surgimento dos estudos mais profícuos acerca dos institutos do processo, tão importantes em significação quanto a constatação da natureza jurídica do processo como relação processual, atribuída a Büllow nos idos de 1868, repisando ideias pretéritas de Bentham-Holweg.

Na sua origem romana, a ação era considerada uma fase do próprio direito subjetivo material, reagindo à sua violação, daí Celso ter afirmado que a ação não era senão o *ius persequendi in iudicio quod sibi debeatur*, isto é, *o direito de perseguir em juízo aquilo que nos é devido*. Assim, se em juízo se concluísse pela inexistência do direito alegado e perseguido, automaticamente considerava-se negado o direito de ação como consectário da negativa do direito material.

Essa foi a ideia que durante muitos anos imperou sob a égide da pioneira escola procedimentalista francesa. A equiparação do direito material ao direito de ação fez tornar essa teoria conhecida como *imanentista* ou *civilista*, por força da aderência do direito de ação ao direito subjetivo material, conferindo àquele um tratamento privado.

Tributa-se a uma famosa polêmica acerca do sistema de ações do Direito romano, travada entre dois grandes tratadistas dos textos romanos, os pandectistas germânicos Windscheid e Mutter, o pioneirismo da discussão sobre a autonomia do *direito de agir*.

Segundo Windscheid, o Direito romano era composto por um sistema de ações e não um sistema de direitos, revelando-se ambos um só sistema, aproximando-se a *actio* da *pretensão*. Em contrapartida, na visão de Mutter, o direito de agir era diverso do direito lesado, quer pelos sujeitos quer pelo objeto. Reforçou sobremodo a distinção entre o direito de agir e o direito lesado ou ameaçado de lesão, vinculado a toda ação processualmente exercida, a aparição da obra de Adolf Wach acerca da ação declaratória negativa. O referido autor, calcado em inovação inserida na ordenação processual alemã de 1877 prevendo a ação declaratória para "declaração da existência e inexistência da relação jurídica" (§ 256 da ZPO), evidenciou que, se havia *actio* para declarar inexistente o próprio direito material, decerto não se poderia considerar a ação o direito de perseguir "o devido" em juízo, já que, na nova categoria de ação, o que se pedia era exatamente a definição judicial de que "não havia direito devido".[9] Aliás, se o direito de ação estivesse realmente eclipsado no direito material, não se poderia justificar a *improcedência do pedido ou da ação*; como coloquialmente se afirma, já que para chegar-se a esse resultado é mister provocar o Judiciário por meio, exatamente, do exercício da ação.

---

[9] A obra de Wach é de 1888 e intitulada *La pretension de déclaration*. Segundo **Eduardo Couture**, a partir do estudo de Wach o direito de ação ganhou a autonomia merecida, desvinculando-se da concepção civilística e imanentista que a fazia elemento do direito subjetivo material (*Fundamentos do Direito processual civil*, 1946, p. 30).

A *ação* é, assim, o instrumento de que se vale o titular do direito subjetivo material para ver julgada a sua pretensão, sendo certo que o conteúdo do julgamento refoge ao seu âmbito, visto revelar-se num *direito ao meio e não ao fim em si mesmo*.[10]

A razão dessa imaginada amálgama entre duas realidades distintas (ação e direito material) decorre do fato de que *o direito de agir está sempre ligado a uma situação concreta* que motiva a intervenção judicial. Entretanto, essa conexão com uma situação jurídico-material, antes de equiparar coisas distintas, serve a outra característica do direito de ação em relação ao direito material, que é a sua *instrumentalidade*. A ação é instrumental, é um *direito a serviço de outro direito* que é o de natureza material, lesado ou ameaçado de lesão. O direito de ação veicula essa situação material à apreciação do Judiciário, *independentemente do resultado* que se possa obter. É *instrumental* porque provoca o julgamento da pretensão, mas não a torna efetiva de imediato, tanto mais que a jurisdição não se presta instantaneamente. Essa autonomia do direito de agir em confronto com o direito material e a pretensão é confirmada pela *diversidade de sujeitos e de conteúdo*. No "direito de ação, o sujeito passivo é o Estado e o conteúdo é a atividade jurisdicional, enquanto, na relação material, os sujeitos podem ser diversos e o conteúdo é uma prestação ou conduta de caráter substancial".[11]

A referida autonomia foi reafirmada num dos mais expressivos estudos de Chiovenda, processualista de singular genialidade, conhecida como a *prolusione* do mestre italiano, enunciada na Universidade de Bolonha em 3 de fevereiro de 1903, intitulada "*L'azione nel sistema dei diritti*", em que revelou que a ação era um direito derivado do direito material violado, exercitável perante o órgão jurisdicional, para que o Estado atuasse a *vontade da lei*, à míngua do cumprimento espontâneo pelo obrigado. Ele assentava que havia direitos a uma prestação dos quais o obrigado se desincumbia, cumprindo-os. Entretanto, verificada a violação e diante da impossibilidade de se atuar *manu militari* a vontade da lei, surgia um novo direito de obter essa atuação por obra do Estado e que, uma vez exercido para esse fim, sujeitava o adversário que dele não se podia desvencilhar pelo cumprimento.

Por essa razão, sustentava o mestre peninsular que o exercício desse direito implicava em *sujeição* da parte contrária. O seu raciocínio era conclusivo ao afirmar que essa espécie de direito em que o titular fazia que outrem se submetesse à sua vontade mediante ato unilateral de exercício não podia ser lesado; não havia contraprestação, senão sujeição, posto encerrar um *poder*, denominado "potestativo". Esse poder era o de provocar os tribunais para atuação da vontade concreta da lei.

A partir da lição de Chiovenda, além de "abstrato e autônomo", passou-se a conceber o direito de ação, também, como "*direito potestativo*".

O equívoco de Chiovenda, em que também incidiu Wach, foi atribuir esse poder apenas ao *titular do direito*, retirando com a mão esquerda a autonomia que parecia ter conferido com a direita. Essa conclusão última fez que a doutrina atribuísse a renomados

---

[10] **Enrico Tullio Liebman**, "L'azione nella teoria del processo civile", *Rivista Trimestrale di Diritto e Procedura Civile*, 1950, pp. 47-71.

[11] Essa distinção é devida a **Jaime Guasp**, *Comentarios a la Ley de Enjuiciamiento Civil*, 1943, p. 332.

doutrinadores a condição de precursores da *teoria concreta do direito de agir*, em contraposição à teoria abstrata, de maior aceitação. Apontam-se como seus seguidores os gênios de Carnelutti, Degenkolb, Plosz, José Alberto dos Reis, Ugo Rocco, Jaime Guasp, Eduardo Couture, Enrico Tullio Liebman, Alfredo Buzaid, Frederico Marques, Luís Eulálio de Bueno Vidigal e Lopes da Costa entre outros de uma geração mais remota de processualistas famosos.

O Direito brasileiro pode-se dizer eclético no tema, muito embora inegável a adoção, pelos nossos códigos de processo, da *autonomia e abstração do direito de ação*, opção teórica alcançada por caminhos um pouco diversos.

O nosso Código de Processo Civil restou influenciado pela doutrina eclética de Liebman, considerado o fundador da escola de Direito processual civil brasileira quando do seu exílio em nosso território, precisamente em São Paulo, fugindo à perseguição nazista.

Consoante a posição do eminente doutrinador, o direito de ação não significava o simples direito de acesso aos tribunais de forma incondicionada; por isso, a esse poder de provocar a jurisdição ele denominava *direito de petição*, de cunho nitidamente constitucional. O mestre italiano ressaltava que, ao lado deste, havia o direito de ação, abstrato, autônomo, mas exercitável, no afã de obter-se uma *decisão de mérito*; e somente com a resposta acerca da questão de fundo é que se poderia considerar existente e efetivo o direito de agir. Destarte, para que o autor obtivesse essa decisão de mérito, ele deveria preencher certos requisitos, aos quais denominou *condições da ação*. Observa-se, assim, que a doutrina de Liebman situava-se numa faixa intermediária entre o concretismo, que exigia existência do direito alegado para entrever-se a existência da ação, e o abstrativismo puro, segundo o qual o exercício do direito de agir poderia mesmo incorrer em abusos, porque incondicional e franqueado a qualquer cidadão como decorrência de seu *status civitatis*.

As *condições da ação* figuram, assim, na concepção de Liebman, como anteparo ao exercício abusivo do direito de agir. Uma vez não preenchidas, exoneram o juiz de apreciar o *meritum causae*, autorizando-o a proferir uma decisão meramente formal, reconhecendo ter faltado ao autor aquelas mínimas condições para receber uma resposta sobre a questão de fundo, daí a denominação desse fenômeno da falta das condições da ação de "carência de ação".

A verificação da presença das *condições da ação*, como evidente, faz-se preliminarmente ao julgamento da pretensão. Insustentável, por isso, a doutrina *concretista* que, seguindo a sua linha de coerência, considera as *condições da ação* requisitos indispensáveis à obtenção de uma decisão favorável.[12]

O Código de Processo Civil, fiel à doutrina de Liebman, erigiu as "condições da ação" como questões distintas e obstativas da análise do mérito; por isso, o art. 485 do CPC dispõe que "O juiz não resolverá o mérito quando: [...] inciso VI – [...] verificar

---

[12] Essa posição encontra-se em **Chiovenda**, *Instituições*, vol. I, p. 109. A ela se opõe a doutrina de **Liebman** (*L'azione*, p. 65).

ausência de legitimidade ou de interesse processual".[13] Entretanto, preenchidas as condições e fazendo jus ao pronunciamento do mérito, o autor pode obter o acolhimento ou a rejeição do seu pedido (art. 487, I, do CPC).[14]

Cabe aqui fazer uma advertência. Ainda que não haja a menção expressa ao termo "condições da ação" no CPC/2015, não há que se falar em desaparecimento desta categoria, nos termos do art. 17 do referido diploma. As condições da ação constituem pilar fundamental da processualística brasileira e se relacionam, como preconizado por Liebman, a uma limitação do direito de agir, para além da análise das questões ventiladas na inicial. Deve-se reconhecer que, como efeito prático, seu exame se assemelha ao juízo de admissibilidade e sua carência gera a extinção do feito sem a resolução do mérito. Contudo, é mister salientar a importância de, mantidas as condições da ação, realizar um controle prévio ao direito de ação daquele que, erroneamente, se lança ao Judiciário.

Consequentemente, o implemento das *condições da ação* revela apenas que o autor faz jus ao pronunciamento do mérito, que lhe pode ser favorável ou não.

Finalmente, não se poderia concluir esse tópico sem uma moderna visão do concretismo e do abstrativismo à luz do decantado *princípio da efetividade*, ótica moderna que tem influenciado os doutrinadores e determinado um repensar sobre os aforismos de outrora.

Um deles diz respeito ao tema "direito material e a ação que o assegura". Não obstante se tenham isolado essas duas realidades para lhes reconhecer cientificamente vida própria, esse distanciamento não pode conduzir o estudioso a imaginar um *sistema de processo* isolado do *sistema de direitos*, máxime porque inegável o caráter instrumental daquele.

A realidade é que a emancipação científica do processo em contraste com os demais ramos de direito, notadamente o do direito material, acarretou um indesejável *apartheid* entre essas duas realidades, de tal forma que os direitos materiais passaram a ser perseguíveis em juízo por meio de instrumentos inadequados, incapazes de conceder ao titular aquele *minus* esperado de uma ordem jurídica que veda a autotutela.

Esse nível de insatisfação quanto às formas usuais de tutela jurisdicional conduziu a doutrina moderna a questionar sobre se efetivamente a todo direito corresponde uma ação qualquer que o assegura ou se essa ação deve ser adequada à luz da pretensão invocada. A inadaptação dessa realidade normativa aos reclamos práticos conclamou a doutrina a

---

[13] "**Art. 485.** O juiz não resolverá o mérito quando: [...]

VI – verificar ausência de legitimidade ou de interesse processual; [...]."

[14] "**Art. 487.** Haverá resolução de mérito quando o juiz:

I – acolher ou rejeitar o pedido formulado na ação ou na reconvenção;

II – decidir, de ofício ou a requerimento, sobre a ocorrência de decadência ou prescrição;

III – homologar:

a) o reconhecimento da procedência do pedido formulado na ação ou na reconvenção;

b) a transação;

c) a renúncia à pretensão formulada na ação ou na reconvenção."

requestionar o alcance do *acesso à justiça* erigido à eminência de princípio constitucional. Pode-se afirmar que as conclusões aqui e alhures voltaram-se contra a impossibilidade de atender o direito material, violado por meio de formas únicas e dissociadas da realidade, prática do caso *sub judice*. Hodiernamente interpreta-se a garantia constitucional do art. 5º, inciso XXXV,[15] da Constituição com a sua explicitação infraconstitucional do art. 189 do Código Civil, como a necessidade de contemplar-se o autor com uma *ação adequada* a assegurar justa solução ao direito violado ou ameaçado de lesão, em prol do prestígio que a ordem jurídica e o aparelho judicial devem merecer do jurisdicionado, interditado na sua faculdade humana de autodefesa.

Em suma, a moderna concepção do *direito de agir* sob o ângulo processual exige que a todo direito corresponda uma *ação adequada que o assegure*, sem que isso implique retorno ao imanentismo, ao concretismo ou à origem civilista da *actio* romana.[16]

1.3 Classificação das ações

A classificação das ações encontra ao longo da doutrina multifárias dicotomizações.

Originariamente, pela concepção civilista da ação, considerada esta um aspecto do próprio direito subjetivo violado ou ameaçado, classificavam-se as ações segundo a natureza do direito objeto do próprio pedido. Nesse sentido, aduzia-se à *ação pessoal, ação real, ação mobiliária, ação imobiliária, ação petitória, ação possessória* etc. Por seu turno, a doutrina "procedimentalista", fundindo conceitos de processo e procedimento, classificava as ações como: *ação ordinária, ação sumária, ação sumaríssima, ação especial* e *ação executiva*. Outros critérios ainda incluíam a classificação consoante alguns aspectos processuais das ações, como ocorria com as *ações acessórias, ações preventivas* e *ações conexas*.

A nossa legislação processual, muito embora tenha procurado seguir a melhor técnica, ainda guarda fidelidade com algumas dessas classificações, como se pode observar no capítulo referente aos *procedimentos especiais*, no qual o legislador processual os denomina conforme a natureza da pretensão de direito material. Assim é que, naquela parte do diploma processual, estão previstas as *ações possessórias*, a *ação de exigir contas*, a *ação de consignação em pagamento* etc.

Não se podem negar, entretanto, as inúmeras repercussões processuais que apresentam as ações conforme a natureza da pretensão, razão pela qual essa modalidade de

---

[15] "**Art. 5º da CF.** Todos são iguais perante a lei, sem distinção de qualquer natureza, garantindo-se aos brasileiros e aos estrangeiros residentes no País a inviolabilidade do direito à vida, à liberdade, à igualdade, à segurança e à propriedade, nos termos seguintes: [...]

XXXV – a lei não excluirá da apreciação do Poder Judiciário lesão ou ameaça a direito."

[16] Encontra-se no direito alienígena manifestações específicas sobre o tema como, *v. g.*, **Proto Pisani**, "I rapporti fra diritto sostanziale e processo", in *Appunti sulla giustizia civile*, pp. 11-12 e 42-44. **Barbosa Moreira** já acenava para o tema *in foco* nos seus *Temas de Direito processual*, 1ª série, "Tutela sancionatória e tutela preventiva", p. 22. Recentemente **José Roberto dos Santos Bedaque**, *Direito e processo (Influência do Direito material sobre o processo)*, São Paulo, 1995.

classificação deve ser mantida, ainda que represente a última resistência dos imanentistas num cenário autônomo e independente do direito processual.[17-18]

Modernamente, porém, algumas dessas classificações devem ser abandonadas. É que não mais se justifica a fusão de noções tão límpidas para o processualista de hoje, gerando classificações como, *v. g.*, entre ações *ordinárias* ou *sumárias*, porque isso representa uma característica do "procedimento". Desta sorte, sumaríssimo, especial ou ordinário é o procedimento, e não a ação que sob a sua forma se desenvolve.

Tecnicamente, a "dicotomização processual pura" leva em consideração a natureza da prestação jurisdicional invocada, classificando as ações em: *ação de conhecimento*, *ação de execução* e *ação cautelar*. No grupo das *ações de cognição*, geradoras de uma *sentença de definição de direitos*, incluem-se como subespécies do gênero as *ações declaratórias*, *constitutivas*, *condenatórias*. As referidas ações, quando *acolhidas*, produzem sentenças da mesma natureza. Assim, a sentença de procedência de um pedido declaratório tem natureza declaratória, e assim por diante. Consectariamente, o significado dessa classificação eminentemente processual das ações está intimamente vinculado ao correspondente conteúdo das sentenças.

1.4 As sentenças e a classificação das ações

As sentenças terminativas posto não resolvem o mérito, apresentam um caráter eminentemente formal. As sentenças definitivas de improcedência, por seu turno, revelam um provimento declaratório-negativo, posto reconhecerem a inexistência do direito material "alegado" pelo autor (*absolutio ab actione*). Destarte, mesmo que *a sentença de improcedência* verse sobre "pedido de declaração de inexistência de relação jurídica" ela será declaratório-negativa, porquanto, não obstante tenha afirmado a existência do direito material, *rejeitou a pretensão formulada*.

As sentenças de procedência, na medida em que acolhem a pretensão deduzida, têm a mesma natureza do pedido que contemplam, até porque a ele se adstringe o juiz, como observamos precedentemente.

Assim, se o pedido da parte é declaratório e a sentença o acolhe, ela apresenta esta natureza também; se o pedido é condenatório, condenatória será a sentença que o acolher, e assim por diante. Por isso, a doutrina classifica a sentença "de acordo com a ação de que provém".

Nesse segmento, as sentenças podem ser *condenatórias*, *declaratórias* e *constitutivas*.

As sentenças declaratórias afirmam da existência ou inexistência de uma relação jurídica como objeto principal ou incidental de um processo, conferindo a *certeza jurídica* almejada pela parte por meio da decisão judicial. É que o estado de *incerteza jurídica* é significativo para a ordem jurídica, uma vez que somente o Judiciário, com a energia da coisa julgada emprestada às suas decisões, pode dissipar esses estados de dúvida, fazendo-o

---

[17] Nesse sentido **Frederico Marques**, *Instituições*, vol. II, p. 44.

[18] Consulte-se **Pontes de Miranda**, *Comentários ao Código de Processo Civil*, 1947, vol. I, p. 94.

prevalecer sobre as aspirações das partes. Uma parte, como evidente, não pode impor à outra que se submeta à sua concepção acerca de determinada "relação jurídica". Exsurgindo essa incerteza *objetiva* pela contestação inequívoca de um interessado perante o outro, cabe ao Judiciário intermediar esse *conflito*, declarando a quem pertence a razão, explicitando a essência e a titularidade da relação jurídica controvertida. Assim, se A nega o dever de indenizar exigido por B, cabe ao Judiciário declarar sobre a existência ou inexistência dessa relação de crédito e débito decorrente de ilícito. A certeza jurídica advirá da sentença declaratória com a sua autoridade estatal. Desta sorte, negar a existência ou afirmar existente a relação pode, por si só, configurar uma lesão, mercê de caracterizar uma *lide* cuja solução é de interesse imediato do Estado no afã de manter a paz e a ordem.

A possibilidade de emergirem de uma relação jurídica duvidosa obrigações outras recomenda que se afirme a sua existência por ora e para sempre no curso do processo ou como pretensão autônoma, dando ensejo às ações declaratórias autônomas (arts. 19 e 20 do CPC).

As sentenças declaratórias e as sentenças condenatórias que as contêm reconhecem como efeito retro-operante o direito do vencedor, e por isso têm efeitos *ex tunc*. Elas não criam situações novas como as constitutivas, senão as reconhecem.

As sentenças condenatórias procedentes, oriundas das ações da mesma natureza, impõem ao vencido a obrigação de realizar determinada prestação reconhecida em prol do vencedor. Na sentença, o juiz exorta a que a parte vencida cumpra a obrigação, sob pena de realizá-la compulsoriamente por meio de atos estatais, à custa do patrimônio do devedor, sem prejuízo da utilização de todos os meios capazes de convencê-la ao cumprimento do julgado, como soem ser os meios de coerção, como, *v. g.*, a multa diária ou até mesmo a ameaça de privação de liberdade, como ocorre nas obrigações de pagar alimentos.

A forma de satisfação do vencedor por obra do Estado denomina-se *tutela satisfativa*, realizável pelo cumprimento do julgado, cujo procedimento varia de acordo com a natureza da obrigação. Assim é que, se a condenação é ao pagamento de quantia certa, o cumprimento por execução obedecerá ao procedimento que ostenta o mesmo *nomen juris*: *do cumprimento definitivo da sentença que reconhece a exigibilidade de obrigação de pagar quantia certa*; se a condenação é à entrega de determinada coisa, o Estado coloca à disposição do vencedor o cumprimento *para a entrega de coisa*; e se a condenação impôs ao vencido um fazer ou não fazer, confere-se ao litigante vitorioso para a hipótese de inadimplemento do julgado a *efetivação das condenações de fazer e não fazer*.

Observa-se, assim, que a sentença condenatória, bem como a que reconhece a exigibilidade de uma obrigação (arts. 513 e 515, são, por excelência, *títulos executivos judiciais*), na medida em que fundamentam o cumprimento por execução. Este complementa a condenação e lhe dá vida, tornando realidade prática o comando contido na sentença. Não houvesse a execução, o cumprimento do julgado dependeria da boa vontade do vencido. A execução realça o aspecto autoritário-judicial da condenação.

Entretanto, a realidade da praxe forense indicava que as sentenças condenatórias representavam as formas judiciais mais imperfeitas no aspecto do binômio aspiração-satisfação do jurisdicionado. Ideal seria que a palavra do Judiciário fosse cumprida de imediato ou espontaneamente ou por obra do Estado. O litigante vencedor, após obter a definição judicial por meio do processo de cognição com a condenação do vencido, ainda devia percorrer uma verdadeira e segunda via-crúcis, na qual tentaria tornar realidade aquilo que constava da norma concreta expedida pelo juiz. A imperfeição que se constata não se observava nas demais formas de tutela jurisdicional (constitutivas e declaratórias), nas quais a decisão judicial opera plena eficácia após transitada em julgado, fazendo prescindir qualquer outra atividade complementar jurisdicional.

Apresentada a classificação tradicional em sentenças declaratórias, constitutivas e condenatórias, cabe expor dois outros tipos de sentença que a doutrina construiu ao longo do tempo, mas que, ao nosso ver, não parecem se configurar enquanto tipos autônomos. É o caso das sentenças autoexecutivas e das sentenças mandamentais.

Tecnicamente, a falha que se observava nas decisões condenatórias era exatamente a impossibilidade de torná-las *efetivas* na própria relação processual em que foram proferidas, ou seja, o juiz da condenação não era o juiz da execução. Essa era a regra. Nova relação processual se inaugurava após a condenação, quando o ideal seria a imediata efetivação do julgado sem intervalo, à semelhança de condenações que dispensam a instância executiva para se efetivar. Diz-se, nessas hipóteses, que as sentenças são a um só tempo condenatórias e executivas ou *executivas* lato sensu. É o que se opera com as sentenças concessivas de despejo, cuja eficácia se realiza na própria relação de conhecimento, sem necessidade de processo próprio de execução de sentença. No mesmo sentido a sentença que condena o réu a emitir declaração de vontade, e as novéis decisões dos artigos 497 e 498 do CPC. Em boa hora, o legislador infraconstitucional, encartando o cumprimento da sentença ainda no regime da ora revogada Lei nº 11.232/2005, alterou radicalmente esse panorama, transformando as sentenças proferidas no processo de cognição em autoexecutáveis, como veremos no capítulo próprio.

Deveras, modernamente, há uma espécie de sentença, reconhecida por força do "tão decantado" princípio da efetividade, cuja eficácia confina em parte com as sentenças condenatórias, com o *plus* de que não se limitam a exortar o cumprimento do julgado, sob pena de execução posterior, senão ordenam o cumprimento do que dispõem. Denominam-se sentenças *mandamentais* que, ante seu descumprimento, acenam ao destinatário com o delito de desobediência, criminalizando o comportamento omissivo diante da ordem judicial, sem prejuízo dos meios de coerção que a acompanham para fins de atingimento daquilo que a decisão judicial ordena. Assim são as sentenças emergentes das ações mandamentais, como o mandado de segurança, as cautelares constritivas de bens e restritivas de direitos, bem como as decisões de antecipação de tutela com as características da restrição e constrição e as decisões em geral, por força do artigo 77, inciso IV, do CPC.[19]

---

[19] "**Art. 77 do CPC.** Além de outros previstos neste Código, são deveres das partes, de seus procuradores e de todos aqueles que de qualquer forma participem do processo:

I – expor os fatos em juízo conforme a verdade;

II – não formular pretensão ou de apresentar defesa quando cientes de que são destituídas de fundamento;

Destarte, as sentenças condenatórias, previamente à imposição da prestação ao vencido, declaram a existência do direito do vencedor à obtenção daquela prestação que ela consagra. Por isso, o provimento condenatório traz em si uma declaração, o que implica concluir que toda sentença condenatória é também declaratória, não sendo verdadeira a recíproca; isto é: nem toda sentença declaratória é condenatória, salvo na parte relativa à sucumbência, cujo capítulo é sempre de reconhecimento do dever ao pagamento das custas e honorários.

Essa é a razão pela qual o art. 20 do Código de Processo Civil admite a simples declaração quando possível a propositura imediata da ação condenatória. É que, uma vez proposta a ação condenatória, não há mais interesse de agir na mera declaração, já que esta se encontra embutida no pedido de condenação. Entretanto, nada impede a propositura originária da ação meramente declaratória, ainda que mais tarde a parte pretenda promover a condenação para fixação de um *an debeatur* e um *quantum debeatur*.

Fenômeno análogo reveste a sentença condenatória criminal, considerada pelo legislador processual civil *título executivo judicial* em razão de conter declaração que

---

III – não produzir provas e não praticar atos inúteis ou desnecessários à declaração ou à defesa do direito;

IV – cumprir com exatidão as decisões jurisdicionais, de natureza provisória ou final, e não criar embaraços à sua efetivação;

V – declinar, no primeiro momento que lhes couber falar nos autos, o endereço residencial ou profissional onde receberão intimações, atualizando essa informação sempre que ocorrer qualquer modificação temporária ou definitiva;

VI – não praticar inovação ilegal no estado de fato de bem ou direito litigioso.

VII – informar e manter atualizados seus dados cadastrais perante os órgãos do Poder Judiciário e, no caso do § 6º do art. 246 deste Código, da Administração Tributária, para recebimento de citações e intimações.

§ 1º Nas hipóteses dos incisos IV e VI, o juiz advertirá qualquer das pessoas mencionadas no *caput* de que sua conduta poderá ser punida como ato atentatório à dignidade da justiça.

§ 2º A violação ao disposto nos incisos IV e VI constitui ato atentatório à dignidade da justiça, devendo o juiz, sem prejuízo das sanções criminais, civis e processuais cabíveis, aplicar ao responsável multa de até vinte por cento do valor da causa, de acordo com a gravidade da conduta.

§ 3º Não sendo paga no prazo a ser fixado pelo juiz, a multa prevista no § 2º será inscrita como dívida ativa da União ou do Estado após o trânsito em julgado da decisão que a fixou, e sua execução observará o procedimento da execução fiscal, revertendo-se aos fundos previstos no art. 97.

§ 4º A multa estabelecida no § 2º poderá ser fixada independentemente da incidência das previstas nos arts. 523, § 1º, e 536, § 1º.

§ 5º Quando o valor da causa for irrisório ou inestimável, a multa prevista no § 2º poderá ser fixada em até 10 (dez) vezes o valor do salário mínimo.

§ 6º Aos advogados públicos ou privados e aos membros da Defensoria Pública e do Ministério Público não se aplica o disposto nos §§ 2º a 5º, devendo eventual responsabilidade disciplinar ser apurada pelo respectivo órgão de classe ou corregedoria, ao qual o juiz oficiará.

§ 7º Reconhecida violação ao disposto no inciso VI, o juiz determinará o restabelecimento do estado anterior, podendo, ainda, proibir a parte de falar nos autos até a purgação do atentado, sem prejuízo da aplicação do § 2º.

§ 8º O representante judicial da parte não pode ser compelido a cumprir decisão em seu lugar."

torna certa a obrigação de reparar o dano *ex delicto*, bastando à parte apurar o *quantum debeatur* em processo de liquidação para iniciar a execução.

2. CONDIÇÕES DA AÇÃO[20]

O direito de agir em juízo, independentemente do resultado que a parte possa obter, sujeita-se a uma necessária disciplina tendente a afastar o abuso no demandar, impondo-se ao autor, que pretenda obter uma resposta sobre o seu pedido, o preenchimento de requisitos, denominados condições da ação.

As *condições da ação* representam esses requisitos que o autor deve preencher para obter uma resolução de mérito, conforme se colhe do disposto no inciso VI do art. 485 do CPC,[21] que positivou a teoria abstrata do direito de agir. As *condições da ação*, como curial, "não estão ligadas diretamente ao mérito". Isso porque a questão sobre se a parte tem ou não o direito afirmado pertine ao mérito da causa. Assim, *v. g.*, ao ângulo da legitimação, se A afirma-se locatário e imputa ao locador a recusa em receber o aluguel, pela simples *narratio* da sua petição, verifica-se a sua legitimidade, porquanto o inqui-

---

[20] **Egas Moniz de Aragão**, *Comentários ao Código de Processo Civil*, vol. III; **Barroso Morins**, *O novo Processo Civil brasileiro*; **Ovídio Baptista**, *Curso*, vol. I.

[21] "**Art. 485.** O juiz não resolverá o mérito quando:

I – indeferir a petição inicial;

II – o processo ficar parado durante mais de 1 (um) ano por negligência das partes;

III – por não promover os atos e as diligências que lhe incumbir, o autor abandonar a causa por mais de 30 (trinta) dias;

IV – verificar a ausência de pressupostos de constituição e de desenvolvimento válido e regular do processo;

V – reconhecer a existência de perempção, de litispendência ou de coisa julgada;

VI – verificar ausência de legitimidade ou de interesse processual;

VII – acolher a alegação de existência de convenção de arbitragem ou quando o juízo arbitral reconhecer sua competência;

VIII – homologar a desistência da ação;

IX – em caso de morte da parte, a ação for considerada intransmissível por disposição legal; e

X – nos demais casos prescritos neste Código.

§ 1º Nas hipóteses descritas nos incisos II e III, a parte será intimada pessoalmente para suprir a falta no prazo de 5 (cinco) dias.

§ 2º No caso do § 1º, quanto ao inciso II, as partes pagarão proporcionalmente as custas, e, quanto ao inciso III, o autor será condenado ao pagamento das despesas e dos honorários de advogado.

§ 3º O juiz conhecerá de ofício da matéria constante dos incisos IV, V, VI e IX, em qualquer tempo e grau de jurisdição, enquanto não ocorrer o trânsito em julgado.

§ 4º Oferecida a contestação, o autor não poderá, sem o consentimento do réu, desistir da ação.

§ 5º A desistência da ação pode ser apresentada até a sentença.

§ 6º Oferecida a contestação, a extinção do processo por abandono da causa pelo autor depende de requerimento do réu.

§ 7º Interposta a apelação em qualquer dos casos de que tratam os incisos deste artigo, o juiz terá 5 (cinco) dias para retratar-se."

lino é parte legítima para propor ação de consignação de aluguéis perante o senhorio. Entretanto, a apuração vertical sobre se houve ou não a recusa efetiva capaz de fazer-se acolher o pedido de depósito judicial é indagação que se situa no âmbito do mérito, da procedência do pedido.

Conseguintemente, afirma-se que as *condições da ação* consistentes na *legitimidade das partes* e no *interesse de agir* são analisadas *in abstrato* (*vera sint exposita*). Assim, a pergunta que se põe ao magistrado é a seguinte: considerando-se verdadeiro o afirmado na inicial, o processo está sendo travado entre as pessoas certas?[22] Há necessidade de intervenção judicial?[23] Essas respostas indicam se o autor preenche as condições da ação, independentemente de se saber se tem fundamento ou não a pretensão deduzida em juízo. Em verdade, "ter direito é condição de procedência". Assim, o direito de agir é um *direito instrumental ao meio e não ao fim*, que é a justiça.

Interessante debate encartado no advento do CPC/2015 diz respeito à possibilidade jurídica do pedido, antes vista como uma das condições da ação. A redação do inciso VI do art. 485, não por acaso, a excluiu desse rol das condições. A verificação da admissibilidade do pedido pelo ordenamento jurídico vigente, portanto, não é mais vista como condicionante ao direito de ação.[24] Embora, em um primeiro olhar, a alteração parece prolongar demasiadamente um processo infrutífero com pedido impossível, a justificativa para a alteração se respalda, justamente, na eficiência processual.

De nada basta extinguir sem resolução do mérito um processo que visa tão somente a abarrotar o Judiciário e facultar ao autor o ajuizamento de ação idêntica em seguida. Analogamente, a única forma de derrotar a Hidra de Lerna é, após ceifar cada uma de suas cabeças, queimá-la para que não se regenere. Entendeu-se, dessa forma, que a extinção com resolução de mérito do processo com pedido impossível era o meio que melhor atendia aos anseios da lógica processual. Desse modo, indubitável que a possibilidade jurídica do pedido é matéria de mérito do processo, como reconhece a jurisprudência.[25]

Os exemplos de impossibilidade jurídica do pedido permitiam concluir que não basta a previsão da pretensão que se pretende exercer em juízo no ordenamento, mas, antes,

---

[22] A *legitimatio ad causam*, na feliz síntese de **Alfredo Buzaid**, é "a pertinência subjetiva da ação" (*Do agravo de petição no sistema do Código de Processo Civil*, 2ª ed., p. 89).

[23] **René Morel** sintetizava o interesse processual ao afirmar que "a jurisdição não é função que possa ser movimentada sem que exista motivo" (*Traité élémentaire de procedure civile*, 1952, p. 40), "[...] acaso a lesão ou ameaça de lesão não se verificou ainda [...] falece interesse de agir." Assim, Liebman, in *Corso di Diritto processuale civile*, 1952, p. 49.

[24] Esse era o entendimento vigente no Código de 1973. A título de exemplo, **Galeno Lacerda** afirmava que "só tem direito subjetivo público de ação se, em tese, o direito objetivo material admite o pedido" (*Despacho Saneador*, 1953, p. 79).

[25] "A possibilidade jurídica do pedido após o CPC/15, pois, compõe uma parcela do mérito em discussão no processo, suscetível de decomposição e que pode ser examinada em separado dos demais fragmentos que o compõem, de modo que a decisão interlocutória que versar sobre essa matéria, seja para acolher a alegação, seja também para afastá-la, poderá ser objeto de impugnação imediata por agravo de instrumento com base no art. 1.015, II, CPC/2015" (REsp 1757123/SP, Rel. Ministra Nancy Andrighi, Terceira Turma, j. 13.08.2019).

que não se encontre "vetada" pela ordem jurídica. Assim, é evidente que se o pedido está previsto em lei, é porque não é proibido. Entretanto, ainda que não encartado na ordem legal, por ausência de previsão, nem por isso se pode considerar impossível um pedido, tanto mais que o legislador, nessa matéria, vale-se do *princípio da liberdade jurídica*, segundo o qual é lícito pleitear onde não há vedação. Não poderia mesmo o legislador imaginar todas as soluções alvitradas pelas partes, por isso que a previsão dos pedidos possíveis é "em branco".

O parâmetro judicial tem como regra a inafastabilidade da tutela jurisdicional. Nesse sentido, forçoso reconhecer que, por vezes, diante da lacuna da lei, o juiz é obrigado a prover, ainda que o pedido pretendido não esteja previsto no Código de Processo, como determina a regra *in procedendo* do art. 140 do CPC.[26] Exemplo típico é o que ocorre nas cautelares inominadas, em que o juiz é instado a dar ao requerente uma solução adequada ao caso concreto. Idêntico proceder exige-se no *mandado de injunção*, onde exatamente não está prevista a solução no texto legal.

Olvidados esses aspectos, a formulação de pedido juridicamente impossível dava, no regime do diploma anterior, ensejo à pronta extinção do processo. Cabe ressaltar que, nesse aspecto, houve a sensível alteração promovida pelo atual CPC. Antes, a extinção se dava sem resolução do mérito, tão logo o juiz verificasse esse defeito, fosse na inicial ou no saneamento (arts. 295, parágrafo único, inciso III, e 267, inciso VI, do CPC de 1973).[27] Era o caso, *v.g.*, do pedido petitório pendente a ação possessória (art. 923 do CPC de 1973), posto haver proibição legal expressa.

Contudo, na vigência do Código de 2015, a causa que tiver por objeto um pedido impossível – do ponto de vista jurídico – deve ser extinta com resolução de mérito, a fim de evitar a repropositura de ação esdrúxula que abarrota desnecessariamente o Judiciário. Verifica-se, nesse sentido, que a possibilidade jurídica do pedido não é mais uma condição para o exercício de ação, mas tão somente uma primeira análise de mérito que pode ocasionar a improcedência liminar do pedido, tal qual se observa no art. 334.

Frise-se, por fim, que a impossibilidade jurídica refere-se ao objeto mediato do pedido, uma vez que o pedido de tutela jurisdicional é sempre possível, quer sua natureza seja condenatória, constitutiva ou declaratória.[28]

---

[26] "**Art. 140**. O juiz não se exime de decidir sob a alegação de lacuna ou obscuridade do ordenamento jurídico.

Parágrafo único. O juiz só decidirá por equidade nos casos previstos em lei."

[27] "**Código de Processo Civil de 1973**

Art. 295. A petição inicial será indeferida:

I – quando for inepta;

[...]

Parágrafo único. Considera-se inepta a petição inicial quando:

[...]

III – o pedido for juridicamente impossível."

[28] Nesse sentido, **Humberto Theodoro Júnior**, *Curso*, p. 55.

O controle das *condições da ação* pode ser encetado pelo juiz *ex officio*, desde a análise da petição inicial, até o momento que antecede o julgamento de mérito. Não obstante, compete ao réu, na primeira oportunidade que dispõe para falar nos autos, suscitar a *preliminar de carência de ação* (art. 337, inciso IX, do CPC).

Esse controle gradual das *condições da ação* encontra o seu momento culminante no saneamento do processo, razão pela qual, ultrapassada essa fase, a causa apresenta-se pronta para uma resposta de mérito. Aliás, a própria lei faz presumir esse exame positivo de admissibilidade da ação, ao impedir que o juiz relegue para a decisão de mérito a análise das questões formais. Em nosso sistema, o juiz, quando encaminha o processo para a solução final, o faz porque superadas as questões preliminares que eventualmente o impediriam de apreciar o pedido.

Entretanto, não se podem olvidar situações anômalas de *errores in procedendo* que se verificam quando, não obstante declarado saneado o processo, ainda persiste a ausência de uma das *condições da ação*. É verdade que os equívocos judiciais são passíveis de impugnação por meio dos recursos, sob pena de preclusão. Contudo, essa preclusão tem como escopo conduzir o processo a uma solução final e opera-se em relação àquelas matérias disponíveis, de sorte que o processo não pode ter uma solução de mérito "a qualquer preço". Por isso, não obstante saneado o feito, é possível constatar-se, excepcionalmente, que essa declaração formal não corresponde ao panorama processual existente. Sustenta-se, assim, da inexistência de preclusão nessa hipótese, tanto mais que as *condições da ação* representam matéria conhecível de ofício pelo juiz e, portanto, inalcançável pela preclusão *pro judicato*.[29]

Aliás, é exatamente a natureza pública em que se confina a matéria relativa às *condições da ação* que permite ao juiz conhecê-las de ofício, razão pela qual a iniciativa oficial não faz com que o julgador perca a sua imparcialidade (art. 485, § 3º, do CPC). A matéria, contudo, está longe de ter alcançado paz na doutrina e na jurisprudência entre os seguidores da eficácia preclusiva plena do saneamento e daqueles que o fazem escapar a esse fato processual impeditivo do reexame de questões já decididas. De resto, o saneamento implica a preclusão das "demais" questões decididas para as partes, que se contentaram com o seu teor e não o impugnaram, razão por que ao tribunal não é lícito enfrentá-las.

2.1 Legitimidade das partes

A *legitimidade das partes* tem como escopo estabelecer o contraditório entre as pessoas certas, porque o processo visa a sanar controvérsias e não curiosidades.[30]

Seguindo a regra genérica da análise das *condições da ação* pela narrativa da petição inicial, o juiz verifica se a parte apresenta essa habilitação para agir, *in abstrato*.

---

[29] A matéria não é pacífica: **Súmula nº 424 do STF**: "Transita em julgado o despacho saneador de que não houve recurso, excluídas as questões deixadas, explícita ou implicitamente, para a sentença".

[30] Esta expressão é tributada a José Alberto dos Reis.

A *legitimidade*, por seu turno, apresenta duplo aspecto, a saber: *ativo* e *passivo*;[31] por isso, ambas as partes devem ser os reais destinatários da sentença de mérito. Assim, não basta que A seja, no plano do direito material, o credor, senão que B também seja o seu devedor para que, no processo, a legitimação se considere preenchida. A dívida do sócio, por exemplo, não pode ser cobrada da sociedade e vice-versa, sob pena de ilegitimidade passiva. A verificação da posição dos sujeitos da pretensão no plano material é de capital importância para a fixação da *"legitimatio ad causam* ativa e passiva"*.

Essa coincidência somente perde importância *na legitimação extraordinária*, porque nesse caso o que marca o fenômeno é exatamente *a não coincidência entre os sujeitos da lide e os sujeitos do processo*. A relação processual forma-se com pessoas outras que não os titulares da relação material como, *v. g.*, o acionista minoritário que em nome próprio pode demandar em favor da sociedade; ou no clássico exemplo da legitimação do marido para promover, em nome próprio, ações em prol dos bens da mulher no regime dotal; ou, ainda, a legitimação do credor da falência para promover em favor da massa ação revocatória de bens alienados no período suspeito etc.

Fenômeno moderno, decorrente da nova sociedade de massa e do aparecimento dos novos *direitos sociais* pertencentes a toda a coletividade ou a determinada categoria de membros da sociedade, é o da *legitimação para os interesses difusos, coletivos e individuais homogêneos*.

Os estudiosos do processo há muito se preocupam com a questão dos interesses difusos, uma vez superada a visão liberal individualista do processo, oriunda de período histórico em que foram erigidos os princípios processuais até então vigentes.[32] A *legitimação* individualizada e personalizada no cidadão revelou-se insuficiente à vista dos novos anseios quanto à perquirição em juízo acerca dos direitos "superindividuais".[33] A incapacidade "técnico-jurídica" do cidadão isolado demonstrou-se de plano, para promover demandas em prol desses "megainteresses", agindo como um guardião de toda coletividade. Por outro lado, lesões aos interesses sociais restavam perpetradas por jurisdicionados portentosos sob o prisma técnico e econômico, revelando a desvantagem flagrante na demanda entre o cidadão comum e esses demandados.[34] Destarte, a veiculação em juízo de um interesse socialmente relevante levada a cabo por um só homem poderia resultar num prejuízo irreparável para todos, decorrente da incapacidade do autor ou mesmo de sua leviandade de propósitos, conducente a conluios inconfessáveis.

Inspirado no modelo europeu de utilização de órgãos intermediários entre o cidadão e o Estado, como os *ad hoc gruppen* do Direito germânico e as entidades representativas do Direito italiano, e as ações de classes – *class action* – do Direito anglo-saxônico, o legislador brasileiro passou a contemplar, em diplomas legais específicos, a legitimidade

---

[31] **Liebman**, *Manuale di Diritto processuale civile*, 1966, vol. I, p. 38. Para o citado autor, "a ação atua no conflito entre partes antagônicas, o que lhe empresta caráter 'bilateral', daí a legitimação ser um problema de 'dupla face'".

[32] **Sergio Chiarloni**, *Introduzione allo studio del Diritto processuale civile*, 1975, p. 39.

[33] **Mauro Cappelletti**, "Formações sociais e interesses coletivos diante da justiça civil", *RP*, 5/129.

[34] **Mauro Cappelletti**, *Acesso à justiça*, 1988, p. 27.

concorrente do Ministério Público e de órgãos intermediários para a defesa em juízo de seus "interesses institucionais", a par dos interesses individuais de seus componentes. Essa técnica de equalização das partes, colocando frente a frente litigantes, em princípio, com o mesmo poder de agir técnica e economicamente, descortinou esse novo aspecto da legitimação, mercê de aparelhar o sistema de defesa dos direitos, municiando-o com esses novos instrumentos decorrentes da cidadania. Assim, o direito ao meio ambiente saudável, à moralidade administrativa, à preservação do patrimônio histórico e à lisura na veiculação de propaganda, atinentes a toda a coletividade, passaram a ser objeto de ações que, em vez de exigir a legitimação multitudinária com a presença de inúmeras pessoas no processo, restaram por ser propostas por entidades voltadas para as finalidades *sub judice*, notadamente o Ministério Público.[35]

---

[35] **Humberto Theodoro Júnior**, *Curso de processo civil*, 1992, vol. I, p. 57.

"**Art. 129 da CF.** São funções institucionais do Ministério Público:

I – promover, privativamente, a ação penal pública, na forma da lei;

II – zelar pelo efetivo respeito dos Poderes Públicos e dos serviços de relevância pública aos direitos assegurados nesta Constituição, promovendo as medidas necessárias a sua garantia;

III – promover o inquérito civil e a ação civil pública, para a proteção do patrimônio público e social, do meio ambiente e de outros interesses difusos e coletivos;

IV – promover a ação de inconstitucionalidade ou representação para fins de intervenção da União e dos Estados, nos casos previstos nesta Constituição;

V – defender judicialmente os direitos e interesses das populações indígenas;

VI – expedir notificações nos procedimentos administrativos de sua competência, requisitando informações e documentos para instruí-los, na forma da lei complementar respectiva;

VII – exercer o controle externo da atividade policial, na forma da lei complementar mencionada no artigo anterior;

VIII – requisitar diligências investigatórias e a instauração de inquérito policial, indicados os fundamentos jurídicos de suas manifestações processuais;

IX – exercer outras funções que lhe forem conferidas, desde que compatíveis com sua finalidade, sendo-lhe vedada a representação judicial e a consultoria jurídica de entidades públicas.

§ 1º A legitimação do Ministério Público para as ações civis previstas neste artigo não impede a de terceiros, nas mesmas hipóteses, segundo o disposto nesta Constituição e na lei.

§ 2º As funções do Ministério Público só podem ser exercidas por integrantes da carreira, que deverão residir na comarca da respectiva lotação, salvo autorização do chefe da instituição (Redação dada pela Emenda Constitucional nº 45, de 2004).

§ 3º O ingresso na carreira do Ministério Público far-se-á mediante concurso público de provas e títulos, assegurada a participação da Ordem dos Advogados do Brasil em sua realização, exigindo-se do bacharel em direito, no mínimo, três anos de atividade jurídica e observando-se, nas nomeações, a ordem de classificação (Redação dada pela Emenda Constitucional nº 45, de 2004).

§ 4º Aplica-se ao Ministério Público, no que couber, o disposto no art. 93 (Redação dada pela Emenda Constitucional nº 45, de 2004).

§ 5º A distribuição de processos no Ministério Público será imediata (Incluído pela Emenda Constitucional nº 45, de 2004)."

"**Lei nº 7.347, de 24.07.1985 (Ação Civil Pública)**

Art. 5º Têm legitimidade para propor a ação principal e a ação cautelar (Redação dada pela Lei nº 11.448, de 2007).

A prática judiciária tem revelado as mais diversificadas ações civis públicas. Assim, *v. g.*, ações em defesa dos interesses individuais homogêneos de consumidores de determinado produto, ações de pais de alunos para coibir aumentos abusivos de mensalidades; demandas contra os desvios perpetrados com o dinheiro público por autoridades municipais, estaduais e federais; ações em favor de adquirentes de imóveis loteados contra aumentos ilegais de tributos etc.

I – o Ministério Público (Redação dada pela Lei nº 11.448, de 2007).

II – a Defensoria Pública (Redação dada pela Lei nº 11.448, de 2007).

III – a União, os Estados, o Distrito Federal e os Municípios (Incluído pela Lei nº 11.448, de 2007).

IV – a autarquia, empresa pública, fundação ou sociedade de economia mista (Incluído pela Lei nº 11.448, de 2007).

V – a associação que, concomitantemente (Incluído pela Lei nº 11.448, de 2007):

a) esteja constituída há pelo menos 1 (um) ano nos termos da lei civil (Incluído pela Lei nº 11.448, de 2007);

b) inclua, entre suas finalidades institucionais, a proteção ao patrimônio público e social, ao meio ambiente, ao consumidor, à ordem econômica, à livre concorrência, aos direitos de grupos raciais, étnicos ou religiosos ou ao patrimônio artístico, estético, histórico, turístico e paisagístico. (Redação dada pela Lei nº 13.004, de 2014)

§ 1º O Ministério Público, se não intervier no processo como parte, atuará obrigatoriamente como fiscal da lei.

§ 2º Fica facultado ao Poder Público e a outras associações legitimadas nos termos deste artigo habilitar-se como litisconsortes de qualquer das partes.

§ 3º Em caso de desistência infundada ou abandono da ação por associação legitimada, o Ministério Público ou outro legitimado assumirá a titularidade ativa.

§ 4º O requisito da pré-constituição poderá ser dispensado pelo juiz, quando haja manifesto interesse social evidenciado pela dimensão ou característica do dano, ou pela relevância do bem jurídico a ser protegido.

§ 5º Admitir-se-á o litisconsórcio facultativo entre os Ministérios Públicos da União, do Distrito Federal e dos Estados na defesa dos interesses e direitos de que cuida esta lei.

§ 6º Os órgãos públicos legitimados poderão tomar dos interessados compromisso de ajustamento de sua conduta às exigências legais, mediante cominações, que terá eficácia de título executivo extrajudicial."

"Lei nº 8.625, de 12.02.1993 (Lei Orgânica Nacional do Ministério Público):

Art. 25. Além das funções previstas nas Constituições Federal e Estadual, na Lei Orgânica e em outras leis, incumbe, ainda, ao Ministério Público [...]:

IV – promover o inquérito civil e a ação civil pública, na forma da lei:

a) para a proteção, prevenção e reparação dos danos causados ao meio ambiente, ao consumidor, aos bens e direitos de valor artístico, estético, histórico, turístico e paisagístico, e a outros interesses difusos, coletivos e individuais indisponíveis e homogêneos; [...]."

"Lei nº 8.069, de 13.07.1990 (ECA):

Art. 201. Compete ao Ministério Público [...]:

V – promover o inquérito civil e a ação civil pública para a proteção dos interesses individuais, difusos ou coletivos, relativos à infância e à adolescência, inclusive os definidos no art. 220, § 3º, inciso II, da Constituição Federal. [...]."

A ampliação da legitimação para agir no que toca à ação civil pública em confronto com aquela prevista na ação popular deferível apenas ao cidadão fez revelar, na praxe forense, o manejo de inúmeras ações civis públicas pelo Ministério Público com o mesmo escopo das ações populares, com plena aceitação pela doutrina e pela jurisprudência. Aliás, após a Constituição de 1988, com a previsão legitimária do art. 129, forçoso reconhecer legitimação ao Ministério Público para todas as ações difusas, inclusive a popular, que hoje se categoriza como subespécie da ação civil pública.

Nesse evolver é que surgiram órgãos como a Curadoria de Defesa do Consumidor. Agindo em juízo em prol dessa categoria social, as entidades profissionais passaram a gozar de legitimidade para a propositura de ações coletivas em favor de seus associados, e os partidos políticos, igualmente, mereceram essa chancela legal, por meio de instrumentos processuais destinados a promover o interesse coletivo, tais como: (I) *ação popular*; (II) *ação civil pública*; (III) *mandado de segurança coletivo*; e (IV) *ações do Código do Consumidor em geral*.

A vantagem dessas ações coletivas é o fato de as decisões favoráveis emprestarem seu vigor às pretensões individuais, por meio de técnicas como a coisa julgada *secundum eventum litis*, *erga omnes*, *ultra partes* e *in utilibus*. Em suma, as ações individuais podem aproveitar-se daquelas decisões (*in utilibus*) que produzem efeitos *erga omnes* ou *ultra partes*, se favoráveis, sendo certo que *secundum eventum litis* as sentenças podem circunscrever-se ao litígio específico.[36]

Outrossim, é mister não confundir a legitimação para os interesses difusos com a *legitimação plúrima*, que consiste em conceder *legitimação apenas a uma pluralidade* de pessoas. Nesse último caso, o requisito da *legitimatio ad causam* somente se aperfeiçoa com a presença daquela pluralidade de pessoas no processo, em *litisconsórcio necessário*, como, *v. g.*, ocorre com a anulação de uma escritura em que, no polo passivo, devem estar presentes todos os protagonistas do negócio jurídico ou, ainda, na ação de dissolução de sociedade, em que todos os sócios devem integrar a relação processual.

Por fim, impõe-se não promiscuir as figuras da *substituição processual* como fenômeno extraordinário de *legitimação*, permitindo a alguém, em nome próprio, pleitear direito alheio (art. 18 do CPC),[37] com *substituição comum* ou *sucessão processual* (arts. 109 e 110 do CPC).[38] Na substituição processual um vínculo reconhecido pelo direito permite a alguém litigar, em nome próprio, por um direito alheio.

---

[36] **Ada Pellegrini Grinover**, "Da coisa julgada no Código de Defesa do Consumidor", *RA*, 33/5.

[37] "**Art. 18.** Ninguém poderá pleitear direito alheio em nome próprio, salvo quando autorizado pelo ordenamento jurídico. Parágrafo único. Havendo substituição processual, o substituído poderá intervir como assistente litisconsorcial."

[38] "**Art. 109.** A alienação da coisa ou do direito litigioso por ato entre vivos, a título particular, não altera a legitimidade das partes.

§ 1º O adquirente ou cessionário não poderá ingressar em juízo, sucedendo o alienante ou cedente, sem que o consinta a parte contrária.

§ 2º O adquirente ou cessionário poderá intervir no processo como assistente litisconsorcial do alienante ou cedente.

Assim, *v. g.*, o condômino, no condomínio horizontal, pode promover uma ação de cobrança contra outro condômino faltoso, em prol da comunidade, toda vez que o síndico se mantenha inerte em detrimento dos demais coproprietários. No mesmo diapasão, o acionista minoritário, por força de lei, pode demandar contra os prejuízos causados à sociedade por sua diretoria, revertendo o resultado econômico da demanda em proveito da entidade, agindo como seu substituto processual, autorizado pela lei das sociedades anônimas.

Muito embora a lei se refira à autorização legal para que se possa agir como substituto processual, nada obsta que um negócio jurídico privado assim o permita, máxime em se tratando de direitos transmissíveis. Assim, *v. g.*, o empreiteiro é parte legítima para cobrar a importância devida por força da subempreitada se assumiu a responsabilidade contratual pelo repasse. Nesses casos a legitimação é concorrente, posto que o crédito pertence ao subempreiteiro, mas também é lícito ao empreiteiro originário cobrá-lo.

Não obstante, na substituição processual sempre se admite a atuação coadjuvante do substituído, tanto mais que, ao lado de seu inegável interesse jurídico, ressalta a eficácia da coisa julgada, que o atinge quer tenha intervindo, quer não.

A *sucessão processual* é fenômeno diverso e dinâmico, e diz respeito à saída de uma das partes e o ingresso da outra em razão de um negócio jurídico a título particular ou universal.

No que pertine à *sucessão a título particular*, é mister observar que a lei, seguindo o *princípio da inalterabilidade da demanda*, torna *inócua a alienação da coisa litigiosa para o fim de modificar a legitimidade das partes*, tanto assim que o ato de transmissão não a altera (art. 109, *caput*, do CPC). Isso significa que, mesmo alienando o bem objeto do litígio, o alienante continua no processo como parte legítima.[39] Isso porque a alienação é um "indiferente processual", tornando-se insensível aos resultados do processo. A decisão proferida alcançará o bem litigioso ainda que no patrimônio do novo adquirente, que fica sujeito à coisa julgada, quer intervenha, quer não. E mais: a saída do alienante e o ingresso do adquirente dependem da anuência da parte contrária. Em sendo consentida a sua despedida, dá-se a *sucessão processual*, com o ingresso do adquirente e a extromissão do alienante. Não havendo concordância, mantém-se no processo o alienante, permitindo-se, por motivos óbvios, o ingresso do adquirente como *assistente litisconsorcial* daquele. A razão é simples: a motivação maior pela vitória acerca do bem *sub judice* agora é do novo adquirente.

Ideologicamente, entretanto, o alienante, que no plano do direito material não é mais o titular, mas permanece legitimado, tem agora a sua legitimação transmudada de

---

§ 3º Estendem-se os efeitos da sentença proferida entre as partes originárias ao adquirente ou cessionário".

"**Art. 110.** Ocorrendo a morte de qualquer das partes, dar-se-á a sucessão pelo seu espólio ou pelos seus sucessores, observado o disposto no art. 313, §§ 1º e 2º."

[39] "Essa regra impede, assim, que a alienação da coisa litigiosa obste a análise do mérito por *ilegitimatio ad causam* do transmitente" (**Virgilio Andrioli**, *Lezioni di Diritto processuale civile*, 1973, vol. I, p. 231).

ordinária para extraordinária, passando a litigar em juízo por algo que não é mais seu e, portanto, *postulando, em nome próprio, direito alheio.*

2.2 Interesse de agir

O interesse, como conceito genérico, representa a relação entre um bem da vida e a satisfação que ele encerra em favor de um sujeito.[40] Esse interesse assume relevo quando "juridicamente protegido", fazendo exsurgir o "direito subjetivo" de natureza substancial. Ao manifestar seu interesse, o sujeito de direito pode ver-se obstado por outrem que não reconhece a sua posição jurídica. Diante da impossibilidade de submissão do interesse substancial alheio ao próprio por via da violência, faz-se mister a intervenção judicial para que se reconheça, com a força da autoridade, qual dos dois interesses deve sucumbir e qual deles deve se sobrepor.

À negação de submissão de um interesse ao outro corresponde um tipo de interesse que é o de obter a prestação da tutela jurisdicional, com o fim de fazer prevalecer a aspiração própria sobre a de outrem, cabendo ao Judiciário definir qual delas é a que se sobrepõe.

A situação jurídica que reclama a intervenção judicial, sob pena de um dos sujeitos sofrer prejuízo em razão da impossibilidade de autodefesa, é que caracteriza o *interesse de agir.*[41] É que, como já se afirmou em bela sede doutrinária, a "função jurisdicional não pode ser movimentada sem que haja um motivo".

Destarte, como de regra, o interesse substancial juridicamente protegido nada tem que ver com o interesse meramente processual de movimentar a máquina judiciária.[42]

Assim, *v. g.,* não pode o credor mover uma ação de cobrança sem que a dívida esteja vencida, tampouco pode o locador despejar o inquilino antes de decorrido o prazo de notificação que a lei lhe confere para desocupar voluntariamente o imóvel, etc., por falta de interesse de agir.

Mister ressaltar que alguns direitos "só podem ser exercidos em juízo", como o direito à adoção, ou o direito-dever de interditar alguém que esteja privado de suas faculdades mentais, etc. Nessas hipóteses, o *interesse de agir* nasce juntamente com o direito substancial; por isso que, por exemplo, um casal não pode se separar extrajudicialmente, tampouco é possível interditar-se alguém por ato particular de vontade. Trata-se de hipóteses de *jurisdição necessária*, em que o interesse de agir é imanente.

Outrossim, cada espécie de ação reclama um *interesse de agir* específico. A *ação declaratória* na qual a parte pleiteia que o Estado-juiz declare se é existente ou não determinada relação jurídica, *mister que paire dúvida objetiva e jurídica* sobre ela, para que o

---

[40] "O interesse é a posição favorável à satisfação de uma necessidade, de que titular é a pessoa física ou jurídica e cujo objeto é um bem" (**Frederico Marques**, *Instituições*, vol. II, 1971, p. 40, e **Calmon de Passos**, *Comentários*, 1974, vol. III).

[41] "O interesse processual tem como objetivo direto e imediato a atividade do órgão jurisdicional" (**Crisanto Mandrioli**, *L'azione esecutiva*, 1965, p. 103).

[42] "O interesse substancial se dirige ao bem da vida e o interesse processual, à atividade jurisdicional."

Judiciário não seja instado a definir um pseudolitígio, como mero órgão de consulta.[43] Assim, se a dúvida inexiste, não se pode propor uma ação "por via das dúvidas"...

Consequentemente, não cabe ação declaratória para interpretação do direito objetivo; ou para indicar qual a legislação aplicável ao negócio jurídico objeto mediato do pedido.

Não obstante, o Superior Tribunal de Justiça considera legítima a ação declaratória para interpretação de cláusula contratual (*Súmula nº 181*).[44]

Na *ação condenatória*, o *interesse de agir* demonstra-se por meio da *lesão perpetrada*, como na ação em que se pretende a reparação de dano ocasionado em acidente de trânsito.

Tratando-se de *ação constitutiva*, é mister demonstrar que o *estado jurídico novo que se aspira não pode ser obtido por força da recusa de colaboração de uma das partes*. Assim, *v. g.*, em princípio, a renovação de um contrato de locação comercial[45] ou a dissolução de uma sociedade podem ser alcançados pela vontade das próprias partes, sem necessidade de intervenção judicial. Entretanto, esta será necessária se os interessados não alcançarem o consenso quanto aos seus objetivos, caso em que nasce o *interesse de agir* via Judiciário.

O requisito deve ser observado, também, na fase de execução, por isso que nesta o *interesse de agir* revela-se no inadimplemento do devedor. O processo cautelar reclama o interesse processual, consistente na necessidade de remover uma situação de perigo, para preservar a utilidade do processo de conhecimento ou execução.

Em todos esses casos reclama-se que a parte tenha "necessidade" da via judicial e que ela resulte numa "providência mais útil" do que aquela que obteria por mãos próprias acaso fosse autorizada a autotutela.

Por essa razão é que se afirma que o *interesse de agir* deve ser composto do *binômio necessidade-utilidade* da via jurisdicional.

Encarta-se no aspecto da *utilidade* a escolha correta do procedimento adequado à pretensão deduzida. Assim, se a parte pede em juízo uma providência de cunho petitório e utiliza o processo possessório, da narrativa de sua petição já se observa a inadequação do remédio escolhido para a proteção que pretende; por isso, é inútil aos seus desígnios; por consequência, ao autor faltará o *interesse de agir*. Exemplo típico da falta de interesse de agir é o que se verifica em ação meramente declaratória na qual se observa da prescrição da ação condenatória respectiva à pretensão declarada.

Nesse seguimento, se a parte dispõe de título executivo para iniciar o processo satisfativo de execução e demanda determinada obrigação por meio do processo de co-

---

[43] "**Art. 19.** O interesse do autor pode limitar-se à declaração:

I – da existência, da inexistência ou do modo de ser de uma relação jurídica;

II – da autenticidade ou da falsidade de documento.

Art. 20. É admissível a ação meramente declaratória, ainda que tenha ocorrido a violação do direito."

[44] "**Súmula nº 181 do STJ:** É admissível ação declaratória, visando a obter certeza quanto à exata interpretação de cláusula contratual."

[45] A respeito, consulte-se o nosso *Locações: processo e procedimentos*, 2ª ed., Destaque, 1995, na parte relativa à Ação Renovatória.

nhecimento, há manifesta inutilidade da via eleita, porquanto a duplicação de processos com a prévia cognição e posterior execução revela-se desnecessária diante do documento que o exequente possui, ressalvada a possibilidade de utilização do documento para fins de antecipação de tutela.

Expressiva hipótese de *interesse de agir* prevista em lei é a dos *arts. 19 e 20 do CPC*, nos quais o legislador permite a propositura de ação declaratória ainda que a parte possa promover, de logo, a ação condenatória. É que em toda condenação está embutida uma declaração, como de resto em qualquer pronunciamento judicial. Entretanto, a lei permite que a parte "pare no meio do caminho", postulando tão somente a declaração, o "acertamento da responsabilidade", para após, segundo a sua conveniência, promover ou não o pedido de condenação, com a premissa da responsabilidade previamente definida. Observe-se que, não fosse o dispositivo legal expresso, a parte que intentasse a ação declaratória, podendo mover a condenatória, incidiria em falta de *interesse de agir*.

Elegante questão trava-se no âmbito das "ações preventivas". Conforme referido alhures, a simples ameaça de lesão, por força do preceito constitucional da "inafastabilidade da jurisdição", constitui-se em lesão reparável pela via judicial. "Todo aquele que tenha justo receio de ser molestado em seu direito pode promover uma ação preventiva" de cunho cautelar ou de cunho satisfativo. Assim, *v. g.*, o credor que tenha justo receio de que o devedor caia em insolvência para esvaziar o seu patrimônio a ponto de não suportar a exigibilidade judicial da dívida pode intentar uma ação preventivo-cautelar de arresto.

Igualmente, o possuidor que tenha justo receio de ser molestado pode propor o interdito proibitório (arts. 297 e 567 do CPC).[46] Ambas são ações preventivas e o *interesse de agir* decorre do justo receio diante da ameaça de lesão, o que deve ser aferido objetivamente – e não subjetivamente – pelo que o autor narra na petição inicial. Raciocínio inverso imporá avaliar o receio que se aloja apenas na mente do autor por uma percepção deformada dos fatos da vida. Consequentemente, concluindo o juízo que inexiste o "receio objetivo e jurídico", falecerá ao demandante *interesse de agir*.

Por fim, confina com a questão do *interesse de agir* aquela inerente à "exaustão da via administrativa" antes da propositura de ações diante de pessoas jurídicas de direito público ou de direito privado que exerçam funções paraestatais.

O nosso sistema da "unidade da jurisdição" e da "ausência de contencioso administrativo" implica que as decisões judiciais sejam as únicas com força de coisa julgada e, em consequência, nenhuma lesão pode escapar à apreciação do Judiciário. Consectário

---

[46] "**Art. 297.** O juiz poderá determinar as medidas que considerar adequadas para efetivação da tutela provisória.

Parágrafo único. A efetivação da tutela provisória observará as normas referentes ao cumprimento provisório da sentença, no que couber."

"**Art. 567.** O possuidor direto ou indireto que tenha justo receio de ser molestado na posse poderá requerer ao juiz que o segure da turbação ou esbulho iminente, mediante mandado proibitório em que se comine ao réu determinada pena pecuniária caso transgrida o preceito."

Observe-se, mais adiante, o tema da tutela inibitória, que retrata a moderna visão das ações preventivas.

Cap. 6 · AÇÃO: CONDIÇÕES, ELEMENTOS DE IDENTIFICAÇÃO, CONEXÃO E CONTINÊNCIA | **253**

é o de que nada substitui a função jurisdicional. Por essa razão, não é preciso exaurir as vias administrativas com todos os seus recursos como pré-requisito de ingresso no Judiciário. Ao revés, qualquer lesão administrativa autoriza o imediato ingresso na via judicial. Há, entretanto, ações especiais que demandam condições próprias, sem que isso possa implicar na afirmação generalizada de que o Direito brasileiro exige a exaustão da via administrativa antes da propositura das ações respectivas.[47]

Assim é que a lei do mandado de segurança, que se exercita por meio de procedimento célere e mandamental, nega essa via expedita se a parte pode recorrer da decisão administrativa mediante recurso administrativo que suspenda o ato lesivo, independentemente de qualquer contraprestação de caução.[48] Nessa hipótese, não há necessidade e, portanto, interesse processual porque a lei específica assim o prevê. Vale ressaltar que a Lei nº 13.676/2018 passou a permitir a defesa oral do pedido de liminar na sessão de julgamento do *mandamus*.

Essa assertiva deve ser considerada à luz do princípio da inafastabilidade da jurisdição, de sorte que, se o impetrante abandona a esfera administrativa, pode recorrer de imediato ao Judiciário. O que não pode é utilizar o recurso administrativo com efeito suspensivo e concomitantemente agir em juízo. É nessa última hipótese que falece o interesse de agir.

Outrossim, havendo omissão da autoridade, o recurso administrativo não tem efeito ativo, por isso é admissível a concomitância, na forma da Súmula nº 429 do STF.[49]

Assente-se por fim que, à semelhança das demais condições, o *interesse de agir* é analisado *in abstrato*, pelo que se contém na petição inicial, e deve perdurar até a prolação da decisão de mérito. É possível que o conflito, enquanto pende o processo, receba alguma solução extrajudicial que torne desnecessária a prestação jurisdicional supervenientemente, como, *v. g.*, quando o locatário abandona o imóvel não obstante tenha contestado o feito, o réu desocupe o bem após a ação possessória proposta, ou aceite a decisão depois de ter interposto o recurso. Nessas hipóteses utiliza-se, na praxe forense, a expressão "perda de objeto", que nada mais é senão a falta de interesse processual superveniente, posto acarretar a desnecessidade de pronunciamento judicial. Nessas hipóteses, cumpre ao juiz verificar o "responsável pela demanda" para imputar-lhe os ônus da sucumbência, malgrado extinto o processo sem resolução do mérito. Assim, *v. g.*, impedindo-se ao autor o exercício de mandato para cargo eletivo, e pleiteada a tutela jurisdicional que remova o

---

[47] Acerca do tema, consulte-se **Celso Agrícola Barbi**, *Comentário ao Código de Processo Civil*, Comentários ao artigo 3º do CPC, Forense, 1994.

[48] "**Lei nº 12.016, de 07.08.2009 (Mandado de Segurança)**

"**Art. 5º** Não se concederá mandado de segurança quando se tratar:

I – de ato do qual caiba recurso administrativo com efeito suspensivo, independentemente de caução;

II – de decisão judicial da qual caiba recurso com efeito suspensivo;

III – de decisão judicial transitada em julgado.

Parágrafo único. (Vetado)."

[49] "**Súmula 429, STF:** A existência de recurso administrativo com efeito suspensivo não impede o uso do mandado de segurança contra omissão da autoridade."

obstáculo, ainda que extinto o prazo do mandato, se a sentença reconhecer a ilegalidade daquele ato obstativo, deve imputar a condenação nas custas e honorários ao "responsável pela demanda", em decisão que assim o reconheça, com efeitos *ex tunc*. Raciocínio idêntico deve ser formulado se o imóvel, objeto da ação possessória, vem a ser destruído e torna-se impossível materialmente a reintegração na posse, hipótese em que suportará a sucumbência o responsável pela demanda.

Nessas hipóteses, cumpre ao juiz verificar o "responsável pela demanda" para imputar-lhe os ônus da sucumbência, malgrado extinto o processo sem resolução do mérito. Assim, *v.g.*, impedindo-se ao autor o exercício de mandato para cargo eletivo, e pleiteada a tutela jurisdicional que remova o obstáculo, ainda que extinto o prazo do mandato, se a sentença reconhecer a ilegalidade daquele ato obstativo, deve imputar a condenação nas custas e honorários, ao "responsável pela demanda", em decisão que assim o reconheça, com efeitos *ex tunc*. Raciocínio idêntico deve ser formulado se o imóvel, objeto da ação possessória, vem a ser destruído antes da propositura da demanda e torna-se impossível, materialmente, a reintegração na posse deste, hipótese em que suportará a sucumbência o responsável pela demanda.

3. ELEMENTOS DE IDENTIFICAÇÃO DAS AÇÕES

3.1 Elementos de identificação das ações[50]

O Estado, no exercício de seu poder-dever jurisdicional, só pode ser instado a definir a situação litigiosa uma única vez.[51] Assim o fazendo, cumpre o desígnio de pacificação, que é o escopo maior dessa tarefa estatal. A rediscussão de uma ação já julgada carrearia franca instabilidade pela possibilidade de redefinição do litígio de forma diversa. Por essa razão, num dado momento de escoamento das oportunidades de impugnação judicial, a decisão se torna imutável e indiscutível. É o fenômeno da *coisa julgada*, cuja *ratio essendi* não é senão o atingimento do escopo da estabilidade e segurança social. Exatamente por esse motivo é que o fundamento da coisa julgada não reside no fato de ela representar uma decisão justa e imune de equívocos, mas antes um compromisso com a exigência social de que, em determinado momento, uma decisão não possa mais ser revista. Destarte, a eminência da questão que a coisa julgada encerra faz dela matéria arguível a qualquer tempo, *ex officio* ou mediante requerimento, sem o óbice da preclusão.

A verificação sobre se uma ação já foi decidida ou não, para constatar esse aspecto da "coisa julgada", implica a operação analítica de decomposição dos elementos consti-

---

[50] Sobre o tema, consulte-se **Celso Agrícola Barbi**, *Comentários*, vol. I, e Frederico Marques, *Instituições*, vol. I.

[51] "**Art. 505.** Nenhum juiz decidirá novamente as questões já decididas relativas à mesma lide, salvo:
I – se, tratando-se de relação jurídica de trato continuado, sobreveio modificação no estado de fato ou de direito, caso em que poderá a parte pedir a revisão do que foi estatuído na sentença;
II – nos demais casos prescritos em lei."

Cap. 6 · AÇÃO: CONDIÇÕES, ELEMENTOS DE IDENTIFICAÇÃO, CONEXÃO E CONTINÊNCIA | 255

tutivos das ações, com o fito de observar se uma ação é idêntica à outra, como o exige a doutrina da tríplice identidade, informadora do nosso ordenamento processual (art. 337 e § 2º do CPC).[52]

À luz desse dispositivo, categorizam-se como *elementos de identificação das ações*: (I) os *sujeitos*, (II) o *pedido*; e (III) a *causa de pedir*.

Inúmeras são as aplicações da doutrina da *identificação das ações*.[53] Considerando os *sujeitos*, que são as partes, depreendem-se os fenômenos do concurso subjetivo de ações, o litisconsórcio, a legitimidade das partes etc. O *pedido*, com as suas especificações, serve à fixação da competência do juízo, à escolha do procedimento etc.

A *causa de pedir* revela o interesse[54] na busca da solução judicial e indica, juntamente com o *pedido*, o laço que impõe o julgamento simultâneo entre duas ou mais ações, em razão do risco de decisões contraditórias (*conexão*).

O regime jurídico peculiar de cada um desses elementos tem suas características próprias e cumpre-nos analisá-los.

3.2 O elemento causal – *Causa petendi*

A composição da *causa petendi*, consistente nos fatos e nos fundamentos jurídicos do pedido, é constante, não assistindo razão aos que afirmam que o binômio *causa próxima--causa remota* somente se verifique nas ações pessoais, uma vez que, nas demandas reais, a *causa de pedir* está sempre "confinada na relação jurídica" na qual se funda o *pedido*.[55] A alegação do direito real pode até ser constante nas denominadas ações "reais", mas tornar-se-á necessário indicar a violação a esse direito absoluto como requisito não só da motivação da demanda como também da revelação do *interesse de agir*.

A *causa petendi*, por seu turno, pode ser composta de apenas um fato ou de vários fatos; porquanto um só fato pode dar ensejo a *vários pedidos* e *vários* fatos podem dar ensejo a uma mesma ação. Tratando-se de diversos fatos que dão origem, por exemplo,

---

[52] "**Art. 337.** Incumbe ao réu, antes de discutir o mérito, alegar: [...]

VII – coisa julgada; [...]

§ 1º Verifica-se a litispendência ou a coisa julgada quando se reproduz ação anteriormente ajuizada.

§ 2º Uma ação é idêntica a outra quando possui as mesmas partes, a mesma causa de pedir e o mesmo pedido.

§ 3º Há litispendência quando se repete ação que está em curso.

§ 4º Há coisa julgada quando se repete ação que já foi decidida por decisão transitada em julgado."

[53] Ao problema da individualização das ações, no dizer de **Zanzucchi**, se prendem questões como a coisa julgada, a litispendência e tudo quanto diga respeito à identificação das ações e seus consectários (*in Diritto processuale civile*, 1946, vol. I, p. 190).

[54] **Liebman** afirmava que "a *causa petendi* era composta do fato constitutivo da relação de direito de onde o autor deduz a sua pretensão, juntamente com o fato que dá lugar ao interesse de agir", in *Corso di Diritto processuale civile*, 1952, p. 64.

[55] Essa a posição de **Frederico Marques**, *Instituições*, vol. II, 1971, p. 36, calcado nas lições de **Liebman**, *Corso*, p. 64.

a um pedido de anulação, consistentes na alegação de dolo, erro e simulação, as ações serão tantas quantos sejam os fatos que lhes dão origem. Trata-se de pluralidade de *causa petendi*.[56]

Por outro lado, a *causa petendi* não é integrada pela *qualificação jurídica* que o autor confere ao fato em que baseia a sua pretensão.[57]

Assim, *v. g.*, se o autor promove uma ação visando à anulação de uma escritura, alegando erro, e não obtém êxito, não pode posteriormente propor a mesma ação com base nos mesmos fatos, sob a invocação de que o que houve foi dolo. Nessa hipótese, o autor estaria apenas alterando a qualificação jurídica do fato e não a sua consequência jurídica, que é o desfazimento do vínculo, mercê de repetir a mesma base fática, incidindo na vedação da repetição das ações à luz da *teoria da substanciação*.

A *causa petendi* ostenta, ainda, a função de limitar o juiz, que não pode acolher o *pedido* por motivo diverso daquele que foi articulado; vale dizer: o juiz, ao sentenciar, não pode fundamentar o *decisum* em causa não articulada pelo demandante, ainda que por ela seja possível acolher o *pedido* do autor. Trata-se de decorrência do dever de o juiz "decidir a lide nos limites em que foi proposta, sendo-lhe defeso conhecer de questões, não suscitadas, a cujo respeito a lei exige a iniciativa da parte" (art. 141 do CPC).[58] Outrossim, a vedação aplica-se não só ao autor, mas, também ao réu, de sorte que o juiz não pode conhecer matérias que seriam favoráveis ao demandado mas que dependem da sua iniciativa. Assim, *v. g.*, não é lícito ao juiz reconhecer *ex officio* uma exceção material em prol do réu, como a exceção de usucapião ou a *exceptio inadimpleti contractus*. A proibição, como evidente, não se estende às matérias conhecíveis de ofício, como, *v. g.*, as questões formais (preliminares) ou as questões materiais apreciáveis, independentemente de iniciativa da parte, como a "decadência" do direito, a "nulidade" dos atos jurídicos e as "objeções" em geral (art. 342, II, do CPC).[59]

Situação jurídica diversa é aquela que permite ao Tribunal, quando da apreciação do recurso, conhecer e acolher uma *causa de pedir* que "foi articulada", porém, não apreciada pelo juiz na sentença. É que o art. 1.013, e seus §§ 1º e 2º, do CPC[60] autorizam

---

[56] A doutrina que agrupava os vícios geradores da anulação do negócio jurídico está afastada do cenário doutrinário nacional e alienígena. Nesse sentido, **Chiovenda**, *Instituições*, vol. I, p. 502.

[57] Nesse sentido **José Carlos Barbosa Moreira**, *O Novo Processo Civil Brasileiro*, 1995, p. 20-21.

[58] "**Art. 141.** O juiz decidirá o mérito nos limites propostos pelas partes, sendo-lhe vedado conhecer de questões não suscitadas a cujo respeito a lei exige iniciativa da parte."

[59] "**Art. 342.** Depois da contestação, só é lícito ao réu deduzir novas alegações quando:

I – relativas a direito ou a fato superveniente;

II – competir ao juiz conhecer delas de ofício;

III – por expressa autorização legal, puderem ser formuladas em qualquer tempo e grau de jurisdição."

[60] "**Art. 1.013.** A apelação devolverá ao tribunal o conhecimento da matéria impugnada.

§ 1º Serão, porém, objeto de apreciação e julgamento pelo tribunal todas as questões suscitadas e discutidas no processo, ainda que não tenham sido solucionadas, desde que relativas ao capítulo impugnado.

essa investigação pelo órgão *ad quem* por força da ampla devolutividade do recurso de apelação (*Tantum devolutum quantum apellatum*), hoje dilargada pelos § 3º, I, e art. 938, §§ 1º e 2º, do mesmo dispositivo.

Nesse mesmo sentido deve ser interpretado o disposto no art. 493 do CPC,[61] que, na verdade, não autoriza a mudança da causa de pedir, mas antes impõe que o juiz leve em consideração, por ocasião da sentença, a causa alegada inicialmente porém somente verificada supervenientemente no curso do processo.[62]

Destaque-se, por fim, que a causa de pedir indica, com frequência, na prática judiciária, o fenômeno da conexão de ações. Assim, *v. g.*, se um contratante com base numa mesma infração contratual pleiteia, em ações diversas, a rescisão do vínculo e a condenação da parte adversa em perdas e danos, as referidas demandas serão conexas pela identidade da *causa petendi*.

3.3 Elemento subjetivo

A operação de identificação das ações encontra no *elemento subjetivo* um de seus componentes de mais simples verificação. É que toda ação implica a existência de sujeitos em conflito.

O processo, como instrumento pelo qual a parte exerce o seu direito de agir, é relação jurídica, e esta não pode subsistir sem que haja *sujeitos*, daí ter-se afirmado que *Judicium est actus ad minus trium personarum.*[63]

Sob o ângulo da identificação das ações, são considerados *sujeitos da ação*, em primeiro lugar, "os sujeitos da lide". Isso porque, se, efetivamente, a finalidade da decomposição das ações é evitar a reproposição, deve-se levar em conta o que dispõe a primeira

---

§ 2º Quando o pedido ou a defesa tiver mais de um fundamento e o juiz acolher apenas um deles, a apelação devolverá ao tribunal o conhecimento dos demais.

§ 3º Se o processo estiver em condições de imediato julgamento, o tribunal deve decidir desde logo o mérito quando:

I – reformar sentença fundada no art. 485; [...]"

"**Art. 938, § 1º.** Constatada a ocorrência de vício sanável, inclusive aquele que possa ser conhecido de ofício, o relator determinará a realização ou a renovação do ato processual, no próprio tribunal ou em primeiro grau de jurisdição, intimadas as partes.

§ 2º Cumprida a diligência de que trata o § 1º, o relator, sempre que possível, prosseguirá no julgamento do recurso."

61 "**Art. 493.** Se, depois da propositura da ação, algum fato constitutivo, modificativo ou extintivo do direito influir no julgamento do mérito, caberá ao juiz tomá-lo em consideração, de ofício ou a requerimento da parte, no momento de proferir a decisão. Parágrafo único. Se constatar de ofício o fato novo, o juiz ouvirá as partes sobre ele antes de decidir."

62 "Na teoria germânica da substanciação – *Substantiierungstheorie* – a *causa petendi* é identificada pelo fato constitutivo do direito, ao passo que para a corrente da individualização – *Individualisierungstheorie*, a relação de direito afirmada é o bastante para individualizar a ação sob o prisma causal", in **Ernesto Heinitz**, *I limiti oggetivi della cosa giudicata*, 1937, p. 146. Essa ótica influi na concepção da litispendência e da coisa julgada.

63 Tal definição é tributada ao jurista medieval Búlgaro, **Frederico Marques**, *Instituições*, vol. 1, p. 34.

parte do art. 505 do CPC, segundo a qual: "nenhum juiz decidirá novamente as questões decididas relativas *à mesma lide*". Ora, se assim o é, importa, em primeiro plano, identificar os *sujeitos* da relação litigiosa para que eles não retornem a juízo repetindo pedido anteriormente julgado.

Depreendem-se os sujeitos da lide à luz da relação jurídico-material conexa com a ação. Assim, se a ação é de cobrança, os sujeitos da lide são o credor e o devedor; se a ação é possessória, o titular da posse e o eventual esbulhador assim também são considerados.

Casos há em que figuram no processo pessoas que não são os sujeitos da lide, mas que a lei admite atuem na relação processual *em nome próprio*, muito embora postulem direito alheio. Isso significa que nem sempre há uma coincidência entre os sujeitos da lide e os sujeitos do processo, o que representa um fenômeno "extraordinário", posto ser comum aquela correlação.

Aquele que figura na relação processual, e dela *participa*, denomina-se *parte*, quer pela atuação, quer pela titularidade de parcela do todo litigioso.

A *parte* autora, em sua atuação na relação litigiosa, pede a jurisdição perante alguém, dirigindo-se primariamente ao Estado. Entretanto, não obstante postule uma providência ao Estado, o que a *parte ativa* pretende é produzir uma consequência jurídica na esfera de outrem, considerada *parte passiva*.[64]

Dessa constatação deriva o conceito de *parte* para os fins que pretendemos, devendo considerar-se não só a pretensão de direito material, mas também a ação de direito processual.[65] Assim, *parte* é aquele que pede em juízo em nome próprio e aquele diante de quem se pede sejam produzidas as consequências jurídicas da demanda. Contudo, consideram-se também *parte* os *sujeitos da lide*, porquanto ambos se submetem à *coisa julgada*. Os primeiros, pela participação mesmo no processo, o que os faz alcançar, sem dificuldades, o preceito de que a "coisa julgada atinge as partes". Os segundos, porque "o juiz não pode voltar a julgar de novo a lide", e esta, como fenômeno extrajudicial, tem também os seus sujeitos.

Em consequência, na operação de *identificação das ações* tem-se que *duas ou mais ações são idênticas se elas têm as mesmas partes ou os mesmos sujeitos da lide*. Sob esse ângulo, mister assentar que o importante para a identificação é a qualidade de *parte* com que o *sujeito* atua numa determinada ação e não a sua "identidade física", tanto mais que uma pessoa pode figurar num determinado processo como *parte* e em outro como repre-

---

[64] "Parte no processo civil são aquelas pessoas que solicitam e contra as quais se solicita, em nome próprio, a tutela estatal, em particular a sentença e a execução forçada." No sentido do texto, **Rosenberg**, *Tratado*, 5ª ed., vols. I e 39, I, 1.

[65] É de sabença que esses conceitos formais e materiais sempre conviveram. Assim é que **Chiovenda** optava pela conceituação meramente formal, admitindo a outra, ao passo que **Carnelutti**, a partir de sua ideia central do processo em torno da lide, considerava sujeitos da ação os sujeitos da lide, numa adoção estrita ao conceito material, in **Carnelutti**, *Sistema di Diritto processuale civile*, 1936, vol. I, p. 343. **Chiovenda**, *Instituições*, vol. I, p. 234.

sentante da *parte*.[66] Assim, *v. g.*, Paulo pode estar numa ação na qualidade de credor e em outra, com o mesmo pedido e causa de pedir, como representante de seu irmão, Alberto, posto ser ele curatelado. Verifica-se que, não obstante a identidade física do sujeito, há "diversidade jurídica" quanto à qualidade com que Paulo atua nos dois processos, inexistindo a repetição de ações quanto ao elemento subjetivo.

Destarte, pode haver identidade de *parte*, mercê da diversidade de identidade física; isto é, apesar de pessoas diferentes, pode-se entrever identidade de ações. É o que ocorre com os sucessores universais ou singulares (arts. 109 e 110 do CPC).[67] Os sucessores da parte falecida sucedem-na, também, na coisa julgada, aplicando-se idêntico raciocínio quanto ao sucessor particular, quer intervenha ou não na causa em que está em jogo o objeto litigioso que lhe foi transferido (§ 3º do art. 109 do CPC).

Esse fenômeno é o da "*sucessão processual*", completamente distinto da denominada "*substituição processual*" ou "*legitimação extraordinária*", segundo a qual é lícito postular "em nome próprio, por um direito alheio" (art. 18 do CPC).[68] Na sucessão processual, como dito alhures, há um fenômeno dinâmico de "mudança das partes", de "*intromissão*" e "*extromissão*", saindo o sucedido e ingressando o sucessor na relação processual.

Deveras importante, por seu turno, é a gradação da qualidade de *parte* que a lei empresta aos sujeitos intervenientes na relação processual.

Em princípio, aquele que pede, em nome próprio, direito próprio é a *parte*, considerada "principal", em contraposição à *parte* "acessória", categoria a que pertencem certos sujeitos que intervêm no processo para discutir "direito alheio". Assim, por exemplo, o sublocatário, quando ingressa na ação de despejo movida contra seu sublocador, que é inquilino originário do contrato, o faz para lutar pela vitória do locatário, ciente de que,

---

[66] Consoante antiquíssima lição de **Chiovenda**, "entende-se que a identidade da pessoa física nem sempre produz identidade subjetiva de ações: a mesma pessoa pode ter diversas qualidades, e duas ações só são subjetivamente idênticas quando as partes se apresentam na mesma qualidade. Vice-versa, a mudança da pessoa física como sujeito de uma ação não tem como consequência que o direito trate a ação como diversa: pode haver sucessão na ação, assim a título universal como particular", in *Instituições*, 1942, vol. I, p. 492.

[67] "**Art. 109.** A alienação da coisa ou do direito litigioso por ato entre vivos, a título particular, não altera a legitimidade das partes.

§ 1º O adquirente ou cessionário não poderá ingressar em juízo, sucedendo o alienante ou cedente, sem que o consinta a parte contrária.

§ 2º O adquirente ou cessionário poderá intervir no processo como assistente litisconsorcial do alienante ou cedente.

§ 3º Estendem-se os efeitos da sentença proferida entre as partes originárias ao adquirente ou cessionário.

Art. 110. Ocorrendo a morte de qualquer das partes, dar-se-á a sucessão pelo seu espólio ou pelos seus sucessores, observado o disposto no art. 313, §§ 1º e 2º."

[68] "**Art. 18.** Ninguém poderá pleitear direito alheio em nome próprio, salvo quando autorizado pelo ordenamento jurídico.

Parágrafo único. Havendo substituição processual, o substituído poderá intervir como assistente litisconsorcial."

extinta a locação para ele, automaticamente estará rescindida também a sublocação. Entretanto, o seu ingresso dá-se para discutir direito alheio, do qual o seu é apenas dependente e não compõe a *res in judiciam deducta*, até porque, diante dele nada foi pedido. A lei admite a sua intervenção por força de seu direito dependente daquele que está sendo discutido, deferindo-lhe um *status* de *parte* diferente daquele conferido à *parte principal*, sob o ângulo da "atuação procedimental". Por um lado, ampliam-se os prazos pela sua atuação, como, *v. g.*, dispõe o art. 229 do CPC,[69] bem como submete-se-lhe a um regime de subsidiariedade e acessoriedade, como decorrência de não discutir direito próprio, fazendo cessar a sua atuação se assim o desejar a *parte principal*. Por essa razão, a sua condição jurídica é de *parte acessória*, porque a sua legitimação não é para "agir", mas somente para "intervir". Parcela da doutrina considera a *parte acessória* apenas "terceiro", olvidando que um dos efeitos da intervenção no processo é exatamente a aquisição da qualidade jurídica de *parte*, seja *principal* ou *secundária*.[70]

Analiticamente, é possível assentar que *parte* é aquele que postula em nome próprio, excluindo-se desse conceito, consequentemente, o "representante" daquele que pede, como, *v. g.*, o representante legal da pessoa jurídica ou da pessoa física, o tutor, o curador, etc. Estes *não são partes*, mas sim *representantes da parte*; por isso, o sujeito parcial do processo aqui é o "representado"; é ele que pede, em nome próprio, por meio da integração de sua capacidade pelo representante. Em suma, na representação, qualquer que seja o seu motivo, imaturidade ou doença, *a parte é o representado e não o representante*.

Destarte, quem postula em nome próprio o faz, em regra, por "direito próprio", até porque é incomum que alguém compareça em juízo para pleitear direito alheio. Entretanto, há casos, como vimos, em que a lei admite que o sujeito pleiteie *em nome próprio um direito alheio*. Esse fenômeno excepcional denomina-se *substituição processual* (art. 18 do CPC). *Parte*, aqui, é o "substituto", e o *sujeito da lide*, o "substituído". Sob o ângulo da identificação das ações, ambos se sujeitam à coisa julgada e a ação reproposta por qualquer deles (substituto ou substituído) esbarra no veto da repetição das ações (coisa julgada).

Outrossim, autorização legal para que alguém postule em juízo, em nome próprio por direito alheio, prende-se, primacialmente, ao fato de que, no plano do direito material, substituto e substituído vinculam-se por força de alguma relação jurídica. Assim, *v. g.*, a lei do condomínio em edifício de apartamentos permite que qualquer condômino, diante da inércia do síndico, pleiteie em juízo a cobrança de cotas devidas por condômino faltoso porque, do contrário, as demais unidades, inclusive a do demandante, será onerada pelo déficit causado pelo inadimplente. Observe-se, a partir desse exemplo, que o condômino atuante "age em prol do condomínio" e não em benefício exclusivamente próprio.

---

[69] "**Art. 229.** Os litisconsortes que tiverem diferentes procuradores, de escritórios de advocacia distintos, terão prazos contados em dobro para todas as suas manifestações, em qualquer juízo ou tribunal, independentemente de requerimento."

[70] A esse respeito consulte-se o nosso *Intervenção de terceiros*, São Paulo, Saraiva, 1992.

Ademais, com a contemplação legal da *tutela dos interesses difusos, coletivos e individuais* homogêneos, as denominadas ações supraindividuais consagram a "substituição processual", atribuindo legitimação para agir, anômala, a órgãos intermediários entre os jurisdicionados, cotitulares desses interesses, e o Estado, como, *v. g.*, as associações de classe, os partidos políticos e o Ministério Público, como sói ocorrer na *ação civil pública*, na *ação popular*, no *mandado de segurança coletivo* etc.

Denomina-se *autor* a *parte* que pede originariamente a tutela jurisdicional e *réu*, aquele em face de quem se pede, sendo certo que o demandado, implicitamente, na sua defesa, "postula" a rejeição da demanda. Destarte, a lei permite, nalgumas hipóteses, que o réu formule pedido próprio como se fora o autor, ora no bojo da contestação, como ocorre nas ações dúplices, ora através de reconvenção.

A *parte*, por seu turno, pode ser uma *única pessoa* ou uma *pluralidade delas*. Nesse último caso, há *pluralidade de partes*, ensejando o fenômeno do *litisconsórcio*. Como evidente, essa pluralidade pode verificar-se no polo ativo, gerando o *litisconsórcio ativo*, no polo passivo da relação processual, ensejando o *litisconsórcio passivo*, ou ainda em ambos os polos do processo, fazendo exsurgir o *litisconsórcio misto* ou *recíproco*.

O processo demanda uma investigação para saber, efetivamente, quem tem razão. Por isso, enquanto pende esse estado de incerteza, ambas as partes devem ser tratadas igualmente sob os mais variados ângulos da *isonomia processual*. Aliás, o juiz tem, entre os seus deveres, o de velar por essa igualdade (art. 139, inciso I, do CPC).[71]

Finalmente, não seria de boa técnica abordar o tema *partes* sem fazer uma menção à "questão moderna" do "equilíbrio entre os litigantes", o que vem mantendo os doutrinadores debruçados nessa problemática relativa ao "efetivo acesso à justiça". Essa questão impõe uma visão realista de que tem sido difícil aos juízes velar por essa igualdade, sem um *ativismo judicial* maior do que o autorizado pelo vetusto "princípio dispositivo".

A desigualdade entre os litigantes não é somente financeira. Esta supera-se com a concessão da *gratuidade de justiça*. A maior afronta à isonomia situa-se no terreno técnico, em que os litigantes destacam-se pela sua própria capacidade de entendimento do fenômeno jurídico e pela habilidade dos profissionais que contratam.

É chegada a hora de entrevermos instrumentos capazes de minimizar essa desigualdade sociocultural entre as partes, a fim de que o resultado do processo não seja fruto dela, uma vez que o escopo da jurisdição é o de pacificar, através de uma solução que se situe acima da legalidade e no almejado patamar da justiça.[72]

Por fim, no processo, as *partes*, além de *legítimas*, devem ser *capazes*, isto é, devem ostentar aptidão para entender os atos processuais que praticam, temas que serão abordados com a verticalidade necessária quando da análise dos pressupostos processuais.

---

[71] "**Art. 139.** O juiz dirigirá o processo conforme as disposições deste Código, incumbindo-lhe: I – assegurar às partes igualdade de tratamento; [...]."

[72] A esse respeito consulte-se **Mauro Cappelletti** e **Bryant Garth**, *Acesso à justiça*, Sergio Fabris, 1988, e o nosso *Juizados especiais*, Rio de Janeiro, Forense, 1996.

3.4 Elemento objetivo – o pedido[73]

O conflito intersubjetivo tem como móvel *um bem da vida*, que pode ser corpóreo ou incorpóreo, como, *v. g.*, uma coisa móvel, um imóvel, um estado civil, a condição jurídica de filho, uma prestação de alimentos *necessarium vitae*, uma quantia em dinheiro, juros de empréstimo, um imóvel alugado que se pretenda reaver, a recondução de um contrato comercial etc.

Ao demandar, o que o autor pretende é que esse *bem da vida* lhe seja atribuído pela palavra oficial do Estado-juiz. Por essa razão, em todo *pedido* formulado perante o Judiciário destacam-se o "bem da vida pretendido" e a "providência jurisdicional" que se requer, razão pela qual não basta, por exemplo, ao autor, pedir em juízo que se lhe reconheça o direito de cobrar do réu a quantia emprestada e não devolvida. É mister que o Estado, além desse reconhecimento, imponha ao réu "o dever de restituir", com todas as consequências jurídicas de seu descumprimento, vale dizer, com juros, correção monetária, etc. Sob o mesmo enfoque, não é suficiente ao locador afirmar a impontualidade no pagamento dos aluguéis, impõe-se pedir o despejo do inquilino faltoso.

O *pedido* que se formula em juízo engloba um *objeto* denominado *mediato* (exatamente esse bem da vida que se pretende) e um *objeto imediato* (a providência jurisdicional em si, que tanto pode ser uma condenação, uma sentença, uma declaração, com a autoridade e a imutabilidade constitutiva, que só a palavra oficial do Judiciário ostenta).

Diz-se, então, que o *pedido* é composto de um *objeto mediato* e outro *imediato* e que *duas ações são idênticas quando apresentam a mesma identidade em relação a ambos os objetos.*[74] Assim, *v. g.*, se Tício formular em juízo um pedido de proteção possessória em relação a um imóvel, esse não será idêntico a um futuro pedido de usucapião que venha a deduzir em relação ao mesmo bem porque as providências jurisdicionais têm conteúdos diferentes.

O *objeto mediato* – o *bem da vida* –, "pode encontrar-se em relação de mais ou menos com outro bem: é questão de fato averiguar caso por caso, se a negação de um compreende a negação do outro; quando o bem menor se pode conceber não só como *parte* do maior, mas também por si, a negação do bem maior não é necessariamente negação do bem menor".[75] Isto implica afirmar que, se o bem menor não tiver "vida própria" e for negado no contexto da decisão que dispuser sobre o bem maior, o autor não poderá repropor a ação veiculando como *objeto mediato* somente aquele bem menor, porque haverá identidade vedada pela coisa julgada.

Deveras, o *pedido* é uma declaração de vontade processual por meio da qual o autor deduz em juízo a sua pretensão, e nessa dedução enquadram-se a pretensão à tutela

---

[73] Acerca do tema consulte-se **Calmon de Passos**, *Comentários*, 1975, vol. III.

[74] **Calamandrei** já afirmava que era da "coordenação e combinação entre os objetos mediato e imediato que nascia a exata identidade do *petitum*", in *Instituciones de Derecho procesal civil segundo el nuevo Código*, 1943, p. 212.

[75] Nesse sentido a lição de **Chiovenda**, *Instituições*, vol. I, p. 494.

jurídica estatal (*objeto imediato*) e o *bem da vida* que o autor pretende (*objeto mediato*). Outra singularidade revela esse elemento de identificação das ações.

É que o *pedido*, por seu turno, qualifica a ação que o veicula, conferindo-lhe a mesma natureza jurídica. Assim, *v. g.*, se o pedido encerrar uma pretensão de declaração, a *ação* será *declaratória*; se visar à criação de um estado jurídico novo, a ação será *constitutiva;* será *condenatória*, se o objetivo for o reconhecimento de uma obrigação passível de execução forçada[76] contra o vencido.

Elemento de tamanha importância, o *pedido* tem como característica singular servir de parâmetro à atividade do juiz, adstringindo-lhe aos seus limites, e à atividade defensiva do réu, circunscrevendo a defesa. É, em resumo, o *pedido* objeto central do processo, sob o ângulo dos princípios dispositivo e do contraditório. Ambos os princípios gravitam em torno do *pedido,* e a ação e a sentença têm-no como "denominador comum".[77]

Em face dessa notável repercussão, o *pedido* deve apresentar *requisitos indispensáveis* sob pena de o juiz não o apreciar.

O *pedido deve ser,* principalmente *juridicamente possível*, isto é, não vetado pela lei. Assim, *v.g.*, não se pode pretender, em juízo, formular um pedido petitório quando em curso uma ação possessória (art. 557 do CPC).[78] A afronta ao veto legal caracteriza a *improcedência liminar do pedido* e autoriza a extinção do processo com resolução do mérito.

Assim, *v.g.*, a parte que adquire o direito litigioso transfigura-se de parte ilegítima para parte legítima.

O pedido, por outro lado, deve ser *congruente* ou *coerente*, isto é, da narrativa dos fatos deve decorrer, logicamente, a pretensão que se deduz. Assim, *v. g.*, se a *parte* autora narra na petição inicial uma situação jurídico-material reveladora de vícios que causam a anulação do negócio jurídico, manifesta-se incoerente que, no final, peça a condenação do réu ao pagamento de parcela oriunda do referido vínculo. A incongruência acarreta a extinção do processo no nascedouro por indeferimento da petição inicial (art. 330, § 1º, inciso III, do CPC).[79]

Outrossim, o *pedido deve ser certo e determinado*, no sentido de que o autor não pode deixar qualquer margem de dúvidas sobre o que pretende. *Certo* é o *pedido* quanto ao *bem da vida* pretendido e à providência escolhida. *Determinado* é o *pedido* no que pertine à sua extensão. Em suma, o autor deve explicitar *o que pretende e em que quantidade.*

---

[76] **Leo Rosenberg**, *Derecho procesal civil*, 1955, vol. III, p. 5.

[77] **Frederico Marques**, *Instituições*, vol. III, p. 49.

[78] "**Art. 557.** Na pendência de ação possessória é vedado, tanto ao autor quanto ao réu, propor ação de reconhecimento do domínio, exceto se a pretensão for deduzida em face de terceira pessoa.
Parágrafo único. Não obsta à manutenção ou à reintegração de posse a alegação de propriedade ou de outro direito sobre a coisa."

[79] "**Art. 330.** A petição inicial será indeferida quando: [...]:
§ 1º. Considera-se inepta a petição inicial quando: [...]:
III – da narração dos fatos não decorrer logicamente a conclusão; [...]"

Assim, por exemplo, é ilegal a fórmula utilizada nalgumas petições iniciais nas quais o autor postula a condenação do réu em "perdas e danos" sem explicitar os danos e as perdas. A razão é simples: os *pedidos* como manifestações de vontade que são, interpretam-se restritivamente, de sorte que qualquer omissão implica a necessidade de emenda da petição inicial ou, senão, de propositura de outra ação, porque "não há conteúdo virtual" nos pedidos.

Além disso, o Código indica que a interpretação deve ser feita à luz do conjunto da postulação (art. 322, § 2º),[80] isto é, nos limites da petição inicial, o que autoriza a leitura do magistrado do pedido eventualmente indicado no tópico próprio à luz da causa de pedir descrita anteriormente. Essa previsão prestigia a cooperação esperada pelo legislador e a efetividade, que exige que o processo garanta ao vencedor tudo aquilo que tem direito, desde que o tenha pleiteado, ante o princípio dispositivo.

Somente em casos excepcionais, permite-se ao juiz considerá-los *implícitos* (arts. 322, § 1º, 323, 82, § 2º, e 85, § 17, do CPC).[81] Nesse sentido, considera-se incluída no pedido principal a condenação do vencido ao pagamento das custas, honorários e juros legais (art. 322, § 1º).[82] Influência inequívoca do princípio da *economia processual*, ocorre nas obrigações de trato sucessivo exigíveis em juízo, porquanto vencida a primeira, a sentença condenatória pode incluir as que se vencerem no curso da lide, evitando que a cada inadimplemento uma nova ação tenha que ser proposta. Nesse particular, o legislador considera o estado de ânimo dos litigantes, presumindo que, se o obrigado deixou de pagar a primeira parcela, certamente, restará inadimplente quanto às vincendas. Entretanto, a exegese do dispositivo exige que se limite essa chancela às obrigações que se vencerem até a sentença, de sorte que, daí por diante, somente por nova demanda poderá advir a condenação, não restando lícito nem ao tribunal, nem ao juiz, na liquidação da sentença, fazer incluir prestações supervenientes.

Esse fenômeno é que caracteriza os *pedidos implícitos*, e sua exegese restritiva comprova que o direito brasileiro inadmite "condenação implícita" porque situação diversa daquela ora retratada. Em consequência, não se pode executar aquilo que não for contemplado na sentença sob a invocação de que o executável restou implicitamente consagrado.

---

[80] "**Art. 322**. O pedido deve ser certo. (...)

§ 2º A interpretação do pedido considerará o conjunto da postulação e observará o princípio da boa-fé."

[81] "**Art. 323**. Na ação que tiver por objeto cumprimento de obrigação em prestações sucessivas, essas serão consideradas incluídas no pedido, independentemente de declaração expressa do autor, e serão incluídas na condenação, enquanto durar a obrigação, se o devedor, no curso do processo, deixar de pagá-las ou de consigná-las."

"**Art. 82**. § 2º A sentença condenará o vencido a pagar ao vencedor as despesas que antecipou. (...)"

"**Art. 85**. A sentença condenará o vencido a pagar honorários ao advogado do vencedor.

§ 17. Os honorários serão devidos quando o advogado atuar em causa própria."

[82] "**Art. 322**. O pedido deve ser certo.

§ 1º Compreendem-se no principal os juros legais, a correção monetária e as verbas de sucumbência, inclusive os honorários advocatícios."

Não obstante a necessidade de formular *pedido certo e determinado*, há casos em que essa exigência se torna impossível para o autor no momento da propositura, de tal sorte que exigir essa formalidade implicaria em negar justiça imediata. Nessas hipóteses, o próprio Código admite as exceções enunciadas no artigo 324 do CPC; após estabelecer a *obrigatoriedade da determinação e certeza do pedido*, admite-o *genérico* quando: "I – nas *ações universais*, *se* não puder o autor individualizar na petição os bens demandados; II – quando não for possível determinar, de modo definitivo, as *consequências do ato ou do fato ilícito*; III – quando a *determinação do valor da condenação* depender de ato que deva ser praticado pelo réu".

No primeiro caso, o pedido do autor dirige-se a uma *universalidade* de bens, como, *v. g.*, uma pretendida herança, um rebanho, uma biblioteca; no segundo caso legal, não é legítimo impor-se ao autor lesado fazer aguardar que o ato ilícito produza todas as suas consequências para somente após ingressar em juízo, sendo lícito postular o acertamento da responsabilidade, relegando para liquidação da sentença a quantia devida. Na última hipótese, a própria previsão indica que é necessário um ato que o réu, por obstinar-se em não praticá-lo, impede o autor de estimar a quantia devida, como, *v. g.*, na ação de prestação de contas em que o saldo somente pode ser conhecido após a demonstração contábil pelo demandado. Entretanto, em todos esses casos, apenas o *quantum* devido é relegado para o processo posterior de liquidação, sendo exigível ao autor explicitar "o que pretende". Essa razão pela qual, nos *pedidos genéricos*, o autor deve expor e comprovar o *an debeatur*, postergando apenas o *quantum debeatur*, para ulterior oportunidade.[83]

Mister, entretanto, assinalar que, se o autor puder, deve o quanto possível formular *pedido líquido*, ainda que em caráter eventual, para a hipótese de o juiz acolhê-lo, evitando, assim, uma duplicação de processos, como ocorre com a posterior *liquidação de sentença*. A prática judiciária revela casos em que, nas ações decorrentes de acidentes de veículos, os próprios autores instruem os seus pedidos com vários orçamentos de oficinas de consertos de automóveis e o juiz, ao proferir a *sentença líquida*, elege um deles como *valor médio*. Outrossim, é possível que o juiz não se convença do *quantum* pleiteado, hipótese em que poderá converter o julgamento em diligência para apurar o *quantum debeatur*, julgar o *pedido* procedente em parte, mas não lhe legitimar julgá-lo totalmente improcedente porque o valor não fora comprovado.

O *pedido*, por seu turno, comporta as seguintes *espécies*: (I) *pedido alternativo*; (II) *pedido subsidiário*; (III) *pedido sucessivo*; (IV) *pedido de prestação indivisível*; e (V) *pedido cominatório*.

Pedido alternativo é aquele no qual se pleiteia em juízo um entre dois ou mais bens da vida (uma coisa *ou* outra) e, portanto, prestações "disjuntivas",[84] e deriva da natureza

---

[83] Como bem preleciona **José Alberto dos Reis**, "[...] o pedido genérico implica numa cisão de fases processuais sucessivas: a primeira destinada à apreciação genérica da responsabilidade (*an debeatur*) a segunda à liquidação da indenização. Quer dizer, o pedido genérico implica a necessidade de duas ações ou dois processos sucessivos: no primeiro decide-se se o réu deve, no segundo apura-se quanto deve" (*Comentários ao Código de Processo Civil*, 1946, vol. 3, p. 171).

[84] A expressão é de José Alberto dos Reis.

da obrigação na qual figura como *objeto mediato* da pretensão a uma "ordem" de acolhimento de vários *pedidos* para a hipótese de impossibilidade de atendimento da postulação principal. O *pedido* também se diz *alternativo* quando a própria obrigação assumida pelo demandado no plano extrajudicial é alternativa, em que o devedor pode satisfazê-la mediante o cumprimento de uma entre duas ou mais prestações assumidas.[85] Assim, *v. g.*, é alternativa a obrigação de pagar uma quantia *ou* entregar determinada coisa no prazo estipulado. Ocorrendo o inadimplemento, é lícito ao autor pleitear a condenação do réu ao pagamento de uma das duas prestações. Nesse caso, a sentença condenatória, se procedente, deverá contemplar o vencedor, com a *condenação alternativa*, que se individualizará no momento da execução, oportunidade em que o credor – vencedor – exequente esclarecerá qual delas pretende (arts. 325 e 497 do CPC).[86]

As obrigações alternativas, exatamente porque encartam duas prestações *in obligatio* e apenas uma *in solutio*, impõem nesse último momento obrigacional efetivar-se a escolha – *ius eligendi* –, a qual, negocialmente, pode caber ao devedor ou ao credor. Competindo a escolha ao credor, ele pode formular no processo de conhecimento o *pedido certo* quanto à prestação eleita e que não foi cumprida pelo devedor (art. 325, *contrario sensu*), ou permite-lhe a lei (art. 498, parágrafo único, do CPC)[87] que essa escolha seja engendrada quando do cumprimento da sentença.

Incidindo a escolha na pessoa do devedor, o *ius eligendi* é preservado na sentença ainda que o autor-credor formule pedido certo, sem que isso implique em "imputar-se ao juiz *error in procedendo* consistente no julgamento *extra petita*. É que a regra da adstrição do juiz ao pedido do autor é ditada em prol do réu, e raciocínio inverso, *in casu*, chancelaria a ilegalidade cometida pelo demandante em escolher pedido certo quando deveria tê-lo feito alternativo. Ademais, essa interpretação seria contrária ao beneficiário protegido pela norma, como se colhe do art. 325.

Essa garantia processual é reforçada pelos preceitos da execução e do cumprimento da sentença (art. 498, parágrafo único, do CPC), impondo-se um procedimento "prévio" de escolha antes da prática dos atos de satisfação, inerentes a essa forma de tutela jurisdicional. Ademais, o processo de execução realiza-se da forma menos onerosa para o

---

[85] Consoante a lição sempre atual de **Eduardo Espínola**, "na obrigação alternativa todos os objetos que nela se incluem são devidos, embora o pagamento de um só extinga a relação jurídica *duae res sunt in obligatione, sed una tantum in solutione*".

[86] "**Art. 325.** O pedido será alternativo quando, pela natureza da obrigação, o devedor puder cumprir a prestação de mais de um modo.

Parágrafo único. Quando, pela lei ou pelo contrato, a escolha couber ao devedor, o juiz lhe assegurará o direito de cumprir a prestação de um ou de outro modo, ainda que o autor não tenha formulado pedido alternativo."

[87] "**Art. 498.** Na ação que tenha por objeto a entrega de coisa, o juiz, ao conceder a tutela específica, fixará o prazo para o cumprimento da obrigação.

Parágrafo único. Tratando-se de entrega de coisa determinada pelo gênero e pela quantidade, o autor individualizá-la-á na petição inicial, se lhe couber a escolha, ou, se a escolha couber ao réu, este a entregará individualizada, no prazo fixado pelo juiz."

devedor, é-lhe lícito assim, na execução, invocar o seu direito de escolha, ainda que não o tenha formulado no processo de conhecimento. Inacolhível, portanto, o argumento calcado na preclusão do *ius eligendi* no processo de conhecimento, e na impossibilidade de se executar o que não contempla a condenação. Por vezes não consta da sentença que, quando a coisa não puder ser entregue, a execução transmuda-se em perdas e danos, e, apesar disso, essa medida é a única solução para evitar que se frustre a execução diante do perecimento ou deterioração da coisa (art. 809, § 1º, do CPC).[88]

O *pedido* é denominado *eventual* quando o autor o formula como pedido subsidiário para a hipótese de impossibilidade de atendimento do pedido dito principal. O desígnio do autor nesse caso é diferente do que ocorre na hipótese anterior e, por essa razão, há uma "*ordem de apresentação*" dos pedidos e não apenas uma alternativa, sendo certo que ao demandante é preferente o atendimento do pedido principal, formulado o outro, o denominado "subsidiário", apenas para o caso de não ser possível a realização do primeiro.[89] Consequentemente, inatendida a ordem de apresentação dos pedidos em sendo possível, há *error in procedendo* e o autor pode recorrer da sentença que contemplou em seu favor pretensão parcialmente diversa da que fora primacialmente requerida. Impõe-se esclarecer que o pedido alternativo ou eventual não infirma a regra de que este deve ser certo e determinado, porque ele o é quanto aos objetos mediatos de ambas as pretensões deduzidas, mercê de determinável no momento da *solutio* judicial.

É nesse sentido que a lei admite que o autor formule mais de um pedido, *em ordem sucessiva*, para que o juiz conheça o posterior, caso seja impossível o acolhimento do anterior (art. 326 do CPC).[90]

Essa formulação, apesar de, a princípio, parecer uma alternativa, representa hipótese *sui generis*, uma vez que não decorre de um negócio jurídico de natureza alternativa, senão de um resultado provável do processo, por força de fatos da realidade prática.[91] Exemplificativamente, o autor pode formular, em ordem sucessiva, pedido de entrega da coisa, ou o seu equivalente em dinheiro se a *res* não mais existir, rescisão do negócio jurídico com perdas e danos, ou somente a aplicação de multa

---

[88]   "**Art. 809**. O exequente tem direito a receber, além de perdas e danos, o valor da coisa, quando essa se deteriorar, não lhe for entregue, não for encontrada ou não for reclamada do poder de terceiro adquirente.

§ 1º Não constando do título o valor da coisa e sendo impossível sua avaliação, o exequente apresentará estimativa, sujeitando-a ao arbitramento judicial.

§ 2º Serão apurados em liquidação o valor da coisa e os prejuízos."

[89]   **Calmon de Passos**, *Comentários*, 1975, vol. III.

[90]   "**Art. 326.** É lícito formular mais de um pedido em ordem subsidiária, a fim de que o juiz conheça do posterior, quando não acolher o anterior. Parágrafo único. É lícito formular mais de um pedido, alternativamente, para que o juiz acolha um deles."

[91]   **José Alberto dos Reis** afirma que essa alternatividade implica existir um "pedido subsidiário" para ser tomado em consideração somente no caso de não proceder o pedido anterior, como no exemplo abaixo da rescisão ou multa (*Comentários ao Código de Processo Civil*, 1946, vol. 3, p. 126). **Chiovenda**, *Principii di Diritto processuale civile*, 1928, p. 1.131. É a denominada "cumulação eventual" de pedidos a que se refere **Barbosa Moreira**, *o novo processo civil brasileiro*, 1994.

sem o desfazimento do contrato acaso o juízo entenda a infração como incidente em uma das duas sanções pleiteadas na inicial. Nesse mesmo sentido, o clássico exemplo de a coisa recebida apresentar vícios redibitórios ou defeitos ocultos, hipótese em que a lei material admite que o adquirente possa propor, perante o alienante, em caráter eventual, a ação *quanti minoris*, ou a ação redibitória. Em todos esses casos, há uma *ordem* na apresentação dos pedidos, razão pela qual o juiz deve obedecê-la, de tal forma que se considera ilegal a decisão que conceder o pedido posterior em sendo possível acolher o pedido anterior (*error in procedendo*), reparável por meio do recurso cabível da sentença, que é a apelação.

Impende considerar, ainda, que o acolhimento do pedido posterior pressupõe a impossibilidade *prática* e material de atendimento do anterior, razão pela qual, se este não puder ser apreciado por uma questão formal do processo, automaticamente o posterior também não o será.

O acolhimento a que se refere a lei como autorizativo a suplantar a ordem escolhida pelo autor pertine ao ângulo prático e não à admissibilidade formal da postulação. Raciocínio diverso impediria o autor de ver reconhecido o seu direito ao primeiro pedido, na medida em que o atendimento ao segundo retirar-lhe-ia a possibilidade de voltar a juízo, perseguindo-o, por falta de interesse processual, porquanto de alguma forma (ainda que não a desejada), o Judiciário atendera sua pretensão com o deferimento da pretensão sucessiva. Ademais, a carência quanto ao primeiro pedido, por via oblíqua, teria uma eficácia equiparável às decisões de mérito por força da impossibilidade de reproposição do pedido, o que não é trivial em se tratando de sentença terminativa. Assim, se denegado o primeiro pedido por questão formal e atendido o segundo, o autor "mantém o interesse em recorrer" da sentença para ver acolhido o pleito preferente.

É assente que, não obstante o fato de o pedido alternativo, em suas modalidades ora expostas, implicar o atendimento de apenas "um deles", a formulação das pretensões submete-se às regras da *cumulação de pedidos*, posto que, em essência, no plano ideal, há pluralidade de bens em jogo. Por essa razão, o procedimento e a competência do juízo devem ser observados em relação a ambos os pedidos; não assim a compatibilidade, uma vez que a pretensão final dirige-se apenas a um deles (art. 327 e parágrafos do CPC),[92] sendo mesmo inconciliável pretender os dois pedidos.

---

[92] "**Art. 327**. É lícita a cumulação, em um único processo, contra o mesmo réu, de vários pedidos, ainda que entre eles não haja conexão.

§ 1º São requisitos de admissibilidade da cumulação que:

I – os pedidos sejam compatíveis entre si;

II – seja competente para conhecer deles o mesmo juízo;

III – seja adequado para todos os pedidos o tipo de procedimento.

§ 2º Quando, para cada pedido, corresponder tipo diverso de procedimento será admitida a cumulação se o autor empregar o procedimento comum, sem prejuízo do emprego das técnicas processuais diferenciadas previstas nos procedimentos especiais a que se sujeitam um ou mais pedidos cumulados, que não forem incompatíveis com as disposições sobre o procedimento comum.

§ 3º O inciso I do § 1º não se aplica às cumulações de pedidos de que trata o art. 326."

Pedido sucessivo é aquele para cujo atendimento pressupõe-se o acolhimento do anterior por lhe ser condicionante. Essa modalidade enseja uma *cumulação sucessiva* de pedidos, devendo ambos ser atendidos; com a ressalva de que, acolhido o anterior, nem sempre será acolhido o posterior. Entretanto, se desacolhido o anterior, automaticamente estará desacolhido o posterior. Exemplos clássicos de pedidos sucessivos são os da ação de investigação de paternidade cumulada com petição de herança e o de rescisão da escritura de aquisição de imóvel com pedido de reintegração de posse. Em ambos os casos os pedidos posteriores dependem do acolhimento dos anteriores, os quais, se negados, geram a improcedência dos segundos.[93]

A possibilidade de formulação de pedidos sucessivos tem como fundamento a *economia processual*, uma vez que, do contrário, ter-se-ia de aguardar a procedência quanto ao pedido pressuposto para depois promover-se a demanda em relação ao pedido sucessivo.

Denomina-se também "pedido sucessivo" a hipótese em que, entre os pedidos, há relação de acessoriedade. Assim, *v. g.*, o pedido de juros é acessório e, portanto, sucessivo ao pedido de acolhimento principal. A diferença é que a pretensão acessória não tem vida própria em relação à pretensão principal, ao passo que o pedido sucessivo puro sobrevive independentemente daquele que lhe é pressuposto. Assim, *v. g.*, a pretensão à reintegração de posse subsiste independentemente do pedido de rescisão de escritura porque pode ter *causa petendi* outra, ao passo que não pode haver juros sem que haja uma obrigação principal.

Destarte, o *pedido sucessivo* difere do *pedido subsidiário* porque, no primeiro, "o acolhimento do pedido posterior depende do acolhimento do anterior", ao passo que, quanto ao pedido *subsidiário*, "o seu acolhimento depende exatamente do desacolhimento do que lhe antecede", daí sua subsidiariedade na ordem estabelecida pelo autor.

Consideram-se, ainda, sucessivos, os *pedidos implícitos*, por exemplo, os honorários em relação ao pedido de procedência e as prestações vincendas quanto às vencidas, nas obrigações de trato sucessivo (art. 323 do CPC).

Afora esses casos "textuais", não é lícito entrever pedido implícito, como, *v. g.*, o de reintegração de posse quando desconstituído o título aquisitivo a pretexto da aplicação da regra de que as partes devem ser restituídas ao estado em que antes se encontravam, por força da desconstituição do ato jurídico perpetrado.[94] O pedido possessório, *in casu*, pressupõe formulação explícita.

3.5 Pedido de prestação indivisível

A obrigação indivisível é aquela cuja prestação não pode ser fracionada, devendo ser cumprida no seu todo; sendo certo que, havendo pluralidade de credores, qualquer deles

---

[93] A hipótese é de improcedência e não de carência, como supunha **José Frederico Marques**, *Instituições*, vol. 2, p. 57. No mesmo equívoco incidia **Pontes de Miranda**, *in Comentários ao Código de Processo Civil*, 1948, vol. III, t. I, p. 9.

[94] A esse respeito consulte-se o brilhante estudo de **Ovídio Baptista**, *A ação de imissão de posse no Direito brasileiro atual*, 1981, p. 193.

pode pedir o cumprimento integral, mas somente poderá levantar aquilo que lhe pertence, respeitados os quinhões dos demais. O princípio é o mesmo aplicável à composse ou à copropriedade em que qualquer dos titulares da relação jurídica pode reivindicar a coisa comum, individualmente, sem que excluam a posse ou o domínio dos demais.

Essa indivisibilidade da prestação objeto da obrigação pode decorrer da natureza do bem, da lei ou do contrato.

A obrigação indivisível, em princípio, não apresenta peculiaridades quando a ação que reivindica o seu cumprimento é movida por credor singular titular do direito de crédito.

Havendo, porém, *pluralidade de credores*, a *legitimatio* de qualquer deles para promover a demanda isoladamente suscita a questão da entrega do quinhão dos remanescentes que não tiveram *a iniciativa da ação* processual. Nesse caso, como aqueles não estavam obrigados a promover a ação em conjunto – litisconsórcio facultativo –, nem por isso ficam de fora do produto da obrigação cuja exigibilidade restou acertada judicialmente.

A lei os contempla, ressalvando-lhes o direito, ao dispor que: "na obrigação indivisível com pluralidade de credores, aquele que não participou do processo receberá a sua parte, deduzidas as despesas na proporção do seu crédito" (art. 328 do CPC). Trata-se de uma extensão subjetiva do julgado e, portanto, exceção à regra *res judicato aliis no nocet* (art. 506 do CPC), que permite ao credor concorrente, que não acionou, aproveitar-se daquilo que foi fruto do trabalho do cotitular do crédito. Entretanto, para evitar o enriquecimento sem causa, ele participa das despesas processuais, deduzindo-as, proporcionalmente, do quinhão a receber. Aquele que moveu a ação e formulou um pedido *integral* somente poderá proceder ao levantamento *parcial*. Trata-se, como se vê, de um tema que confina com o instituto do "litisconsórcio", apesar de versado, também, pelo Código de Processo, no capítulo referente aos pedidos, sendo uma exceção à regra de que o juiz só pode conceder aquilo que foi pedido diante de quem pediu. Os cotitulares, malgrado não tenham formulado pedido, podem satisfazer-se na execução, sem prévia cognição especificamente a eles, muito embora exibam na fase de satisfação o título jurídico que lhes confere legitimação para receber.

3.6 Pedido cominatório

O *pedido cominatório* é o resultante da cumulação da pretensão do credor de cumprimento da obrigação com uma pretensão sucessiva de aplicação de sanção pecuniária (multa) contínua para a hipótese de descumprimento da obrigação, cuja incidência cessa apenas com o adimplemento. Trata-se de meio de coerção diverso da *multa moratória* e da *multa compensatória*, porque instantâneas, sendo certo que a segunda substitui a obrigação principal.

A *cominação* vem ora inserida no próprio negócio jurídico, ora inaugurada com o pedido inicial. Em obediência ao princípio que veda a autotutela, a referida sanção incide após a aferição de sua legitimidade pela decisão judicial.

A finalidade da *cominação*, como se verifica, é fazer que o devedor, intimado pelo valor resultante da incidência da multa, cumpra a obrigação. Aliás, não é por outra razão que no momento mesmo em que o devedor atende à obrigação, cessa essa multa, computando-se, entretanto, como quantia devida, todo o valor que venceu até então. Consectário lógico é que, esse meio de compelir o devedor ao cumprimento da obrigação não a substitui, mas, ao contrário, reforça-a,[95] por isso considerada medida de apoio ou meio de coerção. É que a técnica legislativa é conducente ao cumprimento coacto da obrigação, o que justifica sua denominação "meio de coerção".

Faz-se, então, necessário verificar as diferenças entre as *astreintes* e a cláusula penal, que, apesar de serem institutos diversos, muitas das vezes podem ser confundidos, em razão de possuírem a mesma finalidade: coagir o devedor a cumprir com a sua obrigação. A primeira é um instituto de natureza jurídica processual, prevista no art. 537[96] do CPC, enquanto o segundo possui natureza jurídica de direito material, conforme os arts. 408 a 416 do Código Civil. A cláusula penal é uma obrigação acessória à principal, sendo estipulada, muitas vezes, no próprio contrato e a partir da negociação entre os contratantes, normalmente consistente no pagamento de uma quantia em dinheiro, no caso de mora ou completo inadimplemento da obrigação principal. Já as *astreintes* são imposições pecuniárias impostas à parte que descumpre determinação judicial, como um meio de compeli-la a cumprir a decisão, sem a necessidade de sub-rogação do Estado para realizar a atividade a que se recusou o devedor.

A utilização desse *meio de coerção* pressupõe, em princípio, a impossibilidade de alcançar aquela mesma utilidade que o credor obteria se o devedor cumprisse voluntariamente a obrigação. Isso porque a finalidade da jurisdição, até mesmo em prol de seu próprio prestígio, é conferir àquele que se utiliza do processo o mesmo resultado prático que alcançaria se a obrigação tivesse sido cumprida (tutela específica).

---

[95] Segundo ponderável corrente doutrinária, a adoção da técnica da coerção pelo juízo aproxima o Direito brasileiro da técnica francesa das *astreintes* e das severas sanções do Direito inglês denominadas de *Contempt of Court* decorrentes do atentado que representa o descumprimento de uma ordem judicial (**Liebman**, *Processo de execução*, 1946, pp. 337-338).

[96] "**Art. 537**. A multa independe de requerimento da parte e poderá ser aplicada na fase de conhecimento, em tutela provisória ou na sentença, ou na fase de execução, desde que seja suficiente e compatível com a obrigação e que se determine prazo razoável para cumprimento do preceito.

§ 1º O juiz poderá, de ofício ou a requerimento, modificar o valor ou a periodicidade da multa vincenda ou excluí-la, caso verifique que:

I – se tornou insuficiente ou excessiva;

II – o obrigado demonstrou cumprimento parcial superveniente da obrigação ou justa causa para o descumprimento.

§ 2º O valor da multa será devido ao exequente.

§ 3º A decisão que fixa a multa é passível de cumprimento provisório, devendo ser depositada em juízo, permitido o levantamento do valor após o trânsito em julgado da sentença favorável à parte. (Redação dada pela Lei nº 13.256, de 2016)

§ 4º A multa será devida desde o dia em que se configurar o descumprimento da decisão e incidirá enquanto não for cumprida a decisão que a tiver cominado.

§ 5º O disposto neste artigo aplica-se, no que couber, ao cumprimento de sentença que reconheça deveres de fazer e de não fazer de natureza não obrigacional".

Iluminado pelo ideal de efetividade, o processo deve dar à parte aquilo e justamente aquilo a que ela faz jus. Para esse fim, inúmeras vezes o processo vale-se de técnicas que o permitam alcançar esse desígnio. Assim, *v. g.*, se o devedor não paga a quantia devida, o Estado expropria seus bens, vende-os, e com o produto da alienação paga ao credor. Observe-se que, nesse caso, o Estado não precisa intimidar o devedor; ao revés, prescinde dele e o substitui no cumprimento da obrigação, satisfazendo o credor com a entrega da quantia devida, através do "devido processo". Outrossim, da mesma forma como o credor, se assim fosse possível, invadiria o patrimônio do devedor para pagar-se, o Estado-juiz, munido de sua soberania e sob o manto da legalidade e da autoridade, assim procede. Essa técnica de substituir o devedor e, por meios equivalentes, satisfazer o credor, denomina--se "meio de sub-rogação".

Em todas as hipóteses em que funcionam com eficiência os *meios de sub-rogação* torna-se, em princípio, desnecessária a utilização dos *meios de coerção*. A razão é simples: uma vez que ambos visam ao cumprimento da obrigação e, sendo possível alcançar esse desígnio com a sub-rogação, não há interesse, no sentido mais amplo do vocábulo, em "intimidar" o devedor. O próprio Estado suplanta-o, satisfazendo a obrigação às expensas do obrigado.

Em consequência, tem-se que o campo do *pedido cominatório* é fértil nas obrigações nas quais os meios de sub-rogação nem sempre permitem a satisfação do credor por obra do Estado. Sob esse enfoque, forçoso relembrar que as obrigações, conforme a natureza da prestação, podem incidir sobre o patrimônio do devedor ou sobre sua atividade. Na primeira hipótese, estamos no âmbito das *obrigações de dar*, cuja característica *mater* é a sua incidência sobre o patrimônio do devedor. O Estado, então, em caso de inadimplemento, subtrai o bem dele e o entrega ao credor, funcionando, com notável eficiência, os *meios de sub-rogação*.

Tratando-se de obrigação cuja prestação reclama uma atuação ou inação do devedor, modifica-se a expectativa do credor, porque, nesses casos, o vínculo incide sobre um "comportamento" dependendo, a satisfação do credor, nessas hipóteses, da colaboração do obrigado. É categoria das denominadas *obrigações de fazer e de não fazer*.

A atividade do devedor pode ser fungível; isto é, daquelas em que terceiro pode substituí-lo, como, *v. g.*, confeccionar um armário ou edificar um muro. Nesses casos, havendo inadimplemento e considerando que a pretensão do credor é dirigida ao *resultado* da obrigação, ele, o credor, pode escolher para cumprir a prestação, razão pela qual é possível ao Estado-juiz satisfazê-lo por "meios de sub-rogação" consistentes na escolha e determinação de que esse *extraneus* cumpra a obrigação às expensas do devedor. Nessa hipótese o Estado autoriza que um terceiro execute a obra que caberia ao devedor inadimplente e que as despesas realizadas nessa execução sejam cobradas pelo credor que as adiantou.

Casos há, entretanto, em que o objetivo do credor não é o resultado da prestação propriamente dita, mas que esta seja fruto do trabalho de determinado devedor. Diz-se, então, que a obrigação é contraída em razão das qualidades pessoais do *solvens* e, portanto, *intuitu personae*, interessando ao credor que *aquele* determinado *devedor realize a prestação*.

Nessas hipóteses, assume relevância a colaboração do devedor no cumprimento da obrigação.[97]

É de sabença que remonta à evolução histórica das consequências do inadimplemento das obrigações a paulatina exoneração do devedor à submissão aos métodos mais enérgicos para obrigá-lo ao cumprimento. Uma rápida afirmação permitiria-nos afirmar, sem compromisso com estágios históricos intermediários, que, nessa evolução, o devedor foi considerado desde objeto de penas corporais até *digno de piedade*.

Nesse último aspecto, por influência do ideário liberal burguês, assentou-se o princípio de que o devedor não poderia ser coagido ao cumprimento da obrigação, gerando uma paradoxal situação jurídico-material de prestígio ao inadimplemento *in natura*,[98] resolvendo-se o descumprimento das obrigações em perdas e danos.

A influência da doutrina obrigacional francesa, responsável também pela concepção "liberal" do inadimplemento, remediou a sua pretérita condescendência com os devedores e instituiu a figura das "astreintes" como *meios de coerção* capazes de vencer a obstinação do devedor ao não cumprimento das obrigações, principalmente naquelas prestações em que sua colaboração impõe-se pela natureza *personalíssima* da prestação. A *multa diária* apresenta, assim, origem e fundamento nas obrigações em que o atuar do devedor é imperioso, mercê de não se poder compeli-lo a cumprir aquilo que só ele pode fazer – *nemo potest cogi ad factum*.

Em primeiro lugar, o legislador confinou o *meio de coerção* às obrigações dependentes de fato a ser prestado pelo devedor nesse caso, muito embora tenha instituído uma submodalidade de multa na obrigação de pagar quantia certa (art. 523, §§ 1º a 3º, do CPC).

Em segundo lugar, o legislador parece ter tornado obrigatória a incidência da *pena* (*sic* meio de coerção) *nas obrigações de fazer e não fazer*, sem prejuízo de a remição aos artigos 497 e 498 esclarecer que a pena pecuniária incide também nas ordens oriundas de antecipação de tutela e da sentença final.

Desta sorte, expedido o provimento antecipatório sob coerção, a pena vai incidindo até que ele seja cumprido, computando-se como quantia certa que se vai somando.

A eventual revogação da tutela implica em crédito a favor daquele que de início sofreu a incidência do provimento antecipatório, nos mesmos moldes em que são a eles conferidos perdas e danos liquidados e exigíveis no mesmo processo, acaso reverta a situação criada pela decisão antecipatória.

Imperioso considerar que a razão dessa obrigatoriedade diz respeito à utilidade da prestação jurisdicional. Conforme vimos, há obrigações que dependem necessariamente da colaboração do devedor para seu adimplemento porque o Estado não dispõe de meios

---

[97] Quando a obrigação de fazer é fungível no processo de execução forçada, é possível obter a prestação *in natura* (**Luigi Montesano**, *La condanna nel processo civile*, 1957, p. 94). No sentido de que a obrigação de fazer fungível visa "a um determinado resultado", é a expressiva lição de **Luís Eulálio Bueno Vidigal**, in *Da execução direta das obrigações de prestar declaração de vontade*, 1990, p. 12.

[98] Nesse sentido são magníficas as exposições de **Giuseppe Borrè**, in *Esecuzionne forzata degli obblighidi fare e di non fare*, 1966, p. 11.

de sub-rogação para substituí-lo, como sói ocorrer com as obrigações personalíssimas, como, *v. g.*, a de um pintor famoso retratar uma paisagem ou a de um artista realizar um recital, etc. Nesses casos, não havendo a pena pecuniária, a tutela jurisdicional tende a cair no vazio porque, se o devedor não cumprir a prestação subjetivamente infungível, a decisão judicial representará um *"nada jurídico"*. O *meio de coerção* é, assim, a única fonte intimidatória capaz de fazer que o devedor vencido cumpra a obrigação.

Essa compulsoriedade reforça-se à luz do *Princípio da Especificidade da Tutela*; por isso, as condenações devem ser *in natura*, concedendo a mesma prestação contraída e não cumprida, resolvendo-se em perdas e danos apenas excepcionalmente ou quando o credor o requeira.

É lícito ao credor, entretanto, requerer que o devedor cumpra a obrigação personalíssima ou pague perdas e danos, hipótese em que a utilidade da prestação jurisdicional subsiste.

Por outro lado, como a regra é a *especificidade*, mesmo nas hipóteses de prestações ditas fungíveis, isto é, que possam ser prestadas por terceiro, é lícito ao credor reforçar o vínculo com o *meio de coerção*.

Conciliando todos esses aspectos suscitados pela lei e pela doutrina, poder-se-ia sintetizar a incidência do *meio de coerção* denominado *pena pecuniária* da seguinte forma:[99] n*as obrigações de dar*, 'em princípio', não incide a pena pecuniária uma vez que o Estado logra satisfazer o credor através do meio de sub-rogação consistente na invasão do patrimônio do devedor e posterior entrega da coisa ao credor, seja quantia certa, bem móvel ou imóvel. A ressalva, "em princípio", decorre da Lei dos Juizados Especiais que contemplou essa possibilidade no art. 52, inciso V, da Lei nº 9.099/95,[100] contrariando o

---

[99] No mesmo sentido do texto, quanto ao dispositivo antes da reforma do Código de Processo, **Humberto Theodoro Júnior**, *Curso de Processo Civil*, 1992, vol. I, p. 360, e **Calmon de Passos**, *Comentários ao Código de Processo Civil*, 1975, vol. III, p. 167-169.

[100] "**Art. 52**. A execução da sentença processar-se-á no próprio juizado, aplicando-se, no que couber, o disposto no Código de Processo Civil, com as seguintes alterações:

I – as sentenças serão necessariamente líquidas, contendo a conversão em Bônus do Tesouro Nacional – BTN – ou índice equivalente;

II – os cálculos de conversão de índices, de honorários, de juros e de outras parcelas serão efetuados por servidor judicial;

III – a intimação da sentença será feita, sempre que possível, na própria audiência em que for proferida. Nessa intimação, o vencido será instado a cumprir a sentença tão logo ocorra seu trânsito em julgado, e advertido dos efeitos do seu descumprimento (inciso V);

IV – não cumprida voluntariamente a sentença transitada em julgado, e tendo havido solicitação do interessado, que poderá ser verbal, proceder-se-á desde logo à execução, dispensada nova citação;

V – nos casos de obrigação de entregar, de fazer, ou de não fazer, o juiz, na sentença ou na fase de execução, cominará multa diária, arbitrada de acordo com as condições econômicas do devedor, para a hipótese de inadimplemento. Não cumprida a obrigação, o credor poderá requerer a elevação da multa ou a transformação da condenação em perdas e danos, que o juiz de imediato arbitrará, seguindo-se a execução por quantia certa, incluída a multa vencida de obrigação de dar, quando evidenciada a malícia do devedor na execução do julgado;

teor da Súmula nº 500 do STF,[101] e, para parcela da doutrina, pelo art. 139, inciso IV, do Código, que estatui a cláusula geral de efetivação das decisões.

Já *nas obrigações de fazer de natureza fungível*, isto é, naquelas em que a prestação é contraída sem levar em consideração as qualidades pessoais do devedor, esta pode ser substituída pela conduta de terceiro, às expensas do devedor faltoso e que fora pago para atuar. Nessa hipótese, é lícito ao credor, optar por acrescer ao seu pedido de condenação ao cumprimento da obrigação, a *pena pecuniária*, para o caso de descumprimento da sentença, bem como alternativamente pleitear, em caráter eventual, *perdas e danos*. Já no que toca às *obrigações de fazer de natureza infungível*, deve-se ter em mente que, ante à impossibilidade de coagir o devedor a cumpri-la, estabelece-se prazo para cumprimento da obrigação e acresce-se a multa pecuniária após o transcurso deste. Em virtude da primazia da vontade do credor, ressalte-se, é igualmente razoável a conversão, desde logo, em perdas e danos.

Por fim, *nas obrigações de não fazer*, em que se exige uma abstenção do devedor, o autor pode formular o *pedido de cominação* caso o devedor transgrida a condenação, aplicando-se o *meio de coerção* a incidir até que o devedor desfaça o que foi realizado em transgressão ao veto.

Nesse particular, relembre-se que há obrigações de não fazer cujo descumprimento "inadmite qualquer desfazer" e são denominadas *obrigações negativas instantâneas*, porque o *descumprimento delas gera o inadimplemento absoluto imediato*. Aliás, a doutrina civilista, neste passo, afirma inexistir mora nas obrigações negativas instantâneas como, *v.g.*, ocorre com dever de não divulgar um segredo industrial. Em se tratando de obrigação negativa instantânea, o pedido não pode ser cominatório, a não ser para prever que, uma vez transgredido o preceito, incidam as perdas e danos (art. 822 do CPC),[102] ou uma *multa fixa* elevada para evitar que a lesão ocorra (tutela inibitória).

Constando do pedido a cominação, caso o vencido descumpra a *obrigação personalíssima*, a multa começa a incidir e somente cessa com o adimplemento.

A petição escapa ao defeito da inépcia se o autor, ao formular o pedido de condenação na obrigação personalíssima e para o caso de transgressão, cumular o de perdas e danos, hipótese em que a utilidade da via judicial revela-se manifesta, na medida em que estas podem ser estimadas para o fim de satisfazer-se o credor *in pecunia*.

O *meio de coerção* que caracteriza o *pedido cominatório* traz em si o *escopo da intimidação*, atingindo o patrimônio do devedor de forma enérgica. Dessa forma, deve ser, na essência, algo que realmente exerça essa pressão psicológica sobre o *solvens* e, ao

---

VI – na obrigação de fazer, o juiz pode determinar o cumprimento por outrem, fixado o valor que o devedor deve depositar para as despesas, sob pena de multa diária;

(...)."

[101] **Súmula nº 500 do STF:** "Não cabe a ação cominatória para compelir-se o réu a cumprir obrigação de dar".

[102] "**Art. 822.** Se o executado praticou ato a cuja abstenção estava obrigado por lei ou por contrato, o exequente requererá ao juiz que assine prazo ao executado para desfazê-lo."

mesmo tempo, conduza ao adimplemento. Por essa razão, ele deve ser quantitativamente *suficiente e compatível* (art. 537 do CPC).[103]

Com o fim de manter essas características, o atual Código de Processo Civil permite a modificação do valor ou da periodicidade da multa vincendas ou a sua exclusão, quando ela se mostre insuficiente ou excessiva, assim como quando o obrigado demonstre o cumprimento parcial superveniente da obrigação ou a justa causa para o seu descumprimento, nos termos do art. 537, § 1º, do CPC.

O termo inicial da incidência da multa vem previsto na sentença ou no título extrajudicial, mas situar-se-á, sempre, após o decurso do prazo concedido para o cumprimento da obrigação.

A jurisprudência continua, na vigência do Código de 2015, a exigir a intimação pessoal do devedor para que incida a multa (Súmula nº 410 do STJ), enxergando especificidade no comando em relação à regra geral que se satisfaz com a intimação do advogado.[104]

O termo *ad quem* coincide com o da satisfação da obrigação, porque essa é a finalidade última da coerção: alcançar o cumprimento mediante a pressão psicológica que vença a resistência do devedor.

Destarte, impende frisar que, após o advento da *tutela antecipada*, permitindo a cominação da pena *initio litis*, o pedido cominatório passou a equivaler ao regime que na vetusta legislação conferia-se às antigas ações cominatórias.[105]

3.7 Alteração dos elementos de identificação das ações

O direito de ação, uma vez exercido, leva tanto o Estado quanto o demandado a preparar-se para analisar as razões que levaram o autor a pleitear a tutela da justiça. O Estado tem, a seu cargo, o dever de responder ao pedido do autor, e o réu, o ônus da defesa.

A propositura da ação desencadeia, assim, uma série de atividades que são exercidas de acordo com o que foi deduzido pelo autor, porquanto revela um demandante que pede; um "bem da vida"; e uma razão de ser daquela manifestação. É quanto a isso que se devem manifestar o Estado e o réu.

---

[103] "**Art. 537.** A multa independe de requerimento da parte e poderá ser aplicada na fase de conhecimento, em tutela provisória ou na sentença, ou na fase de execução, desde que seja suficiente e compatível com a obrigação e que se determine prazo razoável para cumprimento do preceito. [...]."

[104] É necessária a prévia intimação pessoal do devedor para a cobrança de multa pelo descumprimento de obrigação de fazer ou não fazer antes e após a edição das Leis nºˢ 11.232/2005 e 11.382/2006, nos termos da Súmula nº 410 do STJ, cujo teor permanece hígido também após a entrada em vigor do novo CPC (EREsp 1360577/MG, Rel. Ministro Humberto Martins, Rel. p/ Acórdão Ministro Luis Felipe Salomão, Corte Especial, j. 19.12.2018).

[105] Essa era a diferença traçada por **Ovídio Baptista** para distinguir o pedido cominatório das ações cominatórias, conforme se colhe in *Curso*, vol. I, p. 181, contrapondo-se a Amaral Santos, monografista do tema.

Essa lógica traçada pelo processo implica em concluir, de imediato, que o autor não pode alterar os *elementos identificadores* de sua ação, uma vez que desnortearia o Estado, que se prepara para julgar o litígio e o réu, que se defende de pretensão específica. A permissão dessa alteração poderia gerar malícia e desequilíbrio, valores que, num sistema ético de jurisdição, incumbe ao juiz e ao legislador afastar do processo.

É evidente que, até determinado momento, essa alteração interessa mais à parte do que ao Estado. O réu, por exemplo, depois de apresentada sua defesa, pode eventualmente concordar com uma modificação, desde que se lhe conceda novo prazo para se manifestar acerca da nova ação. Entretanto, não se revela lícito modificar os elementos da ação estando os autos prontos para julgamento pelo juiz, tampouco depois de apreciada a causa em primeira instância, ainda que inapreciada em grau de recurso.

Essas razões conduziram o legislador brasileiro à adoção do *Princípio da Estabilidade da Demanda*, impondo como regra a manutenção dos *elementos de identificação das ações*. Isso quer dizer que, proposta a ação, em princípio devem permanecer na relação processual as mesmas partes, e inalterados o pedido e a causa de pedir.[106]

Dispõe o artigo 329, I, do CPC que feita a citação, é defeso ao autor modificar o pedido ou a causa de pedir sem o consentimento do réu, mantendo-se as mesmas partes. Não obstante, o art. 329, II, dispõe que o autor poderá "até o saneamento do processo, aditar ou alterar o pedido e a causa de pedir, com consentimento do réu, assegurado o contraditório mediante a possibilidade de manifestação deste no prazo mínimo de 15 (quinze) dias, facultado o requerimento de prova suplementar".

Observa-se, assim, que o legislador, ao estipular essa regra, protegeu a um só tempo o interesse privado da defesa do réu e o interesse público do Estado de não ser instado a decidir uma causa alterada quando em estágio propício à instrução oral e ao julgamento. A *ratio* do dispositivo não se dirige, como evidente, a interditar a emenda da inicial com correção de erros materiais desinfluentes, mas antes não surpreender.

Essa regra, como veremos, se aplica inclusive na superior instância, impedindo que o recorrente formule pedido não deduzido em primeiro grau de jurisdição.

O dispositivo assenta, *a contrário senso*, que "antes da citação" o autor pode engendrar modificações nos *elementos da ação*, via petição ao juízo. Realizada a citação, independentemente de juntada da prova desse ato de convocação nos autos, é vedada a alteração unilateral desses elementos pelo autor,[107] porquanto, o demandado, integrado à relação processual, inicia o preparo da sua defesa. Todavia, pode ocorrer que o réu consinta quanto à modificação, razão pela qual ele deve ser ouvido, conferindo-lhe o juízo novo prazo de resposta quanto a essa "outra" ação. A exegese do dispositivo torna indiferente a manifestação explícita do demandado, bastando dar-lhe oportunidade de se opor à alteração. Nesse sentido, considera-se consentida a modificação se o réu omitir-se ou se

---

[106] No Direito português, **José Alberto dos Reis** denominou "Princípio da estabilidade da instância", *Comentários*, 1946, vol. III, p. 66.

[107] Como bem afirma **Chiovenda**, esse é o termo *ad quem* para o autor arrepender-se dos termos em que deduziu a sua pretensão (*Instituições de Direito processual civil*, 1943, vol. II, p. 400).

em peça posterior enfrentar a argumentação trazida com a alteração de um dos elementos da ação, encerrando anuência tácita.

Resulta claro do citado dispositivo que a aceitação do demandado não tem o condão de autorizar qualquer alteração se ultrapassada a "fase de saneamento", porquanto o processo se encontra maduro para o julgamento. É que a alteração implicaria num retrocesso obstativo à rápida solução do litígio, haja vista o estágio em que se encontra o processo, conspirando contra a economia processual, autorizar esse retroceder.

Impende considerar que, havendo *"pluralidade de réus"* e sendo "único o pedido" dirigido contra todos, uma só citação é suficiente para impedir a alteração ora enfocada. Diversamente, se o litisconsórcio que se forma é apenas por afinidade e o autor formula *pedidos contra vários réus*, a vedação à alteração deve ser observada em relação a cada demandado.[108]

Advirta-se, por oportuno, que não se enquadra na vedação do art. 329 do CPC a possibilidade de o juiz, no momento da sentença, considerar existentes fatos já afirmados anteriormente, como previsto no art. 493 do CPC. Tampouco esbarra na proibição a denominada *fungibilidade* de algumas ações; *v. g.*, nas ações possessórias, em que o juiz pode deferir uma providência diversa daquela que foi pedida por força de autorização legal inspirada no princípio de que o importante é remover a moléstia à posse, verificada nos autos, ainda que não se trate daquela mencionada pelo autor (art. 554 do CPC).[109]

Considerada a *ratio essendi* da vedação à alteração, qual a de não desequilibrar as partes nem desvirtuar a atuação jurisdicional, o dispositivo não impede que os sujeitos manifestem atos de disponibilidade processual, como a renúncia, o reconhecimento da procedência do pedido, a transação ou a desistência da ação, porque nesses casos cessam a atividade de defesa e a função especulativa do juízo. Salvante a desistência da ação, que é ato meramente formal, as demais manifestações de vontade extinguem a própria pretensão

---

[108] Essa é a posição de **Egas Moniz de Aragão** ao comentar o art. 264 do CPC, in *Comentários ao Código de Processo Civil*, Rio de Janeiro, Forense, 1975.

[109] "**Art. 329.** O autor poderá:

I – até a citação, aditar ou alterar o pedido ou a causa de pedir, independentemente de consentimento do réu;

II – até o saneamento do processo, aditar ou alterar o pedido e a causa de pedir, com consentimento do réu, assegurado o contraditório mediante a possibilidade de manifestação deste no prazo mínimo de 15 (quinze) dias, facultado o requerimento de prova suplementar.

Parágrafo único. Aplica-se o disposto neste artigo à reconvenção e à respectiva causa de pedir."

"**Art. 493.** Se, depois da propositura da ação, algum fato constitutivo, modificativo ou extintivo do direito influir no julgamento do mérito, caberá ao juiz tomá-lo em consideração, de ofício ou a requerimento da parte, no momento de proferir a decisão.

Parágrafo único. Se constatar de ofício o fato novo, o juiz ouvirá as partes sobre ele antes de decidir."

"**Art. 554.** A propositura de uma ação possessória em vez de outra não obstará a que o juiz conheça do pedido e outorgue a proteção legal correspondente àquela cujos pressupostos estejam provados."

Cap. 6 · AÇÃO: CONDIÇÕES, ELEMENTOS DE IDENTIFICAÇÃO, CONEXÃO E CONTINÊNCIA | 279

material, consolidando uma decisão de mérito, cujo conteúdo é ditado pela vontade das partes, com força de coisa julgada material (arts. 487 e 503 do CPC).[110]

A *desistência*, por seu turno, atinge apenas a ação processual e, para consumá-la, o autor precisa tão somente do consentimento do réu se este já tiver oferecido a sua resposta antes do prazo legal ou decorrido este, razão pela qual ele se manteve inerte e, portanto, revel, a desistência, porque lhe é benéfica, dispensa nova convocação do demandado.

Havendo *vários réus*, sendo possível a desistência em relação a algum deles ainda não citado, ela não se opera imediatamente com relação aos já convocados, até porque isso poderia gerar uma revelia "de surpresa". Essa razão pela qual a lei (art. 335, § 2º, do CPC)[111] dispõe que os litisconsortes passivos devem ser avisados da desistência para que se inicie, em relação a eles, o prazo da resposta, que em princípio somente iniciar-se-ia com a citação do último dos demandados.

Finalmente, a "alteração subjetiva da ação" também não é permitida, de sorte que o autor, uma vez iniciada a demanda, não pode modificar os sujeitos do processo, salvo as substituições relativas à sucessão universal ou singular reguladas nos arts. 108 e 109 do CPC.[112] O réu, por seu turno, também não pode se exonerar da demanda colocando outro sujeito em seu lugar, uma vez que referida conduta frustraria os desígnios do autor sob o ângulo prático da satisfação dos interesses reconhecidos, bem como sob a ótica dos limites subjetivos da coisa julgada.

A razão de ser da proibição de mutação dos elementos subjetivos da ação, como evidente, não impede a integração de litisconsorte necessário superveniente.

---

[110] "**Art. 487.** Haverá resolução de mérito quando o juiz:

I – acolher ou rejeitar o pedido formulado na ação ou na reconvenção;

II – decidir, de ofício ou a requerimento, sobre a ocorrência de decadência ou prescrição;

III – homologar:

a) o reconhecimento da procedência do pedido formulado na ação ou na reconvenção;

b) a transação;

c) a renúncia à pretensão formulada na ação ou na reconvenção."

"**Art. 503.** A decisão que julgar total ou parcialmente o mérito tem força de lei nos limites da questão principal expressamente decidida."

[111] "**Art. 335, § 2º** Quando ocorrer a hipótese do art. 334, § 4º, inciso II, havendo litisconsórcio passivo e o autor desistir da ação em relação a réu ainda não citado, o prazo para resposta correrá da data de intimação da decisão que homologar a desistência."

[112] "**Art. 108**. No curso do processo, somente é lícita a sucessão voluntária das partes nos casos expressos em lei.

Art. 109. A alienação da coisa ou do direito litigioso por ato entre vivos, a título particular, não altera a legitimidade das partes.

§ 1º O adquirente ou cessionário não poderá ingressar em juízo, sucedendo o alienante ou cedente, sem que o consinta a parte contrária.

§ 2º O adquirente ou cessionário poderá intervir no processo como assistente litisconsorcial do alienante ou cedente.

§ 3º Estendem-se os efeitos da sentença proferida entre as partes originárias ao adquirente ou cessionário."

4. CONEXÃO[113] E CONTINÊNCIA DE AÇÕES: CONCURSO E CUMULAÇÃO DE AÇÕES

4.1 Aspectos gerais

Uma ação, mercê de não ser idêntica à outra, pode guardar com ela um vínculo de identidade quanto a um de seus elementos caracterizadores. Assim, *v. g.*, uma ação de indenização entre A x B e outra de cobrança de quantia mutuada entre as *mesmas partes* apresentam identidade quanto ao elemento subjetivo, muito embora os *pedidos* e as *causas de pedir* sejam diferentes. Diversamente, se A move perante a Sociedade B, da qual é acionista, *duas* ações de anulação de assembleia, uma por vício de convocação, outra por falta de quórum na instalação do referido ato assemblear, em ambas as partes são as mesmas, o *pedido é o mesmo* e, não obstante, diversas são as *causas de pedir*.

É possível, assim, que duas ações mantenham em comum numa ação exatamente a mesma *causa petendi* sustentando *pedidos* diversos, como o anteriormente citado, bem como, quando Caio pede, perante Tício, numa ação, a rescisão do contrato e noutra a imposição de perdas e danos por força da infração de uma das cláusulas do mesmo contrato lavrado entre ambos.

Esse vínculo entre as ações por força da identidade de um de seus elementos denomina-se, tecnicamente, *conexão* e, conforme o elemento de ligação, diz-se *conexão subjetiva, conexão objetiva* ou *conexão causal*.

A consequência jurídico-processual mais expressiva da *conexão*, malgrado não lhe seja a única, é a *imposição de julgamento simultâneo das causas conexas no mesmo processo (simultaneus processus)*. A razão dessa regra deriva do fato de que o julgamento em separado das causas conexas gera o risco de decisões contraditórias, que acarretam grave desprestígio para o Poder Judiciário. Assim, *v. g.*, seria incoerente, sob o prisma lógico, que um juiz acolhesse a infração contratual para efeito de impor perdas e danos e não a admitisse para o fim de rescindir o contrato, ou ainda, que anulasse a assembleia na ação movida pelo acionista X e não fizesse o mesmo quanto ao acionista Y, sendo idênticas as causas de pedir.

A preocupação em evitar decisões inconciliáveis é tão significativa que o julgamento simultâneo deve operar-se ainda que as causas tramitem em juízos diversos, devendo-se reunir as ações naquele que guarda competência para ambas.

Outrossim, como a finalidade é evitar decisões contraditórias, resta evidente que não há conexão entre ações em que uma delas já se encontre julgada com decisão trânsita, bem como, ainda que conexas mas sem risco de decisões contraditórias, o juiz não é instado a reunir as ações.

É mister, nesse sentido, destacar que a reunião de ações conexas não gera competência absoluta, mas resguarda um núcleo de discricionariedade ao magistrado que pode, a depender da situação concreta, avaliar a pertinência da reunião ou não. O Superior Tri-

---

[113] Sobre o tema, obra de consulta necessária é a tese de **Barbosa Moreira**, "A conexão de causas como pressuposto de reconvenção".

bunal de Justiça assim entende quando da aplicação do dispositivo, conferindo respaldo à escolha do juiz acerca da necessidade de reunião das causas.[114]

A reunião, quando necessária e desobedecida a regra do *simultaneus processus*, torna possível, em grau de apelo, pleitear a nulidade da decisão que precipitadamente julgou, de forma isolada, uma das ações conexas. Nesse caso o provimento do recurso cassará a decisão proferida, determinando a reunião dos casos para solução uniforme.

O instituto da *conexão* tem, assim, como sua maior razão de ser, evitar o risco das decisões inconciliáveis; por isso, a reunião das ações é imperativa. É que são *conexas duas ou mais ações quando, em sendo julgadas separadamente, podem gerar decisões inconciliáveis sob o ângulo lógico e prático.* Assim, *v. g.*, uma ação de despejo por falta de pagamento e uma ação de consignação em pagamento entre as mesmas partes em posições contra-postas, se julgadas separadamente, podem gerar soluções insustentáveis, como o seria a decretação do despejo com o reconhecimento da mora do devedor e a procedência do pedido consignatório com reconhecimento da mora do credor. Outro exemplo é deveras elucidativo: uma ação de anulação de contrato e outra de cobrança de obrigação derivada do mesmo vínculo implicam em que ou o vínculo é válido, e válidas são as obrigações dele decorrentes, ou é inválido, e nenhum efeito produz, revelando-se imperiosa a reunião das ações para julgamento simultâneo.

No mesmo seguimento, seriam insustentáveis as decisões que se proferissem, a um só tempo, decretando a rescisão de uma locação comercial e o acolhimento, noutro juízo, da recondução do contrato através de sua renovação compulsória.

Esses exemplos justificam o elastério conferido ao conceito de *conexão* previsto no Código de Processo Civil, no artigo 55,[115] ampliando-o para considerar *conexas* não só as ações que se relacionam com outras por um de seus *elementos de identificação*, mas, também, todas aquelas que, sendo julgadas em separado, podem gerar o risco de decisões contraditórias, conforme o § 3º do art. 55 do CPC.[116] Outrossim, quando as ações versam o mesmo objeto mediato, potencialmente podem gerar decisões contraditórias se julgadas separadamente, como, *v. g.*, a ação de usucapião e a ação demarcatória do mesmo imóvel contra o usucapiente; a rescisão de compra e venda por inadimplemento do comprador e a consignatória movida por este, a renovatória de locação comercial e o despejo com base em denúncia imotivada de locação não residencial etc.

---

[114] Veja-se o entendimento reafirmado pela Corte: "Conforme jurisprudência consolidada desta Corte, 'a reunião de ações conexas para julgamento conjunto constitui faculdade do magistrado, pois cabe a ele gerenciar a marcha processual, deliberando pela conveniência, ou não, do processamento e julgamento simultâneo' (AgRg no AREsp 851.674/RS, Rel. Ministro Humberto Martins, Segunda Turma, j. 05.04.2016, *DJe* 13.04.2016)" (AgInt no AREsp 867.765/SP, Rel. Ministro Sérgio Kukina, Primeira Turma, j. 28.11.2017).

[115] "**Art. 55.** Reputam-se conexas 2 (duas) ou mais ações quando lhes for comum o pedido ou a causa de pedir."

[116] "**Art. 55.** [...]
§ 3º Serão reunidos para julgamento conjunto os processos que possam gerar risco de prolação de decisões conflitantes ou contraditórias caso decididos separadamente, mesmo sem conexão entre eles."

Desta sorte, pode-se afirmar com exatidão que a *conexão* é um instituto inspirado nessa alta motivação de resguardar o prestígio do Poder Judiciário por força da coerência e compatibilidade de suas decisões, mercê de atender aos postulados da *economia processual*, ao permitir que, num único processo e por meio de sentença *una*, possa o juiz prover sobre várias relações, ampliando o espectro da decisão para imiscuir no seu bojo uma pluralidade de conflitos, aumentando a efetividade da função pacificadora da justiça.

Espécie do gênero *conexão* é a *continência*,[117] fenômeno parcialmente idêntico àquela, uma vez que, para se chegar a ela, é preciso passar pela porta da *conexão*. É que, antes de ser continente, uma ação é conexa em relação à outra.[118]

O liame entre as ações na continência é mais expressivo, porque ambas, além de serem identificadas pelos *mesmos sujeitos* e pela *mesma causa de pedir*, têm em comum, ainda, uma *identidade parcial quanto ao pedido*, sendo certo que o *objeto de uma é mais amplo do que o da outra* e o absorve.[119] Nesse sentido, há *continência* entre uma ação condenatória em perdas e danos pelo descumprimento de um contrato e uma ação declaratória, pela responsabilização pela consequente infração cometida e a rescisão do vínculo. Sob o mesmo enfoque, há *continência* entre uma ação de reparação de danos pela demolição de um muro divisório e outra em que essa é a questão antecedente que se pede ver reconhecida para impor ao causador do dano a obrigação de reconstrução, etc.

Em todos esses casos as ações coincidem "em parte", mas se distinguem sob o ângulo *quantitativo*.[120]

A *conexão* e a *continência* impõem ao juiz o dever de julgamento simultâneo (arts. 57 e 58 do CPC),[121] visando a evitar decisões contraditórias. Ocorre com a *conexão* o mesmo fenômeno observado no litisconsórcio necessário, vale dizer: *a reunião das ações é requisito de eficácia da sentença*. Por essa razão, não cabe a invocação desse elo entre as ações quando uma delas já se extinguiu ou está em estágio mais avançado do que a outra,

---

[117] Acerca desse tema, *vide* **Celso Agrícola Barbi**, *Comentários*, 1981.
"**Art. 56.** Dá-se a continência entre 2 (duas) ou mais ações quando houver identidade quanto às partes e à causa de pedir, mas o pedido de uma, por ser mais amplo, abrange o das demais."

[118] Por essa razão a doutrina ortodoxa não entrevia distinção entre os institutos da conexão e da continência (**Nicola Jaeger**, *Diritto Processuale Civile*, 1944, pp. 156 e 157).

[119] Essa identidade parcial entre os pedidos levou **Sergio Costa** a afirmar que: "*La continenza è, in realtà, una litispendenza parciale*", *in Manuale di Diritto Processuale Civile*, 1955, p. 142.

[120] **Marco Tullio Zanzuchi** já preconizara que a continência implicava em "relação objetiva de quantidade", *in Diritto processuale civile*, 1946, vol. I, p. 192. No mesmo sentido **Calamandrei**, *Istituzioni di Diritto processuale civile*, 1944, p. 134.

[121] "**Art. 57.** Quando houver continência e a ação continente tiver sido proposta anteriormente, no processo relativo à ação contida será proferida sentença sem resolução de mérito, caso contrário, as ações serão necessariamente reunidas.
Art. 58. A reunião das ações propostas em separado far-se-á no juízo prevento, onde serão decididas simultaneamente."

posto submetida a grau diverso de jurisdição, porque, nessa hipótese, não haverá possibilidade de simultaneidade de julgamento senão de suspensão do processo na instância inferior no aguardo da solução prejudicial superior.

Não obstante esses conceitos, a jurisprudência, na sua função criativa, tem dado exemplos de que a definição legal não é exaustiva quanto ao fenômeno, assim como elegante doutrina enxerga nos arts. 55, 113,[122] e 343[123] do CPC diferentes espécies do gênero da *conexão*.[124]

4.2 Espécies de conexão

A *conexão* admite espécies, conforme anteriormente acentuamos, categorizando-se como *própria* quando entre as ações há *identidade de um ou mais elementos*. Assim, *v. g.*, a *conexão* existente entre duas ações em que se pleiteia o mesmo pedido de despejo, embora fundado em *causas de pedir* diversas, como a infração contratual consistente na cessão não consentida da locação e a falta de pagamento.

A conexão mais comum, quanto ao pedido, é a que vincula as ações pelo objeto mediato. Assim, *v. g.*, são conexas as ações de usucapião e a ação possessória, que versem sobre o mesmo bem.

---

[122] "**Art. 113.** Duas ou mais pessoas podem litigar, no mesmo processo, em conjunto, ativa ou passivamente, quando:

I – entre elas houver comunhão de direitos ou de obrigações relativamente à lide;

II – entre as causas houver conexão pelo pedido ou pela causa de pedir;

III – ocorrer afinidade de questões por ponto comum de fato ou de direito.

§ 1º O juiz poderá limitar o litisconsórcio facultativo quanto ao número de litigantes na fase de conhecimento, na liquidação de sentença ou na execução, quando este comprometer a rápida solução do litígio ou dificultar a defesa ou o cumprimento da sentença.

§ 2º O requerimento de limitação interrompe o prazo para manifestação ou resposta, que recomeçará da intimação da decisão que o solucionar."

[123] "**Art. 343.** Na contestação, é lícito ao réu propor reconvenção para manifestar pretensão própria, conexa com a ação principal ou com o fundamento da defesa.

§ 1º Proposta a reconvenção, o autor será intimado, na pessoa de seu advogado, para apresentar resposta no prazo de 15 (quinze) dias.

§ 2º A desistência da ação ou a ocorrência de causa extintiva que impeça o exame de seu mérito não obsta ao prosseguimento do processo quanto à reconvenção.

§ 3º A reconvenção pode ser proposta contra o autor e terceiro.

§ 4º A reconvenção pode ser proposta pelo réu em litisconsórcio com terceiro.

§ 5º Se o autor for substituto processual, o reconvinte deverá afirmar ser titular de direito em face do substituído, e a reconvenção deverá ser proposta em face do autor, também na qualidade de substituto processual.

§ 6º O réu pode propor reconvenção independentemente de oferecer contestação."

[124] Consoante já referido, é da lavra do insigne **Barbosa Moreira** a tese com que conquistou a cátedra de processo civil na Faculdade de Direito da Universidade do Estado do Rio de Janeiro sob o título "A conexão de causas como pressuposto da reconvenção", em que sustenta essas modalidades de conexão esparsas em dispositivos legais (p. 130).

Há também conexão própria quanto à *causa petendi*, como sói ocorrer quando se postula a anulação de um negócio jurídico por dolo e se pleiteia indenização pela prática do mesmo vício, noutra demanda.

Diz-se *imprópria a conexão* toda vez que esse elo entre as ações é mais tênue, porém existente, uma vez que em ambas o juiz deverá decidir questões idênticas ou afins. Assim, *v. g.*, há *afinidade* entre várias ações propostas por inúmeros lesados pela mesma "propaganda enganosa". Destarte, os interesses individuais homogêneos a que se referem a Lei da Ação Civil Pública e o Código de Defesa do Consumidor encerram hipóteses de afinidade que permitem, por força dessa espécie *sui generis* de *conexão*, a reunião das ações propostas em separado.

O CPC prestigiou os fundamentos da reunião de demandas em decorrência de afinidade, ao positivar a conexão decorrente apenas do "risco de prolação de decisões conflitantes ou contraditórias caso decididos separadamente", mesmo quando ausente a completa identidade de partes, causa de pedir ou pedido (art. 55, § 3º). Adota-se, assim, a teoria materialista da conexão, na esteira da jurisprudência.[125]

A *conexão* diz-se *subjetiva* quando entre as ações o elemento comum é a "identidade de sujeitos", sendo diversas as *causas de pedir* bem como o *pedido*. Essa hipótese "autoriza a reunião" das ações se: (I) *o juiz for competente em razão da matéria*; (II) *os procedimentos forem iguais*; (III) *não infirmar o bom andamento do processo nem dificultar o exercício do direito de defesa*.

Essa conexão subjetiva autoriza ainda, na forma do Código de Processo, que o autor cumule, diante do mesmo réu, várias ações ainda que não sejam objetivamente conexas (art. 327 do CPC).

Hipóteses especiais de conexão são encontradas nos artigos 343 do CPC (*conexão recíproca* entre a ação e a reconvenção por força da exigência legal de que a demanda reconvencional seja conexa com a ação principal ou o fundamento da defesa)[126] e 61[127]; e, como ocorre com a denunciação da lide, que pressupõe, para ser procedente, que haja condenação do denunciante[128] nas denominadas ações de garantia.

Outrossim, na *conexão por prejudicialidade* há *continência* entre a ação que depende, para seu julgamento, da solução da ação em que se discute *principaliter* a questão contida.

---

[125] "A moderna teoria materialista da conexão ultrapassa os limites estreitos da teoria tradicional e procura caracterizar o fenômeno pela identificação de fatos comuns, causais ou finalísticos entre diferentes ações, superando a simples identidade parcial dos elementos constitutivos das ações" (REsp 1221941/RJ, Rel. Ministro Luis Felipe Salomão, Quarta Turma, j. 24.02.2015).

[126] Sugestivamente **Gaetano Foschini** afirma que "o elemento comum é premissa numa causa e consequência na outra e vice-versa" (*La Pregiudizialità*, 1942, p. 7).

[127] "**Art. 61.** A ação acessória será proposta no juízo competente para a ação principal."
São exemplos de competência para a ação acessória a busca e apreensão de menor no juízo onde se deliberou a guarda e a visita, a anulação de partilha no juízo que a homologou, etc.

[128] O monografista **Gaetano Foschini** prefere a expressão "conexão por extensão subjetiva" para caracterizar o liame que autoriza a intervenção de terceiros (*La Pregiudizialità*, 1942, p. 7).

Por essa razão, é correto afirmar-se que a suspensão prejudicial do processo, na forma do art. 313, V, do CPC,[129] somente deve incidir quando a reunião das ações se mostrar impossível em razão da "incompetência absoluta do juízo" para o julgamento simultâneo.

Exemplo clássico de conexão por prejudicialidade é a que vincula a ação de anulação de débito fiscal e a execução fiscal correspondente.

Registre-se que a *conexão por acessoriedade* é encontradiça em grande número na prática judiciária dos juízos de família, como, *v. g.*, as modificações de cláusula e as separações judiciais, a regulamentação das visitas e as demandas dissolutórias do vínculo, na parte em que dispõe sobre os deveres quanto aos filhos etc.

4.3 Cumulação e concurso de ações

A *cumulação de ações* costuma ser tratada como *cumulação de pedidos* ou *pedidos cumulados*. Entretanto, o fenômeno é mais abrangente; por isso, toda vez que, diante de uma relação processual, se destaque a presença de *mais de um elemento de identificação das ações* estaremos diante de *ações cumuladas*.

Assim, por exemplo, em uma ação de despejo calcada na falta de pagamento e na retomada para uso próprio, verificamos um só pedido entre os mesmos sujeitos e pluralidade de *causae petendi*, razão pela qual estamos diante de "ações cumuladas quanto ao elemento causal". Outrossim, a parte pode formular vários pedidos fundados na mesma causa de pedir, como ocorre com o pedido de rescisão de contrato cumulado com perdas e danos diante do comportamento faltoso do contratante. Nessa hipótese, haverá *cumulação de ações* quanto ao elemento objetivo. Outrossim, várias pessoas podem litigar em conjunto, se as causas entre elas forem *conexas* ou *afins* (art. 113 do CPC).[130] Essa *cumulação* denomina-se *subjetiva*, também cognominada de *litisconsórcio*.

Cabe, neste ponto, fazer uma breve digressão. Embora o art. 327 do CPC, estabeleça que a cumulação objetiva deve se dar em face do mesmo réu, essa restrição deverá ser

---

[129] "**Art. 313.** Suspende-se o processo: [...]

V – quando a sentença de mérito:

a) depender do julgamento de outra causa ou da declaração de existência ou de inexistência de relação jurídica que constitua o objeto principal de outro processo pendente;

b) tiver de ser proferida somente após a verificação de determinado fato ou a produção de certa prova, requisitada a outro juízo; [...]"

[130] "**Art. 113.** Duas ou mais pessoas podem litigar, no mesmo processo, em conjunto, ativa ou passivamente, quando:

I – entre elas houver comunhão de direitos ou de obrigações relativamente à lide;

II – entre as causas houver conexão pelo pedido ou pela causa de pedir;

III – ocorrer afinidade de questões por ponto comum de fato ou de direito.

§ 1º O juiz poderá limitar o litisconsórcio facultativo quanto ao número de litigantes na fase de conhecimento, na liquidação de sentença ou na execução, quando este comprometer a rápida solução do litígio ou dificultar a defesa ou o cumprimento da sentença.

§ 2º O requerimento de limitação interrompe o prazo para manifestação ou resposta, que recomeçará da intimação da decisão que o solucionar."

mitigada nas hipóteses em que reste configurado o litisconsórcio passivo facultativo, consoante as regras dispostas no art. 113, do CPC. Assim, basta a hipótese menos rigorosa do aludido dispositivo – qual seja a "afinidade de questões por um ponto comum de fato ou de direito" – para que seja possível a cumulação de pedidos em face de réus distintos.[131]

Em função do elemento cumulado, dicotomiza-se a cumulação de ações em *cumulação subjetiva*, *cumulação objetiva* e *cumulação causal.*

Cada uma das *modalidades de cumulação* encontra regulação própria no Código de Processo, não obstante o legislador, no art. 327 do CPC,[132] estabeleça o que poderíamos denominar "regras gerais da cumulação", que coexistem a par das especiais. Assim, *v. g.*, o litisconsórcio tem seu cabimento previsto no art. 113 do CPC, sem prejuízo de os litisconsortes obedecerem, também, às regras do art. 327 do CPC citadas.

Consequentemente, na causa entre os litisconsortes, o juízo, em princípio, há de ser competente para os pedidos de todos, bem como idêntico o procedimento adequado a cada pretensão deduzida (art. 327, § 1º, incisos I e II, do CPC). Destarte, é normal que nessa cumulação um dos litisconsortes desloque a competência do juízo, como ocorre, *v. g.*, com a presença da Fazenda Pública.

Importante observar, no fenômeno da *cumulação*, que o "mesmo processo" comporta várias ações, não havendo correspondência quantitativa exata entre estas e o número de processos. A decorrência lógica dessa assertiva é que o juiz pode julgar, na mesma sentença, várias *ações cumuladas*. Contudo, se assim não o fizer e, no curso do processo, repelir alguma delas, prosseguindo quanto às demais, não se poderá afirmar que houve extinção do processo, porque ele prossegue em relação às ações remanescentes, como,

---

[131] O entendimento respalda-se na jurisprudência do Superior Tribunal de Justiça, segundo o qual "A expressão 'contra o mesmo réu' referida no art. 292 do CPC deve ser interpretada *cum grano salis*, de modo a se preservar o fundamento técnico-político da norma de cumulação simples de pedidos, que é a eficiência do processo e da prestação jurisdicional. 4. Respeitados os requisitos do art. 292, § 1º, do CPC (= compatibilidade de pedidos, competência do juízo e adequação do tipo de procedimento), aos quais se deve acrescentar a exigência de que não cause tumulto processual (pressuposto pragmático), nem comprometa a defesa dos demandados (pressuposto político), é admissível, inclusive em ação civil pública, a cumulação de pedidos contra réus distintos e atinentes a fatos igualmente distintos, desde que estes guardem alguma relação entre si" (AgRg no REsp 953.731/SP, Rel. Ministro Herman Benjamin, Segunda Turma, j. 02.10.2008).

[132] "**Art. 327.** É lícita a cumulação, em um único processo, contra o mesmo réu, de vários pedidos, ainda que entre eles não haja conexão.

§ 1º São requisitos de admissibilidade da cumulação que:

I – os pedidos sejam compatíveis entre si;

II – seja competente para conhecer deles o mesmo juízo;

III – seja adequado para todos os pedidos o tipo de procedimento.

§ 2º Quando, para cada pedido, corresponder tipo diverso de procedimento, será admitida a cumulação se o autor empregar o procedimento comum, sem prejuízo do emprego das técnicas processuais diferenciadas previstas nos procedimentos especiais a que se sujeitam um ou mais pedidos cumulados, que não forem incompatíveis com as disposições sobre o procedimento comum.

§ 3º O inciso I do § 1º não se aplica às cumulações de pedidos de que trata o art. 326."

v. g., quando o juiz acolhe a purga de mora quanto ao pedido de despejo por falta de pagamento cumulado com retomada e prossegue em relação a essa última causa de pedir. Tendo em vista que a relação processual não se extingue, esse ato pelo qual o juiz repele uma das ações cumuladas, prosseguindo na relação processual quanto às demais, *não é uma sentença senão uma decisão interlocutória* (art. 203 e parágrafos do CPC),[133] sujeita a recurso de agravo.

Idêntico raciocínio percorre-se caso o juiz indefira o pedido de um dos litisconsortes, prosseguindo o processo quanto aos demais, ou rejeite o pedido reconvencional do réu, mantendo de pé o processo para o julgamento da ação originária.[134]

A *cumulação* implica no dever de o juiz julgar todas as ações cumuladas, sob pena de incidir no vício do julgamento *citra petita*, tão grave quanto os julgamentos *ultra e extra petita.* Nesse caso de julgamento "aquém" do pedido, a parte pode intentar o recurso de Embargos de Declaração, para que o magistrado supra a lacuna da decisão (art. 494 do CPC).[135] Ainda que a parte assim não proceda, o Código passou a prever expressamente, em seu art. 1.013, § 3º, III, a possibilidade de o tribunal, em sede de apelação, decidir desde logo o mérito quando se constatar a omissão em um dos pedidos, sendo necessário que o processo já esteja em condições de imediato julgamento, conforme se depreende da teoria da causa madura. Desse modo, percebe-se que tal dispositivo guarda sintonia com o princípio da primazia da decisão de mérito e da razoável duração do processo (arts. 4º e 6º do CPC, e art. 5º, LXXVIII, da CF). Nesse caso, uma vez transitada em julgado a decisão lacunosa, é lícito à parte rescindi-la por violação da regra *in procedendo* que determina ao juiz julgar todas as ações cumuladas (art. 966, inciso V, do CPC)[136] ou intentar uma ação

---

[133] **"Art. 203.** Os pronunciamentos do juiz consistirão em sentenças, decisões interlocutórias e despachos.

§ 1º Ressalvadas as disposições expressas dos procedimentos especiais, sentença é o pronunciamento por meio do qual o juiz, com fundamento nos arts. 485 e 487, põe fim à fase cognitiva do procedimento comum, bem como extingue a execução.

§ 2º Decisão interlocutória é todo pronunciamento judicial de natureza decisória que não se enquadre no § 1º.

§ 3º São despachos todos os demais pronunciamentos do juiz praticados no processo, de ofício ou a requerimento da parte.

§ 4º Os atos meramente ordinatórios, como a juntada e a vista obrigatória, independem de despacho, devendo ser praticados de ofício pelo servidor e revistos pelo juiz quando necessário."

[134] A sentença que julga simultaneamente ação e reconvenção desafia o recurso da apelação.

[135] **"Art. 494.** Publicada a sentença, o juiz só poderá alterá-la:

I – para corrigir-lhe, de ofício ou a requerimento da parte, inexatidões materiais ou erros de cálculo;

II – por meio de embargos de declaração."

[136] **"Art. 966.** A decisão de mérito, transitada em julgado, pode ser rescindida quando:

I – se verificar que foi proferida por força de prevaricação, concussão ou corrupção do juiz;

II – for proferida por juiz impedido ou por juízo absolutamente incompetente;

III – resultar de dolo ou coação da parte vencedora em detrimento da parte vencida ou, ainda, de simulação ou colusão entre as partes, a fim de fraudar a lei;

IV – ofender a coisa julgada;

própria para pleitear o que não foi julgado e, consequentemente, não alcançado pela *coisa julgada*. Esclarece que essa violação não autorizará o *iudicium rescissorium* automático em relação ao pedido efetivamente decidido.

O *concurso de ações* é um fenômeno exatamente oposto à *cumulação*. É que nesta há varias pretensões deduzidas, no afã de que o juiz as acolha "todas". No concurso de ações há, em potência, várias ações à disposição do mesmo titular, por força da mesma razão ou da mesma causa de pedir, daí dizer-se *ações concorrentes,* que, por incompatibilidade lógica, permitem que apenas uma delas seja exercitável. Vigora, *in casu,* o princípio de que, eleita uma via, automaticamente exclui-se a outra – *electa una via non datur regressus ad alteram.*[137] Assim, *v. g.,* com base em determinado contrato, é lícito ao autor pleitear a cobrança de uma multa pela infração cometida ou a rescisão do vínculo em havendo essa alternatividade no instrumento contratual. Escolhida uma dessas soluções restará afastada, pelo mesmo fato, a outra ação potencialmente exercitável.

A doutrina clássica do concurso de ações cita o exemplo das ações para resolver o contrato (*ação redibitória*) ou para pedir o abatimento do preço (*quanti minoris*), colocada à disposição do adquirente da coisa com *vícios redibitórios* que a tornam imprestável ao fim a que se destina.

A realidade é que o denominado *concurso de ações* resolve-se, doutrinariamente, sob o *ângulo do interesse de agir*. Acolhido um dos pedidos, torna-se desnecessária a segunda

---

V – violar manifestamente norma jurídica;

VI – for fundada em prova cuja falsidade tenha sido apurada em processo criminal ou venha a ser demonstrada na própria ação rescisória;

VII – obtiver o autor, posteriormente ao trânsito em julgado, prova nova cuja existência ignorava ou de que não pôde fazer uso, capaz, por si só, de lhe assegurar pronunciamento favorável;

VIII – for fundada em erro de fato verificável do exame dos autos.

§ 1º Há erro de fato quando a decisão rescindenda admitir fato inexistente ou quando considerar inexistente fato efetivamente ocorrido, sendo indispensável, em ambos os casos, que o fato não represente ponto controvertido sobre o qual o juiz deveria ter se pronunciado.

§ 2º Nas hipóteses previstas nos incisos do *caput*, será rescindível a decisão transitada em julgado que, embora não seja de mérito, impeça:

I – nova propositura da demanda; ou

II – admissibilidade do recurso correspondente.

§ 3º A ação rescisória pode ter por objeto apenas 1 (um) capítulo da decisão.

§ 4º Os atos de disposição de direitos, praticados pelas partes ou por outros participantes do processo e homologados pelo juízo, bem como os atos homologatórios praticados no curso da execução, estão sujeitos à anulação, nos termos da lei.

§ 5º Cabe ação rescisória, com fundamento no inciso V do *caput* deste artigo, contra decisão baseada em enunciado de súmula ou acórdão proferido em julgamento de casos repetitivos que não tenha considerado a existência de distinção entre a questão discutida no processo e o padrão decisório que lhe deu fundamento. (Incluído pela Lei nº 13.256, de 2016)

§ 6º Quando a ação rescisória fundar-se na hipótese do § 5º deste artigo, caberá ao autor, sob pena de inépcia, demonstrar, fundamentadamente, tratar-se de situação particularizada por hipótese fática distinta ou de questão jurídica não examinada, a impor outra solução jurídica. (Incluído pela Lei nº 13.256, de 2016)."

[137] O autor, na verdade, pede sob a forma alternativa (**Chiovenda**, *Principii*, 1928, pp. 871-872).

ação porque alcançado um dos resultados possíveis. A impossibilidade de reproposição da segunda demanda esbarra nesse obstáculo, quiçá na própria eficácia preclusiva do caso julgado (art. 508 do CPC),[138] que impede infirme-se o resultado da ação anterior.[139]

4.3.1 Cumulação de ações – espécies

A fixação das *espécies de cumulação* implica em reafirmar-se que o fenômeno pressupõe o acolhimento de *múltiplas pretensões*, razão pela qual não se pode, tecnicamente, falar em *cúmulo* se a parte pretende apenas um de dois pedidos. Assim, muito embora tratada como *cumulação eventual* aquela em que o autor pretende o acolhimento de uma ou outra causa de pedir ou de um entre dois pedidos, em essência estamos diante de pleitos eventuais. Entretanto, mesmo nesses casos, alguns requisitos da cumulação são aplicáveis, como, *v. g.*, a "competência do juízo" e a "uniformidade procedimental" para ambos, não assim a "compatibilidade" entre os pedidos, exatamente porque a eventualidade de acolhimento de apenas um pedido dispensa aquele.

A cumulação *simples* ocorre quando o autor pretende o acolhimento de todas as ações cumuladas; isto é, de todos os pedidos, de todas as causas de pedir ou de todas as pretensões deduzidas por todos os litisconsortes.[140]

A cumulação diz-se *eventual* quando a parte pretende o acolhimento de uma das ações cumuladas para a eventualidade de não poder ser acolhida aquela inserida na ordem prioritária de sua postulação. Pertence a essa categoria a *cumulação alternativa*, que deriva de pretensão alternativa de direito material fundada em lei ou em contrato, e a cumulação eventual, decorrente do pedido assim formulado pelo autor.

A *cumulação* é *sucessiva* quando a parte pretende o acolhimento de ambas as pretensões, mas uma delas depende do acolhimento da outra que lhe serve de pressuposto. Nesse particular, remetemos o leitor a tudo quanto expusemos no concernente ao *pedido sucessivo*, não obstante a sucessividade possa referir-se também à *causa petendi* ou ao *elemento subjetivo das ações*, como, *v. g.*, uma ação em que um funcionário postule um benefício dependente da concessão de outro a ser deferido a terceiro, como uma promoção de carreira. A *cumulação* é *originária* quando verificada desde o início do processo, e *superveniente* quando surge no curso da relação processual, como, *v. g.*, a reconvenção, a defesa nas ações dúplices, em que o demandado, após a resposta, aumenta o *thema decidendum* formulando pedidos novos. *Cumulação subjetiva superveniente* é a decorrente

---

[138] "**Art. 508.** Transitada em julgado a decisão de mérito, considerar-se-ão deduzidas e repelidas todas as alegações e as defesas que a parte poderia opor tanto ao acolhimento quanto à rejeição do pedido."

[139] **Enrico Tulio Liebman**, *Eficácia e autoridade da sentença*, 1945, p. 189.

[140] **Chiovenda** remata afirmando que nessa modalidade de cumulação o juiz pode declarar procedente o primeiro pedido e improcedente o segundo ou vice-versa, ou ainda improcedentes ambos, ou, ao revés, procedentes os dois. **Rosenberg** denomina a cumulação simples de "união cumulativa" porque o autor "hace valer las varias pretensiones una al lado de otra", in *Derecho procesal civil*, 1935, vol. II, p. 92.

da *intervenção de terceiros*, como a assistência litisconsorcial, a oposição, a denunciação da lide e o chamamento ao processo.

Dentre tantos outros efeitos jurídico-processuais, a *cumulação* influi na fixação do valor da causa, uma vez que este deve refletir a soma de tudo quanto o autor pretende obter em juízo.

4.3.2 Cumulação de ações – requisitos

O artigo 327 do Código de Processo Civil estipula como requisitos para que o autor possa cumular ações: (I) A *compatibilidade entre os pedidos*; (II) A *competência do juízo*; e (III) A *identidade procedimental*.[141]

O primeiro requisito diz respeito à *compatibilidade entre os pedidos* e pressupõe a cumulação simples ou sucessiva, porque, na eventual, eles podem ser incompatíveis, uma vez que o autor pretende uma coisa ou "outra".

A compatibilidade é inafastável quando se pretende o acolhimento de todos os pedidos porque um não pode excluir o outro. Assim, não se podem cumular posto incompatíveis os pedidos de anulação do contrato e o de cumprimento de determinada obrigação decorrente do vínculo inválido; ou o de anulação de testamento cumulado com o de condenação à entrega do legado; ou ainda o de rescisão do contrato e cobrança posterior da obrigação. Em suma, a compatibilidade significa *ausência de antagonismo*. A lei dispensa a *conexão entre os pedidos* (art. 327, *caput*), muito embora ela se revele na cumulação sucessiva e na cumulação eventual. Aliás, a única conexão exigível para a cumulação simples é a *subjetiva*, porque o mesmo autor pode cumular pedidos contra o mesmo réu, como diz o art. 327 do CPC,[142] ainda que não conexos.

---

[141] "**Art. 327.** É lícita a cumulação, em um único processo, contra o mesmo réu, de vários pedidos, ainda que entre eles não haja conexão.

§ 1º São requisitos de admissibilidade da cumulação que:

I – os pedidos sejam compatíveis entre si;

II – seja competente para conhecer deles o mesmo juízo;

III – seja adequado para todos os pedidos o tipo de procedimento.

§ 2º Quando, para cada pedido, corresponder tipo diverso de procedimento, será admitida a cumulação se o autor empregar o procedimento comum, sem prejuízo do emprego das técnicas processuais diferenciadas previstas nos procedimentos especiais a que se sujeitam um ou mais pedidos cumulados, que não forem incompatíveis com as disposições sobre o procedimento comum.

§ 3º O inciso I do § 1º não se aplica às cumulações de pedidos de que trata o art. 326."

"**Súmula nº 170 do STJ:** Compete ao juízo onde primeiro for intentada a ação envolvendo acumulação de pedidos, trabalhista e estatutário, decidi-la nos limites de sua jurisdição, sem prejuízo do ajuizamento de nova causa, com o pedido remanescente, no juízo próprio."

Nesse mesmo segmento, não pode haver cumulação de pedidos se para um é competente a Justiça Federal e para o outro a Estadual, hipótese em que o juiz deve determinar que a ação prossiga perante ele apenas com relação ao pedido que tem competência para apreciar, sem prejuízo de a parte promover no juízo próprio a ação remanescente.

[142] "A conexão subjetiva bilateral é suficiente para que se deduzam diversas lides num mesmo processo", no dizer de **Carnelutti**, *Istituzioni del nuovo processo civile italiano*, 1951, vol. I, p. 265.

No caso de a incompatibilidade inviabilizar a cumulação, o juiz deve conceder ao autor, na forma do art. 321 do CPC,[143] prazo para emendar a sua inicial, sob pena de prosseguir-se, apenas, em relação ao primeiro pedido. Insistindo o autor na *cumulação*, incorrerá em inépcia da peça inicial, incumbindo ao juiz *extinguir o processo sem resolução do mérito com indeferimento da petição inicial* (art. 330, § 1º, c.c. o art. 485, I, do CPC).[144]

A *competência do juízo* é outro requisito exigido para ambos os pedidos cumulados. Em consequência, manifestando-se *incompetência relativa* para um deles, cumpre ao juiz aguardar a arguição da parte ré (art. 65 do CPC).[145] Outrossim, verificada a *conexão* entre os pedidos, muito embora não exigível, a *incompetência relativa* para um deles torna-se indiferente, porque prorroga-se a competência em razão desse laço entre as ações (arts. 55 a 59 do CPC),[146] posto a lei impor o *julgamento simultâneo* por um só dos juízos.

---

[143] "**Art. 321.** O juiz, ao verificar que a petição inicial não preenche os requisitos dos arts. 319 e 320 ou que apresenta defeitos e irregularidades capazes de dificultar o julgamento de mérito, determinará que o autor, no prazo de 15 (quinze) dias, a emende ou a complete, indicando com precisão o que deve ser corrigido ou completado.

Parágrafo único. Se o autor não cumprir a diligência, o juiz indeferirá a petição inicial."

[144] "**Art. 330.** A petição inicial será indeferida quando: [...]

§ 1º Considera-se inepta a petição inicial quando:

I – lhe faltar pedido ou causa de pedir;

II – o pedido for indeterminado, ressalvadas as hipóteses legais em que se permite o pedido genérico;

III – da narração dos fatos não decorrer logicamente a conclusão;

IV – contiver pedidos incompatíveis entre si."

"**Art. 485.** O juiz não resolverá o mérito quando: [...]

I – indeferir a petição inicial; [...]."

[145] "**Art. 65.** Prorrogar-se-á a competência relativa se o réu não alegar a incompetência em preliminar de contestação. Parágrafo único. A incompetência relativa pode ser alegada pelo Ministério Público nas causas em que atuar."

[146] "**Art. 55.** Reputam-se conexas 2 (duas) ou mais ações quando lhes for comum o pedido ou a causa de pedir.

§ 1º Os processos de ações conexas serão reunidos para decisão conjunta, salvo se um deles já houver sido sentenciado.

§ 2º Aplica-se o disposto no *caput*:

I – à execução de título extrajudicial e à ação de conhecimento relativa ao mesmo ato jurídico;

II – às execuções fundadas no mesmo título executivo.

§ 3º Serão reunidos para julgamento conjunto os processos que possam gerar risco de prolação de decisões conflitantes ou contraditórias caso decididos separadamente, mesmo sem conexão entre eles.

Art. 56. Dá-se a continência entre 2 (duas) ou mais ações quando houver identidade quanto às partes e à causa de pedir, mas o pedido de uma, por ser mais amplo, abrange o das demais.

Art. 57. Quando houver continência e a ação continente tiver sido proposta anteriormente, no processo relativo à ação contida será proferida sentença sem resolução de mérito, caso contrário, as ações serão necessariamente reunidas.

Assim, *v. g.*, se para o pedido A o juízo é competente e incompetente em razão do território, para o pedido B torna-se competente para ambos, acaso conexos esses pedidos cumulados.

A *incompetência absoluta para um dos pedidos torna juridicamente impossível a cumulação*. Assim, *v. g.*, se a causa de pedir de uma das ações cumuladas é da competência da vara de família e, a do outro pedido, da competência da vara cível, inviável é a cumulação, como o será a de cobrança de dívida comum com pensão alimentícia no juízo cível ou no juízo de família, porque a competência *ratione materiae*, ao atribuir competência, a exclui para as demais causas.

Ressalte-se que nos casos de incompetência absoluta, bem como naqueles em que restar acolhida a incompetência relativa, o juízo prosseguirá apenas no pedido que se encarte na sua esfera de atribuição jurisdicional, devendo o autor esclarecer com que pretensão prosseguirá, trasladando-se peças para ajuizamento do pedido desmembrado, no juízo absolutamente competente.

Finalmente, os pedidos devem submeter-se a uma "unidade procedimental", porque devem ser julgados na mesma sentença, o que implica caminharem no mesmo passo.

Assim, podem ser cumuladas ações que se sujeitam todas ao mesmo procedimento comum ou especial,[147] ou subsumidas ao processo de execução ou cautelar, com seus respectivos ritos.

Outrossim, não se podem cumular ações que se sujeitam a processos diferentes, como, *v. g.*, uma cobrança de perdas e danos com execução por quantia certa, etc. Isto porque o que a lei exige é a unidade de "procedimentos" no âmbito da mesma espécie de "processos". Por vezes, a lei permite que uma pretensão seja deduzida por uma de duas formas de processo, como ocorre com o débito locatício, que, segundo a Lei do Inquilinato, tanto pode ser veiculado em ação condenatória de cobrança como por meio de execução de título extrajudicial. Mas, nesse caso, não se trata de cumulação, senão de "concurso de ações"; por isso, alcançado o desígnio na cobrança, não cabe a execução por falta de "interesse de agir".

Visando a facilitar a cumulação e, inspirada inegavelmente no princípio da economia processual, a lei admite a cumulação sempre que os procedimentos das pretensões cumuladas puderem submeter-se à *ordinariedade*. Não obstante mais delongado, o procedimento comum, como rito-padrão, facilita as *cumulações* sujeitas às suas vicissitudes

---

Art. 58. A reunião das ações propostas em separado far-se-á no juízo prevento, onde serão decididas simultaneamente.

Art. 59. O registro ou a distribuição da petição inicial torna prevento o juízo."

[147] Como consabido, à luz do Novo Código não mais prevalece a distinção que estabelecia o CPC/73 entre o procedimento ordinário (que em verdade correspondia ao atual procedimento comum) e o sumário (que, a rigor, tratava de modalidade especial). É verdade que ainda se fala sobre um procedimento sumaríssimo, em referência àquele previsto aos Juizados Especiais Cíveis (*v.g.*: Leis nº 9.099/1995 e nº 10.259/2001). Não se trata, porém, de objeto de tratamento pelo Código de Processo Civil, apesar de haver algumas remissões específicas ao *iter* especial (arts. 1.062 a 1.066 do CPC/2015).

e vantagens. Assim, se para um dos pedidos o previsto é o rito comum e, para o outro, o especial, pode a parte cumular os pedidos e adotar para todos o rito comum.

É imperioso, entretanto, que nenhuma etapa necessária do procedimento substituído pelo comum seja suprimida nessa transmudação. Assim, *v. g.*, o procedimento da demarcação é incompatível com o procedimento comum porque apresenta uma série de etapas procedimentais inadaptáveis ao rito comum, sendo, por isso, vedada a cumulação.

O Código abre, em acréscimo, a possibilidade de, nesse rito comum, usarem-se técnicas de tutela diferenciada, que são, em última análise, o que justifica grande parte dos procedimentos especiais. Desse modo, o direito material pode ser adequadamente protegido, sem que se exclua a cumulação de pedidos, enquanto medida de economia processual (art. 327, § 2º).

Merece ser frisado, por fim, que há procedimentos que recaem no rito-padrão após um "início especial" caracterizado pela possibilidade de *tutela antecipada*, como aqueles em que se admite ao juiz conceder a liminar, os quais e após a resposta seguem a ordinariedade. Nesses casos, tendo em vista que o objetivo de julgamento na mesma sentença não será infirmado e que nenhuma etapa procedimental será suprimida, é admissível a cumulação, porquanto mantém-se, na essência, a uniformidade procedimental a que se refere o art. 327 do CPC.

Da mesma forma como os demais requisitos, o juiz, diante da inadequação procedimental, deve conceder ao autor a possibilidade de emenda da inicial sob as penas do art. 330 do CPC, devendo prosseguir, apenas, em relação ao pedido procedimentalmente adequado, se o defeito não for corrigido no lapso temporal conferido.

Capítulo 7
PROCESSO, PROCEDIMENTOS E ATOS PROCESSUAIS

1. PROCESSO E PROCEDIMENTO

O estudo da distinção entre o processo e o procedimento marca a evolução científica alcançada pelo Direito processual. É de sabença que a concepção procedimentalista do processo, de cunho francês, camuflou durante muito tempo a verdadeira natureza do processo como "relação jurídica", esmiuçada por Büllow na sua célebre obra sobre as "exceções e os pressupostos processuais", traçando uma linha divisória decisiva a partir do ano de 1868.[1]

---

[1] Na bibliografia mais recente, consulte-se **Calmon de Passos** e **Moniz de Aragão**, *Comentários*, 1974, vol. 3. **Machado Guimarães**, *A instância e a relação processual; estudos*, 1969, p. 68, nota 13. Observe-se, entretanto, que essa origem da relação jurídica processual já se encontrava nas ideias dos juristas da Idade Média, que a desenvolveram com fundamento no *judicium* romano. Assim é que Búlgaro definia o *judicium* como "*actus trium personarum: judicis, actoris e rei*". A definição medieval serviu de base à categorização do processo como relação trilateral ou triangular, como preferia **Wach**, estabelecendo entre as partes e o juiz "recíprocas relações" (*apud* **Zanzucchi**, *Diritto processuale civile*, 1946, vol. 1, p. 66). Malgrado a origem remota dessa concepção, seu desenvolvimento deveu-se, com exclusividade, à Escola alemã, através de Hegel, Betham-Holweg e Büllow, como anota **Niceto-Alcalá**, em *Proceso, autocomposición y autodefensa*, 1947, p. 118. Entre nós, brasileiros, a concepção da relação processual esbarrou na ideia procedimentalista da *procédure* francesa, tão influente até então. Entretanto, a penetração na Itália e nos países latinos levou nossos doutrinadores ao acolhimento do fenômeno entrevisto pela Escola alemã. Na Itália, **Chiovenda** assimilou nas *Instituições* a nova concepção de Bülow e Kholer. No Brasil, o belíssimo estudo sobre a instância, de **Machado Guimarães**, revela a adoção da concepção, seguida por outros juristas de renome como Pontes de Miranda, Gabriel de Rezende, Luís Eulálio de Bueno Vidigal, entre outros contemporâneos estudiosos. Destarte, ao referirmo-nos à linha divisória traçada pela Escola alemã, pretendemos distinguir as duas épocas em que vigoravam as concepções privatísticas e as concepções publicísticas do Direito processual, sendo certo que Bülow é o marco inicial para o desenvolvimento desta, porquanto antes vigoravam as ideias de que o processo era "complemento do Direito civil ou Direito civil prático" – expressão utilizada por **Frederico Marques**, *Instituições*, vol. 2, p. 76. As concepções privatísticas do contrato judicial e do quase-contrato, ambas desenvolvidas a partir de uma interpretação imanentista da *litiscontestatio* romana, apresentam pouquíssimos resquícios, em razão da preponderância das normas imperativas do Direito processual, em que o poder de disposição das partes é cada vez menor. Para um desenvolvimento mais extenso do tema, consultem-se **José Alberto dos Reis**,

296 | TEORIA GERAL DO PROCESSO CIVIL – *Luiz Fux*

Posteriormente, a doutrina do tema incumbiu-se de desmistificar essa indesejável simbiose, assentando que o processo representava a soma de atos realizados para a composição do litígio e, o procedimento, a ordem de sucessão desses mesmos atos.[2]

Processo ordinário e sumário, 1928; **René Morel**, *Traité élémentaire de procédure civile*, 1932; e **Paula Batista**, que, mercê de sua genialidade, admitia a tese do "quase-contrato", como se verifica em *Compêndio de teoria e prática do processo civil*, 1935, p. 105. Pela sua importância, no grupo publicista, merece destaque a categorização do processo como "situação jurídica", atribuída ao grande James Goldschmidt, a quem **Calamandrei** referia-se como "un maestro de deliberalismo procesal", na *Revista de Derecho Procesal*, vol. 1, 1951, número dedicado exclusivamente a "Estudios en memoria de James Goldschmidt". O processo, segundo **Goldschmidt**, é a situação jurídica de espera de uma sentença, na qual o juiz vai produzi-la segundo as regras do Direito judiciário material, que é aquele incidente na espécie quando não há o cumprimento do preceito, voluntariamente, pelo obrigado. Então, a regra que era *in procedendo* para o particular passa a ser *in judicando* para o Estado. É assim que se depreende a doutrina exposta pelo mestre alemão. Esse aguardo da decisão favorável ou ameaça de uma decisão desfavorável vai desaguar segundo o melhor aproveitamento das chances pelos contendores; é o que afirmava **Goldschmidt** em *Teoría general del proceso*, 1936, p. 58. Essa visão prática do fenômeno processual, segundo a qual a vitória nem sempre pertencia ao justo, senão ao melhor aproveitador das chances, valeu severas críticas à teoria de Goldschmidt, como se verifica no clássico **Alsina**, *Tratado teórico práctico de Derecho procesal civil y comercial*, 1943, pp. 245-256, não obstante encontrar-se o germe de sua ideia central em escritos não menos famosos, como o que **Calamandrei** titulou sugestivamente de *Il processo come giuoco: iscritti in onore di Francesco Carnelutti*, vol. 2, p. 485. Entretanto, apesar da genialidade da abordagem, considerando-se a época em que a doutrina foi lançada, são procedentes as críticas de que o mestre alemão examinou o objeto do juízo mas não a essência do processo. Ademais, descreve a situação de expectativa das partes e deixa de fora o principal protagonista, que é o juiz, com seus poderes e deveres processuais (**Liebman**, "La obra científica de James Goldschmidt, y la teoría de la relación procesal", *Revista de Derecho Procesal*, vol. 2, 1951, pp. 62-63). De imperioso registro, ainda, a teoria "institucional", entre outros, de **Guasp** e **Couture**, que padecia dos mesmos vícios das que não enfrentaram o processo a partir de seus pressupostos e conteúdos, mas, apenas, sob o ângulo ideológico, tanto que, na *Introdução ao estudo do processo civil*, 1951, **Couture** reproduz a fala de Morel, que concilia todas as ideias não repugnantes da instituição e da situação jurídica. O processo, assim, pode ser concebido como instituição, situação jurídica, mas sua natureza é de relação jurídica, como melhor evidenciou a Escola germânica de Büllow e outros. Assim, **José Alberto dos Reis**, *Comentários ao Código de Processo Civil*, 1946, pp. 26-27.

[2] **Carnelutti**, *Sistema*, vol. 3, nº 614; no mesmo sentido, sob a ótica do litígio, **Alcalá-Zamora**, para quem a finalidade jurisdicional do processo era compositiva do litígio, ao passo que o procedimento era a coordenação dos atos que se sucediam em busca daquela *causa finalis*. A genialidade de **Calamandrei** permitiu-o sintetizar o procedimento como o "aspecto exterior" do fenômeno processual (*Instituciones*, 1955, vol. 1, p. 242, nota 1), por isso o processo, em contrapartida, revela-se como "movimento em sua forma intrínseca". **Prieto Castro**, em *Cuestiones de Derecho procesal*, 1940, pp. 310-313, atribuía o fenômeno processual com exclusividade à função jurisdicional, relegando para os demais ramos o "procedimento", como, *v. g.*, procedimento administrativo, procedimento fiscal, etc. No seu insuperável monumento legislativo *Fundamentos del Derecho procesal civil*, 1951, pp. 101-102, **Eduardo Couture**, que tanta influência exerceu em nossa escola processual através do sul do país, assentou com precisão: "el proceso es la totalidad y el procedimiento la sucesión de los actos. El acto es una unidad, el procedimiento es la sucesión de los actos; el proceso es el conjunto de tales actos dirigidos hacia la realización de los fines de la jurisdicción". Anote-se ainda, em sede desse tema, que para grande parte da doutrina o processo

A imanência do processo à jurisdição, por ser instrumental a essa função soberana,[3] é o fundamento do seu agrupamento em categorias segundo os fins da tutela requerida; por isso, a doutrina aponta os três tipos clássicos, a saber: *processo de cognição ou conhecimento*, *processo de execução* e, finalmente, *processo cautelar*, correspondentes às atividades exercidas perante os tribunais no afã de obter a tutela jurisdicional de reconhecimento, realização ou asseguração.

O procedimento, por seu turno, revela a não instantaneidade da jurisdição e indica a forma pela qual os atos processuais se sucedem na busca da solução judicial. Por isso, cada processo tem os seus procedimentos. Assim, a definição dos direitos tem itinerários diversos, que variam conforme a pretensão de direito material e, por vezes, consoante o valor econômico do objeto mediato do pedido que se pretende tutelar. É por essa razão que o processo de sentença admite procedimentos especiais, como, *v. g.*, ação possessória.[4]

1.1 Procedimentos em espécie

No âmbito do processo de conhecimento, o legislador subdivide os procedimentos entre os gêneros comum e especiais. A especialidade do procedimento, outrossim, marca um desvio em relação ao procedimento comum numa de suas fases. Assim, *v.g.*, há procedimentos especiais que apenas se distinguem *initio litis* com a possibilidade de concessão de tutela antecipada, como sói ocorrer com os procedimentos interditais; outros alteram-se após a defesa do réu, retornando à via comum ordinária quando contestado o pedido, *v.g.*, o procedimento do pedido de depósito e, por fim, os refratários a qualquer conversão e por isso genuinamente especiais, *v.g.*, o inventário e a partilha[5].

O procedimento comum tem essa denominação por representar o padrão básico e preferencial do legislador brasileiro; tanto assim é que os especiais são construídos a partir dele, desviando-se do modelo padrão, considerado o *standard* básico. Por ser o *standard*, aplica-se este subsidiariamente nas lacunas dos demais procedimentos (art. 318)[6].

   é exclusivo da jurisdição contenciosa, comportando a jurisdição voluntária, apenas, a concepção de um "mero procedimento". Assim, **Alcalá-Zamora**, *Proceso, autocomposición y autodefensa*, 1947, p. 136, enquanto **Carnelutti** referia-se, nesses casos, a um "processo voluntário".

[3]   Daí ter-se afirmado que o processo está para a jurisdição como o serviço público está para a administração.

[4]   Essa conexão da situação jurídico-material com o procedimento é que induziu o legislador a fundir a ação com o bem da vida que compõe o objeto mediato do pedido, denominando as ações a partir destes, tal como ocorre com a "ação de usucapião", a ação de consignação, a ação possessória, etc. Não obstante, essas "ações" estão inseridas no capítulo "Dos procedimentos especiais". **Adroaldo Furtado Fabrício** anota essa utilização fungível das expressões "ação", "processo" e "procedimento" nos seus magníficos *Comentários ao CPC*, 1988, t. 3, vol. 8, pp. 2-4.

[5]   No mesmo sentido, **Adroaldo Furtado Fabrício**, *Comentários*, v. 8, t. 3, p. 31-32.

[6]   É aquele procedimento a que **Liebman** se referia como "regolato minutamente in tutti suoi aspetti, nelle sue varie fasi e nei diversi possibili incidenti; vale come modello anche per quegli altri procedimenti che presentano variazioni più o meno importanti: per questi la legge stabilisce alcune disposizioni particolari e rinvia per tutto il resto alle regole del procedimento-tipo, in quanto siano applicabili" (*Corso*, p. 117).

Ademais, o CPC[7], adequando-se ao disposto nos demais Códigos alienígenas, tratou de criar, em sua primeira parte, disposições gerais que, nada mais são do que características antes atribuídas ao procedimento ordinário e que, agora, de maneira mais apropriada, se aplicam de forma subsidiária aos demais procedimentos. Assim, forçoso concluir que o procedimento padrão brasileiro é o ordinário, quer pela sua solenidade, quer pela sua aplicação subsidiária em relação a todos os demais, inclusive ao sumário.

O *procedimento comum*, antes caracterizado pela desconcentração de suas fases, obedecendo a ritualidades que prolongavam sobremodo o tempo de duração do processo, com a contrapartida indesejável da demora da prestação jurisdicional, agora tende a conferir uma resposta satisfatória mais célere ao jurisdicionado, de forma que a morosidade do Judiciário não obste seu direito ao devido processo legal. Entretanto, não se perde o seu alcance dialético e supostamente ensejador de uma decisão mais completa e mais justa.[8]

Ele é – repita-se – "o pano de fundo" de quase todas as outras formas de processo,[9] e seu ritualismo decorre da sua origem antiga, derivada da *ordo judiciorum privatorum*, em que se obedecia à *ordo solemnis judiciarius*. Na sua fisiologia desconcentrada, destacam-se fases processuais preponderantes. Decorre dessa ótica que o procedimento ordinário revela *prima facie* uma "fase postulatória", quando atuam autor e réu no manejo da demanda e da defesa, fixando a *res deducta* sobre a qual vai incidir a jurisdição. Compõem-na, também, a eventual *replicatio*, malgrado inserida pelo Código na fase subsequente à resposta, das *providências preliminares*.

A fase seguinte, contando com a definição das pretensões das partes, dedica-se à observação da "utilidade do processo" sob o ângulo da inexistência de defeitos formais capazes de inviabilizar o julgamento, razão por que o ato chancelador desse estado negativo é o "saneamento", encetado via decisão interlocutória.[10] Por seu turno, o saneamento prepara a fase "instrutória" cujos elementos de convicção escapem à oportunidade de produção antecedente, como a prova documental e eventual produção antecipada justificada.[11] A fase seguinte é o "julgamento", *causa finalis* do processo

---

[7] Mais modernamente, a doutrina vem propondo uma leitura inovadora dos procedimentos especiais, à luz da principiologia do CPC (**Fredie Didier Jr., Antonio do Passo Cabral; Leonardo Carneiro da Cunha**, *Por uma nova teoria dos procedimentos especiais*, 2021; **Dierle José Coelho Nunes**, Novos rumos para as tutelas diferenciadas no Brasil? In: **Humberto Theodoro Júnior; Maira Terra Lauar** (coord.). *Tutelas diferenciadas como meio de incrementar a efetividade da prestação jurisdicional*, 2010. p. 25-52).

[8] Também é o pensamento de **Fairén Guillén** na sua específica obra acerca do tema *El Juicio Ordinario y los Plenarios Rápidos*, p. 53, atribuindo ao mesmo algo que nos parece ser a finalidade última da própria jurisdição, independentemente do procedimento que se siga, por isso se nos soa como exagero a afirmação de que somente *"el juicio ordinario se basa y se ha basado siempre en el deseo de acabar para siempre con el litigio entre las partes de manera judicial..."*.

[9] A expressão é tributada a **Paulo Cunha**, *Processo comum de declaração*, 1944, t. 1, p. 67.

[10] Frise-se essa natureza do saneamento em razão da praxe histórica de considerar-se tal ato "despacho", categoria hoje inaceitável diante da escorreita definição do art. 357 do Código de Processo Civil.

[11] Como afirmava **Carnelutti**, trata-se nessa fase "di raccogliere le ragioni e le prove" (*Istituzioni*, vol. 2, p. 15).

de conhecimento. Esse julgamento submete-se ao "duplo grau", razão pela qual não se extingue o processo com a só sentença, mas, antes, alonga a relação a eventual interposição de recurso,[12] ideia que se coaduna com a novel conceituação desse ato decisório do juiz.

Esse evolver processual pode sofrer mutações decorrentes de atos anormais indicados na própria lei, que acarretam uma "extinção prematura" da relação, sem a definição do litígio ou uma "paralisação temporária" da marcha dos atos processuais. Essa crise do procedimento tem sua diagnose na "extinção sem mérito do processo" e na "suspensão do processo", ambos fatos anômalos na medida em que o processo de conhecimento solene e formal persiste conquanto meio de composição da lide pela definição e aplicação da norma abstrata ao caso concreto e, por outro lado, porque o seu objetivo, quer na sua razão de ser, quer pela sua etimologia, pressupõe movimento constante, cuja estagnação suspensiva denuncia anormalidade.[13]

Os doutrinadores críticos à desconcentração de fases afirmam que os excessos de formalismos e solenidades, de mãos dadas com o crônico *déficit* de recursos materiais à disposição da justiça, são hoje os verdadeiros motivos pelos quais se engendra em vários sistemas uma fuga do procedimento comum, com o desdobramento para procedimentos especiais abreviados[14]. A crítica é tanto mais contundente quando se analisa o procedimento sob o prisma da cognição, por isso que os novos ritos instituídos tendem à sumarização da cognição com resolução incompleta da lide.

Parecia-nos paradoxal constatar que o ambiente jurídico-processual hodierno era diverso do de outrora, mas, ainda assim, preconizar a expansão da ordinariedade. Embora a ordinarização do procedimento, sob o ângulo científico, suponha propiciar maior amplitude de cognição e de defesa do interesse das partes em juízo, por longa data (até a inserção do art. 273 no CPC/1973), da sua essência a indesejável impossibilidade do provimento antecipado e *a fortiori* a sua incompatibilidade com as situações de urgência, tão comuns na sociedade de massas, onde os reclamos de tutela já não podem mais aguardar a desconcentração inerente a esse rito secular e desatualizado.

A corrente doutrinária que detecta a dissintonia do então procedimento ordinário com as modernas exigências de justiça aparentava enfrentar a questão com maior maturidade sociocientífica. Em nível social, há uma funda exigência de sumarização do procedimento e da cognição. Por outro lado, cientificamente, o procedimento ordinário, nos moldes originários do diploma processual passado, fora ditado por uma técnica de imobilismo do juiz, adstringindo-lhe à aplicação da lei, ao final do juízo, com o que se lhe impede de prover liminarmente. Essa forma de imposição ao juiz de um

---

[12] Correto estava **Carnelutti** ao referir-se a uma "rinnovazione del procedimento" (*Istituzioni*, vol. 2, p. 127).

[13] A esses fenômenos a doutrina clássica cognominou com expressões sugestivas como "crisi del procedimento" – **Carnelutti** –, "vicende anormali del processo" – **Liebman** – e "crises da instância" – **Alberto dos Reis**.

[14] A esse respeito, **Fairén Guillèn**, *Juicio Ordinario, Plenarios Rápidos, Sumario, Sumarísimo*, vol. 2, 1969, e **Adroaldo Furtado**, *Comentários*, v. 8, t. 3.

absenteísmo injustificado no âmbito da própria soberania não é senão a responsável pela prática judiciária da "vulgarização da tutela antecipada".[15]

As exigências sociais hodiernas suscitam uma maior capacidade de o Judiciário decidir com rapidez e segurança. Entretanto, a história do procedimento ordinário contradizia esses desígnios, até porque ditado, como já se afirmou, em doutrinas liberais francesas que presidiram a formação da ciência jurídica europeia no século XIX, em função da qual os juízes limitavam-se a aplicar a lei, sem possibilidade de criação capaz de autorizá-los à regulação antecipada da lide.

A busca da tutela diferenciada, dos procedimentos especiais com provimentos liminares, era a fuga do procedimento ordinário em virtude de sua notável defasagem sociocientífica. Esse crescimento dos procedimentos especiais que contemplam a tutela antecipada faz parte do novo reclamo da efetividade do processo.[16]

O legislador, porém, em boa hora insculpiu, no Código de 1973, a autorização para a antecipação da tutela jurisdicional (art. 273, CPC/1973), bem como permitiu amplo leque de cautelares. O atual diploma, seguindo essa inequívoca linha, tratou da tutela provisória genericamente, razão pela qual diversos procedimentos outrora tidos como especiais foram suprimidos, com autorização para utilização de técnicas de tutela diferenciada no bojo do procedimento comum (art. 327, § 2º, CPC[17]).

À época do Código de Processo revogado, o procedimento sumário era a segunda espécie de procedimento, se caracterizando pela concentração das fases do conhecimento, fundindo em uma etapa aquilo que se realiza em várias outras no procedimento ordinário. Na sua realização, concebia-se uma menor duração temporal do procedimento, pela aglutinação dos atos, diminuindo também, de certa parte, o campo da cognição, por isso que, *v.g.*, não cabia reconvenção no procedimento sumário, encerrando exemplo típico de rito que sugere exceções reservadas.

A prática judiciária, entretanto, demonstrou que essa compressão temporal não fora atingida, tornando esse rito mais indesejável do que o ordinário, mercê de ser sua versão encurtada, haja vista a impossibilidade de concessão de provimentos antecipados.[18] Impõe-se, por fim, assentar que a sua adoção obedece a critérios axiológicos,

---

[15] Magnífica a postura doutrinária assumida por **Ovídio Baptista** a esse respeito, em *Curso*, v. 1, p. 93-115.

[16] Na própria França, responsável pelo desprestígio dos processos sumários vigentes anteriormente à Revolução Francesa, é grande, na atualidade, a utilização dos instrumentos de "jurisdiction des referée", como se observa em *Rivista di Diritto Processuale*, 1975, p. 248. Idem, **Roger Perrot**, *Processo civile e giustizia sociale*, 1971, p. 47 e 59.

[17] "**Art. 327, § 2º**. Quando, para cada pedido, corresponder tipo diverso de procedimento, será admitida a cumulação se o autor empregar o procedimento comum, sem prejuízo do emprego das técnicas processuais diferenciadas previstas nos procedimentos especiais a que se sujeitam um ou mais pedidos cumulados, que não forem incompatíveis com as disposições sobre o procedimento comum."

[18] O procedimento sumário é o que **Fairén Guillèn**, na sua obra clássica antes referida, cognominava de juicios plenarios rápidos, oriundos da Decretal Papal de Clemente V, de 1306, conhecida por

consoante o litígio refira-se a questões jurídico-materiais que comportem a compressão procedimental pela maior ou menor evidência dos direitos *sub judice* ou pelo valor da causa, que é o benefício econômico pretendido pelo demandante.

Por essa razão, intentando simplificar o procedimento judicial, o CPC/2015 extinguiu o procedimento sumário, inspirando-se no que tinha de melhor, ao generalizar a audiência de conciliação ou de mediação no princípio do conflito. Desse modo, os processos principiados, à luz do CPC/1973, pelo procedimento sumário devem manter tal rito até a sentença, a partir do que serão regrados pelo atual Código (art. 1.049, parágrafo único). No regime atual, as causas de menor complexidade, antes contempladas pelo procedimento sumário, encontram guarida no rito sumaríssimo dos Juizados Especiais Cíveis (Lei nº 9.099, de 1995) ou podem, ainda, se submeter ao procedimento ordinário.

No sistema do CPC, distinguem-se, entre os procedimentos especiais, os de jurisdição contenciosa (Livro I, Título III, Capítulos I a XIV), e os da chamada jurisdição voluntária (Capítulo XV, Seções I a XII), conforme organização a que procedeu o novel diploma. Trata-se de demandas singulares, em que o legislador objetivou adaptar o processo às necessidades do Direito material objeto do litígio. Há uma antiga parêmia segundo a qual *a todo direito corresponde uma ação que o assegura*. Na modernidade, deve-se compreender que o procedimento não pode ser igual para todas as situações jurídicas que apresentam suas próprias vicissitudes. Assim, *v.g.*, é diferente a defesa da propriedade em juízo daquela emprestada a quem necessita de alimentos imediatos e *necessarium vitae*.

Os procedimentos especiais de jurisdição contenciosa expressamente abordados sob a égide do CPC/2015 são:

a) ação de consignação em pagamento (arts. 539-549);

b) ação de exigir contas (arts. 550-553);

c) ações possessórias (arts. 554-568);

d) ações de divisão e demarcação de terras particulares (arts. 569-598);

e) ação de dissolução parcial de sociedade (arts. 599-609);

f) inventário e da partilha (arts. 610-673);[19]

---

clementina saepe contingit (El juicio ordinario y los plenarios rápidos, cap. III). Esse mesmo autor o distingue do ordinário na seguinte passagem elucidativa: "los procedimientos plenarios, rápidos, se diferencian del ordinario, simplesmente por su forma, más corta, pero no por su contenido que es el mismo cualitativamente, juridicamente plenario", ao passo que "los procedimientos sumarios se diferencian del ordinario plenario, por su contenido, cualitativamente, juridicamente parcial, siendo indiferente la forma, aunque tendente a la brevedad, por lo cual se aproximaban – en ocasiones hasta confundirse procedimentalmente – con los plenarios rápidos" (Juicio ordinario, plenarios rápidos, sumario, sumarísimo, in *Temas del ordenamiento procesal*, 1969, v. 2).

[19] **"Enunciado nº 52 da I Jornada de Direito Processual Civil do CJF:** Na organização do esboço da partilha tratada pelo art. 651 do CPC, deve-se incluir a meação do companheiro."

"Enunciado nº 131 da II Jornada de Direito Processual Civil do CJF: A remissão ao art. 672, feita no art. 664, § 4º, do CPC, consiste em erro material decorrente da renumeração de artigos durante a tramitação legislativa. A referência deve ser compreendida como sendo ao art. 662, norma que possui conteúdo integrativo adequado ao comando expresso e finalístico do art. 664, § 4º."

g) embargos de terceiro (arts. 674-681);[20]

h) oposição (arts. 682-686, que agora não mais constitui uma modalidade de intervenção de terceiros);

i) habilitação (arts. 687-692);[21]

j) ações de família (arts. 693-699);

k) ação monitória (arts. 700-702);[22]

l) homologação do penhor legal (arts. 703-706);

m) regulação de avaria grossa (arts. 707-711);

n) restauração de autos (arts. 712-718).

De outro lado, no âmbito da jurisdição voluntária, além das disposições gerais (arts. 719-725),[23] são enunciados os seguintes procedimentos especiais:

a) notificação e interpelação (arts. 726 a 729);

b) alienações judiciais (art. 730);

c) divórcio, separação judicial consensual, extinção consensual de união estável e alteração do regime de bens do matrimônio (arts. 731 a 734);[24]

---

[20] **"Enunciado nº 53 da I Jornada de Direito Processual Civil do CJF:** Para o reconhecimento definitivo do domínio ou da posse do terceiro embargante (art. 681 do CPC), é necessária a presença, no polo passivo dos embargos, do réu ou do executado a quem se impute a titularidade desse domínio ou dessa posse no processo principal."

"**Enunciado nº 102 da I Jornada de Direito Processual Civil do CJF:** A falta de oposição dos embargos de terceiro preventivos no prazo do art. 792, § 4º, do CPC não impede a propositura dos embargos de terceiro repressivos no prazo do art. 675 do mesmo Código."

"**Enunciado nº 132 da II Jornada de Direito Processual Civil do CJF:** O prazo para apresentação de embargos de terceiro tem natureza processual e deve ser contado em dias úteis."

"**Enunciado nº 133 da II Jornada de Direito Processual Civil do CJF:** É admissível a formulação de reconvenção em resposta aos embargos de terceiro, inclusive para o propósito de veicular pedido típico de ação pauliana, nas hipóteses de fraude contra credores."

[21] **"Enunciado nº 54 da I Jornada de Direito Processual Civil do CJF:** Estando o processo em grau de recurso, o requerimento de habilitação far-se-á de acordo com o Regimento Interno do respectivo tribunal (art. 687 do CPC)."

"**Enunciado nº 55 da I Jornada de Direito Processual Civil do CJF:** É cabível apelação contra sentença proferida no procedimento especial de habilitação (arts. 687 a 692 do CPC)."

[22] **"Enunciado nº 101 da I Jornada de Direito Processual Civil do CJF:** É admissível ação monitória, ainda que o autor detenha título executivo extrajudicial."

"**Enunciado nº 134 da II Jornada de Direito Processual Civil do CJF:** A apelação contra a sentença que julga improcedentes os embargos ao mandado monitório não é dotada de efeito suspensivo automático (arts. 702, § 4º, e 1.012, § 1º, V, CPC)."

[23] **"Enunciado nº 56 da I Jornada de Direito Processual Civil do CJF:** A legitimidade conferida à Defensoria Pública pelo art. 720 do CPC compreende as hipóteses de jurisdição voluntária previstas na legislação extravagante, notadamente no Estatuto da Criança e do Adolescente."

[24] **"Enunciado nº 108 da II Jornada de Direito Processual Civil do CJF:** A competência prevista nas alíneas do art. 53, I, do CPC não é de foros concorrentes, mas de foros subsidiários."

d) execução de testamentos e codicilos (arts. 735 a 737);

e) arrecadação da herança jacente (arts. 738 a 743);

f) arrecadação de bens de ausentes (arts. 744 e 745);

g) arrecadação de coisas vagas (arts. 746);

h) interdição (arts. 747 a 758);

i) tutela e curatela (arts. 759 a 763);

j) organização e fiscalização das fundações (arts. 764 a 765); e

k) ratificação dos protestos marítimos e dos processos testemunháveis formados a bordo (arts. 766 a 770).

Mercê de todos esses procedimentos especiais típicos e das regras gerais supletivas, há ainda outros meios extrajudiciais de solução das controvérsias, como o são a conciliação, a mediação, a arbitragem (meios alternativos de solução dos litígios que ganharam destaque no atual Código). Ademais, em alguns pontos, é possível notar uma sucessão de atos legislativos que facultam a possibilidade de consecução de alguns procedimentos na via extrajudicial, especialmente perante os notários e registradores públicos (*v.g.*: divórcio extrajudicial, inventário e partilha extrajudiciais, usucapião extrajudicial, alteração de prenome, inclusão e exclusão de sobrenomes, etc.).

A realização extrajudicial desses procedimentos não afasta a necessidade de assistência por advogado constituído ou por defensor público (arts. 610, § 2º,[25] e 733, § 2º,[26] do CPC) e revela-se como alternativas que se oferece aos jurisdicionados, isto é, como faculdades que o ordenamento jurídico lhes outorga, desde que atendidos os requisitos legalmente estabelecidos para tanto.

Os *procedimentos especiais* revelam, em número expressivo, a fuga do legislador do delongado e ortodoxo procedimento ordinário. Entretanto, o prestígio deste é tão grande que o desprezo inicial às suas formas é contrabalançado com uma reedição de sua solenidade após o "necessário desvio de rota". Assim é que há procedimentos especiais que se iniciam diferentes e depois retomam a marcha ordinária. Esse desvio dá-se exatamente no tocante àquilo que é coibido pela doutrina da ordinariedade, que não é senão a possibilidade de regulação provisória e antecipada da lide. Assim, *v. g.*, as ações possessórias típicas e atípicas iniciam-se com a possibilidade de adoção de "liminares satisfativas", recaindo após para o rito ordinário. Destarte, os ritos especiais somente não desembocam no comum quando a pretensão de direito material se demonstra incompatível com sua efetivação via ordinariedade, como o exemplo da demarcação.

Assenta-se que a especialidade do procedimento implica, segundo a doutrina, um corte do objeto cognitivo; por isso, *não são plenárias* essas "ações especiais". Entendemos

---

[25] "**Art. 610, § 2º.** O tabelião somente lavrará a escritura pública se todas as partes interessadas estiverem assistidas por advogado ou por defensor público, cuja qualificação e assinatura constarão do ato notarial."

[26] "**Art. 733, § 2º.** O tabelião somente lavrará a escritura se os interessados estiverem assistidos por advogado ou por defensor público, cuja qualificação e assinatura constarão do ato notarial."

não haver essa correlação especialidade-não plenariedade. O exemplo típico das ações possessórias tem como escopo fundamento social e não processual ao vedar o "petitório no possessório" (art. 557 do CPC).[27] É que o proprietário não pode subtrair para depois legitimar a apreensão antijurídica sob o manto da propriedade, que, segundo imagem clássica de Ihering, tem como sua linha avançada de defesa a "posse". Essa exegese levaria à legitimação da lesão, porque o proprietário poderia o mais e o menos. Entretanto, para que se lhe não defira a "posse marginalizada", ele, o proprietário, deve primeiro restituir e depois reivindicar, pelos mesmos motivos por que não se admite que qualquer cidadão faça justiça pelas próprias mãos. A cognição restrita obedece, assim, a razões jurídico--materiais e não procedimentais.[28]

Na ação renovatória da locação comercial e na ação consignatória, a limitação de defesa também obedece a fundamentos que escapam ao âmbito processual. A limitada cognição nesses procedimentos tem como razão a propensão do legislador em estabelecer como regra a renovação e como exceção a "reprise", bem como na consignatória preferir a liberação à manutenção do estado de inadimplemento.[29] Assim, limitam-se as defesas que possam infirmar a regra da renovação e da liberação. Trata-se de valoração dos interesses em jogo, tão comum na técnica legislativa em geral.[30]

O *procedimento injuncional ou monitório*, cujo protótipo no Direito brasileiro recaía na antiga ação cominatória, tem como característica a emissão do preceito liminar condenatório, cuja eficácia executiva plena condiciona-se à não apresentação de defesa pelo demandado; por isso, oposta alguma exceção ou objeção pelo réu, o rito recai para a via-padrão da ordinariedade. Desta sorte, somente a revelia é que transforma o preceito em título executivo, porque a contestação transforma a comunicação liminar em simples citação *resolvitur in vim citationis*.

O Código atual afina-se longinquamente com a técnica injuncional ao dispor como regra *in procedendo* que a revelia do réu impõe o julgamento antecipado do mérito, mas de forma alguma o juiz profere liminar, tampouco se dispensam os processos comple-

---

[27] "**Art. 557.** Na pendência de ação possessória é vedado, tanto ao autor quanto ao réu, propor ação de reconhecimento do domínio, exceto se a pretensão for deduzida em face de terceira pessoa.

Parágrafo único. Não obsta à manutenção ou à reintegração de posse a alegação de propriedade ou de outro direito sobre a coisa."

[28] Outra é a conclusão de **Ovídio Baptista**, para quem essa limitação da cognição é decorrência de técnica de sumarização dos interditos (*Curso*, vol. 1, p. 108). Calcado em **Chiovenda**, o autor gaúcho utiliza-se da expressão "sumarização longitudinal" para explicar a cognição encetada pelo juiz para deferir a liminar com base na superficialidade do juízo, e "vertical" para o corte que se engendra quanto à profundidade da defesa vedada com base no domínio.

[29] Nesse particular, difere a filosofia que informava as ações não plenárias do antigo Direito romano, em que, por meio dos *interditos*, o pretor decretava a ordem, mas restavam as exceções reservadas à *actio ex interdito*; vale dizer: a sumariedade compreendia a possibilidade de discutir noutra ação aquilo que ficara vedado no interdito sumário.

[30] A valoração ínsita na norma é o ponto central da conhecida *Teoria tridimensional do Direito*, 4ª ed., 1986, de **Miguel Reale**. A esse respeito consulte-se, do próprio autor, *Filosofia do Direito*, 13ª ed., 1990; **Recaséns Siches**, *Introducción al estudio del Derecho*, 1970, pp. 40 e ss.

mentares de liquidação e execução, mercê de abrir-se ao revel a instância recursal com eventual execução quiçá "provisória".

Versão mais aprimorada é a do *procedimento monitório documental de créditos ou bens fungíveis*, nos quais, calcado no documento, o preceito liminar é emitido e prevalece mesmo na defesa do réu, ora com a "execução" suspensa, ora com execução provisória, consoante o grau de convencimento do título ou diante do "periculum di grave pregiudizio nel ritardo".[31] Algumas leis esparsas têm surgido com a técnica injuncional, indicando as novas tendências do legislador.

O despejo liminar é um exemplo dessa evolução. Por meio do provimento urgente satisfativo, o legislador concede a ordem de desocupação em caráter irreversível, restando ao locatário, se obtiver vitória na causa ou reforma da decisão interlocutória, uma indenização, uma vez que se trata de caso específico de injunção utilizada por meio da "tutela urgente dos direitos evidentes". Outro exemplo de tutela urgente, de direito evidente, de "direito líquido e certo é a veiculada no mandado de segurança", também concebido como rito "sumário documental". Nesse caso, a sumariedade é formal, porque a redução do módulo da prova encurta o procedimento.

O procedimento no processo de execução, consoante a natureza da prestação objeto da obrigação que se pretende (pretensão insatisfeita) exigir em juízo, varia na sua forma, notadamente pela diversidade de utilização dos meios executivos adequados, bem como em razão de sua *causa finalis*. Assim, por exemplo, não se "procede" da mesma forma na obtenção de quantia e na exigibilidade de "fazer infungível". A diversidade das prestações implica a utilização de "meios executivos diversos" e, *a fortiori*, de procedimentos diferentes.

A execução por quantia certa, por exemplo, em face de sua finalidade que, segundo a própria lei, é a expropriação de bens do devedor para satisfação dos interesses do credor, tem fases distintas de apreensão, expropriação e pagamento que não se encontram nas outras execuções. Destarte, pela sua natureza "genérica", o procedimento da execução por quantia certa está para as demais execuções como o procedimento ordinário para os procedimentos outros.

A execução de obrigação de fazer fungível, pela alternatividade que enseja ao credor em função do inadimplemento do devedor, varia de procedimento, que pode propiciar desde uma licitação para arrematar-se a prestação de fato a outrem até a transmudação da execução para quantia certa com uma singular liquidação incidente.

Na execução extrajudicial para entrega de coisa, mercê da diferença liminar conforme seja certa ou incerta a coisa a ser entregue, o que implica um diminuto contraditório

---

[31] Conforme **Ovídio**, *Curso*, vol. 1, p. 112, esse procedimento injuncional, de larga aplicação na Europa, sobretudo na Itália e na França, é o que se preconiza para a tutela de segurança, com a diferença de que não só nos créditos documentais, mas em toda e qualquer pretensão material que exige a pronta atuação judicial não atendida pela ortodoxia da "ordinariedade". O que se visa é tornar transparente e legítima essa adoção procedimental, com o abandono da dissimulada e promíscua utilização, para esses fins, do processo cautelar.

quanto ao *ius eligendi*, pode, também, variar, consoante a natureza do bem, se móvel ou imóvel, ou quanto à existência atual e efetiva do mesmo no patrimônio do devedor.

As execuções de fazer consistentes em manifestações de vontade sujeitam-se a procedimento unitário, onde o juiz declara e satisfaz tudo quanto a parte poderia esperar do Judiciário, inexistindo execução noutra relação processual, sendo, por isso, consideradas "executivas *lato sensu*".

No que tange às *medidas cautelares* – espécie do gênero tutela de urgência –, não obstante a finalidade seja a mesma e o seu rito unitário pela necessária urgência e imediata executividade do comando, este reclama o antecedente juízo declaratório lógico; por isso, essa forma de proteção judicial participa da natureza cognitiva, cujo ato final também pode ser auferido através de procedimentos diversos. A finalidade última do processo "assegurado" influi no procedimento, uma vez que os atos acautelatórios vão variar conforme sejam os fins acautelados do pedido principal, cuja utilidade se pretende resguardar. Nesse segmento, o *arresto* implica constrição de bens porque prepara a futura penhora; o *sequestro*, da mesma forma, não obstante prepare entrega de coisa; a *produção antecipada de provas*, conquanto discutível seu cunho exclusivamente cautelar, subsume-se ao procedimento da realização prática da prova no processo de conhecimento, e assim por diante.

Justamente por esse caráter acessório, o Código deixou de prever procedimentos detalhados para cada medida ventilada. Atualmente, vige a *atipicidade* procedimental das cautelares e da tutela provisória em geral, resguardando-se a efetividade, na medida em que o magistrado pode eleger os atos que soem adequados e proporcionais (art. 139, IV), e o contraditório – valor inegociável, nos moldes dos arts. 9º e 10.

2. ATOS PROCESSUAIS

2.1 Forma dos atos processuais

O processo é um conjunto de atos processuais[32] tendentes à obtenção da prestação jurisdicional, por isso sua marcha implica a prática de atos dos seus sujeitos, a saber: autor, réu e juiz. Destarte, circunstâncias especiais determinam por vezes a participação de outros protagonistas no processo, como, *v. g.*, o perito, o intérprete, o administrador, etc. Por seu turno, os atos processuais, diferentemente dos atos materiais, como a transação ou o contrato, não são fins em si mesmos, senão meios para alcançar determinada finalidade. Por isso, quando os atos e termos processuais não dependem de forma determinada expressamente por lei, reputam-se válidos os que, realizados de outro modo, lhe preencham

---

[32] Acerca do tema, **Moniz de Aragão**, *Comentários*, 1974. Segundo **Ugo Rocco**, in *l'autorità della cosa giudicatta e i suoi limitti soggettivi*, os acontecimentos independentes da vontade das partes são fatos processuais e os atos de vontade das pessoas do processo são "atos processuais", p. 85, 1917. Toda vez que os fenômenos interferem no processo recaem na sua regulação jurídica. Assim, o fenômeno celeste, porquanto o dia e a noite são de transcendental importância para a divisão dos prazos, e *a fortiori* para o processo, como argutamente observa **Hugo Alsina**, *Tratado teórico e prático de derecho procesal civil y comercial*, 1941, vol. I, p. 706.

Cap. 7 · PROCESSO, PROCEDIMENTOS E ATOS PROCESSUAIS | **307**

a finalidade essencial (art. 188 do CPC).[33] É o que se denomina *princípio da finalidade*, que se coaduna com o princípio da *instrumentalidade das formas*.[34]

Os atos processuais, por seu turno, são, em regra, públicos. A publicidade dos atos processuais escritos, bem como dos julgamentos, provém de normas constitucionais expressas (CF, art. 5º: "LX – a lei só poderá restringir a publicidade dos atos processuais quando a defesa da intimidade ou o interesse social o exigirem"; CF, art. 93: "IX – todos os julgamentos dos órgãos do Poder Judiciário serão públicos, e fundamentadas todas as decisões, sob pena de nulidade, podendo a lei limitar a presença, em determinados atos, às próprias partes e a seus advogados, ou somente a estes, em casos nos quais a preservação do direito à intimidade do interessado no sigilo não prejudique o interesse público à informação").

Matérias inerentes a situações jurídicas indeclináveis, entretanto, recomendam, em alguns casos, que os feitos tramitem em segredo de justiça, como ocorre, *v. g.*, quando, *ex officio* ou mediante requerimento das partes, o juiz concluir ou exigir o interesse público, que o processo mantenha-se sob segredo.

A lei dispõe que correm em *segredo de justiça* as causas que dizem respeito a casamento, filiação, separação dos cônjuges, *a fortiori*, as decorrentes de união estável,[35] conversão desta em divórcio, alimentos e guarda de menores. Não obstante e dependendo do caso concreto, em obediência ao direito constitucional de obter certidões, é possível concedê-las, obedecidos os requisitos da lei.

Deveras delicada é a questão limite entre o segredo de justiça e a liberdade de imprensa. Nesse passo insta acrescentar que o "segredo de justiça" impõe que os atos processuais escapem à publicidade geral, salvante nas questões inerentes a menores e adolescentes. Em consequência, a sua divulgação pela imprensa mitiga essa garantia, muito embora alguns julgados admitam a divulgação genérica de notícias a respeito da existência do processo sem menção às peculiaridades do caso, como técnica de ponderação dos valores constitucionais em tensão.

A publicidade dos atos processuais não arrasta o poder indiscriminado de compulsar os autos. Esse direito de consultar os autos e de pedir certidões de seus atos é restrito às partes e a seus procuradores. Não obstante, o terceiro que demonstrar interesse jurídico pode requerer ao juiz certidão (arts. 11 e 189 do CPC),[36] como, *v. g.*, o sócio que se retirou

---

[33] "**Art. 188.** Os atos e os termos processuais independem de forma determinada, salvo quando a lei expressamente a exigir, considerando-se válidos os que, realizados de outro modo, lhe preencham a finalidade essencial."

[34] A forma dá existência e relevância jurídica aos atos processuais, no dizer de **Vicenzo Cavallo**, in *La sentenza penale*, 1936, pp. 364 e 365. O princípio que sugere não sancionar o ato com sua nulidade se alcançada a finalidade segue a regra enunciada por **Pontes de Miranda** do denominado "Princípio da determinação racional do nulo", *Comentários ao Código de Processo Civil*, 1947, vol. II, p. 299.

[35] **Lei nº 9.278**, de 10.05.1996 – Regula o § 3º do art. 226 da Constituição Federal: "**Art. 9º** Toda a matéria relativa à união estável é de competência do juízo da Vara de Família, assegurado o segredo de justiça."

[36] "**Art. 11.** Todos os julgamentos dos órgãos do Poder Judiciário serão públicos, e fundamentadas todas as decisões, sob pena de nulidade.

da sociedade que pode pedir certidão para comprovar a sua aptidão para realizar um concurso, cujo pré-requisito seja exatamente não ser integrante de qualquer pessoa jurídica.

Princípio geral é o de que em todos os atos e termos do processo é obrigatório o uso do vernáculo (art. 192 do CPC).[37] Como consectário, "o documento redigido em língua estrangeira somente poderá ser juntado aos autos quando acompanhado de versão para a língua portuguesa tramitada por via diplomática ou pela autoridade central, ou firmada por tradutor juramentado" (art. 192, parágrafo único, do CPC).

Destarte, por expressa disposição de lei especial, para produzirem efeito "em qualquer instância, juízo ou Tribunal", estão sujeitos a registro, no registro de títulos e documentos, "todos os documentos de procedência estrangeira, acompanhados das respectivas traduções" (LRP, arts. 129, § 6º, e 148).

O Egrégio Supremo Tribunal Federal, entretanto, sumulou entendimento no verbete nº 259 do STF, no sentido de que "para produzir efeito em juízo não é necessária a inscrição, no registro público, de documentos de procedência estrangeira, autenticados por via consular". *A contrario sensu*, não autenticado por via consular, o documento deve vir acompanhado de tradução e ser registrado no RTD.

Em regra, a tradução é exigível apenas para "documentos" da causa. Entretanto, se o juiz decidir motivar o *decisum* no Direito estrangeiro, imperioso se tornará explicitar a doutrina citada.

Consoante afirmado, os atos processuais em regra pertinem às partes e ao órgão jurisdicional.

Parágrafo único. Nos casos de segredo de justiça, pode ser autorizada a presença somente das partes, de seus advogados, de defensores públicos ou do Ministério Público."

"**Art. 189.** Os atos processuais são públicos, todavia tramitam em segredo de justiça os processos:

I – em que o exija o interesse público ou social;

II – que versem sobre casamento, separação de corpos, divórcio, separação, união estável, filiação, alimentos e guarda de crianças e adolescentes;

III – em que constem dados protegidos pelo direito constitucional à intimidade;

IV – que versem sobre arbitragem, inclusive sobre cumprimento de carta arbitral, desde que a confidencialidade estipulada na arbitragem seja comprovada perante o juízo.

§ 1º O direito de consultar os autos de processo que tramite em segredo de justiça e de pedir certidões de seus atos é restrito às partes e aos seus procuradores.

§ 2º O terceiro que demonstrar interesse jurídico pode requerer ao juiz certidão do dispositivo da sentença, bem como de inventário e de partilha resultantes de divórcio ou separação."

[37]   O dispositivo inspira-se na ampla defesa capaz de propiciar à parte adversa o conhecimento integral daquilo que contra ela pretende o seu contendor. Destarte é preceito universal, tendo observado **René Morel** quanto à sua pátria que: "les actes de procédure doivent être redigés en langue française, à peine de nullité", in *Traité élementaire de procedure civile*, 1932, p. 424. O vetusto Código italiano preconizava: "In tutto il processo è precritto l'uso della lingua italiana." No Brasil, o uso do latim predominou até meados do século XIX. Anota **João Mendes Junior** que o golpe decisivo contra essa prática foi desferido pelo Decreto de 23 de maio de 1821, que aboliu "o estilo das tenções em latim praticados nas relações do Reino", devendo aquelas ser escritas em língua portuguesa", *Revista da Faculdade de Direito de São Paulo*, XXV, p. 77, *apud* Frederico Marques, *Instituições*, vol. 1.

Os atos das partes, consistentes em declarações unilaterais ou bilaterais de vontade, produzem imediatamente a constituição, a modificação ou a extinção de direitos processuais. Entretanto, a desistência da ação só produz efeito depois da homologação judicial (art. 200 do CPC).[38]

O processo, por seu turno, desenvolve-se por iniciativa da parte que pratica de forma constante atos processuais conducentes ao fim maior que é a prestação da justiça. Esses atos vão produzindo os seus respectivos efeitos. Assim é que, se a parte manifesta a desistência de uma prova, essa abdicação opera sua eficácia, independentemente do referendo do juiz. A ressalva feita pela lei quanto à "desistência da ação" justifica-se porque ela frustra a prestação da justiça e deixa em aberto a controvérsia. Nesse diapasão, os acordos das partes como atos bilaterais produzem desde logo seus objetivos, que repercutem no processo até sua extinção. A homologação consubstanciada na chancela judicial confere-lhes eficácia executiva, ainda que o objeto do negócio bilateral transborde dos limites da demanda. É que no rol dos títulos executivos enquadram-se essas manifestações de vontade, inclusive aquelas que versem sobre objeto não litigioso, mas inserido no bojo da transação entre as partes.

Por essa razão são manifestos o valor jurídico e a eficácia de transação formulada pelas partes, diretamente, devendo nesse caso o juiz observar apenas os requisitos de validade dos atos jurídicos em geral. A capacidade postulatória é exigível apenas para atos "do processo" em razão da especialidade das normas técnicas processuais. A homologação confere natureza de título executivo à manifestação volitiva encetada, ainda que particularmente.

Hodiernamente, os juízos em geral encontram-se informatizados e dotados de maquinário hábil a perpetuar o ingresso de peças processuais, marcando-lhes a existência e a tempestividade. Dificilmente uma comarca não é dotada de protocolo geral.

Não obstante, as partes podem exigir recibo de petições, arrazoados, papéis e documentos que entregarem em cartório, e o carimbo aposto na cópia de petição protocolada ou apresentada a despacho vale como recibo e prevalece sobre a informação do escrivão quanto à data da apresentação daquela peça processual, consoante iterativa jurisprudência.[39]

A prática dos atos processuais exige, tanto do juízo quanto das partes, clareza e precisão. Assim é que as partes postulam por meio de petições, sendo defeso lançar nos autos cotas marginais ou interlineares, cabendo ao juiz mandar riscá-las, impondo a quem as escrever multa correspondente à metade do salário mínimo (art. 202 do CPC).[40] Destarte, tal forma dos atos impede a inclusão surpreendente de textos originariamente não encartados nas peças processuais. Em consequência, muito embora não seja recomen-

---

[38] "**Art. 200.** Os atos das partes consistentes em declarações unilaterais ou bilaterais de vontade produzem imediatamente a constituição, modificação ou extinção de direitos processuais. Parágrafo único. A desistência da ação só produzirá efeitos após homologação judicial."

[39] "**Art. 201.** As partes poderão exigir recibo de petições, arrazoados, papéis e documentos que entregarem em cartório."

[40] "**Art. 202.** É vedado lançar nos autos cotas marginais ou interlineares, as quais o juiz mandará riscar, impondo a quem as escrever multa correspondente à metade do salário mínimo."

dável sublinhar trechos de depoimentos de testemunhas, a prática não está sancionada pela lei. A multa antes referida converte-se em obrigação fiscal e inscrita e é passível de exigibilidade por meio da execução especial.

O *juiz,* além dos atos das partes e que se sujeitam às regras anteriormente observadas, *materializa sua função no processo por meio de atos escritos e orais.* Estes últimos consubstanciam-se em "inquirições" e os escritos, em "sentenças", "decisões interlocutórias" e "despachos" (art. 203 do CPC).[41]

Conceitualmente, "sentença" é o ato pelo qual o juiz resolve ou não o mérito da causa. Importa, assim, para a caracterização de um ato como sentença, sua finalidade de implicar uma das hipóteses dos artigos 485 e 487 do CPC; resolvendo o litígio ou extinguindo o procedimento em primeiro grau sem a análise do mérito, o que corresponde à velha dicotomia entre as "sentenças definitivas", que, como o próprio nome indica, definem o litígio, e as "sentenças terminativas" que fulminam o processo em razão de um vício formal, sem enfrentar a questão de fundo.

Participando da natureza de atos decisórios do juiz, a "decisão interlocutória" é o ato pelo qual o juiz, "no curso do processo", resolve questão incidente. A própria lei evidencia o traço distintivo, posto mencionar a interlocutória como ato que se encarta "no curso do processo", ao passo que a sentença é o ato que "finaliza" o procedimento em primeiro grau.

Os demais atos praticados pelo juiz[42] visando ao impulso oficial do processo para que alcance seu desígnio, que é a definição do litígio, são denominados "despachos", praticados de ofício ou a requerimento da parte, a cujo respeito a lei não estabelece outra forma. Resumidamente, poderíamos assim exemplificar: iniciado o processo, o juiz determina a citação do réu por meio de "despacho"; defere ou indefere as provas requeridas via "decisão interlocutória" e julga o pedido por "sentença". Afora isso, os demais atos meramente ordinatórios, como a juntada e a vista obrigatória, independem de despacho, devendo ser praticados de ofício pelo servidor e revistos pelo juiz, quando necessários.

---

[41]   **Liebman** classificava os atos do juiz em "despachos de expediente ou ordinatórios", "despachos interlocutórios", "decisões terminativas" e "decisões definitivas" o que encontra correspondência até hoje na definição legal (*Notas às instituições de Chiovenda*, vol. III, pp. 47-48).

"**Art. 203.** Os pronunciamentos do juiz consistirão em sentenças, decisões interlocutórias e despachos.

§ 1º Ressalvadas as disposições expressas dos procedimentos especiais, sentença é o pronunciamento por meio do qual o juiz, com fundamento nos arts. 485 e 487, põe fim à fase cognitiva do procedimento comum, bem como extingue a execução.

§ 2º Decisão interlocutória é todo pronunciamento judicial de natureza decisória que não se enquadre no § 1º.

§ 3º São despachos todos os demais pronunciamentos do juiz praticados no processo, de ofício ou a requerimento da parte.

§ 4º Os atos meramente ordinatórios, como a juntada e a vista obrigatória, independem de despacho, devendo ser praticados de ofício pelo servidor e revistos pelo juiz quando necessário."

[42]   Como advertia **Goldschmidt**, o juiz também pratica atos outros na vida da relação processual, como ouvir testemunhas, eventualmente estar presente às diligências, etc. São atos materiais (*Teoria general del proceso*, 1936, p. 175).

Os procedimentos não se cingem ao primeiro grau de jurisdição.

Consoante é sabido, interposto o recurso, a causa passa a submeter-se à cognição do tribunal, seguindo o rito ditado pela "ordem dos processos nos tribunais".

Os recursos são primeiramente distribuídos a um relator, que pode praticar, como porta-voz do colegiado, atos isolados, como, proferir uma decisão concedendo efeito ativo ou suspensivo a um recurso etc. Destarte, pode ainda prolatar despachos de mero expediente, como sói ser o de juntada de um documento, etc. Os atos isolados do componente do colegiado consubstanciam ou despachos ou interlocutórias agraváveis sob a forma regimental. Em consequência, as decisões monocráticas dos relatores, tão prestigiadas pelas sucessivas reformas processuais, não reclamam a lavratura de acórdão, muito embora seja admissível estruturá-las tal como aqueles. Assim, *v. g.*, o relator que rejeita liminarmente o recurso especial pode formalizá-lo por meio de decisão com relatório e ementa.

Recebe a denominação de "acórdão" o julgamento colegiado proferido pelos tribunais (art. 204 do CPC),[43] posto que ato decisório subjetivamente complexo pela fusão de várias manifestações que o integram.

Qualquer que seja a categoria do ato, despacho, decisão, sentença ou acórdão, deverá ser redigido, datado e assinado pelo juiz, conferindo-lhe autoria e, consequentemente, autenticidade, salvo quando proferido oralmente, hipótese em que o servidor o documentará, submetendo-o ao juiz para revisão e assinatura (art. 205 do CPC).[44] O resultado dos atos orais, quando é divulgado, faz coincidir a publicação com a intimação, esta decorrente da oitiva da parte que compareceu ou que deveria ter comparecido ao momento em que proferido, posto intimada para esse fim.

Nesse segmento, a sentença proferida em audiência, no mesmo momento, é considerada intimada (íntima) às partes.

Um dos requisitos formais de maior relevância no ato jurisdicional é a sua *motivação* explicitada, pela qual o julgador fundamenta porque acolheu ou rejeitou o pedido (art. 11 do CPC).[45]

Trata-se de um consectário infraconstitucional do preceito maior insculpido na CF, art. 93, IX, *verbis*: "Todos os julgamentos dos órgãos do Poder Judiciário serão públicos, e fundamentadas todas as decisões, sob pena de nulidade [...]."

O processo contém outros atos que não os dos sujeitos parciais, mas decorrentes de atividade daqueles que exercem o "serviço judiciário", como *v. g.*, o escrivão ou o chefe de secretaria, que, ao receber a petição inicial de qualquer processo, a autuará,

---

[43] "**Art. 204.** Acórdão é o julgamento colegiado proferido pelos tribunais."

[44] "**Art. 205.** Os despachos, as decisões, as sentenças e os acórdãos serão redigidos, datados e assinados pelos juízes.

§ 1º Quando os pronunciamentos previstos no *caput* forem proferidos oralmente, o servidor os documentará, submetendo-os aos juízes para revisão e assinatura."

[45] "**Art. 11.** Todos os julgamentos dos órgãos do Poder Judiciário serão públicos, e fundamentadas todas as decisões, sob pena de nulidade."

mencionando o juízo, a natureza do feito, o número de seu registro, os nomes das partes e a data do seu início, procedendo do mesmo modo quanto aos volumes que se forem formando (art. 206 do CPC).[46]

Por seu turno, o escrivão numera e rubrica todas as folhas dos autos, agindo da mesma forma quanto aos suplementares. Frise-se que alguns desses atos passaram a ser realizados de modo diverso, em função da criação e da difusão cada vez mais ampla da prática eletrônica de atos processuais. Assim, *v.g.*, obviamente não são mais necessárias, nos autos eletrônicos, a numeração e a rubrica de todas as folhas dos autos por parte do escrivão, o que denota um aumento da eficiência no uso de recursos humanos e públicos durante o processo.

Às partes, aos advogados, órgãos do Ministério Público, peritos e às testemunhas é facultado rubricar as folhas correspondentes aos atos em que intervieram (art. 207 do CPC).[47]

Sob o enfoque estritamente formal, as peças avulsas são anexadas aos autos, razão pela qual os termos de juntada, vista, conclusão e outros semelhantes constam de notas datadas e rubricadas pelo escrivão.

Outrossim, os atos e termos do processo devem ser escritos com tinta escura e indelével, assinando-os as pessoas que neles intervieram, sendo certo que, quando estas não puderem ou não quiserem firmá-los, o escrivão certifica, nos autos, a ocorrência (art. 209 do CPC).[48]

A atividade cartorial ou de secretaria, por seu turno, reclama o registro das palavras, ainda que pronunciadas celeremente, razão pela qual é lícito o uso da taquigrafia, da estenotipia ou de outro método idôneo, a critério exclusivo do juiz. A estenotipia é a forma mecanizada da taquigrafia e, assim como esta, pode ser utilizada ao alvitre do juiz sem a interferência das partes na adoção dessa técnica de agilização da anotação dos atos judiciais (art. 210 do CPC).[49]

2.1.1 Da prática eletrônica de atos processuais

As inovações das últimas décadas, cujo avanço a galope praticamente inviabiliza o convívio social dos desconectados, também chegaram ao processo civil. O debate da rela-

---

[46] "**Art. 206.** Ao receber a petição inicial de processo, o escrivão ou o chefe de secretaria a autuará, mencionando o juízo, a natureza do processo, o número de seu registro, os nomes das partes e a data de seu início, e procederá do mesmo modo em relação aos volumes em formação."

[47] "**Art. 207.** O escrivão ou o chefe de secretaria numerará e rubricará todas as folhas dos autos. Parágrafo único. À parte, ao procurador, ao membro do Ministério Público, ao defensor público e aos auxiliares da justiça é facultado rubricar as folhas correspondentes aos atos em que intervierem."

[48] "**Art. 209.** Os atos e os termos do processo serão assinados pelas pessoas que neles intervierem, todavia, quando essas não puderem ou não quiserem firmá-los, o escrivão ou o chefe de secretaria certificará a ocorrência."

[49] "**Art. 210.** É lícito o uso da taquigrafia, da estenotipia, ou de outro método idôneo, em qualquer juízo ou tribunal."

ção entre direito e tecnologia se intensifica com o passar dos anos, mas merece particular destaque uma contribuição tecnológica significativa para os aplicadores do direito, qual seja, a informatização do processo.

Ainda na vigência do Código de 1973, o legislador fez editar a Lei nº 11.419, de 19.12.2006, que regulava precisamente o processo eletrônico, ainda incipiente, no território brasileiro. O diploma legal regulamentou a informatização processual, passando a expressamente admitir o uso de meio eletrônico na tramitação de processos judiciais, na comunicação de atos e na transmissão de peças processuais.

Após delinear critérios para a realização de atos centrais da relação jurídica processual, a exemplo dos atos de comunicação, o legislador optou por deixar a cargo dos tribunais a regulamentação da etapa evolutiva[50], o que, naturalmente, prestigia a autonomia do Judiciário e a adaptabilidade do regramento às circunstâncias peculiares de cada Corte.

Autorizou a Lei, assim, a criação pelos tribunais de Diário da Justiça eletrônico, a ser disponibilizado em sítio da rede mundial de computadores, para publicação de atos judiciais e administrativos próprios e dos órgãos a eles subordinados, bem como comunicações em geral. Nos anos subsequentes, os órgãos do Poder Judiciário passaram a desenvolver sistemas eletrônicos de processamento de ações judiciais por meio de autos digitais.

Fato é que, na década entre a edição desta lei e a vigência do atual CPC, a experiência do processo eletrônico foi exitosa em nosso ordenamento, o que levou à inversão no tratamento das formas de processo. Se, à época, o processo eletrônico era a exceção e o processo físico era mais comum, dez anos depois o meio informatizado passou a ser vislumbrado como regra, de forma que alguns dispositivos foram acertadamente incorporados ao próprio diploma processual.

Em 2010, o Conselho Nacional de Justiça publicou a Resolução CNJ nº. 121/2010, dispondo sobre a divulgação de dados processuais eletrônicos na rede mundial de computadores, expedição de certidões judiciais e dá outras providências[51].

---

[50] "**Lei 11.419/2006: Art. 18.** Os órgãos do Poder Judiciário regulamentarão esta Lei, no que couber, no âmbito de suas respectivas competências."

[51] "**Art. 1.º** A consulta aos dados básicos dos processos judiciais será disponibilizada na rede mundial de computadores (internet), assegurado o direito de acesso a informações processuais a toda e qualquer pessoa, independentemente de prévio cadastramento ou de demonstração de interesse. Parágrafo único. No caso de processo em sigilo ou segredo de justiça não se aplica o disposto neste artigo.

Art. 2.º Os dados básicos do processo de livre acesso são:

I – número, classe e assuntos do processo;

II – nome das partes e de seus advogados;

III – movimentação processual;

IV – inteiro teor das decisões, sentenças, votos e acórdãos.

Art. 3.º O advogado cadastrado e habilitado nos autos, as partes cadastradas e o membro do Ministério Público cadastrado terão acesso a todo o conteúdo do processo eletrônico.

§ 1º. Os sistemas devem possibilitar que advogados, procuradores e membros do Ministério Público cadastrados, mas não vinculados a processo previamente identificado, acessem automaticamente

Em verdade, os autos eletrônicos refletem o objetivo de aplicar a tecnologia para acelerar a tramitação do processo e facilitar o acesso das partes e advogados, em consonância com o princípio da economia processual. Com a digitalização integral dos processos, dispensa-se o trabalho de remeter os autos – por vezes, volumosos – de forma braçal, com o corriqueiro risco de perda ou deterioração. De igual modo, possibilita-se o acesso às peças processuais de qualquer computador, resguardando-se, por óbvio, a segurança das informações ali contidas.

A experiência foi bem-sucedida, de sorte que, nos dias correntes, a tramitação eletrônica se tornou realidade e tendencialmente o padrão a ser seguido, em função da celeridade e da eficiência[52], permitidas pela modalidade, atendendo à exigência de um módulo constitucional de tempestividade[53] e de economicidade[54], com dispensa de custos operativos exclusivos do atendimento presencial e físico.

---

todos os atos e documentos processuais armazenados em meio eletrônico, desde que demonstrado interesse, para fins, apenas, de registro, salvo nos casos de processos em sigilo ou segredo de justiça.

§ 2º. Deverá haver mecanismo que registre cada acesso previsto no parágrafo anterior.

Art. 4.º As consultas públicas dos sistemas de tramitação e acompanhamento processual dos Tribunais e Conselhos, disponíveis na rede mundial de computadores, devem permitir a localização e identificação dos dados básicos de processo judicial segundo os seguintes critérios:

I – número atual ou anteriores, inclusive em outro juízo ou instâncias;

II – nomes das partes;

III – número de cadastro das partes no cadastro de contribuintes do Ministério da Fazenda;

IV – nomes dos advogados;

V – registro junto à Ordem dos Advogados do Brasil."

[52] "O art. 8.º também previu norma fundamental que impõe grande mudança de postura não só pelo julgador, mas pelo próprio Poder Judiciário como um todo. Trata-se da eficiência, que não se confunde com a duração razoável do processo. Enquanto esta se encontra ligada ao tempo do processo, a eficiência se refere à adequada gestão processual e do Poder Judiciário enquanto Poder, buscando-se o desenvolvimento de um processo que produza resultados qualitativamente bons com o mínimo de dispêndio de tempo, dinheiro e energias. A eficiência impõe a necessidade de que o juiz adote adequada gestão dos processos em que atua, buscando soluções que adaptem o procedimento às necessidades concretas do conflito de interesses, o que dará a melhor performance possível ao processo em curso. Ademais, a eficiência determina ao Poder Judiciário que adote medidas de gestão, enquanto estrutura de Poder estatal, para maximizar a obtenção da prestação jurisdicional nos processos, bem como que extraia de todos os agentes que compõem seus quadros seus melhores potenciais" (**Alexandre Freitas Câmara; Marco Antonio dos Santos Rodrigues**. A reunião de execuções fiscais e o NCPC: por uma filtragem à luz das normas fundamentais. *Revista de Processo*, vol. 263, ano 42, p. 114-115).

[53] **José Augusto Garcia de Sousa**. O tempo como fator precioso e fundamental do processo civil brasileiro: aplicação no campo das impenhorabilidades. *Revista de Processo*, vol. 295, set. 2019.

[54] O princípio da economicidade é fruto da humanização da ideia de inadimplemento, consectário da transposição da responsabilidade pessoal do devedor para sua responsabilidade patrimonial. Calcado em razões de equidade, o princípio da economicidade recomenda prudência e equilíbrio entre os valores de satisfação ao beneficiário e sacrifício do demandado. Na sua essência figura como regra *in procedendo* quanto à escolha do provimento adequado, que deve ser aquele reputado idôneo e suficiente sem causar um grande sacrifício ao réu. Assim, *v. g.*, se ao juiz pleiteia-se a interdição de um estabelecimento por graves desavenças entre os sócios e diante de uma iminente

Nesse passo, o CPC/2015 trouxe, em seu bojo, uma seção inteira destinada à regulamentação da "Prática Eletrônica de Atos Processuais". Outrossim, estipula que os atos processuais (e também atos notariais e de registro) podem ser total ou parcialmente digitais, de forma a permitir que sejam produzidos, comunicados, armazenados e validados por meio eletrônico, na forma da lei. O mote passava a ser, doravante, a incorporação de novas melhorias tecnológicas ao Direito Processual e Jurisprudencial. Em outras palavras, deve a Administração Judiciária ser propositiva e atenta à realidade de seu tempo.

2.1.2 O papel do Conselho Nacional de Justiça na transformação tecnológica do Poder Judiciário e o Programa "Justiça 4.0"

A revolução tecnológica não só impactou a forma por meio da qual a jurisdição era prestada, como também foi responsável por garantir a sua manutenção nos tempos pandêmicos e, hodiernamente, por seu radical aprimoramento, já que trouxe um ganho significativo de eficiência.

Com efeito, em razão da declaração pública de pandemia pela Organização Mundial de Saúde, causada pela propagação na covid-19, o CNJ e os Tribunais se viram forçados a recorrer a soluções tecnológicas como meio indissociável à continuidade da prestação jurisdicional no país. Assim é que diversos instrumentos normativos foram aprovados com o intuito de regulamentar a prática de atos processuais de maneira remota, revolucionando a forma de trabalho dos tribunais e logrando maximizar, de forma ampla e desburocratizada, o acesso à Justiça.

Nesse contexto, observou-se que determinadas medidas, consideradas necessárias por conta das restrições sanitárias, deveriam ser adotadas permanentemente, seja porque se revelaram eficazes, seja porque trouxeram economicidade e celeridade aos processos.

Aliás, "O Estudo da Imagem do Poder Judiciário", realizado por meio de pesquisa qualitativa com a população e os formadores de opinião, já havia evidenciado a expectativa de que a modernização e a inovação tecnológica poderiam contribuir para o funcionamento do Judiciário, melhorando o acesso, promovendo a agilidade e a simplificação dos serviços (76% acreditam que o uso da tecnologia facilita muito ou facilita o acesso à Justiça)[55].

Assim, ao assumir a presidência do Supremo Tribunal Federal e do Conselho Nacional de Justiça em setembro de 2020, consagrei, como um dos 5 eixos eleitos prioritários de minha gestão, o desenvolvimento da "Justiça 4.0", como forma de ampliar o acesso à

---

dilapidação patrimonial, incumbe-lhe nomear um interventor sem excluir a atuação dos partícipes da sociedade, concedendo *aliud* porém *minus*. Os processos, notadamente o satisfativo e o urgente, tornam influente a economicidade dos meios utilizados para realizar o que contém a decisão a favor do beneficiário da medida judicial. Trata-se de demandas em que a margem de erro do provimento ronda o processo, principalmente no juízo em que se decide de forma urgente diante de uma situação de perigo, provendo-se *incontinenti* e *inaudita altera pars*.

[55] **Antonio Lavareda, Marcela Montenegro e Roseane Xavier**, *Estudo da Imagem do Poder Judiciário*. Brasília: AMB, FGV e IPESPE, 2019. Disponível em: https://www.cnj.jus.br/pesquisas-judiciarias/justica-em-numeros/. Acesso em: 22 jul. 2020. p. 35-36.

Justiça e aprimorar a prestação jurisdicional, com redução significativa de custo e aumento da eficiência, sempre em benefício do cidadão.

Desde então, inúmeras resoluções incentivando o uso da tecnologia e a inovação no Poder Judiciário foram aprovadas, consubstanciando o supracitado "Programa Justiça 4.0"[56]:

- **Resolução CNJ 335/2020** – Institui a PDPJ-Br.
- **Resolução CNJ 337/2020** – Videoconferência no Poder Judiciário.
- **Resolução CNJ 341/2020** – Disponibilização de salas de Videoconferência nos Tribunais.
- **Resolução CNJ 345/2020 e 378/2021** – Juízo 100% Digital.
- **Resolução CNJ 354/2020** – Cumprimento digital de ato processual.
- **Resolução CNJ 358/2020** – Regulamenta as ODRs.
- **Resolução CNJ 372/2021** – Balcão Virtual.
- **Resolução CNJ 385/2021 e 398/2021** – Núcleos de Justiça 4.0.
- **Recomendação CNJ 101/2021** – Busca assegurar o acesso à Justiça aos excluídos digitais.
- **Recomendação CNJ 104/2021** – Fomenta a elaboração de acordos de cooperação com outras instituições para maximizar a eficiência das comunicações de atos processuais.
- **Resolução CNJ 420/2021** – Dispõe sobre a adoção do processo eletrônico e o planejamento nacional da conversão e digitalização do acervo processual físico remanescente dos órgãos do Poder Judiciário.
- **Resolução CNJ 444/2022** – Institui o Banco Nacional de Precedentes (BNP) para consulta e divulgação por órgãos e pelo público em geral de precedentes judiciais.
- **Resolução CNJ 446/2022** – Institui a plataforma Codex como ferramenta oficial de extração de dados estruturados e não estruturados dos processos judiciais eletrônicos.
- **Resolução CNJ 455/2022** – Institui o Portal de Serviços do Poder Judiciário (PSPJ), na Plataforma Digital do Poder Judiciário (PDPJ-Br).
- **Recomendação CNJ 130/2022** – Recomenda aos tribunais a instalação de Pontos de Inclusão Digital (PID), para maximizar o acesso à Justiça e resguardar os excluídos digitais.
- **Resolução CNJ 465/2022** – Institui diretrizes para a realização de videoconferências no âmbito do Poder Judiciário.

---

[56] Mais informações disponibilizadas em: https://www.cnj.jus.br/tecnologia-da-informacao-e--comunicacao/justica-4-0/, último acesso em 25 set. 2022.

Esse verdadeiro microssistema digital[57] representa uma alteração de paradigma, passando-se a conceber a justiça efetivamente como um serviço ("*justice as a service*").

Gize-se, inicialmente, que, nos termos da Resolução CNJ 420/2021, desde 1o de março de 2022, ficou vedado o recebimento e a distribuição de casos novos em meio físico, salvo em razão de ocasional impossibilidade técnica eventual ou urgência comprovada que o exija, em todos os tribunais, à exceção do Supremo Tribunal Federal. Além disso, até 31 de dezembro de 2025 todos os tribunais deverão ter concluído a digitalização do acervo processual físico em eletrônico. Assim, a partir de 2026, os históricos autos físicos, com suas capas coloridas e bailarinas, passarão a figurar como peças de museu.

A **Plataforma Digital do Poder Judiciário (PDPJ-Br)**, criada pela Resolução CNJ nº 335/2020, instituiu a política pública para a governança e gestão de processo judicial eletrônico, integrando todos os tribunais do país com a criação da PDPJ-Br e manutenção do sistema PJe como sistema de Processo Eletrônico prioritário do Conselho Nacional de Justiça. Assim, buscou integrar e consolidar todos os sistemas eletrônicos do Judiciário brasileiro em um ambiente unificado; implantar o conceito de desenvolvimento comunitário, no qual todos os tribunais contribuem com as melhores soluções tecnológicas para aproveitamento comum; e instituir plataforma única para publicação e disponibilização de aplicações, microsserviços e modelos de inteligência artificial (I.A.), por meio de computação em nuvem[58].

Nos termos do ato normativo, "a PDPJ-Br funcionará como modelo de convergência, será provida por um repositório (*marketplace*) de soluções que estará disponível para uso por todos os sistemas de processo judicial eletrônico do Poder Judiciário nacional". Registre-se que esses multisserviços são passíveis de serem adaptados por cada tribunal, de acordo com suas necessidades e especificidades.

Um exemplo de recurso tecnológico já disponibilizado é o **Sistema Nacional de Investigação Patrimonial e Recuperação de Ativos (Sniper)**. Visando a facilitar a localização de bens e ativos, a ferramenta busca dirimir um dos principais gargalos processuais,

---

[57] **Anderson de Paiva Gabriel e Fábio Ribeiro Porto**, *Direito Digital*. São Paulo: Thomson Reuters Brasil, 2023.

[58] "Desta forma, será reconhecido que, além do PJe, há outros sistemas públicos e gratuitos, atualmente em produção em vários tribunais; e que os custos de migração para uma plataforma única não seriam compensatórios. Opta-se, portanto, por autorizar sua disponibilização na PDPJ, com o aval do CNJ, mas com o condicionante de que os futuros desenvolvimentos sejam realizados de forma colaborativa, impedindo a duplicação de iniciativas para atender às mesmas demandas, mediante tecnologia e metodologia fixadas pelo CNJ. Ao incentivar e fomentar o desenvolvimento colaborativo, os sistemas públicos hoje existentes, em suas versões originárias, serão tratados todos como "legados" e serão progressivamente "desidratados" ou "modularizados" para a criação de "microsserviços" de forma que em médio prazo naturalmente convirjam para uma mesma solução. (...) Pretende-se com isso consolidar no Judiciário brasileiro a política para a gestão de processo judicial eletrônico e integrando todos os tribunais do país e finalizando de uma vez por todas com os conflitos entre qual é o melhor sistema, mas, mantendo o sistema PJe como sistema de Processo Eletrônico patrocinado pelo CNJ e principal motor da nova política". Mais informações disponibilizadas em: https://www.cnj.jus.br/tecnologia-da-informacao-e-comunicacao/plataforma--digital-do-poder-judiciario-brasileiro-pdpj-br/, último acesso em 08 mar. 2023.

qual seja, a execução e o cumprimento de sentença, e para tal: "A partir do cruzamento de dados e informações de diferentes bases de dados, o Sniper destaca os vínculos entre pessoas físicas e jurídicas de forma visual (no formato de grafos), permitindo identificar relações de interesse para processos judiciais de forma mais ágil e eficiente"[59].

Por meio do **"Juízo 100% Digital"** (Resolução CNJ nº 345/2020[60]), possibilitou-se que os atos processuais, inclusive audiências e sessões, sejam exclusivamente praticados por meio eletrônico e remoto, por intermédio da rede mundial de computadores.

---

[59] Mais informações disponibilizadas em: https://www.cnj.jus.br/tecnologia-da-informacao-e--comunicacao/justica-4-0/sniper/, último acesso em 08 mar. 2023.

[60] **"Resolução CNJ n. 345/2020. Art. 1º** Autorizar a adoção, pelos tribunais, das medidas necessárias à implementação do "Juízo 100% Digital" no Poder Judiciário.

§ 1º No âmbito do "Juízo 100% Digital", todos os atos processuais serão exclusivamente praticados por meio eletrônico e remoto por intermédio da rede mundial de computadores. (redação dada pela Resolução n. 378, de 9.03.2021)

§ 2º Inviabilizada a produção de meios de prova ou de outros atos processuais de forma virtual, a sua realização de modo presencial não impedirá a tramitação do processo no âmbito do "Juízo 100% Digital". (redação dada pela Resolução n. 378, de 9.03.2021)

§ 3º O "Juízo 100% Digital" poderá se valer também de serviços prestados presencialmente por outros órgãos do Tribunal, como os de solução adequada de conflitos, de cumprimento de mandados, centrais de cálculos, tutoria dentre outros, desde que os atos processuais possam ser convertidos em eletrônicos. (redação dada pela Resolução n. 378, de 9.03.2021)

Art. 2º As unidades jurisdicionais de que tratam este ato normativo não terão a sua competência alterada em razão da adoção do "Juízo 100% Digital".

Parágrafo único. No ato do ajuizamento do feito, a parte e seu advogado deverão fornecer endereço eletrônico e linha telefônica móvel celular, sendo admitida a citação, a notificação e a intimação por qualquer meio eletrônico, nos termos dos arts. 193 e 246, V, do Código de Processo Civil.

Art. 3º A escolha pelo "Juízo 100% Digital" é facultativa e será exercida pela parte demandante no momento da distribuição da ação, podendo a parte demandada opor-se a essa opção até o momento da contestação.

§ 1º A parte demandada poderá se opor a essa escolha até sua primeira manifestação no processo, salvo no processo do trabalho, em que essa oposição deverá ser deduzida em até 05 dias úteis contados do recebimento da primeira notificação. (redação dada pela Resolução n. 378, de 9.03.2021)

§ 2º Adotado o "Juízo 100% Digital", as partes poderão retratar-se dessa escolha, por uma única vez, até a prolação da sentença, preservados todos os atos processuais já praticados. (redação dada pela Resolução n. 378, de 9.03.2021)

§ 3º No processo do trabalho, ocorrida a aceitação tácita pelo decurso do prazo, a oposição à adoção do "Juízo 100% Digital" consignada na primeira manifestação escrita apresentada não inviabilizará a retratação prevista no §2º. (redação dada pela Resolução n. 378, de 9.03.2021)

§ 4º A qualquer tempo, o magistrado poderá instar as partes a manifestarem o interesse na adoção do "Juízo 100% Digital", ainda que em relação a processos anteriores à entrada em vigor desta Resolução, importando o silêncio, após duas intimações, aceitação tácita. (redação dada pela Resolução n. 378, de 9.03.2021)

§ 5º Havendo recusa expressa das partes à adoção do "Juízo100% Digital", o magistrado poderá propor às partes a realização de atos processuais isolados de forma digital, ainda que em relação a processos anteriores à entrada em vigor desta Resolução. (redação dada pela Resolução n. 481, de 22.11.2022)

O projeto foi pensado para facilitar o acesso das partes ao processo. Por conta disso, há uma concreta preocupação em assegurar-lhe caráter opcional, discricionário. Ninguém será submetido, a contragosto, à tramitação integralmente remota[61].

O autor poderá fazer a escolha no momento do ajuizamento, expressamente, ao distribuir a demanda, informando endereço eletrônico e número de telefone celular de sua preferência para que, por meio deles, seja comunicado acerca do andamento processual[62]. Por sua vez, o réu fará sua opção até a contestação, de sorte que, no procedimento comum, poderá participar da audiência de conciliação ou de mediação sem que signifique comprometimento indelével com a via digital.

As partes também poderão, a qualquer tempo, celebrar negócio jurídico processual, nos termos do art. 190 do CPC, para a escolha do "Juízo 100% Digital" ou, ainda, para a realização de atos processuais isolados de forma digital.

A sistemática buscou ser prudente na máxima medida e autoriza que, mesmo após a apresentação da peça de defesa, desde que antes da prolação da sentença, pode haver retratação (autêntico arrependimento) da escolha, remetendo-se o processo ao juízo físico da mesma localidade, com correlata competência[63].

Note-se que a menção aos atos comunicativos por meio eletrônico, nomeadamente citações e intimações, não é inédita. Seguindo uma inevitável necessidade de adaptação do Direito aos avanços tecnológicos e à dinamicidade das formas de comunicação em sociedade, o Código de Processo de 2015 avançou nessa regulamentação. Deveras, o art. 246 do Código de 2015 já previa em sua redação original a *possibilidade* de citação por meio eletrônico, conforme regulamentado em lei[64]. Mais recentemente, referido dispositivo foi alterado pela Lei 14.195/2021, que passou a estabelecer inclusive que a citação deve feita *preferencialmente* por meio eletrônico[65]."

---

§ 6º Em hipótese alguma, a retratação ensejará a mudança do juízo natural do feito. (redação dada pela Resolução n. 378, de 9.03.2021)

Art. 3º-A. As partes poderão, a qualquer tempo, celebrar negócio jurídico processual, nos termos do art. 190 do CPC, para a escolha do 'Juízo 100% Digital' ou para, ausente esta opção, a realização de atos processuais isolados de forma digital." (incluído pela Resolução n. 378, de 9.03.2021)

[61] "**Resolução CNJ n. 345/2020. Art. 3º**: A escolha pelo 'Juízo 100% Digital' é facultativa e será exercida pela parte demandante no momento da distribuição da ação, podendo a parte demandada opor-se a essa opção até o momento da contestação."

[62] "**Resolução CNJ n. 345/2020. Art. 2º**: Parágrafo único: No ato do ajuizamento do feito, a parte e seu advogado deverão fornecer endereço eletrônico e linha telefônica móvel celular, sendo admitida a citação, a notificação e a intimação por qualquer meio eletrônico, nos termos dos arts. 193 e 246, V, do CPC."

[63] "**Resolução CNJ n. 345/2020. Art. 3º**: § 2º Adotado o 'Juízo 100% Digital', as partes poderão retratar-se dessa escolha, por uma única vez, até a prolação da sentença, preservados todos os atos processuais já praticados."

[64] Em sua redação original, estabelecia o art. 246 que "a citação será feita: (...) V – por meio eletrônico, conforme regulado em lei."

[65] Conforme sua redação atual, prevê o *caput* do art. 246 que "a citação será feita preferencialmente por meio eletrônico, no prazo de até 2 (dois) dias úteis, contado da decisão que a determinar, por

Para tanto, desenhou a obrigação de os empresários públicos e privados (seja sob a forma individual ou societária, à exceção das microempresas e das empresas de pequeno porte) manterem cadastro nos sistemas de processo em autos eletrônicos, para efeito de recebimento de citações e intimações, as quais serão efetuadas preferencialmente por esse meio. Esse mesmo dever também se aplica à União, aos Estados, ao Distrito Federal, aos Municípios e às entidades da administração indireta, já que as lides que envolvem o Poder Público representam parte substancial dos processos judiciais; o que também se estende ao Ministério Público, à Defensoria Pública e à Advocacia. Também as intimações, sempre que possível, deverão ser realizadas preferencialmente sob a forma eletrônica.

A limitação da obrigação aos *repeat players*[66] se revelou prudente fruto da ponderação do legislador, sem prejuízo da extensão do tratamento, com as vistas postas na celeridade. A Resolução CNJ 345/2020 segue a mesma linha, afastando prejuízos ao considerar essencial o elemento volitivo das partes do conflito.

Por sua vez, o "Balcão Virtual", disciplinado pela Resolução CNJ 372/2021, permite o atendimento imediato de partes e advogados pelos servidores do juízo, durante o horário de atendimento ao público, por meio do uso de ferramenta de videoconferência, e que já funciona em todo o país.

Com efeito, por meio da disponibilização de ferramentas baseadas em *software* livre, de fácil instalação e utilização, foram criados *links* de acesso direto e imediato às secretarias das varas. A parte, o advogado ou qualquer interessado, que buscar a página com contatos, endereços e telefones das serventias, encontra um *link* para o atendimento de cada uma delas, sendo que, ao acessá-lo, independentemente de qualquer registro prévio, autenticação ou identificação, passa a ser atendido por um servidor, desde que durante o horário de expediente, como se houvesse se dirigido presencialmente ao conhecido balcão físico.

Como píncaro dessa transformação digital do Poder Judiciário, apontem-se os disruptivos "**Núcleos de Justiça 4.0**", instituídos pela Resolução CNJ nº. 385/2021, que sequer têm uma sede física, e que são especializados em razão de uma mesma matéria e com competência, obrigatoriamente concorrente com as unidades jurisdicionais físicas, sobre toda a área territorial situada dentro dos limites da jurisdição do tribunal.

Nos referidos núcleos, verdadeiras unidades judiciárias virtuais, tramitarão apenas processos em conformidade com o "Juízo 100% Digital" disciplinado na Resolução CNJ nº 345/2020, devendo haver um juiz coordenador e pelo menos dois juízes auxiliares, todos em exercício cumulativo com as suas unidades de origem.

---

meio dos endereços eletrônicos indicados pelo citando no banco de dados do Poder Judiciário, conforme regulamento do Conselho Nacional de Justiça".

[66] Marc Galanter se refere aos "repeat players" (litigantes repetitivos) e aos "one-shotters" (litigantes ocasionais), para designar aqueles que recorrem reiteradamente ou ocasionalmente ao sistema de justiça (**Marc Galanter**. Why the haves come out ahead? Speculations on the limits of legal change. *Law and Society Review*, v. 9, n. 1, p. 95-160, 1974).

Assim como no "Juízo 100% Digital", a escolha do "Núcleo de Justiça 4.0", nos moldes da Resolução CNJ nº. 385/2021[67], é facultativa e deverá ser exercida no momento da distribuição da ação, existindo, *in casu*, competência concorrente com o juízo físico.

Gize-se, no entanto, que essa escolha da parte autora será irretratável. Por sua vez, o demandado poderá se opor à tramitação do processo no "Núcleo de Justiça 4.0", desde que sua recusa ocorra de forma fundamentada e até a apresentação da primeira manifestação escrita no processo, salvo no processo do trabalho, em que essa oposição deverá ser deduzida em até cinco dias úteis contados do recebimento da notificação.

Acolhida a oposição, o juiz do "Núcleo de Justiça 4.0" remeterá o processo ao juízo físico competente indicado pelo autor, submetendo-se o feito à nova distribuição. A inexistência de oposição aperfeiçoará negócio jurídico processual[68], nos termos do art. 190 do CPC/15, fixando a competência no "Núcleo de Justiça 4.0".

Em março de 2023, já são mais de 104 Núcleos de Justiça 4.0 em funcionamento no Brasil[69], proporcionando uma prestação jurisdicional especializada, e que tende a ser mais efetiva e a ocorrer em tempo razoável, em determinadas matérias. Em outro giro, das 23.191 serventias, 16.114 já contam com o "Juízo 100% Digital", consubstanciando quase 70% do total. São números sobremaneira expressivos e que denotam o sucesso das iniciativas.

Aliás, o "**cumprimento digital de ato processual e de ordem judicial**", previsto na Resolução CNJ 354/2020, desencadeou a quase extinção das vetustas cartas precatórias, possibilitando a oitiva de indivíduos residentes em outra comarca de forma direta e ime-

---

[67] A Resolução CNJ nº. 398/2021 possibilitou que os núcleos também que sejam instituídos pelos tribunais para atuarem em apoio às unidades judiciais, em todos os segmentos do Poder Judiciário, em processos que: I – abarquem questões especializadas em razão de sua complexidade, de pessoa ou de fase processual; II – abranjam repetitivos ou direitos individuais homogêneos; III – envolvam questões afetadas por precedentes obrigatórios, em especial definidos em incidente de assunção de competência ou de resolução de demandas repetitivas e em julgamento de recursos extraordinário e especial repetitivos; IV – estejam em situação de descumprimento de metas nacionais do Poder Judiciário; e V – encontrem-se com elevado prazo para a realização de audiência ou sessão de julgamento ou com elevado prazo de conclusão para sentença ou voto. No caso dos processos que sejam encaminhados aos núcleos em virtude de questões especializadas em razão de sua complexidade, de pessoa ou de fase processual, também admitir-se-á a oposição fundamentada das partes, hipótese em que deverá ser deduzida na primeira manifestação que vier a ser realizada após o envio dos autos ao "Núcleo de Justiça 4.0".

[68] Para Didier Jr., "*negócio processual é o ato voluntário, em cujo suporte fático confere-se ao sujeito o poder de escolher a categoria jurídica ou estabelecer, dentro dos limites fixados no próprio ordenamento jurídico, certas situações jurídicas processuais*" (**Fredie Didier Jr.**, *Curso de Direito Processual Civil*, 17. ed. Salvador: JusPodivm, 2019, vol. 1, p. 376-377).

[69] Os dados atualizados podem ser encontrados no seguinte link: https://paineisanalytics.cnj.jus.br/single/?appid=e18463ef-ebdb-40d0-aaf7-14360dab55f0&sheet=5dcb593d-ce80-4497-9832-656d0c3b18ed&lang=pt-BR&theme=cnj_theme&opt=ctxmenu,currsel, último acesso em 12 out. 2021.

diata pelo próprio juiz que conduz o feito e no curso da audiência de instrução, graças às hodiernas plataformas de videoconferência[70], reduzindo o tempo do processo.

Hoje, portanto, a Justiça já pode ser acessada de forma digital e independente de qualquer estrutura física. No ponto, cumpre trazer à baila constatação feita por Richard Susskind:

> *Existem mais pessoas no mundo hoje com acesso à internet do que com efetivo acesso à justiça. De acordo com a Organização para a Cooperação e Desenvolvimento Econômico (OCDE), apenas 46 por cento dos seres humanos vivem sob a proteção da lei, enquanto mais de 50 por cento das pessoas são usuários ativos da Internet de alguma forma. Anualmente, diz-se que um bilhão de pessoas necessitam de "cuidados básicos de justiça", mas em muitos países, pelo menos 30 por cento das pessoas com problemas legais sequer chegam a agir[71]. (Tradução livre)*

Vale lembrar que o uso da videoconferência e de outros recursos tecnológicos de transmissão de sons e imagens em tempo real é expressamente autorizada pela legislação brasileira, nos termos dos arts. 236, § 3º; 385, § 3º; 453, § 1º; 461, § 2º; e 937 § 4º; todos do Código de Processo Civil; e dos arts. 185, § 2º; 217; e 222, § 3º; todos do Código de Processo Penal.

---

[70] "**Art. 4º** Salvo requerimento de apresentação espontânea, o ofendido, a testemunha e o perito residentes fora da sede do juízo serão inquiridos e prestarão esclarecimentos por videoconferência, na sede do foro de seu domicílio ou no estabelecimento prisional ao qual estiverem recolhidos.

§ 1º No interesse da parte que residir distante da sede do juízo, o depoimento pessoal ou interrogatório será realizado por videoconferência, na sede do foro de seu domicílio.

§ 2º Salvo impossibilidade técnica ou dificuldade de comunicação, deve-se evitar a expedição de carta precatória inquiritória.

Art. 5º Os advogados, públicos e privados, e os membros do Ministério Público poderão requerer a participação própria ou de seus representados por videoconferência.

§ 1º No interesse de partes, advogados, públicos ou privados, ou membros do Ministério Público, que não atuarem frequentemente perante o juízo, o requerimento será instruído por cópia do documento de identidade.

§ 2º O deferimento da participação por videoconferência depende de viabilidade técnica e de juízo de conveniência pelo magistrado.

§ 3º É ônus do requerente comparecer na sede do juízo, em caso de indeferimento ou de falta de análise do requerimento de participação por videoconferência.

Art. 6º O réu preso fora da sede da Comarca ou em local distante da Subseção Judiciária participará da audiência por videoconferência, a partir do estabelecimento prisional ao qual estiver recolhido.

Parágrafo único. A pedido da defesa, a participação de réu preso na sede da Comarca ou do réu solto poderá ocorrer por videoconferência."

[71] **Richard Susskind**, *Online Courts and the Future of Justice*. Oxford: Oxford University Press, 2019: "*More people in the world now have access to the internet than access to justice. According to the Organization for Economic Cooperation and Development (OECD), only 46 per cent of human beings live under the protection of law, whereas more than 50 per cent of people are now active users of the internet in one war or another. Annually, one billion people are said to need "basic justice care", but in many countries, close to 30 per cent of problem-owners do not even take action.*"

Mais recentemente, o uso da tecnologia também foi fomentado pela Lei no 14.129/2021, que dispõe sobre o Governo Digital e o aumento da eficiência pública, especialmente por meio da desburocratização, da inovação e da transformação digital, instituindo, como alguns de seus princípios, a modernização, o fortalecimento e a simplificação da relação do poder público com a sociedade. Com efeito, o diploma legal incentiva serviços digitais, acessíveis, inclusive, por dispositivos móveis, sem a necessidade de solicitação presencial.

Em outro giro, se, como dito, o mote da inovação é facilitar o acesso à justiça, concretizando a isonomia, na medida em que a distância da residência da parte e do escritório do advogado até o fórum se torna desimportante, soaria contraditório que apenas as pessoas com condições materiais de uso das tecnologias necessárias pudessem se beneficiar da alternativa. Por isso, o Conselho Nacional de Justiça determinou aos tribunais, nos termos da Resolução CNJ nº 341/2020, que forneçam infraestrutura de informática e telecomunicação[72], bem como sala para participação das partes nos atos por videoconferência, quando assim preferir o litigante[73].

Trata-se de possibilidade posta à disposição daqueles que eventualmente tenham dificuldades em acessar a internet por um celular ou computador, sem que se exija que se desloquem até a unidade judiciária em que ocorrerá a audiência, mas tão somente ao Fórum mais próximo de sua residência.

Em verdade, o Conselho Nacional de Justiça tem se preocupado diuturnamente com os excluídos e os vulneráveis digitais, isto é, com aquelas pessoas que não detêm acesso à internet e a outros meios de comunicação digitais e/ou, ainda, que não tenham possibilidade ou conhecimento para utilizá-los.

Com efeito, na sequência, ocorreu, ainda, a publicação da Recomendação CNJ no 101/2021, instando os tribunais a também disponibilizarem, em suas unidades físicas, pelo menos um servidor em regime de trabalho presencial para efetuar o encaminhamento digital dos eventuais requerimentos formulados e auxiliar o jurisdicionado naquilo que se revelar necessário.

Por fim, o CNJ preconizou a (Recomendação CNJ nº 130/2022) todos os tribunais que envidem esforços para instalação, na área territorial situada dentro dos limites de sua jurisdição, especialmente nos municípios que não são sede de unidade judiciária, de **Pontos de Inclusão Digital (PID)**, isto é, salas que permitam, de forma adequada, a realização de atos processuais, principalmente depoimentos de partes, testemunhas e outros colaboradores da justiça, por sistema de videoconferência, bem como a realização de atendimento por meio do Balcão Virtual, instituído pela Resolução CNJ nº 372/2021.

---

[72] "**Resolução nº 345/2020. Art. 4º**: Os tribunais fornecerão a infraestrutura de informática e telecomunicação necessárias ao funcionamento das unidades jurisdicionais incluídas no 'Juízo 100% Digital' e regulamentarão os critérios de utilização desses equipamentos e instalações."

[73] "**Resolução nº 345/2020. Art. 5º**, parágrafo único: As partes poderão requerer ao juízo a participação na audiência por videoconferência em sala disponibilizada pelo Poder Judiciário."

A exclusão digital muitas vezes está associada à miserabilidade, de forma que aqueles que não têm acesso à internet e à Justiça Digital, menos possibilidade ainda têm de se deslocarem a um Fórum, o que envolve gastos de transporte, tempo e alimentação. Tal fato se torna ainda mais retumbante quando falamos do Norte de nosso país, em que muitas vezes a ida ao fórum mais próximo exige dias de viagem de barco, por exemplo. Nesse passo, mencionamos as exitosas experiências dos Tribunais de Justiças dos Estados de Roraima (TJRR)[74] e de Rondônia (TJRO)[75].

Maximiza-se, assim, o acesso à Justiça com a preservação dos direitos dos excluídos digitais, o que ocorre mediante sua inclusão digital, tão necessária na sociedade contemporânea. Não à toa, há posição doutrinária sustentando, com fulcro na obra de Cappelletti[76], que o uso de recursos tecnológicos pelo Sistema de Justiça consubstancia a quarta onda de renovação no acesso à Justiça[77].

2.2 Tempo dos atos processuais

O processo é um suceder de atos que visam à prestação de justiça. Esse constante evolver implica em que etapas no processo vão sendo superadas, impossibilitando-se a retomada de atividades que deveriam ser praticadas anteriormente.[78]

Destarte, os atos são praticados durante o horário do denominado "expediente forense", que marca, exatamente, o tempo hábil para a prática das atividades exigidas.

---

[74] Com efeito, o TJRR, por meio do Programa "Justiça Cidadã" e da Resolução TJRR nº 12/2021, vem instituindo "Postos Avançados de Atendimento" em todos os municípios que não são sede de comarca e que, muitas vezes, se situam em locais distantes e de difícil acesso, com a finalidade de ampliar e facilitar o acesso à justiça, mediante a realização de atos processuais e a oferta de serviços judiciais, por videoconferência, tais como audiências e atendimentos eletrônicos. A primeira comunidade escolhida foi a terra indígena Waimiri-Atroari, localizada na divisa entre Roraima e Amazonas, já havendo instalações também em Iracema, Amajari e Normandia.

[75] Por sua vez, o TJRO, desenvolveu o Programa "Fórum Digital", buscando ofertar serviços judiciais à população, de forma eletrônica e remota, em parceria com Prefeitura, Ministério Público, Defensoria Pública e demais instituições de interesse da justiça, com otimização de recursos, ressaltando-se que dos 52 municípios de Rondônia, somente 23 são sede de comarca, e que a instalação e manutenção de comarcas nestes municípios é inviável, já que somente a construção dos prédios custaria em torno de R$ 6 milhões. O Ato Conjunto n°. 026/2021 viabilizou a instalação do Fórum Digital de Mirante da Serra, poupando seus cidadãos de terem que passar por uma viagem de pelo menos 04h15, se de carro, até o Fórum de Porto Velho, para acessarem a Justiça.

[76] **Mauro Cappelletti e Bryant Garth**, *Acesso à justiça*. Trad. Ellen Gracie Northfleet. Porto Alegre: Sérgio Antônio Fabris, 1988.

[77] **Rodrigo Fux e Renata Gil de Alcântara Videira**, Tecnologia no Sistema de Justiça: uma nova onda de renovação. Estadão: São Paulo, 04 set. 2020. Disponível em: https://politica.estadao.com.br/blogs/fausto-macedo/tecnologia-no-sistema-de-justica-uma-nova-onda-de-renovacao/, último acesso em 11 mar. 2022.

[78] O tempo dos atos processuais significa que devem ser realizados em determinado momento temporal, isto é, dia, hora, etc. e em determinado "espaço de tempo". É o que **Carnelutti** afirmava ser a prática do ato processual em "determinata circoscrizione temporale e determinata distanza di tempo", in *Istituzioni del nuovo processo civile italiano*, 1951, vol. I, p. 352.

Cap. 7 · PROCESSO, PROCEDIMENTOS E ATOS PROCESSUAIS | **325**

O tempo dos atos processuais suscita a importante questão dos prazos processuais (lapsos de tempo dentro dos quais se deve engendrar a atividade exigida). Sob esse múltiplo aspecto cumpre assentar, em primeiro lugar, que os atos processuais "externos", isto é, praticados fora da sede do juízo, devem realizar-se em dias úteis, das seis às vinte horas, podendo ser concluídos após esse horário limite os atos iniciados antes, se o adiamento prejudicar a diligência ou causar grave dano.

Alguns atos de eficácia singular podem superar essa regra; por isso, a citação e a penhora poderão, em casos excepcionais, e mediante autorização expressa do juiz, sob pena de nulidade, realizar-se em domingos e feriados, ou nos dias úteis, fora do horário estabelecido neste artigo, observado o disposto no art. 5º, inciso XI, da Constituição Federal.[79]

Os "atos internos" das partes obedecem ao expediente forense consagrado no Código de Organização e Divisão Judiciária, e a consignação de sua tempestividade faz-se por meio de petição que deve ser apresentada no protocolo, dentro do horário de expediente, nos termos da lei de organização judiciária local (art. 212 do CPC).[80]

Determinada a regra de que os atos processuais são praticados em "dias úteis", ressalta evidente que durante as férias e nos feriados não se implementam atos processuais. Mas, assim como a lei permite que alguns atos, pela sua eficácia, sejam realizados fora do horário, também excetua atos e procedimentos que não podem aguardar o fim das "férias ou dos feriados". Assim é que *superam essa proibição*, por motivos de política legislativa: as citações, intimações e penhoras, na forma do art. 212, § 2º, do CPC e a tutela de urgência, quando emerge o que se denomina *periculum in mora* (art. 214 do CPC).[81]

Questão elegante é a que gravita em torno da prescrição da ação. Considerando-se uma demanda que não corra durante as férias é impossível impor à parte a consumação pela prescrição, haja vista que a ação pressupõe seu exercício em juízo. Em consequência, o prazo de prescrição não pode vencer durante as férias. Esse fenômeno é diverso do que

---

[79] "**CF, art. 5º**: "XI – a casa é asilo inviolável do indivíduo, ninguém nela podendo penetrar sem consentimento do morador, salvo em caso de flagrante delito ou desastre, ou para prestar socorro, ou, durante o dia, por determinação judicial;"

[80] "**Art. 212.** Os atos processuais serão realizados em dias úteis, das 6 (seis) às 20 (vinte) horas.

§ 1º Serão concluídos após as 20 (vinte) horas os atos iniciados antes, quando o adiamento prejudicar a diligência ou causar grave dano.

§ 2º Independentemente de autorização judicial, as citações, intimações e penhoras poderão realizar-se no período de férias forenses, onde as houver, e nos feriados ou dias úteis fora do horário estabelecido neste artigo, observado o disposto no art. 5º, inciso XI, da Constituição Federal.

§ 3º Quando o ato tiver de ser praticado por meio de petição em autos não eletrônicos, essa deverá ser protocolada no horário de funcionamento do fórum ou tribunal, conforme o disposto na lei de organização judiciária local."

[81] "**Art. 214.** Durante as férias forenses e nos feriados, não se praticarão atos processuais, excetuando-se:

I – os atos previstos no art. 212, § 2º;

II – a tutela de urgência."

ocorre com a decadência, haja vista que nessas hipóteses a própria lei admite a citação durante as férias, para evitar o "perecimento do próprio direito".

Mostra-se, entretanto, fundamental ressaltar a diferença entre o prazo prescricional e os demais prazos que se observam no diploma processual. O prazo prescricional[82] configura prazo de direito material e que, portanto, pode ser contado também em dias não úteis. Já os prazos processuais apenas serão contados em dias úteis. A regra mencionada acima diz respeito tão somente ao término do prazo prescricional que não se pode dar em dia não útil por motivos de razão prática – a prática do ato que interrompe o prazo precisa ser realizado em dia de funcionamento do tribunal[83].

Outro ângulo específico da matéria é o referente aos "atos deprecados". Ressalta evidente que os atos *deprecados* oriundos de processos que tramitam durante as férias e feriados obedecem ao regime da ação principal donde emergem.

Destarte, pelo mesmo fundamento, processam-se durante as férias e não se suspendem pela superveniência delas os procedimentos de "jurisdição voluntária", bem como os necessários à conservação de direitos, quando puderem ser prejudicados pelo adiamento, as ações de alimentos e os processos de nomeação ou remoção de tutores e curadores, aos processos que a lei determinar (art. 215 do CPC).

A jurisprudência distingue "atos de jurisdição voluntária" e "procedimentos de jurisdição voluntária" para sustentar que estes últimos não correm durante as férias. Assim, *v. g.*, a execução de sentença que autoriza a alienação de coisa comum não se processa durante as férias, mas o ato do deferimento pode ser concedido nesse período. O atual Código expressamente menciona os procedimentos de jurisdição voluntária no rol de exceções.

Considerando que os *atos urgentes* não podem aguardar, justifica-se seu deferimento sem a necessidade de continuação do feito, como, *v. g.*, concedidos os alimentos provisórios, não há por que prosseguir com a ação de alimentos. O mesmo raciocínio se aplica às medidas cautelares e às ações satisfativas cujos procedimentos preveem o uso da tutela antecipatória, como as possessórias, a nunciação de obra nova, a busca e apreensão na alienação fiduciária em garantia, os embargos de terceiro, o despejo liminar etc.

Outrossim, por força de regras especiais federais, correm nas férias: (I) *as desapropriações* (LD, art. 39), inclusive para reforma agrária (LC nº 76, de 06.07.1993, art. 2º, § 1º); (II) *as ações de despejo, consignação em pagamento de aluguel e acessórios da locação,*

---

[82] Anote-se a Lei 14.010/2020, que dispõe sobre o Regime Jurídico Emergencial e Transitório das relações jurídicas de Direito Privado (RJET) no período da pandemia do coronavírus (Covid-19).

[83] "Agravo interno no recurso especial. Civil e processual civil. Prescrição. Termo 'ad quem' implementado durante o recesso forense. Prorrogação do prazo. Cabimento. Precedentes. 1. Segundo a orientação jurisprudencial desta Corte, é prorrogável o prazo prescricional findo no curso do recesso forense, devendo a demanda ser ajuizada no primeiro dia útil seguinte ao seu término. 2. Inocorrência, 'in casu', de prescrição. 3. Razões do agravo interno que não alteram as conclusões da decisão agravada. 4. Agravo interno desprovido" (AgInt no REsp 1554278/RS, Rel. Min. Paulo de Tarso Sanseverino, 3ª Turma, j. 03.12.2018, *DJe* 07.12.2018).

*revisionais de aluguel e renovatóri*as de locação (LI, art. 58, I);[84] (III) *as ações de acidente do trabalho* (Lei nº 8.213, de 24.07.1991, art. 129, II) etc.

As *tutelas de urgência* cautelar ou satisfativa, como evidente, devem ser providas também nesse período. A *ratio* do dispositivo resta atendida pela simples antecipação da tutela.

Observe-se que, nas ações que não têm curso nas férias, por força da regra *pas des nullités sans grief* consagrada no princípio da instrumentalidade das formas, "não são nulos nem inexistentes os atos processuais nelas praticados". O prazo, porém, somente começará a correr no dia seguinte ao primeiro dia útil, "como se neste fora realizado". Assim, *v. g.*, efetivada a citação nesse período e ainda que juntado o mandado, válida será a convocação, muito embora o prazo para a resposta e os efeitos processuais e materiais correspectivos sejam dilargados até o advento do dia útil.

Nos termos do art. 93, XII, a atividade jurisdicional será ininterrupta, sendo vedado férias coletivas nos juízos e tribunais de segundo grau, funcionando, nos dias em que não houver expediente normal, juízes em plantão permanente. Sendo assim, as férias coletivas estão adstritas aos Tribunais Superiores. Contudo, há que se observar o disposto no art. 220 do CPC, que determina, como regra, a suspensão do curso do prazo processual nos dias compreendidos entre 20 de dezembro e 20 de janeiro, inclusive, período no qual não se realizarão audiências nem sessões de julgamento.

Cumpre, então, esclarecer que são *feriados forenses*, na Justiça Estadual, os dias que a lei estadual designar, bem como os federais. Por isso, são feriados forenses, em todo o país, os sábados, domingos e os dias em que não haja expediente forense (art. 216 do CPC), o dia 8 de dezembro (Dia da Justiça), a Sexta-Feira Santa etc.

2.3   Lugar e tempo dos atos processuais[85]

"Em regra, os atos processuais realizam-se, de ordinário, na sede do juízo", mas podem efetuar-se em outro lugar, em razão de deferência, de interesse da justiça ou de obstáculo arguido pelo interessado e acolhido pelo juiz. Assim, *v. g.*, por deferência, o juiz indica o lugar onde pretende ser ouvido quando arrolado como testemunha. Por seu turno, a testemunha é ouvida por precatória no seu domicílio quando distante da sede do juízo.

O "momento" da prática dos atos segue a regra segundo a qual *os atos processuais serão realizados nos prazos prescritos em lei e, sendo esta omissa, naqueles que o juiz determinar, tendo em conta a complexidade do ato* (art. 218, § 1º, do CPC).[86]

---

[84]   A respeito da exegese projetada para esse dispositivo consulte-se **Luiz Fux**, *Locações – Processo e Procedimento*, Destaque.

[85]   Carnelutti aduz à sede local do ato, ou seja, a sua posição espacial, referindo-se ao seu "ambiente" (*Istituzioni*, 1951, p. 350). A sede do juízo abrange o auditório e o cartório do serventuário (**Alberto dos Reis**, *Comentários ao Código de Processo Civil*, 1945, vol. 2, p. 86).

[86]   "**Art. 218.** Os atos processuais serão realizados nos prazos prescritos em lei.

§ 1º Quando a lei for omissa, o juiz determinará os prazos em consideração à complexidade do ato."

"Os prazos" são lapsos de tempo dentro dos quais se praticam atos processuais. Por seu turno, os prazos podem ser "legais" ou "judiciais". Diz-se ainda que os prazos são "particulares" quando correm apenas para uma das partes, e "comuns" quando o transcurso é para ambas. Classificam-se ainda os prazos em "próprios" quando o descumprimento implica numa sanção, e "impróprios", quando seu desatendimento traz consequências apenas de cunho não processual, como, *v. g.*, a falta funcional dos auxiliares da justiça.

Outrossim, *não havendo preceito legal nem assinação pelo juiz*, é de cinco dias o prazo para a prática de ato processual a cargo da parte. De toda sorte, quer seja estabelecido pela lei quer o seja pelo juiz, o prazo é contado somente em dias úteis.

De igual maneira, não se há de confundir *suspensão* do prazo com critério de *contagem do prazo*. É que *os prazos processuais contam-se com a exclusão do dia do início e a inclusão do dia final*. Assim, não se inicia a contagem se o referido dia não é considerado útil, fenômeno que se opera, também, com o término do prazo (*termo ad quem*). Consequentemente, nenhum prazo inicia-se ou termina em domingos, feriados ou dias em que não haja expediente forense. Em consequência, um prazo que, excluindo o dia do início, começaria no sábado, tem o seu termo inicial transferido para a segunda-feira e, se o seu término recair em dia não útil, *v.g.*, domingo, também deverá ter seu final prorrogado para uma segunda-feira ou para o dia útil imediatamente seguinte ao eventual feriado.

Estabelecida a noção da suspensão do prazo que implica contar-se, apenas, o período que faltava após a cessação do fato suspensivo, impõe-se esclarecer que não são somente as "férias" que apresentam esse efeito. *Suspende-se* também o curso do prazo por *obstáculo criado pela parte* ou pela *ocorrência de qualquer das hipóteses do art. 313, nº I e III*, do CPC,[87] casos em que o prazo é restituído por tempo igual ao que faltava para a sua complementação (art. 221 do CPC).[88] Assim, *v. g.*, devolve-se o prazo se tiver ocorrido obstáculo ao acesso aos autos pelo advogado, como ocorre quando, sendo comum o prazo para recorrer, uma das partes retira os autos de cartório. *A contrario sensu*, não constitui obstáculo judicial a proibição de retirada dos autos durante o prazo que é comum a ambas as partes. Outrossim, "a restituição do prazo deve limitar-se ao período atingido pelo obstáculo criado pela parte contrária e tem seu início a partir de intimação da parte quanto à restituição".

O *obstáculo* também pode *ser judicial*, por exemplo, a greve nos serviços judiciários; na fluência do prazo, o que impede o advogado de consultar os autos.

---

[87] "**Art. 313.** Suspende-se o processo:

I – pela morte ou pela perda da capacidade processual de qualquer das partes, de seu representante legal ou de seu procurador;

II – pela convenção das partes;

III – pela arguição de impedimento ou de suspeição;

IV – pela admissão de incidente de resolução de demandas repetitivas;

V – quando a sentença de mérito [...]."

[88] "**Art. 221.** Suspende-se o curso do prazo por obstáculo criado em detrimento da parte ou ocorrendo qualquer das hipóteses do art. 313, devendo o prazo ser restituído por tempo igual ao que faltava para sua complementação."

A "greve dos servidores do Judiciário" e a consequente devolução de prazos processuais somente tem sido admitida quando a paralisação dos trabalhos é total. Nesses casos de greve dos funcionários, mister ao tribunal editar ato normativo definidor da retomada dos trabalhos e de reinício dos prazos. Inexistindo o ato, cumpre à parte provar a justa causa "reveladora" do prazo.

Considere-se, por fim que há *obstáculos* imputáveis a *terceiros estranhos ao processo* e ao Poder Judiciário, como, *v. g.*, "a greve nos correios", encarregados de auxiliar a comunicação dos atos processuais. Essa espécie de obstáculo, que se poderia cognominar "força maior", deve ser analisada criteriosamente para não superar preclusões inequívocas.

Assim, é assente que não constitui motivo relevante para impedir o início da fluência do prazo recursal o atraso no envio do recorte ao advogado, porquanto o conhecimento do ato judicial se dá pela simples publicação no órgão oficial (art. 272 do CPC), sendo indiferente para o tempo dos atos do processo a publicação particular.

O processo, como cediço, tem severo compromisso com seu "término natural", que é a definição do litígio. Em consequência, as partes, em princípio, não podem transigir com os prazos peremptórios fixados para a prática dos atos processuais. Contudo, podem, de comum acordo, reduzir ou prorrogar o "prazo dilatório". A convenção, porém, só tem eficácia se requerida antes do vencimento do prazo e se se fundar em motivo legítimo. Em todo caso, o juiz deve fixar o dia do vencimento do prazo da prorrogação, e as custas acrescidas ficam a cargo da parte em favor de quem foi concedida a prorrogação.

Considera-se *prazo dilatório* o fixado por *norma dispositiva*. Em contrapartida, diz-se *prazo peremptório* o estabelecido por *norma cogente* e que não admite derrogação pela vontade das partes. Decorrência dessa distinção é que, assim, é defeso às partes, ainda que todas estejam de acordo, reduzir ou prorrogar os prazos peremptórios.

O juiz pode, no entanto, nas comarcas onde for difícil o transporte, prorrogar quaisquer prazos, mas nunca por mais de dois meses, sendo certo que, em caso de calamidade pública, pode ser excedido o limite (art. 222 do CPC).[89] Também é viável que o magistrado reduza prazos peremptórios, mas desde que as partes anuam (art. 222, § 1º), bem como prorrogar prazos de qualquer espécie (art. 139, VI), de maneira a garantir a adequada tutela do direito em juízo.

Já a parte pode renunciar ao prazo estabelecido exclusivamente em seu favor (art. 225 do CPC) ou convencionar dilatações (art. 190).

Os prazos, considerados na sua integralidade e inadmitidas alterações pela vontade das partes, uma vez decorridos, extinguem, independentemente de declaração judicial, o direito de o interessado praticar o ato previsto, ressalvando-se à parte provar que não o realizou por justa causa. Outrossim, considera-se justa causa o evento imprevisto, alheio

---

[89] **"Art. 222.** Na comarca, seção ou subseção judiciária onde for difícil o transporte, o juiz poderá prorrogar os prazos por até 2 (dois) meses.

§ 1º Ao juiz é vedado reduzir prazos peremptórios sem anuência das partes.

§ 2º Havendo calamidade pública, o limite previsto no *caput* para prorrogação de prazos poderá ser excedido."

à vontade da parte e que a impediu de praticar o ato por si ou por mandatário (art. 223 do CPC).[90][91] Nesses casos, concluindo o juiz positivamente pela sua ocorrência, deve permitir à parte a prática do ato no prazo que lhe assinar. Assim, por exemplo, considera-se na casuística da categorização da *justa causa* o *fechamento não previsto do fórum; a paralisação da cidade por força maior, como fortes chuvas; falecimento do advogado; doença do advogado, desde que seja o único constante da procuração dos autos etc.*

"À justa causa para a parte corresponde o justo impedimento para o juiz". Nesse campo, prevalece a regra de que "em qualquer grau de jurisdição, havendo motivo justificado, pode o juiz exceder, por igual tempo, os prazos a que está submetido" (art. 227 do CPC).

2.3.1 Contagem dos prazos processuais

O prazo é o lapso de tempo entre o termo inicial e o termo final. Assim, *v. g.*, fala-se em prazo de quinze dias, prazo de vinte dias, etc., para indicar quanto tempo o sujeito do processo dispõe para a prática do ato.

Questão diversa é o critério de contagem do prazo. Como se conta o prazo de tantos dias para, *v. g.*, contestar?

Nesse particular, reafirma-se que, "salvo disposição em contrário, os prazos serão contados, excluindo o dia do começo e incluindo o dia do vencimento", celebrando a velha máxima *dies a quo non computatur, computatur autem dies ad quem* (art. 224 do CPC).[92]

Destarte, "considera-se prorrogado o prazo até o primeiro dia útil se o vencimento cair em feriado ou em dia em que for determinado o fechamento do fórum; ou o expediente forense for encerrado antes da hora normal". Questão lindeira é a referente à "prescrição da ação". O prazo de prescrição é estatuído para o exercício da ação, por isso que, se o seu dia inicial recair em dia não útil, prorroga-se esse prazo prescricional, o que inocorre caso se trate de decadência.

---

[90] "**Art. 223.** Decorrido o prazo, extingue-se o direito de praticar ou de emendar o ato processual, independentemente de declaração judicial, ficando assegurado, porém, à parte provar que não o realizou por justa causa.

§ 1º Considera-se justa causa o evento alheio à vontade da parte e que a impediu de praticar o ato por si ou por mandatário.

§ 2º Verificada a justa causa, o juiz permitirá à parte a prática do ato no prazo que lhe assinar."

[91] Cumpre registrar que erro no sistema eletrônico da Justiça pode configurar justa causa para afastar intempestividade do recurso. Nesse sentido: EAREsp n. 1.759.860/PI, relatora Ministra Laurita Vaz, Corte Especial, julgado em 16/3/2022, DJe de 21/3/2022.

[92] "**Art. 224.** Salvo disposição em contrário, os prazos serão contados excluindo o dia do começo e incluindo o dia do vencimento.

§ 1º Os dias do começo e do vencimento do prazo serão protraídos para o primeiro dia útil seguinte, se coincidirem com dia em que o expediente forense for encerrado antes ou iniciado depois da hora normal ou houver indisponibilidade da comunicação eletrônica.

§ 2º Considera-se como data de publicação o primeiro dia útil seguinte ao da disponibilização da informação no Diário da Justiça eletrônico.

§ 3º A contagem do prazo terá início no primeiro dia útil que seguir ao da publicação."

De toda sorte, os prazos processuais somente começam a correr do primeiro dia útil após a intimação[93]; isto é, após a parte tomar conhecimento do ato e, assim, do mesmo tornar-se íntimo o sujeito.

Essa intimidade da parte com o ato decorre da comunicação processual dele, que pode engendrar-se por meio da citação ou intimação.

À falta de disposição expressa, "os prazos fixados por horas" contam-se de acordo com o Código Civil (art. 132, § 4º), isto é, minuto a minuto, do momento da intimação. Por conseguinte, ao prazo fixado em horas não se aplica a regra de exclusão do dia da intimação. Na hipótese de *intimação feita pela imprensa*, em que não se indica a hora em que foi efetuada, conta-se o prazo segundo a regra geral, excluindo-se o dia de início, incluindo-se o dia final. Outrossim, o prazo fixado por horas, em que a intimação é pessoal (e não pela imprensa), vence à meia-noite do dia correspondente. Assim, *v. g.*, na indicação de bens à penhora, citada a devedora num dia, a nomeação deve ser feita no dia posterior.

Há prazos em que a *contagem é regressiva*, como, *v. g.*, na renovatória de locação, que deve ser proposta até seis meses, no mínimo, antes do término do contrato renovado. Assim, *v. g.*, vencendo-se o contrato em 28.02.2002, o prazo para ajuizamento da renovatória de locação findou em 28.08.2001. Deveras, na contagem regressiva dos prazos, deve-se observar também a regra do art. 224 do CPC. Isto é, o prazo não pode ter início em dia em que não houve expediente forense, mas sim no primeiro dia útil anterior.

Quanto ao prazo de *decadência*, sob um *ângulo específico*, embora não se prorrogue, mister anotar que há uma tendência em considerar *tempestiva a inicial ajuizada no primeiro dia útil subsequente ao término do prazo, se neste o fórum esteve fechado*, preceito aplicável à renovatória, rescisória, mandado de segurança etc.

---

[93] PROCESSUAL CIVIL. AGRAVO INTERNO NO AGRAVO EM RECURSO ESPECIAL. CONTAGEM DE PRAZOS. DIAS ÚTEIS. SUSPENSÃO DO PRAZO POR ATO ADMINISTRATIVO DA PRESIDÊNCIA DO TJRJ. COMPROVAÇÃO. DIÁRIO DA JUSTIÇA ELETRÔNICO. DOCUMENTO IDÔNEO. RECURSO PROVIDO. 1. Conforme prevê o art. 219 do CPC/2015, "[n]a contagem de prazo em dias, estabelecido por lei ou pelo juiz, computar-se-ão somente os dias úteis". 1.1. Não deve ser computado o dia no qual, por força de ato administrativo editado pela Presidência do Tribunal em que tramita o feito, foram suspensos os prazos processuais. 2. Para que o Tribunal destinatário possa aferir a tempestividade do recurso, é dever do recorrente comprovar, no ato da interposição, a ocorrência de feriado local ou da suspensão dos prazos processuais, nos termos do que determina o art. 1.003, § 6º, do CPC/2015, segundo entendimento firmado pela Corte Especial do STJ (AgInt no AREsp n. 957.821/MS, relatora p/ o acórdão Ministra Nancy Andrighi, Corte Especial, DJe de 19/12/2017) 2.1. No caso concreto, a agravante anexou, às razões do especial, cópia de página do Diário da Justiça Eletrônico do TJRJ – DJe/TJRJ, instrumento oficial para a publicação de atos do órgão judiciário local, na forma prevista pelo art. 4º da Lei Federal n. 11.419/2006. O documento reproduz o "Ato Executivo TJ n. 167/2019", que dispôs sobre a suspensão dos atos processuais de processos eletrônicos em primeiro e segundo graus de jurisdição no dia 14 de agosto de 2019. 2.2. Tem-se, assim, que a parte apresentou documento idôneo para comprovar que houve a suspensão dos prazos processuais por um dia, que portanto não deve ser computado para se aferir o termo final da interposição do recurso, à míngua de se revelar como dia útil. 3. Agravo interno provido para afastar a extemporaneidade do recurso especial. (AgInt no AREsp n. 1.788.341/RJ, relator Ministro Luis Felipe Salomão, relator para acórdão Ministro Antonio Carlos Ferreira, Quarta Turma, julgado em 3/5/2022, *DJe* de 1/8/2022.)

O ato processual deve ser praticado dentro do prazo e "no horário do expediente forense". Assim, considera-se "horário normal" aquele em que o protocolo se encerra, "nos termos da lei de organização judiciária local".

De toda sorte, mantém-se íntegra a *Súmula nº 310 do STF*: "Quando a intimação tiver lugar na sexta-feira, ou a publicação com efeito de intimação for feita neste dia, o prazo judicial terá início na segunda-feira imediata, salvo se não houver expediente, caso em que começará no primeiro dia útil que se seguir." Assim, se a intimação for feita na sexta-feira, o primeiro dia do prazo será a segunda-feira, se nesta o fórum estiver aberto. Tratando-se de intimação feita em véspera de feriado, o primeiro dia útil subsequente será o primeiro do prazo.

Forçado observar que qualquer prazo, uma vez decorrido, extingue, independentemente de declaração judicial, o direito de a parte praticar o ato previsto, ressalvando-se sempre que, não marcando a lei outro prazo, as intimações somente obrigam o comparecimento depois de decorridas 48 horas.[94]

Esta consequência drástica fez com que o legislador avaliasse determinadas situações especiais, tais como os feitos de interesse da Fazenda Pública e do Ministério Público, instituindo prerrogativas *pro populo*, haja vista que ambos, na prática dos atos processuais, atuam em prol do interesse público, bem como os prazos da Defensoria Pública, computando-se todos em dobro.

Destarte, a prerrogativa incide sempre que não haja previsão de prazo especial, como, *v. g.*, na ação popular em que a lei pressupõe que a parte passiva seja a Fazenda Pública.

A finalidade da norma excepcional é a proteção do interesse público; por isso a Fazenda, diferentemente do particular, vela em juízo por objetos litigiosos difusos, tornando evidente que "a prerrogativa não ofende o princípio isonômico encartado na Constituição Federal". A aplicação da máxima *ubi eadem ratio ibi eadem dispositio* implica o Ministério Público gozar dessa mesma prerrogativa a qualquer título em que exerça seu *munus*, quer como parte, quer como fiscal da lei.

"Às partes, em princípio, o legislador não consagra prazos especiais", mas há circunstâncias peculiares, como quando há litisconsórcio. Nesses casos, o legislador não foi insensível ao problema e dispôs que "Os litisconsortes que tiverem diferentes procuradores, de escritórios de advocacia distintos, terão prazos contados em dobro para todas as suas manifestações, em qualquer juízo ou tribunal, independentemente de requerimento" (art. 229 do CPC).

A contagem em dobro, pela sua razão de ser, aplica-se tanto aos prazos legais quanto aos judiciais, assim, tratando-se, por exemplo, de resposta do réu, o prazo para contestar é dobrado, porém, uno, iniciando-se da juntada aos autos do último mandado cumprido (art. 231, § 1º), diferentemente do que sucede na intimação (art. 231, § 2º).

---

[94] "**Art. 218, § 2º.** Quando a lei ou o juiz não determinar prazo, as intimações somente obrigarão a comparecimento após decorridas 48 (quarenta e oito) horas."

Tratando-se de recurso, o direito de recorrer inicia-se, para cada interessado, a partir da intimação, que pode não coincidir para todos. Nesse caso, é dispensável o requerimento de prazo em dobro ou a apresentação das procurações na primeira metade do prazo, como sustentam alguns. Isso porque a constatação de que há diferentes procuradores opera--se com a juntada das procurações a advogados diversos. Aliás, o Direito pretoriano e a doutrina assentaram entendimento no sentido de que é dispensável requerer o prazo em dobro, no caso de litisconsórcio passivo.

Interessante questão gravita em torno da hipótese em que um dos litisconsortes é a Fazenda Pública ou o Ministério Público. Nesses casos, aplica-se a estes últimos os arts. 180 e 183 do CPC, mas, ao particular, incide somente o art. 229, do CPC, de forma que cada um terá o seu próprio prazo em dobro, excetuados os autos eletrônicos.

Ocorrente o fato objetivo da diversidade de procuradores, a regra incide inexora-velmente. Desta forma, aplica-se o preceito, tanto no caso de *assistência litisconsorcial*, quanto no de *assistência simples*. À denunciação da lide, aplica-se esse prazo do art. 229 do CPC, para o denunciante e o denunciado quando instados a falar nos autos.

Outrossim, o benefício do prazo em dobro conta-se a partir do momento em que a dualidade de profissionais se verifica em relação aos litisconsortes, ainda que no curso de prazo processual. Nessa hipótese, a duplicação que se deve conceder é a do prazo faltante. Assim, *v. g.*, se no curso do prazo da resposta no rito ordinário sobrevém a duplicidade de advogados para os litisconsortes réus, decorridos cinco dias do referido prazo, o juiz deve conferir vinte dias restantes, resultantes do dobro dos dez dias que faltavam para advir o termo *ad quem* da resposta. A recíproca é verdadeira: desfeito o litisconsórcio supervenientemente, os prazos em curso retomam a normalidade.

Ressalte-se, por oportuno, que a necessidade da atuação de diversos procuradores deve ser observada por ocasião da prática de cada ato processual. Assim, se a decisão judicial não causa gravame a um dos litisconsortes, o outro, que sucumbiu isoladamente, não poderá invocar o art. 229 do CPC quando da interposição de recurso.

As partes têm os seus prazos fixados em lei com o objetivo do atingimento da *causa finalis* do processo. Por isso, de nada adiantaria essa sistemática se o representante do juízo e seus auxiliares também não se submetessem ao império dos prazos. Como con-sectário, dispõe a lei que, depois de definir os *atos escritos do juiz*, compete a ele proferir os *despachos, no prazo de cinco dias, as decisões interlocutórias, no prazo de dez dias e as sentenças no prazo de 30 dias* (art. 226 do CPC).[95]

No mesmo diapasão, ao serventuário, salvo regra especial, incumbe remeter os autos conclusos no prazo de 1 (um) dia e executar os atos processuais no prazo de 5 (cinco) dias, contados da data em que houver concluído o ato processual anterior, se lhe foi imposto pela lei, ou da data em que tiver ciência da ordem, quando determinada

---

[95] "**Art. 226.** O juiz proferirá:

I – os despachos no prazo de 5 (cinco) dias;

II – as decisões interlocutórias no prazo de 10 (dez) dias;

III – as sentenças no prazo de 30 (trinta) dias."

2.4 Verificação dos prazos e suas penalidades

O legislador, ao estabelecer prazos, não o faz por meio de normas ditas imperfeitas, isto é, sem sanção correspondente. Ao revés, *as regras processuais são cogentes* por natureza. Consequentemente, em primeiro lugar, compete ao juiz verificar se o serventuário excedeu, sem motivo legítimo, os prazos, sendo certo que as partes, Ministério Público e Defensoria Pública também podem provocá-lo a respeito. Apurada a falta, cumprir-lhe-á mandar instaurar procedimento administrativo, na forma da Lei de Organização Judiciária (art. 233 e § 1º).

As obrigações quanto aos prazos estendem-se aos advogados das partes, os quais devem restituir os autos no prazo legal, sob pena de *o juiz mandar riscar*, de ofício ou a requerimento da parte, o que neles houver escrito e *desentranhar as alegações* e documentos que apresentar. Aliás, constitui também infração disciplinar do advogado reter, abusivamente, ou extraviar autos recebidos com vista ou em confiança, consoante dispõe o Estatuto da Advocacia (arts. 34, XXII, e 37, I, da Lei nº 8.906/1994). A retenção indevida de autos constitui procedimento temerário passível de ocasionar "dano processual" e caracterizar "litigância de má-fé".[97]

A atuação judicial enérgica *não exclui a de qualquer interessado cobrar os autos ao advogado que exceder o prazo legal*, sendo certo que, se intimado, não os devolver dentro de três dias, perderá o direito à vista fora de cartório e incorrerá em multa, correspondente à metade do salário-mínimo vigente na sede do juízo. Uma vez apurada a falta, o juiz deve comunicar o fato à seccional local da Ordem dos Advogados do Brasil, para o procedimento disciplinar e imposição da multa.[98] A multa, a que

---

[96] **"Art. 228.** Incumbirá ao serventuário remeter os autos conclusos no prazo de 1 (um) dia e executar os atos processuais no prazo de 5 (cinco) dias, contado da data em que:

I – houver concluído o ato processual anterior, se lhe foi imposto pela lei;

II – tiver ciência da ordem, quando determinada pelo juiz.

§ 1º Ao receber os autos, o serventuário certificará o dia e a hora em que teve ciência da ordem referida no inciso II.

§ 2º Nos processos em autos eletrônicos, a juntada de petições ou de manifestações em geral ocorrerá de forma automática, independentemente de ato de serventuário da justiça."

[97] **"Art. 234.** Os advogados públicos ou privados, o defensor público e o membro do Ministério Público devem restituir os autos no prazo do ato a ser praticado."

[98] **"Art. 234.** (...)

§ 1º É lícito a qualquer interessado exigir os autos do advogado que exceder prazo legal.

§ 2º Se, intimado, o advogado não devolver os autos no prazo de 3 (três) dias, perderá o direito à vista fora de cartório e incorrerá em multa correspondente à metade do salário mínimo.

§ 3º Verificada a falta, o juiz comunicará o fato à seção local da Ordem dos Advogados do Brasil para procedimento disciplinar e imposição de multa. (...)."

se refere a lei, somente pode ser imposta pelo órgão de classe, *in casu,* a Ordem dos Advogados do Brasil (OAB).

A regra sancionadora exige *interpretação não ampliativa,* razão pela qual somente se o profissional não devolver os autos "após a intimação" é que perde esse direito à vista fora do cartório.

Importa destacar que, com a difusão do processo eletrônico e com a publicação da Lei nº 13.793/2019, não há mais que falar em retenção indevida dos autos por parte dos advogados das partes, uma vez que: 1) não há que falar em carga dos autos no processo eletrônico, pois os autos não se materializam no mundo físico, podendo ser acessados pela rede mundial de computadores; 2) por ser eletrônico, é possível que mais de um interessado tenha acesso simultâneo aos autos; 3) a Lei nº 13.793/2019 passou a permitir que os advogados possam "examinar, em qualquer órgão dos Poderes Judiciário e Legislativo, ou da Administração Pública em geral, autos de processos findos ou em andamento, mesmo sem procuração, quando não estiverem sujeitos a sigilo ou segredo de justiça, assegurada a obtenção de cópias, com possibilidade de tomar apontamentos", aplicando-se tal regra também aos processos eletrônicos.

A verificação dos prazos não faria sentido se aplicável apenas aos advogados e serventuários, por isso extensiva também ao órgão do Ministério Público, ao representante da Fazenda Pública, à Defensoria Pública e a todos os que tenham em seu poder os autos do processo para a prática de atos necessários à condução da prestação de justiça.[99]

A obrigação de cumprimento dos prazos processuais compete primariamente aos juízes e tribunais, facultando-se, por conseguinte, a qualquer das partes ou ao órgão do Ministério Público representar ao Presidente do Tribunal de Justiça contra o magistrado que excedeu os prazos previstos em lei. Distribuída a representação ao órgão competente, em geral o *Conselho Estadual da Magistratura,* instaurar-se-á procedimento para apuração da responsabilidade, sendo certo que, no órgão colegiado, o relator, conforme as circunstâncias, poderá avocar os autos em que ocorreu excesso de prazo, designando outro juiz para decidir a causa, sem prejuízo do prosseguimento da representação.[100]

"**Estatuto dos Advogados**

Art. 7º São direitos do advogado (...):

XV – ter vista dos processos judiciais ou administrativos de qualquer natureza, em cartório ou na repartição competente, ou retirá-los pelos prazos legais;

XVI – retirar autos de processos findos, mesmo sem procuração, pelo prazo de dez dias."

[99] "**Art. 234, § 4º.** Se a situação envolver membro do Ministério Público, da Defensoria Pública ou da Advocacia Pública, a multa, se for o caso, será aplicada ao agente público responsável pelo ato."

[100] "**Art. 235.** Qualquer parte, o Ministério Público ou a Defensoria Pública poderá representar ao corregedor do tribunal ou ao Conselho Nacional de Justiça contra juiz ou relator que injustificadamente exceder os prazos previstos em lei, regulamento ou regimento interno.

§ 1º Distribuída a representação ao órgão competente e ouvido previamente o juiz, não sendo caso de arquivamento liminar, será instaurado procedimento para apuração da responsabilidade, com intimação do representado por meio eletrônico para, querendo, apresentar justificativa no prazo de 15 (quinze) dias."

2.5 Comunicação dos atos processuais[101]

O processo é informado pelo princípio do contraditório, segundo o qual seu resultado é fruto do trabalho de cooperação das partes.

Nesse segmento, ambos os interessados devem ser ouvidos acerca das postulações de seu adversário e, para isso, devem ser convocados. A convocação das partes ou de auxiliares do juízo para a prática de atos processuais compõe o tema "comunicação dos atos processuais".

Assim, *v. g.*, *a citação* é um ato de comunicação com a finalidade de convocar o réu ou o interessado a fim de se defender. A *intimação* é um ato de comunicação endereçada a um dos interessados na relação processual para que pratique determinada atividade. A *notificação*, por seu turno, visa a comunicar um fazer ou um não fazer, sob pena de consequências jurídicas várias.

Destarte, quando o juízo pratica,[102] solicita ou determina a prática de atos processuais, sua manifestação pode ser comunicada mediante simples intimação pelo *Diário Oficial*. Casos há, entretanto, em que a determinação opera-se de um tribunal para um juiz, como, *v. g.*, a de se ouvirem testemunhas ou, ainda, de um juízo de determinada comarca para o de outra. Nesses casos, o juízo solicita a prática de atos por meio de um instrumento que se denomina "Carta".

2.6 Comunicação eletrônica dos atos processuais

A regra secular de processo civil, que recomenda que "os atos e termos processuais independem de forma determinada, salvo quando a lei expressamente a exigir, considerando-se válidos os que, realizados de outro modo, lhe preencham a finalidade essencial", é consectária do princípio da instrumentalidade das formas.

Atento às novas formas de comunicação eletrônica, o legislador passou a permitir, de maneira gradual – culminando na novel legislação que traz, desde logo, previsão do meio eletrônico para intimações e recepção de petições – a informatização do processo judicial. Em breve digressão às décadas anteriores, cumpre mencionar a transmissão de atos por meio de fax, *v.g.*, ocorreu com a Lei nº 9.800/1999 e a Lei nº 10.259, de 12 de julho de 2001, que, no seu art. 8º, § 2º, facultou aos tribunais "organizarem seus serviços de intimação das partes e de recepção de petições por meio eletrônico".

Destaque-se, desde logo, que não sendo regra de processo, senão de procedimento, a novel franquia retira da reforma a eiva da inconstitucionalidade, porquanto, nesse campo,

---

[101] Toda atividade processual da parte interessa mais ou menos à outra. As alegações e provas produzidas visam a convencer o juízo em prol de uma parte e em prejuízo da outra. Em obediência ao contraditório, mister que as partes tomem ciência dos atos que estão sendo praticados, o que se opera por meio da comunicação processual. Nesse sentido, **Chiovenda**, *Instituições*, vol. III, p. 65.

[102] "Uma providência ou ato do juiz não pode ter qualquer eficácia se não é levado ao conhecimento dos interessados" (**Hugo Alsina**, *Tratado Teórico Práctico*, p. 740).

a Carta Maior permite a dualidade de legislações e a autonomia das unidades federadas através de seus tribunais.

Hodiernamente, os *e-mails* são hábeis a realizar atos de comunicação processual aqui e alhures.

Destarte, a eventual falibilidade do método vai implicar a aplicação das regras das nulidades com a tônica da repetição do ato quando sacrificados os fins de justiça do processo.

Atento a esses reclamos modernos, o legislador, conforme se colhe da exposição de motivos da lei, fez inserir disposições específicas acerca da prática eletrônica de atos processuais, dentre as quais se destaca o art. 193[103].

A justificativa remonta à alteração do Código anterior que promoveu inclusão de parágrafo único no art. 154, CPC de 1973. À época, lavraram-se os seguintes termos na exposição de motivos: "A sugestão de redação ao parágrafo único do art. 154 do CPC incorpora ao trâmite processual as inovações tecnológicas, os sistemas de comunicação modernos, que permitem a troca de informações e a prática de atividades de maneira eficiente, o que nos parece perfeitamente adequado aos princípios que balizam a política legislativa do governo referentes à reforma processual".

O recente CPC se coaduna perfeitamente com tais objetivos, ambicionando não só a celeridade processual, mas, sobretudo, a eficiência processual, possível a partir de tais inovações tecnológicas – finalidade reforçada pela Lei 14.195/2021, que tornou prioritária a citação por meio eletrônico.

Não se trata, entretanto, de "ditadura tecnológica" que limita o acesso à justiça daqueles que não possuem acesso ao meio eletrônico para buscar a satisfação de seus direitos. Muito pelo contrário, e sensível a essa realidade, o legislador fez constar no art. 198, CPC o fornecimento de equipamentos adequados para permitir tal acesso, bem como, previu que, na falta destes, deve ser admitida a prática de atos por meio não eletrônico[104]. Reitere-se, ainda, todos os esforços empreendidos pelo CNJ na proteção dos excluídos e dos vulneráveis digitais, conforme abordamos em item anterior (Resolução CNJ 341/2020 – Disponibilização de salas de Videoconferência nos Tribunais; Recomendação CNJ 101/2021 – Busca assegurar o acesso à Justiça aos excluídos digitais; e, Recomendação CNJ 130/2022 – Recomenda aos tribunais a instalação de Pontos de Inclusão Digital (PID), para maximizar o acesso à Justiça e resguardar os excluídos digitais).

A comunicação dos atos processuais pela via eletrônica também dinamiza significativamente o curso processual. Deveras, a Lei 14.195/2021 recentemente alterou de modo

---

[103] "**Art. 193.** Os atos processuais podem ser total ou parcialmente digitais, de forma a permitir que sejam produzidos, comunicados, armazenados e validados por meio eletrônico, na forma da lei."

[104] "**Art. 198.** As unidades do Poder Judiciário deverão manter gratuitamente, à disposição dos interessados, equipamentos necessários à prática de atos processuais e à consulta e ao acesso ao sistema e aos documentos dele constantes.

Parágrafo único. Será admitida a prática de atos por meio não eletrônico no local onde não estiverem disponibilizados os equipamentos previstos no *caput*."

substancial a redação do art. 246 do CPC[105], passando a prever que a citação deve feita preferencialmente por meio eletrônico. Já quanto às intimações e cartas, a redação original do Código, a exemplo da Lei nº 11.419/2006, já estabelecia a preferência pela via eletrônica.

O protocolo eletrônico evita o deslocamento ao fórum do advogado, bem como a restrição de manifestações no processo ao horário de funcionamento do serviço forense[106]. Sendo assim, permite-se maior segurança e flexibilização na atividade do advogado, evitando um desgaste desnecessário, em virtude dos avanços da modernidade[107].

---

[105] **"Art. 246.** A citação será feita preferencialmente por meio eletrônico, no prazo de até 2 (dois) dias úteis, contado da decisão que a determinar, por meio dos endereços eletrônicos indicados pelo citando no banco de dados do Poder Judiciário, conforme regulamento do Conselho Nacional de Justiça. (Redação dada pela Lei nº 14.195, de 2021) (...)."

[106] **"Art. 213.** A prática eletrônica de ato processual pode ocorrer em qualquer horário até as 24 (vinte e quatro) horas do último dia do prazo.

Parágrafo único. O horário vigente no juízo perante o qual o ato deve ser praticado será considerado para fins de atendimento do prazo."

[107] Em interessante decisão, a Quarta Turma do Superior Tribunal de Justiça (STJ) entendeu que, embora o autor da petição judicial deva ter procuração nos autos, o protocolo do documento em sistema de peticionamento eletrônico pode ser feito por advogado sem procuração, nas seguintes hipóteses: a) petição nato-digital ou digitalizada, assinada eletronicamente com certificado digital por advogado com procuração nos autos, desde que a plataforma seja capaz de validar a assinatura digital; e b) documento digitalizado que reproduza petição impressa e assinada manualmente por advogado devidamente constituído no processo. Confira-se: "(...) 1. Cinge-se a controvérsia em definir se é admissível recurso cuja petição foi impressa, assinada manualmente por causídico constituído nos autos e digitalizada, mas o respectivo peticionamento eletrônico foi feito por outro advogado, este sem procuração. 2. O prévio credenciamento - mediante certificado digital ou cadastramento de login (usuário e senha) - permite, no primeiro momento, o acesso ao sistema de processo judicial eletrônico e, no segundo momento, o peticionamento eletrônico, sendo certo que o sistema lançará na respectiva petição a assinatura eletrônica do usuário que acessou o sistema, que pode ser digital (com certificado digital, nos termos do art. 1º, § 2º, III, "a", da Lei n. 11.419/2006) ou eletrônica (alínea "b" subsequente, com o login de acesso - usuário e senha), a depender da plataforma de processo judicial eletrônico. 3. Na forma do § 2º do art. 228 do CPC, a juntada de petições em processos eletrônicos judiciais se dá de forma automática nos autos digitais a partir do protocolo no sistema de peticionamento eletrônico, independentemente de ato do serventuário da justiça, e o comando legal não restringe o protocolo eletrônico apenas a processos nos quais o advogado tenha procuração nos autos. 4. O art. 425, VI do CPC, dispõe que as reproduções digitalizadas de qualquer documento, "quando juntadas aos autos (...) por advogados" fazem a mesma prova que o documento original, sem indicar a necessidade de o causídico possuir procuração nos autos, fixando o § 1º desse dispositivo legal o dever de preservação do original até o final do prazo para propositura da ação rescisória, evidentemente para permitir o exame do documento em caso de "alegação motivada e fundamentada de adulteração". 5. Assim, o peticionamento em autos eletrônicos, com a respectiva juntada automática, é atribuição que o novo CPC transferiu para o advogado, o que inclui a inserção de "reproduções digitalizadas de qualquer documento público ou particular". 6. Nesse contexto, revela-se admissível o protocolo de petição em sistema de peticionamento de processo judicial eletrônico por advogado sem procuração nos autos, desde que se trate de documento (i) nato-digital/digitalizado assinado eletronicamente com certificado digital emitido por Autoridade Certificadora credenciada, nos termos da MP n. 2.200-2/2001, por patrono com procuração nos autos, desde que a plataforma de processo eletrônico judicial

Último ponto dentre os destacados, tem-se a equiparação das digitalizações de documentos públicos às vias originais, sobretudo no aspecto probatório, consoante encartado no art. 425, VI, CPC[108].

Por fim, ressalta-se a seção específica destinada pelo legislador à prática eletrônica de atos processuais que, a rigor, dispõe genericamente sobre o desígnio legal de informatização do processo e os meios para cumpri-lo. Vale dizer, a seção compreende os arts. 193 a 199, do CPC[109], embora, é necessário ressalvar, haja inúmeras outras disposições que tangenciam a matéria no diploma processual.

---

seja capaz de validar a assinatura digital do documento; ou (ii) digitalizado que reproduza petição impressa e assinada manualmente também por causídico devidamente constituído no feito. 7. A falta de particularização do dispositivo de lei federal objeto de divergência jurisprudencial consubstancia deficiência bastante a inviabilizar a abertura da instância especial. Incidência da Súmula n. 284/STF. 8. Agravo interno provido para afastar o óbice da Súmula 115/STJ. Agravo em recurso especial conhecido para não conhecer do recurso especial. (AgInt no AREsp n. 1.917.838/RJ, relator Ministro Luis Felipe Salomão, Quarta Turma, julgado em 23/8/2022, *DJe* de 9/9/2022.)"

[108] "**Art. 425.** Fazem a mesma prova que os originais: (...)

VI – as reproduções digitalizadas de qualquer documento público ou particular, quando juntadas aos autos pelos órgãos da justiça e seus auxiliares, pelo Ministério Público e seus auxiliares, pela Defensoria Pública e seus auxiliares, pelas procuradorias, pelas repartições públicas em geral e por advogados, ressalvada a alegação motivada e fundamentada de adulteração."

[109] "**Art. 193.** Os atos processuais podem ser total ou parcialmente digitais, de forma a permitir que sejam produzidos, comunicados, armazenados e validados por meio eletrônico, na forma da lei.

Parágrafo único. O disposto nesta Seção aplica-se, no que for cabível, à prática de atos notariais e de registro.

Art. 194. Os sistemas de automação processual respeitarão a publicidade dos atos, o acesso e a participação das partes e de seus procuradores, inclusive nas audiências e sessões de julgamento, observadas as garantias da disponibilidade, independência da plataforma computacional, acessibilidade e interoperabilidade dos sistemas, serviços, dados e informações que o Poder Judiciário administre no exercício de suas funções.

Art. 195. O registro de ato processual eletrônico deverá ser feito em padrões abertos, que atenderão aos requisitos de autenticidade, integridade, temporalidade, não repúdio, conservação e, nos casos que tramitem em segredo de justiça, confidencialidade, observada a infraestrutura de chaves públicas unificada nacionalmente, nos termos da lei.

Art. 196. Compete ao Conselho Nacional de Justiça e, supletivamente, aos tribunais, regulamentar a prática e a comunicação oficial de atos processuais por meio eletrônico e velar pela compatibilidade dos sistemas, disciplinando a incorporação progressiva de novos avanços tecnológicos e editando, para esse fim, os atos que forem necessários, respeitadas as normas fundamentais deste Código.

Art. 197. Os tribunais divulgarão as informações constantes de seu sistema de automação em página própria na rede mundial de computadores, gozando a divulgação de presunção de veracidade e confiabilidade.

Parágrafo único. Nos casos de problema técnico do sistema e de erro ou omissão do auxiliar da justiça responsável pelo registro dos andamentos, poderá ser configurada a justa causa prevista no art. 223, *caput* e § 1º.

Art. 198. As unidades do Poder Judiciário deverão manter gratuitamente, à disposição dos interessados, equipamentos necessários à prática de atos processuais e à consulta e ao acesso ao sistema e aos documentos dele constantes.

2.7 Cartas

A carta diz-se de "ordem" quando emanada de um juízo superior para um juízo inferior; "precatória", quando de um juízo de uma comarca para o de outra e, "rogatória", quando de um país estrangeiro para outro.[110]

É nesse sentido que a lei dispõe que os atos processuais são cumpridos por ordem judicial ou requisitados por carta, conforme hajam de realizar-se dentro ou fora dos limites territoriais da comarca (art. 236 do CPC).[111]

As cartas têm um *mínimo de conteúdo* cujo escopo é facilitar a sua exigibilidade prática em juízo diverso daquele da qual promanou. Assim é que *são requisitos essenciais da carta de ordem, da carta precatória e da carta rogatória* (art. 260)[112]: (I) a indicação dos juízes

---

Parágrafo único. Será admitida a prática de atos por meio não eletrônico no local onde não estiverem disponibilizados os equipamentos previstos no *caput*.

Art. 199. As unidades do Poder Judiciário assegurarão às pessoas com deficiência acessibilidade aos seus sítios na rede mundial de computadores, ao meio eletrônico de prática de atos judiciais, à comunicação eletrônica dos atos processuais e à assinatura eletrônica."

[110] "**Art. 237.** Será expedida carta:

I – de ordem, pelo tribunal, na hipótese do § 2º do art. 236;

II – rogatória, para que órgão jurisdicional estrangeiro pratique ato de cooperação jurídica internacional, relativo a processo em curso perante órgão jurisdicional brasileiro;

III – precatória, para que órgão jurisdicional brasileiro pratique ou determine o cumprimento, na área de sua competência territorial, de ato relativo a pedido de cooperação judiciária formulado por órgão jurisdicional de competência territorial diversa;

IV – arbitral, para que órgão do Poder Judiciário pratique ou determine o cumprimento, na área de sua competência territorial, de ato objeto de pedido de cooperação judiciária formulado por juízo arbitral, inclusive os que importem efetivação de tutela provisória.

Parágrafo único. Se o ato relativo a processo em curso na justiça federal ou em tribunal superior houver de ser praticado em local onde não haja vara federal, a carta poderá ser dirigida ao juízo estadual da respectiva comarca."

[111] "**Art. 236.** Os atos processuais serão cumpridos por ordem judicial.

§ 1º Será expedida carta para a prática de atos fora dos limites territoriais do tribunal, da comarca, da seção ou da subseção judiciárias, ressalvadas as hipóteses previstas em lei.

§ 2º O tribunal poderá expedir carta para juízo a ele vinculado, se o ato houver de se realizar fora dos limites territoriais do local de sua sede.

§ 3º Admite-se a prática de atos processuais por meio de videoconferência ou outro recurso tecnológico de transmissão de sons e imagens em tempo real."

[112] "**Art. 260.** São requisitos das cartas de ordem, precatória e rogatória:

I – a indicação dos juízes de origem e de cumprimento do ato;

II – o inteiro teor da petição, do despacho judicial e do instrumento do mandato conferido ao advogado;

III – a menção do ato processual, que lhe constitui o objeto;

IV – o encerramento com a assinatura do juiz.

§ 1º O juiz mandará trasladar para a carta quaisquer outras peças, bem como instruí-la com mapa, desenho ou gráfico, sempre que esses documentos devam ser examinados, na diligência, pelas partes, pelos peritos ou pelas testemunhas.

de origem e de cumprimento do ato; (II) o inteiro teor da petição, do despacho judicial e do instrumento do mandato conferido ao advogado; (III) a menção do ato processual, que lhe constitui o objeto; (IV) o encerramento com a assinatura do juiz.

A esse conteúdo, se necessário, o juiz deve mandar transladar, na carta, quaisquer outras peças que entender úteis e necessárias à diligência requisitada. Por exemplo, tratando-se de *exame pericial* sobre documento, este deve ser remetido em original, ficando nos autos reprodução fotográfica.

A carta de ordem e a carta precatória, por telegrama ou radiograma, devem conter, em resumo substancial, os requisitos mencionados no art. 260, bem como a declaração, pela agência expedidora, de estar reconhecida a assinatura do juiz. Naturalmente, nos autos eletrônicos, a comunicação se opera de maneira mais ágil, facilitando o cumprimento célere da carta.

Os elementos da carta, muito embora realizado em outro juízo, permitem, por exemplo, que as partes e seus advogados sejam comunicados da data em que uma testemunha vai ser ouvida alhures. Aliás, do contrário, nulifica-se o depoimento tomado sem essa prévia intimação aos advogados das partes. Essa intimação, em regra produz-se no juízo deprecante, porquanto o juízo deprecado, por ofício, noticia a data da realização do ato. Entretanto, se a parte menciona nos autos que constituiu advogado no juízo deprecado para acompanhar a carta, a intimação deve ser endereçada a este.

Deveras, em todas as cartas, o juiz deve declarar o prazo dentro do qual deverão ser cumpridas, atendendo à facilidade das comunicações e à natureza da diligência.[113]

Remetida que é de um juízo para outro, impõe-se que a carta tenha *caráter itinerante*, isto é, antes ou depois de ser-lhe ordenado o cumprimento, pode ser apresentada a juízo diverso do que dela consta, a fim de se praticar o ato, sem que haja necessidade de retornar ao juízo de origem, caso ocorra um equívoco de destinação.

O CPC de 1973 permitia a transmissão, em casos de urgência, da carta de ordem e da carta precatória por telegrama, radiograma ou telefone.[114] O atual Código, por outro

---

§ 2º Quando o objeto da carta for exame pericial sobre documento, este será remetido em original, ficando nos autos reprodução fotográfica.

§ 3º A carta arbitral atenderá, no que couber, aos requisitos a que se refere o caput e será instruída com a convenção de arbitragem e com as provas da nomeação do árbitro e de sua aceitação da função."

[113] "**Art. 261.** Em todas as cartas o juiz fixará o prazo para cumprimento, atendendo à facilidade das comunicações e à natureza da diligência.

§ 1º As partes deverão ser intimadas pelo juiz do ato de expedição da carta.

§ 2º Expedida a carta, as partes acompanharão o cumprimento da diligência perante o juízo destinatário, ao qual compete a prática dos atos de comunicação.

§ 3º A parte a quem interessar o cumprimento da diligência cooperará para que o prazo a que se refere o *caput* seja cumprido."

[114] "**Código de Processo Civil de 1973**

Art. 205. Havendo urgência, transmitir-se-ão a carta de ordem e a carta precatória por telegrama, radiograma ou telefone."

lado, não repete tal artigo em virtude das inovações tecnológicas na comunicação, admitindo, preferencialmente, o meio eletrônico[115]. Contudo, haja vista as previsões dos arts. 264 e 265, CPC, percebe-se que não houve uma renúncia aos outros meios, sobretudo o telefone, a fim de comunicar prontamente o destinatário.

Nessa hipótese, a carta de ordem e a carta precatória, por telegrama, telefone ou meio eletrônico, devem conter, em resumo substancial, os requisitos mencionados acima para as cartas em geral.[116]

É possível, ainda, a expedição de ordem ou precatória por "telefone".[117] Nesse caso, a execução da carta impõe ao secretário do tribunal ou ao escrivão do juízo deprecante transmiti-la pelo telefone, ao juízo em que houver de cumprir-se o ato, por intermédio do escrivão do primeiro ofício da primeira vara, se houver na comarca mais de um ofício ou de uma vara, observando, quanto aos requisitos, o conteúdo acima. O escrivão, por seu turno, no mesmo dia ou no dia útil imediato, deve telefonar ao secretário do tribunal ou ao escrivão do juízo deprecante, lendo-lhe os termos da carta e solicitando-lhe que lha confirme. Em sendo confirmada, o escrivão submeterá a carta a despacho.

Esses atos, em princípio, não se submetem à exibição *a priori*, do *pagamento das custas*. Entretanto, muito embora executados de ofício, a parte deve depositar na secretaria do tribunal ou no cartório do juízo deprecante, a importância correspondente às despesas que serão feitas no juízo em que houver de praticar-se o ato.[118]

Em qualquer caso, é lícito ao juiz recusar o cumprimento da carta precatória, devolvendo-a com despacho motivado quando não estiver revestida dos requisitos legais, carecer de competência, em razão da matéria ou da hierarquia ou tiver dúvida acerca de sua autenticidade (art. 267 do CPC).[119]

---

[115] "**Art. 263.** As cartas deverão, preferencialmente, ser expedidas por meio eletrônico, caso em que a assinatura do juiz deverá ser eletrônica, na forma da lei."

[116] "**Art. 264.** A carta de ordem e a carta precatória por meio eletrônico, por telefone ou por telegrama conterão, em resumo substancial, os requisitos mencionados no art. 250, especialmente no que se refere à aferição da autenticidade."

[117] "**Art. 265.** O secretário do tribunal, o escrivão ou o chefe de secretaria do juízo deprecante transmitirá, por telefone, a carta de ordem ou a carta precatória ao juízo em que houver de se cumprir o ato, por intermédio do escrivão do primeiro ofício da primeira vara, se houver na comarca mais de um ofício ou de uma vara, observando-se, quanto aos requisitos, o disposto no art. 264.
§ 1º O escrivão ou o chefe de secretaria, no mesmo dia ou no dia útil imediato, telefonará ou enviará mensagem eletrônica ao secretário do tribunal, ao escrivão ou ao chefe de secretaria do juízo deprecante, lendo-lhe os termos da carta e solicitando-lhe que os confirme.
§ 2º Sendo confirmada, o escrivão ou o chefe de secretaria submeterá a carta a despacho."

[118] "**Art. 266.** Serão praticados de ofício os atos requisitados por meio eletrônico e de telegrama, devendo a parte depositar, contudo, na secretaria do tribunal ou no cartório do juízo deprecante, a importância correspondente às despesas que serão feitas no juízo em que houver de praticar-se o ato."

[119] "**Art. 267.** O juiz recusará cumprimento a carta precatória ou arbitral, devolvendo-a com decisão motivada quando:
I – a carta não estiver revestida dos requisitos legais;

A incompetência que autoriza o juízo deprecado a recusar a carta, como se observa, é a absoluta, pois a recusa de cumprimento somente poderá ocorrer nos estritos termos do referido dispositivo, restando as demais matérias à cognição do juízo deprecante. Deveras, é possível ao juízo deprecado, ao receber a carta, suscitar conflito de competência entendendo-se competente para a causa na sua integralidade.

O iter procedimental dessa forma de comunicação implica que, resolvidos os incidentes ou não os havendo, e uma vez cumprida a carta, deve ser a mesma devolvida ao juízo de origem no prazo de dez dias, independentemente de traslado, pagas as custas pela parte (art. 268).

No ponto, imperioso observar que, graças à tecnologia, as cartas precatórias tornaram-se, frequentemente, desnecessárias, já que possível a oitiva de indivíduos residentes em outra comarca, por meio de videoconferência, pelo próprio juiz que conduz o feito e no curso da audiência de instrução. Nesse sentido, reitere-se a Resolução CNJ 354/2020, que instituiu o "cumprimento digital de ato processual e de ordem judicial".

A carta rogatória, posto endereçada a um país estrangeiro soberano, segue uma disciplina especial.

Em primeiro lugar, obedece, quanto à sua admissibilidade e modo de seu cumprimento, ao disposto na convenção internacional; à falta desta, é remetida à autoridade judiciária estrangeira, por via diplomática, depois de traduzida para a língua do país em que há de praticar-se o ato, por meio de tradução juramentada[120]. O Brasil expede as suas rogatórias e, também, cumpre as cartas estrangeiras. O cumprimento de carta rogatória estrangeira decorrente da cooperação jurisdicional internacional depende da concessão de exequibilidade (*exequatur*) pelo Superior Tribunal de Justiça, na forma de seu Regimento Interno e do disposto no Código.[121]

II – faltar ao juiz competência, em razão da matéria ou da hierarquia;

III – o juiz tiver dúvida acerca de sua autenticidade. (...)."

[120] Sob esse enfoque, o Brasil é signatário da Convenção Interamericana sobre Cartas Rogatórias (Panamá, 1975), aprovada pelo Dec. Leg. nº 61, de 19.04.1995, e do Protocolo Adicional à Convenção Interamericana sobre Cartas Rogatórias (Montevidéu, 1979), aprovada pelo Dec. Leg. nº 61, de 19.04.1995. Internamente, rege a matéria a Portaria nº 26, de 14.08.1990, do Chefe do Departamento Consular e Jurídico do Ministério das Relações Exteriores e do Secretário Nacional dos Direitos da Cidadania e Justiça.

[121] "**Art. 36.** O procedimento da carta rogatória perante o Superior Tribunal de Justiça é de jurisdição contenciosa e deve assegurar às partes as garantias do devido processo legal.

§ 1º A defesa restringir-se-á à discussão quanto ao atendimento dos requisitos para que o pronunciamento judicial estrangeiro produza efeitos no Brasil.

§ 2º Em qualquer hipótese, é vedada a revisão do mérito do pronunciamento judicial estrangeiro pela autoridade judiciária brasileira."

"**Art. 105, I, *i*, da CF:** Compete ao Superior Tribunal de Justiça: I – processar e julgar, originariamente: (...)

i) a homologação de sentenças estrangeiras e a concessão de *exequatur* às cartas rogatórias; (Incluída pela Emenda Constitucional nº 45, de 2004.)"

2.7.1 Carta precatória e rogatória. Efeito suspensivo

O Código de Processo dispõe que a carta precatória, a carta rogatória e o auxílio direto[122] suspenderão o julgamento da causa no caso previsto no art. 313, inciso V, alínea "b", quando, tendo sido requeridos antes da decisão de saneamento, a prova neles solicitada for imprescindível (art. 377).

Mercê da inovação essencialmente técnica quanto à eficácia suspensiva, a lei empreendeu um ajuste vocabular para categorizar o saneamento como "decisão", mais condizente com as características do ato praticado, tornando mais compreensível o dispositivo.

Não se pode ignorar, porém, que as cartas podem ser concedidas sem efeito suspensivo, hipótese em que serão juntadas aos autos a qualquer momento.

2.8 Citação[123]

Citação é o ato de comunicação processual por meio do qual, prioritariamente, se chama a juízo o réu, o executado ou o interessado, integrando-o à relação processual.[124] As expressões devem ser analisadas com o máximo elastério possível. Isso porque a citação também é considerada ato de integração do sujeito na relação processual, propiciador da defesa da legitimidade de suas pretensões em qualquer polo que ocupe no processo, ativo ou passivo. Assim, *v.g.*, ausente um litisconsorte necessário ativo, é através da citação que se promove o seu ingresso na relação processual.

Consubstanciando ato que permite ao sujeito participar do processo cujo direito vai ser debatido, a citação completa a relação processual e cumpre os postulados do contraditório e do devido processo legal.[125] Isso é o bastante para concluir-se que, para a validade do processo, é indispensável a citação inicial do réu.[126] A nulidade decorrente da falta de citação é de tal gravidade que a sanção consequente é declarável em

---

[122] Sobre o auxílio direto, veja-se os arts. 28 a 30 do Código.

[123] A respeito do tema, consulte-se **Pontes de Miranda**, *Comentários ao Código de Processo Civil*, t. III (atualização de **Sergio Bermudes**); **Moniz de Aragão**, *Comentários*, **Antonio Jandyr Dall'Agnol Júnior**, *Comentários ao Código de Processo Civil*, vol. III.

[124] "**Art. 238.** Citação é o ato pelo qual são convocados o réu, o executado ou o interessado para integrar a relação processual.
Parágrafo único. A citação será efetivada em até 45 (quarenta e cinco) dias a partir da propositura da ação."

[125] Assentou-se em magnífica sede doutrinária que a citação é de direito natural, quiçá Divino. Assim, **Fernando Della Rocca**, *Istituzioni di Diritto Processuale Canonico*, 1946, p. 186, notas; **João Mendes Junior** *apud* **Frederico Marques**, *Instituições*, vol. 1, p. 403 e 404.

[126] "**Art. 239.** Para a validade do processo é indispensável a citação do réu ou do executado, ressalvadas as hipóteses de indeferimento da petição inicial ou de improcedência liminar do pedido.
§ 1º O comparecimento espontâneo do réu ou do executado supre a falta ou a nulidade da citação, fluindo a partir desta data o prazo para apresentação de contestação ou de embargos à execução.
§ 2º Rejeitada a alegação de nulidade, tratando-se de processo de:
I – conhecimento, o réu será considerado revel;
II – execução, o feito terá seguimento."

embargos à execução ou em impugnação ao cumprimento da sentença do processo anterior, acaso o mesmo tenha corrido à revelia do réu ora executado. Não obstante, o vício é ainda impugnável em ação rescisória e, posteriormente, em ação declaratória de nulidade (*querela nullitatis*).

Destarte, encerrando a citação providência consagradora dos postulados constitucionais do devido processo legal, do contraditório e da ampla defesa, os seus defeitos são aferíveis *ex officio*. Observe-se que o vício da falta de citação na hipótese de revelia suplanta o prazo no qual os vícios solidificam-se, que é o do transcurso do tempo necessário para a propositura da ação rescisória, por isso que pode ser suscitado a todo o momento em que se pretenda executar a decisão.

Obedecido o princípio da finalidade que informa as "nulidades", forçoso é concluir que o comparecimento espontâneo do réu manifestando ciência da demanda ou tão somente contestando o pedido, supre a falta de citação (art. 239, § 1º). Nada obsta, entretanto, que o demandado compareça, apenas, para arguir a nulidade da convocação, hipótese em que, sendo esta decretada, considerar-se-á feita a citação na data em que o réu ou o seu advogado forem intimados da decisão. A partir deste momento, produzir-se-ão os efeitos do art. 240 do CPC, que se produziriam da data do ato material do próprio chamamento da convocação em si.

Interessante hipótese se revela quando decretada a nulidade da citação em segundo grau de jurisdição, hipótese em que se considera efetuada a citação na data da intimação, ao réu ou ao seu advogado, no juízo de origem.

Para que a intimação da decisão anulatória opere os efeitos da citação, a lei não exige que o advogado tenha poderes especiais para recebê-la, bastando aqueles de representação *ad judicia* e que habilitaram o profissional a intervir nos autos. A rejeição da arguição, como evidente, torna precluso o prazo da resposta, salvo se *ad eventum* enfrentou-se a questão de fundo do litígio no momento da arguição.

Em contrapartida, se a arguição for rejeitada pelo juiz em decisão agravável, não se reabre o prazo para resposta, salvo se provido o agravo.

A importância do ato citatório é de tal envergadura que *não se presume a sua regularidade*. Assim é que, *v.g.*, se o advogado não tem poderes para receber a citação, a simples retirada dos autos de cartório pelo mesmo não induz a aplicação da norma inserta no art. 239, § 1º, do CPC. Diferente é a hipótese em que, embora não formalizada a citação, o réu outorga mandato a advogado para defendê-lo em referido feito e há juntada do instrumento procuratório aos autos, estando, por isso, suprida a providência citatória.

Tratando-se de rito sumaríssimo (Juizados Especiais), o comparecimento do réu à audiência, para fins de conciliação e defesa, supre a falta de citação. Assim, se o réu comparece por advogado que não produz defesa[127] e nem alega irregularidade da citação, impõe-se a decretação da revelia.

---

[127] "Enunciado nº 10 FONAJE – A contestação poderá ser apresentada até a audiência de Instrução e Julgamento."

A regra do comparecimento espontâneo, por seu turno, é aplicável às demais formas de tutela jurisdicional. Assim, *v.g.*, tem-se por suprida a citação pelo ingresso do executado no processo de execução, oferecendo bens à penhora ou impugnação à pretensa tutela satisfativa.

Em princípio, *efetua-se a citação em qualquer lugar em que se encontre o réu.*

A regra visa a facilitar a tarefa de comunicar-se a existência da demanda onde quer que se encontre o réu. Motivos excepcionais rompem o princípio, impedindo-se, *v.g.*, que não se proceda à citação, salvo para evitar o perecimento do direito, a quem estiver assistindo a qualquer ato de culto religioso; ao cônjuge ou a qualquer parente do morto, consanguíneo ou afim, em linha reta, ou na linha colateral em segundo grau, no dia do falecimento e nos sete dias seguintes; aos noivos, nos três primeiros dias de bodas; aos doentes, enquanto grave o seu estado (art. 244 do CPC).[128]

Outrossim, prerrogativa legal determina que o militar, em serviço ativo, seja citado na unidade em que estiver servindo se não for conhecida a sua residência ou nela não for encontrado (art. 243 do CPC).[129]

2.8.1 Efeitos da citação

A citação, como ato de integração do sujeito na relação processual concebida como *actus ad minus trium personarum*, produz *efeitos processuais e materiais*. A citação válida induz litispendência e faz litigiosa a coisa; e, ainda, quando ordenada por juiz incompetente, constitui em mora o devedor e interrompe a prescrição[130].

No diploma atual, portanto, a citação não gera prevenção do juízo, vez que o ato decisivo para tanto será o registro ou a distribuição do primeiro processo (art. 59).

A *litispendência* significa que, após a citação, não se pode *repetir a mesma ação* que está em curso, vale dizer, demanda que contenha o mesmo pedido, a mesma causa de pedir e seja travada entre as mesmas partes. É que o Estado-juiz só tem a obrigação de definir o litígio uma única vez com a força da imutabilidade da coisa julgada.

---

[128] "**Art. 244.** Não se fará a citação, salvo para evitar o perecimento do direito:

I – de quem estiver participando de ato de culto religioso;

II – de cônjuge, de companheiro ou de qualquer parente do morto, consanguíneo ou afim, em linha reta ou na linha colateral em segundo grau, no dia do falecimento e nos 7 (sete) dias seguintes;

III – de noivos, nos 3 (três) primeiros dias seguintes ao casamento;

IV – de doente, enquanto grave o seu estado."

[129] "**Art. 243.** A citação poderá ser feita em qualquer lugar em que se encontre o réu, o executado ou o interessado.

Parágrafo único. O militar em serviço ativo será citado na unidade em que estiver servindo, se não for conhecida sua residência ou nela não for encontrado."

[130] A Terceira Turma do Superior Tribunal de Justiça (STJ), por unanimidade, considerou que é válida a citação feita na pessoa do procurador indicado em contrato, quando a comunicação da renúncia ao mandante não ficou comprovada. (REsp n. 1.987.007/SP, relator Ministro Ricardo Villas Bôas Cueva, Terceira Turma, julgado em 18/10/2022, DJe de 24/10/2022.)

A *litigiosidade da coisa*, consoante reiterado, implica afetá-la aos fins do processo, quer seja bem corpóreo ou incorpóreo, coisa ou direito, "litigiosos". Essa afetação ao resultado do processo significa que o vencedor da demanda realizará a sentença sobre o patrimônio discutido, ainda que tenha havido alienação. Por isso afirma-se que, uma vez litigioso o bem ou direito, a alienação é absolutamente ineficaz em relação aos fins do processo. Decorrência desse postulado é a regra do art. 109 do CPC, segundo a qual a alienação da coisa litigiosa não altera a legitimidade das partes.

Outrossim, completa o cerco a qualquer alienação a previsão da fraude de execução que será objeto de estudo mais acurado no capítulo referente à teoria geral da execução.

A *interrupção da prescrição* retroage à data da propositura da ação muito embora a citação se realize posteriormente. Entretanto, esse efeito retro-operante, impõe à parte adotar as providências necessárias para a citação do réu nos 10 (dez) dias subsequentes ao despacho que a ordenar, não ficando prejudicada pela demora imputável exclusivamente ao serviço judiciário[131].

Igualmente, a citação do réu nos 10 dias subsequentes pode esbarrar na dificuldade que ocorre quando há litisconsórcio. A jurisprudência, amenizando o rigor do prazo, consagra que, tratando-se de litisconsórcio, a citação de um só dos litisconsortes, é suficiente para fins de interrupção da prescrição, salvo se o litisconsórcio for passivo simples, em que há pretensões distintas, no qual cada citação interrompe, individualmente, a prescrição. Inocorrendo a citação do réu, nesse prazo, a interrupção da prescrição ou da decadência se operará na data da efetiva integração do réu ao processo, não retroagindo à do despacho citatório.

Esse efeito pressupõe diligência do autor, por isso que não pode ser evitado por falha imputável ao mecanismo judiciário (Súmula nº 106 do E. STJ). Reversamente, se a falha for atribuída ao autor e a citação não se verificar nos prazos legais, não se considerará interrompida a prescrição ou a decadência à data da propositura. Assim, *v.g.*, se o autor indica erroneamente dados qualificadores do réu, como endereço, estado civil etc., e há necessidade de emenda da inicial, é da nova citação, se ainda for possível, que se vai verificar o efeito interruptivo da prescrição. Exemplo típico de ato imputável ao autor e que não obsta a decadência é a falta do depósito na ação rescisória cujo prazo decadencial de exercício é o de 2 (dois) anos do trânsito em julgado da decisão de mérito.

Destarte, reitera-se que, havendo litisconsórcio unitário ou necessário, a citação de um dos litisconsortes impede a prescrição em relação aos demais e pela mesma razão, a citação do devedor principal impede a prescrição quanto aos devedores com responsabilidade secundária, *v.g.*, no caso de citação da pessoa jurídica e a correspondente interrupção da prescrição quanto aos sócios com responsabilidade solidária. Relembre-se, outrossim, que, tratando-se de litisconsórcio facultativo com pretensões autônomas, cada citação interrompe a ação correspondente ao direito que se pretende fazer valer em juízo.

---

[131] **"Súmula nº 106 do STJ:** Proposta a ação no prazo fixado para o seu exercício, a demora na citação, por motivos inerentes ao mecanismo da Justiça, não justifica o acolhimento da arguição de prescrição ou decadência."

Questão instigante é a relativa à interrupção da prescrição para a ação principal em razão da citação empreendida no pedido cautelar antecedente. Isso porque a citação interrompe a prescrição em relação à ação que tem por objeto determinado bem jurídico.

É evidente que as pretensões não alcançadas pela demanda ficam sujeitas à própria prescrição. Tratando-se de medida cautelar constritiva de bens ou restritiva de direitos, tornadas necessárias por obra de *periculum in mora* motivado pela parte adversa, revela-se legítimo que a citação engendrada no pleito cautelar suste a prescrição inerente à ação principal, porquanto revela iniciativa a impedir a perda da ação por inação da parte. Por outro lado, a propositura de medidas probatórias, *v.g.*, a produção antecipada de provas ou de medidas de comunicação processual, como as notificações etc. não têm o condão de interromper a prescrição.

O tema comporta uma digressão em relação à alegada "prescrição intercorrente" que é a que se opera depois de interrompida no curso do processo. Considerando que a prescrição, mesmo a intercorrente, pressupõe a inércia do titular da ação, não se lhe pode declarar se a paralisação do processo se deveu a fato inimputável ao autor, *v.g.*, quando o réu se oculta ou oculta os bens objeto da demanda, impondo a estagnação ao feito. A denominada prescrição intercorrente submete-se ao mesmo regime jurídico, sendo lícito ao juiz verificar o fato que deu causa à paralisação do processo com o fito de não chancelar a malícia do demandado, *v.g.*, não deve o juiz decretar a prescrição intercorrente se os autos foram retirados do cartório e não devolvidos, pelo advogado da parte contrária, fato possível de ocorrência à luz da práxis. Atualmente, existe previsão da referida modalidade prescritiva somente na fase de execução (art. 921 e parágrafos).

O juiz, na vigência do antigo CPC, podia, de ofício, conhecer da prescrição e decretá-la de imediato. Cabia ao escrivão, passada em julgado a sentença, comunicar ao réu o resultado do julgamento, uma vez que ele sequer havia sido citado, conforme disposto no § 5º do art. 219 do CPC/1973. Esse dispositivo havia de ser interpretado *cum granu salis*, porque pretendia-se conferir celeridade processual, mas se permitia que o juiz, de ofício, sem consultar as partes, emitisse julgamento de mérito, uma vez que a prescrição é instituto de direito material. Não pode, portanto, a lei processual revogar direito material, quanto mais sem contraditório das partes. Por esses motivos, tal previsão não foi repetida pelo CPC de 2015.

No diploma atual, o juiz pode reconhecer a prescrição e a decadência de ofício, mas somente as declarará após a oitiva das partes, salvo na hipótese de improcedência liminar do pedido, em que inexiste prejuízo para o réu.

Considere-se, por fim, que ainda quando ordenada por juiz incompetente, a citação "constitui em mora o devedor", se por outro motivo ele já não estiver constituído, *v.g.*, se a ação proposta tem como causa de pedir a própria mora do réu.

A citação *constitui o devedor em mora*, tratando-se de obrigação sem prazo anterior. Isto significa que o vencido pagará juros de mora desde o reconhecimento do direito lesado, o que retroage à propositura da ação na forma do art. 312 do CPC. Entretanto, se o devedor tiver sido demandado pelo fato da mora, a citação limitar-se-á a confirmá-la.

2.8.2 Modalidades de citação

Em regra, a citação é feita "pessoalmente" ao réu, ao seu representante legal ou ao procurador legalmente autorizado.

O menor, para ser citado, deve sê-lo na pessoa de seu representante legal, assim como a pessoa jurídica, observando-se os estatutos ou o contrato social. A citação ao procurador exige poderes especiais para receber a citação. Nesse particular, não há que se confundir o advogado da empresa e o seu representante legal, que avalia as consequências múltiplas da propositura da ação. Como consectário, é nula a citação da pessoa jurídica na pessoa de seu advogado, ainda que funcionário da sociedade, posto não ser o representante legal da empresa. Não obstante, por força do princípio da instrumentalidade das formas, tem-se admitido a discussão sobre se a notícia da demanda chegou ao conhecimento da entidade em razão de o advogado integrar o quadro de funcionários da empresa. Contudo, em nossa percepção, a eminência do ato citatório e as repercussões de sua nulidade recomendam prudência no aproveitamento de uma convocação írrita.

Imperioso assentar que não é o réu que deve demonstrar em juízo que o autor realizou corretamente a citação no representante legal, mediante a juntada de atos constitutivos, sob pena de revelia. É exatamente o contrário, posto constituir ônus do autor indicar a pessoa que representa a pessoa jurídica, ostentando poderes para receber a citação sob pena de nulidade.

O mesmo raciocínio deve ser empreendido quando citado empregado que "supostamente pode ter levado a notícia do ato citatório ao patrão", porquanto o *due process of law* tem como um de seus principais fundamentos a regularidade da convocação do demandado.

À regra da "pessoalidade da citação" seguem-se exceções legais ao admitir-se que estando o réu ausente, a citação se faça na pessoa de seu mandatário, administrador, preposto ou gerente, quando a ação se originar de atos por eles praticados (art. 242, § 1º).[132] O ausente a que a lei se refere não é o declarado como tal na forma da lei civil, mas

---

[132] **"Art. 242.** A citação será pessoal, podendo, no entanto, ser feita na pessoa do representante legal ou do procurador do réu, do executado ou do interessado.

§ 1º Na ausência do citando, a citação será feita na pessoa de seu mandatário, administrador, preposto ou gerente, quando a ação se originar de atos por eles praticados.

§ 2º O locador que se ausentar do Brasil sem cientificar o locatário de que deixou, na localidade onde estiver situado o imóvel, procurador com poderes para receber citação será citado na pessoa do administrador do imóvel encarregado do recebimento dos aluguéis, que será considerado habilitado para representar o locador em juízo.

§ 3º A citação da União, dos Estados, do Distrito Federal, dos Municípios e de suas respectivas autarquias e fundações de direito público será realizada perante o órgão de Advocacia Pública responsável por sua representação judicial."

LC nº 73, de 10.02.1993 (Institui a Lei Orgânica da Advocacia-Geral da União e dá outras providências).

"**Art. 35.** A União é citada nas causas em que seja interessada, na condição de autora, ré, assistente, oponente, recorrente ou recorrida, na pessoa:

aquele que normalmente estaria no lugar onde se pretendeu realizar a citação. Assim, *v.g.*, é ausente aquele que não se encontra na sede da empresa onde trabalha nem no seu domicílio. Outrossim, se o ato que se quer impugnar é derivado do seu gerente, válida é a citação na pessoa deste, ainda que fora da sede da pessoa jurídica.

Destarte, é válida a citação realizada através de procurador sem poder específico para recebê-la, mas com amplos poderes para representar o citando no Brasil. No mesmo diapasão, admite-se, como meio de conciliar o acesso à justiça e o direito de defesa, que o locador que se ausentar do Brasil sem cientificar o locatário de que deixou na localidade onde estiver situado o imóvel, procurador com poderes para receber citação, pode ser citado na pessoa do administrador do imóvel encarregado do recebimento dos aluguéis. Esse mesmo escopo informa os julgados no sentido de autorizar a mesma sistemática do locador que se ausenta, aos casos em que o mesmo *omite* seu endereço no contrato de locação.

Outra exceção legal à pessoalidade da convocação decorre da "doença permanente ou temporária" do citando. Isto porque, em princípio, não se promove a citação quando se verifica que o réu é demente ou está impossibilitado de recebê-la, caso em que, o oficial de justiça emite certidão, descrevendo minuciosamente a ocorrência. Levado o fato ao juízo, este deve nomear um médico a fim de examinar o citando e apresentar um laudo. Uma vez reconhecida a impossibilidade do recebimento da citação, o juiz nomeia ao citando um "curador *ad litem*", restrito à causa, muito embora na escolha obedeça o quanto possível à preferência estabelecida na lei civil. Ato contínuo, a citação é feita na pessoa do curador, a quem incumbirá a defesa do réu por si ou por advogado constituído se não tiver habilitação legal (art. 245, do CPC).

A importância do ato citatório ao ângulo das garantias fundamentais e a compreensão de sua finalidade e consequências formais e materiais fazem com que, reconhecida a impossibilidade de o réu receber citação, surja o dever de o juiz não só nomear um curador, como também determinar a intervenção do Ministério Público, sob pena de nulidade do processo.

Tratando-se de *doença passageira*, é possível aguardar a convalescença ou desde logo nomear o curador.

A citação da União, dos Estados, do Distrito Federal, dos Municípios e de suas respectivas autarquias e fundações de direito público será realizada perante o órgão de Advocacia Pública responsável por sua representação judicial, nos termos do art. 242, § 3º. Nesse sentido, registre-se que o STF, no julgamento da ADI 5.492 (Sessão Virtual de 14.04.2023 a 24.04.2023), já reconheceu a constitucionalidade da expressão "dos Estados, do Distrito Federal e dos Municípios". Com efeito, cumpre destacar que é a própria Carta Magna, em seu art. 132, que estabelece caber aos procuradores do estado a representação judicial das unidades federadas. Portanto, nada mais lógico, coerente e eficiente que o

---

I – do Advogado-Geral da União, privativamente, nas hipóteses de competência do Supremo Tribunal Federal;

II – do Procurador-Geral da União, nas hipóteses de competência dos tribunais superiores;

III – do Procurador-Regional da União, nas hipóteses de competência dos demais tribunais; (...)."

disposto no art. 242, § 3º, do CPC/2015. Aliás, na mesma linha é o disposto no art. 75, impondo que serão representados em juízo, ativa e passivamente, a União, pela Advocacia--Geral da União, diretamente ou mediante órgão vinculado; o Estado e o Distrito Federal, por seus procuradores; e o Município, por seu prefeito, procurador ou Associação de Representação de Municípios, quando expressamente autorizada. Em outro giro, indubitável é a natureza processual da citação, inserindo-se, portanto, na competência privativa atribuída à União, nos termos do art. 22, inciso I, da Constituição.

As modalidades de citação, "quanto à forma", são diversas, a saber: prioritariamente, (I) por meio eletrônico; e, subsidiariamente, (II) pelo correio; (III) por oficial de justiça; (IV) pelo escrivão ou chefe de secretaria, se o citando comparecer em cartório; ou (V) por edital (art. 246 e § 1º-A do CPC).[133]

---

[133] "**Art. 246.** A citação será feita preferencialmente por meio eletrônico, no prazo de até 2 (dois) dias úteis, contado da decisão que a determinar, por meio dos endereços eletrônicos indicados pelo citando no banco de dados do Poder Judiciário, conforme regulamento do Conselho Nacional de Justiça. (Redação dada pela Lei nº 14.195, de 2021)

§ 1º As empresas públicas e privadas são obrigadas a manter cadastro nos sistemas de processo em autos eletrônicos, para efeito de recebimento de citações e intimações, as quais serão efetuadas preferencialmente por esse meio. (Redação dada pela Lei nº 14.195, de 2021)

§ 1º-A. A ausência de confirmação, em até 3 (três) dias úteis, contados do recebimento da citação eletrônica, implicará a realização da citação: (Incluído pela Lei nº 14.195, de 2021)

I – pelo correio; (Incluído pela Lei nº 14.195, de 2021)

II – por oficial de justiça; (Incluído pela Lei nº 14.195, de 2021)

III – pelo escrivão ou chefe de secretaria, se o citando comparecer em cartório; (Incluído pela Lei nº 14.195, de 2021)

IV – por edital. (Incluído pela Lei nº 14.195, de 2021)

§ 1º-B. Na primeira oportunidade de falar nos autos, o réu citado nas formas previstas nos incisos I, II, III e IV do § 1º-A. deste artigo deverá apresentar justa causa para a ausência de confirmação do recebimento da citação enviada eletronicamente. (Incluído pela Lei nº 14.195, de 2021)

§ 1º-C. Considera-se ato atentatório à dignidade da justiça, passível de multa de até 5% (cinco por cento) do valor da causa, deixar de confirmar no prazo legal, sem justa causa, o recebimento da citação recebida por meio eletrônico. (Incluído pela Lei nº 14.195, de 2021)

§ 2º O disposto no § 1º aplica-se à União, aos Estados, ao Distrito Federal, aos Municípios e às entidades da administração indireta.

§ 3º Na ação de usucapião de imóvel, os confinantes serão citados pessoalmente, exceto quando tiver por objeto unidade autônoma de prédio em condomínio, caso em que tal citação é dispensada.

§ 4º As citações por correio eletrônico serão acompanhadas das orientações para realização da confirmação de recebimento e de código identificador que permitirá a sua identificação na página eletrônica do órgão judicial citante. (Incluído pela Lei nº 14.195, de 2021)

§ 5º As microempresas e as pequenas empresas somente se sujeitam ao disposto no § 1º deste artigo quando não possuírem endereço eletrônico cadastrado no sistema integrado da Rede Nacional para a Simplificação do Registro e da Legalização de Empresas e Negócios (Redesim). (Incluído pela Lei nº 14.195, de 2021)

§ 6º Para os fins do § 5º deste artigo, deverá haver compartilhamento de cadastro com o órgão do Poder Judiciário, incluído o endereço eletrônico constante do sistema integrado da Redesim, nos termos da legislação aplicável ao sigilo fiscal e ao tratamento de dados pessoais. (Incluído pela Lei nº 14.195, de 2021)"

2.8.2.1 Citação por meio eletrônico

O atual ordenamento processual traz, como meio prioritário do ato citatório, o eletrônico. A modificação operada pela Lei 14.195/2021, na esteira do que denominou "racionalização processual", resta evidenciada pela reforma da redação do *caput* do art. 246: "A citação será feita preferencialmente por meio eletrônico, no prazo de até 2 (dois) dias úteis, contado da decisão que a determinar, por meio dos endereços eletrônicos indicados pelo citando no banco de dados do Poder Judiciário, conforme regulamento do Conselho Nacional de Justiça".

Como forma de operacionalizar a citação eletrônica, devem a Administração Pública e as empresas, públicas e privadas, manter cadastro nos sistemas do processo em autos eletrônicos de cada tribunal (art. 246, § 1º e § 2º). Por sua vez, as microempresas e as pequenas empresas que possuem endereço eletrônico cadastrado na Rede Nacional para a Simplificação do Registro e da Legalização de Empresas e Negócios (Redesim) ficam dispensadas dessa obrigação, porque tais dados devem ser compartilhados com o Poder Judiciário (art. 246, § 5º e § 6º). Tal obrigação é similar àquela do art. 1.051, constante desde o advento do Código, e cuja intenção é dupla: facilitar a execução do ato e assegurar sua validade, porque realizado nos moldes fornecidos pelo próprio citando.

Especificamente quanto ao instrumento para aperfeiçoar a citação, a lei processual menciona o correio eletrônico[134]. A mensagem deve conter orientações para que o réu possa confirmar o recebimento, apresentando um código verificador específico. Isso é importante porque a dinâmica eleita pelo legislador exige que o citado confirme, em até três dias úteis, a citação. Caso contrário, será determinada outra modalidade de citação (postal, por oficial de justiça, editalícia). Nessas hipóteses, deve o réu, assim que falar nos autos, apresentar justa causa para a falta de confirmação que ensejou o dispêndio da realização de um novo ato comunicativo, sob pena de se configurar ato atentatório à dignidade da justiça, punível com multa de até cinco por cento do valor da causa (art. 246, § 1º-A; § 1º-B e § 1º-C).

Mais recentemente, até mesmo aplicativos de mensagem instantânea incorporados ao dia a dia da população, tais como *Whatsapp* e *Telegram*, têm sido utilizados para a realização de citações e intimações, com a sua validade sendo confirmada, nos termos

---

[134] O Superior Tribunal de Justiça, em matéria criminal, anulou a citação realizada por aplicativo de mensagens (*WhatsApp*), ante a falta de certeza sobre a ciência do citando: "No caso, o contexto verificado recomenda a renovação da diligência, pois a citação por aplicativo de mensagem (*WhatsApp*) foi efetivada sem nenhuma cautela por parte do serventuário (Oficial de Justiça), apta a atestar, com o grau de certeza necessário, a identidade do citando, nem mesmo subsequentemente, sendo que, cumprida a diligência, o citando não subscreveu procuração ao defensor de sua confiança, circunstância essa que ensejou a nomeação de Defensor Público, que arguiu a nulidade do ato oportunamente. (...) Ordem concedida para declarar a nulidade do ato de citação e aqueles subsequentes, devendo a diligência (citação por mandado) ser renovada mediante adoção de procedimentos aptos a atestar, com suficiente grau de certeza, a identidade do citando e com observância das diretrizes previstas no art. 357 do CPP" (HC 652.068/DF, 6ª Turma, Rel. Min. Sebastiao Reis Junior, j. 24.08.2021, *DJe* 30.08.2021).

da jurisprudência do STJ[135], desde que o ato atinja sua finalidade e se logre certeza da identidade do destinatário.

> CIVIL. PROCESSUAL CIVIL. DIREITO DE FAMÍLIA. AÇÃO DE DESTITUIÇÃO DO PODER FAMILIAR. POSSIBILIDADE DE COMUNICAÇÃO DE ATOS PROCESSUAIS POR APLICATIVOS DE MENSAGENS. DECISÃO E RESOLUÇÃO DO CONSELHO NACIONAL DE JUSTIÇA. EXISTÊNCIA DE NORMATIVOS LOCAIS DISCIPLINANDO A QUESTÃO DE MODO DESIGUAL. AUSÊNCIA DE AUTORIZAÇÃO LEGAL. LEI QUE DISPÕE APENAS SOBRE A COMUNICAÇÃO DE ATOS PROCESSUAIS POR CORREIO ELETRÔNICO (E-MAIL). INSEGURANÇA JURÍDICA. NECESSI-

---

[135] *HABEAS CORPUS*. CITAÇÃO POR WHATSAPP. VALIDADE DO ATO CONDICIONADA À CERTEZA DE QUE O RECEPTOR DAS MENSAGENS TRATA-SE DO CITANDO. PREJUÍZO CONFIGURADO. PARECER DA PROCURADORIA-GERAL DA REPÚBLICA ACOLHIDO. LIMINAR RATIFICADA. ORDEM DE *HABEAS CORPUS* CONCEDIDA. 1. Embora não haja óbice à citação por WhatsApp, é necessária a certeza de que o receptor das mensagens trata-se do Citando. Precedente: STJ, HC 652.068/DF, Rel. Ministro SEBASTIÃO REIS JÚNIOR, SEXTA TURMA, julgado em 24/08/2021, *DJe* 30/08/2021. 2. A Quinta Turma do Superior Tribunal de Justiça proferiu julgado no qual consignou que, para a validade da citação por Whatsapp, há "três elementos indutivos da autenticidade do destinatário", quais sejam, "número de telefone, confirmação escrita e foto individual" (HC 641.877/DF, Rel. Ministro RIBEIRO DANTAS, julgado em 09/03/2021, *DJe* 15/03/2021). Na hipótese, todavia, nenhuma dessas circunstâncias estão materializadas ou individualizadas, inequivocamente. 3. Não foi circunstanciado pelo Oficial de Justiça de que forma instrumentalizou a identificação digital do Réu, a despeito de a recognição no caso ser disciplinada por norma local mandatória. O art. 27 do Decreto Judiciário n. 400/2020 do Estado do Paraná, para onde foi deprecado o ato, regulamenta com rigor as cautelas para a diligência, exigindo que esse reconhecimento seja testificado por vídeo gravado. (...) (HC n. 699.654/SP, relatora Ministra Laurita Vaz, Sexta Turma, julgado em 16/11/2021, *DJe* de 25/11/2021.),

(...) 4. Esta Corte Superior de Justiça já se manifestou no sentido de que é válida a citação pelo aplicativo WhatsApp desde que contenha elementos indutivos da autenticidade do destinatário, como número do telefone, confirmação escrita e foto individual e só tem declarado a nulidade quando verificado prejuízo concreto ao réu. Precedentes. 5. O Tribunal de origem deixou bem registrado que, no caso concreto, foram observadas todas as diretrizes previstas para a prática do ato, sendo a lisura da citação do paciente pelo aplicativo WhatsApp demonstrada ao menos pelos seguintes elementos: número telefônico fornecido pelo concunhado; confirmação da sua identidade por telefone pelo oficial de justiça quando da citação e certificação realizada por ele; utilização do mesmo número de telefone para confirmação de sua identidade, com posterior comparecimento para interrogatório, pela autoridade policial; anuência quanto à realização do ato; informação de que o réu não possuía condições para contratação de profissional para patrocinar sua defesa, de modo que foi nomeada a Defensoria Pública. 6. Ora, fica cristalino que foi indicado com precisão todo o procedimento adotado para identificar o citando e atestar a sua identidade, o que garante a higidez das diretrizes previstas no artigo 357 do Código de Processo Penal. Destaque-se que, no mencionado dispositivo, não há exigência do encontro físico do citando com o oficial de justiça. Verificada a identidade e cumpridas as diretrizes previstas na norma procedimental, ainda que de forma remota, a citação é válida. 7. Ademais, o Código de Processo Penal, em seu art. 563, agasalha o princípio de que "nenhum ato será declarado nulo, se da nulidade não resultar prejuízo para a acusação ou para a defesa". 8. Agravo regimental desprovido. (AgRg no HC n. 685.286/PR, relator Ministro Antonio Saldanha Palheiro, Sexta Turma, julgado em 22/2/2022, *DJe* de 25/2/2022.)

DADE DE DISCIPLINA DA MATÉRIA POR LEI, ESTABELECENDO CRITÉRIOS, PROCEDIMENTOS E REQUISITOS ISONÔMICOS PARA OS JURISDICIONADOS. EXISTÊNCIA DE PROJETO DE LEI EM DEBATE NO PODER LEGISLATIVO. NULIDADE, COMO REGRA, DOS ATOS DE COMUNICAÇÃO POR APLICATI-VOS DE MENSAGENS POR INOBSERVÂNCIA DA FORMA PRESCRITA EM LEI. NECESSIDADE DE EXAME DA QUESTÃO À LUZ DA TEORIA DAS NULIDADES PROCESSUAIS. CONVALIDAÇÃO DA NULIDADE DA CITAÇÃO EFETIVADA SEM A OBSERVÂNCIA DAS FORMALIDADES LEGAIS. IMPOSSIBILIDADE NA HIPÓTESE. ENTREGA DO MANDADO DE CITAÇÃO E DA CONTRAFÉ SEM A PRÉVIA CERTIFICAÇÃO DE SE TRATAR DO CITANDO. RÉ, ADEMAIS, ANAL-FABETA, QUE DEVE SER CITADA PESSOALMENTE POR OFICIAL DE JUSTIÇA, VEDADA A CITAÇÃO POR MEIO ELETRÔNICO.

1 – Ação de medidas protetivas e destituição do poder familiar proposta em 11/05/2020. Recurso especial interposto em 19/04/2021 e atribuído à Relatora em 11/03/2022.

2 – Os propósitos recursais consistem em definir: (i) se é válida a citação da ré por meio do aplicativo de mensagens WhatsApp; e (ii) se superada a questão preliminar, se estão presentes os pressupostos para a destituição do poder familiar em relação à mãe biológica das crianças.

3 – A possibilidade de intimações ou de citações por intermédio de aplicativos de mensagens, de que é exemplo o WhatsApp, é questão que se encontra em exame e em debate há quase uma década e que ganhou ainda mais relevo depois de o CNJ ter aprovado a utilização dessa ferramenta tecnológica para a comunicação de atos processuais por ocasião do julgamento de procedimento de controle administrativo e, posteriormente, no contexto da pandemia causada pelo coronavírus, pelo art. 8º da Resolução nº 354/2020.

PENAL. PROCESSUAL PENAL. AGRAVO REGIMENTAL NO *HABEAS CORPUS* SUBSTITUTIVO DE RECURSO PRÓPRIO. CITAÇÃO POR MEIO ELETRÔNICO. POSSIBILIDADE. FUNDA-MENTAÇÃO IDÔNEA DO ACÓRDÃO RECORRIDO. AUSÊNCIA DE DEMONSTRAÇÃO DE PREJUÍZO. NULIDADE INEXISTENTE. CONSTRANGIMENTO ILEGAL NÃO EVIDENCIADO. INEXISTÊNCIA DE NOVOS ARGUMENTOS HÁBEIS A DESCONSTITUIR A DECISÃO IM-PUGNADA. AGRAVO REGIMENTAL DESPROVIDO. (...) III - Ainda no ano de 2017, o Conselho Nacional de Justiça (CNJ) aprovou, por unanimidade, a utilização do aplicativo WhatsApp como ferramenta de intimações. Esta foi a decisão tomada durante o julgamento virtual do Procedimento de Controle Administrativo (PCA), de n. 0003251-94.2016.2.00.0000, ao se contestar a decisão da Corregedoria do eg. Tribunal de Justiça do Estado de Goiás (TJGO), que proibira a utilização do mencionado aplicativo no âmbito do Juizado Civil e Criminal da Comarca de Piracanjuba/GO. IV - Em complemento, necessário salientar que a jurisprudência desta eg. Corte de Justiça há muito se firmou no sentido de que a declaração de nulidade exige a comprovação de prejuízo, em consonância com o princípio pas de nullité sans grief, consagrado no art. 563 do Código de Processo Penal, o que não foi demonstrado no presente caso. V - A citação por meio eletrônico, quando atinge a sua finalidade e demonstra a ciência inequívoca pelo réu da ação penal, como na presente hipótese, não pode ser simplesmente rechaçada, de plano, por mera inobservância da instrumentalidade das formas. Posteriormente, caso ela não se aperfeiçoe ou se verifique alguma irregularidade, poderá a defesa impugnar o ato pelos meios processuais adequados. Agravo regimental desprovido. (AgRg no HC n. 678.213/DF, relator Ministro Jesuíno Rissato (Desembargador Convocado do TJDFT), Quinta Turma, julgado em 22/11/2022, *DJe* de 29/11/2022.)

Cap. 7 • PROCESSO, PROCEDIMENTOS E ATOS PROCESSUAIS | 355

4 – Atualmente, há inúmeras portarias, instruções normativas e regulamentações internas em diversas Comarcas e Tribunais brasileiros, com diferentes e desiguais procedimentos e requisitos de validade dos atos de comunicação eletrônicos, tudo a indicar que:

(i) a legislação existente atualmente não disciplina a matéria; e (ii) é indispensável a edição de legislação federal que discipline a matéria, estabelecendo critérios, procedimentos e requisitos isonômicos e seguros para todos os jurisdicionados.

5 – A Lei nº 14.195/2021, ao modificar o art. 246 do CPC/15, a fim de disciplinar a possibilidade de citação por meio eletrônico, isto, pelo envio ao endereço eletrônico (e-mail) cadastrado pela parte, estabeleceu um detalhado procedimento de confirmação e de validação dos atos comunicados que, para sua efetiva implementação, pressupõe, inclusive, a pré-existência de um complexo banco de dados que reunirá os endereços eletrônicos das pessoas a serem citadas, e não contempla a prática de comunicação de atos por aplicativos de mensagens, matéria que é objeto do PLS nº 1.595/2020, em regular tramitação perante o Poder Legislativo.

6 – A comunicação de atos processuais, intimações e citações, por aplicativos de mensagens, hoje, não possui nenhuma base ou autorização da legislação e não obedece às regras previstas na legislação atualmente existente para a prática dos referidos atos, de modo os atos processuais dessa forma comunicados são, em tese, nulos.

7 – A despeito da ausência de autorização legal para a comunicação de atos processuais por meio de aplicativos de mensagens, como, por exemplo, o WhatsApp, é previsto investigar se o desrespeito à forma prevista em lei sempre implica, necessariamente, em nulidade ou se, ao revés, o ato praticado sem as formalidades legais porventura atingiu o seu objetivo (dar ciência inequívoca a respeito do ato que se pretende comunicar), ainda que realizado de maneira viciada, e, assim, pode eventualmente ser convalidado.

8 – As legislações processuais modernas têm se preocupado menos com a forma do ato processual e mais com a investigação sobre ter sido atingido o objetivo pretendido pelo ato processual defeituosamente produzido, de modo que é correto afirmar que não mais vigora o princípio da tipicidade das formas, de maior rigidez, mas, sim, o princípio da liberdade das formas.

9 – Nesse contexto, é preciso compreender o sistema de nulidades a partir de novos e diferentes pressupostos, a saber: (i) a regra é a liberdade de formas; (ii) a exceção é a necessidade de uma forma prevista em lei; (iii) a inobservância de forma, ainda que grave, pode ser sempre relevada se o ato alcançar a sua finalidade.

10 – O núcleo essencial da citação é a ciência pelo destinatário acerca da existência da ação, razão pela qual é imprescindível que se certifique, em primeiro lugar, que a informação foi efetivamente entregue ao receptor e que seu conteúdo é límpido e inteligível, de modo a não suscitar dúvida sobre qual ato ou providência deverá ser adotada a partir da ciência e no prazo fixado em lei ou pelo juiz.

11 – A partir dessas premissas, se a citação for realmente eficaz e cumprir a sua finalidade, que é dar ciência inequívoca acerca da ação judicial proposta, será válida a citação efetivada por meio do aplicativo de mensagens WhatsApp, ainda que não tenha sido observada forma específica prevista em lei, pois, nessa hipótese, a forma não poderá se sobrepor à efetiva cientificação que indiscutivelmente ocorreu.

12 – Na hipótese em exame, a nulidade do ato citatório efetivado apenas pelo aplicativo de mensagens WhatsApp está evidenciada porque: (i) o contato do oficial de justiça e

o envio da mensagem contendo o mandado de citação e a contrafé se deram por meio de terceira pessoa, a filha da ré, não tendo havido a prévia certificação e identificação sobre se tratar da pessoa a ser citada; (ii) a entrega foi feita à pessoa que não sabe ler e escrever, de modo que, diante da impossibilidade de compreensão do teor do mandado e da contrafé, o citando analfabeto se equipara ao citando incapaz, aplicando-se a regra do art. 247, II, do CPC/15, que veda a citação por meio eletrônico ou por correio nessa hipótese.

13 – A não incidência da presunção de veracidade dos fatos alegados em virtude de se tratar de direito indisponível e a participação da parte em atos instrutórios não são capazes de afastar o manifesto prejuízo por ela sofrido, na medida em que o ato citatório viciado não lhe oportunizou a possibilidade de apresentar contestação e, bem assim, de desenvolver as teses que reputava adequadas.

14 – Recurso especial conhecido e provido, para decretar a nulidade do processo desde a citação da recorrente, devendo ser renovado o ato citatório por oficial de justiça e pessoalmente, prejudicado o exame das demais questões ventiladas no recurso especial. (REsp n. 2.045.633/RJ, Rel. Min. Nancy Andrighi, Terceira Turma, j. 08.08.2023, *DJe* 14.08.2023).

No âmbito do processo penal, a quinta e sexta turmas do STJ consolidaram o entendimento de que o número do telefone, a confirmação escrita e foto do citando são elementos indutivos da autenticidade do destinatário.

2.8.2.2 Citação postal

Hodiernamente, a crescente onda da desformalização dos atos processuais e a necessidade da celeridade das comunicações erigiu a citação postal como forma prioritária dentre as demais, quando não tiver sido possível a citação por meio eletrônico. Ambas as formas alcançam qualquer comarca do País, dispensando-se, portanto, a precatória (art. 247). Desta sorte, salvante esses casos especiais e excepcionais, não é lícito descumprir a dinâmica ditada pelo art. 246, sob pena de nulidade absoluta.

Destarte, em algumas causas, o legislador cerca a citação de maiores cuidados, preferindo, se possível, que se realize através de *oficial de justiça*.

Nessa linha de raciocínio, a citação postal é vetada: a) *nas ações de estado, v.g.,* ações relativas a casamento, separação judicial, divórcio, poder familiar, tutela, curatela, interdição, declaração de ausência etc.; b) *quando o citando for pessoa incapaz absoluta ou relativamente*; c) *quando o citando pessoa de direito público, como consectário* das prerrogativas *pro populo*, cabendo a citação através da procuradoria, preferencialmente por meio eletrônico (art. 242, § 3º, c/c art. 246, §§ 1º e 2º);[136] d) *quando o citando residir em*

---

[136] No ponto, registre-se o julgamento da ADI 5.492 pelo STF, oportunidade em que o Tribunal, por maioria, "julgou parcialmente procedente o pedido para: (i) declarar constitucionais a expressão "administrativos" do art. 15; a expressão "dos Estados, do Distrito Federal e dos Municípios" do art. 242, § 3º; a referência ao inc. II do art. 311 constante do art. 9º, parágrafo único, inc. II, e do art. 311, parágrafo único; o art. 985, § 2º; e o art. 1.040, inc. IV, todos da Lei nº 13.105, de 16 de março

local não atendido pela entrega domiciliar de correspondência; e) *quando o autor requerer na própria petição inicial que a citação opere-se de outra forma*, desde que haja justificativa concreta a esse respeito (art. 247 do CPC).

O procedimento de cada modalidade é diverso. Assim é que uma vez deferida a *citação pelo correio*, o escrivão ou chefe da secretaria deve remeter ao citando cópias da petição inicial e do despacho do juiz, comunicando, ainda, o prazo para a resposta, o juízo e o cartório, com o respectivo endereço. Em seguida, a carta deve ser registrada para entrega ao citando, exigindo-lhe, o carteiro, ao fazer a entrega, que assine o recibo.

Tratando-se de pessoa jurídica, será válida a entrega a pessoa com poderes de gerência geral ou de administração, bem como a funcionário responsável pelo recebimento de correspondências, positivando-se a orientação já albergada pela jurisprudência[137] (art. 248 do CPC).[138] Em se tratando de pessoa jurídica estrangeira, tem-se alargado a

---

de 2015 (Código de Processo Civil); (ii) atribuir interpretação conforme a Constituição ao art. 46, § 5º, do CPC, para restringir sua aplicação aos limites do território de cada ente subnacional ou ao local de ocorrência do fato gerador; (iii) atribuir interpretação conforme a Constituição ao art. 52, parágrafo único, do CPC, para restringir a competência do foro de domicílio do autor às comarcas inseridas nos limites territoriais do Estado-membro ou do Distrito Federal que figure como réu; (iv) declarar a inconstitucionalidade da expressão "de banco oficial", constante do art. 535, § 3º, inc. II, do CPC/2015 e conferir interpretação conforme ao dispositivo para que se entenda que a "agência" nele referida pode ser de instituição financeira pública ou privada. Para dar cumprimento ao disposto na norma, poderá a administração do tribunal contratar banco oficial ou, caso assim opte, banco privado, hipótese em que serão observadas a realidade do caso concreto, os regramentos legais e princípios constitucionais aplicáveis e as normas do procedimento licitatório, visando à escolha da proposta mais adequada para a administração de tais recursos; e (v) declarar a inconstitucionalidade da expressão "na falta desses estabelecimentos" do art. 840, inc. I, do CPC/2015 e conferir interpretação conforme ao preceito para que se entenda que poderá a administração do tribunal efetuar os depósitos judiciais (a) no Banco do Brasil, na Caixa Econômica Federal ou em banco do qual o Estado ou o Distrito Federal possua mais da metade do capital social integralizado, ou, (b) não aceitando o critério preferencial proposto pelo legislador e observada a realidade do caso concreto, os regramentos legais e os princípios constitucionais aplicáveis, realizar procedimento licitatório visando à escolha da proposta mais adequada para a administração dos recursos dos particulares." (Plenário, Sessão Virtual de 14.4.2023 a 24.4.2023).

[137] AgInt no AREsp 1357895/SP, Rel. Ministro Raul Araújo, 4ª Turma, j. 07.02.2019.

[138] "**Art. 248.** Deferida a citação pelo correio, o escrivão ou o chefe de secretaria remeterá ao citando cópias da petição inicial e do despacho do juiz e comunicará o prazo para resposta, o endereço do juízo e o respectivo cartório.

§ 1º A carta será registrada para entrega ao citando, exigindo-lhe o carteiro, ao fazer a entrega, que assine o recibo.

§ 2º Sendo o citando pessoa jurídica, será válida a entrega do mandado a pessoa com poderes de gerência geral ou de administração ou, ainda, a funcionário responsável pelo recebimento de correspondências.

§ 3º Da carta de citação no processo de conhecimento constarão os requisitos do art. 250.

§ 4º Nos condomínios edilícios ou nos loteamentos com controle de acesso, será válida a entrega do mandado a funcionário da portaria responsável pelo recebimento de correspondência, que, entretanto, poderá recusar o recebimento, se declarar, por escrito, sob as penas da lei, que o destinatário da correspondência está ausente."

interpretação dos termos, facilitando o ato citatório[139]. Inaceitável, por outro turno, que a citação de pessoa jurídica por carta com aviso de recebimento seja considerada apta se entregue a empregado, sem poderes de gerência ou administração.

Anote-se posicionamento jurisprudencial moderno que se seduz com o fato de que a carta entregue ao preposto da pessoa jurídica presume-se levada ao conhecimento de quem de direito, corrente essa que se baseia na prática judiciária trabalhista. Em consequência, reputa-se *ab initio* regular a convocação, sob essa forma, relegando ao citando a prova da nulidade do ato.

A lei, em nosso entender, não deixa margens a dúvidas; por isso, se a carta é recebida por gerente de agência, sem poderes de representação, há nulidade da citação. Aliás a necessidade do AR (aviso de recebimento), assinado por quem de direito, afasta esta exegese deploravelmente flexível em face de um ato processual de tamanha repercussão jurídico-formal.

A citação pelo correio, não obstante ágil, deve ser engendrada de forma a respeitar o grau de importância que o ato citatório encerra. Por essa razão, os requisitos legais não podem ser postergados. Assim, nesta modalidade, para a validade da citação, não basta a entrega da correspondência no endereço do citando; o carteiro deverá fazer a entrega da carta ao destinatário, colhendo a sua assinatura no recibo.

É pacífico, na doutrina e na jurisprudência, que, na citação pelo correio, com aviso de recepção, exige-se que seja a entrega feita, contrarrecibo, pessoalmente ao citando ou a quem tenha poderes para receber a citação em seu nome. Era afastada, nessa linha e sob a égide do CPC/1973, a validade da citação postal recebida pelo porteiro de prédio de apartamentos. Com o advento do Código atual, passou-se a admitir que, em condomínios edilícios e loteamentos com controle de acesso, o porteiro possa receber a citação, salvo se declarar, por escrito, que o citando está ausente (art. 248, § 4º), desde que a afirmação seja verídica.

2.8.2.3 Citação por oficial de justiça

A terceira modalidade residual é a "citação por oficial de justiça" outrora a espécie preferencial e, hoje, residual, nos casos previstos no art. 247 do CPC ou quando frustrada a citação pelo correio (art. 249 do CPC).

A referida citação é instrumentalizada em *mandado*, que o oficial de justiça deve cumprir e que *deve conter*: (I) *os nomes do autor e do réu, bem como os respectivos domicílios ou residências*; (II) *o fim da citação, com todas as especificações constantes da petição inicial*; (III) *a sanção para o descumprimento, se houver*; (IV) *o dia, hora e lugar do comparecimento, à audiência de conciliação ou de mediação, se for o caso*; (V) *a cópia do*

---

[139] "Considerando-se que a finalidade destes dispositivos legais é facilitar a citação da pessoa jurídica estrangeira no Brasil, tem-se que as expressões 'filial, agência ou sucursal' não devem ser interpretadas de forma restritiva, de modo que o fato de a pessoa jurídica estrangeira atuar no Brasil por meio de empresa que não tenha sido formalmente constituída como sua filial ou agência não impede que por meio dela seja regularmente efetuada sua citação" (HDE 410/EX, Rel. Min. Benedito Gonçalves, Corte Especial, j. 20.11.2019).

despacho, da petição inicial (salvo nas ações de família[140]) ou da decisão que deferiu tutela provisória; (VI) a assinatura do escrivão ou do chefe de secretaria e a declaração de que a subscreve por ordem do juiz.

O mandado, sob o aspecto formal, é apresentado em breve relatório, posto entregar o autor em cartório, em regra, a própria petição inicial, com tantas cópias quantos sejam os réus, as quais, conferidas com o original, fazem parte integrante daquele.

Ao conteúdo mínimo do mandado pode somar-se algum outro elemento em razão da especialidade do procedimento. Assim, nas causas de rito sumaríssimo do Juizado Especial, por exemplo, o mandado deve conter, sob pena de nulidade, o dia, a hora e o lugar da audiência. Outrossim, alguns requisitos, se faltantes, podem ser superados; enquanto outros inquinam de nulidade a citação. Assim, *v.g.*, constitui mera irregularidade a omissão da assinatura do escrivão no mandado.

Destarte, é imperiosa a consignação do prazo para a defesa bem como as advertências da revelia. Nesse particular, pode ocorrer que o prazo do mandado esteja incorreto. Nessa hipótese, a falha do mecanismo judiciário não pode prejudicar a parte, razão pela qual, se o mandado consigna prazo maior que o concedido em lei, o excesso é considerado como justa causa, relevadora da intempestividade.

O oficial de justiça, portando o mandado com os requisitos acima, deve procurar o réu e, onde o encontrar, citá-lo. Nesse mister, incumbe ao oficial de justiça ler o mandado e entregar a contrafé (uma cópia da petição inicial) ao réu, sendo certo que é nula a citação que não observa os requisitos essenciais para sua validade, sempre que houver prejuízo para as partes no processo. Ato contínuo, cumpre ao oficial portar por fé se o citando recebeu ou recusou a contrafé, obtendo a nota de ciente, ou certificando que o réu não a após no mandado.

É entendimento majoritário que, em princípio, essas solenidades não nulificam a citação salvo comprovação de prejuízo para o exercício da defesa. O oficial, na prática, ao advertir à parte a razão do ato, com a entrega *incontinenti* da contrafé, cumpre os postulados do dispositivo e decorrentes do princípio do contraditório.[141]

2.8.2.4 Citação com hora certa

A *citação por oficial de justiça apresenta uma subespécie denominada de citação com hora certa*, cujo escopo é impedir que a malícia do citando impeça o desenvolvimento

---

[140] "**Art. 695.** Recebida a petição inicial e, se for o caso, tomadas as providências referentes à tutela provisória, o juiz ordenará a citação do réu para comparecer à audiência de mediação e conciliação, observado o disposto no art. 694.

§ 1º O mandado de citação conterá apenas os dados necessários à audiência e deverá estar desacompanhado de cópia da petição inicial, assegurado ao réu o direito de examinar seu conteúdo a qualquer tempo."

[141] "**Art. 251.** Incumbe ao oficial de justiça procurar o citando e, onde o encontrar, citá-lo:

I – lendo-lhe o mandado e entregando-lhe a contrafé;

II – portando por fé se recebeu ou recusou a contrafé;

III – obtendo a nota de ciente, ou certificando que o citando não a após no mandado."

regular do processo sem a conjuração do pleno exercício do direito de defesa em conciliação com o acesso à justiça.

A necessidade de citação com hora certa surge quando, por duas vezes, o oficial de justiça procura o citando em seu domicílio, residência, ou no endereço comercial (não, porém, necessariamente no mesmo dia), sem encontrá-lo, caso em que deve, havendo suspeita de ocultação, intimar a qualquer pessoa da família, ou em sua falta, a qualquer vizinho, que, no dia útil imediato voltará, a fim de efetuar a citação, na hora que designar (art. 252 do CPC). Nos condomínios edilícios ou nos loteamentos com controle de acesso, será válida a intimação feita a funcionário da portaria responsável pelo recebimento de correspondência.

Assente é o entendimento de que é nula a citação com hora certa se não era razoável presumir ocultação, *v.g.*, quando o oficial procura o citando em casa sabendo-o estar no seu endereço comercial. É o juiz que, diante das circunstâncias mencionadas pelo oficial de justiça, decide da regularidade da hora certa realizada. Não obstante, a atuação do oficial deva ser levada a efeito de ofício, diante da suspeita de ocultação.

A imediatidade é da essência da citação com hora certa; por isso, é nula a citação se o oficial, depois de procurar o réu duas vezes em dias diferentes, não a efetuar no dia imediato à segunda vez, isto é, no primeiro dia útil imediato. É que o decurso do tempo faz desaparecer a "objetividade" da suspeita de ocultação.

O caráter excepcional dessa modalidade impõe ao oficial, diante da suspeita, designar a hora certa em que retornará para fazer a citação, sob pena de nulidade. Nesse dia e hora designados, o oficial de justiça, independentemente de novo despacho, deve comparecer ao domicílio ou residência do citando, a fim de realizar a diligência; se o citando não estiver presente, o oficial de justiça procurará informar-se das razões da ausência, dando por feita a citação, ainda que o citando se tenha ocultado em outra comarca, lavrando a ocorrência, e deixando contrafé com pessoa da família ou com qualquer vizinho, conforme o caso, declarando-lhe o nome (art. 253).[142]

Ato contínuo, efetivada a citação com hora certa, o escrivão deve enviar ao réu carta, telegrama ou correspondência eletrônica, dando-lhe de tudo ciência, sob pena de nulidade (art. 254). A despeito da obrigatoriedade da carta, o prazo para contestar só terá início a partir da juntada do mandado aos autos, nos termos do art. 231, II, do CPC.

---

[142] **"Art. 253.** No dia e hora designados, o oficial de justiça, independentemente de novo despacho, comparecerá ao domicílio ou residência do citando, a fim de realizar a diligência.

§ 1º Se o citando não estiver presente, o oficial de justiça procurará informar-se das razões da ausência, dando por feita a citação, ainda que o citando se tenha ocultado em outra comarca, seção ou subseção judiciárias.

§ 2º A citação com hora certa será efetivada mesmo que a pessoa da família ou o vizinho que houver sido intimado esteja ausente, ou se, embora presente, a pessoa da família ou o vizinho se recusar a receber o mandado.

§ 3º Da certidão da ocorrência, o oficial de justiça deixará contrafé com qualquer pessoa da família ou vizinho, conforme o caso, declarando-lhe o nome.

§ 4º O oficial de justiça fará constar do mandado a advertência de que será nomeado curador especial se houver revelia."

Cap. 7 · PROCESSO, PROCEDIMENTOS E ATOS PROCESSUAIS | 361

De resto, no mandado deve constar a alerta de que será nomeado curador especial, em caso de revelia (art. 72, II). Toda essa plêiade de formalidades é necessária e sua falta contamina o processo.

2.8.2.5 Citação por edital

A "citação por edital" considerada uma forma "ficta", completa o quadro das modalidades de convocação do "réu". Nesta espécie de citação, acredita o legislador que as providências adotadas farão com que a notícia da convocação chegue ao conhecimento do citando. Não obstante, caso o réu se torne revel, o juiz deve nomear-lhe um "curador especial", tal como ocorre com a citação com hora certa, porquanto o legislador, apesar dos cuidados formais na convocação, assiste frustrados os seus esforços na comunicação processual engendrada (art. 72, II, do CPC).

A excepcionalidade da citação editalícia apresenta uma peculiaridade sancionatória: a parte que requerer a citação por edital, alegando dolosamente seus requisitos autorizadores, incorre em multa de cinco vezes o salário mínimo vigente na sede do juízo, que reverterá em benefício do citando (art. 258 do CPC).

A citação é feita por edital quando: (I) desconhecido ou incerto o réu; (II) ignorado, incerto ou inacessível o lugar em que se encontrar e (III) nos casos expressos em lei.

Caso típico de citação por edital, quando desconhecido ou incerto o réu, é o que ocorre em ação possessória contra grande número de invasores de imóvel, quanto aos não localizados na diligência exigida pelo art. 554, § 1º[143]. Do mesmo modo, sucede na ação de usucapião (art. 259, I) e na de recuperação ou substituição de título ao portador (art. 259, II).

Inacessível, para efeito de citação por edital, é, *v.g.*, o país que recusar o cumprimento de carta rogatória, retratando hipótese de "inacessibilidade jurídica", sem prejuízo, dos casos próprios de "inacessibilidade física" do lugar em que se encontra o réu, *v.g.*, numa localidade sem qualquer comunicação, no qual, a notícia de sua citação deve ser divulgada também pelo rádio, se na comarca houver emissora de radiodifusão (art. 256 do CPC).

A citação editalícia é constante nos casos em que o réu se encontra em "local incerto e não sabido", conforme certificado pelo oficial incumbido da diligência, *v.g.*, o réu que tendo pluralidade de domicílios ou de residências, nunca é encontrado, posto em local não sabido.

A citação do réu por edital, pela excepcionalidade que encerra, deve ser antecedida de diligências localizadoras do seu paradeiro, nos cadastros de órgãos públicos ou de

---

[143] A modalidade *in foco* também é servil à convocação de litisconsortes quando multitudinário o fenômeno (litisconsórcio de multidões) em que é deveras difícil ao autor convocá-los, obstando o pleno exercício do direito de ação. O STF admitiu a citação por edital de 400 litisconsortes, a maioria de endereço ignorado e outros distribuídos por todo o país, sob fundamento de que "as normas processuais não podem ser interpretadas no sentido de impossibilitar o andamento da causa" (*RTJ*, 84/1.042).

concessionárias de serviços públicos, a exemplo da expedição de ofícios ao TRE (Tribunal Regional Eleitoral), à Secretaria da Receita Federal e a outros órgãos públicos, para que informem o endereço do citando. O auxílio das repartições nesses casos é imperioso para viabilizar o acesso à Justiça, haja vista que dificilmente a própria parte obterá os dados necessários diante do dever de sigilo daquele que tem os informes do demandado.

A validade da citação editalícia reclama, de toda sorte, o exaurimento de todos os meios de localização pessoal do réu. Assim, *v.g.*, não se pode pretender realizar validamente a citação por edital se o réu não foi procurado em todos os endereços pessoais e comerciais constantes dos autos. Contudo, uma vez esgotadas todas essas diligências e desconhecido o paradeiro do réu, a citação editalícia é válida, sendo indiferente que, posteriormente, seja descoberto o efetivo e atual endereço do demandado.

Outrossim, certo é que *é nula a citação por edital se previamente não foram esgotados todos os meios* possíveis para a localização do réu, *v.g.*, é nula a hipótese em que, embora o oficial de justiça certifique que o réu não foi encontrado no domicílio indicado na inicial, há nos autos outros endereços.

Entretanto, uma vez validamente citado o réu, editaliciamente, a sua validade persistirá, ainda que decretada a revelia e, posteriormente, venha a ser descoberto endereço atual. Significa dizer que a prova superveniente do paradeiro do demandado não tem o condão de nulificar com efeito retro-operante a marcha processual, sendo hipótese que não se confunde com a nulidade decretada posto constar dos autos o local da residência onde o réu provou estar residindo no curso do procedimento, e não foi procurado.

A legislação processual, no afã de evitar a decretação da nulidade, além das causas justificadoras da citação por edital impõe requisitos indeclináveis que devem ser vigiados pelo juiz. Assim, são *requisitos da citação por edital*: (I) a afirmação do autor ou a certidão do oficial informando a presença das circunstâncias autorizadoras; (II) a publicação do edital na rede mundial de computadores, no sítio do respectivo tribunal e na plataforma de editais do Conselho Nacional de Justiça, que deve ser certificada nos autos; (III) a determinação, pelo juiz, do prazo, que variará entre 20 (vinte) e 60 (sessenta) dias, fluindo da data da publicação única ou, havendo mais de uma, da primeira; (IV) a advertência de que será nomeado curador especial em caso de revelia.

A comprovação dos requisitos imperativos se opera pela juntada aos autos de um exemplar de cada publicação. Atualmente, a publicação se dá na internet (sítio do tribunal e plataforma do CNJ), apenas se cogitando da publicação do edital nos jornais, em atenção a peculiaridades da comarca ou seção judiciária.[144]

---

[144] "**Art. 257.** São requisitos da citação por edital:

I – a afirmação do autor ou a certidão do oficial informando a presença das circunstâncias autorizadoras;

II – a publicação do edital na rede mundial de computadores, no sítio do respectivo tribunal e na plataforma de editais do Conselho Nacional de Justiça, que deve ser certificada nos autos;

Fundamental, é a fixação do prazo para a resposta que somente começa a fluir finda a dilação assinada pelo juiz. Assim, o prazo do edital (de 20 a 60 dias) é para que, no dia útil seguinte ao seu fim, se considere realizada a citação (art. 231, IV).

O conteúdo do edital conspira em favor do respeito ao princípio da ampla defesa, sendo, em consequência, nulo o processo se o autor promoveu a citação editalícia, sabendo o endereço do réu, aferível por documentos dos próprios autos. Nesse caso, a parte prejudicada pode impugnar o cumprimento de sentença (art. 525, § 1º, I) ou promover a ação rescisória.

Os requisitos inerentes ao próprio ato citatório, a consignação do prazo para contestar, adjunta-se o dever de estar clara a finalidade para a qual está sendo o réu convocado em juízo, com referência sucinta da ação e seu pedido, de forma a dar-lhe ciência daquilo que contra ele se pede e do que deve defender-se. A exigência não impede, contudo, que o edital possa ser resumido, desde que contenha os dados essenciais.

Advirta-se, por fim, que não basta a simples afirmação do requerente de que o réu está em lugar incerto e não sabido, para que se proceda à citação editalícia, cabendo ao juiz, averiguar a afirmação do autor e se há elementos nos autos revelando situação fática contrária.

2.9 Intimações

Intimação é o ato pelo qual se dá ciência a alguém dos atos e termos do processo (art. 269), *v.g.*, o réu que é intimado a falar sobre os documentos anexados pelo autor etc.

A manifesta diversidade de fins indica, claramente, que a intimação não substitui a citação; muito embora pela sua liturgia, a realização de uma citação em vez da intimação, supre a falta desta.

A intimação, em regra, faz-se ao advogado e não à parte, salvo disposição de lei em contrário, mas é nula quando feita com inobservância das prescrições legais, assemelhando-se neste passo ao ato citatório. Resta evidente que os defeitos da intimação podem ser supridos pela realização de outra, computando-se daí os prazos decorrentes.

As intimações abrangem todos os atos do processo e efetuam-se *de ofício*, em processos pendentes, salvo disposição em contrário (art. 271 do CPC). Trata-se do sistema indireto de intimação.

O Código de 2015, porém, abriu margem para a utilização do sistema direto, de sorte que o advogado de uma das partes pode intimar o patrono da parte contrária, pelo correio, com ofício instruído com a cópia do despacho ou decisão, a ser posteriormente juntado aos autos, com aviso de recebimento. Apesar de facultativa, a prática pode ensejar maior celeridade nos atos comunicativos (art. 269, §§ 1º e 2º).

III – a determinação, pelo juiz, do prazo, que variará entre 20 (vinte) e 60 (sessenta) dias, fluindo da data da publicação única ou, havendo mais de uma, da primeira;

IV – a advertência de que será nomeado curador especial em caso de revelia.

Parágrafo único. O juiz poderá determinar que a publicação do edital seja feita também em jornal local de ampla circulação ou por outros meios, considerando as peculiaridades da comarca, da seção ou da subseção judiciárias."

É exigida obediência a determinada forma, razão pela qual, se não realizadas por meio eletrônico (art. 270), consideram-se feitas as intimações pela só publicação dos atos no órgão oficial. A publicação, sob pena de nulidade, deve conter os nomes das partes e de seus advogados, suficientes para sua identificação.[145]

Destarte, além dos advogados e das partes, em alguns feitos, intervém o Ministério Público ou a Defensoria Pública. Nessas hipóteses, a intimação desses órgãos deve ser feita

---

[145] **"Art. 272.** Quando não realizadas por meio eletrônico, consideram-se feitas as intimações pela publicação dos atos no órgão oficial.

§ 1º Os advogados poderão requerer que, na intimação a eles dirigida, figure apenas o nome da sociedade a que pertençam, desde que devidamente registrada na Ordem dos Advogados do Brasil.

§ 2º Sob pena de nulidade, é indispensável que da publicação constem os nomes das partes e de seus advogados, com o respectivo número de inscrição na Ordem dos Advogados do Brasil, ou, se assim requerido, da sociedade de advogados.

§ 3º A grafia dos nomes das partes não deve conter abreviaturas.

§ 4º A grafia dos nomes dos advogados deve corresponder ao nome completo e ser a mesma que constar da procuração ou que estiver registrada na Ordem dos Advogados do Brasil.

§ 5º Constando dos autos pedido expresso para que as comunicações dos atos processuais sejam feitas em nome dos advogados indicados, o seu desatendimento implicará nulidade.

§ 6º A retirada dos autos do cartório ou da secretaria em carga pelo advogado, por pessoa credenciada a pedido do advogado ou da sociedade de advogados, pela Advocacia Pública, pela Defensoria Pública ou pelo Ministério Público implicará intimação de qualquer decisão contida no processo retirado, ainda que pendente de publicação.

§ 7º O advogado e a sociedade de advogados deverão requerer o respectivo credenciamento para a retirada de autos por preposto.

§ 8º A parte arguirá a nulidade da intimação em capítulo preliminar do próprio ato que lhe caiba praticar, o qual será tido por tempestivo se o vício for reconhecido.

§ 9º Não sendo possível a prática imediata do ato diante da necessidade de acesso prévio aos autos, a parte limitar-se-á a arguir a nulidade da intimação, caso em que o prazo será contado da intimação da decisão que a reconheça."

"Lei nº 8.625, de 12.02.1993 (Lei Orgânica Nacional do Ministério Público):

Art. 41. Constituem prerrogativas dos membros do Ministério Público, no exercício de sua função, além de outras previstas na Lei Orgânica (...):

IV – receber intimação pessoal em qualquer processo e grau de jurisdição, através de entrega dos autos com vista."

"LC nº 73, de 10.02.1993 (Institui a Lei Orgânica da Advocacia-Geral da União e dá outras providências):

Art. 38. As intimações e notificações são feitas nas pessoas do Advogado da União ou do Procurador da Fazenda Nacional que oficie nos respectivos autos."

"Lei nº 9.028, de 12.04.1995 – Dispõe sobre o exercício das atribuições institucionais da Advocacia--Geral da União, em caráter emergencial e provisório, e dá outras providências:

Art. 6º A intimação de membro da Advocacia-Geral da União, em qualquer caso, será feita pessoalmente.

§ 1º O disposto neste artigo se aplica aos representantes judiciais da União designados na forma do art. 69 da Lei Complementar nº 73, de 1993 (*Vide* Medida Provisória nº 2.180-35, de 24.08.2001).

Cap. 7 · PROCESSO, PROCEDIMENTOS E ATOS PROCESSUAIS | **365**

pessoalmente ao agente público, a exemplo do que sucede com os advogados públicos. A intimação do Ministério Público, da Defensoria e da Advocacia Pública deve ser pessoal, isto é, há de ser feita à pessoa de seu representante, e o prazo para o respectivo recurso conta-se da data em que o feito é recebido na repartição administrativa correspondente a esses órgãos de atuação.

Ao princípio de que a publicação pela imprensa é, na impossibilidade de intimação por meio eletrônico, a forma de intimação corresponde a de que nas demais comarcas, se houver órgão de publicação dos atos oficiais, obedecer-se-á à regra geral; não o havendo, competirá ao escrivão intimar, de todos os atos do processo, os advogados das partes, pessoalmente, caso tenham domicílio na sede do juízo e por carta registrada, com aviso de recebimento, quando domiciliado fora do juízo (art. 273 do CPC).

O serviço de recortes do *Diário Oficial*, feito por empresa particular posto supletivo, não supera a publicação realizada pelo Diário Oficial, por isso não enseja justa causa, a relevar prazos, as deficiências imputadas àquele serviço. Igualmente, as informações dos terminais de computação dos tribunais não superam as intimações engendradas pelo *Diário Oficial* porquanto meros subsídios aos advogados, não superando as formas previstas na lei.

A decisão publicada em determinado dia em que o *Diário Oficial* não circulou, considera-se realizada quando disponibilizado o periódico para o público[146]. Essa publicação pela imprensa pode ser resumida bastando a menção de suas conclusões, os nomes das partes e de seus advogados, sendo que a omissão de um destes, quando a parte está representada *in solidum*, não constitui causa de nulidade.

Publicada a intimação no *Diário Oficial* em local diferente do destinado à comunicação dos atos judiciais, é de prudência, a fim de se resguardar o direito da parte vencida de recorrer, determinar-se a republicação. Por outro lado, a republicação pela imprensa, quando desnecessária, não acarreta restituição de prazo, sendo certo que, quando se

---

§ 2º As intimações a serem concretizadas fora da sede do juízo serão feitas, necessariamente, na forma prevista no art. 237, inciso II, do Código de Processo Civil" (Incluído pela Medida Provisória nº 2.180-35, de 24.08.2001).

"**LC nº 80**, de 12.01.1994 (Organiza a Defensoria Pública da União, do Distrito Federal e dos Territórios e prescreve normas gerais para sua organização nos Estados, e dá outras providências): **Art. 44.** São prerrogativas dos membros da Defensoria Pública da União (...):

I – receber, inclusive quando necessário, mediante entrega dos autos com vista, intimação pessoal em qualquer processo e grau de jurisdição ou instância administrativa, contando-se-lhes em dobro todos os prazos; (Redação dada pela Lei Complementar nº 132, de 2009)"

"**Súmula nº 117 do TFR:** A regra do art. 236, § 2º, do Código de Processo Civil, não incide quando o Procurador da República funciona como advogado da União Federal, ressalvada a disposição inscrita no art. 25 da Lei nº 6.830, de 1980."

[146] O termo inicial do prazo para a prática do ato incide no dia em que é publicada a decisão impugnada no *Diário da Justiça*, restando indiferente a data relativa à entrega em Estado diverso, do exemplar correspondente à assinatura do *Diário*. Tratando-se de decisão de Tribunal Federal sediado em outras unidades da Federação, o termo *a quo* para a prática do ato processual é o da circulação do *DJU* no Distrito Federal.

realiza por ter havido erro do nome do advogado de uma das partes, só a esta aproveita, não havendo devolução de prazo para a outra.

De todo modo, a publicação no *Diário Oficial* refere-se à intimação ao advogado, que é a regra geral e, noticiada nos autos a outorga de poderes a outro procurador, é nula a intimação realizada no advogado substituído. A nulidade por ausência de publicação do nome do advogado é decretável de ofício, não sendo coberta, portanto, pela preclusão *pro judicato*. A intimação para a prática dos atos processuais tem como destinatário o advogado e não a parte. Assim, a omissão do nome do patrono de um dos litigantes acarreta evidente prejuízo à parte, ensejando a nulidade da intimação e a devolução do prazo.

A parte, por sua vez, é intimada, na forma do art. 274 do CPC, pelo correio, salvo disposição especial, admitindo-se, excepcionalmente, a sua intimação por edital, quando não seja possível localizá-la.

Em homenagem ao princípio da cooperação, surge a regra de que a parte deve manter seu endereço atualizado, nos autos, de sorte que a intimação dirigida àquele constante é válida, mesmo que não recebida pela parte, se não houver informado a modificação temporária ou definitiva. Nesse caso, o prazo começa a fluir da juntada aos autos do comprovante de entrega da correspondência (art. 274, parágrafo único). Doutrinariamente, tem-se que também as alterações subjetivas da lide devem ser noticiadas no processo. Enquanto não denunciada nos autos a sucessão processual, é correta a publicação com o nome das partes primitivas.

A arguição de nulidade da intimação só interessa à parte prejudicada e deve ser alegada na primeira oportunidade que lhe cabe falar nos autos sob pena de preclusão. Para tanto, deve fazê-lo em tópico preliminar e, se o juiz acolhe o argumento, o ato será tido como inválido.

A falta do nome do réu na publicação feita pelo órgão oficial, ainda que constando o de seu advogado, tem-se por nula a intimação. Havendo litisconsórcio a publicação, em nome de um dos sujeitos do processo, seguida da expressão "e outros", supre eventual nulidade. Quando da publicação não figura o nome da parte, é nula a intimação quanto a ela; mas, se consta o nome da parte principal, seguido da expressão "e outros", a intimação é válida. Por outro lado, a ausência do número do processo não é suficiente para invalidar a intimação se a identificação é possível à luz do nome das partes e dos seus advogados.

Quando as partes estão representadas nos autos por diversos advogados e inexiste especificação quanto ao responsável pelas intimações, para a validade destas basta que da publicação conste o nome de qualquer deles, indistintamente. Se, dentre os vários advogados da parte, um só foi intimado pela imprensa a ele aplicam-se os motivos ensejadores da justa causa que autoriza o juiz a revelar os prazos processuais[147].

Sendo o substabelecimento feito sem reserva de poderes, é indispensável, para efeito de intimação, que da publicação conste o nome do novo advogado, substabelecido. Se o

---

[147] "**Art. 272.** Quando não realizadas por meio eletrônico, consideram-se feitas as intimações pela publicação dos atos no órgão oficial.

§ 1º Os advogados poderão requerer que, na intimação a eles dirigida, figure apenas o nome da sociedade a que pertençam, desde que devidamente registrada na Ordem dos Advogados do Brasil.

advogado, ao juntar substabelecimento, ainda que com reserva, pede que as intimações, daí por diante, sejam realizadas em seu nome, não pode valer a intimação feita ao advogado substabelecente. Em havendo advogado constituído expressamente para acompanhar o cumprimento de carta precatória, a este devem ser feitas as intimações.

Todo e qualquer impedimento ou alteração na constituição do patrocínio deve ser comunicado em juízo. Consequentemente, são válidas as intimações aos advogados substituídos ou impedidos se estes fatos não foram levados ao conhecimento do juízo. Também vale a intimação feita a advogado que substabeleceu sem reserva, se o substabelecimento deu entrada no protocolo do tribunal no mesmo dia em que foi realizada a intimação.

Quando o advogado é residente fora do juízo e é costumeiramente intimado por carta registrada com AR, impõe-se prestigiar essa modalidade visando a evitar surpresas para o intimado.

Há casos em que a lei exige a "intimação pessoal" da parte ou de seus advogados. À semelhança da modificação empreendida quanto à citação, as intimações também podem ser feitas às partes, aos seus representantes legais e aos advogados pelo correio ou, se presentes em cartório, diretamente pelo escrivão ou chefe de secretaria. A regra de forma alguma permite que se faça uma intimação pela outra, ou seja, da parte pelo seu advogado e vice e versa. Consequentemente, a designação de audiência deve ser intimada ao advogado; bem como o prazo para recorrer só flui a partir da intimação do patrono, embora a parte esteja ciente da decisão ou sentença até para cumpri-la.

A intimação realizada por carta ao advogado, considera-se efetivada na data da juntada do AR aos autos. Deveras, não há necessidade de entrega pessoal da correspondência ao advogado, senão a sua remessa para o endereço constante dos autos. Relembre-se, por opor-

---

§ 2º Sob pena de nulidade, é indispensável que da publicação constem os nomes das partes e de seus advogados, com o respectivo número de inscrição na Ordem dos Advogados do Brasil, ou, se assim requerido, da sociedade de advogados.

§ 3º A grafia dos nomes das partes não deve conter abreviaturas.

§ 4º A grafia dos nomes dos advogados deve corresponder ao nome completo e ser a mesma que constar da procuração ou que estiver registrada na Ordem dos Advogados do Brasil.

§ 5º Constando dos autos pedido expresso para que as comunicações dos atos processuais sejam feitas em nome dos advogados indicados, o seu desatendimento implicará nulidade.

§ 6º A retirada dos autos do cartório ou da secretaria em carga pelo advogado, por pessoa credenciada a pedido do advogado ou da sociedade de advogados, pela Advocacia Pública, pela Defensoria Pública ou pelo Ministério Público implicará intimação de qualquer decisão contida no processo retirado, ainda que pendente de publicação.

§ 7º O advogado e a sociedade de advogados deverão requerer o respectivo credenciamento para a retirada de autos por preposto.

§ 8º A parte arguirá a nulidade da intimação em capítulo preliminar do próprio ato que lhe caiba praticar, o qual será tido por tempestivo se o vício for reconhecido.

§ 9º Não sendo possível a prática imediata do ato diante da necessidade de acesso prévio aos autos, a parte limitar-se-á a arguir a nulidade da intimação, caso em que o prazo será contado da intimação da decisão que a reconheça."

tuno, que se o advogado muda de endereço e não comunica ao juízo, vale a intimação feita para o endereço antigo. Destarte, nada impede que o advogado seja intimado por precatória.

Todas essas conclusões jurisprudenciais reveladas pela prática judiciária, não infirmam o "princípio do prejuízo" e o da "instrumentalidade das formas", considerando-se válida a intimação que a despeito de qualquer defeito formal tenha alcançado a sua finalidade sem sacrificar os fins de justiça do processo.

Assim é que o *ciente lançado nos autos* ou no livro de carga caracterizam intimação, mas a data certificada pelo escrivão prepondera sobre todas as demais.

Nesta forma de intimação do escrivão ao advogado, deve aquele, sob pena de nulidade, colher o ciente do patrono da parte ou, no caso de recusa, certificar as razões desta. Nesse caso, prevalece a certidão do escrivão até prova em contrário.

Seguindo a mesma sistemática da citação, faz-se a intimação por meio de oficial de justiça quando frustrada a realização por meio eletrônico e pelo correio.

O oficial, procedida a intimação, deve lavrar certidão contendo: (I) a indicação do lugar e a descrição da pessoa intimada, mencionando, quando possível, o número de seu documento de identidade e o órgão que a expediu; (II) a declaração de entrega da contrafé; (III) a nota de ciente ou certidão de que o interessado não a apôs no mandado (art. 275 do CPC).

Esses requisitos formais não devem ser postergados sob pena de ser considerada *nula a intimação*, salvo a comprovação da inexistência de prejuízo.

A prática judiciária informa ser comum a *recusa* dos intimados em *apor o ciente* no mandado. O fato é de somenos importância, porquanto, tendo o oficial de justiça atestado a realização da intimação e a recalcitrância da parte intimada, vale o ato, salvo se houver dúvida fundada em prova idônea. Assim, *v.g.*, a assinatura pelo executado, do auto de penhora dos bens firma a presunção de ciência da realização desta (*utile per inutile non vitiatur*).

As *intimações e as citações*, comprometidas com a prática de atos processuais, *fixam-lhes o prazo de iniciativa* que varia conforme a modalidade do ato de comunicação (art. 231)[148].

Desta sorte, *inicia-se o prazo*: (I) quando a citação ou intimação for *pelo correio*, da data de juntada aos autos do aviso de recebimento; (II) quando a citação ou intimação for *por oficial de justiça*, da data de juntada aos autos do mandado cumprido; (III) quando houver vários réus sendo citados, da data de juntada aos autos do último aviso de recebimento ou mandado citatório cumprido; (IV) quando houver vários réus sendo intimados, da data individual de cada intimação; (V) quando a citação ou intimação for feita *diretamente pelo escrivão ou chefe de secretaria*, da data de ocorrência do ato; quando o ato se realizar em cumprimento de carta de ordem, precatória ou rogatória, da data de

---

[148] Nos juizados especiais, deve-se atentar para o Enunciado n° 13 do FONAJE: "Os prazos processuais nos Juizados Especiais Cíveis, contam-se da data da intimação ou ciência do ato respectivo, e não da juntada do comprovante da intimação, observando-se as regras de contagem do CPC ou do Código Civil, conforme o caso (nova redação – *XXI Encontro* – Vitória/ES)".

sua juntada aos autos devidamente cumprida; (VI) quando a citação for por *edital*, do dia seguinte ao fim da dilação assinada pelo juiz; (VI) quando por *meio eletrônico*, do dia útil seguinte à consulta ao teor da citação ou intimação ou ao término do prazo para a consulta; (VII) quando *por carta*, da comunicação do cumprimento (art. 232) ou, na sua falta, da juntada aos autos de origem da carta cumprida; quando pela *imprensa oficial*, da data de publicação; quando por retirada dos autos, da data da carga.

Forçoso convir, à luz do regime adotado pelo Código, que houve intenção de uniformizar a citação e a intimação quanto ao termo *a quo* dos prazos; isto é, em ambos, em princípio, o prazo inicia-se da juntada aos autos do mandado ou do aviso de recebimento.

O *litisconsórcio* implica um regime especial, por isso que, como regra, o prazo inicia--se a partir da juntada do último mandado de "citação". É que, nos casos de intimação de litisconsortes, como é possível a convocação isolada, a sistemática é diversa. Assim, na citação, o prazo para contestar ou responder começa a correr, para todos, da mesma data; não é assim na intimação, em que os inícios de prazo podem ser diferentes para cada interessado, segundo a juntada aos autos em datas diversas, dos mandados de intimação.

Destarte, na citação, somente com a juntada aos autos do último mandado devidamente cumprido é que começa a correr, para todos os réus, o prazo de apresentação da defesa. Por exemplo, no caso de desistência da ação contra réu ainda não citado (art. 335, § 2º, do CPC),[149] é necessária a intimação quanto aos demais para ter início o prazo da defesa.

A regra geral do art. 231 do CPC, não exclui, mas, ao revés, convive, com outras hipóteses especiais em que se considera efetivada a intimação. Nesse sentido, enquadra--se a teoria da "ciência inequívoca". Assim, inicia-se o prazo da ciência inequívoca que o advogado tenha do ato, decisão ou sentença, *v.g.*, *a retirada dos autos de cartório*, o pedido de restituição de prazo etc.

Por isso é que, em sendo retirados os autos do cartório, tem-se como intimado o advogado de todas as decisões e despachos pendentes (art. 272, § 6º)[150]. Em sendo os autos eletrônicos, porém, deverá ser aberta efetivamente a decisão, no entendimento da jurisprudência[151].

Hipóteses especiais podem ocorrer como a de réus citados através de modalidades diferentes, uns pessoalmente e outros por edital, casos em que o prazo para responder é comum e se inicia no momento em que se formalizar a última das citações.

---

[149] "**Art. 335, § 2º.** Quando ocorrer a hipótese do art. 334, § 4º, inciso II, havendo litisconsórcio passivo e o autor desistir da ação em relação a réu ainda não citado, o prazo para resposta correrá da data de intimação da decisão que homologar a desistência."

[150] STJ, AgRg no RESP 1.363.930-MG, 5ª Turma, Rel. Min. Marco Aurélio Bellizze, j. 17.10.2013 e STJ, AgRg no AgIn 1.281.312-DF, 5ª Turma, Rel. Min. Laurita Vaz, j. 18.05.2010.

[151] Para ter acesso ao conteúdo de decisão prolatada e não publicada nos autos eletrônicos, o advogado deverá acessar a decisão, gerando automaticamente, informação no movimento do processo acerca da leitura do conteúdo da decisão (AgInt no REsp 1592443/PR, Rel. Ministro Paulo de Tarso Sanseverino, 3ª Turma, j. 17.12.2018).

Impõe-se, por fim, distinguir entre o início do prazo e o critério de contagem; por isso, aquele somente se inicia em dia útil, excluindo-se o dia do começo e incluindo o dia final se recair em dia em que haja expediente forense; do contrário, prorroga-se o prazo para o primeiro dia útil. Assim, *v.g.*, a juntada aos autos do mandado numa sexta-feira impõe que a contagem do prazo apenas se inicie na segunda-feira, posto que, excluído o dia do início, recaia num sábado (art. 224, § 3º, do CPC).

O prazo recursal se conta da data em que os advogados são intimados da decisão, da sentença ou do acórdão. Impõe-se, neste passo, verificar se a decisão foi proferida na presença do advogado (hipótese em que se lhe tornou íntima de imediato) ou posteriormente. Em princípio, *reputam-se intimados os advogados na própria audiência, quando nesta é publicada a decisão ou a sentença.* Havendo *antecipação da audiência*, o juiz, de ofício ou a requerimento da parte, deve mandar intimar pessoalmente os advogados para ciência da nova designação, sendo nula a intimação feita por publicação pela imprensa (art. 1.003 do CPC).

3. NULIDADES

As *atividades realizadas no processo*, quer pelas partes, quer pelo órgão jurisdicional, *não são livres*. Ao revés, toda e qualquer manifestação está condicionada a requisitos de tempo, lugar e modo de exteriorização. É o que se denomina "formas processuais".

A forma torna sensível o ato, conferindo-lhe realidade no mundo exterior (*forma dat esse rei*). Um sistema processual pode optar pela preponderância da forma oral ou escrita. Nesse último caso, atende-se ao valor "segurança" em detrimento da celeridade e da informalidade. Assim, *v.g.*, a petição inicial ordinariamente é escrita e, no procedimento dos juizados especiais, pode ser oral, assim como também a defesa.

Não obstante o escopo de garantia, o excesso de formas e ritualismos postergam a prestação jurisdicional, conforme se constata hodiernamente com o elevado grau de insatisfação gerado pela demora da resposta judicial, em decorrência das solenidades da ordinariedade.

A tendência hodierna insinua-se na direção da desformalização, mercê de as formas serem necessárias, visando a evitar desordem processual e incertezas, cercando o processo dos cuidados necessários para que o resultado do mesmo não seja fruto de equívocos formais. Assim, *v.g.*, a petição deve especificar o pedido e a *causa petendi* para manter o processo sob o domínio do contraditório e adstringir a atividade do juiz; a sentença tem seus elementos formais necessários para que a parte vencida possa apontar em que capítulo o juiz incidiu no vício da injustiça ou da ilegalidade, e assim por diante.

A *fonte das formas é a lei*, cabendo ao juiz mitigar as exigências do ordenamento toda vez que, a despeito da forma, o ato processual tiver alcançado a sua finalidade (art. 277[152]). Assim, o vício de forma ao realizar-se a citação não assume relevo se o demandado

---

[152] **"Art. 277.** Quando a lei prescrever determinada forma, o juiz considerará válido o ato se, realizado de outro modo, lhe alcançar a finalidade."

comparece ao processo. O fim alcançado torna de somenos importância a postergação da forma. Isto porque, a forma, como meio ou instrumento, não deve infirmar a questão de fundo, que é a substância do ato em si. A finalidade sobrepõe-se à simples obediência das regras processuais. Essa tônica é reflexo do "princípio da instrumentalidade", no sentido de que os atos processuais serão válidos sempre que preencherem as finalidades para as quais foram idealizados.[153]

Desatendida a forma, por mais simples que seja, e não alcançado o fim proposto, impõe-se destituir o ato de qualquer eficácia que pretendia produzir. A sustação de efeitos com a desconsideração do ato é uma sanção que se denomina "nulidade", impondo que se realize novamente a atividade.

As normas que são fontes das formas e a *fortiori* das nulidades protegem no espírito e na letra dos dispositivos, ora interesse público, ora interesse privado. No primeiro caso, em razão do valor sacrificado pelo deterioramento da forma, a lei impõe a sanção máxima que é a *nulidade absoluta*, impedindo todo e qualquer efeito do ato, permitindo a incoação estatal na unificação do vício e na decretação da sanção. Diz-se, assim, que na nulidade absoluta, o juiz deve decretá-la *ex officio*. Diversamente, quando tutelado interesse particular, o juiz para declarar a invalidade do ato deve aguardar a provocação da parte. Assim, *v.g.*, a citação postal reclama aviso de recebimento "em mão própria", sendo certo que a convocação do réu cumpre preceito de ordem pública. Desta sorte, o juiz de ofício pode determinar uma nova citação se a anterior desobedecer à forma legal, independentemente de qualquer provocação da parte. Observa-se que a iniciativa oficial do juízo só pode engendrar-se se o vício decorre de preterição de forma ditada para a proteção do processo e não do interesse das partes.

Nesse sentido, não pode suscitar a nulidade a parte que deu causa ao ato porque isso equivale a locupletar-se da própria torpeza (art. 276 do CPC). Ademais, mesmo nesses casos de iniciativa privada, a parte fica sujeita à preclusão por força da necessidade de prosseguir-se na busca da *causa finalis* do processo que é a definição do litígio (art. 278, parágrafo único, do CPC). Em ambos os casos, antes de se pronunciar a respeito da eliminação do ato, o juiz deve observar que, no processo, há um conjunto ou uma cadeia de atos, de sorte que uns estão ligados aos outros pela finalidade última, que é a prestação jurisdicional. Esse elo indissociável recomenda que o juiz analise a patologia dos atos processuais com essa visão de que eles objetivam a um fim e que, se destruídos, podem jogar por terra todos os demais que foram praticados.

---

[153] A instrumentalidade das formas impede a supremacia da questão de forma sobre a questão de fundo. **Frederico Marques** cita célebre passagem de **Chiovenda** na qual afirmava o italiano que: "O ideal do nosso tempo é que nenhum processo se perca por motivo de forma" (*Instituições*, vol. II, p. 313). Em congresso mundial de Processo Civil em Portugal, a regra do art. 244 do CPC de 1973 brasileiro (atual art. 277, CPC) foi considerada a mais bela de nosso planeta, exatamente por legalizar o princípio da instrumentalidade das formas. **Liebman** afirmava que, na apreciação do ato processual, a verificação de ter o ato atingido sua finalidade deveria prevalecer sobre a simples inobservância das regras formais (*Manuale*, 1955). Essa também é a opinião de **Calmon de Passos**, a quem se tributa a expressão "comprometimento com os fins de justiça do processo", nos seus *Comentários ao CPC*.

Essa visão instrumental inspira uma série de regras *in procedendo* que o juiz deve observar antes de retirar a eficácia do ato processual praticado em detrimento do andamento do processo.

O juiz deve, em primeiro lugar, verificar se o ato, malgrado irregular, atingiu a sua finalidade.[154] Em segundo lugar, avaliar se a irregularidade causou prejuízo, isto é, prejudicou a parte, *v.g.*, a citação mesmo irritual cuja comunicação logrou chegar ao conhecimento do réu sem comprometer o "direito de defesa", ou mesmo, se puder decidir o mérito a favor da parte a quem aproveita a declaração de nulidade, conforme regra textual de aplicação do princípio do prejuízo (*pas de nullité sans grief*) – art. 282, § 1º, do CPC. Concluindo pelo atingimento da finalidade e pela ausência de prejuízo, o processo prossegue sem sancionar-se o ato com a nulidade, aproveitando-o tal como se nada de irregular tivesse acontecido.

Na "hipótese de realização com preterição" dos requisitos formais, impõe-se a "repetição". A inserção do ato processual no *conjunto* de outros, também, praticados com o escopo único da obtenção da resposta inicial, implica, por vezes, a sanção de *nulidade infligida ao ato anterior contamina o posterior*, porque, *v.g.*, se a audiência é nula, não pode subsistir a sentença que nela foi proferida; se a terceria foi negada irregularmente não podem prevalecer os atos praticados com a ausência do terceiro posteriormente admitido; se a penhora é nula, cai por terra a arrematação do bem penhorado etc. Portanto, o juiz, ao anunciar a nulidade, deve declarar os atos que são atingidos, ordenando as providências necessárias à repetição ou retificação (art. 282, *caput*, CPC), posto que, em princípio, anulado um ato, reputam-se de nenhum efeito todos os subsequentes que dele dependam.

Todavia, a nulidade de uma parte do ato não prejudica as outras, que dela sejam independentes (art. 281 do CPC). Assim, por exemplo, a omissão quanto ao julgamento da denunciação da lide implica apenas a necessidade de apreciação dessa intervenção, mantendo-se no mais o julgado, quanto à parte relativa ao pedido originário; se o processo tiver corrido sem o conhecimento do Ministério Público, o juiz deve anulá-lo apenas a partir do momento em que o órgão deveria ter atuado, mas somente após a oitiva do *Parquet*, que efetivamente analisará a existência de prejuízo (art. 279, *in fine*, do CPC). Esse princípio é decorrência de outro que recomenda que a anulação deve atingir apenas os atos que não possam ser aproveitados, que são aqueles que causam prejuízo à defesa exatamente pela irregularidade que neles se contém (art. 283 e parágrafo único).

4. NEGÓCIOS JURÍDICOS PROCESSUAIS

Importante instituto que consagrou a autonomia das partes no processo civil no atual Código é o negócio jurídico processual, conferindo flexibilização ao procedimento, na

---

[154] O IX Congresso Mundial de Direito Processual proclamou que é no Direito Processual Civil brasileiro que se encontra a mais bela regra processual do mundo, a saber, a insculpida no art. 277 do CPC, onde se proclama que "quando a lei prescrever determinada forma sem a cominação de nulidade, o juiz considerará válido o ato se, realizado de outro modo, lhe alcançar a finalidade" (STJ – *RJ*, vol. 683, p. 183).

medida em que se privilegia a discussão do direito material e maior efetividade ao caso em particular[155].

As convenções processuais não são uma invenção do vigente diploma processual. Desde a vigência do Código *Buzaid*, por exemplo, é possível a transação entre as partes para extinguir um processo, a desistência conjunta de um prazo para recorrer de determinado ato do juiz, o pacto de impenhorabilidade de certo bem. Antes e atualmente, está o Código repleto de negócios processuais típicos, ou seja, expressos especificamente em lei.

A bem da verdade, o diploma de 2015 instituiu, a título de novidade, a cláusula geral de negociabilidade, privilegiando a autonomia das partes para, em caso de ato que não importe prejuízo a terceiros, nem mesmo à ordem processual propriamente dita, convencionarem sobre elementos processuais, *v.g.* o estabelecimento de prazos diferentes, a definição prévia de que provas serão admitidas no processo, o segredo de justiça aplicável a determinado caso em que seja interessante a ambos, etc.

Nesse sentido, o instituto guarda íntima relação com o princípio da cooperação, uma vez que cabe às partes empregarem esforços conjuntamente para o alcance de uma decisão justa e eficiente, sob a ótica do interesse público[156]. Sendo assim, devem ser observados os limites estabelecidos no art. 190 do CPC[157-158], que prevê referida norma autorizativa geral.

---

[155] **Diogo Assumpção Rezende de Almeida**, *A contratualização do processo. Das convenções processuais no processo civil*, 2015, p. 128-186; **José Carlos Barbosa Moreira**, Convenção das partes sobre matéria processual. *Temas de Direito Processual*, terceira série, 1984; **José Carlos Barbosa Moreira**, O Neoprivatismo no Processo Civil. *Temas de Direito Processual*, nona série, 2007; **José Carlos Barbosa Moreira**, Os atos de disposição processual: primeiras reflexões. *Os Poderes do Juiz e o Controle das Decisões Judiciais: Estudos em homenagem à Professora Teresa Arruda Alvim Wambier,* 2008; **Antonio do Passo Cabral,** *Convenções processuais*, 2018; **Trícia Navarro Xavier Cabral**. Flexibilização Procedimental. *Revista Eletrônica de Direito Processual*, ano 4, 6° vol., jul./ dez. 2010; Fredie Didier Jr., *Ensaios sobre os negócios jurídicos processuais*, 2021; **Cândido Rangel Dinamarco**; **Gustavo Henrique Righi Ivahy Badaró**; **Bruno Vasconcelos Carrilho Lopes**, *Teoria Geral do Processo*, 2020, p. 393-425; **Leonardo Greco**. Os atos de disposição processual – primeiras reflexões. In: **José Miguel Garcia Medina** et al (coords.). *Os poderes do juiz e o controle das decisões judiciais*: estudos em homenagem à Profa. Teresa Arruda Alvim Wambier, 2008, p. 290-304; **Pedro Henrique Nogueira; Antonio do Passo Cabral** (coords.). *Grandes temas do novo CPC – Negócios processuais*. Tomo I (2019) e Tomo II (2020); **Humberto Dalla Bernardina de Pinho; José Roberto Mello Porto**. *Manual de Tutela Coletiva*, 2021, p. 425-436.

[156] **Humberto Theodoro Jr.**, *Curso de Direito Processual Civil*, v. 1, Rio de Janeiro, Forense, 2016, p. 483.

[157] "**Art. 190.** Versando o processo sobre direitos que admitam autocomposição, é lícito às partes plenamente capazes estipular mudanças no procedimento para ajustá-lo às especificidades da causa e convencionar sobre os seus ônus, poderes, faculdades e deveres processuais, antes ou durante o processo.

Parágrafo único. De ofício ou a requerimento, o juiz controlará a validade das convenções previstas neste artigo, recusando-lhes aplicação somente nos casos de nulidade ou de inserção abusiva em contrato de adesão ou em que alguma parte se encontre em manifesta situação de vulnerabilidade."

[158] "**Enunciado n° 16 da I Jornada de Direito Processual Civil do CJF**: As disposições previstas nos arts. 190 e 191 do CPC poderão aplicar-se aos procedimentos previstos nas leis que tratam dos juizados especiais, desde que não ofendam os princípios e regras previstos nas Leis n. 9.099/1995, 10.259/2001 e 12.153/2009."

Inicialmente, devem-se respeitar (I) os requisitos de validade que se exigem para o negócio jurídico em geral, tratados pelo Direito Civil, atinentes aos sujeitos, à forma e ao objeto da avença. Em acréscimo, devem as partes serem (II) capazes para celebrar a convenção processual e (III) o objeto do pleito jurisdicional ser direito que admita autocomposição.

Preenchidos os requisitos, pode-se convencionar sobre situações jurídicas de direito processual (ônus, poderes, faculdades e deveres das partes) ou alterações do procedimento. Tal leque leva à conclusão de que o campo não é irrestrito. Não se pode admitir, portanto, que as partes convencionem entre si uma nova espécie de recurso aplicável ao seu processo. Contudo, podem convencionar a não interposição de recurso de determinados atos praticados pelo juiz.

Faz-se mister salientar que o negócio jurídico processual não se subordina ao juízo de conveniência do juiz. Cabe-lhe, tão somente, o exame de legalidade e validade do acordo realizado *a posteriori*. O magistrado, nesse sentido, atua como espectador da vontade das partes – quando esta se encontra de acordo com os ditames legais – e deve cooperar de modo a solucionar o processo da forma que melhor atenda ao interesse comum das partes. Reputando-se válido o acordo, os efeitos que dele decorrerem retroagem ao momento de sua celebração[159].

A atuação do magistrado, no âmbito negocial, depende da extensão do objeto da convenção. Quando o negócio processual for bilateral, ou seja, apenas ensejar obrigações para as partes, o juiz apenas observará se é válido, assim entendido o acordo que não seja nulo, não seja inserido abusivamente em contrato de adesão e em que ambas as partes não estejam em situação de vulnerabilidade.

Por outro lado, há avenças que, por vincularem o magistrado, dependerão do assentimento do julgador, ainda que sob a forma de homologação.

"**Enunciado nº 17 da I Jornada de Direito Processual Civil do CJF:** A Fazenda Pública pode celebrar convenção processual, nos termos do art. 190 do CPC."

"**Enunciado nº 18 da I Jornada de Direito Processual Civil do CJF:** A convenção processual pode ser celebrada em pacto antenupcial ou em contrato de convivência, nos termos do art. 190 do CPC."

"**Enunciado nº 113 da II Jornada de Direito Processual Civil do CJF:** As disposições previstas nos arts. 190 e 191 do CPC poderão ser aplicadas ao procedimento de recuperação judicial."

"**Enunciado nº 114 da II Jornada de Direito Processual Civil do CJF:** Os entes despersonalizados podem celebrar negócios jurídicos processuais."

"**Enunciado nº 115 da II Jornada de Direito Processual Civil do CJF:** O negócio jurídico processual somente se submeterá à homologação quando expressamente exigido em norma jurídica, admitindo-se, em todo caso, o controle de validade da convenção."

"**Enunciado nº 152 da II Jornada de Direito Processual Civil do CJF:** O pacto de impenhorabilidade (arts. 190, 200 e 833, I) produz efeitos entre as partes, não alcançando terceiros."

"**Enunciado nº 153 da II Jornada de Direito Processual Civil do CJF:** A penhorabilidade dos bens, observados os critérios do art. 190 do CPC, pode ser objeto de convenção processual das partes."

[159] **Leonardo Greco**, *Os atos de disposição processual: primeiras reflexões*, in: Os poderes do juiz e o controle das decisões judiciais: estudos em homenagem à Professora Tereza Arruda Alvim Wambier, 2008, p. 290-291.

4.1 Calendário processual

Nessa linha, o Código afirma ainda que se pode fixar um calendário processual para a prática de seus atos (art. 191, CPC[160])[161].

Trata-se de instrumento que visa a potencializar o princípio da duração razoável do processo, em consonância com o princípio da cooperação, afigurando-se como ferramenta útil para processos que demandam perícias complexas, eventualmente em outras comarcas, e que garante um mínimo de garantia de eficiência – e, por conseguinte, maior grau de segurança jurídica – às partes. Funciona em prol da economia processual, sobretudo, por dispensar as intimações para os atos definidos no calendário (art. 191, § 2º).

Tratando-se de negócio jurídico processual plurilateral, partes e juiz, em comum acordo, devem definir as datas, para aquela demanda específica. Apenas justificada e excepcionalmente poderá o magistrado afastar o acordado no calendário processual (art. 191, § 1º)[162].

---

[160] "**Art. 191.** De comum acordo, o juiz e as partes podem fixar calendário para a prática dos atos processuais, quando for o caso.

§ 1º O calendário vincula as partes e o juiz, e os prazos nele previstos somente serão modificados em casos excepcionais, devidamente justificados.

§ 2º Dispensa-se a intimação das partes para a prática de ato processual ou a realização de audiência cujas datas tiverem sido designadas no calendário."

[161] *FPPC, Enunciado 19: (art. 190) São admissíveis os seguintes negócios processuais, dentre outros: pacto de impenhorabilidade, acordo de ampliação de prazos das partes de qualquer natureza, acordo de rateio de despesas processuais, dispensa consensual de assistente técnico, acordo para retirar o efeito suspensivo de recurso15, acordo para não promover execução provisória; pacto de mediação ou conciliação extrajudicial prévia obrigatória, inclusive com a correlata previsão de exclusão da audiência de conciliação ou de mediação prevista no art. 334; pacto de exclusão contratual da audiência de conciliação ou de mediação prevista no art. 334; pacto de disponibilização prévia de documentação (pacto de disclosure), inclusive com estipulação de sanção negocial, sem prejuízo de medidas coercitivas, mandamentais, sub-rogatórias ou indutivas; previsão de meios alternativos de comunicação das partes entre si; acordo de produção antecipada de prova; a escolha consensual de depositário-administrador no caso do art. 866; convenção que permita a presença da parte contrária no decorrer da colheita de depoimento pessoal. 16-17-18 (Grupo: Negócio Processual; redação revista no III FPPC- RIO, no V FPPC-Vitória e no VI FPPC-Curitiba)*

FPPC, Enunciado 21: São admissíveis os seguintes negócios, dentre outros: acordo para realização de sustentação oral, acordo para ampliação do tempo de sustentação oral, julgamento antecipado da lide convencional, convenção sobre prova, redução de prazos processuais.

FPPC, Enunciado 131: Aplica-se ao processo do trabalho o disposto no art. 190 no que se refere à flexibilidade do procedimento por proposta das partes, inclusive quanto aos prazos.

FPPC, Enunciado 299: O juiz pode designar audiência também (ou só) com objetivo de ajustar com as partes a fixação de calendário para fase de instrução e decisão.

[162] "O juiz deverá ter o cuidado de velar por eventual abuso dessa possibilidade de alteração, de forma que o calendário, que deveria servir como uma forma de tornar o procedimento mais lógico no tempo, não funcione como uma tentativa de procrastinação e manipulação por uma das partes" (**Nelson Nery Júnior** e **Rosa Maria Andrade Nery**. *Código de Processo Civil comentado*, 2020).

Capítulo 8
SUJEITOS DO PROCESSO E FUNÇÕES ESSENCIAIS À JUSTIÇA

1. SUJEITOS DO PROCESSO

1.1 Partes

O processo, como instrumento através do qual o Estado presta a justiça e o particular pede justiça, é uma relação jurídica que pressupõe *sujeitos*, daí ter-se afirmado que *Judicium est actus ad minus trium personarum.*[1]

Sob o ângulo da identificação das ações, no seu escopo maior de impedir a afronta à coisa julgada, consideram-se sujeitos da ação, em primeiro lugar "os *sujeitos da lide*". Isso porque, se efetivamente a finalidade da decomposição das ações é evitar a reproposição, deve-se levar em conta o que dispõe a primeira parte do art. 505 do CPC, segundo a qual: "nenhum juiz decidirá novamente as questões já decididas, relativas à mesma lide [...]". Ora, se assim o é, importa, em primeiro plano, identificar os *sujeitos* da relação litigiosa, que não podem retornar a juízo, repetindo pedido anteriormente julgado.

O processo, por sua vez, comporta casos em que figuram pessoas que não são os sujeitos da lide, mas que a lei admite figurem na relação processual *em nome próprio*, muito embora postulem direito alheio. É que nem sempre há uma coincidência entre os *sujeitos da lide* e os *sujeitos do processo*, fenômeno extraordinário, uma vez que o usual é que haja essa correspondência.

O sujeito que figura na relação processual, e dela *participa*, denomina-se *parte*, quer pela atuação, quer pelo aspecto do todo ser uma *parte*, qual a situação litigiosa.

Na relação litigiosa, a *parte* autora pede a atuação da jurisdição diante de alguém, dirigindo-se primariamente ao Estado, mas o que pretende é produzir uma consequência jurídica na esfera de outrem, considerado *parte passiva.*[2]

---

[1]   Tal definição é tributada ao jurista medieval Búlgaro, **Frederico Marques**, *Instituições*, p. 34. Acerca do tema, **Celso Agrícola Barbi**, *Comentários*, 1981.

[2]   "Partes no processo civil são aquelas pessoas que solicitam e contra as quais se solicita, em nome próprio, a tutela estatal, em particular a sentença e a execução forçada." No sentido do texto, **Rosenberg**, *Tratado*, 5ª ed., vol. I, § 39, I, 1.

Essa constatação enseja o conceito de *parte*, devendo considerar-se não só a pretensão de direito material, mas também a ação de direito processual.[3] Consequentemente,
*parte é aquele que pede em juízo em nome próprio e aquele diante de quem se pede sejam
produzidas as consequências jurídicas da demanda.* Deveras, *também, consideram-se
parte os sujeitos da lide*, porque ambos submetem-se à coisa julgada. Os primeiros, pela
participação mesmo no processo, são alcançados pela *res judicata*, tanto mais que é textual o preceito de que a "coisa julgada atinge as partes do processo". Os sujeitos da lide,
porque "o juiz não pode voltar a julgar de novo a mesma lide" e esta, como fenômeno
extrajudicial, tem também seus protagonistas O importante, diga-se de passagem, para a
identificação das ações é a qualidade de *parte* com a qual o *sujeito* atua em determinada
ação, e não sua "identidade física". É que a pessoa pode estar em dado processo como
parte e, em outro, como representante da *parte*.[4] Consectário lógico é que pode haver
identidade física do sujeito e "diversidade jurídica" quanto à qualidade com que alguém
age nos processos mencionados.

Destarte, pode haver identidade de *parte* mercê da diversidade física; isto é, apesar
de pessoas diferentes, pode-se entrever identidade em duas demandas, acaso propostas
por elas a "mesma ação". É o que ocorre com os *sucessores universais ou singulares* (arts.
109 e 110 do CPC).[5] Os sucessores da parte falecida sucedem-na, também, na coisa
julgada, aplicando-se idêntico raciocínio quanto ao *sucessor particular*, quer intervenha
ou não na causa em que está em jogo o objeto litigioso que lhe foi cedido (§ 3º do art.
109 do CPC).

Esse fenômeno da *"sucessão processual"* é completamente distinto da *"substituição
processual"* ou *"legitimação extraordinária"*, segundo a qual alguém pode postular "em

---

[3] É de sabença que esses conceitos formais e materiais sempre conviveram. Assim é que Chiovenda
optava pela conceituação meramente formal, admitindo a outra, ao passo que Carnelutti, a partir
de sua ideia central do processo em torno da lide, considerava sujeitos da ação os sujeitos da lide,
numa adoção estrita do conceito material (**Carnelutti**, *Sistema di Diritto processuale civile*, 1936,
vol. I, p. 343; **Chiovenda**, *Instituições*, vol. I, p. 234).

[4] Consoante antiquíssima lição de **Chiovenda**, "Entende-se que a identidade da pessoa *física* nem
sempre produz identidade subjetiva de ações: a mesma pessoa pode ter diversas *qualidades*, e
duas ações só são subjetivamente idênticas quando as partes se apresentam na mesma qualidade.
Vice- versa, a mudança da pessoa física como sujeito de uma ação não tem como consequência que
o Direito trate a ação como diversa: pode haver sucessão na ação, assim a título universal como
particular", *Instituições*, 1942, vol. I, p. 492.

[5] "**Art. 109.** A alienação da coisa ou do direito litigioso por ato entre vivos, a título particular, não
altera a legitimidade das partes.

§ 1º O adquirente ou cessionário não poderá ingressar em juízo, sucedendo o alienante ou cedente,
sem que o consinta a parte contrária.

§ 2º O adquirente ou cessionário poderá intervir no processo como assistente litisconsorcial do
alienante ou cedente.

§ 3º Estendem-se os efeitos da sentença proferida entre as partes originárias ao adquirente ou
cessionário.

Art. 110. Ocorrendo a morte de qualquer das partes, dar-se-á a sucessão pelo seu espólio ou pelos
seus sucessores, observado o disposto no art. 313, §§ 1º e 2º."

nome próprio por um direito alheio" (art. 18 do CPC).[6] Na sucessão processual há um fenômeno dinâmico de troca das partes, de extromissão, saindo o sucedido e ingressando o sucessor. Na sucessão processual o fenômeno é substancial.

Deveras importante, por seu turno, é a gradação da qualidade de *parte* que a lei empresta aos sujeitos intervenientes na relação processual.

Em princípio, aquele que pede em nome próprio direito próprio é *parte principal*, em contraposição à *parte acessória*, categoria a que pertencem os sujeitos que intervêm no processo para discutir direito alheio. Assim, por exemplo, o sublocatário quando ingressa na ação de despejo movida contra seu sublocador, que é inquilino originário do contrato, fá-lo para lutar pela vitória do locatário porque sabe que, extinta a locação para ele, automaticamente estará rescindida também a sublocação. Entretanto, esse seu ingresso dá-se para discutir direito alheio, de que o seu é apenas dependente e não compõe a *res in judiciam deducta*. Entretanto, a lei admite sua intervenção por força de seu direito dependente daquele que está sendo discutido, e submete-lhe a um regime de subsidiariedade e acessoriedade, decorrente do fato de não discutir direito próprio, fazendo cessar sua atuação, se assim o desejar a *parte principal*. Sua condição jurídica, assim, é de *parte acessória*, porque sua *legitimação não é para agir, mas somente para intervir*. Essa *parte acessória*, para alguns, é apenas considerada "terceiro", olvidando-se que um dos efeitos da intervenção do terceiro no processo é exatamente adquirir a qualidade jurídica de *parte*, *principal* ou *acessória*.[7]

Analiticamente, *parte* é aquele que postula em nome próprio, excluindo-se desse conceito o "representante" de quem pede, como, *v. g.*, o representante legal da pessoa jurídica ou da pessoa física, o tutor, o curador, etc. Essas pessoas *não são partes,* mas *representantes da parte*, por isso o sujeito aqui é o "representado", que pede, em nome próprio, por meio da integração de sua capacidade pelo representante. Em suma, poder--se-ia sintetizar assentando-se que, na representação, qualquer que seja o seu motivo, imaturidade ou doença, *a parte é o representado e não o representante*.

Aquele que postula em nome próprio em juízo o faz por "direito próprio", até porque é incomum que alguém compareça no processo para pleitear direito alheio. Há, entretanto, casos em que a lei admite ao sujeito pleitear *em nome próprio um direito alheio*. Esse fenômeno excepcional denomina-se *substituição processual* (art. 18 do CPC), em cuja dinâmica exsurge como *parte* o "substituto", e o sujeito da lide é o "substituído", sujeitando-se ambos à coisa julgada, como vimos alhures.

A autorização legal para que alguém postule em juízo, em nome próprio, por direito alheio prende-se primacialmente ao fato de que, no plano do direito material, substituto e substituído encontram-se vinculados a uma relação jurídica. Assim, *v. g.*, a lei do condomínio em edifício de apartamentos permite que qualquer condômino, diante da inércia do síndico, pleiteie em juízo a cobrança de cotas devidas pelo condômino faltoso, porque do contrário as demais unidades, inclusive a do demandante, poderão ser oneradas pelo

---

[6] "**Art. 18.** Ninguém poderá pleitear, direito alheio, em nome próprio, salvo quando autorizado pelo ordenamento jurídico."

[7] A esse respeito consulte-se o nosso *Intervenção de terceiros*, São Paulo, Saraiva, 1992.

déficit causado pelo inadimplente. O condômino atuante, *in casu*, age em prol do condomínio, e não em benefício exclusivamente próprio.

Modernamente, com a consagração legal da "tutela dos *interesses difusos, coletivos e individuais homogêneos*", várias ações contemplam essa figura da "substituição processual", atribuindo legitimação excepcional para agir a órgãos intermediários entre os jurisdicionados cotitulares desses interesses e o Estado, como, *v. g.*, as associações de classe, os partidos políticos e o Ministério Público, como sói ocorrer na ação civil pública, na ação popular e no mandado de segurança coletivo.

Autor é a *parte* que pede originariamente a tutela jurisdicional, e *réu* aquele perante o qual se pede a providência judicial. O demandado, implicitamente na sua defesa, postula a rejeição da demanda, permitindo-lhe a lei, em algumas hipóteses, que formule pedido próprio assim como o demandante, ora no próprio bojo da contestação, como ocorre nas ações dúplices, ora por reconvenção.

Destarte, a *parte* pode ser uma *única pessoa* ou uma *pluralidade delas*. Nesse último caso, há uma *pluralidade de partes*, ensejando o fenômeno do *litisconsórcio*. Essa pluralidade, por seu turno, pode verificar-se no polo ativo, caracterizando o *litisconsórcio ativo*, no polo passivo da relação processual, gerando o *litisconsórcio passivo*, ou ainda em ambos os polos do processo, fazendo exsurgir o *litisconsórcio misto* ou *recíproco*.

Deveras, o fato da iniciativa da ação não significa a procedência do pedido, conforme vimos sob o enfoque da natureza abstrata do direito de agir. O processo reclama uma investigação para se saber, efetivamente, quem tem razão, e por isso, enquanto pende o estado de incerteza, ambas as partes devem ser tratadas igualmente sob os mais variados ângulos da *isonomia processual*. O juiz tem, entre os seus deveres, o de velar por essa igualdade (art. 139, inciso I, do CPC).[8]

O tema *"partes"* suscita a questão moderna do *"equilíbrio entre os litigantes"*, que vem mantendo os doutrinadores debruçados na problemática relativa ao efetivo *acesso à justiça*. Não se pode enfrentar a questão maior sem a visão realista de que tem sido difícil aos juízes velar por essa igualdade sem que se autorize um ativismo judicial mais expressivo que o permitido pelo vetusto princípio dispositivo.

Como já dito, a desigualdade entre os litigantes não é somente financeira, porquanto esta é superada com a concessão da *gratuidade de justiça*. A maior afronta à isonomia situa-se no terreno técnico-jurídico, onde os litigantes destacam-se pela sua própria capacidade de entendimento do fenômeno judicial e pela habilidade técnica dos profissionais que contratam. É chegada a hora de entrevermos instrumentos capazes de minimizar essa diferença sociocultural, a fim de que o processo não represente como resultado o fruto dessa desigualdade máxima, uma vez que o escopo da jurisdição é o de pacificar, através de uma solução que se situe acima da legalidade e no ambicionado patamar da justiça.[9]

---

[8] "**Art. 139.** O juiz dirigirá o processo conforme as disposições deste Código, incumbindo-lhe: I – assegurar às partes igualdade de tratamento; [...]."

[9] A esse respeito consulte-se **Mauro Cappelletti** e **Bryant Garth**, *in Acesso à Justiça*, 1988 e as digressões que lançamos *in Juizados Especiais*, 1996.

Por fim, acrescenta-se que, no processo, as partes devem ser *legítimas*[10] e *capazes*, devendo agir sempre *eticamente*[11], ostentando direitos e deveres próprios do ambiente *cooperativo*[12] esperado pelo legislador. Especificamente quanto à capacidade, descrita acima, deve-se atentar para a sua tríplice constituição: a capacidade de ser parte, porque possui personalidade jurídica (à exceção da chamada capacidade judiciária excepcionalmente admitida pela jurisprudência para que sujeitos despersonalizados estejam, como partes, na relação processual, caso dos condomínios); a capacidade de estar em juízo, isoladamente, caso ostente plena capacidade civil, ou representada ou assistida, se incapaz; e a capacidade postulatória, exigida do seu procurador.

1.2 Litisconsórcio[13]

Litisconsórcio é o fenômeno jurídico consistente na pluralidade de partes na relação processual. Em consequência, o litisconsórcio admite a classificação de *ativo* quando há vários autores; *passivo* quando há vários réus; e *misto* quando a pluralidade verifica-se em ambos os polos da relação processual.[14] Os protagonistas do fenômeno denominam-se *litisconsortes*. O litisconsórcio é informado, primeiramente, pelo princípio da economia processual, que visa a conferir às partes do processo um máximo de resultado com um mínimo de esforço. Por isso que, enfeixando várias relações no seu bojo, a sentença proferida num processo em que há a formação de litisconsórcio dispõe em *unum et idem judex* acerca de várias pretensões.[15] Outrossim, o fenômeno encerra, também, uma cumulação de ações pela só variação do elemento subjetivo. O cúmulo subjetivo engendrado pelo litisconsórcio pode gerar outro; o cúmulo objetivo ocorre no litisconsórcio por *afinidade de questões*, hipótese em que cada um dos litisconsortes deduz sua própria pretensão.

O instituto tem a justificá-lo a necessidade de *harmonia dos julgados*, razão pela qual se podem litisconsorciar as partes que exercem em juízo ações *conexas* pela identidade de pedido ou da causa de pedir, como ocorre, *v. g.*, quando vários condôminos, em juízos diversos, pleiteiam a anulação da mesma assembleia condominial. É que nesse caso, se essas ações tramitassem separadamente, poderiam resultar em decisões diferentes e antagônicas, acarretando uma crise de credibilidade em relação ao Poder Judiciário. Por

---

[10] Acerca da legitimidade, veja-se o estudo das condições da ação, no Capítulo II da Parte II deste *Curso*.

[11] Acerca dos aspectos éticos do processo, vejam-se as lições do Capítulo IV da Parte I deste *Curso*, onde se realiza o estudo dos deveres das partes e dos procuradores e das consequências da desobediência (danos processuais e litigância de má-fé).

[12] Acerca do princípio da cooperação, veja-se tópico próprio, no Capítulo III da Parte I deste *Curso*.

[13] Acerca do tema, consultem-se *Litisconsórcio unitário*, **Barbosa Moreira**, e *Litisconsórcio*, **Cândido Dinamarco**.

[14] Nesse sentido, **James Goldschmidt**, *Derecho procesal civil*, p. 437.

[15] **Carnelutti** afirmava, com sua precisão costumeira, que: "O processo com litisconsórcio é, portanto, não só um processo com pluralidade de lides, como ainda processo com pluralidade de partes" (*Istituzioni del nuovo processo civile italiano*, 1951, vol. I, p. 257).

essa razão, o *litisconsórcio decorrente da conexão de causas e ainda que superveniente não se pode desmembrar.*

Destarte, o litisconsórcio rompe o esquema tradicional do processo como *actus trium personarum*; por isso, sua formação decorre estritamente da *lei*. Somente no sentido de que a norma pode autorizar a formação do litisconsórcio diante da alteração procedimental que acarreta, por vezes tão enérgica, é que se admite possa o juiz separar as ações cumuladas (art. 113, §§ 1º e 2º, do CPC).[16] Ademais, a tendência moderna é substituir o fenômeno do litisconsórcio, quando se trata de interesses pertencentes a uma multiplicidade de pessoas, pela legitimação de órgãos formais que cumprem finalidades institucionais em prol dessa coletividade de sujeitos de direito. É por essa *ratio* que hodiernamente legitima-se a Ordem dos Advogados do Brasil para pleitear em juízo acerca dos interesses da *classe* dos advogados, a *Curadoria de Defesa do Consumidor* em prol de determinado segmento de consumidores ou "ainda e sempre" o Ministério Público, todos considerados órgãos intermediários entre o Estado e o cidadão, experiência haurida no sistema anglo-americano das *class actions*.

O princípio básico informativo do litisconsórcio é o da *facultatividade*; vale dizer: o litisconsórcio forma-se segundo a vontade dos litisconsortes, obedecidas as hipóteses legais. Essa facultatividade implica que o juízo seja competente para as causas de todos os litisconsortes, porquanto, nos demais casos do art. 113 do CPC, o que prorroga a competência do juízo é a conexão[17] entre as causas.

A facultatividade sofre exceção nos casos em que se impõe a *indispensabilidade do litisconsórcio*. Nessas hipóteses "somente uma pluralidade de pessoas é legitimada a agir em juízo", fenômeno que se apresenta como excepcional e assim deve ser interpretado. Essa modalidade de *litisconsórcio* denomina-se *compulsório, obrigatório* ou *necessário*, razão pela qual *não pode ser desmembrado*. A sentença no litisconsórcio necessário deve ser formalmente uma e materialmente dúplice, dispondo o juiz, em *simultaneus processus*, sobre a situação jurídica de todas as partes litisconsorciadas.[18]

---

[16] **"Art. 113.** Duas ou mais pessoas podem litigar, no mesmo processo, em conjunto, ativa ou passivamente, quando:

I – entre elas houver comunhão de direitos ou de obrigações relativamente à lide;

II – entre as causas houver conexão pelo pedido ou pela causa de pedir;

III – ocorrer afinidade de questões por ponto comum de fato ou de direito.

§ 1º O juiz poderá limitar o litisconsórcio facultativo quanto ao número de litigantes na fase de conhecimento, na liquidação de sentença ou na execução, quando este comprometer a rápida solução do litígio ou dificultar a defesa ou o cumprimento da sentença.

§ 2º O requerimento de limitação interrompe o prazo para manifestação ou resposta, que recomeçará da intimação da decisão que o solucionar."

[17] A doutrina do tema sugere que a conexão que autoriza o litisconsórcio é diferente daquela definida no art. 113 do CPC. Assim, **Barbosa Moreira**, in "Da conexão como pressuposto da reconvenção", tese de concurso para professor titular da Uerj.

[18] Acaso seja necessário o litisconsórcio ativo, se o colegitimado, citado para a ação, se recusa a ingressar no feito, o processo não se extingue, por impossibilidade jurídica de um pronunciamento sem que estejam presentes na ação todos os interessados. A citação supre a ausência.

Assim, *v.g.*, na ação de anulação de ato jurídico todos os partícipes devem figurar como litisconsortes no processo, sob pena de tornar-se ineficaz a sentença (art. 114, do CPC).[19] A repercussão da decisão na esfera dos litisconsortes, e o dever de o juiz velar pela regularidade do processo, é a causa legal de o magistrado poder convocar as partes faltantes quer sejam autores[20] ou réus. É que o litisconsórcio necessário repercute na "eficácia da sentença" que não pode ser proferida senão na presença processual de todos os interessados. Pela mesma razão, tratando-se de litisconsórcio necessário, ainda que o litisconsorte pleiteie a sua exclusão do feito, o juiz poderá denegar o pedido posto influir na eficácia da própria relação processual, cuja natureza de direito público a torna *indisponível* pelas partes.

A formação do litisconsórcio no processo não retira a individualidade de cada uma das ações relativas aos litisconsortes. Assim, se Caio e Tício litisconsorciam-se para litigar em juízo acerca de um prejuízo que lhes foi causado por Sérvio, esse consórcio no processo, em princípio, não implica que um só promova o andamento do feito e produza provas "comuns". Ao revés, cada um tem o dever de atuar em seu próprio benefício porquanto considerados, diante do réu, "litigantes distintos" (art. 118 do CPC).[21]

Deveras, há situações de direito material que implicam a "indivisibilidade do objeto litigioso", de tal sorte que o juiz, ao decidir a causa, deve dar o mesmo destino a todos os litisconsortes. A decisão, sob o prisma lógico-jurídico, não pode ser cindida; por isso, a procedência ou improcedência do pedido deve atingir a todos os litisconsortes. Assim, *v. g.*, no exemplo anterior, não poderia o juiz anular o ato jurídico para um autor e não o fazer para o outro; a decisão deve ser necessariamente, materialmente, igual para ambos, implicando a *homogeneidade da decisão* que caracteriza o denominado *litisconsórcio unitário*.

Mercê da autorização legal, é mister que os litisconsortes sejam *legitimados* ativa e passivamente para a causa, sendo certo que a *ilegitimatio ad causam* de qualquer dos litisconsortes não acarreta a extinção de todo o processo, senão a exclusão do sujeito não habilitado para aquela causa *in concreto*.

O litisconsórcio, por seu turno, forma-se no início do processo e excepcionalmente, supervenientemente, em razão do princípio da estabilização dos elementos da demanda.[22]

---

[19] "**Art. 114.** O litisconsórcio será necessário por disposição de lei ou quando, pela natureza da relação jurídica controvertida, a eficácia da sentença depender da citação de todos que devam ser litisconsortes."

[20] **Frederico Marques** afirmava: "Se o caso for de litisconsórcio ativo necessário, cabível é também a medida ou providência inquisitiva" (*in Instituições*, 1971, vol. II, p. 185).

[21] "**Art. 118.** Cada litisconsorte tem o direito de promover o andamento do processo, e todos devem ser intimados dos respectivos atos."

[22] "**Art. 329.** O autor poderá:

I – até a citação, aditar ou alterar o pedido ou a causa de pedir, independentemente de consentimento do réu;

II – até o saneamento do processo, aditar ou alterar o pedido e a causa de pedir, com consentimento do réu, assegurado o contraditório mediante a possibilidade de manifestação deste no prazo mínimo de 15 (quinze) dias, facultado o requerimento de prova suplementar."

Assim, *v. g.*, a intervenção dos herdeiros da parte falecida ou o ingresso de terceiro interveniente exemplificam hipóteses de litisconsórcio ulterior autorizado por lei.

O *litisconsórcio facultativo* é admitido toda vez que, entre as causas, há um grau de aproximação previsto na própria lei, o qual, numa ordem decrescente, de inter-relação, transita da conexão à mera afinidade de causas. Forçoso concluir que, inexistindo esse grau de aproximação entre os litisconsortes, impõe-se ao juízo, em nome da economia processual, indagar qual deles vai prosseguir no processo, evitando extingui-lo integralmente. É o que ocorre, *v. g.*, inadequadamente quando se forma o litisconsórcio passivo entre vários condôminos devedores de suas próprias cotas no rateio condominial, na ação movida pelo condomínio, como também a pretensão do locador de despejar vários inquilinos no mesmo processo.

Destarte, duas pessoas podem litigar no mesmo processo, em conjunto, ativa e passivamente, quando: I – *entre elas houver comunhão de direitos ou de obrigações relativamente à mesma lide*, como, *v. g.*, nas hipóteses de solidariedade passiva ou ativa ou na cotitularidade de relações jurídicas em geral, como a composse ou a copropriedade; II – *os direitos ou as obrigações derivarem do mesmo fundamento de fato ou de direito*, como, *v. g.*, quando o mesmo contrato ou a mesma lei confere aos vários litisconsortes direitos ou deveres persequíveis em juízo, ou quando vários acionistas pretendem anular a mesma assembleia da sociedade da qual são acionistas; III – *entre as causas houver conexão pelo pedido ou pela causa de pedir*, como, *v. g.*, quando vários candidatos pleiteiam a anulação de concurso público, cada um sustentando um vício do evento, como a falta de divulgação do edital ou a violação do sigilo da prova; IV – *entre as causas houver afinidade de questões por ponto comum de fato ou de direito*, revelando-se, nessa hipótese, um laço mais tênue do que a conexão consistente na mera aproximação entre as causas, que pode ser probatória ou legal. Assim, *v. g.*, quando vários acidentados num mesmo acidente promovem suas indenizações narrando os próprios direitos decorrentes de fatos personalíssimos, porém ocorrentes na mesma oportunidade, ou ainda na demanda de vários consumidores atingidos pelo defeito semelhante do mesmo produto.[23]

A possibilidade de decisões contraditórias nas causas dos vários litisconsortes torna-o *irrecusável*. Diversamente, se as decisões em relação aos diversos litisconsortes não se tornam passíveis de contradição pode haver o *desmembramento* (art.113, §§ 1º e 2º, do CPC) por ato do juízo ou por provocação da defesa, sob a invocação de prejuízo.

Outrossim, nas mesmas hipóteses autorizadas em lei, se a *eficácia da sentença* depender da presença de todos os litisconsortes no processo, ela será compulsória, para que a decisão judicial não seja proferida sem que se alcancem seus limites subjetivos. Isso porque a decisão judicial proferida sem a presença de todos os interessados considera-se *inutiliter data*.[24] À luz da relação de direito material e da imperatividade da lei é que se

---

[23]   A expressão é de **Machado Guimarães**, "As três figuras do litisconsórcio", *Estudos*, Rio de Janeiro, Forense.

[24]   Não é uníssona essa posição quanto à ineficácia absoluta da sentença preconizada por **Chiovenda**, *Saggi*, "Sul litisconsórcio necesario". **Redenti** defendia a manutenção do julgado até que "rescindível pelos litisconsortes não convocados para a demanda com a utilização da *oposizione di terzo*

afere a indispensabilidade do litisconsórcio e, nesses casos, restringe-se o poder de desmembramento. É o que ocorre, *v. g.*, na ação de usucapião; nas ações constitutivas quando a pretensão pertença a vários sujeitos ou a vários se refira, como na ação de nulidade de casamento proposta pelo Ministério Público contra ambos os cônjuges; na ação pauliana contra comprador e vendedor fraudadores; na ação de divisão; na dissolução de sociedade entre vários sócios; nas ações de seguro em que o Instituto de Resseguros do Brasil (IRB), por ter responsabilidade quanto ao pedido indenizatório, é litisconsorte necessário; na ação de exoneração da fiança em que o garante deve convocar o afiançado e o credor; nas ações em que se disputam posse e propriedade com base em títulos diversos, hipótese em que os detentores delas são litisconsortes necessários, etc.

Nesses casos, diversamente do que ocorre com o litisconsórcio facultativo, em que o juiz tem o poder de "desmembramento", revela-se justamente o contrário. O juiz detém o poder de integração para determinar a presença de litisconsortes ativos faltantes ou a convocação de litisconsortes passivos, sob pena de extinção do processo sem análise do mérito[25] (arts. 114, 115 e parágrafo único). Deveras, não se tratando de hipótese de litisconsórcio, impõe-se o desmembramento das lides, devendo o autor indicar qual dos sujeitos deverá permanecer no processo distribuído àquele juízo. Reversamente, tratando-se de litisconsórcio necessário, a integração do litisconsorte é imperiosa, e pode engendrar-se até o momento da prolação da sentença, por ordem do juiz ou por comparecimento espontâneo.

A ausência da formação do litisconsórcio necessário pode gerar a anulação do processo a qualquer tempo e em qualquer grau de jurisdição, em ação autônoma ou em impugnação ao cumprimento da sentença, com efeito rescindente sob a invocação do 525, § 1 º, I, do CPC.

Esmiuçando esse quadro, o CPC esclarece as consequências da decisão transitada em julgado sem a formação do litisconsórcio necessário. Se a decisão devesse ser uma (litisconsórcio necessário e unitário), a sanção é de nulidade; senão, o vício será de ineficácia, não gerando efeitos em relação aos sujeitos que não integraram, embora devessem, a relação processual (art. 115).

A unidade de processo, conforme assentamos alhures, não retira a individualidade de cada uma das causas; por isso, a lei considera os litisconsortes diante do adversário como litigantes distintos. Assim, *v. g.*, a nulidade da citação em relação a um dos litisconsortes facultativos não se estende aos demais, e a citação válida efetivada quanto a um dos réus produz todos os efeitos do arts. 59 e 240 do CPC, muito embora tais efeitos não se produzam quanto ao litisconsorte invalidamente citado. Há casos em que a *res in iudicium deducta* é indivisível, de forma que a decisão deve ser homogênea para todas as partes litisconsorciadas.

---

ordinaria" (*Il giudizio civile con pluralità di parte*, p. 267). Recentemente revivam-se essas posições antagônicas, como se observa in **Proto Pisani**, *Opposizione ordinária de terzo*, Nápoles, 1965, §§ 28-30.

[25] Essa característica de o juiz poder convocar autores faltantes levou **Frederico Marques** a afirmar que, nesse particular, o "princípio dispositivo" sofre a sua mais acentuada derrogação, in *Instituições*, 1971, vol. II, p. 182.

A *homogeneidade da decisão* implica a classificação do litisconsórcio em *unitário*, cujo regime jurídico apresenta algumas nuanças, exatamente por força dessa necessidade de decisão uniforme para os litisconsortes (art. 114, *caput*, do CPC).

O litisconsórcio diz-se "simples" nas hipóteses em que a decisão pode ser diferente para os litisconsortes. Ao revés, no *litisconsórcio unitário*, os litisconsortes não são considerados partes distintas diante do *adversus* porque há necessidade de decisão igual. Consequentemente estendem-se a todos os atos benéficos praticados por um dos litisconsortes, e se tornam inaplicáveis os atos de disponibilidade processual, bem como os atos que acarretam prejuízo à comunhão. Assim, a revelia de um dos litisconsortes na modalidade "unitário" não implica a incidência da presunção de veracidade para os demais, se impugnado o pedido por um dos litisconsortes. Outrossim, o recurso interposto por um dos litisconsortes a todos aproveita (arts. 345, I, e 1.005, do CPC).[26-27]

Esse regime de extensão dos atos benéficos no litisconsórcio unitário recebe a denominação de *interdependência entre os litisconsortes*, em confronto com o regime da *autonomia pura* previsto na dicção do art. 118 do Código de Processo Civil, aplicável ao litisconsórcio "simples" ou "não unitário".

Consoante se pode concluir, o litisconsórcio necessário deriva de fator diverso do litisconsórcio unitário, muito embora a prática judiciária indique um expressivo número de hipóteses em que a necessariedade arrasta a unitariedade. Entretanto, não se podem vincular indefectivelmente esses aspectos do fenômeno litisconsorcial; por isso, o litisconsórcio pode ser "necessário simples" ou "necessário unitário", admitindo uma dicotomização não enxergada pelo legislador (art. 114, *caput*, do CPC).[28]

Discussão sensível diz respeito ao litisconsórcio ativo necessário. Na medida em que A e B devem atuar necessariamente em conjunto para ingressar com demanda, imagine- -se a situação em que apenas um deles possui interesse em pleitear determinado direito e o outro se recusa. Contrapõem-se, portanto, duas situações igualmente relevantes ao direito processual. De um lado, há o direito ao acesso à justiça daquele que deseja mover o Judiciário. De outro lado, a irresignação de uma parte não pode ser dobrada de modo que a parte seja coagida a mover uma ação.

---

[26] "**Art. 345.** A revelia não produz o efeito mencionado no art. 344 se:

I – havendo pluralidade de réus, algum deles contestar a ação;

II – o litígio versar sobre direitos indisponíveis;

III – a petição inicial não estiver acompanhada de instrumento que a lei considere indispensável à prova do ato;

IV – as alegações de fato formuladas pelo autor forem inverossímeis ou estiverem em contradição com prova constante dos autos."

[27] "**Art. 1.005.** O recurso interposto por um dos litisconsortes a todos aproveita, salvo se distintos ou opostos os seus interesses.

Parágrafo único. Havendo solidariedade passiva, o recurso interposto por um devedor aproveitará aos outros quando as defesas opostas ao credor lhes forem comuns."

[28] Nesse mesmo sentido, de há muito, **Adolfo Schonke**, in *Derecho procesal civil*, 1950, p. 96, quanto ao dispositivo legal germânico no qual se baseou o Código Buzaid, suscitando as mesmas controvérsias geradas no nosso matiz quanto ao alcance dessa regra da necessariedade vinculada à unitariedade.

A questão, devido a sua complexidade, não se encontra pacificada. Parcela louvável da doutrina entende pela inadmissibilidade da figura pelo ordenamento jurídico, vez que os dois valores em jogo são caros ao ordenamento jurídico brasileiro.[29] Nessa esteira, o entendimento do Superior Tribunal de Justiça, que perdura desde a vigência do Código Buzaid, é mais cauteloso, quando restringe as hipóteses de litisconsórcio necessário no polo ativo àquelas previstas em lei.[30] O entendimento mais cauteloso da Corte nos parece mais acertado, embora, *de lege ferenda*, seja recomendável que a exigência de exercer o direito de ação em conjunto seja extirpado da legislação nacional.

Cumpre ainda registrar a existência da figura da *litisconsorcial assistência*, pela qual o terceiro assistente que ingressa no processo para auxiliar uma das partes adquire o *status* de litisconsorte porquanto, além de pretender ajudar a que a parte assistida obtenha um resultado favorável, intervém para discutir a relação jurídica que também lhe pertence, e submetida à apreciação do Judiciário por outro cotitular em momento cronologicamente anterior (art. 119[31] c.c. o art. 124 do CPC). Nessa hipótese, o assistente é legitimado a intervir e agir, assim como a parte assistida, aplicando-se-lhe o regime da "interdependência" peculiar ao "litisconsórcio unitário". É o que ocorre, *v. g.*, com o coproprietário que adere à ação reivindicatória proposta por outro condômino.

Saliente-se por fim que os litisconsortes, não obstante partes distintas perante o adversário, têm pontos em comum nas suas atuações, por exemplo, *fatos comuns* que restam por auxiliar a comunidade dos litisconsortes, ainda que não unitária, razão pela qual no litisconsórcio não há, em princípio, *atuação contrastante*. Entretanto, a lei cuida de uma hipótese *sui generis* ao considerar *litisconsortes o denunciante e o denunciado*, malgrado sejam adversários entre si na ação regressiva que a denunciação encerra (art. 128, II, do CPC).[32] A singularidade mais expressiva é que, na relação entre denunciante diante do denunciado, para evitar que aquele prejudique este, *aplica-se o regime da interdependência*

---

[29] **Câmara**, *O novo processo civil brasileiro*, São Paulo, 2017.

[30] "O litisconsórcio ativo necessário restringe o direito constitucional de ação e, fora das hipóteses expressamente contempladas em lei, deve ser admitido apenas em situações excepcionalíssimas, a depender da relação de direito material estabelecida entre as partes. Há casos em que, apesar da incindibilidade da situação jurídica ocupada por vários cotitulares, o respeito à garantia da ação de um impede a exigência do litisconsórcio, porém há outros em que o resultado a ser pleiteado no processo deve ser pretendido por todos, mediante o consenso, sob pena de não poder ser obtido por nenhum: não se podem coagir os demais a entrar em juízo. No caso, a Turma entendeu desnecessário o litisconsórcio. Pretendia-se a indenização por danos decorrentes de inexecução contratual, obrigações cindíveis que a ré, administradora e mandatária da autora, teria deixado de cumprir. Precedentes citados: REsp 64.157-RJ, *DJ* 10.05.1999, e REsp 33.726-SP, *DJ* 06.12.1993" (REsp 141.172-RJ, Rel. Min. Sálvio de Figueiredo, j. 26.10.1999).

[31] "**Art. 119.** Pendendo causa entre 2 (duas) ou mais pessoas, o terceiro juridicamente interessado em que a sentença seja favorável a uma delas poderá intervir no processo para assisti-la. Parágrafo único. A assistência será admitida em qualquer procedimento e em todos os graus de jurisdição, recebendo o assistente o processo no estado em que se encontre."

[32] "**Art. 128.** Feita a denunciação pelo réu: [...]
II – se o denunciado for revel, o denunciante pode deixar de prosseguir com sua defesa, eventualmente oferecida, e abster-se de recorrer, restringindo sua atuação à ação regressiva; [...]."

entre esses litisconsortes especiais e, *na relação denunciado versus denunciante, o regime da autonomia*, porque, se o denunciado confessar ou praticar atos de disponibilidade, o denunciante estará com seu direito regressivo assegurado. Na *mesma linha* de singularidade dessa espécie enquadram-se os *opostos* diante do *opoente* e os *credores* no *concurso singular de credores* na execução de bem comum.

1.3 Intervenção de terceiros

1.3.1 Generalidades

O sistema processual brasileiro adota, em sede normativa, o princípio de que a sentença faz coisa julgada entre as partes do processo, não beneficiando nem prejudicando terceiros.[33]

O legislador, ao estabelecer, no art. 506 do Código de Processo Civil, os limites subjetivos da coisa julgada, visou deixar claro que o sujeito que não participara do processo não podia ser atingido pelos efeitos da decisão.

O Direito processual brasileiro tem como regra que ninguém pode ver alterada sua situação jurídica por força de uma decisão judicial de cujo processo de produção sequer participou. Contudo, as relações jurídicas não subsistem isoladas e estanques entre seus protagonistas. Inúmeras vezes, há uma interdependência de relações, de sorte que a decisão proferida quanto a uma delas, irremediavelmente, atinge a outra, em alguma parte, ou no seu todo.[34]

As decisões judiciais, entretanto, não obstante proferidas entre as partes originárias, restam por invadir a órbita jurídica alheia, direta ou indiretamente, como se observam em certos exemplos clássicos: decisão proferida na ação de despejo travada entre locador e locatário produz efeitos que repercutem na esfera jurídica do sublocatário; porquanto a relação deste é dependente da do locatário por força de preceito material, extinta a locação, automaticamente restará extinta a sublocação. Em consequência, a sentença de procedência do despejo atinge o sublocatário, desalijando-o. Esse exemplo é suficiente para demonstrar não ter caráter absoluto a regra do art. 506 do Código vigente.[35]

Destarte, a pendência da lide não torna, em regra, inalienável o objeto mediato do pedido que consubstancia o bem da vida em disputa. A alienação da coisa ou do direito litigioso é algo que se situa na esfera de conveniência e de assunção dos riscos do adquirente. Entretanto, nada impede que, não obstante a pendência da ação de reivindicação,

---

[33] Esse princípio, assentado desde as Ordenações do Reino, é eficazmente combatido por Liebman, ao assentar que a máxima *res judicata aliis non nocet* não exaure o tema acerca dos limites subjetivos da coisa julgada (*Eficácia e autoridade da sentença e outros estudos sobre a coisa julgada*, Rio de Janeiro, Forense, 1981).

[34] São os chamados efeitos "reflexos", atribuídos a Ihering, segundo **Liebman**, na obra antes citada (pp. 83-84).

[35] Veja-se, a respeito, **Francesco Paolo Luizo**, *Principio del contraddittorio ed efficacia della sentenza verso terzi*, Milão, Giuffrè, 1983.

a parte ré aliene o imóvel a outrem, uma vez que a decisão proferida entre as partes originárias valerá para o novo adquirente, ainda que ele não figure no processo (art. 109, § 3º). Demonstra-se, assim, mais uma vez, não ser absoluto o preceito de que a coisa julgada não atinge terceiros que não participem do processo.

Outrossim, a vitória do devedor na ação declaratória negativa da relação creditícia resulta também no êxito indireto do fiador, uma vez que, inexistindo a relação principal, insubsistente será a garantia que lhe é acessória.

Essas exceções, entre outras, recomendam que *os sujeitos suscetíveis de serem atingidos pelas decisões* judiciais e que, originariamente, não figuravam como partes do processo, possam integrá-lo. O ordenamento possibilita-lhes o ingresso, até porque a coisa julgada, antes da sua formação, deve ser antecedida por uma inafastável obediência ao contraditório. Encerraria um rompimento abominável desse cânone constitucional atingir terceiros por meio de decisões judiciais, produzidas em processo sem a participação deles.

Acresce a isso que, em determinadas hipóteses, a decisão judicial em si não esgota todos os litígios acerca da mesma pretensão ou das que lhe são conexas. Por vezes, o vencedor de uma demanda necessita promover outras ações, no afã de ver consagrado seu direito de forma integral. Destarte, ainda, pode ocorrer que determinadas decisões judiciais façam exsurgir para o potencial vencido um direito de regresso por força da derrota, contra quem indiretamente contribuiu para a sucumbência de outrem.

Essas circunstâncias, de extremo relevo jurídico, sugerem também que, em processo simultâneo, sejam analisadas as pretensões envolvendo os sujeitos originários, bem como outras, conexas, e que dizem respeito a outrem, habilitando-os a ingressar na relação processual pendente. Antevendo que a decisão do processo nem sempre se limita a incidir sobre as partes originárias e que outras pessoas podem ser atingidas porquanto mantêm uma relação jurídica conexa com a que está sendo deduzida em juízo, ou dependente dela, o legislador permite a esses sujeitos o ingresso no processo das partes, via instituto da *intervenção de terceiros*, que os envolve na esfera da eficácia da sentença.

O Instituto da *tercería*, inspirado na necessidade de complementar-se a regra dos limites subjetivos da coisa julgada e no princípio da economia processual, autoriza as pessoas "interessadas", no sentido lato do vocábulo, *participar ou ser chamadas a participar* do processo das partes originárias.

Os processos em que os terceiros ingressam, em regra, podem ter naturezas diversas, havendo óbice a algumas modalidades de intervenção no processo de execução, para não se postergar o direito líquido, certo e exigível do exequente. Deveras, os *terceiros* mantêm essa qualidade até que intervenham, quando então *assumem a condição jurídica de parte, secundária ou principal*, conforme o caso.[36]

A expressão "terceiros que *participem ou sejam chamados a participar*" tem uma razão de ser específica. É que eles podem ingressar no processo *sponte sua* ou convocados via

---

[36] Esse o critério cronológico admitido por **Ramiro Podetti** (*Tratado de la tercería*), que mereceu as críticas lançadas por **Vicente Greco Filho** (*Intervenção de terceiros no processo civil*, São Paulo, Saraiva, 1973, cap. 3).

ato formal da citação. Nessa última hipótese, em contraposição ao ingresso "voluntário", aduz-se à intervenção *forçada* ou *coacta* do terceiro,[37] porquanto a *intromissão formal* perfaz-se até mesmo contra a sua vontade. Não obstante, é conferida ao terceiro a oportunidade de manifestar-se no processo, haja vista que a decisão judicial vai atingi-lo. Isso porque a parte originária é aquela que pede em seu próprio nome ou em cujo nome é pedida a atuação da vontade da lei,[38] e *terceiros* são *aqueles que, sendo pessoas estranhas à relação de direito material deduzida em juízo e à relação processual já constituída, mas que àquela se ligam intimamente, intervêm no processo sobre o mesmo objeto, a fim de defender interesses próprios.*[39-40] Assim, *v. g.*, o preposto é convocado, ainda que assim não o queira, a ingressar no processo em que se exige indenização da pessoa jurídica em razão de ato ilícito seu, haja vista que sofrerá os efeitos da decisão que conceder o direito regressivo ao *empregador*. O pedido de regresso da pessoa jurídica, por sua vez, é condicional, uma vez que formulado ao juiz no sentido de que condene o preposto a tudo quanto a entidade for obrigada a desembolsar para indenizar o suposto lesado. O ingresso do empregado, como a própria hipótese indica, realiza-se compulsoriamente, ou de forma coacta.

1.3.1.1 A qualificação de terceiro

Questão de extrema singularidade é a qualificação jurídica do terceiro.

Na visão de alguns, terceiro é todo aquele que pode vir a sofrer os efeitos diretos ou reflexos da decisão judicial, malgrado esteja fora do processo, e por isso legitimado a intervir no feito. Sua qualificação como terceiro decorre do fato de ingressar *cronologicamente* após as partes. Esse critério, que considera apenas o ingresso *após* a instauração da relação processual, é insuficiente não só para explicar várias figuras da *tercería*, senão também para diferenciá-la de outras que guardam com o instituto a mesma afinidade sob o aspecto cronológico, como sói ocorrer com o ingresso dos sucessores do *de cujus* no processo após sua morte, bem como o ingresso do revel no estado em que o processo se encontra (arts. 111 e 346 do CPC). Em ambas as hipóteses, há ingresso superveniente sem que haja *tercería* propriamente dita. Consoante essa doutrina, o terceiro, ao ingressar nos autos, adquire a qualidade de parte e deixa de ser terceiro, atributo que mantinha conquanto *fora da relação processual*.

O *critério de cunho científico qualifica o terceiro segundo sua qualidade de agir em juízo*. Na visão dessa corrente, *terceiro* é o que está fora do processo, mas titular de relação jurídica, passível de sofrer os efeitos jurídicos diretos ou reflexos de uma decisão

---

[37] A expressão "intromissão" mais bem explicita o fenômeno da intervenção coacta, até porque o efetivo ingresso é sempre voluntário. O terceiro é livre para intervir ou não; a provocação que é por vezes necessária. Nesse sentido, **Humberto Theodoro Júnior**, *Processo de conhecimento*, Rio de Janeiro, Forense, 1984, p. 182.

[38] Esse conceito, de **Chiovenda** (*Instituições de Direito processual civil*, vol. II, p. 234), foi repetido por **Schonke** (*Derecho procesal civil*, p. 85) e é de precisão inatacável.

[39] **Moacyr Amaral Santos**, *Primeiras linhas de Direito processual civil*, vol. 2º.

[40] **Frederico Marques**, *Instituições de Direito processual civil*, p. 190.

judicial e, em função disso, é lícito a ele intervir para discutir a relação controvertida, atuando ao lado de uma das partes originárias com a *mesma amplitude* de atuação ou com *atuação restrita* aos limites do seu interesse em jogo. Assim é que, nas hipóteses em que a decisão *influi diretamente* na relação jurídica do terceiro, porque ela é objeto do processo, o interveniente assume a qualidade jurídica de *parte principal* e está legitimado a "agir e intervir". Diversamente, nos casos em que sua intervenção é admitida pelo fato de a sentença atingi-lo *reflexamente*, seu ingresso habilita-o apenas a *intervir, coadjuvar*, atuando como auxiliar de uma das partes, sem que lhe seja conferida a faculdade de agir em contraste com a parte cognominada principal. Nessas hipóteses, *o terceiro legitimado apenas a intervir* assume a qualidade de *parte acessória*, exatamente porque não discute direito próprio, limitando-se a atuar em prol de interesse alheio do qual o seu é dependente, atuando, *mutatis mutandis*, como um singular "substituto processual".

Fundindo-se as duas acepções, forçoso concluir que *terceiro é aquele que, estando fora do processo, pode intervir* na relação pendente para fazer valer direito próprio *ou alheio em razão de a decisão proferida poder, potencialmente, dispor com eficácia na sua esfera jurídica.*

Ao intervir, o terceiro despoja-se da sua qualidade e passa a figurar como parte principal ou acessória, conforme pleiteie direito próprio ou alheio. Não obstante, o terceiro, malgrado adquira a qualidade de parte, submete-se a um regime jurídico diverso pelo fato de originar-se da *tercería*. Por outro lado, o terceiro, *além dos demais requisitos de admissibilidade* dos recursos, em algumas situações deve também demonstrar o nexo entre seu prejuízo e a decisão judicial (art. 996, parágrafo único, CPC).[41] Todas essas singularidades nos levam a concluir que, posto assuma a qualidade de parte, em alguns aspectos, o terceiro mantém essa qualificação ainda que integrado à relação processual; vale dizer: "continua terceiro dentro do processo".

Destarte, a *tercería*, assim como o *litisconsórcio*, implica uma dilatação do procedimento pelo ingresso de mais um protagonista na relação processual, rompendo o esquema básico do *actus trium personarum*. Essa é a razão pela qual a *fonte única da intervenção é a lei*, cabendo a ela definir quando se está diante dessa intervenção para os fins de se aplicar o regime jurídico que o instituto suscita.

Precedentemente assentamos que a lei enumera as figuras de *tercería*, não contemplando algumas que a doutrina insinua pertencerem a essa categoria. Assim é que o concurso de credores e os embargos de terceiro situam-se fora do capítulo da intervenção de terceiros.

No Código de 1973, também a assistência integrava tal rol, conquanto não suscitava qualquer dúvida, aqui e alhures, sobre ser figura típica de intervenção voluntária de

---

[41] "**Art. 996.** O recurso pode ser interposto pela parte vencida, pelo terceiro prejudicado e pelo Ministério Público, como parte ou como fiscal da ordem jurídica.

Parágrafo único. Cumpre ao terceiro demonstrar a possibilidade de a decisão sobre a relação jurídica submetida à apreciação judicial atingir direito de que se afirme titular ou que possa discutir em juízo como substituto processual."

terceiros;[42] aliás, antiquíssima. A sua previsão, antes ao lado do litisconsórcio, decorria do fato de que a assistência admite uma sub-modalidade denominada *litisconsorcial*. O atual CPC inovou ao trazer a assistência, em termos topográficos, para junto das demais formas de intervenção de terceiro, separando-a do litisconsórcio. Embora singela, a alteração buscou encerrar quaisquer dúvidas sobre a natureza da assistência, alinhando-a com os outros institutos de intervenção.

O *concurso de credores* e os *embargos de terceiro*, em verdade, somente se encaixariam como figuras interventivas sob o critério cronológico, haja vista que não guardam aquela afinidade com as espécies gerais que perduram durante todo o processo, porque o interesse do terceiro está incluído na discussão integral da *res in judicium deducta*. Os embargos de terceiro e o concurso de credores encerram intervenção quanto a um aspecto da relação processual, um incidente apenas, retornando o *extraneus* para seu próprio processo após a solução da questão motivadora do seu ingresso.[43]

Destarte, a intervenção, *em princípio, é facultativa*, exatamente por força dessa intromissão na marcha do procedimento. Assim, *v. g.*, nada impede que o opoente aguarde o desate da causa entre os opostos para, após, voltar-se contra o vencedor, ou o chamante, no chamamento ao processo, que após a demanda pode acionar os demais codevedores, assim como o assistente, que, aguardando o desfecho da lide fora do processo, escapa à justiça da decisão (art. 123 do CPC).[44]

Essa facultatividade sofre a mitigação da *compulsoriedade* nos casos em que a intervenção resta excepcionalmente obrigatória. Nessa linha, é forçosa a *intervenção iussu iudicis*, por meio da qual o juiz determina a integração de litisconsorte faltante na hipótese de litisconsórcio necessário, para o fim de manter íntegra a eficácia da sentença (art. 114 e 115, parágrafo único, do CPC).

No Código passado, parte da doutrina enxergava essa *compulsoriedade* na *denunciação da lide* nas hipóteses de *evicção*.[45] O Código Civil determina que o evicto notifique

---

[42] A inserção da assistência no capítulo do litisconsórcio e fora daquele destinado ao terceiro também decorre da adoção, pelo legislador, da corrente que considera o assistente parte acessória ou adesiva, não obstante não seja sujeito da lide. Assim **Carnelutti**, *in Sistema di Diritto Processuale Civile*, vol. I, p. 393.

[43] Essa também é a posição de **Ovídio Baptista**, *Curso*, 1991, p. 216, em contraposição à tese sustentada por Frederico Marques, que preconizava ser o concurso de credores uma espécie de intervenção de terceiros, *Instituições*, vol. II, p. 250. Na verdade, os credores são partes que intervêm no processo alheio para discutir direito próprio de alguma forma ligado à demanda de outrem.

[44] "**Art. 123.** Transitada em julgado a sentença no processo em que interveio o assistente, este não poderá, em processo posterior, discutir a justiça da decisão, salvo se alegar e provar que:
I – pelo estado em que recebeu o processo ou pelas declarações e pelos atos do assistido, foi impedido de produzir provas suscetíveis de influir na sentença;
II – desconhecia a existência de alegações ou de provas das quais o assistido, por dolo ou culpa, não se valeu."

[45] "**CPC/1973, art. 70.** A denunciação da lide é obrigatória:
I – ao alienante, na ação em que terceiro reivindica a coisa, cujo domínio foi transferido à parte, a fim de que esta possa exercer o direito que da evicção lhe resulta;

do litígio o alienante, na forma da lei processual, para garantir os direitos que da evicção lhe resultassem (arts. 447 e 448 c/c art. 456 do Código Civil).[46]

À obrigação de denunciar correspondia a sanção da perda do direito regressivo caso não seja engendrada a intervenção forçada do denunciado. Impende, contudo, observar que a evicção gera ao evicto o direito de receber do alienante o valor da coisa mais perdas e danos. Em consequência, vinha-se empreendendo exegese mais flexível, apregoando-se que a falta da denunciação acarreta apenas a perda do direito ao reembolso das perdas e danos, sendo irrefutável, com ou sem denunciação, o direito de o evicto receber de volta o que pagou pela coisa, atualizadamente, sob o pálio do princípio que veda o enriquecimento sem causa.[47]

Essa interpretação coadunava-se, inclusive, com a moderna tendência de vedar-se a denunciação nos procedimentos concentrados e desformalizados, como o sumaríssimo do juizado especial cível.

O atual diploma processual afastou qualquer dúvida no tocante à denunciação da lide, assentando sua facultatividade. Assim, indeferida ou não promovida, permanece hígida a ação autônoma para garantir o direito (art. 125, § 1º[48]), razão pela qual foi revogado o dispositivo da Lei Material.

1.3.1.2 Efeitos da intervenção

O primeiro efeito da intervenção é a assunção, pelo terceiro, da qualidade de parte, secundando ou opondo-se às partes originárias.

O segundo efeito da intervenção do terceiro é interferir na *competência do juízo*. Isto porque a intromissão do terceiro, por vezes, *prorroga* ou *desloca* a competência do órgão judicial. É que nas causas propostas perante outros juízos, se a União nelas intervier como assistente, passarão à competência do juiz federal respectivo, porquanto a competência *ratione personae*, é fixada, *a posteriori*, por força da intervenção.

Em regra, não havendo disposição expressa, prevalece o preceito de que o juiz da causa principal é também competente para as ações que digam respeito ao terceiro interveniente que, uma vez integrado, fica vinculado ao foro e ao juízo da demanda proposta.

II – ao proprietário ou ao possuidor indireto quando, por força de obrigação ou direito, em casos como o do usufrutuário, do credor pignoratício, do locatário, o réu, citado em nome próprio, exerça a posse direta da coisa demandada;

III – àquele que estiver obrigado, pela lei ou pelo contrato, a indenizar, em ação regressiva, o prejuízo do que perder a demanda."

[46] "**Art. 447.** Nos contratos onerosos, o alienante responde pela evicção. Subsiste esta garantia ainda que a aquisição se tenha realizado em hasta pública.

Art. 448. Podem as partes, por cláusula expressa, reforçar, diminuir ou excluir a responsabilidade pela evicção."

[47] STJ, 4ª turma, AgRg no Ag 917.314/PR.

[48] "**Art. 125, § 1º.** O direito regressivo será exercido por ação autônoma quando a denunciação da lide for indeferida, deixar de ser promovida ou não for permitida."

394 | TEORIA GERAL DO PROCESSO CIVIL – *Luiz Fux*

Conclui-se, assim, que a *assunção da qualidade de parte* e a repercussão na *competência* representam os principais efeitos jurídico-processuais da intervenção de terceiros.

1.3.2 Espécies de intervenção

O ingresso do terceiro no processo pode dar-se por sua iniciativa própria, ou por provocação de uma das partes originárias, razão pela qual, quando o terceiro ingressa por sua livre-iniciativa, diz-se que a *intervenção é voluntária*; nas hipóteses em que integra a relação processual forçadamente através da citação, denomina-se *intervenção forçada ou coacta*. Assim, *v.g.*, o sublocatário, que auxilia o locatário a obter êxito na ação de despejo, intervém voluntariamente. Por seu turno, os outros codevedores solidários na ação de cobrança dirigida contra um só deles, em regra, intervêm forçadamente, convocados pelo originário réu.

A "*intervenção voluntária*" admite como espécies as seguintes figuras: *assistência, recursos do terceiro prejudicado* e *amicus curiae*.[49] A "intervenção forçada", como gênero, comporta as seguintes espécies: *denunciação da lide, chamamento ao processo, incidente de desconsideração da personalidade jurídica e intervenção iussu iudicis*. Cada uma dessas modalidades de intervenção apresenta requisitos próprios, que serão analisados oportunamente.

Entretanto, uma regra comum aplicável à intervenção coacta decorre do fato de o terceiro poder ser introduzido compulsoriamente no processo: é que a compulsoriedade não o impede de ingressar voluntariamente. Assim, o preposto da pessoa jurídica, muito embora possa sofrer denunciação da lide, também está legitimado a intervir como assistente daquela.

A intervenção, *conforme a motivação* que a propulsione, pode dar-se com escopo de auxiliar uma das partes na contenda com a outra, ou, simplesmente, excluir a pretensão de ambas. No primeiro caso, aduz-se à intervenção *ad coadjuvandum, n*o segundo, de intervenção *ad excludendum.*

As próprias expressões latinas utilizadas demostram que, na primeira hipótese, o terceiro assume a condição coadjuvante, auxiliando um dos sujeitos, *v.g.*, o sublocatário, ao locatário. A assistência é, portanto, exemplo clássico da intervenção *ad coadjuvandum*.[50]

Por outro lado, quando o terceiro intervém para discutir a sua relação jurídica, quer ingresse voluntária, quer forçadamente, assume a posição jurídica de parte principal adversa a um ou a ambos os "sujeitos principais" do processo, *v.g.*, o chamado, o denunciado e, nos casos de ingresso voluntário, o assistente litisconsorcial.

Na intervenção *ad excludendum,* o terceiro assume a posição de *parte antagônica* às partes originárias, postulando algo incompatível com o que elas pretendem, aproveitando-se

---

[49] A oposição, conforme elucidado, tem natureza jurídica de ação, enquanto procedimento especial, embora guarde a característica da voluntariedade.

[50] **Chiovenda** a denomina "Intervenção adesiva ou acessória" (*Instituições de Direito Processual Civil*, vol. 2, p. 238).

do mesmo processo, para ver excluída a pretensão de ambas e assegurada a sua, através do pedido de oposição que formula. O direito ou a coisa litigiosa, segundo o opoente, não pertencem às partes que o discutem; daí formular o seu pedido que, se acolhido, exclui o suposto direito das partes originárias. Em razão disso, impõe o Código que a pretensão do opoente seja julgada antes da dos opostos, autor e réu da ação primeiramente iniciada (art. 686 do CPC).

1.3.2.1 Assistência

A *assistência* é modalidade *espontânea*, ou *voluntária*, de intervenção de terceiro, contemplada, agora, junto às demais formas de intervenção de terceiro (Capítulo I do Título III do CPC).

A assistência, na sua dinâmica, comporta as figuras do terceiro *assistente* e da parte *assistida*, sendo o sujeito originário do processo em cujo proveito intervém o primeiro.

A intervenção do assistente é *ad coadjuvandum*. Vale dizer: o assistente ingressa no processo para assistir, auxiliar uma das partes, litigando ao lado desta e pugnando pela sua vitória. A assistência é figura de delineamentos mais nítidos no direito intermédio, diferindo-se da oposição, por ser *ad coadjuvandum* e não *ad infrigendum jura competitorum*. Assim, *v.g.*, o sublocatário auxilia o locatário no processo porque a relação de sublocação é acessória da principal *ex locato* e depende da mesma para sua sobrevivência.

O assistente pugna pela vitória do assistido porque a sua relação jurídica é vinculada àquele ou porque a *res in iudicium deducta* também lhe pertence. De toda sorte, além desses fatores, o assistente intervém porque a decisão proferida na causa entre o assistido e a parte contrária interferirá na sua esfera jurídica. Destarte, o fato de a relação jurídica do assistente ser dependente da relação do assistido, ou também pertencer-lhe, implica a *classificação da assistência*.

1.3.2.1.1 Classificação da assistência

A *assistência* diz-se *simples ou adesiva* quando o assistente intervém para discutir a relação jurídica do assistido, mas o faz porque a sua situação jurídica é dependente e conexa com aquela deduzida em juízo, de tal sorte que a decisão final refletirá em sua posição jurídica.[51] Exemplo de assistente simples é o subempreiteiro que ingressa na ação em que o empreiteiro discute a validade da empreitada.

A *assistência* diz-se *litisconsorcial* quando o assistente intervém para discutir a relação jurídica deduzida nos autos e que também lhe pertence. Trata-se de relação subjetivamente plúrima, que integra o complexo de relações do assistente, não obstante tenha o assistido dado início à ação. O assistente, nessas hipóteses, acopla-se ao processo, para defender direito próprio, diversamente do que o faz o assistente simples, *v.g.*, o sócio que adere à pretensão de outro na dissolução da sociedade; o acionista que ingressa na ação em que

---

[51] **Aureliano de Gusmão**, *Processo Civil e Comercial*, 1934, p. 507-508. É da mesma opinião **Eduardo Espínola**, *Código de Processo do Estado da Bahia*, 1916, vol. I, p. 329, nota 27.

um grupo pede a anulação da assembleia geral ordinária; o condômino que intervém em prol do outro condômino da coisa na ação possessória; o adquirente da coisa litigiosa que atua ao lado do alienante na ação em que outrem se afirma dono da coisa. Todos esses casos são de assistência litisconsorcial.

A *participação do assistente na relação jurídica discutida* em juízo, com amplitude ou restrições, condiciona a sua atuação processual. Isto porque, se o assistente ingressa no processo para fazer valer um *jus* próprio, deferem-se a ele os mesmos direitos e faculdades das partes. Entretanto, se o faz para sustentar as razões de uma das partes, a sua atuação, como evidente, restringe-se a secundar a atuação da parte assistida, como ocorre com o assistente simples que ostenta *legitimação extraordinária,* posto, declaradamente, debate de direito alheio (CPC, art. 121).[52]

O assistente litisconsorcial, por seu turno, forma, junto com o assistido, um *litisconsórcio unitário,* uma vez que, pertencendo a relação deduzida ao assistente e assistido, não pode o juiz decidir diferentemente em relação a cada uma das partes, devendo a sentença de mérito, ser uniforme para todos.

1.3.2.1.1.1 Assistência simples

O *assistente simples,*[53-54-55] na sua posição acessória ou dependente, limita-se a auxiliar a parte principal, utilizando os mesmos meios processuais postos à disposição dela.

Assim, pode requerer e produzir provas, apresentar razões de mérito etc. Consequência desse princípio é a assunção pelo assistente do ônus das custas na proporção da atividade que exercer no processo, restando vencido na causa o assistido (CPC, art. 94). Também consectário dessa dependência é que, sendo revel o assistido, o assistente é considerado seu substituto processual (CPC, art. 121, parágrafo único).

Apesar da inércia processual do assistido, os efeitos da revelia não se produzem ante a atuação do assistente que, segundo a melhor doutrina, significa que somente os atos benéficos devem ser acolhidos, quando praticados pelo assistente como substituto processual do assistido. Assim, a transação benéfica ao assistido é admissível à luz das razões

---

[52] A fórmula do Código atual faz presumir que a assistência litisconsorcial ocorrerá quando o assistente e o adversário do assistido mantiverem entre si uma relação judiciária. Sucede que a *ratio* do dispositivo pressupõe que a relação entre eles seja a deduzida em juízo e não qualquer uma, já que a decisão fará coisa julgada sobre aquela. Nesse sentido, **Vicente Greco Filho**, *Intervenção de Terceiros no Processo Civil*, p. 65; e **Leo Rosenberg**, *Tratado de Derecho Procesal Civil*, p. 277.

[53] Ao assistente simples nega-se a qualidade jurídica de parte. Assim, *v.g.*, **Leo Rosenberg**, *Tratado de Derecho Procesal Civil*, vol. 1, p. 271; **Friedrich Lent**, *Diritto Processuale Civile Tedesco; Parte Prima*, p. 315; **Moacyr Lobo da Costa**, *Assistência*, 1968, p. 138; **Chiovenda**, *Instituições de Direito Processual Civil*, p. 240. Outros, por exclusão ao conceito de parte, entendem que, ao intervir, o assistente simples passa a ser parte (**Pedro Palmeira**, *Da Intervenção de Terceiros nos Principais Sistemas Legislativos – Da Oposição*, 1954).

[54] A figura do assistente simples coincide com a intervenção adesiva simples do Regulamento alemão, que a distingue da intervenção adesiva litisconsorcial.

[55] **Pedro Palmeira**, *Da Intervenção de Terceiros nos Principais Sistemas Legislativos*, p. 110.

práticas que ditaram a norma do art. 121, parágrafo único,[56] não, assim, atos prejudiciais. A *substituição*, então, restringe-se ao campo processual, não atingindo atos que digam respeito, diretamente, à relação material, *v.g.*, o reconhecimento do pedido ou a renúncia ao direito em que se funda a ação.

Decorrência lógica da posição subordinada e acessória do assistente é o princípio de que "a assistência não obsta a que a parte principal reconheça a procedência do pedido, desista da ação ou transija sobre direitos controvertidos; casos em que, terminando o processo, cessa a intervenção do assistente" (art. 122 do CPC).

Salvante as hipóteses de assistência litisconsorcial, o assistente fica sujeito a quaisquer atos de disposição que venha a praticar o assistido, porquanto a ele pertence o direito discutido. Assim, não pode o assistente sobrepujar o assistido quanto ao destino da *res in iudicium deducta* e como consequência, a força maior relativa ao assistente simples, ou qualquer causa personalíssima de suspensão do processo não gera esse efeito, se referente somente a esse terceiro e não à parte auxiliada.

Deveras, mercê dessas restrições, a atuação do assistente pode, *ad futurum,* na ação contra ou movida pelo assistido, ser impugnada. Isso porque, em geral veda-se ao assistente rediscutir o que restou submetido à tutela jurisdicional na causa em que interveio. A *eficácia da intervenção* está expressa no art. 123, *caput,* do CPC. O dispositivo, que incide apenas na assistência simples, autoriza o assistente, em futura demanda contra o assistido, a discutir a *justiça da decisão,* se provar que (I) pelo estado em que recebera o processo, ou pelas declarações e atos do assistido, fora impedido de produzir provas suscetíveis de influir na sentença; ou (II) que desconhecia a existência de alegações ou de provas de que o assistido, por dolo ou culpa, não se valeu, hipóteses que se encartam na denominada *exceptio male gesti processus.*[57]

Destaque-se, outrossim, o alcance da subordinação do assistente ao assistido. Consoante reiterado, o assistente simples não discute a sua relação jurídica,[58] mas a do assistido, da qual a sua é dependente.

Como consectário, *não pode o assistente atuar em contraste* com a parte assistida, cessando a sua intervenção diante da desistência ou de outro ato que acarrete a extinção do processo.

---

[56] No CPC/1973, a figura de gestão processual de negócios fazia, de acordo com a melhor doutrina, do assistente substituto processual *sui generis,* que se afastava do processo com a retomada da marcha processual pelo assistido (**Waldemar Mariz de Oliveira Júnior**, *Substituição Processual*, 1971).

[57] O efeito da intervenção esclarece a porção da sentença que se transfere para a segunda demanda como coisa indiscutível. A coisa julgada atinge os fundamentos de fato e de direito que determinaram a decisão anterior.

Observa-se que essa eficácia é mais ampla do que a da coisa julgada que exclui os fundamentos de fato e jurídicos em que se baseou o julgado (art. 504 do CPC). Entretanto, é mais facilmente ultrapassada, haja vista que a coisa julgada para ser desprezada quanto ao seu conteúdo precisa ser desconstituída através de ação rescisória, ao passo que a eficácia da intervenção é suplantada pelo acolhimento da *exceptio male gesti processus.*

[58] **Chiovenda**, com precisão, entende que o assistente se afasta do verdadeiro substituto processual porque não promove o processo (*Instituições de Direito Civil*, vol. 2, p. 139).

A atuação em contraste, que se revela vedada, não implica o assistido poder impugnar atos do assistente que nenhum prejuízo acarretam ao mesmo, notadamente, no terreno probatório, como admite a doutrina.[59]

Outrossim, *o assistente, assumindo o processo no estado em que se encontra*, sujeita-se às preclusões operadas em face do assistido, *não se lhe permitindo apresentar arguição de incompetência*, sujeito que é ao juízo e foro preventos. Outrossim, o assistente também não pode inovar o *thema iudicandum* e, *a fortiori*, não pode reconvir nem intentar ação declaratória incidental.[60]

1.3.2.1.1.2   Assistência litisconsorcial

O *assistente litisconsorcial*, diferentemente do assistente simples, não é interveniente secundário e acessório, uma vez que a relação discutida entre o assistido e o seu adversário também lhe pertence. O seu tratamento é igual àquele deferido ao assistido, isto é, atua com a mesma intensidade processual. Não vigoram, nessa modalidade, as regras que impõem ao assistente uma posição subsidiária.

É que na assistência simples, a decisão da causa atinge o assistente de forma indireta ou reflexa, ao passo que, na assistência litisconsorcial, porque a relação deduzida também é do assistente ou só a ele pertence, o *decisum* atinge-o, diretamente, na sua esfera jurídica. No plano material, é como se a sentença tivesse sido proferida em face do assistente litisconsorcial mesmo.

A assistência litisconsorcial implica considerar-se litisconsorte da parte principal o assistente, toda vez que a sentença houver de *influir* na relação jurídica entre ele e o adversário do assistido (art. 124 do CPC).

É por essa razão que a atuação do assistente qualificado é bem mais ampla do que a do assistente simples. Aos atos benéficos e atos prejudiciais praticados pelo *assistido*, aplica-se o *regime do litisconsórcio unitário*; por isso, *a priori*, não se admite que o assistente litisconsorcial seja prejudicado por um ato de liberalidade daquele.

O adquirente da coisa litigiosa que assiste ao alienante na ação em que terceiro reivindica a coisa e o copossuidor que intervém na ação movida contra outro titular da posse revelam exemplos que encerram a figura do assistente litisconsorcial.

Em sede doutrinária, apontam-se como *exemplos de assistência litisconsorcial* a intervenção do coerdeiro, que intervém na causa em que um dos herdeiros deduz pretensão de deserdação em face de outrem; a do sócio, na ação em que se discute a validade de deliberação assemblear da sociedade; a da mulher, nas ações do marido em que bens de seu patrimônio possam vir a ser atingidos na execução; a do tabelião, quando se discute a validade de ato lavrado em serventia de sua titularidade etc. Observa-se que, nesses

---

[59]   A doutrina italiana, que se debruça sobre o tema, vem amparando a atuação hostil do assistente em prol dos seus interesses contra a vontade do assistido. Assim, **Giovanni Fabrini**, *Contributo alla Doutrina del Intervento Adesivo*, 1964 e **Virgilio Andrioli**, *Commento al Codice di Procedura Civile*, 1961, vol. I, p. 295.

[60]   É uníssona a doutrina alienígena , *v.g.*, **Leo Rosenberg**. *Derecho Procesal Civil*, 1955, vol. II.

casos, o assistente discute relação alheia e o que se lhe atinge é a *eficácia da intervenção* e nunca a coisa julgada, haja vista que *não é titular do direito em causa*. Somente nos casos em que discute a própria relação jurídica, que é aquela que mantém em face do adversário do assistido, é que se pode aduzir a coisa julgada em face do assistente litisconsorcial e a sua categorização como parte principal é inexorável.[61] Disto decorre a nossa ótica de que esses casos da doutrina, antes mencionados, encerram, quando muito, hipóteses de assistência simples.[62]

Por outro lado, diversamente da assistência simples, o assistente litisconsorcial é livre para atuar,[63] podendo oferecer reconvenção.[64]

A eficácia do decidido em face do assistente litisconsorcial é a prevista no art. 506[65] do CPC e não a do art. 123, do CPC, haja vista que o direito do assistente, *in casu*, é discutido por um substituto processual seu, sendo pacífico o entendimento de que a coisa julgada atinge substituto e substituído. Aliás, seria logicamente insustentável reconhecer-se que a relação jurídica da qual o assistente litisconsorcial é titular é objeto de cognição e decisão, mas, ao mesmo tempo afirmar que a coisa julgada não o atinge.[66-67]

1.3.2.1.2 Interesse jurídico

Ponto que merece particular debate no tocante à intervenção diz respeito a uma expressão de conceito aberto inserida, não de hoje, pelo legislador para determinar a

---

[61] A matéria está longe de ser pacífica, por isso que, não obstante nesses casos a coisa julgada se estenda ao assistente, que é o quanto basta para conceituá-lo como parte, doutrinadores, calcados no conceito Chiovendiano de parte como aquele que pede e em face de quem se pede, negam-lhe essa categoria, mercê de o mesmo ter "direito em causa" e se iniciasse a demanda figuraria, inegavelmente, como litisconsorte. Ao que parece, essa parte da doutrina se firma num critério puramente cronológico para qualificação do terceiro em confronto com a parte, e que se sabe insuficiente para explicar o fenômeno da terceria. Assim negam a condição jurídica de parte ao assistente litisconsorcial, entre tantos, **Celso Barbi**, *Comentários ao Código de Processo Civil*, vol. I, p. 303; **Athos Gusmão Carneiro**, *Intervenção de Terceiros*, 1986, p. 89; **Cândido Dinamarco**, *Litisconsórcio*, p. 28, e **Moacyr Lobo da Costa**, *Assistência*, p. 169.

[62] Os exemplos são encontrados em **Rosenberg**, *Tratado*, vol. IV, § 46; **Schonke**, *Derecho Procesal Civil*, § 27, V, 1, respectivamente.

[63] **Schonke**, *Derecho procesal civil*, 1950, § 27, V, 2, a.

[64] Observe-se que, para aqueles que não consideram o assistente litisconsorcial como parte, o mesmo não pode praticar atos de disposição processual, *v.g.*, reconhecer, confessar etc., bem como reconvir ou promover declaratória incidental.

[65] "**Art. 506.** A sentença faz coisa julgada às partes entre as quais é dada, não prejudicando terceiros."

[66] Inaceitáveis assim as conclusões sobre o ponto de **Schonke**, *Derecho procesal civil*, 1950, § 27, V, 2, c, e **Lent**, *Diritto Processuale Civile Tedesco*, § 83, VI. Diversamente, no sentido do texto, **Segni**, *in Novissimo Digesto Italiano*, vol. VIII, p. 952, para quem o interveniente litisconsorcial propõe, com seu ingresso, uma demanda nova.

[67] Pela total vinculação do assistente simples à coisa julgada, sem possibilidade de discussão da decisão, manifestou-se **Ayuch Amar**, "Coisa Julgada e Intervenção Adesiva no Anteprojeto Buzaid", tese apresentada no VI Colóquio de Direito Processual de Piracicaba, em 1971. Inafastáveis argumentos, no sentido acima, de **Vicente Greco Filho**, *Intervenção de Terceiros no Processo Civil*, p. 69.

parte que se encontra apta a ingressar na lide, sobretudo no que pertine à assistência. Trata-se da expressão *interesse jurídico*, que é tratada como o mérito da assistência. Toda a fundamentação do terceiro para justificar a necessidade de seu ingresso na relação processual consiste na demonstração de seu interesse jurídico, qual seja, a forma pela qual ele se relaciona com aquele processo e a maneira como a sentença que será ali prolatada irá lhe afetar, direta ou reflexamente.

É possível explicar, de maneira simplista, o interesse jurídico. Basta afirmar que aquele que será afetado pela sentença do processo possui interesse para ali ingressar. A bem da verdade, respeitável doutrina se limita a explicar o tema desta forma. Contudo, não parece agregar efeitos práticos para as situações em que o magistrado se depara com um terceiro solicitando seu ingresso. Há que se questionar em que medida e de que modo a parte deve ser afetada para justificar a sua presença na relação processual, sob o risco de qualquer processo possuir um sem número de assistentes.

O Superior Tribunal de Justiça, desse modo, passou a adotar o entendimento de que um mero interesse econômico, afetivo ou moral não legitima o ingresso do terceiro, uma vez que não se trata de interesse jurídico relevante à questão.[68] Apesar de razoável, o entendimento sofre interpretações que lhe extrapolam o sentido, de forma que, inúmeras vezes, é negada a assistência na hipótese de o interesse do terceiro ter qualquer relação com um dos campos supracitados.

Esse mantra não deve ser repetido sem o devido juízo crítico. Não se deve confundir o interesse jurídico com núcleo econômico – o que é perfeitamente possível – com o mero interesse econômico.[69] Imagine-se a hipótese em que A ajuíza contra B uma ação de cobrança. Eis que C, outro credor de B, se encontra temeroso de que, com o êxito da ação, B não possua crédito para lhe pagar a dívida. Pretende, portanto, ingressar como assistente de B na ação. A referida hipótese não se mostra possível, uma vez que este

---

[68]   STJ, Recurso Especial 762093/RJ, Rel. Min. Luiz Fux, 1ª Turma, j. 20.05.2008; STJ, Recurso Especial 1223361/PE, Rel. Min. Herman Benjamin, 2ª Turma, j. 07.06.2011; STJ, Agravo Regimental no Agravo em Recurso Especial 805663/RS, Rel. Min. Marco Aurélio Bellizze, 3ª Turma, j. 20.10.2016; STJ, Agravo Regimental no Agravo em Recurso Especial 724365/SP, Rel. Min. Raul Araújo, 4ª Turma, j. 16.06.2016; STJ, Agravo Regimental nos Embargos de Divergência no Recurso Especial 1262401/BA, Rel. Min. Humberto Martins, Corte Especial, j. 25.04.2013.

[69]   "Direito Processual Civil. Patente pipeline. Fabricante de medicamentos. Intervenção no processo como assistente. Possibilidade. Interesse jurídico. Presença. 1. Constata-se o interesse jurídico que viabiliza o deferimento do pedido de assistência quando os resultados do processo puderem afetar a existência ou inexistência de direito ou obrigação daquele que pretende intervir como assistente. 2. O deferimento do pedido de assistência prescinde da existência de efetiva relação jurídica entre o assistente e o assistido, sendo suficiente a possibilidade de que algum direito daquele seja atingido pela decisão judicial a ser proferida no curso do processo. 3. Em determinadas situações, o interesse jurídico pode vir acompanhado de alguma repercussão econômica, mas essa circunstância não tem necessariamente o condão de desnaturá-lo, a exemplo do que ocorre na hipótese dos autos, em que, para além do proveito econômico que futuramente possa ser obtido, o interesse do assistente repousa preponderantemente sobre a prerrogativa de livre produção do medicamento objeto da patente. 4. Recurso especial a que se nega provimento" (REsp 1143166/RJ, Rel. Min. Nancy Andrighi, 3ª Turma, j. 16.12.2010).

Cap. 8 · SUJEITOS DO PROCESSO E FUNÇÕES ESSENCIAIS À JUSTIÇA

receio se fundamenta em interesse meramente econômico. Por outro lado, na mesma lógica da ação de cobrança, imagine-se que C tenha adquirido o crédito de A específico daquela ação de cobrança contra B. Se C desejar ingressar como assistente de A, ele deve ser admitido ou seu interesse é meramente econômico? Nesse caso, revela-se um interesse jurídico com núcleo econômico, que ensejaria o ingresso como assistente, em situação de simples credor.

1.3.2.2 Recurso do terceiro prejudicado[70]

O Código contempla, ainda, muito embora distante do capítulo próprio, o *recurso do terceiro prejudicado* como última das modalidades de intervenção voluntária. Estabelece o art. 996 que o recurso pode ser interposto pela parte vencida, mas também pelo terceiro prejudicado, que deve demonstrar a possibilidade de a decisão sobre a relação jurídica submetida à apreciação judicial atingir direito de que se afirme titular ou que possa discutir em juízo como substituto processual.

Historicamente, o Direito romano permitia ao terceiro interessado apelar da sentença – *alio condemnato, ius cuius interest, appelare postest* – (art. 4º, § 2º, D. de app. 49, I), como, também, o Direito italiano medieval e o Direito canônico. Na França, transformou-se em recurso autônomo – *tierce opposition* –, influindo no modelo italiano. O Direito germânico e o austríaco aboliram-no, mantendo o instituto as Ordenações portuguesas (L. II, t.p. 81 *pr.*).

O instituto não tem a mesma finalidade unívoca nos sistemas jurídicos referidos.[71] A *opposizione di terzo* do Direito italiano e a *tierce opposition* do Direito francês são instrumentos que se voltam contra a coisa julgada, ampliando, inclusive, o objeto do *petitum*. O Direito português, que contempla a intervenção nos moldes do Direito italiano, faculta, também, ao terceiro, recurso em face do prejuízo causado pela sentença.

No Brasil, é da tradição legislativa deferirem-se ao terceiro prejudicado os mesmos recursos a que fazem jus as partes. Destarte, o Direito brasileiro sempre consagrou a possibilidade de outrem recorrer de determinada decisão toda vez que dela lhe advier um prejuízo ou gravame. O terceiro prejudicado há de ser titular de uma relação jurídica conexa com aquela deduzida em juízo, daí porque a decisão da causa primitiva o atinge. Podem recorrer com os terceiros prejudicados todos aqueles que, legitimados a intervir no processo, não o fizeram, salvo o caso da oposição.

Terceiro é o que não interveio até a prolação do ato decisório, deixando para fazê-lo através da irresignação quanto àquele.[72] Assim, não é terceiro o réu incerto e desconhecido,

---

[70] Consulte-se, quanto à história do instituto e a sua visão comparatística, **Rui Barbosa**, "Da Apelação do Terceiro Prejudicado", *Revista de Jurisprudência Brasileira*, vol. 25, p. 245 e segs., 1934; e **José Carlos Barbosa Moreira**, *Comentários ao Código de Processo Civil*, 1978, vol. 5, p. 330-331.

[71] Mesmo nos países onde se reconhece essa possibilidade, adverte-se para o descompasso com o princípio do duplo grau (**Carnelutti**, *Sistema de Derecho Procesal Civil*, p. 602). No mesmo sentido, **Segni**, "Intervento Voluntário in Appello", *in Scritti Giuridici*, p. 667 e segs.

[72] Em posições antagônicas, **Liebman** (*Notas às Instituições de Direito Processual Civil*, vol. 3, p. 287, de Chiovenda) e **Seabra Fagundes** (*Dos Recursos Ordinários em Matéria Civil*, p. 50).

nem mesmo os eventuais interessados citados por edital. Estes são considerados *partes*. Assim, o fiador que não interveio como assistente, pode, mais tarde, recorrer como terceiro prejudicado, da sentença que declarou existente a dívida, na ação declaratória negativa movida pelo devedor em face do credor.

O opoente não poderá recorrer como terceiro, já que ele ingressa para discutir a *sua* relação jurídica, e a intervenção, na via recursal, violaria o princípio do duplo grau, posto levar à superior instância matéria nova, sequer alegada, discutida e decidida no procedimento originário.

O terceiro prejudicado há de alegar, no seu recurso, a injustiça ou a ilegalidade formal da decisão proferida quanto à relação deduzida em juízo. A sua relação só será observada para efeito da admissibilidade do recurso que interpuser e não para apreciação pelo órgão *ad quem*.

É preciso não olvidar que, exatamente em respeito ao princípio do duplo grau de jurisdição, não é lícito inaugurar pedidos na instância *ad quem*. O *jus novorum* cede, apenas, no que concerne às questões de fato não deduzidas por motivos de força maior (CPC, art. 1.014). Esta a razão por que é limitado o conteúdo da impugnação do terceiro prejudicado.

Segundo dispõe o art. 996, é preciso que o terceiro demonstre a *vinculação do seu interesse para com a relação material discutida*, ainda que seja para recorrer de uma decisão de extinção sem resolução do mérito ou decisão interlocutória. O *nexo de interdependência* é o primeiro requisito representativo do seu *interesse jurídico*.

Cumpre ao terceiro demonstrar o prejuízo oriundo da decisão recorrida, assim entendida a intromissão direta ou reflexa da mesma na sua esfera jurídica, como no exemplo do fiador. A prova, que há de ser feita pelo terceiro, fica submetida à cognição do juízo *a quo* para fins de admissão do recurso.

Tema sempre presente pertine ao prejuízo advindo ao terceiro com a decisão do processo. Sustenta-se que o interesse do terceiro é o mesmo do assistente, daí porque só pode recorrer na situação que lhe permitiria intervir. Para outros, qualquer que seja o gravame causado pela decisão, habilita o terceiro a recorrer.[73]

A hermenêutica, sugerida pela tradição luso-brasileira, indica que o prejuízo há de ser jurídico e não de fato, uma vez que o nexo de interdependência que há é entre a relação discutida e a relação jurídica do terceiro.

O terceiro prejudicado, além desse nexo, deve preencher os demais requisitos de admissibilidade, já que poderá interpor qualquer recurso contra qualquer decisão proferida no processo.

Assim, cumpre-lhe apelar ou agravar, no prazo legal de quinze dias (CPC, art. 1.003, § 5º).[74] A intervenção recursal de terceiro não se identifica com a assistência em segundo

---

[73]   Sobre a perfeita distinção, consulte-se **José Alberto dos Reis**, *Intervenção de Terceiros*, p. 30.

[74]   Inexiste, hoje, a diversidade de prazos que o Código de 1939 concedia ao terceiro, em certas hipóteses (art. 815, §§ 1º e 2º).

grau, uma vez que é inaplicável a ele, declarando essa qualidade o regime da acessoriedade insculpido no art. 122 do CPC. Assim sendo, a desistência do recurso pela parte primitiva não obsta ao prosseguimento do recurso do terceiro prejudicado.

Denegada a subida do recurso, cumpre ao terceiro prejudicado interpor o agravo com o fito de fazer com que a instância *ad quem* conheça da sua impugnação.

O terceiro prejudicado pode ter uma relação conexa com a decidida pela sentença recorrida, assim como também pode ser cotitular dela.

Repise-se: à exceção do oponente, todo aquele que poderia ter ingressado como terceiro no processo, quer voluntária, quer coactamente, pode interpor recurso de terceiro prejudicado, cuja apreciação implicará que a ele se estendam os efeitos da decisão. Anote-se, por fim, que há casos em que o terceiro, exatamente por não ter participado do processo, não recorreu tempestivamente do ato que lhe é prejudicial. Nessa hipótese, a jurisprudência faculta-lhe o uso do mandado de segurança (Súmula nº 202 do STJ).[75]

1.3.2.3 Denunciação da lide

O instituto da denunciação da lide[76] é modalidade de intervenção forçada, vinculado à ideia de garantia de negócio translatício de domínio e existência de direito regressivo. A parte que provoca a denunciação da lide, o denunciante, ou tem um direito que deve ser garantido pelo denunciante-transmitente, ou é titular de eventual ação regressiva em face do terceiro, posto figurar na demanda em virtude de ato deste.

A razão de ser do instituto, calcada nos motivos acima, justificada a denominação que lhe emprestava o Direito brasileiro de 1939, e os sistemas alienígenas, cognominando-o "chamamento à autoria" que, na sua essência, significava "garantia",[77] ou melhor, "convocação do garante". O Direito francês e o italiano, fundados na origem germânica do instituto, preferiram o vocábulo "garantia", daí corresponder, nesses sistemas, a nossa atual "denunciação da lide", a *exception de garantie* e a *chiamata in garanzia,* esta última com as modalidades *formal* e *simples,* sendo certo que só o segundo modelo, efetivamente, corresponde e obedece aos mesmos princípios de denunciação da lide do sistema processual brasileiro. A *chiamata formal* e o modelo germânico dão azo à substituição do garantido pelo garante, além de a sua não convocação não gerar a perda do direito de regresso, mercê de inexistir a sentença materialmente dúplice prevista no art. 76 do nosso CPC de 1973. Essa diversidade revela certa originalidade do Direito brasileiro, que não escapa da crítica quanto à denominação utilizada, hodiernamente, porque, se a

---

[75] "**Súmula nº 202 do STJ:** A impetração de segurança por terceiro, contra ato judicial, não se condiciona a interposição de recurso."

[76] No que concerne à nomenclatura do instituto, suas origens e divergências quanto à melhor denominação, consulte-se **Amaral Santos**, *Primeiras Linhas de Direito Processual Civil*, p. 22; e **Agrícola Barbi**, *Comentários ao Código de Processo Civil*, Rio de Janeiro, Forense, vol. I, p. 333-335.

[77] **Ludovico Mortara**, *Instituzioni di Procedura Civile Firenze*, Barbera, 1972. O nosso Código usa expressão semelhante ao dispor sobre a competência do juízo da ação principal para as ações de garantia e outras que respeitam ao nomeante interveniente.

expressão, adotada em 1939, não era correta para espelhar o fenômeno que se passava quando convocado o garante, hipótese em que o garantido-chamante afastava-se da sua posição de parte do processo para dar lugar ao chamado, a atual também não o é. Isso porque chamamento à autoria insinua a ideia de convocação para ingresso no processo, ao passo que a denunciação reflete mera ciência, "denúncia", comunicação.

O mérito da expressão está, ao menos, em evitar a confusão terminológica com a "nomeação à autoria", mantida pelo Código, com finalidade totalmente distinta da "denunciação da lide". Assim, denunciar a lide a alguém não é senão trazer esse alguém para a lide, por força de garantia prestada, ou em razão de direito regressivo existente em face desse terceiro. Através da denunciação da lide, o denunciante aproveita-se do mesmo processo para exercer a ação de garantia ou a ação de regresso em face do denunciado; por isso, inspirado pelo princípio da economia processual, dispôs o legislador que "se o denunciante for vencedor, a ação de denunciação não terá o seu pedido examinado, sem prejuízo da condenação do denunciante ao pagamento das verbas de sucumbência em favor do denunciado" (CPC, art. 129, parágrafo único). O exercício da denunciação amplia a relação processual acrescentando-se a ela uma nova parte, criando uma situação legitimamente que não existia anteriormente e vinculando o denunciado ao processo.[78]

O denunciado é convocado *in eventum*, isto é, a sua presença faz-se necessária para a hipótese de condenação do denunciante, caso em que a sentença, em regra, condena, também, o terceiro. É sob esse ângulo que reside o interesse do *denunciante* e do *denunciado*, razão por que alguns admitem ter a denunciação da lide o colorido de uma "provocação de assistência".

A sentença, no processo em que ocorre a denunciação, disporá sobre a relação jurídica entre a parte e o denunciante, e entre este e o denunciado. E, como já dito, essa sentença é formalmente uma e materialmente dupla. Assim, por exemplo, a pessoa jurídica demandada por um ato lesivo praticado pelo seu preposto responde perante o suposto lesado, mas pode denunciar a lide ao seu empregado, para o fim de, na *mesma sentença* em que for condenada, ter consagrado seu direito de regresso.

A denunciação da lide é uma faculdade, nada impedindo que o denunciante exerça, em ação autônoma, e, posteriormente, o seu direito de regresso.

A denunciação vinculada ao direito de regresso é ideia preponderante. Nada obstante, o denunciante pode ter também uma pretensão declaratória contra o denunciado e outra condenatória em relação ao réu principal. Assim, *v.g.*, o autor pode denunciar a lide a outrem para que se lhe estendam os efeitos da decisão que declarar existente determinada relação jurídica e, baseado nesta mesma relação, formular um pedido condenatório de obrigação derivada do referido vínculo, em face do réu, ou, ainda, o adquirente de determinada *res* pode ingressar com a ação para negar a existência do direito alegado pelo reivindicante e denunciar a lide ao vendedor.

---

[78] A observação tem a sua pertinência sob o ângulo do Código atual, porque o denunciante, diversamente do Código de 1939, não mais se afasta do processo.

Além do caso específico do art. 125, I, do CPC,[79] a lei utiliza a fórmula genérica do inciso II, dispondo sobre o cabimento da denunciação "àquele que estiver obrigado, por lei ou pelo contrato, a indenizar, em ação regressiva, o prejuízo de quem for vencido no processo".

Há, assim, na denunciação da lide, uma relação jurídico-material entre as partes, e outra entre uma das partes e o denunciado.[80]

A oposição e a denunciação são figuras simetricamente opostas. Na oposição, o opoente antecipa-se, voluntariamente, para obter uma sentença contra ambas as partes primitivas. Na denunciação, a antecipação é do denunciante, que convoca, coactamente, o denunciado, antecipando o seu direito de regresso. Difere da nomeação à autoria que é remédio específico para as hipóteses legais e importa em substituição da parte. A denunciação resultará sempre em cumulação subjetiva. Mantém com a assistência a única afinidade de facultar-se ao potencial denunciado não convocado assistir o denunciante.

A denunciação, por seu turno, pode ser articulada pelo autor e pelo réu, distinguindo-se do chamamento ao processo pela especialidade deste último aos casos que menciona (CPC, arts. 130 a 132). Inexiste relação jurídica entre o adversário do denunciante e o denunciado, ao passo que a mesma subsiste entre o autor e os chamados, tanto assim que esses são, diretamente, condenados em face daquele.

Modernamente, a justificar as alterações promovidas pelo Código de 2015, é forçoso reconhecer algumas realidades distintas das existentes à época da promulgação do Código de 1973. A prática judiciária revelou em inúmeros julgados, da injustiça gerada pela impossibilidade de conceber-se uma relação direta entre o denunciado e o adversário do denunciante.

A experiência forense demonstrou que algumas causas, ao seu final, indicam para a responsabilidade única do denunciado em razão do evento gerador da demanda. Assim é

---

[79] "**Art. 125**. É admissível a denunciação da lide, promovida por qualquer das partes:

I – ao alienante imediato, no processo relativo à coisa cujo domínio foi transferido ao denunciante, a fim de que possa exercer os direitos que da evicção lhe resultam;

II – àquele que estiver obrigado, por lei ou pelo contrato, a indenizar, em ação regressiva, o prejuízo de quem for vencido no processo.

§ 1º O direito regressivo será exercido por ação autônoma quando a denunciação da lide for indeferida, deixar de ser promovida ou não for permitida.

§ 2º Admite-se uma única denunciação sucessiva, promovida pelo denunciado, contra seu antecessor imediato na cadeia dominial ou quem seja responsável por indenizá-lo, não podendo o denunciado sucessivo promover nova denunciação, hipótese em que eventual direito de regresso será exercido por ação autônoma."

[80] Sobre o tema, aliás, vale mencionar que, consoante entendimento do STJ, na cobrança de seguro-garantia, não cabe denunciação da lide ao fiador do contrato de contragarantia, posto que "a relação segurado-seguradora é independente da relação tomador-seguradora, havendo apenas subordinação por um ou mais fatos (ou condições ou motivos), que dão à seguradora o direito de acionar o tomador para o ressarcir quando esta pagar ao segurado os prejuízos por ele sofridos em razão do inadimplemento do tomador" (REsp 17.131.50/SP, Rel. Min. Moura Ribeiro, 3ª Turma, j. 20.04.2021).

que, em ação de responsabilidade civil travada entre o adquirente de unidade e o construtor, apurou-se, após longos 10 anos, que a responsabilidade pelos danos ocorridos no imóvel deveria ser imputada unicamente ao denunciado, fornecedor do material de construção. Entretanto, impunha-se atalhar uma primeira dificuldade consistente em excluir-se do processo o construtor e imputar-se a responsabilidade ao fornecedor dos materiais. No esquema rígido da denunciação, o regresso somente seria acolhido se condenado o construtor. No caso vertente, a construtora, em primeira instância, restou exonerada de responsabilidade, por isso que a denunciação, não obstante a culpa do denunciado, foi julgada, também, improcedente. Em grau de recurso, o tribunal, reparando a injustiça, "condenou" *per saltum* o fornecedor do material em face do adversário do denunciante, aproveitando-se da percepção legal de que denunciado e denunciante são, em princípio, consortes na lide (art. 75, I, do CPC de 1973, atual art. 128, I, CPC),[81] não obstante litigarem entre si em ação de regresso.

Esse "singular litisconsórcio" não é unanimemente aceito pela doutrina, principalmente por aqueles que somente entreveem na denunciação um regresso e não uma mera denúncia, comunicação ou provocação de assistência.

A partir da "concepção única" da denunciação como ação de regresso na qual o denunciado, aceitando a qualidade, litiga ao lado do denunciante, torna-se de certo modo contraditório, categorizá-los como litisconsortes em razão das posições contrastantes que mantêm, posto litigantes diversos quanto à denunciação em si. Entretanto, a lei admite essa modalidade *sui generis* de "litisconsórcio contrastante" não só na denunciação, mas também na oposição, ao considerar os opostos como litisconsortes em face do opoente. É preciso, contudo, ressaltar que esse "litisconsórcio especialíssimo" submete-se a regras atípicas. Assim é que o litisconsórcio que se forma na oposição entre os opostos é obrigatório e unitário sob a ótica da oposição como ação *de per si*; por isso, a vitória ou a derrota do opoente atinge a ambos os opostos. Representaria severo erro de ótica afirmar-se que na derrota, o opoente sucumbe em relação a uma das partes e vence a outra, por isso "simples" é o litisconsórcio.

Na denunciação da lide, denunciante e denunciado são *litisconsortes da espécie facultativo*, tanto mais que a lei admite a recusa de qualidade pelo terceiro, mercê de não ser obrigatória a denunciação. Não obstante, o litisconsórcio, *in casu*, revela-se *unitário* não na formulação da decisão, senão sob o prisma eminentemente procedimental, o que implica a incidência do princípio da "interdependência" entre os litisconsortes. É que, sendo unitário esse litisconsórcio, o denunciante não poderá praticar atos de disponibilidade lesivos aos interesses do denunciado, que a isso poderá opor-se.

O Código não contém nenhuma regra acerca de eventual "má gestão processual do denunciante", exatamente porque o denunciado está ao seu lado a impedir esses deslizes

---

[81] "**Art. 128.** Feita a denunciação pelo réu:

I – se o denunciado contestar o pedido formulado pelo autor, o processo prosseguirá tendo, na ação principal, em litisconsórcio, denunciante e denunciado;

(...)."

processuais. Na vetusta legislação de 1939, relembre-se, o denunciante que atuasse com negligência perdia o direito de regresso. Na novel regulação, manteve-se o disposto no Código de 1973, e o *status* de litisconsorte torna insensível para o processo essa desídia. Entretanto, na relação denunciado *versus* denunciante, o regime é diferente, tanto que a própria lei admite que o denunciado pratique atos de disponibilidade independentemente de anuência do denunciante. A razão é simples: tratando-se de direito de regresso, encetado em relação "distinta", os atos de disponibilidade do denunciado tornam certa a procedência dessa demanda eventual; por isso, o denunciante não precisa opor-se, porquanto está garantido no seu regresso, não obstante a manifestação do denunciado possa influir decisivamente na ação originária, *v.g.*, ocorre quando o preposto da pessoa jurídica reconhece a sua culpa ou o alienante confessa que a venda foi engendrada com o vício da evicção. Ressalte-se, entretanto, que, apesar de o regime ser livre na relação entre denunciado em face do denunciante e não vice-versa, o juiz pode coibir qualquer disponibilidade processual engendrada pelo denunciado que vise a causar prejuízo irreparável ao denunciante.

Desse modo, se o denunciado pretende confessar, mas não tem patrimônio para suportar o regresso, é lícito ao juiz desconsiderar essa confissão como elemento decisivo de prova, não só em razão do abandonado sistema da "prova legal" (art. 371 do CPC), mas também, pelo poder-dever de velar para que as partes não obtenham resultados ilegais nem procedam de modo temerário no processo (art. 80, III e V, do CPC).[82]

Destarte, inúmeros diplomas modernos vêm a excluir o cabimento da denunciação nos procedimentos concentrados, os quais, em razão da matéria, absorvem uma série de litígios onde se manifesta utilíssima essa forma de intervenção.

Esses embaraços formais vêm induzindo a doutrina precursora da *efetividade* do processo a admitir, no Direito brasileiro, *duas modalidades de denunciação da lide*.[83] A

---

[82] "**Art. 80.** Considera-se litigante de má-fé aquele que:

I – deduzir pretensão ou defesa contra texto expresso de lei ou fato incontroverso;

II – alterar a verdade dos fatos;

III – usar do processo para conseguir objetivo ilegal;

IV – opuser resistência injustificada ao andamento do processo;

V – proceder de modo temerário em qualquer incidente ou ato do processo;

VI – provocar incidente manifestamente infundado;

VII – interpuser recurso com intuito manifestamente protelatório."

[83] Mister observar que a história do processo ao longo do seu curso conheceu essa dupla modalidade. O Direito germânico primitivo preconizava a substituição do denunciante pelo denunciado que assumia a titularidade da relação pelo dever de garantir a coisa transmitida e consequentemente o dever de indenizar em caso de evicção, ainda se incumbia do dever de prestar assistência judicial ao adquirente. O Direito germânico moderno preconiza a mera comunicação garantidora do regresso autônomo e posterior. Assim, **Rosenberg**, *Tratado*, § 47, II, I, e **Calamandrei**, *La Chiamata in Garanzia, Opere*, vol. V, p. 39. Consoante se verifica, o nosso matiz é o Direito germânico antigo por influência do Direito italiano e francês.

No direito brasileiro, também se admitia assumisse o denunciado o comando da causa em lugar do denunciante, tanto que a ação de regresso se dava posteriormente. É a figura da "extromissão"

denunciação como *mera comunicação do litígio* e a denunciação na versão *ação regressiva*. A *primeira modalidade* tem a vantagem de admitir apenas a comunicação formal, superando obstáculos procedimentais e permitindo ao denunciante não se expor à eventual sucumbência em face do denunciado, caso improcedente a ação principal. Nessa hipótese, o denunciado assume a qualidade de assistente do denunciante, auxiliando-o na vitória, que acaso não surja, ao menos vinculará o terceiro à justiça da decisão (art. 123 do CPC).

A *denunciação, na versão de ação regressiva*, mantém intacto o direito de regresso condicionado a essa provocação, assim determinada por lei material.

Analisemos a seguir, pois, *as hipóteses legais de denunciação da lide.*

1.3.2.3.1 Hipóteses legais

O art. 125,[84] nos seus dois incisos, indica os casos de denunciação da lide. Os próprios casos específicos denotam que o denunciante convoca o denunciado porquanto molestado em razão do direito transferido pelo primeiro. O regresso ou a pretensão de ressarcimento surgem porque ao denunciado cabia transferir ao denunciante o direito ou a coisa, sem que sobre eles pairasse qualquer controvérsia.

No que concerne aos casos dessa modalidade de intervenção, prevalece a regra de que a denunciação é mera faculdade, não inibindo o denunciante de fazer valer o seu direito em ação distinta e autônoma com o que perde a oportunidade de ter consagrado, numa só sentença e na mesma oportunidade, o seu direito regressivo. O Código positivou tal posição, revogando, inclusive, o art. 456 do Código Civil.

Até o atual diploma, contudo, a matéria não havia encontrado paz na doutrina. É que sustentavam alguns que a obrigatoriedade da denunciação encerra um ônus, cujo descumprimento implica a perda do direito de regresso contra aquele que é garante, solução que nos parece inaplicável. Aliás, desde o Código de 1939, o sistema processual contempla o caso de evicção como único passível de chamamento à autoria, hoje, denominado denunciação da lide. Parcela majoritária da doutrina e da jurisprudência perfilhava a solução de que a perda do direito regressivo subordina-se à regra expressa de direito substancial. À míngua dessa disposição, a ausência de denunciação geraria apenas a pre-

---

até hoje permitida na Itália, desde que o autor não se oponha e a denunciação seja levada a efeito pelo réu (**Ferruccio Tommaseo** *L'Estromissione di una Parte dal Giudizio*, 1975, p. 145 e segs.). Na versão atual, segundo a doutrina dominante, a denunciação cumpre a dupla finalidade de o denunciado prestar assistência ao denunciante como um litisconsorte seu, e, ao mesmo tempo, responder pela eventual perda da demanda, na qual, exatamente pela sua intervenção, não há lugar para a *exceptio male gesti processus*.

[84] "**Art. 125.** É admissível a denunciação da lide, promovida por qualquer das partes:

I – ao alienante imediato, no processo relativo à coisa cujo domínio foi transferido ao denunciante, a fim de que possa exercer os direitos que da evicção lhe resultam;

II – àquele que estiver obrigado, pela lei ou pelo contrato, a indenizar, em ação regressiva, o prejuízo de quem for vencido no processo."

clusão, consistente na impossibilidade de o denunciante obter, em *simultaneus processus* e em *unum et idem judex,* o pronunciamento judicial sobre a sua relação jurídica com o denunciado. Do exposto, era forçoso concluir que, efetivamente, somente na hipótese de evicção haveria perda do direito de regresso e, portanto, nesse sentido, *era obrigatória* a denunciação da lide.

A denunciação é cabível, primeiramente, ao alienante, na ação em que terceiro reivindica a coisa, cujo domínio foi transferido à parte, a fim de que esta possa exercer o direito que da evicção lhe resulta. O inciso I, que inaugura as hipóteses de denunciação, é destinado a todo aquele que, adquirindo o domínio, vem perdê-lo em ação própria, por sentença judicial. Visando a protegê-lo, no mesmo processo em que é demandado, o adquirente convoca o alienante para a hipótese de, sendo vencido na causa e destituído do domínio, posse ou uso da coisa, ver-se ressarcido das verbas contempladas pelo art. 450 do Código Civil.[85] É dizer: perde a coisa para o reivindicante, mas obtém o seu ressarcimento na mesma decisão judicial.

A hipótese retratada no inciso I parece indicar o cabimento da denunciação apenas nos casos de ação reivindicatória. Nada obsta, entretanto, que o instituto seja utilizado em ação declaratória, onde se infirma o direito de propriedade do adquirente que, por isso, deve denunciar a lide ao alienante. É idêntico o raciocínio, se a ação for possessória e não petitória. O que importa para a denunciação, nesse caso, é a negação do direito transmitido, razão pela qual a redação genérica do Código de 1939, no seu art. 95, atendia de maneira mais explícita aos objetivos da denunciação, porque dispunha que cabia a intervenção forçada "daquele que demandasse ou contra quem se demandasse acerca de coisa ou direito real à posse de quem houvera a coisa ou o direito real, a fim de resguardar-se dos riscos da evicção".

O inciso II, por sua vez, contém redação genérica e engloba todas as situações de regresso contempladas em lei ou no contrato, v.g., o causador do estado de perigo que levou outrem a, em estado de necessidade, danificar o patrimônio alheio etc.[86]

O presente inciso encerra, também, a essência da garantia na medida em que a transmissão de outro direito qualquer, que viesse a ser impugnado, reclamaria, do demandado, ação autônoma, *v.g.,* o exemplo da doutrina, quanto à posição do cessionário de um crédito inexistente diante do cedente. Hodiernamente, pela fórmula legal genérica, essa evicção pessoal pode ser coibida através da denunciação da lide ao cedente.

---

[85] "**Código Civil, art. 450.** Salvo estipulação em contrário, tem direito o evicto, além da restituição integral do preço ou das quantias que pagou:

I – à indenização dos frutos que tiver sido obrigado a restituir;

II – à indenização pelas despesas dos contratos e pelos prejuízos que diretamente resultarem da evicção;

III – às custas judiciais e aos honorários do advogado por ele constituído. (...)."

[86] Quanto à pessoa jurídica de Direito Público que, na forma do § 6º, do art. 37 da Constituição Federal, responde pelos atos do seu preposto e pode regredir contra o mesmo, a jurisprudência do Supremo Tribunal Federal indica a adoção da tese da dupla proteção, inibindo a denunciação da lide, de sorte a facilitar o ressarcimento do particular.

Destarte, a fórmula genérica amplia sobremodo os casos de denunciação, o que é salutar, à luz do princípio da economia processual, sacrificado, tão somente, em pequena escala, em face da suspensão do processo. Deveras, os tribunais vêm emprestando à expressão "ação regressiva" a mais ampla concepção, tornando o instituto como o mais utilizado dentre os que compõem o sistema de intervenção de terceiros.

Aliás, essa tendência jurisprudencial é a consagração da afirmação de Chiovenda de que "qualquer que por ato seu expõe outrem a uma derrota judicial pode ser chamado". O referido dispositivo, representa, ainda, o atendimento, pelo legislador, dos reclamos da doutrina mais autorizada, no sentido da ampliação das finalidades do instituto, que era restrito aos casos de evicção.

Por fim, a *denunciação pode ser sucessiva,* se o direito de regresso exercido contra o denunciado puder ser repassado a outrem. O alienante denunciado pode denunciar, por sua vez, quem lhe vendeu o imóvel, objeto da evicção. No entanto, esta só pode se dar uma única vez no processo e, caso o denunciado sucessivo pretenda promover nova denunciação, deverá propor a ação autônoma para exercer seu direito de regresso (art. 125, § 2º, do Código).

1.3.2.3.2 Procedimento

A denunciação[87] pode ser engendrada por qualquer das partes. Assim é que, acaso *requerida pelo autor*, reclama a citação do denunciado, juntamente com a do réu. O denunciado, por seu turno, comparecendo, assume a posição de litisconsorte do denunciante e pode aditar a petição inicial, hipótese em que, em face do *aditamento ulterior*, deve proceder-se à *nova* citação do réu (arts. 126 e 127) em atendimento ao contraditório. A procedência do pedido calcada no aditamento e sem nova citação anula o processo.

Inspirado no modelo alemão, o Código considera o denunciado pelo autor como litisconsorte deste. A expressão deve ser entendida no plano ideal. Isso porque a derrota do denunciante é pressuposto da derrota do denunciado, daí pugnar este pela vitória daquele. É só nesse sentido de auxílio que se pode conceber um "litisconsórcio", porquanto, sendo a denunciação verdadeira ação de regresso, o denunciado é *adversário* do denunciante e não colitigante. Reversamente, no Direito alemão cabe a qualificação de litisconsorte, porque não há regresso no mesmo processo; daí inserir aquele sistema, o denunciado, como assistente do denunciante.

A lei utiliza a expressão *"assumir a posição de litisconsorte"* (art. 127), mas o que se impõe é a *citação* do denunciado. A sua integração à relação processual é regulada pelos princípios e regras que disciplinam a inércia processual das partes, incidindo a preclusão, a revelia etc.

---

[87] A possibilidade de apresentação da denunciação por qualquer das partes é de inspiração alemã e representa evolução alcançada com o Código de 1939 no seu art. 95, uma vez que a maioria dos códigos estaduais, à semelhança da legislação processual portuguesa, previam-na somente para o réu.

A *denunciação*, *feita pelo réu*, deve ser formulada na contestação e promovida em trinta dias, salvo se o denunciado residir em outra comarca, quando este será de dois meses (art. 131, por remissão do art. 126). Na verdade, se buscou evitar a variação do prazo, pautado no prazo de resposta do réu pela vetusta legislação. Verificando o juiz o *cabimento* da denunciação, ordenará a citação do denunciado, ficando suspenso o processo até que ele, no prazo legal, seja convocado. A medida tem o seu cabimento em virtude da cumulação objetiva ulterior, que reclama do juiz, por força de conexão, conhecer e julgar a ação das partes primitivas e aquela entre denunciante e denunciado.

O Código não mais estabelece normas específicas de citação do denunciado, utilizando por remissão, inclusive, a forma e os prazos do disposto para o chamamento do processo (art. 131). Contudo, não deixou de lado o objetivo de não sobrestar a marcha processual. Assim é que, suspenso o processo pelo acolhimento da denunciação requerida, a citação do apontado denunciado – o alienante, o proprietário, o possuidor, ou o responsável pela indenização – deve ser feita dentro de trinta dias do deferimento da intervenção, quando o terceiro residir na mesma comarca, e, em dois meses, se em outra comarca ou local incerto. Nestas hipóteses não se altera, como evidente, o prazo para a resposta, mas, tão somente, o de diligenciar a completa efetivação da citação. O denunciado deve estar citado neste prazo (CPC, art. 131).

A finalidade do dispositivo é evitar que o desenvolvimento do processo fique prejudicado pela denunciação. Consectariamente, dispunha o § 2º do art. 72 do Código de 1973 que "não se procedendo à citação no prazo marcado, a ação prosseguirá unicamente em relação ao denunciante", caso em que, o denunciante, deveria exercer o seu direito de regresso em outro processo e em outra oportunidade. O dispositivo não foi repetido pelo vigente CPC e, à época, já era alvo de críticas por não se coadunar com o princípio da economia processual, que se compadece até mesmo com uma oposição oferecida após a audiência e com o sobrestamento do feito principal (CPC, art. 685, parágrafo único). Recomenda-se, nesse sentido, que se persevere na citação.

Não obstante, à luz de uma interpretação histórica sob a égide da lei de 1939, que dispunha que se a evicção fosse postulada em ação própria, ocorria perda do direito regressivo, se a parte *interessada, por má-fé*, deixasse de realizar o ato citatório nos prazos legais,[88] hodiernamente, aproveita-se a mesma linha de raciocínio para isentar o denunciante, se a falta advier, também, de deficiência do mecanismo judiciário.[89] O raciocínio é análogo à impossibilidade de interrupção da prescrição nos prazos de citação dos parágrafos do art. 240, quando isto se der por culpa da máquina do Judiciário. Assim, não se realizando a citação do denunciado nos prazos marcados, mas sem culpa do denunciante, cumpre ao juiz relevar esses lapsos temporais e perseverar na citação, sem cogitar de ação futura, máxime porque, atualmente, na hipótese do inciso I, a denunciação é obrigatória. Essa exegese encontra respaldo no sistema de justa causa adotado (art. 223 do CPC).

---

[88] **Frederico Marques**, *Instituições de Direito Processual Civil*, p. 195, e Código de 1939, art. 96, § 2º.

[89] **Amaral Santos**, *Primeiras Linhas de Direito Processual Civil*, p. 26, e **Agrícola Barbi**, *Comentários ao Código de Processo Civil*, p. 347.

A denunciação pelo réu, segundo o art. 128, pode gerar alguns cenários[90]. De toda sorte, citado o denunciado, havendo ou não aceitação dessa qualidade, impugnação do pedido principal ou daquele formulado na denunciação, em todos esses casos, o terceiro ficará sujeito aos efeitos da sentença.

1.3.2.3.2.1 Denunciado aceita e contesta o pedido

A primeira hipótese legal retrata a aceitação da qualidade jurídica pelo denunciado (art. 128, I). O denunciante por seu turno, exerce contra aquele um direito de regresso, exatamente por estar sendo acionado pelo autor, razão pela qual o denunciado luta pela vitória do denunciante, com o que se estará resguardando e evitando o regresso. É nesse sentido que a lei aduz a um litisconsórcio.

Destarte, a aceitação da qualidade não impede o denunciado de contestar o pedido do autor primitivo, obstando o regresso do denunciante. Assim, por exemplo, o empregado denunciado pode contestar o pedido de indenização formulado por um pseudolesado contra a sua empresa e, a um só tempo, alegar que, ainda que sobrevenha a derrota do empregador, o próprio contrato de trabalho isenta-o do dever de indenizar por ato do seu ofício.

Essa é a razão porque se aduziu que esse litisconsórcio é "ideal", haja vista a posição passiva do denunciado à frente do denunciante. Aliás, essa presença do denunciado inibe qualquer possibilidade de o denunciante praticar atos tendentes à sua derrota ou à defesa ineficiente, para após locupletar-se do terceiro interveniente. Os atos de disposição do denunciante exoneram o denunciado. A recíproca, entretanto, não é verdadeira: se esses atos praticados pelo denunciado acarretarem a derrota do denunciante, automaticamente gerarão para este o regresso que pretende no processo.[91]

1.3.2.3.2.2 Denunciado é revel ou nega essa qualidade

Na segunda hipótese, *sub examine,* o denunciante não conta com o apoio técnico do denunciado, que se queda inerte (art. 128, II). Entretanto, se perder a demanda, o seu

---

[90] "**Art. 128.** Feita a denunciação pelo réu:

I – se o denunciado contestar o pedido formulado pelo autor, o processo prosseguirá tendo, na ação principal, em litisconsórcio, denunciante e denunciado;

II – se o denunciado for revel, o denunciante pode deixar de prosseguir com sua defesa, eventualmente oferecida, e abster-se de recorrer, restringindo sua atuação à ação regressiva;

III – se o denunciado confessar os fatos alegados pelo autor na ação principal, o denunciante poderá prosseguir com sua defesa ou, aderindo a tal reconhecimento, pedir apenas a procedência da ação de regresso.

Parágrafo único. Procedente o pedido da ação principal, pode o autor, se for o caso, requerer o cumprimento da sentença também contra o denunciado, nos limites da condenação deste na ação regressiva."

[91] A respeito do Código anterior, veja-se **Pedro Batista Martins**, *Comentários ao Código de Processo Civil*, Rio de Janeiro: Forense, 1942. vol. 1. p. 303. vol. 1, p. 303.

direito de regresso restará incólume, porquanto não sofreu obstáculo do denunciado inerte quanto ao mérito da denunciação.

A simples citação faz estender os efeitos subjetivos da sentença ao denunciado, de sorte que a sua ausência, ou negativa de qualidade, não impede que ele seja incluído nos limites subjetivos da decisão, conforme conclusão a que se chega. Ademais, não há, para a denunciação, dispositivo que exima o denunciado, dos efeitos do julgado quando nega a qualidade que lhe atribui o denunciante.

1.3.2.3.2.3 Denunciado confessa os fatos alegados pelo autor

A admissão pelo denunciado da veracidade do fato constitutivo alegado pelo autor pode levar o denunciante à derrota (art. 128, III). Mas, como este só está sujeito ao processo em razão de um ato praticado pelo denunciado, esse reconhecimento dele, de que cometeu uma atitude antijurídica, valerá, também, como fundamento da condenação do terceiro em prol do denunciante.

A confissão será servil à vitória do autor, e fundamento para a condenação do denunciado confitente em face do denunciante. É que, se o denunciante responde por uma atitude errônea do denunciado e este vem ao processo e confessa os fatos, o regresso daquele resta garantido. Esta é a razão pela qual a lei dispõe que o denunciante poderá prosseguir na defesa se o denunciado confessar, sem prejuízo de considerar-se que o denunciante pode desprezar a confissão e continuar na defesa, assim como ocorria no direito anterior, donde provém a regra acima.[92]

1.3.2.3.3 Sentença

A sentença na denunciação da lide dispõe sobre as relações entre a parte primitiva e o denunciante, e entre este e o denunciado. Por isso que, apesar de formalmente una, é materialmente múltipla, porquanto contém mais de uma decisão.

O Código cogitou da procedência do pedido como pressuposto do acolhimento da denunciação, no mérito (art. 129). Entretanto, é possível que, apesar de *procedente o pedido, seja improcedente* a denunciação, *v.g.*, se renunciado anteriormente, pelo denunciante, o direito de regresso. Deveras, o denunciado pode, ainda, alegar fatos modificativos, impeditivos ou extintivos, *v.g.*, o pagamento antecipado da indenização a que se viu condenado o denunciante em razão de acidente automobilístico.

A regra simetricamente oposta também é verdadeira; vale dizer: a improcedência do pedido conduzirá, também, à improcedência da denunciação, que tem, como seu pressuposto potencial acolhimento daquela, na estrita *ratio* do dispositivo.

---

[92] Em razão da nossa ótica quanto à *ratio essendi* do dispositivo, negamos acolhida ao que afirma, sobre o assunto, **Agrícola Barbi** (*Comentários ao Código de Processo Civil*, p. 352), sobre não poder a confissão prejudicar o denunciante. É evidente que a confissão nesse caso é prejudicial ao próprio denunciado, que, conforme o próprio autor faz questão de ressaltar, trava uma demanda com o denunciante.

O que a lei estabelece, em essência, é a regra de que, vencido o denunciante, deverá a sentença contemplar-lhe o direito de regresso contra o denunciado, para que, não obstante satisfazer o direito do autor, possa, também, acolher a pretensão do denunciante, permitindo-lhe executar a mesma sentença contra o denunciado. Em consequência, a lei enuncia que a sentença condenará o denunciado e não apenas declarará, o que se concilia com o novel cumprimento da sentença, que atribui à decisão final que reconheça a existência de obrigação de fazer, não fazer, entregar coisa ou pagar quantia a condição jurídica de título executivo judicial (CPC, art. 515, I).

Conquanto seja inviável o ajuizamento direto da demanda em face do denunciado, a jurisprudência vem, nessa linha, autorizando a condenação, na sentença, diretamente, em favor do autor.[93]

Frise-se, por fim que, sendo movida a denunciação pelo autor, a sentença que julgar improcedente o seu pedido declarará, também, a "responsabilidade" do denunciado, e não só a que julgar procedente. É que, na hipótese de o autor ingressar com ação declaratória para ver assegurado o direito que lhe foi transmitido pelo denunciado e, ao mesmo tempo, denunciar a lide a este, na eventualidade de perder a demanda, a sentença que lhe for desfavorável deverá condenar o denunciado a compor os prejuízos resultantes da transmissão de um direito que ele não poderia transferir. Em suma: a mesma sentença que for desfavorável ao denunciante em face da parte primitiva ser-lhe-á favorável em função do denunciado, valendo, contra este, como título executivo.

A sentença que não disponha sobre o pedido do denunciante é nula posto que *citra petita,* bem como aquela que conclui sobre o mérito, sem analisar a denunciação em havendo agravo provido contra o desacolhimento do pedido de denunciação, reabrindo-se as etapas processuais das quais não participou o denunciado, hipótese na qual retomará o processo desde o pedido de intervenção coacta não apreciado.

Os ônus da sucumbência na denunciação devem ser suportados pela parte vencida, segundo a regra geral, considerando-se, isoladamente, a ação principal e a denunciação, porque nesta ao denunciante é que cabe avaliar as possibilidades de êxito na ação principal, antes de engendrar a intervenção forçada do terceiro denunciado (art. 129, parágrafo único).

Uma última palavra, todavia, deve ser lembrada, quanto aos aspectos econômicos da denunciação.

O denunciante, como observado, é condenado em razão de fato imputável ao denunciado; por isso do regresso garantido. Pode ocorrer que o denunciante não disponha de meios para satisfazer a parte vitoriosa antes de reembolsado pelo denunciado. Nessas hipóteses, é lícito solicitar ao juiz *tutela antecipada* em face do denunciado para satisfazer

---

[93] Nessa linha, recurso repetitivo julgado pelo Superior Tribunal de Justiça: "Em ação de reparação de danos movida em face do segurado, a Seguradora denunciada pode ser condenada direta e solidariamente junto com este a pagar a indenização devida à vítima, nos limites contratados na apólice" (REsp 925.130/SP, Rel. Min. Luis Felipe Salomão, 2ª Seção, j. 08.02.2012).

os interesses da parte vencedora. A medida, assim, favorece a ambos os contendores: a parte vencedora e o denunciante em detrimento do denunciado, que, em essência, é o verdadeiro responsável pela demanda.

1.3.2.4 Chamamento ao processo

O chamamento ao processo é modalidade de intervenção forçada[94] do terceiro, a ser manejada unicamente pelo réu. Inspirado no Direito lusitano, onde o instituto é conhecido como *chamamento à demanda* (arts. 330 a 333 do CPC português), tem como *ratio essendi* o vínculo da solidariedade passiva e sua dinâmica no que concerne à exigibilidade da responsabilidade. Consoante é sabido, na solidariedade passiva, há uma relação interna entre os devedores que lhes impõe um rateio da cota de cada um na dívida comum. Observando esse aspecto, o legislador processual estabeleceu a possibilidade de o devedor demandado convocar ao processo os demais coobrigados, com o fim de estender-lhes os efeitos da sentença, e autorizar àquele que, por fim, satisfizer a dívida, recobrar, de cada um, a sua cota-parte.

A par da solidariedade, a lei processual contempla o chamamento também para o caso típico de ação regressiva. É o que se dá com o fiador (ou fiadores) que podem chamar ao processo o devedor principal.[95] Não obstante encerre a hipótese ação de regresso, esta não se instrumentaliza através da denunciação da lide. O legislador preferiu enquadrá-la, por força do princípio da especialidade, como hipótese de chamamento ao processo, como previsto no Direito luso. Tampouco o dispositivo cria, à disposição do coobrigado superabundância de meios para exercer o regresso, isto é, chamamento e denunciação. A intervenção cabível é uma só e *facultativa*. Ademais, entre os chamados e a parte adversa do chamante, há relação jurídica direta, o que inocorre entre o denunciado e o adversário do denunciante.[96]

Estas características dessa modalidade de intervenção, acrescidas da redação do disposto nos arts. 131 e 132 do CPC, fazem-nos crer que, no chamamento, não há exercício de qualquer ação do chamador em face dos chamados, mas mera provocação de intervenção, através da citação; por isso, citados e, eventualmente, condenados, poderão ser *executados* por aquele que satisfizer a dívida, à exceção, como é óbvio, do devedor em relação ao fiador. O que há no chamamento, em face da unicidade da *causa petendi,* que é a tônica na solidariedade civil, é uma ampliação subjetiva na relação processual, um

---

[94] A caracterização como modalidade de intervenção deve-se a **Moacyr Lobo da Costa**, muito embora a doutrina dominante entenda o caso de "integração da instância ou do processo" (*A Intervenção "Iussu Iudicis" no Processo Civil Brasileiro*, 1961, p. 135). V., ainda, **M. Seabra Fagundes**, *Dos Recursos Orçamentários em Matéria Civil*, p. 178.

[95] Nesse particular, deve-se atentar para a corriqueira cláusula contratual locatícia, em que o fiador renuncia ao benefício de ordem, constante do art. 827 do CC.

[96] **José Carlos Barbosa Moreira**, *Estudos sobre o Novo Código de Processo Civil*, Rio de Janeiro: Liber Juris, 1974. p. 89, onde, ainda, demonstra que a denunciação da lide se coaduna com a proteção dada ao evicto pela lei material, ao passo que o chamamento gera desarmonia entre os dois diplomas, porque a lei processual traz ao credor o desconforto removido pelo CC.

litisconsórcio ulterior, autorizado por lei, fazendo-se estender aos coobrigados os efeitos da sentença, que seria, originariamente, preferida contra um só deles.

Essa conotação modifica a dinâmica ritual do chamamento, superando obstáculos observados pela doutrina. Assim, por exemplo, havendo esse litisconsórcio, a resposta dos chamados tem termo *a quo* único.

As regras da sucumbência têm aplicação normal, não se cogitando de subdividir as despesas entre o autor e o chamante e entre este e os chamados. Aliás, não fosse assim, não teria nenhum cabimento estabelecer um instituto que fizesse as mesmas vezes da denunciação.

O fenômeno aqui é simetricamente oposto à alegação de ilegitimidade (que substitui a nomeação à autoria, enquanto modalidade de intervenção de terceiros). Neste, há substituição de um réu por outro. No chamamento, apesar da *modificação subjetiva, esta amplia* o número de legitimados passivos, medida que se torna necessária para que se forme em relação a eles o título executivo a que se refere o art. 132 do CPC. Observe- -se que esse dispositivo não se utiliza da mesma técnica do art. 129, que faz pressupor capítulos distintos da mesma sentença sobre a ação e a denunciação. No chamamento, a lei dispõe que a "sentença condenará os devedores", referindo-se às pessoas mencionadas nos incisos I, II e III do art. 130 do CPC.

Esse litisconsórcio ulterior não é necessário, tanto que a lei preceitua *admissível* o chamamento como uma faculdade do réu, sendo certo que o demandado que engendrar o chamamento deve responsabilizar-se pela eventual impugnação do terceiro quanto ao seu ingresso no processo, *v.g.*, ocorre quando é negada a solidariedade. Nesse caso, as despesas havidas pelo terceiro são de responsabilidade de quem o convocou. Raciocínio inverso conduziria ao absurdo de impor-se ao autor responsabilidade por ato da parte adversa e obrigá-lo a litigar com demandado não escolhido por ele.

A unicidade de *causa debendi* faz aplicar-se a esse litisconsórcio o regime da inter- dependência entre os litisconsortes.

Fundando-se na solidariedade e na unicidade de causa do débito, *não se aplica o chamamento aos obrigados cambiais*; por isso, eles assumem obrigações autônomas, em regra, persequíveis por processo de execução, onde o contraditório eventual que se forma não enseja a sentença do art. 132 do CPC, que é *a causa finalis* dessa espécie de intervenção. Ademais, a lei refere-se a devedor solidário e fiador, figuras inexistentes nos títulos cambiais.

A previsão inovadora do chamamento ao processo, no Código de 1973, fez exsur- girem severas críticas na doutrina. Sob o prisma formal, a intervenção é criticada posto constranger o credor a litigar com demandados não escolhidos, violando o princípio dis- positivo e a tradição romana, sem prejuízo de delongar a relação processual em detrimento do credor. Sob a ótica material, afirma-se, com genialidade, que a vantagem deferida ao credor na solidariedade, com o chamamento, cai por terra, por isso o legislador proces- sual retirou com a mão esquerda aquilo que o legislador material concedeu ao credor com a direita, suprimindo, na prática, o benefício previsto na lei civil que consiste em o *accipiens* escolher o *solvens*.

1.3.2.4.1 Hipóteses legais

O Código contempla três hipóteses de chamamento ao processo, no art. 130,[97] cujo *caput*, ao tornar "admissível" a convocação, traduz a impossibilidade de denegação, pelo juízo, do chamamento formulado, nos casos legais.

A admissibilidade do chamamento justifica-se porque o fiador assume o polo passivo da relação processual em função de ser o garante da obrigação do chamado. Nesta hipótese, a convocação do devedor torna-se importante, porque a sentença que impuser a condenação a ambos servirá de título executivo para o garante recobrar do afiançado (CPC, art. 132). O cumprimento da condenação pelo devedor extingue a fiança por força do desaparecimento da obrigação principal, não se cogitando em aplicar a parte final do art. 132 do CPC em prol do devedor, que é o responsável principal pelo pagamento garantido por negócio gratuito.

No que concerne à pluralidade de fiadores, a norma material implica solidariedade, por isso que os outros cofiadores podem ser convocados para coparticipar do processo. É evidente que o fiador, antes de convocar os outros cofiadores, pode chamar, também, o devedor principal.

No que concerne, ainda, à *figura do fiador*, outras *questões* agitam-se quanto ao chamamento ao processo.

Conforme é sabido, o fiador pode executar o afiançado nos mesmos autos em que sofreu a execução forçada. Entretanto, tratando-se de execução de título judicial, o fiador somente poderá valer-se desse benefício da execução imediata do art. 794, § 2º, do CPC, se tiver *chamado* ao processo o devedor afiançado, haja vista que não se admite uma execução de sentença em face de quem não foi sujeito no processo de formação desse título judicial.[98]

Questão interessante é a que insinua a possibilidade de o *fiador-executado* chamar ao *processo de embargos* o afiançado para que, intervindo, não possa futuramente alegar a *exceptio male gesti processus*.

Trata-se, na verdade, não de um chamamento senão de uma provocação de assistência com o fim de o afiançado não só auxiliar na defesa como submeter-se à justiça da decisão ou à eficácia da intervenção (art. 123 do CPC), limitando a área de futura controvérsia.[99]

---

[97] "**Art. 130.** É admissível o chamamento ao processo, requerido pelo réu:

I – do afiançado, na ação em que o fiador for réu;

II – dos demais fiadores, na ação proposta contra um ou alguns deles;

III – dos demais devedores solidários, quando o credor exigir de um ou de alguns o pagamento da dívida comum."

[98] Não é essa a percepção do instituto do professor **Arruda Alvim**, *Comentários*, p. 337, porquanto entende que o art. 595, parágrafo único, torna desnecessário o chamamento ao processo de execução do afiançado, em face dessa possibilidade de execução nos mesmos autos. O argumento explica a hipótese da execução extrajudicial, mas é insustentável quando se trata de execução de sentença contra o fiador por débito do afiançado, raciocínio extensível a todos os casos em que se verifica a responsabilidade patrimonial dita secundária persequível em execução de "sentença".

[99] Nesse sentido, **Ovídio Baptista**, *Curso*, p. 247.

O inciso III retrata a solidariedade passiva estrita, uma vez que, acionando um dos devedores solidários, pode o mesmo chamar os demais não convocados para o processo. A expressão legal não sugere que o devedor demandado necessite convocar *todos* os demais coobrigados, até porque a situação de insolvabilidade de alguns deles pode recomendar a sua não inclusão, e o chamador é senhor do seu direito de recobrar somente parte do que despender. Destarte, a falta de chamamento não gera perda do direito material ao percebimento das cotas dos não integrantes do processo.

1.3.2.4.2 Procedimento

O procedimento do chamamento segue, estritamente, o da denunciação, quanto aos prazos da citação e suspensão do processo (art. 131). Citado o réu e apresentado o chamamento, o juiz suspende o processo, determinando a citação de todos os chamados. À míngua de texto expresso, a negativa de qualidade não desvincula o chamado de eventual condenação.

Deveras, a aplicação subsidiária das normas de denunciação da lide remove a crítica de que o credor ficaria prejudicado na hipótese de dificuldade de localização de todos os devedores solidários, com a infirmação do benefício dado pela lei civil à solidariedade passiva.

1.3.2.4.3 Sentença

O objetivo da lei, conforme visto, é a inclusão de todos na mesma condenação, porque o título que se forma é judicial e a sua execução só pode dirigir-se em face dos que participaram do seu processo de formação, na fase de conhecimento.

O ato decisório do juiz representará título executivo *certo e exequível* para o credor e *condicional* para o devedor que satisfizer a dívida; vale dizer, para aquele que cumprir a condenação. A execução pelo que satisfizer é decorrência da sub-rogação civil.

A sentença, em si, não é condicional.[100-101] A condenação de todos os devedores é certa. Incerta é a legitimação para a execução, que só se deferirá ao que satisfizer a dívida. Forçoso, assim, concluir que se trata de sentença com execução diferida, tal como ocorre nos casos em que o locatário somente paga a sucumbência se não desocupar o imóvel no prazo do acordo por ele proposto e homologado. Não obstante sobre ser essa sentença *condicional*, lavra, na mais abalizada doutrina, acesa controvérsia.

Finalmente, consoante já se afirmou, não se tratam, aqui, de duas relações jurídicas, uma vez que os chamados têm relação direta com o adversário do chamante. Na eventual

---

[100] Consulte-se, por todos, **Carnelutti**, "La Sentencia Condicional", *Estudios*, vol. 2, p. 181 e 207.

[101] Esta expressão do Código, que faz da eficácia subjetivamente ampla da sentença a razão de ser do litisconsórcio necessário, tem paradigma no § 14 da Ordenança austríaca. Muito embora, com textos um pouco diversos, induzem à mesma ideia do nosso Código os arts. 28 do Código português e 102 do Código italiano. A ZPO alemã, no § 62, induz o intérprete ao mesmo equívoco que o nosso art. 47.

hipótese de exclusão de qualquer dos chamados, há de se perquirir o responsável pelo seu ingresso, para efeito de aplicação do ônus da sucumbência.

1.3.2.5 Intervenção *iussu iudicis*

A doutrina inclui, ainda, como modalidade de intervenção forçada, o litisconsórcio necessário[102], nos casos em que o litisconsorte, não convocado e que deveria sê-lo desde o início da formação da relação processual, o é por ordem do juízo (*iussu iudicis*). Isto porque, nesta espécie de litisconsórcio, o processo, donde vai emergir a sentença, depende, para sua validade, que seja promovido por *todos os autores* ou que sejam convocados *todos os réus* atingidos pela decisão.

A formação do processo e a prática dos atos processuais são informados pelo *interesse*, o qual, numa de suas faces, é representado pela *utilidade* da atividade processual *expendida*. Havendo litisconsórcio necessário, é inútil o processo em que não figuram todos os litisconsortes, principalmente porque a sentença, segundo o Código, para ter eficácia, "depende da citação de todos os litisconsortes" (art. 114, *in fine*).

Ocorre, assim, essa modalidade de intervenção forçada com o fito de tornar válida a relação processual, objetivo não só das partes, mas também do Estado-juiz, porquanto de nada valeria a jurisdição se a função fosse prestada em processo írrito, passível de ser anulado. Essa consequência permite ao próprio juízo determinar o ingresso ulterior do litisconsorte necessário, justificando a denominação *iussu iudicis* para essa modalidade de intervenção coacta. A regularidade da relação processual sobrepuja o princípio dispositivo que, em regra, defere ao autor a escolha dos seus demandados.

No litisconsórcio necessário, o juiz, autorizado pela lei, "determinará ao autor que requeira a citação de todos que devam ser litisconsortes, dentro do prazo que assinar, sob pena de extinção do processo" (art. 115, parágrafo único). Isso porque, se a relação processual só se considera válida e regular com a presença de todos os litisconsortes, outra providência não restará ao juiz senão resolver o processo sem análise do mérito, porquanto eventual decisão sobre o pedido representará inutilidade processual, não só para os que não participaram do processo como também para os que tiverem atuação, considerando-se a sentença ato decisório *inutiliter datur*.

A lei se refere apenas ao litisconsórcio necessário passivo, que é de maior incidência do que o ativo, o qual também é possível, em caráter excepcional, porquanto disponível o direito de agir, máxima, em conjunto. Consequentemente, são raras as hipóteses em que o legislador impõe que as pessoas litiguem em conjunto, porquanto, do contrário, essa obrigatoriedade, ante a recusa de alguns litisconsortes, poderia gerar a perda do direito material comum em jogo.

Havendo o litisconsórcio ativo, cumpre ao juiz determinar a "citação" dos faltantes, impondo a integração do polo ativo, sob pena de resolução terminativa do processo.

---

[102] Sobre a integração, também no caso de litisconsórcio ativo necessário, veja-se **Moacyr Lobo da Costa**, *A Intervenção "Iussu Iudicis" no Processo Civil Brasileiro*, p. 110 e segs., onde há síntese da polêmica do tema.

420 | TEORIA GERAL DO PROCESSO CIVIL – *Luiz Fux*

Caracteriza-se, ainda, a intervenção *iussu iudicis* por ser a única modalidade de intervenção de terceiro estimulada *ex officio,* dependendo, as demais, de provocação de uma das partes, ou do próprio *extraneus.*

1.3.2.6 Incidente de desconsideração da personalidade jurídica

O atual diploma processual positivou no rol das situações que justificam o ingresso do terceiro a desconsideração da personalidade jurídica, que, destaque-se, já possuía previsão em outros pontos da legislação pátria. A fim de dar concretude ao instituto, faltava tão somente a regulação de seu procedimento, o que foi atendido pelo CPC.

Como destacado anteriormente, a desconsideração da personalidade jurídica não é inaugurada no Brasil com o vigente Código. Em verdade, encontra previsão, principalmente, no art. 50, do Código Civil,[103] e no art. 28, do Código de Defesa do Consumidor,[104] tendo seu nascedouro associado ao Direito do Trabalho.[105] A verdadeira novidade foi a criação do procedimento para efetivar a desconsideração, que constitui exceção à regra do art. 789, do CPC, uma vez que este limita o patrimônio objeto da execução ao daquele que contraiu a obrigação.

Acerca do instituto do direito material, é louvável mencionar que a desconsideração da personalidade jurídica não nasceu com a repressão ao abuso da pessoa jurídica em seu material genético, mas surgiu como meio de restringir a limitação da responsabilidade dos sócios em situações específicas. Contudo, o processo brasileiro importou a desconsideração (*disregard of legal entity*), vendo-a como *um remédio para a disfuncionalidade da pessoa jurídica.*[106] Nesse sentido, tomando por base a função social da empresa, que deve ser vista como instrumento socioeconômico inserido dentro da lógica harmônica da sociedade, vedando-se a persecução do lucro a qualquer custo.

Diversas são as modalidades de levantamento do véu da autonomia da pessoa jurídica, desde a desconsideração direta, na qual se pleiteia o acesso ao patrimônio dos sócios por dívida da sociedade, até a indireta, em que se pede a satisfação do débito do

---

[103] "**Art. 50.** Em caso de abuso da personalidade jurídica, caracterizado pelo desvio de finalidade ou pela confusão patrimonial, pode o juiz, a requerimento da parte, ou do Ministério Público quando lhe couber intervir no processo, desconsiderá-la para que os efeitos de certas e determinadas relações de obrigações sejam estendidos aos bens particulares de administradores ou de sócios da pessoa jurídica beneficiados direta ou indiretamente pelo abuso" (Redação dada pela Lei nº 13.874, de 2019).

[104] "**Art. 28.** O juiz poderá desconsiderar a personalidade jurídica da sociedade quando, em detrimento do consumidor, houver abuso de direito, excesso de poder, infração da lei, fato ou ato ilícito ou violação dos estatutos ou contrato social. A desconsideração também será efetivada quando houver falência, estado de insolvência, encerramento ou inatividade da pessoa jurídica provocados por má administração."

[105] Com fundamentos nos arts. 1º, III e IV, 170, *caput*, da CF e 5º da LINDB e no princípio da igualdade substancial, que objetiva ampliar a tutela dos hipossuficientes, bem como, em termos de doutrina específica laboral, na aplicação com base na Teoria do Risco da Atividade econômica.

[106] **Didier Jr.**, *Curso de Direito Processual Civil*, v. 1, 2017, p. 583.

sócio com verbas da empresa (art. 133, § 2º, do CPC, e art. 50, § 3º, do CC), ou expansiva, na qual se afeta o patrimônio de uma pessoa jurídica por dívida de outra, pertencente ao mesmo grupo. Em todos os casos, porém, devem ser satisfeitos os requisitos trazidos pela lei material.

Feita esta breve digressão sobre a desconsideração da personalidade jurídica, cabe-nos a análise dos aspectos processuais do incidente, elemento de direito processual.

A primeira característica entalhada no seu próprio nome diz respeito à sua natureza jurídica de incidente, não inaugurando nova relação processual apartada entre aquele que solicitou a desconsideração e aquele que sofre seus efeitos. A bem da verdade, o incidente não permite que o terceiro se manifeste sobre pontos já discutidos no curso do processo. Quando citado, lhe é oportunizada a defesa, sob observância do contraditório, em que poderá deduzir seus argumentos para justificar que não deve ser atingido pelos efeitos da desconsideração, bem como requerer as provas cabíveis (art. 135, CPC).

Esse é o principal aspecto do incidente desenhado pelo Código: obrigar o contraditório prévio à desconsideração, como regra. Anteriormente, era prática acolhida pela jurisprudência a postergação da manifestação do terceiro, chamado ao processo. Ao se criar um incidente com procedimento próprio, resguardam-se os interesses da parte que o requer e, em paralelo, daquele cujo patrimônio busca-se atingir, afigurando-se opção mais econômica, temporal e financeiramente.[107]

Em segundo lugar, o incidente é cabível em qualquer fase do processo, consoante disposto no *caput* do art. 134, do CPC. Pode ser requerido, ainda, no cumprimento de sentença ou no processo de execução de título extrajudicial, bem como nos procedimentos especiais, no processo falimentar,[108] trabalhista e administrativo.[109] Inclusive, embora ostente natureza de intervenção de terceiros, é aplicável aos procedimentos de rito sumaríssimo, de competência dos Juizados Especiais Cíveis, conforme explicita o art. 1.062, do CPC.

Quanto à legitimidade, o incidente deve ser requerido pela parte ou pelo Ministério Público, quando justificada sua intervenção. Não cabe, dessa forma, a determinação da instauração do incidente *ex officio* pelo magistrado, pelo que se extrai do art. 133 do CPC, bem como do art. 50, *caput*, do CC e dos arts. 5º, XXII e 170, II, da CF.

O incidente, como é de praxe, não será resolvido por sentença, mas por decisão interlocutória passível de agravo de instrumento, ante a previsão do art. 1.015, IV, do

---

[107] **Nelson Nery Júnior** e **Rosa Maria Nery**, *Código de Processo Civil comentado*, 2020.

[108] Conforme Enunciado nº 111 da II Jornada de Direito Processual Civil do Conselho da Justiça Federal.

[109] De acordo com a precisa lição de **Humberto Theodoro Júnior**, "Tampouco afasta de seu alcance os processos da Justiça do Trabalho, por duas razões principais: (i) inexiste procedimento para a matéria na legislação especial trabalhista, de sorte que há de prevalecer aqui a regra da aplicação subsidiária do CPC/2015, preconizada pelo seu art. 15; e, (ii) deitando raízes nas garantias constitucionais do devido processo legal e do contraditório e ampla defesa (CF, art. 5º, LIV e LV), a disciplina do incidente, nos moldes do CPC/2015, não poderá ser ignorada pelos processos administrativos e trabalhistas" (*Curso de Direito Processual Civil*, vol. 1, 2021).

CPC[110]. Não se pode desconsiderar, contudo, que, caso resolvido por decisão do relator já em segunda instância, poderá ser interposto agravo interno (art. 136, parágrafo único, CPC). Quanto à legitimidade para recorrer, esta é atribuída não só ao terceiro atingido, mas também à pessoa jurídica que tem sua personalidade desconsiderada, conforme entende o Superior Tribunal de Justiça.[111]

O requerimento de desconsideração pode ser realizado na própria petição inicial, desde logo, formando-se, então, um litisconsórcio facultativo, citando-se o sócio como réu. O mais comum, porém, é que o pedido seja feito ao longo do curso do processo, por meio de petição própria, em que o requerente indica o preenchimento dos pressupostos legais que autorizam a desconsideração, conforme art. 134, § 4º, do CPC, dando azo à instauração do incidente estudado. Deve ser comprovado, dessa forma, que os requisitos ensejadores da desconsideração, a depender da situação em que esta é requerida, são verificados no caso em questão, *v.g.* a confusão patrimonial da pessoa jurídica com a

---

[110] RECURSO ESPECIAL. PROCESSUAL CIVIL. AGRAVO DE INSTRUMENTO. DECISÃO QUE DEFERIU O PEDIDO DE DESCONSIDERAÇÃO INVERSA DA PERSONALIDADE DO SÓCIO EXECUTADO. LEGITIMIDADE E INTERESSE RECURSAL DO SÓCIO PARA RECORRER DA DECISÃO. EXISTÊNCIA. RECURSO ESPECIAL CONHECIDO E PARCIALMENTE PROVIDO. 1. O propósito recursal consiste em definir, além da ocorrência de negativa de prestação jurisdicional, a legitimidade e o interesse recursal do sócio executado para impugnar a decisão que deferiu o pedido de desconsideração inversa da personalidade jurídica dos entes empresariais dos quais é sócio. (...) 3. A jurisprudência desta Corte Superior assenta-se no sentido de que, sendo deferido o pedido de desconsideração, o interesse recursal da empresa devedora originária é excepcional, evidenciado no propósito de defesa do seu patrimônio moral, da honra objetiva, do bom nome, ou seja, da proteção da sua personalidade, abrangendo, inclusive, a sua autonomia e a regularidade da administração, inexistindo, por outro lado, interesse na defesa da esfera de direitos dos sócios/administradores. 4. Na desconsideração inversa da personalidade jurídica, por sua vez, verifica-se que o resultado do respectivo incidente pode interferir não apenas na esfera jurídica do devedor (decorrente do surgimento de eventual direito de regresso da sociedade em seu desfavor ou do reconhecimento do seu estado de insolvência), mas também na relação jurídica de material estabelecida entre ele e os demais sócios do ente empresarial, como porventura a ingerência na affectio societatis. 5. Desse modo, sobressaem hialinos o interesse e a legitimidade do sócio devedor, tanto para figurar no polo passivo do incidente de desconsideração inversa da personalidade jurídica, quanto para recorrer da decisão que lhe ponha fim, seja na condição de parte vencida, seja na condição de terceiro em relação ao incidente, em interpretação sistemática dos arts. 135 e 996 do Código de Processo Civil de 2015, notadamente para questionar sobre a presença ou não, no caso concreto, dos requisitos ensejadores ao deferimento do pedido. 6. Recurso especial conhecido e parcialmente provido. (REsp n. 1.980.607/DF, relator Ministro Marco Aurélio Bellizze, Terceira Turma, julgado em 9/8/2022, DJe de 12/8/2022.)

[111] "O interesse na desconsideração ou, como na espécie, na manutenção do véu protetor, podem partir da própria pessoa jurídica, desde que, à luz dos requisitos autorizadores da medida excepcional, esta seja capaz de demonstrar a pertinência de seu intuito, o qual deve sempre estar relacionado à afirmação de sua autonomia, vale dizer, à proteção de sua personalidade. Assim, é possível, pelo menos em tese, que a pessoa jurídica se valha dos meios próprios de impugnação existentes para defender sua autonomia e regular administração, desde que o faça sem se imiscuir indevidamente na esfera de direitos dos sócios/administradores incluídos no polo passivo por força da desconsideração. (REsp 1421464/SP, Rel. Min. Nancy Andrighi, 3ª Turma, j. 24.04.2014).

de seu sócio ou administrador[112]. Uma vez instaurado o incidente, dá-se a suspensão do processo, nos termos do art. 134, § 3º, CPC.

Destaca-se a norma do art. 137 do CPC, que antecipa a solução ardilosa utilizada pelo devedor quando se encontra sob o risco de ter seu patrimônio tomado, qual seja a dissipação do patrimônio (por alienação ou cessão) a fim de fraudar a execução. O legislador mostrou-se precavido, nesse sentido, explicitando que eventual venda não se mostra eficaz frente ao requerente da desconsideração.

Por fim, deve-se ter em mente que a matéria pode fazer coisa julgada. Se indeferida a desconsideração na fase de conhecimento, não poderá ser acolhido o pleito na etapa executiva,[113] salvo se modificado o quadro fático-jurídico.

1.3.2.7 *Amicus curiae*

Outra novidade do Código de 2015 foi, sem dúvidas, a previsão expressa do *amicus curiae* como terceiro a intervir no processo. Também aqui cabe o alerta histórico: o *amicus curiae* não foi inaugurado com o novel diploma processual, mas já existe há longos anos no cenário brasileiro. Contudo, o que fez o legislador foi tão somente regular, com mais precisão e maior abrangência, o mecanismo de sua admissão no processo.

Fato é que o *amicus curiae*, traduzido como "amigo da corte", se trata de figura adotada em nosso ordenamento a partir da Lei da Ação Direta de Inconstitucionalidade, em seu art. 7º, § 2º. Consiste em entidade que, embora não possua interesse jurídico para ingressar na ação (nem mesmo como assistente simples), sua opinião sobre determinado tema é relevante ao Tribunal. Muitas vezes, a admissão se dá em causas de complexidade elevada acerca de temas que extrapolam a esfera do direito e, por óbvio, não se encontram sob domínio do Tribunal.

Em tese, haja vista o interesse público na solução de determinada questão, faz-se relevante a presença de uma figura imparcial, cujo único propósito seja, de fato, auxiliar na elucidação dos contornos do caso. Contudo, o que se observa, por vezes, é o ingresso de instituições que sustentam tão somente uma posição em defesa de seus associados,[114] de modo que houve certa alteração do instituto do amigo da corte, mais se assemelhando à assistência – ainda que sob o véu jurídico de *amicus curiae*, já que o terceiro não possui interesse jurídico para tanto.

A despeito dos embates teóricos sobre o instituto, o CPC veio em boa hora regular sua intromissão no curso processual, garantindo-lhe, para além do limitado âmbito

---

[112] Anote-se que a desconsideração da personalidade jurídica nem sempre atinge o administrador não sócio. Nesse sentido: REsp n. 1.860.333/DF, relator Ministro Marco Buzzi, Quarta Turma, julgado em 11/10/2022, *DJe* de 27/10/2022.

[113] "De qualquer maneira, seja a desconsideração pleiteada na inicial ou em incidente, envolverá sempre questão de mérito, capaz de ampliar o objeto do processo. Com isso, a respectiva solução revestirseá da autoridade de coisa julgada material. Esgotada a via recursal, somente por meio de ação rescisória será possível revêla" (**Humberto Theodoro Júnior**, *Curso de Direito Processual Civil*, vol. 1, 2021).

[114] **Dinamarco.** *Instituições de Direito Processual Civil*, v. 2, 2017.

de incidência que a legislação lhe conferia anteriormente, a participação em ações de quaisquer natureza e nas diversas fases processuais, conforme se depreende da leitura do art. 138, *caput*, do CPC.[115] A maior abrangência de sua participação se justifica, por um lado, na lógica de precedentes da lógica processual inaugurada e, por outro lado, na importância e reconhecimento que o *amicus curiae* passou a ter no cenário processual. A presença de entidades respeitadas confere maior legitimidade social à decisão do juiz, ao acórdão prolatado pelo órgão colegiado ou, ainda, ao incidente de resolução de demandas repetitivas, na linha do art. 5º da LINDB. Não faria sentido, pois, restringir sua atuação aos processos e recursos de competência do Supremo Tribunal Federal.

No caso do incidente de resolução de demandas repetitivas, destaca-se o art. 138, § 3º, do CPC, que confere expressa legitimidade ao *amicus curiae* para recorrer da decisão que julgar o incidente. O art. 138, § 2º, CPC, por sua vez, determina que cabe ao juiz ou relator a definição dos exatos poderes do terceiro, quando de seu ingresso. Apesar de cristalino, vale ressaltar que não poderá o juiz, ao determinar os poderes do *amicus curiae*, suprimir a legitimidade conferida pelo § 3º para recorrer, uma vez que decorre diretamente da lei.

O recurso previsto no § 3º, aliás, é o único recurso facultado ao *amicus curiae* – bem como embargos de declaração. Inclusive, a jurisprudência tem seguido a linha da impossibilidade de recurso contra a decisão denegatória de ingresso no feito como *amicus curiae*.[116]

A lógica decorre da previsão do art. 138, § 1º, do CPC e delimita a atuação do terceiro conforme sua natureza. Eventuais anseios pela ampliação dos poderes do *amicus curiae* para que possa também recorrer das decisões e acórdãos ilustram a deturpação anteriormente mencionada do instituto, demonstrando que, pouco a pouco, o terceiro, por vezes, passava a ser menos visto como amigo da corte, e mais visto como um colega da parte.

Por fim, é necessário destacar que a jurisprudência do Supremo Tribunal Federal acrescentou limitação temporal ao ingresso do *amicus,* de ordem prática, de modo a evitar o tumulto processual decorrente da entrada de um novo ente na lide. Dessa forma, para casos em que o terceiro ingresse em fase de julgamento por órgão colegiado, o ingresso deve ser requerido até a inclusão do processo na pauta de julgamento.[117]

---

[115] "**Art. 138.** O juiz ou o relator, considerando a relevância da matéria, a especificidade do tema objeto da demanda ou a repercussão social da controvérsia, poderá, por decisão irrecorrível, de ofício ou a requerimento das partes ou de quem pretenda manifestar-se, solicitar ou admitir a participação de pessoa natural ou jurídica, órgão ou entidade especializada, com representatividade adequada, no prazo de 15 (quinze) dias de sua intimação. (...)."

[116] STF. Plenário. RE 602584 AgR, Rel. para acórdão Min. Luiz Fux, j. 17.10.2018. No STJ, veja-se 3ª turma, REsp 1758794/PR. Em sentido contrário: STF. Plenário. ADI 3396 AgR/DF, Rel. Min. Celso de Mello, j. 06.08.2020.

[117] STF, AgRg no RE 574706/PR, Rel. Min. Cármen Lúcia, Tribunal Pleno, j. 09.03.2017; STF, AgRg na ACO 779/RJ, Rel. Min. Dias Toffoli, Tribunal Pleno, j. 30.11.2016; STF, AgRg na ADI 2435/RJ, Rel. Min. Cármen Lúcia, Tribunal Pleno, j. 26.11.2015.

1.3.3 Intervenção de terceiros no Juizado Especial Cível[118]

A finalidade de cada um dos institutos componentes da *terceria*, em princípio, recomendaria a sua adoção no juizado, quer porque inspirado na economia processual, quer em razão das matérias sujeitas a rito sumaríssimo, conforme os princípios que inspiram esse ambiente resolutivo (art. 2º da Lei nº 9.099/1995[119]). Assim é que a assistência, como intervenção de terceiro voluntária, não alonga o procedimento, além de conspirar em favor dos princípios da lei, vinculando o assistente à eficácia da decisão (art. 123 do CPC).

Por outro lado, a lei dos juizados especiais admite o litisconsórcio, que é a figura que se forma entre assistente e assistido, inclusive quando se trata de assistência litisconsorcial. O único empecilho que poderia justificar esse alijamento seria o incidente que se cria com a intervenção, obrigando a uma fala das partes e do juízo quanto ao interesse jurídico do assistente. Mas, mesmo assim, esse momento, pela lei, não susta a marcha processual, porque o terceiro, *in casu,* recebe o processo no estado em que se encontra. Destarte, nada impediria que se proibisse a intervenção voluntária, caso uma das partes a ela se opusesse, interpretação mais consentânea com os princípios da lei processual vigente e que, de certo, prevalecerá na jurisprudência criadora dos nossos tribunais.

A oposição, posto fazer exsurgir uma nova ação com necessidade de citação dos opostos, torna-se inconciliável com a celeridade desse rito. Aliás, a doutrina sempre se manifestou uníssona quanto ao seu descabimento no procedimento sumaríssimo e, *a fortiori,* no procedimento *in foco.*

O recurso do terceiro prejudicado pode ser manejado no procedimento *sub examine* sem qualquer restrição. Em primeiro lugar, porque não causa qualquer suspensividade e, em segundo, corrobora o dogma inafastável do devido processo, segundo o qual, o terceiro não pode ver prejudicada a sua esfera jurídica sem que se lhe defira a oportunidade de opor-se juridicamente a esse prejuízo.

As modalidades de intervenção forçada se casam como uma luva às hipóteses subsumidas ao juizado. Entretanto, os incidentes suspensivos e dilatórios de prazos processuais que encerram, induziram o legislador a excluí-las desse procedimento.

A situação jurídica da existência de um sujeito oculto nas relações de subordinação é frequente nas ações possessórias de pequeno valor, o que permitiria corrigir o problema da legitimação passiva nessas demandas. Contudo, o mecanismo da nomeação com a necessidade de oitiva do autor, réu-nomeante e o terceiro nomeado, incompatibilizam essa forma de intervenção com a simplicidade e a informalidade características do procedimento dos juizados.

O chamamento ao processo nas ações de cobrança sugeriria a possibilidade de adoção nas causas dos juizados, em razão da matéria. Entretanto, a suspensividade que se opera pela "admissibilidade" do chamamento dos demais coobrigados, bem como o regresso

---

[118] Consulte-se, também, **Luiz Fux**, *Intervenção de Terceiros*, 1990.

[119] "**Art. 2º** O processo orientar-se-á pelos critérios da oralidade, simplicidade, informalidade, economia processual e celeridade, buscando, sempre que possível, a conciliação ou a transação."

posterior garantido no art. 132, do CPC, e que é *a causa finalis* dessa forma coacta de intervenção, não abonam da sua utilidade, tanto mais que pode surgir incidente mesmo quanto à qualidade de coobrigado, o que postergaria a prestação da justiça, que *in casu* deve ser célere.

A denunciação da lide também é vedada no rito dos juizados, posto suspender o processo para acudir à relação processual o denunciado. É verdade que a lei não proíbe o litisconsórcio que se formaria entre denunciante e denunciado. Sucede que a cumulação subjetiva tem como pressuposto o originário deferimento da intervenção, o que não se dará por força da proibição legal. Deveras, a simples denúncia consubstanciada em mera "provocação de assistência" poderá ser encetada, haja vista que essa forma de intervenção voluntária está vedada textualmente.

Considere-se, ainda, que, na prática judiciária, o caso mais frequente de denunciação da lide é o das "seguradoras" convocadas a participar, nessa qualidade, nas ações propostas contra os seus segurados, causa prevista, coincidentemente, como de competência *ratione materiae* dos juizados, o que de *lege lata* recomendaria a intervenção vedada.

Também o incidente de desconsideração da personalidade jurídica é cabível no âmbito dos Juizados Especiais Cíveis e, excepcionalmente, gera a suspensão do procedimento, conforme indica a leitura do art. 1.062, do CPC.

1.4 O juiz

O processo se traduz como a relação jurídica entre as partes, via de regra como espelho da relação de direito material, em que são contrapostos interesses, à luz do contraditório, para análise do conflito pelo Poder Judiciário. A relação, portanto, não é bilateral, mas triangular – o autor e o réu, analisando simplificadamente, também se relacionam com o Poder Judiciário, na figura do juiz. Identificadas, pois, quem são as partes e eventuais terceiros que figuram no processo, resta-nos analisar a figura do magistrado, que possui relação direta com os demais sujeitos.

A figura do juiz sofreu sensível alteração com o passar dos anos e, pode-se dizer, foi ressignificada com o atual Código. Historicamente, competia ao juiz o mero papel de aplicador da lei (*bouche de la loi*). Explica-se: o juiz não possuía qualquer espaço de discricionariedade, não lhe competia interpretar a lei, mas tão somente a sua aplicação literal. As legislações modernas possuíam uma pretensão de completude, de forma que ao juiz, restava tão somente o trabalho silogístico de transpor a norma *in abstrato* para o caso concreto que lhe era apresentado. Essa função do juiz sofreu transformações ao longo do século XX, ao passo que, desconstruída a argumentação positivista e sob a influência de uma visão constitucional do direito, concluiu-se que, em inúmeras ocasiões, a resolução dos embates sociais não se encontra expresso na lei. Muito pelo contrário, decorre justamente do trabalho crítico do juiz.

Dessa forma, o magistrado ganhou, com todo o merecimento, primordial notoriedade no processo civil. Contudo, o que se observa nessa fase histórica ainda é a caricatura do juiz rigoroso. O juiz, apesar de seu novo papel mais ativo, ainda se mantinha distante das partes no processo e, por vezes, intransigente. Na vigência do vetusto CPC de 1973, era visível a impositiva observação da forma dos atos processuais, fenômeno evidente na jurisprudência de todos os tribunais do território nacional.

O atual diploma processual, nesse sentido, vai ao encontro ao anseio pela instrumentalidade das formas, mas, não só. A principal inovação nesse segmento do estudo é a revolução da figura do juiz, como ser em constante diálogo com as partes, sobretudo em atenção ao dever de cooperação (art. 6º do Código). O juiz, portanto, ganha ainda mais destaque no curso do processo, na medida em que se lhe exige uma postura ativa, de atuação conjunta com as partes, sem violar a igualdade entre elas, para que se alcance uma decisão que melhor atenda aos seus interesses, bem como ao interesse público.

1.4.1 Poderes e deveres do juiz

O juiz, enquanto representante do Judiciário na relação processual, tem o dever principal de fiel garantidor da ordem processual, apaziguando os ânimos das partes ao prover a tutela jurisdicional e garantindo o curso natural do processo, de modo que seja assegurado o contraditório entre as partes. Dessa forma, já no *caput* do art. 139, do CPC, se encontra o primeiro dever do juiz, qual seja o de dirigir o processo conforme as disposições do referido Código.

O segundo grande dever do juiz se encontra positivado no art. 140 do CPC,[120] e consiste na obrigação de decidir, de apresentar uma solução jurídica ao conflito social que lhe é apresentado. Veda-se, nesse sentido, o *non liquet*, ou seja, o ato de não decidir, sob o argumento de que há lacuna ou obscuridade do ordenamento jurídico. Repise-se aqui que o ordenamento não é mais visto como uma tábula de mandamentos a serem observados em sua literalidade, mas como um ente em constante movimento, com valores e princípios que lhe são intrínsecos e apontam qual o seu norte. O juiz, portanto, não é mais "a boca da lei" e não pode se amparar em lacunas para se furtar a julgar, mas deve se valer do dinamismo do ordenamento para encontrar a resposta mais conveniente ao caso concreto.

Os deveres do juiz poderiam ser resumidos, pois, nesses dois atos, "dirigir" e "decidir". Soma-se a esses, de maneira indelével, o dever de imparcialidade – ínsito à sua atividade. Há que se constatar, porém, que os poderes do juiz, constituem, em certa medida, deveres que lhe são impostos em casos particulares.

Os poderes do magistrado se encontram nos incisos do art. 139 do CPC.[121] A leitura desses incisos permite-nos a conclusão de que todos os poderes guardam relação com o

---

[120] "**Art. 140**. O juiz não se exime de decidir sob a alegação de lacuna ou obscuridade do ordenamento jurídico.

Parágrafo único. O juiz só decidirá por equidade nos casos previstos em lei."

[121] "**Art. 139**. O juiz dirigirá o processo conforme as disposições deste Código, incumbindo-lhe:

I – assegurar às partes igualdade de tratamento;

II – velar pela duração razoável do processo;

III – prevenir ou reprimir qualquer ato contrário à dignidade da justiça e indeferir postulações meramente protelatórias;

dever de dirigir o processo conforme as disposições do Código. Vejam-se, por exemplo, os dois primeiros poderes listados – *assegurar às partes igualdade de tratamento* e *velar pela duração razoável do processo*. Esses poderes nada mais são do que a necessidade de garantir os princípios da igualdade e da economia processual, respectivamente. Consistem, em outras palavras, em especificação do dever geral de respeito às disposições legais e constitucionais.

Alguns poderes, contudo, merecem particular destaque. Os incisos VI, VIII e IX estipulam poderes-deveres que guardam relação direta com o papel do juiz atribuído pela nova ordem processual. Denotam postura mais ativa do magistrado, em constante diálogo com as partes e buscando efetivar, ao máximo, a tutela jurisdicional. Desse modo, a dilação de prazos processuais – atendendo às necessidades do caso concreto e respeitando a regra do parágrafo único do art. 139, CPC – e a determinação de saneamento de atos processuais, sem que haja o seu imediato descarte, bem como a inquisição direta às partes em caso de eventuais dúvidas elucidam um cenário propício ao melhor desempenho da atividade jurisdicional.

De igual forma, o inciso V captura o corrente retrato do Judiciário, mais inclinado a solucionar os litígios das partes do que perenizá-los. Ganham espaço no novel diploma processual as formas de autocomposição, como a conciliação e a mediação, pouco privilegiadas nas legislações anteriores. Entendeu o legislador que a autocomposição é um processo mais rápido e legítimo, uma vez que a parte participa diretamente do acordo que põe fim à demanda, solução adequada e necessária ao cenário atual de abarrotamento do Judiciário.

Por fim, propositalmente, tem-se o art. 139, IV, do CPC que provoca debates acalorados. Tal inciso discrimina, em primeiro lugar, os tipos de medidas que podem ser adotadas

---

IV – determinar todas as medidas indutivas, coercitivas, mandamentais ou sub-rogatórias necessárias para assegurar o cumprimento de ordem judicial, inclusive nas ações que tenham por objeto prestação pecuniária;

V – promover, a qualquer tempo, a autocomposição, preferencialmente com auxílio de conciliadores e mediadores judiciais;

VI – dilatar os prazos processuais e alterar a ordem de produção dos meios de prova, adequando-os às necessidades do conflito de modo a conferir maior efetividade à tutela do direito;

VII – exercer o poder de polícia, requisitando, quando necessário, força policial, além da segurança interna dos fóruns e tribunais;

VIII – determinar, a qualquer tempo, o comparecimento pessoal das partes, para inquiri-las sobre os fatos da causa, hipótese em que não incidirá a pena de confesso;

IX – determinar o suprimento de pressupostos processuais e o saneamento de outros vícios processuais;

X – quando se deparar com diversas demandas individuais repetitivas, oficiar o Ministério Público, a Defensoria Pública e, na medida do possível, outros legitimados a que se referem o art. 5º da Lei nº 7.347, de 24 de julho de 1985 , e o art. 82 da Lei nº 8.078, de 11 de setembro de 1990 , para, se for o caso, promover a propositura da ação coletiva respectiva.

Parágrafo único. A dilação de prazos prevista no inciso VI somente pode ser determinada antes de encerrado o prazo regular."

pelo magistrado para dirigir o processo: medidas indutivas, coercitivas, mandamentais e sub-rogatórias. A polêmica reside, porém, na leitura por completo do inciso que tende a viabilizar a adoção de *todas* as medidas necessárias para assegurar o cumprimento de ordem judicial.

Questionou-se na ADI 5.941/DF o limite do cabimento de medidas executivas atípicas no CPC de 2015 e a possibilidade de juízes e tribunais se valerem de mecanismos de coerção indireta (*e.g.*, apreensão de Carteira Nacional de Habilitação – CNH e passaporte). As medidas executivas atípicas já constavam da legislação anterior à reforma no que dizia respeito às execuções específicas, em que se verifica, via de regra, a maior urgência pelo cumprimento. A reforma, nesse aspecto, expandiu o seu cabimento para todas as espécies de execução, o que se confirma pelo trecho *inclusive nas ações que tenham por objeto prestação pecuniária.*

A adoção de medidas atípicas não importa adoção de medidas arbitrárias e que extrapolem a finalidade a que se pretende. Assim, a melhor maneira para se interpretar os limites do art. 139, IV, CPC, é por meio do exame de proporcionalidade da lógica constitucional, uma vez que, devido à interpretação sistêmica das leis, não se podem adotar medidas *contra legem* ou que afrontem os valores e princípios privilegiados pelo ordenamento jurídico. A posição do Superior Tribunal de Justiça se alinhou a esse entendimento,[122] assentando a subsidiariedade das medidas atípicas, o dever de motivação da decisão e de obediência ao contraditório.[123]

---

[122] "O CPC de 2015, em homenagem ao princípio do resultado na execução, inovou o ordenamento jurídico com a previsão, em seu art. 139, IV, de medidas executivas atípicas, tendentes à satisfação da obrigação exequenda, inclusive as de pagar quantia certa. As modernas regras de processo, no entanto, ainda respaldadas pela busca da efetividade jurisdicional, em nenhuma circunstância, poderão se distanciar dos ditames constitucionais, apenas sendo possível a implementação de comandos não discricionários ou que restrinjam direitos individuais de forma razoável. Assim, no caso concreto, após esgotados todos os meios típicos de satisfação da dívida, para assegurar o cumprimento de ordem judicial, deve o magistrado eleger medida que seja necessária, lógica e proporcional. Não sendo adequada e necessária, ainda que sob o escudo da busca pela efetivação das decisões judiciais, será contrária à ordem jurídica. Nesse sentido, para que o julgador se utilize de meios executivos atípicos, a decisão deve ser fundamentada e sujeita ao contraditório, demonstrando-se a excepcionalidade da medida adotada em razão da ineficácia dos meios executivos típicos, sob pena de configurar-se como sanção processual. A adoção de medidas de incursão na esfera de direitos do executado, notadamente direitos fundamentais, carecerá de legitimidade e configurar-se-á coação reprovável, sempre que vazia de respaldo constitucional ou previsão legal e à medida em que não se justificar em defesa de outro direito fundamental. A liberdade de locomoção é a primeira de todas as liberdades, sendo condição de quase todas as demais. O reconhecimento da ilegalidade da medida consistente na apreensão do passaporte do paciente, na hipótese em apreço, não tem qualquer pretensão em afirmar a impossibilidade dessa providência coercitiva em outros casos e de maneira genérica" (RHC 97.876-SP, Rel. Min. Luis Felipe Salomão, por unanimidade, j. 05.06.2018).

[123] "(...) O propósito recursal é definir se, na fase de cumprimento de sentença, a suspensão da carteira nacional de habilitação e a retenção do passaporte do devedor de obrigação de pagar quantia são medidas viáveis de serem adotadas pelo juiz condutor do processo.

No dia 9 de fevereiro de 2023, a referida Ação Direta de Inconstitucionalidade, de minha relatoria, foi julgada *improcedente*, assentando-se que:

> O dilema que se apresenta na atual conjuntura, portanto, é quanto à *efetividade da jurisdição*, máxime porque o acesso à justiça não se esgota com o simples direito de ação. Na clássica fórmula de Chiovenda em *Saggi di Diritto processuale civile*, vol. 1, p. 110, "*il processo deve dare per quanto è possibile praticamente a chi ha un diritto tutto quello e pròprio quello ch'egli ha diritto di conseguire*".
>
> De nada valeria a prerrogativa teórica de provocar o Poder Judiciário e dele obter uma resposta, se inexistentes os meios de assegurar, tempestivamente, o cumprimento de suas decisões, porquanto "*sem efetividade, não há tutela para qualificar como justa*" (WOLKART, Erik Navarro. *Análise econômica do processo civil: como a economia, o direito e a psicologia podem vencer a tragédia da justiça*. São Paulo: Thomson Reuters, 2019, p. 31).
>
> Em síntese: a efetiva solução do conflito, com a respectiva satisfação da pretensão do credor, é inerente à ideia de acesso à justiça e aproveita não apenas o "vencedor" de uma ação especificamente tutela, mas todo o sistema jurisdicional.
>
> Se por um lado, portanto, **a previsão legislativa, *in abstrato*, não viola o princípio da proporcionalidade**, na sua tripla acepção *adequação, necessidade e proporcionalidade,*

---

3. O Código de Processo Civil de 2015, a fim de garantir maior celeridade e efetividade ao processo, positivou regra segundo a qual incumbe ao juiz determinar todas as medidas indutivas, coercitivas, mandamentais ou sub-rogatórias necessárias para assegurar o cumprimento de ordem judicial, inclusive nas ações que tenham por objeto prestação pecuniária (art. 139, IV).

4. A interpretação sistemática do ordenamento jurídico revela, todavia, que tal previsão legal não autoriza a adoção indiscriminada de qualquer medida executiva, independentemente de balizas ou meios de controle efetivos.

5. De acordo com o entendimento do STJ, as modernas regras de processo, ainda respaldadas pela busca da efetividade jurisdicional, em nenhuma circunstância poderão se distanciar dos ditames constitucionais, apenas sendo possível a implementação de comandos não discricionários ou que restrinjam direitos individuais de forma razoável. Precedente específico.

6. A adoção de meios executivos atípicos é cabível desde que, verificando-se a existência de indícios de que o devedor possua patrimônio expropriável, tais medidas sejam adotadas de modo subsidiário, por meio de decisão que contenha fundamentação adequada às especificidades da hipótese concreta, com observância do contraditório substancial e do postulado da proporcionalidade.

7. Situação concreta em que o Tribunal *a quo* indeferiu o pedido do exequente de adoção de medidas executivas atípicas sob o singelo fundamento de que a responsabilidade do devedor por suas dívidas diz respeito apenas ao aspecto patrimonial, e não pessoal.

8. Como essa circunstância não se coaduna com o entendimento propugnado neste julgamento, é de rigor – à vista da impossibilidade de esta Corte revolver o conteúdo fático-probatório dos autos – o retorno dos autos para que se proceda a novo exame da questão.

9. De se consignar, por derradeiro, que o STJ tem reconhecido que tanto a medida de suspensão da Carteira Nacional de Habilitação quanto a de apreensão do passaporte do devedor recalcitrante não estão, em abstrato e de modo geral, obstadas de serem adotadas pelo juiz condutor do processo executivo, devendo, contudo, observar-se o preenchimento dos pressupostos ora assentados. Precedentes" (REsp 1782418/RJ, Rel. Min. Nancy Andrighi, 3ª Turma, j. 23.04.2019).

por outro, **tais vetores devem funcionar como critérios avaliativos, *in concreto***, para o magistrado e os tribunais revisores.

Do ponto de vista da **adequação**, deve-se aferir se a medida eleita – seja uma daquelas destacadas na petição inicial (suspensão da carteira nacional de habilitação ou do passaporte, e da proibição de participação em concurso ou em licitação pública) ou outra escolhida pelo juiz natural com fundamento no art. 139, IV, do Código de Processo Civil – é capaz de contribuir no desfazimento da crise de satisfação que a tutela executiva busca resolver. Assim, exsurge a incumbência do magistrado de (i) explicitar a natureza da medida (se indutiva, coercitiva, mandamental ou sub-rogatória) e (ii) a relacionar à finalidade pretendida (se satisfativa ou coercitiva), cotejando os fins pretendidos e a real aptidão do executado para cumprir a ordem jurisdicional – onde se insere o requisito da presunção de solvabilidade do devedor, a ser demonstrado através da exteriorização de padrão de vida compatível com o adimplemento da dívida. (...)

O vetor da **necessidade**, em acréscimo, demanda que o magistrado concretize o princípio da menor onerosidade da execução, afastando (i) medidas mais gravosas que outras vislumbradas para o caso concreto e (ii) qualquer caráter sancionatório da medida não prevista especificamente em lei. A propósito, não se deve afastar, *ab initio*, a priorização de instrumento atípico, quando soar adequado e suficiente para concretizar o cumprimento do provimento, embora existente medida típica de cunho mais gravoso. Dessarte, é imprescindível a verificação de liame entre o comportamento do executado, a natureza da obrigação exequenda e a medida eleita pelo julgador, afastando-se preceitos sancionatórios travestidos de coercitivos. (...)

A seguir, na análise da **proporcionalidade em sentido estrito**, o julgador verificará se, diante das circunstâncias do litígio concreto, a medida requerida ou cogitada *ex officio* ofende, injustificadamente, direitos fundamentais de maior relevo, sob pretexto de, de maneira desmedida, garantir o legítimo direito de satisfação do exequente. (...)

Nada disso, reitere-se, autoriza o julgador a ignorar as garantias fundamentais do cidadão em prol da adoção de medidas economicamente eficientes, mas constitucionalmente vedadas. Discricionariedade judicial não se confunde com arbitrariedade, de modo que quaisquer abusos poderão e deverão ser coibidos mediante utilização dos meios processuais próprios." [124] Cabe, ainda, uma última menção à responsabilização civil, gravada no art. 143, CPC.[125] A aludida autonomia do juiz não pode esbarrar no descumprimento de seus deveres. Por óbvio, como forma de estimular aquele que opta pela magistratura, uma das mais nobres incumbências no que concerne à atmosfera jurídica, não se pode punir o juiz quando decidir de uma determinada maneira ou por adotar certo posicionamento.

---

[124] STF. ADI 5942, Relator: Ministro Luiz Fux, Plenário, julgamento em 9.2.2023.

[125] "**Art. 143.** O juiz responderá, civil e regressivamente, por perdas e danos quando:

I – no exercício de suas funções, proceder com dolo ou fraude;

II – recusar, omitir ou retardar, sem justo motivo, providência que deva ordenar de ofício ou a requerimento da parte.

Parágrafo único. As hipóteses previstas no inciso II somente serão verificadas depois que a parte requerer ao juiz que determine a providência e o requerimento não for apreciado no prazo de 10 (dez) dias."

TEORIA GERAL DO PROCESSO CIVIL – *Luiz Fux*

Tal atitude constituiria verdadeiro atentado contra a justiça brasileira, como se observava em momento não tão distante na história de nosso país.

O ato apenas ensejará indenização por parte do Estado quando o erro do magistrado ultrapassar os limites do razoável.[126] Pretendeu o legislador, dessa forma, coibir tão somente as ações comprovadamente dolosas e as omissões injustificadas e injustificáveis. Desse modo, como é de se esperar, não pode o magistrado agir com dolo ou fraude na direção de um processo, sob pena de arcar com o pagamento de perdas e danos à parte prejudicada. Igualmente penalizado será aquele que, instado a tomar providência, sequer a aprecia no prazo de dez dias (art. 226, II).

1.4.2 Suspeição e impedimento

Como mencionado anteriormente, há um dever do juiz que é intrínseco à sua atividade: o dever de imparcialidade. De nada adianta a apreciação de um litígio pelo Judiciário, em processo que sabidamente demanda tempo e custos, se aquele designado para solucionar o conflito é naturalmente inclinado a decidir em favor de uma das partes, seja por relações pessoais ou por quaisquer outros motivos. A imparcialidade do juiz é tão relevante quanto sua investidura, *i.e.* a decisão de um juiz parcial vale tanto quanto a decisão de uma pessoa que não é investida no cargo. A inexistência de impedimentos ou suspeições é imprescindível para o devido processo legal e para gerar legitimidade social na decisão.

Isto posto, cumpre-nos distinguir a suspeição do impedimento. Muito embora parte da doutrina afirme que a distinção se trata de verdadeira opção legislativa, deve-se verificar que as hipóteses de suspeição encontram respaldo em um aspecto subjetivo a ser verificado, enquanto as hipóteses de impedimento dizem respeito a situações objetivas, de análise concreta[127].

Sendo assim, a *suspeição reputa-se fundada* nos casos previstos legalmente em *numerus clausus* e reclama denúncia pela parte. Superado o prazo da arguição, sana-se o suposto defeito de falta de isenção.

O *impedimento é insuperável*, sendo defeso ao juiz praticar atos no processo em que se verifiquem as situações previstas na lei em função das quais a lei presume *jure et de jure* a parcialidade do magistrado. O impedimento, pela sua natureza, se não respeitado, torna a sentença passível de ação rescisória (art. 966, II, do CPC).[128]

As arguições *sub examine* visam a afastar o juízo da causa antes que ele se pronuncie sobre a mesma, razão por que, acaso a incompatibilidade seja descoberta *a posteriori*, o interessado poderá pleitear a nulidade do ato decisório através de recurso com efeito *ex tunc*.

---

[126] **Beneduzi,** *Comentários ao Código de Processo Civil*, v. 2, 2016, p. 300.

[127] **Dinamarco,** *Instituições de direito processual civil*, v. 2, 2017, p. 261-263.

[128] "**Art. 966.** A decisão de mérito, transitada em julgado, pode ser rescindida quando (...):

II – for proferida por juiz impedido ou por juízo absolutamente incompetente (...)."

"**Súmula nº 514 do STF:** Admite-se ação rescisória contra sentença transitada em julgado, ainda que contra ela não se tenham esgotado todos os recursos."

Cap. 8 · SUJEITOS DO PROCESSO E FUNÇÕES ESSENCIAIS À JUSTIÇA | **433**

O juiz é considerado "suspeito" quando: (i) for *amigo íntimo ou inimigo* de uma das partes ou de seus advogados (art. 145, I); (ii) receber, de pessoas interessadas na causa, *presentes* antes ou depois de iniciado o processo, (iii) aconselhar alguma das partes acerca do objeto da causa, (iv) subministrar meios para atender às despesas do litígio (art. 145, II); (v) alguma das partes for sua credora ou devedora ou de seu cônjuge ou companheiro ou seus parentes, em linha reta ou na colateral até terceiro grau (art. 145, III); (vi) for interessado no julgamento da causa em favor de uma das partes (art. 145, IV); (vii) julgar-se o próprio juiz suspeito por *motivo íntimo*, assim declarado nos autos, independente da exposição dos motivos (art. 145, § 1º)[129].

Considera-se *impedido* o juiz quando: (i) interveio anteriormente no processo como mandatário da parte, perito, membro do Ministério Público ou testemunha (art. 144, I); (ii) conheceu do processo em outro grau de jurisdição, proferindo decisão (art. 144, II);[130] (iii) seu cônjuge ou parente consanguíneo ou afim, em linha reta ou na linha colateral até terceiro grau estiver atuando no processo como advogado, defensor público ou membro do Ministério Público, sendo vedado ao advogado, com esse vínculo, intervir em processo em andamento para criar o impedimento (art. 144, III e § 1º);[131] (iv) for parte do processo ele próprio, ou seus cônjuge, parentes, consanguíneos ou afim, em linha reta ou colateral, até o terceiro grau (art. 144, IV); (v) for sócio ou membro de direção ou administração de pessoa jurídica parte na causa (art. 144, V); (vi) for herdeiro presuntivo, donatário ou empregador de qualquer das partes (art. 144, VI); (vii) figurar como parte uma instituição de ensino com a qual tenha relação de emprego ou decorrente de contrato de prestação de serviços (art. 144, VII); (viii) figurar como parte cliente do escritório de advocacia de seu cônjuge, companheiro ou parente, consanguíneo ou afim, em linha reta ou colateral, até o terceiro grau, mesmo

---

[129] "**Art. 145.** Há suspeição do juiz:

I – amigo íntimo ou inimigo de qualquer das partes ou de seus advogados;

II – receber presentes de pessoas que tenham interesse na causa antes ou depois de iniciado o processo, que aconselhar alguma das partes acerca do objeto da causa, ou que subministrar meios para atender às despesas do litígio;

III – quando qualquer das partes for sua credora ou devedora, de seu cônjuge ou companheiro ou de parentes destes, em linha reta até o terceiro grau, inclusive;

IV – interessado no julgamento do processo em favor de qualquer das partes.

§ 1º Poderá o juiz declarar-se suspeito por motivo de foro íntimo, sem necessidade de declarar suas razões.

§ 2º Será legítima a alegação de suspeição quando:

I – houver sido provocada por quem a alega;

II – a parte que a alega houver praticado ato que signifique manifesta aceitação do arguido."

[130] O dispositivo se refere ao juiz de segundo grau, que em primeiro decidiu no processo. Aplica-se também aos ministros do STF, em relação às causas que tenham apreciado em qualquer tribunal (RISTF, art. 277, parágrafo único).

"**Súmula nº 252 do STF:** Na ação rescisória, não estão impedidos juízes que participaram do julgamento rescindendo."

[131] A hipótese encerra julgamento nulo.

que patrocinado por advogado de outro escritório (art. 144, VIII); (ix) quando promover ação contra a parte ou seu advogado (art. 144, IX)[132].

Esses impedimentos, evidentemente, se aplicam a todos quantos pratiquem atos no processo, *v.g.*, o membro do Ministério Público, os peritos, os auxiliares de justiça etc. (art. 148 do CPC). A diferença é que, tratando-se de impedimento e suspeição do juiz responsável pelo julgamento, o processo suspende-se, ao passo que, esses vícios, se imputáveis aos demais partícipes, não afetam o andamento do feito (art. 148, § 2º).[133] Assim, *v.g.*, é suspeito o perito que recebe honorários diversos dos estipulados pelo juízo, ou o que entrega o laudo a uma das partes antes de sua juntada aos autos.

---

[132] "**Art. 144.** Há impedimento do juiz, sendo-lhe vedado exercer suas funções no processo:

I – em que interveio como mandatário da parte, oficiou como perito, funcionou como membro do Ministério Público ou prestou depoimento como testemunha;

II – de que conheceu em outro grau de jurisdição, tendo proferido decisão;

III – quando nele estiver postulando, como defensor público, advogado ou membro do Ministério Público, seu cônjuge ou companheiro, ou qualquer parente, consanguíneo ou afim, em linha reta ou colateral, até o terceiro grau, inclusive;

IV – quando for parte no processo ele próprio, seu cônjuge ou companheiro, ou parente, consanguíneo ou afim, em linha reta ou colateral, até o terceiro grau, inclusive;

V – quando for sócio ou membro de direção ou de administração de pessoa jurídica parte no processo;

VI – quando for herdeiro presuntivo, donatário ou empregador de qualquer das partes;

VII – em que figure como parte instituição de ensino com a qual tenha relação de emprego ou decorrente de contrato de prestação de serviços;

VIII – em que figure como parte cliente do escritório de advocacia de seu cônjuge, companheiro ou parente, consanguíneo ou afim, em linha reta ou colateral, até o terceiro grau, inclusive, mesmo que patrocinado por advogado de outro escritório;

IX – quando promover ação contra a parte ou seu advogado.

§ 1º Na hipótese do inciso III, o impedimento só se verifica quando o defensor público, o advogado ou o membro do Ministério Público já integrava o processo antes do início da atividade judicante do juiz.

§ 2º É vedada a criação de fato superveniente a fim de caracterizar impedimento do juiz.

§ 3º O impedimento previsto no inciso III também se verifica no caso de mandato conferido a membro de escritório de advocacia que tenha em seus quadros advogado que individualmente ostente a condição nele prevista, mesmo que não intervenha diretamente no processo."

[133] "**Art. 148.** Aplicam-se os motivos de impedimento e de suspeição:

I – ao membro do Ministério Público;

II – aos auxiliares da justiça;

III – aos demais sujeitos imparciais do processo.

§ 1º A parte interessada deverá arguir o impedimento ou a suspeição, em petição fundamentada e devidamente instruída, na primeira oportunidade em que lhe couber falar nos autos.

§ 2º O juiz mandará processar o incidente em separado e sem suspensão do processo, ouvindo o arguido no prazo de 15 (quinze) dias e facultando a produção de prova, quando necessária.

§ 3º Nos tribunais, a arguição a que se refere o § 1º será disciplinada pelo regimento interno.

§ 4º O disposto nos §§ 1º e 2º não se aplica à arguição de impedimento ou de suspeição de testemunha."

Outrossim, quanto aos magistrados, a arguição de impedimento ou suspeição promove a suspensão do processo (art. 313, III, CPC), que será apreciado por tribunal hierarquicamente superior. O relator, nesse ínterim, avaliará se cabe receber o incidente com efeito suspensivo. Sendo o caso, o processo restará suspenso até que se resolva o incidente; em caso negativo, todavia, voltará a correr a partir deste momento (art. 146, § 2º, CPC).

Advirta-se, por oportuno, que essas causas geradoras da incompatibilidade do juiz aplicam-se aos *membros integrantes dos tribunais*, para os quais a lei prevê mais uma hipótese, qual seja, a de estabelecer que, *quando dois ou mais juízes forem parentes, consanguíneos ou afins, em linha reta e no segundo grau na linha colateral, o primeiro que conhecer da causa no tribunal, impede que o outro participe do julgamento, caso em que o segundo se escusará, remetendo o processo ao seu substituto legal* (art. 147 do CPC). Não obstante impõe-se distinguir a suspeição ou o impedimento do membro do Tribunal que não se confunde com o órgão que compõe.

O procedimento das arguições de impedimento e de suspeição é simples, gerando uma relação processual angular entre o arguinte (a parte) e o arguido (o juiz). O incidente não enseja a fala da parte adversa, uma vez que ninguém tem direito a um juiz pessoalmente determinado, senão a um "juiz natural".

A parte, ou o terceiro interveniente que assume essa qualidade, pode arguir, também, a incompatibilidade judicial, indicando, motivadamente, as razões da alegação. Por seu turno, o magistrado, à luz das alegações e das provas necessárias, pode reconhecer de plano o pedido e remeter os autos ao seu substituto legal (juiz tabelar). É-lhe lícito também, em não concordando, responder à alegação em 15 (quinze) dias, remetendo-a, após, ao tribunal competente para julgamento (art. 146, *caput* e § 1º, do CPC).[134]

---

[134] "**Art. 146.** No prazo de 15 (quinze) dias, a contar do conhecimento do fato, a parte alegará o impedimento ou a suspeição, em petição específica dirigida ao juiz do processo, na qual indicará o fundamento da recusa, podendo instruí-la com documentos em que se fundar a alegação e com rol de testemunhas.

§ 1º Se reconhecer o impedimento ou a suspeição ao receber a petição, o juiz ordenará imediatamente a remessa dos autos a seu substituto legal, caso contrário, determinará a autuação em apartado da petição e, no prazo de 15 (quinze) dias, apresentará suas razões, acompanhadas de documentos e de rol de testemunhas, se houver, ordenando a remessa do incidente ao tribunal.

§ 2º Distribuído o incidente, o relator deverá declarar os seus efeitos, sendo que, se o incidente for recebido:

I – sem efeito suspensivo, o processo voltará a correr;

II – com efeito suspensivo, o processo permanecerá suspenso até o julgamento do incidente.

§ 3º Enquanto não for declarado o efeito em que é recebido o incidente ou quando este for recebido com efeito suspensivo, a tutela de urgência será requerida ao substituto legal.

§ 4º Verificando que a alegação de impedimento ou de suspeição é improcedente, o tribunal rejeitá-la-á.

§ 5º Acolhida a alegação, tratando-se de impedimento ou de manifesta suspeição, o tribunal condenará o juiz nas custas e remeterá os autos ao seu substituto legal, podendo o juiz recorrer da decisão.

§ 6º Reconhecido o impedimento ou a suspeição, o tribunal fixará o momento a partir do qual o juiz não poderia ter atuado.

436 | TEORIA GERAL DO PROCESSO CIVIL – *Luiz Fux*

Caso haja tutela de urgência que deva ser apreciada enquanto o incidente encontra-se aguardando a declaração do efeito em que é recebido, esta deve ser requerida ao substituto legal do magistrado impugnado (art. 146, § 3º, CPC). É necessário destacar que, no incidente, apenas são ouvidos aquele que questiona a imparcialidade e o próprio juiz, sem manifestação da parte adversa ao impugnante, que nada tem a ver com a nova relação processual que se instaura. Caso seja reconhecida a parcialidade do magistrado, por exemplo, é dele mesmo a legitimidade para recorrer da decisão (art. 146, § 5º, CPC).

Ainda no caso de ser definitivamente reconhecida a parcialidade do juiz, seja por impedimento ou por suspeição, deverá o tribunal fixar o *momento a partir do qual o juiz não poderia ter atuado* (art. 146, § 6º, CPC), com a consequente anulação dos atos praticados após esse momento (art. 146, § 7º, CPC)[135].

Elegante questão erige quanto a quais atos são passíveis de anulação – se apenas os atos de conteúdo decisório ou todos os atos. Parece razoável determinar que todos os atos do juiz que tenham não apenas conteúdo decisório, mas participação direta com as partes ou outros agentes do processo e, de alguma maneira, possam interferir negativamente no regular curso do processo, devam ser anulados, *v.g.* inquirir testemunhas em audiência de instrução e julgamento.

1.5 Auxiliares da justiça

Os auxiliares da justiça são todos aqueles que contribuem para o regular curso do processo, tendo sido listados os entes abarcados por esse grupo no art. 149, do CPC[136]. Primeiramente, mostra-se fundamental destacar que os auxiliares da justiça devem observar as regras de impedimento e suspeição, conforme o disposto no art. 148, II, CPC.

Aos membros desta categoria competem diversas funções, diferentes a depender do cargo, mas que têm em comum a característica de não possuir poder decisório – poder, também considerado como dever, indelegável pelo juiz. Os demais atos podem ser delegados aos servidores, como enuncia o art. 93, XIV, da Constituição Federal. Dessa forma, de uma maneira geral, pode-se dizer que lhes competem as funções de proceder à comunicação dos atos processuais, à certificação de atos praticados pelas partes, à realização de perícias, à distribuição dos autos, à mediação ou conciliação entre as partes, dentre outros.

---

§ 7º O tribunal decretará a nulidade dos atos do juiz, se praticados quando já presente o motivo de impedimento ou de suspeição."

[135] Confirmou-se, no novo diploma processual, o consolidado entendimento do Superior Tribunal de Justiça: "Diante do exposto, a Seção reconheceu a suspeição do magistrado excepto, para todos os processos que envolvam a excipiente e que os efeitos dessa declaração de suspeição, em caráter transcendental, valem somente para o futuro (*ex nunc*), contando-se a partir de 14.04.2010, preservados os atos processuais anteriores" (REsp 1.165.623-RS, Rel. Min. Vasco Della Giustina (Desembargador convocado do TJ-RS), j. 14.04.2010).

[136] "**Art. 149.** São auxiliares da Justiça, além de outros cujas atribuições sejam determinadas pelas normas de organização judiciária, o escrivão, o chefe de secretaria, o oficial de justiça, o perito, o depositário, o administrador, o intérprete, o tradutor, o mediador, o conciliador judicial, o partidor, o distribuidor, o contabilista e o regulador de avarias."

Ao *escrivão ou chefe de secretaria* cabe a coordenação da atuação do cartório de cada uma das varas judiciais, praticando e supervisionando atos que confiram continuidade e prosseguimento ao processo, incumbindo-lhe as funções do art. 152 do CPC[137].

O *oficial de justiça*, por sua vez, é o auxiliar da justiça a quem compete, em linhas gerais, cumprir e fazer cumprir as ordens do juízo, agente ao qual se atribui fé pública. De uma maneira geral, pode-se dizer que o oficial é o responsável, via de regra, pela comunicação entre os atos praticados em sede processual e o universo social em que estes atos produzem efeitos, *v.g.* o juiz determina a citação, mas quem de fato a promove é o oficial de justiça. Dessa forma, o Código incumbiu-lhe das funções do art. 154 do CPC[138].

Particular destaque é destinado aos *conciliadores* e aos *mediadores*, dentro da nova sistemática processual que privilegia e estimula a autocomposição entre as partes (art. 165, CPC). Há uma sensível distinção entre as duas figuras, de acordo com o CPC.

---

[137] "**Art. 152.** Incumbe ao escrivão ou ao chefe de secretaria:

I – redigir, na forma legal, os ofícios, os mandados, as cartas precatórias e os demais atos que pertençam ao seu ofício;

II – efetivar as ordens judiciais, realizar citações e intimações, bem como praticar todos os demais atos que lhe forem atribuídos pelas normas de organização judiciária;

III – comparecer às audiências ou, não podendo fazê-lo, designar servidor para substituí-lo;

IV – manter sob sua guarda e responsabilidade os autos, não permitindo que saiam do cartório, exceto:

a) quando tenham de seguir à conclusão do juiz;

b) com vista a procurador, à Defensoria Pública, ao Ministério Público ou à Fazenda Pública;

c) quando devam ser remetidos ao contabilista ou ao partidor;

d) quando forem remetidos a outro juízo em razão da modificação da competência;

V – fornecer certidão de qualquer ato ou termo do processo, independentemente de despacho, observadas as disposições referentes ao segredo de justiça;

VI – praticar, de ofício, os atos meramente ordinatórios.

§ 1º O juiz titular editará ato a fim de regulamentar a atribuição prevista no inciso VI.

§ 2º No impedimento do escrivão ou chefe de secretaria, o juiz convocará substituto e, não o havendo, nomeará pessoa idônea para o ato."

[138] "**Art. 154.** Incumbe ao oficial de justiça:

I – fazer pessoalmente citações, prisões, penhoras, arrestos e demais diligências próprias do seu ofício, sempre que possível na presença de 2 (duas) testemunhas, certificando no mandado o ocorrido, com menção ao lugar, ao dia e à hora;

II – executar as ordens do juiz a que estiver subordinado;

III – entregar o mandado em cartório após seu cumprimento;

IV – auxiliar o juiz na manutenção da ordem;

V – efetuar avaliações, quando for o caso;

VI – certificar, em mandado, proposta de autocomposição apresentada por qualquer das partes, na ocasião de realização de ato de comunicação que lhe couber.

Parágrafo único. Certificada a proposta de autocomposição prevista no inciso VI, o juiz ordenará a intimação da parte contrária para manifestar-se, no prazo de 5 (cinco) dias, sem prejuízo do andamento regular do processo, entendendo-se o silêncio como recusa."

O conciliador atuará, preferencialmente, em litígios que envolvam partes que não possuíam entre si um vínculo prévio, de modo a sugerir soluções para apaziguar o conflito, sem que lhes provoque qualquer tipo de constrangimento. Em contrapartida, o mediador atuará em situações onde as partes possuam vínculo anterior, visando, principalmente, a sarar as feridas da relação para que os sujeitos envolvidos no processo possam retomar a comunicação normalmente, identificando-se soluções consensuais que agradem aos interesses de ambos os lados.

O Código especifica alguns princípios próprios que deverão reger a realização da conciliação ou da mediação, no intuito de atribuir-lhes maiores eficácia e êxito. Nesse sentido, devem ser observados os princípios da independência, da imparcialidade, da autonomia da vontade, da confidencialidade, da oralidade, da informalidade e da decisão informada (art. 166 do CPC)[139].

Deve-se salientar que os conciliadores e mediadores, e eventuais câmaras privadas que estes integrem, deverão ser inscritos em cadastro nacional, bem como em cadastro junto ao Tribunal de Justiça (ou Tribunal Regional Federal) perante o qual atuam (art. 167, CPC)[140]. O cadastro, vale destacar, não vincula obrigatoriamente a escolha das partes pelo conciliador ou mediador que atuará em seu caso. Importou-se, nesse sentido, a prá-

---

[139] **"Art. 166.** A conciliação e a mediação são informadas pelos princípios da independência, da imparcialidade, da autonomia da vontade, da confidencialidade, da oralidade, da informalidade e da decisão informada.

§ 1º A confidencialidade estende-se a todas as informações produzidas no curso do procedimento, cujo teor não poderá ser utilizado para fim diverso daquele previsto por expressa deliberação das partes.

§ 2º Em razão do dever de sigilo, inerente às suas funções, o conciliador e o mediador, assim como os membros de suas equipes, não poderão divulgar ou depor acerca de fatos ou elementos oriundos da conciliação ou da mediação.

§ 3º Admite-se a aplicação de técnicas negociais, com o objetivo de proporcionar ambiente favorável à autocomposição.

§ 4º A mediação e a conciliação serão regidas conforme a livre autonomia dos interessados, inclusive no que diz respeito à definição das regras procedimentais."

[140] **"Art. 167.** Os conciliadores, os mediadores e as câmaras privadas de conciliação e mediação serão inscritos em cadastro nacional e em cadastro de tribunal de justiça ou de tribunal regional federal, que manterá registro de profissionais habilitados, com indicação de sua área profissional.

§ 1º Preenchendo o requisito da capacitação mínima, por meio de curso realizado por entidade credenciada, conforme parâmetro curricular definido pelo Conselho Nacional de Justiça em conjunto com o Ministério da Justiça, o conciliador ou o mediador, com o respectivo certificado, poderá requerer sua inscrição no cadastro nacional e no cadastro de tribunal de justiça ou de tribunal regional federal.

§ 2º Efetivado o registro, que poderá ser precedido de concurso público, o tribunal remeterá ao diretor do foro da comarca, seção ou subseção judiciária onde atuará o conciliador ou o mediador os dados necessários para que seu nome passe a constar da respectiva lista, a ser observada na distribuição alternada e aleatória, respeitado o princípio da igualdade dentro da mesma área de atuação profissional.

§ 3º Do credenciamento das câmaras e do cadastro de conciliadores e mediadores constarão todos os dados relevantes para a sua atuação, tais como o número de processos de que participou, o

tica utilizada pelas câmaras de mediação e arbitragem que operam há muito de maneira extrajudicial. Nesse sentido, caso as partes, consensualmente, optem por mediador ou conciliador que não consta do registro daquele tribunal, em nada serão prejudicadas. Contudo, não havendo acordo quanto à escolha, ocorrerá a livre distribuição a um dos profissionais devidamente registrados no respectivo tribunal, consoante a regra do art. 168, § 2º, do CPC[141].

1.6 Ministério Público

O Ministério Público é, certamente, uma das instituições jurídicas mais relevantes no que toca ao aspecto social, sendo de suma importância à função jurisdicional do Estado[142]. Trata-se de instituição responsável pela defesa dos interesses sociais coletivos e difusos, do regime democrático e da ordem jurídica como um todo, conforme se extrai dos arts. 127 a 130, da Constituição. Em verdade, o art. 176 do CPC, tratou de reproduzir as atribuições constitucionais conferidas ao Ministério Público, de modo a justificar, quando analisados os aspectos processuais, os diversos papéis que a instituição desempenha. O art. 177 do Código ainda reforça o poder do Ministério Público ao lhe conferir o direito de ação em conformidade com essas atribuições constitucionais[143].

---

sucesso ou insucesso da atividade, a matéria sobre a qual versou a controvérsia, bem como outros dados que o tribunal julgar relevantes.

§ 4º Os dados colhidos na forma do § 3º serão classificados sistematicamente pelo tribunal, que os publicará, ao menos anualmente, para conhecimento da população e para fins estatísticos e de avaliação da conciliação, da mediação, das câmaras privadas de conciliação e de mediação, dos conciliadores e dos mediadores.

§ 5º Os conciliadores e mediadores judiciais cadastrados na forma do caput, se advogados, estarão impedidos de exercer a advocacia nos juízos em que desempenhem suas funções.

§ 6º O tribunal poderá optar pela criação de quadro próprio de conciliadores e mediadores, a ser preenchido por concurso público de provas e títulos, observadas as disposições deste Capítulo."

[141] "**Art. 168.** As partes podem escolher, de comum acordo, o conciliador, o mediador ou a câmara privada de conciliação e de mediação.

§ 1º O conciliador ou mediador escolhido pelas partes poderá ou não estar cadastrado no tribunal.

§ 2º Inexistindo acordo quanto à escolha do mediador ou conciliador, haverá distribuição entre aqueles cadastrados no registro do tribunal, observada a respectiva formação.

§ 3º Sempre que recomendável, haverá a designação de mais de um mediador ou conciliador."

[142] Para os impactos do CPC na atuação do Ministério Público, ver **Robson Renault Godinho** e **Susana Henriques da Costa** (coords.). *Repercussões do Novo CPC: Ministério Público*, 2017.

[143] "**Súmula nº 601 do STJ:** O Ministério Público tem legitimidade ativa para atuar na defesa de direitos difusos, coletivos e individuais homogêneos dos consumidores, ainda que decorrentes da prestação de serviço público."

"**Súmula nº 594 do STJ:** O Ministério Público tem legitimidade ativa para ajuizar ação de alimentos em proveito de criança ou adolescente independentemente do exercício do poder familiar dos pais, ou do fato de o menor se encontrar nas situações de risco descritas no art. 98 do Estatuto da Criança e do Adolescente, ou de quaisquer outros questionamentos acerca da existência ou eficiência da Defensoria Pública na comarca."

Além da legitimidade para exercer o direito de ação nas situações anteriormente mencionadas, deve-se destacar o relevante papel do Ministério Público como fiscal da ordem jurídica (*custos juris*), em expressão que se revela mais atual e acertada quando em comparação à anterior designação de fiscal da lei (*custos legis*). O *parquet* atuará sob esse véu sempre que houver interesse público ou social em questão – há algumas hipóteses previstas expressamente no ordenamento, como as situações em que houver interesse de incapaz ou litígios coletivos pela posse de terra rural ou urbana[144] –, não se legitimando a atuação do *parquet* pela mera presença da Fazenda Pública na relação jurídica processual.

Previsão legal relevante e prática a dialogar com a atuação do *Parquet* é aquela a respeito da nulidade pela não participação do membro do Ministério Público. Outrora, a ausência de intimação da instituição levava à nulidade processual incondicionalmente. Atualmente, conquanto a nulidade seja indubitável, caberá ao Ministério Público se manifestar acerca do prejuízo decorrente da falta de sua manifestação, de sorte que o magistrado apenas deverá reconhecer o vício acaso apontada relevância nessa lacuna processual (art. 279[145]).

Cumpre mencionar, ainda, que a presença do Ministério Público como *custos juris* não inviabiliza a celebração de negócios jurídicos processuais[146]. Afinal, o requisito referente à admissibilidade de autocomposição quanto aos direitos em disputa não se confunde com sua indisponibilidade, podendo-se falar em direitos indisponíveis que admitem algum grau de negociabilidade[147].

Como tradicionalmente sucede no Direito Processual Civil, o Ministério Público está incumbido de diversas funções processuais espelhadas pelo Código, desde a missão de estimular a autocomposição (art. 3º) até a participação obrigatória nos procedimentos de formação de precedentes judiciais (Incidente de Resolução de Demandas Repetitivas, Incidente de Assunção de Competência e julgamento de Recursos Repetitivos), passando

---

[144] "**Art. 178.** O Ministério Público será intimado para, no prazo de 30 (trinta) dias, intervir como fiscal da ordem jurídica nas hipóteses previstas em lei ou na Constituição Federal e nos processos que envolvam:

I – interesse público ou social;

II – interesse de incapaz;

III – litígios coletivos pela posse de terra rural ou urbana.

Parágrafo único. A participação da Fazenda Pública não configura, por si só, hipótese de intervenção do Ministério Público."

[145] "**Art. 279.** É nulo o processo quando o membro do Ministério Público não for intimado a acompanhar o feito em que deva intervir.

§ 1º Se o processo tiver tramitado sem conhecimento do membro do Ministério Público, o juiz invalidará os atos praticados a partir do momento em que ele deveria ter sido intimado.

§ 2º A nulidade só pode ser decretada após a intimação do Ministério Público, que se manifestará sobre a existência ou a inexistência de prejuízo."

[146] Como orienta o Enunciado nº 112 da II Jornada de Direito Processual Civil do CJF.

[147] A esse respeito, no âmbito da tutela coletiva, veja-se **Humberto Dalla Bernardina e Pinho** e **José Roberto Mello Porto**, *Manual de Tutela Coletiva*, 2021.

pela atividade instrutória de arrecadação de elementos probatórios (art. 179, II), na qual a previsão de custeio das perícias pela própria instituição, acaso não haja mecanismo público conveniado, reflete sua autonomia (art. 91).

Ademais, assegura-se ao Ministério Público a prerrogativa de prazo em dobro para manifestar-se nos autos, cujo início apenas se dará após sua intimação pessoal (art. 180, CPC)[148]. Entretanto, se esgotado o prazo para sua manifestação sem a apresentação de parecer, por petição ou por simples cota nos autos, o juiz requisitará os autos e dará andamento ao processo, dispositivo que consagra exemplo de preocupação com a razoável duração dos processos. Quando a lei estabeleça prazo próprio para o Ministério Público de forma específica, não será aplicável o benefício da contagem em dobro.

Essa prerrogativa processual, compatível com o volume de processos em que deve o *Parquet* se manifestar, incide inclusive quando o ato for praticado em audiência, conforme entendimento do Supremo Tribunal Federal e do Superior Tribunal de Justiça. Isso porque há que se diferenciar a ciência da prática do ato, a qual o agente público passa a ter assim que este se dá, por presenciar a decisão em audiência, e o início do prazo para a prática do futuro ato, como um recurso, por exemplo.

Quanto aos agentes que compõem o Ministério Público, assim como ocorre com os magistrados, seus membros serão civil e regressivamente responsáveis quando agirem com dolo ou fraude no exercício de suas funções (art. 181).

A autonomia que rege a instituição, por força constitucional, no entanto, exige leitura própria dos comandos sancionatórios espalhados pelo Código. Por isso, o legislador deixa claro que a multa por ato atentatório à dignidade da justiça (art. 77, § 2º) não se aplica ao membro do Ministério Público, cabendo a apuração da correção de sua conduta à Corregedoria própria (art. 77, § 6º), sempre nos termos da Lei Orgânica da instituição (LOMP, Lei nº 8.625/1993).

1.7 Advocacia Pública

A experiência do processo civil brasileiro demonstra que, não raro, as entidades e órgãos públicos figuram como partes em litígios de todos os tribunais do território nacional. A representação desses órgãos não poderia ser feita pela simples contratação de advogados privados, uma vez que representa iminente perigo aos princípios da impessoalidade, da moralidade e da publicidade que norteiam a Administração Pública (art. 37, *caput*, CF/1988)[149].

---

[148] **"Art. 180**. O Ministério Público gozará de prazo em dobro para manifestar-se nos autos, que terá início a partir de sua intimação pessoal, nos termos do art. 183, § 1º.

§ 1º Findo o prazo para manifestação do Ministério Público sem o oferecimento de parecer, o juiz requisitará os autos e dará andamento ao processo.

§ 2º Não se aplica o benefício da contagem em dobro quando a lei estabelecer, de forma expressa, prazo próprio para o Ministério Público."

[149] Para a mais ampla compreensão da atuação da Fazenda Pública em juízo, vejam-se as obras de **Marco Antonio Rodrigues** (A Fazenda Pública no Processo Civil, 2016) e **Leonardo Carneiro**

Por força constitucional, dessa forma, a sua representação judicial e extrajudicial deve se dar mediante a estruturação de carreiras próprias, cujos membros ingressem por meio da realização de concursos públicos de provas e títulos. O CPC fez coro à previsão constitucional (art. 182, CPC) e positivou a carreira da advocacia pública, destinando-lhes dispositivos específicos que garantem a sua regulação apropriada.

Fundamental destacar que, assim como ao Ministério Público, também é assegurado o prazo em dobro para todas as manifestações processuais da União, dos Estados, do Distrito Federal, dos Municípios e de suas respectivas autarquias e fundações de direito público, benefício que não se aplicará quando a lei estabeleça, de forma expressa, prazo próprio para o ente público atuar. Em todo caso, a contagem desses prazos apenas se dará após a intimação pessoal de seus membros, que se fará por carga, remessa ou meio eletrônico (art. 183).

A jurisprudência tem estendido elementos do tratamento típico da Fazenda Pública a pessoas jurídicas de direito privado, a exemplo dos conselhos de fiscalização profissional, que gozam da prerrogativa intimação pessoal[150], e das empresas públicas e sociedades de economia mista, quanto à sistemática dos precatórios[151], mas não em relação à intimação pessoal[152].

---

da Cunha (A Fazenda Pública em juízo, 2021). Para os impactos do CPC na atuação da Fazenda Pública, ver **José Henrique Mouta Araújo, Leonardo Carneiro da Cunha e Marco Antonio Rodrigues** (coords.). *Repercussões do Novo CPC: Fazenda Pública*, 2016.

[150] "Em execução fiscal ajuizada por Conselho de Fiscalização Profissional, seu representante judicial possui a prerrogativa de ser pessoalmente intimado, conforme disposto no art. 25 da Lei nº 6.830/1980" (REsp 1330473/SP, Rel. Min. Arnaldo Esteves Lima, Primeira Seção, j. 12.06.2013).

[151] "À empresa Brasileira de Correios e Telégrafos, pessoa jurídica equiparada à Fazenda Pública, é aplicável o privilégio da impenhorabilidade de seus bens, rendas e serviços. Recepção do art. 12 do Decreto-lei nº 509/69 e não incidência da restrição contida no art. 173, § 1º, da Constituição Federal, que submete a empresa pública, a sociedade de economia mista e outras entidades que explorem atividade econômica ao regime próprio das empresas privadas, inclusive quanto às obrigações trabalhistas e tributárias. (...) Empresa pública que não exerce atividade econômica e presta serviço público da competência da União Federal e por ela mantido. Execução. Observância ao regime de precatório, sob pena de vulneração do disposto no art. 100 da Constituição Federal. Recurso extraordinário conhecido e provido" (RE 220906, Rel. Maurício Corrêa, Tribunal Pleno, j. 16.11.2000).

[152] O STF firmou o entendimento, a partir do julgamento do RE 220.907/RO (j. 12.06.2001, *DJ* 31.08.2001), no sentido de que a ECT é empresa pública, prestadora de serviço público sob regime de monopólio, que integra o conceito de Fazenda Pública. (...) O art. 12 do Decreto-Lei nº 509/1969 atribui à ECT os privilégios concedidos à Fazenda Pública no concernente, dentre outros, a foro, prazos e custas processuais, não fazendo qualquer referência à prerrogativa de intimação pessoal. (...) Em se tratando de processo eletrônico, prevê o § 6º do art. 5º da Lei nº 11.419/2006 que as intimações feitas por meio eletrônico aos devida e previamente cadastrados, inclusive da Fazenda Pública, serão consideradas pessoais para todos os efeitos legais. (...) Se o advogado, no momento em que ajuizou a ação, fez o cadastro em nome próprio, não pode, posteriormente, alegar a nulidade da intimação realizada na sua pessoa, e não na da entidade que representa, para se eximir da responsabilidade de acompanhar o andamento do processo, a partir da consulta assídua ao sistema PJe (REsp 1574008/SE, Rel. Min. Nancy Andrighi, 3ª Turma, j. 12.03.2019).

Cap. 8 · SUJEITOS DO PROCESSO E FUNÇÕES ESSENCIAIS À JUSTIÇA

Particular novidade esculpida pelo diploma processual diz respeito à possibilidade de celebração de convênios entre as procuradorias do Distrito Federal e de diferentes Estados. Dessa forma, a procuradoria de um determinado ente pode ajustar compromisso recíproco com outro ente para a prática de atos processuais por seus procuradores, consoante a disposição do art. 75, § 4º, do CPC.

Registre-se, ainda, nova redação dada ao inciso III do art. 75 pela Lei nº 14.341/2022, possibilitando que os municípios sejam representados em juízo, ativa e passivamente, por seu prefeito, procurador ou, ainda, por Associação de Representação de Municípios, quando expressamente autorizada.

Finalmente, o membro da Advocacia Pública também é sujeito à responsabilidade civil e regressiva quando agir com dolo ou fraude no exercício de suas funções (art. 184, CPC).

1.8 Defensoria Pública

A Defensoria Pública merece destaque como instituição particular do ordenamento jurídico brasileiro e que se destina à concretização efetiva e material do acesso à justiça, uma vez que oferece orientação jurídica e representação judicial e extrajudicial gratuita aos mais desvalidos de nossa sociedade[153]. A instituição, a bem da verdade, foi consagrada na Constituição da República de 1988, em seus arts. 134 e 135, desempenhando papel que, em parte, era realizado pelo Ministério Público.

À imagem e semelhança do texto constitucional, o art. 185 do CPC, prevê as funções da Defensoria Pública, incumbindo-lhe a orientação jurídica, a promoção dos direitos humanos e a defesa dos direitos individuais e coletivos dos necessitados, em todos os graus, de forma integral e gratuita. O papel desempenhado pela instituição é, sem dúvidas, um dos mais nobres do universo jurídico e exige a prestação de um serviço de qualidade. Contudo, deve ser tomada em conta a alta demanda – muito em virtude da desigualdade que assola nosso país desde suas origens –, motivo pelo qual o legislador optou por também lhe conferir o prazo em dobro para suas manifestações processuais, conforme disposto no art. 186 do CPC[154].

---

[153] Sobre a atuação da Defensoria Pública, veja-se **Franklyn Roger Alves Silva** e **Diogo Esteves**, Princípios Institucionais da Defensoria Pública, 2018.

[154] "**Art. 186.** A Defensoria Pública gozará de prazo em dobro para todas as suas manifestações processuais.

§ 1º O prazo tem início com a intimação pessoal do defensor público, nos termos do art. 183, § 1º.

§ 2º A requerimento da Defensoria Pública, o juiz determinará a intimação pessoal da parte patrocinada quando o ato processual depender de providência ou informação que somente por ela possa ser realizada ou prestada.

§ 3º O disposto no *caput* aplica-se aos escritórios de prática jurídica das faculdades de Direito reconhecidas na forma da lei e às entidades que prestam assistência jurídica gratuita em razão de convênios firmados com a Defensoria Pública.

§ 4º Não se aplica o benefício da contagem em dobro quando a lei estabelecer, de forma expressa, prazo próprio para a Defensoria Pública."

Há, porém, algumas peculiaridades que merecem ser ressaltadas com relação ao prazo em dobro. A primeira, comum às outras instituições que gozam do benefício, é a não aplicação do prazo em dobro quando a lei fixar prazo próprio para a Defensoria (art. 186, § 4º, CPC). Ademais, o prazo em dobro também é extensível aos escritórios e núcleos de prática jurídica das faculdades de Direito reconhecidas na forma da lei e às entidades que prestam assistência jurídica gratuita em razão de convênios firmados com a Defensoria Pública (art. 186, § 3º, CPC)[155-156].

Em terceiro lugar, a intimação dos atos processuais deve ser feita pessoalmente na figura do defensor público em atividade no respectivo processo, considerando-se este como o termo *a quo* para contagem do prazo (art. 186, § 1º, CPC). Em determinadas situações, o ato a ser praticado pelo defensor depende exclusivamente de informação ou providência que apenas possa ser realizada pela parte, de forma que a intimação pessoal do defensor não atenderia à finalidade do processo de oportunizar a contribuição das partes para a produção da sentença final. Nesse sentido, o legislador foi sensível à situação e possibilitou que, a requerimento da Defensoria, a intimação seja feita na pessoa da parte patrocinada (art. 186, § 2º, CPC).

Como última observação, o membro da Defensoria também será civilmente responsável quando agir com dolo ou fraude no exercício de suas funções (art. 187, CPC). A situação, inclusive, enseja maior reprovabilidade social, uma vez considerada a nobreza da função.

---

[155] "**Enunciado nº 15 da I Jornada de Direito Processual Civil do CJF:** Aplicam-se às entidades referidas no § 3º do art. 186 do CPC as regras sobre intimação pessoal das partes e suas testemunhas (art. 186, § 2º; art. 455, § 4º, IV; art. 513, § 2º, II e art. 876, § 1º, II, todos do CPC)."

[156] RECURSO ESPECIAL. AÇÃO REVISIONAL DE CONTRATO DE FINANCIAMENTO. RECURSO DE APELAÇÃO. TEMPESTIVIDADE. PARTE REPRESENTADA POR NÚCLEO DE PRÁTICA JURÍDICA DE INSTITUIÇÃO PRIVADA DE ENSINO SUPERIOR. PRAZO EM DOBRO. APLICAÇÃO. (...) 3. O art. 5º, § 5º, da Lei nº 1.060/50, prevê que "o Defensor Público, ou quem exerça cargo equivalente, será intimado pessoalmente de todos os atos do processo, em ambas as Instâncias, contando-se-lhes em dobro todos os prazos". Ao interpretar tal dispositivo, o STJ firmou orientação no sentido de que para fazer jus ao benefício do prazo em dobro, o advogado da parte deve integrar serviço de assistência judiciária organizado e mantido pelo Estado, como é o caso dos núcleos de prática jurídica das instituições públicas de ensino superior, não se aplicando tal benefício aos núcleos de prática jurídica vinculados às universidades privadas. 4. Todavia, o Novo Código de Processo Civil, por meio do art. 186, § 3º, estendeu a prerrogativa do prazo em dobro "aos escritórios de prática jurídica das faculdades de Direito reconhecidas na forma da lei e às entidades que prestam assistência jurídica gratuita em razão de convênios firmados com a Defensoria Pública". (...) 6. A interpretação literal do art. 186, § 5º, do CPC/2015 revela que o legislador não fez qualquer diferenciação entre escritórios de prática jurídica de entidades de caráter público ou privado. Em consequência, limitar tal prerrogativa aos núcleos de prática jurídica das entidades públicas de ensino superior significaria restringir indevidamente a aplicação da norma mediante a criação de um pressuposto não previsto em lei. (...) 8. Assim, a partir da entrada em vigor do art. 186, § 3º, do CPC/2015, a prerrogativa de prazo em dobro para as manifestações processuais também se aplica aos escritórios de prática jurídica de instituições privadas de ensino superior. (...) (REsp n. 1.986.064/RS, relatora Ministra Nancy Andrighi, Corte Especial, julgado em 1/6/2022, *DJe* de 8/6/2022.)

9
FORMAÇÃO, SUSPENSÃO E EXTINÇÃO DO PROCESSO

1. GENERALIDADES

O processo como relação jurídica foi comparado, em sede doutrinária singular, com a própria vida; na complexidade de sua existência, ele, o processo, nasce e morre. Deveras, o processo durante a sua existência pode submeter-se a crises que alteram o curso normal da sua vida. Esse itinerário vivencial da relação processual é versado nos dispositivos referentes à "formação, suspensão e extinção do processo".

A formação do processo corresponde à sua instauração gradual, com a primeira aparição do autor através da demanda e posterior convocação do demandado, em respeito aos princípios constitucionais do "contraditório", do "devido processo legal", e da ampla defesa.

A *extinção do processo*, em regra, efetiva-se pela exaustão da função jurisdicional com a resposta do Judiciário ao pedido da parte através da resolução de mérito. Esta é a sentença que define o litígio, daí denominar-se outrora, "sentença definitiva". Conforme observamos precedentemente, há casos em que, por força de uma crise, "não surge para o juiz o dever de julgar o pedido, porquanto, obstáculos formais impendem-no dessa incumbência", como ocorre, por exemplo, quando ausente uma das condições da ação. Nessas hipóteses, resolve-se, também, o processo, mas de forma anômala, sem resposta sobre a questão de fundo. *In casu*, o processo termina, mas a função de julgar o mérito, de definir a situação litigiosa com o crivo da imutabilidade do decidido emprestado pela coisa julgada material não se verifica. Esta é a razão pela qual essa sentença formal, que não aprecia o mérito, recebe o nome de "decisão terminativa".

No curso da vida da relação processual, outras situações podem alterar-lhe o itinerário lógico em direção à definição do litígio, como são as hipóteses que determinam *uma paralisação temporária na marcha dos atos processuais*, *v.g.*, ocorre quando uma das partes falece e precisa ser sucedida pelos seus herdeiros. A necessidade de integrar-se ao feito os sucessores da parte falecida acarreta uma sustação da marcha processual que se denomina "suspensão do processo", cujo nome indica que, superado o obstáculo, retoma--se o curso dos atos processuais.

São exatamente esses momentos da vida da relação processual que versaremos nos tópicos seguintes.

2. FORMAÇÃO DO PROCESSO[1]

O processo na sua formação passa por etapas graduais que correspondem à constituição paulatina da relação processual.[2]

Outrossim, não se pode aduzir à existência de processo, sem que se instaure a via jurisdicional. É dizer: tudo quanto antes possa existir ainda não retrata o processo.

Mantendo fidelidade com o princípio da inércia – *ne procedat iudex ex officio* –, tem-se que o processo começa por iniciativa da parte. O CPC inaugura suas regras com esse princípio, dispondo que o processo começa por iniciativa da parte e se desenvolve por impulso oficial, salvo as exceções previstas em lei (art. 2º). É o *princípio da demanda* que informa o nascimento do processo no sistema processual brasileiro e do qual decorrem outros princípios como o "dispositivo", que marca a prevalência dos estímulos das partes sobre a iniciativa oficial, característica geral dos sistemas processuais. O juiz, em nosso sistema, aguarda a provocação da parte desde o primeiro ato processual, pautando o seu atuar pelos limites da pretensão deduzida. Exclui-se dessa regra, evidentemente, a possibilidade de atuação imediata e oficial naquelas matérias em que, assim procedendo, o magistrado não perde a sua imparcialidade, *v.g.*, quando conhece *ex officio* a ausência de um pressuposto processual, como a sua "incompetência absoluta" para o feito etc.

Obedecida essa sistemática, a formação do processo não escapa à regra, razão pela qual o processo se forma, numa primeira etapa, pela provocação originária do autor ao Estado-juiz para que preste a tutela jurisdicional em relação ao pedido formulado em face do demandado.[3] A "demanda" é, assim, o modo pelo qual a parte formula esse

---

[1]   **Calmon de Passos**, *Comentários*, vol. III; **Moniz de Aragão**, *Comentários*, vol. II, **Ovídio Baptista da Silva** e outros, *Teoria Geral do Processo*; **Alexandre Freitas Câmara**, *Lições de Direito Processual Civil*, vol. I, **Sergio Bermudes**, *Introdução ao Processo Civil*.

[2]   **Liebman**, que tantos estudos realizou quanto aos institutos processuais brasileiros, afirmava nas notas lançadas às *Instituições* de **Chiovenda**, vol. II, p. 411 e 412, que, no Direito brasileiro, a propositura demandava "atividade complexa" consistente no ajuizamento, despacho liminar e citação oficial. A lição do fundador da escola processual brasileira se encaixava à égide do CPC/1939, posto que, pelo atual, se considera proposta a ação pela só distribuição onde houver mais de um juízo e pelo despacho onde houver um só órgão jurisdicional com competência múltipla. Entretanto, se o juiz indefere a petição inicial antes de convocar o réu, a relação processual formou-se em parte e é extinta no nascedouro. A citação compõe a segunda fase da "formação do processo" concebido como relação trilateral.

[3]   É conhecida a controvérsia lavrada na doutrina clássica sobre o exato momento da constituição da relação processual. Para alguns, este se engendraria com a citação válida, ao passo que para outros a "instância" se iniciava pela proposição da ação. Nesse sentido, consulte-se **José Alberto dos Reis**, *Comentários ao Código de Processo Civil*, 1946, vol. 3, p. 30-31; **Hugo Alsina**, *Tratado Teórico e Prático de Derecho Procesal Civil y Comercial*, 1941, vol. I, p. 250.

A realidade é que a propositura da ação por si só gera efeitos para o autor e para o órgão jurisdicional. Entretanto, em relação ao réu esses efeitos somente se produzem após a citação válida, por isso que a posição hodierna do CPC explicita com clareza essa formação gradual da relação processual, concebendo-a num primeiro momento pela iniciativa do autor e completando a angularidade reclamada pelo contraditório com a citação do réu. O ajuizamento marca a propositura e a citação, a estabilização da relação processual.

pedido de tutela jurisdicional. A lei denomina esse momento como o da "propositura da ação". A ação, no plano ideológico, considera-se proposta quando a parte se dirige ao Judiciário formulando o pedido de sua intervenção. Entretanto, esse pedido não é endereçado livremente, senão obedecendo-se aos critérios de divisão de trabalho. Advirta-se que a parte tem direito ao juízo e não a um juiz determinado. Ademais, a paridade no trabalho entre os diversos órgãos cumpre o postulado da melhor eficiência no desempenho da tarefa jurisdicional. Esta é a razão pela qual, onde houver mais de um juízo, a demanda é distribuída, ao passo que, onde houver um só juízo, ela é dirigida diretamente ao órgão jurisdicional.

Nesse sentido, afirma-se que a primeira etapa, de "formação do processo", é a "propositura da ação", isto é, o momento do protocolo da petição inicial (art. 312 do CPC).[4] A partir do momento em que o Judiciário é chamado ao dever de julgar, considera-se "proposta a ação" e iniciada a formação do processo, que se vai completar com a "convocação do demandado" representando esta "segunda etapa" na constituição válida e regular da relação processual.

Essa iniciativa da parte autora visa a preservar a equidistância do julgador evitando que ele assuma o que compete ao próprio interessado, senhor da conveniência e oportunidade de demandar naquele momento em face daquele réu. É, em resumo, a manutenção da concepção romano-canônica de que o autor é o *dominus litis*. Entretanto, engendrada a primeira iniciativa, estabelece o Código que o processo deixa de ser "propriedade das partes" e, então, passa a desenvolver-se por "impulso oficial" do qual decorrem direitos, deveres, faculdades e ônus para os partícipes da relação processual.

O processo, nessa sua formação gradual, engendra *efeitos materiais e processuais com a simples propositura*.[5] Assim é que, *v.g.*, a propositura da ação renovatória impede a decadência do direito à renovação da locação, efeito esse que diz respeito ao autor. Outrossim, há efeitos materiais e processuais que influem sobre a esfera jurídica do réu, *após a sua citação, muito embora a lei possa retrotraí-los para momento anterior mesmo a essa convocação*. Os efeitos, nesse caso, passam a depender da citação, mas se consideram produzidos retroativamente desde a propositura da ação, *v.g.*, a litigiosidade da coisa que assim se torna após a citação do réu, mas, uma vez realizada a comunicação processual, tem-se o objeto como litigioso desde a propositura; por isso que, se um terceiro adquirir o bem objeto da causa, contemporaneamente à propositura, tê-lo-á feito já afetado aos fins do processo, conclusão a cujo respeito não há unanimidade[6].

---

[4] "**Art. 312.** Considera-se proposta a ação quando a petição inicial for protocolada, todavia, a propositura da ação só produz quanto ao réu os efeitos mencionados no art. 240 depois que for validamente citado."

[5] Proposta a ação, fixa-se a competência do juízo nos termos do art. 43, do CPC, e os efeitos do art. 240 produzem-se quanto ao réu depois de citado (art. 312, do CPC).

[6] Isto porque há correntes de pensamento que exigem para a configuração da fraude à execução a citação válida, sendo insuficiente a simples propositura da ação (STJ-*RT*, 659/196) contrariamente ao nosso entender também prestigiado pela jurisprudência (*RT*, 708/115).

Os efeitos da propositura estão mencionados no art. 240 do CPC, sendo certo que alguns são de inegável natureza material e outros de cunho processual. Os efeitos que correspondem à propositura da ação, muito embora só se possam considerar produzidos em relação ao réu após a citação do mesmo são: *a produção da litispendência, a litigiosidade da coisa, a constituição em mora, a interrupção da prescrição e o impedimento à consumação da decadência.*

Impende considerar primeiramente que a competência se determina no momento em que a ação é proposta, para evitar, essencialmente, que alguma alteração nos critérios de competência ou mesmo uma manobra do demandado altere o foro da causa (arts. 43 e 312 do CPC). Entretanto, ainda que fixada a competência, a mesma pode "modificar-se" se ocorrentes algumas causas legais, *v.g.*, havendo conexão entre ações gerando necessidade de reunião das mesmas para julgamento simultâneo, com o que um dos juízos perde a competência em detrimento de outro prevalente. Nesse caso, a prevenção originária altera-se, exatamente, por força dessa norma *in procedendo* que determina o julgamento simultâneo das ações. Não houvesse nenhuma alteração, cada ação permaneceria no seu juízo prevento pelo registro ou distribuição. Entretanto, o julgamento conjunto imposto pelo art. 57 do CPC arrasta uma delas para um juízo diverso.

Proposta a ação, "a lide é considerada pendente" no sentido de deslegitimar a reposição da mesma ação, razão porque, caso o autor a reponha, é lícito ao juiz extingui-la, independentemente da citação do réu, tanto mais que esse efeito se produz para o autor desde a propositura e para o réu somente com a citação. A lei, quando dispõe que a citação produz litispendência para o réu, significa que, a partir desse momento, deve deduzir suas pretensões em juízo; por isso mesmo, a autotutela eventualmente autorizada, a partir desse instante, revela-se em "atentado". Por outro lado, cumpre ao réu, por seu turno, deduzir em defesa aquilo que suscitaria em ação própria por força do ônus da defesa integral e eventual, como o exige o art. 336 do CPC. Sob esse enfoque, se o réu deseja propor uma ação declaratória negativa do crédito em função do pagamento, após a litispendência, com a citação para a ação de cobrança, cumprir-lhe-á aduzir esse fato extintivo como defesa, sendo incabível a ação originariamente proponível por manifesta falta de interesse de agir.

A "litigiosidade da coisa ou do direito" é outro efeito da propositura, com a diferença de que, em face do réu, só se produz depois de validamente citado, muito embora, após a comunicação processual, a litigiosidade *retroage à propositura*, por isso que qualquer alienação após a mesma é potencialmente fraudulenta. A razão é simples: o réu e o autor já mantinham uma situação de conflito geradora de comprometimento patrimonial desde antes do processo. A alienação, assim, esvazia a utilidade do futuro resultado da prestação jurisdicional. Consequentemente, torna-se insensível para satisfação do julgado qualquer alienação posterior àquele momento processual.[7]

---

[7] A matéria não é pacífica nem na doutrina nem na jurisprudência, podendo-se destacar três correntes distintas, a saber: a primeira considera em fraude de execução a alienação da coisa litigiosa na data da propositura; a segunda exige a citação para que se considere a alienação fraudulenta, posto pendente o processo, e a terceira reclama ao registro da citação para que a alienação seja atacada pelos remédios de combate à fraude de execução.

A "constituição em mora do devedor" pela citação retroage à data da propositura, fazendo com que, a partir desse momento, incidam os riscos e os encargos financeiros daquela. Aliás, lei específica da correção monetária retroage a esse termo a atualização dos débitos resultantes de decisão judicial, seguindo o princípio norteador do art. 312 do CPC, que, na sua essência, visa a recompor o patrimônio daquele que foi obrigado a ingressar em juízo por resistência injustificada do réu. Mister anotar que é antiquíssima a lição de que ninguém deve ser prejudicado por ter recorrido ao Judiciário, máxime nos sistemas em que se veda a autotutela em face do monopólio estatal da jurisdição.

Outrossim, impende considerar que a propositura da ação *constitui o devedor em mora* depois de validamente citado nas hipóteses em que "o mesmo já não tenha incidido no atraso"; por isso que, se a própria demanda tiver como razão de ser a mora do réu, é evidente que a propositura não produzirá esse efeito, mas, apenas, o confirmará.

A lei processual anterior fazia retrotrair à data diversa da propositura o efeito da "interrupção da prescrição". O vetusto art. 219 do CPC de 1973 afirmava, diante da diligência do autor, que a prescrição se considerava interrompida à data do despacho ordenatório da citação, porque o ato da convocação em si escapa à diligência da parte, posto ser do oficial do juízo. A vigente redação do art. 240, no seu § 1º, por sua vez, determina que "a interrupção da prescrição, operada pelo despacho que ordena a citação, ainda que proferido por juízo incompetente, retroagirá à data de propositura da ação" (observar o art. 312 do CPC).

Os efeitos retroativos à propositura reclamam a competência do juízo. É que o art. 240 do CPC explicita que, somente nas hipóteses de constituição do devedor em mora e interrupção da prescrição, a incompetência é irrelevante, não assim para tornar prevento o juízo, produzir litispendência ou tornar litigiosa a coisa. A *ratio legis* visa a impedir que a citação ordenada por juízo incompetente produza os seus efeitos processuais.

Em consequência, se a citação for ordenada por juízo incompetente esses efeitos somente se produzirão após o juízo competente assumir o processo ou depois de sanado o vício da incompetência relativa pela falta de arguição na contestação. A parte pode, assim, *v.g.*, pedir a reunião de ações conexas perante um juízo onde a citação deu-se em momento posterior sob a alegação de que o juízo onde o ato ocorreu em primeiro lugar era incompetente e, portanto, inoperante a sua prevalência à luz da interpretação, *a contrario sensu*, do art. 240, *caput*, do CPC.[8] Destarte, não produz litispendência para

---

[8] "**Art. 240.** A citação válida, ainda quando ordenada por juízo incompetente, induz litispendência, torna litigiosa a coisa e constitui em mora o devedor, ressalvado o disposto nos arts. 397 e 398 da Lei nº 10.406, de 10 de janeiro de 2002 (Código Civil).

§ 1º A interrupção da prescrição, operada pelo despacho que ordena a citação, ainda que proferido por juízo incompetente, retroagirá à data de propositura da ação.

§ 2º Incumbe ao autor adotar, no prazo de 10 (dez) dias, as providências necessárias para viabilizar a citação, sob pena de não se aplicar o disposto no § 1º.

§ 3º A parte não será prejudicada pela demora imputável exclusivamente ao serviço judiciário.

§ 4º O efeito retroativo a que se refere o § 1º aplica-se à decadência e aos demais prazos extintivos previstos em lei."

V. sobre o tema, **Milton Sanseverino** e **Roque Konatsu**, *A citação no Direito Processual Civil*.

o réu a citação ordenada por juízo incompetente e, evidentemente, não pode o mesmo tornar-se, *a priori*, prevento.

Assente-se por fim, que todos os efeitos reclamam, para sua produção, *citação válida*. Por isso que uma "citação editalícia" incorreta ou "com hora certa" sem os requisitos legais não produz efeitos processuais e materiais em relação a ninguém, isto é, nem em relação ao réu, nem em relação ao terceiro. Contudo, mediante o comparecimento espontâneo do réu ou executado, considera-se suprida a falta ou mesmo a nulidade – o que, diga-se, é importante alteração em relação ao CPC anterior – da citação. Fluirá, portanto, a partir desta data, o prazo para apresentar defesa (art. 239, § 1º, CPC). É, ao mesmo tempo, pertinente a observação que faz o legislador de que, limitando-se a alegar a nulidade da citação, corre o réu ou executado o risco de, caso rejeitada tal alegação, perceber a preclusão de seu direito de manifestar. Importa, nesse sentido, a revelia ou o prosseguimento do feito, a depender do caso (art. 239, § 2º, CPC).[9]

Idêntico raciocínio deve percorrer-se quanto à falta da citação. Enquanto esta não é realizada, os efeitos não se produzem e não retroagem. Porém, comparecendo o réu espontaneamente, supre o mesmo a falta da citação e, a partir desse momento, os efeitos produzem-se com eficácia retro-operante.

Destarte, além desses efeitos indicados no CPC, há outros decorrentes da propositura que se encontram esparsos na lei material, *v.g.*, o referente à transmissão de ações cíveis personalíssimas que uma vez iniciadas passam aos seus herdeiros etc.

Efeito expressivo da formação gradual do processo na sua segunda etapa consistente na convocação do réu é a "perpetuação dos elementos objetivos e subjetivos" da ação, a teor do art. 329 do CPC.[10] Em consequência, após a citação, exatamente porque se pressupõe que o réu inicie o preparo de sua defesa, é vedado mudar o pedido ou a causa de pedir sem o consentimento do demandado. Não obstante a regra *in procedendo*, há casos em que o próprio juízo determina a retificação da ação, em vez de indeferi-la, atendendo à instrumentalidade das formas, *v.g.*, a conversão da ação de petitória em possessória, impondo-se nessa hipótese, a nova citação do réu posto ser outra ação.

---

9   "**Art. 239.** Para a validade do processo é indispensável a citação do réu ou do executado, ressalvadas as hipóteses de indeferimento da petição inicial ou de improcedência liminar do pedido.

§ 1º O comparecimento espontâneo do réu ou do executado supre a falta ou a nulidade da citação, fluindo a partir desta data o prazo para apresentação de contestação ou de embargos à execução.

§ 2º Rejeitada a alegação de nulidade, tratando-se de processo de:

I – conhecimento, o réu será considerado revel;

II – execução, o feito terá seguimento."

10   "**Art. 329.** O autor poderá:

I – até a citação, aditar ou alterar o pedido ou a causa de pedir, independentemente de consentimento do réu;

II – até o saneamento do processo, aditar ou alterar o pedido e a causa de pedir, com consentimento do réu, assegurado o contraditório mediante a possibilidade de manifestação deste no prazo mínimo de 15 (quinze) dias, facultado o requerimento de prova suplementar.

Parágrafo único. Aplica-se o disposto neste artigo à reconvenção e à respectiva causa de pedir."

Cap. 9 · FORMAÇÃO, SUSPENSÃO E EXTINÇÃO DO PROCESSO | **451**

Outrossim, a regra não pode ser levada a exageros a impedir que o autor corrija erros materiais que não impliquem mudança da *causa petendi*, *v.g.*, o equívoco de datas ou valores, o que não se confunde com a *mutatio libelli*. Havendo litisconsórcio facultativo simples, em que cada pretensão é distinta da outra, a alteração pretendida deve observar se cada réu individualmente já foi convocado. Diversamente, se o litisconsórcio é unitário, uma só citação é suficiente para fazer depender dos demais demandados a alteração da *causa petendi* ou do pedido. Relembre-se, por oportuno, que o pedido é composto de um objeto imediato (natureza da providência jurisdicional pleiteada) e um objeto mediato (bem da vida, corpóreo ou incorpóreo) que se pretende. A vedação à *mutatio libelli* dirige-se a ambos.

Forçoso repisar quanto à *causa de pedir*, que a norma jurídica aplicável à espécie e a categorização jurídica dos fatos (que compõem a razão do pedido) não a integram. Assim, eventual modificação do dispositivo legal aplicável ou a mudança de categorização jurídica do fato base pedido não atraem o veto do art. 329 do CPC.[11]

Destarte, como decorrência da regra que permite a alegação de direito superveniente ou de fatos influentes na decisão da causa após a citação (arts. 342, I, e 493 do CPC),[12] mister entrever, na regra, que a mesma se destina aos fatos já articulados, porquanto, do contrário, haveria violação da regra do art. 329 do CPC e *do próprio* princípio do contraditório.

A lei se refere ao consentimento para esses dois elementos da ação (o pedido e a causa de pedir), mas, na essência, o dispositivo determina também que as partes se mantenham as mesmas, salvo as substituições legais. A regra, assim, tem dupla finalidade: em primeiro lugar, reforça a garantia contra a alienação da coisa litigiosa e a fraude contra o processo; em segundo lugar, evita que um litigante seja substituído por outrem que não tenha condições de suportar a eventual sucumbência. Essa razão tem conduzido a doutrina a admitir mudanças subjetivas não prejudiciais ao autor, ainda que não consentidas tácita ou expressamente. Deveras, a "alienação da coisa litigiosa" por ato entre vivos não altera a legitimidade das partes, mas o novo adquirente pode substituir o alienante, desde que consinta o adversário, ou assisti-lo sob a modalidade da "litisconsorcial-assistência" (art. 109 e parágrafos do CPC).[13] Por outro lado, havendo sucessão por morte, a substituição pelos sucessores é inexorável; uma vez que a existência da parte é pressuposto do processo.

---

[11]   Consulte-se, a respeito, **Barbosa Moreira**, *O Novo Processo Geral Brasileiro*, no item referente à causa de pedir.

[12]   "**Art. 342.** Depois da contestação, só é lícito ao réu deduzir novas alegações quando:

I – relativas a direito ou fato superveniente;

II – competir ao juiz conhecer delas de ofício;

III – por expressa autorização legal, puderem ser formuladas em qualquer tempo e grau de jurisdição."

"**Art. 493.** Se, depois da propositura da ação, algum fato constitutivo, modificativo ou extintivo do direito influir no julgamento da lide, caberá ao juiz tomá-lo em consideração, de ofício ou a requerimento da parte, no momento de proferir a decisão."

[13]   "**Art. 109.** A alienação da coisa ou do direito litigioso por ato entre vivos, a título particular, não altera a legitimidade das partes.

O consentimento do demandado quanto às alterações relativas aos elementos de identificação das ações não é dispensável nem mesmo quando o réu é revel. A diferença é que, nesses casos, como ele não acudiu ao processo, nova citação deve realizar-se, porque, consoante assentamos precedentemente, à luz da doutrina da tríplice identidade encampada pelo Código (art. 337, § 2º, do CPC), a alteração de apenas um dos elementos de identificação das ações implica que estejamos diante de uma "nova ação".

A estabilização dos elementos da ação não interessa apenas ao réu, senão, também, à efetividade da prestação jurisdicional. Isto porque, se após a citação, o réu prepara-se para oferecer defesa, *ultrapassado o saneamento, é o juiz que se prepara para o julgamento*. Atento à necessidade de definição do litígio, o legislador veda essa alteração "consentida" após o saneamento do processo. Conforme é sabido, nessa fase, o juiz fixa os pontos controvertidos mercê de encaminhar o processo à instrução e julgamento com o deferimento das provas necessárias ao esclarecimento da verdade. A proximidade da pacificação do litígio interfere nessa vedação à *mutatio libelli*, ressalvada a possibilidade da prática de atos de disponibilidade que descomprometam o juiz com o julgamento, como a renúncia ao direito em que se funda a ação ou a desistência da mesma. A proibição de alteração, *ainda que consentida*, após o saneamento, como evidente, impede qualquer mutação no *segundo grau de jurisdição*, principalmente em obediência à extensão e profundidade dos recursos.

A exceção que se tem admitido hodiernamente é a "conciliação" sobre objeto litigioso e outro bem controvertido, porque a isso corresponde obter um máximo de resultado através do processo. Inclusive, o Código positivou tal possibilidade (art. 515, § 2º[14]).

Uma vez completo o ciclo de formação do processo, o seu destino natural é encaminhar-se rumo ao desfecho do litígio.

2.1 Formação do processo e distribuição por dependência das ações repetidas

A redação do art. 286 determina a distribuição por dependência das causas de qualquer natureza: (I) quando se relacionarem, por conexão ou continência, com outra já ajuizada; (II) quando, tendo sido extinto o processo, sem julgamento de mérito, for reiterado o pedido, ainda que em litisconsórcio com outros autores ou que sejam parcialmente alterados os réus da demanda; (III) quando houver ajuizamento de ações, na hipótese de ocorrência de conexão por afinidade, ao juízo prevento.

---

§ 1º O adquirente ou cessionário não poderá ingressar em juízo, sucedendo o alienante ou cedente, sem que o consinta a parte contrária.

§ 2º O adquirente ou cessionário poderá intervir no processo, como assistente litisconsorcial do alienante ou cedente.

§ 3º Estendem-se os efeitos da sentença proferida entre as partes originárias ao adquirente ou cessionário."

[14] "**Art. 515, § 2º.** A autocomposição judicial pode envolver sujeito estranho ao processo e versar sobre relação jurídica que não tenha sido deduzida em juízo."

A redação anterior do dispositivo, o então art. 253, do CPC de 1973, com a redação dada pela Lei nº 10.358/01, era mais enxuta[15]. Conforme se observa na atual redação, o legislador inseriu novos incisos para determinar a distribuição para o mesmo juízo "quando, tendo havido extinção do processo, o pedido for reiterado, mesmo que em litisconsórcio com outros autores ou parcialmente alterados os réus da demanda".

A nova orientação se baseou na experiência revelada pela prática judiciária, segundo a qual a parte frustrada no seu desígnio em obter a tutela liminar desistia da ação para ajuizá-la novamente com novas esperanças de obtenção da tutela urgente noutro juízo. A doutrina e a jurisprudência enxergavam nessa manobra uma violação ao princípio do juiz natural. Não obstante, é cediço que a distribuição por dependência atende a um aspecto da competência funcional, permitindo ao juízo em melhores condições de apreciar a causa, fazê-lo.

Por essa razão é que são distribuídas, por dependência, as ações conexas, evitando que juízos diversos profiram decisões díspares e contraditórias.

É com base nesse mesmo objetivo que o novel inciso vincula, *v.g.*, a ação extinta por desistência do autor, ao mesmo juízo, acaso repetida; posto a desistência encerrar extinção sem resolução de mérito e, portanto, permitir a reproposição, ainda que na sua volta a juízo, apresente como diferença da demanda anterior a presença de um litisconsorte que não integrava a causa.

Outrossim, a modificação é servil também às hipóteses em que o litisconsórcio não se formava, exatamente para que múltiplas demandas subjetivamente consideradas fossem propostas e posteriormente extintas por desistência aquelas em que a liminar fosse indeferida, possibilitando intervenção litisconsorcial dos que não foram favorecidos como a parte litigante no juízo que se pretendia reunir.

A nova redação, encartada no art. 286, do CPC, reforça a proteção à dignidade da justiça em mais de um aspecto, a saber: preserva-se o juiz natural, evitam-se decisões contraditórias, bem como o artifício de o autor repetir a ação noutro juízo no afã de obter melhor resultado que o anterior, em desprestígio do Poder Judiciário, que é "uno".

Ressalte-se, por amor à clareza, que a reforma se limitou a inserir o novel inciso das ações repetidas e procedeu a um ajuste vocabular, trocando a expressão "feitos" por "causas".

Em consequência, manteve-se a regra de que, havendo reconvenção ou intervenção de terceiro, o juiz, de ofício, deve mandar proceder à respectiva anotação pelo distribuidor. É que, em ambos os casos, há conexão entre as demandas. Assim, *v.g.*, há conexão entre a ação do comprador para exigir a coisa e a reconvenção do devedor para pleitear a redução do preço. No mesmo sentido, há um liame entre a ação do lesado contra o empregador por

---

[15] "**CPC/1973, art. 253.** Distribuir-se-ão por dependência as causas de qualquer natureza:

I – quando se relacionarem, por conexão ou continência, com outra já ajuizada;

II – quando, tendo havido desistência, o pedido for reiterado, mesmo que em litisconsórcio com outros autores.

Parágrafo único. Havendo reconvenção ou intervenção de terceiro, o juiz, de ofício, mandará proceder à respectiva anotação pelo distribuidor."

ato culposo do preposto e a ação de regresso do patrão. Por essa razão, a distribuição, tanto da reconvenção quanto das ações contra o terceiro interveniente, são por dependência.

Deveras, o artigo em exame (art. 286, II, do CPC) já havia sido alterado em anterior reforma para prevenir a competência do juízo nas hipóteses de desistência da ação, posto presumir-se que restara intentada com o fito de violar o princípio do juiz natural e permitir ao litigante, por via oblíqua, eleger o seu juízo por critérios inaceitáveis à ética processual.

Na primeira reforma, a desistência foi considerada inoperante, de sorte que mesmo desistindo e reproposta a ação, esta era distribuída para o mesmo juízo onde se dera o ato proposital de disponibilidade.

Ocorre que, em boa hora, percebeu o legislador que a desistência não é a única forma de viabilizar a reproposição das ações, senão em todos os casos de extinção do processo sem análise do mérito, por força do art. 486 do CPC.

Ademais, essa extinção terminativa pode decorrer de ato proposital da parte que não supre nulidades ou formalidades, exatamente com esse desígnio.

Destarte, para o legislador, pouco importa o elemento subjetivo a informar a inércia conducente à extinção do processo. Uma vez extinta e reproposta a ação, será endereçada ao mesmo juízo onde tramitava, interditando, por completo, a possibilidade de fraude processual.

Advirta-se que essa mesma técnica deve informar os recursos, onde a possibilidade de distribuição de vários meios de impugnação pode ser frequente, tanto mais que a jurisprudência reiterada de determinado órgão fracionário do tribunal pode interessar à parte, razão pela qual poderia distribuir vários recursos e manter, somente aquele que restou atribuído para o órgão cujo entendimento pacificado lhe favoreça. Essa estratégia maliciosa fere o princípio do juiz natural e deve ser coibida, num primeiro momento, pela extinção dos recursos, todos na forma do art. 142 do CPC e, num segundo momento, pela livre distribuição da nova impugnação, caso intentada inocorrente a preclusão.

Essa regra em nada colide com os arts. 240 e 58, do CPC, voltados à conexão, enquanto o presente dispositivo refere-se às ações repetidas depois de serem julgadas extintas com o escopo de fugir daquele juízo para o qual foram distribuídas originariamente. Tal norma explicita que as ações conexas devem ser distribuídas ao juízo prevento, independentemente da competência territorial.

As demandas que tramitam em separado e, portanto, que não foram distribuídas por dependência, por isso que podem estar em estágios processuais diversos, devem ser reunidas no juízo responsável pela ação primeiramente distribuída (art. 59 do CPC). A distribuição torna prevento o juízo, conforme o art. 286 do CPC. Sucede que estas podem ou não tramitar perante esse juízo e o fato passar despercebido hipótese em que devem ser reunidas. Nessa hipótese especial, o legislador enuncia as regras dos arts. 58 e 240 do CPC, até porque a ação pode ter sido distribuída e restar paralisada. O critério da reunião leva em consideração o estágio em que se encontram uma vez que não se obedeceu à regra *in procedendo* do art. 286 do CPC.

2.2 Formação do processo e indeferimento do pedido *in limine*

O art. 332 prescreve que quando se tratar de ações cujo objeto mediato seja matéria de direito pacificada no âmbito dos tribunais, dispensa-se a citação do demandado, autorizando-se o magistrado a desacolher, *in limine* o pedido[16]. Em acréscimo, exige-se a constatação de que a matéria prescinde de produção de ulteriores provas, assim assentado pelas partes ou verificado pelo magistrado, à luz dos fatos em debate.

Trata-se de técnica semelhante à do art. 331 do CPC (indeferimento da inicial), na medida em que o autor pode apelar e o juiz se retratar, fundida com a ideologia do julgamento antecipado da lide no afã de imprimir celeridade na prestação jurisdicional.

O princípio do contraditório impõe que o juiz ouça o réu antes de decidir, como consectário do devido processo legal, segundo o qual ninguém pode ser despojado do seu direito, ainda que em nível de normação jurídica, sem que seja ouvido, ainda quando se trata de medida liminar, *inaudita altera pars,* hipótese em que o contraditório é postecipado.

Por seu turno, o processo civil brasileiro é informado pelo princípio do prejuízo, no tocante às nulidades. Justamente por isso, não se declara a nulidade se o ato não sacrificou os fins de justiça do processo, bem como se norteia o ordenamento no sentido de conferir à parte o máximo de resultado mediante um mínimo de esforço processual.

Exatamente, sob a inspiração desses princípios, o legislador admite que o juiz possa rejeitar o pedido do autor e, portanto, favorecer o demandado, sem ouvi-lo anteriormente. À luz da *ratio essendi* da bilateralidade da ação e do processo, inspirados num processo cooperativo, forçoso convir que a medida conspira em favor de todos os princípios ora assentados.

Sob o ângulo procedimental, dessa decisão pode haver retratação ou recurso da parte autora. Na primeira hipótese, se o autor apelar, é facultado ao juiz, no prazo de cinco dias, cassar a sentença e determinar o prosseguimento da demanda, através do

---

[16] "**Art. 332.** Nas causas que dispensem a fase instrutória, o juiz, independentemente da citação do réu, julgará liminarmente improcedente o pedido que contrariar:

I – enunciado de súmula do Supremo Tribunal Federal ou do Superior Tribunal de Justiça;

II – acórdão proferido pelo Supremo Tribunal Federal ou pelo Superior Tribunal de Justiça em julgamento de recursos repetitivos;

III – entendimento firmado em incidente de resolução de demandas repetitivas ou de assunção de competência;

IV – enunciado de súmula de tribunal de justiça sobre direito local.

§ 1º O juiz também poderá julgar liminarmente improcedente o pedido se verificar, desde logo, a ocorrência de decadência ou de prescrição.

§ 2º Não interposta a apelação, o réu será intimado do trânsito em julgado da sentença, nos termos do art. 241.

§ 3º Interposta a apelação, o juiz poderá retratar-se em 5 (cinco) dias.

§ 4º Se houver retratação, o juiz determinará o prosseguimento do processo, com a citação do réu, e, se não houver retratação, determinará a citação do réu para apresentar contrarrazões, no prazo de 15 (quinze) dias."

denominado juízo de retratação (art. 332, § 3º, CPC). Na segunda hipótese, caso em que o juiz mantém a sentença, ele deverá ordenar a citação do réu para responder ao recurso. Ocorrendo o recebimento e provimento do referido recurso, a citação anterior valerá para todo o processo.

Em consonância com a intenção do instituto, não viola o duplo grau aplicar-se a esse recurso o regime do parágrafo 3º do art. 1.013 do CPC (teoria da causa madura). É que o réu, ao arrazoar o recurso, sustentará a decisão de mérito do juiz, que se categoriza como unicamente de direito. Diversamente sucederá se o tribunal verificar o *error in procedendo* do magistrado, vez que se fazia necessária a fase instrutória.

Despiciendo, nesse ponto, dizer-se que o comparecimento espontâneo do réu apenas na instância inferior não supre a falta de citação. Deveras, a novel técnica agiliza a resposta judicial em prol do réu e minimiza os ônus financeiros do processo para o autor que não se verá diante da sucumbência, posto o demandado ainda não ter ingressado na relação processual.

Sob o ângulo jusfilosófico, é sabido que a instauração e a liturgia do processo, por vezes arrancam concessões da parte que tem razão, valendo relembrar-se a velha advertência clássica de que ninguém deve suportar qualquer prejuízo pelo fato de recorrer ao Judiciário.[17] No caso em exame, a hipótese versa tutela de evidência inversa, posto favorável ao réu diante da fragilidade da pretensão ilegítima do autor.

Assinale-se, por fim, que a decisão liminar nesse caso, à semelhança daquela de prescrição e decadência prevista no art. 487, II, CPC, e no próprio art. 332, § 1º, também faz coisa julgada material nos limites da lide e das questões decididas.

2.3 Atuação jurisdicional *ex officio*. Visão prospectiva

A atuação *ex officio* do Judiciário, *de lege ferenda*, é recomendável em várias hipóteses, principalmente naquelas relativas aos direitos em estado de periclitação, em que o Estado-juiz não pode contemplar, passivamente, a destruição do direito alheio sem interferir *ex officio*, máxime porque vedada a autotutela e garantido constitucionalmente o cânone da inafastabilidade da jurisdição.[18]

É imanente ao Direito Processual brasileiro o princípio da inércia processual consubstanciado na máxima *ne procedat iudex ex officio*, por isso a tutela jurisdicional tem de ser requerida na forma legal, para que surja para o Estado-juiz o dever de prestá-la.

A atuação *ex officio* do Judiciário está, assim, intimamente ligada à necessária isenção do julgador em confronto com os interesses em conflito. Supôs o legislador, como vimos, que a iniciativa retiraria a essencial imparcialidade, característica da função substitutiva, entrevista por Chiovenda e que caracteriza a jurisdição.

---

[17] **Cândido Dinamarco**, *Intervenção de Terceiros*, 2000, p. 189-190.

[18] Em nossa tese para a titularidade da cadeira de Processo Civil, da Universidade do Estado do Rio de Janeiro, na qual obtivemos êxito, sustentamos um processo com iniciativa oficial, nos moldes deste tópico.

Entretanto, é de se concluir que esse princípio da inércia afasta-se das exigências atuais quanto à intromissão imediata do Estado na pacificação dos conflitos que abalam a ordem social.

A questão torna-se mais relevante no âmbito da tutela de segurança, onde a pronta atuação é o segredo de sua eficácia, tal como preconizava José Alberto dos Reis para o processo cautelar.

A possibilidade de lesão grave e irreparável ao direito da outra parte antes ou no curso do processo suscita essa oficiosidade da atuação judicial. Aliás, a regra da iniciativa afasta o atual *Welfare State* de seus desígnios maiores.

Em regra, as funções estatais, porque subvencionadas pelo povo, devem ser exercidas *ex officio*, tal como ocorre com a legislação e a administração. A iniciativa respeita o *dominus litis* na sua pretensão privada, mas de modo algum faz frente ao desejo coletivo da paz social. A atuação estatal-jurisdicional e sua forma de expressão sempre revelaram-se na negativa de atuação pronta. Entretanto, não se pode olvidar o reclamo da lógica jurídica de que a questão de forma não pode infirmar a questão de fundo, tanto mais que é essa que desafia o exercício da jurisdição. Não há a menor dúvida sobre a possibilidade de ingerência sponte propria do Judiciário com relação às medidas de segurança *ex officio* no curso do processo. Os arts. 266 e 297 do CPC demonstram essa possibilidade. A dificuldade doutrinária ainda reside na iniciativa originária.

Destarte, ressoa evidente que o juiz não pode valer-se do conhecimento próprio para julgar, porque a isso veda-lhe o próprio Código. Entretanto, há provocações informais que não se subsumem na moldura de demandas propriamente ditas e revelam expedientes que chegam ao conhecimento do juízo e que podem reclamar uma tutela de segurança. Imagine-se, por exemplo, que, num determinado ofício remetido por uma autoridade, o juiz verifique a possibilidade de lesão ao direito de determinado interessado que não se inclua na órbita de julgamento da causa donde se originou o referido ofício. Diante da situação de *periculum* não se poderia negar ao juiz a possibilidade imediata de adoção de medida de segurança, instrumentalizando-a em procedimento à parte. É, em resumo, uma publicização da jurisdição, através da qual se concedem ao magistrado poderes instrumentais e necessários ao exercício de seus deveres.

É de todo conveniente assentar que mesmo os que se opõem à concessão cautelar *ex officio* admitem-na "à luz da autorização legal" ou "conforme a natureza da ação".

Observa-se, com agudeza, que a exata *questio* travada quanto à iniciativa oficial pertine à tutela originária ou inicial, sob a ótica do princípio dispositivo, haja vista que, no curso do processo, a instauração da relação processual por si só suplanta o óbice da regra *ne procedat iudex ex officio*. Desta sorte, não carrearia perplexidade o deferimento de tutela de segurança incidental, porquanto já submetido à apreciação da justiça o conflito intersubjetivo, cuja definição em ato final do procedimento não pode ser aguardada, sob pena de perecimento do direito da parte. Entretanto, impregnada do princípio dispositivo, a doutrina insiste em negar a incoação estatal.

Neste passo, impende considerar que o princípio dispositivo, extraído das regras do nosso sistema, pressupõe a propositura da ação de conhecimento entre contendores em pé de igualdade e que por isso estimulam o juízo a conferir e atuar na medida da provocação. É evidente que não há lugar para estímulos quando o juízo deva agir *ex officio* diante da situação grave de periclitação do direito de uma das partes. As condições de prestação da justiça não são as "normais", aquelas consideradas como aptas a que as partes em procedimento desconcentrado aguardem a definição judicial. A urgência modifica o panorama e altera o regime jurídico da ação. A disponibilidade reclama, acima de tudo, disponibilidade do deduzido e como consequência aptidão para dispor o que envolve o conceito de "igualdade dos contendores". Ora, positivamente, não está na mesma situação o litigante que lesa o outro a ponto de tornar o direito do mesmo um nada no plano prático. A incoação estatal, nesses casos, é até mesmo fator de "reequilíbrio", sem que se possa excluir, como evidente, a iniciativa da parte. Convém relembrar que o sistema legislativo brasileiro protege de várias formas a parte hipossuficiente jurídica e economicamente, quer ao permitir a incoação estatal, *v.g.*, ocorre na legislação trabalhista, quer colocando ao seu lado órgãos da administração pública de interesses submetidos à justiça, *v.g.*, o Ministério Público e a Curadoria Especial, exercida pela Defensoria Pública.

Engendrada a provocação oficial, volta a atuar o princípio dispositivo, mercê de se admitir a formulação genérica de um pedido "idôneo e suficiente", sendo de todo evidente que nos limites da 'disponibilidade material' o juiz há de respeitar, *v.g.*, uma renúncia inequívoca, um reconhecimento explícito etc., não obstante num primeiro momento tenha velado pelo interesse periclitante da parte.

O que se propugna é a atuação do juízo diante de um estado de perigo, como decorrência de seu poder-dever de segurança, independentemente de provocação da parte, e a partir do momento em que chegue ao conhecimento do mesmo a "ameaça de grave lesão ao direito de um cidadão" que reclame tutela urgente. Repise-se que a incoação estatal somente num primeiro momento esbarra no princípio "dispositivo", tão decantado pela doutrina da "inércia". É que iniciado o processo e durante todo o seu curso e mesmo após o final, as partes podem "transigir quanto ao objeto litigioso", inclusive quanto ao caso julgado.

Relembre-se que, nesse aspecto, a função jurisdicional é substitutiva, à míngua de uma composição de forças. É para evitar o confronto que intervém a jurisdição, razão porque, onde este não ocorre, a jurisdição cessa no curso ou depois do processo extinto pela decisão imutável. A situação de periclitação cria, por assim dizer, um *sui generis* "estado de incapacidade do litigante lesado ou ameaçado de lesão" e uma singular indisponibilidade desse direito objeto do *judicium* que fundamenta a atuação estatal, sem excluir, após, a possibilidade de autocomposição nos limites da disponibilidade reconhecida por lei. Assim, *v.g.*, no caso da interdição do estabelecimento que explodiria acaso convivessem as atividades incompatíveis, lícita revelou-se a intromissão do juiz sem pedido, provendo contra a própria parte requerente, sem que essa atuação impedisse, posteriormente, que um dos dois estabelecimentos se mantivesse fechado por obra de autocomposição, que regulou, versando inclusive, diferentemente do decidido, preservando-se, entretanto, o arrostamento do estado de periclitação. Ao revés, liminarmente interditado um pródigo por aquisições desastrosas – e aqui a proteção é ao seu patrimônio e não ao processo de interdição, que só depende da vida do incapaz para subsistir na sua utilidade –, impossível se torna qualquer conciliação acerca de seu estado ou de suas alienações após a tutela de segurança. Por isso é que se afirma da "mitigação desse princípio dispositivo" e não de seu "completo banimento".

Por outro lado, o princípio dispositivo não pode servir de apanágio daqueles que visam a excluir por completo a atuação oficiosa do Judiciário em prol dos interesses objeto do processo. É que o princípio referido há que se submeter aos interesses mais altos que suscitam a pronta atuação jurisdicional. Na medida em que esses interesses conclamam a atuação imediata do juiz e se transmudam de disponíveis em indisponíveis, cresce o "poder-dever do juiz agir de ofício".

Em face de ponderações posteriores, onde Galeno Lacerda analisa a necessidade de atuação *ex officio* em vários campos da ciência jurídica, conclui o doutrinador quanto ao decantado princípio: "jamais cansaremos de criticar a sofisticada generalização e deturpação do princípio dispositivo a gerar a figura absurda e caricata do juiz tímido e inerte no processo civil".

Destarte, o confronto das manifestações doutrinárias de peso nos faz reportar às noções primeiras do insuperável Galeno Lacerda, que, no surgimento do Código passado, defendia, com argumentos que navegavam por todos os campos do direito, a "possibilidade de tutela estatal jurisdicional *ex officio*". A diferença lavrada entre a doutrina de outrora do mestre gaúcho e o prestígio atual que conferimos à "tutela de segurança" é que insistia aquele doutrinador em categorizar como "administrativa" a incoação que permitia a tutela de segurança oficiosa, ao passo que a consideramos jurisdicional, tanto mais que definidora de direitos e satisfativa. Entretanto, merece repisarem-se alguns dos inúmeros fundamentos pinçados pelo jurista para justificar a atuação *ex officio* em sede cautelar e que se prestam a todos os casos de tutela de segurança, ainda que não tipicamente acautelatórias.

Afirmava o mestre gaúcho, à luz do CPC/1973: "Essa atividade, em regra, se manifesta no curso dos processos jurisdicionais ou administrativos a ele afetos, sempre que neles se verificar a necessidade de proteção direta autorizada em lei, de pessoas ou de bens materiais ou imateriais. Se a iniciativa do ato incumbe ao juiz, de ofício, nada impede possam a parte ou o interessado provocá-la. Tal pedido, porém, não constitui condição necessária para a atuação judicial, ao contrário do que resulta da disposição genérica do art. 2º, porque a determinação cautelar prevista no art. 797[19], impõe-se a rigor, espontânea e direta ao juiz, por imperativo legal. Se, em regra, a cautela de ofício surge no curso do processo iniciado pela parte ou interessado, cumpre observar, contudo, que em situações raras e graves a lei chega ao ponto de prescrever ao juiz a própria incoação do procedimento cautelar, como veremos a seguir da análise dos casos". Nesse seguimento, o professor Galeno Lacerda cita vários exemplos, dentre os quais alguns cautelares *stricto sensu*, outros, inegavelmente, provimentos de segurança do direito material ou execução para segurança, e não segurança para execução, como referem Pontes de Miranda e Ovídio Baptista, de

---

[19] "**CPC/1973, art. 797.** Só em casos excepcionais, expressamente autorizados por lei, determinará o juiz medidas cautelares sem a audiência das partes."

cunho satisfativo e definitivo. Destarte, é sob essa ótica que confirma o renomado autor, ao comentar os casos do art. 888 do CPC, a possibilidade de tutela de segurança de interesses materiais, de caráter definitivo e satisfativo no plano da "realização prática dos direitos". Em todos esses casos, patente como o são o interesse público ou a ordem pública, prescreve o art. 888 que "o juiz poderá ordenar ou autorizar a providência". A alternativa de verbos – "ordenar ou autorizar" – torna claro que a medida poderá ser decretada de ofício, "ordenada" ou, a pedido, "autorizada". Embora a maior parte dessas providências, porque definitivas, não assumam natureza cautelar, o que importa reconhecer é o caráter direto e oficioso da atuação judicial.

Mister, ainda, citar exemplos de nítida tutela urgente de direitos materiais mencionados pelo ilustre processualista, tais como 'suspensão de poder familiar; 'determinação de registro de testamento'; 'cancelamento de prenotação'; 'suspensão de obras em construção em falência de empresa empreiteira', além da tutela que se poderia denominar dos direitos fundamentais do homem, da criança e do adolescente, *v.g.*, como as que encerram "benefícios em prol de pequenas vidas abandonadas que a sociedade confia aos juízes".

Remata o jurista, por fim, em consonância com todos os termos de nossa proposição, que "as medidas de proteção tomadas com intuito definitivo e permanente, não possuem caráter cautelar, quando possam se tornar definitivas e permanentes".

A *opinio doctorum* ora lançada seria suficiente para timbrar de exatidão a tese proposta, porque enfoca o dever geral de segurança à luz da responsabilidade judicial em combinação com o necessário recurso ao Judiciário. Por outro lado, imprime exegese ao princípio dispositivo compatível com os novos reclamos sociais.

Inúmeros exemplos da jurisprudência já foram citados, comprovando a prática judiciária saudável da incoação estatal em tema de tutela de segurança. A autoridade da fonte, impõe-nos relembrar o acórdão mencionado por Galeno Lacerda, oriundo do Supremo Tribunal Federal, na época em que a Corte mantinha competência para uniformizar e manter a inteireza do direito federal, tendo assentado que: "no desquite litigioso, não depende de pedido expresso a condenação do marido a prestar alimentos à mulher inocente e pobre".

Inegável aqui o endereço da decisão a uma pretensão urgente como sói ser a de alimentos para uma pessoa pobre, deferida pela incoação estatal e independentemente de pedido.

Extrai-se, ainda, de Galeno, a conclusão de que o legislador pretendeu instituir a iniciativa *ex officio*, quer pela dicção literal do dispositivo, quer pelas suas raízes históricas. É que o Código de 1973 contemplava a tutela requerida no art. 804[20] e a tutela "independentemente do requerimento das partes".[21] Pesquisando-se a origem do preceito,

---

[20]   "**CPC/1973, art. 804**. É lícito ao juiz conceder liminarmente ou após justificação prévia a medida cautelar, sem ouvir o réu, quando verificar que este, sendo citado, poderá torná-la ineficaz; caso em que poderá determinar que o requerente preste caução real ou fidejussória de ressarcir os danos que o requerido possa vir a sofrer."

[21]   *Comentários*, p. 60.

observa-se que houve tentativa de emenda do seu art. 797, para incluir-se a expressão "o juiz poderá conceder sem audiência 'de uma das partes', tendo sido rejeitada a mesma, porque repetitiva do então art. 804 do CPC. Consectariamente, a *ratio essendi* do dispositivo foi dirigida no sentido de criar tutelas urgentes requeridas e de ofício".

Adjunte-se uma palavra sobre ser alternativa ou aditiva a expressão "casos excepcionais autorizados por lei". A doutrina mais abalizada do tema sugere que se a possibilidade se referisse apenas aos casos expressos em lei não haveria a necessidade de mencionar-se os casos excepcionais, porque estes seriam considerados aqueles expressos na lei. Por outro lado, a não inclusão da ressalva representaria veto aos casos ditos excepcionais, como revelam, em suas obras citadas a respeito do dispositivo, Galeno Lacerda, Marinoni e Moniz de Aragão, posicionando-se, diversamente, o professor Ovídio Baptista.

Restaria uma última dificuldade na qualificação da excepcionalidade do caso que permitisse ao juiz a iniciativa oficial. Nesse sentido, Barbosa Moreira acena com a regra *in procedendo* do art. 335 do CPC/1973[22] (correspondente ao atual art. 375[23]), esclarecendo-nos de sua aplicação não só no campo probatório, mas também no que respeita aos "conceitos jurídicos indeterminados", como costumam ser os de "casos excepcionais". Caberá ao julgador, informado por sua argúcia e pelo equilíbrio, adequar, dentro de certa liberdade, os fatos submetidos à sua cognição na moldura do conceito indeterminado. Essa adaptação em princípio não gerará perplexidades ao julgador, na medida em que está afeito à avaliação das situações de perigo, quer para fins de cautela, quer para fins de segurança.

Subjaz, por fim, o cotejo do Direito comparado, onde se observa que a redação dos dispositivos inseridos nas nossas fontes mais imediatas do Direito italiano, germânico e lusitano condicionam a providência ao "requerimento" da parte, ao passo que o nosso dispositivo, como antes assinalado, dispensa a manifestação prévia "das partes", fazendo depender apenas do juízo a necessária manutenção de sua soberania, aliás como era de se esperar.

Esse poder de polícia judiciária inserido no poder jurisdicional, entrevisto por Calamandrei e Chiovenda, é que nos autoriza a interpretá-lo, como chancelador da incoação estatal, até por assemelhação ao poder de polícia exercido pela administração. Em ambas as atividades, o Estado vela pela coletividade, sendo certo que o exercício desse poder de polícia em ambos os casos é *pro populo*, revelando-se, atualmente, ilusória a distinção outrora engendrada de que o Estado na administração aplica o direito em seu favor e a jurisdição em prol do jurisdicionado. Na verdade, o poder de polícia administrativa ou judiciária é instrumental e viabilizador do exercício das atividades confiadas constitucionalmente aos poderes constituídos.

---

[22] "**CPC/1973, art. 335.** Em falta de normas jurídicas particulares, o juiz aplicará as regras de experiência comum subministradas pela observação do que ordinariamente acontece e ainda as regras da experiência técnica, ressalvado, quanto a esta, o exame pericial."

[23] "**CPC/2015, art. 375.** O juiz aplicará as regras de experiência comum subministradas pela observação do que ordinariamente acontece e, ainda, as regras de experiência técnica, ressalvado, quanto a estas, o exame pericial."

Convém mencionar, por oportuno, que ascende, na Europa, o prestígio da jurisdição de urgência, a ponto de torná-la difusa, como que um tipo especial de tutela interdital, como assinala Roger Perrot na *Rivista di Diritto Processuale Civile*, 1975, p. 249, aplicável em hipóteses mencionadas, que revelam inequivocamente que não se trata de tutela cautelar, mas antes de provimento satisfativo.

Pródiga é a sua aplicação no Direito do Trabalho, inclusive com a aplicação analógica da máxima interdital *spoliatus ante omnia restituendus* para deferir-se "reintegração no emprego", calcado naquela inferioridade entre os litigantes a que nos referimos e que, por isso, cria uma "indisponibilidade subjetiva *sui generis*". É mister ainda ressaltar que propugnamos por essa jurisdição de urgência em casos de 'periclitação', ao passo que essa difusão da segurança "europeia" nem sequer traz como pressuposto o *periculum* autorizador.

Esse regime jurídico especial das ações de segurança, acompanhado de uma exegese mais adequada e realista do princípio dispositivo, autoriza que o juiz, numa ação proposta, defira uma medida de segurança contra o autor em favor do réu sem qualquer pedido deste, desde que haja uma possibilidade de grave lesão ao direito do demandado. Exemplificando-se com um caso concreto, cita-se a causa em que uma loja de vime situada no interior de um posto de gasolina postulou, em medida cautelar, a interdição de uma das bombas de gasolina situada muito próximo à loja, alugada pelo próprio titular do abastecimento, proprietário do terreno. Obtida a liminar, o Tribunal de Justiça cassou-a, com o que, na prática, manteve a coexistência das atividades. Em ofício aterrorizante, o Corpo de Bombeiros alertou para o imenso perigo de explosão da loja, por isso, o juiz *a quo* interditou-a em detrimento do requerente da cautela, decisão que restou mantida, em razão de sustentarmos a possibilidade de o provimento de segurança ser adotado independentemente de provocação de qualquer das partes.

A indagação quanto à disponibilidade do direito protegido pelo provimento deixa no ar a perplexidade. O raciocínio que deve ser engendrado, deve considerar a função da finalidade da atividade. Desta sorte, *in dubio pro societate* e o juiz, nesses casos, deve agir de ofício, máxime porque, *in casu*, a tutela de segurança reclamada apresentava uma linha limítrofe entre o interesse da parte e da própria coletividade, ameaçada com a anunciada explosão. Encerrou-se, assim, um singular caso em que a medida restou dúplice e engendrada *ex officio*, em face do estado de "periclitação".

É preciso, entretanto, reafirmar que o interesse privado, tutelado no caso concreto, sucumbiu diante do interesse público, porque a este é inoperante a disponibilidade processual.

3. SUSPENSÃO DO PROCESSO

"Suspensão do processo" é o fenômeno processual consistente na paralisação da marcha processual com a estagnação da prática de atos necessários à prestação jurisdicional em razão da ocorrência de um fato previsto em lei, assim considerado por decisão judicial.[24]

---

[24] Como bem afirmava **Pontes de Miranda**, "a instância não se exaure, mas tão só por algum tempo não corre", *in Comentários ao Código de Processo Civil*, 1947, vol. II, p. 129.

Cap. 9 · FORMAÇÃO, SUSPENSÃO E EXTINÇÃO DO PROCESSO | **463**

A suspensão do processo reclama a ocorrência do *fato previsto* e a *decisão suspensiva*, no sentido de que os efeitos da suspensão ocorrem quando do surgimento *ex tunc* do evento suspensivo, muito embora a decisão judicial somente exsurja *a posteriori*. É que o fato gerador da suspensão está no evento previsto em lei e não na decisão suspensiva em si.

Essa questão assume relevância; uma vez que é possível que um certo lapso de tempo se anteponha entre o fato suspensivo e a decisão judicial que lhe reconhece.

Nessa hipótese, são de nenhum efeito os atos praticados nesse interregno. Assim, *v.g.*, se a parte perde a sua capacidade processual em razão de interdição noticiada tardiamente nos autos de um processo em que figurava como autora ou ré, os atos praticados após a interdição e antes de suspenso o feito para o ingresso do curador e do Ministério Público são de nenhuma valia, como, por exemplo o decurso de um prazo para especificar provas ou arrolar testemunha, que deve, por isso, ser reaberto.

Impõe-se, assim, observar em que hipóteses a suspensão é *ex vi legis* em face da causa suspensiva.

Consoante se pode observar, o art. 313[25] enumera, como eventos suspensivos do processo, *fatos jurídicos*, *atos jurídicos das partes* e *atos judiciais*.

---

[25] "**Art. 313.** Suspende-se o processo:

I – pela morte ou perda da capacidade processual de qualquer das partes, de seu representante legal ou de seu procurador;

II – pela convenção das partes.

III – pela arguição de impedimento ou de suspeição;

IV – pela admissão de incidente de resolução de demandas repetitivas;

V – quando a sentença de mérito:

a) depender do julgamento de outra causa ou da declaração da existência ou de inexistência de relação jurídica que constitua o objeto principal de outro processo pendente;

b) tiver de ser proferida somente após a verificação de determinado fato ou a produção de certa prova, requisitada a outro juízo;

VI – por motivo de força maior;

VII – quando se discutir em juízo questão decorrente de acidentes e fatos da navegação de competência do Tribunal Marítimo;

VIII – nos demais casos que este Código regula.

IX – pelo parto ou pela concessão de adoção, quando a advogada responsável pelo processo constituir a única patrona da causa;

X – quando o advogado responsável pelo processo constituir o único patrono da causa e tornar-se pai.

§ 1º Na hipótese do inciso I, o juiz suspenderá o processo, nos termos do art. 689.

§ 2º Não ajuizada ação de habilitação, ao tomar conhecimento da morte, o juiz determinará a suspensão do processo e observará o seguinte:

I – falecido o réu, ordenará a intimação do autor para que promova a citação do respectivo espólio, de quem for o sucessor ou, se for o caso, dos herdeiros, no prazo que designar, de no mínimo 2 (dois) e no máximo 6 (seis) meses;

II – falecido o autor e sendo transmissível o direito em litígio, determinará a intimação de seu espólio, de quem for o sucessor ou, se for o caso, dos herdeiros, pelos meios de divulgação que reputar

No que pertine aos atos judiciais impõe-se, desde logo, advertir que são atos negociais, como a transação e a conciliação. Isso porque, em princípio, não é lícito, através de ação, impedir o exercício do direito constitucional de acesso à Justiça. Não obstante, podem surgir casos práticos em que a pendência de um processo manifestamente injusto pode prejudicar determinada parte, *v.g.*, um licitante em concorrência pública. Nesses casos, excepcionalmente, a suspensão pode vir a ser obtida através de medida de urgência.

Tratando-se de fato jurídico, como a "força maior", a "morte da parte" ou a "perda de sua capacidade", opera-se a suspensão a partir da ocorrência dos mesmos, revestindo-se a decisão suspensiva de natureza meramente declaratória. É, também, o caso do parto ou da concessão de adoção, quando a mãe ou o pai forem os únicos patronos da causa.

Operando-se a suspensão por força de um "ato jurídico das partes ou ato judicial", *v.g.*, a convenção suspensiva do processo ou a decisão que reconhece a existência de uma questão prejudicial externa impeditiva do julgamento do mérito, a suspensão dar-se-á a partir da decisão judicial. Assim, *v.g.*, se o juiz reconhece que para decidir o pedido de cobrança depende o julgamento acerca da validade do contrato de onde emerge aquela obrigação e que está sujeita à cognição de outro juízo cível, dessa decisão que reconhece a prejudicialidade é que se inicia o prazo suspensivo do processo em cujo transcurso é defeso praticar atos processuais sob pena de ineficácia. Da mesma forma, a decisão que, verificando a inexistência de qualquer vício ou intento fraudulento, admite a convenção suspensiva das partes, marca o início da suspensão.

---

mais adequados, para que manifestem interesse na sucessão processual e promovam a respectiva habilitação no prazo designado, sob pena de extinção do processo sem resolução de mérito.

§ 3º No caso de morte do procurador de qualquer das partes, ainda que iniciada a audiência de instrução e julgamento, o juiz determinará que a parte constitua novo mandatário, no prazo de 15 (quinze) dias, ao final do qual extinguirá o processo sem resolução de mérito, se o autor não nomear novo mandatário, ou ordenará o prosseguimento do processo à revelia do réu, se falecido o procurador deste.

§ 4º O prazo de suspensão do processo nunca poderá exceder 1 (um) ano nas hipóteses do inciso V e 6 (seis) meses naquela prevista no inciso II.

§ 5º O juiz determinará o prosseguimento do processo assim que esgotados os prazos previstos no § 4º.

§ 6º No caso do inciso IX, o período de suspensão será de 30 (trinta) dias, contado a partir da data do parto ou da concessão da adoção, mediante apresentação de certidão de nascimento ou documento similar que comprove a realização do parto, ou de termo judicial que tenha concedido a adoção, desde que haja notificação ao cliente. (Incluído pela Lei nº 13.363, de 2016)

§ 7 º No caso do inciso X, o período de suspensão será de 8 (oito) dias, contado a partir da data do parto ou da concessão da adoção, mediante apresentação de certidão de nascimento ou documento similar que comprove a realização do parto, ou de termo judicial que tenha concedido a adoção, desde que haja notificação ao cliente. (Incluído pela Lei nº 13.363, de 2016)."

"**Art. 314.** Durante a suspensão é vedado praticar qualquer ato processual, podendo o juiz, todavia, determinar a realização de atos urgentes a fim de evitar dano irreparável, salvo no caso de arguição de impedimento e de suspeição."

A lei, em princípio, veda a prática de atos processuais durante o decurso do prazo de suspensão do processo. Essa regra geral cede ao *periculum in mora*, razão pela qual, havendo direito material ou processual em estado de periclitação, é lícito à parte requerer e ao juízo deferir a realização de atos acautelatórios (art. 314).[26] Assim é que, mesmo estando suspenso o processo por força de questão prejudicial externa, é lícito ao juízo determinar o arrolamento dos bens disputados na ação suspensa, a intervenção do Ministério Público ou do curador *ad litem* quando o ato é urgente e a causa suspensiva decorre da incapacidade superveniente da parte.

Há hipóteses em que a causa de suspensão implica o deslocamento do processo para a superior instância, *v.g.*, no impedimento do juiz, o relator do incidente deve determinar a prática do ato urgente. Idêntico raciocínio realiza-se quando o relator confere efeito suspensivo ao agravo, mercê de verificar a necessidade da prática de atos urgentes, quando, então, os determina.

A suspensão do processo, por seu turno, acarreta a "suspensão dos prazos processuais", figura que se distingue da "interrupção do prazo", haja vista que no primeiro caso, cessada a causa suspensiva, recomeça-se a contar o prazo pelo tempo que faltava para o seu implemento quando ocorreu o evento suspensivo.[27] Assim, *v.g.*, se a parte dispunha de 15 dias e no 10º dia ocorreu a causa suspensiva, como é o caso do recesso forense, cessada esta, recomeça-se a contar o prazo pelos cinco dias faltantes para o seu término. Na *interrupção*, cessada a causa interruptiva, *o prazo conta-se de novo, ex integro*, como se não tivesse transcorrido (art. 221 do CPC).[28]

3.1 Suspensão por morte ou perda de capacidade processual

O processo é *actus trium personarum*; por isso, sem a existência de partes, ele não pode subsistir. A morte suprime da relação um de seus sujeitos necessários que deve ser substituído, razão pela qual o processo, enquanto essa substituição não se opera, fica suspenso[29].

---

[26] Idêntica previsão encontra-se no CPC Português que permite a prática de atos urgentes destinados a evitar "dano irreparável", além de prever a intervenção do Ministério Público se a parte estiver impedida de assistir a esse ato. Analisando o referido dispositivo em visão comparativa com o nosso sistema, **Pedro Batista Martins**, *Comentários ao Código de Processo Civil*, 1941, vol. II, p. 342.

[27] No sentido do texto, **Frederico Marques**, *Instituições*, vol. III, p. 251.

[28] "**Art. 221.** Suspende-se o curso do prazo por obstáculo criado em detrimento da parte ou ocorrendo qualquer das hipóteses do art. 313 devendo o prazo ser restituído por tempo igual ao que faltava para sua complementação.
Parágrafo único. Suspendem-se os prazos durante a execução de programa instituído pelo Poder Judiciário para promover a autocomposição, incumbindo aos tribunais especificar, com antecedência, a duração dos trabalhos."

[29] Para essa hipótese **Carvalho Santos** defendia a "não suspensividade de pleno direito" reclamando dados seguros sobre a ocorrência do evento, mercê de dever o fato ser denunciado ao juiz (*in Código de Processo Civil Interpretado*, 1940, vol. III, p. 93-94).

À morte da pessoa natural corresponde a liquidação da pessoa jurídica, tanto mais que em ambas as hipóteses sujeitos novos devem acudir ao processo porquanto as pessoas físicas são substituídas por seus herdeiros e sucessores, nas causas transmissíveis, e as pessoas jurídicas pelo seu "liquidante", que é o representante da massa de bens.

A suspensão do processo pode "converter-se" em extinção da relação processual. Assim, *v.g.*, à falta de habilitação dos herdeiros ou a integração do liquidante, posto da *parte autora, extingue-se o processo* sem resolução do mérito. Tratando-se da *parte ré*, o processo deve prosseguir à revelia do espólio ou da sociedade, haja vista que o autor não pode ser prejudicado por falta de diligência da parte adversa sem prejuízo de o processo não poder ficar sustado *ad infinitum* (art. 76, § 1º, incisos I e II, do CPC).[30]

A *morte do representante legal da parte* deixa-a com a sua atuação processual desfalcada nas suas manifestações, uma vez que o seu representante é quem supre a sua incapacidade. Impõe-se, pois, a sua substituição, razão por que se susta o processo. Ao advogado cumpre diligenciar para que se proceda essa substituição, porquanto as consequências da inércia são as mesmas acima, por força do art. 76 do CPC; vale dizer, a extinção do processo sem análise do mérito, em relação ao autor, e a revelia em relação ao réu. O réu revel, por incapacidade insuprida, deve merecer a nomeação de curador especial, haja vista que, ainda que se mantenha inerte o advogado, o incapaz não pode ser validamente intimado pessoalmente para substituir o seu representante legal[31].

A "morte do advogado", detentor de capacidade postulatória, é diferente, porque a parte manifesta-se tecnicamente através desse profissional. O Código dispõe que a parte deve ser representada em juízo por advogado "legalmente habilitado" (art. 103, do CPC).[32] Falecendo o advogado ou mesmo perdendo a sua capacidade postulatória

---

[30] "**Art. 76.** Verificada a incapacidade processual ou a irregularidade da representação da parte, o juiz suspenderá o processo e designará prazo razoável para que seja sanado o vício.

§ 1º Descumprida a determinação, caso o processo esteja na instância originária:

I – o processo será extinto, se a providência couber ao autor;

II – o réu será considerado revel, se a providência lhe couber;

III – o terceiro será considerado revel ou excluído do processo, dependendo do polo em que se encontre."

[31] A suspensão, no Código passado, não se verificava se a morte das partes ou de seus representantes legais ocorre *depois de iniciada a audiência*, posto que, para esse ato, basta a presença do próprio advogado, razão pela qual ela deve prosseguir a despeito do falecimento noticiado (art. 265, § 1º, *a*, do CPC). Encerrada a audiência, o ato subsequente é a prolação da sentença, tarefa do próprio juiz; por isso, não se justificaria suspender o processo. Entretanto, como após a decisão pode haver um vencido apto a recorrer e que pode ser exatamente a parte aquela cujo representante faleceu, a lei suspende o processo a partir da publicação da sentença (art. 265, § 1º, alíneas *a* e *b*, do CPC).

[32] "**Art. 36.** A parte será representada em juízo por advogado regularmente inscrito na Ordem dos Advogados do Brasil."

"**EOAB, art. 4º:** São nulos os atos privativos de advogado praticados por pessoa não inscrita na OAB, sem prejuízo das sanções civis, penais e administrativas.

por incidência de causas de impedimento previstas no Estatuto da Ordem dos Advogados, cabe à parte nomear outro profissional, sob pena de, sendo autora, ver extinto o processo sem análise do mérito e, na hipótese de ser ré, ver decretada a sua revelia (art. 313, § 3º, do CPC[33]). Ambas as sanções, evidentemente, *reclamam a intimação pessoal da parte* porque é o advogado quem acompanha os atos de interesse da causa.

Ressoa evidente que, nas hipóteses em que a parte dispõe de vários advogados atuantes *in solidum*, a morte de um deles não implica a suspensão do processo.

A *revelia superveniente*, que se observa por força da inércia no suprimento de formalidades indispensáveis, deve levar em consideração tudo quanto foi praticado no processo enquanto não decretada; por isso, o seu efeito é a abolição do contraditório *dali para frente*, inclusive com a supressão das intimações subsequentes (art. 346, do CPC).[34] Aliás, essa é a *ratio* da redação do dispositivo.

A capacidade processual, como requisito de validade do processo, tem como razão de ser a tecnicidade das regras processuais. O legislador, atento a esse aspecto, visa a evitar que a parte seja prejudicada em sua situação jurídico-material por força de um deslize processual.[35]

Sob esse ângulo, o direito processual importou do Direito Civil os conceitos de *capacidade de gozo*, permitindo às *pessoas capazes* a prática dos atos na relação processual. Sem prejuízo, o legislador estabeleceu, ao lado da capacidade processual, a *capacidade postulatória*, consistente na aptidão para dirigir-se diretamente aos juízes e tribunais, atribuindo-a aos *bacharéis inscritos na Ordem dos Advogados do Brasil*.

As espécies de capacidade ora comentadas são pressupostos de validade do processo, devendo permanecer íntegras durante todo o curso do mesmo.

A *incapacidade da parte requer declaração judicial e nomeação de curador*, residindo nesse procedimento a razão de ser da suspensão. O não suprimento da incapacidade gera a resolução do processo sem resolução do mérito se a parte for autora ou, à revelia, se a parte for ré. Em ambos os casos, faz-se mister tanto a nomeação de curador especial quanto a remessa dos autos ao Ministério Público. Aliás, a própria lei submete a morte e a incapacidade superveniente ao mesmo regime jurídico.

Parágrafo único. São também nulos os atos praticados por advogado impedido – no âmbito do impedimento – suspenso, licenciado ou que passar a exercer atividade incompatível com a advocacia."

[33] "**Art. 313, § 3º.** No caso de morte do procurador de qualquer das partes, ainda que iniciada a audiência de instrução e julgamento, o juiz determinará que a parte constitua novo mandatário, no prazo de 15 (quinze) dias, ao final do qual extinguirá o processo sem resolução de mérito, se o autor não nomear novo mandatário, ou ordenará o prosseguimento do processo à revelia do réu, se falecido o procurador deste."

[34] "**Art. 346.** Os prazos contra o revel que não tenha patrono nos autos fluirão da data de publicação do ato decisório no órgão oficial.

Parágrafo único. O revel poderá intervir no processo em qualquer fase, recebendo-o no estado em que se encontrar."

[35] A respeito da capacidade processual, consulte o nosso *Intervenção de Terceiros*, p. 51-66.

468 | TEORIA GERAL DO PROCESSO CIVIL – *Luiz Fux*

3.2 Suspensão convencional do processo[36]

O processo pode ficar suspenso por força de negócio jurídico-processual. Trata-se de hipótese, antes, excepcional de disposição das partes quanto às regras processuais e que, com o presente Código, ganhou força.

A *convenção das partes* pode, inclusive, atingir prazos *de natureza peremptória* em curso, sendo defeso, contudo, ao juiz reduzi-los sem consentimento das próprias partes (art. 222, § 1º, do CPC).

De toda sorte, mister observar que esse poder dispositivo das partes tem limites que o tornam relativo, razão pela qual essa convenção não pode gerar uma paralisação do processo *ad infinitum.* O prazo máximo de suspensão é de seis meses, findos os quais prossegue-se a partir da fase em que o feito se encontrava, antes da suspensão (art. 313, § 4º, do CPC).

3.3 Suspensão pela alegação de incompetência, impedimento e suspeição[37]

A *competência do juízo* e *a compatibilidade* do juiz para julgar pela ausência de obstáculos em relação à sua imparcialidade representam os *pressupostos subjetivo-processuais* que devem ser analisados antes de qualquer outro. É que não podem julgar a causa o juiz incompatível e o juízo incompetente.

O meio processual para denunciar esses vícios é a contestação, em que constará preliminar de incompetência. A alegação impõe a suspensão da audiência de conciliação ou de mediação eventualmente designada, como forma de não comprometer o acesso do réu à Justiça (art. 340, § 3º[38]).

Quanto à alegação de impedimento ou suspeição, se conhecido o óbice no momento da defesa, igualmente deve vir veiculada na contestação; se, porém, superveniente à

---

[36] Com muita propriedade, justifica o dispositivo **Pedro Batista Martins** ao afirmar que as partes, se paralisam o processo pelo próprio arbítrio, sofrem as sanções legais. Entretanto, permite-lhes a lei que convencionalmente realizem esse objetivo (*Comentários*, p. 333).

[37] A suspensividade prende-se ao fato de que a doutrina considera as matérias nelas encartadas como "prejudiciais" de natureza processual, posto que não pode julgar o juiz que é parcial nem pode apreciar a causa o juízo incompetente.

[38] "**Art. 340.** Havendo alegação de incompetência relativa ou absoluta, a contestação poderá ser protocolada no foro de domicílio do réu, fato que será imediatamente comunicado ao juiz da causa, preferencialmente por meio eletrônico.

§ 1º A contestação será submetida a livre distribuição ou, se o réu houver sido citado por meio de carta precatória, juntada aos autos dessa carta, seguindo-se a sua imediata remessa para o juízo da causa.

§ 2º Reconhecida a competência do foro indicado pelo réu, o juízo para o qual for distribuída a contestação ou a carta precatória será considerado prevento.

§ 3º Alegada a incompetência nos termos do caput , será suspensa a realização da audiência de conciliação ou de mediação, se tiver sido designada.

§ 4º Definida a competência, o juízo competente designará nova data para a audiência de conciliação ou de mediação."

ciência da parte, abre-se margem para suscitar o vício em quinze dias. Caso o magistrado não reconheça sua incompetência, o incidente será remetido ao tribunal, onde o relator decidirá sobre a existência de efeito suspensivo (art. 146, § 2º[39]).

3.4 Suspensão nos recursos repetitivos e no incidente de resolução de demandas repetitivas

Outra hipótese de suspensão do processo se relaciona diretamente ao intuito do novel CPC de unificar a jurisprudência e torná-la, em certa medida, observável pelo juiz no momento de decidir questão jurídica semelhante. Dessa forma, a admissão do incidente de resolução de demandas repetitivas ou do julgamento de recursos repetitivos (e repercussão geral, no caso do Supremo Tribunal Federal) pode gerar a suspensão de processos que versem sobre a mesma tese jurídica em discussão nesse incidente (art. 313, IV, c/c art. 982, I). Almeja-se, assim, evitar decisões que contrariem o entendimento manifestado pelo Tribunal, de maneira a evitar soluções jurídicas contraditórias.

Nesse sentido, vale destacar, é válida também a suspensão quando houver a afetação de recursos especiais ou extraordinários como repetitivos, de acordo com o art. 1.037, II, CPC. A *ratio* dessa regra está diretamente relacionada à observação dos precedentes vinculantes, garantindo uniformidade nas decisões proferidas pelos tribunais do território nacional, nos termos preconizados pelo art. 926 do diploma processual.

3.5 Suspensão por prejudicialidade

A atividade de julgar implica não só o conhecimento da matéria suscitada e discutida, mas também de outras questões que influem no julgamento da causa principal. Por vezes, uma relação jurídica diversa daquela que compõe a causa de pedir, não obstante esteja fora da órbita da decisão da causa, reclama sua apreciação como premissa lógica integrante do itinerário do raciocínio do juiz, antecedente necessário ao julgamento. Saltar sobre essa relação jurídica significaria deixar sem justificativa a conclusão sobre o pedido. Assim, *v.g.*, se A cobra uma obrigação de B com base em determinado vínculo e

---

[39] **"Art. 146.** No prazo de 15 (quinze) dias, a contar do conhecimento do fato, a parte alegará o impedimento ou a suspeição, em petição específica dirigida ao juiz do processo, na qual indicará o fundamento da recusa, podendo instruí-la com documentos em que se fundar a alegação e com rol de testemunhas.

§ 1º Se reconhecer o impedimento ou a suspeição ao receber a petição, o juiz ordenará imediatamente a remessa dos autos a seu substituto legal, caso contrário, determinará a autuação em apartado da petição e, no prazo de 15 (quinze) dias, apresentará suas razões, acompanhadas de documentos e de rol de testemunhas, se houver, ordenando a remessa do incidente ao tribunal.

§ 2º Distribuído o incidente, o relator deverá declarar os seus efeitos, sendo que, se o incidente for recebido:

I – sem efeito suspensivo, o processo voltará a correr;

II – com efeito suspensivo, o processo permanecerá suspenso até o julgamento do incidente."

o réu se defende alegando a inexistência do referido negócio, impõe-se ao juiz, antes de decidir acerca do pedido de cobrança, analisar a existência ou a inexistência do contrato, haja vista que, se concluir pela existência, é possível que a cobrança tenha procedência porque vencida a obrigação. Entretanto, se o juiz concluir que o negócio não existe, não haverá, por conseguinte, obrigação devida. Observe-se que a existência ou *a inexistência do contrato* representa, no exemplo proposto, uma questão que influi no modo de se julgar a questão principal da cobrança. Exatamente essa influência que gera um "juízo prévio" sobre outra questão, um "pré-juízo", é que caracteriza essa como "prejudicial"; posto influir no julgamento da questão principal, muito embora não seja objeto do processo. É que nem tudo que o juiz aprecia ele julga, limitando-se, nesta atividade última, a prover sobre o pedido, mercê de julgar implicar o conhecimento prévio de tudo quanto possa influir sobre a decisão.[40]

A *questão prejudicial* pode ser posta no mesmo juízo em que se pede o julgamento do pedido dependente da aludida premissa como antecedente lógico necessário.

A simples análise da questão prejudicial sem força de julgamento, tradicionalmente, estava relacionada à sistemática de somente fazer incidir a coisa julgada na parte da sentença que julga o pedido e não nas questões, ainda que relevantes, que o antecedem. Contudo, o atual diploma autoriza que a decisão, em cognição exauriente, sem condicionantes probatórios, por juiz competente, sobre a matéria enseje formação de coisa julgada (art. 503). Não se trata, percebe-se, de exceção à regra do art. 504, CPC, uma vez que as questões prejudiciais são objetos de pronunciamento com conteúdo decisório e não mera fundamentação de sentença. É que as questões prejudiciais, inclusive, podem constituir objeto autônomo de outra ação.

Entretanto, há caso de a questão prejudicial figurar como objeto principal de um outro processo, *v.g.*, a existência ou inexistência do contrato antes referido como objeto de ação declaratória autônoma em curso noutro juízo quando A ingressou com o pedido de cobrança. Nessa hipótese, diz-se que a prejudicialidade é "externa". A lei, em vez de determinar a reunião dessas ações segundo os critérios da prevenção da competência insculpidos no art. 58 do CPC, prefere, como regra *in procedendo*, que o juiz da causa prejudicada suste o julgamento do mérito até que a decisão da questão prejudicial seja proferida, para, então, ser aproveitada como razões de decidir na causa em que ela influi (art. 313, inciso V, *a*, do CPC). Essa é a razão de a "existência de uma prejudicial externa figurar como causa suspensiva do processo".

Em nosso entender, nas hipóteses de prejudicialidade perante juízos que têm a mesma competência *ratione materiae*, as causas devem ser reunidas por conexão, aplicando-se o dispositivo apenas quando absoluta a incompetência do juízo dependente da questão prejudicial, para apreciá-la *principaliter*.

---

[40]   **Liebman**, com a sua acuidade e profundidade de conhecimento sobre o processo brasileiro, afirmava que, não obstante a coisa julgada atingir apenas a conclusão última do raciocínio do juiz, a questão prejudicial, posto não ser decidida em si mesma era examinada para "permitir a decisão principal" (*in Notas às Instituições de Chiovenda*, vol. I, p. 543).

A mesma suspensão se verifica quando a causa sustada depende do julgamento de outra causa submetida a outro juízo, como ocorre quando uma ação de cobrança de cota condominial no juízo X o julgamento depende da decisão a ser proferida no juízo Y acerca da validade da assembleia donde emerge a obrigação exigida no juízo suspenso. Mesmo nessa hipótese, sugere-se a reunião das ações e não a suspensão, porque o conceito de conexão deve estar voltado para o objetivo maior desse instituto que é o de evitar a prolação de decisões contraditórias. Nesse mesmo segmento, a prática judiciária tem revelado inúmeros casos de ações declaratórias de débito comum ou fiscal paralelamente à existência de processo executivo pendente.

A solução que tem sido preconizada pela doutrina e pela jurisprudência como a mais consentânea com os institutos da prejudicialidade, da conexão e do acesso à justiça é a reunião das ações acaso haja embargos na execução, porquanto a solução isolada dessa demanda de índole cognitiva introduzida no organismo do processo executivo pode gerar decisões contraditórias.

A questão prejudicial, por seu turno, pode ser de qualquer natureza. Entretanto, obedecendo a uma certa tradição histórica do antigo Direito romano, posto assim consideradas aquelas atinentes *ao estado das pessoas*, o que inclusive servia de critério de classificação das ações, distinguindo a classe das "ações prejudiciais", o legislador do Código de 1973 destacou a hipótese de suspensão do processo quando o julgamento do mérito tiver como premissa o julgamento de *questão de estado*, requerido como declaração incidente (art. 265, inciso IV, *c*, do CPC de 1973).

Tal hipótese de suspensão, outrora prevista na lei, pressupõe *prejudicialidade externa*, quanto à questão de fato e "incompetência *ratione materiae* do juízo" do processo a ser suspenso, inexistindo razão para qualquer suspensão. Aliás, na essência, a hipótese se encaixa mesmo na alínea *a* do art. 313, inciso V, do CPC, tendo havido superabundância de regulação pelas razões históricas apontadas. Assim, *v.g.*, se numa determinada ação de reivindicação de imóvel questiona-se a qualidade de herdeiro do autor da ação real, a qual está sendo discutida no juízo de família ou orfanológico, a incompetência *ratione materiae* impõe ao juízo cível aguardar, suspendendo o processo (art. 313, § 4º, do CPC).

Idêntico raciocínio empreende-se numa ação de despejo em que alguém se atribui a condição jurídica de sucessor familiar da locação enquanto a sua qualidade é discutida alhures, no juízo de família.

Em resumo, forçoso é admitir que a suspensão ditada pelo art. 313, V, *a*, do CPC, pressupõe que a questão prejudicial seja externa, suscitada em causa proposta anteriormente à propositura da causa sustada.

Tema que guarda afinidade com a prejudicialidade é o previsto na alínea *b* do citado art. 313, V, ao estabelecer a "suspensão do processo quando a decisão de mérito tiver de ser proferida somente após a verificação de determinado fato ou a produção de certa prova, requisitada a outro juízo".

Essa hipótese verifica-se quando se trata de prova a ser produzida alhures por meio de carta precatória ou "prova emprestada" a ser obtida sob contraditório, noutro juízo, e de suma influência na causa suspensa. Esse caso deve ser analisado juntamente com a regra do art. 377 do CPC com a sua novel redação;[41] por isso que, se "a prova é requerida" *após o saneamento*, a suspensão não se verifica.

Destarte, se postuladas *previamente ao saneamento*, convém ao juízo suspender o processo para melhor justificar a sua decisão cumprindo os postulados dos arts. 370 e 371 do CPC,[42] consectários do princípio do "convencimento racional". Entretanto, se essa suspensão prejudicar o andamento regular do feito, cabe ao juiz prosseguir no processo, sendo certo que a prova advinda aos autos posteriormente poderá ser apreciada pelo tribunal por força do permissivo do art. 1.014 do CPC.[43]

A suspensão por prejudicialidade obedece a um "prazo improrrogável" ditado pelo art. 313, § 4º, do CPC. Ultrapassado o "período ânuo" de suspensão, o valor celeridade supera o valor certeza e autoriza o juiz a apreciar a questão prejudicial o quanto suficiente (*incidenter tantum*) para fundamentar a decisão.

3.6 Suspensão por motivo de força maior[44]

A vida fenomênica revela fatos que impedem as atividades exercitáveis no processo, *v.g.*, a greve dos serventuários dos serviços de transportes, uma tempestade etc., os quais enquanto perduram, impõe-se a suspensão do processo ou somente dos prazos processuais. De toda sorte, é mister que se revele um *justo impedimento* ao prosseguimento da relação processual, sob pena de causar-se um dano a uma das partes.

Em regra, a análise da *força maior* é casuística e exige *fato transindividual*, porque aqueles estritamente pessoais são superados com medidas específicas de relevação de prazos. Aliás, a lei refere-se, especificamente, a um caso de força maior ao dispor acerca da possibilidade de prorrogação *ope judicis* dos prazos diante do estado de "calamidade pública" (art. 222, § 2º, do CPC).[45]

---

[41] "**Art. 377.** A carta precatória, a carta rogatória e o auxílio direto suspenderão o julgamento da causa no caso previsto no art. 313, inciso V, alínea 'b', quando, tendo sido requeridos antes da decisão de saneamento, a prova neles solicitada for imprescindível.

Parágrafo único. A carta precatória e a carta rogatória não devolvidas no prazo ou concedidas sem efeito suspensivo poderão ser juntadas aos autos a qualquer momento."

[42] "**Art. 370.** Caberá ao juiz, de ofício ou a requerimento da parte, determinar as provas necessárias ao julgamento do mérito.

Parágrafo único. O juiz indeferirá, em decisão fundamentada, as diligências inúteis ou meramente protelatórias.

Art. 371. O juiz apreciará a prova constante dos autos, independentemente do sujeito que a tiver promovido, e indicará na decisão as razões da formação de seu convencimento."

[43] "**Art. 1.014.** As questões de fato não propostas no juízo inferior poderão ser suscitadas na apelação, se a parte provar que deixou de fazê-lo por motivo de força maior."

[44] Para **Pontes de Miranda,** a força maior se caracterizava por "circunstâncias invencíveis pelos interessados e por todos aqueles que tiverem de praticar atos processuais" (*Comentários ao Código de Processo Civil*, 1947, vol. II, p. 129).

[45] "**Art. 222.** Na comarca, seção ou subseção judiciária onde for difícil o transporte, o juiz poderá prorrogar os prazos por até 2 (dois) meses.

3.7 Outros casos de suspensão do processo

A lei, não obstante contenha esse capítulo específico sobre a previsão genérica de suspensão do processo aplicável a todos os processos, ainda dispõe em regras esparsas sobre incidentes que também geram a sustação da marcha processual. Decorrência lógica é a de que a enumeração do art. 313 do CPC não é exaustiva (*numerus clausus*), porquanto outras situações jurídico-processuais também apresentam essa eficácia suspensiva, haja vista a previsão do inciso VIII deste artigo.

O oferecimento de embargos de terceiro, *v.g.*, suspende o processo de execução quando se dirigem contra a constrição do único bem sobre o qual incide a atividade executiva; a superveniência de férias tem o mesmo efeito suspensivo; a convocação do denunciado à lide também susta a marcha processual até que o terceiro intervenha etc. Assente-se, por oportuno, que, embora esses casos venham previstos isoladamente, os processos onde os mesmos ocorrem submetem-se ao regime da suspensão traçado nesse capítulo, *v.g.*, admite-se a prática de atos urgentes ainda que se trate de aguardar o ingresso do denunciado ao processo (art. 314 do CPC).[46]

4. EXTINÇÃO DO PROCESSO

O processo tem o seu ciclo vital cujo ápice ocorre com a extinção pela solução do litígio, cumprindo o juízo o seu ofício jurisdicional.

O juiz, no exercício da função jurisdicional, ao conferir uma resposta à questão de fundo, atinge o escopo dessa atividade estatal, que é conferir certeza e estabilidade às relações jurídicas através da palavra oficial do Judiciário.

Tratando-se de processo de conhecimento, esse desígnio é alcançado pela definição do litígio através da sentença ou, em havendo recurso, por via do acórdão. É que, enquanto pende o processo pela existência do recurso não se pode considerá-lo extinto, senão o procedimento em primeiro grau. É nesse sentido que se deve compreender o texto do art. 203[47], do CPC ao definir a sentença como ato do juiz que implica alguma das situações previstas nos arts. 485 e 487 do CPC e a extinção da fase de conhecimento

---

§ 1º Ao juiz é vedado reduzir prazos peremptórios sem anuência das partes.

§ 2º Havendo calamidade pública, o limite previsto no *caput* para prorrogação de prazos poderá ser excedido."

[46] "**Art. 314.** Durante a suspensão é vedado praticar qualquer ato processual, podendo o juiz, todavia, determinar a realização de atos urgentes a fim de evitar dano irreparável, salvo no caso de arguição de impedimento e de suspeição."

[47] "**Art. 203.** Os pronunciamentos do juiz consistirão em sentenças, decisões interlocutórias e despachos.

§ 1º Ressalvadas as disposições expressas dos procedimentos especiais, sentença é o pronunciamento por meio do qual o juiz, com fundamento nos arts. 485 e 487, põe fim à fase cognitiva do procedimento comum, bem como extingue a execução.

§ 2º Decisão interlocutória é todo pronunciamento judicial de natureza decisória que não se enquadre no § 1º.

ou de execução. A sentença, assim, termina, apenas, o "procedimento" em primeiro grau, diante da existência do recurso.

Destarte, muito embora a solução normal do processo seja a definição do litígio, com o julgamento do mérito, alguns fatos de natureza formal impedem o juízo de alcançar esse desígnio.

Precedentemente, observamos que as condições da ação são requisitos que o autor deve cumprir para obter uma decisão de mérito, favorável ou não. A ausência dessas condições e, portanto, a presença do fenômeno da "carência de ação", impede ao juiz proferir uma decisão material, limitando-se a decidir formalmente. A extinção, nesses casos, decorre de sentença meramente terminativa e denomina-se "extinção do processo sem resolução do mérito".[48]

A lei processual, preconizando a teoria de Liebman, distingue as hipóteses de extinção do processo "com e sem resolução do mérito" conforme a decisão atinja o modo de ser da pretensão deduzida em juízo. A extinção diz-se *terminativa* quando não atingir a existência de pretensão e será *definitiva* nas hipóteses em que a alcança.

Imperioso é, assim, que se assente a natureza da decisão posto submetida a regimes jurídicos completamente diversos.[49] Sob o enfoque da categorização das decisões, importa menos o *nomem juris* que a essência do que foi decidido. Assim é que, se o juiz, diante da fragilidade da prova, aplicando as regras do art. 373 e incisos do CPC, decreta a extinção do processo sem análise do mérito, por "carência de provas", esta sua qualificação não terá o condão de tornar terminativa a decisão que à luz do sistema é definitiva (art. 487 do CPC); vale dizer: não se encaixando nas hipóteses do art. 485[50] do CPC, a decisão será definitiva.

---

§ 3º São despachos todos os demais pronunciamentos do juiz praticados no processo, de ofício ou a requerimento da parte.

§ 4º Os atos meramente ordinatórios, como a juntada e a vista obrigatória, independem de despacho, devendo ser praticados de ofício pelo servidor e revistos pelo juiz quando necessário."

[48] Observar-se-á na análise dos casos de extinção terminativa do feito que essa forma anômala de encerramento deriva de um fato ilícito-processual, daí **Goldschmidt** ter estudado esse tema sob a ótica da "culpabilidade processual", *in Teoria General del Proceso*, 1936, p. 96.

[49] Como afirmava **Adolfo Schonke**, *in Derecho Procesal Civil*, 1950, p. 262, "a sentença como ato processual irradia efeitos 'dentro do juízo'", referindo-se ao fenômeno da "coisa julgada formal".

[50] "**Art. 485.** O juiz não resolverá o mérito quando:

I – indeferir a petição inicial;

II – o processo ficar parado durante mais de 1 (um) ano por negligência das partes;

III – por não promover os atos e diligências que lhe incumbir, o autor abandonar a causa por mais de 30 (trinta) dias;

IV – verificar a ausência de pressupostos de constituição e de desenvolvimento válido e regular do processo;

V – reconhecer a existência de perempção, litispendência ou de coisa julgada;

VI – verificar ausência de legitimidade das partes ou de interesse processual;

VII – acolher a alegação de existência de convenção de arbitragem ou quando o juízo arbitral reconhecer sua competência;

O juiz, no momento em que analisa a pretensão material no sentido em que foi afirmada pelo autor ou pelo réu, está julgando o mérito, ainda que assim não o diga. A recíproca, também, revela-se verdadeira; por isso, se o magistrado considerar o autor parte ilegítima para postular em juízo e, equivocadamente, negar-lhe o direito afirmado por esse fato sem adentrar no fundo da controvérsia, não poderá nominar a sua decisão como "definitiva". Entretanto, se assim o fizer, será de somenos a sua categorização, uma vez que o teor da decisão é que importa para os fins de aplicação do regime jurídico incidente sobre as manifestações judiciais últimas. Nesse sentido, apenas para pinçar a mais importante diferença, frise-se que, por definir o litígio, a decisão de mérito implica não poder renovar em juízo a ação já definida, em respeito à coisa julgada material. Diferentemente, a extinção do processo sem análise do mérito não impede a reproposição da mesma ação extinta (art. 486 do CPC).[51] Relembre-se, apenas, que a nova propositura "da mesma ação" traz como condição prévia de procedibilidade a necessária comprovação do pagamento ou do depósito das custas e dos honorários de advogado, dispensáveis aos beneficiários da justiça gratuita e à Fazenda Pública.

Outrossim, a exigência restringe-se à mesma ação; vale dizer: aquela em que figurem o mesmo pedido, as mesmas partes e a mesma causa de pedir. Isto porque, propor de novo a ação significa repetir a mesma ação.

VIII – homologar a desistência da ação;

IX – em caso de morte da parte, a ação for considerada intransmissível por disposição legal;

X – nos demais casos prescritos neste Código.

§ 1º Nas hipóteses descritas nos incisos II e III, a parte será intimada pessoalmente para suprir a falta no prazo de 5 (cinco) dias.

§ 2º No caso do § 1º, quanto ao inciso II, as partes pagarão proporcionalmente as custas, e, quanto ao inciso III, o autor será condenado ao pagamento das despesas e dos honorários de advogado.

§ 3º O juiz conhecerá de ofício da matéria constante dos incisos IV, V, VI e IX, em qualquer tempo e grau de jurisdição, enquanto não ocorrer o trânsito em julgado.

§ 4º Oferecida a contestação, o autor não poderá, sem o consentimento do réu, desistir da ação.

§ 5º A desistência da ação pode ser apresentada até a sentença.

§ 6º Oferecida a contestação, a extinção do processo por abandono da causa pelo autor depende de requerimento do réu.

§ 7º Interposta a apelação em qualquer dos casos de que tratam os incisos deste artigo, o juiz terá 5 (cinco) dias para retratar-se."

[51] "**Art. 486.** O pronunciamento judicial que não resolve o mérito não obsta a que a parte proponha de novo a ação.

§ 1º No caso de extinção em razão de litispendência e nos casos dos incisos I, IV, VI e VII do art. 485, a propositura da nova ação depende da correção do vício que levou à sentença sem resolução do mérito.

§ 2º A petição inicial, todavia, não será despachada sem a prova do pagamento ou do depósito das custas e dos honorários de advogado.

§ 3º Se o autor der causa, por 3 (três) vezes, a sentença fundada em abandono da causa, não poderá propor nova ação contra o réu com o mesmo objeto, ficando-lhe ressalvada, entretanto, a possibilidade de alegar em defesa o seu direito."

4.1 Extinção do processo sem resolução de mérito

4.1.1 Indeferimento da petição inicial

O art. 485, inciso I, do CPC inicia o tema indicando a "extinção do processo sem resolução de mérito pelo indeferimento da petição inicial".

A petição inicial é a primeira peça a ser apreciada pelo juiz da causa onde consta a história da demanda através da narrativa dos fatos, encerrando-se com o pedido de prestação jurisdicional. À luz desta peça, é possível ao juiz, de plano, observar se estão presentes as condições da ação bem como todos os demais requisitos necessários a um pronunciamento sobre a questão de fundo. Entretanto, como o juiz não pode prover sem ouvir o réu, a análise da petição, se positiva, enseja a convocação do demandado pela citação. Verificando o juiz, desde logo, que o que o autor pretende é inviável, posto que ausentes requisitos formais impeditivos ao prosseguimento, deve indeferir a petição inicial. Observe-se que o indeferimento é medida excepcional; por isso, antes de proferir essa decisão de inadmissão, o juiz deve dar à parte autora oportunidade para sanar defeitos superáveis, como se infere do disposto nos arts. 321 e 334 do CPC.[52-53]

O indeferimento pode resultar da verificação *prima facie* da ausência das *condições da ação* consistentes na ilegitimidade da parte e falta de interesse de agir, como se infere dos incisos II, III, e § 1º, III, do art. 330 do CPC.[54]

---

[52]   "**Art. 321.** O juiz, ao verificar que a petição inicial não preenche os requisitos dos arts. 319 e 320 ou que apresenta defeitos e irregularidades capazes de dificultar o julgamento de mérito, determinará que o autor, no prazo de 15 (quinze) dias, a emende ou a complete, indicando com precisão o que deve ser corrigido ou completado.

Parágrafo único. Se o autor não cumprir a diligência, o juiz indeferirá a petição inicial."

"**Art. 334.** Se a petição inicial preencher os requisitos essenciais e não for o caso de improcedência liminar do pedido, o juiz designará audiência de conciliação ou de mediação com antecedência mínima de 30 (trinta) dias, devendo ser citado o réu com pelo menos 20 (vinte) dias de antecedência."

[53]   PROCESSO CIVIL. COMPETÊNCIA DA SEGUNDA SEÇÃO. PRINCÍPIOS DA SEGURANÇA JURÍDICA E DA DURAÇÃO RAZOÁVEL DO PROCESSO. ARTS. 14, II E 34, IV E XII, AMBOS DO RISTJ. PREQUESTIONAMENTO FICTO PREVISTO NO ART. 1.025 DO CPC. ADMISSIBILIDADE. NECESSIDADE DE SE APONTAR VIOLAÇÃO AO ART. 1.022 DO CPC. ART. 321 DO CPC. EMENDA À INICIAL. PRECEDENTES. (...) 3. O indeferimento da petição inicial, quer por força do não preenchimento dos requisitos exigidos nos arts. 319 e 320 do CPC, quer pela verificação de defeitos e irregularidades capazes de dificultar o julgamento de mérito, reclama a concessão de prévia oportunidade de emenda pelo autor, nos termos do art. 321 do CPC. Precedentes. (...) 5. Recurso especial conhecido e provido para reformar o acórdão impugnado e determinar o retorno dos autos ao Juízo de 1º Grau, a fim de que seja cumprido o art. 321 do Código de Processo Civil. (REsp n. 2.013.351/PA, relatora Ministra Nancy Andrighi, Segunda Seção, julgado em 14/9/2022, *DJe* de 19/9/2022.)

[54]   "**Art. 330.** A petição inicial será indeferida quando:

I – for inepta;

II – a parte for manifestamente ilegítima;

Configuram também casos de indeferimento por motivo formal: *a inépcia da petição inicial* e a *inadequação procedimental*. No primeiro caso, a própria peça exordial não é apta – inepta, portanto – a revelar o que a parte pretende obter através da prestação jurisdicional, uma vez que não há narrativa de fatos (causa de pedir) limitando-se, o autor, a formular, *per saltum*, um pedido sem motivação. Assim, *v.g.*, se a parte pede o despejo após mencionar ser o locador do imóvel, considerar-se-á inepta a petição pela falta de causa de pedir.

Outrossim, pode ocorrer que o autor narre fatos que não conduzam logicamente àquele pedido final, *v.g.*, se a parte sustenta a invalidade de um vínculo jurídico e pleiteia a cobrança de determinada obrigação derivada do negócio jurídico inquinado de inválido ou então motiva que em razão de o demandado não o procurar para quitar a obrigação postula danos morais (art. 330, § 1º, inciso III, do CPC). A *incompatibilidade entre os pedidos* implica também a inépcia para o acolhimento de ambos, salvo quando compatibilizados no procedimento comum. Assim, *v.g.*, se a parte pleiteia o cumprimento de uma obrigação e, ao mesmo tempo, as perdas e danos pelo inadimplemento, deve optar pelo cumprimento específico ou genérico, sob pena de incidir em *bis in idem*, vetado pelo art. 330, § 1º, inciso IV, do CPC. Ressoa como pacífico que, escapando ao juízo a inépcia, *ab initio*, nada obsta que ele indefira a inicial, pelos motivos enumerados, após a provocação do réu, até o saneamento.

A petição ainda deve ser indeferida se não contém requisitos de forma inerentes à própria peça como ato necessário do processo (art. 330, inciso IV, do CPC), *v.g.*, se ausente o dever de o advogado indicar o endereço onde receberá as intimações que escapam à regra das publicações em órgão oficial. Olvidada essa providência e não suprido o defeito, impõe-se o indeferimento da petição inicial, ou, quando muito, que se presuma o endereço constante da procuração.

Em princípio, à luz da inicial, o julgamento que se permite ao juiz realizar é apenas formal, tanto quando defere como quando indefere a petição. Isto porque não é da essência de nosso sistema autorizar ao juiz julgar unilateralmente sem ouvir o réu. Desta sorte, se

---

III – o autor carecer de interesse processual;

IV – não atendidas as prescrições dos arts. 106 e 321.

§ 1º Considera-se inepta a petição inicial quando:

I – lhe faltar pedido ou causa de pedir;

II – o pedido for indeterminado, ressalvadas as hipóteses legais em que se permite o pedido genérico;

III – da narração dos fatos não decorrer logicamente a conclusão;

IV – contiver pedidos incompatíveis entre si.

§ 2º Nas ações que tenham por objeto a revisão de obrigação decorrente de empréstimo, de financiamento ou de alienação de bens, o autor terá de, sob pena de inépcia, discriminar na petição inicial, dentre as obrigações contratuais, aquelas que pretende controverter, além de quantificar o valor incontroverso do débito.

§ 3º Na hipótese do § 2º, o valor incontroverso deverá continuar a ser pago no tempo e modo contratados."

o juiz pudesse definir o litígio em prol do demandado, isto não infirmaria o princípio do contraditório consoante o art. 332, *caput*.[55]

O indeferimento da petição inicial tem seu momento oportuno no primeiro contato do juiz com a peça processual distribuída ou apresentada para despacho inicial (art. 312 do CPC).

Entretanto, nada obsta, que o juiz indefira a petição depois de alertado pela defesa do réu, cujo teor pode revelar vícios materiais e vícios formais da demanda (arts. 336 e 337 do CPC). Desta sorte, mesmo após a formação da relação processual, é lícito ao juiz indeferir a petição porque ela era inadmissível desde a propositura. Anote-se que há efeitos práticos importantes para o demandado com essa extinção depois de recebida a petição. É por esta razão que o legislador insere o indeferimento da petição inicial ao lado de outras hipóteses que ensejam a extinção meramente "terminativa" da relação somente "após a resposta". A petição inicial pode, assim, ser indeferida *initio litis* ou no curso do processo, porque nesta hipótese era "indeferível" desde o "nascedouro".

Essa decisão tem *natureza de sentença* porquanto implica alguma das situações previstas nos arts. 485 e 487 do CPC (art. 203, § 1º, do CPC) e desafia o recurso de apelação, que uma vez provido, acarreta a baixa dos autos para que o juiz prossiga no processo, a partir do estágio prematuro em que o encerrou, salvo a hipótese do § 3º do novel art. 1.013 do CPC.

A possibilidade de retratação do juiz após o oferecimento de apelação da sentença que indeferiu a inicial, novidade introduzida por reforma processual ainda na vigência do Código Buzaid, foi mantida no atual diploma processual, aumentando-se, inclusive, o prazo para que o juiz o faça de dois para cinco dias (art. 331 do CPC). Assim procedendo e, uma vez que ainda não está presente o demandado, cumprirá ao juiz reformante convocar o réu através das formas usuais de citação.

Inocorrendo a "retratação", o destino dos autos é o tribunal competente para o julgamento dos recursos daquela causa (art. 331, § 1º, do CPC).[56]

4.1.2 Contumácia das partes

O art. 485, inciso II, aduz que se resolve o processo sem análise do mérito por *negligência das partes* que abandonam o feito por mais de um ano.

A hipótese é excepcional uma vez que o processo começa por iniciativa do autor que, em regra, diligência a sua marcha. Assim, em princípio, a *contumácia* é sempre

---

[55] "**Art. 332.** Nas causas que dispensem a fase instrutória, o juiz, independentemente da citação do réu, julgará liminarmente improcedente o pedido que contrariar: (...)."

[56] "**Art. 331.** Indeferida a petição inicial, o autor poderá apelar, facultado ao juiz, no prazo de 5 (cinco) dias, retratar-se.

§ 1º Se não houver retratação, o juiz mandará citar o réu para responder ao recurso.

§ 2º Sendo a sentença reformada pelo tribunal, o prazo para a contestação começará a correr da intimação do retorno dos autos, observado o disposto no art. 334.

§ 3º Não interposta a apelação, o réu será intimado do trânsito em julgado da sentença."

do demandante e não é por outra razão que, mesmo nessa hipótese de contumácia bilateral, a lei determina que o juiz intime apenas o autor antes de extinguir o feito (art. 485, § 1º, do CPC).

Destarte, o impulso oficial permite ao juiz julgar o processo a despeito da inércia superveniente das partes, tanto mais que o Estado tem interesse na solução do litígio, independendo, para isso, da eventual colaboração dos litigantes, podendo definir a causa pela aplicação das regras do ônus da prova.

Assente-se que não é qualquer paralisação que implica a extinção, senão aquela em que não se pratica ato indispensável ao procedimento. Por essas razões é de difícil verificação prática a hipótese ora analisada de resolução do processo. Esse caso excepcional encontra exemplo na suspensão do processo convencionada pelas partes para alguns meses, sendo certo que, findos esses, as mesmas nada informam em juízo, permitindo-se a extinção por essa *contumácia bilateral excedente* ao prazo convencionado.

Observe-se, contudo, que a intimação pessoal do autor para dar andamento à causa em 5 (cinco) dias é pré-requisito para a extinção sem resolução de mérito, sob pena de *error in procedendo* (art. 485, § 1º, do CPC) e consequente reforma da decisão terminativa. Nesse caso, as partes pagarão proporcionalmente as custas (art. 485, § 2º).

4.1.3   Abandono do autor

O abandono da causa indica um desinteresse por parte do autor e deve ser aferido mediante a intimação pessoal da própria parte, uma vez que a inércia pode ser exatamente do profissional eleito para o patrocínio.

Destarte, é preciso que o ato que se espera do autor praticar seja indispensável à continuação do processo, uma vez que, se assim não o for, é lícito ao juiz prosseguir e julgar, penalizando, inclusive, o demandante, pela sua inércia em não colaborar devidamente com o esclarecimento da verdade. Assim é que, se o autor deixa de produzir determinada prova requerida, *v.g.*, a perícia, não implementando o pagamento dos honorários, o juiz não deve extinguir o processo mas, antes, apreciar o pedido sem a prova, infligindo ao suplicante o ônus pela não produção daquele elemento de convicção.

Diversamente, se o autor, *v.g.*, em ação de consignação, pede guia para depositar e não o faz, o processo deve extinguir-se, porquanto esse ato é indispensável à continuação do processo.

Em razão do notório interesse que o réu tem em ver a definição do litígio, impõe-se ouvi-lo anteriormente à extinção sem resolução do mérito, uma vez que é possível ao mesmo impedir essa forma anômala de terminação do feito cumprindo aquilo que competia ao autor fazer. Assim, *v.g.*, determinando o juiz a apresentação de estatuto social e não atendida a determinação pelo autor, é lícito ao réu oferecer o documento, evitando a extinção sem a análise do mérito, o que não lhe interessa. Ressoa evidente que a oitiva do réu somente se impõe quando o processo está apto ao julgamento. Por essa razão, se o autor abandonou o processo ainda no nascedouro, é lícito ao juiz declará-lo extinto, *ex officio*, *v.g.*, ocorre quando o autor não promove a citação do demandado apesar de instado a fazê-lo pelo juiz.

Por fim, impõe-se destacar a sutil diferença entre o arquivamento dos autos e sua extinção sem resolução do mérito. No primeiro caso, o processo é desarquivado, restaurando-se a relação. No segundo, somente por nova ação reinaugura-se a relação processual.

4.1.4 Falta de pressupostos processuais de constituição e desenvolvimento válido e regular do processo

O processo reclama requisitos de existência e validade na medida em que é uma relação jurídica. Sob esse ângulo, o processo pressupõe "partes", "órgão jurisdicional" e "demanda". Estes elementos devem apresentar certos requisitos de validade. Assim é que as "partes devem ser capazes", o "órgão jurisdicional competente" e a "demanda deve ser lavrada na forma da lei".

Esses elementos são também denominados de "pressupostos de existência" e os requisitos, "pressupostos de validade".

Forçoso convir que se pode observar que "nem todos os pressupostos, quando faltantes, implicam a extinção do processo sem julgamento do mérito", posto sanáveis os vícios. A *incompetência* é suprida mediante a remessa dos autos ao juízo competente, sendo certo que, mesmo na incompetência absoluta, os atos decisórios de mérito são mantidos, salvo decisão em contrário do juízo competente (art. 64, § 4º, do CPC). A incompetência relativa, ainda que verificada, pode ser prorrogada pela inércia da parte em não a arguir como preliminar da contestação (art. 65 do CPC), uma vez que o defeito é indeclinável pelo juízo.

A "demanda na forma da lei", quando irritualmente posta em juízo, também admite sanação (art. 321 do CPC).

A "capacidade das partes", processual ou postulatória, somente implica a extinção se não suprida após a oportunidade conferida pelo juízo (arts. 76 e 104, § 2º, do CPC).

Destarte, alguns pressupostos são, a um só tempo, de constituição e desenvolvimento válido e regular do processo, como sói ocorrer com os acima descritos e outros, *v.g.*, a citação. De toda forma, os pressupostos dizem respeito apenas ao "desenvolvimento da relação processual", cuja constituição revelou-se válida.

Algumas ações demandam pressupostos diferentes, *v.g.*, o mandado de segurança, que pressupõe ato de autoridade, razão pela qual não se tratando de autoridade, não cabe o *mandamus* por falta de pressuposto processual de constituição válido do processo. O depósito na ação de consignação em pagamento também serve de pressuposto de desenvolvimento do processo, porque, sem ele, o feito não pode prosseguir.

Aponta-se, por oportuno, em sede doutrinária, "a inexistência de perempção, litispendência e coisa julgada", também, como pressupostos para a constituição válida do processo, porquanto uma demanda que se inicia sem obedecê-los está fadada à extinção no nascedouro.

4.1.5 Acolhimento das alegações de perempção, litispendência e coisa julgada

A dicção do dispositivo parece indicar que o juiz somente resolve o processo se as matérias impeditivas à constituição e ao desenvolvimento do feito forem "alegadas".

Cap. 9 · FORMAÇÃO, SUSPENSÃO E EXTINÇÃO DO PROCESSO · 481

Consoante é sabido, em todo campo em que o juiz não perde a sua imparcialidade é admitida a iniciativa estatal. Assim é que, no que pertine às matérias ora em exame, o juiz pode apreciá-las de ofício, como o próprio dispositivo, art. 485 do CPC, no seu § 3º, explicita.

4.1.5.1 Perempção

A *perempção da ação* ocorre quando o autor por "três vezes der causa à extinção do processo por abandono" (art. 486, § 3º, do CPC).

Nessa hipótese, o fenômeno que ocorre é similar à prescrição; por isso, a perempção implica a perda da pretensão e não do direito reclamado em si.

4.1.5.2 Litispendência

A litispendência significa a existência de uma ação pendente de julgamento, o que impede sua repropositura, na medida em que a repetição infirma os postulados da jurisdição voltados para a pacificação social, o que pressupõe a estabilidade da resposta jurisdicional e, em consequência, a obrigação de o Estado prover apenas uma só vez em relação a cada conflito intersubjetivo. Desta sorte, a litispendência caracteriza-se pelo vício dessa reproposição que impõe a resolução da demanda repetida sem análise do mérito.

A hipótese em que duas ou mais ações estão em curso impõe estabelecer *qual delas deve ser extinta*. A lei utiliza como *critério prevalente o da citação válida*; por isso, onde o ato de comunicação realizar-se válido, em primeiro lugar indicará a prioridade da demanda que permanecerá de pé.

A extinção sem resolução de mérito reclama que se trate da mesma ação, contendo os mesmos sujeitos, o mesmo pedido e a mesma causa de pedir (art. 337, §§ 1º, 2º e 3º, do CPC).

A litispendência, também se verifica, se a ação reproposta for daquelas vedadas pela lei, em razão do concurso de ações, que determina a escolha pelo autor de uma delas, como ocorre com a ação de abatimento do preço e a de resolução do contrato, por vício redibitório (arts. 441 a 444 do Código Civil).[57] Nesse caso, deve-se aguardar o término de uma das ações em concurso para analisar o interesse de agir na propositura da outra, haja vista que, se alcançado o primeiro objetivo não se admite a ação *secunda*.

---

[57] **Código Civil:**
"**Art. 441.** A coisa recebida em virtude de contrato comutativo pode ser enjeitada por vícios ou defeitos ocultos, que a tornem imprópria ao uso a que é destinada, ou lhe diminuam o valor.
Parágrafo único. É aplicável a disposição deste artigo às doações onerosas.
Art. 442. Em vez de rejeitar a coisa, redibindo o contrato (art. 441), pode o adquirente reclamar abatimento no preço."
Art. 443. Se o alienante conhecia o vício ou defeito da coisa, restituirá o que recebeu com perdas e danos; se o não conhecia, tão somente restituirá o valor recebido, mais as despesas do contrato.
Art. 444. A responsabilidade do alienante subsiste ainda que a coisa pereça em poder do alienatário, se perecer por vício oculto, já existente ao tempo da tradição."

4.1.5.3 Coisa julgada

A mesma proibição que sanciona a litispendência incide quanto à coisa julgada. Não se pode repetir uma ação em curso e *a fortiori* não se pode repetir uma ação que já foi definitivamente julgada. Em ambos os casos, infirma-se o escopo estabilizador da função jurisdicional, objetivando-se criar mais de uma resposta judicial para a mesma questão.

A coisa julgada também reclama a tríplice identidade como se colhe do art. 337, § 2º, do CPC.

A coisa julgada que impõe a extinção "sem resolução do mérito" é a denominada "coisa julgada material", cuja formação faz lei entre as partes, vedando a qualquer juiz reapreciar a lide (arts. 503, 1ª parte e 505, 1ª parte, do CPC).[58]

Uma vez apreciado o mérito em decisão transitada em julgado, nenhuma das partes poderá voltar a juízo para rediscutir a mesma causa com aquele pedido e aquela causa de pedir, sob pena de esse intento ser obstado pela coisa julgada, conhecível de ofício pelo juiz.

A "coisa julgada formal" adstringe-se ao âmbito do próprio processo e às questões formais decididas, por isso, circunscreve-se ao processo em que se formou.

4.1.6 *Ausência das condições da ação*

Esse tema foi objeto de repetidas especulações em textos anteriores razão pela qual, por amor à brevidade, consigne-se, apenas, que a falta das condições da ação impede, como lecionava Liebman, a análise do mérito, posto ser desnecessário definir-se o litígio perante parte ilegítima, ou por falta inequívoca de interesse processual (art. 485, VI, do CPC). Nesse aspecto, forçoso repisar que não preclui para o tribunal a possibilidade de apreciar as condições da ação e os pressupostos processuais, ainda que o juiz tenha decidido o mérito da causa, porquanto não se pode prover, por exemplo, em favor de quem não é o verdadeiro destinatário da decisão judicial.

Evidentemente que a dicção do art. 485, § 3º, do CPC, autoriza o juiz ou o tribunal a extinguir o feito sem análise do mérito ainda que anteriormente tenham se pronunciado positivamente pela inexistência desses defeitos formais. É que a regra *in foco* excepciona o art. 337 do CPC, adstrito às partes e não *pro judicato*.

4.1.7 *Existência de convenção de arbitragem*

A convenção de arbitragem é o negócio jurídico processual no qual as partes convencionam submeter a solução do litígio a um árbitro, estabelecendo o objeto da arbitragem bem como as regras a serem seguidas por essa forma de solução de conflitos.

A extinção sem resolução de mérito decorre da eleição de uma forma alternativa de composição da lide diversa da jurisdicional, tornando desnecessário prosseguir-se no processo, na medida em que as partes se sujeitarão à solução do árbitro.

---

[58] "**Art. 503.** A decisão que julgar total ou parcialmente o mérito tem força de lei nos limites da questão principal expressamente decidida."
"**Art. 505.** Nenhum juiz decidirá novamente as questões já decididas relativas à mesma lide (...)."

Cap. 9 · FORMAÇÃO, SUSPENSÃO E EXTINÇÃO DO PROCESSO | **483**

A preexistência do compromisso revela falta de interesse jurídico de agir em juízo e a sua superveniência implica determinar a extinção do processo.

Extinto o feito pelo compromisso arbitral, acaso noticiado em juízo o seu eventual malogro, não se restaura a relação processual extinta, por isso que, somente por nova propositura, a parte pode provocar a atividade jurisdicional relativamente àquela situação litigiosa, haja vista que o compromisso não implica "suspensão do processo", mas, antes, extinção do procedimento.

Igualmente, o reconhecimento de competência pelo juízo arbitral enseja a extinção do processo em curso na jurisdição estatal, como elucida a parte final do art. 485, VI.

4.1.8 Desistência da ação

Desistir da ação significa abdicar, momentaneamente, do monopólio da jurisdição acerca daquele litígio, exonerando o Judiciário de pronunciar-se sobre a causa.

A *desistência* equivale à revogação da propositura da ação. Trata-se de instituto de cunho nitidamente processual, *não atingindo o direito material* objeto da ação. A parte que desiste da ação engendra faculdade processual, deixando incólume o direito material, tanto que descompromete o Judiciário de se manifestar sobre a pretensão de direito material. Difere-se da figura da *renúncia* ao direito em que se funda a ação, prevista textualmente como causa de resolução do processo "com análise do mérito". A renúncia implica abdicação, despojamento do direito material, razão pela qual o juiz, em caso de dúvida sobre o alcance da manifestação da parte, deve instá-la a declarar o seu desígnio de forma clara; sobre se pretende desistir ou renunciar.

A desistência, não obstante esse aspecto meramente processual, conforme o momento em que é manifestada, reclama a aceitação do réu. É que o demandado pode provocar a desistência da ação por via oblíqua ao oferecer fortes razões que recomendem o desacolhimento do pedido. Nesse caso, o ato da desistência representa uma forma de esvaziamento da exceção manejada pelo réu. Desta sorte, após o oferecimento da contestação, é defeso ao autor desistir da ação sem o consentimento do réu, devendo interpretar-se, dessa forma, o § 4º, do art. 485, que fixa o termo limite no término do prazo da defesa. Oferecida a defesa, ainda que não decorrido o prazo, torna-se mister a anuência do demandado quanto à desistência da ação.

Considerando-se essa a *razão de ser* do dispositivo, é inegável que, sendo *revel o réu*, o autor pode desistir sem a sua anuência, salvo se funcionar no processo o curador especial em razão da revelia decorrente de citação ficta que, nesse caso, deve manifestar-se. Nas hipóteses de litisconsórcio, cumpre distinguir as espécies para verificar se a desistência exige a manifestação de todos os litisconsortes ou de apenas um deles.

Tratando-se de litisconsórcio necessário, a desistência somente pode operar-se pela anuência de todos. Diversamente, no litisconsórcio passivo simples, a desistência da ação exige, apenas, manifestações individualizadas.

O mesmo princípio que veda a *mutatio libeli* após o saneamento impede, também, que haja desistência da ação após a decisão definitiva do juiz (sentença). Nessa hipótese, o que é lícito às partes engendrar é a transação quanto ao objeto litigioso definido jurisdicionalmente, mas, em hipótese alguma lhes é lícito desprezar a sentença, como se nada tivesse acontecido, de sorte a permitir, após a desistência da ação que potencialmente outra ação seja reproposta.

Finalmente, advirta-se que a desistência da ação exige, por vezes, a anuência de outros partícipes da relação processual. Assim é que, intervindo em favor do incapaz, o Ministério Público pode opor-se à desistência.

Não havendo anuência nos casos em que ela se torna obrigatória, o juiz deve compor a lide mediante julgamento, sem qualquer influência, nessa atividade, da desistência formal manifestada.

4.1.9   Intransmissibilidade da ação

Os direitos que não são transferíveis a outrem, dizem-se *personalíssimos* e, uma vez lesados, a ação que os protege só pode ser exercida pelo próprio titular em razão da característica acima. A propositura por qualquer outra pessoa implica ilegitimidade ativa.

Proposta uma ação "personalíssima", o falecimento do seu autor impõe a extinção do processo, porquanto não há quem prossiga na relação processual por impossibilidade de substituição pelo espólio, como ocorreria, por exemplo, se o direito fosse sucessível. Assim, *v.g.*, na retomada para "uso próprio", falecendo o beneficiário, resolve-se o processo sem análise do mérito; nas ações de dissolução do vínculo matrimonial, a morte de um dos cônjuges extingue a ação, ressalvadas as consequências patrimoniais da demanda. Aliás, como já se asseverou: "não há separação mais duradoura do que a morte...".

A lei, *in casu*, disse menos do que pretendia, uma vez que a intransmissibilidade do direito do réu também acarreta a extinção do processo sem julgamento do mérito, como ocorre se falecer o demandado em ação de anulação de casamento. Nesse caso, o próprio direito extingue-se com a pessoa de seu titular.

4.1.10 Outros casos

O Código deixa aberta a via da extinção terminativa, por fim, aos demais casos previstos na lei processual. Embora se mencione a própria norma, é certo que disposições contidas na legislação esparsa estão aí contempladas.

Por outro lado, deixou o legislador de prever a confusão como hipótese extintiva do processo, vez que se trata de instituto de direito material, atinente, portanto, ao mérito[59].

---

[59] Quando do Código de 1973, comentava a hipótese nesses termos, válidos para compreensão da interseção entre direito processual e material, hoje de menor relevância pela não repetição mencionada: "O processo é ato de três pessoas. Um autor que pede, um réu que se defende e um juiz que julga. O antagonismo das pretensões timbra o interesse de agir, uma vez que, onde não há litígio, não há necessidade de intervenção jurisdicional, salvo os casos de jurisdição voluntária, que são excepcionais e indicados na lei. A 'confusão' implica a extinção do processo uma vez que, ocorrendo, faz desaparecer o interesse processual. Isto porque, na 'confusão', a parte assume a mesma qualidade jurídica em ambos os polos da relação processual; vale dizer, passa a um só tempo a ser autora e ré, *v.g.*, ocorre em ação de despejo, quando o locatário

Cap. 9 · FORMAÇÃO, SUSPENSÃO E EXTINÇÃO DO PROCESSO | 485

4.2 Resolução do processo com análise do mérito

A resolução do processo com a apreciação do pedido é a forma usual pela qual se extingue a relação processual, posto que o juiz cumpre, na essência, a função jurisdicional, ao definir o litígio dando a cada um o que é seu. Nada obstante, há casos em que essa definição resulta da vontade das próprias partes, autorizadas à composição dos litígios que versem sobre direitos disponíveis, *v.g.*, ocorre quando se trata de direitos patrimoniais, excluídas, portanto, as ações relativas ao "estado das pessoas", *v.g.*, a investigação de paternidade.

A lei define como hipóteses de resolução com análise do mérito as que veremos a seguir (art. 487 do CPC).

4.2.1 *Acolhimento ou rejeição do pedido do autor*

O juiz, ao enfrentar, no processo, a pretensão deduzida pelo autor, pode acolhê-la total ou parcialmente ou rejeitá-la do mesmo modo, sendo certo que, nas hipóteses em que o juiz a acolhe integralmente, diz-se que julgou *procedente* o pedido e, naquelas em que o acolhimento é apenas parcial, diz-se que julgou *procedente em parte* o pedido.

A *improcedência* é utilizada apenas quando o magistrado rejeita *in integrum* a pretensão do autor. É que para indicar a rejeição de uma parte e o acolhimento de outra utiliza-se da expressão "julgar procedente em parte" sendo inusual "rejeitar-se em parte".

Encartam-se, na previsão de acolhimento ou rejeição do pedido, as pretensões deduzidas pelo réu através de reconvenção ou por intermédio da duplicidade prevista em determinadas ações; por isso, o juiz também acolhe ou rejeita o pedido do réu, assim formulado nessas duas formas processuais, que são diversas daquela em que se limita a pedir a simples rejeição do pedido do demandante. Afinal, o réu somente formula pedido, no sentido estrito da palavra, se ele se utiliza da reconvenção ou da duplicidade da ação para deduzir pretensão na própria contestação, como ocorre, *v.g.*, na ação renovatória, em que na própria defesa o réu-locador pode pleitear o despejo do locatário. Nesse sentido, antiga é a máxima de que o "réu que assim excepciona ou se defende converte-se em autor": "*reus in exceptione fit actor*".

O acolhimento ou a rejeição do pedido são as formas expressivas da prestação da jurisdição estatal exteriorizada no julgamento oficial documentado pela sentença.

4.2.2 *Reconhecimento da procedência do pedido pelo réu*

A tarefa jurisdicional de cognição consiste em o juiz acolher ou rejeitar o pedido do autor. A partir do momento em que o próprio demandado reconhece a procedência do

---

vem a adquirir o imóvel despejando. Concentra-se, assim, numa só pessoa a titularidade dos interesses originariamente contrapostos, como ocorre se um filho, originariamente credor de seu pai por título de crédito e autor da ação de cobrança, vem a ser único herdeiro do mesmo. Essa confusão que o coloca como credor e devedor ao mesmo tempo implica a extinção do processo de cobrança sem resolução do mérito".

pedido, exonera-se o juiz de investigar de que lado está a razão, restringindo a sua atividade apenas à verificação da legalidade daquele ato de disponibilidade perpetrado pelo réu. É que esse reconhecimento também exige *disponibilidade do direito* e *capacidade da parte*.

Reconhecida a legitimidade da pretensão do autor pelo réu, cumpre ao juiz resolver o processo, cessando sua atividade especulativa.

O demandado, quando formula seus pedidos via reconvenção ou contestação nas ações dúplices, transmuda a sua qualidade de réu ou autor. Lícito, portanto, ao autor, também, nessas hipóteses, reconhecer os pedidos formulados pelo réu nessas peças, resolvendo-se, quanto a esses, o processo, com análise do mérito.

Nesse caso, a solução da causa deriva de ato volitivo do reconhecimento, que também alcança a coatividade e imperatividade necessárias aos atos jurisdicionais, uma vez chancelados através da homologação judicial.

O processo termina, na verdade, pela sentença do juiz que jurisdicionaliza aquela manifestação de vontade após verificar de sua regularidade formal, consistente na capacidade do agente, na forma prescrita em lei, na licitude do objeto e na disponibilidade dos direitos em conflito.

4.2.3 Transação

A transação é negócio jurídico bilateral, diferente da renúncia e do reconhecimento e pressupõe que ambas as partes despojem-se de parte dos direitos, objeto da lide. É um equivalente jurisdicional, porquanto, através da transação, as partes extinguem obrigações litigiosas.

Característica singular da transação é a bilateralidade, podendo envolver uma série de manifestações de vontade, por isso é que, por exemplo, a parte autora pode, por transação, renunciar às despesas processuais se o locatário anuir em desocupar o imóvel, abdicando do direito de recorrer. A transação, aliás, é a forma mais saudável de solução dos litígios na medida em que a sua composição, partindo dos interessados, otimiza o relacionamento social pela inexistência de vencedores ou vencidos.

À semelhança dos demais atos dispositivos, a transação também reclama pressupostos objetivos e subjetivos como a capacidade das partes e a disponibilidade do direito *sub judice*.

A transação, pela sua importância, é prevista como forma extintiva para todas as formas de processo, como se colhe do disposto no art. 924, III, CPC.[60]

4.2.4 Renúncia ao direito em que se funda a ação

A todo direito corresponde uma ação que o assegura. A parte pode *renunciar à ação*, figura que recebe o nome de "desistência", ou renunciar ao "próprio direito material" objeto mediato do pedido. Nessa hipótese, a manifestação não é meramente formal, senão

---

[60] "**Art. 924.** Extingue-se a execução quando:

III – o executado obtiver, por qualquer outro meio, a extinção total da dívida."

Cap. 9 • FORMAÇÃO, SUSPENSÃO E EXTINÇÃO DO PROCESSO | **487**

atinge a própria pretensão, abdicando a parte do direito que lhe pertence para não mais reclamá-lo. Opera-se, assim, a resolução com julgamento do mérito porque *a parte que renuncia despoja-se de seu direito material* e a eficácia da coisa julgada material é plena, sendo defeso discutir novamente em juízo acerca daquela pretensão.

Em face dessa relevante diferença, cumpre ao juiz verificar com exatidão e de forma inequívoca a real intenção da parte, abrindo nova oportunidade processual, se necessário, para os devidos esclarecimentos do alcance desse ato de disponibilidade processual. Na dúvida, deve-se interpretar a manifestação da forma menos onerosa, entendendo-a como "desistência" posto que essa não obsta a reproposição, desde que pagas as despesas devidas (art. 485, § 2º, do CPC).

À semelhança do que se afirmou quanto aos demais atos de disposição (desistência e reconhecimento), é preciso que *o direito renunciável seja disponível e que a parte seja capaz para fazê-lo*, observados, inclusive, os expressos poderes da procuração outorgada ao advogado (art. 105 do CPC).[61]

A renúncia ao direito em que se funda ação é forma de resolução do processo, com análise do mérito, quer seja manejada pelo autor quer pelo réu em reconvenção ou em ação dúplice. Entretanto, engendrada a renúncia pelo autor, havendo pedido dúplice, prossegue-se na aferição da legitimidade da pretensão do réu demandante.

---

[61] "**Art. 105.** A procuração geral para o foro, outorgada por instrumento público ou particular assinado pela parte, habilita o advogado a praticar todos os atos do processo, exceto receber citação, confessar, reconhecer a procedência do pedido, transigir, desistir, renunciar ao direito sobre o qual se funda a ação, receber, dar quitação, firmar compromisso e assinar declaração de hipossuficiência econômica, que devem constar de cláusula específica."

Capítulo 10
PROVAS[1]

1. GENERALIDADES

As *partes*, no processo, sustentam fatos aos quais atribuem efeitos jurídicos, que consubstanciam as suas razões respectivas no sentido de o juiz acolher ou rejeitar o pedido formulado. Os fatos aduzidos pelo autor denominam-se *constitutivos* do seu direito e os formulados pelo demandado, *extintivos*, *modificativos* ou *impeditivos* do direito do autor.

Deveras, o processo é dominado pelo *princípio dispositivo*, por isso que cabe às *partes* o ônus de comprovar os fatos que lhes são favoráveis. A iniciativa oficial, quando engendrada, opera-se após o empenho dos interessados, e, ainda assim, no afã de o juiz prestar a tutela jurisdicional; por isso, não podendo proferir decisão de insuficiência de prova que o exonere de julgar (*non liquet*), compete-lhe determinar provas suplementares ao descobrimento da verdade. Contudo, o ônus de provar pioneiro é das *partes* e, mais precisamente, do autor, em razão de sua iniciativa, sem prejuízo das possibilidades *ope legis* e *ope judicis* de distribuição dinâmica deste ônus.

Essa tarefa de levar ao juízo elementos de convicção através dos fatos que alegam denomina-se *atividade probatória* e opera-se na *fase instrutória* do processo que antecede a decisão.[2] A atividade probatória pode resumir-se num só ato ou em vários atos de colheita da prova, habilitando o julgador à decisão da causa *sub judice*,[3] mediante uma pesquisa de dados históricos e lógicos que estruturam a parte ideológica da sentença, com a *cooperação de ambas as partes*.

A "atividade probatória" revela como "objeto" a "prova", vocábulo utilizado em processo para significar a "atividade em si", "o resultado dessa atividade" ou, ainda, o "objeto dessa atividade", aduzindo-se por essa razão à "prova oral", ao "ônus da prova" e ao "ato de provar em si".

---

[1] Acerca de tema, consulte-se **Pontes de Miranda**, *Comentários*, t. IV (atualizador **Sergio Bermudes**); **Amaral Santos**, *Prova Judiciária no Cível e do Comercial, Comentários*, vol. IV; **Gildo dos Santos**, *A Prova no Processo Civil*.

[2] **Carnelutti** afirmava que o termo "instrução" derivava de *in-struere* que, por seu turno, aludia à provisão de meios para *Con-struere*, posto que a sentença era construção em face da instrução (*Lecciones sobre el Proceso Penal*, Trad. espanhola, 1950, vol. II, p. 162).

[3] Nesse sentido, **Nicola Jaeger**, *Diritto Processuale Civile*, 1944, p. 410.

Questão primeira que se põe sob esse ângulo genérico é a *conceituação de prova*.

Partindo-se da premissa de que as partes, no processo, aduzem fatos aos quais atribuem relevância jurídica, pode-se afirmar, sem a pretensão de esgotar o conteúdo do conceito, que a *prova é o meio através do qual as partes demonstram, em juízo, a existência dos fatos necessários à definição do direito em conflito. Provar significa formar a convicção do juiz sobre a existência ou inexistência dos fatos relevantes para a causa.*[4]

Os elementos de convicção consubstanciam as "espécies de provas", e o objeto da prova são os "fatos", posto que "o direito", em princípio, não se prova, mas, antes, se "conhece".[5] As normas sobre provas, por esta razão, onde quer que se encontrem, são *normas de direito processual*, posto interessarem unicamente ao processo, na medida em que o objetivo da prova é convencer o juiz.[6] As normas de direito material sobre a prova do ato pertinem mais à estrutura do mesmo que à sua forma de demonstração de existência, denominando--se de formas *ad solemnitatem* constitutivas do próprio ato jurídico.[7]

A afirmação de que provar é convencer, não pressupõe que esse convencimento sempre condiz com a *verdade*, senão com o *provável*. A busca da certeza tornaria infindável o processo.

O processo contenta-se com a *verdade que migra para os autos*, ou seja, a verdade do Judiciário, aquela que importa para a decisão.[8]

Assim, a conclusão a que chega o juízo não tem compromisso absoluto com a verdade, senão com a justiça, a estabilidade e a segurança sociais, alcançadas mediante a colaboração das partes, fundamento semelhante que informa o instituto da coisa julgada.

As modernas legislações atendem mais ao realismo da prova, considerando suficiente aquela que conduz à convicção da verossimilhança, como preconizado no instituto da tutela antecipada no art. 300 do CPC.[9]

Hodiernamente, a concepção do resultado da prova é a verossimilhança, que se afere mediante um juízo de probabilidade, engendrado sobre os elementos de convicção

---

[4] Sob esse ângulo afirmou **Florian**, *in Elementos de Derecho Procesal Penal*, 1934, p. 308-309, que "a prova é aquilo de que o juiz deve adquirir o necessário conhecimento para decidir sobre a questão submetida ao seu julgamento".

[5] Nesse sentido **Liebman**, *in Corso di Diritto Processuale Civile*, 1952, p. 148, e **Wilhelm Kisch**, *Elementos de Derecho Procesal Civil*, 1940, p. 196.

[6] A expressão é de **Jaime Guasp**, *in Derecho Procesal Civil*, 1956, p. 345. No mesmo sentido **Liebman**, "Norme Processuali nel Codice Civile", *in Rivista di Diritto Processuale*, 1948, p. 166.

[7] Conforme **Liebman**, Norme Processuali nel Codice Civile. *Rivista di Diritto Processuale*, p. 150, 1948.

[8] No terreno probatório, ninguém foi mais feliz do que **Bentham**, em seu *Tratado de Direito Probatório*, ao afirmar que a prova era "o estabelecimento de um fato supostamente verdadeiro", *in Tratado de las Pruebas Judiciales*, vol. I, p. 19. Calcado na mesma premissa, **Recaséns Siches** entendia como alheios ao direito os conceitos de verdade e falsidade, para dar lugar ao que denominava de "lógica do razoável" (*in Nueva Filosofia de la Interpretación*, 1980, p. 277).

[9] "**Art. 300.** A tutela de urgência será concedida quando houver elementos que evidenciem a probabilidade do direito e o perigo de dano ou o risco ao resultado útil do processo."

moralmente legítimos, carreados para os autos, por iniciativa das partes ou por atuação oficial autorizada.[10]

O *objeto da prova* é outro tema que pertine à sua teoria geral.

As máximas antigas "*narra mihi factum, dabo tibi jus*" e "*iura novit curia*" significam que o juiz conhece o direito por dever de ofício, cabendo à parte levar ao Judiciário os fatos ("dá-me os fatos, dar-te-ei o direito"). Isto porque a tarefa de carrear a prova para o processo, em regra, pertine à parte. Por outro lado, o juiz não pode decidir senão à luz dos fatos provados dentro dos autos, sendo-lhe vedado valer-se de seu conhecimento particular.[11] A isso, célebre tratadista referiu-se como o "Princípio da Necessidade da Prova" conjugando as máximas – *iudex secundum allegata et probata a paribus iudicare debet* e *quod non est in actis non est in hoc mundo.*[12]

Consequentemente, os *objetos da prova* são os fatos suscitados pelo autor e pelo réu, assim considerados os acontecimentos e circunstâncias relevantes para o deslinde da lide.[13] Entretanto, os fatos, para serem objeto de prova, devem ser *relevantes e controvertidos*, uma vez que os *fatos desinfluentes* não devem ocupar o Judiciário – *frustra probantur quae probata non juvant.* Tampouco os *fatos confessados – qui tacet consentire videtur –* ou *incontroversos;* como os não impugnados na forma do art. 341 do CPC e os *notórios*, que não dependem de prova (art. 374, incisos II e III, do CPC)[14] não compõem objeto da prova. A incontrovertibilidade pressupõe que a parte teve a intenção de não os debater, apesar de ter sido oferecida a oportunidade da *contradição* derivada da *bilateralidade da audiência* que informa o processo civil.[15]

A falta da prova cede à *necessidade da prova* em todas as hipóteses em que a omissão total do réu não produz os seus efeitos (art. 345 do CPC).[16] Desta sorte, ainda que

---

[10] A influência de **Jeremy Bentham** quanto a esse aspecto mencionado no texto é muito viva em **Alessandro Giuliani**, *in Il Concetto di Prove, Contributo alla Logica Giuridica*,1971, cap. II, § 3. Ainda, no mesmo sentido do texto, **Sergio la China**, *L'Onere della Prova nel Processo Civile*, 1974, nº 48.

[11] Ninguém pode ser, ao mesmo tempo, juiz e testemunha, consoante clássica lição. Destarte, equivocam-se os que entendem violado o princípio pela regra do art. 375 do CPC, haja vista que as regras de experiência se situam no âmbito do conhecimento geral.

[12] O princípio foi enunciado por **Bentham**, *Tratado*, cap. XVIII, 1971.

[13] Fatos irrelevantes e inconcludentes são indiferentes e, por isso, não constituem objeto de prova, no dizer de **Lopes da Costa**, *Direito Processual Civil Brasileiro*, 1943, vol. II, p. 282.

[14] "**Art. 374.** Não dependem de prova os fatos:

I – notórios;

II – afirmados por uma parte e confessados pela parte contrária;

III – admitidos no processo como incontroversos;

IV – em cujo favor milita presunção legal de existência ou de veracidade."

[15] Carece de legitimidade a prova produzida sem o prévio conhecimento da outra parte e sem o indispensável contraditório processual. Esta é a lição de **Echandia**, El Derecho procesal como instrumento para la tutela de la dignidad y la libertad humana, p. 123.

[16] "**Art. 345.** A revelia não produz o efeito mencionado no art. 344 se:

I – havendo pluralidade de réus, algum deles contestar a ação;

II – o litígio versar sobre direitos indisponíveis;

incontroversos os fatos, o juiz deve investir na prova quando o litígio versar sobre direitos indisponíveis, ou nas hipóteses em que o fato *probando* depende de documento público de sua substância etc.[17]

Por outro lado, somente provam-se, nos autos, os *fatos alegados*.[18]

A *necessidade de controvérsia* acerca dos fatos faz também com que se dispense a prova se os mesmos forem *notórios* (art. 374, I, do CPC), *evidentes*, posto que encerram verdades históricas, científicas ou geográficas de reconhecimento geral.[19] Desta sorte, o que é notório não reclama prova – *notoria non egent probationem* –, porque a ninguém é lícito desconhecê-lo. Essa notoriedade geral implica que o fato seja do conhecimento de toda a coletividade independentemente de sua publicidade. Desta sorte, ainda que o fato seja veiculado em jornal televisivo, isto, por si só, não basta à notoriedade do fato, haja vista que as próprias partes podem não ter assistido à veiculação do fato noticioso. Ressalvem-se, porém, as hipóteses em que a própria lei exige a notoriedade do fato para a caracterização de determinada situação jurídica e, nesse caso, mister se faz essa comprovação, *v.g.*, a *insolvência notória* exigida pelo art. 159 do CC/2002 para a caracterização da *fraude contra credores*.[20]

Explicitando o que acima foi exposto, o CPC considera *objeto da prova* "a verdade dos fatos em que se fundam a ação e a defesa" (art. 369 do CPC)[21] e, somente em caráter excepcional, considera como objeto do *thema probandum* o "direito", seja municipal, estadual, estrangeiro ou consuetudinário,[22] determinando, quanto a estes, a "comprovação

---

    III – a petição inicial não estiver acompanhada do instrumento que a lei considere indispensável à prova do ato.

    IV – as alegações de fato formuladas pelo autor forem inverossímeis ou estiverem em contradição com prova constante dos autos."

[17] Aliás, a dispensa de prova, como regra *in procedendo*, não exclui a possibilidade de o fato notório em si ser provado, como ensina **Lessona** na sua clássica *Teoría General de la Prueba en Derecho Civil*, trad. espanhola, 1957, vol. I, § 168.

[18] Essa adstrição aos fatos alegados, imposta pelo princípio dispositivo, levou parte expressiva da doutrina probatória a preconizar como objeto da prova as alegações dos fatos e não os fatos em si, *v.g.*, **Sentís Melendo** na sua clássica *La Prueba – Los Grandes Temas del Derecho Probatorio*; **Carnelutti**, *in Sistema*, sustentara que "*si prova è una affermazione*", vol. I, p. 674.

[19] Essa a definição que se encontra em **Jaime Guasp**, *Derecho Procesal Civil*, 1956, p. 354. **Sergio Costa**, por seu turno, sintetizava o objeto da prova para cingi-lo aos "*fatti rilevanti non notori e non ammessi*", *in Manuale* di Diritto Processuale Civile, 1955, p. 264.

[20] Acerca desse tema **Couture** aduz à notoriedade como requisito "determinante do direito", *in Fundamentos del Derecho Procesal Civil*, 1951, p. 142.

[21] "**Art. 369.** As partes têm o direito de empregar todos os meios legais, bem como os moralmente legítimos, ainda que não especificados neste Código, para provar a verdade dos fatos em que se funda o pedido ou a defesa e influir eficazmente na convicção do juiz."

    CF, **art. 5º**: "XII – é inviolável o sigilo da correspondência e das comunicações telegráficas, de dados e das comunicações telefônicas, salvo, no último caso, por ordem judicial, nas hipóteses e na forma que a lei estabelece para fins de investigação criminal ou instrução processual penal".

[22] Muito embora seja da essência da magistratura o conhecimento do direito costumeiro, a doutrina tradicional sempre considerou a presunção *iura novit curia* extensível apenas ao direito legislado. Nesse sentido, **Niceto Alcalá-Zamora y Castillo**, *Derecho Procesal Penal*, 1945, vol. III, p. 19.

não só do teor, mas também da vigência", pela impossibilidade de exigir-se do juiz um conhecimento enciclopédico tão amplo. Entretanto, o dispositivo deve ser interpretado à luz da sede territorial onde o magistrado exerce a sua jurisdição. Assim, *v.g.*, o juiz de determinada comarca sediada em dado município não pode exigir a prova das leis municipais da unidade onde presta jurisdição. Idêntico raciocínio deve pronunciar-se tratando-se de Estado.[23] Destarte, os tratados internacionais são considerados leis internas, uma vez incorporados ao ordenamento na forma dos §§ 2º e 3º do art. 5º da Constituição, e escapam à exigência do art. 376 do CPC.[24]

O *meio de prova* de que se vale a parte para comprovar direito é o documental, inadmitindo-se a prova oral.[25]

Questão elegante é a que pertine ao denominado *direito singular*. A multiplicidade de fontes formais do direito em nosso sistema jurídico, entidades paraestatais adquirem poderes legiferantes e editam regras através de *portarias*, *circulares*, *resoluções* em atividade tão compulsiva que seria absurdo exigir do juiz o conhecimento de todas. A essas regras também se admite possa o juiz exigir a prova do teor e da vigência.[26]

As questões atinentes às *fontes* ou aos *meios de prova*, aos *sujeitos da prova* e aos *sistemas de valoração da prova*, e que veremos a seguir, pertinem ao campo da teoria geral da prova.

Fontes da prova são os meios por intermédio dos quais o juiz extrai os elementos que formam a sua convicção sobre os *fatos da causa*. Alude-se, também, à expressão "fonte da prova" quanto às regras que regulam as provas, quer no seu valor probante quer quanto à sua especificação. Sob esse ângulo, a prova ingressa no mundo jurídico a partir do momento em que se faz mister apresentá-la num processo judicial, razão pela qual, antes disso, o que se tem é a forma do negócio instituído como fato de exteriorização do ato.[27]

A *prova*, assim, pertence ao Direito Processual, sendo de natureza público-processual as *regras de direito probatório*, ainda que se encontrem encartadas em outros diplomas legais, *v.g.*, o Código Civil ou Comercial.[28] Essa colocação enciclopédica da prova está na

---

[23] **Sentís Melendo**, em outra pérola literária de sua autoria, *El Juez y el Derecho*, 1957, p. 69-70, esclarece que, em alguns países, *v.g.*, a Suíça, o juiz de um cantão é obrigado a aplicar a lei de outro *ex officio*, ao passo que noutros a lei não local é considerada como "direito estrangeiro".

[24] "**Art. 376.** A parte, que alegar direito municipal, estadual, estrangeiro ou consuetudinário, provar-lhe-á o teor e a vigência, se assim o juiz determinar."
Salvo na hipótese acima, "não é necessário que a parte junte nos autos processuais o texto da lei em que baseia seu direito. *Jura novit curia*" (*RTJ*, 99/1.144).

[25] Nesse sentido, **Santiago Sentís Melendo**, *El Juez y el Derecho*, 1957, p. 172-185.

[26] Essa é uma característica do Direito germânico, como se colhe em **Adolfo Schonke**, *Derecho Procesal Civil*, 1950, p. 202.

[27] As normas que estatuem formas *ad solemnitatem* dispõem sobre a constituição do próprio ato jurídico e não sua prova, como lecionam **Liebman**, *in Corso di Diritto Processuale Civile*, p. 150, e **Chiovenda**, *Principii*, p. 125.

[28] Como bem doutrina **Frederico Marques**, "não é a situação topográfica da norma, no campo da ordem legal, que lhe define a natureza e lhe dá a qualificação jurídica devida, e sim, o seu próprio conteúdo", *in Instituições*, vol. III, p. 283.

sua finalidade em convencer o juiz quanto à definição judicial a ser encetada no processo e, portanto, regular a atividade pública jurisdicional exercida por um sujeito de direito público que é o Estado.[29]

Os *meios de prova* no sentido estrito da expressão, são as espécies de fontes donde provêm os *elementos de convicção*, tal como a prova testemunhal, documental, pericial etc.[30]

O campo probatório recepciona tudo quanto de lícito possa contribuir para o esclarecimento da verdade, habilitando o juiz a definir o litígio da forma mais justa. O princípio que vigora nesse âmbito é o da *Liberdade Jurídica* que cede apenas à *vedação legal da imoralidade e ilegitimidade da prova* (art. 5º, LVI, CF/1988). Dessa forma, dispõe o art. 369 do CPC que "todo e qualquer meio legal e moralmente legítimo pode fundar a convicção do juiz".[31] Esse preceito confirma a aspiração da *prova inominada e lícita*, restando, portanto, meramente *enunciativa* a previsão legal quanto às provas que o dispositivo menciona.[32]

A regra, por seu turno, tem como fundamento o sistema de valoração da prova, denominado *Convencimento Racional*, que confere ao juiz a liberdade de eleger os elementos que lhe formaram a convicção, devendo indicá-los na sentença.

A *liberdade da prova* concede a possibilidade de obtenção de elementos nas fontes atípicas de convencimento judicial.[33] Em face desse sistema probatório, alguns indicam como prova inominada os *indícios e presunções* não catalogados textualmente pelo Código, porquanto a própria lei dispensa de prova os fatos presumidos.[34]

Essa questão revela um dos mais delicados e sutis problemas relativos ao tema. Isto porque, para alguns, "os indícios e presunções são objetos de prova e não meios de prova", enquanto para outros estão encartados dentro do conceito de *prova atípica*.[35] A conclusão do enquadramento desses dois elementos depende da percepção conceitual que se

---

[29]   Nesse sentido, **Jaime Guasp**, *Derecho Procesal Civil*, 1956, p. 345.

[30]   **Chiovenda** se referia às fontes "de que o juiz extrai os motivos da prova", *in Instituições*, 1945, vol. III, p. 136. **Alsina** se referia aos "instrumentos, coisas ou circunstâncias nos quais o juiz baseava a sua convicção", *in Tratado Teórico y Práctico de Derecho Procesal Civil y Comercial*, 1942, vol. II, p. 177.

[31]   A respeito do tema da legitimidade da prova, notadamente as consistentes em gravações telefônicas e interceptações telefônicas, consulte-se STJ, Resp. nº 112.274 (www.stj.gov.br). *Idem*, STJ-*RT*, 743/208, STF-HC nº 74.678, *in* www.stf.gov.br, e *RSTJ*, 90/359.

   CF, art. 5º: "XII – é inviolável o sigilo da correspondência e das comunicações telegráficas, de dados e das comunicações telefônicas, salvo, no último caso, por ordem judicial, nas hipóteses e na forma que a lei estabelecer para fins de investigação criminal ou instrução processual penal".

[32]   **Carnelutti** afirmava a regra da *"prove innominate"* ao concluir que *"le regole leali non riguardano tutte le prove possibili"*, *in Sistema*, 1936, vol. I, p. 746.

[33]   A expressão é de **Michele Taruffo**, "Prove Atipiche e Convincimento del Giudice", *in Rivista*, 1973, p. 395.

[34]   No mesmo sentido do nosso texto, **Schonke**, *Derecho Procesal Civil*, § 57, 2, e **Rosenberg**, *Tratado*, § 111, 1ª.

[35]   **Devis Echandia** esclarece que nas provas tradicionais há uma nítida distinção entre o fato probando e o instrumento que o revela, *v.g.*, o fato e a testemunha, ao passo que, nos indícios, a "fonte e o meio de prova se confundem" (*in Teoría General*, vol. II, p. 370). **Wilhelm Kisch**, *in Derecho Procesal*

tenha dos mesmos. Em primeiro lugar, cumpre observar que "os indícios configuram um meio indireto de se chegar ao fato *probando*", porquanto o mesmo caracteriza-se por ser circunstância conhecida e provada que, tendo relação com o fato, autoriza, por indução, concluir-se pela existência daquele. O *indício, por si, nada prova* na forma dos permissivos. *Ele é início de provas*[36] e, a partir dele, pode o juiz fundar e motivar o seu convencimento dos arts. 371[37] e 369 do CPC.[38]

As *presunções* permitem ao juiz, a partir de um fato conhecido, demonstrar a existência de outro. Desta sorte, omitindo-se o réu (fato conhecido), presumem-se verdadeiros os fatos afirmados (não conhecidos) pelo autor. Por essa razão, assenta-se que a *presunção é o resultado desse processo lógico de construção da prova da existência do fato probando.* É nesse sentido que a dívida contraída pelo cônjuge, no exercício de sua atividade profissional, *presume-se contraída* em benefício da família etc.

As presunções dividem-se em "presunções de fato" e "presunções de direito ou legais". As presunções de fato são aquelas fruto do raciocínio do homem, *in casu*, o juiz, e, por isso, são denominadas "presunções *hominis*", *posto que representam as ilações do juiz como homem*, assim como o faria qualquer ser humano que estivesse fora do processo.[39] Nas presunções de fato, o elemento fático, base do qual se extrai a ilação, deve ser comprovado pela parte, porquanto o fato probando é indiretamente comprovado pela indução do próprio juiz. Assim, *v.g.*, "presume-se que a parte estava usando cinto de segurança porque passara por local onde se realizava *blitz* policial".

Diversamente, nas *presunções legais, a ilação tirada do fato conhecido é formulada previamente pelo legislador, v.g.*, a regra de que: "presumem-se do marido os filhos havidos durante o matrimônio".[40] As *presunções legais*, diversamente daquelas de fato, tornam independentes de prova os fatos em função dos quais elas encerram uma verossimilhança relativa (art. 374, inciso IV, do CPC), na medida em que *já representam, por si, uma prova dos mesmos.*

As *presunções legais distinguem-se conforme o grau de verossimilhança que emprestam ao fato presumido.* Desta sorte, há *presunções* que, afirmando a existência do fato, admitem a prova em contrário e são as denominadas *presunções relativas* (*iuris tantum*). Destarte, há as *presunções absolutas* (*jure et de jure*), que são aquelas a partir

---

Civil, § 43, I, categoriza os indícios como importante meio de prova não previsto textualmente pela lei alemã.

[36] Para **Alcalá-Zamora y Castillo** "o indício não é mais que um princípio de prova, que não traz em si a certeza absoluta por isso que devem ser submetidos à mais exigente das regras de 'sana crítica'".

[37] "**Art. 371.** O juiz apreciará a prova constante dos autos, independentemente do sujeito que a tiver promovido, e indicará na decisão as razões da formação de seu convencimento."

[38] **Chiovenda** afirmava que "mesmo um único indício pode ser a tal ponto grave que forme a convicção do juiz" (*in Instituições de Direito Processual Civil*, trad. portuguesa, vol. III, p. 199).

[39] *In* **Giuseppe Chiovenda**, *Principi di Diritto Processuale Civile*, 1928, p. 853.

[40] "*Nelle presunzioni legali, il legislatore anticipa e compie un ragionamento che il giudice potrebbe fare, ma che invece gli è sostratto*", afirma **Sergio Costa** *in Manuale di Diritto Processuale Civile*, 1955, p. 309.

das quais se consideram existentes determinados fatos sem possibilidade de comprovação em contrário, encerrando *prova plena*.

Exemplificando, presume-se de boa-fé a posse daquele que tem justo título, admitindo-se a prova em contrário. Entretanto, é absoluta (*jure et de jure*) a culpa presumida daqueles que, no exercício de atividade pública delegada, causam prejuízos a outrem; por isso, aos lesados incumbe apenas comprovar o fato e o nexo de causalidade em relação aos danos apontados (responsabilidade objetiva).

Em face do sistema de *persuasão racional* adotado pelo Código, *são relativas*, em princípio, *as presunções legais, inclusive a que resulta da revelia*.

A *prova* diz-se *atípica*, quando não se enquadra nas categorias previstas pelo Código. Assim, *v.g.*, a fotografia e os vídeos são espécies do gênero *prova documental*. O exame de DNA é espécie do gênero *prova pericial* e assim por diante.[41]

A prova que não preenche o *requisito da legitimidade moral* denomina-se *prova ilícita*, um dos temas de maior evidência na atualidade. Renomado tratadista já afirmou que "o processo civil não é um campo de batalha em que se permite a cada contendor o emprego de todos os meios capazes de conduzir ao triunfo sobre o inimigo".[42] Em verdade, não é a espécie de prova que, em si, se revela ilícita; mas, antes, a forma de obtê-la é que incide na infração ao preceito em branco do art. 369 do CPC. Assim, *v.g.*, o depoimento da testemunha, em regra, se revela legítimo, mas transmuda-se em prova ilícita se a declaração é obtida mediante coação física.

A evolução da *tecnologia* tem revelado formas pouco usuais de obtenção de informações com graves violações aos direitos à privacidade, à intimidade e o de guardar sigilo profissional. Diariamente, noticiam-se casos em que as provas revelam-se obtidas pela colocação de aparelhos de escuta telefônica na casa de pessoa suspeita ou, até mesmo, nos escritórios profissionais, mercê de se depararem com situações da vida cotidiana em que o interessado passa a ser protagonista inconsciente de sua própria sorte. Nesse último aspecto, costuma-se aduzir, em processo penal, à figura do "flagrante preparado". Inúmeros parâmetros têm sido traçados aqui e alhures no afã de impedir a produção desses elementos moralmente ilegítimos sob o pálio da defesa dos direitos fundamentais da pessoa humana.[43] Nessas espécies, poder-se-ia citar: a prova obtida através de ingestão de elementos químicos que inibem a vontade da pessoa produtora da declaração probatória, a prova mediante chantagem, a prova fornecida por particulares contratados a obtê-la e as interceptações telefônicas.[44]

---

[41] Consulte-se sobre o tema **Paulo Guidi**, *Teoria Giuridica del Documento*, p. 57. Acerca da relevância da prova via DNA, consulte-se *RSTJ*, 26/378.

[42] **Devis Echandia**, *Teoría General*, vol. I, p. 539.

[43] Na Europa e nos Estados Unidos, os princípios constitucionais que tutelam a intimidade e a personalidade humana embasam a rejeição às provas ilícitas, conforme noticia **Nicolò Trocker**, *in Processo Civile e Costituzione* e **Mauro Cappelletti**, *in La Oralidad y las Pruebas en el Proceso Civil*, p. 137.

[44] Os exemplos são de **Trocker** e **Cappelletti**, *in* obs. cits.

Essa vedação de utilização das provas denominadas *ilícitas* tem sido mitigada pelo critério do *bilanciamento degli interessi,* termo utilizado no Direito italiano, quando o elemento de convicção assim obtido é o único existente, e a forma de sua obtenção também se revela como única maneira de se colher o que é imprescindível ao esclarecimento dos fatos. É nesse sentido que o juiz deve engendrar o *balanceamento dos interesses em jogo*, *v.g.*, admitir que a vítima de uma chantagem possa gravar o telefonema do agente chantageador.[45] Seguindo linha mais liberal, situam-se os que admitem a produção da prova ilícita, sem prejuízo da criminalização da forma como o elemento de convicção foi obtido. Assim, *v.g.*, a *prova obtida mediante* a interceptação telefônica valeria por si, muito embora se punisse o interceptador pela violação telefônica.[46] O Supremo Tribunal Federal não endossou essa opinião em memorável acórdão da lavra do Ministro Xavier de Albuquerque, no RE nº 85.439, publicado na *Revista Trimestral de Jurisprudência*, 84/609, considerando violadora do art. 369 do CPC a gravação magnética feita clandestinamente pelo marido para comprovar ligações amorosas de sua mulher.

O problema da prova ilícita, como se observa, põe em confronto a liberdade do direito à prova necessária e a legalidade dos meios para obtê-la, posto que a *busca da verdade* não pode ser erigida em valor absoluto[47] com violação dos direitos fundamentais.

A reforma constitucional fez inserir a regra do *art. 5º, inciso LVI, considerando inadmissíveis as provas obtidas por meios ilícitos*, com o que vinculou o legislador ordinário e o Poder Judiciário. Essa garantia constitucional é instrumento de proteção do cidadão contra o Estado, aplicável, também, nas relações jurisdicionais entre particulares.

Os *meios de prova*, por seu turno, podem ser *causais* ou *pré-constituídos*. Os *pré-constituídos* preexistem à necessidade de provar em juízo, tal como documentos, fotografias, instrumentos públicos ou particulares. A *prova causal* é a que se forma no curso de uma instrução, *v.g.*, uma perícia de arbitramento de aluguel ou de avaliação das benfeitorias no curso de uma ação de despejo.

Denomina-se *indireta* a prova, quando ao fato chega-se por indução através da análise de outros elementos que não o fático em que se baseiam as alegações das partes e, *direta*, quando a prova incide sobre o próprio *thema probandum*.

A prova pode, ainda, ser *emprestada, que é aquela já produzida noutro processo transposta sob a forma de prova documental para um outro feito.*[48] A prova *emprestada é pré-constituída* e tem sempre o mesmo valor em todo e qualquer feito, *v.g.*, uma escritura pública de compra e venda de imóvel. Entretanto, *é emprestada a prova produzida num processo entre as mesmas partes e utilizada em outro estando em confronto os mesmos sujeitos.*

---

[45]   O exemplo magnífico é de **Ada Pellegrini Grinover**, *in Liberdades Públicas e Processo Penal*, p. 112.

[46]   É a posição de **Hermenegildo de Souza**, *in A Natureza das Normas sobre Prova*, p. 115. No mesmo sentido, **Vicenzo Vigoriti**, "Prove Ilecite e Costituzione", *in Riv. Dir. Processuale*, p. 67, 1969.

[47]   Consulte-se a esse respeito a advertência de **Ada Grinover**, *Teoria Geral do Processo*. 18. ed., p. 103.

[48]   A definição é devida a **Moacyr Amaral Santos**, *in Prova Judiciária no Cível e Comercial*, vol. I, p. 293.

A *prova emprestada*, para ser transposta, deve ter sido obtida sob "contraditório"; isto é, as partes do processo em que ela vai ser utilizada devem ter participado também do processo de fabricação desse elemento de convicção no feito anterior.[49] A prova emprestada, sem esse contraditório, tem valor relativo.[50]

Considera-se emprestada a prova aproveitada em feitos conexos e cumulados, valendo para os litisconsortes as provas acerca dos fatos comuns sobre os quais tiveram oportunidade de se manifestar.[51]

Outra inovação do Código de 2015 em diálogo com as garantias constitucionais probatórias é a positivação legal do direito de não produzir prova contra si mesmo no processo civil (art. 379). Cuida-se da máxima *nemo tenetur se detegere*, que já encontrava guarida, quanto ao processo penal, no art. 5º, LXIII, da Constituição, em que a Carta consagrou o direito ao silêncio. Nos EUA, protege-se o material coletado ou produzido por uma parte em preparação para uma disputa judicial, não assistindo à outra parte a prerrogativa de ter acesso a esse conteúdo – é a chamada *work-product doctrine* (*Federal Rule of Civil Procedure* 26(b)(3)). Nada obstante, há evidente conflito entre esse direito à não produção de prova contra os próprios interesses e o princípio da cooperação no processo civil. Afinal, se todos devem contribuir para a realização da justiça, é incoerente proteger o sujeito que esconde elementos de prova essenciais à solução da controvérsia. Por essa razão, a interpretação mais adequada do art. 379 do atual CPC protege o direito de não produzir prova contra si apenas quando determinado elemento de prova puder trazer consequências penais à parte responsável pela sua produção.

2. SUJEITOS DA PROVA E ÔNUS DA PROVA

A atividade processual pressupõe um sujeito que a exerça. A atividade de provar, por seu turno implica um objeto e um sujeito. Sob o ângulo subjetivo, a indagação que se põe é a seguinte: *quem deve provar no processo?*

Ressoa evidente que, pela própria iniciativa, a *prova primeira compete ao autor*.

A necessidade de provar é algo que se encarta, dentre os imperativos jurídico-processuais na categoria de *ônus*, por isso que a ausência de prova acarreta um prejuízo para aquele que deveria provar e não o fez. A própria lei assim categoriza essa posição processual ao *repartir o ônus da prova* no art. 373 do CPC.[52]

---

[49] **Bentham**, *Tratado de las Pruebas Judiciales*, vol. II, p. 6. **Carnelutti** afirmou, *in Istituzioni*, 1951, vol. II, p. 56, que "o princípio do contraditório e o da publicidade asseguram às partes o direito de assistirem à prática dos atos de prova, ou pessoalmente ou por intermédio de seu patrono".

[50] Para **Lessona**, eminente tratadista do tema, o valor dessa prova é de simples presunção (*in Teoria General de la Prueba en Derecho Civil*, vol. I, p. 15). **Couture**, que advertia ser "o problema da prova emprestada um problema de garantias do contraditório", afirmava que uma vez não sendo este obedecido a prova careceria de qualquer convicção, *in Fundamentos de Derecho Procesal Civil*, 1951, p. 160-161.

[51] **Lessona**, *Manuale di procedura civile*, 1909, vol. I, p. 13.

[52] "**Art. 373.** O ônus da prova incumbe:

I – ao autor, quanto ao fato constitutivo do seu direito;

Desta sorte, não há um direito à prova nem um dever de provar senão uma "necessidade de comprovar" os fatos alegados sob pena de o juiz não os considerar e, como consequência, decidir em desfavor de quem não suportou a atividade que lhe competia.

Há que se diferenciar entre o ônus de produção, que atribui a uma parte consequências desfavoráveis no julgamento de mérito caso não traga a juízo provas suficientes para embasar as suas alegações, sem que possa obrigar a outra parte ou o juízo a complementar a instrução probatória, e o ônus de persuasão (ou *standard* probatório[53]), regra dirigida ao julgador sobre a robustez exigida da prova para autorizar uma sentença em favor do autor. Tradicionalmente, o direito brasileiro se orienta pela livre motivação racional, sistema em que não há um *standard* probatório predefinido, ideia essa reproduzida no art. 371 do CPC/2015. Nada obstante, o art. 311, IV, contempla interessante hipótese de *standard* probatório para a concessão de tutela de evidência, quando "a petição inicial for instruída com prova documental suficiente dos fatos constitutivos do direito do autor, a que o réu não oponha *prova capaz de gerar dúvida razoável.*"

A distribuição do ônus de produção da prova entre as partes pode ser *estática*, quando prevista em lei, ou *dinâmica*, quando estabelecida pelo juiz ou pelas partes[54].

II – ao réu, quanto à existência de fato impeditivo, modificativo ou extintivo do direito do autor.

§ 1º Nos casos previstos em lei ou diante de peculiaridades da causa relacionadas à impossibilidade ou à excessiva dificuldade de cumprir o encargo nos termos do *caput* ou à maior facilidade de obtenção da prova do fato contrário, poderá o juiz atribuir o ônus da prova de modo diverso, desde que o faça por decisão fundamentada, caso em que deverá dar à parte a oportunidade de se desincumbir do ônus que lhe foi atribuído.

§ 2º A decisão prevista no § 1º deste artigo não pode gerar situação em que a desincumbência do encargo pela parte seja impossível ou excessivamente difícil.

§ 3º A distribuição diversa do ônus da prova também pode ocorrer por convenção das partes, salvo quando:

I – recair sobre direito indisponível da parte;

II – tornar excessivamente difícil a uma parte o exercício do direito.

§ 4º A convenção de que trata o § 3º pode ser celebrada antes ou durante o processo."

CDC: "Art. 6º São direitos básicos do consumidor: (...)

VIII – a facilitação da defesa de seus direitos, inclusive com a inversão do ônus da prova, a seu favor, no processo civil, quando, a critério do juiz, for verossímil a alegação ou quando for ele hipossuficiente, segundo as regras ordinárias de experiências".

"**Art. 38.** O ônus da prova da veracidade e correção da informação ou comunicação publicitária cabe a quem as patrocina."

"**Art. 51.** São nulas de pleno direito, entre outras, as cláusulas contratuais relativas ao fornecimento de produtos e serviços que: (...)

VI – estabeleçam inversão do ônus da prova em prejuízo do consumidor."

[53] **Ravi Peixoto**, *Standards probatórios no Direito Processual brasileiro.* Salvador: JusPodivm, 2021.

[54] **João Batista Lopes**, O ônus da prova. *Doutrinas Essenciais de Direito Civil,* vol. 5, out/2010; **Lucas Buril de Macêdo; Ravi Peixoto**. *Ônus da prova e sua dinamização,* 2016; **Sérgio Cruz Arenhart**, Ônus da prova e sua modificação no processo civil brasileiro. In: **Daniel Amorim Assumpção Neves** (coord.). *Provas: aspectos atuais do direito probatório,* 2009; **Bruce Hay; Kathryn E. Spier**

De acordo com a regra geral sobre a distribuição *estática* do ônus da prova, prevista no art. 373, *caput*, do CPC, o autor tem o ônus de provar o fato constitutivo do seu direito e o réu tem o ônus de provar a existência de fato impeditivo, modificativo ou extintivo do direito do autor. Há, todavia, exceções legais a essa regra geral, e, portanto, formas de distribuição *estática* do ônus da prova, as quais são denominadas "inversão do ônus da prova *ope legis*" e independem de decretação judicial (por exemplo, os arts. 12, § 3º, e 38 do Código de Defesa do Consumidor). A aplicação das regras de distribuição estática do ônus da prova independe do denominado "dever de consulta" previsto no art. 10 do CPC.

Já a distribuição *dinâmica* do ônus da prova pode ocorrer pelas partes ou pelo juiz. Os §§ 3º e 4º do art. 373 do CPC tratam da distribuição dinâmica do ônus da prova pelas partes, antes ou durante o processo, desde que *(i)* não recaia sobre direito indisponível da parte; *(ii)* não torne excessivamente difícil a uma parte o exercício do direito; e *(iii)* não viole proibição legal, como o art. 51, VI, do Código de Defesa do Consumidor. A convenção processual para distribuição do ônus da prova independe de homologação judicial.

O juiz também pode realizar a distribuição dinâmica do ônus da prova em três situações, previstas no art. 373, § 1º. A primeira delas é quando houver previsão legal. Assim, o art. 6º, VIII, do Código de Defesa do Consumidor estabelece, entre os direitos básicos do consumidor, a inversão do ônus da prova, a critério do juiz, desde que configurado um dos seguintes requisitos, não cumulativos: *(i)* quando for verossímil a alegação; ou *(ii)* quando o consumidor for hipossuficiente, segundo as regras ordinárias de experiências. Além disso, o CPC também permite ao juiz inverter o ônus da prova quando houver peculiaridades da causa relacionadas à impossibilidade ou à excessiva dificuldade de cumprir o encargo nos termos da regra geral, bem como nos casos em que for mais fácil obter a prova do fato contrário. Em qualquer caso, a distribuição dinâmica do ônus da prova pelo juiz depende de *(i)* fundamentação; *(ii)* contraditório prévio; *(iii)* oportunidade à parte de se desincumbir do ônus que lhe foi atribuído; e *(iv)* não gerar situação em que a desincumbência do encargo pela parte seja impossível ou excessivamente difícil.

É mister que a inversão judicial do ônus da prova seja realizada previamente à fase instrutória do processo, mercê de tratar-se de "regra de instrução", que orienta os sujeitos processuais em sua atividade de produção das provas. Cabe agravo de instrumento em face da decisão do juiz que realiza a distribuição dinâmica do ônus da prova (art. 1.015, XI, do CPC).

Além de se tratar de uma *regra de instrução*, o ônus da prova tem a sua *ratio essendi* também como *regra de julgamento*, na circunstância de que o juiz não pode deixar de julgar (*non liquet*), impondo-lhe a lei que decida mesmo nos casos de lacuna (art. 140 do CPC).[55] Ora, se o juiz não se exime de sentenciar e a prova não o convence é preciso verificar em desfavor de quem se operou o malogro da prova. Forçoso, assim, observar se o

---

"*Burdens of Proof in Civil Litigation: An Economic Perspective*". *In*: 26 *The Journal of Legal Studies* 413 – 431 (1997).

[55] "**Art. 140.** O juiz não se exime de decidir sob a alegação de lacuna ou obscuridade do ordenamento jurídico.

Parágrafo único. O juiz só decidirá por equidade nos casos previstos em lei."

juiz não se convenceu quanto aos fatos sustentados pelo autor ou quanto àqueles suscitados pelo réu, porquanto, a partir dessa constatação o juízo tributará a frustração da prova a uma das partes para decidir em desfavor dela. Nesse sentido é que se deve empreender a exegese acerca das regras sobre o *ônus da prova*. Por outro lado, esse *ônus* não cria uma "personalização da prova" no sentido de que o juiz somente pode considerar, em prol da parte, a prova que ela própria houver carreado aos autos. É possível que, assim, por meio da prova produzida pelo réu, o juiz infira um fato relevante em favor do autor e vice e versa, posto que a lei admite que o magistrado *aprecie livremente a prova, atendendo aos fatos e circunstâncias dos autos, ainda que não alegados pelas partes* (art. 371 do CPC).

Entretanto, não é só às partes que interessa a comprovação dos fatos invocados como *causa petendi* ou *causa excipiendi;* ao juiz, como destinatário da prova[56], incumbe a primazia da atividade[57]. Não é por outra razão que, no sistema presidencial, que informa a prova oral, a testemunha, as partes e os peritos *depõem primeiramente para o juiz*, abrindo-se a oportunidade de inquirição *a posteriori* pelos interessados.

O CPC, atento aos reclamos da modernidade quanto ao ativismo judicial, refutando a anacrônica postura inerte do magistrado, que só conspirava a favor da desigualdade das partes, dispôs no seu art. 370, "caber ao juiz de ofício ou a requerimento da parte, determinar as provas necessárias ao julgamento de mérito".[58]

Dessume-se, do dispositivo citado, que esse poder de iniciativa conspira em favor da busca da verdade, habilitando o juiz de ambos os graus de jurisdição a proferir uma sentença restauradora do *statu quo ante* à violação, carreando notável prestígio para o monopólio da jurisdição que, ao limitar a autotutela, promete ao jurisdicionado colocá-lo em situação igual à que se encontrava antes do inadimplemento. E, para isso, é preciso aproximar a decisão da realidade da qual o juiz, evidentemente, não participou, e a ela é conduzido através da atividade probatória.

Ademais, o juiz ostenta a iniciativa probatória porque tem o dever de motivar decisão indicando os elementos que lhe formaram o convencimento (art. 371 do CPC). Destarte, a iniciativa probatória do magistrado é singular fator de equalização das partes, instrumento necessário à manutenção da igualdade processual, cânone derivado da isonomia constitucional. O acesso à justiça exige esse tratamento desigual entre os desiguais por

---

[56] Diversamente, Nelson Nery entende o processo como destinatário da prova: "O destinatário da prova é o processo, de modo que a parte tem o direito de realizar a prova do fato controvertido ou, conforme o caso, do direito alegado para que o processo adquira essa prova para ser analisada e apreciada livremente pelo juiz, que julgará a causa de acordo com seu livre convencimento motivado" (**Nelson Nery Junior**. *Princípios do processo na Constituição Federal,* 2010, p. 249).

[57] **José Carlos Barbosa Moreira**. O juiz e a prova. *Revista de Processo,* v. 35, jul./1984; **Leonardo Greco**. Limitações probatórias no processo civil. *Revista Eletrônica de Direito Processual,* ano 3, v. IV, jul./dez. 2009; **Humberto Theodoro Júnior,** Os poderes do juiz em face da prova. *Revista Forense,* Rio de Janeiro, v. 74, n. 263, p. 39-47, jul./set. 1978.

[58] "**Art. 370.** Caberá ao juiz, de ofício ou a requerimento da parte, determinar as provas necessárias ao julgamento de mérito.
Parágrafo único. O juiz indeferirá, em decisão fundamentada, as diligências inúteis ou meramente protelatórias."

isso que, se o magistrado enxergar certa desigualdade técnica entre os litigantes, deve atuar *ex officio*, no campo probatório, para minimizar as desigualdades.

A simples ausência de ciência acerca de seus próprios direitos caracteriza uma espécie de "incapacidade" apta a justificar a atuação probatória oficial, independentemente de provocação. *De lege ferenda*, a incapacidade técnica do litigante deveria autorizar o juízo a convocar o Ministério Público.

A parte, quando ingressa em juízo, afirma a existência ou a inexistência de determinados fatos e a eles atribui consequências jurídicas. Estas, o juiz conhece por dever de ofício, não assim os fatos, os quais necessita sabê-los para julgar. Sucedendo que ao final do processo nada se tenha produzido no âmbito da convicção do juiz, caberá a ele, assim mesmo, decidir. Nesse momento, à luz dos preceitos do ônus da prova, o juiz definirá o litígio, seguindo a regra *in procedendo* do art. 373 do CPC.

O réu, em sua resposta, pode oferecer defesas diretas e indiretas. Assim, cabe-lhe, também, o ônus de comprovar aquilo que alega com a seguinte diferença: quanto às *defesas diretas, basta alegá-las*, uma vez que elas são a negação daquilo que afirma o autor, que, por sua vez, tem o dever de demonstrar o fato que ampara a sua pretensão. A sustentação pelo réu de que o fato não existe – característica da defesa direta – deve encontrar resposta imediata nas provas levadas aos autos pelo autor, que tem a primazia da ação e o dever pioneiro de provar. "Não pode, o demandado, ser instado a comprovar *fatos negativos*".

Entretanto, consoante observamos quando tratamos da defesa, é lícito ao demandado impedir que a ação do autor obtenha êxito mediante a invocação de fatos outros que, de forma oblíqua ou indireta, alcançam esse desiderato. Referimo-nos às denominadas "objeções" consistentes em fatos impeditivos, modificativos e extintivos do direito do autor. Esses fatos, de iniciativa do réu, são de sua "responsabilidade probatória", assim como o são, também, os fatos que ensejam o "contra-ataque" do réu consistente nas exceções materiais, tanto mais que, sob certo ângulo, são fatos constitutivos desse contradireito do demandado em face do demandante, quer sustentados através da defesa, quer através de reconvenção (art. 373, incisos I e II, do CPC).

A regra *in procedendo* do ônus da prova admite derrogação pelas partes, através de negócio privado. Isto porque, em determinadas relações jurídicas, as partes municiam-se de elementos quanto ao vínculo travado, de forma que uma apresenta-se em melhores condições do que a outra para comprovar fatos relevantes.

Entretanto, essa inversão excepcional do *ônus da prova* é vedada se tornar impossível a atividade da parte (a determinação de produção de *prova diabólica*), porque a isso corresponderia obstar o acesso à Justiça. Deveras, também, interdita-se a inversão do ônus, quando o litígio versar sobre *direitos indisponíveis* (art. 373, § 3º, I, do CPC).

Anote-se, por fim, que nas atividades em que se admite a atuação *ex officio* do juiz, não se exclui a iniciativa da parte, mesmo no campo probatório. Assim é que o juiz pode, de ofício, determinar a exibição parcial de livros comerciais (art. 421 do CPC),[59] mas a

---

[59] "**Art. 421.** O juiz pode, de ofício, ordenar à parte a exibição parcial dos livros e documentos, extraindo-se deles a suma que interessar ao litígio, bem como reproduções autenticadas."

exibição integral depende de requerimento da parte (art. 420 do CPC).[60] Isto significa que, quanto à primeira, é lícito, também, à parte, requerê-la, sendo vedado ao juiz, por seu turno, agir de ofício quanto à segunda hipótese.[61]

3. SISTEMAS DE AVALIAÇÃO DA PROVA

O *valor da prova produzida* como elemento de convicção do juízo é questão de notável alcance. A prova documental para uns é soberana, ao passo que para outros, em dados litígios somente a prova pericial é aceitável. Deveras, há demandas sobre questões de fato que encontram na prova oral o grande sustentáculo da decisão judicial (o Código de 2015 revogou a norma constante do art. 401, CPC de 1973, e reproduzida no art. 227, Código Civil, a qual vedava a prova exclusivamente testemunhal em negócios jurídicos cujo valor ultrapassasse o décuplo do maior salário mínimo vigente na data da celebração. Tratava-se de regra injustificável, vez que pautava a complexidade da causa no montante discutido, correlação equivocada). Subjaz, assim, a seguinte questão: *quais dessas espécies de prova sobrepuja a outra em valor probante?* Absolutamente nenhuma. Os elementos de convicção têm valor igual, dependendo do contexto em que se insiram. Forçoso, convir, entretanto, que nem sempre foi assim e o tema nos reclama uma rápida análise dos *sistemas de valoração da prova* porque passaram os diversos ordenamentos processuais até os dias de hoje.

Preliminarmente, impõe-se assentar que *valoração equivale a resultado*, acarretando, por conseguinte, uma apreciação dos critérios de aferição dos elementos de convicção produzidos.

Nesse contexto, destaque-se que, ao longo da história processual, os nossos matizes conheceram três sistemas de avaliação da prova, a saber: *sistema da prova legal, sistema da livre apreciação da prova* e o sistema da *persuasão racional*.

O *sistema da prova legal*, não pode ser considerado, em essência, como de avaliação da prova, uma vez que impõe ao juiz a obediência de valores preestabelecidos conforme a prova produzida. Assim, *v.g.*, no direito medieval, o juiz, ainda que convencido da veracidade do depoimento de uma determinada testemunha, não podia valer-se apenas daquele exclusivo elemento de convicção para decidir, por força da vedação consubstanciada na regra: "*testis unus testis nullus*", o depoimento de um *cidadão nobre* prevalecia sobre o de um servo e assim por diante. Esse sistema também era cognominado de *prova tarifada* porque todas tinham valor certo.

---

[60] "**Art. 420.** O juiz pode ordenar, a requerimento da parte, a exibição integral dos livros comerciais e dos documentos do arquivo:

I – na liquidação de sociedade;

II – na sucessão por morte de sócio;

III – quando e como determinar a lei."

[61] A exibição de livros comerciais tem recebido um tratamento específico de nossos Tribunais. "**Súmula nº 260 do STF:** O exame de livros comerciais, em ação judicial, fica limitado às transações entre os litigantes".

A doutrina do tema aponta as hipóteses atuais de impedimentos e incapacidade de certas pessoas prestarem depoimento como resquício desse sistema (art. 447, CPC). Entretanto assim, não nos parece, uma vez que o que se pretende através dessa vedação a que determinadas pessoas deponham em juízo é manter a imparcialidade e a lisura de todos quantos colaboram com a justiça na reconstrução da verdade. A mesma equidistância que se exige do magistrado impõe-se aos que lhe prestam auxílio.

A inércia do juiz, no sistema da prova tarifada, ocorria no momento da "valoração" e não, precisamente, na atividade probatória, muito embora, nesse período, o juiz representasse um mero espectador do duelo das partes.[62]

O *sistema do livre convencimento é* a antítese da prova legal, porque o primeiro limita a atuação do juiz enquanto o segundo concede-lhe uma tal liberdade, que o magistrado decide sem motivar, declarando, apenas, o resultado, como fruto de sua *íntima convicção*. As impressões pessoais do juiz assumem notável relevo nesse sistema, mercê de transformá-lo em avaliador soberano das suas convicções pessoais. Consoante se conclui, trata-se de sistema abominável que transforma o juiz num ditador do processo, subtraindo às partes a oportunidade de saber porque as provas foram rejeitadas ou acolhidas. A adoção desse sistema revelou, na praxe, que, sob o pálio da tão decantada discricionariedade judicial, exercia-se a verdadeira *arbitrariedade da toga*.

Resquício desse sistema encontra-se no processo penal, na regra que permite aos jurados decidirem pela votação monossilábica do "sim ou não" à luz dos quesitos formulados.

O sistema hodierno adotado pelo CPC brasileiro é o do *convencimento racional* ou *persuasão racional*.

O *convencimento racional* caracteriza-se pela liberdade conferida ao juiz na valoração dos elementos de convicção e, ao mesmo tempo, pela adstrição e motivação desse convencimento à luz, apenas, das provas produzidas nos autos.[63]

O sistema da valoração racional não convive com prova tarifada senão com o "convencimento motivado", sustentado em qualquer meio de convicção trazido aos autos pelas partes ou pelo juiz. Consectário desse sistema é a possibilidade de ampla investigação pelo juiz, podendo carrear para o processo todos os meios de prova ainda que não requeridos pelas partes. O art. 370 do CPC dispõe que "caberá ao juiz, *de ofício* ou a requerimento da parte determinar as provas necessárias", complementando o sistema com o disposto no art. 371 do mesmo diploma permitindo ao magistrado apreciar "a prova constante dos autos, independentemente do sujeito que a tiver promovido", indicando na decisão as razões da formação de seu convencimento. É exemplo de prova de ofício a determinação de exibição de documento pelo juiz ou de comparecimento pessoal da parte para inquiri-la sobre fatos da causa (art. 396 do CPC).[64]

---

[62] Consulte-se sobre o tema: **Moacyr Amaral Santos**, *Prova Judiciária no Cível e Comercial*, 1952, vol. I; **Lessona**, *Teoría General de la Prueba en Derecho Civil*, 1957, vol. IV.

[63] **Lessona**, *Manuale di procedura civile*, 1909, § 344. No mesmo sentido, **Carlo Furno**, *in Teoría de la Prueba Legal*, cap. II, p. 160.

[64] "**Art. 396.** O juiz pode ordenar que a parte exiba documento ou coisa, que se ache em seu poder."

A *liberdade* conferida ao magistrado no campo delimitado pela prova e a necessária *motivação* do julgado caracterizam o sistema da *persuasão racional* como um conjunto de regras garantidoras da parte contra os arbítrios da magistratura, mercê de se lhe exigir um maior preparo intelectual do que aquele previsto para a prova legal, cujo tarifamento predispõe o julgador[65] ou o convencimento íntimo, despido de qualquer necessidade de motivação.[66]

4. MOMENTO DA PROVA

Os procedimentos a que se submetem as várias formas de processo implicam o estabelecimento do momento em que a prova surge na relação processual. Sob esse ângulo, a doutrina nos indica que a prova passa por vários momentos de sua existência, um condicionando o outro. Assim é que a prova, em primeiro lugar, precisa ser *proposta*, para, sendo *admitida*, ser *produzida* na fase própria de instrução. Esse *iter* sugere que o procedimento probatório é composto pelas fases da *proposição*, *admissão* e, finalmente, *produção* da prova.[67]

As *partes não podem guardar trunfos* no processo; por isso, devem propor as provas que pretendem produzir na primeira oportunidade que têm para falar nos autos, ou seja, *o autor na inicial*, e *o réu na sua defesa*. Casos há, nos quais, esses momentos dilatam-se ou antecipam-se, *v.g.*, ocorre na ação revisional de aluguel, na qual o réu, antes da contestação, pode oferecer prova de que o aluguel liminar (provisório) está em desacordo com a prática do mercado; muito embora, a regra seja a proposição nesses dois momentos.

Destarte, fatos relevantes para a causa ou mesmo o comportamento superveniente das partes podem determinar a necessidade de proposição de outras provas, o que deve ser analisado pelo juiz, conforme os poderes expressos no art. 370 do CPC. Assim, é admissível a proposição de novas provas em face da apresentação de reconvenção, ou se o demandado suscita em sua defesa preliminares e objeções (art. 350 do CPC).[68]

A admissão da prova tem o seu *momento culminante* no *saneamento do processo* (art. 357, II e III, do CPC).[69] Nessa fase, muito embora seja preponderante a atividade

---

[65] **Cappelletti** demonstra, com a sua acuidade científica, que o sistema da prova legal, desenvolvido no Direito medieval, procurava evitar "subjetivismos do julgador na valoração dos elementos de convicção, visando obstar eventuais arbitrariedades, impondo uma atividade meramente mecânica ao juiz", *in Principii Fundamentasse e Tendente Evolutiva del Processo Civile nel Diritto Comparato*, Buenos Aires, 1973.

[66] Nesse sentido, **Lessona**, *Manuale di procedura civile*, 1909, p. 331.

[67] Nesse mesmo sentido, a lição de **Schonke**, *in Derecho Procesal Civil*, 1950, p. 207.

[68] "**Art. 350.** Se o réu alegar fato impeditivo, modificativo ou extintivo do direito do autor, este será ouvido no prazo de 15 (quinze) dias, permitindo-lhe o juiz a produção de prova."

[69] "**Art. 357.** Não ocorrendo nenhuma das hipóteses deste Capítulo, deverá o juiz, em decisão de saneamento e de organização do processo:

I – resolver as questões processuais pendentes, se houver;

II – delimitar as questões de fato sobre as quais recairá a atividade probatória, especificando os meios de prova admitidos;

de *verificação das provas requeridas*, na realidade, o juiz, no curso do processo, realiza, paulatinamente, a atividade de saneamento, sendo lícito, por essa razão, indeferir provas prematuramente propostas ou inúteis.

O momento da produção da prova varia conforme a sua espécie. Assim, a prova documental apresenta-se desde logo com a inicial ou a resposta,[70] sendo lícito, também, a juntada posterior de documentos, uma vez que nesse tema não se opera a preclusão. A prova oral tem o seu *habitat* na audiência de instrução e julgamento e a prova pericial logo após o saneamento e anteriormente à audiência. Considere-se, entretanto, que há casos de *antecipação* desses momentos, no próprio processo principal ou em processo anterior distinto, previsto sob o *nomen juris* de *produção antecipada de provas*[71] (art. 381, CPC).[72-73]

A concentração da prova oral em audiência implica a adoção do *princípio da identidade física do juiz,* segundo o qual o julgador que colheu a prova é o mais habilitado para aferir-lhe o valor e a eficácia. Em consequência, onde não há contato com a prova

---

III – definir a distribuição do ônus da prova, observado o art. 373;

IV – delimitar as questões de direito relevantes para a decisão do mérito;

V – designar, se necessário, audiência de instrução e julgamento."

[70] Com muita propriedade nos ensina **Amaral Santos**, na sua clássica obra sobre a prova que "o documento, desde a sua admissão, se considera prova produzida" (*Primeiras linhas de Direito processual civil*, vol. I, p. 249).

[71] **Calamandrei** incluía a antecipação de prova dentre os "provimentos cautelares por entender essa atividade como de '*assicurazione della prova*'", como a vistoria *ad perpetuam rei memoriam, in Introduzione allo Studio Sistematico dei Provvedimenti Cautelari*, 1936, p. 32.

[72] "**Art. 381**. A produção antecipada da prova será admitida nos casos em que:

I – haja fundado receio de que venha a tornar-se impossível ou muito difícil a verificação de certos fatos na pendência da ação;

II – a prova a ser produzida seja suscetível de viabilizar a autocomposição ou outro meio adequado de solução de conflito;

III – o prévio conhecimento dos fatos possa justificar ou evitar o ajuizamento de ação.

§ 1º O arrolamento de bens observará o disposto nesta Seção quando tiver por finalidade apenas a realização de documentação e não a prática de atos de apreensão.

§ 2º A produção antecipada da prova é da competência do juízo do foro onde esta deva ser produzida ou do foro de domicílio do réu.

§ 3º A produção antecipada da prova não previne a competência do juízo para a ação que venha a ser proposta.

§ 4º O juízo estadual tem competência para produção antecipada de prova requerida em face da União, de entidade autárquica ou de empresa pública federal se, na localidade, não houver vara federal.

§ 5º Aplica-se o disposto nesta Seção àquele que pretender justificar a existência de algum fato ou relação jurídica para simples documento e sem caráter contencioso, que exporá, em petição circunstanciada, a sua intenção."

[73] **Calamandrei** incluía a antecipação de prova dentre os "provimentos cautelares por entender essa atividade como de '*assicurazione della prova*'", como a vistoria *ad perpetuam rei memoriam, in Introduzione allo Studio Sistematico dei Provvedimenti Cautelari*, 1936, p. 32.

não se exige a vinculação do magistrado à atividade de decisão. Impende considerar que referido princípio refere-se à identidade do juiz do processo, e não a qualquer juízo onde se tenha produzido a prova oral. Assim, *v.g.*, se a prova é colhida por precatória, o juízo *deprecado* não deve ser o sentenciante. Ademais, a própria lei incumbe-se, de resto, de *excepcionar* o princípio diante das mutações objetivas que podem ocorrer na carreira do magistrado, tais como *remoções, promoções, convocações* etc.

Breve digressão que merece ser sublinhada consiste no fato de, por mais que não haja dispositivo idêntico ou próximo à regra do art. 132, CPC de 1973, que insculpia o princípio da identidade física do juiz, não se cogita do desaparecimento desta regra na nova ordem processual. O princípio continua a nortear as hipóteses em que, também antes, regiam-se por ele.

Destaque-se, por fim, pela singularidade que encerra, que as precatórias e rogatórias com a realização das provas rogadas ou deprecadas podem ser anexadas aos autos até o momento do julgamento final, ou seja, até a definição do litígio, ainda que o processo esteja em grau diverso de jurisdição daquele em que se encontrava quando a prova foi admitida (art. 377, parágrafo único, do CPC).[74] Entretanto, nada obsta que o juiz suspenda o processo diante da necessidade de conhecer os elementos objeto da carta, para julgar.

4.1 Produção antecipada de prova

O CPC entendeu por bem tratar junto às disposições relativas a provas sobre tema particularmente interessante que, no Código Buzaid, era tratado como procedimento cautelar específico. A produção antecipada de provas se justifica, de acordo com o próprio art. 381, do CPC, que a disciplina, em três hipóteses distintas.

A primeira situação remete à origem de procedimento cautelar do instituto. A produção antecipada de provas será possível quando se observar um perecimento iminente daquela determinada prova, havendo *"fundado receio de que venha a tornar-se impossível ou muito difícil a verificação de certos fatos na pendência da ação".* Imagine-se, por exemplo, o caso em que a única testemunha apta a comprovar fato relevante ao desfecho de uma futura lide esteja com graves problemas de saúde em um hospital e à beira da morte. Decerto, não parece conveniente que a parte ingresse com a ação e espere toda a fase postulatória para, só então, colher o testemunho do indivíduo. Guarda, portanto, natureza assecuratória da prova que seria produzida em momento posterior.

A segunda hipótese ocorre quando a parte pretende produzir determinada prova para, convicta de seu direito, possa viabilizar melhor a autocomposição com a parte adversa

---

[74] **"Art. 377.** A carta precatória, a carta rogatória e o auxílio direto suspenderão o julgamento da causa no caso previsto no art. 313, inciso V, alínea "b", quando, tendo sido requeridos antes da decisão de saneamento, a prova neles solicitada for imprescindível.

Parágrafo único. A carta precatória e a carta rogatória não devolvidas no prazo ou concedidas sem efeito suspensivo poderão ser juntadas aos autos a qualquer momento."

ou outro meio de solução de conflito. Em verdade, de nada adiantaria o estímulo que o Código de 2015 dá aos meios alternativos de solução de controvérsia sem a garantia de que a parte pode, a exemplo do processo judicial, passar por uma fase de elucidação da real situação de seu direito em jogo. Dessa forma, possibilita-se a produção desta prova sem que seja necessário o ajuizamento de uma ação judicial propriamente dita.

Por fim, o terceiro caso, à semelhança do segundo, se aplica quando *"o prévio conhecimento dos fatos possa justificar ou evitar o ajuizamento de ação"*. Quando o resultado da atividade probatória puder evitar o ajuizamento de ação, é possível sua produção antecipada.

Fundamental perceber, nesse sentido, que a produção antecipada de prova se justifica nos princípios do acesso à justiça e da economia processual, garantindo a prestação jurisdicional sem fulminar o futuro direito de ação, mas evitando o ajuizamento de ações fadadas ao fracasso que consomem tempo, recursos e esforços das partes e do Judiciário.

A competência para a produção antecipada da prova é, preferencialmente, no juízo onde esta deva ser praticada ou, face à dificuldade desta, no foro de domicílio do réu (art. 381, § 2º, CPC). Destaque-se, contudo, que não se previne a competência para o julgamento da futura ação a ser proposta pelo mero ajuizamento da produção antecipada (art. 381, § 3º, CPC). O art. 381, § 5º, CPC, ainda determina que se aplica este instituto para casos em que se pretenda tão somente *"justificar a existência de algum fato ou relação jurídica para simples documento e sem caráter contencioso"*.

A petição inicial, diga-se, deve revelar as razões que ensejam a necessidade de antecipação de prova, a depender da finalidade empregada pelo autor ao procedimento, *v.g.* o risco de perecimento da prova ou a relevância para o deslinde da autocomposição, expondo de forma precisa os fatos sobre os quais a prova deverá recair, conforme o art. 382, CPC. Atendidos esses requisitos, o juiz determinará a citação dos interessados na produção da prova ou no fato a ser provado; não devendo, porém, se pronunciar sobre a ocorrência ou a inocorrência do fato, nem sobre as respectivas consequências jurídicas (§§ 1º e 2º).

Nos autos da mesma produção antecipada de provas, destaca-se, os interessados poderão requerer outras provas relacionadas ao mesmo fato, respeitando a duração razoável própria do procedimento. O disposto no art. 382, § 3º, CPC, assim, garante, de certo modo, o contraditório às partes, em homenagem à economia processual – haja vista o não ajuizamento de múltiplas cautelares quando puderem ser requeridas em um mesmo processo – e sempre respeitando a duração razoável do processo.

Ainda, o art. 383, CPC, traz regra que pode ter importância em comarcas ainda não informatizadas, mas que parece ter os dias contados com o advento do processo eletrônico. Determina o dispositivo que os autos permaneçam em cartório durante um mês para que os interessados possam extrair as devidas cópias e, em seguida, sejam entregues os autos ao requerente da medida.

Por derradeiro, surge questão elegante quanto à condenação em honorários no procedimento de produção antecipada de prova. O entendimento do Superior Tribunal de Justiça na vigência do Código Buzaid era pela possibilidade de condenação em honorários advocatícios, sempre que houvesse resistência à produção da prova pela parte vencida[75]. Apesar de não ter se debruçado especificamente sobre o tema em precedente que possua força vinculante, o Tribunal continua aplicando, por repetidas vezes, o mesmo entendimento na vigência do Código de 2015. O tratamento nos parece adequado, uma vez que se está em fase pré-processual, por assim dizer, e a condenação em honorários pressupõe um litígio entre as partes.

5. ESPÉCIES DE PROVA

O CPC, no Capítulo XII, do Título I (Do procedimento comum), em suas seções subsequentes, a par de admitir a "prova inominada moralmente legítima", regula os seguintes meios de prova: ata notarial, depoimento pessoal, confissão, exibição de documento ou coisa, prova documental, prova testemunhal, prova pericial e inspeção judicial[76].

Didaticamente, é correto encartar-se no gênero *prova oral*: o depoimento das partes, o depoimento das testemunhas e dos peritos, bem como a confissão inferida desses meios de prova.

À prova oral contrapõe-se a *prova documental* consistente em coisa ou objeto físico capaz de representar um fato através da palavra escrita ou sinais da palavra falada como as escrituras, notas ou fotografias. A *prova pericial*, por seu turno, é uma prova mista na sua produção, porquanto ao exame segue-se a elaboração de um documento, que é o laudo do perito. Igualmente, a *ata notarial* ganha contornos documentais, tão logo produzida. O mesmo raciocínio empreende-se em relação à *exibição de documento ou coisa*, a qual, assume o valor de *prova documental* quando implementada.

A *inspeção judicial* é prova visual, que se converte em *documental* após a trasladação escrita para os autos da impressão resultante do ato.

As provas, em função do seu *momento processual*, iniciam-se pela *prova documental*.

---

[75] "Sobre o cabimento ou não de honorários advocatícios em produção antecipada de provas, entendeu a Turma, por maioria, que, de acordo com a doutrina, o legislador parece que, não tendo outro local onde colocar a antecipação de provas, o fez em meio às medidas cautelares. Na verdade, não se trata de medida cautelar, mas deve seguir a regência destas por estar no mesmo título do CPC. Há um incidente e o próprio CPC diz, no art. 20, que a parte deve ser condenada nas despesas por incidentes considerados procedentes. Por isso, mesmo que fosse antecipatória a propositura da ação, sendo contestada, sendo apresentada uma objeção à produção de provas e vencida essa objeção – segundo o juiz, favorável ao requerente –, não seria justo que se deixasse de arbitrar os honorários, porque houve dispêndio de esforço por uma das partes. Se houvesse a oposição, não teríamos litígio, porque não há interesse material em conflito, mas temos um conflito de natureza processual. Se há resistência à produção antecipada de provas, a parte responde pela verba advocatícia" (Informativo nº 166, REsp 474.167-RS, Rel. originário Min. Carlos Alberto Menezes Direito, Rel. para acórdão Min. Castro Filho, j. 18.03.2003).

[76] Acerca dos influxos tecnológicos no campo probatório, ver: **Rennan Thamay; Mauricio Tamer**. *Provas no Direito Digital,* 2020; **Luca Passanente**. Prova e privacy nell'era di internet e dei social network. *Rivista Trimestrale di Diritto e Procedura Civile*. anno LXXII, n. 2, p. 535-554, 2018.

5.1 Prova documental

O documento é a prova histórico-real, uma vez que representa, através de objetos físicos, fatos e acontecimentos pretéritos.[77]

Aduz-se ao documento como elemento integrante do ato e como elemento probante. Na primeira hipótese, o documento é constitutivo do ato e diz-se *ad solemnitatem, v.g.*, nas transmissões imobiliárias que exigem, de regra, escritura pública. O ato só existe se revestido dessa forma. Por outro lado, a revelação da existência desse ato engendra-se pela demonstração de sua forma exterior, vale dizer, através da escritura pública; por isso, a forma documental é, a um só tempo, forma e prova desse negócio jurídico.

O documento pode não ser da essência do ato, mas, é lícito à lei condicionar que um elemento de convicção somente venha aos autos sob a forma documental, (art. 444, CPC, primeira parte).[78] Nessas hipóteses, o documento tem caráter *probatório* (*ad probationem*) e não *constitutivo*, como visto anteriormente.

As escrituras públicas e as cambiais são exemplos da exigência legal de que os fatos representados venham aos autos através de documentos específicos, comumente denominados *prova literal*.

O documento retrata um fato ou acontecimento representado, um ato pretérito do homem ou uma manifestação do seu pensamento; o instrumento em si é o *fato representativo* destes atos ou pensamentos.[79] Nesse sentido, a lei estabelece a regra primária segundo a qual: "As declarações constantes de documento particular escrito e assinado ou somente assinado, presumem-se verdadeiras em relação ao signatário; quando, todavia, contiver declaração de ciência do fato, o documento particular prova a declaração mas não o fato declarado, competindo ao interessado em sua veracidade o ônus de provar o fato" (art. 408 e parágrafo único, do CPC).[80]

Os *documentos classificam-se, quanto à origem,* em *públicos,* quando lavrados por *oficial público, v.g.*, uma escritura de compra e venda de imóveis; e *particulares,* quando elaborados pelos próprios interessados *sem a intervenção de órgão público, v.g.*, um contrato de locação.

Consoante a *forma,* os documentos podem ser *originais,* assim considerados os apresentados em sua forma genuína;[81] o escrito em que, de origem, se lançou o ato. Diz-se

---

[77] Essa definição escorreita deve-se a **Carnelutti**, *in Istituzioni del Nuovo Processo Civile Italiano*, 1951, vol. I, p. 167.

[78] "**Art. 444.** Nos casos em que a lei exigir prova escrita da obrigação, é admissível a prova testemunhal quando houver começo de prova por escrito, emanado da parte contra a qual se pretende produzir a prova."

[79] Assim, **Liebman**, *Corso di Diritto Processuale Civile*, 1952, p. 104.

[80] "**Art. 408.** As declarações constantes do documento particular escrito e assinado ou somente assinado presumem-se verdadeiras em relação ao signatário.
Parágrafo único. Quando, todavia, contiver declaração de ciência de determinado fato, o documento particular prova a ciência, mas não o fato em si, incumbindo o ônus de prová-lo ao interessado em sua veracidade."

[81] A definição clássica é de **Moacyr Amaral Santos**, *Primeiras linhas de Direito processual civil*, vol. IV, p. 40.

cópia a reprodução do documento original. A primeira cópia do original diz-se *traslado*. A cópia, quando extraída sob a forma de fotografia do documento denomina-se *fotocópia* e seu valor depende de conferência nos autos (art. 424 do CPC).[82]

O *documento público* revela força probante mais enérgica do que o particular, uma vez que "faz prova não só de sua formação, mas também dos fatos que o escrivão e o tabelião ou o funcionário declararem que ocorreram na sua presença" (art. 405 do CPC).[83] O documento particular prova a declaração, mas não prova o fato.

Deveras, "*Fazem a mesma prova que os originais*" *além das certidões extraídas dos autos de processo judicial ou extraídas de livros públicos de notas, bem como as reproduções de documentos públicos, desde que autenticadas ou conferidas em cartório com os originais* (art. 425 do CPC).[84] Por seu turno, as *reproduções dos documentos particulares, assim considerada a fotocópia*, têm o mesmo valor do original desde que conferida e *certificada a sua conformidade com o original através de audiência bilateral das partes*, em ato específico para esse fim ou manifestação nos autos (art. 422 do CPC).[85]

---

[82] "**Art. 424.** A cópia de documento particular tem o mesmo valor probante que o original, cabendo ao escrivão, intimadas as partes, proceder à conferência e certificar a conformidade entre a cópia e o original."

[83] "**Art. 405.** O documento público faz prova não só da sua formação, mas também dos fatos que o escrivão, o chefe de secretaria, o tabelião ou o servidor declarar que ocorreram em sua presença."

[84] "**Art. 425.** Fazem a mesma prova que os originais:

I – as certidões textuais de qualquer peça dos autos, do protocolo das audiências ou de outro livro a cargo do escrivão ou do chefe de secretaria, se extraídas por ele ou sob sua vigilância e por ele subscritas;

II – os traslados e as certidões extraídas por oficial público de instrumentos ou documentos lançados em suas notas;

III – as reproduções dos documentos públicos, desde que autenticadas por oficial público ou conferidas em cartório, com os respectivos originais;

IV – as cópias reprográficas de peças do próprio processo judicial declaradas autênticas pelo advogado, sob sua responsabilidade pessoal, se não lhes for impugnada a autenticidade;

V – os extratos digitais de bancos de dados públicos e privados, desde que atestado pelo seu emitente, sob as penas da lei, que as informações conferem com o que consta na origem;

VI – as reproduções digitalizadas de qualquer documento público ou particular, quando juntadas aos autos pelos órgãos da Justiça e seus auxiliares, pelo Ministério Público e seus auxiliares, pela Defensoria Pública e seus auxiliares, pelas procuradorias, pelas repartições públicas em geral e por advogados, ressalvada a alegação motivada e fundamentada de adulteração.

§ 1º Os originais dos documentos digitalizados, mencionados no inciso VI deverão ser preservados pelo seu detentor até o final do prazo para propositura de ação rescisória.

§ 2º Tratando-se de cópia digital de título executivo extrajudicial ou outro documento relevante à instrução do processo, o juiz poderá determinar o seu depósito em cartório ou secretaria."

LRP, art. 161, *caput*: "As certidões do registro de títulos e documentos terão a mesma eficácia e o mesmo valor probante dos originais registrados, físicos ou nato-digitais, ressalvado o incidente de falsidade destes, oportunamente levantado em juízo".

[85] "**Art. 422.** Qualquer reprodução mecânica, como a fotográfica, a cinematográfica, a fonográfica ou de outra espécie, tem aptidão para fazer prova dos fatos ou das coisas representadas, se a sua conformidade com o documento original não for impugnada por aquele contra quem foi produzida.

512 | TEORIA GERAL DO PROCESSO CIVIL – *Luiz Fux*

Desta sorte, inocorrendo impugnação quanto à autenticidade das peças, elas farão a mesma prova dos originais. Em caso contrário, cumprirá à parte autenticá-las para o fim de encerrarem a mesma força probante dos originais.

A *atribuição do conteúdo intelectual de um documento* denomina-se *autenticidade*, sendo indispensável esse requisito uma vez que a certeza de o mesmo provir da pessoa indicada confere-lhe significativa força probante.[86]

O documento público reputa-se "autêntico quando o tabelião reconhecer a firma do signatário, declarando que foi aposta na sua presença" (art. 411 do CPC).[87]

O documento particular "reputa-se provir do autor indicado" quando: "I – consta o nome do mesmo como signatário; II – quando elaborado por alguém, porém firmado pelo autor; e III – nas hipóteses em que o autor do documento determina o cumprimento de seu conteúdo, não obstante não o tenha firmado" porque, pela praxe, são instrumentos que normalmente não se assinam, como os livros comerciais e os assentos domésticos (art. 410 do CPC).[88] A variedade das hipóteses deve-se ao fato de que, apesar de não nominado, não assinado, o documento pode ser autêntico, posto reconhecido.[89]

Os documentos públicos gozam dessa presunção porque são lavrados em livros públicos e a falta de autenticidade dos mesmos implicaria, igualmente, em falha oficial. Entretanto, deve entender-se que a prova plena do documento *in foco* é a que se refere ao fato de a parte efetivamente ter declarado e assinado aquilo que consta do docu-

---

[   ] § 1º As fotografias digitais e as extraídas da rede mundial de computadores fazem prova das imagens que reproduzem, devendo, se impugnadas, ser apresentada a respectiva autenticação eletrônica ou, não sendo possível, realizada perícia.

§ 2º Se se tratar de fotografia publicada em jornal ou revista, será exigido um exemplar original do periódico, caso impugnada a veracidade pela outra parte.

§ 3º Aplica-se o disposto neste artigo à forma impressa de mensagem eletrônica."

"Lei nº 9.492/1997, art. 39. A reprodução de microfilme ou do processamento eletrônico da imagem, do título ou de qualquer documento arquivado no tabelionato, quando autenticado pelo tabelião de protesto, por seu substituto ou escrevente autorizado, guarda o mesmo valor do original, independentemente de restauração judicial."

[86] É clássica a lição de **Carnelutti**, segundo a qual a autenticidade é a "*certeza della provenienza del documento dall autore indicato*" (*Sistema*, vol. I, p. 701).

[87] "**Art. 411.** Considera-se autêntico o documento quando:

I – o tabelião reconhecer a firma do signatário;

II – a autoria estiver identificada por qualquer outro meio legal de certificação, inclusive eletrônico, nos termos da lei;

III – não houver impugnação da parte contra quem foi produzido o documento."

[88] "**Art. 410.** Considera-se autor do documento particular:

I – aquele que o fez e o assinou;

II – aquele, por conta de quem foi feito, estando assinado;

III – aquele que, mandando compô-lo, não o firmou, porque, conforme a experiência comum, não se costuma assinar, como livros comerciais e assentos domésticos."

[89] Conforme **Alfredo Buzaid**, *in A Ação Declaratória no Direito Brasileiro*, 1943, p. 119.

mento. De forma alguma o documento público prova a verdade dos fatos narrados ao notário. Nesse sentido, o Código Civil dispõe, em seu art. 219, parágrafo único, que "as declarações enunciativas não eximem os interessados em sua veracidade do ônus de prová-las", *sendo, nesse particular, repisado pelo disposto no já mencionado art. 405 do CPC*.

Deveras, a presunção que se encerra nos documentos públicos não se desfaz com a mera alegação de falsidade. Impõe-se que a parte prejudicada pela produção do documento argúa a falsidade através de *incidente de falsidade*, pois, só assim o juiz poderá declará-lo *judicialmente falso* (art. 427 do CPC).[90] "Dispondo a lei que a fé desse documento somente cessa após declaração judicial, torna mister a utilização do incidente, uma vez que a mera alegação não implica obrigação de o juiz declará-lo falso judicialmente"; a lei exige, em razão da força probante do documento público, a arguição formal da falsidade para que a sentença, através de ampliação do *thema decidendum* conclua também sobre a autenticidade ou falsidade do documento público com força de coisa julgada material.

Diverso é o tratamento quanto ao documento particular. A autenticidade do mesmo cessa desde que lhe seja contestada a assinatura (art. 428, I do CPC).[91] Enquanto não contestada, presume-se autêntico o mesmo (art. 412 do CPC).[92]

Importa para o processo não só que o autor do documento seja aquele que o firmou (autenticidade material), como também que quem o firmou tenha feito as declarações que constam do mesmo (autenticidade intelectual ou ideológica). No documento público, ambas interpretam-se uma vez que a autenticidade material arrasta a intelectual, porquanto o tabelião retrata no documento aquilo que lhe foi declarado.

O *documento particular tem a sua força probante eliminada quando*: "I – contestada a sua assinatura e enquanto não comprovada a veracidade da mesma; ou II – quando preenchido além do combinado pelas partes, quando assinado, estando parcial ou totalmente em branco (art. 428, II e parágrafo único, do CPC);[93] ou, III – finalmente quando *declarado judicialmente falso*, em *incidente de falsidade documental*".

---

[90] "**Art. 427.** Cessa a fé do documento, público ou particular, sendo-lhe declarada judicialmente a falsidade.

Parágrafo único. A falsidade consiste em:

I – formar documento não verdadeiro;

II – alterar documento verdadeiro."

[91] "**Art. 428.** Cessa a fé do documento particular quando:

I – for impugnada sua autenticidade e enquanto não se comprovar sua veracidade; (...)."

[92] "**Art. 412.** O documento particular de cuja autenticidade não se duvida prova que o seu autor fez a declaração que lhe é atribuída.

Parágrafo único. O documento particular admitido expressa ou tacitamente é indivisível, sendo vedado à parte que pretende utilizar-se dele aceitar os fatos que lhe são favoráveis e recusar os que são contrários ao seu interesse, salvo se provar que estes não ocorreram."

[93] "**Art. 428.** Cessa a fé do documento particular quando: (...)

II – assinado em branco, for impugnado seu conteúdo, por preenchimento abusivo.

Tratando-se de *arguição de falsidade* da assinatura, o *ônus da prova* é do *suposto autor do documento*, isto é, daquele que suscita dúvidas sobre sua assinatura, haja vista que a expressão *"produziu"*, inserida no inciso II do art. 429, refere-se à produção do documento e não da prova em juízo.[94]

A arguição de *falsidade documental* consistente na alegação de *formar-se documento não verdadeiro* ou *alterar-se documento verdadeiro* (art. 427 do CPC), atrai o ônus da prova para *quem alega* (art. 429 do CPC).

As mesmas hipóteses de falsidade que se verificam no documento particular (art. 427, parágrafo único, do CPC) estendem-se ao documento público, com a diferença já destacada de que a fé deste somente desaparece com a arguição de falsidade *através de incidente próprio* (art. 430 do CPC),[95] onde o juiz, por sentença com força de coisa julgada, declarará, judicialmente, a falsidade documental (art. 427, *caput*, do CPC). Considerando a importância do documento para o desate da lide, em razão de seu cunho prejudicial, nada obsta que qualquer tipo de falsidade seja arguída; vale dizer: tanto a ideológica quanto a material. A matéria referente à falsidade ideológica, contudo, não é pacífica. Entretanto, a assunção de elevado prestígio da teoria da efetividade do processo conduz à admissão de ampla cognição do incidente de falsidade, máxime porque a coisa julgada material cobre o decidido com base nas provas produzidas.

A apreciação da falsidade, desde que não suscitado o incidente no prazo preclusivo da lei, o será *incidenter tantum*, sem eficácia de coisa julgada.

Anote-se, por fim, que os documentos devem conter todos os seus requisitos, dentre os quais se destaca a *assinatura*, como vimos, e a *data*.

A *data* é a que consta no escrito. Entretanto, se a esse respeito surgir alguma dúvida, deve o juiz abrir às partes oportunidade para a comprovação de suas alegações, notadamente à parte que a suscitou (art. 429, inciso I, do CPC). *Em relação a terceiros, a lei considera determinados eventos como prováveis datas da existência do documento.* Trata-se de presunção *iuris tantum*, passível de ser afastada, razão pela qual, surgindo dúvida sobre a data, considera-se datado o documento particular, em relação ao terceiro, "I – no dia em que foi registrado; II – desde a morte de algum dos signatários; III – a partir da impossibilidade física que sobreveio a qualquer dos signatários; IV – da sua apresentação em repartição pública ou em juízo; V – do ato ou fato

---

Parágrafo único. Dar-se-á abuso quando aquele que recebeu documento assinado com texto não escrito no todo ou em parte formá-lo ou completá-lo por si ou por meio de outrem, violando o pacto feito com o signatário."

[94] "**Art. 429.** Incumbe o ônus da prova quando:

I – se tratar de falsidade de documento ou de preenchimento abusivo, à parte que a arguir;

II – se tratar de impugnação de autenticidade, à parte que produziu o documento."

[95] "**Art. 430.** A falsidade deve ser suscitada na contestação, na réplica ou no prazo de 15 (quinze) dias, contado a partir da intimação da juntada do documento aos autos.

Parágrafo único. Uma vez arguida, a falsidade será resolvida como questão incidental, salvo se a parte requerer que o juiz a decida como questão principal, nos termos do inciso II do art. 19."

que estabeleça, de modo certo, a anterioridade da formação do documento" (art. 409 do CPC).[96]

5.1.1   Dos documentos eletrônicos

O CPC/2015 disciplina a utilização de documentos eletrônicos em processos, preconizando, no art. 439, que o seu uso no processo convencional depende de sua conversão à forma impressa e da verificação de sua autenticidade, na forma da lei. Por processo convencional, compreenda-se o tradicional e já histórico processo físico, em papel[97]. Sem prejuízo, incumbe ao juiz apreciar o valor probante do documento eletrônico não convertido, desde que assegurado às partes o acesso ao seu teor (art. 440)[98].

---

[96]   "**Art. 409.** A data do documento particular, quando a seu respeito surgir dúvida ou impugnação entre os litigantes, provar-se-á por todos os meios de direito.

Parágrafo único. Em relação a terceiros, considerar-se-á datado o documento particular:

I – no dia em que foi registrado;

II – desde a morte de algum dos signatários;

III – a partir da impossibilidade física, que sobreveio a qualquer dos signatários;

IV – da sua apresentação em repartição pública ou em juízo;

V – do ato ou fato que estabeleça, de modo certo, a anterioridade da formação do documento."

[97]   **Cássio Scarpinella Bueno**. Novo Código de Processo Civil Anotado. São Paulo: Saraiva, 2015.

[98]   Ainda que relativo ao processo penal, merece destaque interessante julgado do STJ envolvendo capturas de tela de aparelho celular e cadeia de custódia:

AGRAVO REGIMENTAL NO *HABEAS CORPUS*. EXTORSÃO. NULIDADE DA PROVA. PRINTS DE MENSAGENS PELO WHATSAPP. QUEBRA DA CADEIA DE CUSTÓDIA. NÃO VERIFICAÇÃO. AUSÊNCIA DE ADULTERAÇÃO DA PROVA OU DE ALTERAÇÃO DA ORDEM CRONOLÓGICA DAS CONVERSAS. AGRAVO REGIMENTAL DESPROVIDO. 1. O instituto da quebra da cadeia de custódia diz respeito à idoneidade do caminho que deve ser percorrido pela prova até sua análise pelo magistrado, sendo certo que qualquer interferência durante o trâmite processual pode resultar na sua imprestabilidade. Tem como objetivo garantir a todos os acusados o devido processo legal e os recursos a ele inerentes, como a ampla defesa, o contraditório e principalmente o direito à prova lícita. 2. No presente caso, não foi verificada a ocorrência de quebra da cadeia de custódia, pois em nenhum momento foi demonstrado qualquer indício de adulteração da prova, ou de alteração da ordem cronológica da conversa de WhatsApp obtida através dos prints da tela do aparelho celular da vítima. 3. *In casu*, o magistrado singular afastou a ocorrência de quaisquer elementos que comprovassem a alteração dos prints, entendendo que mantiveram "uma sequência lógica temporal", com continuidade da conversa, uma vez que "uma mensagem que aparece na parte de baixo de uma tela, aparece também na parte superior da tela seguinte, indicando que, portanto, não são trechos desconexos". 4. O acusado, embora tenha alegado possuir contraprova, quando instado a apresentá-la, furtou-se de entregar o seu aparelho celular ou de exibir os prints que alegava terem sido adulterados, o que só reforça a legitimidade da prova. 5. "Não se verifica a alegada 'quebra da cadeia de custódia', pois nenhum elemento veio aos autos a demonstrar que houve adulteração da prova, alteração na ordem cronológica dos diálogos ou mesmo interferência de quem quer que seja, a ponto de invalidar a prova". (HC 574.131/RS, Rel. Ministro Nefi Cordeiro, Sexta Turma, julgado em 25/8/2020, *DJe* 4/9/2020). 6. As capturas de tela não foram os únicos elementos probatórios a respaldar a condenação, que foi calcada também em outros elementos de prova, como o próprio

No entanto, imperioso assentar, no ponto, que por força da Resolução CNJ nº 420/2021, que dispõe sobre a adoção do processo eletrônico e o planejamento nacional da conversão e digitalização do acervo processual físico remanescente dos órgãos do Poder Judiciário, ficou vedado o recebimento e a distribuição de casos novos em meio físico em todos os tribunais, à exceção do Supremo Tribunal Federal, desde 1o de março de 2022. Outrossim, a integral digitalização do acervo processual físico em eletrônico deverá ser concluída até 31/12/2025[99].

Em outro giro, o diploma processual também aponta, nos termos do art. 441, que são admissíveis documentos eletrônicos produzidos e conservados com a observância da legislação específica.

Para José Carlos de Araújo Almeida Filho, "documento eletrônico é toda e qualquer representação de um fato, decodificada por meios utilizados na informática, nas telecomunicações e demais formas de produção cibernética, não perecível e que possa ser traduzido por meios idôneos de reprodução, não sendo admitido, contudo, aquele obtido por meio de designer gráfico"[100].

Nesse sentido, merece destaque a Lei 11.419/2006, vulgarmente denominada "Lei do Processo Eletrônico", responsável por assentar que os documentos produzidos eletronicamente e juntados aos processos eletrônicos com garantia da origem e de seu

---

interrogatório do acusado, comprovantes de depósito, além das palavras da vítima. 7. Se as instâncias ordinárias compreenderam que não foi constatado qualquer comprometimento da cadeia de custódia ou ofensa às determinações contidas no art. 158-A do CPP, o seu reconhecimento, neste momento processual, demandaria amplo revolvimento do conjunto fático-probatório, o que, como é sabido, não é possível na via do *habeas corpus*. 8. Agravo regimental desprovido. (AgRg no HC n. 752.444/SC, relator Ministro Ribeiro Dantas, Quinta Turma, julgado em 4/10/2022, *DJe* de 10/10/2022.)

[99] **Resolução CNJ 420/2021.** Disponível em: https://atos.cnj.jus.br/atos/detalhar/4133, último acesso em 23 fev. 2023.
"**Art. 1º** Fica vedado o recebimento e a distribuição de casos novos em meio físico em todos os tribunais, à exceção do Supremo Tribunal Federal, a partir de 1º de março de 2022.
(...)
Art. 3º A digitalização do acervo processual físico em eletrônico deverá ser concluída:
I – Até 31/12/2022, nos tribunais que, em 30 de setembro de 2021, ostentarem acervo físico inferior a 5% (cinco por cento) do total dos feitos em tramitação;
II – Até 31/12/2023, nos tribunais que, em 30 de setembro de 2021, ostentarem acervo físico superior a 5% (cinco por cento) e inferior a 20% (vinte por cento) do total dos feitos em tramitação;
III – Até 31/12/2024, nos tribunais que, em 30 de setembro de 2021, ostentarem acervo físico superior a 20% (vinte por cento) e inferior a 40% (quarenta por cento) do total dos feitos em tramitação; e
IV – Até 31/12/2025, nos tribunais que, em 30 de setembro de 2021, ostentarem acervo físico superior a 40% (quarenta por cento) do total dos feitos em tramitação."
[100] **José Carlos de Araújo Almeida Filho.** A importância da definição de documento eletrônico. *Revista de Processo*, vol. 173, p. 357-372, jul. 2009.

signatário, na forma estabelecida nesta Lei, serão considerados originais para todos os efeitos legais[101-102].

---

[101] **"Art. 11.** Os documentos produzidos eletronicamente e juntados aos processos eletrônicos com garantia da origem e de seu signatário, na forma estabelecida nesta Lei, serão considerados originais para todos os efeitos legais.

§ 1º Os extratos digitais e os documentos digitalizados e juntados aos autos pelos órgãos da Justiça e seus auxiliares, pelo Ministério Público e seus auxiliares, pelas procuradorias, pelas autoridades policiais, pelas repartições públicas em geral e por advogados públicos e privados têm a mesma força probante dos originais, ressalvada a alegação motivada e fundamentada de adulteração antes ou durante o processo de digitalização.

§ 2º A arguição de falsidade do documento original será processada eletronicamente na forma da lei processual em vigor.

§ 3º Os originais dos documentos digitalizados, mencionados no § 2º deste artigo, deverão ser preservados pelo seu detentor até o trânsito em julgado da sentença ou, quando admitida, até o final do prazo para interposição de ação rescisória.

§ 4º (VETADO)

§ 5º Os documentos cuja digitalização seja tecnicamente inviável devido ao grande volume ou por motivo de ilegibilidade deverão ser apresentados ao cartório ou secretaria no prazo de 10 (dez) dias contados do envio de petição eletrônica comunicando o fato, os quais serão devolvidos à parte após o trânsito em julgado.

§ 6º Os documentos digitalizados juntados em processo eletrônico estarão disponíveis para acesso por meio da rede externa pelas respectivas partes processuais, pelos advogados, independentemente de procuração nos autos, pelos membros do Ministério Público e pelos magistrados, sem prejuízo da possibilidade de visualização nas secretarias dos órgãos julgadores, à exceção daqueles que tramitarem em segredo de justiça. (Incluído pela Lei nº 13.793, de 2019)

§ 7º Os sistemas de informações pertinentes a processos eletrônicos devem possibilitar que advogados, procuradores e membros do Ministério Público cadastrados, mas não vinculados a processo previamente identificado, acessem automaticamente todos os atos e documentos processuais armazenados em meio eletrônico, desde que demonstrado interesse para fins apenas de registro, salvo nos casos de processos em segredo de justiça. (Incluído pela Lei nº 13.793, de 2019)"

[102] Na jurisprudência:

DIREITO INTERNACIONAL. PROCESSUAL CIVIL. SENTENÇA ESTRANGEIRA CONTESTADA. DIVÓRCIO. DOCUMENTOS DIGITALIZADOS NA FORMA DA LEI 11.419/2006. AUTENTICIDADE COMO ORIGINAIS. PRECEDENTES. REQUISITOS DE HOMOLOGAÇÃO PRESENTES. 1. Cuida-se de pedido de homologação de sentença estrangeira de divórcio consensual, no qual é indicado apenas um óbice formal, consubstanciado na alegação de que somente os documentos produzidos eletronicamente, de forma direta, poderiam ser considerados como originais. 2. Segundo o § 2º do art. 11 da Lei n. 11.419/2006, os documentos digitalizados, ou seja, aqueles que possuíam suporte físico inicial e foram, posteriormente, vertidos na forma de documentos eletrônicos, possuem a mesma força probante dos originais físicos e dos documentos com assinatura digital que foram produzidos diretamente de forma eletrônica. Precedentes: SEC 7.811/EX, Rel. Ministra Eliana Calmon, Corte Especial, *DJe* 15.8.2013; SEC 7.878/EX, Rel. Ministra Eliana Calmon, Corte Especial, *DJe* 1º.7.2013; SEC 6.647/EX, Rel. Ministro João Otávio de Noronha, Corte Especial, *DJe* 12.6.2013; e SEC 7.124/EX, Rel. Ministro Napoleão Nunes Maia Filho, Corte Especial, *DJe* 10.5.2013. 3. A homologação de acordo de dissolução de casamento com partilha de bens nacionais, realizada de forma inequivocamente consensual no estrangeiro, não ofende a soberania pátria. Precedentes: SEC 7.173/EX, Rel. Ministro Humberto Martins, Corte Especial,

Ainda nos termos da referida lei, os originais dos documentos digitalizados deverão ser preservados pelo seu detentor até o trânsito em julgado da sentença ou, quando admitida, até o final do prazo para interposição de ação rescisória. Além disso, os documentos digitalizados juntados em processo eletrônico estarão disponíveis para acesso por meio da rede externa pelas respectivas partes processuais, pelos advogados, independentemente de procuração nos autos, pelos membros do Ministério Público e pelos magistrados, sem prejuízo da possibilidade de visualização nas secretarias dos órgãos julgadores, à exceção daqueles que tramitarem em segredo de justiça.

Por sua vez, a Medida Provisória 2.200-2/2001, por meio de seu art. 1º[103], instituiu a Infraestrutura de Chaves Públicas Brasileira - ICP-Brasil, para garantir a autenticidade, a integridade e a validade jurídica de documentos em forma eletrônica, das aplicações de suporte e das aplicações habilitadas que utilizem certificados digitais, bem como a realização de transações eletrônicas seguras. Além disso, estabeleceu que devem ser considerados documentos públicos ou particulares, para todos os fins legais[104].

Cumpre anotar, também, que tramita na Câmara de Deputados o PL nº. 4.939/2020[105], que dispõe sobre as diretrizes do direito da Tecnologia da Informação e as normas de obtenção e admissibilidade de provas digitais na investigação e no processo, conceituando como prova digital toda informação armazenada ou transmitida em meio eletrônico que tenha valor probatório, bem como reconhecendo que à prova digital aplicam-se subsidiariamente as disposições relativas às provas em geral (art. 4º). O PL traz, ainda, importantes conceituações em seu art. 3º, como o de prova nato-digital, que seria a informação gerada originariamente em meio eletrônico, e o de prova digitalizada, que seria a informação originariamente suportada por meio físico e posteriormente migrada para armazenamento em meio eletrônico, na forma da Lei. Ademais, destaca-se que a integridade da prova consiste na certeza de que a informação que a constitui se mantém inalterada após o seu tratamento, enquanto a autenticidade da prova se relaciona à certeza da sua origem, contexto ou autoria.

5.1.2 Produção da prova documental

Produzir é apresentar a prova em juízo. Em princípio, quanto aos documentos, posto provas preexistentes, compete à parte autora *produzi-los com a inicial*, e à parte ré, com

---

[103] DJe 19.8.2013; e SEC 5.822/EX, Rel. Ministra Eliana Calmon, Corte Especial, *DJe* 28.2.2013. Pedido de homologação deferido. (SEC n. 8.810/EX, relator Ministro Humberto Martins, Corte Especial, julgado em 2/10/2013, *DJe* de 16/10/2013.)

[103] "Art. 1º Fica instituída a Infra-Estrutura de Chaves Públicas Brasileira – ICP-Brasil, para garantir a autenticidade, a integridade e a validade jurídica de documentos em forma eletrônica, das aplicações de suporte e das aplicações habilitadas que utilizem certificados digitais, bem como a realização de transações eletrônicas seguras."

[104] "Art. 10. Consideram-se documentos públicos ou particulares, para todos os fins legais, os documentos eletrônicos de que trata esta Medida Provisória."

[105] Disponível em: https://www.camara.leg.br/proposicoesWeb/fichadetramitacao?idProposic ao=2264367, último acesso em o5 jan. 2022.

a *defesa*, nesta compreendidas a *contestação*, as *exceções instrumentais* e a *reconvenção* (art. 434 do CPC).[106] Aliás, alguns documentos são anexados necessariamente à inicial sob pena de indeferimento (art. 330, IV, do CPC)[107] ou de impossibilidade mesmo de distribuição (art. 287 do CPC).[108]

A bilateralidade do processo, entretanto, implica que se defira às partes a oportunidade de produzir prova documental após esses momentos, desde que não seja para surpreender o adversário. A lei não estimula a *guarda de trunfos*. Ao contrário, determina que as partes exibam, de logo, as armas com que vão duelar no processo. Decorre, portanto, dessa audiência bilateral das partes, a possibilidade de juntarem-se documentos, posteriormente, desde que destinados a comprovar *fatos supervenientes* ou para contraposição aos novos articulados. Assim, *v.g.*, a lei permite ao autor, em *réplica*, opor-se às preliminares, às objeções e às nulidades arguidas na contestação, mediante provas novas (arts. 350 e 351 do CPC).[109]

Destarte, os *documentos fundamentais devem ser anexados a qualquer tempo*, em prol da apuração da verossimilhança necessária ao julgamento da lide. Nesse caso, para evitar a surpresa aventada, dispõe a lei que o juiz deve ouvir a outra parte, sob pena de nulidade.[110]

A necessidade de apresentação imediata da prova pode trazer dificuldades para a parte, haja vista que os *elementos de convicção podem estar em poder da parte adversa ou de terceiros*, interessados ou não. Em todos esses casos, muito embora não se possa exercer arbitrariamente as próprias razões para obter os documentos, oferece o ordenamento meios capazes de fazer chegar à justiça esses indispensáveis elementos. Nesse seguimento, dispõem as partes da *exibição de documento ou coisa* manejável contra o adversário

---

[106] "**Art. 434.** Incumbe à parte instruir a petição inicial ou a contestação com os documentos destinados a provar suas alegações.

Parágrafo único. Quando o documento consistir em reprodução cinematográfica ou fonográfica, a parte deverá trazê-lo nos termos do caput, mas sua exposição será realizada em audiência, intimando-se previamente as partes."

[107] "**Art. 330.** A petição inicial será indeferida quando: (...)

IV – não atendidas as prescrições dos arts. 106 e 321."

[108] "**Art. 287.** A petição inicial deve vir acompanhada de procuração, que conterá os endereços do advogado, eletrônico e não eletrônico.

Parágrafo único. Dispensa-se a juntada da procuração:

I – no caso previsto no art. 104;

II – se a parte estiver representada pela Defensoria Pública;

III – se a representação decorrer diretamente de norma prevista na Constituição Federal ou em lei."

[109] "**Art. 351.** Se o réu alegar qualquer das matérias enumeradas no art. 337, o juiz determinará a oitiva do autor no prazo de 15 (quinze) dias, permitindo-lhe a produção de prova."

[110] "**Art. 437, § 1º.** Sempre que uma das partes requerer a juntada de documento aos autos, o juiz ouvirá, a seu respeito, a outra parte, que disporá do prazo de 15 (quinze) dias para adotar qualquer das posturas indicadas no art. 436."

ou contra terceiro direta ou indiretamente interessado no litígio, e a *busca e apreensão* contra terceiro particularmente desinteressado ou a *requisição* de documentos públicos junto às autoridades (art. 438 do CPC),[111] que deverão atendê-la sob pena de incidência no *delito de desobediência*. Recebidos esses, extraem-se as peças e certidões necessárias, devolvendo-se-os.

Questão lindeira a essa e de constância na praxe é a referente à requisição de informações sobre bens do executado junto às repartições. A posição majoritária exige que essa busca seja levada a efeito em benefício da justiça, comprovando a parte não dispor de condições para, por si só, obter os elementos de convicção.

O momento da prova é outra matéria sujeita à controvérsia. Considera-se que o *justo impedimento* supera o momento próprio de produção das provas, em qualquer grau de jurisdição, *v.g.*, prevê o art. 1.014 do CPC[112] ao instituir o *beneficium nondum deducta deducendi nondum probata probandi*. O mesmo ocorre com a determinação judicial de juntada posterior de elementos necessários à investigação da verdade, posto ser o juiz o destinatário final da prova, daí a inexistência de preclusão.[113]

Retornando à *exibição de documento ou coisa*, não obstante um incidente probatório, recebe regulação específica do Código, como observaremos a seguir.

5.2 Exibição de documento ou coisa

O dever de colaborar com a justiça pertine às partes e aos terceiros. Como consectário, todo e qualquer documento de interesse para o desate da causa deve ser exibido em juízo, voluntariamente ou coactamente. A *forma compulsória de revelação do documento nos autos* denomina-se *exibição de documento ou coisa*, através do qual o juiz "*ordena que se proceda à exibição*" (art. 396 do CPC).[114] Além do documento, também sujeita-se à exibição a coisa, *v.g.*, uma joia para demonstrar-se o estado em que se encontra, ou outro objeto de interesse da causa.

---

[111] "**Art. 438.** O juiz requisitará às repartições públicas, em qualquer tempo ou grau de jurisdição:
I – as certidões necessárias à prova das alegações das partes;
II – os procedimentos administrativos nas causas em que forem interessados a União, o Estado, o Município ou as respectivas entidades da administração indireta.
§ 1º Recebidos os autos, o juiz mandará extrair, no prazo máximo e improrrogável de 1 (um) mês, certidões ou reproduções fotográficas das peças que indicar e das que forem indicadas pelas partes, e, em seguida, devolverá os autos à repartição de origem.
§ 2º As repartições públicas poderão fornecer todos os documentos em meio eletrônico, conforme disposto em lei, certificando, pelo mesmo meio, que se trata de extrato fiel do que consta em seu banco de dados ou no documento digitalizado."

[112] "**Art. 1.014.** As questões de fato não propostas no juízo inferior poderão ser suscitadas na apelação, se a parte provar que deixou de fazê-lo por motivo de força maior."

[113] **Pedro Batista Martins**, *Comentários ao Código de Processo Civil*, 1942, vol. III, p. 33.

[114] Essa razão de ser da exibição encontra-se em **Liebman**, *Corso di Diritto Processuale Civile*, 1952, p. 164, e **Leo Rosenberg**, *Tratado de Derecho Procesal Civil*, 1955, vol. II, p. 249.

Destarte, a coisa a ser exibida deve ser *móvel*, uma vez que o *imóvel* é passível de vistoria e não exibição.[115] A exibição ora *sub examine* é interinal, espécie de prova, não função preventivo-cautelar, e endereçada à parte adversa, criando-lhe um ônus, consequentemente *à não exibição repelida pelo juízo o qual implica admitir-se como verdadeiros os fatos que se pretendiam comprovar através do documento ou coisa sonegados.*

A exibição em face do terceiro, exatamente porque ele não tem interesses em jogo na causa, reveste-se do caráter de *dever legal* e a ordem do juízo deve ser cumprida sob pena de *desobediência* e *busca e apreensão* do documento ou coisa.[116]

A exibição eventualmente pode conduzir a um fato desfavorável à parte obrigada a exibir, posto determinado em prol da justiça.[117]

Há, entretanto, casos em que a parte pode recusar-se à exibição, o que deve ser avaliado pelo juízo. Assim é que *a parte ou o terceiro podem recusar-se à exibição* se o documento ou a coisa: I – referem-se a negócios da própria família e a exibição não se refere a uma causa entre os familiares; II – se a apresentação em juízo viola dever de honra e não há pretensões de exceção da verdade; III – se a publicidade do documento redunda em desonra à parte ou ao terceiro, bem como a seus parentes consanguíneos ou afins até terceiro grau, ou lhes representa perigo de ação penal; IV – se a exibição acarretar a divulgação de fatos, a cujo respeito, por estado ou profissão, devam guardar segredo salvo se em defesa própria, *v.g.*, o médico na rejeição de suposta negligência; V – se subsistirem outros motivos graves que, segundo o prudente arbítrio do juiz, justifiquem a recusa da exibição; VI – se houver disposição legal que justifique a recusa da exibição. Em todos esses casos, é possível extrair uma suma do documento, excluindo-se a parte que incide nas recusas justificadas (art. 404 do CPC).[118]

---

[115] Nesse mesmo sentido, a lição de **Pedro Batista Martins**, *Comentários ao Código de Processo Civil*, 1942, vol. III, p. 35, e **Moacyr Amaral Santos**, *Prova Judiciária no Cível e no Comercial*, 1954, vol. IV, p. 418.

[116] Nesse mesmo sentido, as lições de **Pontes de Miranda**, *Comentários ao Código de Processo Civil*, 1947, vol. II, p. 175, e **Emílio Betti**, *Diritto Processuale Civile Italiano*, 1936.

[117] Afirma-se que a exibição fere o princípio "*nemo tenetur edere contra se e non sunt arma sumenda de domo rei*". No sentido do texto, de que a exibição se assenta em interesses eminentemente processuais referentes à administração da justiça, a lição de **Lancellotti**, "Esibizione di Prove e Sequestri", *in Studi in Onore di Enrico Redenti*, vol. II, p. 533-535.

[118] "**Art. 404.** A parte e o terceiro se escusam de exibir, em juízo, o documento ou a coisa se:

I – concernente a negócios da própria vida da família;

II – a sua apresentação puder violar dever de honra;

III – sua publicidade redundar em desonra à parte ou ao terceiro, bem como a seus parentes consanguíneos ou afins até o terceiro grau; ou lhes representar perigo de ação penal;

IV – sua exibição acarretar a divulgação de fatos a cujo respeito, por estado ou profissão, devam guardar segredo;

V – subsistirem outros motivos graves que, segundo o prudente arbítrio do juiz, justifiquem a recusa da exibição.

VI – houver disposição legal que justifique a recusa da exibição.

O juiz, de toda sorte, *não deve admitir a recusa*: I – se o requerido tiver a obrigação legal de exibir; II – se o requerido aludiu ao documento ou à coisa no processo com o intuito de constituir prova; ou III – se o documento, por seu conteúdo, é comum às partes. Nesse último caso, só a exibição pode revelar se o fato *é comum* às partes.[119]

A exibição pode ser ordenada *ex officio* ou *a requerimento da parte*, como se colhe do *caput* dos arts. 396 e 397 do CPC.[120] Em ambos os casos, recusadas a exibição e a escusa, as consequências são as mesmas.

A parte, ao suscitar o incidente, deve fazê-lo através de petição que deve conter, sob pena de inépcia: (I) a individuação completa do documento ou da coisa, ou das categorias de documentos ou de coisas buscados; (II) a finalidade da prova, indicando os fatos que se relacionam com o documento, com a coisa ou com suas categorias, uma vez que estes é que serão presumidos verdadeiros se houver recusa injustificada; e, finalmente, (III) as circunstâncias em que se funda o requerente para afirmar que o documento ou a coisa existem e se encontram em poder da parte contrária; isto é, o *adversus* no incidente, haja vista que pode ser dirigido também contra terceiro.

A *oitiva da parte contrária* é obrigatória porquanto a mesma pode, além de sustentar escusas legais, oferecer defesa direta, afirmando não possuir o referido documento ou coisa. Por oportuno, havendo necessidade, o juiz permitirá *a produção de provas no incidente* (art. 398 do CPC).[121] As sanções variam conforme o pedido se dirija à parte ou ao terceiro. Em relação ao terceiro, acolhido o pedido, expede-se *ordem de exibição* e, uma vez cumprida, o documento ou a coisa passam a constituir um elemento de prova no processo. No que pertine à parte contrária, o incidente dá ensejo à *constituição de uma prova através da presunção de veracidade dos fatos que se pretende comprovar com o documento ou a coisa.* Nessa hipótese, em razão da conexão, cumpre ao juiz decidir o incidente na sentença final, haja vista que essa presunção figurará como uma das "motivações da decisão".

Parágrafo único. Se os motivos de que tratam os incisos I a VI do *caput* disserem respeito a apenas uma parcela do documento, a parte ou o terceiro exibirá a outra em cartório, para dela ser extraída cópia reprográfica, de tudo sendo lavrado auto circunstanciado."

[119] Como bem esclarece **Salvatore Satta**, *Diritto Processuale Civile*, 1950, p. 226: "A comunhão no fato representado prevalece sobre a detenção que tem a parte contrária, uma vez que só a exibição deste torna possível o conhecimento de seu conteúdo".

[120] "**Art. 396.** O juiz pode ordenar que a parte exiba documento ou coisa que se encontre em seu poder.
Art. 397. O pedido formulado pela parte conterá:
I – a descrição, tão completa quanto possível, do documento ou da coisa, ou das categorias de documentos ou de coisas buscados; (Redação dada pela Lei nº 14.195, de 2021)
II – a finalidade da prova, com indicação dos fatos que se relacionam com o documento ou com a coisa, ou com suas categorias; (Redação dada pela Lei nº 14.195, de 2021)
III – as circunstâncias em que se funda o requerente para afirmar que o documento ou a coisa existe, ainda que a referência seja a categoria de documentos ou de coisas, e se acha em poder da parte contrária. (Redação dada pela Lei nº 14.195, de 2021)"

[121] "**Art. 398.** O requerido dará sua resposta nos 5 (cinco) dias subsequentes à sua intimação
Parágrafo único. Se o requerido afirmar que não possui o documento ou a coisa, o juiz permitirá que o requerente prove, por qualquer meio, que a declaração não corresponde à verdade."

Diversamente, tratando-se de exibição contra terceiro, forma-se uma *nova relação processual*, com objeto distinto e que termina com a expedição, se procedente, de uma *sentença mandamental* (arts. 401 e 402 do CPC).[122]

Diferente é o regime quando indeferido o pedido, por isso que *a parte* rejeitada na sua pretensão de exibição deve agravar, da decisão de inequívoca natureza interlocutória.

A exibição contra terceiro, uma vez que dá ensejo à formação de processo distinto, enseja decisão apelável.

5.3 Ata notarial

A ata notarial é prova que, na legislação anterior, era produzida sem previsão específica no Código – meio atípico, portanto. No diploma de 2015, passou-se a prever a possibilidade de um tabelião lavrar ata em que consigne a existência de um fato ou seu modo se der.

Trata-se de meio probatório cuja utilização tem sido cada vez mais relevante – notadamente a partir de situações advindas do meio digital – na medida em que oportuniza, por exemplo, comprovação do conteúdo de *sites*, a documentação de conversas de WhatsApp e a formalização das informações contidas em um e-mail, com dados de quem envia e recebe, IP do computador e data e horário do envio. Assim, a lavratura da ata notarial torna possível impedir que alguma informação deixe de ser documentada caso determinada foto, vídeo ou página da *internet* seja retirada do ar, por exemplo.

Alia-se, assim, a fé pública que o cartorário detém com a fugacidade de certos fatos, nos tempos correntes. Basta pensar em um *post* em rede social, que poderá ter seu conteúdo documentado pelo agente, resguardando o direito à sua prova em futuro processo, ainda que venha a ser excluído da respectiva mídia digital. Igualmente, poderá o tabelião atestar imagens e sons em dispositivos eletrônicos, como áudios enviados por aplicativos de mensagens. Ao cabo, o fato será levado a juízo pela via documental.

Em uma perspectiva comparada, verificamos que nosso sistema de produção de prova desjudicializada, concretamente pela confecção de ata notarial, é paradigmático.

A experiência estrangeira é, majoritariamente, tímida. Em Portugal, as testemunhas podem ser ouvidas pelos advogados (art. 517 do CPC, reformado em 2013), enquanto nos Estados Unidos, onde vige a sistemática da *Discovery,* fase pré-judicial eminentemente probatória e transparente, há previsão somente de interrogatório das partes por escrito (*interrogatories* – Rule 33 das *Federal Rules of Civil Procedure*). Na Itália, apenas se admite a colheita de depoimentos testemunhais por escrito, unilateralmente, como ocorre na *attestation* francesa (introduzida em 1976), ao passo que o direito alemão somente o

---

[122] "**Art. 401.** Quando o documento ou a coisa estiver em poder de terceiro, o juiz ordenará sua citação para responder no prazo de 15 (quinze) dias.

Art. 402. Se o terceiro negar a obrigação de exibir ou a posse do documento ou da coisa, o juiz designará audiência especial, tomando-lhe o depoimento, bem como o das partes e, se necessário, o de testemunhas, e em seguida proferirá decisão."

tolera quando o elevado número de testemunhas inviabilizar a oitiva pessoal (*ZPO*, §377). A maior abertura à produção de elementos de convicção extrajudicial por terceiro se encontra na *Ley de Enjuiciamiento Civil* espanhola (art. 265.1), que prevê a possibilidade de juntada de informações e documentos provenientes de profissionais habilitados de investigação privada.

5.4 Prova oral

A *prova oral* contrapõe-se à escrita e consiste em traduzir os elementos de convicção através da palavra falada, sendo exemplos marcantes desse gênero os *depoimentos das partes, das testemunhas e dos peritos.*[123]

O *depoimento pessoal* não é senão o *interrogatório da parte*,[124] determinado pelo juiz para esclarecimento de fatos relacionados à causa ou requerido pela parte adversa com o fito de obter a confissão do depoente. No primeiro aspecto, poder-se-ia confirmar a versão generalizada de que o *depoimento pessoal é o testemunho prestado em juízo pela própria parte*. No segundo aspecto, o depoimento tem como finalidade obter a confissão *coram judicem* da parte. Sob esse ângulo, imperioso assentar que a confissão pressupõe "possibilidade jurídica", capacidade do confidente e disponibilidade do objeto da confissão.

Destaque-se que somente a parte adversa pode requerer o depoimento da outra, uma vez que o sujeito do processo fala pela boca e pela pena de seu advogado. Considera-se parte, para efeito do presente tema, não só aqueles sujeitos originários do processo, mas também os terceiros intervenientes que, após a intervenção, assumem a qualidade de parte principal ou acessória, *v.g.*, o assistente litisconsorcial, o denunciado etc.

Aponta-se o depoimento pessoal como significativo elemento de formação da convicção do juiz pelo que aufere através do contato direto com o interessado.[125]

O depoimento da parte é, ainda que via representação, *personalíssimo*,[126] insubstituível pela fala de outrem, uma vez que a lei impõe sanções às recusas e às escusas no momento de depor, não se revelando justo que alguém incida na *pena de confesso* por ato de outrem.[127] Os poderes para confessar, a que se refere o art. 105

---

[123] Como bem salienta **Devis Echandia**, *in Teoría General*, vol. I, nº 146, "o depoimento pessoal pertence ao mesmo gênero da prova testemunhal".

[124] Conforme se colhe, por exemplo, no Direito italiano. Neste, **Chiovenda** o conceituava como "meio de obtenção da confissão da parte", *in Instituições de Direito Processual Civil*, trad. portuguesa, 1945, vol. II, p. 147-148.

[125] Nesse sentido já se manifestavam **Frederico Marques**, *in Instituições*, vol. III, p. 345, e **Pontes de Miranda**, *Comentários ao Código de Processo Civil*, p. 199. Mais recentemente, **Mauro Cappelletti**, *in La Testemonianza della Parte nel Distema dell' Oralità*, § 10, considera o depoimento da parte pressuposto para que se considere um dado ordenamento adepto da oralidade processual.

[126] Nesse sentido, **Moacyr Amaral Santos**, na sua clássica obra tantas vezes citada, nº 101.

[127] Dispõe-se, textualmente, no Direito português que: "a confissão em depoimento só pode ser feita pela própria parte".

do CPC,[128] como outorgáveis ao advogado, não implicam admitir-se o depoimento deste pelo seu cliente. É que a confissão é a admissão da veracidade de fatos contrários ao interesse do constituinte e isso pode dar-se por escrito através de petições firmadas pelo advogado. Nesse caso, os poderes hão de ser expressos e referir-se aos *fatos confessáveis* na sua individualidade, não sendo lícita a *confissão geral*, senão a exteriorizada via poderes expressos em relação a fatos específicos.[129]

É inegável, entretanto, a força revelada pelos fatos narrados nas peças processuais pelos próprios advogados, como se relembra em boa sede doutrinária.[130]

A relevância jurídico-processual do depoimento está nos efeitos da *confissão ficta* que emergem desse meio de prova.

O CPC dispõe que a parte será *intimada pessoalmente* para depoimento pessoal, constando do mandado que se presumirão verdadeiros os fatos contra ela alegados, caso não compareça, ou comparecendo, recuse-se a depor. Esclarece a lei, em razão dessa grave consequência, que a aplicação da pena de confissão *depende da prévia intimação da parte* (art. 385, § 1º, do CPC).[131] Observadas as finalidades do depoimento, tem-se que a *pena de confesso* somente se aplica quando a presença do depoente é requerida pela parte contrária, uma vez que a finalidade do mesmo é a obtenção da confissão. Diversamente, não se aplica a mesma sanção quando o depoimento é determinado de ofício pelo juiz.

A *recusa em depor* que acarreta a pena de confesso pode ser *direta* ou *indireta*. A *recusa direta* dá-se pela *ausência injustificada*, uma vez que o justo impedimento obsta a confissão ficta, ou pela "recusa em responder". Nesse segundo caso, a recusa é inferida

---

[128] "**Art. 105.** A procuração geral para o foro, outorgada por instrumento público ou particular assinado pela parte, habilita o advogado a praticar todos os atos do processo, exceto receber citação, confessar, reconhecer a procedência do pedido, transigir, desistir, renunciar ao direito sobre o qual se funda a ação, receber, dar quitação, firmar compromisso e assinar declaração de hipossuficiência econômica, que devem constar de cláusula específica."

[129] "**Art. 391.** A confissão judicial faz prova contra o confitente, não prejudicando, todavia, os litisconsortes.

Parágrafo único. Nas ações que versarem sobre bens imóveis ou direitos reais sobre imóveis alheios, a confissão de um cônjuge ou companheiro não valerá sem a do outro, salvo se o regime de casamento for o de separação absoluta de bens."

[130] Nesse sentido, **João Carlos Pestana de Aguiar**, *Comentários ao Código de Processo Civil*, p. 116.

[131] "**Art. 385.** Cabe à parte requerer o depoimento pessoal da outra parte, a fim de que esta seja interrogada na audiência de instrução e julgamento, sem prejuízo do poder do juiz de ordená-lo de ofício.

§ 1º Se a parte, pessoalmente intimada para prestar depoimento pessoal e advertida da pena de confesso, não comparecer ou, comparecendo, se recusar a depor, o juiz aplicar-lhe-á a pena.

§ 2º É vedado a quem ainda não depôs assistir ao interrogatório da outra parte.

§ 3º O depoimento pessoal da parte que residir em comarca, seção ou subseção judiciária diversa daquela onde tramita o processo poderá ser colhido por meio de videoconferência ou outro recurso tecnológico de transmissão de sons e imagens em tempo real, o que poderá ocorrer, inclusive, durante a realização da audiência de instrução e julgamento."

das atitudes da parte que evita responder parte das perguntas, ou utiliza-se de evasivas etc. (art. 386 do CPC).[132]

A recusa em responder pode ser justificada, hipótese em que não cabe a infligção da pena. Assim, a parte não está obrigada a depor acerca de fatos criminosos ou torpes que lhe foram imputados, ou outros a cujo respeito, por estado ou profissão, deva guardar sigilo (*venire contra factum proprium*). Nessas hipóteses, ainda assim, não se considera justificada a recusa se de outro modo não for possível alcançar o esclarecimento desses fatos importantes para o julgamento da causa. Por essa razão, o legislador rompeu o veto acima nas causas de ação de filiação, separação e anulação de casamento, onde esses fatos contrários a uma das partes devem ser declarados em depoimento (art. 388, parágrafo único, do CPC).[133]

5.4.1 Depoimento pessoal

O *depoimento pessoal*, como toda e qualquer prova, passa pelas etapas da *proposição*, *admissão* e *produção*.

Propõe-se o depoimento da parte *com a inicial* ou a defesa, salvo se motivos supervenientes ou antecedentes a esse momento recomendarem ocasião diversa.

A sua *admissão* como prova tem lugar no *saneamento*, cabendo a sua *produção em audiência* regularmente designada. Deveras, tanto a admissão quanto a produção podem ser antecipadas no próprio procedimento, caso haja perigo de desaparecimento da prova por enfermidade ou necessidade de ausência do depoente no ato.

A produção da prova depende da prática de *atos preparatórios*, *v.g.*, a prévia intimação da parte por mandado com as advertências da pena de confesso (art. 385, § 1º, do CPC). No que concerne à produção em si, o depoimento pessoal submete-se às regras da *prova testemunhal*, isto é, as declarações são tomadas *pelo juiz e reduzidas a escrito*. *Não há*, evidentemente *contradita*, nem advertência, porque a parte não tem o dever de depor contra os seus interesses, razão pela qual também não é possível o cometimento de falso *testemunho* pela parte. Assim como ocorre com as testemunhas, o juiz deve velar para que uma parte não ouça o depoimento da outra, evitando cindir a audiência, para não propiciar essa quebra de igualdade.

---

[132] "**Art. 386.** Quando a parte, sem motivo justificado, deixar de responder ao que lhe for perguntado ou empregar evasivas, o juiz, apreciando as demais circunstâncias e os elementos de prova, declarará, na sentença, se houve recusa de depor."

[133] "**Art. 388.** A parte não é obrigada a depor sobre fatos:

I – criminosos ou torpes, que lhe forem imputados;

II – a cujo respeito, por estado ou profissão, deva guardar sigilo.

III – acerca dos quais não possa responder sem desonra própria, de seu cônjuge, de seu companheiro ou de parente em grau sucessível;

IV – que coloquem em perigo a vida do depoente ou das pessoas referidas no inciso III.

Parágrafo único. Esta disposição não se aplica às ações de estado e de família."

A ordem dos depoimentos é a seguinte: *as partes prestam depoimento após os peritos* e *antes das testemunhas*, manifestando-se *primeiro o autor* e *depois o réu* (art. 361 do CPC).[134] *As autoridades* com prerrogativa, mesmo quando partes, depõem nos locais que indicam (art. 454 do CPC).[135] É lícito ao juiz por força da regra que manda aplicar ao *depoimento pessoal* o disposto para o *depoimento testemunhal* "acarear" os depoentes entre si.

---

[134] "**Art. 361.** As provas orais serão produzidas em audiência, ouvindo-se nesta ordem, preferencialmente:

I – o perito e os assistentes técnicos, que responderão aos quesitos de esclarecimentos requeridos no prazo e na forma do art. 477, caso não respondidos anteriormente por escrito;

II – o autor e, em seguida, o réu, que prestarão depoimentos pessoais;

III – as testemunhas arroladas pelo autor e pelo réu, que serão inquiridas. (...)."

[135] "**Art. 454.** São inquiridos em sua residência ou onde exercem sua função:

I – o Presidente e o Vice-Presidente da República;

II – o Presidente do Senado e o da Câmara dos Deputados;

III – os Ministros de Estado;

IV – os ministros do Supremo Tribunal Federal, do Superior Tribunal de Justiça, do Superior Tribunal Militar, do Tribunal Superior Eleitoral, do Tribunal Superior do Trabalho e do Tribunal de Contas da União.

V – o procurador-geral da República e os conselheiros do Conselho Nacional do Ministério Público;

VI – o advogado-geral da União, o procurador-geral do Estado, o procurador-geral do Município, o defensor público-geral federal e o defensor público-geral do Estado;

VII – os senadores e os deputados federais;

VII – os governadores dos Estados e do Distrito Federal;

VIII – o prefeito;

IX – os deputados estaduais e distritais;

X – os desembargadores dos Tribunais de Justiça, dos Tribunais Regionais Federais, dos Tribunais Regionais do Trabalho e dos Tribunais Regionais Eleitorais e os conselheiros dos Tribunais de Contas dos Estados e do Distrito Federal;

XI – o procurador-geral de justiça;

XII – o embaixador de país que, por lei ou tratado, concede idêntica prerrogativa ao agente diplomático do Brasil.

§ 1º O juiz solicitará à autoridade que indique dia, hora e local a fim de ser inquirida, remetendo-lhe cópia da petição inicial ou da defesa oferecida pela parte que a arrolou como testemunha.

§ 2º Passado 1 (um) mês sem manifestação da autoridade, o juiz designará dia, hora e local para o depoimento, preferencialmente na sede do juízo.

§ 3º O juiz também designará dia, hora e local para o depoimento, quando a autoridade não comparecer, injustificadamente, à sessão agendada para a colheita de seu testemunho no dia, hora e local por ela mesma indicados."

O representante do MP goza, entre outras, da prerrogativa de "ser ouvido, como testemunha ou ofendido, em qualquer processo ou inquérito, em dia, hora e local previamente ajustados com o juiz ou a autoridade competente" (art. 40, I da Lei nº 8.625, de 12.02.1993).

LC nº 80, de 12.01.1994 – Organiza a Defensoria Pública da União, do Distrito Federal e dos Territórios e prescreve normas gerais para sua organização nos Estados, e dá outras providências (*Lex*, 1994/316, *RF*, 325/327): "**Art. 44**. São prerrogativas dos membros da Defensoria Pública da União: (...)

5.4.2 Prova testemunhal

A prova testemunhal distingue-se do depoimento pessoal pelo fato de que os *esclarecimentos são trazidos a juízo por pessoa estranha ao litígio*. Exatamente por não ser parte e, portanto, estranho, é que legitima a *prova testemunhal*.[136] O testemunho consiste na narração do que a testemunha viu ou ouviu, sentiu etc., por isso, em clássica sede doutrinária, já se afirmou que a testemunha declara em juízo "fatos percebidos pelos sentidos", e são consideradas segundo jargão forense, "os olhos e os ouvidos da justiça". Por outro lado, "consectário da importância dos sentidos" na aferição do depoimento da testemunha é a "incapacidade de testemunhar imposta ao cego e ao surdo quando a ciência do fato depender dos sentidos que lhes faltam" (art. 447,[137] § 1º, IV, do CPC).[138] Destarte, a prova testemunhal incide, ainda, sobre *fatos passados*.[139]

XIV – ser ouvido como testemunha, em qualquer processo ou procedimento, em dia, hora e local previamente ajustados com a autoridade competente".

[136] Por essa razão, **Alcalá-Zamora** afirmava que: "as testemunhas eram terceiros chamados a depor acerca de suas percepções sensoriais", *Derecho Procesal Penal*, 1945, vol. III, p. 83. No mesmo sentido, **Devis Echandia**, *Teoria General*, vol. II, nº 192.

[137] "**Art. 447.** Podem depor como testemunhas todas as pessoas, exceto as incapazes, impedidas ou suspeitas.

§ 1º São incapazes:

[138] I – o interdito por enfermidade ou deficiência mental;

II – o que, acometido por enfermidade ou retardamento mental, ao tempo em que ocorreram os fatos, não podia discerni-los, ou, ao tempo em que deve depor, não está habilitado a transmitir as percepções;

[139] III – o menor de dezesseis (16) anos;

IV – o cego e o surdo, quando a ciência do fato depender dos sentidos que lhes faltam.

§ 2º São impedidos:

I – o cônjuge, o companheiro, o ascendente e o descendente em qualquer grau e o colateral, até o terceiro grau, de alguma das partes, por consanguinidade ou afinidade, salvo se o exigir o interesse público ou, tratando-se de causa relativa ao estado da pessoa, não se puder obter de outro modo a prova que o juiz repute necessária ao julgamento do mérito;

II – o que é parte na causa;

III – o que intervém em nome de uma parte, como o tutor, o representante legal da pessoa jurídica, o juiz, o advogado e outros que assistam ou tenham assistido as partes.

§ 3º São suspeitos:

I – o inimigo da parte ou o seu amigo íntimo;

II – o que tiver interesse no litígio.

§ 4º Sendo necessário, pode o juiz admitir o depoimento das testemunhas menores, impedidas ou suspeitas.

§ 5º Os depoimentos referidos no § 4º serão prestados independentemente de compromisso, e o juiz lhes atribuirá o valor que possam merecer."

Moacyr Amaral Santos, *Prova Judiciária*, vol. III, nº 23. Como bem assinala **Ovídio Baptista**, "o que não exclui que a testemunha leve a juízo as suas percepções olfativas, gustativas ou táteis".

Nesse sentido, **Eduardo Couture**, *Estudios de Derecho Procesal Civil*, 1978, vol. II, nº 188.

A prova testemunhal obedece ao princípio da especialidade da prova. Não obstante, pode resultar em revelações de usos, costumes ou técnicas. Assim, *v.g.*, a testemunha pode fazer uma revelação de uma praxe do mercado de capitais ou de locações, sem prejuízo de que em havendo prova específica para determinado fato, esta é insubstituível pela prova testemunhal, ao mesmo tempo em que, já havendo prova nos autos, o depoimento testemunhal obedece ao óbice da necessidade (arts. 442 e 443 do CPC).[140]

O CPC de 2015 afastou os resquícios do sistema da *prova tarifada* que se encontravam na restrição do art. 401 do CPC de 1973,[141] segundo o qual nos contratos cujo valor exceda o décuplo do maior salário mínimo vigente no país, ao tempo em que foram celebrados, não se admitiria a prova exclusivamente testemunhal. Atualmente, qualquer que seja o valor do contrato, *é admissível a prova testemunhal quando houver começo de prova* escrita consistente em documento lavrado pela própria parte contra quem se pretende provar ou nas hipóteses em que a obtenção da prova escrita é invencível para a parte que pretende provar (art. 444, do CPC).[142]

Por outro lado, a prova testemunhal não supre, em hipótese alguma, o documento exigido como prova *ad solemnitatem* do negócio jurídico, *v.g.*, uma escritura pública.

A prática judiciária denota que a prova oral tem sido servil à demonstração dos vícios dos negócios jurídicos e das objeções e exceções materiais que o réu tenha a opor ao pedido do autor (art. 446 do CPC).[143] Não obstante estranha ao litígio, uma vez convocada a depor, *a testemunha contrai deveres público-processuais*, haja vista que a sua declaração pode influir na exatidão da prestação jurisdicional.

O primeiro deles é de *comparecer quando convocada,* por isso a testemunha faltosa pode ser conduzida a juízo, respondendo pelas despesas do adiamento do ato, sanção consectária ao dever legal referido. O comparecimento da testemunha não lhe pode acarretar qualquer sanção trabalhista, porque a sua presença encerra serviço público relevante em prol da justiça; por isso, não pode sofrer perda de salário, tampouco desconto trabalhista (art. 463 do CPC).[144] Aliás, as despesas realizadas pela

---

[140] "**Art. 442.** A prova testemunhal é sempre admissível, não dispondo a lei de modo diverso.

Art. 443. O juiz indeferirá a inquirição de testemunhas sobre fatos:

I – já provados por documento ou confissão da parte;

II – que só por documento ou por exame pericial puderem ser provados."

CF, art. 5º: "LV – aos litigantes, em processo judicial ou administrativo, e aos acusados em geral são assegurados o contraditório e ampla defesa, com os meios e recursos a ela inerentes".

[141] "**Art. 401.** A prova exclusivamente testemunhal só se admite nos contratos cujo valor não exceda o décuplo do maior salário mínimo vigente no país, ao tempo em que foram celebrados."

[142] "**Art. 444.** Nos casos em que a lei exigir prova escrita da obrigação, é admissível a prova testemunhal quando houver começo de prova por escrito, emanado da parte contra a qual se pretende produzir a prova."

[143] "**Art. 446.** É lícito à parte provar com testemunhas:

I – nos contratos simulados, a divergência entre a vontade real e a vontade declarada;

II – nos contratos em geral, os vícios do consentimento."

[144] "**Art. 463.** O depoimento prestado em juízo é considerado serviço público."

testemunha para comparecimento podem ser cobradas das partes que requereram o depoimento (art. 462 do CPC).[145]

A segunda obrigação é a de *depor*, isto é, de *prestar as declarações necessárias acerca dos fatos de seu conhecimento sempre que inquirida. A recusa em depor importa em sanção penal*; por isso, o juiz deve advertir a testemunha que incorre na pena criminal quem "faz afirmação falsa, cala ou oculta a verdade". Entretanto, mister observar as denominadas *escusas legais*, através das quais a testemunha exime-se de depor acerca de *fatos*: "I – que lhe acarretem grave dano, bem como ao seu cônjuge e aos seus parentes consanguíneos ou afins, em linha reta, ou na colateral em segundo grau; II – a cujo respeito, por estado ou profissão deva guardar sigilo, *v.g.*, o sigilo médico ou o sigilo profissional do advogado previsto no Estatuto da Ordem dos Advogados do Brasil".

O terceiro dever da testemunha é o de *dizer a verdade*, cujo descumprimento implica o delito de *falso testemunho*, punível com ação penal pública. Por essa razão é que a testemunha firma o *compromisso de dizer a verdade e sobre isso é advertida pelo juízo* (art. 458 do CPC).[146]

A admissibilidade da prova testemunhal depende de *requisitos objetivos e subjetivos*.

Objetivamente essa modalidade de prova oral deve ser requerida quando da inicial ou da defesa. Entretanto, se no curso do procedimento, o juiz determinar que as partes especifiquem as provas, caberá, nessa oportunidade, o requerimento. À proposição da prova testemunhal, segue-se a admissão no saneamento (art. 357 do CPC), produzindo-se o depoimento na audiência de instrução e julgamento. Não obstante essa seja a regra geral, é possível antecipar o depoimento para momento anterior à audiência se as circunstâncias objetivas assim determinarem. Trata-se de uma *produção antecipada de provas interinal* diversa daquela prevista como procedimento apartado, uma vez que, nesta, o depoimento é avaliado na sentença final, ao passo que, na produção antecipada cautelar, o juiz não engendra qualquer valoração isolada e prematura desse elemento de convicção. Destarte, escapam, também, à regra do depoimento em audiência perante o juiz da causa, as *testemunhas ouvidas por precatória*, bem como aquelas que, "em razão da função, indicam dia, hora e lugar para serem ouvidas" (art. 454, § 1º, do CPC), *v.g.*, o Presidente e Vice-Presidente da República, os deputados e senadores, os Ministros de Estado, bem como as demais autoridades arroladas no dispositivo.

A *produção* do depoimento obedece a uma solenidade que contempla *atos preparatórios*. Em primeiro lugar, a parte adversa tem o direito de saber a individualização completa das testemunhas, para fins de *aferição de impedimentos e incapacidade*, competindo ao *ex adverso* oferecer o rol de testemunhas, no máximo até cinco dias antes da audiência.

---

[145] **"Art. 462.** A testemunha pode requerer ao juiz o pagamento da despesa que efetuou para comparecimento à audiência, devendo a parte pagá-la logo que arbitrada ou depositá-la em cartório dentro de 3 (três) dias."

[146] **"Art. 458.** Ao início da inquirição, a testemunha prestará o compromisso de dizer a verdade do que souber e lhe for perguntado.

Parágrafo único. O juiz advertirá à testemunha que incorre em sanção penal quem faz a afirmação falsa, cala ou oculta a verdade."

À finalidade de conceder à outra parte oportunidade para impugnar as testemunhas, justifica ser *defeso substituir o rol sem motivação*. Por isso a parte, depois de apresentado o rol, somente pode substituir as suas testemunhas se alguma delas *falecer*, se por *enfermidade* não estiver em condições de depor ou se houver *alteração de endereço* e por isso *não for encontrada* pelo oficial por desconhecimento de seu paradeiro pela parte que a arrolou. O citado preceito, por oportuno, admite uma interpretação flexível por parte do juiz que pode autorizar a substituição desde que não viole essa diminuta repercussão do contraditório, permitindo a ciência prévia do nome do depoente pela parte adversa.

Apresentado o rol, cumpre diligenciar para que a testemunha compareça à audiência para esse fim. O Código prevê a sistemática da intimação direta pelo advogado, por meio de carta com aviso de recebimento, juntado pelo advogado aos autos, com ao menos três dias de antecedência da data da audiência, com cópia da correspondência e da comprovação de recebimento (art. 455, § 1º). Do mandado deve constar, além do dia, hora e local do depoimento, a advertência de que, em não comparecendo por motivo justificado, a testemunha será *conduzida* a juízo por oficial em data posterior à audiência que faltou, bem como responderá pelas despesas de adiamento ato (art. 455, § 5º, do CPC).

A alternativa para parte interessada é apenas informar à testemunha da data. Contudo, se ausente o depoente, presumir-se-á a desistência de sua inquirição (art. 455, § 2º). A menor formalidade enseja maior risco.

A *intimação*, portanto, *pode ser dispensada* se a parte se comprometer a levar a testemunha a juízo. Nesse caso, não pode haver a condução coercitiva na hipótese de ausência, mas antes a sanção consistente na presunção de *desistência da prova*, realizando-se o ato sem o depoimento. Referida presunção, evidentemente, *cede ao motivo justificado* apresentado pela parte na abertura da audiência, cuja seriedade conduz ao seu adiamento (art. 362, inciso II e § 1º, do CPC).[147]

Residualmente, mantém-se a possibilidade de intimação pelo juízo, quando frustrada a intimação direta pelo advogado; houver fundamento concreto para a exceção, demonstrado ao juiz; ou a parte for o Ministério Público ou patrocinada pela Defensoria Pública (art. 455, § 4º).

---

[147] "**Art. 362.** A audiência poderá ser adiada:

I – por convenção das partes;

II – se não puder comparecer, por motivo justificado, qualquer pessoa que dela deva necessariamente participar;

III – por atraso injustificado de seu início em tempo superior a 30 (trinta) minutos do horário marcado.

§ 1º O impedimento deverá ser comprovado até a abertura da audiência, e, não o sendo, o juiz procederá à instrução.

§ 2º O juiz poderá dispensar a produção das provas requeridas pela parte cujo advogado ou defensor público não tenha comparecido à audiência, aplicando-se a mesma regra ao Ministério Público.

§ 3º Quem der causa ao adiamento responderá pelas despesas acrescidas."

Em outros casos, também se excepciona a sistemática. É a hipótese das oitivas de autoridades já mencionadas (art. 454) ou de servidor público civil ou militar, que serão requisitados.

A testemunha, comparecendo antes de depor sobre os fatos da causa, deve ser qualificada, esclarecendo sobre suas relações e eventuais impedimentos para depor. O próprio juiz deve adverti-la desses impedimentos, bem como das consequências das eventuais afirmações falsas ou omissões que venha a cometer. Cientificando-se dessas advertências e obrigando-se a não as cometer, a parte presta o *compromisso*. Ainda assim, é lícito à parte contrária impugnar o seu compromisso demonstrando a existência de impedimentos, suscitando o incidente da *contradita* que deve ser solucionado no momento anterior ao depoimento, sendo certo que para esse fim da contradita é lícito à parte que arrolou a testemunha e à impugnante produzirem provas.

O *juiz é livre para ouvir a testemunha contraditada* sem compromisso, para avaliar *a posteriori* o grau de colaboração daquele testemunho no descobrimento da verdade. Advirta-se que a testemunha que, por escusa legal, não é obrigada a depor sobre determinados fatos (art. 457, § 2º, do CPC), na verdade não se recusa.[148]

Superada essa fase, colhe-se o depoimento das testemunhas, primeiro as do autor depois as do réu, iniciando-se as perguntas, pelo juiz, acerca dos fatos relevantes e influentes concedendo-se, depois, oportunidade à parte que a arrolou e, por fim, à parte adversa. A relevância e a pertinência das perguntas são avaliadas pelo juiz, que pode indeferi-las. Nessa hipótese, deve constar do termo de audiência a pergunta indeferida para que o tribunal, em caso de eventual recurso, avalie da importância da mesma para o desate da causa, podendo, inclusive, anular o julgado em face dessa lacuna.

A forma de arquivar-se o depoimento é variada, tendo sido usual a transcrição de tudo em ata da audiência. Entretanto, seguindo as técnicas modernas, os depoimentos podem ser gravados, relegando-se a sua transcrição para o processo através da datilografia quando houver recurso da sentença ou por determinação judicial, *ex officio* ou a requerimento da parte, atentando-se para a novel previsão do processo eletrônico.

A forma de coleta do depoimento foi simplificada pelo Código de 2015, que ultrapassou o "sistema presidencial", que impunha que o juiz fosse o intermediário das indagações das partes; por isso, as perguntas eram formuladas por ele às testemunhas mediante solicitação dos advogados. Essa intermediação visava não só a avaliar da pertinência das perguntas, mas também a coibir qualquer espécie de abuso no relacionamento com a testemunha; por isso, as partes devem tratá-las com urbanidade, não lhes fazendo perguntas ou considerações não essenciais, capciosas ou vexatórias,

---

[148] "**Art. 457.** Antes de depor, a testemunha será qualificada, declarará ou confirmará seus dados e informará se tem relações de parentesco com a parte ou interesse no objeto do processo.
(...)
§ 2º Sendo provados ou confessados os fatos a que se refere o § 1º, o juiz dispensará a testemunha ou lhe tomará o depoimento como informante."

impedindo-as *o poder de polícia*, de que é dotado o magistrado em todo o processo (art. 360 do CPC).[149]

Atualmente, sem prejuízo da possibilidade de o juiz indeferir questionamentos que induzam respostas, sem relação com os fatos objetos da prova ou repetitivos, cabe aos advogados das partes realizar, diretamente, as perguntas (art. 459[150]). Naturalmente, pode o magistrado, antes ou depois das partes, realizar indagações. Importou-se, assim, o tradicional instituto oriundo da *common law*, concernente no *cross examination*.

Da prova testemunhal pode surgir a necessidade de oitiva de pessoa *referida* que é aquela mencionada no depoimento de outra testemunha.

Destarte, é possível, também, que, ao findar o depoimento de uma testemunha, o juiz verifique a necessidade de *confrontar* a mesma com outra pessoa que também trouxe elementos de informação, nas hipóteses em que os depoimentos contradizem-se em pontos essenciais. Dá-se o nome a esse incidente de "acareação" e pode ser suscitado pela parte ou provocado de ofício pelo juiz. Colocadas *cara a cara*, a testemunha e a parte ou a testemunha e outra testemunha esclarecem ao juiz, as divergências de seus depoimentos, constando esse teor da assentada.

Por fim, cumpre anotar que, nos termos da Lei nº 14.340/2022, sempre que necessário o depoimento ou a oitiva de crianças e de adolescentes em casos de alienação parental, eles serão realizados obrigatoriamente nos termos da Lei nº 13.431/2017, sob pena de nulidade processual.

A referida Lei estabelece o sistema de garantia de direitos da criança e do adolescente vítima ou testemunha de violência, prevendo a denominada "escuta especializada", que é o procedimento de entrevista sobre situação de violência com criança ou adolescente perante órgão da rede de proteção, limitado o relato estritamente ao necessário para o cumprimento de sua finalidade, e o "Depoimento especial", que é o procedimento de oitiva de criança ou adolescente vítima ou testemunha de violência perante autoridade policial ou judiciária.

---

[149] "**Art. 360.** O juiz exerce o poder de polícia, incumbindo-lhe:

I – manter a ordem e o decoro na audiência;

II – ordenar que se retirem da sala da audiência os que se comportarem inconvenientemente;

III – requisitar, quando necessário, a força policial;

IV – tratar com urbanidade as partes, os advogados, os membros do Ministério Público e da Defensoria Pública e qualquer pessoa que participe do processo;

V – registrar em ata, com exatidão, todos os requerimentos apresentados em audiência."

[150] "**Art. 459.** As perguntas serão formuladas pelas partes diretamente à testemunha, começando pela que a arrolou, não admitindo o juiz aquelas que puderem induzir a resposta, não tiverem relação com as questões de fato objeto da atividade probatória ou importarem repetição de outra já respondida.

§ 1º O juiz poderá inquirir a testemunha tanto antes quanto depois da inquirição feita pelas partes.

§ 2º As testemunhas devem ser tratadas com urbanidade, não se lhes fazendo perguntas ou considerações impertinentes, capciosas ou vexatórias.

§ 3º As perguntas que o juiz indeferir serão transcritas no termo, se a parte o requerer."

Nesse último, regido por protocolos, a criança ou o adolescente deve ser resguardado de qualquer contato, ainda que visual, com o suposto autor ou acusado, ou com outra pessoa que represente ameaça, coação ou constrangimento, e, sempre que possível, será realizado uma única vez, em sede de produção antecipada de prova judicial, garantida a ampla defesa do investigado[151].

5.4.2.1 Juntada do rol de testemunhas

Consoante restou possível observar das digressões acima, o derrogado art. 407, do CPC de 1973, em versão anterior à que vigorava até recentemente, previa incumbir à parte, 5 (cinco) dias antes da audiência, depositar em cartório o rol de testemunhas, precisando-lhes o nome, a profissão e a residência.

A *práxis*, contudo, revelou quão frequentes eram os adiamentos das audiências por força da ausência de intimação das testemunhas.

Um dos fatores dessa dificuldade era a juntada do rol muito próxima à data do ato. Houve, nesse sentido, reforma, a fim de permitir ao juiz fixar um prazo razoável para

---

[151] **"Art. 12.** O depoimento especial será colhido conforme o seguinte procedimento:

I – os profissionais especializados esclarecerão a criança ou o adolescente sobre a tomada do depoimento especial, informando-lhe os seus direitos e os procedimentos a serem adotados e planejando sua participação, sendo vedada a leitura da denúncia ou de outras peças processuais;

II – é assegurada à criança ou ao adolescente a livre narrativa sobre a situação de violência, podendo o profissional especializado intervir quando necessário, utilizando técnicas que permitam a elucidação dos fatos;

III – no curso do processo judicial, o depoimento especial será transmitido em tempo real para a sala de audiência, preservado o sigilo;

IV – findo o procedimento previsto no inciso II deste artigo, o juiz, após consultar o Ministério Público, o defensor e os assistentes técnicos, avaliará a pertinência de perguntas complementares, organizadas em bloco;

V – o profissional especializado poderá adaptar as perguntas à linguagem de melhor compreensão da criança ou do adolescente;

VI – o depoimento especial será gravado em áudio e vídeo.

§ 1º À vítima ou testemunha de violência é garantido o direito de prestar depoimento diretamente ao juiz, se assim o entender.

§ 2º O juiz tomará todas as medidas apropriadas para a preservação da intimidade e da privacidade da vítima ou testemunha.

§ 3º O profissional especializado comunicará ao juiz se verificar que a presença, na sala de audiência, do autor da violência pode prejudicar o depoimento especial ou colocar o depoente em situação de risco, caso em que, fazendo constar em termo, será autorizado o afastamento do imputado.

§ 4º Nas hipóteses em que houver risco à vida ou à integridade física da vítima ou testemunha, o juiz tomará as medidas de proteção cabíveis, inclusive a restrição do disposto nos incisos III e VI deste artigo.

§ 5º As condições de preservação e de segurança da mídia relativa ao depoimento da criança ou do adolescente serão objeto de regulamentação, de forma a garantir o direito à intimidade e à privacidade da vítima ou testemunha.

§ 6º O depoimento especial tramitará em segredo de justiça."

essa juntada ou, então, no seu silêncio, ter-se-á como prazo legal o de dez dias antecedentes à audiência.

O atual CPC, contudo, suprimiu a segunda parte do art. 407 do CPC de 1973, estatuindo o prazo de 15 dias para juntada do rol de testemunhas, contado da decisão de saneamento (art. 357, § 4º). Não equivale, portanto, ao prazo do vetusto art. 407, uma vez que aquele se contava "de trás para frente", a partir da data da audiência. O atual prazo, por outro lado, conta-se a partir da publicação da decisão que designou a audiência, de forma a constituir prazo razoável para a apresentação.

A exceção fica por cota do saneamento compartilhado, em audiência, hipótese em que as partes devem comparecer ao encontro portando o rol de testemunhas.

No mais, outra inovação para solucionar o mesmo problema consta no art. 455, CPC, que dispensa a intimação do juiz à testemunha e passa a constituir ônus do advogado da parte que pretende ouvir a respectiva testemunha. Dessa forma, deve apresentar com antecedência de, no mínimo, 3 (três) dias a intimação da testemunha, a se dar por carta com aviso de recebimento, nos termos do art. 455, § 1º, CPC.

5.4.2.2 Depoimentos privilegiados

A regra é a de que as partes depõem na audiência de instrução e julgamento.

Entretanto, para não prejudicar o exercício de funções relevantes e reciprocamente não condicionar as pautas dos juízos ao retorno dos atos de comunicação, o art. 453 estabelece uma série de depoimentos *com prerrogativa*.[152]

---

[152] "**Art. 453.** As testemunhas depõem, na audiência de instrução, perante o juiz da causa, exceto:

I – as que prestam depoimento antecipadamente;

II – as que são inquiridas por carta.

§ 1º A oitiva de testemunha que residir em comarca, seção ou subseção judiciária diversa daquela onde tramita o processo poderá ser realizada por meio de videoconferência ou outro recurso tecnológico de transmissão e recepção de sons e imagens em tempo real, o que poderá ocorrer, inclusive, durante a audiência de instrução e julgamento.

§ 2º Os juízos deverão manter equipamento para a transmissão e recepção de sons e imagens a que se refere o § 1º.

Art. 454. São inquiridos em sua residência ou onde exercem a sua função:

I – o presidente e o vice-presidente da República;

II – os ministros de Estado;

III – os ministros do Supremo Tribunal Federal, os conselheiros do Conselho Nacional de Justiça e os ministros do Superior Tribunal de Justiça, do Superior Tribunal Militar, do Tribunal Superior Eleitoral, do Tribunal Superior do Trabalho e do Tribunal de Contas da União;

IV – o procurador-geral da República e os conselheiros do Conselho Nacional do Ministério Público;

V – o advogado-geral da União, o procurador-geral do Estado, o procurador-geral do Município, o defensor público-geral federal e o defensor público-geral do Estado;

VI – os senadores e os deputados federais;

A redação do dispositivo veio adaptar o rol dos depoimentos privilegiados a partir da criação dos tribunais regionais federais e da substituição do Tribunal Federal de Recursos pelo Superior Tribunal de Justiça para inserir, também, *os ministros do Supremo Tribunal Federal, do Superior Tribunal de justiça, do Superior Tribunal Militar, do Tribunal Superior Eleitoral, do Tribunal Superior do Trabalho e do Tribunal de Contas da União.*

5.4.3 Confissão

Confessar é admitir como verdadeiros fatos relativos à pretensão formulada pela parte adversa em desfavor dos interesses do confitente (art. 389 do CPC).[153] A confissão pode ser engendrada por qualquer das partes, pessoalmente ou por procurador com poderes especiais (art. 105 do CPC). Havendo litisconsórcio, quer seja ele simples ou unitário, o regime da confissão não se altera, por isso a confissão faz prova apenas contra o confitente, não prejudicando os demais (art. 391 do CPC). Em face do litisconsórcio necessário que se forma nas causas relativas a direitos reais imobiliários pertencentes aos cônjuges, a imposição da prática conjunta de atos de disponibilidade implica que a confissão de um deles não vale sem a do outro. É que, nessas hipóteses, se as ações são exercidas em conjunto, não teria sentido que uma só confissão suprisse a outorga uxória ou a autorização marital em desfavor do patrimônio familiar, incidindo a máxima exegética *ubi eadem ratio ibi eadem dispositio*.[154] A confissão revela-se desfavorável ao confitente porquanto o fato admitido evita ser provado pela parte contrária.[155]

O *valor da confissão* é aferível objetivamente, sendo *indiferente a intenção ou não de confessar* (*animus confitendi*), haja vista que a admissão de veracidade pode ser provocada.[156]

VII – os governadores dos Estados e do Distrito Federal;

VIII – o prefeito;

IX – os deputados estaduais e distritais;

X – os desembargadores dos Tribunais de Justiça, dos Tribunais Regionais Federais, dos Tribunais Regionais do Trabalho e dos Tribunais Regionais Eleitorais e os conselheiros dos Tribunais de Contas dos Estados e do Distrito Federal;

XI – o procurador-geral de justiça;

XII – o embaixador de país que, por lei ou tratado, concede idêntica prerrogativa a agente diplomático do Brasil. (...)".

[153] "**Art. 389.** Há confissão, judicial ou extrajudicial, quando a parte admite a verdade de fato contrário ao seu interesse e favorável ao do adversário."

[154] **Pontes de Miranda**, *Comentários ao Código de Processo Civil*, 1947, vol. II, p. 209.

[155] O fato de a confissão provir da parte levou **Carnelutti** a considerá-la "um testemunho qualificado", *in Sistema di Diritto Processuale Civile*, p. 755-756.

[156] Como bem salienta **Guasp**, "a confissão, mercê de representar uma 'declaração voluntária' não é uma 'declaração de vontade'", *Derecho Procesal Civil*, 1956, p. 373. **Liebman** complementa ao afirmar que "a única vontade perceptível é a de fazer a declaração e não a confissão", *Corso di Diritto Processuale Civile*, p. 167-168.

Não obstante se revele em elemento de altíssimo poder de convicção, o juiz, por seu turno, não fica vinculado à confissão, assim como não está a qualquer outra prova, não obstante se revele em elemento de altíssimo poder de convicção, por força da adoção do sistema do *convencimento racional*.[157]

O *objeto da confissão*, consoante a lei, são os *fatos relevantes para a causa* e, por isso, favoráveis ao adversário do confidente. Escapam, assim, à confissão, as *relações jurídicas*, sendo certo que algumas, inclusive, para se revelarem existentes, demandam formas públicas que são da substância do ato que visam a exteriorizar, como a compra e venda de um imóvel.

Em face dessa característica, a doutrina *distingue a confissão* da *admissão da veracidade de determinado fato*, como ocorre quando a parte não suporta o ônus da impugnação especificada. A própria lei, ao dispor sobre ônus da prova, distingue fatos confessados de fatos admitidos no processo como incontroversos (art. 374 do CPC).[158] Diz-se *ficta a confissão* decorrente da pena de confesso imposta pelo não comparecimento da parte para depor após regular intimação (art. 385, § 1º, do CPC).[159]

A confissão, por seu turno distingue-se do *reconhecimento da procedência do pedido*. A primeira é *meio de prova*, e o segundo, *negócio jurídico processual*, que acarreta a extinção do processo com julgamento de mérito em favor do autor, consequência que não se segue à confissão. Destarte, qualquer das partes pode confessar, ao passo que o reconhecimento é ato exclusivo do réu.[160]

Subjetivamente, a *confissão exige capacidade da parte*, assim entendida a capacidade postulatória específica (art. 105 do CPC) ou a capacidade do mandatário munido de poderes especiais (art. 390, § 1º, do CPC).[161] O representante do incapaz não pode confessar,

---

[157] Assim também **Guasp,** ao rechaçar a "força vinculante da confissão" (*Derecho Procesal Civil*, 1956. p. 373).

[158] "**Art. 374.** Não dependem de prova os fatos:

I – notórios;

II – afirmados por uma parte e confessados pela parte contrária;

III – admitidos no processo como incontroversos;

IV – em cujo favor milita presunção legal de existência ou de veracidade."

[159] A confissão ficta é reminiscência do sistema da prova legal, consoante as justas críticas de **João Bonumá,** *in Direito Processual Civil*, vol. II, p. 248, e **Valentin Silva Melero**, *in La Prueba Procesal*, 1963, vol. I, p. 159.

[160] A distinção é encontrada em todos os nossos matizes europeus. No Direito romano, dizia-se que "a confissão referia-se às questões surgidas, ao passo que o reconhecimento era endereçado à pretensão do autor." Nesse sentido, o clássico estudo de **Liebman** em homenagem a **Chiovenda**, "Sul Riconnoscimento della Domanda", *in Studi di Diritto Processuale in Onore di Giuseppe Chiovenda*, 1927, p. 457. No Direito luso há confissão-prova e confissão do pedido, sendo esta última uma "renúncia à luta forense" (**José Alberto dos Reis**, *Comentários ao Código de Processo Civil*, 1946. vol. IV, p. 63-64).

[161] "**Art. 390.** A confissão judicial pode ser espontânea ou provocada.

§ 1º A confissão espontânea pode ser feita pela própria parte, ou por representante com poder especial.

§ 2º A confissão provocada constará do termo de depoimento pessoal."

posto que não vale em juízo a confissão que gravite em torno de direitos indisponíveis (art. 392 do CPC).[162] Essa mesma regra impede a confissão nas ações de estado, bem como naquelas em que estão em jogo fatos que constituem direitos sobre os quais as partes não podem dispor.

A confissão pode ser produzida em juízo ou fora dele. A confissão judicial pode ser engendrada por escrito ou através de depoimento voluntário. Sob essa modalidade, a confissão diz-se *espontânea* quando a parte dispõe-se a admitir fatos contrários aos seus interesses em causa. A *confissão provocada* configura-se quando resultante da inquirição da parte adversa efetiva através do juízo (art. 390 do CPC).

A *confissão extrajudicial* feita por escrito é avaliada segundo as regras da prova documental e, por isso, não substitui a prova escrita exigida como substância do ato, *v.g.*, a confissão sobre ter havido uma compra e venda de imóvel sem apresentação da escritura pública.

Outrossim, quando feita por escrito à parte ou ao seu procurador, tem a mesma força probatória do que a confissão judicial. Diversamente, a confissão oral só terá eficácia nos casos em que a lei dispensa a exigência de forma escrita (art. 394 do CPC).[163]

A confissão, *manifestação unilateral de vontade como soe ser,* pode ser anulada se resultar de *dolo* ou *coação*, sendo certo que, em prol da marcha do processo, e em face de sua energia probatória, o legislador tornou-a irretratável nos próprios autos,[164] por isso, se o confitente pretender anular a confissão, deve manejar a ação anulatória dos atos jurídicos em geral (art. 966, § 4º, do CPC),[165] se o processo ainda estiver pendente, hipótese em que a prejudicialidade que esta questão encerra sobre a lide implica a suspensão do processo. Diversamente, se a decisão que nela valeu-se transitar em julgado, a hipótese enquadrar-se-á na *decisão fundada em falsa prova*, aquela para a qual a lei confere ao confitente a ação rescisória.[166]

O valor probante da confissão é significativo uma vez que o art. 374 do CPC dispensa qualquer outra prova acerca dos fatos confessados (inciso II), além de o art. 391 do CPC

---

[162] "**Art. 392.** Não vale como confissão a admissão, em juízo, de fatos relativos a direitos indisponíveis.

§ 1º A confissão será ineficaz se feita por quem não for capaz de dispor do direito a que se referem os fatos confessados.

§ 2º A confissão feita por um representante somente é eficaz nos limites em que este pode vincular o representado."

[163] "**Art. 394.** A confissão extrajudicial, quando feita oralmente, só terá eficácia nos casos em que a lei não exija prova literal."

[164] A irretratabilidade, não obstante decorrente desses aspectos processuais da preclusão em prol do andamento do feito, como vaticinaram **José Alberto dos Reis** e **Liebman**, *in Código de Processo Civil Anotado*, 1951, vol. IV, p. 90, e *Instituições de Chiovenda, Notas*, vol. II, p. 146, sustenta-se, hodiernamente da letra expressa do art. 158 do CPC.

[165] "**Art. 966, § 4º.** Os atos de disposição de direitos, praticados pelas partes ou por outros participantes do processo e homologados pelo juízo, bem como os atos homologatórios praticados no curso da execução, estão sujeitos à anulação, nos termos da lei."

[166] "**Art. 393.** A confissão é irrevogável, mas pode ser anulada se decorreu de erro de fato ou de coação.

Parágrafo único. A legitimidade para a ação prevista no caput é exclusiva do confitente e pode ser transferida a seus herdeiros se ele falecer após a propositura."

dispor que a confissão faz prova contra o confitente. Isto significa dizer que, com relação àquele fato, há prova inequívoca, podendo o juiz julgar a causa no sentido que entender, à luz do confronto das demais provas dos autos, como reclama o nosso sistema do *convencimento racional*, em contraposição à prova legal.[167]

Destarte, não pode a parte pretender utilizar-se da confissão naquilo que lhe é favorável e desprezá-la na parte que lhe for prejudicial, porque a *confissão é indivisível* (art. 395 do CPC).[168] Entretanto, se, o confitente, ao confessar, encartar fatos que lhe ensejam defesa de direito material ou reconvenção, pode o juiz cindi-la, posto que representam direitos dos quais só o confitente pode despojar-se (art. 395, *in fine*, do CPC).

5.5 Prova pericial

Os fatos objeto da prova nem sempre podem ser revelados somente através da simples palavra da testemunha ou do documento acostado. Há casos em que a apuração de um fato depende de conhecimento técnico aferível mediante contato com a coisa ou a pessoa (art. 156 do CPC).[169] Nessas hipóteses, realiza-se a *vistoria de determinada coisa*, *examina-se a pessoa* ou *procede-se a uma apuração denominada avaliação*.

A prova pericial conforme se observa, é uma prova que demanda especial conhecimento técnico. A perícia encerra declaração de ciência na medida em que o perito relata no seu laudo as percepções colhidas. O perito realiza afirmação de juízo no laudo que

---

[167] Consoante **José Alberto dos Reis**, nessas hipóteses a lei confere à confissão "a eminência de *probatio probatíssima*", (*Comentários ao Código de Processo Civil*, 1946, vol. 3. p. 90). No sentido do texto, **Rosenberg**, *Tratado*, vol. II, § 113, I, 1, D. **Frederico Marques**, em seu *Manual de Processo Civil*, qualifica a confissão como "prova plena e resquício da prova legal por assemelhação aos efeitos conferidos pelo legislador à revelia e à ausência do ônus da impugnação especificada".

[168] "**Art. 395.** A confissão é, em regra, indivisível, não podendo a parte que a quiser invocar como prova aceitá-la no tópico que a beneficiar e rejeitá-la no que lhe for desfavorável, porém cindir-se-á quando o confitente a ela aduzir fatos novos, capazes de constituir fundamento de defesa de direito material ou de reconvenção."

[169] "**Art. 156.** O juiz será assistido por perito quando a prova do fato depender de conhecimento técnico ou científico.

§ 1º Os peritos serão nomeados entre os profissionais legalmente habilitados e os órgãos técnicos ou científicos devidamente inscritos em cadastro mantido pelo tribunal ao qual o juiz está vinculado.

§ 2º Para formação do cadastro, os tribunais devem realizar consulta pública, por meio de divulgação na rede mundial de computadores ou em jornais de grande circulação, além de consulta direta a universidades, a conselhos de classe, ao Ministério Público, à Defensoria Pública e à Ordem dos Advogados do Brasil, para a indicação de profissionais ou de órgãos técnicos interessados.

§ 3º Os tribunais realizarão avaliações e reavaliações periódicas para manutenção do cadastro, considerando a formação profissional, a atualização do conhecimento e a experiência dos peritos interessados.

§ 4º Para verificação de eventual impedimento ou motivo de suspeição, nos termos dos arts. 148 e 467, o órgão técnico ou científico nomeado para realização da perícia informará ao juiz os nomes e os dados de qualificação dos profissionais que participarão da atividade.

§ 5º Na localidade onde não houver inscrito no cadastro disponibilizado pelo tribunal, a nomeação do perito é de livre escolha pelo juiz e deverá recair sobre profissional ou órgão técnico ou científico comprovadamente detentor do conhecimento necessário à realização da perícia."

elabora, auxiliando o juiz na interpretação e apreciação dos fatos da causa, por isso é que se afirma que ele atua como *expert percipiendi e deducendi*.[170] As partes podem contratar assistentes técnicos, que exprimem sua opinião técnica permitindo o contraditório.

O CPC define a *prova pericial* como consistente em "vistorias, arbitramento e avaliações" para exemplificar a especialidade desse meio de convicção.

A *vistoria*, segundo a praxe judiciária, é o exame pericial realizado sobre bens imóveis; a *avaliação* é o exame consistente na estimativa de valor de determinados bens e o *arbitramento* é, igualmente, uma estimativa de valor, porém, engendrada em relação a um serviço ou indenização.

Destarte, o perito é considerado *auxiliar eventual do juízo* e, como tal, tem a sua função regulada no Capítulo III, do Título IV do Código, ao lado do oficial de justiça, do escrivão, do intérprete e do depositário. Trata-se de profissional nomeado entre aqueles legalmente habilitados junto aos órgãos técnicos e científicos, inscritos em cadastro mantido pelo respectivo tribunal (art. 156, § 1º, do CPC). Outrossim, quando o exame consistir na verificação da autenticidade ou falsidade de documento ou for de natureza médico-legal, o perito deve ser escolhido, de preferência, entre os técnicos dos estabelecimentos oficiais especializados (art. 478 do CPC).[171]

A função relevante que exerce implica a aplicação ao perito dos mesmos motivos que ensejam a *recusatio judicis* (suspeição ou impedimento), porquanto a imparcialidade do seu trabalho é pressuposto do valor probante do laudo. Ademais, pela natureza da prova, é possível a recusa pela ausência de capacidade técnica (art. 148 c.c art. 468, inciso I, do CPC).[172] Assim, *v.g.*, é suspeito o perito que adianta as conclusões a que chegou à parte que o remunerou.

---

[170] No sentido do texto, consulte-se **Moacyr Amaral Santos**, *in Prova Judiciária no Civil e no Comercial*, 1955, vol. V, p. 30. As expressões "percipiente e deducente" são de **Carnelutti**, *in Sistema di Diritto Processuale Civile*, 1936, vol. I, nº 209, p. 530.

[171] "**Art. 478.** Quando o exame tiver por objeto a autenticidade ou a falsidade de documento ou for de natureza médico-legal, o perito será escolhido, de preferência, entre os técnicos dos estabelecimentos oficiais especializados, a cujos diretores o juiz autorizará a remessa dos autos, bem como do material sujeito a exame.

§ 1º Nas hipóteses de gratuidade de justiça, os órgãos e as repartições oficiais deverão cumprir a determinação judicial com preferência, no prazo estabelecido.

§ 2º A prorrogação do prazo referido no § 1º pode ser requerida motivadamente.

§ 3º Quando o exame tiver por objeto a autenticidade da letra e da firma, o perito poderá requisitar, para efeito de comparação, documentos existentes em repartições públicas e, na falta destes, poderá requerer ao juiz que a pessoa a quem se atribuir a autoria do documento lance em folha de papel, por cópia ou sob ditado, dizeres diferentes, para fins de comparação."

[172] "**Art. 148.** Aplicam-se os motivos de impedimento e de suspeição:

I – ao membro do Ministério Público;

II – aos auxiliares de justiça;

III – aos demais sujeitos imparciais do processo.

§ 1º A parte interessada deverá arguir o impedimento ou a suspeição, em petição fundamentada e devidamente instruída, na primeira oportunidade em que lhe couber falar nos autos.

A lei impõe ao *perito deveres* e confere-lhe *direitos* inerentes ao cargo e à confiança depositada pelo juiz.

Assim, o perito tem o dever de cumprir o seu ofício, no prazo que lhe assina a lei, empregando toda a sua diligência, podendo, todavia, escusar-se do encargo, alegando motivo legítimo. Entretanto, a escusa deve ser apresentada dentro de cinco dias, contados da intimação ou do impedimento superveniente, sob pena de reputar-se renunciado o direito de alegá-la (art. 157 e parágrafos c.c art. 467, do CPC).[173]

Em face da confiança depositada e da natureza técnica de suas funções, que torna a perícia elemento de alto valor probante, o perito deve atuar com exação máxima, uma vez que responde pelos prejuízos que, por *dolo ou culpa*, causar em decorrência das informações inverídicas que prestar, ficando inabilitado por dois anos, de funcionar em outras perícias sem prejuízo de incorrer na sanção penal que a lei estabelecer, haja vista que a falsa perícia é figura típica prevista no art. 342 do Código Penal (art. 158 c/c art. 466 do CPC).[174]

É dever do perito não exceder os prazos conferidos pelo juiz para apresentação do laudo, podendo o magistrado impor-lhe multa calculada sobre o valor da causa e

---

§ 2º O juiz mandará processar o incidente em separado e sem suspensão do processo, ouvindo o arguido no prazo de 15 (quinze) dias e facultando a prova, quando necessária.

§ 3º Nos tribunais, a arguição a que se refere o § 1º será disciplinada pelo regimento interno.

§ 4º O disposto nos §§ 1º e 2º não se aplica à arguição de impedimento ou de suspeição de testemunha."

"**Art. 468.** O perito pode ser substituído quando:

I – faltar-lhe conhecimento técnico ou científico; (...)."

[173] "**Art. 157.** O perito tem o dever de cumprir o ofício no prazo que lhe designar o juiz, empregando toda sua diligência, podendo escusar-se do encargo alegando motivo legítimo.

§ 1º A escusa será apresentada no prazo de 15 (quinze) dias, contado da intimação, da suspeição ou do impedimento supervenientes, sob pena de renúncia ao direito a alegá-la.

§ 2º Será organizada lista de peritos na vara ou na secretaria, com disponibilização dos documentos exigidos para habilitação à consulta de interessados, para que a nomeação seja distribuída de modo equitativo, observadas a capacidade técnica e a área de conhecimento."

"**Art. 467.** O perito pode escusar-se ou ser recusado por impedimento ou suspeição.

Parágrafo único. O juiz, ao aceitar a escusa ou ao julgar procedente a impugnação, nomeará novo perito."

[174] "**Art. 158.** O perito que, por dolo ou culpa, prestar informações inverídicas responderá pelos prejuízos que causar à parte e ficará inabilitado para atuar em outras perícias no prazo de dois a cinco anos, independentemente das demais sanções previstas em lei, devendo o juiz comunicar o fato ao respectivo órgão de classe para adoção das medidas que entender cabíveis."

"**Art. 466.** O perito cumprirá escrupulosamente o encargo que lhe foi cometido, independentemente de termo de compromisso.

§ 1º Os assistentes técnicos são de confiança da parte e não estão sujeitos a impedimento ou suspeição.

§ 2º O perito deve assegurar aos assistentes das partes o acesso e o acompanhamento das diligências e dos exames que realizar, com prévia comunicação, comprovada nos autos, com antecedência mínima de 5 (cinco) dias."

o do prejuízo pela demora, comunicando-se ao órgão de classe para as providências administrativo-punitivas (art. 468, inciso II, do CPC).[175] Em contrapartida aos deveres assumidos, o perito é dotado de poderes na qualidade de *longa manu* do juiz, por isso pode utilizar-se de todos os meios necessários para cumprir o seu encargo, dentre outros: ouvir testemunhas, solicitar documentos e instruir os seus laudos. Ademais, pode pleitear prorrogação de prazos e somente está obrigado a *responder às perguntas feitas a ele em audiência, se for intimado com pelo menos dez dias de antecedência, através de peça escrita onde constem as indagações a serem formuladas* (art. 477, §§ 3º e 4º, do CPC).[176]

É direito inafastável do perito exonerar-se do encargo por motivo legítimo, *v.g.*, impossibilidade de cumprir o *munus* em face de doença etc.

Aceito o encargo, faz jus à remuneração de honorários e despesas que devem ser suportadas ao final pelo vencido, porém, adiantadas pela parte que requereu a perícia ou pelo autor, se a prova foi determinada de ofício pelo juiz ou requerida por ambas as partes (art. 95 do CPC).[177]

---

[175] "**Art. 468.** O perito pode ser substituído quando: (...)

II – sem motivo legítimo, deixar de cumprir o encargo no prazo que lhe foi assinado."

[176] "**Art. 477.** O perito protocolará o laudo em juízo, no prazo fixado pelo juiz, pelo menos 20 (vinte) dias antes da audiência de instrução e julgamento.

§ 1º As partes serão intimadas para, querendo, manifestar-se sobre o laudo do perito do juízo no prazo comum de 15 (quinze) dias, podendo o assistente técnico de cada uma das partes, em igual prazo, apresentar seu respectivo parecer.

§ 2º O perito do juízo tem o dever de, no prazo de 15 (quinze) dias, esclarecer ponto:

I – sobre o qual exista divergência ou dúvida de qualquer das partes, do juiz ou do órgão do Ministério Público;

II – divergente apresentado no parecer do assistente técnico da parte.

§ 3º Se ainda houver necessidade de esclarecimentos, a parte requererá ao juiz que mande intimar o perito ou o assistente técnico a comparecer à audiência de instrução e julgamento, formulando, desde logo, as perguntas, sob forma de quesitos.

§ 4º O perito ou o assistente técnico será intimado por meio eletrônico, com pelo menos 10 (dez) dias de antecedência da audiência."

[177] "**Art. 95.** Cada parte adiantará a remuneração do assistente técnico que houver indicado, sendo a do perito adiantada pela parte que houver requerido a perícia ou rateada quando a perícia for determinada de ofício ou requerida por ambas as partes.

§ 1º O juiz poderá determinar que a parte responsável pelo pagamento dos honorários do perito deposite em juízo o valor correspondente.

§ 2º A quantia recolhida em depósito bancário à ordem do juízo será corrigida monetariamente e paga de acordo com o art. 465, § 4º.

§ 3º Quando o pagamento da perícia for de responsabilidade de beneficiário de gratuidade da justiça, ela poderá ser:

I – custeada com recursos alocados no orçamento do ente público e realizada por servidor do Poder Judiciário ou por órgão público conveniado;

II – paga com recursos alocados no orçamento da União, do Estado ou do Distrito Federal, no caso de ser realizada por particular, hipótese em que o valor será fixado conforme tabela do tribunal respectivo ou, em caso de sua omissão, do Conselho Nacional de Justiça.

Cap. 10 · PROVAS 543

A perícia, à semelhança de toda e qualquer prova, passa pelos momentos da proposição, admissão e produção. As partes postulam a perícia com a inicial e com a defesa, sendo certo que não há preclusão que impeça a realização desse meio de prova quando revelado necessário supervenientemente.

A admissibilidade da perícia encontra seu momento culminante de aferição da conveniência no saneamento do processo (art. 465 c/c art. 357, do CPC).[178]

Admitida a perícia, incumbe ao juiz nomear o perito dentre aqueles profissionais desimpedidos e de sua confiança, bem como fixar, de imediato, prazo para a entrega do laudo de, pelo menos 20 (vinte) dias antes da audiência de instrução e julgamento (art. 477 do CPC).[179] Admite-se, ainda, a possibilidade de o próprio juiz formular quesitos que

---

§ 4º Na hipótese do § 3º, o juiz, após o trânsito em julgado da decisão final, oficiará a Fazenda Pública para que promova, contra quem tiver sido condenado ao pagamento das despesas processuais, a execução dos valores gastos com a perícia particular ou com a utilização de servidor público ou da estrutura de órgão público, observando-se, caso o responsável pelo pagamento das despesas seja beneficiário de gratuidade da justiça, o disposto no art. 98, § 2º.

§ 5º Para fins de aplicação do § 3º, é vedada a utilização de recursos do fundo de custeio da Defensoria Pública".

[178] "**Art. 465.** O juiz nomeará perito especializado no objeto da perícia e fixará de imediato o prazo para a entrega do laudo.

§ 1º Incumbe às partes, dentro de 15 (quinze) dias contados da intimação do despacho de nomeação do perito:

I – arguir o impedimento ou a suspeição do perito, se for o caso;

II – indicar assistente técnico;

III – apresentar quesitos.

§ 2º Ciente da nomeação, o perito apresentará em 5 (cinco) dias:

I – proposta de honorários;

II – currículo, com comprovação de especialização;

III – contatos profissionais, em especial o endereço eletrônico, para onde serão dirigidas as intimações pessoais.

§ 3º As partes serão intimadas da proposta de honorários para, querendo, manifestar-se no prazo comum de 5 (cinco) dias, após o que o juiz arbitrará o valor, intimando-se as partes para os fins do art. 95.

§ 4º O juiz poderá autorizar o pagamento de até cinquenta por cento dos honorários arbitrados a favor do perito no início dos trabalhos, devendo o remanescente ser pago apenas ao final, depois de entregue o laudo e prestados todos os esclarecimentos necessários.

§ 5º Quando a perícia for inconclusiva ou deficiente, o juiz poderá reduzir a remuneração inicialmente arbitrada para o trabalho.

§ 6º Quando tiver de realizar-se por carta, poder-se-á proceder à nomeação de perito e à indicação de assistentes técnicos no juízo ao qual se requisitar a perícia."

[179] "**Art. 477.** O perito protocolará o laudo em juízo, no prazo fixado pelo juiz, pelo menos 20 (vinte) dias antes da audiência de instrução e julgamento.

§ 1º As partes serão intimadas para, querendo, manifestar-se sobre o laudo do perito do juízo no prazo comum de 15 (quinze) dias, podendo o assistente técnico de cada uma das partes, em igual prazo, apresentar seu respectivo parecer.

§ 2º O perito do juízo tem o dever de, no prazo de 15 (quinze) dias, esclarecer ponto:

entenda sejam necessários ao esclarecimento da causa (art. 470, inciso II, do CPC).[180] A prova pericial nas hipóteses em que tiver de realizar-se por *carta*, a nomeação do perito e a indicação dos assistentes técnicos dar-se-ão no juízo ao qual se requisitar a perícia, muito embora *o juiz da causa* seja o aferidor do valor probante da mesma (art. 465, § 6º, do CPC). Publicado o despacho de nomeação ou intimadas as partes, dispõem as mesmas de quinze dias, se assim o desejarem, para indicação de *assistentes técnicos e quesitos* (art. 465, § 1º, incisos II e III, do CPC). A formulação desses quesitos não impede que, durante a diligência, as partes formulem *quesitos suplementares*, cuja necessidade decorre, exatamente, da situação concreta (art. 469 do CPC).[181]

5.5.1 Realização da perícia. Ciência das partes quanto à data e ao local[182]

Em regra, o trabalho pericial era realizado, até então solitariamente pelo perito que, ao concluir o seu mister, anexava aos autos o seu laudo.

Entretanto, o legislador, não só atento à ênfase conferida pela Carta Maior aos princípios do contraditório e ao da ampla defesa, mas também à utilidade da presença das partes na diligência, propiciando fornecer ao *expert* elementos valiosos de apuração, determinou que as mesmas tenham ciência da data e local designados pelo juiz ou indicados pelo perito para ter início a produção da prova.

A falta de intimação nulifica a perícia, salvo se a parte nada arguir. Trata-se, de nulidade relativa sujeita ao princípio do prejuízo, por isso que se apesar de insciente a prova conspirar em prol dos interesses da parte, *utile per inutile non vitiatur*.

5.5.2 Perícia abrangente de mais de uma área de conhecimento[183]

A prática judiciária revela casos de ações condenatórias em que há necessidade de prova pericial em mais de uma especialidade, *v.g.*, a perícia médica e a perícia econômica.

I – sobre o qual exista divergência ou dúvida de qualquer das partes, do juiz ou do órgão do Ministério Público;

II – divergente apresentado no parecer do assistente técnico da parte.

§ 3º Se ainda houver necessidade de esclarecimentos, a parte requererá ao juiz que mande intimar o perito ou o assistente técnico a comparecer à audiência de instrução e julgamento, formulando, desde logo, as perguntas, sob forma de quesitos.

§ 4º O perito ou o assistente técnico será intimado por meio eletrônico, com pelo menos 10 (dez) dias de antecedência da audiência."

[180] "**Art. 470.** Compete ao juiz: (...)

II – formular os que entender necessários ao esclarecimento da causa."

[181] "**Art. 469.** As partes poderão apresentar quesitos suplementares durante a diligência, que poderão ser respondidos pelo perito previamente ou na audiência de instrução e julgamento. Parágrafo único. O escrivão dará à parte contrária ciência da juntada dos quesitos aos autos."

[182] "**Art. 474.** As partes terão ciência da data e local designados pelo juiz ou indicados pelo perito para ter início a produção da prova."

[183] "**Art. 475.** Tratando-se de perícia complexa que abranja mais de um área de conhecimento especializado, o juiz poderá nomear mais de um perito, e a parte, indicar mais de um assistente técnico."

Cap. 10 · PROVAS | 545

A primeira para aferir lesões e a segunda voltada aos lucros cessantes que determinado profissional deixou de auferir. Nessas hipóteses, o juiz pode nomear dois ou mais peritos conforme a área respectiva de conhecimento, bem como estabelecer prazos comuns ou diversos para apresentação dos laudos. Nessa última hipótese, a cada apresentação do trabalho técnico específico seguir-se-ão os prazos de juntada dos trabalhos críticos.

Destarte, é possível que caiba a partes diferentes o pagamento da prova conforme o requerimento de produção tenha partido de cada uma delas.

5.5.3 Prazo para apresentação do laudo e das críticas dos assistentes

A regra tradicional é a de que o perito deve apresentar o laudo em cartório, no prazo fixado pelo juiz, pelo menos vinte dias antes da audiência da instrução e julgamento.

Não obstante, os assistentes técnicos das partes podiam oferecer seus pareceres *no prazo comum de dez dias após a apresentação do laudo, independentemente de intimação.*

A importância do laudo crítico das partes não se compatibilizava com essa abdicação da necessidade de intimação dos interessados que se viam onerados em acompanhar a juntada do laudo para após comunicarem-se com seus assistentes e promover a juntada do trabalho crítico. A sistemática refugia ao tradicional das intimações em geral.

A novel redação, corrigindo essa dissintonia para com o sistema, condicionou o transcurso do decêndio à intimação das partes. Assim, segundo o modelo atual "os assistentes técnicos poderão oferecer seus pareceres no prazo comum de 15 (quinze) dias, *após intimadas as partes da apresentação do laudo".*

A prorrogação de prazo por motivo legítimo, conferida ao perito, estende-se aos assistentes, posto que os mesmos devem pronunciar-se somente após a apresentação daquele trabalho (art. 476 do CPC).[184]

O *juízo de admissibilidade da prova pericial pode ser negativo*, uma vez que cabe ao juiz indeferir as diligências inúteis e protelatórias (art. 370 do CPC).

O *indeferimento parcial da perícia* dá-se com a rejeição de *quesitos impertinentes* (art. 470, I, do CPC).[185]

O *indeferimento total* ocorre por impertinência ou desnecessidade. É considerada impertinente a perícia quando a prova do fato não depender de conhecimento especial de técnico, *v.g.*, quando o evento é passível de ser provado por testemunhas que o assistiram ou a verificação for impraticável em razão da total ausência de vestígios aferíveis, ressalvada, nessa hipótese, a necessidade da prova exatamente com o escopo de reavivá-los (art. 464, incisos I e III, do CPC).

---

[184] "**Art. 476.** Se o perito, por motivo justificado, não puder apresentar o laudo dentro do prazo, o juiz poderá conceder-lhe, por uma vez, prorrogação pela metade do prazo originalmente fixado."

[185] "**Art. 470.** Incumbe ao juiz:

I – indeferir quesitos impertinentes; (...)."

Essa a exegese do dispositivo, recomendada por **Pontes de Miranda**, *in Comentários ao Código de Processo Civil*, 1947, vol. II, p. 264.

A desnecessidade da perícia revela-se, pela existência nos autos, de outras provas produzidas em relação ao mesmo fato, como a apresentação de pareceres técnicos ou documentos suficientes (art. 464, § 1º, inciso II c/c art. 472, do CPC).[186]

Proposta e admitida a prova pericial, a sua produção enceta-se pela apresentação do laudo pelo perito ao juízo, sem prejuízo da anexação dos pareceres dos assistentes técnicos. O laudo documenta a perícia. À luz do laudo, o juiz pode determinar uma segunda perícia, visando à correção de eventual omissão ou inexatidões do trabalho anterior (art. 480, §§ 1º e 2º, do CPC).[187] Entretanto, ambas deverão ser valoradas pelo juiz, uma vez que a segunda perícia não substitui a primeira (art. 480, § 3º, do CPC).

A perícia documentada pode ser substituída pela perícia oral tendo em vista o escopo de celeridade e oralidade denunciado já na reforma ocorrida no Código anterior em 1994. Como consectário e quando a natureza do fato o permitir, a perícia poderá consistir apenas na inquirição pelo juiz do perito e dos assistentes por ocasião da audiência acerca das coisas que houverem informalmente examinado ou avaliado – trata-se da chamada *prova técnica especializada* (art. 464, § 3º, do CPC). Ainda assim, não se confunde a perícia com a prova testemunhal, na medida em que esta toma contato com o fato antes do processo, e no mesmo momento em que este se verifica, ao passo que o perito somente toma conhecimento do fato após a sua integração no processo.[188]

Produzida a prova, cumpre averiguar o seu valor probante. O Código não contempla regra prévia de valoração da perícia, porque isso equivaleria o sistema da prova legal. Ao revés, em prestígio ao convencimento racional do juiz, a lei libera o magistrado do ab-

---

[186] "**Art. 464.** A prova pericial consiste em exame, vistoria ou avaliação.

§ 1º O juiz indeferirá a perícia quando:

I – a prova do fato não depender do conhecimento especial de técnico;

II – for desnecessária em vista de outras provas produzidas;

III – a verificação for impraticável.

§ 2º De ofício ou a requerimento das partes, o juiz poderá, em substituição à perícia, determinar a produção de prova técnica simplificada, quando o ponto controvertido for de menor complexidade.

§ 3º A prova técnica simplificada consistirá apenas na inquirição de especialista, pelo juiz, sobre ponto controvertido da causa que demande especial conhecimento científico ou técnico.

§ 4º Durante a arguição, o especialista, que deverá ter formação acadêmica específica na área objeto de seu depoimento, poderá valer-se de qualquer recurso tecnológico de transmissão de sons e imagens com o fim de esclarecer os pontos controvertidos da causa."

"**Art. 472.** O juiz poderá dispensar prova pericial quando as partes, na inicial e na contestação, apresentarem sobre as questões de fato, pareceres técnicos ou documentos elucidativos que considerar suficientes."

[187] "**Art. 480.** O juiz determinará, de ofício ou a requerimento da parte, a realização de nova perícia quando a matéria não estiver suficientemente esclarecida.

§ 1º A segunda perícia tem por objeto os mesmos fatos sobre os quais recaiu a primeira e destina-se a corrigir eventual omissão ou inexatidão dos resultados a que esta conduziu.

§ 2º A segunda perícia rege-se pelas disposições estabelecidas para a primeira.

§ 3º A segunda perícia não substitui a primeira, cabendo ao juiz apreciar o valor de uma e de outra."

[188] **Jaime Guasp**, *Derecho Procesal Civil*, 1956, p. 410.

solutismo da perícia, proclamando-o *peritus peritorum,* por isso, ele não está adstrito ao laudo, podendo firmar a sua convicção e motivá-la a partir de outros elementos ou fatos provados nos autos (art. 479 do CPC).[189] Se assim não fosse, o perito transformar-se-ia em verdadeiro julgador,[190] pela própria relevância que essa prova encerra. A liberdade de convencimento arrasta a possibilidade de determinação de nova perícia.[191]

5.6 Inspeção judicial

A *inspeção judicial* (arts. 481-484 do CPC)[192] é o exame realizado pessoalmente pelo juiz na pessoa ou coisa, com a finalidade de verificar um fato relevante para o esclarecimento da verdade. A inspeção judicial permite ao juiz, através de suas percepções (auditivas, visuais, olfativas, gustativas e táteis) lavrar as suas impressões sensoriais, sem intermediários. A *pessoalidade* que se empresta a esse meio de prova torna-o um símbolo da oralidade no processo.[193] Destarte, muito embora para esse fim o juiz possa obter auxílio de técnicos, a lei não considera esse meio de prova como pericial, regulando-o à parte. A chancela da inspeção judicial, nesses casos, decorre da máxima de que o juiz é o *peritus peritorum* que, por seu turno, encontra amparo no princípio do convencimento racional, insculpido no art. 371 do CPC.

Instrumentaliza-se a inspeção judicial através de *auto circunstanciado* no qual se registra toda a atividade desenvolvida, bem como tudo quanto for útil ao julgamento da causa, sem qualquer juízo de valor, relegado para a sentença.[194]

---

[189] **"Art. 479.** O juiz apreciará a prova pericial de acordo com o disposto no art. 371, indicando na sentença os motivos que o levaram a considerar ou a deixar de considerar as conclusões do laudo, levando em conta o método utilizado pelo perito."

[190] Por essa razão, informa **Pedro Batista Martins**, *in Comentários ao Código de Processo Civil*, 1942, vol. II, p. 168-169, que a regra é antiga, no Reg. nº 737, art. 200 bem como em diversos Códigos estaduais.

[191] **Moacyr Amaral Santos**, *Primeiras linhas de Direito processual civil*, vol. V, p. 315.

[192] **"Art. 481.** O juiz, de ofício ou a requerimento da parte, pode, em qualquer fase do processo, inspecionar pessoas ou coisas, a fim de se esclarecer sobre fato que interesse à decisão da causa.

Art. 482. Ao realizar a inspeção direta, o juiz poderá ser assistido de um ou mais peritos.

Art. 483. O juiz irá ao local, onde se encontre a pessoa ou coisa, quando:

I – julgar necessário para a melhor verificação ou interpretação dos fatos que deva observar;

II – a coisa não puder ser apresentada em juízo sem consideráveis despesas ou graves dificuldades;

III – determinar a reconstituição dos fatos.

Parágrafo único. As partes têm sempre direito a assistir à inspeção, prestando esclarecimentos e fazendo observações que reputem de interesse para a causa.

Art. 484. Concluída a diligência, o juiz mandará lavrar auto circunstanciado, mencionando nele tudo quanto for útil ao julgamento da causa.

Parágrafo único. O auto poderá ser instruído com desenho, gráfico ou fotografia."

[193] A pessoalidade timbra de singularidade esse meio de prova e encontra as suas raízes nas Ordenações Filipinas, posto que, nessa época, a "vistoria" era ato exclusivo do juiz. Nesse sentido, definia-a **Pereira e Souza** na sua obra sobre o século XIX, *Primeiras Linhas*, 1879, tomo I, § 282: "É a prova consistente na ocular inspeção do juiz, para por si conhecer a causa, o fato de que se trata, com o auxílio do arbitramento ou sem ele".

[194] No sentido de texto, **Devis Echandia**, *Teoria Geral*, vol. II, nº 306, p. 458.

Capítulo 11
SENTENÇA E COISA JULGADA

1. SENTENÇA

O processo de conhecimento também é conhecido como "processo de sentença",[1] porquanto a sua finalidade é gerar um pronunciamento judicial entre os contendores, através do qual o juiz, definindo direitos, atribui razão a um deles.

A decisão timbra de tal forma o processo judicial que, em boa sede doutrinária afirmou-se o processo de conhecimento como o único capaz de gerar atividade tipicamente jurisdicional.[2]

A sentença é, assim, o ato pelo qual o juiz cumpre a função jurisdicional, aplicando o direito ao caso concreto, definindo o litígio e carreando a paz social pela imperatividade que a decisão encerra.

A sentença, como ato, encarta a atividade de "concreção" por força da qual o juiz torna concreto o preceito abstrato da norma, para regular o caso *sub judice*. Essa operação levou inúmeros doutrinadores a considerarem a sentença resultado de um silogismo consistente na "premissa maior", consubstanciada na norma jurídica aplicável e a "premissa menor" na situação concreta levada como litígio, e a parte dispositiva da sentença como "conclusão" desse silogismo. Assim, se há uma norma legal que afirma que todo aquele que causar ilícito a outrem fica obrigado a indenizar e, se alguém assim procede, a aplicação da norma à situação concreta impõe ao agente causador do prejuízo o dever de indenizar o lesado, como conclusão lógica do silogismo. Observa-se, assim, que a forma silogística da sentença só encontra ressonância com a realidade no final do processo.[3] Aduz-se, portanto, à sentença como *norma jurídica concreta,* em contraposição ao preceito normativo abstrato.[4] Essa operação intelectiva, preponderante nessa forma de tutela

---

[1] A expressão é de **Rosenberg**, *in Derecho Procesal Civil*, 1995, vol. II, p. 3.

[2] É conhecida a denominação atribuída por **Carnelutti** ao processo de conhecimento como "processo *giurisdizionale*, distinguindo-o das funções de *esecuzione e prevenzione*" (*in Istituzioni del Nuevo Proceso Civil e Italiano*, 1951, vol. I, p. 31; e *Sistema di Diritto Processuale Civile*, 1936, p. 132-133).

[3] Assim leciona o insuperável **Calamandrei**, "La Génesis Lógica de la Sentencia Civil", *in Estudios sobre el Proceso Civil*, trad. Espanhola, 1945, p. 371 e segs.

[4] Por essa razão **Vicenzo Cavallo** afirmou que a sentença era o ato mediante o qual se individualiza o direito, *in La Sentenza Penale*, 1936, p. 145. **Frederico Marques** com precisão invulgar assentou

jurisdicional, é que empresta o qualificativo de "cognição" ao processo que se propõe a gerar uma sentença, como um ato de inteligência do juiz.[5]

Por outro lado, a sentença encerra um "juízo jurídico de valor" acerca dos fatos e do direito aplicável.

Muito embora a sentença represente o ato nuclear do processo de conhecimento, cujas etapas são predispostas ao atingimento dessa *causa finalis*, as outras formas de tutela jurisdicional também comportam sentença. Entretanto, a finalidade da sentença nessas outras espécies de tutela é diversa do escopo de *definição jurídica* que marca o processo de cognição.

A sentença encerra um julgamento das questões da lide ou das questões que impedem a apreciação do pedido. Entretanto, não mais se admite a versão ortodoxa de que há equivalência entre sentença e pedido. O traço marcante é que as sentenças extinguem o procedimento em primeiro grau. As decisões interlocutórias decidem, mas não extinguem o procedimento.

Assim, em face do anteriormente disposto no art. 162[6] do CPC de 1973, "sentença era considerada o ato pelo qual o juiz extinguia o processo (*rectius*: o procedimento em primeiro grau), julgando ou não o mérito da causa". Em verdade, via de regra, as sentenças são recorríveis, prolongando a relação processual através dos recursos. O que se encerra com a sentença é o procedimento no primeiro grau. Por essa razão, já se afirmou que o juiz, ao prolatar a sentença, limita-se a "apresentar" a resposta jurisdicional, entregando-a definitivamente após o trânsito em julgado. No mesmo diapasão, está a expressão de que os recursos fazem da decisão apenas "possibilidade de sentença".[7]

Ainda na vigência do Código Buzaid, o art. 1º, da Lei nº 11.232/2005, atribuiu à sentença a qualificação de "ato do juiz que implica alguma das situações previstas nos arts. 267 e 269", ou seja, gera a resolução do processo com ou sem resolução do mérito. Esta reforma teve como escopo proceder a um ajuste vocabular, por isso que a definição

---

que o juiz não atua sobre o direito em tese como o faz o doutrinador senão com o fato individuado, e a norma abstrata da lei se transforma em concreta pela aplicação a esse fato individualizado e definido; a sentença, portanto, traz em si o elemento da "realização existencial" (*in Instituições de Direito Processual Civil*, 1972, vol. III, p. 402).

[5] No sentido do texto, **Chiovenda**, *in Instituições de Direito Processual Civil*, vol. I, p. 253-254, e **Liebman**, *Manual di Diritto Processuale Civile Italiano*, 1955, vol. I, p. 49.

[6] **Art. 162. Redação anterior:** "Os atos do juiz consistirão em sentenças, decisões interlocutórias e despachos."

§ 1º Sentença é o ato pelo qual o juiz põe termo ao processo, decidindo ou não o mérito da causa.

§ 2º Decisão interlocutória é o ato pelo qual o juiz, no curso do processo, resolve questão incidente.

§ 3º São despachos todos os demais atos do juiz praticados no processo, de ofício ou a requerimento da parte, a cujo respeito a lei não estabelece outra forma.

§ 4º Os atos meramente ordinatórios, como a juntada e a vista obrigatória, independem de despacho, devendo ser praticados de ofício pelo servidor e revistos pelo juiz quando necessários."

[7] A lúcida especulação é de **Pontes de Miranda**, calcado nas lições de **Carnelutti** lançadas no seu "Direito e Processo", *in Tratado da Ação Rescisória das Sentenças e outras Decisões*, 1957, p. 203.

pretérita, assentando que a sentença extinguia o processo sofria a crítica de que, em verdade, ela se limitava a colocar fim ao procedimento em primeiro grau de jurisdição. Como aludido, o prosseguimento da relação processual pela fase recursal impedia a propositura de outra ação idêntica, sob pena de litispendência, sem prejuízo de o regime do efeito devolutivo calcar-se na pendência do processo, *v.g.*, a devolutividade adstrita à superfície contenciosa do recurso (*tantum devoluttum quantum apellattum*), a proibição da *reformatio in pejus* e do *ius novorum* etc.

Ademais, a sentença passou a ser autoexecutável, dando à luz a fonte do processo sincrético em que se baseou o atual Código. Desse modo, inaugura-se, nos mesmos autos do processo de conhecimento, uma fase de cumprimento de sentença após o trânsito em julgado da sentença proferida. Dispensam-se, assim, o ajuizamento de novo processo de execução, a nova citação da parte executada e todos os percalços que a acompanham. Desse modo, não se extinguia de imediato o processo, razão pela qual foi cirúrgica a reforma.

O CPC de 2015 ponderou algumas das preocupações doutrinárias concernentes ao tema, reformulando, de certa forma, o conceito de sentença. Assim, a sentença adquiriu o *status* de pronunciamento que encerra uma das fases processuais, seja a de conhecimento, seja a de execução. Tal conceito se encontra insculpido no art. 203, CPC, e encarta, ainda, as qualidades de soberania e imperatividade próprias da função jurisdicional.

Inexistindo obstáculos, a forma normal de extinção do processo é a definição do litígio com a análise da questão de fundo: a própria controvérsia de direito material. Denomina-se essa sentença que enfrenta o pedido de *sentença definitiva*.

Em contrapartida, frustrada a análise do mérito pela existência de impedimentos processuais, *v.g.*, a falta das condições da ação ou dos pressupostos processuais, a sentença será meramente formal, denunciadora de patologia processual, gerando um *pronunciamento meramente terminativo*. Diz-se "terminativa" a sentença, porquanto o processo termina, mas não resolve o litígio entre as partes, na medida em que a questão de fundo resta sem solução. Permite, então, a lei processual, que a lide seja reproposta, na medida em que essa sentença, não dispondo sobre o pedido, não faz "lei entre as partes".

Sob o ângulo jusfilosófico, a sentença é um *juízo jurídico* de redução de fatos a categorias jurídicas e consequente aplicação do direito incidente no caso concreto. Como consequência desse caminhar lógico do juiz, a sentença revela um "ato de inteligência e vontade do julgador".[8] O ordenamento jurídico confere-lhe, ainda, a *força obrigatória* que distingue a sentença de uma divagação acadêmica ou de um parecer doutrinário, porquanto fruto de uma manifestação de poder.

---

[8] A sentença como declaração de vontade remonta à doutrina de **James Goldschmidt**, *in Derecho Procesal Civil*, 1936, p. 4. Contra essa doutrina opõe-se **Alfredo Rocco** demonstrando não poder o juiz querer senão o que quer a lei, daí porque não enuncia a sua vontade, resumindo-se a sentença num ato típico de inteligência, como expôs na sua clássica *Sentenza Civile*, 1906, p. 35. **Calamandrei** colocou a pá de cal na controvérsia ao vaticinar que: a lei é que não pode querer senão o que quer o juiz; se é exato que o juiz deve decidir *secundum legem*, certo é também que, dada a sentença, a vontade da lei fica definitivamente fixada *secundum sententiam*, "La Sentencia Subjetivamente Compleja", *in Estudios sobre el Proceso Civil*, 1945, p. 470.

Como ato processual, a *sentença reclama uma forma* que lhe dá realidade jurídica (*forma dat esse rei*), confere-lhe existência, além de requisito que a situa nos planos de validade e eficácia. Nesse sentido, dispõe o art. 489 do CPC[9] que são elementos essenciais da sentença: o *relatório*, a *motivação* e a *decisão*.

O relatório é a parte neutra do *decisum*, onde o juiz enceta um histórico de tudo quanto ocorreu no curso do procedimento, desde os incidentes mais importantes até a juntada de documentos pelas partes, utilizando-se de técnica remissiva na indicação das páginas.

Essencialmente, o relatório deve descrever o pedido com as suas razões e especificações, as defesas apresentadas, as soluções de eventuais incidentes do processo e os pontos controvertidos. A sentença na qual se revela *ausente o relatório é nula*, impondo-se a cassação pela instância superior.

Ultrapassado o relatório, o juiz inicia a *fundamentação* de sua sentença, imprimindo ao ato o timbre de sua inteligência acerca dos fatos e do direito aplicável. Trata-se de garantia constitucional (art. 93, IX, da CF/1988) que exige do magistrado motivar a sua decisão, explicitando o itinerário lógico do seu raciocínio de maneira a permitir à parte vencida a demonstração das eventuais injustiças e ilegalidades encartadas no ato.

A *falta de motivação acarreta, também, a nulidade da sentença*, posto não se admitir esse "salto" do relatório à decisão. Mostra-se, assim, verdadeiro corolário do dever de fundamentação que assegura o acesso à justiça adequado à parte. Novidade insculpida

---

[9] **"Art. 489.** São elementos essenciais da sentença:

I – o relatório, que conterá os nomes das partes, a identificação do caso, com a suma do pedido e da contestação, e o registro das principais ocorrências havidas no andamento do processo;

II – os fundamentos, em que o juiz analisará as questões de fato e de direito;

III – o dispositivo, em que o juiz resolverá as questões principais que as partes lhe submeterem.

§ 1º Não se considera fundamentada qualquer decisão judicial, seja ela interlocutória, sentença ou acórdão, que:

I – se limitar à indicação, à reprodução ou à paráfrase de ato normativo, sem explicar sua relação com a causa ou a questão decidida;

II – empregar conceitos jurídicos indeterminados, sem explicar o motivo concreto de sua incidência no caso;

III – invocar motivos que se prestariam a justificar qualquer outra decisão;

IV – não enfrentar todos os argumentos deduzidos no processo capazes de, em tese, infirmar a conclusão adotada pelo julgador;

V – se limitar a invocar precedente ou enunciado de súmula, sem identificar seus fundamentos determinantes nem demonstrar que o caso sob julgamento se ajusta àqueles fundamentos;

VI – deixar de seguir enunciado de súmula, jurisprudência ou precedente invocado pela parte, sem demonstrar a existência de distinção no caso em julgamento ou a superação do entendimento.

§ 2º No caso de colisão entre normas, o juiz deve justificar o objeto e os critérios gerais da ponderação efetuada, enunciando as razões que autorizam a interferência na norma afastada e as premissas fáticas que fundamentam a conclusão.

§ 3º A decisão judicial deve ser interpretada a partir da conjugação de todos os seus elementos e em conformidade com o princípio da boa-fé."

pelo legislador no Código, o art. 489, § 1º, CPC[10], explicitamente denuncia que a falta de fundamentação eiva de nulidade o pronunciamento judicial que dela dependa para produzir efeitos, *v.g.* sentença, decisão interlocutória, acórdão, etc. Condena-se, da mesma forma, a fundamentação genérica, utilizando-se de dispositivos secos com o propósito de atribuir validade a pronunciamentos inegavelmente nulos.

Fundamental, portanto, que os pronunciamentos sejam efetivamente fundamentados, não se contentando com a invocação de fórmulas argumentativas genéricas ou alegações universais que não se voltam à apreciação dos contornos específicos das controvérsias fáticas e jurídicas atinentes ao caso sob julgamento. Igualmente, revela-se um paralelismo com a sistemática de observância necessária dos precedentes obrigatórios, conforme disposições do art. 927 do Código.

A motivação, assim, encampa três funções: dar fundamentos para as partes do litígio, convencendo-as das razões de decidir, permitir o controle externo da função jurisdicional – o que é complementado pelo princípio da publicidade – e o da aplicação escorreita do sistema de precedentes.

Ainda quanto à motivação, é imperiosa a observância das disposições da Lei de Introdução às Normas do Direito Brasileiro, com as alterações da Lei nº 13.655/2018. O *caput* do art. 20 da LINDB veda ao juiz decidir com base em valores jurídicos abstratos sem que sejam consideradas as consequências práticas da decisão. O parágrafo único do mesmo art. 20 dispõe que a motivação deve demonstrar a necessidade e a adequação de eventual medida imposta ou da invalidação de ato, contrato, ajuste, processo ou norma administrativa, inclusive em face das possíveis alternativas. Trata-se de evidente preocupação do legislador com o pragmatismo, refutando-se a aplicação do brocardo *fiat justitia, pereat mundus*. Igualmente, segundo o art. 21 da LINDB, a decisão que decretar a invalidação de ato, contrato, ajuste, processo ou norma administrativa deverá indicar de modo expresso suas consequências jurídicas e administrativas, bem como, quando for o caso, indicar as condições para que a regularização ocorra de modo proporcional e equânime e sem prejuízo aos interesses gerais, não se podendo impor aos sujeitos atingidos ônus ou perdas que, em função das peculiaridades do caso, sejam anormais ou excessivos.

---

[10] "**Art. 489, § 1º.** Não se considera fundamentada qualquer decisão judicial, seja ela interlocutória, sentença ou acórdão, que:

I – se limitar à indicação, à reprodução ou à paráfrase de ato normativo, sem explicar sua relação com a causa ou a questão decidida;

II – empregar conceitos jurídicos indeterminados, sem explicar o motivo concreto de sua incidência no caso;

III – invocar motivos que se prestariam a justificar qualquer outra decisão;

IV – não enfrentar todos os argumentos deduzidos no processo capazes de, em tese, infirmar a conclusão adotada pelo julgador;

V – se limitar a invocar precedente ou enunciado de súmula, sem identificar seus fundamentos determinantes nem demonstrar que o caso sob julgamento se ajusta àqueles fundamentos;

VI – deixar de seguir enunciado de súmula, jurisprudência ou precedente invocado pela parte, sem demonstrar a existência de distinção no caso em julgamento ou a superação do entendimento."

Encerrada a motivação, o juiz conclui, decide através da parte dispositiva da sentença, julgando o pedido no sentido de acolhê-lo ou rejeitá-lo. É a tradicional procedência ou improcedência do pedido. "Sentença sem conclusão é uma não sentença", uma sentença inexistente.[11] A inexistência persiste ainda que se possa *inferir* a que conclusão teria chegado o juiz.[12]

Além desses elementos, a sentença reclama a "parte autenticativa", com a assinatura do juiz. A sua falta, "quando não proferida em audiência", deve ser suprida, sob pena de *inexistência*, haja vista que o ato deve provir do juiz, confirmado por assinatura autêntica.

1.1 Espécies de sentença

As *sentenças terminativas* são sempre de uma mesma espécie, na medida em que não enfrentam o mérito, apresentando um caráter eminentemente formal. As *sentenças definitivas de improcedência,* por seu turno, revelam um provimento declaratório-negativo posto reconhecerem a inexistência do direito material "alegado" pelo autor (*absolutio ab actione*). Consequentemente, mesmo que a sentença de *improcedência* verse sobre "pedido de declaração de inexistência de relação jurídica", ela será declaratório-negativa, porquanto, não obstante afirme a existência do direito material, *rejeita a pretensão formulada.*

Entretanto, as *sentenças de procedência*, na medida em que acolhem a pretensão deduzida, *têm a mesma natureza dos pedidos que contemplam*, até porque a eles sujeita-se o juiz, como observamos, precedentemente. Desta sorte, se o pedido da parte é declaratório e a sentença o acolhe, a mesma apresenta esta natureza declaratória também; se o pedido é condenatório, condenatória será a sentença que o acolher e assim por diante. Por isso é que "a doutrina classifica a sentença de acordo com a ação de que provém".[13]

Nesse segmento, as sentenças podem ser *condenatórias, declaratórias* e *constitutivas*, sempre autoexecutáveis ou executivas *lato senso*, e mandamentais.

As *sentenças condenatórias*, oriundas das ações acolhidas da mesma natureza, impõem ao vencido a obrigação de realizar determinada prestação em prol do vencedor. O juiz, na sentença, exorta a que a parte vencida cumpra a obrigação sob pena de satisfazê-la às custas do patrimônio do devedor sem prejuízo da utilização de todos os meios capazes de convencê-lo ao cumprimento do julgado, como soem ser os meios de coerção, consistentes na multa diária ou até mesmo na ameaça de privação de liberdade, como ocorre nas obrigações de pagar alimentos.

A forma de satisfação do vencedor, por obra do Estado, denomina-se de *tutela satisfativa*, realizável através do cumprimento da sentença, cujo procedimento varia de

---

[11] Como bem assentava **Afonso Fraga,** "a parte dispositiva da sentença é o elemento substancial do julgado, a sua crase sanguínea, a sua vida jurídica", *in Instituições do Processo Civil do Brasil*, 1940, vol. II, p. 598.

[12] Nesse sentido **Frederico Marques,** que adverte ser "impossível concluir-se de que forma seria a decisão sem que o juiz declare, explicitamente, qual o seu julgamento sobre a lide" (*Ensaio sobre a Jurisdição Voluntária*, p. 397).

[13] Esse é o critério de **José Frederico Marques**, *Ensaio sobre a Jurisdição Voluntária*, p. 406.

acordo com a natureza da obrigação. Assim é que, se a condenação é ao pagamento de quantia certa, a efetivação dar-se-á por procedimento tendente à obtenção da soma a ser entregue ao vencedor; se a condenação é à entrega de determinada coisa, o Estado colocará à disposição do vencedor meios executivos conducentes à *entrega de coisa* e, se a condenação impuser ao vencido um fazer ou não fazer, *confere-se ao litigante vitorioso, para a hipótese*, de inadimplemento do julgado, o cumprimento das *obrigações de fazer e não fazer*. A reforma empreendida pela Lei nº 11.232/2005 transformou todas as senten-ças em executivas *lato senso*, mercê de ter conferido autoexecutoriedade à resolução de mérito que ao declarar o direito do vencedor reconhece qualquer obrigação a ser satis-feita. Observa-se, assim, que a sentença condenatória era por excelência, *título executivo judicial*, na medida em que servia de base ao processo de execução, hoje também fundada na sentença do art. 515, I, do CPC.[14]

O cumprimento da sentença confere-lhes eficácia prática, executoriedade *ex inter-vallo*, sem a necessidade do vetusto processo de execução extrajudicial, que infirmava a efetividade da prestação jurisdicional bem como a sua presteza ao admitir em nova relação processual a inserção de embargos à execução judicial, inaugurando delongado processo de cognição interinal à tutela satisfativa. Deveras, não houvesse o cumprimento coacto da sentença o julgado dependeria da boa vontade do vencido, que é o quanto basta para realçar o *aspecto autoritário-judicial da condenação*. Aliás, a praxe forense indicava que as *sentenças condenatórias eram as mais imperfeitas* sob o aspecto do binômio aspiração--satisfação do jurisdicionado. Ideal era que a palavra do Judiciário fosse cumprida de imediato, espontaneamente ou por obra do Estado. Mas não era assim que as coisas se sucediam. O litigante vencedor, após obter a definição judicial através do processo de

---

[14] "**Art. 515**. São títulos executivos judiciais, cujo cumprimento dar-se-á de acordo com os artigos previstos neste Título:

I – as decisões proferidas no processo civil que reconheçam a exigibilidade de obrigação de pagar quantia, de fazer, de não fazer ou de entregar coisa;

II – a decisão homologatória de autocomposição judicial;

III – a decisão homologatória de autocomposição extrajudicial de qualquer natureza;

IV – o formal e a certidão de partilha, exclusivamente em relação ao inventariante, aos herdeiros e aos sucessores a título singular ou universal;

V – o crédito de auxiliar da justiça, quando as custas, emolumentos ou honorários tiverem sido aprovados por decisão judicial;

VI – a sentença penal condenatória transitada em julgado;

VII – a sentença arbitral;

VIII – a sentença estrangeira homologada pelo Superior Tribunal de Justiça;

IX – a decisão interlocutória estrangeira, após a concessão do exequatur à carta rogatória pelo Superior Tribunal de Justiça;

X – (VETADO).

§ 1º Nos casos dos incisos VI a IX, o devedor será citado no juízo cível para o cumprimento da sentença ou para a liquidação no prazo de 15 (quinze) dias.

§ 2º A autocomposição judicial pode envolver sujeito estranho ao processo e versar sobre relação jurídica que não tenha sido deduzida em juízo."

cognição com a condenação do vencido, ainda carecia percorrer uma verdadeira e segunda *via crucis*, na qual tentaria tornar realidade aquilo que consta da norma concreta expedida pelo juiz. A imperfeição, ao que aqui se constata, como veremos, não se observa nas demais formas de tutela jurisdicional (constitutivas e declaratórias), nas quais a decisão judicial opera plena eficácia após transitada em julgado, fazendo prescindir qualquer outra atividade jurisdicional complementar.

Tecnicamente, a falha que se observava nas decisões condenatórias era a necessidade de inaugurar novel processo, hoje apenas fase da mesma relação processual possibilitando torná-las *efetivas* na própria relação processual em que foram proferidas, ou seja, o juízo da condenação é o da execução. Aliás, algumas condenações já dispensavam a instância executiva para se efetivarem. Nessas hipóteses, *as sentenças são a um só tempo condenatórias e executivas* ou executivas *lato senso*. É o que se opera com a sentença concessiva de despejo cuja eficácia manifesta-se na própria relação de conhecimento sem necessidade de processo próprio de execução. No mesmo sentido, a sentença que condena o réu a emitir declaração de vontade (art. 501 do CPC).[15]

A teoria quinquipartite reconhecia a existência de uma espécie de sentença, cuja eficácia confina em parte com as sentenças condenatórias, com o *plus* de que não se limitam a *exortar* o cumprimento do julgado sob pena de execução posterior, senão *ordenam* o cumprimento do que dispõem. São as *sentenças mandamentais* que, ante o seu descumprimento, acenam ao destinatário com o delito de desobediência, criminalizando o comportamento omissivo diante da ordem judicial, sem prejuízo dos meios de coerção que a acompanham para fins de cumprimento daquilo que a decisão judicial ordena. Assim são as sentenças emergentes das ações mandamentais, como o mandado de segurança, as cautelares constritivas de bens e restritivas de direitos, bem como as decisões de antecipação de tutela com as características inerentes à restrição de direitos e constrição de bens. Atualmente, todas as sentenças que impõem o cumprimento de obrigações de fazer, de não fazer e de entregar coisa são inerentemente mandamentais, pois são efetivadas pelos meios de coerção previstos nos arts. 536 e seguintes do Código – sendo que o cumprimento da sentença pode ocorrer inclusive de ofício.

Por isso é que não faz mais sentido falar em sentenças *executivas lato sensu* e *mandamentais* como categorias autônomas. O caráter distintivo dessas espécies era apenas a sua forma de execução, mas a legislação em vigor conferiu caráter geral ao cumprimento de sentença como fase do mesmo processo em que proferida a sentença exequenda, bem assim à utilização dos meios de coerção para cumprimento de obrigações de fazer, de não fazer e de entregar coisa.

Destarte, as *sentenças condenatórias, previamente à imposição da prestação ao vencido declaram a existência do direito* do vencedor à obtenção daquela prestação que ela consagra; por isso, o provimento condenatório traz em si uma declaração. Consequentemente, toda

---

[15] "**Art. 501.** Na ação que tenha por objeto a emissão de declaração de vontade, a sentença que julgar procedente o pedido, uma vez transitada em julgado, produzirá todos os efeitos da declaração não emitida."

sentença condenatória é a um só tempo declaratória, não sendo verdadeira a recíproca, mercê da novel possibilidade inaugurada pelo art. 515 do CPC. Assim, nem toda sentença declaratória é condenatória, salvo na parte relativa à sucumbência, cujo capítulo é sempre de condenação no pagamento das custas e honorários.

Essa é a razão pela qual o art. 20 do CPC[16] admite a simples declaração quando já é possível a propositura imediata da ação condenatória. É que, uma vez proposta a ação condenatória, não desaparece o interesse de agir na mera declaração posto esta encontrar-se embutida no pedido de condenação. Entretanto, nada impede a *propositura originária da ação meramente declaratória*, ainda que mais tarde a parte pretenda promover a condenação para fixação de um *an debeatur* e um *quantum debeatur*.

Fenômeno análogo reveste a *sentença condenatória criminal*, considerada pelo legislador processual civil como *título executivo judicial*, em razão de conter declaração que torna certa a obrigação de reparar o dano *ex delicto*, bastando à parte pleitear o *quantum debeatur*, em processo de liquidação, para iniciar a execução[17].

As *sentenças declaratórias puras* afirmam a existência ou inexistência de uma relação jurídica como objeto principal ou incidental de um processo. Com essa essência, as sentenças declaratórias conferem a *certeza jurídica* almejada pela parte através da decisão judicial. É que o estado de *incerteza jurídica* abala a ordem jurídica, e somente o Judiciário, com a energia da coisa julgada emprestada às suas decisões, pode dissipá-lo. Alguém que se atribua a qualidade de sujeito de direitos, evidentemente, não pode impor a outrem que se submeta à sua concepção acerca de determinada "relação jurídica". Exsurgindo essa incerteza *objetiva* pela contestação inequívoca de um interessado, cabe ao Judiciário intermediar esse *conflito, declarando a quem pertence a razão*, explicitando a existência e a titularidade da relação jurídica controvertida. Assim, se A nega o dever de indenizar exigido por B, cabe ao Judiciário declarar sobre a existência ou inexistência dessa relação de crédito e débito decorrente do ilícito. A certeza jurídica advém da sentença declaratória com a sua autoridade estatal. Desta sorte, negar a existência ou afirmar existente uma relação jurídica pode por si só configurar uma lesão, mercê de caracterizar uma *lide* cuja solução é de interesse imediato do Estado, no afã de manter a paz social.

A possibilidade de emergirem da relação jurídica obrigações duvidosas outras recomenda que se afirme a sua existência ou inexistência no curso do processo, através de declaração incidente ou como pretensão autônoma (arts. 19 e 20, CPC).

As sentenças declaratórias e as condenatórias que as contêm reconhecem, com efeito retro-operante, o direito do vencedor, e por isso, têm efeitos *ex tunc*. Elas não criam os direitos, apenas os reconhecem.

---

[16] "**Art. 20.** É admissível a ação meramente declaratória, ainda que tenha ocorrido a violação do direito".

"**Súmula nº 258 do STF:** É admissível reconvenção em ação declaratória."

[17] "**Enunciado nº 3 da I Jornada de Direito Processual Civil do CJF:** As disposições do CPC aplicam-se supletiva e subsidiariamente ao Código de Processo Penal, no que não forem incompatíveis com esta Lei."

As sentenças produzem ainda consequências decorrentes do provimento judicial que encerram e que se denominam "efeitos acessórios". A característica dos "efeitos acessórios" da sentença é que "se produzem imediatamente, independentemente do pedido da parte" e *ex vi legis*. Assim, *v.g.*, a sentença que extingue a locação rompe a sublocação; a que condena o réu ao pagamento de uma prestação em dinheiro ou coisa vale como título constitutivo de hipoteca judiciária; a que condena o devedor a emitir declaração de vontade produz todos os efeitos da declaração sonegada; a que dissolve o casamento extingue o regime de bens; a que condena a mulher na separação impõe a perda do direito de usar o nome do marido etc.[18]

1.2 Requisitos intrínsecos da sentença. Congruência e certeza

A elaboração formal da sentença comporta um capítulo dispositivo, no qual o juiz pode acolher total ou parcialmente o pedido do autor, utilizando-se das expressões "julgo procedente o pedido" ou "julgo procedente em parte o pedido". Em ambos os casos, há definição do litígio, impondo-se ao ato os requisitos mencionados no artigo anterior, visando a permitir à parte vencida percorrer o itinerário do raciocínio do juiz para impugná-lo no eventual recurso interposto.

Tratando-se de decisão meramente formal, de extinção do processo sem análise do mérito, basta ao juiz indicar o vício que o autorizou a julgar o processo sem apreciação da questão de fundo. Essa sentença dita "terminativa" permite ao magistrado dispensar os requisitos precedentemente mencionados, decidindo de forma "concisa", mas motivada. Assim, *v.g.*, a sentença que acolhe a alegação de peremição ou carência de ação pode ser concisa, limitando-se o juiz a indicar o motivo da extinção terminativa em confronto com a questão posta em juízo.

Muito embora a lei não se refira às "sentenças meramente homologatórias" de negócios jurídicos processuais, estas também podem ser concisas, como a que homologa a transação ou extingue o processo pela renúncia do autor ou pelo reconhecimento da procedência do pedido pelo réu.

Afora a sua estrutura, a sentença demanda requisitos que a qualificam. Nesse sentido, a sentença deve ser "certa", quanto ao *quantum* que impõe, bem como imune de dúvidas quanto à sua ordenação. Assim, o *requisito da certeza* afere-se pelo objeto sobre o qual dispõe o ato decisório; por isso, *ainda que formulado pedido genérico, a decisão definirá desde logo a extensão da obrigação* (art. 491[19] do CPC). Decorrência

---

[18]   **Humberto Theodoro Júnior**, *Curso*, vol. I, 2000.

[19]   "**Art. 491.** Na ação relativa à obrigação de pagar quantia, ainda que formulado pedido genérico, a decisão definirá desde logo a extensão da obrigação, o índice de correção monetária, a taxa de juros, o termo inicial de ambos e a periodicidade da capitalização dos juros, se for o caso, salvo quando:

I – não for possível determinar, de modo definitivo, o montante devido;

II – a apuração do valor devido depender da produção de prova de realização demorada ou excessivamente dispendiosa, assim reconhecida na sentença.

dessa regra é a que impede o juiz de proferir *decisão condicional*; isto é, ao proferir a sua decisão, o juiz deve evitar que o seu ato seja fonte de dúvidas. Assim, se a parte pediu a condenação do réu em R$ 500.000,00 (quinhentos mil reais), não pode o juiz condená-la a pagar "o que ficar apurado posteriormente", nem sujeitar a condenação a qualquer comprovação.

A sentença, além de "certa", deve ser "congruente". A decisão, para ser congruente, deve adstringir-se ao pedido, por isso que o Código dispõe ser "defeso ao juiz proferir sentença a favor do autor, de natureza diversa da pedida, bem como condenar o réu em quantidade superior ou em objeto diverso do que lhe foi demandado", proibição expressada pela máxima (*ne eat judex ultra vel extra petita partium*) (art. 492 do CPC).[20]

A sentença, que contém o vício do julgamento *ultra petita* tem eficácia reduzida no que toca à parte inoficiosa, podendo o tribunal podar o excesso e apreciá-la quanto ao mérito. Assim, *v.g.*, malfere a regra da congruência a sentença que em ação de consignação de aluguel decreta o despejo do imóvel sem pedido do locador.

A análise do alegado vício do julgamento (*ultra petita*), implica ao intérprete da decisão judicial levar em consideração que há pedidos implícitos, como os juros legais, a correção monetária, os honorários advocatícios e as prestações vincendas (art. 322, § 1º, CPC).

Interessante tema relativo às *astreintes* gravita em torno do julgamento *ultra petita*.

É que a redação do § 1º do art. 537 do CPC permite ao juiz majorar o valor da multa ou reduzi-lo quando inexpressiva ou excessiva. Em consequência, na ação cominatória, não há julgamento *ultra petita* e, portanto, ofensa ao art. 492 do CPC, quando se comina pena para o caso de desobediência do preceito, em quantidade superior à pleiteada na inicial.

Registre-se, nesse âmbito que estamos tratando, acerca de corrente jurisprudencial de cunho social a qual vem amenizando os rigores formais na interpretação das decisões concessivas de providências que confinam com os direitos fundamentais da pessoa humana, superando os óbices da congruência, em nome dos valores constitucionais mais expressivos, como ocorre nas causas de interesses de incapazes, bem como nas demandas de caráter nitidamente alimentar.[21]

Diversamente do julgamento *ultra petita,* a sentença *extra petita* é inaproveitável por conferir à parte providência diversa da que foi pedida. Assim, *v.g.*, a sentença que concede perdas e danos se o pedido único foi de rescisão contratual.

A decisão *citra petita,* porque omissa, pode ser complementada por força da oposição de embargos de declaração. Entretanto, se a parte assim não proceder, não é lícito

---

§ 1º Nos casos previstos neste artigo, seguir-se-á a apuração do valor devido por liquidação.

§ 2º O disposto no *caput* também se aplica quando o acórdão alterar a sentença."

[20] "**Art. 492.** É vedado ao juiz proferir decisão de natureza diversa da pedida, bem como condenar a parte em quantidade superior ou em objeto diverso do que lhe foi demandado.

Parágrafo único. A decisão deve ser certa, ainda que resolva relação jurídica condicional."

[21] REsp 8.698/SP, Rel. Min. Athos Carneiro, 4ª Turma, j. 25.06.1991.

ao tribunal contemplar pedido sobre o qual a sentença tenha se omitido, porque a isso equivaleria julgar a pretensão, diretamente na instância *ad quem*, com violação do duplo grau de jurisdição (supressão de instância).

Essa regra, como evidente, aplica-se a todo ato decisório judicial; vale dizer, sentença e acórdãos.

Esclareça-se, por fim, que o princípio segundo o qual *jura novit curia* não autoriza essa dissintonia entre o pedido e a decisão, porquanto servil apenas para categorizar juridicamente a hipótese *sub judice*. O que pode ocorrer é que uma das pretensões esteja contida no pleito maior, sendo lícito ao juiz julgar procedente em parte o pedido. Assim, *v.g.*, o juiz pode acolher o pedido de rescisão e rejeitar as perdas e danos consequentes ao desfazimento do negócio jurídico, se entendê-las inocorrentes.

A sentença congruente, mantendo perfeita correlação entre o pedido e o decidido, deve ser certa, mesmo quando decida relação condicional, ainda que relegue para o processo de liquidação a apuração do *quantum debeatur*.

Anote-se que, com o advento do Código de Defesa do Consumidor, exsurgiu a possibilidade de o juiz proferir uma condenação aproveitável por todos quantos tenham interesses homogêneos dependentes daquele metainteresse julgado. Isto não significa que a sentença não seja certa, apenas admite que, em liquidação, as partes possam especificar seus interesses individuais à luz da questão central prejudicial decidida favoravelmente aos mesmos. É a denominada utilização do julgado ou coisa julgada *in utilibus*.

Na análise do princípio da congruência, imperioso apreender o tipo de pedido formulado e a consequente espécie de sentença almejada, porquanto somente assim será possível perceber-se se o juiz violou a regra *in procedendo*.

1.3 Requisito intrínseco. Especificidade. A sentença e a tutela específica

Por força do art. 497 do CPC, na ação que tenha por objeto o cumprimento de obrigação de fazer ou não fazer, o juiz deve conceder a tutela específica da obrigação ou, se procedente o pedido, determinar providências que assegurem o resultado prático equivalente ao do adimplemento.

A obrigação somente se converterá em perdas e danos se o autor o requerer ou se impossível a tutela específica ou a obtenção do resultado prático correspondente.

Outrossim, sendo relevante o fundamento da demanda e havendo justificado receio de ineficácia do provimento final, é lícito ao juiz conceder a tutela liminarmente ou mediante justificação prévia, citado o réu. Não obstante, essa medida liminar poderá ser revogada ou modificada, a qualquer tempo, em decisão fundamentada.

O juiz pode, na sentença, impor multa diária ao réu, independentemente de pedido do autor, se for suficiente ou compatível com a obrigação, fixando-lhe prazo razoável para o cumprimento do preceito.

Deveras, para a efetivação da tutela específica ou para obtenção do resultado prático equivalente, poderá o juiz, de ofício ou a requerimento, determinar as medidas necessárias, tais como a busca e apreensão, remoção de pessoas e coisas, desfazimento de obras, impedimento de atividade nociva, além de requisição de força policial.

O dispositivo em foco (art. 497 do CPC) consagra a tutela específica como regra *in procedendo* dirigida ao juiz. Este, na tutela das obrigações de fazer e não fazer que recaem sobre uma conduta devida pelo devedor, que pode consistir numa atividade ou numa omissão, deve utilizar os meios estatais de tal forma que propicie ao autor tudo aquilo que ele obteria se não tivesse havido inadimplemento. Trata-se de um consectário do princípio da efetividade segundo o qual o Estado-juiz deve dar à parte que tem razão a providência prática a que ela faz jus, segundo o seu direito consagrado na lei ou em negócio privado.

2. COISA JULGADA

2.1 Generalidades

A jurisdição cumpre o seu escopo de pacificação social através da *imperatividade* e da *imutabilidade* da resposta jurisdicional.

O fato de para cada litígio corresponder uma só decisão, sem a possibilidade de reapreciação da controvérsia após o que se denomina *trânsito em julgado* da decisão, caracteriza essa função estatal e a difere das demais.[22] O momento no qual uma decisão torna-se imodificável é o do *trânsito em julgado*, que se opera quando o conteúdo daquilo que foi decidido fica ao abrigo de qualquer impugnação através de recurso, daí a sua consequente imutabilidade.[23] Desta sorte, diz-se que uma decisão transita em julgado e produz coisa julgada quando não pode mais ser modificada pelos meios recursais de impugnação. A impossibilidade de recorrer é ditada por uma técnica que leva em consideração vários fatores para impor a interdição à impugnação. Essa técnica denomina-se *preclusão*, que ontologicamente significa "precluir, fechar, impedir."[24]-[25]

A possibilidade de recorrer pode precluir em função da perda do prazo próprio para impugnar a decisão, hipótese em que se denomina essa perda de "preclusão temporal", *v.g.*, ocorre quando a sentença, apelável em 15 dias sofre impugnação no 17º dia após a

---

[22] A coisa julgada "*es el atributo específico de la jurisdicción*", segundo **Couture**, *in Fundamentos del Derecho Procesal Civil*, 1951, p. 304.

[23] Com o trânsito em julgado "a sentença não corre mais o perigo de ser impugnada, e, portanto, modificada ou anulada". Nesse sentido **Liebman**, *in Corso di Diritto Processuale Civile*, 1953, p. 238. A coisa julgada é uma qualidade dos efeitos da decisão que se tornam imutáveis e não um efeito em si do julgado, *v.g.*, a declaração, a condenação etc. Esta a teoria de **Liebman** adotada textualmente, à luz do art. 467 do CPC [com correspondência no art. 502 do CPC em vigor].

[24] As relações da preclusão com a coisa julgada vêm tratadas magnanimamente por **Machado Guimarães**, "Preclusão, Coisa Julgada e Efeito Preclusivo", *in Estudos de Direito Processual Civil*, 1969, p. 16, nota 29.

[25] No direito comparado: **Bruce Hay**. *Some Settlement Effects of Preclusion*, 1 University Of Illinois Law Review 21-52 (1993).

sua intimação às partes. Destarte, a prática de ato incompatível com a vontade de recorrer, *v.g.*, a aceitação da decisão, gera a "preclusão lógica", também obstativa do direito de recorrer. A "preclusão consumativa" por fim é a que se opera pela prática de um ato que exclui o recurso, *v.g.*, o cumprimento da decisão judicial.

Essa técnica preclusiva é utilizada durante todo o processo, porquanto interessa ao legislador não só garantir o resultado judicial, mas também viabilizá-lo. Pudesse o processo retroceder a todo instante, dificilmente se chegaria à decisão final. Assim é que, uma vez superado o prazo de alegação de determinada matéria, a lei veta a reapreciação da mesma, como se extrai do art. 507[26] do CPC. Deveras, o autor não pode alterar o pedido ou a causa de pedir após a citação do réu e o demandado também não pode modificar a defesa ao seu alvedrio, em homenagem aos princípios da preclusão e da eventualidade (arts. 329[27] e 336[28] do CPC). O processo, no seu final por força da preclusão, opera-se com o objetivo de manter a "inteireza" do seu resultado; por isso, a coisa julgada tem uma eficácia preclusiva capaz de impedir que, após o julgado, se rejulgue a mesma lide, atividade que se impede mediante a alegação da *exceptio rei iudicatae* ou o conhecimento *ex officio desse obstáculo*.

O *fundamento substancial da coisa julgada* é eminentemente político, uma vez que o instituto visa à *preservação da estabilidade e segurança sociais.*[29] A imutabilidade da decisão é fator de equilíbrio social na medida em que os contendores obtêm a última e decisiva palavra do Judiciário acerca do conflito intersubjetivo. A imperatividade da decisão completa o ciclo necessário de atributos que permitem ao juiz conjurar a controvérsia pela necessária obediência ao que foi decidido.[30]

---

[26] "**Art. 507.** É vedado à parte discutir no curso do processo as questões já decididas a cujo respeito se operou a preclusão."

[27] "**Art. 329.** O autor poderá:

I – até a citação, aditar ou alterar o pedido ou a causa de pedir, independentemente de consentimento do réu;

II – até o saneamento do processo, aditar ou alterar o pedido e a causa de pedir, com consentimento do réu, assegurado o contraditório mediante a possibilidade de manifestação deste no prazo mínimo de 15 (quinze) dias, facultado o requerimento de prova suplementar.

Parágrafo único. Aplica-se o disposto neste artigo à reconvenção e à respectiva causa de pedir."

[28] "**Art. 336.** Incumbe ao réu alegar, na contestação, toda a matéria de defesa, expondo as razões de fato e de direito com que impugna o pedido do autor e especificando as provas que pretende produzir."

[29] Nesse sentido **Prieto Castro**, *in Derecho Procesal Civil*, 1946, vol. I, p. 381. **Chiovenda** assentava a explicação da coisa julgada na "exigência social da segurança no gozo dos bens da vida", *in Instituições de Direito Processual Civil*, 1942, vol. I, p. 512-513.

[30] Várias são as teorias tendentes a explicar o fenômeno da coisa julgada. Os clássicos citam a teoria de **Savigny** segundo a qual a coisa julgada era "ficção de verdade". Para **Pothier**, "presunção *iure et de iure* de verdade". Uma resenha magnífica encontra-se em **Ugo Rocco**, *L'Autorità della Cosa Giudicata e i suoi Limitti Soggettivi*, 1917. Mais modernamente, ver: **Cândido Rangel Dinamarco; Gustavo Henrique Righi Ivahy Badaró; Bruno Vasconcelos Carrilho Lopes**, *Teoria Geral do Processo*, 2020, p. 441-458; **Jordi Nieva Fenoll**, *Coisa julgada*,

Politicamente, a coisa julgada não está comprometida nem com a verdade nem com a justiça da decisão. Uma decisão judicial, malgrado solidificada, com alto grau de imperfeição, pode perfeitamente resultar na última e imutável definição do Judiciário, porquanto o que se pretende através dela é a estabilidade social. Incumbe, assim, ao interessado impugnar a decisão antes de seu trânsito em julgado ou após, através de ação rescisória, porquanto, passado esse prazo (art. 966 do CPC),[31] qualquer que seja a imperfeição, ela se tornará imodificável.

Em face desse fundamento, a ação própria para desconstituição de uma decisão trânsita, que é a ação rescisória, não contempla qualquer *causa petendi* na qual se possa enxergar vícios de injustiça no que foi decidido. Os fatos embasadores da rescisória se voltam contra graves ilegalidades, *v.g.*, a decisão proferida por juiz corrupto, ou por juízo absolutamente incompetente etc.

2016; **Ovídio Baptista da Silva,**. *Sentença e Coisa Julgada – ensaios e pareceres*, 2003; **Rennan Thamay,** *Coisa julgada*, 2020.

[31] "**Art. 966.** A decisão de mérito, transitada em julgado, pode ser rescindida quando:

I – se verificar que foi proferida por força de prevaricação, concussão ou corrupção do juiz;

II – for proferida por juiz impedido ou por juízo absolutamente incompetente;

III – resultar de dolo ou coação da parte vencedora em detrimento da parte vencida ou, ainda, de simulação ou colusão entre as partes, a fim de fraudar a lei;

IV – ofender a coisa julgada;

V – violar manifestamente norma jurídica;

VI – for fundada em prova cuja falsidade tenha sido apurada em processo criminal ou venha a ser demonstrada na própria ação rescisória;

VII – obtiver o autor, posteriormente ao trânsito em julgado, prova nova cuja existência ignorava ou de que não pôde fazer uso, capaz, por si só, de lhe assegurar pronunciamento favorável;

VIII – for fundada em erro de fato verificável do exame dos autos.

§ 1º Há erro de fato quando a decisão rescindenda admitir fato inexistente ou quando considerar inexistente fato efetivamente ocorrido, sendo indispensável, em ambos os casos, que o fato não represente ponto controvertido sobre o qual o juiz deveria ter se pronunciado.

§ 2º Nas hipóteses previstas nos incisos do caput, será rescindível a decisão transitada em julgado que, embora não seja de mérito, impeça:

I – nova propositura da demanda; ou

II – admissibilidade do recurso correspondente.

§ 3º A ação rescisória pode ter por objeto apenas 1 (um) capítulo da decisão.

§ 4º Os atos de disposição de direitos, praticados pelas partes ou por outros participantes do processo e homologados pelo juízo, bem como os atos homologatórios praticados no curso da execução, estão sujeitos à anulação, nos termos da lei.

§ 5º Cabe ação rescisória, com fundamento no inciso V do *caput* deste artigo, contra decisão baseada em enunciado de súmula ou acórdão proferido em julgamento de casos repetitivos que não tenha considerado a existência de distinção entre a questão discutida no processo e o padrão decisório que lhe deu fundamento.

§ 6º Quando a ação rescisória fundar-se na hipótese do § 5º deste artigo, caberá ao autor, sob pena de inépcia, demonstrar, fundamentadamente, tratar-se de situação particularizada por hipótese fática distinta ou de questão jurídica não examinada, a impor outra solução jurídica."

A importância jus-política da *res judicata* implica a fixação do *momento em que a decisão transita em julgado*.

O Código dispõe que a coisa julgada é a decisão inatacável por qualquer recurso (art. 502 do CPC).[32] Ora, uma decisão somente se torna inatacável "se *ab origine* ela é irrecorrível"; fenômeno de difícil ocorrência no Direito brasileiro de vocação revisora. A decisão ainda se mantém ao abrigo das decisões, "se a parte no prazo de interposição do recurso deixa transcorrer o mesmo sem impugnação", ou "se o recurso, acaso interposto, seja considerado inadmissível". Essas hipóteses encerram casos em que se pode afirmar que a decisão "transitou em julgado".

Em resumo, a decisão não mais sujeita a recurso, qualquer que seja ele, nem a reexame necessário, *faz coisa julgada*.

Questão elegante gravita em torno da *inadmissão do recurso*, que pode ser declarada pelo juízo *ad quem* por ocasião do julgamento da impugnação. É cediço que o *juízo de admissibilidade dos recursos é declaratório* e, portanto, tem eficácia *ex tunc*. Assim sendo, declarada a inadmissibilidade do recurso na instância superior por fato antecedente ao julgamento, *v.g.*, a deserção, a intempestividade, a ilegitimidade do recorrente, em verdade a decisão terá sido impugnada por *recurso inapto a impedir o trânsito em julgado do decidido*. Em consequência, considerar-se ia a decisão transitada em julgado antes mesmo do julgamento da inadmissão, uma vez declaratório o juízo negativo que se limita a constatar retroativamente o fato de que, em data anterior, faltou um dos requisitos de admissibilidade do recurso.

Raciocínio inverso estimularia o abuso do direito de recorrer, movido pelo simples objetivo de adiar o trânsito em julgado.

Entretanto, a jurisprudência majoritária só confere essa eficácia aos recursos interpostos fraudulentamente ou em casos de manifesta ausência de pressuposto recursal, na medida em que a coisa julgada com seus efeitos enérgicos só pode assim ser considerada após o esgotamento de todos os meios de impugnação, ainda que utilizados exaurientemente.

A conclusão absoluta acima repercutiria em interessantes questões práticas, porquanto se revela costumeiro condicionar-se determinada providência ao *trânsito em julgado* da decisão, *v.g.*, o despejo do locatário comercial que não obteve a renovação do vínculo, ou a ação rescisória que deve ser exercida dentro em dois anos do trânsito em julgado da sentença de mérito. Nessas hipóteses, um recurso meramente protelatório e sem cumprimento dos requisitos de admissibilidade poderia ser extremamente prejudicial ao recorrente, uma vez que, na hipótese da locação, o locatário seria surpreendido com um desalijo imediato e, em se tratando de ação renovatória, a possibilidade de antecipação do trânsito em julgado da decisão de mérito implicaria a questão da decadência.

---

[32] "**Art. 502.** Denomina-se coisa julgada material a autoridade que torna imutável e indiscutível a decisão de mérito não mais sujeita a recurso."

Considerando a importância do decurso do prazo para interposição de recursos, importa analisar-se, na prática com severa acuidade, o prazo recursal e a exata intimação da parte, à luz dos arts. 272[33] e seguintes, e 1.003[34], do CPC.

A imutabilidade do decidido pode implicar a sua imodificabilidade "no processo em que a decisão for proferida ou em qualquer outro processo futuro.[35] É que o art. 486,

---

[33] "**Art. 272.** Quando não realizadas por meio eletrônico, consideram-se feitas as intimações pela publicação dos atos no órgão oficial.

§ 1º Os advogados poderão requerer que, na intimação a eles dirigida, figure apenas o nome da sociedade a que pertençam, desde que devidamente registrada na Ordem dos Advogados do Brasil.

§ 2º Sob pena de nulidade, é indispensável que da publicação constem os nomes das partes e de seus advogados, com o respectivo número de inscrição na Ordem dos Advogados do Brasil, ou, se assim requerido, da sociedade de advogados.

§ 3º A grafia dos nomes das partes não deve conter abreviaturas.

§ 4º A grafia dos nomes dos advogados deve corresponder ao nome completo e ser a mesma que constar da procuração ou que estiver registrada na Ordem dos Advogados do Brasil.

§ 5º Constando dos autos pedido expresso para que as comunicações dos atos processuais sejam feitas em nome dos advogados indicados, o seu desatendimento implicará nulidade.

§ 6º A retirada dos autos do cartório ou da secretaria em carga pelo advogado, por pessoa credenciada a pedido do advogado ou da sociedade de advogados, pela Advocacia Pública, pela Defensoria Pública ou pelo Ministério Público implicará intimação de qualquer decisão contida no processo retirado, ainda que pendente de publicação.

§ 7º O advogado e a sociedade de advogados deverão requerer o respectivo credenciamento para a retirada de autos por preposto.

§ 8º A parte arguirá a nulidade da intimação em capítulo preliminar do próprio ato que lhe caiba praticar, o qual será tido por tempestivo se o vício for reconhecido.

§ 9º Não sendo possível a prática imediata do ato diante da necessidade de acesso prévio aos autos, a parte limitar-se-á a arguir a nulidade da intimação, caso em que o prazo será contado da intimação da decisão que a reconheça."

[34] "**Art. 1.003.** O prazo para interposição de recurso conta-se da data em que os advogados, a sociedade de advogados, a Advocacia Pública, a Defensoria Pública ou o Ministério Público são intimados da decisão.

§ 1º Os sujeitos previstos no *caput* considerar-se-ão intimados em audiência quando nesta for proferida a decisão.

§ 2º Aplica-se o disposto no art. 231, incisos I a VI, ao prazo de interposição de recurso pelo réu contra decisão proferida anteriormente à citação.

§ 3º No prazo para interposição de recurso, a petição será protocolada em cartório ou conforme as normas de organização judiciária, ressalvado o disposto em regra especial.

§ 4º Para aferição da tempestividade do recurso remetido pelo correio, será considerada como data de interposição a data de postagem.

§ 5º Excetuados os embargos de declaração, o prazo para interpor os recursos e para responder-lhes é de 15 (quinze) dias.

§ 6º O recorrente comprovará a ocorrência de feriado local no ato de interposição do recurso."

[35] Nesse mesmo sentido **Kisch**, *Elementos de Derecho Procesal Civil*, 1940, p. 257-258.

caput e § 2º, do CPC[36] dispõe que, salvo o disposto no art. 485,[37] (extinção do processo sem resolução do mérito por acolhimento da alegação de litispendência ou de coisa julgada), a resolução sem mérito não impede que o autor intente de novo a ação.

Ora, é sabido que o legislador brasileiro, preconizando a doutrina de Liebman distinguiu a extinção do processo com e sem análise do mérito não obstante em ambas haja uma finalização do procedimento em primeiro grau através de sentença. A diferença é exatamente esta realçada pelo art. 486, *caput* e § 2º, do CPC, no sentido de que a extinção sem resolução do mérito, porque não atingida a questão de fundo, não impede a repropositura da ação, ao passo que, extinguindo-se o processo com julgamento do mérito, o juiz cumpre e acaba o ofício jurisdicional, não podendo alterar a decisão que, uma vez transitada em julgado, faz lei entre as partes. O art. 505 do CPC[38] é imperativo ao estatuir: "Nenhum juiz decidirá novamente as questões já decididas, relativas à mesma lide". No mesmo sentido, dispõe o art. 503, *caput*, do CPC[39] que "a decisão que julgar total ou parcialmente a lide tem força de lei nos limites da questão principal expressamente decidida".

Essa imutabilidade que se projeta para fora do processo (exoprocessual) quando o decidido atinge a questão de fundo não sofre qualquer exceção, nem mesmo pelo que dispõem os incisos I e II do art. 505 do CPC.

É que, nessas hipóteses, o juiz profere "decisão para o futuro" e, por isso, com a cláusula de que o seu conteúdo é imodificável se inalterável o ambiente jurídico em que a decisão foi prolatada.[40] Assim, nas condenações calcadas em *relações de trato sucessivo*

---

[36] "**Art. 486.** O pronunciamento judicial que não resolve o mérito não obsta a que a parte proponha de novo a ação."

[37] "**Art. 485.** O juiz não resolverá o mérito quando (...):
V – reconhecer a existência de perempção, litispendência ou de coisa julgada;
(...)."

[38] "**Art. 505.** Nenhum juiz decidirá novamente as questões já decididas relativas à mesma lide, salvo:
I – se, tratando-se de relação jurídica de trato continuado, sobreveio modificação no estado de fato ou de direito, caso em que poderá a parte pedir a revisão do que foi estatuído na sentença;
II – nos demais casos prescritos em lei".

[39] "**Art. 503.** A decisão que julgar total ou parcialmente o mérito tem força de lei nos limites da questão principal expressamente decidida.
§ 1º O disposto no *caput* aplica-se à resolução de questão prejudicial, decidida expressa e incidentemente no processo, se:
I – dessa resolução depender o julgamento do mérito;
II – a seu respeito tiver havido contraditório prévio e efetivo, não se aplicando no caso de revelia;
III – o juízo tiver competência em razão da matéria e da pessoa para resolvê-la como questão principal.
§ 2º A hipótese do § 1º não se aplica se no processo houver restrições probatórias ou limitações à cognição que impeçam o aprofundamento da análise da questão prejudicial".

[40] O tema foi tratado de forma diversa pelos doutrinadores. Para alguns, essas decisões se caracterizam posto que proferidas com a cláusula *rebus sic stantibus* como entrevia **Sergio Costa**, *in Manuale di Diritto Processuale Civile*, 1955, p. 217. **Alberto dos Reis** denominava-as de "decisões instáveis", *in Código de Processo Civil Anotado*, 1952, vol. V, p. 167.

ou *continuativas,*[41] como ocorre com os alimentos, é possível que, adiante, a parte que pleiteava alimentos deles não mais necessite, bem como a parte que os devia não possa mais suportá-los por carência de recursos. É lógico que o legislador não sacrificaria a sobrevivência de uma pessoa em detrimento de outra. Por outro lado, pode ocorrer que as circunstâncias se modifiquem. Desta sorte, como a decisão de mérito provê para o futuro, permite-se a *revisão do julgado por fato superveniente* que, por si só, afasta a impressão de ofensa à coisa julgada posto que respeitante a fatos outros que não aqueles que sustentaram a decisão trânsita.[42] Essa alteração efetiva-se através da "ação de modificação", a qual, pela decorrência de sua acessoriedade, se submete ao juízo da ação modificada (art. 61 do CPC).[43] Nem por isso, entretanto, pode-se afirmar inexistir coisa julgada material nestes casos. Esse pseudoproblema é tratado por alguns sob a denominação equivocada de *limites temporais da coisa julgada.*

A *imutabilidade adstrita ao próprio processo* em que a sentença terminativa é proferida caracteriza o que se denomina, em sede doutrinária, *coisa julgada formal,*[44] para distinguir daquela que se projeta para fora do processo e alcança qualquer outro impedindo o rejulgamento da causa e que se denomina *coisa julgada material.*[45]

Advirta-se que essa adstrição da coisa julgada formal ao âmbito do processo permite que a "mesma questão formal", preclusa de discussão no processo acessório ou dependente, "seja renovada no feito principal", à míngua de disposição excepcionante da regra do art. 507 do CPC.[46]

O Código, no seu art. 502, parece referir-se apenas à coisa julgada material, e olvidar a categoria da coisa julgada formal. Entretanto, a dicotomia é clássica na doutrina. Não obstante, em face dessa omissão, há os que sustentam a ideia de que, em relação às decisões formais incidentes ou finais, não mais sujeitas a recursos, não se deve falar em coisa julgada e sim em "preclusão", nos estritos termos do art. 507 do CPC.

As decisões que não dispõem sobre o pedido não dão a última palavra do Judiciário, e, em consequência, não cumprem o escopo da jurisdição, por isso, não são imutáveis para

---

[41] A denominação é de **Antonio Segni**, *Commentario del Codice Civile a Cura di Scailoja e Branca,* liv. 6, *La Tutela dei Diritti,* 1953, p. 302.

[42] **Frederico Marques**, com agudeza afirma que no caso presente "a sentença submetida a um processo de integração" decorrente de situação superveniente, *in Instituições,* vol. IV, p. 351.

[43] "**Art. 61.** A ação acessória será proposta no juízo competente para a ação principal."

[44] À coisa julgada formal referia-se **Schonke** como "efeitos da sentença dentro do juízo", *in Derecho Procesal Civil,* 1950, p. 262. Para outros, a coisa julgada formal é o primeiro estágio garantidor da imutabilidade do julgado para fora do processo. Assim, **Guilherme Estelita**, *in Da Coisa Julgada,* 1936, p. 11. **Liebman** afirmava que a coisa julgada formal era a "condição prévia para a coisa julgada material", *in Eficácia e Autoridade da Sentença,* trad. port., 1945, p. 57.

[45] Coisa julgada material é a imutabilidade do "comando emergente da sentença". Nesse sentido, **Frederico Marques**, *Instituições de Direito Processual Civil,* 1969, vol. IV, p. 329.

[46] "A coisa julgada é formal quando não mais se pode discutir no processo o que se decidiu. A coisa julgada material é a que impede discutir-se, noutro processo, o que se decidiu (**Pontes de Miranda**)" (*RTJ,* 123/569).

fora do processo, senão e somente dentro dele. Trata-se de eficácia *endoprocessual* a que se referia o saudoso mestre Machado Guimarães,[47] distinguindo-a da eficácia *panprocessual* da coisa julgada material.[48]

Considerando tamanha eficácia da decisão que julga o pedido, impedindo a revisão do decidido, impõe-se fixar *os limites dessa imutabilidade*, porquanto nem tudo o que o juiz conhece ele julga com força de coisa julgada material. Ademais, a coisa julgada consagra bens da vida, tornando-os intocáveis e com o selo da autoridade, impondo-se assim, também, estabelecer a órbita das pessoas sujeitas àquele pronunciamento.

Essas questões pertinem ao instigante campo dos *limites objetivos e subjetivos da coisa julgada* que passamos a enfrentar.

2.2 Limites objetivos da coisa julgada

A matéria vem complexamente versada em três dispositivos: arts. 503, 504[49] e 505 do CPC.

O juiz, segundo o art. 503,[50] profere a sentença que pode julgar total ou parcialmente e nessa esfera tem força de lei nos limites da lide e das questões decididas. Por seu turno, o art. 505 reforça a proteção ao julgado, dispondo que nenhum juiz decidirá novamente as questões decididas relativas à mesma lide.

A coisa julgada material, em suma, incide sobre a lide, o mérito ou o pedido com a sua correspondente causa de pedir, considerando estas expressões como sinônimas para o Código. Assim, o julgamento antecipado da lide ou o julgamento antecipado do mérito têm o mesmo sentido processual, e a decisão que os enfeixa faz coisa julgada material.

A lei menciona as questões decididas e a lide, referindo-se ao conteúdo da ação proposta. Aliás, *a coisa julgada incide sobre as partes, o pedido* e *a causa de pedir*. Nesse sentido, é textual o Código ao afirmar que se verifica a coisa julgada quando se "uma ação é idêntica a outra quando possui as mesmas partes, a mesma causa de pedir e o mesmo

---

[47] A coisa julgada material no sentido da sua eficácia "panprocessual" impede totalmente qualquer novo exame do assunto e outra resolução diversa a respeito da mesma relação jurídica entre as mesmas partes, seja pelo mesmo tribunal que proferiu o julgamento, seja por outro diferente (**Kisch**, *Elementos de Derecho procesal civil*, 1940, p. 258). "Diversamente, as decisões sobre questões processuais, não garantindo bem algum da vida fora do processo, mas concernindo a uma relação que se consuma no processo mesmo, limitam seu efeito à relação processual para as quais são emanadas e não vinculam o juiz quanto aos processos futuros", assim doutrina **Chiovenda**, *Istituzioni di Diritto Processuale Civile*, vol. I, p. 521.

[48] **Liebman**, *Estudos de Direito Processual Civil*, 1947.

[49] "**Art. 504.** Não fazem coisa julgada:

I – os motivos, ainda que importantes para determinar o alcance da parte dispositiva da sentença;

II – a verdade dos fatos, estabelecida como fundamento da sentença."

[50] O preceito do art. 468 do CPC/1973 tinha origem no famoso projeto Mortara que assim dispunha: "*La sentenza che decide totalmente o parzialmente una lite, ha forza di legge nei limiti della lite e della questione decisa. Se considera decisa, anche se non sia risoluta espressamente, ogni questione, la cui risoluzione costituisca una premesse necessaria delle disposizione contenutta nella sentenza*".

pedido" e que "há coisa julgada quando se repete ação que já foi decidida por decisão transitada em julgado" (art. 337, §§ 2º e 4º, do CPC).

A coisa julgada absorve os três elementos da demanda por isso que, variando um deles, não se está diante da mesma ação.[51] Assim, se A move em face de B uma ação possessória e recolhe um resultado negativo, B pode promover uma ação em face de A com o mesmo objetivo possessório sem que haja identidade de ações, uma vez que modificado o elemento subjetivo, na medida em que na primeira demanda o autor era A e, nesta segunda demanda, a parte autora é B. Deveras, uma ação que vise à indenização por danos físicos não exclui a possibilidade da propositura de uma ação que objetiva apenas "danos morais".

Explicitando o dispositivo de que a coisa julgada material adstringe-se ao julgamento do pedido e das questões decididas, tem-se que, se o pedido não foi apreciado pela sentença e o autor não embargou de declaração, não se formou coisa julgada, podendo o demandante propor nova ação com o mesmo objeto.

Outra questão que merece ser esclarecida pertine à condenação implícita. Muito embora o Direito brasileiro admita pedidos implícitos, o mesmo não ocorre com a condenação. Não obstante, tem-se que o acolhimento de pedido consequente pressupõe o acolhimento do pedido antecedente, muito embora a recíproca não seja verdadeira. Assim, *v.g.*, rescindido o negócio jurídico pressupõe-se possível a recuperação do bem objeto daquele.

O que nos interessa estabelecer é o âmbito de imutabilidade do julgado, uma vez que, consoante se afirmou anteriormente, nem tudo o que o juiz conhece é julgado.[52]

Não obstante o legislador tenha explicitado os *limites objetivos* da coisa julgada, *adstringindo-os ao pedido com a sua correspondente causa de pedir*, haja vista que a *causa petendi* com outro pedido ou o mesmo pedido com outra causa de pedir diferencie as ações, ainda visou a esclarecer o alcance da mesma, no art. 504 do CPC, *ao retirar do âmbito da coisa julgada os motivos* (não a motivação integral da sentença onde se encarta a causa de pedir) *importantes e determinantes da parte dispositiva da sentença, a verdade dos fatos estabelecida como fundamento da sentença.*[53]

---

[51] Por isso da advertência de **Liebman** de que "não é toda e qualquer questão decidida que tem seus efeitos imutáveis senão, o que tem força de lei é a sentença nos limites e das questões decididas", *in Estudos sobre o Processo Civil Brasileiro*, 1947, p. 166-167, nota 1.

[52] Por essa razão é que a lei se refere ao julgamento total ou parcial, posto que a parte não julgada não fica coberta pela coisa julgada, não obstante o julgado "a menor", ou seja *citra petita* seja nulo. Nesse sentido, textual a lição do saudoso **Pedro Batista Martins**, *Comentários ao Código de Processo Civil*, 1942, vol. II, p. 342-343.

[53] Essa afirmação nem sempre foi absoluta posto que a história do processo consagra a famosa posição teórica de **Savigny** que incluía os motivos objetivos da sentença no espectro da coisa julgada; doutrina que dominou o "direito comum" até o advento da ZPO que consagrou no § 322 orientação diversa, já no final do século XIX. Nesse sentido, **Heinitz**, *in I Limiti Oggetivi della Cosa Giudicata*, 1937, p. 200.

Segundo festejado autor, em relação a todas as questões do processo, quer de direito material quer de direito processual, o juiz exerce a *cognitio* ao passo que, em face da questão principal ele en-

A *verdade dos fatos* escapa dessa eficácia de imutabilidade em função de que ditada por amplo subjetivismo do juiz na análise do material cognitivo. O que se revela verdade para um juízo pode não o ser para outro, não havendo qualquer instrumento jurídico processual capaz de revestir essa verdade com a força da coisa julgada.

Ponto central é a imutabilidade das questões prejudiciais.

A *questão prejudicial* é aquela que subordina a solução da questão principal, muito embora esteja para com esta numa relação de condicionante, razão pela qual, não é objeto de julgamento senão e somente de cognição incidental. A questão prejudicial, consoante tivemos oportunidade de destacar quando da abordagem das ações e do saneamento, é uma questão antecedente ao julgamento de outra, e que lhe condiciona à forma pela qual será decidida. Assim, *v.g.*, se A nega a obrigação de pagar determinada quantia derivada de um contrato sob a invocação de que o vínculo é nulo, essa questão relativa à validade do negócio jurídico, muito embora não seja objeto de julgamento, condiciona-o, posto que se o juiz concluir que o contrato não é válido, exonerará o devedor da obrigação e, em caso contrário, concluindo pela validade, impor-lhe-á o cumprimento, caso não tenha havido escusas capazes de exonerá-lo. Observe-se que a questão da nulidade do contrato subordina a forma pela qual há de ser solucionada a questão principal da cobrança; por isso, é "prejudicial" à mesma e implica um juízo prévio, "um pré-juízo ou uma prejudicial".

A análise desta questão prejudicial não é subjetiva senão *juridicamente objetiva*, razão pela qual é possível fazer incidir sobre a mesma a imutabilidade do julgado. Entretanto, enquanto a questão prejudicial é apenas analisada como integrante inseparável do raciocínio do juiz antes de decidir, ela recebe uma apreciação tanto quanto necessária para evitar que o magistrado dê um "salto" antes de concluir.[54] Caso esse salto fosse permitido, a parte não saberia como o juiz chegara à conclusão alcançada; por isso, a análise da questão prejudicial é imperiosa sob pena de falecer ao decidido a necessária motivação. Aliás, é através da demonstração do itinerário desse raciocínio do juiz que a parte recorrente prepara a sua impugnação e, ao exteriorizá-lo, o magistrado cumpre o postulado máximo de explicitar à parte o porquê da rejeição ou do acolhimento da pretensão deduzida. Portanto, essa apreciação da questão prejudicial pelo juiz cumpre a garantia constitucional da motivação das decisões judiciais (art. 93, IX, da CF).

---

gendra o *judicium* (*in* **Ernesto Heinitz**, *I limiti oggetivi dela cosa giudicata*, 1937, p. 209). Merece relembrar-se **Chiovenda** quanto à justificativa de os motivos se situarem fora do alcance da coisa julgada, posto que afirmava o insigne mestre peninsular que: "O juiz enquanto *razoa* não representa o Estado, presenta-o enquanto afirma a vontade" (*Instituições*, p. 371).

No mesmo sentido, **Chiovenda** e **Liebman**, *in Instituições*, vol. I, p. 542-543.

54   O direito brasileiro restou por assimilar a doutrina europeia do início do século denominada restritiva porquanto comprimia as fronteiras da coisa julgada material, de modo a não abranger em seus domínios as premissas da decisão. Assim preconizavam **Chiovenda**, **Carnelutti**, **Jaeger** dentre outros, como informa **Heinitz**, *I limiti oggetivi dela cosa giudicata*, 1937, p. 204. No Brasil, decisiva a doutrina de **Paula Batista** para a sedimentação da orientação hoje esposada pelo Código.

A apreciação da questão prejudicial necessária diz-se *incidenter tantum*, posto que *o tanto necessário* para o juiz concluir sem saltar sobre o ponto.[55]

O vetusto Código de 1973 aludia à apreciação da questão prejudicial decidida incidentemente no processo, também alcançada pela coisa julgada, exigindo, para tanto, o ajuizamento de ação declaratória incidental. Sob a égide do vigente CPC, entretanto, é possível a formação de coisa julgada sobre a questão prejudicial decidida incidentemente e de forma expressa no processo, desde que: (i) dessa resolução dependa o julgamento do mérito; (ii) a seu respeito tiver havido contraditório prévio e efetivo, não se aplicando no caso em que ocorrida a revelia; (iii) o juízo tenha competência em razão da matéria e da pessoa para resolvê-la como questão principal; (iv) inexista restrição probatória ou limitação cognitiva no procedimento que impeça o aprofundamento da análise da questão prejudicial.

Desse modo, é possível alçar essa apreciação incidente e ao nível de julgamento com força de coisa julgada, cumpridos certos requisitos (art. 503, §§ 1º e 2º).

Em *primeiro lugar*, é preciso que realmente a *questão seja prejudicial*, consoante a conotação acima. Assim, clássico é o exemplo da relação de paternidade como prejudicial ao pedido de alimentos. Em *segundo lugar*, é preciso que se tenha tornado *controvertida* a justificar, através do interesse de agir superveniente, a propositura de pedido cumulado ulterior. Em *terceiro lugar*, é mister que *o juiz seja competente em razão da matéria*, haja vista, *v.g.*, que se a prejudicial for de natureza penal e o juízo onde tramita a causa tiver competência cível exclusiva, jamais poderá declarar com força de coisa julgada qualquer matéria que extrapole sua competência *ratione materiae*. *Em quarto lugar,* não podem existir restrições probatórias no procedimento, como sucede no mandado de segurança, sob pena de se petrificar matéria discutida de forma incompleta.

O Código de 1973 previa a ação declaratória incidental para resolver a questão prejudicial. Dessa forma, proposta a ação declaratória incidental e posteriormente julgada a questão prejudicial como questão também principal, essa decisão se revestiria das características da imutabilidade da coisa julgada material em todos os aspectos da causa.

Não entendeu, contudo, o legislador que tal ação declaratória estivesse de acordo com os ideais perseguidos no vigente Código. Entenda-se que, aqui, não se diz que questão de competência alheia ao juízo onde tramite a questão principal deva ser julgada por juízo incompetente. Muito pelo contrário: é justamente desses limites que trata o art. 503, § 2º, do CPC. A extensão da coisa julgada à questão incidental, decidida *principaliter* em outro processo, não depende, portanto, de postulação de qualquer das partes – como o era na ação declaratória incidental –, mas pode ser feita pelo julgador de maneira automática.

Volvendo aos limites da decisão de mérito sobre a qual se perfaz a coisa julgada material, destaca o legislador a imutabilidade da coisa julgada material com a fórmula:

---

[55] Consoante observa com agudez **Frederico Marques**, há casos em que a motivação é fundamental para determinar o alcance mesmo da parte dispositiva, *v.g.*, ocorre com a absolvição criminal que deve ser motivada em face de suas repercussões civis (*in Estudos de Direito Processual Penal*, 1960, p. 169). Assim, *v.g.*, são diversas as consequências quando a absolvição se dá por carência de provas e a que reconhece ter o agente atuado em legítima defesa (art. 65 do CPP).

"nenhum juiz decidirá novamente a mesma lide" (art. 505[56]). Trata-se de um pressuposto processual de caráter negativo a impedir a constituição válida de um processo versando matéria já decidida. É regra *in procedendo*, que tem como destinatários os juízes, e encerra o que Machado Guimarães denominava "eficácia panprocessual da coisa julgada material", em contrapartida à eficácia "endoprocessual", atribuída à sentença que extingue o processo sem análise do mérito.

Na verdade, os incisos não abrem exceção à regra, tampouco consagram suposto "limite temporal do julgado", conforme já exposto.

A previsão pertine às relações continuativas em que a decisão se projeta para o futuro impondo prestações de trato sucessivo que podem desaparecer conforme as circunstâncias do caso concreto. O exemplo clássico é o da ação de alimentos, na qual as modificações do estado de fato como o empobrecimento do devedor ou o enriquecimento do credor dos alimentos podem levar à exoneração das prestações alimentícias vincendas. *In casu*, a exoneração fundar-se-á em fatos supervenientes, sem malferir a coisa julgada. Aliás, a própria lei de alimentos assim o prevê (Lei nº 5.478/1968). Nessas ações, o juiz decide com a cláusula *rebus sic standibus*, de sorte que a decisão se mantém se as causas que a determinaram também permanecerem de pé.

Outros exemplos de decisões judiciais para o futuro, alternáveis na forma do art. 505, CPC, são revelados pela prática. Assim, *v.g.*, é lícito pleitear-se a revisão da decisão sobre a guarda de filhos, a revisão judicial do aluguel anteriormente estabelecido em sentença trânsita etc. A ação de revisão ou modificação reclama causas distintas daquelas em que foi proferida a sentença revisionada, muito embora dirigida ao mesmo juízo por força de acessoriedade.

Por fim, cumpre destacar que o CPC inovou ao tratar da coisa julgada, uma vez que a estendeu para além da sentença, abarcando de igual modo as decisões de mérito, consagrando a teoria dos capítulos de sentença que podem ser julgados em separado. Sempre que o objeto da ação versar sobre mais de um capítulo, a coisa julgada material os abarcará por inteiro. Por essa razão, e atento à possibilidade de julgamento antecipado parcial (art. 356), o legislador optou, no art. 502, do CPC, pelo termo "decisão de mérito" em vez de "sentença".

2.3 Limites subjetivos da coisa julgada[57]

A situação de conflito submetida ao Judiciário tem os seus protagonistas, e a decisão, *a fortiori*, seus destinatários. Outrossim, a sentença não vive isolada no mundo jurídico,

---

[56] "**Art. 505.** Nenhum juiz decidirá novamente as questões já decididas relativas à mesma lide, salvo:

I – se, tratando-se de relação jurídica de trato continuado, sobreveio modificação no estado de fato ou de direito, caso em que poderá a parte pedir a revisão do que foi estatuído na sentença;

II – nos demais casos prescritos em lei."

[57] Acerca desse intrincado tema é obrigatória a leitura elucidativa de **Guilherme Estelita**, *Da Coisa Julgada*, 1936, p. 195-201.

ressoando possível que uma decisão reste por atingir a esfera jurídica de pessoas que não participaram do processo.[58]

Diante dessa possibilidade, e em face da energia da coisa julgada, questiona-se se a imutabilidade da decisão apresenta espectro *erga omnes* ou *inter partes*.

O nosso sistema, de origem romano-germânica, consagra, de forma direta e indireta, as soluções preconizadas por esses nossos matizes. Em primeiro lugar, seguindo a tradição romanista de que a coisa julgada não pode beneficiar nem prejudicar quem não participou do processo (*res judicata aliis non nocet*), o Código de 1973, no art. 472, dispunha que *a sentença faz coisa julgada entre as partes*. Assim sendo, terceiros que não participaram do processo poderiam promover demandas em relação ao mesmo objeto litigioso. O atual Código promoveu singela alteração no correspondente art. 506[59-60], afirmando que não pode a sentença prejudicar terceiros. Não se fala, portanto, no terceiro beneficiado pela decisão.

A complexidade reside na identificação desse terceiro estranho ao julgado.

As pessoas que não mantêm qualquer vinculação com as partes nem com o objeto litigioso não se subordinam à coisa julgada, muito embora respeitem a decisão judicial como ato de soberania, tal como se curvam aos atos da administração e aos atos legislativos. Assim é que se a sentença determina que um clube não pode funcionar, mesmo o empregado que não foi parte no processo deve respeitar aquela decisão. Da mesma forma, se Caio é considerado titular de fundo de comércio por força de decisão judicial, não pode, numa determinada licitação, ver rejeitada essa sua qualificação. Trata-se da *eficácia natural da sentença* como ato de autoridade e, nesse ângulo, operativa *erga omnes*.

Diversamente é a situação da decisão que dispõe sobre o direito da parte. Nesse caso, o que há é eficácia subjetiva da coisa julgada.

Em princípio, não se revela nenhuma perplexidade no que concerne à parte. É que nada mais lógico do que a decisão limitar o julgado aos sujeitos do processo. Em face do amplo espectro subjetivo d'algumas ações, exige a lei a formação do litisconsórcio necessário em razão da *natureza da relação litigiosa*. Indivisível a *res in iudicium deducta*, todos os partícipes da relação jurídica *sub judice* devem ser convocados para o processo. A falta da formação do litisconsórcio necessário nesses casos torna a sentença ineficaz para os que participaram do processo (e, portanto, para a parte) e, com maior razão, para os que não participaram, revelando-se verdadeira *inutiliter data*. Aliás, essa é a consequência que ocorre em todos os casos de formação compulsória do litisconsórcio em que este não se verifica.

Diferentemente do fenômeno acima, há terceiros, que não as partes, e que ficam sujeitos ao julgado.

---

[58] A isso **Liebman** se referia como eficácia reflexa do julgado para distinguir da eficácia direta da coisa julgada, *in Eficácia e Autoridade da Sentença*, 1945, p. 85.

[59] "**Enunciado nº 36 da I Jornada de Direito Processual Civil do CJF:** O disposto no art. 506 do CPC não permite que se incluam, dentre os beneficiados pela coisa julgada, litigantes de outras demandas em que se discuta a mesma tese jurídica."

[60] "**Art. 506.** A sentença faz coisa julgada às partes entre as quais é dada, não prejudicando terceiros."

Em *primeiro lugar, os sucessores da parte*, que a sucedem também na coisa julgada.[61] A coisa julgada obriga a herdeiros e sucessores, em face de o direito ser transmissível. O sucessor pode discutir o seu quinhão com outrem, porém, jamais a origem do débito do *de cujus*.

A *sucessão* processual, como sabido, pode dar-se em razão de morte (*mortis causa*) ou por ato entre vivos (*inter vivos*), uma vez que a própria lei esclarece que a alienação da coisa litigiosa não exime o novo adquirente dos destinos do julgado (art. 109, § 3º, do CPC).[62]

Em *segundo lugar*, o *substituído* na substituição processual,[63] mesmo não tendo sido "parte", fica sujeito à coisa julgada, uma vez que a legitimação extraordinária que visa a melhor tutelar a sua situação não pode prejudicar a parte contrária. Raciocínio inverso redundaria em verdadeira *contradictio in terminis* ao admitir-se a substituição processual e, ao mesmo tempo, possibilitar-se a reabertura do caso pela pessoa substituída. Assim, *v.g.*, a decisão que julga improcedente a ação de indenização movida pelo acionista minoritário em face da diretoria de uma sociedade anônima, na qualidade de substituto processual da pessoa jurídica, inibe a mesma de repropor idêntica demanda.

Nesse fenômeno da legitimação extraordinária, o substituto processual é o sujeito do processo, e a sua vinculação à coisa julgada resta resolvida pela simples incidência do art. 506 do CPC.[64] O substituído, malgrado não atue como parte, é *sujeito da lide*; é a ele, também, que se endereça o art. 505, *caput*,[65] ao impedir que o juiz a julgue, novamente.

Remanescem, acerca do tema, complexas controvérsias quanto às relações jurídicas com multiplicidade de pretendentes bem como quanto aos titulares de relações dependentes daquela que foi julgada.

No que pertine às relações jurídicas com multiplicidade de dependentes, a regra é a do litisconsórcio. Há casos em que a eficácia da decisão necessita da presença de todos

---

[61] Consoante afirma **Rosenberg** essa eficácia *erga omnes* deriva "*de la particular naturaleza del objeto litigioso y del interés de la comunidad en la resolución que se le de*", in *Tratado de Derecho Procesal Civil*, 1955, vol. II, p. 482.

[62] "**Art. 109.** A alienação da coisa ou do direito litigioso por ato entre vivos, a título particular, não altera a legitimidade das partes.

§ 1º O adquirente ou cessionário não poderá ingressar em juízo, sucedendo o alienante ou cedente, sem que o consinta a parte contrária.

§ 2º O adquirente ou cessionário poderá intervir no processo como assistente litisconsorcial do alienante ou cedente.

§ 3º Estendem-se os efeitos da sentença proferida entre as partes originárias ao adquirente ou cessionário."

[63] A explicação de **Liebman** à razão de ser do dispositivo dissipa as potenciais controvérsias. Conforme afirma o insigne jurista, citados os reais contendores, ninguém mais terá legitimidade ou interesse em infirmar o julgado (*Corso di Diritto Processuale Civile*, 1953. p. 180).

[64] "É que eles passam a ser sujeitos do processo e como tal não podem ser considerados terceiros em face do julgado" (**Liebman**, *Corso di Diritto Processuale Civile*, 1953. p. 85).

[65] Os efeitos da decisão proferida na causa são imutáveis para o substituto processual e para o substituído, **Pedro Batista Martins**, *Comentários ao Código de Processo Civil*, 1942, vol. III, p. 311 e segs.

os interessados no processo, hipótese em que a comunhão na lide e na relação processual resolve-se pelo art. 506, na medida em que os litisconsortes já são partes.

No *litisconsórcio facultativo*, aquele "potencial litisconsorte" que não interveio não poderá rediscutir a causa se o litisconsórcio era unitário e a decisão foi favorável, uma vez que, nesse caso, lhe falece o *interesse de agir*, já que, obtido o êxito, não subjaz utilidade na propositura de outra ação futura. Ao revés, não tendo sido favorável o resultado, defere-se aos demais que não intervieram, a chance de obterem melhor êxito, com a propositura de outras ações, com o aproveitamento do resultado prático, inclusive, por aquele litisconsorte pioneiro não exitoso.

Assim, *v.g.*, se um dos compossuidores reivindica a coisa comum e vence a demanda, a decisão vale para os que intervieram e para os que não intervieram. Ao revés, improcedente o pedido, abre-se oportunidade para que os demais pleiteiem melhor desígnio noutra ação.

No *litisconsórcio facultativo* e *simples*, a decisão somente vincula os integrantes do processo, prevalecendo, aí, em toda a plenitude, a máxima *res iudicata aliis non nocet*.

Atual e elegante questão põe-se no âmbito dos "direitos supraindividuais", assim considerados *os difusos*, *os interesses coletivos* e *os individuais homogêneos*.

A indeterminação dos sujeitos beneficiários ou prejudicados com a decisão judicial, nesse campo dos direitos difusos, conduziu a doutrina, durante largos anos, a preconizar a denominada "coisa julgada *secundum eventum litis*". A coisa julgada, consoante esta linha de pensamento, atingiria a todos quantos se encartassem na esfera do interesse difuso, desde que proferida com base em provas consideradas suficientes, por isso que julgado procedente ou improcedente o pedido, superando-se o risco de eventuais conluios entre o autor da ação e o réu através da fiscalização do Ministério Público, que, malgrado carecedor de legitimação ordinária para iniciar a ação, podia retomá-la na hipótese de "desistência". Em todo caso, não se inviabilizaria a dedução de pretensão individual, desde que não se trate de litisconsorte da demanda coletiva ou se não atendido o que dispõe o art. 104, *in fine,* do Código de Defesa do Consumidor[66], por exemplo.

Essa técnica cognominada de limites subjetivos *erga omnes* era aplicável independentemente do resultado da demanda, salvo a improcedência por *carência de provas*, como ressaltado, hipótese em que o legislador conferia oportunidade a outrem para que, através de nova propositura, eventualmente recolhesse melhor resultado. A isso é que se convencionou denominar coisa julgada *secundum eventum litis*.[67]

Esse artifício processual foi utilizada largamente no *nosso protótipo de ação difusa, a ação popular*, transmitindo-se para as ações coletivas que advieram com o Código do

---

[66] "**Art. 104**. As ações coletivas, previstas nos incisos I e II e do parágrafo único do art. 81, não induzem litispendência para as ações individuais, mas os efeitos da coisa julgada *erga omnes* ou *ultra partes* a que aludem os incisos II e III do artigo anterior não beneficiarão os autores das ações individuais, se não for requerida sua suspensão no prazo de trinta dias, a contar da ciência nos autos do ajuizamento da ação coletiva."

[67] "**Art. 505.** Nenhum juiz decidirá novamente as questões já decididas, relativas à mesma lide."

Consumidor, o Estatuto da Criança e do Adolescente e a Lei da Ação Civil Pública. Esses diplomas legais emergentes dos modernos reclamos sociais aperfeiçoaram a técnica utilizada na ação popular, trazendo soluções peculiares aos interesses em jogo.

Preliminarmente, distinguiu-se o *interesse difuso*: pertencente a toda sociedade, indivisível e impersonalizável, *v.g.*, o clássico exemplo do direito geral a um ambiente saudável do *interesse coletivo*; atinente a determinado grupo *ligado por uma base comum* estatutária, contratual ou legal, como os médicos, os advogados etc., quanto aos seus direitos institucionais; e dos denominados *interesses individuais homogêneos*, atribuíveis a determinadas pessoas vinculadas entre si apenas pela afinidade das repercussões práticas de determinados fatos em suas esferas jurídicas, *v.g.*, os pais de alunos, os consumidores de determinado produto, os moradores de peculiar região geográfica. Além de os diplomas acima consagrarem, também, a regra *secundum eventum litis*, houve um aperfeiçoamento quanto aos demais interesses supraindividuais. Assim é que, nas causas versantes sobre interesses difusos, além da coisa julgada *erga omnes*, adotou-se a técnica geral da coisa julgada *secundum eventum probationis* ou *eventum litis*. Consequentemente, nas ações referentes aos direitos coletivos, corresponde, à coisa julgada *erga omnes* de outrora, a denominada coisa julgada *ultra partes*.

Nas ações pertinentes aos "direitos individuais homogêneos", como se trata de uma "decisão geral" que pode beneficiar, nunca prejudicar, o interesse *pessoal* daqueles que se acham vinculados por afinidade, maneja-se a técnica da coisa julgada *in utilibus*, que permite ao titular de um interesse individual, porém homogêneo, "utilizar-se" da decisão geral favorável e liquidá-la em favor de seu interesse *individualizado* (Consulte-se o art. 16[68] da Lei da Ação Civil Pública – Lei nº 7.347, de 24.07.1985; art. 18 da Lei da Ação Popular – Lei nº 4.717, de 29.06.1965; arts. 103[69] e 104[70] do Código de Defesa do Consumidor – Lei nº 8.078, de 11.09.1990).

---

[68] **"Lei nº 7.347, art. 16**. A sentença civil fará coisa julgada *erga omnes*, nos limites da competência territorial do órgão prolator, exceto se o pedido for julgado improcedente por insuficiência de provas, hipótese em que qualquer legitimado poderá intentar outra ação com idêntico fundamento, valendo-se de nova prova."

[69] **"Lei nº 8.078, art. 103.** Nas ações coletivas de que trata este Código, a sentença fará coisa julgada:
I – *erga omnes*, exceto se o pedido for julgado improcedente por insuficiência de provas, hipótese em que qualquer legitimado poderá intentar outra ação, com idêntico fundamento, valendo-se de nova prova, na hipótese do inciso I do parágrafo único do art. 81;
II – *ultra partes*, mas limitadamente ao grupo, categoria ou classe, salvo improcedência por insuficiência de provas, nos termos do inciso anterior, quando se tratar da hipótese prevista no inciso II do parágrafo único do art. 81;
III – *erga omnes*, apenas no caso de procedência do pedido, para beneficiar todas as vítimas e seus sucessores, na hipótese do inciso III do parágrafo único do art. 81."

[70] "§ 1º Os efeitos da coisa julgada previstos nos incisos I e II não prejudicarão interesses e direitos individuais dos integrantes da coletividade, do grupo, categoria ou classe.
§ 2º Na hipótese prevista no inciso III, em caso de improcedência do pedido, os interessados que não tiverem intervindo no processo como litisconsortes poderão propor ação de indenização a título individual.

No campo das denominadas "relações dependentes"[71] só podem sofrer a eficácia direta do julgado aquelas que foram objeto de cognição e decisão. A regra de que "anulado o ato reputam-se sem efeito os que dele são subsequentes" não implica "extensão do julgado", senão em autorização para que o autor formule no mesmo processo (*unum et idem judex*) cumulação *sucessiva* de pedidos. Isto porque os terceiros não partícipes do processo podem voltar-se contra o decidido em ação distinta, salvo, evidentemente, se, não obstante não terem discutido a própria relação jurídica naquele processo, intervieram como assistentes, hipótese em que incide a regra maior do art. 123 do CPC,[72] que prevê, com amplitude, a *eficácia preclusiva da intervenção*.[73]

2.4 Meios de defesa da coisa julgada

A coisa julgada, como símbolo do compromisso maior do Estado-juiz em definir litígios em prol da estabilidade e segurança sociais, encontra, na legislação processual, meios de proteção de sua "inteireza".

Em primeiro lugar, a verificação da violação da coisa julgada pode dar-se de ofício, pelo juiz, sem prejuízo da iniciativa das partes que podem suscitar a questão, a qualquer tempo e em qualquer grau de jurisdição. Não obstante, superado o processo e proferida uma decisão com ofensa ao julgado, é lícito desconstituí-la através da ação rescisória, que prevê *causa petendi* específica nesse sentido (art. 966, inciso IV, do CPC).[74]

---

§ 3º Os efeitos da coisa julgada de que cuida o art. 16, combinado com o art. 13 da Lei nº 7.347, de 24 de julho de 1985, não prejudicarão as ações de indenização por danos pessoalmente sofridos, propostas individualmente ou na forma prevista neste Código, mas, se procedente o pedido, beneficiarão as vítimas e seus sucessores, que poderão proceder à liquidação e à execução, nos termos dos arts. 96 a 99.

§ 4º Aplica-se o disposto no parágrafo anterior à sentença penal condenatória."

"**Lei nº 8.078, art. 104**: As ações coletivas, previstas nos incisos I e II do parágrafo único do art. 81, não induzem litispendência para as ações individuais, mas os efeitos da coisa julgada *erga omnes* ou *ultra partes* a que aludem os incisos II e III do artigo anterior não beneficiarão os autores das ações individuais, se não for requerida sua suspensão no prazo de trinta dias, a contar da ciência nos autos do ajuizamento da ação coletiva."

[71] Doutrina **Liebman** que nesses casos de relações dependentes daquela coisa julgada "a decisão tem eficácia também para os terceiros, admitindo-se que estes não estão sujeitos à autoridade da coisa julgada e por isso, sempre que manifestem interesse podem voltar-se contra a injustiça da decisão repelindo o efeito danoso acarretado pela mesma" (*Eficácia e Autoridade da Sentença e outros Estudos sobre a Coisa Julgada*. Rio de Janeiro: Forense, 1981, p. 133-138).

[72] "**Art. 123.** Transitada em julgado a sentença no processo em que interveio o assistente, este não poderá, em processo posterior, discutir a justiça da decisão, salvo se alegar e provar que:

I – pelo estado em que recebera o processo ou pelas declarações e atos do assistido, foi impedido de produzir provas suscetíveis de influir na sentença;

II – desconhecia a existência de alegações ou de provas das quais o assistido, por dolo ou culpa, não se valeu."

[73] Essa técnica se opõe ao que a doutrina denominava imutabilidade pró e contra do julgado, *in* **Chiovenda**, *Instituições de Direito Processual Civil*, 1942, vol. I, p. 530.

[74] "**Art. 966.** A decisão de mérito, transitada em julgado, pode ser rescindida quando:

IV – ofender a coisa julgada."

Esses instrumentos de iniciativa da parte são coadjuvados pela regra *in procedendo* do art. 505 do CPC, impeditiva a que qualquer juiz volte a julgar a mesma lide, o que consubstancia a "eficácia vinculativa direta da coisa julgada material".[75] Essa eficácia também se opera quando a questão, posta num determinado processo como *prejudicial,* já foi decidida noutro como questão principal e com força de coisa julgada material. Assim, *v.g.,* se em determinada causa conclui-se da *existência* de relação jurídica geradora de obrigações múltiplas, não podem as partes, noutra ação de cobrança dessas obrigações suscitar a inexistência do vínculo, julgado existente em feito anterior, malgrado essa questão figure nesse segundo processo como uma prejudicial. É que neste a prejudicial suscitada já foi julgada com eficácia vinculativa. Denomina-se, esse fenômeno, para distingui-lo da eficácia vinculativa direta, de *eficácia vinculativa prejudicial da coisa julgada.*

Sob esse enfoque, deveras interessante é a eficácia da coisa julgada penal no âmbito do processo civil, é lícito ao juiz suspender o processo em face dessa prejudicialidade,[76] como se colhe do mesmo dispositivo, *in fine,* conjugado com o alcance da norma insculpida no art. 313, V, *a,* do CPC.[77]

A razão da suspensão reside no fato de o Código de Processo Penal esclarecer que faz coisa julgada no cível a decisão penal que reconhece a existência do crime e sua autoria, tanto que a sentença penal condenatória é título executivo judicial passível de ensejar o processo autoritário judicial da execução após prévia liquidação por artigos (art. 515, inciso VI, do CPC).[78] *A contrario sensu,* também vincula o juízo cível a decisão penal que declare não ter o réu praticado o ilícito apontado como de sua autoria.

Destarte, o reconhecimento da *atipicidade* do fato é desinfluente na órbita civil, na medida em que um evento pode não ser considerado crime mercê de enquadrar-se como ilícito civil, pela independência das responsabilidades civil e penal adotada como regra pelo Direito nacional. Outrossim, a absolvição penal por carência de provas, porquanto no juízo cível surgem novas oportunidades probatórias em prol do interessado, também é desinfluente.

Entretanto "faz coisa julgada no cível a sentença penal" que reconhecer ter sido o ato praticado em estado de necessidade, em legítima defesa, em estrito cumprimento do

---

[75] **Pugliese** denomina essa eficácia de "efeito positivo" da coisa julgada, *in Giudicato Civile, Enciclopédia del Diritto,* vol. XVIII, p. 788. No mesmo sentido, **Heinitz,** *in Limiti Soggetivi della Cosa Giudicata,* 1937, citando o exemplo segundo o qual o réu vencido em reivindicatória não pode em ação distinta mover ele próprio a reivindicação, agora em posição ativa, por força do efeito positivo do julgado que acertou o modo de ser de determinada relação jurídica.

[76] Observa-se nesse fenômeno a prejudicialidade da decisão penal em face do julgado civil e não apenas uma eficácia de fato como entrevia **Giuseppe de Luca,** *in I Limiti Soggettivi della Cosa Giudicata Penale,* 1963, p. 192.

[77] "**Art. 313.** Suspende-se o processo: (...)
V – quando a sentença de mérito:
a) depender do julgamento de outra causa ou da declaração da existência ou de inexistência de relação jurídica que constitua o objeto principal de outro processo pendente; (...)."

[78] "**Art. 515.** São títulos executivos judiciais: (...)
VI – a sentença penal condenatória transitada em julgado; (...)."

dever legal ou no exercício regular de direito (art. 65 do CPP). Consequentemente, o juízo cível não pode desconsiderar essas excludentes ao analisar a ação proposta.

Outra forma singular de proteção do julgado efetiva-se através da *eficácia preclusiva da coisa julgada*, à luz da escorreita exegese do art. 508 do CPC[79] que dispõe que transitada em julgado a decisão de mérito, considerar-se-ão deduzidas e repelidas todas as alegações e as defesas que a parte poderia opor tanto ao acolhimento quanto à rejeição do pedido. Isso significa dizer que *a eventual discussão incompleta da causa* não autoriza a sua reabertura tampouco infirma o julgado. A ideia da estabilidade da decisão convive com as lacunas deixadas ao longo da discussão da causa: *tantum iudicatum quantum disputatum vel quantum disputari debebat.*[80] Em consequência, nenhuma das partes pode valer-se de argumento que poderia ter sido suscitado anteriormente para promover nova demanda com o escopo de destruir o resultado a que se chegou no processo onde a decisão passou em julgado.[81]

Assim, *v.g.*, se em ação de cobrança a parte deixou de alegar o pagamento e a condenação transitou em julgado, não pode pretender *a posteriori* promover ação de repetição do indébito, porque a isso equivaleria negar o julgado trânsito; assim como incidir-se-ia na mesma incorreção se na ação em que pretendesse a repetição de pagamento de aluguel legitimado em ação de despejo por falta de pagamento onde o locatário requereu a purga de mora. Mesmo na hipótese de a parte obter um documento novo que, malgrado existente à época da sentença, ela desconhecia, tanto que o obteve após a prolação da decisão, ela deve primeiramente *rescindir* a sentença para, após, recolher nova decisão que, nesse caso, não infirmará o julgado, posto que desconstituído. Anote-se, por fim, que a técnica preclusiva não se opera apenas na defesa da coisa julgada mas também favorece que se alcance o resultado da decisão imutável, como se infere do disposto no art. 507 ("é vedado à parte discutir no curso do processo as questões já decididas a cujo respeito se operou a preclusão").

O processo, como instrumento de pacificação social visa a alcançar a coisa julgada, tornando a decisão de mérito imune dos recursos e impugnações.

A técnica da preclusão, utilizada para alcançar esse desígnio, impede o retrocesso da marcha processual e com a mesma impede sejam reabertas etapas ultrapassadas no processo, por isso que as questões decididas não podem ser rediscutidas. Assim, *v.g.*, resolvida a questão da assistência, a matéria, não pode ser reaberto seu recurso. Não obstante

---

[79] "**Art. 508.** Transitada em julgado a decisão de mérito, considerar-se-ão deduzidas e repelidas todas as alegações e as defesas que a parte poderia opor tanto ao acolhimento quanto à rejeição do pedido."

[80] **Liebman**, *in Eficácia e Autoridade da Sentença*, p. 52-53.

[81] No afã de proteger o resultado do processo, afirmava **José Ignácio Botelho de Mesquita** que "a própria motivação da sentença se torna imutável apenas como elemento protetor da sentença", *in A Autoridade da Coisa Julgada e a Imutabilidade da Motivação da Sentença*, 1963, p. 59 e seguintes. Para outros, a discussão incompleta da causa era indiferente em face de um suposto "julgamento implícito". Assim, **Heinitz**, *I limiti oggetivi dela cosa giudicata*, 1937, p. 202, e **Allorio**, "Critica della Teoria del Giudicato Implícito", *Rivista*, vol. II, p. 247, 1938.

esse efeito da preclusão seja dirigido às partes, como expressa o art. 507 do CPC, pode o juiz de superior instância reexaminar decisões interlocutórias pertinentes à prova ou às condições da ação. Porquanto, em regra, ao juiz somente é defeso conhecer de questões dependentes da iniciativa da parte.

Destarte, a preclusão para o órgão julgador não ocorre enquanto não acaba o seu ofício jurisdicional com a prolação da decisão de mérito (art. 485, § 3º, do CPC).

Fenômeno *semelhante à eficácia preclusiva relativo às partes ocorre em face do assistente* que intervém na causa. O art. 123 do CPC dispõe sobre a eficácia da intervenção, restando o assistente sujeito à *justiça da decisão*.

É que o assistente simples não discute direito seu, mas relação jurídica da qual a sua é dependente. Não poderia, assim, o legislador sujeitá-lo à coisa julgada, porquanto nenhum direito seu restou decidido. Entretanto, a utilidade prática da assistência restaria comprometida caso o assistente, ao discutir a relação jurídica da qual a sua depende, pudesse, em pleito subsequente, rediscutir tudo aquilo que teve oportunidade de debater. A economia da intervenção seria nenhuma. Desta sorte, a *eficácia da intervenção* impede-lhe que reponha questões repelidas ou provas já avaliadas no processo antecedente. Assim, *v.g.*, se o fiador interveio na causa do afiançado e teve rejeitada a alegação de nulidade do contrato, não pode promover ação de repetição do indébito contra o credor em ação futura, não obstante diversa daquela na qual ingressou. Assim, também, a seguradora que interveio numa causa em favor de seu segurado, caso acionada posteriormente pela vítima, não pode repropor questões superadas no feito anterior.

A eficácia preclusiva, por fim, visando a garantir o resultado do processo, torna indiferente que a nova demanda rediscuta a solução com base em norma jurídica diversa que, aliás, não integra a causa de pedir. A repetição da ação, mesmo nesse caso, afronta a coisa julgada e o art. 508 do CPC. Assim, *v.g.*, se a parte alegou nulidade do contrato, invocando determinado texto legal, e a arguição foi repelida, não pode ingressar com nova ação de nulidade, sob outro fundamento legal, repetindo os mesmos fatos, porque *jura novit curia*.

2.5 Relativização da coisa julgada

A coisa julgada é instituto que distingue a função jurisdicional das demais porquanto imutável e indiscutível a última palavra do Judiciário.

Consectário do primado da segurança jurídica e da legalidade, a coisa julgada, através de seus meios de defesa anteriormente explorados, impede que se rediscuta a lide cujo resultado é lei entre as partes (arts. 503 do CPC c/c 505 do CPC).

Outrossim, a lei é clara quanto à parte dispositiva da decisão coberta pela coisa julgada (art. 504 do CPC), mercê de a eficácia preclusiva do julgado (art. 508 do CPC) colocá-lo ao abrigo de impugnações sucessivas.

Os fundamentos ora enunciados revelam quão anômala se revela a tese da relativização da coisa julgada que, se consagrada, restaria por infirmar o mais notável efeito da jurisdição, que é o *final enforcing power* com o que eclipsa o resultado judicial.

Cap. 11 · SENTENÇA E COISA JULGADA | **581**

A práxis, entretanto, vem desafiando a ciência com casos da vida forense cujas decisões já trânsitas não podem ser solidificadas, *v.g.*, as somas vultosas das desapropriações fixadas de há muito, ou as decisões de paternidade confrontadas com os novéis exames de DNA.

As exceções, em primeiro lugar, não infirmam a regra da imutabilidade, e por isso não se pode aduzir à relativização da coisa julgada. Entretanto, não se pode recusar o enfrentamento de questões que surgem em determinada fase processual cuja análise implica infirmar-se a coisa julgada.

Ocorrendo esse fenômeno, que se verifica com constância nas desapropriações, em decisões sobre cálculos (sobre os quais a coisa julgada não incide na medida em que a imodificabilidade é do acertamento) etc., o que se empreende é a solução dessa questão isolada à luz da principiologia, cuja técnica de aplicação é a ponderação e não a subsunção, como sóe ocorrer com as normas jurídicas em geral.

Os casos limítrofes levados a juízo, em que o justo preço, objeto da desapropriação consolidou-se em valor estratosférico com grave prejuízo para a Fazenda Pública, resolvem-se ponderando-se o princípio da segurança jurídica com o da justa indenização, coadjuvado pelo cânone da razoabilidade e da moralidade.

Ressoa evidente que diante desses valores em tensão há de prevalecer o interesse público impondo a revisão do preço, o que, pelo seu caráter excepcional não relativiza a coisa julgada senão a integra como coexistencial no mundo dos princípios jurídicos pétreos.

A dignidade humana é valor fundante da República, conforme di-lo o inciso III do art. 1º da Constituição Federal, o que não impede seja confrontado com o da liberdade de expressão, e em dado caso concreto um deles prevaleça.

É exatamente isto que ocorre nesse pseudofenômeno de "relativização da coisa julgada" que antes de constituir-se em instituição de uso generalizado, que conduziria à jurisdição a um nada jurídico, representa técnica de julgamento em casos de teratologia manifesta.

Capítulo 12
TEORIA GERAL DA EXECUÇÃO E DO CUMPRIMENTO DE SENTENÇA

1. A TUTELA SATISFATIVA – CUMPRIMENTO DA SENTENÇA E EXECUÇÃO DE TÍTULO EXECUTIVO EXTRAJUDICIAL

O processo, como instrumento de realização de justiça, é servil diante de uma pretensão justa e resistida, passível de ser resolvida no âmbito da definição de direitos, bem como na hipótese de resistência à satisfação de um direito já definido, a merecer pronta realização prática. No primeiro caso, a definição judicial é exteriorizada por meio da tutela jurisdicional de cognição, que consiste basicamente no conhecimento dos fatos e na aplicação soberana da norma jurídica adequada ao caso concreto.

Na segunda hipótese, o direito já se encontra definido e à espera de sua realização[1] pelo obrigado. Nesse caso, a forma de tutela não é mais de simples cognição, senão de "realização prática do direito" pelos órgãos judiciais. Assim, da mesma forma como o Estado-juiz define a situação litigiosa com ou sem a colaboração das partes, também realiza o direito, independentemente da cooperação do obrigado.[2] Essa é a essência satisfativa do processo de execução e da fase do cumprimento da sentença, porquanto executar e cumprir é satisfazer. O Estado-juiz, na execução ou no cumprimento, não se limita a pronunciar que A deve a B, senão a fazer que o devedor pague ao credor, voluntariamente ou pelos meios executivos utilizados nessa espécie de tutela jurisdicional e que visam a conferir à parte o mesmo resultado que ela obteria se houvesse o cumprimento espontâneo da obrigação. As diferentes formas de prestação de justiça confirmam a regra há muito enunciada de que "pretensão discutida e pretensão insatisfeita" são "fenômenos do gênero conflito jurídico", havendo para cada um deles uma forma distinta de solução.

---

[1] Por essa razão já se afirmou em magnífica sede doutrinária que "no processo de execução se prova não para julgar, e sim para agir".

[2] Conforme magistralmente ressaltado por Carnelutti, no processo de conhecimento o juiz passa dos fatos ao direito e no processo de execução completa o ciclo, passando do direito aos fatos, tornando realidade o comando contido na sentença. Mais precisamente esclarece o autor: a sentença transforma o "ser da lei naquilo que deve ser" e no processo de execução "faz com que seja aquilo que deve ser" *(Direito e processo)*.

Sob a ótica jusfilosófica, a "execução" – seja o "processo" de execução (título extrajudicial), seja a nova fase de "cumprimento da sentença" (título judicial) – restaura efetivamente a ordem jurídica afrontada pela lesão, realizando a sanção correspondente à violação. A atividade judicial que atua essa sanção denomina-se "execução".[3] Por meio dela, o Estado cumpre a promessa do legislador de que, diante da lesão, o Judiciário deve atuar prontamente de sorte a repará-la a tal ponto que a parte lesada não sofra as consequências do inadimplemento.

A distinção entre as atividades de "definir" e "realizar direitos" fez que parte ponderável da doutrina não considerasse jurisdicional a tutela de execução, porquanto nesta sobejam atos materiais, ao contrário dos atos intelectivos que singularizam o processo de conhecimento. Essa característica também se observa quanto aos atos destinados aos demais protagonistas do processo, destacando-se que aos auxiliares do juízo no processo de cognição são delegados atos "não coativos", *v.g.*, citação, elaboração de cálculo etc., ao passo que, na execução, aos referidos auxiliares é determinada a prática de "ordens coativas", como a penhora, a expropriação etc.

Como afirmava o jurista clássico do início do século, "na cognição o Estado declara a vontade concreta da lei, ao passo que na execução torna essa mesma vontade efetiva através de atos".[4]

Impregnados dessa ideia de que a jurisdição se manifestava apenas na declaração do direito incidente no caso concreto, a doutrina superada, antes citada, não enquadrava os atos de satisfação do processo executivo como "jurisdicionais" e, *a fortiori*, desconsiderava a tutela executiva. Entretanto, a substitutividade que se enxerga no processo de cognição, no qual o Estado-juiz, para evitar a supremacia de uma parte sobre a outra, define o direito com autoridade, também se verifica na execução, na qual o magistrado realiza o direito do credor com ou sem a colaboração do devedor.

A coatividade jurisdicional reinante nessa forma de processo justifica a sua denominação de "execução forçada", uma vez que ela se realiza independentemente da vontade do devedor.

Destarte, não se pode afirmar que cognição e execução vivam isoladas, tanto mais que servem uma à outra. Aliás, não foi por outra razão que o atual Código de Processo Civil, seguindo a classificação introduzida pela Lei nº 11.232/2005, encartou a atividade de execução como fase do mesmo processo em que realizada a atividade de conhecimento, denominando-a de cumprimento de sentença. Assim, a cognição judicial, por vezes,[5] prepara a execução culminando no "cumprimento da sentença" – que tem como

---

[3]   Essa é a essência do processo de execução na visão de **Liebman** em seu notável *Processo de execução*, São Paulo, Saraiva.

[4]   **Chiovenda**, ob. cit.

[5]   A expressão "por vezes" utilizada no texto guarda relação com a atual distinção entre execução de título extrajudicial e execução de título judicial, rompendo a tradição da máxima "nulla executio sine prévia cognitio", cuja ortodoxia foi superada pela belíssima fusão do direito romano com o germânico. Este, admitindo a execução de documentos não judiciais e aquele, adstringindo

Cap. 12 · TEORIA GERAL DA EXECUÇÃO E DO CUMPRIMENTO DE SENTENÇA | **585**

base uma sentença que reconheça a existência de uma obrigação. Aliás, não houvesse o cumprimento das sentenças, o Judiciário correria o risco de proferir decisões meramente divagatórias, sem eficácia prática alguma. Por outro lado, há processos de conhecimento que resultam em decisões com "executividade intrínseca"; por isso, num só momento, o juiz condena e realiza a obrigação, na própria fase processual de cognição. Parcela da doutrina tradicionalmente denominava essa espécie de *decisum* sob a expressão "ações executivas *lato sensu*",[6] nas quais a efetivação da decisão revela-se sincrética, operando--se no mesmo processo. Todavia, a terminologia perdeu a relevância prática, em razão da sistemática prevista no atual Código de Processo Civil, que estabelece um processo sincrético em qualquer caso, com fases de conhecimento e de execução ocorrendo dentro do mesmo processo.

Nesse segmento, expressivo é o elemento cognitivo introduzido na execução de título extrajudicial quando o devedor se opõe à pretensão executiva por meio de embargos, fazendo exsurgir um contraditório eventual, o que o distingue do processo de conhecimento genuíno. Neste, o contraditório é inaugurado a pedido do próprio autor, ao requerer a citação do réu para responder. A razão está em que a execução de título extrajudicial não se instaura para obtenção de pronunciamento judicial, senão para realização do direito do credor; daí o porquê de o contraditório ser eventual e surgir por obra do próprio devedor, o qual se opõe à legitimidade daquele processo judicial.

Os embargos do executado, na execução de título extrajudicial, representam, assim, um verdadeiro processo de cognição introduzido no organismo do processo de execução.

A execução visa, dessa forma, à satisfação plena do credor e, para esse fim, utiliza--se de técnicas que se resumem a duas categorias, a saber: "técnicas de sub-rogação" e

---

a execução à decisão judicial. Dessa simbiose resultaram as duas formas de execução com base em duas espécies de títulos executivos (judicial e extrajudicial). Desta sorte, o direito comum, de tantas e magníficas influências exercidas até então, revelou a *executio per officium judici* baseada em sentença – *sententia habet paratam executionem* – e a execução sem precedência em sentença judicial senão em *instrumenta guarentigiata*, que eram escritos equivalentes a uma verdadeira confissão – *confessus in iure pro e condemnatio habetur*.

Na Roma antiga, após a condenação que gerava uma *obligatio judicati* conferia-se, primeiramente, um *tempus judicati* para que o devedor cumprisse a obrigação (de regra 30 dias) para somente após iniciar-se a ação conducente à realização daquela *obligatio* e que se denominava de *actio judicati*.

Essas concepções foram transmitidas ao pioneiro direito francês, que na prática costumeira equiparou os títulos, influenciando o direito europeu em geral e, como consequência, Portugal, em cujas fontes o nosso legislador se abeberou para instituir na reforma de 1973 a unificação da execução com base em título extrajudicial (ação executiva) e a execução de sentença condenatória (ação executória).

6   Como adiante se verá, as ações executivas *lato sensu* correspondiam a um grande anseio da comunidade processual, haja vista que a concentração dos meios executivos apenas no processo de execução, com o abandono de toda e qualquer realização prática no processo de cognição, representou, até então, dado significativo para que a prestação jurisdicional e, *a fortiori*, o Judiciário angariassem um grau largo de desprestígio em razão da ineficiência das formas usuais de prestação de justiça. Nesse sentido, consulte-se, entre tantos, **Federico Carpi**, "Note in tema di techniche di attuazione dei diritti", *Rivista Trimestrale di Diritto e Procedura Civile*, p. 110, 1988.

"técnicas de coerção". O Estado, no afã de satisfazer o credor, ou substitui o devedor e realiza a prestação devida com o patrimônio do devedor (*v.g.*, quando expropria os seus bens para satisfazer o credor); ou escolhe um terceiro, pago pelo devedor, para prestar o serviço sonegado; ou, ainda, pressiona o devedor, ameaçando impor-lhe um sacrifício pessoal (prisão) ou patrimonial (multa diária). No primeiro caso, quando há atividade substitutiva, denomina-se essa técnica "meio de sub-rogação"; na segunda hipótese, em que há "pressão" sobre a pessoa ou o patrimônio do devedor, cognomina-se a técnica de "meio de coerção". São exemplos de técnicas de coerção a determinação judicial de pagamento de pensão alimentícia, sob pena de prisão, e a incidência de multa diária até que se desfaça uma obra em contravenção às posturas municipais edilícias.

Forçoso concluir que, quanto maior a flexibilidade conferida ao juízo em relação aos meios executivos utilizáveis à satisfação dos interesses do credor, maior a probabilidade de alcançar um ótimo resultado no processo de execução, conferindo a quem faz jus aquilo, e exatamente aquilo, que deveria obter caso não tivesse havido o inadimplemento. É o que se denomina "execução específica" consagradora da prestação em espécie a que anseia justamente o credor, em contraposição à "execução genérica", que é aquela que se transmuda em equivalente pecuniário (perdas e danos), quando se frustra o alcance da prestação perseguida em juízo, como, *v.g.*, as perdas e danos conferidos em lugar da realização da obra a que se comprometera o *solvens*.

No ordenamento norte-americano, a execução específica (*injunctions*) é figura excepcionalíssima, porquanto na generalidade das hipóteses a jurisdição civil consiste na entrega de quantia em dinheiro ao autor (*damages*). A análise econômica do Direito demonstra que, no campo dos contratos, costuma ser mais eficiente para ambas as partes que a tutela da obrigação ocorra por perdas e danos em caso de inadimplemento. Isso porque o cumprimento específico pode ser demasiadamente custoso para o devedor, de modo que o credor, em uma análise *ex ante*, preferiria um abatimento no preço em troca de desobrigar o devedor da prestação avençada, mediante pagamento em dinheiro, na hipótese de os custos de *performance* se tornarem excessivos quando do vencimento.

Tanto os meios de coerção quanto os de sub-rogação são formas de execução, com a diferença de que, na primeira hipótese, a satisfação é indireta, como resultado da ameaça engendrada contra o devedor. Essa característica dos meios de coerção, que, atuando sobre a vontade do devedor, fazem que ele "cumpra" a obrigação, levou parte ponderável da doutrina a considerar apenas os meios de sub-rogação como executivos, dado que nestes o Estado realmente satisfaz o credor, ao passo que naquele outro é o próprio devedor quem implementa a prestação devida.

Impende, ainda, registrar, sob esse ângulo, que os "meios de coerção", porque imaginados como instrumentos de condução ao cumprimento da obrigação, cessam tão logo se verifique o adimplemento da prestação. Assim, *v.g.*, a multa diária que transcorre até o cumprimento da obrigação cessa no seu evolver e montante tão logo o credor seja satisfeito.

Como se pode observar, a execução forçada alcança o seu resultado por via direta ou indireta, conferindo ao credor o resultado que obteria se o devedor cumprisse a obrigação ou o seu equivalente, se for impossível, materialmente, alcançar o desígnio específico.

Cap. 12 · TEORIA GERAL DA EXECUÇÃO E DO CUMPRIMENTO DE SENTENÇA | 587

Assim, por exemplo, quando o objeto perece na obrigação de entrega de coisa certa, o credor recebe o correspondente em dinheiro (perdas e danos).

Essa discrepância entre o fim pretendido e o resultado do processo de execução levou notável jurista a concluir que a lide de pretensão insatisfeita é doença mais grave do que a lide de pretensão resistida.[7]

Em resumo, a tutela de conhecimento opera-se no plano da normação jurídica, ao passo que a tutela de execução se realiza no plano prático.

1.1 A sistemática do cumprimento da sentença e da execução de título extrajudicial no Código de Processo Civil de 2015

Tradicionalmente, duas causas são apontadas para a denominada "crise do processo de execução", isto é, para a demora demasiada e o excessivo formalismo na atividade de obtenção do resultado prático equivalente ao atendimento da norma jurídica violada.

Em primeiro lugar, cuida-se de empreitada pouco intelectual e excessivamente buro-crática, que se concentra em profissional altamente qualificado, o magistrado, por apego à concepção romano-germânica da execução *per officium judicis*. Como consequência, o lento imbróglio processual favorece a dissipação de bens e a constante rediscussão de matérias como juros, correção monetária etc. No Direito Comparado, a solução adotada por muitos ordenamentos foi a desjudicialização da execução. A fase executiva é primor-dialmente conduzida por figura distinta do juiz na Itália, nos Estados Unidos, na França e em Portugal, para citar alguns exemplos. Conquanto o atual Código de Processo Civil ainda centralize a atividade de execução no juiz, foram introduzidos passos importantes em direção a soluções extraprocessuais para a satisfação do direito do credor, como o protesto de decisão judicial (art. 517 do CPC) e a inscrição do nome do executado em cadastro de inadimplentes (art. 782, §§ 3º e 4º, do CPC).

A segunda causa da crise do processo de execução seria a excessiva condescendência com o devedor que resiste à execução. Uma solução frequentemente utilizada no Direito Comparado é a prisão do devedor que injustificadamente resiste ao cumprimento da decisão judicial. É assim na Alemanha, com o procedimento de "declaração juramentada judicial", que pune com a prisão o devedor que esconde seu patrimônio, bem como nos Estados Unidos e no Reino Unido, onde existe a prisão por *contempt of Court*. Um argu-mento recorrente contra a utilização de técnicas semelhantes no Brasil se baseia na regra constitucional que proíbe a prisão civil por dívida (art. 5º, LXVII, CRFB). Todavia, não se trata propriamente de uma prisão em razão da dívida, mas sim de uma constrição corporal decorrente do ato atentatório à dignidade da justiça cometido por aquele que, podendo, voluntariamente se recusa a cumprir a determinação do Judiciário. De qualquer forma, o atual Código de Processo Civil passa a prever expressamente que o descumprimento de ordem judicial, no campo das obrigações de fazer e não fazer, configura crime de de-sobediência (art. 536, § 3º, do CPC). Fica, portanto, superada a orientação do Superior

---

[7] A afirmação é de **Carnelutti**, *Sistema*.

Tribunal de Justiça de que, "[p]ara a configuração do delito de desobediência, não basta apenas o não cumprimento de uma ordem judicial, sendo indispensável que inexista a previsão de sanção específica em caso de seu descumprimento".[8]

Outra solução do Direito Comparado para o combate à recalcitrância do acusado consiste na indisponibilidade de todos os bens do devedor até garantia do juízo. Por exemplo, no Uruguai não havendo notícia de bens individualizados do devedor suficientes para garantir a execução, procede-se à penhora genérica de quaisquer bens presentes e futuros em seu nome.[9] No Brasil, somente nas execuções fiscais o credor goza de proteções semelhantes, como a presunção de fraude à execução desde o lançamento (art. 185-A CTN) e a medida cautelar fiscal (Lei nº 8.397/1992).

De forma mais geral, o atual Código de Processo Civil procura corrigir lacunas e solucionar querelas jurisprudenciais decorrentes das reformas do processo de execução promovidas em anos anteriores. No modelo original do Código de Processo Civil de 1973, era necessária a instauração de um novo processo para dar concretude ao comando jurisdicional plasmado na sentença. A reforma promovida pela Lei nº 11.232/2005 promoveu a junção das atividades jurisdicionais cognitiva e executiva em um só processo. Esse modelo de processo sincrético foi, de maneira geral, mantido pelo atual Código de Processo Civil. Faz-se conveniente, todavia, um relato histórico da evolução desses diferentes modelos de execução civil.

A tradição brasileira sempre foi a de consagrar a sentença condenatória cível como título executivo judicial por excelência. O legislador, considerando a sua formação em juízo, em prévio processo de cognição, diferenciava-a do título extrajudicial, muito embora o equiparasse para fins de aparelhar execução forçada definitiva. O título formado fora do juízo era equiparado à sentença com força de coisa julgada para os fins de considerar a execução definitiva. A única diferença consistia no âmbito de cognição dos embargos do executado, mais amplo nas execuções extrajudiciais porquanto nelas era a primeira vez que o documento (título extrajudicial), exsurgia em juízo.

Essa diferença não restava suficiente a demonstrar ao jurisdicionado favorecido pela condenação que, após um longo processo de maturação do direito e com a definição do direito imune de impugnações, ainda assim, ao iniciar a implementação do julgado, impunha-se submetê-lo a um novo processo, com ampla fase de conhecimento introduzida no organismo da execução, viabilizando maiores delongas do que no processo de conhecimento.

A consequência, inspirada no princípio da efetividade, não poderia ser outra senão o surgimento da denominada "crise da condenação", passando a sentença condenatória a ostentar a pecha de ser a forma mais imperfeita de prestação jurisdicional, tanto mais que as decisões declaratórias e constitutivas concedem à parte tudo quanto poderiam esperar do Judiciário, ao passo que a sentença condenatória, apesar do *nomen juris*,

---

[8] REsp 686.471/PR, 5ª Turma, Rel. Min. Gilson Dipp, j. 17.05.2005. Em igual sentido: RHC 15.596/SP, 6ª Turma, Rel. Min. Hamilton Carvalhido, j. 16.12.2004.

[9] Art. 380.2, inciso 4, do *Código General del Proceso*.

representava um "nada jurídico", posto seguida por um processo frustrante, como se revelava a execução do julgado.

Sob a égide do atual Código de Processo Civil, o cumprimento das condenações por quantia certa contra devedor solvente se opera a requerimento do exequente (art. 523), em continuação à relação de cognição, permitindo-se, interinamente, as discussões sobre fatos supervenientes influentes nessa verdadeira execução do julgado (art. 525) – quer quanto aos aspectos formais, quer quanto aos aspectos materiais inerentes à obrigação em si, como, *v.g.*, uma transação posterior a uma compensação, um pagamento noticiado *a posteriori* etc.

É inegável a influência do sistema do *common law*, que abandonou a figura do juiz burocrata, limitado à *iurisdictio*, para encerrar no magistrado a velha postura do pretor romano que nos interditos expedia ordens a serem cumpridas incontinentemente.

Essa novel técnica se coaduna com a mandamentalidade das decisões judiciais, consagrada no artigo 77, IV, do CPC, o qual positiva como dever das partes cumprir com exatidão as decisões jurisdicionais, de natureza provisória ou final, e não criar embaraços à sua efetivação.

De certa forma, o modelo sincrético do processo de cumprimento da sentença reaviva a velha distinção entre ação executiva (títulos extrajudiciais) e ação executória (títulos judiciais), influindo no modo de oposição do devedor (impugnação ao cumprimento de sentença ou oferecimento dos embargos). No entanto, as diferenças procedimentais restam mitigadas pelo fato de o *iter* traçado na execução por quantia certa ter aplicação subsidiária ao cumprimento de sentença. Com efeito, há uma intercomunicabilidade entre as normas do "cumprimento de sentença" e as do "processo de execução". O art. 771 do CPC dispõe que o Livro II regula a execução fundada em título extrajudicial e se aplica no que couber a: (i) procedimentos especiais de execução; (ii) cumprimento de sentença; e (iii) "efeitos de atos ou fatos processuais a que a lei atribuir força executiva". Em seguida, o art. 771, parágrafo único, do mesmo diploma prevê que o Livro I (do cumprimento de sentença) se aplica subsidiariamente ao Livro II (do processo de execução). De outro lado, o art. 513 do CPC assenta que o Livro II (do processo de execução) se aplica no que couber ao Título II do Livro I (do cumprimento de sentença).

A realização imediata do comando da sentença supera o paradoxo de a tutela antecipada gerar "satisfação antecipada", posto iniciar-se por onde termina o processo de execução, e o processo de realização da sentença, adotado após cognição plenária, aguardar tantas delongas. A estratégia do modelo sincrético, no plano teórico, não desnatura a sentença condenatória como título judicial, apenas torna a execução desse título interinal, na própria relação de cognição, configurando a sentença como ato autoexecutável. A implementação das demais sentenças são atos secundários, seus efeitos acessórios, como as sentenças constitutivas que reclamam providência administrativa no registro público. A sentença declaratória pura conjura que a incerteza jurídica e os efeitos que dela defluem independem de execução. Nesse sentido, o art. 515, I, do CPC, ao estabelecer como requisito do título executivo judicial que a decisão judicial reconheça a exigibilidade da obrigação, pacifica que decisões meramente declaratórias não constituem títulos executivos judiciais.

O atual Código de Processo Civil, assim, equiparou o grau de satisfatividade de todas as sentenças e é sob esse novel enfoque que deve ser observado o novo modelo de execução civil.

A realização interinal torna a condenação incompatível com o "processo" intermediário e complementador do título como o era a liquidação de sentença. Consequentemente, nesses casos, exclui-se a liquidação como processo à parte, compondo fase ou etapa anterior ao "cumprimento da sentença", viabilizando um provimento líquido, para, após, ser efetivado. Por outro lado, nesse itinerário até a satisfação do vencedor, considera-se lícito ao réu aduzir defesas que possam afetar a validade do procedimento de cumprimento de sentença e dos atos executivos, tal como as exceções de pré-executividade, expressamente tipificadas pelo atual Código de Processo Civil, em seu art. 518.

A defesa do executado é manifestada primordialmente por meio da impugnação ao cumprimento de sentença (art. 525 do CPC), veiculada nos próprios autos e independentemente de nova intimação[10]. Removem-se, assim, formalismos desnecessários, sem inviabilizar a devida oportunização do contraditório àquele afetado pelo procedimento executivo.

O legislador, superando a prática judiciária usual, porquanto o exequente limitava-se a tentar sustar a execução mediante a alegação de "excesso da execução", erigiu o ônus da impugnação especificada, impondo ao credor indicar onde se encontra o excesso para que se possa prosseguir na execução sem exterminá-la.[11] A regra do atual Código de Processo Civil, nesse ponto, reproduz a norma introduzida pela reforma de 2005.

A competência do juízo da condenação para a execução cede lugar à sua aptidão funcional, por isso a implementação do julgado pode ser requerida no juízo dos bens

---

[10] "[...] No CPC/15, com a redação do art. 525, § 6º, do CPC/15, a garantia do juízo deixa expressamente de ser requisito para a apresentação do cumprimento de sentença, passando a se tornar apenas mais uma condição para a suspensão dos atos executivos. 7. Por essa razão, no atual Código, a intimação da penhora e o termo de depósito não mais demarcam o início do prazo para a oposição da defesa do devedor, sendo expressamente disposto, em seu art. 525, *caput*, que o prazo de 15 (quinze) dias para a apresentação da impugnação se inicia após o prazo do pagamento voluntário. 8. Assim, mesmo que o executado realize o depósito para garantia do juízo no prazo para pagamento voluntário, o prazo para a apresentação da impugnação somente se inicia após transcorridos os 15 (quinze) dias contados da intimação para pagar o débito, previsto no art. 523 do CPC/15, independentemente de nova intimação." (REsp n. 1.761.068/RS, relator Ministro Ricardo Villas Bôas Cueva, relatora para acórdão Ministra Nancy Andrighi, Terceira Turma, julgado em 15/12/2020, *DJe* de 18/12/2020.)

[11] "**Art. 525.** Transcorrido o prazo previsto no art. 523 sem o pagamento voluntário, inicia-se o prazo de 15 (quinze) dias para que o executado, independentemente de penhora ou nova intimação, apresente, nos próprios autos, sua impugnação.

§ 1º Na impugnação, o executado poderá alegar:

(...)

V – excesso de execução ou cumulação indevida de execuções;

(...)

§ 4º Quando o executado alegar que o exequente, em excesso de execução, pleiteia quantia superior à resultante da sentença, cumprir-lhe-á declarar de imediato o valor que entende correto, apresentando demonstrativo discriminado e atualizado de seu cálculo."

Cap. 12 • TEORIA GERAL DA EXECUÇÃO E DO CUMPRIMENTO DE SENTENÇA | 591

ou do domicílio do vencido, uma vez que, no campo da responsabilidade patrimonial, esses locais se revelam mais apropriados para fazê-la incidir (art. 516, parágrafo único, do CPC). A regra inspirou-se no velho exemplo de Lopes da Costa quanto à incompetência do juízo para o arresto, cuja obediência poderia torná-lo inócuo, preconizando a máxima aplicável às tutelas urgentes no sentido de que *incompetentia periculum in mora non attenditur.*

O réu instado a cumprir a obrigação, após o decurso do prazo legal, que se inicia após sua intimação, sujeita-se com a sua protelação à sanção pecuniária de 10% sobre o valor do débito, além de honorários advocatícios no mesmo patamar, sem prejuízo de impor-se, sob as penas do art. 77 do CPC, o cumprimento do julgado, expedindo-se, a seguir, a requerimento do credor, o mandado de penhora e avaliação.[12]

1.2 Teoria geral do cumprimento da sentença e da execução extrajudicial

1.2.1 *Fundamentos processuais e materiais da execução e do cumprimento da sentença*

A tutela de execução, posto encerrar atos materiais de satisfação, tem a sua legitimidade aferida pelo juízo. À semelhança da ação de conhecimento, a execução também é abstrata no sentido de que pode ser promovida pelos que têm o título executivo, muito embora, *a posteriori*, verifique-se a insubsistência do crédito por meio da cognição realizada nos embargos à execução ou na atual impugnação ao cumprimento da sentença.

A diferença maior está em que, na ação de conhecimento, o direito de uma das partes resulta inequívoco da sentença, ao passo que, na execução extrajudicial, a parte inaugura a relação processual de cunho autoritário, demonstrando, *prima facie*, seu direito constante do título executivo formado fora do juízo. Contudo, o título executivo não confere prova plena de que o direito nele contido é absoluto, tanto assim que os embargos do executado, quando julgados procedentes pela inexistência do crédito, nulificam o processo e a própria cártula.

A peculiaridade consiste em que, no processo de conhecimento, enquanto pende a relação processual, não se sabe quem tem razão e, por isso, não é lícito praticar atos de satisfação em proveito de qualquer das partes. Na execução, a exibição preambular do título executivo faz pressupor que o exequente tenha razão, fato que pode ser infirmado posteriormente. Assim, o devedor é citado para pagar na execução extrajudicial por quantia

---

[12] "**Art. 523.** No caso de condenação em quantia certa, ou já fixada em liquidação, e no caso de decisão sobre parcela incontroversa, o cumprimento definitivo da sentença far-se-á a requerimento do exequente, sendo o executado intimado para pagar o débito, no prazo de 15 (quinze) dias, acrescido de custas, se houver.

§ 1º Não ocorrendo pagamento voluntário no prazo do caput, o débito será acrescido de multa de dez por cento e, também, de honorários de advogado de dez por cento.

§ 2º Efetuado o pagamento parcial no prazo previsto no *caput*, a multa e os honorários previstos no § 1º incidirão sobre o restante.

§ 3º Não efetuado tempestivamente o pagamento voluntário, será expedido, desde logo, mandado de penhora e avaliação, seguindo-se os atos de expropriação."

certa. Em suma, na execução os atos são praticados e sua legitimidade apurada *ex post facto*, diferentemente da cognição, na qual, salvo hipóteses previstas em lei, enquanto não se afere a legitimidade da pretensão, nenhum ato conducente à satisfação é realizado.

Como afirmado em clássica sede doutrinária, o "título executivo autoriza pronta execução e, para não obstar a marcha desta, apaga-se, em princípio, a causa geradora daquele. Entretanto, ao interesse do credor de que a execução seja pronta corresponde o interesse do devedor a que a execução seja justa". Destarte, o credor munido do título executivo pode investir contra o devedor, mas a presunção de que o direito do título corresponde à realidade[13] pode não ser coincidente, tanto que os embargos, uma vez julgados procedentes, levam à desconstituição daquele, fazendo que a *causa debendi*, a questão de fundo, suplante a forma do título.

Em face dessa ótica, quando se impõe como "condições para agir sob a forma executiva" o "inadimplemento do devedor", o que se afirma é que, "abstratamente", há uma obrigação consubstanciada em documento hábil e um estado de insatisfação do direito. Não obstante, tudo isso pode ser impugnado por iniciativa do devedor. O credor, diante do preenchimento desses "pressupostos executivos", como os denomina a lei, pode iniciar a execução, sem excluir a possibilidade de o devedor a ela se opor via de impugnação (em se tratando de título judicial) ou de embargos (em se tratando de título extrajudicial) – ou, ainda, de exceções de pré-executividade[14] nos próprios autos da execução (*v.* art. 518 do CPC). Inicia-se, assim, a execução sem antes saber das razões do devedor,[15] revelando o caráter abstrato da ação executiva, tanto mais que não é correto afirmar que quem tem título executivo tem, previamente assegurada, a satisfação integral do crédito que afirma.

Por outro lado, não havendo título executivo ou inocorrente, ainda, o inadimplemento do devedor, extingue-se o processo de execução sem julgamento do mérito.

A natureza abstrata do "direito à execução" timbra sua "diferença" em relação ao "direito de crédito" nele inserido.

O crédito extingue-se pelo cumprimento espontâneo por parte do devedor, ao passo que a execução, pela satisfação coativa por obra do Estado-juiz.

---

[13]   Consoante afirma **Salvatore Pugliati**, "a existência ou inexistência do crédito, em princípio, é irrelevante para o prosseguimento do processo de execução, muito embora haja uma dependência entre o título e o próprio crédito, em vista o escopo e o resultado do processo de execução", *Esecuzione forzata e diritto sostanziale*, 1953, p. 136.

Na mesma linha, a lição de **Vittorio Denti**, *L'esecuzione forzata in forma specifica*, 1953, Cap. I.

Carlo Furno, com a percuciência de sua fala sobre o tema, adverte: "a abstração do título executivo é apenas formal, processual, sem que haja uma plena autonomia da execução e confronto com o direito substancial de crédito; o que se permite, apenas, é o desenvolvimento da atividade processual executiva", *Digesto sistematico delle oposizione nel processo esecutivo*, 1942, p. 29.

[14]   A tese pioneira da possibilidade de aduzir-se nos próprios autos, sem segurança do juízo, as exceções de pré-executividade parece pertencer a **Galeno Lacerda**, "Execução extrajudicial e segurança do juízo", *Ajuris*, 23, pp. 7 e ss.

[15]   A afirmação é de **Cândido Dinamarco**, *Processo de execução*, pp. 103-104.

Cap. 12 • TEORIA GERAL DA EXECUÇÃO E DO CUMPRIMENTO DE SENTENÇA | **593**

Por outro lado, como a obrigação foi assumida, a pretensão do credor não é mais de ver reconhecido seu direito, senão de vê-lo satisfeito, razão por que, ante a resistência do devedor e, à míngua da possibilidade de fazer justiça com as próprias mãos, busca o credor a realização da prestação por obra dos órgãos judiciais. É que o devedor inadimplente responde com seus bens para com o cumprimento de suas obrigações. Seu patrimônio é o sucedâneo para as hipóteses de inadimplemento.

Uma vez descumprida a obrigação, surge para o credor o direito de invadir o patrimônio do devedor para, à custa deste, obter o resultado prático que obteria se a obrigação tivesse sido cumprida. Resta evidente que essa invasão patrimonial não pode ser engendrada senão com a chancela estatal e por meio do Estado-Juiz.

O direito à execução, quer por cumprimento da sentença, quer calcado em título extrajudicial, não é senão esse poder de provocar o Estado para que, às expensas do patrimônio do devedor, se satisfaça o credor. Essa é a razão pela qual, na execução por quantia certa, o "suposto devedor" é convocado ou instado para efetuar o pagamento, e não para se defender.[16]

1.2.2 *Princípios do processo de execução e do cumprimento da sentença*

O processo de execução para cumprimento de sentença ou de título extrajudicial em razão de seu escopo satisfativo e de seus pressupostos é informado por princípios próprios, além daqueles que se estendem por todas as formas de prestação jurisdicional, como soem ser os princípios do contraditório, do devido processo legal, da instrumentalidade das formas etc.

a) Princípio da realidade

Consectário da "responsabilidade", cujo alcance vimos anteriormente, é o princípio da realidade, segundo o qual o devedor responde com seus bens presentes e futuros por suas obrigações (art. 789 do CPC).[17]

Considerando que o patrimônio do devedor é o sucedâneo para as hipóteses de inadimplemento, forçoso concluir que, enquanto a obrigação não está satisfeita, os bens

---

[16] Essa conclusão é decorrência da teoria de Brinz, lavrada na Alemanha e que se irradiou para a Itália, na qual a obrigação é desdobrada em dois elementos distintos: o elemento pessoal consistente no "débito" (*shuld*) e o elemento patrimonial (*haftung*). O elemento patrimonial é a responsabilidade que representa a sujeição do patrimônio do devedor para com o cumprimento de suas obrigações. Uma vez descumprido o débito, efetiva-se a responsabilidade pela via judicial. O elemento pessoal, então, consistiria no direito à prestação em si e à responsabilidade no direito à agressão ao patrimônio do devedor em caso de descumprimento, o que somente se permite engendrar por obra do Estado-Juiz soberano, imperativo e imparcial.

Mutatis mutandis, essa concepção da execução é uma extensão da que retirou do particular o poder de dizer o direito e monopolizou-o nas mãos do Estado como forma de solução equânime dos conflitos intersubjetivos.

[17] "**Art. 789.** O devedor responde com todos os seus bens presentes e futuros para o cumprimento de suas obrigações, salvo as restrições estabelecidas em lei."

do devedor ficam comprometidos até o limite necessário à satisfação do crédito. Como ainda não há individualização dos bens que responderão pela obrigação, todo o patrimônio do devedor torna-se afetado, por isso qualquer alienação de bens é potencialmente lesiva aos interesses do credor.

A regra da realidade, que encerra o epílogo de uma luta secular pela qual o devedor logrou, por princípios de equidade, repassar o sacrifício de sua própria pessoa para seu patrimônio nas hipóteses de inadimplemento, impõe certa exegese, posto que a literalidade da interpretação não explica os casos em que pessoa diversa da do devedor tem seus bens comprometidos com a dívida alheia, nem aqueles nos quais os bens próprios do devedor não respondem por suas obrigações.

Assim, *v.g.*, o fiador, muito embora não tenha contraído a dívida, responde com seu patrimônio em caso de inadimplemento do obrigado primário, que é o devedor. Consequentemente, não só o devedor responde com seus bens para com o cumprimento de "suas" obrigações, mas terceiros também.

Por outro lado, a lei considera "alguns bens do patrimônio do devedor inatingíveis" pelos meios executivos, como ocorre com os denominados "bens impenhoráveis". Sob esse ângulo, *v.g.*, a lei especial (nº 8.009/1990) considera impenhorável o imóvel único que serve de residência da família do devedor. Não obstante ser do devedor, o bem é inalcançável pela execução, numa demonstração de que nem todos os seus bens respondem por suas obrigações.

Contudo, a regra é a da responsabilidade patrimonial prevista no *caput* do artigo 789 do CPC,[18] restando excepcional a inatingibilidade do patrimônio do devedor.

A importância do princípio da realidade é tanto maior na medida em que, quando malogram as outras modalidades de execução (fazer, não fazer, entrega de coisa certa ou incerta), a satisfação do credor só se faz possível com o sacrifício de bens suficientes do patrimônio do devedor em execução por quantia certa correspondente às perdas e danos em que se convertem as obrigações frustradas na sua execução específica.

b) Princípio da execução específica

O escopo do processo, como instrumento de realização de justiça, é dar a cada um aquilo que é seu, na clássica concepção romana.

Para alcançar esse desígnio, cumpre ao Estado, por todas as formas de provimento jurisdicional, fazer que aquele que recorreu ao Judiciário não sinta os efeitos do descumprimento da obrigação ocorrida no plano extrajudicial, razão pela qual são utilizados os "meios executivos para satisfação da parte". O fim e o resultado da execução devem coincidir no sentido de dar ao credor aquilo a que ele faz jus segundo o título executivo.

O resultado prático equivalente somente deve ser perseguido quando impossível alcançar a prestação contida no título.

---

[18] *Vide* nota 5.

Essa ideologia de buscar a satisfação plena e efetiva do credor à luz da prestação contida no título é resultado do influxo do denominado "princípio da execução específica".

A influência do princípio *in foco* é notável no processo de execução, por isso o credor não deve ser instado a receber coisa diversa daquela que consta do título executivo como compensação pela transgressão. Assim, se o credor faz jus à entrega de um automóvel, ele não pode ser obrigado a receber o valor equivalente ao bem; se o devedor comprometeu-se a não construir e o fez, o credor deve colher a destruição da coisa erigida em contravenção à interdição de não fazer, em vez das perdas e danos, e assim por diante.

Relembre-se que o processo de execução, posto satisfativo, deve recolocar o credor na mesma situação acaso a obrigação tivesse sido cumprida voluntariamente.

É evidente que, por vezes, esse escopo é impossível de ser alcançado, "transmudando--se, então, a execução específica em execução genérica", que, repita-se, se faz presente nos casos de malogro das demais formas executivas. E a razão é simples: todas as prestações podem ser convertidas em dinheiro, cabendo ao juiz, nas hipóteses de frustração da prestação em espécie, quantificá-las, abrindo caminho para a execução substitutiva por quantia certa equivalente ao prejuízo sofrido pelo credor. Nesta, a única frustração possível é a inexistência de bens no patrimônio do obrigado.

Ressalte-se que nos países de *common law* a regra é invertida: a execução específica da obrigação avençada, por meio da *injunction*, é excepcionalíssima, constituindo-se regra o pagamento de perdas e danos (*damages*). A racionalidade que informa o sistema anglo-saxão é percuciente: em muitas hipóteses, o custo para o devedor no cumprimento específico da obrigação é imensamente maior ao benefício proporcionado ao credor, em comparação ao pagamento de indenização em dinheiro. Consequentemente, tornar regra a satisfação específica da prestação avençada significa inibir a formação de contratos, bem como aumentar os preços dos negócios estabelecidos.

O princípio da satisfação específica é resultado do movimento pela "efetividade do processo", que tem em mira a preocupação de conferir-se a quem tem razão, num prazo razoável, exatamente aquilo a que faz jus. O escopo maior é que ninguém sofra o mais tênue prejuízo pelo fato de ter recorrido ao Judiciário. Nada obstante, essa preocupação pode fazer que todos sofram prejuízo, na forma de atividade econômica mais tímida e preços mais elevados.

Nesse seguimento, relembre-se a novel redação do art. 499 do CPC, que consagra, textualmente, o princípio sob exame, ao dispor: "A obrigação somente será convertida em perdas e danos se o autor o requerer ou se impossível a tutela específica ou a obtenção de tutela pelo resultado prático equivalente".

c) Princípio da livre disponibilidade

O processo de conhecimento tem como razão de ser a definição de direitos, posto que encarta uma lide de pretensão resistida. Enquanto pende o processo, não se sabe quem tem razão, se o autor ou o réu, uma vez abstrato o direito de agir, conferido mesmo àqueles que supõem ter melhor direito. Por isso, no processo de cognição, uma vez proposta a ação e concedido o prazo para que o réu ofereça sua resposta, impede-se que, decorrido o prazo da defesa, o autor desista da ação. Isso porque, após apresentada a defesa, o demandante pode se convencer da legitimidade da resistência do réu e desistir da ação para livrar-se do ônus da sucumbência (art. 485, § 4º, do CPC).[19]

O processo de execução – ou a fase de cumprimento da sentença – impõe diversidade de tratamento, uma vez que a exibição do título executivo em que se encontra consubstanciado o crédito faz pressupor que o exequente tenha, efetivamente, o direito consagrado no documento, tanto que, por sua iniciativa, o processo começa pela prática de atos coativos conducentes à satisfação.

O direito afirmado pelo autor, no processo de execução, apresenta um grau de verossimilhança maior do que no processo de conhecimento; daí a índole satisfativa da tutela executiva. Em face dessa característica, diferentemente da regra de desistência condicionada à anuência do réu imperante na tutela de cognição, vigora, no processo de execução, o "princípio da livre disponibilidade", segundo o qual o "exequente tem o direito de desistir de toda a execução ou de apenas alguma medida executiva" (art. 775 do CPC).

É evidente que o credor pode assim atuar durante toda a execução, ainda que depois do oferecimento dos embargos. Operada a desistência antes de embargada a execução, há despesas para o credor, máxime quando oferecida exceção de pré-executividade nos autos, hipótese em que o exequente deve pagar as custas e os honorários do executado. A propósito, o art. 85, § 1º, do CPC deixa claro que os honorários advocatícios são devidos na execução ainda que não resistida.[20]

Interpostos embargos à execução, inegável é o dever de o credor exequente adimplir as custas e os honorários do embargante, posto que a desistência da execução faz caírem por terra os embargos "quando os mesmos versam apenas sobre questões formais", como, v.g., nulidade da execução, ausência de pressupostos processuais, ilegitimidade da parte exequente etc.

Voltando-se os embargos contra o próprio mérito do crédito exequendo, a desistência da execução impede que o juízo aprecie o cerne da questão, deixando em aberto eventual defesa em que o devedor pudesse fazer desaparecer aquela obrigação. Sobressai verossímil que o exequente pode, perfeitamente, desistir da execução diante das robustas razões deduzidas nos embargos de executado. Nessa hipótese eventual, a malícia do credor esbarra na novel regra do art. 775, parágrafo único, do CPC, assim:

> Art. 775. O exequente tem o direito de desistir de toda a execução ou de apenas alguma medida executiva.

---

[19] "**Art. 485.** O juiz não resolverá o mérito quando:

[...]

§ 4º Oferecida a contestação, o autor não poderá, sem o consentimento do réu, desistir da ação."

[20] "**Art. 85.** A sentença condenará o vencido a pagar honorários ao advogado do vencedor.

§ 1º São devidos honorários advocatícios na reconvenção, no cumprimento de sentença, provisório ou definitivo, na execução, resistida ou não, e nos recursos interpostos, cumulativamente."

Parágrafo único. Na desistência da execução, observar-se-á o seguinte:

I – serão extintos a impugnação e os embargos que versarem apenas sobre questões processuais, pagando o exequente as custas processuais e os honorários advocatícios;

II – nos demais casos, a extinção dependerá da concordância do impugnante ou do embargante.

Isso significa que, em todos os casos de desistência da execução, pendentes os embargos, o exequente desistente deve pagar custas e honorários.

Destarte, versando os embargos sobre o próprio crédito exequendo, a desistência da execução depende da anuência do executado, que pode a ela opor-se para ver julgados os embargos e destruído o crédito exequendo pelo acolhimento de suas razões de fundo, o que sepultará a dívida, cobrindo-a com o manto da coisa julgada material.

Por fim, impende considerar que a execução, embargada ou não, implica fixação de honorários (art. 85, § 1º, do CPC). Assim, havendo desistência da execução não embargada, o desistente deve pagar as despesas e os honorários arbitrados, se convocado o executado. A diferença está em que, na execução pura e simples, é livre a desistência do exequente e as custas cingem-se ao processo principal. Diversamente, havendo embargos, o exequente desistente deve pagar as despesas da execução e as dos embargos, sem prejuízo de submeter-se à concordância do executado se houver embargos de mérito, isto é, voltados contra o próprio crédito exequendo ou o título executivo.

d) Princípio da economicidade

O princípio da economicidade é fruto da humanização histórica que se operou em relação às consequências do inadimplemento das obrigações. Outrora, como sabido, o devedor respondia com o seu corpo ou com a sua liberdade e a de sua família, pelo descumprimento de suas obrigações. A evolução dos meios conducentes à satisfação das obrigações com a eliminação dessas formas barbáricas e radicais, levadas a efeito notadamente pela escolástica francesa, mercê de ter eliminado distorções, alcançou também patamares inaceitáveis, como a inadmissão da execução específica de obrigação de fazer, acenando-se ao credor apenas com as perdas e danos, como que privilegiando o inadimplemento.

Entretanto, essa tendência de humanização dos consectários do descumprimento teve a virtude de enxergar que os vínculos obrigacionais, diferentemente dos vínculos reais, tendem a desaparecer pelo cumprimento das prestações, razão pela qual se impunha criar condições para a exaustão das relações jurídicas pelo adimplemento. Por outro lado, para o credor, mais importante é a sua satisfação do que a destruição patrimonial e moral do devedor.

Essa ótica levou o legislador a inserir regras no processo executivo, das quais dessume-se o princípio da "economicidade", que se traduz pela efetivação da execução da forma menos onerosa para o devedor. Trata-se de princípio *in procedendo* que deve ser observado pelo juízo na adoção da prática de atos executivos, *v.g.*, a penhora de bens etc. Assim, se o devedor tem em seu patrimônio um bem móvel suficiente e que satisfaz o crédito exequendo, nada justifica que se lhe aliene a linha telefônica, tão importante para as suas necessidades diárias, pessoais e profissionais.

O atual Código admite, como forma de pagamento *pro solvendo*, a "penhora de frutos e rendimentos de coisa móvel ou imóvel" (art. 867 e seguintes do CPC),[21] "quando a considerar mais eficiente para o recebimento do crédito e menos gravosa ao executado". Por outro lado, a alienação de bens do devedor deve realizar-se nos limites da suficiência, obedecido o "justo preço", repudiada a vileza deste, como preceitua o art. 891 do CPC.[22] O parágrafo único do referido artigo incumbe ao juiz o estabelecimento de um preço mínimo, abaixo do qual a proposta será considerada vil. Não há maiores balizas legais para guiar o magistrado nessa tarefa. Entretanto, não se pode assentar definição segura para todos os casos, sendo certo que a vileza do preço há de ser analisada à luz do caso concreto e das circunstâncias negociais à época da alienação, até porque pode ocorrer que o preço de mercado do imóvel sofra valorização ou desvalorização. De qualquer forma, não sendo fixado um preço mínimo, a lei determina que será vil o preço inferior a cinquenta por cento do valor da avaliação, patamar este que pode servir de parâmetro geral para os juízes.

Considere-se, ainda, que a vileza do preço pode ocorrer em qualquer hasta pública porquanto é ilusório imaginar que a ausência de lanços na primeira praça autoriza a alienação por qualquer valor nas subsequentes.

Deveras, para impugnar o preço vil é admissível simples petição em face da nulidade de que está eivada a expropriação (art. 903, § 1º, I, do CPC).[23] Caso a carta de arrematação ou a ordem de entrega já tenham sido expedidas, o devedor prejudicado poderá se valer de ação autônoma, em cujo polo passivo constarão, em litisconsórcio, o exequente e o arrematante (art. 903, § 4º, do CPC).[24]

Advirta-se, por fim, que a "economicidade nada tem a ver com a economia processual", que não cogita da maior ou menor onerosidade da execução em face do devedor,

---

[21] "**Art. 867.** O juiz pode ordenar a penhora de frutos e rendimentos de coisa móvel ou imóvel quando a considerar mais eficiente para o recebimento do crédito e menos gravosa ao executado."

[22] "**Art. 891.** Não será aceito lance que ofereça preço vil.

Parágrafo único. Considera-se vil o preço inferior ao mínimo estipulado pelo juiz e constante do edital, e, não tendo sido fixado preço mínimo, considera-se vil o preço inferior a cinquenta por cento do valor da avaliação."

[23] "**Art. 903.** Qualquer que seja a modalidade de leilão, assinado o auto pelo juiz, pelo arrematante e pelo leiloeiro, a arrematação será considerada perfeita, acabada e irretratável, ainda que venham a ser julgados procedentes os embargos do executado ou a ação autônoma de que trata o § 4º deste artigo, assegurada a possibilidade de reparação pelos prejuízos sofridos.

§ 1º Ressalvadas outras situações previstas neste Código, a arrematação poderá, no entanto, ser:

I – invalidada, quando realizada por preço vil ou com outro vício;

II – considerada ineficaz, se não observado o disposto no art. 804;

III – resolvida, se não for pago o preço ou se não for prestada a caução."

[24] "**Art. 903, § 4º** Após a expedição da carta de arrematação ou da ordem de entrega, a invalidação da arrematação poderá ser pleiteada por ação autônoma, em cujo processo o arrematante figurará como litisconsorte necessário."

senão da obtenção de um máximo resultado processual, com um mínimo de esforço que é o princípio que inspira a possibilidade de cumulação de execuções.

2. REQUISITOS DA EXECUÇÃO E DO CUMPRIMENTO DE SENTENÇA

2.1 Pressupostos da execução e do cumprimento da sentença

O Estado, ao iniciar a prática dos atos de coação estatal característicos do processo de execução, certifica-se não só da existência do direito por meio do título executivo, mas também do "descumprimento da obrigação".

Assim, "o inadimplemento do devedor" e o "título executivo" representam pressupostos para realizar a execução. Esses denominados "requisitos" figuram para o processo de execução como as "condições da ação" para o processo de conhecimento.

O título comprova a obrigação e o inadimplemento, a violação; por isso, há quem sustente que o título é um requisito formal de realização da execução, ao passo que o adimplemento, um pressuposto substancial.

Entretanto, ambos são apreciados *in abstrato* para permitir o início da execução, sendo certo que tanto o título quanto o alegado inadimplemento podem ser infirmados no curso do processo.

Desta sorte, se o juiz, preambularmente, verifica inexistir título, ou inocorrente o inadimplemento, deve extinguir o processo satisfativo.

2.1.1 *Inadimplemento do devedor*

Dispõe o art. 786 do CPC: "A execução pode ser instaurada caso o devedor não satisfaça a obrigação certa, líquida e exigível consubstanciada em título executivo". *A contrario sensu*, e esta é a verdadeira *ratio essendi* do artigo em exame, inocorrente o inadimplemento, por exemplo, se a obrigação foi contraída a termo (art. 798, I, *c*, do CPC)[25] ou sob condição ainda não implementada (art. 803, III, do CPC),[26] não cabe ao credor promover a execução, por ausência de interesse processual, matéria alegável a qualquer tempo, uma vez que revela carência da ação de execução. O vício, se não for pronunciado de ofício, pode ser aduzido em petição simples, independentemente de embargos à execução (art. 803, parágrafo único, do CPC).[27]

---

[25] "**Art. 798.** Ao propor a execução, incumbe ao exequente:

I – instruir a petição inicial com:

[...]

c) a prova de que se verificou a condição ou ocorreu o termo, se for o caso."

[26] "**Art. 803**. É nula a execução se:

[...]

III – for instaurada antes de se verificar a condição ou de ocorrer o termo."

[27] No sentido da falta de interesse de agir a conclusão de **Nery**, *Código de Processo Civil e Legislação Processual Civil Comentado*, p. 1.007.

"**Art. 803.** Parágrafo único. A nulidade de que cuida este artigo será pronunciada pelo juiz, de ofício ou a requerimento da parte, independentemente de embargos à execução."

A lei considera inadimplente o devedor que não satisfaz a obrigação na forma e prazos legais.[28] Por outro lado, o próprio Código explicita a impossibilidade de prosseguir na execução, se houver cumprimento da obrigação superveniente, posto que, nesse caso, desaparece a necessidade do processo e, *a fortiori*, falta interesse de agir.

O inadimplemento exigível como requisito para "realizar a execução" é abstratamente considerado. Em consequência, pode o devedor discuti-lo em embargos, sustentando, *v.g.*, a extinção da obrigação, por ausência de condição de procedibilidade.[29]

O inadimplemento é requisito substancial, que pertine ao crédito, por isso as formas de extinção das obrigações e que demandam dilação probatória não são passíveis de veiculação por exceção de pré-executividade, servil, apenas, às questões formais.

Raciocínio inverso conduziria a promiscuir a noção de pressuposto processual e mérito.[30]

Em consequência, repita-se, não é no bojo da execução que o devedor deve comprovar não ser inadimplente, e, sim, nos embargos ou na impugnação ao cumprimento da sentença, para não promiscuir o processo de execução cujo objetivo é satisfazer os interesses do credor munido de título executivo, reservando-se ao executado o contraditório eventual.

Sob esse enfoque deve-se interpretar o parágrafo único do artigo 787 do CPC[31] ao dispor que, na alegação de exceção de contrato não cumprido por parte do credor, este não poderá prosseguir na execução sem antes adimplir a sua parte. Assim, se o juiz verifica que o credor promoveu a execução de contrato sem comprovar o cumprimento de sua parte, pode obstar o prosseguimento da execução.

Entretanto, se a discussão trava-se quanto ao mérito do cumprimento da contraprestação por parte do credor ou da suficiência ou não de adimplemento da obrigação pelo devedor, a matéria muda de sede para encontrar o seu *habitat* nos embargos ou na impugnação ao cumprimento da sentença.[32]

---

[28] "**Art. 389**. Não cumprida a obrigação, responde o devedor por perdas e danos, mais juros e atualização monetária segundo índices oficiais regularmente estabelecidos, e honorários de advogado" – Código Civil de 2002.

[29] Nesse mesmo sentido, **Dinamarco**, *Execução civil*, nº 18. O inadimplemento seria uma "condição de procedibilidade" na arguta expressão de **Araken de Assis**, *Manual do processo de execução*, pp. 29, 43-44.

[30] A advertência fora formulada por **Carnelutti** ao demonstrar a natureza abstrata do título executivo, *Processo di esecuzione*, vol. I, 193. No mesmo sentido **Liebman**, ao inadmitir que fatos inerentes ao crédito pudessem impedir diretamente a execução, *Embargos do executado*, nº 91.

[31] "**Art. 787**. Se o devedor não for obrigado a satisfazer sua prestação senão mediante a contraprestação do credor, este deverá provar que a adimpliu ao requerer a execução, sob pena de extinção do processo.

Parágrafo único. O executado poderá eximir-se da obrigação, depositando em juízo a prestação ou a coisa, caso em que o juiz não permitirá que o credor a receba sem cumprir a contraprestação que lhe tocar."

[32] Nesse mesmo sentido, **Araken de Assis**, *Manual do processo de execução*, p. 74, com o apoio de **Ovídio Baptista**, *Curso*, vol. II, p. 23.

Advirta-se, por fim, que a redação do art. 475-J do CPC/1973 enfatizava que o cumprimento da sentença para satisfação de obrigação em dinheiro seria *per officium iudicius,* por isso, superado o *tempus iudicadi,* o credor podia desde logo requerer a penhora e a avaliação (art. 475-J).[33] Em contraste, o artigo 513, §§ 2º a 4º, do CPC esclarece que é necessária a intimação do devedor para cumprir a sentença, seja qual for o tipo de obrigação.[34-35]

Tratando-se de título extrajudicial, como é a vez primeira que o título exsurge em juízo, segue-se a regra da iniciativa e do contraditório (art. 798 do CPC).[36]

---

[33] "**Art. 475-J do CPC/1973.** Caso o devedor, condenado ao pagamento de quantia certa ou já fixada em liquidação, não o efetue no prazo de quinze dias, o montante da condenação será acrescido de multa no percentual de dez por cento e a requerimento do credor e observado o disposto no art. 614, inciso II, desta Lei, expedir-se-á mandado de penhora e avaliação."

[34] "**Art. 513.** O cumprimento da sentença será feito segundo as regras deste Título, observando-se, no que couber e conforme a natureza da obrigação, o disposto no Livro II da Parte Especial deste Código.

§ 1º O cumprimento da sentença que reconhece o dever de pagar quantia, provisório ou definitivo, far-se-á a requerimento do exequente.

§ 2º O devedor será intimado para cumprir a sentença:

I – pelo Diário da Justiça, na pessoa de seu advogado constituído nos autos;

II – por carta com aviso de recebimento, quando representado pela Defensoria Pública ou quando não tiver procurador constituído nos autos, ressalvada a hipótese do inciso IV;

III – por meio eletrônico, quando, no caso do § 1º do art. 246, não tiver procurador constituído nos autos;

IV – por edital, quando, citado na forma do art. 256, tiver sido revel na fase de conhecimento.

§ 3º Na hipótese do § 2º, incisos II e III, considera-se realizada a intimação quando o devedor houver mudado de endereço sem prévia comunicação ao juízo, observado o disposto no parágrafo único do art. 274.

§ 4º Se o requerimento a que alude o § 1º for formulado após 1 (um) ano do trânsito em julgado da sentença, a intimação será feita na pessoa do devedor, por meio de carta com aviso de recebimento encaminhada ao endereço constante dos autos, observado o disposto no parágrafo único do art. 274 e no § 3º deste artigo."

[35] É necessária a intimação pessoal dos devedores no momento do cumprimento de sentença prolatada em processo no qual os réus, embora citados pessoalmente, não apresentaram defesa e, por isso, foram declarados revéis. (REsp n. 1.760.914/SP, relator Ministro Paulo de Tarso Sanseverino, Terceira Turma, julgado em 2/6/2020, DJe de 8/6/2020).

[36] "**Art. 798.** Ao propor a execução, incumbe ao exequente:

I – instruir a petição inicial com:

a) o título executivo extrajudicial;

b) o demonstrativo do débito atualizado até a data de propositura da ação, quando se tratar de execução por quantia certa;

c) a prova de que se verificou a condição ou ocorreu o termo, se for o caso;

d) a prova, se for o caso, de que adimpliu a contraprestação que lhe corresponde ou que lhe assegura o cumprimento, se o executado não for obrigado a satisfazer a sua prestação senão mediante a contraprestação do exequente;

II – indicar:

a) a espécie de execução de sua preferência, quando por mais de um modo puder ser realizada;

2.1.2 Título executivo

2.1.2.1 Requisitos do crédito exequendo

O título executivo contém a obrigação a ser satisfeita pelos meios executivos. Essa obrigação há de se apresentar configurada na sua extensão, em função da qual se fixam os limites da execução. Assim, à luz da extensão do crédito constante do título observa-se se apenas um bem do devedor é suficiente ao sacrifício da alienação forçada para pagamento ao credor, revelando-se desnecessário expropriar outros bens. Os atos enérgicos característicos do processo de execução devem ser praticados nos limites das necessidades reveladas pelo próprio título executivo. Além de o título estabelecer o *quantum* devido, deve ser claro quanto ao vencimento e à existência da obrigação. Ressoa inequívoco que não se pode agredir de pronto o patrimônio do devedor se a obrigação é discutível ou aleatória, *v.g.*, uma obrigação de pagar perdas e danos não acertada judicialmente, ou uma dívida estimada pelo credor em carta remetida ao devedor. Como regra, o Estado não inicia a prática de atos de soberania baseado apenas na produção unilateral, pelo credor, de um documento executivo. Afinal, a obrigação resulta de um vínculo "bilateral" decorrente da vontade das partes, da lei ou do ato ilícito.

Essas razões conduziram o legislador a autorizar a execução, ou seja, a instauração do processo satisfativo somente se o credor exibir, em juízo, título executivo que consubstancie obrigações *certas*, *líquidas* e *exigíveis* (art. 783 do CPC),[37] as quais serão enumeradas segundo as suas espécies e respectivas peculiaridades.

2.1.2.1.1 Certeza

Certa é a obrigação induvidosa, resultante do título executivo. Incerta é a obrigação estimada pelo credor, *v.g.*, a fixação unilateral pelo exequente de uma dívida não fundada em título algum, ou a pretensão de cobrança por via executiva de "perdas e danos" quantificadas por ele. A certeza que se exige deve estar revelada pelo título executivo, muito embora a natureza abstrata da execução permita a discussão da *causa debendi*. Em suma, a obrigação deve ser certa quanto à sua existência, e assim o é aquela assumida pelo

---

b) os nomes completos do exequente e do executado e seus números de inscrição no Cadastro de Pessoas Físicas ou no Cadastro Nacional da Pessoa Jurídica;

c) os bens suscetíveis de penhora, sempre que possível.

Parágrafo único. O demonstrativo do débito deverá conter:

I – o índice de correção monetária adotado;

II – a taxa de juros aplicada;

III – os termos inicial e final de incidência do índice de correção monetária e da taxa de juros utilizados;

IV – a periodicidade da capitalização dos juros, se for o caso;

V – a especificação de desconto obrigatório realizado."

[37] "Art. 783. A execução para cobrança de crédito fundar-se-á sempre em título de obrigação certa, líquida e exigível."

devedor e consubstanciada em título executivo, muito embora ao crédito possa opor-se o executado, sustentando fatos supervenientes à criação da obrigação.

2.1.2.1.2 Exigibilidade

Exigível é a obrigação vencida. Em regra, o título consagra o vencimento da obrigação. Entretanto, as regras materiais devem ser obedecidas, como a que estabelece o vencimento da obrigação quesível após a exigência de adimplemento feita pelo credor; ou a obrigação "a termo" que deve aguardar o decurso do prazo; ou, ainda, a obrigação "sob condição" que somente se torna exigível com o implemento desta etc. A exigibilidade confunde-se com o requisito do "inadimplemento do devedor"; por isso, inexigível a obrigação, é impossível a execução, que se impõe extinguir.

2.1.2.1.3 Liquidez

Líquida é a obrigação individuada no que concerne ao seu objeto. O devedor deve saber "o que deve". Assim, o objeto da execução que a torna líquida determina a espécie de procedimento a seguir. Desta sorte, se o devedor obrigou-se por quantia certa, seguir-se-á essa modalidade de execução; se se comprometeu a fazer, este será o procedimento satisfativo; ou, se o vínculo consagra obrigação de entrega de coisa, diversos serão os meios executivos tendentes à satisfação do credor.

"A liquidez indica quantitativa e qualitativamente o conteúdo da obrigação", fixando os limites de atuação do Estado para atingir o escopo satisfativo a que se propõe o processo executivo.

O requisito em exame, por via de consequência, impede que se inicie a execução por obrigação de "conteúdo genérico". Aliás, nesse particular, é claríssimo o texto legal do art. 783 do CPC.

É imperioso observar que, *no processo de conhecimento, a lei permite o pedido genérico* (art. 324 do CPC) para não postergar o acesso à justiça, autorizando que a parte o formule, liquidando a condenação, posteriormente, mas sempre antes de executar a decisão. Assim, *v.g.*, a vítima de um acidente pode pleitear a condenação do autor do ilícito nas perdas e danos especificados, tais como despesas de conserto de veículo, verbas com gastos médicos e hospitalares, dano moral etc. Entretanto, ao iniciar a fase de cumprimento por execução, esses valores devem estar determinados para que se afira a extensão da execução e dos atos executivos necessários, como a penhora e os bens que devem ser alcançados até a satisfação integral do crédito.

Isso significa que na condenação ou no reconhecimento da obrigação impõe-se explicitar o *an debeatur* (o que é devido), postergando-se para a liquidação o *quantum debeatur*, preparando-se, assim, a execução. Por essa razão afirma-se que a liquidação é preparatória da "execução" (fase de cumprimento da sentença) e complementar à condenação.

Cumpre esclarecer que, de regra, os "títulos executivos lavrados fora do juízo são líquidos", neles constando o objeto da prestação. Admite-se, entretanto, que esses documentos vinculados a contratos possam reclamar uma diminuta *operação aritmética* que ajuste o valor histórico neles consagrado, por exemplo, o cômputo de juros, a correção monetária e a incidência de percentual sobre o valor final etc.

Essas operações não retiram a liquidez do título, como preceitua o art. 786, parágrafo único, do CPC: "A necessidade de simples operações aritméticas para apurar o crédito exequendo não retira a liquidez da obrigação constante do título". A lei, calcada nessa experiência jurídica, admite apenas a "iliquidez da sentença" como "fonte da liquidação". Por isso, "os títulos extrajudiciais devem ser líquidos para autorizar a imediata execução, uma vez que, se ilíquidos, devem seguir a via da cognição conducente ao reconhecimento da obrigação executável ou sujeita ao "cumprimento por execução".

Diversamente, os títulos judiciais, quando ilíquidos, admitem a individuação do *quantum* por meio do "incidente de liquidação de sentença", fase anterior ao cumprimento e posterior ao processo de reconhecimento da obrigação exigível. Consequentemente, forçoso assentar que só há a instauração do incidente de liquidação de títulos "judiciais", uma vez que os títulos extrajudiciais, se não forem líquidos, certos e exigíveis, não ensejam a via da execução, senão a da cognição.

A execução funda-se em título executivo, que legitima os atos autoritário-judiciais dessa forma de prestação jurisdicional. O título contém em si uma obrigação, a qual, segundo a lei material, deve reunir requisitos próprios diversos da cártula que a eclipsa.

A doutrina sempre criticou a categorização do título como líquido e certo, porquanto esses atributos referem-se à prestação, ou melhor, ao crédito. Por isso, o art. 783 do CPC dispõe que a execução para cobrança de crédito fundar-se-á sempre em título "de obrigação certa, líquida e exigível".

2.1.2.2 Títulos executivos judiciais

Os títulos executivos judiciais são elencados pelo art. 515 do CPC, em razão de a Execução de Título Judicial atual compor "fase de cumprimento" do processo.

O primeiro título executivo judicial previsto diz respeito às decisões proferidas no processo civil que reconheçam a exigibilidade de obrigação de pagar quantia, de fazer, de não fazer ou de entregar coisa (art. 515, I, CPC). A redação do CPC/1973, com suas diversas reformas, fazia referência a "sentença", enquanto o novel diploma utiliza o termo "decisão". Portanto, também é título executivo judicial, por exemplo, a decisão que julga pedidos incontroversos (art. 356 do CPC). Além disso, a nova redação utiliza o termo "exigibilidade", ao passo que o texto revogado falava em "existência". Nesse sentido, o atual Código de Processo civil pacifica que as decisões meramente declaratórias não constituem títulos executivos judiciais.

A decisão condenatória pura era aquela que impunha uma prestação ao vencido, reconhecendo o inadimplemento de uma obrigação assumida. A sentença, não obstante a denominação de "condenatória", limitava-se a definir o direito e exortar o vencido a que cumprisse a prestação. Em face da impossibilidade de o vencedor tornar realidade aquela decisão por meios próprios, descumprida a condenação, exsurgia como ainda exsurge a necessidade de, mais uma vez, movimentar-se o Judiciário para tornar real a condenação, praticando atos necessários a satisfazer o direito do vencedor reconhecido no título judicial. De toda sorte, é a *natureza da condenação que indica a espécie de execução* a seguir. Assim, se *a condenação impõe a entrega de determinado bem*, sua efetivação obedecerá ao procedimento do cumprimento de sentença *que reconheça a exigibilidade de obrigação de entregar coisa;* caso a condenação imponha *a obrigação de pagamento* de soma, a atividade executiva obedecerá ao rito do cumprimento definitivo da sentença que reconhece a exigibilidade de obrigação de pagar quantia certa e assim por diante.

O Código confere executividade à decisão que reconhece a exigibilidade de uma obrigação, porquanto as demais formas de provimento jurisdicional (isto é, constitutivo e declaratório puro) não comportam execução, haja vista que a definição jurídica com a eficácia constitutiva ou declaratória satisfaz o interesse da parte, tornando desnecessário qualquer processo complementar. Assim, *v.g.*, a decisão que concede o divórcio, ou a que declara nulo determinado negócio jurídico, cumpre os seus objetivos com a simples prolação da sentença, tornando prescindível qualquer ato posterior.

No que pertine à sentença declaratória, impõe-se considerar, também, o seu objeto mediato. Assim, se a sentença declaratória limita-se a afirmar a nulidade do ato jurídico, nenhuma outra utilidade, em princípio, extrai-se daquela decisão, tornando-a infensa à execução.

No entanto, algumas declarações podem ensejar execução, se complementadas. Assim, *v.g.*, a sentença declaratória do dever de indenizar prescinde de processo condenatório posterior, bastando à parte liquidar o *an debeatur*, tal como ocorre com a sentença penal condenatória que, de rigor, não impede condenação cível, senão declara o dever de reparar o dano *ex delicto.*

A sentença de condenação, diversamente, não produz resultados imediatos no mundo tangível, a menos que o vencido cumpra, voluntariamente, a decisão. Por isso afirma-se que a "condenação é a forma mais imperfeita de prestação jurisdicional em confronto com as demais".

Por oportuno, as providências complementares que algumas decisões declaratórias e constitutivas reclamam não passam de atividade de publicidade do seu conteúdo em razão da natureza jurídica das relações às quais se referem. Assim, *v.g.*, a sentença de divórcio é registrada no registro civil das pessoas naturais, uma vez que o novo *status familiae* dos cônjuges é oponível a toda a coletividade (*erga omnes*). No mesmo sentido, a sentença que renova o contrato de locação comercial é levada ao registro imobiliário para que o novo adquirente do imóvel não alegue desconhecimento quanto ao vínculo que incide sobre o bem.

Essas medidas, como se pode observar, são de cunho administrativo que em nada se assemelham aos atos coativos do processo de execução.

Destarte, a "executividade é inerente não só à sentença condenatória pura, senão a todo e qualquer capítulo condenatório" encartado em sentença de outra natureza. Assim, por exemplo, a sentença que "declara" nulo o ato jurídico condena o vencido ao pagamento de custas e honorários e, eventualmente, em perdas e danos, é executável nesta parte. A *sentença de improcedência* é, portanto, declaratória negativa e, condenando o vencido nas despesas e honorários, também é executável nessa parte.

Conclui-se, assim, que a ideologia do cumprimento da sentença permite à parte extrair toda e qualquer eficácia prática do provimento obtido, quer seja ele declaratório ou constitutivo, por isso a lei, em vez de aduzir à "sentença condenatória", refere-se como título judicial à decisão que reconhece a exigibilidade de uma obrigação, numa expressão inequívoca de que o provimento judicial há de conferir a maior utilidade possível que dele se possa auferir.

O segundo título judicial previsto no art. 515 do CPC é a decisão homologatória de autocomposição judicial. Não se deve olvidar que o art. 3º, § 3º, do CPC determina que a conciliação, a mediação e outros métodos de solução consensual de conflitos deverão ser estimulados por juízes, advogados, defensores públicos e membros do Ministério Público, inclusive no curso do processo judicial. Cumpre destacar na temática, ainda, a Resolução CNJ 358/2020, que regulamenta a criação de soluções tecnológicas para a resolução de conflitos pelo Poder Judiciário por meio da conciliação e mediação, bem como a Resolução STF 697/2020, que cria o Centro de Mediação e Conciliação do Supremo Tribunal Federal.[38]

Em determinadas situações, o resultado da autocomposição será homologado pelo juízo em sentença com resolução de mérito, como nos casos de reconhecimento da procedência do pedido, transação e renúncia (art. 487, III, *a*, *b*, e *c*, do CPC). Noutras hipóteses, a exemplo da desistência, o provimento judicial homologatório não resolverá o mérito (art. 485, VIII, do CPC), de modo que será despido de força executiva. Observe-se, ainda, que, segundo o art. 515, § 2º, do CPC, a autocomposição judicial pode envolver sujeito estranho ao processo e versar sobre relação jurídica que não tenha sido deduzida em juízo. Assim, *v.g.*, em ação de despejo, as partes podem pactuar a recondução do contrato, a fixação de valores de novo aluguel e até pagamento de quantia referente a perdas e eventuais danos causados ao imóvel, sendo certo que todas essas parcelas, caso descumpridas, ensejam a execução.

O art. 515, III, do CPC consagra como título executivo judicial a decisão homologatória de autocomposição extrajudicial de qualquer natureza. Nessa hipótese, devem restar atendidas a capacidade das partes e a disponibilidade do objeto do negócio jurídico processual. O rito a ser observado para a homologação do acordo extrajudicial é o dos procedimentos de jurisdição voluntária (art. 725, VIII, do CPC). O provimento judicial, nessa hipótese, tem o condão de conferir ao negócio jurídico voluntariamente estabelecido entre as partes a natureza de título executivo judicial. Na ausência da homologação, ou no caso de invalidação desta, o referido negócio ainda possuirá força executiva, consubstanciando título executivo extrajudicial (v. art. 784, III e IV, do CPC).

A homologação judicial da manifestação de vontade das partes, na qual pactuam obrigações, adquire força executória após o juiz verificar o cumprimento dos requisitos

---

[38] Registre-se também a **I e II Jornada de Prevenção e Solução Extrajudicial de Litígios – CJF**. Enunciados disponíveis em: https://www.stj.jus.br/sites/portalp/Paginas/Comunicacao/Noticias/11102021-CJF-divulga-caderno-com-os-142-enunciados-aprovados-na-II-Jornada--Prevencao-e-Solucao-Extrajudicial-de-Litigios.aspx, último acesso em 12 abr. 2023.

formais necessários a conferir executividade ao crédito surgido do negócio jurídico. Aliás, não teria sentido que o título formado pelas partes extrajudicialmente contivesse força executiva e a sentença homologatória não adquirisse a mesma eficácia.

A *transação* encetada pelas partes em juízo admite convencionar-se acerca de qualquer obrigação lícita de dar, fazer, não fazer etc. A executividade concedida à homologação permite ao lesado pelo inadimplemento da *obrigação assumida judicialmente proceder, de imediato, à execução.* Por outro lado, a *sentença homologatória* habilita a imediata "execução", porquanto, "de regra, extingue a fase de conhecimento com resolução do mérito", salvo se o seu objeto for a desistência da ação que implica extinção meramente terminativa.

Revela-se, também, possível transacionar-se em processo de execução, hipótese em que surge um novo título executivo, que é a sentença homologatória superveniente ao título originário. A execução, então, passa a pautar-se pelos efeitos introduzidos pelo novel título segundo as cláusulas acordadas, dispensando nova convocação, posto integradas as partes na relação processual, exigindo-se tão somente a intimação para o adimplemento do acordado.

Em regra, o descumprimento da transação não repristina o título originário porquanto inegável o *animus novandi.* Nada obsta, entretanto, que as partes convencionem a restauração da dívida original mediante previsão textual na transação.

A transação é sujeita ao cumprimento nos próprios autos, qualquer que seja a sua natureza, desde que o juízo revele competência *ratione materiae*. Assim, *v.g.*, se, em ação de divórcio, as partes ajustassem obrigações cíveis, como o pagamento de determinada quantia a título de reembolso de despesas anteriores à dissolução matrimonial, escapava, como ainda falece ao juízo de família, competência para executá-las; não assim se a prestação ajustada for de cunho alimentício.

Um dos escopos do princípio da efetividade é conferir à parte o máximo de benefício em confronto com o seu esforço processual. Trata-se de consectário, também, do princípio da economia processual. Em consequência, se a tutela jurisdicional puder abarcar o maior número de relações litigiosas possíveis, tanto mais eficiente será a prestação da jurisdição no seu desígnio de pacificação social. Aliás, essa é a *ratio* que informa o litisconsórcio, as ações de regresso no mesmo processo, a reconvenção etc. Ora, se a sentença que julga a causa pode dispor sobre várias relações jurídicas, com muito mais razão a decisão que homologa manifestações compositivas do litígio oriundas das próprias partes.

Destarte, quando se trata de chancelar negócios jurídicos processuais que encerrem transação, não se aplica a regra da adstrição do juízo ao pedido inicial. É que, exatamente guardando fidelidade com o primeiro escopo processual noticiado da economia processual e da efetividade, é lícito aos interessados submeter ao juízo a homologação de negócios processuais que transbordem os limites do pedido. Trata-se de técnica adrede utilizada pela lei locatícia ao permitir, *v.g.*, que no bojo de uma ação revisional o juiz possa homologar transação para a desocupação do imóvel.

Nos termos do art. 515, IV, do CPC, constitui título executivo judicial o formal e a certidão de partilha, exclusivamente com relação ao inventariante, aos herdeiros e aos sucessores a título singular ou universal. Transitada em julgado a sentença de inventário e partilha, receberá o herdeiro os bens que lhe tocarem e um formal de partilha, do qual constarão as seguintes peças, destacadas pelo art. 655 do CPC: I – termo de inventariante e título de herdeiros; II – avaliação dos bens que constituíram o quinhão do herdeiro; III – pagamento do quinhão hereditário; IV – quitação dos impostos; V – sentença. O parágrafo único do art. 655 do CPC destaca que o formal de partilha poderá ser substituído por certidão de pagamento do quinhão hereditário quando este não exceder cinco vezes o salário mínimo, caso em que se transcreverá nela a sentença de partilha transitada em julgado. Também merecem a natureza de títulos executivos judiciais os formais de partilha resultantes de processos de divórcio, *ex vi* do art. 731, parágrafo único, do CPC.

O *formal, na sua gênese atributiva de bens e direitos*, serve ao favorecido para exercer tudo quanto se contém no título. Assim, *v.g.*, se o formal atribui um imóvel ao herdeiro X e o bem encontra-se ocupado pelo sucessor Y, o favorecido pode iniciar a execução para a entrega de coisa em face daquele outro herdeiro, sem necessidade de recorrer previamente ao processo de conhecimento. Isto porque o formal faz as vezes de uma "carta de sentença", conferindo ao exequente o poder de exigir judicialmente a satisfação de seu direito sem prévia cognição já encetada no juízo do inventário.

Consoante se observa, essa função de atribuição de bens e direitos oriundos da partilha engendra-se entre os herdeiros e legatários e apenas entre eles; por isso, vigora, quanto aos limites subjetivos da decisão de partilha, a regra do art. 506 do CPC,[39] segundo a qual *res judicata aliis non nocet*.

Uma novidade do novo CPC é o art. 515, V, segundo o qual o crédito de auxiliar da justiça, quando as custas, emolumentos ou honorários tiverem sido aprovados por decisão judicial, é título executivo judicial. No regime anterior, créditos dessa natureza eram submetidos à execução por título extrajudicial.

Também constitui título executivo judicial a sentença penal condenatória transitada em julgado (art. 515, VI, do CPC). A responsabilidade criminal sempre arrasta a responsabilidade civil, muito embora a recíproca não seja verdadeira.[40] Outrossim, a

---

[39] "**Art. 506.** A sentença faz coisa julgada às partes entre as quais é dada, não prejudicando terceiros." A sentença, como ato de autoridade, tem eficácia natural em relação a todos os que não podem desconhecê-la, desconsiderá-la. Essa é a eficácia natural do julgado. Diversamente é a eficácia de coisa julgada que impede a modificação daquilo que foi decidido e nesse aspecto essa imutabilidade só se refere às partes. Esta é a essência da teoria de Liebman, ainda adotada pelo nosso Código. Consoante afirma **Rosenberg**, essa eficácia *erga omnes* deriva "de la particular naturaleza del objeto litigioso y del interés de la comunidad en la resolución que se le de", *Tratado de derecho procesal civil*, 1995, vol. II, p. 482.

A explicação de **Liebman** à razão de ser do dispositivo dissipa as potenciais controvérsias. Conforme afirma o insigne jurista, citados os reais contendores, ninguém mais terá legitimidade ou interesse em infirmar o julgado (*Eficácia e Autoridade da Sentença e outros Estudos sobre a Coisa Julgada*.Rio de Janeiro: Forense, 1981, p. 180). "É que eles passam a ser sujeitos do processo e como tal não podem ser considerados terceiros em face do julgado" (**Liebman**, *Eficácia e Autoridade da Sentença e outros Estudos sobre a Coisa Julgada*. Rio de Janeiro: Forense, 1981, p. 85).

[40] "**Art. 935.** A responsabilidade civil é independente da criminal, não se podendo questionar mais sobre a existência do fato, ou sobre quem seja o seu autor, quando estas questões se acharem decididas no juízo criminal" – **Código Civil de 2002.**

irresponsabilidade penal pelo reconhecimento da inexistência do fato ou da autoria impede a discussão cível, em face da eficácia vinculativa prejudicial da coisa julgada criminal.[41]

O Código Penal enuncia, como consequência do reconhecimento judicial do crime "*em relação ao seu autor*", o "dever de reparar o dano *ex delicto*" (art. 91, I, do Código Penal). Desta sorte, a sentença penal condenatória não só inflige a sanção penal ao autor do delito, como também reconhece, com força de coisa julgada (art. 63 do Código de Processo Penal), o dever civil de reparar o dano. A sentença penal deve ser "liquidada" no cível segundo os critérios estabelecidos para a liquidação das obrigações por atos ilícitos e, posteriormente, executada, sem necessidade de promover ação condenatória de responsabilidade civil. Nessa hipótese, há petição inicial de liquidação distribuída em face de quem foi parte condenada no juízo criminal e pedido de citação.

O título executivo em exame pressupõe que se trate de "sentença penal de condenação" com reconhecimento de prática de ilícito e com "trânsito em julgado". Escapa, assim, a essa categoria a *sentença de pronúncia* proferida nos delitos da competência do tribunal do júri.

Destarte, a *execução civil* deve ser engendrada, consoante afirmado, *contra o condenado no juízo penal*, haja vista que não se pode executar uma sentença contra quem não foi parte no seu processo de fabricação. Assim, *v.g.,* o patrão é responsável civil pelos atos do preposto. Entretanto, se a condenação criminal operou-se contra o empregado, a liquidação e a execução da sentença devem ser movidas contra aquele, e não em face do patrão que não foi parte no processo definidor da responsabilidade. Este, para incidir no patrimônio do patrão, pressupõe acioná-lo civilmente em regular e devido processo de conhecimento, em obediência ao princípio de que a coisa julgada não pode atingir quem não foi parte no processo (*res judicta aliis non nocet*).[42]

A sentença penal condenatória, portanto, possui efeito extrapenal autorizativo de impor a reparação do dano *ex delicto, ex vi* do art. 91 do CPP.[43] Nos termos do art. 387, IV, do CPP, a sentença penal fixará valor mínimo para reparação dos danos causados pela infração, considerando os prejuízos sofridos pelo ofendido. Caso a sentença penal seja omissa nesse ponto, deve ser distribuída no juízo cível para apurar o *quantum debeatur*, segundo as regras do Código Civil inerentes à liquidação da obrigação por atos ilícitos, iniciando-se, *a posteriori,* a fase de cumprimento de sentença.

O art. 515, VII, trata da sentença arbitral como título executivo judicial. Nessa hipótese, preceitua o § 1º do mesmo artigo que o devedor será citado no juízo cível para o

---

[41] "**Art. 66.** Não obstante a sentença absolutória no juízo criminal, a ação civil poderá ser proposta quando não tiver sido, categoricamente, reconhecida a inexistência material do fato" – **Código de Processo Penal.**

[42] Nesse mesmo sentido, o insuperável trabalho de **Ada Pellegrini Grinover**, *Eficácia e autoridade da sentença penal*, 1978, pp. 46 e ss.

[43] "**Art. 91.** Quando incerta e não se determinar de acordo com as normas estabelecidas nos arts. 89 e 90, a competência se firmará pela prevenção".

cumprimento da sentença ou para a liquidação no prazo de 15 dias. Caso o devedor não efetue o adimplemento da obrigação no prazo assinalado, ficará sujeito ao pagamento da multa e dos honorários advocatícios, ambos no patamar de dez por cento sobre o valor do débito, *ex vi* do art. 523, § 1º, do CPC. Esse entendimento, sobre a incidência de multa sobre o devedor recalcitrante no cumprimento de sentença arbitral, já havia sido fixado pelo Superior Tribunal de Justiça sob a égide do regime anterior.[44]

O juízo arbitral, como um equivalente jurisdicional, produzia, no regime anterior à lei da arbitragem (Lei nº 9.307, de 23 de setembro de 1996), um laudo passível de homologação pelo Poder Judiciário. O derrogado art. 1.097 do CPC/1973 dispunha que o laudo, depois de homologado, produzia entre as partes e seus sucessores os mesmos efeitos da sentença judiciária; e, quando contivesse capítulo condenatório, a homologação conferir-lhe-ia a eficácia de título executivo. Seguindo essa sistemática, o Código previa a sentença homologatória do laudo como título executivo, exigível no mesmo juízo que homologara aquele.

Entretanto, a lei de arbitragem *jurisdicionalizou o laudo,* de sorte que não mais se prescinde de sua homologação, porquanto ele adquire, por si só, caráter de título executivo por equiparação de eficácia *ex vi legis.* Assim como a lei conferiu eficácia executiva aos títulos de crédito, fê-lo, também, quanto ao laudo arbitral. Destarte, não havendo mais homologação, a execução da sentença arbitral perfaz-se no juízo competente, "por distribuição", *ex vi* do art. 516, III, do CPC.[45]

O próximo título executivo judicial, previsto no art. 515, VIII, do CPC, é a sentença estrangeira homologada pelo Superior Tribunal de Justiça no exercício da competência prevista no art. 105, I, *i,* da Constituição, com a redação incluída pela Emenda Constitucional nº 45/2004. A sentença estrangeira homologada é executada perante o juízo federal para o qual deverá ser distribuída; seguindo-se, daí em diante, o rito do cumprimento da sentença.

A sentença estrangeira, arrolada como título executivo judicial, é a de *natureza condenatória* ou que tenha que produzir qualquer eficácia no Brasil, onde o Judiciário alienígena ou juízo arbitral contempla obrigação passível de exigibilidade por meio do processo de execução. Antes, porém, de executá-la, o exequente deve submetê-la a um processo de nacionalização via procedimento da "homologação de decisão estrangeira", previsto nos artigos 960 e seguintes do CPC, porquanto, antes dessa providência, o julgado não produz efeitos no Brasil.[46] A homologação ulterior, pelo Superior Tribunal de Justiça,

---

44 STJ, REsp 1102460/RJ, Corte Especial, Rel. Min. Marco Buzzi, j. 17.06.2015, *DJe* 23.09.2015.

45 "**Art. 516.** O cumprimento da sentença efetuar-se-á perante:

[...]

III – o juízo cível competente, quando se tratar de sentença penal condenatória, de sentença arbitral, de sentença estrangeira ou de acórdão proferido pelo Tribunal Marítimo."

46 "**Art. 960.** A homologação de decisão estrangeira será requerida por ação de homologação de decisão estrangeira, salvo disposição especial em sentido contrário prevista em tratado.

§ 1º A decisão interlocutória estrangeira poderá ser executada no Brasil por meio de carta rogatória.

autoriza seja a sentença executada segundo a lei brasileira, perante a justiça federal (art. 109, X, da Constituição Federal).[47]

A homologação visa a resguardar a *competência internacional exclusiva da justiça brasileira*, bem como averiguar se a decisão alienígena, transitada em julgado, não atenta a ordem pública nacional (art. 963, VI, do CPC).

Relembre-se que a *homologabilidade é pré-requisito para realizar a execução de sentença estrangeira*, não de "título extrajudicial" oriundo de outro país. Este, para ter eficácia executiva, há de satisfazer os requisitos formais do país de origem e indicar o Brasil como lugar do cumprimento da obrigação (art. 784, §§ 2º e 3º, do CPC).[48]

2.1.2.3 Liquidação dos títulos judiciais

A liquidação é o procedimento de conhecimento para complementar a norma jurídica estabelecida no título judicial, que pode ser iniciado a requerimento do credor ou do devedor. A possibilidade de início da liquidação por iniciativa do devedor é novidade do CPC. A tarefa de individuação do objeto da condenação ou do *quantum* devido obedece a diversas formas processuais. Evidentemente, não se podem, por exemplo, estimar perdas e danos decorrentes de acidente de veículo e o valor de uma dívida à qual se acresça multa e outros consectários pela mesma forma procedimental.

Diante dessa constatação, a lei regula as "espécies de liquidação de sentença", a saber: *liquidação por arbitramento* e *liquidação pelo procedimento comum*. O art. 509 do CPC, assim, extinguiu a expressão "liquidação por artigos". Sob o novo regime, a liquidação por arbitramento tem lugar quando determinado pela sentença, conven-

---

§ 2º A homologação obedecerá ao que dispuserem os tratados em vigor no Brasil e o Regimento Interno do Superior Tribunal de Justiça.

§ 3º A homologação de decisão arbitral estrangeira obedecerá ao disposto em tratado e em lei, aplicando-se, subsidiariamente, as disposições deste Capítulo."

[47] "**Art. 105.** Compete ao Superior Tribunal de Justiça:

I – processar e julgar, originariamente:

[...]

i) a homologação de sentenças estrangeiras e a concessão de *exequatur* às cartas rogatórias."

"**Art. 109.** Aos juízes federais compete processar e julgar:

[...]

X – os crimes de ingresso ou permanência irregular de estrangeiro, a execução de carta rogatória, após o *exequatur*, e de sentença estrangeira, após a homologação, as causas referentes à nacionalidade, inclusive a respectiva opção, e à naturalização."

[48] "**Art. 784.** São títulos executivos extrajudiciais:

[...]

§ 2º Os títulos executivos extrajudiciais oriundos de país estrangeiro não dependem de homologação para serem executados.

§ 3º O título estrangeiro só terá eficácia executiva quando satisfeitos os requisitos de formação exigidos pela lei do lugar de sua celebração e quando o Brasil for indicado como o lugar de cumprimento da obrigação."

cionado pelas partes ou exigido pela natureza do objeto da liquidação. Por sua vez, a liquidação segue o procedimento comum quando houver necessidade de alegar e provar fato novo. Apesar do silêncio da lei, também cabe a liquidação pelo procedimento comum quando for imperioso alegar e provar fato preexistente não alegado na fase de conhecimento.

Desde a reforma decorrente da Lei nº 11.232/2005 já não mais existia a "liquidação por cálculos do contador", a qual precedia, em regra, as execuções por quantia certa nas hipóteses em que se impunha atualizar o valor da condenação com a inclusão dos consectários da sucumbência, juros, correção monetária, custas etc. Atualmente, quando a apuração do valor depender apenas de cálculo aritmético, o credor poderá promover, desde logo, o cumprimento da sentença, *ex vi* do art. 509, § 2º, do CPC. Nada obstante, poderá o juiz, antes de determinar o prosseguimento do cumprimento da sentença, valer-se do contador do juízo quando a memória apresentada pelo credor aparentemente exceder os limites da decisão exequenda, bem como nos casos em que o exequente é beneficiário da assistência judiciária (art. 98, § 1º, VII, do CPC).[49] Elaborados os cálculos, caso o juiz entenda que o valor apontado no demonstrativo aparentemente excede os limites da condenação, far-se-á a execução pelo valor originariamente pretendido, mas a penhora terá por base o valor encontrado pelo contador (art. 524, § 1º, do CPC).[50] Trata-se, nessa última parte, de consectário do princípio da economicidade, segundo o qual a execução deve ser realizada da forma menos onerosa para o devedor. Consequentemente, se a extensão do crédito apontada pelo credor diferir da conta do auxiliar do juízo, o sacrifício dos bens do devedor será no limite previsto pelo contador.

---

[49] "**Art. 98.** A pessoa natural ou jurídica, brasileira ou estrangeira, com insuficiência de recursos para pagar as custas, as despesas processuais e os honorários advocatícios tem direito à gratuidade da justiça, na forma da lei.

§ 1º A gratuidade da justiça compreende:

VII – o custo com a elaboração de memória de cálculo, quando exigida para instauração da execução."

[50] "**Art. 524.** O requerimento previsto no art. 523 será instruído com demonstrativo discriminado e atualizado do crédito, devendo a petição conter:

I – o nome completo, o número de inscrição no Cadastro de Pessoas Físicas ou no Cadastro Nacional da Pessoa Jurídica do exequente e do executado, observado o disposto no art. 319, §§ 1º a 3º;

II – o índice de correção monetária adotado;

III – os juros aplicados e as respectivas taxas;

IV – o termo inicial e o termo final dos juros e da correção monetária utilizados;

V – a periodicidade da capitalização dos juros, se for o caso;

VI – especificação dos eventuais descontos obrigatórios realizados;

VII – indicação dos bens passíveis de penhora, sempre que possível.

§ 1º Quando o valor apontado no demonstrativo aparentemente exceder os limites da condenação, a execução será iniciada pelo valor pretendido, mas a penhora terá por base a importância que o juiz entender adequada.

§ 2º Para a verificação dos cálculos, o juiz poderá valer-se de contabilista do juízo, que terá o prazo máximo de 30 (trinta) dias para efetuá-la, exceto se outro lhe for determinado."

Cap. 12 • TEORIA GERAL DA EXECUÇÃO E DO CUMPRIMENTO DE SENTENÇA | **613**

Esse incidente é sindicável por agravo de instrumento, uma vez que o prossegui-mento sem a análise imediata da irresignação pode conduzir à inutilidade da fase de expropriação.[51]

A alteração implementada ao longo das reformas é louvável, porquanto, no regime antigo, a "liquidação por cálculo" postergava a execução, na medida em que a sentença que a homologava era reiteradamente impugnada a cada atualização, quando da baixa dos autos, após o recurso contra a primeira decisão de chancela do valor aferido pelo conta-dor. Atualmente, pela sistemática hoje em vigor, o valor continua a poder ser impugnado, só que, agora, sem obstar a execução, porque o credor exibe o *quantum devido* com a planilha que acompanha a inicial e o devedor pode impugná-lo mediante impugnação (os antigos embargos). Advirta-se, contudo, que, mesmo nesses casos, poderá haver ati-vidade meramente auxiliar do contador a propiciar a integração da planilha exigida pela lei. Consigne-se, ainda, que, na forma do art. 509, § 3º, do CPC, o CNJ deve desenvolver programa único de atualização financeira.

Andou mal o *caput* do art. 509 ao se referir ao "pagamento de quantia ilíquida", pois a liquidação pode envolver bem diverso de dinheiro, quando necessário determinar a extensão da obrigação (ex.: número de sacas de soja). Além disso, nada impede que a própria liquidação defina a natureza da obrigação.

Em regra, o procedimento da fase de liquidação processa-se nos mesmos autos. Entretanto, quando na sentença houver uma parte líquida e outra ilíquida, o credor pode, ao mesmo tempo, promover a execução da primeira e requerer a liquidação da segunda, caso em que a liquidação será processada em autos apartados (art. 509, § 1º, do CPC).[52] Igualmente, se a liquidação for realizada na pendência de recurso, deverá ser processada em autos apartados no juízo de origem, sendo ônus do liquidante apresentar as cópias das peças processuais pertinentes (art. 512 do CPC).[53]

2.1.2.3.1 Liquidação por iniciativa do devedor

O art. 509 do CPC admite expressamente a legitimidade do devedor para dar início à liquidação. Ordinariamente, o devedor, em vez de iniciar a execução, cumpre-a. Entretanto, é possível que a sentença não tenha determinado o valor devido e o credor mantenha-se inerte quanto à sua liquidação, hipótese em que ao devedor será lícito valer-se da conduta prevista naquele dispositivo, indicando em planilha o va-lor devido ou utilizando-se dos mesmos instrumentos postos à disposição do credor (exibição ou liquidação).

---

[51] "**Art. 1.015, parágrafo único.** Também caberá agravo de instrumento contra decisões interlocu-tórias proferidas na fase de liquidação de sentença ou de cumprimento de sentença, no processo de execução e no processo de inventário."

[52] "**Art. 509, § 1º** Quando na sentença houver uma parte líquida e outra ilíquida, ao credor é lícito promover simultaneamente a execução daquela e, em autos apartados, a liquidação desta."

[53] "**Art. 512.** A liquidação poderá ser realizada na pendência de recurso, processando-se em autos apartados no juízo de origem, cumprindo ao liquidante instruir o pedido com cópias das peças processuais pertinentes."

2.1.2.3.2 Modalidades de liquidação

2.1.2.3.2.1 Liquidação por arbitramento

A *liquidação por arbitramento* realiza-se sob a forma de análise de pareceres, documentos elucidativos ou perícia e faz-se mister quando determinado pela sentença, convencionado pelas partes ou exigido pela natureza do objeto da liquidação (art. 509, I, do CPC).[54] Assim, *v.g.*, condenado o réu a realizar as obras necessárias a evitar infiltração em imóvel em condomínio, a liquidação por arbitramento se impõe antes de iniciar-se a execução da "condenação de fazer" para especificar quais os serviços necessários. A mesma forma de liquidação é observada se o vencido for condenado a indenizar o valor de bem imóvel emprestado e destruído, sobre cujo *quantum* incide a execução.

A liquidação por arbitramento inicia-se por requerimento. Presentes os requisitos, deverá o juiz intimar as partes para a apresentação de pareceres ou documentos elucidativos, no prazo que fixar. Caso não seja possível proferir decisão com base nos documentos apresentados, deve o juiz nomear perito, fixando prazo para a entrega do laudo. As partes serão intimadas para, querendo, manifestar-se sobre o laudo do perito do juízo no prazo comum de 15 dias, na forma do art. 477, § 1º, do CPC. É aplicável, no bojo da liquidação por arbitramento, o rito de produção de prova pericial previsto nos arts. 464 e seguintes do CPC.

É cediço que nessa modalidade inadmite-se a denominada "liquidação zero", na medida em que é certo na sua existência o *quantum debeatur* impossível de apuração no momento da resolução, salvo a realização de perícia prévia.

2.1.2.3.2.2 Liquidação pelo procedimento comum

A *liquidação pelo procedimento comum*, não obstante possa também resultar numa perícia, *distingue-se do arbitramento,* pois destinada a apurar o objeto da condenação com base em fatos novos, ocorrentes após a propositura da ação condenatória.[55] A técnica da liquidação pelo procedimento comum baseia-se na experiência de que há determinados fatos cujas consequências protraem-se no tempo. Assim, *v.g.*, um acidente automobilístico pode resultar em danos físicos que vão ocorrendo ao longo do tempo, como a sequela das lesões. Nessa hipótese, não se revelaria razoável determinar à vítima que aguardasse que todas as consequências do fato se produzissem para que somente após pudesse intentar a ação reparatória. O meio de franquear imediatamente a justiça ao lesado, malgrado a permanência da produção dos efeitos nocivos, é, exatamente, a liquidação pelo procedimento comum, uma vez que, acertada judicialmente a responsabilidade, todos os fatos

---

[54] **"Art. 509**. Quando a sentença condenar ao pagamento de quantia ilíquida, proceder-se-á à sua liquidação, a requerimento do credor ou do devedor:

I – por arbitramento, quando determinado pela sentença, convencionado pelas partes ou exigido pela natureza do objeto da liquidação."

[55] **"Art. 509**. Quando a sentença condenar ao pagamento de quantia ilíquida, proceder-se-á à sua liquidação, a requerimento do credor ou do devedor:

II – pelo procedimento comum, quando houver necessidade de alegar e provar fato novo."

decorrentes encartam-se na órbita da sentença, limitando-se a liquidação a fixar o *quantum debeatur* referente àquela responsabilidade já definida. Responsabilizado o autor do fato, todas as despesas que se comprovarem na liquidação por artigos serão objeto da decisão a ser proferida nesse processo e, consequentemente, da decisão posterior. O "fato novo" a que se refere a lei não é senão a "extensão da responsabilidade".

Na liquidação pelo procedimento comum, substitui-se a citação por intimação na pessoa do advogado (ou sociedade de advogados) e não há audiência de autocomposição.[56] No entanto, se a liquidação for de sentença penal, sentença arbitral ou sentença estrangeira homologada pelo STJ, deverá haver citação.

Destarte, a própria lei, "afastando qualquer exegese que vise a imiscuir pedido novo na liquidação", estabelece como regra *in procedendo* genérica e, portanto, aplicável às duas modalidades anteriores, que: "Na liquidação é vedado discutir de novo a lide ou modificar a sentença que a julgou" (art. 509, § 4º, do CPC).

Isso significa que a sentença da liquidação não pode infirmar o julgado, por força de eficácia preclusiva da coisa julgada (arts. 494, 502 e 505 do CPC), o que não impede a "liquidação zero", por insubsistência de valores novos quanto aos fatos novos, *v.g.*; quando tratamentos ulteriores foram realizados em hospital público.

Esse princípio vetusto da fidelidade da liquidação em relação ao julgado deve ser interpretado *cum grano salis*. Assim, *v.g.*, a correção monetária, os juros, os honorários, ainda que não arbitrados – muito embora reconhecida a sucumbência –, podem ser incluídos na liquidação, sem ofensa ao preceito do art. 509, § 4º, do CPC. No mesmo diapasão, a inclusão de perdas decorrentes da condenação genérica em perdas e danos pode constar da liquidação sem que se entreveja *error in procedendo*.[57]

Outro aspecto a se destacar é que também não viola a regra da adstrição a liquidação levada a efeito por forma diversa da determinada na sentença, se imprópria à apuração do *quantum debeatur,* sendo certo que nessa hipótese é possível substituir as formas de liquidação na modalidade indicada.

A exegese do dispositivo impõe que a liquidação deva adstringir-se ao decidido, não podendo contemplar verbas não deferidas. Assim, *v.g.*, se a sentença somente concedeu

---

[56] "**Art. 511.** Na liquidação pelo procedimento comum, o juiz determinará a intimação do requerido, na pessoa de seu advogado ou da sociedade de advogados a que estiver vinculado, para, querendo, apresentar contestação no prazo de 15 (quinze) dias, observando-se, a seguir, no que couber, o disposto no Livro I da Parte Especial deste Código."

[57] "**Art. 491.** Na ação relativa à obrigação de pagar quantia, ainda que formulado pedido genérico, a decisão definirá desde logo a extensão da obrigação, o índice de correção monetária, a taxa de juros, o termo inicial de ambos e a periodicidade da capitalização dos juros, se for o caso, salvo quando:

I – não for possível determinar, de modo definitivo, o montante devido;

II – a apuração do valor devido depender da produção de prova de realização demorada ou excessivamente dispendiosa, assim reconhecida na sentença.

§ 1º Nos casos previstos neste artigo, seguir-se-á a apuração do valor devido por liquidação.

§ 2º O disposto no *caput* também se aplica quando o acórdão alterar a sentença."

despesas médico-hospitalares e danos materiais, não é lícito inaugurar na liquidação pedido de dano moral ou indenização por fato não cogitado no processo anterior de condenação, como a frustração de um negócio jurídico por força do acidente.

Essa regra não é infirmada, como assentado anteriormente, quando se conclui, na liquidação, que a indenização acertada na sentença não alcançou qualquer valor. É o que se denomina "liquidação zero", autorizada por abalizada doutrina.[58]

A necessidade de demonstrar a extensão do dano com base em fato novo na liquidação pelo procedimento comum se deve ao amplo contraditório próprio desse rito.

2.1.2.3.3 Liquidação de sentença. Recurso

Em qualquer caso, quando a liquidação for incidente processual, sua resolução se dará por decisão interlocutória e será cabível agravo de instrumento (art. 1.015, parágrafo único, CPC). Isso porque o incidente de liquidação de sentença, apesar de constituir fase do mesmo processo, tem natureza cognitiva e, como consequência, extingue-se por decisão interlocutória agravável.

Desta sorte, iniciada a fase de cumprimento da sentença, é vedado reavivar matérias que poderiam ter sido suscitadas nesse incidente cognitivo anterior, como os critérios utilizados na liquidação do julgado exequendo. Nos termos do art. 507 do CPC, é vedado à parte discutir no curso do processo as questões já decididas a cujo respeito se operou a preclusão. Aplica-se também, *mutatis mutandi*, o art. 508 do CPC, segundo o qual, transitada em julgado a decisão, considerar-se-ão deduzidas e repelidas todas as alegações e as defesas que a parte poderia opor tanto ao acolhimento quanto à rejeição do pedido.

2.1.2.3.4 Liquidação provisória

O art. 512 do CPC trata da liquidação provisória, aquela processada em autos separados na pendência de recurso, independentemente de o recurso possuir efeito suspensivo. A competência para a liquidação provisória é do juízo de origem. O objetivo é conferir celeridade, pois o título estará pronto para ser executado quando a decisão de mérito sobre a existência da obrigação transitar em julgado.[59]

2.1.2.4 Títulos extrajudiciais. Título executivo. Prova inequívoca. Tutela antecipada e execução

O Código de Processo Civil, após enunciar a regra de que toda execução tem por base título executivo judicial ou extrajudicial, enumera-os nos artigos seguintes (arts. 515 e 784 do CPC).

O título executivo, como assentado, confere a certeza necessária que autoriza o início do processo satisfativo de execução.

---

[58] **Moniz de Aragão**, *RP* 44/21, Araken de Assis, *Manual do processo de execução*, p. 259.

[59] "Art. 512. A liquidação poderá ser realizada na pendência de recurso, processando-se em autos apartados no juízo de origem, cumprindo ao liquidante instruir o pedido com cópias das peças processuais pertinentes."

Essa energia do título executivo fez exsurgir severas dívidas quando da instituição, no nosso sistema processual, das tutelas provisórias, que, em face de elementos probatórios robustos, autorizam o juiz a conceder desde logo a satisfação antecipada do pedido.[60]

A perplexidade está em que, sendo o título executivo ato jurídico que confere certeza quanto à existência do crédito, qual seria a vantagem para a parte em perseguir o seu direito no processo executivo, no qual a fase de satisfação é a última etapa, em confronto com a tutela provisória cujo deferimento coloca a parte em situação mais vantajosa do que aquela última fase da execução?

A parte que dispõe de título extrajudicial pode optar entre as formas de tutela, vale dizer, a tutela de conhecimento com pedido de antecipação ou a tutela executiva. Já decidiu o Superior Tribunal de Justiça que a "obrigação lastreada em título extrajudicial pode ser exigida pela via ordinária, o que enseja até situação menos gravosa para o devedor, pois sua defesa pode ser exercida com maior amplitude".[61] O detentor de título executivo extrajudicial também pode optar pelo rito da ação monitória.[62] O novo CPC positivou esse entendimento em seu artigo 785, segundo o qual, *verbis*: "A existência de título executivo extrajudicial não impede a parte de optar pelo processo de conhecimento, a fim de obter título executivo judicial".

2.1.2.5 Títulos executivos extrajudiciais

A emancipação dos títulos executivos extrajudiciais pela equiparação de eficácia aos títulos judiciais exterminou a vetusta diferença que havia entre as ações executórias (títulos judiciais) e as ações executivas (títulos extrajudiciais), estas com cognição interna mais ampla do que aquelas, visto que admitiam contestação após a primeira constrição pela penhora. Hodiernamente, ambos os títulos autorizam a imediata satisfação da obrigação, diferenciando-se apenas pela natureza da prestação.

A lei enuncia em *numerus clausus* os títulos extrajudiciais constantes da relação do art. 784 do CPC. A enumeração exaustiva decorre do fato de que os mencionados títulos autorizam a prática de atos de soberania e de enérgica invasão na esfera jurídico-patrimonial do devedor, razão pela qual não podem os particulares produzir, de acordo com a vontade individual, uma fonte de atos autoritário-judiciais. Ressalte-se que o próprio inciso XII do art. 784 exige expressa disposição legal para atribuir força executiva a um título.

Dispõe o art. 784 do CPC que:

> Art. 784. São títulos executivos extrajudiciais:
> I – a letra de câmbio, a nota promissória, a duplicata, a debênture e o cheque;

---

[60] Nesse particular, consulte-se a nossa obra *Tutela antecipada e locações* (Destaque, pp. 118-119), a respeito desse confronto entre institutos da "antecipação" e da "execução".

[61] STJ, REsp 650.441/RJ, 2ª Turma, Rel. Min. Mauro Campbell Marques, j. 19.08.2008.

[62] STJ, AgRg no AREsp 606.420/SP, 3ª Turma, Rel. Min. Marco Aurélio Bellizze, j. 03.02.2015. No mesmo sentido: STJ, REsp 1281036/RJ, 2ª Turma, Rel. Min. Herman Benjamin, j. 10.05.2016, *DJe* 24.05.2016.

II – a escritura pública ou outro documento público assinado pelo devedor;

III – o documento particular assinado pelo devedor e por 2 (duas) testemunhas;

IV – o instrumento de transação referendado pelo Ministério Público, pela Defensoria Pública, pela Advocacia Pública, pelos advogados dos transatores ou por conciliador ou mediador credenciado por tribunal;

V – o contrato garantido por hipoteca, penhor, anticrese ou outro direito real de garantia e aquele garantido por caução;

VI – o contrato de seguro de vida em caso de morte;

VII – o crédito decorrente de foro e laudêmio;

VIII – o crédito, documentalmente comprovado, decorrente de aluguel de imóvel, bem como de encargos acessórios, tais como taxas e despesas de condomínio;

IX – a certidão de dívida ativa da Fazenda Pública da União, dos Estados, do Distrito Federal e dos Municípios, correspondente aos créditos inscritos na forma da lei;

X – o crédito referente às contribuições ordinárias ou extraordinárias de condomínio edilício, previstas na respectiva convenção ou aprovadas em assembleia geral, desde que documentalmente comprovadas;

XI – a certidão expedida por serventia notarial ou de registro relativa a valores de emolumentos e demais despesas devidas pelos atos por ela praticados, fixados nas tabelas estabelecidas em lei;

XII – todos os demais títulos aos quais, por disposição expressa, a lei atribuir força executiva.

A primeira categoria de documentos executivos é representada pelos títulos cambiais, tais como: letra de câmbio, nota promissória, duplicata e cheque.

Impende esclarecer que os referidos títulos têm sua caracterização e formalização subordinadas às normas de direito material que os regem, cabendo ao Código de Processo Civil regular o processo e o procedimento correspondentes à exigibilidade em juízo do crédito inserido na cártula.

É forçoso relembrar que, com o advento da ação monitória, os títulos carentes de seus requisitos formais executivos passaram a ser passíveis de embasar esse novel procedimento (art. 700 do CPC),[63] *v.g.*, a duplicata sem aceite, a nota promissória em branco sem data da emissão etc.

Ressalte-se que o documento monitório há de ter sido firmado pelo devedor, não autorizando o manejo desse rito paraexecutivo documentos unilaterais de dívida ou simples cartas remetidas pelo credor ao suposto obrigado porquanto a assunção da obrigação deve ser inequívoca.

---

[63] "**Art. 700.** A ação monitória pode ser proposta por aquele que afirmar, com base em prova escrita sem eficácia de título executivo, ter direito de exigir do devedor capaz:

I – o pagamento de quantia em dinheiro;

II – a entrega de coisa fungível ou infungível ou de bem móvel ou imóvel;

III – o adimplemento de obrigação de fazer ou de não fazer."

Destarte, há casos em que o título cambial está vinculado a determinado contrato. Nessas situações, o negócio jurídico é apenas integrativo, haja vista que o documento é suficiente por si só à execução.

Os títulos executivos previstos nos incisos II, III e IV, do art. 784 do CPC apresentam a mesma essência dos documentos anteriores e têm como fundamento o prestígio conferido às manifestações de vontade na criação do vínculo obrigacional. Nesse particular, insta afirmar que cresce aqui e alhures a tendência de multiplicação de documentos a que se confere eficácia executiva, não só como técnica de prestação jurisdicional, mas também como forma de se valorizarem as manifestações volitivas. Constando desses documentos obrigações assumidas e posteriormente não pagas cabe à parte iniciar o processo de execução.

A obrigação constante do documento deve revelar, *prima facie*, certeza, liquidez e exigibilidade, já que a necessidade de aferir esses requisitos no negócio subjacente desnatura-o, retirando-lhe a executividade.

Os instrumentos de transação a que se refere o art. 784, IV, do CPC são aqueles lavrados extrajudicialmente – uma vez que, do contrário, seriam títulos judiciais. Deveras, acompanhando o movimento da criação de títulos que permitem tutela rápida, a legislação especial vem consagrando novos documentos dessa categoria, por exemplo, o compromisso de ajustamento regulado pela lei da ação civil pública, o qual pode ensejar execução específica de obrigação de fazer, bem como qualquer outro negócio jurídico encetado entre interessados.

A exigência da lei é que o documento particular previsto no art. 784, III, do CPC contenha assinaturas de duas testemunhas que, se faltantes, emprestam ao título natureza meramente monitória. No entanto, já pacificou o STJ que é possível o suprimento da assinatura das testemunhas por outros meios, de acordo com o contexto dos autos, caso em que a via executiva é válida.[64] Também é "firme o entendimento do STJ no sentido de que o contrato de confissão de dívida sem assinatura de duas testemunhas, em geral, não retira a força executiva da nota promissória a ele vinculada".[65] Da mesma forma, "como os advogados não possuem o desinteresse próprio da autêntica testemunha, sua assinatura não pode ser tida como apta a conferir a executividade do título extrajudicial. No entanto, a referida assinatura só irá macular a executividade do título, caso o executado aponte a falsidade do documento ou da declaração nele contida".[66] Por fim, a ausência das testemunhas no momento da formação do documento particular "não retira a sua executoriedade, uma vez que as assinaturas podem ser feitas em momento posterior ao ato de criação do título executivo extrajudicial, sendo as testemunhas meramente instrumentárias".[67] Registre-se que, em exceção à regra de que o rol de títulos executivos extrajudiciais é *numerus clausus*, o Superior Tribunal de Justiça reconheceu a força exe-

---

[64] AgRg no AREsp 800.028/RS, 4ª Turma, Rel. Min. Maria Isabel Gallotti, j. 02.02.2016, *DJe* 05.02.2016; REsp 1453949/SP, 4ª Turma, Rel. Min. Luis Felipe Salomão, j. 13.06.2017, *DJe* 15.08.2017.

[65] AgInt no REsp 1341604/SP, 4ª Turma, Rel. Min. Luis Felipe Salomão, j. 12.06.2018, *DJe* 15.06.2018.

[66] REsp 1453949/SP, 4ª Turma, Rel. Min. Luis Felipe Salomão, j. 13.06.2017, *DJe* 15.08.2017.

[67] REsp 541.267/RJ, 4ª Turma, Rel. Min. Jorge Scartezzini, j. 20.09.2005, *DJ* 17.10.2005, p. 298.

cutiva de contrato eletrônico de mútuo certificado digitalmente, mesmo sem o requisito legal de assinatura por duas testemunhas. Em uma interpretação finalística, entendeu-se que a exigência de testemunhas se destina a atestar a autenticidade do documento, o que é suprido pela certificação digital.[68]

A lei confere natureza executiva ao documento particular de transação, o qual exige a presença de advogado para ambos os transatores. A falta das firmas dos advogados também retira do título a natureza executiva. No entanto, a lei autoriza que o título goze de força executiva quando subscrito por conciliador ou mediador credenciado por tribunal (art. 784, IV). A razão está em que a transação exige conhecimentos técnicos e sua força executiva depende de ter sido conscientemente engendrada, certeza que se obtém quando fruto da pena do advogado ou do profissional credenciado para promover conciliação ou mediação. Destaque-se que o documento particular pode conter qualquer obrigação de fazer, não fazer, entrega de soma etc.

A lei enumera, ainda, os documentos comprobatórios de dívidas garantidas, bem como créditos que merecem proteção especial.

Nesse sentido, são considerados títulos extrajudiciais pelo inciso V do art. 784 do CPC o contrato garantido por hipoteca, penhor, anticrese ou outro direito real de garantia e aquele garantido por caução. O dispositivo traz como base comum entre os títulos o fato de que todos os bens vinculados respondem prioritariamente pelo inadimplemento da obrigação que neles se contém. Aliás, nem poderia ser diferente, na medida em que, nessas obrigações, o bem a suportar a denominada responsabilidade patrimonial já se encontra individualizado e a sua excussão preferencial é imperativo legal, consoante se colhe do disposto no § 3º do art. 835 do atual Código de Processo Civil.[69]

---

[68]   REsp 1495920/DF, 3ª Turma, Rel. Min. Paulo de Tarso Sanseverino, j. 15.05.2018, *DJe* 07.06.2018.

[69]   "**Art. 835.** A penhora observará, preferencialmente, a seguinte ordem:

I – dinheiro, em espécie ou em depósito ou aplicação em instituição financeira;

II –títulos da dívida pública da União, dos Estados e do Distrito Federal com cotação em mercado;

III – títulos e valores mobiliários com cotação em mercado;

IV – veículos de via terrestre;

V – bens imóveis;

VI – bens móveis em geral;

VII – semoventes;

VIII – navios e aeronaves;

IX – ações e quotas de sociedades simples e empresárias;

X – percentual do faturamento de empresa devedora;

XI – pedras e metais preciosos;

XII – direitos aquisitivos derivados de promessa de compra e venda e de alienação fiduciária em garantia;

XIII – outros direitos.

§ 1º É prioritária a penhora em dinheiro, podendo o juiz, nas demais hipóteses, alterar a ordem prevista no *caput* de acordo com as circunstâncias do caso concreto.

Cap. 12 · TEORIA GERAL DA EXECUÇÃO E DO CUMPRIMENTO DE SENTENÇA | **621**

Os direitos reais de garantia ora em exame obedecem, na sua conceituação, estrutura e natureza jurídica, ao disposto na lei material, cabendo à lei processual regular o modo pelo qual são exigidos em juízo. O crédito exequendo consubstanciado no título e garantido pode representar o valor líquido total da dívida originária ou o saldo devedor no momento da propositura da execução. Nesse caso, expropriando-se o bem dado em garantia restitui-se ao devedor eventual resíduo. Destarte, nesses casos de execução residual, em face do princípio da economicidade e à luz do valor diminuto do saldo devedor, é lícita a autorização de substituição do bem dado em garantia por outro também penhorável.

O título representativo do seguro de vida, em caso de morte, subsume-se à execução com o escopo de agilizar a satisfação do beneficiário pela execução por quantia certa. O presente seguro é denominado facultativo, porquanto os valores decorrentes do seguro obrigatório para os veículos automotores em geral são exigíveis, em juízo, por meio do procedimento comum de cognição, por força de lei especial (art. 10 da Lei nº 6.194/1974), com o art. 1.049, parágrafo único, do CPC.[70]

Submetem-se, ainda, à execução, visto que consubstanciados em título executivo extrajudicial, o crédito decorrente de foro e o laudêmio (art. 784, VII).

Igualmente, são títulos executivos extrajudiciais o crédito, documentalmente comprovado, decorrente de aluguel de imóvel, bem como de encargos acessórios, tais como taxas e despesas de condomínio (art. 784, VIII). Uma novidade do novo CPC é a previsão, como título executivo extrajudicial, do crédito referente às contribuições ordinárias ou extraordinárias de condomínio edilício, previstas na respectiva convenção ou aprovadas em assembleia geral, desde que documentalmente comprovadas (art. 784, X). Sendo assim, em caso de imóvel alugado, tanto o condomínio edilício quanto o locador podem executar a obrigação referente às contribuições condominiais.

A comprovação por escrito dos créditos ora mencionados confere a certeza necessária para instaurar a execução, por isso as obrigações creditícias decorrentes de "vínculos verbais" não habilitam à execução, relegando os interessados para o processo de conhecimento.

Os encargos de condomínio, representados por cotas condominiais, encerram despesas que ora competem ao proprietário, ora ao locatário. O crédito condominial exequível é aquele derivado do repasse lavrado no contrato de locação pelo qual o inquilino obriga-se ao pagamento das despesas condominiais. Assente-se, inclusive, que a referida despesa, de regra, vem embutida no próprio recibo de aluguel, devidamente discriminada.

---

§ 2º Para fins de substituição da penhora, equiparam-se a dinheiro a fiança bancária e o seguro garantia judicial, desde que em valor não inferior ao do débito constante da inicial, acrescido de trinta por cento.

§ 3º Na execução de crédito com garantia real, a penhora recairá sobre a coisa dada em garantia, e, se a coisa pertencer a terceiro garantidor, este também será intimado da penhora."

[70] "**Art. 1.049.** Sempre que a lei remeter a procedimento previsto na lei processual sem especificá-lo, será observado o procedimento comum previsto neste Código.

Parágrafo único. Na hipótese de a lei remeter ao procedimento sumário, será observado o procedimento comum previsto neste Código, com as modificações previstas na própria lei especial, se houver."

A moderna tendência de agilização da tutela jurisdicional pela criação de títulos executivos, que encerra técnica de cognição limitada, que vinha influenciando a jurisprudência a admitir a execução de cotas condominiais contra o condômino, sob o argumento de que, constando do orçamento e da convenção a previsão das despesas, a dívida é líquida, certa e exigível. O novo CPC exige que as contribuições condominiais executadas tenham sido previstas na respectiva convenção ou aprovadas em assembleia geral.

O novo CPC previu como título executivo judicial o crédito de auxiliar da justiça, quando as custas, emolumentos ou honorários tiverem sido aprovados por decisão judicial (art. 515, V). Cuida-se de crédito consagrado como título executivo extrajudicial sob a égide do CPC/1973. Houve, portanto, modificação da natureza jurídica deste título executivo, que passa a autorizar a utilização, pelo credor, do rito de cumprimento de sentença. Os auxiliares do juízo são remunerados pela prática dos atos que executam por determinação ou nomeação judicial. Há despesas que são custas do processo, como a taxa judiciária, recolhidas ao Estado federado. Diversamente, a remuneração pessoal dos serviços prestados pelos denominados "auxiliares do juízo" a eles pertencem. Assim, *v.g.*, os honorários periciais pertencem ao técnico nomeado pelo juiz a que faz jus pela elaboração do laudo; o avaliador estipula o seu preço para estimar o valor de bens de interesse da causa; o administrador também recebe custas pessoais pela atividade de administrar bens sujeitos à constrição judicial. Essas remunerações pessoais compõem crédito dos serventuários que são consideradas veiculáveis mediante o cumprimento de sentença, uma vez "aprovadas por decisão judicial".

Integra o rol de títulos executivos extrajudiciais "a certidão de dívida ativa da Fazenda Pública da União, dos Estados, do Distrito Federal e dos Municípios, correspondente aos créditos inscritos na forma da lei" (art. 784, IX, CPC). Consectário do poder de império do Estado e da presunção de legitimidade de seus atos é a constituição unilateral do crédito da Fazenda Pública tal como ocorre com os tributos em geral. A lei, no afã de viabilizar a rápida satisfação judicial desses créditos, considera-os obrigações líquidas e certas e, uma vez consubstanciadas em certidões lavradas pela própria entidade pública, objeto da execução a favor da Fazenda, que a promove sob o procedimento da "execução fiscal", na forma da Lei nº 6.830/1980. Insta esclarecer que, quando a execução é movida "contra o Estado", segue as regras da execução "contra a Fazenda Pública", obedecendo ao rito privilegiado do artigo 910 do CPC,[71] ou de cumprimento de sentença que impuser à Fazenda Pública o dever de pagar quantia certa (art. 534 do CPC).[72]

---

[71] **"Art. 910.** Na execução fundada em título extrajudicial, a Fazenda Pública será citada para opor embargos em 30 (trinta) dias.

§ 1º Não opostos embargos ou transitada em julgado a decisão que os rejeitar, expedir-se-á precatório ou requisição de pequeno valor em favor do exequente, observando-se o disposto no art. 100 da Constituição Federal.

§ 2º Nos embargos, a Fazenda Pública poderá alegar qualquer matéria que lhe seria lícito deduzir como defesa no processo de conhecimento.

§ 3º Aplica-se a este Capítulo, no que couber, o disposto nos artigos 534 e 535."

[72] **"Art. 534.** No cumprimento de sentença que impuser à Fazenda Pública o dever de pagar quantia certa, o exequente apresentará demonstrativo discriminado e atualizado do crédito contendo:

Consideram-se "fazenda pública", para os presentes fins, as entidades componentes da administração direta, inclusive as autarquias, e as fundações de direito público na forma do novel art. 496, I, do CPC, que trata da remessa necessária. Em contrapartida, o Supremo Tribunal Federal decidiu que a execução contra pessoas jurídicas de direito privado da Administração Pública indireta não segue o rito dos precatórios (art. 100, *caput* e § 1º, da Constituição), sendo penhoráveis os bens desses entes.[73] Entretanto, aplica-se o regime de precatórios à "entidade que presta serviços públicos essenciais (...), sem que tenha ficado demonstrado nos autos se tratar de sociedade de economia mista ou empresa pública que competiria com pessoas jurídicas privadas ou que teria por objetivo primordial acumular patrimônio e distribuir lucros".[74]

O atual Código de Processo Civil também introduziu, como título executivo extrajudicial, a certidão expedida por serventia notarial ou de registro relativa a valores de emolumentos e demais despesas devidas pelos atos por ela praticados, fixados nas tabelas estabelecidas em lei (art. 784, XI). Importante ressaltar a necessidade de previsão legal da exação, a fim de que a certidão goze de força executiva.

Atento à moderna tendência da criação de novos títulos, o atual Código de Processo Civil inseriu norma de encerramento no último inciso do art. 784, dispondo ser dotados de eficácia executiva: "todos os demais títulos aos quais, por disposição expressa, a lei atribuir força executiva". A regra reafirma o princípio de que "somente a lei é fonte do título executivo", pois o processo que o tem como causa hábil se caracteriza pela prática de atos de soberania.

De outro lado, o dispositivo em foco remete o intérprete para a legislação especial, onde se encontram outros inúmeros documentos considerados títulos executivos extrajudiciais, como soem ser: a cédula de crédito rural; a cédula rural hipotecária; a cédula rural pignoratícia; a nota de crédito rural (todos previstos no Decreto-lei nº 167/1967); as cédulas de crédito industrial e a nota de crédito industrial (previstos no Decreto-lei nº 413/69) e inúmeros outros previstos na legislação financeira.

Acrescente-se, por fim, que a eficácia do título executivo extrajudicial na sua primeira aparição em juízo não fica infirmada, nem mesmo se o devedor propuser anteriormente

---

I – o nome completo e o número de inscrição no Cadastro de Pessoas Físicas ou no Cadastro Nacional da Pessoa Jurídica do exequente;

II – o índice de correção monetária adotado;

III – os juros aplicados e as respectivas taxas;

IV – o termo inicial e o termo final dos juros e da correção monetária utilizados;

V – a periodicidade da capitalização dos juros, se for o caso;

VI – a especificação dos eventuais descontos obrigatórios realizados.

§ 1º Havendo pluralidade de exequentes, cada um deverá apresentar o seu próprio demonstrativo, aplicando-se à hipótese, se for o caso, o disposto nos §§ 1º e 2º do art. 113.

§ 2º A multa prevista no § 1º do art. 523 não se aplica à Fazenda Pública."

[73] STF, RE 693112, Tribunal Pleno, Rel. Min. Gilmar Mendes, j. 09.02.2017.

[74] STF, RE 592004 AgR, 2ª Turma, Rel. Min. Joaquim Barbosa, j. 05.06.2012. V. tb. RE 599628, Tribunal Pleno, Rel. Min. Ayres Britto, Rel. p/ Acórdão Min. Joaquim Barbosa, j. 25.05.2011.

ação declaratória negativa do débito consubstanciado na cártula. É o que determina o art. 784, § 1º, do CPC: "A propositura de qualquer ação relativa a débito constante de título executivo não inibe o credor de promover-lhe a execução". Nessa hipótese, é lícito ao credor exequente promover a execução no juízo prevento pela ação de cognição conexa. Neste, o magistrado apreciará a execução e a ação de conhecimento, bem como o grau de prejudicialidade desta, podendo determinar a suspensão da via executiva caso entreveja verossimilhança do alegado no processo de conhecimento. Raciocínio inverso incentivaria a propositura de demandas frívolas e enfraqueceria o título executivo que contempla crédito líquido, certo e exigível.

Reforçando a tendência de prestígio aos títulos extrajudiciais como técnica de agilização, a lei autoriza a execução no Brasil de títulos oriundos de país estrangeiro, independentemente de homologação, desde que preencha os requisitos de eficácia da *lex fori*, indique o Brasil como lugar do pagamento, seja traduzido, para permitir ao juízo avaliar a extensão de crédito, bem como convertido para o padrão monetário brasileiro correspondente, em função do curso forçado de nossa moeda (art. 784, §§ 2º e 3º, do CPC).

3. ESPÉCIES DE EXECUÇÃO

3.1 Generalidades

A par das regras gerais, o Código enuncia normas especiais que regulam e distinguem os procedimentos executórios.

Essas regras permitem-nos, sistematicamente, dicotomizar as espécies de execução, consoante alguns critérios.

Assim, "quanto à natureza do título", a execução pode ser por título "judicial ou extra-judicial", conforme o título seja formado em juízo ou fora dele (arts. 515 e 784[75] do CPC).

---

[75] **"Art. 515. São títulos executivos judiciais, cujo cumprimento dar-se-á de acordo com os artigos previstos neste Título:**
I – as decisões proferidas no processo civil que reconheçam a exigibilidade de obrigação de pagar quantia, de fazer, de não fazer ou de entregar coisa;
II – a decisão homologatória de autocomposição judicial;
III – a decisão homologatória de autocomposição extrajudicial de qualquer natureza;
IV – o formal e a certidão de partilha, exclusivamente em relação ao inventariante, aos herdeiros e aos sucessores a título singular ou universal;
V – o crédito de auxiliar da justiça, quando as custas, emolumentos ou honorários tiverem sido aprovados por decisão judicial;
VI – a sentença penal condenatória transitada em julgado;
VII – a sentença arbitral;
VIII – a sentença estrangeira homologada pelo Superior Tribunal de Justiça;
IX – a decisão interlocutória estrangeira, após a concessão do *exequatur* à carta rogatória pelo Superior Tribunal de Justiça;
X – (Vetado.)

A diferença mais expressiva entre as espécies de execução ora confrontadas opera-se no âmbito dos embargos à execução.

Portanto, na execução por título extrajudicial, o título surge pela primeira vez em juízo (art. 917 do CPC),[76] ao passo que, na execução judicial, como o título foi formado em juízo em processo de cognição antecedente (processo de conhecimento, de liquidação,

---

§ 1º Nos casos dos incisos VI a IX, o devedor será citado no juízo cível para o cumprimento da sentença ou para a liquidação no prazo de 15 (quinze) dias.

§ 2º A autocomposição judicial pode envolver sujeito estranho ao processo e versar sobre relação jurídica que não tenha sido deduzida em juízo." (Grifos nossos).

"**Art. 784. São títulos executivos extrajudiciais:**

I – a letra de câmbio, a nota promissória, a duplicata, a debênture e o cheque;

II – a escritura pública ou outro documento público assinado pelo devedor;

III – o documento particular assinado pelo devedor e por 2 (duas) testemunhas;

IV – o instrumento de transação referendado pelo Ministério Público, pela Defensoria Pública, pela Advocacia Pública, pelos advogados dos transatores ou por conciliador ou mediador credenciado por tribunal;

V – o contrato garantido por hipoteca, penhor, anticrese ou outro direito real de garantia e aquele garantido por caução;

VI – o contrato de seguro de vida em caso de morte;

VII – o crédito decorrente de foro e laudêmio;

VIII – o crédito, documentalmente comprovado, decorrente de aluguel de imóvel, bem como de encargos acessórios, tais como taxas e despesas de condomínio;

IX – a certidão de dívida ativa da Fazenda Pública da União, dos Estados, do Distrito Federal e dos Municípios, correspondente aos créditos inscritos na forma da lei;

X – o crédito referente às contribuições ordinárias ou extraordinárias de condomínio edilício, previstas na respectiva convenção ou aprovadas em assembleia geral, desde que documentalmente comprovadas;

XI – a certidão expedida por serventia notarial ou de registro relativa a valores de emolumentos e demais despesas devidas pelos atos por ela praticados, fixados nas tabelas estabelecidas em lei;

XII – todos os demais títulos aos quais, por disposição expressa, a lei atribuir força executiva.

§ 1º A propositura de qualquer ação relativa a débito constante de título executivo não inibe o credor de promover-lhe a execução.

§ 2º Os títulos executivos extrajudiciais oriundos de país estrangeiro não dependem de homologação para serem executados.

§ 3º O título estrangeiro só terá eficácia executiva quando satisfeitos os requisitos de formação exigidos pela lei do lugar de sua celebração e quando o Brasil for indicado como o lugar de cumprimento da obrigação." (Grifos nossos).

[76] "**Art. 917.** Nos embargos à execução, o executado poderá alegar:

I – inexequibilidade do título ou inexigibilidade da obrigação;

II – penhora incorreta ou avaliação errônea;

III – excesso de execução ou cumulação indevida de execuções;

IV – retenção por benfeitorias necessárias ou úteis, nos casos de execução para entrega de coisa certa;

V – incompetência absoluta ou relativa do juízo da execução;

VI – qualquer matéria que lhe seria lícito deduzir como defesa em processo de conhecimento.

arbitragem etc.), a preclusão impede que o executado obste a marcha executiva invocando questões que não sejam supervenientes ao trânsito em julgado da sentença exequenda (art. 525, § 1º, do CPC),[77] salvo a falta ou a nulidade da citação no processo de conhecimento, desde que este tenha tramitado à revelia do réu ora executado.

Conforme mais adiante se verá na abordagem específica dos embargos à execução, estes, quando fundados na falta ou nulidade da citação conducentes à revelia, tem efeito rescindente, destruindo todo o processo de conhecimento até a etapa citatória. Por isso, oferecida impugnação com fundamento no inciso I do art. 525, § 1º, a eventual propositura de ação rescisória da sentença, pelo mesmo fundamento, encerra o vício da litispendência, porque, nesse caso, não há pedido de rejulgamento, mas tão somente de desconstituição do julgado. Recorde-se que o art. 969 do CPC determina que "A propositura da ação

---

§ 1º A incorreção da penhora ou da avaliação poderá ser impugnada por simples petição, no prazo de 15 (quinze) dias, contado da ciência do ato.

§ 2º Há excesso de execução quando:

I – o exequente pleiteia quantia superior à do título;

II – ela recai sobre coisa diversa daquela declarada no título;

III – ela se processa de modo diferente do que foi determinado no título;

IV – o exequente, sem cumprir a prestação que lhe corresponde, exige o adimplemento da prestação do executado;

V – o exequente não prova que a condição se realizou.

§ 3º Quando alegar que o exequente, em excesso de execução, pleiteia quantia superior à do título, o embargante declarará na petição inicial o valor que entende correto, apresentando demonstrativo discriminado e atualizado de seu cálculo.

§ 4º Não apontado o valor correto ou não apresentado o demonstrativo, os embargos à execução:

I – serão liminarmente rejeitados, sem resolução de mérito, se o excesso de execução for o seu único fundamento;

II – serão processados, se houver outro fundamento, mas o juiz não examinará a alegação de excesso de execução.

§ 5º Nos embargos de retenção por benfeitorias, o exequente poderá requerer a compensação de seu valor com o dos frutos ou dos danos considerados devidos pelo executado, cumprindo ao juiz, para a apuração dos respectivos valores, nomear perito, observando-se, então, o art. 464.

§ 6º O exequente poderá a qualquer tempo ser imitido na posse da coisa, prestando caução ou depositando o valor devido pelas benfeitorias ou resultante da compensação.

§ 7º A arguição de impedimento e suspeição observará o disposto nos arts. 146 e 148."

[77] "**Art. 525, § 1º** Na impugnação, o executado poderá alegar:

I – falta ou nulidade da citação se, na fase de conhecimento, o processo correu à revelia;

II – ilegitimidade de parte;

III – inexequibilidade do título ou inexigibilidade da obrigação;

IV – penhora incorreta ou avaliação errônea;

V – excesso de execução ou cumulação indevida de execuções;

VI – incompetência absoluta ou relativa do juízo da execução;

VII – qualquer causa modificativa ou extintiva da obrigação, como pagamento, novação, compensação, transação ou prescrição, desde que supervenientes à sentença."

Súmula nº 150 do STF: "Prescreve a execução no mesmo prazo de prescrição da ação".

rescisória não impede o cumprimento da decisão rescindenda, ressalvada a concessão de tutela provisória".

Anote-se, por fim, que a restrição cognitiva na impugnação ao cumprimento de sentença, ressalvada a exceção da falta ou nulidade da citação no processo de conhecimento contra réu revel, impede o executado de alegar as denominadas exceções substanciais, *v.g.*, a prescrição, a não ser que supervenientes à sentença.

No que concerne à "natureza da prestação", a execução admite subespécies que se distinguem pela diversidade procedimental reclamada pelos meios executivos utilizados para alcançar os múltiplos resultados almejados, a saber: "execução por quantia certa"; "execução para entrega de coisa"; e "execução de obrigação de fazer e não fazer".

Por seu turno, cada uma das execuções apresenta as suas próprias variações decorrentes de critérios internos. Assim, *v. g.*, "a execução por quantia certa", que "objetiva a entrega de uma soma ao credor" mediante a prática dos meios de satisfação consistentes na prévia apreensão de bens do devedor e posterior alienação para a entrega do produto, "varia no seu *iter* procedimental conforme o devedor seja pessoa jurídica de direito público ou de direito privado", bem como se "a soma refere-se a alimentos ou quantia sem essa destinação específica". Desta sorte, a execução por quantia certa admite as submodalidades da "execução por quantia certa"; "execução por quantia certa contra a Fazenda Pública"; e "execução de alimentos". A antiga "execução por quantia certa contra devedor insolvente" não foi incluída no novo CPC, mas as execuções contra devedor insolvente, em curso ou que venham a ser propostas, continuam a ser regidas pelo Código anterior (art. 1.052 do CPC).

A "execução para a entrega de coisa", por seu turno, admite as subespécies consistentes na "execução para entrega de coisa certa e execução para a entrega de coisa incerta", diferença ocorrente em face de esta última comportar um prévio procedimento de escolha da coisa a ser entregue.

A "execução de fazer e de não fazer" também comporta subespécies, porquanto os meios executivos diferem conforme a execução recaia em "obrigação de fazer fungível"; "obrigação de fazer infungível"; "obrigação de fazer consistente em emitir declaração de vontade"; "obrigação de não fazer permanente" (admite desfazimento); e "obrigação de não fazer instantânea" (inadmite desfazimento).

Finalmente, a "execução judicial ou o cumprimento da sentença nem sempre" pressupõem que a decisão que lhes serve de título tenha "transitado em julgado". A lei, no afã de agilizar a prestação jurisdicional, enquanto se aguarda o trânsito em julgado da decisão, permite certo adiantamento de atos executivos. Têm-se, assim, espécies de execução que variam consoante a "estabilidade jurídica" do título judicial. Há sentenças que, não obstante recorríveis, admitem um início de execução que não alcance estágio de irreversibilidade satisfativa, e há outros casos em que a execução somente pode ser promovida após o trânsito em julgado da decisão.

No primeiro caso, estamos diante da denominada "execução provisória", que se caracteriza pela possibilidade de modificação da decisão exequenda por força do recurso interposto, o que implica o dever de restabelecimento das coisas ao estado anterior, por conta do exequente que iniciou execução ainda instável. Diversamente, denomina-se "definitiva" a execução fundada em decisão transitada em julgado ou em título extrajudicial.

Como se observa, a previsão de "execução segundo a condição jurídica do título" é questão de política legislativa, pois cabe ao legislador avaliar a conveniência de permitir o adiantamento ou retardamento dos atos executivos. Destarte, também se insere nessa esfera a equiparação dos títulos extrajudiciais às sentenças transitadas em julgado, porquanto ambas autorizam a execução definitiva. O legislador, não obstante os graus de certeza quanto ao direito que nesses títulos se contém, igualou-os ao permitir o início do processo com fulcro em ambos, perspectiva que tende a se modificar.

A "execução definitiva" é aquela cujo resultado do processo alcança o seu escopo satisfativo máximo. Assim, *v.g.*, na execução definitiva por quantia certa, o processo termina com a entrega da soma ou de bens correspondentes do devedor ao credor. Os atos processuais são praticados com o objetivo de alcançar a realização "completa" do direito. O cumprimento definitivo de título judicial processa-se nos próprios autos em que se produziu a decisão exequenda, fato que levou praxistas de outrora a considerá-la, apenas, uma fase posterior da cognição, ideia restaurada pela Lei nº 11.382/2005 e acolhida no novo CPC.

Importante frisar que o título-base é que confere definitividade à execução. Assim, se a execução inicia-se com fulcro em título executivo extrajudicial e os embargos oferecidos *sem efeito suspensivo* (art. 919 do CPC)[78] são julgados improcedentes, havendo interposição pelo executado de apelação "sem efeito suspensivo, prossegue-se, na execução", tal como ela era, vale dizer, "definitiva". Por isso nessa forma de execução definitiva não há que falar em prestação de garantia, inerente à provisoriedade da execução. Deveras, *in casu*, não se está executando a sentença dos embargos, senão o título mesmo que foi impugnado por aquela oposição do devedor. Essa razão leva-nos a repudiar a tese dos que sustentam a não definitividade da execução com embargos rejeitados e recorrida a decisão, em razão do grau de prejudicialidade que o provimento do recurso interposto da decisão denegatória pode encerrar.

---

[78] "**Art. 919.** Os embargos à execução não terão efeito suspensivo.

§ 1º O juiz poderá, a requerimento do embargante, atribuir efeito suspensivo aos embargos quando verificados os requisitos para a concessão da tutela provisória e desde que a execução já esteja garantida por penhora, depósito ou caução suficientes.

§ 2º Cessando as circunstâncias que a motivaram, a decisão relativa aos efeitos dos embargos poderá, a requerimento da parte, ser modificada ou revogada a qualquer tempo, em decisão fundamentada.

§ 3º Quando o efeito suspensivo atribuído aos embargos disser respeito apenas a parte do objeto da execução, esta prosseguirá quanto à parte restante.

§ 4º A concessão de efeito suspensivo aos embargos oferecidos por um dos executados não suspenderá a execução contra os que não embargaram quando o respectivo fundamento disser respeito exclusivamente ao embargante.

§ 5º A concessão de efeito suspensivo não impedirá a efetivação dos atos de substituição, de reforço ou de redução da penhora e de avaliação dos bens."

No que concerne à possível lesão causada ao executado, caso a sentença de improcedência dos embargos venha a ser reformada, o próprio Código de Processo cuida de antever a reparação, ao dispor, no art. 776 do CPC, que "O exequente ressarcirá ao executado os danos que este sofreu, quando a sentença, transitada em julgado, declarar inexistente, no todo ou em parte, a obrigação que ensejou a execução", regra reforçada pelo novel art. 777, *verbis:*

> Art. 777. A cobrança de multas ou de indenizações decorrentes de litigância de má-fé ou de prática de ato atentatório à dignidade da justiça será promovida nos próprios autos do processo.

Forçoso convir que ambos os dispositivos são aplicáveis ao cumprimento da sentença e à execução extrajudicial, dada a intercomunicabilidade entre os livros do cumprimento de sentença e do processo de execução (art. 771 do CPC).[79]

Trata-se de responsabilidade objetiva decorrente de risco judiciário, a qual se justifica pelo fato de se admitir o prosseguimento da execução até seu final, mesmo diante da possibilidade de reversão da decisão dos embargos.

Tendo em vista a moderna execução provisória (art. 520 do CPC), a referida indenização aplica-se a ambas as espécies (definitiva e provisória). Desta sorte, pendendo o recurso de decisão que julgou os embargos improcedentes, em execução calçada em sentença transitada em julgado ou título extrajudicial, o exequente poderá optar entre seguir com a execução definitiva, tal como procedia antes da interposição dos embargos, sujeitando-se ao disposto no art. 776 do CPC ou aguardar a solução definitiva do juízo *ad quem.*

A "execução provisória" admite adiantamento de atos executivos e o alcance dos atos de satisfação irreversível que caracteriza a execução definitiva, com as garantias previstas no art. 520, IV, do CPC.[80] Nesse sentido, o exequente compromete-se, caso modificada a decisão, a repor as coisas no estado anterior, vedando-lhe o levantamento de dinheiro sem

---

[79] "**Art. 771.** Este Livro regula o procedimento da execução fundada em título extrajudicial, e suas disposições aplicam-se, também, no que couber, aos procedimentos especiais de execução, aos atos executivos realizados no procedimento de cumprimento de sentença, bem como aos efeitos de atos ou fatos processuais a que a lei atribuir força executiva.

Parágrafo único. Aplicam-se subsidiariamente à execução as disposições do Livro I da Parte Especial."

[80] "**Art. 520.** O cumprimento provisório da sentença impugnada por recurso desprovido de efeito suspensivo será realizado da mesma forma que o cumprimento definitivo, sujeitando-se ao seguinte regime:

I – corre por iniciativa e responsabilidade do exequente, que se obriga, se a sentença for reformada, a reparar os danos que o executado haja sofrido;

II – fica sem efeito, sobrevindo decisão que modifique ou anule a sentença objeto da execução, restituindo-se as partes ao estado anterior e liquidando-se eventuais prejuízos nos mesmos autos;

III – se a sentença objeto de cumprimento provisório for modificada ou anulada apenas em parte, somente nesta ficará sem efeito a execução;

garantia real ou fidejussória e qualquer alienação dominial, como forma de proteção dos potenciais terceiros adquirentes, salvante as hipóteses de dispensa da caução elencadas no art. 521 do CPC.[81]

A reposição das coisas ao estado anterior, *v.g.*, restituição de coisa e dinheiro, pressupõe possibilidade fática, nem sempre ocorrente. Como consectário, é por conta e risco do exequente que se processa. Advirta-se, entretanto, que a prestação da garantia não deve inviabilizar o acesso à justiça, permitindo-se, casuisticamente, ao juiz que a dispense nos casos em que a sua exigibilidade obsta a promoção da execução, na esteira do já mencionado art. 521 do CPC. Ademais, a caução reclama avaliação pelo juízo de eventuais e possíveis prejuízos com a reversão do julgado, por isso incabível quando não houver esse risco, podendo iniciar-se o processo sem caução ou garantia.

A interposição do recurso sem suspensividade importa a possibilidade de promover a execução provisória fora dos autos do processo de condenação, uma vez que o instrumento principal vai acudir à instância superior. Nesse particular, a lei esclarece que a execução provisória promove-se em autos suplementares, por meio de petição dirigida ao juízo competente, devendo conter as peças enumeradas no art. 522, parágrafo único, do CPC,[82] quando não forem eletrônicos os autos.

IV – o levantamento de depósito em dinheiro e a prática de atos que importem transferência de posse ou alienação de propriedade ou de outro direito real, ou dos quais possa resultar grave dano ao executado, dependem de caução suficiente e idônea, arbitrada de plano pelo juiz e prestada nos próprios autos.

§ 1º No cumprimento provisório da sentença, o executado poderá apresentar impugnação, se quiser, nos termos do art. 525.

§ 2º A multa e os honorários a que se refere o § 1º do art. 523 são devidos no cumprimento provisório de sentença condenatória ao pagamento de quantia certa.

§ 3º Se o executado comparecer tempestivamente e depositar o valor, com a finalidade de isentar-se da multa, o ato não será havido como incompatível com o recurso por ele interposto.

§ 4º A restituição ao estado anterior a que se refere o inciso II não implica o desfazimento da transferência de posse ou da alienação de propriedade ou de outro direito real eventualmente já realizada, ressalvado, sempre, o direito à reparação dos prejuízos causados ao executado.

§ 5º Ao cumprimento provisório de sentença que reconheça obrigação de fazer, de não fazer ou de dar coisa aplica-se, no que couber, o disposto neste Capítulo."

[81] "**Art. 521.** A caução prevista no inciso IV do art. 520 poderá ser dispensada nos casos em que:

I – o crédito for de natureza alimentar, independentemente de sua origem;

II – o credor demonstrar situação de necessidade;

III – pender o agravo do art. 1.042; (Redação dada pela Lei nº 13.256, de 2016.) (Vigência.)

IV – a sentença a ser provisoriamente cumprida estiver em consonância com súmula da jurisprudência do Supremo Tribunal Federal ou do Superior Tribunal de Justiça ou em conformidade com acórdão proferido no julgamento de casos repetitivos.

Parágrafo único. A exigência de caução será mantida quando da dispensa possa resultar manifesto risco de grave dano de difícil ou incerta reparação."

[82] "**Art. 522.** O cumprimento provisório da sentença será requerido por petição dirigida ao juízo competente.

Dispondo a lei submeterem-se à execução provisória as decisões sujeitas a recurso sem efeito suspensivo, é mister observar os arts. 995[83] e 1.012, § 1º,[84] do atual Código de Processo Civil, que versam sobre o efeito suspensivo dos recursos em geral e da apelação. No regime do novo diploma, o efeito suspensivo dos recursos é excepcional, conquanto em determinadas hipóteses seja possível ao relator conferir efeito suspensivo *ope judicis* ao recurso. Desta sorte, não constando do elenco, não é lícito ao intérprete entrever efeito suspensivo onde a lei não o concede.

O art. 995, parágrafo único, do CPC exige três requisitos para o efeito suspensivo concedido por ordem judicial, quais sejam, que haja risco de dano grave, que esse dano seja de difícil ou impossível reparação e que se constate a probabilidade de provimento futuro do recurso. Assim, *v.g.*, a apelação de sentença que julga improcedentes ou rejeita

---

Parágrafo único. Não sendo eletrônicos os autos, a petição será acompanhada de cópias das seguintes peças do processo, cuja autenticidade poderá ser certificada pelo próprio advogado, sob sua responsabilidade pessoal:

I – decisão exequenda;

II – certidão de interposição do recurso não dotado de efeito suspensivo;

III – procurações outorgadas pelas partes;

IV – decisão de habilitação, se for o caso;

V – facultativamente, outras peças processuais consideradas necessárias para demonstrar a existência do crédito."

[83] "**Art. 995.** Os recursos não impedem a eficácia da decisão, salvo disposição legal ou decisão judicial em sentido diverso.

Parágrafo único. A eficácia da decisão recorrida poderá ser suspensa por decisão do relator, se da imediata produção de seus efeitos houver risco de dano grave, de difícil ou impossível reparação, e ficar demonstrada a probabilidade de provimento do recurso."

[84] "**Art. 1.012.** A apelação terá efeito suspensivo.

§ 1º Além de outras hipóteses previstas em lei, começa a produzir efeitos imediatamente após a sua publicação a sentença que:

I – homologa divisão ou demarcação de terras;

II – condena a pagar alimentos;

III – extingue sem resolução do mérito ou julga improcedentes os embargos do executado;

IV – julga procedente o pedido de instituição de arbitragem;

V – confirma, concede ou revoga tutela provisória;

VI – decreta a interdição.

§ 2º Nos casos do § 1º, o apelado poderá promover o pedido de cumprimento provisório depois de publicada a sentença.

§ 3º O pedido de concessão de efeito suspensivo nas hipóteses do § 1º poderá ser formulado por requerimento dirigido ao:

I – tribunal, no período compreendido entre a interposição da apelação e sua distribuição, ficando o relator designado para seu exame prevento para julgá-la;

II – relator, se já distribuída a apelação.

§ 4º Nas hipóteses do § 1º, a eficácia da sentença poderá ser suspensa pelo relator se o apelante demonstrar a probabilidade de provimento do recurso ou se, sendo relevante a fundamentação, houver risco de dano grave ou de difícil reparação."

embargos de terceiro não tem, em princípio, efeito suspensivo, mas nada obsta que o juízo o confira se verificar elevado grau de prejudicialidade entre o provimento do recurso e o prosseguimento do feito principal.

Por força do mesmo princípio, não encontra sustentáculo no direito brasileiro a regra do "maior benefício", aplicável, segundo alguns, quando há julgamento simultâneo entre ações conexas cujas apelações são dotadas de efeitos diversos. Assim, *v.g.*, se a decisão quanto a um dos pedidos cumulados acolhidos deve produzir imediatamente os seus efeitos, não é razoável que fique no aguardo da solução de outra pretensão conexa, como no clássico exemplo dos alimentos cumulados com o pedido de investigação de paternidade. A matéria, contudo, não é pacífica. A suspensividade do recurso não exclui que alguma providência no caso concreto, decorrente do julgado, possa ser adotada, como no caso de urgência. Destaque-se, por fim, que o efeito suspensivo susta a executoriedade da decisão adstrita à parte do pedido a que ele se refere. Assim, *v.g.*, se a decisão é apelada apenas quanto a um dos capítulos, a eventual suspensividade do recurso não contamina os demais capítulos do *decisum*.

De toda sorte, a moderna tendência é a retirada do efeito suspensivo dos recursos, tanto mais que, se o título extrajudicial autoriza a execução definitiva, com maior razão a decisão, mesmo sujeita a recurso, deve possibilitar alguma iniciativa executiva. Por seu turno, a "interposição de recurso no duplo efeito impede toda e qualquer executividade da decisão".

3.2 O moderno cumprimento provisório de sentença

O novel cumprimento provisório alcançou notável grau de satisfatividade, escapando assim das severas críticas de outrora que a entreviam como um "nada jurídico" antes das reformas de 2005. Realmente, o exequente quase nenhuma utilidade retirava de sua pressa em tornar realidade provisória a sentença favorável. Destarte, o legislador brasileiro acompanhou o movimento atual dos vários sistemas processuais de matiz romano-germânico que passaram a consagrar a execução apenas provisória pela decisão que a fundamenta, e não mais pelos atos executivos praticados.

Assim, consoante a moderna concepção legislativa, a execução provisória da sentença se faz do mesmo modo que a definitiva, observadas as seguintes peculiaridades, constantes do art. 520 do CPC.

Primeiro, o cumprimento provisório de sentença corre por conta e responsabilidade do exequente, que se obriga, se a sentença for reformada, a reparar os prejuízos que o executado venha a sofrer e que são liquidados no mesmo processo. Trata-se, como se sabe, de responsabilidade civil objetiva decorrente do "risco judiciário". Cabe ao exequente avaliar se convém ou não iniciar a execução com base em decisão provisória e instável. Nessa avaliação, notável é a importância à consulta da jurisprudência dos tribunais competentes para a apreciação do *thema iudicandum*.

Em segundo lugar, o levantamento de depósito em dinheiro e a prática de atos que importem transferência de posse ou alienação de propriedade ou de outro direito real, ou dos quais possa resultar grave dano ao executado, dependem de caução suficiente

Cap. 12 · TEORIA GERAL DA EXECUÇÃO E DO CUMPRIMENTO DE SENTENÇA | 633

e idônea, arbitrada de plano pelo juiz e prestada nos próprios autos do cumprimento provisório de sentença. Trata-se, portanto, de caução incidental, sem figura de processo cautelar, cuja suficiência submete-se a diminuto contraditório solucionado por decisão interlocutória agravável de instrumento.

Forçoso repisar que a exigência da caução não deve impedir o início da execução nas hipóteses em que a sua imposição não se revelar razoável, *v.g.*, a determinação da caução de levantamento de verba decorrente de condenação por ato ilícito e pleiteada por quem não possa prestá-la. Nessa linha, o art. 521 consagra as hipóteses de dispensa de caução, quando o crédito for de natureza alimentar, independentemente de sua origem; o credor demonstrar situação de necessidade; pender agravo em Recurso Especial ou Extraordinário (art. 1.042 do CPC); ou a sentença a ser provisoriamente cumprida estiver em consonância com súmula da jurisprudência do Supremo Tribunal Federal ou do Superior Tribunal de Justiça ou em conformidade com acórdão proferido no julgamento de casos repetitivos. Um ponto que pode causar controvérsia é a redação do art. 521, IV, do CPC, pois se refere a "sentença a ser provisoriamente cumprida". Como o dispositivo menciona "sentença", e não "decisão", como regra, não pode haver levantamento em caso de tutela de evidência decorrente de controvérsia estritamente jurídica (art. 311, II, do CPC), que pode ser concedida *inaudita altera parte* (arts. 9º, parágrafo único, II, e 311, parágrafo único, do CPC).

Nada obstante a configuração de uma das hipóteses legais, a caução deve ser exigida sempre que a sua dispensa possa causar manifesto risco de grave dano de difícil ou incerta reparação (art. 521, parágrafo único, do CPC).

O cumprimento provisório fica sem efeito, sobrevindo acórdão que modifique ou anule a sentença objeto da execução, restituindo-se as partes ao estado anterior, daí a caução e a possibilidade de os eventuais prejuízos serem liquidados no mesmo processo (art. 520, II, do CPC). Esclarece a lei que, se a sentença provisoriamente executada for modificada ou anulada apenas em parte, somente quanto a esse capítulo ficará sem efeito a execução (art. 520, III, do CPC). Além disso, a restituição ao estado anterior anteriormente referida não implica o desfazimento da transferência de posse ou da alienação de propriedade ou de outro direito real eventualmente já realizado, ressalvado, sempre, o direito à reparação dos prejuízos causados ao executado.

Outro ponto a salientar é que o rito ora detalhado também é aplicável, no que couber, ao cumprimento provisório de sentença que reconheça obrigação de fazer, de não fazer ou de dar coisa (art. 520, § 5º, do CPC).

Finalmente, consigne-se que agora há regra expressa reconhecendo ao executado a prerrogativa de apresentar impugnação ao cumprimento provisório de sentença (art. 520, § 1º, do CPC). O Superior Tribunal de Justiça já reconhecia a possibilidade de impugnação e, inclusive, de efeito suspensivo para obstar o levantamento: "Na execução provisória, consoante os termos dos arts. 475-M e 739-A, § 1º, do CPC [de 1973], pode o juízo atribuir à impugnação ao cumprimento de sentença efeito suspensivo, obstando o levantamento do crédito até o trânsito em julgado da sentença".[85] Na execução provisória, também são

---

[85]   REsp 1245994/RS, 3ª Turma, Rel. Min. Nancy Andrighi, j. 04.08.2011.

634 | TEORIA GERAL DO PROCESSO CIVIL – *Luiz Fux*

devidos honorários e multa, ambos no patamar de 10% da dívida exequenda, em caso de não pagamento tempestivo (art. 520, § 2º, do CPC). O prazo para pagamento é o de 15 (quinze) dias, a contar da intimação, *ex vi* do art. 523 do CPC.[86] Resta, assim, superada a orientação da Corte Especial do Superior Tribunal de Justiça, segundo a qual, sob a égide do CPC de 1973, não incidia a referida multa.[87]

4. PRESSUPOSTOS PROCESSUAIS E CONDIÇÕES DA EXECUÇÃO POR TÍTULO EXTRAJUDICIAL E DO CUMPRIMENTO DA SENTENÇA

4.1 Pressupostos processuais e condições da execução extrajudicial e do cumprimento da sentença

4.1.1 Condições da ação

A execução por título extrajudicial ou o cumprimento da sentença, como categorias satisfativas, reclamam, também, a presença das "condições da ação" consistentes na legitimidade das partes e no interesse de agir – valendo lembrar que a possibilidade jurídica do pedido, de acordo com o atual Código de Processo Civil, não figura mais como condição da ação. Do mesmo modo, o processo que encarta a ação, para ter existência e validade, necessita preencher os denominados "pressupostos processuais", consubstanciados na competência jurisdicional, na capacidade das partes e na demanda na forma da lei. A ausência de quaisquer destes, é dizer, dos pressupostos processuais e das condições da ação, implica a extinção do processo executivo. Assim, *v.g.*, se o exequente não for parte legítima ou a dívida ainda não estiver vencida, caso em que não há interesse processual, o juiz deve proferir sentença terminativa.

Observa-se, assim, que, sob esse ângulo de análise, o processo de execução e o processo de conhecimento interpenetram-se, tanto assim que o art. 771, parágrafo único, do CPC[88] determina a aplicação subsidiária das regras sobre o processo de conhecimento.

Nos capítulos referentes ao cumprimento de sentença e à execução, o Código de Processo Civil trata textualmente da "legitimidade das partes", muito embora contemple

---

[86] "**Art. 523.** No caso de condenação em quantia certa, ou já fixada em liquidação, e no caso de decisão sobre parcela incontroversa, o cumprimento definitivo da sentença far-se-á a requerimento do exequente, sendo o executado intimado para pagar o débito, no prazo de 15 (quinze) dias, acrescido de custas, se houver.

§ 1º Não ocorrendo pagamento voluntário no prazo do *caput*, o débito será acrescido de multa de dez por cento e, também, de honorários de advogado de dez por cento."

[87] STJ, REsp 1.059.478/RS, Rel. Min. Aldir Passarinho Junior, *DJe* 15.12.2010.

[88] "**Art. 771.** Este Livro regula o procedimento da execução fundada em título extrajudicial, e suas disposições aplicam-se, também, no que couber, aos procedimentos especiais de execução, aos atos executivos realizados no procedimento de cumprimento de sentença, bem como aos efeitos de atos ou fatos processuais a que a lei atribuir força executiva.

Parágrafo único. Aplicam-se subsidiariamente à execução as disposições do Livro I da Parte Especial."

também dispositivos sem qualquer vinculação com a questão central objeto dos artigos, por exemplo, interesse processual na execução de obrigação condicional, faculdade de desistência da execução, direito de escolha na execução de prestação alternativa, cumulação de execuções e responsabilidade do exequente por execução inexistente.

Convém frisar, nesse passo, que a aplicação subsidiária da execução por título extrajudicial ao processo de cumprimento da sentença implica a adoção, por este, das regras compatíveis. Assim, *v.g.*, a regra do art. 827, § 2º, do CPC, que trata da majoração dos honorários quando rejeitados os embargos à execução ou levando-se em consideração o trabalho realizado pelo advogado do exequente, está prevista no capítulo referente à execução, mas é aplicável ao cumprimento de sentença. Supera-se, assim, o enunciado da Súmula nº 519 do STJ: "Na hipótese de rejeição da impugnação ao cumprimento de sentença, não são cabíveis honorários advocatícios".

De qualquer forma, os temas inerentes aos pressupostos comuns do inadimplemento do devedor, a desistência da execução e do cumprimento etc. devem ser tratados em conjunto. Sob essa ótica encontram-se as denominadas condições da ação de execução por título extrajudicial e de cumprimento de sentença.

A legitimação ativa e passiva para a execução inclui não só o estudo da legitimação ordinária, mas também da legitimação extraordinária, do litisconsórcio e da intervenção de terceiros, fartamente tratados no processo de conhecimento.

Não obstante, a legitimação ativa e passiva originária e superveniente vem regulada de forma clara nos arts. 778 e 779 do CPC.[89]

A legitimação ativa primária para a execução ou para o cumprimento de sentença pertence ao credor, assim considerado na cártula ou na sentença, denominado processualmente como "exequente". O Ministério Público, quer atuando como parte legitimada ordinariamente ou extraordinariamente, tem legitimidade para executar as sentenças e

---

[89] "**Art. 778.** Pode promover a execução forçada o credor a quem a lei confere título executivo.

§ 1º Podem promover a execução forçada ou nela prosseguir, em sucessão ao exequente originário:

I – o Ministério Público, nos casos previstos em lei;

II – o espólio, os herdeiros ou os sucessores do credor, sempre que, por morte deste, lhes for transmitido o direito resultante do título executivo;

III – o cessionário, quando o direito resultante do título executivo lhe for transferido por ato entre vivos;

IV – o sub-rogado, nos casos de sub-rogação legal ou convencional.

§ 2º A sucessão prevista no § 1º independe de consentimento do executado.

Art. 779. A execução pode ser promovida contra:

I – o devedor, reconhecido como tal no título executivo;

II – o espólio, os herdeiros ou os sucessores do devedor;

III – o novo devedor que assumiu, com o consentimento do credor, a obrigação resultante do título executivo;

IV – o fiador do débito constante em título extrajudicial;

V – o responsável titular do bem vinculado por garantia real ao pagamento do débito;

VI – o responsável tributário, assim definido em lei."

os títulos extrajudiciais dos quais participa, *v.g.*, a sentença da ação civil pública (arts. 15 da LACP e 100 e 82 do CDC) e o instrumento de transação (TAC) previsto no artigo 784, IV, do CPC.

Consoante a lei, ainda podem promover a execução ou nela prosseguir o espólio e os herdeiros que lhe sucedem no crédito, fenômeno que pode ocorrer quer quanto ao crédito litigioso constante da sentença a ser cumprida, quer em relação ao objeto do título judicial. Essa legitimação é *ope legis*, de sorte que, falecendo o credor e inexistindo óbice de natureza material (arts. 1.784, 1.791, parágrafo único, 1.814, todos do Código Civil),[90] o espólio inicia ou prossegue com a execução, conforme a morte tenha ocorrido no curso do processo (art. 110 do CPC) ou o vencimento da obrigação haja sido após o falecimento, mas antes de ultimado o inventário.

A obrigação vencida depois de concluído o inventário habilita o herdeiro contemplado a iniciar a execução ou o cumprimento, ou a nela prosseguir, bastando, em ambos os casos, a prova do óbito ou a juntada do formal de partilha (ar. 515, IV, do CPC).[91]

A legitimidade é questão que revela dupla face, a saber: ativa e passiva. Assim, na forma do disposto no artigo 779 do CPC são sujeitos passivos na execução:

> Art. 779. A execução pode ser promovida contra:
>
> I – o devedor, reconhecido como tal no título executivo;
>
> II – o espólio, os herdeiros ou os sucessores do devedor;
>
> III – o novo devedor que assumiu, com o consentimento do credor, a obrigação resultante do título executivo;
>
> IV – o fiador do débito constante em título extrajudicial;
>
> V – o responsável titular do bem vinculado por garantia real ao pagamento do débito;
>
> VI – o responsável tributário, assim definido em lei.

---

[90] "**Art. 1.784.** Aberta a sucessão, a herança transmite-se, desde logo, aos herdeiros legítimos e testamentários."
"**Art. 1.791.** A herança defere-se como um todo unitário, ainda que vários sejam os herdeiros.
Parágrafo único. Até a partilha, o direito dos co-herdeiros, quanto à propriedade e posse da herança, será indivisível, e regular-se-á pelas normas relativas ao condomínio."
"**Art. 1.814.** São excluídos da sucessão os herdeiros ou legatários:
I – que houverem sido autores, coautores ou partícipes de homicídio doloso, ou tentativa deste, contra a pessoa de cuja sucessão se tratar, seu cônjuge, companheiro, ascendente ou descendente;
II – que houverem acusado caluniosamente em juízo o autor da herança ou incorrerem em crime contra a sua honra, ou de seu cônjuge ou companheiro;
III – que, por violência ou meios fraudulentos, inibirem ou obstarem o autor da herança de dispor livremente de seus bens por ato de última vontade."

[91] "**Art. 515.** São títulos executivos judiciais, cujo cumprimento dar-se-á de acordo com os artigos previstos neste Título:
IV – o formal e a certidão de partilha, exclusivamente em relação ao inventariante, aos herdeiros e aos sucessores a título singular ou universal;"

O devedor é aquele que consta nos títulos judiciais mencionados no artigo 515 do CPC como a parte que assumiu a obrigação reconhecida na sentença ou fruto de auto-composição. Portanto, *v.g.*, somente o condenado criminalmente pode ser sujeito passivo da execução, não assim a empresa à qual pertença.

Os títulos extrajudiciais revelam *prima facie* os "supostos" devedores, denominados pelo Código como "executados" (art. 784 do CPC). Nesse segmento, pode ser sujeito ao cumprimento ou à execução extrajudicial o vencido na ação condenatória civil ou o emitente do cheque ou da nota promissória. O espólio e os herdeiros do *de cujus*, respeitado o limite *ultra vires hereditaris*, respondem pelas dívidas do falecido (arts. 1.792, 1.821 e 1.997 do Código Civil).[92] Deveras, as hipóteses de responsabilidade patrimonial secundária caracterizam o fenômeno da legitimação extraordinária no processo de execução ou substituição processual.

Por outro lado, a índole satisfativa não normativa do processo de execução afasta as figuras interventivas que pressupõem "definição judicial", *v.g.*, a denunciação da lide e o "chamamento ao processo". Ademais, essas medidas são manejadas no interesse do demandado e a execução promove-se em favor do credor-exequente, que não pode ser prejudicado pela demora acarretada para satisfazer interesses do executado.

Cumpre concluir que a assistência e o recurso de terceiro têm total pertinência na execução, bem como o novel incidente de desconsideração da personalidade jurídica, de que tratam os arts. 133 e seguintes do CPC.

4.1.2 *Competência jurisdicional*

O instituto da competência, conceituado como a repartição da função jurisdicional entre os diversos órgãos do Judiciário segundo os critérios legais, tem a sua peculiaridade no processo de execução. O legislador cuida de explicitar algumas regras de competência funcional e territorial que variam conforme a execução, seja de título judicial ou extrajudicial. Tratando-se de título extrajudicial, nenhum juízo ainda se tornou prevento para a execução, já que é a primeira vez que o documento exsurge em juízo.

---

[92] "**Art. 1.792.** O herdeiro não responde por encargos superiores às forças da herança; incumbe-lhe, porém, a prova do excesso, salvo se houver inventário que a escuse, demonstrando o valor dos bens herdados."

"**Art. 1.821.** É assegurado aos credores o direito de pedir o pagamento das dívidas reconhecidas, nos limites das forças da herança."

"**Art. 1.997.** A herança responde pelo pagamento das dívidas do falecido; mas, feita a partilha, só respondem os herdeiros, cada qual em proporção da parte que na herança lhe coube.

§ 1º Quando, antes da partilha, for requerido no inventário o pagamento de dívidas constantes de documentos, revestidos de formalidades legais, constituindo prova bastante da obrigação, e houver impugnação, que não se funde na alegação de pagamento, acompanhada de prova valiosa, o juiz mandará reservar, em poder do inventariante, bens suficientes para solução do débito, sobre os quais venha a recair oportunamente a execução.

§ 2º No caso previsto no parágrafo antecedente, o credor será obrigado a iniciar a ação de cobrança no prazo de trinta dias, sob pena de se tornar de nenhum efeito a providência indicada."

4.1.2.1 Competência e execução por título extrajudicial

A execução por título extrajudicial, sob esse ângulo, segue os mesmos critérios que norteiam o processo de conhecimento. Nesse sentido, uma primeira observação deve ser feita: as obrigações nasceram para ser extintas pelo cumprimento, de sorte que as regras competenciais devem ser concebidas de modo a facilitar o adimplemento das obrigações pelo executado.

Outrossim, esses títulos costumam consignar a "praça de pagamento" como local para o adimplemento e para a demanda, devendo esta prevalecer, tal como ocorre com o "foro de eleição". Em matéria de competência territorial, a vontade das partes tem significativa influência sobre o critério "relativo legal", uma vez que essa delimitação territorial da jurisdição leva em consideração a maior conveniência dos litigantes.

Nesse sentido, o art. 781 do CPC determina que a execução fundada em título extrajudicial será processada perante o juízo competente, observadas as seguintes regras. Em primeiro lugar, a execução poderá ser proposta no foro de domicílio do executado, de eleição constante do título ou, ainda, de situação dos bens a ela sujeitos. Caso o executado possua mais de um domicílio, poderá ser demandado no foro de qualquer deles. Sendo incerto ou desconhecido o domicílio do executado, a execução poderá ser proposta no lugar onde for encontrado ou no foro de domicílio do exequente. Havendo mais de um devedor, com diferentes domicílios, a execução será proposta no foro de qualquer deles, à escolha do exequente. Por fim, a execução poderá ser proposta no foro do lugar em que se praticou o ato ou em que ocorreu o fato que deu origem ao título, mesmo que nele não mais resida o executado.

Quando não obedecidos os critérios de delimitação da competência, sejam de caráter relativo ou absoluto, cabe ao executado denunciar o vício da incompetência como preliminar nos embargos à execução (art. 917, V, do CPC).[93] O art. 919 do CPC dispõe que os embargos não terão efeito suspensivo, mas o § 1º do mesmo dispositivo admite a concessão de efeito suspensivo *ope judicis* aos embargos, quando verificados os requisitos para a concessão da tutela provisória[94] e desde que a execução já esteja garantida por penhora, depósito ou caução suficientes[95]. Vale dizer que é aplicável à execução por

---

[93] "**Art. 917.** Nos embargos à execução, o executado poderá alegar:

V – incompetência absoluta ou relativa do juízo da execução."

[94] A Terceira Turma do Superior Tribunal de Justiça (STJ) deu provimento ao recurso de um fundo de investimentos para revogar o efeito suspensivo dado aos embargos à execução opostos contra ele, em razão da ausência do requisito da garantia por penhora, depósito ou caução. Para o colegiado, os requisitos estabelecidos no Código de Processo Civil (CPC) para que, em tais situações, o julgador possa conceder a suspensão são cumulativos. (REsp n. 1.846.080/GO, relatora Ministra Nancy Andrighi, Terceira Turma, julgado em 1/12/2020, *DJe* de 4/12/2020).

[95] A Terceira Turma do Superior Tribunal de Justiça (STJ) entendeu que a possibilidade de uma matéria arguída em embargos do devedor ser apreciada em exceção de pré-executividade não afasta o requisito da garantia do juízo para a concessão de efeito suspensivo aos embargos, nos termos do artigo 919, parágrafo 1º, do Código de Processo Civil de 2015. (REsp n. 1.772.516/SP, relatora Ministra Nancy Andrighi, Terceira Turma, julgado em 5/5/2020, *DJe* de 11/5/2020).

título extrajudicial o art. 340 do CPC, de modo que o executado pode apresentar os embargos à execução com preliminar de incompetência relativa ou absoluta no foro do seu domicílio, fato que será imediatamente comunicado ao juiz da causa, preferencialmente por meio eletrônico.

Também é importante salientar que o vício de incompetência de caráter absoluto, como o descumprimento de um critério funcional de definição da competência, não se convalida pela sua não arguição como preliminar nos embargos, porquanto a incompetência absoluta pode ser alegada em qualquer tempo e grau de jurisdição e deve ser declarada de ofício (art. 64, § 1º, do CPC).

4.1.2.2 Competência e cumprimento da sentença

O cumprimento de sentença, na sistemática do atual Código, é fase do mesmo processo que o procedimento de conhecimento. Por isso, as regras de definição da competência são mais simples. Sob esse enfoque, dispõe o art. 516 do CPC, *verbis*:

> Art. 516. O cumprimento da sentença efetuar-se-á perante:
>
> I – os tribunais, nas causas de sua competência originária;
>
> II – o juízo que decidiu a causa no primeiro grau de jurisdição;
>
> III – o juízo cível competente, quando se tratar de sentença penal condenatória, de sentença arbitral, de sentença estrangeira ou de acórdão proferido pelo Tribunal Marítimo.
>
> Parágrafo único. Nas hipóteses dos incisos II e III, o exequente poderá optar pelo juízo do atual domicílio do executado, pelo juízo do local onde se encontrem os bens sujeitos à execução ou pelo juízo do local onde deva ser executada a obrigação de fazer ou de não fazer, casos em que a remessa dos autos do processo será solicitada ao juízo de origem.

Primeiramente, impõe-se assentar que a regra de que o juízo da cognição deve ser também o juízo da execução foi mantida, nas hipóteses nas quais, na fase anterior, a resolução de mérito foi obra daquele juízo, fazendo-se mister a distribuição livre da sentença penal, da sentença arbitral, da sentença estrangeira homologada e do acórdão proferido pelo Tribunal Marítimo.

A novidade expressiva, à luz do princípio da realidade – segundo o qual os bens do devedor representam o sucedâneo para o cumprimento de suas obrigações –, é a novel regra do art. 516, parágrafo único, ao instituir, como foros concorrentes à escolha do exequente, o foro do atual domicílio do executado, o foro do local onde se encontrem os bens sujeitos à execução (*forum rei sitae*) ou o foro do local onde deva ser executada a obrigação de fazer ou de não fazer, casos em que a remessa dos autos do processo será solicitada ao juízo de origem. A intenção da lei é facilitar a execução, permitindo ao credor obter a satisfação da obrigação da forma menos onerosa possível para si.

BIBLIOGRAFIA

AGUIAR SILVA, José Carlos Pestana de. Síntese Informativa do Processo Cautelar. *Revista Forense*, vol. 247, jul.-set. 1974.

ALCALÁ-ZAMORA Y CASTILLO, Niceto. Algunas Concepciones Menores acerca de la Naturaleza del Proceso. *Revista de Derecho Procesal*, vol. 1, 1952.

ALCALÁ-ZAMORA Y CASTILLO, Niceto. Los Actos Procesales en la Doctrina de Goldschmidt. *Revista de Derecho Procesal*, vol. 1, 1951.

ALCALÁ-ZAMORA Y CASTILLO, Niceto. *Proceso, Autocomposición y Autodefensa*, 1947, 1970.

ALLORIO, Enrico. Critica della teoria del giudicatto implícito. *Rivista di Diritto Processuale Civile*, vol. 2, 1938.

ALLORIO, Enrico. Per una Nozione del Processo Cautelare. *Rivista di Diritto Processuale Civile*, vol. 1, 1936.

ALLORIO, Enrico. *Problemas de Derecho Procesal*. Buenos Aires, 1963.

ALSINA, Hugo. La Teoría de la Situación Jurídica. *Revista de Derecho Procesal*, 1952.

ALSINA, Hugo. *Tratado Teórico Práctico de Derecho Procesal Civil y Comercial*. Buenos Aires, 1943.

AMARAL SANTOS, Moacyr. *Comentários ao Código de Processo Civil*. Rio de Janeiro: Forense, vol. 4.

AMARAL SANTOS, Moacyr. *Primeiras linhas de Direito processual civil*, vol. 2º.

AMERICANO, Jorge. *Comentários ao Código de Processo Civil do Brasil*. São Paulo: Saraiva, 1942; 2. ed., 1960, vol. 2.

AMSTUTZ, Marc; ABEGG, Andreas; KARAVAS, Vaios. Civil Society Constitutionalism: The Power of Contract Law. In: *Indiana Journal of Global Legal Studies*. v. 14, Issue 2, DOI: 10.1353/gls.0.0009, Summer 2007.

ANDOLINA, Italo; VIGNERA, Giuseppe. *Il modello costituzionale del processo civile italiano*: corso di lezioni. Turim: G. Giappichelli, 1990.

ANDRADE, Luís Antônio de. *Aspectos e Inovações de Código de Processo Civil*. Rio de Janeiro: Forense, 1974.

ANDREWS, Neil. Multi-party proceedings in England: representative and group actions. In: *Duke Journal of Comparative and International Law*, vol. 11, 2001.

ANGELIS, D. Barros de. Teoría del Juicio Sumario. *Notas de aula* (mimeografado), 1973.

ARIETA, Giovanni. Funzione non Necessariamente Anticipatoria dei Provvedimenti ex art. 700, CPC. *Rivista di Diritto Processuale*, vol. 39, 1984.

ARIETA, Giovanni. *I Provvedimenti d'Urgenza*. 2. ed. Padova: CEDAM, 1985.

ARMELIN, Donaldo. A Tutela Jurisdicional Cautelar. *Revista da Procuradoria-Geral do Estado de São Paulo*, vol. 23, jun. 1985.

ARMELIN, Donaldo. O Novo Fundamento a que se Refere o Artigo 808, Parágrafo Único, do Código de Processo Civil. *Revista de Processo*, vol. 9, 1978.

AROCA, Juan Montero. *Evolución y futuro del derecho procesal.* Bogotá: Temis, 1984; El viejo modelo procesal liberal y escrito (o el proceso de la LEC de 1881). In: *Los principios políticos de la nueva Ley de Enjuiciamiento Civil* – los poderes del juez y la oralidad. Valencia: Tirant lo Blanch, 2001.

ARRUDA ALVIM NETO, José Manoel de. Anotações sobre a Medida Liminar em Mandado de Segurança. *Revista de Processo*, vol. 39, 1985.

ARRUDA ALVIM NETO, José Manoel de. *Curso de Direito processual civil*, 1971.

ARRUDA ALVIM NETO, José Manoel de. *Tratado de Direito Processual Civil*. São Paulo: RT, 1990, vol. 1.

AZZARITI, Gaetano. Della Competenza e del Regolamento di Competenza. *Rivista di Diritto Processuale Civile*, 1941.

BAPTISTA DA SILVA, Ovídio A. *A Ação Cautelar Inominada no Direito Brasileiro*. 4. ed., 1992.

BAPTISTA DA SILVA, Ovídio A. *A plenitude da defesa no processo civil: estudos em homenagem a Frederico Marques*.

BAPTISTA DA SILVA, Ovídio A. *Comentários ao Código de Processo Civil (Processo Cautelar)*. 2. ed. 1980, vol. 1; 1986.

BAPTISTA DA SILVA, Ovídio A. *Curso de Processo Civil*. 2. ed., 1991, vol. 1; 1990, vol. 2; 1993, vol. 3.

BARBI, Celso Agrícola. *Ação Declaratória no Processo Civil Brasileiro*. 3. ed., São Paulo, 1968.

BARBI, Celso Agrícola. *Mandado de segurança*, 1976.

BARBOSA MOREIRA, José Carlos. A Conexão de Causas como Pressuposto da Reconvenção.

BARBOSA MOREIRA, José Carlos. Tutela específica das obrigações negativas. *Temas de Direito processual*, 2ª série.

BARBOSA MOREIRA, José Carlos. Tutela sancionatória e tutela preventiva. *Temas de Direito processual*, 1ª série.

BARBOSA MOREIRA, José Carlos. *Direito Aplicado II (Pareceres)*. Rio de Janeiro: Forense, 2000.

BARBOSA MOREIRA, José Carlos. *Estudos sobre o Novo Código de Processo Civil*. Rio de Janeiro: Liber Juris, 1974.

BARBOSA MOREIRA, José Carlos. Notas sobre o Problema da Efetividade do Processo. *Temas de Direito Processual Civil*, terceira série, 1984.

BARBOSA MOREIRA, José Carlos. *O Novo Processo Civil Brasileiro*. Rio de Janeiro: Forense, 1992, 1993, 1994.

BARBOSA MOREIRA, José Carlos. Os Poderes do Juiz na Direção e Instrução do Processo. *Revista Brasileira de Direito Processual*, vol. 48.

BARBOSA MOREIRA, José Carlos. Tutela Específica das Obrigações Negativas. *Temas de Direito Processual Civil*, segunda série.

BARROSO, Luiz Roberto. *O Direito Constitucional e a Efetividade de suas Normas*. São Paulo: Renovar, 2000.

BAUM, Lawrence. *A Suprema Corte Americana*. Rio de Janeiro: Forense Universitária, 1987.

BEDAQUE, José Roberto. *Direito e Processo*. São Paulo: Malheiros, 1995.

BEIGNIER, Bernard. *Le nouveau Code de procédure civile*: un droit des professeurs?

BELLAVITIS, Mario. *Diritto Processuale Civile (Parte Generale)*, 1935.

BENTHAM, Jeremy. *Tratado de las Pruebas Judiciales*. Buenos Aires, 1971.

BERMUDES, Sergio. *A Reforma do CPC*. 2. ed., São Paulo: Saraiva, 1996.

BERMUDES, Sergio. *Comentários ao Código de Processo Civil*. São Paulo: RT, 1975, vol. 7.

BERMUDES, Sergio. *Introdução ao Processo Civil*. Rio de Janeiro: Forense, 1995.

BETTI, Emílio. *Diritto Processuale Civile Italiano*, 1936, 1938.

BIONDO, Biondi. Cognitio Summaria. *Nuovo Digesto Italiano*. Torino: Utet, 1938, vol. 16.

BISCARDI, Arnaldo. *La Protezione Interdittale nel Processo Romano*, 1937.

BISCARDI, Arnaldo. Sequestro (Diritto Romano). *Novissimo Digesto Italiano*, vol. 17.

BODART, Bruno Vinícius Da Rós. *Tutela de Evidência*. 2. ed. São Paulo: RT, 2015.

BORGES, Marcos Afonso. *Comentários ao Código de Processo Civil*, 1977.

BORGHESI, Domenico. La Condanna Anticipata nel Processo del Lavoro e nella Mini--Reforma del CPC. *Rivista Trimestrale di Diritto e Procedura Civile*, 1976.

BRACCI, Antonello. *Il Sequestro Giudiziario*, 1966.

BRAGA, Antônio Pereira. *Exegese do Código de Processo Civil*, 1942, 4 vols.

BUENO, Cássio Scarpinella. Aspectos Polêmicos da Antecipação da Tutela. São Paulo: RT, 1997.

BUENO VIDIGAL, Luís Eulálio de. *Da Ação Rescisória dos Julgados*, 1948.

BUZAID, Alfredo. *A Ação Declaratória*, 1943.

BUZAID, Alfredo. *Do Agravo de Petição no Sistema do Código de Processo Civil*, 2. ed., 1956.

CABRAL, Antônio do Passo. O novo Procedimento-Modelo (Musterverfahren) alemão: uma alternativa às ações coletivas. In *Revista de Processo*, São Paulo, v. 32, n. 147, maio 2007.

CALAMANDREI, Piero. Conseguenze delle Mancate Esibizione in Giudizio. *Rivista di Diritto Processuale Civile*, vol. 2, 1930.

CALAMANDREI, Piero. El Proceso como Situación Jurídica. *Estudios sobre el Proceso Civil*. Buenos Aires, 1945.

CALAMANDREI, Piero. Il Processo come Giuoco. *Scritti in Onore di Francesco Carnelutti*, vol. 2.

CALAMANDREI, Piero. *Introduzione allo Studio Sistematico dei Provvedimenti Cautelari*. Padova: Cedam, 1936.

CALAMANDREI, Piero. Istruzione Preventiva. *Novissimo Digesto Italiano*, vol. 9.

CALAMANDREI, Piero. La Sentencia Declarativa de Quiebra como Providencia Cautelar. *Rivista di Diritto Commerciale* (em apêndice à tradução da Introduzione allo Studio Sistematico del Provvedimenti Cautelari), 1970.

CALAMANDREI, Piero. Processo i Giustizia. *Rivista di Diritto Processuale Civile*, 1950.

CALAMANDREI, Piero. Un Maestro de Liberalismo Procesal. *Revista de Derecho Procesal*, vol. 1, 1951.

CALAMANDREI, Piero. Verità e Verossimiglianza nel Processo Civile. *Rivista di Diritto Processuale*, vol. 5, n° 3, 1955.

CALMON DE PASSOS, José Joaquim. Ações Cautelares. *Revista da Faculdade de Direito*, Curitiba, Universidade Federal do Paraná, vol. 21, 1983-1984.

CALMON DE PASSOS, José Joaquim. *Comentários ao Código de Processo Civil*. Rio de Janeiro: Forense, 1974, vol. 3; São Paulo, RT, 1984, vol. 10, t. 1.

CALMON DE PASSOS, José Joaquim. *Inovação no CPC*. 2. ed., Rio de Janeiro: Forense, 1995.

CALVOSA, Carlo. Il Processo Cautelare – Instruzione Preventiva. *Novissimo Digesto Italiano*, 1970, vol. 9.

CALVOSA, Carlo. Provvedimenti d'Urgenza. *Novissimo Digesto Italiano*. Torino: UTET, 1957, vol. 14.

CALVOSA, Carlo. Sequestro Giudiziario. *Novissimo Digesto Italiano*. Torino: UTET vol. 17.

CALVOSA, Carlo.. Tema di Provvedimenti Cautelari Innominati. *Rivista di Diritto Processuale*, vol. 2, 1949.

CÂMARA, Alexandre Freitas. *Lição de Processo Civil*. São Paulo: Lumen Iuris, 1998, vols. I e II.

CAMPOS, Antônio Macedo de. *Medidas Cautelares*. São Paulo: Sugestões Literárias, 1975 e 1980.

CAPPELLETTI, Mauro. *Acesso à Justiça*. Porto Alegre: Sergio A. Fabris, 1988.

CAPPELLETTI, Mauro. Acesso à justiça. Separata da *Revista do Ministério Público do Estado do Rio Grande do Sul*. Porto Alegre, v. 1, n. 18.

CAPPELLETTI, Mauro. Formações sociais e interesses coletivos diante da justiça civil. *RP* 5/129.

CAPPELLETTI, Mauro. Aspectos sociales y políticos del procedimiento civil. In: *Proceso, ideologias, sociedad*. Buenos Aires: EJEA, 1974.

CAPPELLETTI, Mauro. *La Testemonianza della Parte nel Sistema dell'Oralità*. 1974.

CAPPELLETTI, Mauro; GARTH, Bryant. *Acesso à justiça*: Porto Alegre: Sérgio Antônio Fabris Editora, 2008.

CARNEIRO, Athos Gusmão. *Recurso especial, agravo e agravo interno*.

CARNELLUTTI, Francesco. *Derecho y Proceso*. Trad. argentina, 1971.

CARNELLUTTI, Francesco. Diritto e Processo nella Teoria delle Obbligazione. *Studi di Diritto Processuale*, 1928.

CARNELLUTTI, Francesco. *Diritto e Processo*. Nápoli: Morano, 1958.

CARNELLUTTI, Francesco. *Estudios de Derecho Procesal*. 1952, vol. 2.

CARNELLUTTI, Francesco. *Instituciones del Nuevo Proceso Civil Italiano*. Barcelona: Bosch, 1942, 1956.

CARNELLUTTI, Francesco. *Istituzioni di Diritto Processuale Civile*, 1961.

CARNELLUTTI, Francesco. Saggio di una Teoria Integrale dell'Azione. *Rivista*, vol. 1, 1946.

CARNELLUTTI, Francesco. *Sistema di Diritto Processuale Civile*, 1936. v. 1.

CARNELLUTTI, Francesco. Sulla Reformatio in Pejus. *Rivista di Diritto Processuale Civile*, 1927.

CARPI, Federico. Flashes sulla Tutela Giurisdizionale Differenziata. *Rivista Trimestrale di Diritto e Procedura Civile*, vol. 34, nº 1, 1980.

CARPI, Federico. *La Provisoria Esecutorietà della Sentenza*, 1979.

CARREIRA ALVIM, J. E. *Código de Processo Civil Reformado*. 2ª ed., Belo Horizonte: Del Rey, 1995.

CARRIÓN, Valentín. Medidas Cautelares Atípicas. *Revista Forense*, vol. 246.

CASTRO, Amilcar de. *Comentários ao Código de Processo*, 1941, vol. 10.

CASTRO, Torquato. *Ação Declaratória*, 1942.

CASTRO FILHO, José Olympio de. *Abuso do Direito no Processo Civil*, 1960.

CHIARLONI, Sergio. Primi Riflessioni sui Valori Sottesi alla Novella del Processo Civile. *Rivista di Diritto Processuale*, 1991.

CHIOVENDA, Giuseppe. *Instituições de Direito Processual Civil*, Trad. port., 3 vols.

CHIOVENDA, Giuseppe. *Istituzioni di Diritto Processuale Civile*. Nápoli: Jovene, 1957, vol. 1.

CHIOVENDA, Giuseppe. *La riforma del procedimento civile*. Roma, 1911.

CHIOVENDA, Giuseppe. *Principii di Diritto Processuale Civile*. 4. ed., 1928.

CINTRA, Araujo; GRINOVER, Ada Pellegrini; DINAMARCO, Cândido Rangel. *Teoria do Processo*. São Paulo: RT, 1974.

CIPRIANI, Franco. Il 3 febbraio 1903 tra mito e realtà. In: *Scritti in onore dei patres*. Milano: Giuffrè, 2006.

COLESANTI, Vittorio; TARUFFO, Micheli. *Comentario Breve al Codice di Procedura Civile*. Padova: CEDAM, 1988.

COMOGLIO, Luigi Paolo. La Tutela Cautelare in Italia: Profili Sistematici e Risconti Comparativi. *Rivista di Diritto Processuale*, 1990.

CONIGLIO, Antonino. *Il Sequestro Giudiziario e Conservativo*. 3. ed., Milano: Giuffrè, 1949.

CORREA, Orlando de Assis. *Processo Cautelar e Sustação de Protesto*. Porto Alegre: Sergio Antonio Fabris Editor, 1978.

COSTA, Sergio. *Manuale di Diritto Processuale Civile*, 1955.

COSTA, Sergio. Sequestro Conservativo. *Novissimo Digesto Italiano*, vol. 17.

COSTAGNET, Jorge E. Las Llamadas Medidas Cautelares en el Código Procesal Civil y Comercial de la Nación. *Medidas Cautelares*. Buenos Aires: Depalma, 1986.

COUTURE, Eduardo. El Proceso como Institución. *Studi in Onore di Enrico Redenti*, 1951, vol. 1.

COUTURE, Eduardo. *Estudios de Derecho Procesal Civil*, 1948, 3 vols.

COUTURE, Eduardo. *Introdução ao Estudo do Processo Civil*, 1951.

COUTURE, Eduardo. Las Garantías Constitucionales del Proceso Civil. *Estudios de Derecho Procesal Civil*, 1948, vol. 1.

COUTURE, Eduardo. Oralidade e Regra Moral no Processo Civil. *Processo Oral – Coletânea de Estudos Nacionais e Estrangeiros*. Rio de Janeiro: Forense, 1940.

CRUZ E TUCCI, José Rogério. *Constituição de 1988 e processo: regramentos e garantias constitucionais*, 1989.

CRUZ E TUCCI, José Rogério. *Da Reconvenção*.

CUENCA, Humberto. *Proceso Civil Romano*. Buenos Aires, 1957.

CUNHA, Paulo. *Processo Comum de Declaração (apontamentos de aula de Arthur Costa e Jaime de Lemos)*, 1944, 2 vols.

DE LA PLAZA, Manuel. *Derecho Procesal Civil Español*. Madri, 1951.

DENTI, Vittorio. Crisi della Giustizia e Crisi della Società. *Rivista di Diritto Processuale*, 1983.

DENTI, Vittorio. Querela di Falso e Scrittura Privata. *Scritti Giuridici in Onore di Francesco Carnelutti*, 1950, vol. 4.

DINAMARCO, Cândido Rangel. *A Execução Civil*. São Paulo: RT 1973.

DINAMARCO, Cândido Rangel. *A Instrumentalidade do Processo*. São Paulo: RT, 1987.

DINAMARCO, Cândido Rangel. *A Instrumentalidade do Processo*. 11. ed. São Paulo: Malheiros, 2003.

DINAMARCO, Cândido Rangel. *Direito Processual Civil*. São Paulo: RT, 1975.

DINAMARCO, Cândido Rangel. *Teoria Geral do Processo*. São Paulo: RT, 1974.DINI, Mario-Enrico. *I Provvedimenti d'Urgenza*. 5. ed., 1981, 1973.

DINAMARCO, Cândido Rangel. *La Denunzia di Danno Temuto*. Milano: Giuffrè, 1957, 1972.

DINAMARCO, Cândido Rangel. *La Domanda Riconvenzionale nel Diritto Processuale Civile*, 1978.

DIREITO, Carlos Alberto Menezes. *Manual do Mandado de Segurança*. 3. ed. Rio de Janeiro: Renovar, 1999.

ECHANDIA, Hernando Devis. El Derecho procesal como instrumento para la tutela de la dignidad y la libertad humana. *Estudios de Derecho procesal*, 1985.

FABRÍCIO, Adroaldo Furtado. *Comentários ao CPC*. Rio de Janeiro: Forense, 1988.

FAIRÉN GUILLÉN, Vitor. *Estudios de Derecho Procesal*, 1965.

FAIRÉN GUILLÉN, Vitor. Juicio Ordinario, Plenarios Rápidos, Sumario, Sumarísimo. *Temas del Ordenamiento Procesal*. Madri: Technos, 1969, vol. 2.

FAIRÉN GUILLÉN, Vitor. Los Procesos y Medidas Cautelares. *El Sistema de Medidas Cautelares (IX Reunión de Profesores de Derecho Procesal)*, Pamplona, 1974.

FENECH, Miguel. *Derecho procesal tributario*, 1949.

FERRARA, Luigi. *L'Esecuzione Forzata Indireta*. Nápoli: Padova, 1915.

FIGUEIREDO FERRAZ, Manuel Carlos de. *A competência por conexão*, 1937.

FIGUEIREDO FERRAZ, Manuel Carlos de. *Apontamentos sobre a Noção Ontológica do Processo*, 1936.

FORNACIARI JR., Clito. *Da Reconvenção no Direito Processual Civil Brasileiro*.

FOSCHINI, Gaetano. *La Pregiudizialità nel Processo Penale*, 1942.

FRAGA, Afonso. *Instituições do Processo Civil do Brasil*, 1940, 3 vols.; 1941, 1 vol.

FRIGNANI, Aldo. *L'Injunction nella* Common Law *e l'Inibitoria nel Diritto Italiano*. Milano: Giuffrè, 1974.

FRISINA, Pasquale. La Tutela Antecipatoria: Profili Funzionali e Strutturali. *Rivista di Diritto Processuale*, vol. 41, s. 2, nº 2, 1986.

FULGÊNCIO, Tito. *Da Posse e das Ações Possessórias*. 4. ed. Rio de Janeiro: Forense, 1959.

FURNO, Carlo. *Digesto sistematico delle oposizione nel processo esecutivo*, 1942.

FUX, Luiz. *Curso de Direito Processual Civil*. Rio de Janeiro: Forense, 2008.

FUX, Luiz. *Intervenção de Terceiros*. São Paulo: Saraiva, 1990.

FUX, Luiz. *Juizados Especiais Cíveis e Criminais*. Rio de Janeiro: Forense, 1997.

FUX, Luiz. *Locações – Processo e Procedimentos*. São Paulo: Edições Trabalhistas, 1992.

FUX, Luiz. *O Novo Processo Civil Brasileiro*. Rio de Janeiro: Forense, 2011. (Coleção Direito em Expectativa).

FUX, Luiz. *Processo e Procedimento*, Destaque.

FUX, Luiz. *Revisão Judicial do Aluguel*. São Paulo: Edições Trabalhistas, 1993.

FUX, Luiz. *Tutela Antecipada e Locação*, Destaque, 1995.

FUX, Luiz. *Tutela de Segurança e Tutela de Evidência*. São Paulo: Saraiva, 1995.

GALLI, Bindo. *Conceto di Giurisdizione*, 1933.

GANDOLFI, Giuseppe. *Contributo allo Studio del Processo Interdittale Romano*, 1955.

GARBAGNATTI, Edoardo. Sugli Effetti della Riforma della Condanna alla Reintegrazione del Lavoratore Licenziato. *Rivista di Diritto Processuale*, 1974.

GOLDSCHMIDT, James. *Derecho Procesal Civil*. Barcelona: Labor, 1936.

GOLDSCHMIDT, James. *Teoría General del Proceso*, 1936.

GOLDSCHMIDT, James. *Tratado de Derecho Procesal Civil*, Trad. esp., 1936.

GRINOVER, Ada Pellegrini. *Ação Declaratória Incidental*. São Paulo: RT, 1972.

GRINOVER, Ada Pellegrini. *As Garantias Constitucionais do Direito de Ação*. São Paulo: RT, 1973.

GRINOVER, Ada Pellegrini. *Direito Processual Civil*. São Paulo: RT, 1974.

GRINOVER, Ada Pellegrini. *Os Princípios Constitucionais e o Código de Processo Civil*. São Paulo: Bushatski, 1975.

GRINOVER, Ada Pellegrini. *Teoria Geral do Processo*. São Paulo: RT, 1974.

GRINOVER, Ada Pellegrini. *Derecho Procesal Civil*. Madri, 1956, 1958.

GUIMARÃES, Luiz Machado. *A Instância e a Relação Processual*, 1939.

GUIMARÃES, Luiz Machado. A Prova dos Fatos não Contestados. *Revista Forense*, 1939.

GUIMARÃES, Luiz Machado. *Comentários ao Código de Processo Civil*. Rio de Janeiro: Forense, 1942, vol. 4.

GUSMÃO, Manuel Aureliano de. *Coisa Julgada*, 1922.

GUSMÃO, Manuel Aureliano de. *Processo Civil e Comercial*, 1934.

HABSCHEID, Walther. *Droit Judiciaire Privé Suisse*. 2. ed., 1981.

HABSCHEID, Walther. *Introduzione al Diritto Processuale Civile Comparato*, 1985.

HALPERIN, Jean-Louis. Le Code de procédure civile de 1806: un code de praticiens? In: CADIET, Loïc *et* CANIVET, Guy (Dir.). *De la commémoration d'un code à l'autre*: 200 ans de procédure civile en France. Paris: Litec, 2006.

INVREA, Francesco. La Sentenza di Condonna. *Rivista di Diritto Processuale Civile*, vol. 1, 1935.

JAEGER, Nicola. *Diritto Processuale Civile*, 1944.

JANNUZZI, Angelo. Per la Ricerca di un Diritto Sostanziale di Cautela. *Giustizia Civile*, 1951.

JHERING, Rudolf von. *L'Esprit du Droit Romain*. 3. ed. Bologna, 1969.

KELSEN, Hans. *Teoria Pura de Direito*. 3. ed. Coimbra: Armênio Amado Editor, 1974.

LA CHINA, Sergio. *L'Esibizione delle Prove nel Processo Civile*, 1960.

LA CHINA, Sergio. Pregiudizio Bilaterale i Crisi del Provvedimento d'Urgenza. *Rivista di Diritto Processuale Civile*, 1980.

LA CHINA, Sergio. Quale futuro per provvedimenti d'urgenza? *Studi offerti a Virgilio Andrioli dai suoi allievi*.

LACERDA, Galeno. *Comentários ao Código de Processo Civil*. Rio de Janeiro: Forense, 1980, vol. 8, t. 1.

LACERDA, Galeno. *Função e Processo Cautelar – Revisão Crítica*, IEJ, 1992.

LANCELLOTTI, Franco. Osservazioni Critiche Intorno all'Autonomia Processuale della Tutela Cautelare. *Rivista*, vol. 1, 1939.

LESSA, Pedro. *Do Poder Judiciário*, 1915.

LESSONA. *Manuale di procedura civile*, 1909.

LIEBMAN, Enrico Tullio. *Corso di Diritto Processuale Civile*, 1952.

LIEBMAN, Enrico Tullio. Disciplina dell'Inibitoria nel Processo per Violazione di Brevetti o di Marchi. *Rivista Trimestrale di Diritto e Procedura Civile*, 1962.

LIEBMAN, Enrico Tullio. *Efficacia ed Autorità della Sentenza*, 1962.

LIEBMAN, Enrico Tullio. *Embargos do Executado (Opposizioni di Merito nel Processo d'Esecuzione)*. São Paulo: RT, 1952, 1968.

LIEBMAN, Enrico Tullio. *Estudos sobre o Processo Civil Brasileiro* (ed. de 1976, com notas de Ada P. Grinover), 1947.

LIEBMAN, Enrico Tullio. Execução e Ação Executiva. *Revista Forense*, vol. 94.

LIEBMAN, Enrico Tullio. Istituti del Diritto Comune nel Processo Civile Brasiliano. *Studi in Onore di Enrico Redenti*, 1951.

LIEBMAN, Enrico Tullio. L'Azione nella Teoria del Processo Civile. *Rivista Trimestrale di Diritto e Procedura Civile*, 1950.

LIEBMAN, Enrico Tullio. L'Unità del Procedimento Cautelare. *Rivista di Diritto Processuale*, 1954.

LIEBMAN, Enrico Tullio. La Obra Científica de James Goldschmidt y la Teoría de l^a Relación Procesal. *Revista de Derecho Procesal*, vol. 2, 1951.

LIEBMAN, Enrico Tullio. *Manuale di Diritto Processuale Civile*, 1955, 1957, 1958, 1959, vol. 1.

LIEBMAN, Enrico Tulio. Norme Processuali nel Codice Civile. *Rivista di Diritto Processuale*, 1948.

LIEBMAN, Enrico Tullio. *Processo de Execução*. São Paulo: RT, 1946, 1968.

LIMA, Cláudio Viana de. O Processo Cautelar. *Revista Forense*, vol. 246.

LIMA, Cláudio Viana de. *Processo de Execução*. Rio de Janeiro: Forense, 1973.

LIMA, Cláudio Viana de. *Procedimento Ordinário*. Rio de Janeiro: Forense, 1973.

LOBÃO, Manuel Almeida e Sousa de. *Segundas Linhas sobre o Processo Civil*, 1855.

LOPES DA COSTA, Alfredo Araújo. *Direito Processual Civil*. 1. ed. e 2. ed. Rio de Janeiro: Forense, 1959, 4 vols.

LOPES DA COSTA, Alfredo Araújo. *Medidas Preventivas, Medidas Preparatórias, Medidas de Conservação*. Belo Horizonte: Imprensa Oficial, 1953, 1958.

MANDRIOLI, Crisanto. *Corso di Diritto Processuale Civile*, 1973.

MANDRIOLI, Crisanto. *L'Azione Esecutiva*, 1955.

MANDRIOLI, Crisanto. *La Representanza nel Processo Civile*, 1959.

MANDRIOLI, Crisanto. *La Tutela d'Urgenza (Atti del XV Convegno Nazionale)*, Bari, 1985.

MANDRIOLI, Crisanto. Per una Nozione Strutturale dei Provvedimenti Anticipatori Interinali. *Rivista*, 1964.

MARINONI, Luiz Guilherme. *Antecipação da Tutela*. 3. ed. São Paulo: RT, 1996.

MARINONI, Luiz Guilherme. As Características do Processo Cautelar. *Paraná Judiciário*, vol. 30, 1989.

MARINONI, Luiz Guilherme. Da Satisfatividade da Medida Cautelar que Determina Interdição de Estabelecimento. *Revista de Processo*, vol. 50, 1988.

MARINONI, Luiz Guilherme. O Direito à Adequada Tutela Jurisdicional. *Revista dos Tribunais*, vol. 663.

MARINONI, Luiz Guilherme. Observações em Torno do Problema da Satisfatividade da Tutela Jurisdicional Cautelar. *Revista da Procuradoria-Geral do Estado do Paraná*, vol. 2, 1988.

MARINONI, Luiz Guilherme. Tutela Cautelar e Tutela Antecipatória. *Revista dos Tribunais*, 1992.

MARQUES, J. Frederico. *Ensaio sobre a Jurisdição Voluntária*. São Paulo: RT, 1959.

MARQUES, Frederico José. *Instituições de Direito Processual Civil*. Campinas: Millennium, 2000. vol. 1.

MARTINS, Pedro Batista. *Comentários ao Código de Processo Civil*. Rio de Janeiro: Forense, 1942. vol. I.

MARTINS, Pedro Batista. *Recursos e processos da competência originária dos tribunais*, 1957.

MARTINS NETO, Modestino. *Medidas Cautelares no Processo do Trabalho*. Rio de Janeiro: Forense, 1972.

MAXIMILIANO, Carlos. *Comentários à Constituição brasileira*, 1948. v. 3.

MENDES, Aluisio Gonçalves de Castro. *Ações coletivas no direito comparado e nacional*. São Paulo: RT, 2002.

MENDES JÚNIOR, João. Prática Forense. *Revista da Faculdade de Direito de São Paulo*, vol. 25.

MÉNDEZ, Francisco Ramos. *Las Medidas Cautelares en el Proceso Civil*. Barcelona, 1974.

MENDONÇA LIMA, Alcides de. A Recorribilidade dos Despachos Interlocutórios. *Estudos Jurídicos em Memória de Eduardo Couture*, 1957.

MENDONÇA LIMA, Alcides de. *Comentários ao Código de Processo Civil*. Rio de Janeiro: Forense, 1974.

MENDONÇA LIMA, Alcides de. Competência para Declarar a Inconstitucionalidade das Leis. *Revista Forense*, 123/252.

MENDONÇA LIMA, Alcides de. O Recurso Ordinário Constitucional. *Revista dos Tribunais*, 276/7.

MICHELI, Gian Antonio. *Derecho Procesal Civil*. Buenos Aires, 1970.

MICHELI, Gian Antonio. *La Carga de la Prueba*. Trad. argentina, 1961.

MILLAR, Robert Wyness. *Los Principios Informativos del Procedimiento Civil*, 1945.

MONACCIANI, Luigi. *Azione e Legitimazione*, 1951.

MONIZ DE ARAGÃO, Egas Dirceu. *A Correição Parcial*. Rio de Janeiro: Forense, 1958.

MONIZ DE ARAGÃO, Egas Dirceu. *Comentários ao Código de Processo Civil*. Rio de Janeiro: Forense, 1974, vols. 2 e 3.

MONIZ DE ARAGÃO, Egas Dirceu. Medidas Cautelares Inominadas. *Revista Brasileira de Direito Processual*, vol. 57.

MONIZ DE ARAGÃO, Egas Dirceu. *Reforma do CPC* – Coletânea. São Paulo: Saraiva, 1996.

MONTESANO, Luigi. *I Provvedimenti d'Urgenza*. Napoli: Jovene, 1955.

MONTESANO, Luigi. *Les Mesures Provisoires en Procédure Civile (Atti del Colloquio Internazionale)*. Milano: Giuffrè, 1984.

MONTESANO, Luigi. Sulla Durata dei Provvedimenti d'Urgenza. *Rivista di Diritto Processuale*, vol. 2, 1956.

MORAES E BARROS, Hamilton. Breves Observações sobre o Processo Cautelar e sua Disciplina no CPC de 1973. *Revista Forense*, vol. 246, jul.-set. 1974.

MOREIRA, José Carlos Barbosa. *Estudos sobre o novo processo civil*. Rio de Janeiro: Liber Juris, 1974.

MOREL, René. *Traité Elémentaire de Procédure Civile*, 1932.

MORELLI, Gaetano. *Il Diritto Processuale Civile Internazionale*, 1938.

MORELLO, Augusto Mário. Las Nuevas Exigencias de Tutela. *Revista de Processo*, vol. 31, 1983.

MORTARA, Ludovico. *Commentario del Codice e delle Leggi di Procedura Civile*. 4. ed. Milano: Giuffrè, 1923.

MORTARA, Ludovico. *Manuale di Procedura Civile*. Milano: Giuffrè 1921, vol. 1.

NEGRÃO, Theotonio. *Código de Processo Civil e Legislação Processual em Vigor*, 1994.

NERY JÚNIOR, Nelson. *Atualidades sobre o Processo Civil*. 2. ed. São Paulo: RT, 1996.

NERY JÚNIOR, Nelson. *Código de Processo Civil e Legislação Processual Civil Comentado*, São Paulo, Revista dos Tribunais, 1996.

NERY JÚNIOR, Nelson. Considerações Práticas sobre o Processo Cautelar. *Revista de Processo*, vol. 53.

NUNES, Castro. *Da Fazenda Pública do Poder Judiciário*, 1943.

NUNES, Castro. *Teoria e Prática do Poder Judiciário*, 1943.

OLIVEIRA, Carlos A. Alvaro de. *Comentários ao Código de Processo Civil*. Rio de Janeiro: Forense, 1988.

ORDENAÇÕES AFONSINAS. *Livro III*. Reprodução fac-símile da edição feita na Real Imprensa da Universidade de Coimbra no ano de 1792. Lisboa: Calouste-Gulbenkian, 1984.

ORDENAÇÕES FILIPINAS. *Livro III*. Rio de Janeiro: Instituto Philomathico, 1870.

ORDENAÇÕES MANUELINAS. *Livro III*. Reprodução fac simile da edição feita na Real Imprensa da Universidade de Coimbra no ano de 1797. Lisboa: Calouste-Gulbenkian, 1984.

PACHECO, José da Silva. Medidas Preventivas. *Revista da Enciclopédia de Direito Brasileiro*, vol. 33.

PACHECO, José da Silva. *Tratado das Execuções*. Rio de Janeiro: Forense, 1959, 5 vols.

PALMEIRA, Pedro. *Da Intervenção de Terceiros*, 1954.

PEKELIS, Alessandro. Azione (Teoria Moderna). *Novissimo Digesto Italiano*, vol. 2.

PEREIRA E SOUZA, Joaquim José Caetano. *Primeiras Linhas sobre o Processo Civil*. Anotada por Teixeira de Freitas. Rio de Janeiro, 1879, 1907.

BIBLIOGRAFIA | **653**

PERROT, Roger. Procédure de l'Instance: Jugements et Voies de Recours. *Revue Trimestrielle du Droit Civil*, nº 4, 1982.

PEYRANO, Jorge Walter. *Medida Cautelar Innovativa*. Buenos Aires: Depalma, 1975.

PICARDI, Nicola. Il Giudice Ordinario. *Rivista di Diritto Processuale Civile*, 1985.

PIMENTEL, Wellington Moreira. *Comentários ao Código de Processo Civil*. São Paulo: RT, 1975, vol. 3.

PIMENTEL, Wellington Moreira. Questões de Direito Intertemporal. *Revista Forense*, 251/125.

PINHEIRO CARNEIRO, Paulo Cesar. Acesso à Justiça, 1999 (tese de concurso para titularidade inédita).

PODETTI, J. Ramiro. Las Medidas Cautelares y el Embargo Preventivo de los Fructos de la Cosa Litigiosa. *Revista de Derecho Procesal*, vol. 2.

PODETTI, J. Ramiro.Trilogía Estructural de la Ciencia del Proceso Civil. *Revista de Derecho Procesal*, 1944.

PONTES DE MIRANDA, Francisco Cavalcanti. *A Ação Rescisória*, 1. ed. e 3. ed.

PONTES DE MIRANDA, Francisco Cavalcanti. *Comentários à Constituição Federal de 1946*, 1947, 4 vols.

PONTES DE MIRANDA, Francisco Cavalcanti. *Comentários ao Código de Processo Civil*. 2. ed. Rio de Janeiro: Forense, 1959, vols. 5 e 8, 1939.

PONTES DE MIRANDA, Francisco Cavalcanti. *Comentários ao Código de Processo Civil (1939)*. 2. ed. Rio de Janeiro: Forense, 1991.

PONTES DE MIRANDA, Francisco Cavalcanti. *Comentários ao Código de Processo Civil (1973)*. Rio de Janeiro: Forense, 1976.

PONTES DE MIRANDA, Francisco Cavalcanti. *História e Prática do Arresto ou Embargo*, 1929.

PROTO PISANI, Andrea. Appunti sulla Tutela Cautelare nel Processo Civile. *Rivista di Diritto Civile*, 1987.

PROTO PISANI, Andrea. Appunti sulla Tutela Sommaria. *I Processi Speciali: Studi Offerti a Virgilio Andrioli dai suoi Allievi*, Nápoli, Jovene, 1979.

PROTO PISANI, Andrea. Sulla Tutela Giurisdizionale Differenziata. *Rivista di Diritto Processuale*, vol. 34, 1979.

PUGLIESE, Giovanni. Giudicato Civile. *Enciclopédia del Diritto*, vol. 18.

PUOLI, José Carlos Baptista. *Os poderes do juiz e as reformas do processo civil*. São Paulo: Juarez de Oliveira, 2002.

RAMIREZ, Jorge Orlando. *Medidas Cautelares*. Buenos Aires: Depalma, 1975.

RAMOS, Saulo J. Do Processo Cautelar – Aspectos Fundamentais. *Estudos sobre o Novo Processo Civil*, Resenha Tributária, 1974.

RAPISARDA, Cristina. *Profili della Tutela Civile Inibitória*. Padova: CEDAM, 1987.

REDENTI, Enrico. *Derecho Procesal Civil*, Trad. argentina, 1954.

REDENTI, Enrico. *Diritto Processuale Civile*, 1951, 3 vols.; 1947, vol. 1; 1957, vol. 2.

REDENTI, Enrico. *Profili Pratici del Diritto Processuale Civile*, 1939.

REIS, José Alberto dos. A Figura do Processo Cautelar. *Separata do Boletim do Ministério da Justiça*, nº 3. Lisboa, 1947.

REIS, José Alberto dos. *Código de Processo Civil Anotado*. 3. ed., Coimbra, 1949.

REIS, José Alberto dos. *Comentários ao Código de Processo Civil*, Coimbra, 1945 e 1946, vols. 1, 2 e 3.

REIS, José Alberto dos. *Processo de Execução*, 1957.

REIS, José Alberto dos. *Processo Ordinário e Sumário*, 1928.

REZENDE, Astolfo. *A Posse e sua Proteção*, 1937.

REZENDE FILHO, Gabriel de. *Direito Processual Civil*, 1946 e 1954, 3 vols.

ROCCO, Alfredo. *La Sentenza Civile*, 1944.

ROCCO, Ugo. *L'Autorità della Cosa Giudicata i suoi Limiti Soggettivi*, 1917.

ROCCO, Ugo. *Tratado de Derecho Procesal*, 1977.

ROCCO, Ugo. *Trattato di Diritto Processuale Civile*, 1968.

ROCHA, José de Moura. *Exegese do Código de Processo Civil*. Rio de Janeiro: Forense, 1981, vol. 8.

ROMBERG, Aristides Rengel. Medidas Cautelares Inominadas. *Relatório apresentado nas XI Jornadas Ibero-Americanas de Direito Processual*. Rio de Janeiro, 1988.

ROSA, Eliézer. *Dicionário de Processo Civil*, 1957.

ROSAS, Roberto. *Direito Sumular*. 10. ed. São Paulo: Malheiros, 2000.

ROSENBERG, Leo. *La Carga de la Prueba*, Trad. argentina, 1956.

ROSENBERG, Leo. *Tratado de Derecho Procesal Civil*, 1955, 3 vols.

SACCONE, Antônio. *La Nullità e le Decadenze nella Procedura Penale*, 1918.

SAN THIAGO DANTAS. *Problemas do Direito Positivo*, 1953.

SANCHES, Sidney. *Poder Cautelar Geral do Juiz*.

SANSEVERINO, Milton; KOMATSU, Roque. *A Citação no Direito Processual Civil*.

SANTI ROMANO. L'Età e la Capacità delle Persone nel Diritto Publico. *Scriti Minori*, 1950, vol. 2.

SANTOS, Boaventura de Souza. Introdução à sociologia da Administração da Justiça. In *Direito e justiça*: a função social do Judiciário. São Paulo: Ática, 1989.

SANTOS, Ernane Fidélis dos. *Manual de Direito Processual Civil*, 1989, vol. 5.

SANTOS, Gildo dos. *A Prova no Processo Civil*.

SAPIENZA, Carmelo. *I Provvedimenti d'Urgenza*. Milano: Giuffrè, 1957.

SATTA, Salvatore. *Commentario al Codice de Procedura Civile*, 1968.

SATTA, Salvatore. *Direito Processual Civil*, Trad. bras., Rio de Janeiro, 1973.

SATTA, Salvatore. *Diritto Processuale Civile*, 1950.

SATTA, Salvatore. *L'Esecuzione Forzata*. 4. ed., 1963.

SATTA, Salvatore. *Manual de Derecho Procesal Civil*, Trad. argentina, 1971.

SATTA, Salvatore. Premesse Generali alla Dottrina dell'Esecuzione Forzata. *Rivista di Diritto Processuale Civile*, vol. 1, 1932.

SATTA, Salvatore. Provvedimenti d'Urgenza e Urgenza di Provvedimenti", *Soliloqui e Colloqui di un Giurista*. Padova: CEDAM, 1968.

SCHÖNKE, Adolf. *Derecho Procesal Civil*. Barcelona: Bosch, 1950.

SCIACCHITANO, Roberto. Ingiunzione. *Enciclopedia del Diritto*. Milano: Giuffrè, 1971, vol. 21.

SCIALOJA, Vittorio. *Procedimento Civil Romano*. Buenos Aires: EJEA, 1954, 1958.

SEABRA FAGUNDES, Miguel. *Dos Recursos Ordinários em Matéria Civil*, 1946.

SEGNI, Antonio. Giurisdizione Civile. *Nuovo Digesto Italiano*.

SEGNI, Antonio. Sequestro Giudiziario e Convenzionale. *Scritti Giuridiche*, vol. 2, 1965.

SENTÍS MELENDO, Santiago. Bibliografia. *Revista de Derecho Procesal*, vol. 2, 1950.

SENTÍS MELENDO, Santiago. Natureza da Prova. *Revista Forense*, vol. 246, abr.-jun. 1974.

SERPA LOPES, Miguel Maria de. *Exceções Processuais*. Rio de Janeiro: Forense, 1959.

SHIMURA, Sergio Seiji. Arresto Cautelar. *Revista dos Tribunais*, 1993.

SILVA, Irapuã Santana do Nascimento da. *Princípio da igualdade na mediação e o acesso à justiça*. São Paulo: Editora Mackenzie, 2016.

SIMAS, Hugo (Simas-Campos). *Comentários ao Código de Processo Civil*. Rio de Janeiro: Forense, 1962.

SIQUEIRA, Galdino. *Prática Forense*, 1907.

SOARES, Fernando Luso; ROMEIRA, Duarte; FERRAZ, Wanda. *Código de Processo Atualizado*, 1985.

SOBRINHO, Elício de Cresci. Autonomia do Processo Cautelar. *Revista do Instituto dos Advogados do Paraná*, vol. 14.

SOBRINHO, Elício de Cresci. A Lide Cautelar no Código de Processo Civil (dissertação de mestrado). Curitiba: Universidade Federal do Paraná, 1988.

SOBRINHO, Elício de Cresci. Medida Cautelar Civil Pública. *Medidas Cautelares: Estudos em Homenagem ao Professor Ovídio A. Baptista da Silva*. Porto Alegre: Sergio A. Fabris, 1989.

STAMMLER, Rudolf. *Tratado de Filosofia del Derecho*, 1930.

TARELLO, Giovanni. Quattro buoni giuristi per una cattiva azione. In: *Dottrine del processo civile* – studi storici sulla formazione del diritto processuale civile. Bologna: Il Mulino, 1989.

TARZIA, Giuseppe. Considerazione Comparative sulle Misure Provvisorie nel Processo Civile. *Rivista di Diritto Processuale*, 1985.

TARZIA, Giuseppe. Remedi Processuali contro i Provvedimenti d'Urgenza. *Rivista di Diritto Processuale*, 1986.

TARZIA, Giuseppe. Rigetto e Priproponibilità della Domanda Cautelare. *Rivista di Diritto Processuale*, 1988.

TEIXEIRA, Sálvio de Figueiredo. *Código de Processo Civil Anotado*. São Paulo: Saraiva, 1996.

TEIXEIRA, Sálvio de Figueiredo. *Reforma do Código de Processo Civil*. São Paulo: Saraiva, 1996.

TEIXEIRA DE FREITAS, Augusto. *Notas sobre as Primeiras Linhas sobre o Processo Civil*, 1907.

TELLES JUNIOR, Goffredo da Silva. Carta aos brasileiros. In: *Revista da Faculdade de Direito da USP*, v. 2, 1977.

TESHEINER, José Maria Rosa. *Medidas Cautelares de Acordo com o Novo Código de Processo Civil*. São Paulo: Saraiva, 1974.

THEODORO JÚNIOR, Humberto. *Curso de Direito Processual Civil*, Rio de Janeiro: Forense, 2000, vols. I, II e III.

THEODORO JÚNIOR, Humberto. *Estudos de Direito Processual Civil*, Uberaba, 1974.

THEODORO JÚNIOR, Humberto. *Processo Cautelar*. São Paulo: LEUD, 1976.

TOCQUEVILLE, Alexis. *De la démocratie en Amérique*. Coll. Garnier-Flammarion. Paris: Ed. Flammarion, 1993.

TOMMASEO, Ferruccio. *I Provvedimenti d'Urgenza, Struttura i Limiti della Tutela Antecipatoria*. Padova: CEDAM, 1983.

TOMMASEO, Ferruccio. Intervento. *Les Mesures Provvisoires en Procédure Civile* (Colloquio Internazionale, 1984). Milano: Giuffrè, 1985.

TORNAGHI, Hélio. *Comentários ao Código de Processo Civil*. São Paulo: RT, 1974, 1975, vols. 1 e 2.

TROCKER, Nicolo. *Processo Civile e Constituzione*. Milano: Giuffrè, 1974.

TUCCI, José Rogério Cruz. *Tempo e Processo*. São Paulo: RT, 1997.

TUPINAMBÁ, Carolina. *Nova competência da Justiça do Trabalho à luz da reforma constitucional*. Rio de Janeiro: Forense. 2006.

VARANO, Vicenzo. Tendenze Evolutive in Materia di Tutela Provvisoria nell'ordinamento Inglese. *Rivista di Diritto Civile*, 1985.

VELHO, Bernardo Teixeira de Moraes Leite. *Execuções de Sentença*. Rio de Janeiro: Forense, 1885.

VERA, Javier Torres. *Jurisdicción y Cautela*, Santiago do Chile, 1965.

VERDE, Giovanni. Considerazioni sul Provvedimenti d'Urgenza. *La Tutela d'Urgenza* (Atti del XV Convegno Nazionale, Bari, 4 e 5 de out. de 1985). Rimini: Maggioli, 1985.

VERDE, Giovanni. Ennesima Variazioni Giurisprudenziale in Tema di Provvedimenti ex Art. 700 CPC. *Rivista Trimestrale di Diritto Processuale Civile*, vol. 35, 1980.

VERDE, Giovanni. L'Attuazione della Tutela d'Urgenza. *La Tutela d'Urgenza* (Atti del XV Convegno Nazionale, Bari, 4 e 5 de out. 1985). Rimini: Maggioli Editore, 1985.

VILAR, Willard de Castro. *Ação Cautelar Inominada*. Rio de Janeiro: Forense, 1986.

VILAR, Willard de Castro. Medidas Cautelares, 1971.

VON BÜLLOW, Oskar. *La Teoría de las Escepciones Procesales y los Presupuestos Procesales*, Trad. argentina, 1964.

VON THUR, Andreas. *Teoría General del Derecho Civil Alemán*, Trad. 1946.

WACH, Adolf. *La Pretensión de Declaración*, Trad. argentina, 1962.

WACH, Adolf. *Manual de Derecho Procesal Civil*, 1977.

WALTER, Gerhardt. *Libre Apreciación de la Prueba*, Trad. da ed. alemã de 1979.

WAMBIER, Luiz. Aspectos Polêmicos e Atuais do Recurso Especial e do Recurso Extraordinário. São Paulo, *Revista dos Tribunais*, 1997.

WAMBIER, Teresa Arruda Alvim. *Agravo de Instrumento*. São Paulo: RT, 1991.

WAMBIER, Teresa Arruda Alvim. *Comentários ao Código de Processo Civil*. 7. ed. Rio de Janeiro: Forense, 1991. v. II.

WAMBIER, Teresa Arruda Alvim. Exposição de motivos de Motivos. In *Código de Processo Civil*: anteprojeto/ Comissão de Juristas Responsável pela Elaboração de Anteprojeto de Código de Processo Civil. – Brasília: Senado Federal, Presidência, 2010.

WAMBIER, Teresa Arruda Alvim. *Nulidades do Processo e da Sentença*. 4. ed. São Paulo: RT, 1997.

WATANABE, Kazuo. *Código Brasileiro de Defesa do Consumidor*. Rio de Janeiro: Forense Universitária, 1991.

WATANABE, Kazuo. *Controle Jurisdicional e Mandado de Segurança contra Atos Judiciais*. São Paulo: RT, 1980.

WATANABE, Kazuo. *Da Cognição no Processo Civil*. São Paulo: RT, 1987.

WOLLSCHLÄGER, Christian. Introduzione: La Zivilprozessordnung del 1877/1898. In: *Ordinanza della procedura civile dell'Impero Germanico – 1877/1898*. Milano: Giuffrè, pp. XI-XLI.

ZANZUCCHI, Marco Tullio. *Diritto Processuale Civile*, 1947.

ZAVASCKI, Teori. *Antecipação da Tutela*. São Paulo: Saraiva, 1997.